台灣社會文化研究叢書 3

反獨護國四十年

勞政武 編著

蘭臺出版社

總目錄

余致力於反獨護國
凡四十年在求中國
之和平民主統一

政武兄囑書
己亥仲夏
郭先倫

▲ 行政院長郝柏村（文參 468 頁）

▲ 蔣緯國上將（文參 335、358 頁）

▼（文參 572 頁）

（坐者右起）蔣緯國　滕傑　林洋港
（1990 年 3 月 4 日推選林蔣配競選第八屆正副總統記者會）

▲ 龍旗董事長張彝鼎博士（文參417頁）

◀ 李煥與勞政武（文參353頁）

▲ （文參188、452頁）

（右起）前排：王昇　陶滌亞　查良鑑　夏功權　張子良
後排：勞政武　許承宗　戴家文　朱怡　解宏賓

▼（文參 164 頁註）

白萬祥（國民黨陸工會主任）與勞政武
一　統　義　主

▲　釋悟明大和尚（佛教會會長）與承錫康、作者攝於台北樹林海明寺

▲（文參 849 頁）

▲　前排右起　畫家馬壽華、立委張子楊、陳立夫、司法部長查良鑑、陶滌亞中將
後排右起　解宏賓教授、張伯英董事長、張子良董事長、省主席邱創煥、
大華中學校長方志平、駐美大使夏功權、作者勞政武

▲　（文參 606 頁以下）

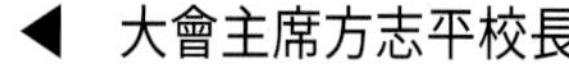

◀　大會主席方志平校長

◀ 邱創煥（前台灣省長）在反獨大會致詞

◀ 台灣最大天主教堂的毛振翔神父（前右）參加反獨大會

▶ 夏功權(前駐美大使)致詞

▲ 丁中江（右）與丁介民教授 (文參 611 頁)

▲ 前立法院長梁肅戎與作者 (文參 469 頁)

▶ 蔣廉儒（文參 323 頁）

▶ 謝先生的左手是義肢，被台獨份子殘害了。（文參 845 頁）

連戰（國民黨主席）與勞政武（在中央黨部餐會）

◀（文參 473 頁）

▲ 香港愛國反台獨人士池振南專程來台送名畫家劉海粟的書法給滕傑先生(右)

▲ 蔣緯國將軍接待籠旗分社主任(右起)趙伯英(台南)、劉桂柟(嘉義)、洪淦棠(高雄)、蔣將軍、作者、續立材(苗栗)

▲ (文參606頁)以下

▲ 企業家張子良(左)及張伯英是〈反獨同盟〉創立的最大支持者

▲ 創會成員訪桃園縣大華中學

▶ 解宏賓教授（龍旗首席顧問）

▲ 張伯英（右）與陶滌亞（龍旗顧問）

▲ 朱文琳先生（文參 348 頁）

▲ 黃振華教授（台大哲學系主任）

▼ 陳綏民先生（文參 194 頁）

▼ 谷正文將軍（他是公布李登輝爲台共者）

▲ 郁慕明立委參加反獨大會

▲ 王建煊部長參加反獨大會

▲ 丁守中立委參加反獨大會

▲ 趙少康立委參加反獨大會

▲ 張之敏(他是最常捐款的人)

▲ 黃時倫(龍旗顧問)

海外反獨人士與活動

▲ 在香港珠海學院召開反獨大會 (文參 616 頁以下)

◀ 陳蝶衣 (文參 199、202 頁)

▼ 左起：林中堅、陳香梅、作者 (文參 440 頁)

◀（左起）吳華（道明。澳門國民黨主委）、作者、陳平（漢林。龍旗作者）

▼（左起）胡志偉（香港著名作家）、江鏡淸（靜觀。龍旗專欄作者）、作者

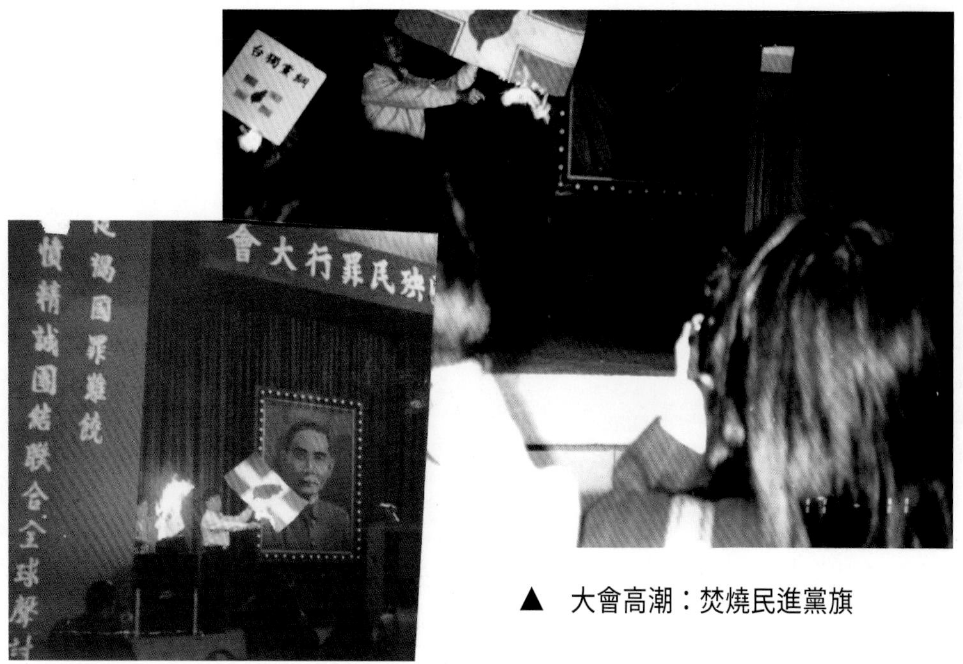

▲ 大會高潮：焚燒民進黨旗

▼ （右起）張子良、查良鏞（武俠小說家金庸）、作者。
1992.12.2. 攝於浙江嘉興

▲ （右起）陳志輝（富源。香港國民黨主委）、夏功權夫人。攝於香港反獨大餐會

▲ 郭啓晟（洛城龍旗代表）

▼ （右起）蔡國良（洛杉磯僑領）、徐大衛（洛城醫生）、洛城市長、作者。攝於 1983.2.

工作同仁與活動

▲ 本社同仁賀名譽董事長滕傑（俊夫）先生七帙晉九壽誕。
1984.1.7. 於滕公館。後排右起：胡明滔、戴家文、陳元平、勞政武、劉元方、許承宗、陳毅聰、鍾英賢。中坐者：滕公伉儷 。
前排：勞家二女(薦之、萱之)

▲ 周湘蘋(龍旗副社長)

◀ 右起：戴家文(龍旗副社長)、陳元平(勞太太)、鍾英賢(財務經理)

▲ 國大代表王禹廷蒞臨〈龍旗週年酒會〉(文參 463 頁)

▲ 鄺少眞—龍旗副社長(右)

▲ 右起：趙宏吾、張金慶、龔潼南
三位同志來酒會致賀，並捐助五萬元

▲ 左起：勞政武、陳秀蓮(張子良夫人)、
曾湘如。1993.8. 攝於杭州西湖遊艇

▲ 右起：勞顯華、張孝威（龍旗志工）與戴家文

▲ 右起：許卓歡（廣東開平市水井鎮鎮長）與勞政武 1993.7.9.〈鳳儀觀光實驗農場〉簽約，雙方致賀。

▲ 左起：編輯謝世濯、總務黃德熾

▲ 龍旗主編曾湘如（中），由開平市對台辦主任徐卓衡（右前），及許鎮長（左）等人帶領首次視察農場。

▲ 農場大門對聯是南懷懷瑾老師所作的「精神指標」。旁立者爲本場財務主任梁小麗

▼ 農場半山的瀑布，永流不息，風光絕佳。

▼ 從半山水道 (沖到山下發電用) 遠眺瀑布

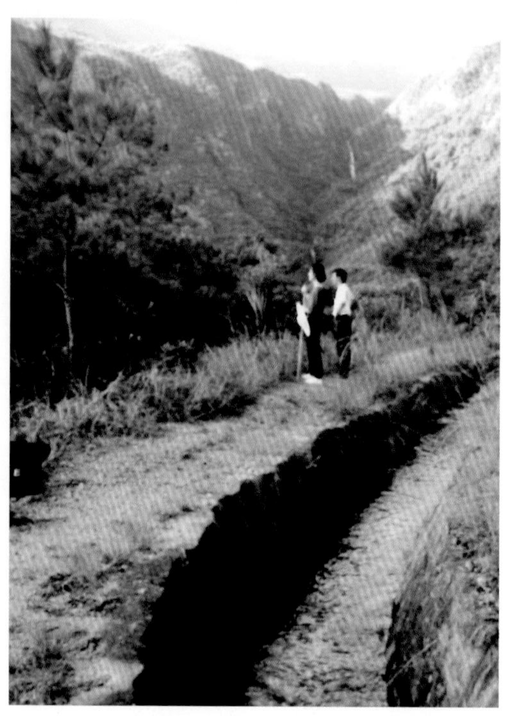

徐向前元帥與勞政武（1990年5月

寧共毋獨

（注：此辭意義請參第513頁）

▼ 1990.5.10. 在徐帥府合照（右起）徐帥夫人、勞政武、鄭洞國、鄧文儀、楊蔭東、徐向前元帥、周樂軍、侯鏡如、滕則千、陳舜欽

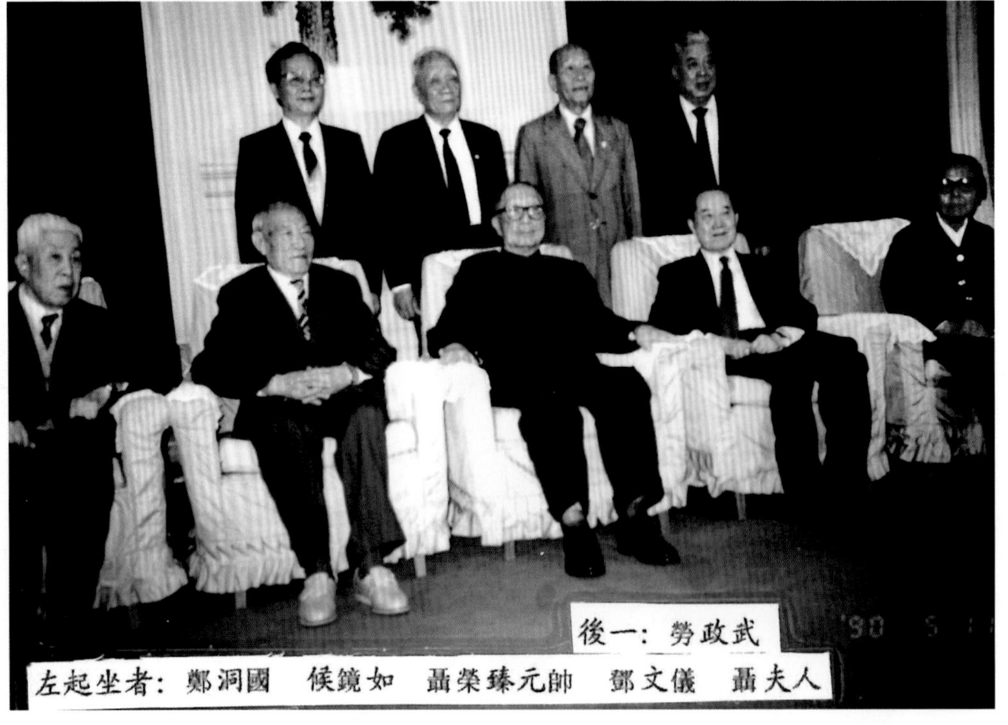

後一：勞政武
左起坐者：鄭洞國 候鏡如 聶榮臻元帥 鄧文儀 聶夫人

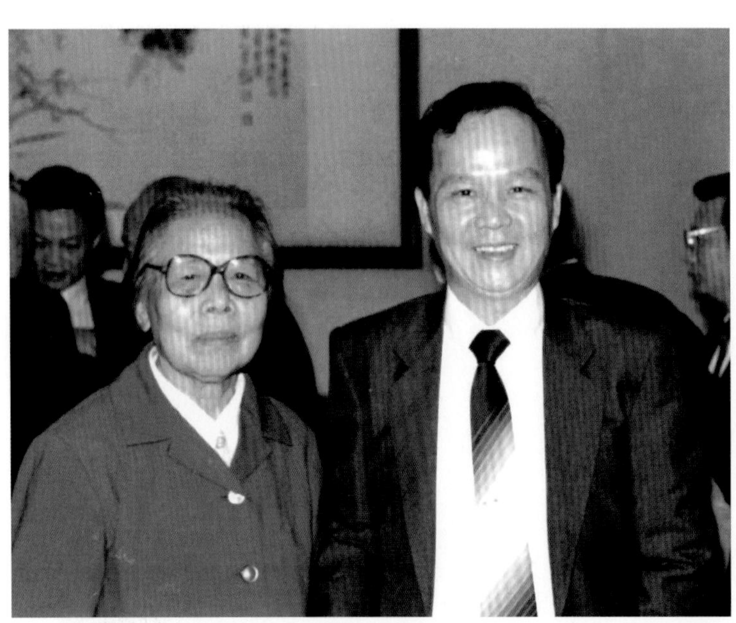

◀ 聶帥夫人張瑞華與勞政武

▲ 全國政協副主席程思遠與勞政武

▲ 全國政協副主席錢偉長與勞政武

▼ 熊向暉伉儷與勞政武（文參 397 頁）

▲　黃埔同學會秘書長楊蔭東與作者

▶　黃埔同學會理事張西銘與勞政武（注：當時承張先生建議，才有創辦鳳儀農場之事）

▼　中央台辦主任楊思德、李景上將、作者（2004.12.27 人民大會堂）

（左起）原中央台办主任杨斯德、李景上将（原总参副总长）、劳政武
摄于2004、12、27北京人民大会堂山东厅

本書出版贊助者

▲ 左起：郭啓晟、關秋敖、勞政武、莫遠航、吳耀安攝於清遠北江上

▼ 右起：關秋敖（加拿大）、勞政武、郁慕明（新黨主席）、莫遠航（香港）、吳耀安（香港）參觀鳳儀農場

▲ 2018 年春，加拿大企業家何健淸伉儷來台旅遊，蒞臨〈淨名文化中心〉，新住民文化協進會理事長梁攸慧 (左) 接待。

▲ 左起：莫遠航、郁慕明、勞政武攝於鳳儀農場 (文參 37 頁)

▼ 右起：郭先倫書法家、郭年昆中將、曹建中少將、吳信義會長 (文參 688 頁)

代序——本書的性質、編排，兼釋「分歧」

本書近百萬言，是臺灣島內四十年來有關「台獨」意識與活動的最詳記錄。依梁啟超觀點，這就是一部有關「台獨」的專門史書。

一、本書的性質

梁任公認為，因為現代知識分工細密，所需要的〈專門史〉非常重要；否則便難以究明該學門的本末了。治專門史者不但要有一般的史學素養，更須有各專門學識的素養才行。他且認為治專門史的人，必須有兩種覺悟：其一，當思人類無論何種文明，皆須求根柢於歷史。治學而不深觀其歷史演進之跡，是全然蔑視時間關係，而茲學系統終未明瞭。其二，歷史上各部分之真相未明，則全部之真相亦終不得見。而欲明各部分之真相，非用分工的方法深入其中不可。此決非一般史學家所能辦到；而必有待於各學門之專家分擔責任。（見氏著《中國歷史研究法》第三章）

作為一部《台獨專史》，本書的表達方式尤有不凡的特色。因為本書的內容並非直接陳述「台獨」的意識與活動，而是對「台獨」作全面全程的批判，從而自批判的對象（反面）來顯示了四十年來臺灣內部的「台獨」意識與活動的實際狀態與演變過程。這應是一般史書所沒有的方式，《老子》說：「反者道之動」，歷史常從反面角度才看得更真切。

二、本書的內容與價值

本書分為四部分：〈反獨護國文選〉、〈分歧檔案〉、〈反獨活動〉及〈總結：四十年來島內台獨與反台獨活動總檢〉。

〈反獨護國文選〉二百〇一篇，約五十三萬言。這些文章起自民國六十七（一九七八）年底，止於民國一〇六（二〇一七）年；是從原在《疾風》雜誌、《龍旗》月刊及香港《星島日報》等發表的文章中，精選出來的。其中只有少數文章是署名為我本人或筆名（余如雲、主筆室等）的，絕大多數都是各界反獨愛國人士的作品。這些作品除了真切表達了廣泛的反獨心聲之外，更重的是針對當時「台獨」的實際運作或謬見而發，故具有極重要的「史料」價值。誠如古人說：「以史為鑑，可以知興替」；反台獨求統一，已是今天全中華民族所追求的目標，因而在台灣四十年來這方面的史料也是有現實的重要意義了。

更有價值的是〈分歧檔案〉，全文共廿二萬言。這是當初鑒於「台獨」活動日益激烈，所以《龍旗》闢此專欄，特請王玉白（董筆）先生負責每月供稿的。自民國七十五年（一九八六）年三月起，直到八十二（一九九三）四月《龍旗》停刊止，共六年九個月連載這專欄。其內容是每月根據公開的「台獨」活動作如實的記錄，並注明資料出處，然後加以簡要的〈評論〉。《龍旗》以長達八十一期連載「台獨」活動約有二千條之多，本書精選近五百條載入。須知七十五至八十二年是臺灣內部政治最動盪階段，從「黨外公政會」大肆活動半年後即非法組成〈民主進步黨〉，當時年老力竭的蔣經國先生已身心俱疲，僅在一年三個月後，便氣得吐血而逝世了！李登輝掌握政權後，對「台獨」勢力大力扶持，終於造成日後臺灣政治的每下愈況局面。〈分歧檔案〉就是這段最紛亂之七年期間的忠實記錄，對後世研究臺灣政治者必有重要的參考價值。

本書第三部分內容，是影印《疾風》及《龍旗》原載的幾次重大的「反獨」活動資料。此種編排，旨在使史料的價值較臻明確性，也有助於本書的可讀性。

最末的〈結論〉，文長三萬多字，是去年底決定出版這本書才寫的。其內容是四十年來臺灣島內「台獨」與「反台獨」活動的總檢視，望有助於讀者易於把握全局概念。此外，筆者藉此鄭重提出的二點管見：一是所謂「臺灣主權」觀念的導正。二是如成為中華民族的「民主試驗區」，是臺灣最高的價值。我相信這二點意見，是迄今為止，未見有人注意到的。

三、本書的特色

綜上所述，〈反獨護國文選〉及〈分歧檔案〉是本書的主要構成內容，共約八十萬言，都是採「編年史」的方式編排的。讀者若想瞭解哪一年發生一件什麼事，只要在編年的目錄中檢索即可，很方便的。

更重要的是，正如梁啟超所說，傳統的「編年史」不脫賬簿式的紀錄，讓人讀來枯燥無味、難以了解；如古代的《春秋》，還需另有三傳（左傳、谷梁傳、公羊傳）的疏解。本書的編年則全非賬簿式的，而是篇篇的實際活動紀錄与不同角度的批判文章，生動、活潑、有趣！再進一步就全書來看，又等於是台灣內部「台獨」與「反台獨」的〈記事本末史〉。由是言之，本書可謂兼具專門史、編年史、記傳史，乃至記事本末史的特色了。

四、「四十年」定數

中國傳統政治哲學中有「術數」派，慣以五行之類的數字關係來推斷政治上的興亡盛衰。最盛行「術數」的時代是漢朝流行的讖緯。最有名的著作是北宋邵雍（康節）的《皇極經世》。此書以「元、會、運、世」的年數來推算國運的盛衰。我雖不信術數，但數字的巧合往往讓人覺得冥冥之中似乎真有「定數」這回事。

此書是記載臺灣內部四十年來的「台獨」專史，始於民國六十七年十二月。恰在此月美國與中華民國斷交。又恰在此月鄧小平宣佈「改革開放」的重大政策。更恰在不到一個月之後中共發表《告臺灣同胞書》宣佈「三通四流」的新政策。這連串的重大演變到目前也統統是四十週年了！

去年底，我意識到這連串「四十年」的數字，才下決心編撰此書的。因為篇幅巨大，工作浩繁，常感艱辛。在編撰的過程中，腦際常閃起〈國父遺囑〉開頭那句話：「余致力於國民革命凡四十年，在求中國之自由平等。」我與眾多反獨同志豈不是可如是說以自勉：余致力於反獨護國凡四十年，在求中國之和平民主統一。如此說並非敢自比孫中山，只是覺得冥冥之中真好像有「四十年」的定數在焉；知此定數，即「使命感」所由生，而不怕艱苦矣。

五、「分歧」的疏解

最後，還應對「分歧」一詞稍作疏解。因為本書既有「分歧」檔案的編排，而在各篇文字中也多出現「分歧」分子、「分歧」集團等名詞，故有在此說明的必要。

四十年前，國民黨當局的文件，常以「分歧」一詞指稱那些思想與國民黨路線歧異的人士或事物，但卻未見對此詞疏解清楚。約在民國七十二年間，《龍旗》同仁在國民黨中央大陸工作會白萬祥主任的熱心支持下，費了許多工夫，撰成一部六十萬字的《臺灣分歧運動史》書稿，後因種種阻障，此稿終未能出版。此稿一開始便界定了此詞。

凡違背下列三統之一的意識或行為，均屬分歧：

1.中華文化道統。

2.中華民國正統。

3.中華民國憲政法統。

何謂「道統」、「正統」、「法統」？這就牽涉到中華傳統政治哲學的深義了。早在一九九五年六月間，我曾在香港《星島日報》發表「正統、法統、道統」一文，略論了這三統問題（見本書第一篇一九九五年文選中），可供讀者參考。在此應略加補充說明的，「台獨」思想是如何為反三統的「分歧」。

1. 違背道統

對於「道統」一詞，當代大哲牟宗三先生有深刻的卓見（見氏著《歷史哲學》第一部第一章）。他認為，中國人自上古的堯、舜、禹以至夏商周，已有潛伏性的「修德愛民」之道統核心觀念。孔孟畢生宏揚「仁義」精神，即是把這核心觀念顯現於日常生活的具體行為中。唐朝的韓愈有《原道》之文，就是闡明這自古以來的「仁義道德」觀念。到了宋朝朱熹更明確提出十六字訣（人心惟危、道心惟微、惟精惟一、允執厥中）為道統的內容（見中庸章句序）。今臺北〈中國文化大學〉創辦人張其昀也曾簡明地指出：「中國的道統始於唐堯。道者，立國之道，即民族精神。統者，創業垂統之義。亦稱傳統，即為民族優良之傳統。」（氏著《中華五千年史》）。孫中山先生更說過，他的思想是繼承「堯、舜、禹、湯、文、武、周公、孔子一貫的中華文化道統」而來的。

綜此以言，所謂「道統」是中華文化特有的精神，它是以「修德愛民」為核心的道德觀念。中華民族正是因為有這種核心觀念，才成其為綿延五千年的可大可久的偉大民族。據此以論，這四十年來臺灣卻出現一群以反中華文化、反中華民族、反道德、反中國的政治人物，誠如《春秋》所說：「諸侯用夷禮則夷之」，斥這群人為「分歧分子」或「分歧集團」，還算客氣了。

2. 違背正統

其次，關於「正統」問題。歷來對這問題爭論甚多，宋代大儒司馬光、歐陽修、蘇東坡、朱熹皆有論述，頗為複雜。其實，如綜合歷來這些理論，可以把「正統」概括為三要素：一為道德要素。一個政權是否為「正統」，必須要符合「道統」的核心原則，否則仍不算「正統」的政權。二為實力要素。即古來所謂「成王敗寇」之觀念，一個政權具備道德要素，還必須有足夠統治人民的能耐實力才行。三為持久有效統治要素。如隋朝（五八九—六一八）統一的時間太短，史家不認其為「正統」，只算「閏朝」。又如清朝（一六四五—一九一二），起初並非「正統」，至康熙平定南明及臺灣以後，逐漸進入康、雍、乾的盛世，才算是「正統」。此外，到了現代，能否進入「聯合國」也算是一個新的「正統因素」。

依據上述四要素，來研判今天海峽兩岸的兩個政權，何者是「正統」？或可得到較合理的確解。

一九一一年孫中山先生推翻清朝而建立了〈中華民國〉，史家沒有人不承認其為正統者。相對此「正統」的洪憲稱帝、偽滿洲國及南京汪氏偽政權，即屬「潛偽」政權了。一九四九年中華民國政府播遷臺灣，而中共卻在北京建立了〈中華人民共和國〉新政權；始初在毛氏統治期間，〈中華民國〉不但仍有聯合國席位，而且毛氏種種倒行逆施政策全與中華文化傳統的「道統」觀念悖逆，故北京政權未能稱為「正統」。直到一九七八年鄧小平當政以後，改採撥亂反正的「改革開放」政策，國力日益壯盛，百姓生活大幅提升，道德上的正當性也逐漸增加，再加上已加入聯合國取得了國際法上的「代表中國」的地位；故實際已有了正統資格。

一九九二年在南懷瑾與汪道涵二位先生合力協調下，達成了「九二共識」。此共識的內容是：兩岸當局雙方均承認「一個中國」，只是雙方對「中國」的表述可以有所不同。這從傳統政治哲學觀點，等於有兩個「正統政權」了。這種狀態，只是解決兩岸現實問題的權宜性安排，在中國五千年歷史上是空前未有的。但如《孟子》所說「天下定於一」，兩岸最終必統一的，統一後的中國自然回歸到正常的「正統」了。

面對這種歷史上空前的兩個「正統」狀況，臺灣這一群「台獨」人士，對兩個政權都不予善意對待，只想把臺灣這塊領土割出去獨立建國，這當然是違背傳統政治哲學之「正統」觀念，即是非道德的，故指他們為「分歧」，還算溫和了。

3.借殼「法統」

最後是「法統」問題。以上把「道統」及「正統」觀念釐清了，「法統」就很簡單，指的就只是〈中華民國憲法〉。問題是，「台獨」集團一直是想廢棄這個「法統」，而另立「台獨憲法」的，只是拘於中共的崛起強盛、畏懼全球中國人的反對、迫於國際壓力，自感這夢想根本辦不到了，才在一九九五年弄出一個詐偽性的〈台灣前途決議文〉，宣稱「台灣是一主權獨立國家……依目前憲法稱為中華民國」。這便是「借殼上市」的欺詐手段——暫且用〈中華民國憲政法統〉這塊招牌，取得執政之利以後，徐圖以各種手段去反中國人、反國民黨、反傳統文化……等等，來進行「內政台獨」或「實質台獨」。其實，這是極愚蠢的做法，因為等於把這個「正統政權」變成「僭偽政權」了！後果凶險，不待蓍龜。

本書能順利出版，香港企業家莫遠航先生貢獻最多，謹致謝忱。莫先生原籍廣東清遠市，品學兼優，早歲即有全大陸〈傑出青年〉榮號；曾任地方檢察長，是當時全中國最年輕的地級市檢察長。近年從事實業，成就斐然！猶不忘宏揚中華傳統優良文化，凡有益於國家民族之事皆熱心盡力幫助，用特致意。

勞政武 撰

中華民國一〇八（二〇一九）年五月

第一篇　反獨護國文選

目錄

◆ 六十九（一九八〇）年

◆ 七十（一九八一）年

◆ 七十一（一九八二）年

◆ 七十二（一九八三）年

◆ 七十三（一九八四）年

◆ 七十四（一九八五）年

◆ 七十五（一九八六）年

◆ 七十六（一九八七）年

◆ 七十七（一九八八）年

◆ 七十八（一九八九）年

七十九（一九九〇）年

◆八十（一九九一）年

◆八十一（一九九二）年

◈ 八十二（一九九三）年

◈ 八十四（一九九五）年（以下文章作者均是勞政武）

六十七年

▼「黑拳幫標誌」

要做「謇諤之士」，勿做「黑拳幫」

中山堂事件的回想

勞政武

十二月五日中山堂事件發生後，迄今已逾一週；隨著傷勢的減輕，個人激昂紛亂的思緒也漸趨平靜。有感於各界對我支持和關心，有感於此次增額中央民意代表選舉的熱烈和對國家前途影響之深遠；乃撰此文，一則以謝各界，二則向社會提出一些管見。

◎一

作為一個大陸來臺流亡學生（報上稱我為反共義士，實不敢當。其實我十八歲蒙救總接運來臺，只是個流亡學生身份），十多年在大陸上的愁苦體驗，與從小在自由天地中成長的人比較起來，也許有著必然不同的心態。作為一個研習法律的人，長久的法律訓練，其思想模式也許與一般專講「情」、「理」的有所不同。對於一個愛好哲學和歷史的人來說，也許對事情會持有奇怪的見解。爰不揣淺陋，藉本文將自己的想法或見解表達出來。

◎二

當日中山堂集會的情形，無論如何，對於我來說是不堪忍受的。它的氣氛使我彷彿退回好久以前，幼小的我懷著萬分恐懼，被大人帶著去參加過的好多次鬥爭大會。大幹部們飛揚拔扈的高坐在臺上，臺邊跪著一排垂頭喪氣的人，台下則是黑壓壓的一大片群眾；群眾之間，穿梭著拿槍的民兵和戴著紅臂章的「積極分子」。於是，臺上一呼，台下萬應，風動雷鳴，被驚嚇的幼小心靈，總有好幾晚從惡夢中醒來。那天中山堂的集會，也許尚不至於如是恐怖，但確會喚起我淡漠多年的回憶，更怕自己和後代兒女們有一天真的會重過同樣的生活。

◎三

當日中山堂集會的情形，無論如何，對於一個久經法律訓練的人是難以忍受的。按自清末以來，我國就全盤接受了西方的法制，這種法制的主要特色之一就是講究「正當程序」（Due Process）；譬如任何法律縱然是公認的惡法，但若未經正當手續去變更它，任何人不能否定它的效力。我們的國歌，早在我出生的前一年之民國卅二年，既經國民政府正式公佈，縱然有若干字已不合時代，何能由幾個人擅自更改呢？自己要擅自更改也還罷了，何能強要別人照他們的意思去唱？別人不肯照唱，何能怒目以視，還以相機拍照，繼而公開指責呢？也許仍是「法律素養」作用吧，我們雖然怒火中燒，仍然按捺了。一直等到臨時動議時，我方決定提出抗議。記得我抓到發言臺上的麥克風第一句話是說：「程序問題！」因為我當時的直覺裏，大會主席黃信介先生既曾任市議員及立法委員多年，當然會懂得什麼叫做「程序問題」的，我希望他讓我提出一些不同意見。不幸的是，我這句話剛說完，耳邊已響起一片「打死他！」之聲，情急之下，大概只說了「我抗議，你們改國歌，還要干涉別人」幾句話，就被人扭打得不知東西南北了。

如今回想當時情景，實在心有餘悸。當時我也並非不知這樣做法有相當的危險性，甚至「殺身之禍」一詞在剎那間也曾掠過我腦際，只是在激情之下，何能顧得了這許多。我這個O型血液的人，想來也夠魯莽。十七年前還只是個十多歲的小孩子，只憑著一張地理教科書上剪下來的地圖，就自稱認得從廣州到澳門的路，領著八個鄉下來的人，在國父故居附近的丘陵上亂闖了一個星期，到了蒼茫的珠江口，眼看自由的彼岸閃耀著的燈光，興奮的心好像要從胸口跳出來一樣。不幸興奮造成大意，七個人被中共的邊防軍犬捉住了，只有我和另一位逃過了一場殺身之禍，如今想來，心有餘悸。這次幸賴蕭、沈二兄迅速援救，否則也可能有殺身之禍，蓋在激情之下，眾人誰能控制自己的拳腳輕重呢？我想，如果自己真的死了，倒也沒什麼關係，一部廿五史中的所有的人們不是都死了嗎？人總是會死的，死得其所即算幸運。只是想到賢慧的妻和一雙幼小可愛的女兒，她們何能平復終生的悲傷呢？於是我心有餘悸，希望自己從今以後到老死為止，能與她們長相廝守，不要再遇到殺身之禍。因為人生不可能一而再，再而三是這麼幸運的。

◎四

當日中山堂集會的情形，幾經冷靜思考，對於一個愛好哲學和歷史的人來說，也許對事情會有些奇怪的見解，不妨在此表達出來。

哲學啟示過我，世界上任何問題絕不簡單，看山是山看水是水不過是諸感官直覺的「常識」，其實背後還藏有無窮的道理。複雜的人類政治問題亦復如此，故我們看任何問題不可偏執。基於這觀點來看中山堂事件，顯然他們當中有些人要否定政府和國民黨的一切，這無疑是犯了偏執的毛病，使人難以接受。但相反的，站在政府或國民黨這一邊的人，如果把參加當日會議的所有「黨外人士」都看成是一丘之貉，甚至把三十年來活躍於臺灣政壇上的「黨外人士」俱算為一夥，這顯然也是犯了同樣偏執的毛病。據我當日的觀察和近日看到他們的書刊所載，可以說絕大多數的「黨外人士」只是本於愛國家、愛民族的用心去督促政府進行革新的，絕非是隨便否定別人一切、動輒以暴力嚇人者。事實上，復興基地之所以有今天的繁榮和進步，他們功不可沒。嚴格說來，他們有許多人確實算得上「謇諤之士」。如果不究明這情況的，雖屬愛國，仍為有害的偏執。民主法治之基礎在於理性，看問題不流於偏執即屬理性要求的第一步。

歷史啟示過我，「千人之諾諾，不如一士之諤諤」，孟子不也說過嗎？「內無法家拂士，國恒亡」，一個社會有謇諤之士存在是可貴的。不要說現行民主政制，政府需要這些人來「制衡」；即從我國古代的無數例證，也可知每代特立獨行之士，常為社會進步的不可或缺力量。錢穆先生曾有說過：「羅馬帝國亡了，以後就再沒有羅馬。唐室覆亡了，依然有中國，有宋、有明、有現代，這是如唐代般，一樣是中國。這是中國歷史最有價值、最堪研究的一個大題目。」這個題目的答案何在？我想與歷代均有特立獨行的謇諤之士的出現不無相當因果關係。孔子曰：「益者三友，友直、友諒、友多聞」，對於這些謇諤之士，站在愛國、愛政府、愛國民黨之立場，應認他們為益友才對。

◎五

至於「黨外人士」中那一小撮，動輒倡言暴力，為了一己的政治權力而罔顧國家前途與大眾福利的人，這兩天有位雷姓候選人給他們取一個名稱叫做「黑拳幫」，我想這是個妥適的稱呼。我願意對名詞進一解。「黑」者，心黑也，手段亦非光明也；「拳」者，性情暴戾也，動輒用武者也。為了更明確起見，試將「黑拳幫」分子的特徵列舉出來，好讓大家自行鑒定。凡有下情形之一者，均屬黑拳幫分子：

受洋人利用，而公然或隱然主張台獨者。

堅決不放棄使用「拳頭標誌」做其政治競選標誌者。

違法擅改國歌、國旗或國號者。

口出狂言，倡言暴力以要脅政府或民眾者。

顛倒黑白、混淆是非，對政府、國民黨或他人作無理性之全盤否定或汙衊者。

公然或隱然煽動所謂「省籍」、「階級」等仇恨，而破壞同舟一命之共同意識者。

競選之時，全靠謾罵他人，自己卻毫無具體可行之建設性意見提出者。

只會把其家庭或個人之不幸遭遇來大肆宣揚，毫無理性地洩恨於人民、國家、政府或國民黨者。

親自或唆使他人動手打人，以暴力壓制不同之意見者。

混進一個政黨內，既無理性又無人格地攻擊自己所屬之政黨者。

◎六

以上所列十項〈黑拳幫標準〉，容或未盡，但根據當日中山堂事件以及近日白熱化的選戰情況，相信也差不多了。依我算起來，真正能符合這些標準而成為黑拳邦分子的人，我想大抵不過十來個而已。為了我們社會全體幸福著想，人人都應認清這一小撮人的真面目，處處給予有效的打擊，因為他們明為選舉，暗是欲破壞民主自由的政治；他們所喊的是一套，所做的卻是另一套，對我們太危險了。至於其他的「社會人士」或「黨外人士」，我們應對他們多加敬重，不要因為有一小撮「黑拳幫」混在他們之中而把他們全加否定。當然，我們也衷誠希望大多數的謇諤之士要與黑拳幫劃清界線，以免讓那一小撮人沾汙了全體的清譽與名節才好。

民國六十七（1978）年十二月十四日載於《台灣新生報》

六十八年

我們要出擊——《疾風》雜誌創刊宣言

本社

自從鴉片戰爭以還，我國朝野歷盡無數艱苦奮鬥，無非是以國家富強、民族自尊為鵠的。一百三十多年以來，歷經「洋務運動」、「義和團運動」、「維新運動」、「國民革命運動」、「五四運動」、「全民抗戰運動」等，以至三年前發生在北平天安門的「四五運動」、最近在復興基地和海外掀起的「自強愛國運動」。這一連串的歷史性事件，雖然各有不同的背景使命，但是綜合其共同之精神，就是我們求國家富強、求民族自尊的具體表現！

然而，使我們無限沉痛的是，經過了漫長的一百三十多年，中華民族付出了極為慘重的代價，今天除了獲得台、澎、金、馬一隅之地的繁榮外，一千萬平方公里的錦繡河山卻陷入血腥統治之中；今天只有一千七百萬炎黃子孫能過著較安定而富裕的生活，十億大陸同胞的生活卻比鴉片戰時代更為悲慘。

使我們無限憤怒的是，今天台、澎、金、馬雖然已經獲得數千年國史所少有的安和樂利，而且成為大陸同胞，以及海外僑胞的燈塔和希望；但卻有一股小逆流出現，那就是台獨黑拳幫野心分子。他們受個人權力慾望的驅使，甘做洋人壓迫中國的鷹犬，打著「民主、人權」的幌子，肆無忌憚地鼓吹暴亂，企圖分裂中華民族、割裂中國版圖，摧毀我們復興基地的光輝成果。

回溯一百三十多年來的民族血淚史，我們的國家迄未臻於統一富強之理想，係由於朝野之間，不斷出現反動逆流的緣故。這些反動逆流，一種根源於「路線錯誤」，另一種根源於「個人野心」。前者如康、梁的維新保皇、義和團的愚昧禍國；後者如袁世凱之稱帝、軍閥之割據。而今天的中共，正是集「路線錯誤」與「個人野心」兩害於一身，既誤引猶太仇世者所發明的共產主義於中國，復狂熱於毛澤東流寇心態，肆行暴虐於同胞。至於台獨黑拳幫反動逆流，雖然其本身根本沒有路線可言，但它的策略卻效法中共當年顛覆政府之故技，妄圖逞其分化的叛亂陰謀，以遂其獨斷萬民之個人野心。

那一小撮台獨黑拳幫分子，受到前年中壢地痞流氓暴力事件倖獲輕刑的鼓勵，竟敢公然鼓吹台獨，挾洋自重，口出狂言，惡意醜化領導中心。更於去年十二月五日在台北市中山堂篡改國歌、煽動暴亂、詆譭愛國自強捐款運動，最近更利用神聖民主議壇污衊國軍將士，其分化挑撥伎倆，無所不用其極；其漢奸禍國心態，更是昭然若揭。凡我中華兒女，對這一小撮醜類，莫不痛心切齒！

然而，我們深信：中國固然歷經憂患，卻是個屢仆屢起的偉大民族。挫折，培養了我們的睿智。艱難，鍛鍊了我們的情操。一百三十多年來的光陰，並沒有枉費；無數民族先烈的血汗並沒有白流！歷史上任何形形色色的反動逆流，皆已被我民族的共同意志所摧毀，今天存在的毛共反動勢力和台獨漢奸逆流，當然亦將被我倫理、民主、科學的三民主義主流的時代主流所埋葬。

因此，《疾風》雜誌的創刊，代表全民族的共同意志；順應了三民主義的時代主流，以「疾惡如仇，除黑務盡；風雲際會，再滌神州」為號召，團結大陸、復興基地以及海外的民族精英，加速摧毀一切反動逆流，堅決地為達成全民族的願望而奮鬥！

凡是愛國志士，一定支持這本雜誌！

凡是台獨漢奸在疾風中顫抖！

同胞們！是時候了，是我們沉默大眾出擊國賊的時候了。讓我們團結一致，狠狠地向一切魔鬼作無情的痛擊！

疾風雜誌六十八年（1979）年八月創刊號

國民黨，你錯了？！──論中國國民黨

評論員

我們仔細想，一個時代只要找到一個適當的大偉人，就決不會毀滅。一個明達賢德的人，有確知時代所需的智慧，有引時代走上正軌的膽識，這就是不論那個時代的救主。

這普遍衰頹的時代中，充滿了無信心、困苦、彷徨、頹廢、懷疑的性質，艱難險阻的環境，萎靡地向更糟的困苦中傾頹下去，直到最後的毀滅──這一切，我譬作一堆乾燥死寂的燃料，等待著「上蒼」降下的火焰把它燃燒起來。大偉人從「上蒼」手中直接獲得自由智慧的權力，就是這火焰。他的話就是救濟一切的名言，大家可以信服的。他所接觸之處，燃起同樣的火焰。愚昧的人，現在竟以爲是那些冒煙的乾柴叫他來的。不錯，乾柴的確急切需要他，才能燃燒；但若說是乾柴叫他來的──還有人在嚷：「瞧，不是那些乾柴自己生的火嗎？」我不能不說這種人是短視的批評家了。一個人不能信仰大偉人者，正是顯露他自己的淺薄的最可憐憑證。一個時代中，倘普遍盲視那種精神上的火焰，祇信仰那一堆乾枯死寂的燃料，眞也是一種極可憐的現象，是無信心的極致。我們該知道，在宇宙史的各時期中，大偉人是不可少的時代挽救者──是一種火焰，沒有他，乾柴永不會燃燒。

卡萊爾（T. Carlyle 1775—1881）：《英雄與英雄崇拜》第一講

在人類歷史即將進入二十世紀八十年代的今天，中華民族顯然面臨一個關鍵性時刻。

在中國大陸，具有五十八年歷史的中國共產黨，自從民國三十八年奪得政權以來，由於種種倒行逆施，失盡民心；三十年後今天，隨著鬥爭意識形態的徹底崩潰，當權者雖然仍抱著「四個堅持」不敢從根本放棄共產主義制度，但也不得不在各種策略上調整與放鬆，卻又引發了人民風起雲湧的企圖推翻共產政權的運動。今後數年之內，大陸將起何種變化？中共何去何從？恐怕連當今中共的許多當權人也茫然不知所措。

在台灣，具有八十四年歷史的中國國民黨，自從民國三十八年播遷以來，由於英明的領導以及穩健的作風，才使得生活在此地的一千七百萬人民能享有數千年國史所沒有的安和富裕生活。可是三十年後的今天，由於外有帝國主義者的長期蓄意破壞和中共的威脅，內有台獨分子的猖獗，中國國民黨既不能放棄革命的歷史使命，又要推行美式的民主政治，於是也顯得問題叢生，前程艱危困苦，實令每一個愛國家、愛民族的人為之憂心忡忡。

◎兩個互相激盪的力量

無可諱言，今天存在於中華民族之中，唯有中共及國民黨才算得上是個力量；這兩股針鋒相對，絕難妥協的力量，此起彼伏，互相激盪已垂半個世紀之久，勝負之數一日未解決，中國問題也就一日未了。

目前的情勢是，中共控有地大人眾之利，而國民黨則佔有富裕人和之優。包括大陸人民在內的中國人，如果任由他們在中共與國民黨之間做一選擇，可以肯定的，選擇國民黨的必佔絕對多數。也可換句話說，絕大多數的中國人樂見這場鬥爭的最後勝利者是國民黨而不是共產黨。其中道理太簡單，對於每一個小百姓來說，共產勝利意味著自己自由的喪失與物質生活的艱難，而國民黨勝利不會有此種事。除此之外，目前還有一些明顯的情勢是，中共的官僚機構的一般辦事效率、政治風氣、所控制的人民之知識素質，以及一切典章制度等，可以說都比不上國民黨，這些也是國民黨的優勢。

問題的關鍵是，擁有「人和」——人心的歸向、人民知水準高、典章制度完善等因素，是否就是最後勝利的絕對保證？容我們坦誠地說：未必。一般人，甚至包括古今中外許多政治家在內，似乎都犯了過高估計「人心的歸向」之作用的毛病，表現在中國成語上最有名的一句話就是「得民者昌」。事實上，我們如果客觀去檢討中外許多史實，將可發現「得民」者未必「昌」。遠在中國戰國時代，秦國可謂窮凶極惡，治下的人民輒怨其暴虐無道，可是最後是秦吞六國，而不是六國滅秦。在三國時代，人心皆「思漢」，可是最後獲勝的是繼續曹魏的司馬氏而非蜀漢。如果說人心所歸向必勝，那麼，難道滿清之入關，數逾億計的大漢民人絕大多數希望做小小三兩百萬滿洲人的臣僕嗎？這種例子同樣可見於西方，光輝的羅馬帝國子民難道歸向歐州叢林冒出來的蠻族，才致羅馬覆亡？同理，羅馬的典章制度直至今天仍為世界性的典範，其當時人民的知識水準必高於歐州野蠻人，迨可斷言；在中國之南宋，一切典章制度及人民知識亦必高過北方蒙古牧人，其結果仍是蠻人及元人獲勝。由是觀之，所謂人心歸向、生活富裕、典章制度、政治風氣等等，至多為決勝的重要因素而已，豈可恃其為決勝的保證？

然則，什麼才是決勝的保證？我們認為，一在卓越的領導，二在突破性的作為。關於前者，我們感到欣慰的是，中國國民黨自創建以來，從未缺乏過卓越的領導人，從其總理孫先生，到總裁蔣公以及今天的蔣主席，可以說都是舉世公認的卓越領袖。也正是這種緣故，國民黨雖然歷盡無數的困厄危難；尤其民國三十八年中共的得勢，國民黨幾乎遭到覆滅的命運，乃竟能愈挫愈奮，延綿到現在垂八十多年之久。可惜的是，由於國民黨是個龐大的政黨，黨內復有相當的民主性，並非靠領袖一人就能決定一切，每在面臨可以大力開創關頭，眾多黨工幹部每每意見分歧，甚至有兩度迫使領袖下野者。其結果率多採取折衷的「穩健」做法，常難有突破性作為，以致迭次給國民黨全黨帶來了挫折，也就等於延緩了中華民族走向現代化的道路，徒增億萬同胞無窮的苦痛。

◎國民黨的特性

中國國民黨為何老是走折衷的「穩健」道路？其原因固非一言可盡，撮其主要者，恐怕與其「本質」有關。

國民黨的本質，誠如其黨章所載，是一個「革命民主政黨」。考諸政黨史自英國約翰王（King John）於一二一五年頒布大憲章（Magna Carta）以降，人類政治舞台上出現過的政黨無攄千百，但若如中國國民黨這樣具有「革命」與「民主」雙重性質者，似乎未之見。

如以歐美流行的民主政治概念來衡量，「革命」與「民主」本來是不同的兩回事，在許多方面，兩者甚至是矛盾衝突的觀念。

「民主」的基礎在民意，而民意則透過選舉來表達。但「民意」本身是個相當不確定的東西；此從法國盧梭所創「總意志」（General will）一詞，百餘年以來皆眾說紛紜，迄無定論，即可知「民意」的實質不可確定性。實際上，群眾天生具有保守性，且受「輿論」、「流行觀念」的決定性支配，而「輿論」與「流行念」卻常是可以「製造」的。因此，正如蘇俄流亡作家索忍尼辛在去年六月間於美國哈佛大學的演說所指出的，西方民主政治其實是流為庸俗政治的同義詞。實際上，今天美國雖名為兩黨制的標準民主政治，但此兩黨其實不成其為黨，因為無論共和黨抑或民主黨，非但沒有「主義」、身分明確的「黨員」，甚至「黨魁」也只屬形式的東西，黨的實際權力除在朝者操在總統手中之外，在野黨則盡在參院權威領袖及有實力的州長之手。美國政黨之所以如此，除了歷史原因以外，恐怕是有意的安排，因為美國歷來大多數政治學者均强烈反對有强力的黨魁、主義之類足使黨組織强大的因素出現，他們以為非如此不足以保障民主自由。由是造成美國是一個眞正「多元」的社會：眾說紛紜，百戲雜陳，自然整個國家的「民意」就被資本家集團、新聞界等有力團體所支配；入們普遍地但知眼前利益，不由自主地盲目追逐「流行」，何能談得上追求什麼「使命」、「理想」之類的東西。

「革命」則不然。一個革命團體，非但須有遠大的理想、明確的目標，而且往往還背負著某種「使命感」。因此，一個革命的政黨，必須有完美的主義、聲望足以號召群倫的領袖、內部嚴密的組織，才能齊一步伐發揮其應有的力量。

總括而言，歐美式的「民主」，著重在個人的自由，所謂「爭一時之利」，只要能符合選民眼前所需，長遠的將來大可不加理會。而革命性事業則相反，著重在凝成群體的意志，所謂「爭千秋之利」，眼前的利益常須作某種程度的犧牲。顯然，「革命」與「民主」，無論就其性質及具體作法上來看，往往是有所矛盾和互相衝突的。

◎國民黨的難題

國民黨既以「革命」與「民主」為其特質，於是無可避免地長期處在自我的矛盾和衝突中。其實，這種矛盾和衝突也非具有必然性，而是可以避免的。因為眞正關鍵倒還不在於國民黨之本質，卻在國民黨眾多幹部未能切實瞭解三民主義的民主政治本來與美式的民主涵義有所不同；國民黨的理論家們更未有效地建立一套意識形態體系，去使全黨避免囫圇吞棗地以美式政治模式來自我衡量。於是，言革命，則凝於客觀環境及使命理想勢不能放棄；言「民主」，則處處以西方，尤其是美式標準去自我束縛，使許多可做之事而不敢為，乃導致全黨在長達愈半個世紀以上的漫長時間裡困苦掙扎。這是造成了國民黨的妥協、姑息、穩健性而難有突破性的作為的根本原因。

誠然，國民黨的妥協、姑息和穩健作風，本來不是壞事，因為不會用酷烈手段治國，人民得以休生養息；其之所以優於中共，這點應為重要原因之一。但作為一個革命黨，這種作風若過分高漲或用而不得其當，則必難有所作為，易致野心分子坐大，在國家人民的長遠利益上甚為危險。

揆諸半個世紀以來，國民黨雖然對中華民族有赫赫之功，尤其撤退來台這三十年，更有著空前的光輝成就。可是令人無限感慨者，國民黨卻是個挨辱罵最多的黨，不但她的死敵中共罵，連她所親和的許多西方人士也罵；甚至一些黨員也動輒「國民黨如何如何……」地罵了起來，好像忘了自己原來也是國民黨的一分子。如此一個長期受多方辱罵的政黨，恐怕是舉世所無的。

國民黨之所以受盡長期的辱罵，始作俑者當然是中共的傑作，因為中共為了攫取政權，當然要想盡辦法來辱罵之。於是，「貪污」、「腐敗」、「專制」、「無能」這四個辭句，一連罵了半個世紀之久；所謂「同一句話說上百次就成了真理」，終於使得國民黨受到各方的同樣辱罵；罵得太久了，罵的人太多了，使得自己的一些黨員也信以為真，竟人云亦云地罵起來。最令人感到喪氣的具體事例是，多年來在台灣的各項選舉中，非國民黨侯選人固然常靠罵國民黨而能起家，而國民黨提名的侯選人之中，有的竟然絕口不敢提自己是個國民黨提名的人，似乎當一個黨員是羞愧的事。等而下之者，甚至也學起別人來，去痛罵自己所屬的政黨。至於像去年十二月間的增額中央民意代表競選，有身為國民黨員竟然發起《告中國國民黨宣言》，號召群眾「奮而為革命軍」者，就更別提了。

我們冷靜地檢討，「貪污、腐敗、專制、無能」這些字眼，今天用在國民黨身上其實絕不適當，真正合戴這些帽子的倒是中共。算盡國民黨黨史，試問誰人能找得到一個國民黨高級領導人像中共的汪東興那樣，敢公然地用公款四百萬美元來為自己蓋一棟別墅？至於像四人幫之江青那種窮奢極慾、為了個人安寧竟出動軍隊去趕飛鳥，就更不必提了；這在國民黨中是根本不可想像之事。實際上，國民黨許多領導幹部，在經濟收入上是名符其實的苦哈哈，縱是當權的人，包括先總統蔣公在內，由於深信儒家思想、宋明理學，力求貫徹諸如「君子謀道不謀食，憂道不憂貧」之類的儒家格言，真是非常刻苦而自勵。以上只單就「貪污」而言，至若中共不腐敗、不專制、不無能，統治了中國大陸三十年，斷不會把內政搞成這個樣子。這是有目共睹的事實，無庸贅言。

國民黨居然背這樣的黑鍋，一背就背了半個世紀之久，似乎從未見有人挺身而出加以辯正，這無疑是與前述的妥協、姑息與穩健特性有關。殊不知妥協常會造成各方的不討好，姑息則足以養奸，而過分的穩健則變成鄉愿。各方的不討好，姑息養了奸、鄉愿，又增加別人辱罵的可能性，是以不啻形成惡性循環。

總之，國民黨長期以來的難題是：永遠被敵人、友人及自己人誤解和辱罵，被誤解和辱罵的原因是由於自己的妥協、姑息與穩健作風；形成妥協、姑息與穩健作風的原因是導源於「革命」與「民主」之本質上的衝突；其本質之所以有衝突，則是自我中了西方的「民主」學說之毒。由是，國民黨不但在觀念上被西方的「民主眞理」所自縛；而且她的敵人——包括中共與目前出現的小黑拳幫，都能夠運用這套「民主」武器，幾乎皆可做到無往而不利！

據上所述可知，國民黨長期以來所面臨的難題之癥結，在於能否在全黨建立一種信念。此種信念包括眞正三民主義民主價值觀，以及拋棄妥協、姑息、穩健等阻碍大作為的勇氣。

◎美式民主迷信

關於建立「三民主義民主價值觀」方面，我們必須瞭解的是，正如國父　孫先生在他的三主義演講中曾說過的，世界上任何政治主義思想，其本身並無所謂好與不好，只要合乎時代所需，能促進國家的富强進步就是好。從而，我們應確認，在人類政治史上曾經流行數千年之久的「神權」觀念，在當時被人人所接受，今天卻視為迷信；同樣的道理，今天流行的美式的民主觀念，如果認其為百世以俟聖人而不惑的眞理，依然是迷信。

我們應更進一步確認的是，經過長久以來的驗證，美式的民主政治確也有其很大的優點，具體表現是能造成人民的生活富裕和個人有甚大自由。但同樣經六十多年來的驗證，美式的民主政制難以對抗共產主義的擴張。其中的道理，英國的邱吉爾早在四十多年前就已指出過，民主、自由固然是西方民主政制之長，但共產黨人恰恰就利用了民主政制的長處，將之轉變為致命的短處，乃無往而不利。

時下有一種流行的理論是：「貧窮落後才是共產主義滋生的温床，經濟繁榮的地方就可對共產主義免疫。」這種說法固然有一定的眞實性，但問題在如何使自由世界各國均不貧窮而能經濟繁榮？這一點顯然是不能絕對做得到的事，何況經濟的發展有其「自然性」的起伏，並非人力或什麼經濟計劃所能完全控制，尤其在能源危機日益嚴重的情況下，實難擔保一個原是繁榮的國家不會遽然變成貧窮。因此，共產黨人只要不斷在貧窮落後國家下功夫，赤化到最後，剩下幾個較繁榮的國家自然變成孤立，其結果無異應了中共的世界性策略：「以世界農村來包圍世界城市」。

時下又有一種流行的說法是：「共產世界已分裂，且由於共產制度帶給人民只有貧窮，因此迫使共黨政權不得不對人民略鬆控制，如是發展下去，共產制度自然崩潰。」這種說法基本上也沒有錯，因為人類歷史上絕無永遠不崩潰的制度，馬克斯的理論認為人類社會走向共產世界會達到「各盡所能，各取所需」之境、永保無疆之麻，誠然是癡人說夢，恐怕今天連蘇俄的布里茲涅夫和中共的鄧小平、華國鋒諸人自己也不再相信類鬼話。問題在共產制度的「自然消滅」究竟需要多久？由世界人類歷史的啟示，一種制度自興起到消失，常要經過漫長的時間，甚至數百年也是等閒之事。在這麼漫長的過程中，焉知西方自由世界不被消滅在先？觀乎第二次世界大戰以來，世界上大體已維持和平三十多年，在這短短的時間裡，共產主義竟已逐漸蠶食了太多的自由之土。我們又何能不擔心？又何能再迷信號稱自由世界盟主的美國之政制是「眞理」？如果美國的民主政制眞是優越，斷不會有這樣的結果！

問題的癥結應是，共產主義的「理想」今天雖然已破產，但共產黨人卻有一套犀利的「方法」。而美式民主政治之下非但羞言「理想」，更無一套自救的「方法」。如是勝敗之數，自令人不寒而慄了。

今天處在這個與共黨作生死存亡鬥爭最激烈的復興基地上，由於三十年來過分親美的結果，美式民主政治觀念漸漸深中人心，尤其研習社會科學的知識分子，幾乎普遍認定美國政制是唯一的眞理。自不期然，國民黨黨政幹部也普遍接受了這種迷信，其結果是造成「自縛」，黑拳幫以及一切陰謀分子正好利用這點來非難、攻擊國民黨，國民黨幾乎難以招架，只好一味去妥協、姑息。這種情況若再發展下去，其危險性不問可知。

◎振作之道

易云：「雲從龍，風從虎，聖人作而萬物睹。」社會人心之振靡，常繫於一、二人之作為。國民黨欲有突破性的志業，最重要者，自是繫於國民黨的領袖們。

如前所述，國民黨自創建以來，皆賴有英明的領袖，乃能一次又一次地渡過重重難關，使黨的命脈綿延迄今八十餘年。國民黨的領袖，無論是總理、總裁，乃至今天的蔣主席，他們高風亮節的完美人格，必將永垂典範。

然而，鑒於國家民族的危難，中國人民所期望於國民黨領袖者，在應多發揮英雄之事功，不妨稍減其聖賢之行。

或許由於國民黨領袖們皆深受儒家思想及宋明理學薰陶之故，除建立赫赫功業外，常兼聖賢之行。若英雄志業與聖賢潔行兩者不可得兼時，則寧捨志業而取乎高潔。例如總理孫先生，開創中華民國，乃能為了避免生民塗炭，肯把一個總統讓給野心家袁世凱，這在孫先生人格上確屬無限之偉大。但由此卻讓野心分子得勢，必須有日後之討袁、護法、北伐，方能統一全中國。生靈之塗炭、國力之耗損，不謂不係孫先生謙讓之後遺症。又如其總裁蔣公，北伐、抗戰、剿匪諸役皆建立不世之功，已成全民族之大英雄，可是竟有兩次毅然下野，其胸懷寬大，實已建立一個完美的人格。但由是亦導致宵小當道，尤其民國三十八春之下野，不旋踵中共即橫渡長江，乃有錦繡山河蒙塵三十年之痛！此與國父之謙讓，豈非無獨有偶？

吾人有矚望於國民黨領袖者，方此民族命運已漸近決定性時刻，苟英雄志業與聖哲高行不可得兼之時，應捨聖賢而為英雄。亦即深望國民黨的領袖們像能開創炎漢的漢高祖、能存亡續絕的漢光武，而不只是效法仁愛為懷的漢文帝、漢景帝，因為今天的時勢未適於實施文景之治；深望國民黨的領袖們像削平群雄時代的李世民，而不只是效法貞觀之治時代的李世民，因為今天的時勢未適於實施貞觀之治。

復次，吾人矚望國民黨各級幹部，應確實體認到自己責任之重大，堅定「為全民族求解放捨我其誰」之信心。切莫誤以為，具有八十餘年光輝歷史、肩負著重建三民主義新中國重任的革命性政黨，只是一個普通的「社會團體」而已！對於諤諤忠言，應有開濶的心胸去接納、改進，但對於貌似忠諤實心懷異志之人，必須加以明確的辨別，並予以無情的打擊。對於領袖「不是敵人，便是同志」之明訓，必須奉行不渝，以團結群眾爭取廣大的支持；但對於何者是敵人，必須加以辨別，切莫讓眞正的危險敵人在「團結」美名下得以喘息。對於中共，固然必須提防其統戰陰謀，但應徹底明瞭的是；經過三十年的考驗，中共全黨已是腐朽糜爛，非當年情勢可比，無論就人心之歸向、政治制度、意識形態、人員素質等因素，今天的中共實難望國民黨的項背，因此國民黨並無畏懼中共之理由。唯有本於這樣的信心，才可望迅速打開僵局，基地內部一切困難自然氷消瓦解。

最後，吾人願全體中華兒女能深切體認，中華民族被帝國主義已欺侮了一百多年，為了列祖列宗的光耀、為了子孫萬代的安寧，一個光輝的新中國必須由我們努力去建成。經過長久以來的考驗，無論共產主義抑或美式的資本義，皆是不適合中國人走的道路；無論信仰共產極權抑或欣羨美式政治，皆是有害的迷信。對於中國共產黨和中國國民黨，我們要深切注意這兩股力量的消長，因為它關係到每一個人和全民族的前途。我們應該團結台灣、海外和大陸上的民族菁英分子，從各方面不斷對中共施加壓力，使它能向理性的方向轉變，使它勇於放棄荒唐的共產主義思想與階級制度，回復到民族大義上來。對於中國國民黨，我們應確認它是今天唯一能有效牽制、對抗中共的力量。如果國民黨沉泯，中共即可肆無忌憚，非但中國再不會有台灣這一塊自由淨土，而且中共也會像蘇俄那樣因沒有一個有效的抗衡力量而變得難以轉變，中華民族的黑暗將不知延長多少世代。因此，我們希望國民黨能有所作為，愛之深不妨責之切，但我們又何忍再一味對它加以誣衊？

疾風雜誌六十八年（1979）年八月創刊號

「重返聯合國」的陰謀

許承宗

月前曾有些人主張返回聯合國，理由是重新加入聯合國是打破我國外交孤立的起點。並說，雖然中共可能使用否決權阻止我國入會，但是我國不妨一次又一次地申請，拒絕多次之後，可以讓全世界的人民都知道，聯合國還有不公平的現象存在，對我國獲得世界輿論的支持很有幫助，云云。表面看來，似乎言之成理。但若細心審思，則大有可商榷之處。

首先，根據《聯合國憲章》第十六章第一百四條：「本組織於每一會員國之領土內，應享受於執行其職務及達成其宗旨所必需之法律行為能力。」

可見，申請「重返聯合國」必然牽連到申請國本身的領土概括問題，在這一點上，就會立即遭遇困難。我們是準備將大陸的領土包括在申請範圍內呢？或是將目前的台澎金馬獨立申請呢？前者，顯然行不通；後者，不就是「台灣獨立」的變相嗎？

其次，所謂的「一次又一次地申請而遭拒絕，可以讓全世界的人民都知道聯合國對我不公，可獲得世界輿論之支持」云云。這種看法，亦未曾考慮到連帶的後果。

因為，如此亦等於一遍又一遍地明告世界，我已打算單獨成為一個國家了，我不再準備光復大陸了；亦等於一又一遍地幫助中共向大陸同胞宣傳，不必再冀望中華民國幫助你們再獲民主自由了。

須知中華民國是屬於中國人民全體的，即使要打破外交孤立，也要是為了全中國人民。否則，外交孤立尚未打破，自己本身倒喪失了為全中國人民爭自由民主的立場。

坦白地說，如果返回聯合國是打破我國外交孤立的起點，那必然的，這亦將是中華民國代表中國人民的終點，划得來嗎？

如果筆者推測不錯，主張返回聯合國的人士之所以提出這種要求，多多少少是出於畏懼中共武力侵台的心理。他們希望可憑依聯合國會員的身份不受中共併吞，但這種依聯合國為安全屏障的想法太過天真。

因為，即使我們能重返聯合國，即使聯合國憲章第一章「宗旨及原則」第二條第三節規定：「各會員國應以和平方法解決國際爭端，俾免危及國際和平、安全、及正義。」但由於聯合國久已失去維持和平的能力（聯合國安全理事會主席承認，無法對中南半島危機採取行動，他告訴安理會，他親自下令草擬四份提案，但無一能為全體接納。他說：「我放棄了，因為，很不幸，我覺得自己在做一件不可能的事。」（見三月廿八日路透社電。），我們除非愚昧，當易想像，萬一中共對我發動軍事攻擊，安理會或聯合國大會除了提幾個官樣文章而不可能通過的提案外，根本不會有所作為。事實上它又能奈中共何，又能為我提供些什麼樣的屏障？

歷史告訴我們：自己的安全只有靠自己的武力來防衛，不管是以前的國聯，現在的聯合國都起不了任何作用。怕戰爭只有引來戰爭，不怕戰爭才能自存。

以上三點分析說明，「返回聯合國」實是癡人說夢，無論對內對外，此調均不可彈，不然，徒表示我們缺乏常識而已。

聯合國部隊駐在黎巴嫩已有數年了，但黎巴嫩境內炮火仍連綿不絕，人民流離失所，號稱為「中東巴黎」的貝魯特市容全毀，至今未能重建。如果當初黎巴嫩人民能不受分歧份子慫恿，自造糾紛，而大家能團結在一起，共同建黎巴嫩，則何至於流落到今日如此悲慘的地步呢？

這就是給我們警惕的，活生生的實例！主張重返聯合國的人，究竟是昧於事理呢？還是要「台獨」的陰謀？

疾風雜誌六十八年（1979）年八月創刊號

致鄧小平公開信

本社

小平先生：

自從您第三次復出於中共政壇的那一天起，我們就想寫信給您，只是一直沒有機會。際此《疾風》雜誌創刊，我們雖然明知道中共政權永遠不會穩定，您是否再次遭受批鬥、關入牛欄，尤未可逆料，可是在這民族命運即將進入決定性時刻，本於您及我們都是民族菁英分子的認同，趁您仍有能力左右中共大局之時，乃決定致函給您。

我們很高興中共在今年元旦發出的《告台灣同胞書》中，强調為了「列祖列宗」，大家要完成祖國的統一。姑勿論提出這種民族主義字眼是不是出於統戰的用心，起碼證明了連您們自己也已知道憑共產主義以及毛澤東的「偉大空話」已不能吸引人心了，才有如此的改弦易轍。這是中共三十年來——甚至是自一九二一年建黨以來的第一次，拋棄階級鬥爭的符咒而改用民族的溫情。認清中共本質的我們，縱然明知這是假溫情，但也高興不再使甩那異族的教條符咒。

無可懷疑，在中共所有高級人物中，您的個性和遭遇是最為突出的一位。您早在民國十三年就參加了共產黨，迄今黨齡已有五十餘年，作為一個中共碩果僅存的元老之一，您一生的信仰和熱情使您自己、您的家人、以及您的同胞得了些什麼呢？午夜夢廻，我們相信您實在有著無盡的感慨和迷惘。作為民族的菁英分子，我們深深了解到：一個本來是有骨氣、有作為的人，卻走錯了路，「再回頭已是百年身」那種無語問蒼天的悲涼。

五十五年來，從巴黎到莫斯科，從擔任馮玉祥軍事學校的校長到中共國務院副總理，您為中共確是立下了無數的汗馬功勞。而今天，中共的政權，已經是天怒人怨，搖搖欲墜，您還企圖以老驥伏櫪之心，無視環境之險惡，仍然為毛澤東所遺留下來的爛攤子苦撐，這種「知不可為而為之」的精神，雖云可悲亦不無可感。

您一生為中共效忠，照理應該得到應有的優遇和榮譽。然而所得之遭遇如何呢？不但您自己兩次慘遭鬥爭，下放「牛欄」，被判為「反黨反社會主義反毛澤東思想的修正主義走資派」、「第二號的赫魯曉夫」、「反革命修正主義分子」，幾乎集眾惡於一身。當然，若比起鬱死牛欄的劉少奇、彭德懷、陶鑄和死無葬身之地的林彪全家，還算是幸運了。

然而，從人道的觀點上看，中共對於您之迫害，已夠殘酷。更慘的是，您一生為中共出生入死，身居中共要職，居然無法庇護自己的母親、兄弟和妻兒。反而連累了他們同遭悲慘的下場。小平先生，這當然不是您當年參加中共革命的願望吧？

令堂伯夏柏根、令弟鄧蜀屏、鄧墾、令姊鄧先烈、尊夫人卓琳、令公子鄧樸方等等，沒有一個人不是受盡了中共的折磨和凌辱。令弟鄧蜀屏於民國五十六年三月十五日，因熬不住鬥爭，在所謂「畏罪自殺」臨絕命時喟然長歎：「欲加之罪，何患無詞，覆巢之下，豈有完卵！」此是何等沉痛之呼號？當然是您的「覆巢」所累。然而死者已矣，生者何堪，令公子鄧樸方何罪，由於您係「走資派」，竟被毛氏爪牙從「北京大學」樓上推下，致脊椎斷折，而成終生殘廢。當您看到令郎今日萎縮的雙腿，半身癱瘓的身軀，這便是您終生為中共奮鬥的理想嗎？

您身為中共元勳，今天仍居中共要津，府上之遭遇，尚且如此悲慘，其他廣大百姓，遭遇如何，當不難想像。在我們這群人當中，也有幾位是遭受中共迫害得家破人亡的。我們年齡與令郎差不多，幸虧早巳看穿中共政權的本質，正當您擔任中共中央總書記，所謂「劉鄧反革命修正主義路線」時期，我們毅然決然的逃離中國大陸，投奔自由祖國。十八年來，由於我們親身的經驗和比較，發現了共產主義是一個落伍而違反人性的學說，共產制度更是一個無可救藥的死結。因此，無論那一個人當政，不管是毛澤東、劉少奇、華國鋒以及先生您也好，不管花下多大的心血，許下多大的決心，除非澈底摒棄共產主義及其制度，否則都法解決。

相反的，台灣所實行的三民主義，經過了三十年來的不斷實踐，終於證明它是使中國富强，使人民幸福的最好途徑。在台灣，不必鬥爭，不必思想改造，不必清算，不必學習什麼《語錄》，不必恐懼下放，不必擔心洗腦，更沒有什麼牛欄馬欄，而經濟卻天天在起飛，社會天天在繁榮、教育天天在進步。這些不同的對比和社會狀況，您理應也知道得十分清楚。

中共黨員，為什麼不採用我們中國人自己發明而有成功事實的三民主義，為什麼偏要採用弄得人民家破人亡的猶太人所發明的共產主義？難道血淋淋的事實還不能令中共領導人員覺醒嗎？

我們深知，在四人幫餘孽仍然猖獗的北平，您要扭轉那幫至今仍為毛澤東幽靈所禁錮的中共頭頭，的確有天大的困難。但我們仍然希望在您對中共政權尚有影響力的今天，為全民族做幾件革命性的工作，以突破今日中國的政治困境。如果我們之意見能蒙採納，先生在中國的歷史上，將不僅是一位敢於痛斥「毛江殘暴集團」之鬥士，而且將是改變中國歷史之不朽人物。

第一、以長江為界，分為兩個行政區域。長江以北由中國共產黨統治，繼續貫徹您之修正主義路線，繼續實施您之四個現代化，看看是否能夠獲得成功。長江以南，還給中國國民黨治理，以今日台灣成功的三民主義為藍本，在江南實施，看看結果如何。如此一南一北的隔江而治，在全國人民監督下，作和平公正的競爭，經過了一段相當的時間，那時候舉行公民投票統一也好，要談判統一也好。甚至合攏起來組成一個英美標準的兩黨制民主國家也好，這應是個促進中華民族富强的捷徑。

這點建議，也許以為國民黨佔了便宜，不損一兵一彈便獲得了江南大片土地。這種觀念是十分錯誤和十分落伍的。與其讓全大陸的同胞都在饑餓中掙扎，與其讓中國大陸的同胞天天在逃亡，丟盡中共的臉，不如讓中國國民黨從台灣帶來大批的糧食、經費、和優秀的人才、智慧，使一半的貧窮而落後的中國，變為繁榮進步的台灣模式，先生多年來所提倡的現代化也就輕易完成了。這有什麼不好呢？

第二、如果前一建議無法實現，還有一個比較可行的方法。那就是由國民黨組織一個國家建設示範小組，到北平擔任四個現代化的企劃和推行工作。這個國家建設示範小組，其工作除了您所提示之四個現代化外，應增加政治現代化的建設工作。因為沒有現代化的政治，其他方面都無法現代化。您與其風塵僕僕到西方各帝國主義、資本主義國家去尋求現代化的方法和延聘人才，何不捨遠求近，捨人求諸自己的同胞？

當然，以上的建議只是團結在《疾風》雜誌下的一群民族精英的個人意見，中國國民黨是否接受，還是一個問題；中共能否接受，更成問題。天下本無容易的事，但我們永不會灰心。我們深信全民族的願望是必受列祖列宗庇祐的！謹此敬祝

政躬康泰

疾風雜誌社全體同仁敬上

中華民國六十八（西元 1979）年八月吉日

疾風雜誌六十八年（1979）年八月創刊號

疾風精神

本社社論

在這個國家民族命運進入決定性的時刻，我們這一群愛國志士來創辦《疾風》雜誌，實在是想表達某些非常深遠的

意義。

疾風，不是一本普通的雜誌；辦疾風雜誌的人，更不是為辦雜誌而辦雜誌。

疾風雜誌是賦有歷史使命的刊物。在目前階段，它重點打擊的對象是黑拳幫分子；在長目標，它要號召和結合復興基地、海外及中國大陸上所有的民族菁英分子，一齊起來追求中國的和平民主統一。為了達成此目的，它必須是知識分子的刊物，更必須是群眾的刊物。為了團結知識分子，它將建立一套思想體系，這套思想體系既不是共產主義的，也不是西方資本主義模式的，而是適合中國人自己，以三民主義為根本，而能迅速實現三民主義新中國的體系。

同時，為了號召社會大眾，疾風所刊登的文章必是符合大多數人願望的，它的內容將是深入淺出，人人易曉的。

疾風雜誌每一成員，自發行人、社務委員以至推廣人員，都欲以「民族菁英」的分子自許。他們不是為辦雜誌而辦雜誌，不是為沽名釣譽而辦雜誌，不是為了自己有一個發言園地而辦雜誌，更不是為了做官、賺錢而辦雜誌。他們的目的只有一個：在有生之年奉獻自己，在一己歿後得以光照後世！因為他們已認定文天祥說的話：「人生自古誰無死，留取丹心照汗青」才是真正中國式的「宗教精神」；人欲有淑世的作為，非有宗教精神不可！

因此，所謂疾風精神，就是：

一、儒家的「自反而縮，雖千萬人，吾往矣！」的大無畏精神，以及「只問耕耘，不問收穫」的高潔精神。這是一種陽剛的正氣。正如董仲舒說的：「正其宜而不謀其利，明其道而不計其功」，只有秉持這種正氣，才能喚起畏縮的大眾，才足以擊敗陰詐賣國的敵人。

二、道家的「浮雲富貴，敝屣功名」的高尚節操。只有秉持「天子不能臣，諸侯不能友」的傲骨，才能不役於外物，才可望以出世的精神建立入世的不朽事功。

三、俠義的「其言必信，其行必果，不愛其軀，赴士之阨困」的冒險犯難精神。正如《史記‧游俠列傳》所說的：「要以功見言信，俠之義又曷可少哉！」只有秉持這種中國傳統社會的俠義精神，方能使知識分子去其士大夫的驕矜，既能勇於提筆上陣，亦能路見不平拔刀相助，方足以言救國。

四、法家的「治世不一道，便國不法古」、「力多則人朝，力少則朝於人」的踏實治事精神。正如《史記‧商君列傳》所說的：「且夫有高人之行者，固見非於世；有獨知之慮者，必見傲於民。愚者闇於成事，智者見於未萌。民不可與慮始，而可以樂成。論至德者，不和於俗；成大功者，不謀於眾。是以聖人苟可以強國，不法其故；苟可以利民，不循其禮。」又如《韓非子‧外儲說左下》所說的：「不恃其不我欺，恃吾不可欺也！」只有秉持這種踏實的強勢認知方足以濟弱扶傾。

總之，疾風雜誌所表的，是一種經過深思熟慮與慘酷人世體驗所凝結而成的高貴情操，這種情操的基礎是中華文化。而所謂中華文化，乃包括諸子百家思想精華以及每一個中國人所共循的實際生活規範在內。

從而，團結在「疾風」之下的民族菁英，他們是知書識禮的彬彬君子，亦是能夠為國赴難的慷慨烈士。對於社會大眾，他們有著無比的關懷熱愛；對於奸宄宵小，他們決不妥協縱容。他們有著足夠的睿智，「達則兼善天下」，成為廟堂之士；但他們絕不羞於多能鄙事，「窮則獨善其身」，個人為引車買漿者流亦無忝所生。他們深信中華民族必能復興！如何復興，端在少數人的主動作為；因此，他們毅然自任天下興亡之責，以無比的豪氣向前邁進，義無反顧，不達目的，誓不中止！

因此，凡是具有這些勇氣、義氣、豪氣的志士，疾風都歡迎他們加入陣容！

疾風雜誌六十八（1979）年九月號第二期

「政治問題」與「法律問題」的分野

褚黑

「出於政治理想的爭議，如其表現的方式不合法，亦不能以其目的合法為藉口，而脫免在法律上應負的責任。」

「極力主張以政治方法解決法律問題的用心，其目的不外想脫免自己行為的法律責任，同時進行政治敲詐而已。」

「政治問題應該用政治方法來解決，而不適合以法律加以規範」，這是目前少數黑拳幫分子極力主張的論調。但是，什麼是政治問題？諍言？攻訐？違法？暴動？這究竟是政治問題，還是法律問題？況且，什麼是政治方法？是協商？安撫？姑息？還是賄賂？

任何理論都必須有其明確的內涵，如果我們僅是以籠統的「政治問題」來涵蓋所有政治性的行為，以為一切超越法律範圍的手段就是「政治方法」；而以所謂的「政治方法」來解決所謂的「政治問題」，其結果必然是否定法律，使民主法治的基礎崩潰。於是少數野心分子即不難運用「政治問題」為烟幕，為所欲為，甚或進行政治敲詐。

例如許信良一再強調他的休職案，在基本上是政治問題，而不是法律問題。他說，「公務員懲戒法」是國民黨在訓政時期所頒布的法令，因此是「無權機關所作的非法判決」。他認為這種「惡法亦法」只是一種統治者的工具而已。（見《八十年代》第三期第十二、十三頁）這種辯白，就是基於混淆「政治問題」和「法律問題」所推得的結論。

〈公務員懲戒法〉是在民國二十年制定公布的，但依據制憲國民大會決議，在行憲前所有不合憲法精神的法令均應修正，因此於民國卅七年四月十五日重新修正了公務員懲戒法，並於同年七月一日施行。由此顯見，許信良的辯解，根本是不懂法律為何物，更遑論他身為公務員而能恪遵法律或依法行政了。

◎政治理論、政策和法律

政治理論，只是一種抽象的玄想，如果要予以具體實現，必須釐訂政策，加以制度化。而建立制度的方法，就是制定法律；一方面作為強制達到理想的手段，另方面作為評價是否符合理想的準繩，以及實施時所生問題的解決依據。

例如，「人生而平等」是一種理想，為了實現這個理想，故在憲法第七條明文規定「不分男女、宗教、種族……在法律上一律平等」這就是基本政策。但是憲法還只是抽象、概括性的條文，要實現其內涵，尚必須以各種相關的法令加以配合。以男女平等為例，民法在婚姻制度上禁止納妾；為了維護一夫一妻制，規定重婚得撤銷之（民九九二，現已擬議修正為重婚無效），且為離婚的理由（民一〇五二（1）），在刑法上規定重婚犯罪（刑二三七），就是最淺近的例子。

像柏拉圖的「公道政治」、亞里斯多德的「混合政體」，乃至國父的「三民主義」，都是一種政治上的理想，而在實現的手段上，則皆非法律莫屬。例如民生主義的均富理想，其實際運作就是據以釐訂賦稅、土地政策、累進稅的所得稅法、或平均地權條例予以具體施行。所以，法律是政治理想的具體實現，政治理想則是制定法律以及執行法律的指導原理。

政治理論一旦以法律具體制度化，則在其運作中所發生的問題，都是「法律問題」，而非所謂的「政治問題」。即使政治理論、政策容或可以為執行法律的指導原理，但是理論或政策既然已經內含於法律規範之中，則在具體事實的處理上，只能視為「法律爭點」的解釋問題，最後的判斷依據仍然是法律。

◎問題性質的判斷

法律的制定必須基礎於理論，法律的內容更是理論的反映。因此法律在訂定之先，必然百家並陳而有理論之爭。例如：「表兄妹能不能結婚？」涉及到優生、情感、社會傳統和現實民情，由於觀點不同而眾議紛紜。這種理論之爭，並不涉及到具體法律的實施，當然不是「法律問題」。政治也是一樣。回溯立憲之初，在決定國體、政體乃至政治制度之時，又何嘗不是百家爭鳴，各有所本而據理力爭？像這種基於政治理想的爭執，是「政治問題」，而不是法律問題。甚至在立憲之後，對於憲法或各種法律制度的基礎理論，有所爭議、批判或另有主張，也是政治問題。對這些問題須以討論、說服、協商或表決等政治方法，求其近似一致、合理的解決。

所以，對於政治理想的爭議，是「政治問題」。像康寧祥的質詢，有許多雖然和執政黨的意見相左，但從來沒有人指其為違法。但如政治上的爭議根本是要毀滅國家，又何能稱之為「理想」？像許信良等人，為一個叛亂涉嫌犯遊行示威，在本質上已非理想之爭，又何能視之為「政治問題」？

爭議是一種行為，在判斷問題屬性方面，當然不能脫離行為。在民主法治國家中，任何行為都有一定的規範節制，一旦超越合法極限，即屬違法行為，而成為「法律問題」。例如省議員林義雄公然鼓吹暴力（見六十八年六月廿九日《潮流》第二版），那怕他的動機是出於何等高尚的理想，公然煽惑他人犯罪的行為本質，就是違法行為（刑一五三1）。何況，任何政治理想都是以增進人民福祉為目標。濫施暴力有何理想可言？所以，即使出於政治理想的爭議，若其行為不合法，亦不能以「目的合法」為藉口，而混淆其行為為「法律問題」的屬性，脫免在法律上所應負擔的責任。

◎法律是解決問題的核心

當國家制度未備，政治方法幾乎是解決任何問題的唯一手段。但是當國家建立制度以後，所謂「政治方法」也在法律規範之中。像投票、協商（憲四四），甚至修改憲法等解決政問題的程序，也都由法律明文規定。因此，嚴格說來，任何解決問題的方法，都是法律，而無所謂「政治方法」。何況，徒善不足以為政，彈性的政治方法難免於暗盤交易時上下其手，人民不能把權利寄託在政治人物的良心上。尤其權力能令人腐化，如果沒有法律資為遵循和限制，更難免以人民為芻狗。所以，極力主張「以政治方法解決」者，其目的不外脫免自己行為的法律責任，進行政治敲詐而已。

我們要瞭解，法律除了作為規範行為的準繩之外，就是解決爭執。因此，不論是政治問題、社會問題、家庭問題、婚姻問題、教育問題等等，其解決依據都是法律。

例如婚姻，在基礎上是情感問題，但是要成立合法的婚姻，則是法律問題。如果雙方感情破裂而欲離異，在不能協議的情況下，也只有訴諸法律。政治問題何獨不然？例如選舉，是一種解決政治問題的政治方法（其實也有法律為依據），但當選舉發生爭執，像妨害選舉、當選無效等等，也只有訴諸法律，而成為「法律問題」。

即使是對於純粹政治問題的解決，仍然不能脫離法律。本來解決政治理論爭議最普遍的方法是表決，但是表決的正義基礎是「可變的多數」，如果多數不是一項「變數」，而是「常數」，那麼少數永遠是少數，永遠成為敗陣的一方。因此，不得不以法律規定可決的比例（憲法第一七四條），或規定具陳少數意見（如台北市議會議事規則第四十條），使多數的一方在相當限度內牽就少數，而少數的一方也得以對多數施以牽制，以調和雙方利益，而維持正義公平。

所以，否定法律而求「政治問題」的解決，不啻椽木求魚。

◎ 惡法？惡法亦法？

任何問題離不開法律，那麼如果法律的本身違背正義，則惡法亦法乎？這個疑問，是因不了解法律的本質而產生的，正如許信良以為「惡法亦法，是統治者的工具」一樣。

法律既然以維護正義為職志，因此法律的本質就是公平正義。所謂公平正義，也就是社會理性所普遍認可的觀念。某一種正義觀念在社會上形成普遍的意識，而被認可為社會行為的準繩，於是成法律的內容。這種正義的觀念，稱之為「內含於法的正義」。但是，社會不斷進步，正義觀念配合社會實情，也隨之不斷進化，於是形成新的正義觀念。這種新的正義觀念，因為超越了法律，稱為「超越於法的正義」。如果「超越於法的正義」能為社會公意所接受，形成社會普遍的法意識，則法律必須修正，將這種正義觀念納入法律內涵之中，於是超越於法的正義取代了原有的正義，而其本身也變成內含於法的正義。超越於法的正義因社會的進步而不斷滋生，也帶動法律的進步。

但是，「超越於法的正義」要取代「內含於法的正義」，必須已經在社會上形成普遍的法意識，否則不過是一種新觀念的產生而已，其命運常是煙消雲散。

因此，法律既然是以正義為本質，就不可能違背正義，也就無所謂的「惡法」。如果法律和社會中的某種正義觀念相左，並不表示法律違反正義，而是有「超越於法的正義」觀念產生。這種超越於法的正義觀念，是不是眞的「正義」，則有待社會公意的取捨，視其能否成為社會普遍的法意識。所以主張新觀念的人未必代表正義；新觀念的存在，也不代表法律違反正義。換句話說，「法即是法」，無所謂「惡法」，更無所謂「惡法亦法」！

◎ 黑拳幫的三項錯誤

一個人沒有理想，則有如行屍走肉。黑拳幫的所作所為，若非出於理想，則根本不足論道！不過是一些政治蒼蠅在那裡擾人心煩而已。但若確是本諸理想，那麼在意識形態上他們即犯了三項錯誤：

其一、迷信自己的理想是眞理，而不願意客觀地、和平地尋求社會進步。在政治狂熱之下，幻想現實社會的不能改變，於是激情地以暴力為革命手段。像許信良期許自己為烈士，果如他自己所說是為了「新生代政治改革運動」的話，其目的值得同情，但其行為不值得姑息。我們要奉勸他冷靜地考察我國政治的進步情況，而後衡量自己有沒有促使政治更加進步的能力？

其二、誤解民主的意義，不能容納別人的意見。他們以為自己的任何主張，執政者都應該接納，才是民主。一旦自己的意見未獲接納，即幻想執政者專政。殊不知民主之下，人人雖有言論發表的自由，但別人未必有義務接受，更何況自己的意見未必是金科玉律。因此我們要奉勸黑拳幫，自我反省一番：自己接受意見的尺度如何？民主的容忍是雙方面的，何能要求別人忍受，自己又鼓吹暴力？！

其三、誤解法律的本質和作用，以為自己代表公意。當他們的理想不能獲得大多數人支持時，甚而以身試法，否定法律。像陳婉眞的辦《潮流》，姚嘉文的否定法庭，許信良的認為「法律是工具」等，都是這種心態。人類社會中，不乏先知先覺者，但他們是理想的播種者，不是強姦公意者！如果黑拳幫自以為是先知先覺者，那我們要再奉勸一句：請先充實自己，才能得公意支持，即使無法辦到，也請不要破壞法紀。

◎執法機關該起而行了

黑拳幫是一群政治人物，但政治人物的行為並不全是政治行為，所發生的問題未必是政治問題。我們能容忍政治理想的異見，但不能姑息干犯法紀的政治敲詐。徒法不足以自行，現在該是執法機關認清政治問題與法律問題的界限，該起而行的時候了

疾風雜誌六十八（1979）年九月號第二期

莫讓理性成為懦弱的藉口

余如雲

近年來，我們這個社會上，有幾個人開口閉口不離「理性」兩字，似乎唯有這兩個字才是治國的無上法寶。流風所及，大家嘴上都動不動就掛上這兩個字，好像這樣天下就太平了。

究竟什麼叫做「理性」呢？恐怕專講這名詞的那幾位學者自己也說不出個所以然來；即使勉強說出來，也必是教人聽不懂、看不明的，因為「理性」一詞本身就相當抽象，依各人觀點不同而有不同的意義。就如「文化」一詞，若把各家說法羅列起來，會有一百多種定義，保證教你眼花撩亂，不知所云。除了那些書呆子，或為了作論文報告，或為了炫耀自己淵博，而不得不去看它之外，誰也懶得管它。

《疾風》自創刊以來，罵黑拳幫，比誰都兇。不但如此，雜誌的同仁還敢採取行動！領導群眾到中泰賓館去痛罵表彰陳婉眞的黑拳幫！於是，有人就罵疾風的人「没理性」！如果您有機會去問一問他：「疾風的人為什麼没理性？」擔保

他說不出一個令人信服的理由來。原因很簡單，因為說這種話的人，非但對疾風沒有深切瞭解，而且這話是不經大腦，只憑一己主觀判斷就衝口而出的。換言之，這些罵疾風「沒理性」的人，其本身的這一舉動即屬「沒理性」。所以，沒理性者，不是疾風雜誌，而是說疾風雜誌沒理性的人。

什麼是理性？疾風雜誌的每一個人比誰都清楚。

如果從康德哲學的觀點來看，「理性」是吾人「感性」及「悟性」之上的一種終極的統一機能，由於我們有這種「機能」，所以能夠推理而認識外在的世界。

如果從一般哲學觀點來看，理性（Reason）一般是指人類所特有的抽象及推理之思想官能。理性有時與理智（Intellect）一詞，混淆不分。但較易被人接受的說法是：「理智」指較高的思想活動，「理性」則指抽象、比較、及分析這一類思想活動。

無論從像康德的知識論觀點，抑或從一般哲學家的觀點，所謂「理性」，無非是指人類的抽象、推理等思想機能。疾風的成員藏龍臥虎，博學深謀之士多矣！難道會缺乏這種「思想機能」？顯然不會。既然不會，又據何而說他們「沒理性」？

如果那些人口中所說的「理性」，只是「魯莽」、「衝動」、「激情」等的相反詞，那就更不通了。請問，你從何見得「疾風」的一切行動只是出於「魯莽」、「衝動」，或「激情」？信奉美式「行為政治學」的人們，你們可曾以「科學」的方法去研究過《疾風》成員的「行為」？如果未曾深切研究過，就斷然下結論說人家「沒理性」，是否您們本身就不夠「理性」呢？

筆者身為《疾風》的一員，可以大胆告訴所有同情和不同情我們的知識分子，疾風的一切行動絕不是出於「魯莽」、「衝動」或「激情」，而是經過冷靜思考的結果。這種思考，是來自古今中外許多學問的融合及個人慘酷的人生體驗所凝結而成的情操。其詳細情形筆者不願多說，大家不妨冷靜地、「理性」地觀察，古人有道：「愚者闇於成事，智者見於未萌」，如果您是個智者，您必將看出疾風比誰都有「理性」；您看出這點之後，很可能會變成贊同者。當然，《疾風》非常歡迎您成為它的成員，絕不計較您曾經對它多麼不諒解。

總之，《疾風》非但不反對「理性」，而且自信比一般人更有「理性」。疾風所反對的，只是那些把「理性」兩字掛在嘴上的人，作為懦弱的藉口的人而已！因為一個需要找藉口去掩飾自己懦弱的人，其行為本身就是反「理性」的！

疾風雜誌六十八年（1979）十月號第三期

誰是真正的敵人

齊森茂

民國五十年（一九六一），我自大陸逃到香港，一九六六年赴美國讀書。在我生命的歷程中，親身經歷了中共「急風暴雨」式的鎮反、肅反、反右鬥爭，殺人肉體、折磨人精神種種滅絕人性的怪招；也切實體會從勞改場倖存的鄉親們內心「撿回一條命」的餘悸、恍如隔世的嘆喟。中國人長期受帝國主義恣意欺凌之後，竟仍要受「中國人」的宰割？促使我含著淚、咬著牙，離開了大陸。在香港五年的期間裡，與逃港難胞朝夕相處，因此，他們的心態，我頗為了解。

◎三十年生死兩茫茫

他們到了香港之後，本以為可以在某些組織或人物的領導下，向大陸政權聲討、反擊。結果那塊被「資本主義」腐化的社會，人人只顧自己的事，人情薄似紙，那有什麼機會為中國大陸受苦的同胞做點事，出口氣？頓然間，他們物質生活雖獲解決，但精神生活卻鬆懈萎頓下去。於是難胞大致變成三種類型：（一）立刻變得資本主義化，商人氣息，銅臭味道與土生香港人一樣。唯錢是問，汲汲營營。（二）變得自我墮落，陷在精神虛空愁苦的深淵裡，不能振作。個人經濟日益窮困，甚至淪為飛仔、小偷，造成香港的社會問題。（三）像我這種或到台灣，或去美國，或繼續求學或工作的，則是比較幸運的一群了。他們熱愛「眞自由」，熱愛眞正的中國政府——中華民國政府的心，是用鮮血生命換來的。談到這裡，我想到勞政武他們；他們對「黑拳幫」的做法或可商議，但他們的心態值得諒解和支持。

我在一九七六年來到台灣，在社會安寧、物阜民豐的背後，往往發現不少人有著「卅年浪跡羈天涯，萬里鄉心一束花，回首雲天千里外，故園春在已無家」的愴然，以及「少小離家，老大尚不能歸」那種卅年生死兩茫茫的幽怨無奈。每每思及百年動亂浩劫餘生，在台灣和流亡海外的中國人，及淪陷大陸親人們的遭遇，便泫然欲泣。一個偉大的民族，因著執政者的逆行，竟落難如斯！

◎「黨外人士」的來源

來到台灣前，我在美國聽到搞「分離主義」的「台獨」漢奸說什麼：台灣的民主運動是採取「三分島內，七分海外」的做法。來台之後，除了觀察執政黨的施政外，亦花相多的時間與精力去瞭解所謂「黨外人士」。

我瞭解到，「黨外人士」四字具有孤立國民黨的妙用，它是黃信介創造出來的名辭（見《長橋》雜誌，民國六十七年十一月號第七期十頁）。近兩年來，他們的餐會、生日宴會、政見發表會……我都儘可能不放過。他們任何的書籍、雜誌我都買來看。這並不表示我主觀地認為他們就是島內的「台獨」分子。這種血滴子，萬不可隨便給任何人戴。第一，沒有證據的事，不可亂說亂講，不能因政治見解不同，就給異己扣帽子。政府要法辦「台獨」漢奸，一定要拿出證據。有證據，就要嚴辦，毫不留情；因為「台獨」只會把我們領至死亡。第二，若說「黨外人士」等於「台獨」，是不了解政治的複雜性，而且會給多難的中華民國政府製造困擾。

◎何不採取「自清運動」

但是我發覺這裡的「黨外人士」，有幾點不能不引起大家的憂慮。這種憂慮相信也存在每一個關心自身及子孫安危的人心裡，更存在在關心民族命脈的每個中國人心裡。我殷切的盼望「黨外人士」，為了澄清立場、保持清譽，更為了叫我們釋懷，你們有義務、有責任，正式公開地出來解釋：

一、為何你們在島內批評政府、論斷國民黨的言論，和海外公然打著「台獨」旗號的人一模一樣，且刊物文章互相轉載？例如：海外的人說，政府的十大建設是浪費民脂民膏！你們也和應地說：高速公路上都是私家轎車。他們蒙蔽道德良心、知識良心，你們身在台灣的人，難道見不到高速公路上的貨運車、遊覽車？他們說：「國民黨殘酷統治」，你們的專用律師竟也說：「國民黨是叛亂團體」！

二、為何你們島內的「民主鬥士」如郭雨新、張金策、張富中、陳婉真……等人，一旦出到國外，便立即變成「台獨」的一分子，或參加台獨座談會，或發表台獨演說？島內的「民主鬥士」一到海外，搖身變為「台獨」健將，這樣使我不能不懷疑「民主鬥士」只一件漂亮的外衣而已。

三、你們所謂的「黨外總幹事」施明德，據正確消息來源所知，是因為在軍校發展「台獨」組織，證據確鑿，被依法判刑的人。我們固然不能說「台獨分子」判了刑出獄後，仍必搞「台獨」，但我們也不能說「台獨分子」從獄中出來，便必然有了歷史眼光，放棄走「台獨」死胡同了。

若「黨外人士」的領導者，肯接受上述建議，願意誠懇地出來澄清立場以釋群疑的話，我想還應該進一步獻曝建議你們，發起內部「自清運動，清除內部混跡的殘渣敗類。你們之中有太多人抱著「惡作劇就是新聞」的幼稚念頭，大放怪謬言論，譁眾取寵。不自清你們必將失去群眾，無出路。盲動幼稚只有帶來毀滅死亡。宇宙中任何一事物，都有軌跡可循，從大自然的星宿運轉，到人倫關係均是。若火車離了軌，不是翻車毀滅，就是靜止不動失去作用。轟轟閃電傷人傷畜，只有在電線中的電方可造福人群，發生偉大作用。政治不也是如此嗎？

自清運動的提出，是基於一種認識；我絕對相信「黨外人士」中不乏有學問、有抱負、有操守令人尊敬的人，我個人不反對類似的優秀分子成為執政黨的競爭者。更明確地說，我係有條件地贊成他們組織在野黨，如青年黨、民社黨然。這條件是：1.放棄「台獨」，2.排除使用暴力。這二條件的出發點，是基於台灣一千七百萬百姓的安危利害。唯有放棄「台獨」，不使用暴力，才能受善良百姓的支持。

此刻正是「黨外人士」的轉捩點，到了該反省的時候了。餐會遊行、生日宴不是鬧得轟轟烈烈嗎？書刊、雜誌不是罵得淋漓盡致嗎？你們除了滿足於自製的假象與英雄崇拜心理外，你們對社會，對自己有所助益嗎？上昇的太陽到了中午，開始走向「夕陽無限好，只是近黃昏」了。若不充實政治抱負，不改變政治氣質，你們便到此為止了。你們能發生的作用有限，最根本的原因是：中國人民經過數十年的戰亂、奴役、痛苦、憂傷已經覺悟（一）一個雙腿站在民族主義與本土文化的統一中國，才能帶來安全、尊嚴、幸福；（二）暴力的代價是家破人亡、妻離子散，即是歷史倒退。雖說卅歲以下在灣成長的年輕人，沒有親身經歷戰亂顛沛，但是從他們父母的口中，他們知道這卅年是他們父母一生中最珍貴的一段時光。中國民族的智慧，由歷史的教訓告訴了、教導了年輕一代。

◎ 近程目標：對付國民黨

我回國的近四年裡，做為一個業餘的政治觀察者，願提出一些心得，除供熱衷政治的人作參考外，也希望善良的百姓從其中得到警惕，了解誰是眞正的敵人。

「黨外人士」這些年來在對付國民黨及政府上，步驟相當一致。其內部最根本的分歧也暫擱一邊，不予解決。但我認為，若把眼光放遠，做法和想法就不一樣了。

大致說來，台灣的「黨外人士」按其態度分為「激烈派」與「溫和派」；但不論激烈或溫和，只是手段和方法的分別而已。其近程目的——對付國民黨政府，是一致的。其遠程目的則因左右派別之不同而迥異。換言之，按其政治觀點的分歧，「黨外人士」可分為左派、右派。左派者，傾向社會主義，（他們强調：國父的民生主義就是社會主義。好一個擋箭牌！）期望中國統一，反對帝國主義與封建勢力的餘孽。其解釋事物的方法是唯經濟的，且辯證的；在他們工作槓桿上的支點是「民族主義」；代理力量是中國人愛鄉愛土的情懷；他們的刊物過去是《夏潮》，現在是《富堡之聲》，偶而或必要時也利用《中華雜誌》作後援；公開在外界社會上的主要人物有：尉天X、黃順興、陳映X、王拓、蘇慶X、陳鼓應、王津X、王曉波。右派者，嚮往美式自由民主，據有「亞細亞孤兒」的意識；他們工作槓桿的支點是「民主、自由」，代理力量是民眾參與政治的熱情。他們的刊物過去是《台灣政論》、《這一代》，現在是《八十年代》、《美麗島》，有時利用《長橋》、《青雲》代打。他們公開在外界社會上的主要人物是黃信介、康寧祥、許信良、林義雄、姚嘉文、呂秀蓮、施明德，以及前述那些出國搞「台獨」的幾位先生小姐。

◎ 各懷鬼胎

這二派有共同的戰略——在不重要的、非關鍵性的地方互相聲援支持對方，一致對付政府及國民黨。因為國民黨及國民政府是他們左右二派共同的「近程的」、「今天的」敵人。

雖然左右二人士心中各懷鬼胎，遲早有一天要分裂互鬥，但為了共同的利害，不得不先合作對付眼前的敵人。

何謂重要的、關鍵性的地方？舉例言之；「黨外」右派於今年四月十二日發表所謂《國是聲明》，要求政府重新進入聯合國。他們企圖：第一步先套國民政府，以中華民國的名義和立場進聯合國，造成事實上及法律上的二個中國；第二步便可進行奪權鬥爭，遂行「台毒」陰謀了。

為了這所謂的《四一二國是宣言》，「黨外」左派如蘇慶X、王拓、陳鼓應在簽署過程中，用盡心機，藉故杯葛（詳情請看《長橋》雜誌六十八年五月號第十二期，十五頁）。又例如「黨外」右派，於去年中央民意代表競選期間，哄唆陳鼓應出馬選國大代表，但當面說好話，背後下毒手地以「不作為」的態度扯陳鼓應的後腿。「黨外」右派的群眾，每人亦只有一張選票，他們不投自己的候選人，豈會分配票給你陳鼓應嗎？陳鼓應被右派暗擺一道，啞子吃黃蓮，有苦難言。試想，「大漢沙文主義」怎麼便宜了「亞細亞的孤兒」？「亞細亞的孤兒」又怎不排斥「大漢沙文主義」？換言之，左派絕對反對「台獨」，但暫時地，權宜地支持、利用「台獨運動」

（請分辨「台獨」和「台獨運動」的不同）。這二派在策略上有不同的發展方向。

◎右派的策略

一、藉選舉儘量多佔地方首長及民意代表的席位。彈性地、權宜地暫且承認你中華民國之合法主權。在選舉期間外，則要在省議會自立第七小組，並聲言要自設法庭，判定「公懲會是無權機關」……等做法；之所以參加政府的選舉，只是為了「不自絕於群眾」，不是承認你國民黨政府！

二、藉選舉來「教育民眾」。當選了最好，落選了也用言論洗了百姓的腦。他們有句活：「參加就是目的」，企圖教百姓從他們的「扒糞」裡，恍然大悟。（出雜誌之目的亦為「教育」民眾）

◎左派的策略

左派的策略，比較深沉，有長遠的計劃與作為。他們清楚地知道：1.百姓們需要和平安寧的生活環境，於是他們採行「巧取」放棄「豪奪」。採取「蠶食」，放棄「鯨吞」策略。2.他們從左派經典著作及外國左派的實踐裡學習到，資本主義化（工業化）的社會必有勞資糾紛，工人農人要爭取，他們奉行「沒有調查就沒有發言權」的語錄，於是他們在調查工、農、漁人的生活時，專挑他們有興趣的去寫，去拍照。3.他們更了解「黨外右派」的成員中，沒有眞正有學問的人。右派的「學者」張俊宏，亦不過是拾人「海洋中國」牙慧的文丐。在卑視之餘，左派便明鬆暗緊地在文教界、出版界、美術界、歌唱舞蹈界，大用功夫、培養力量；4.他們知道由農業社會步入工業社會，因經濟結構的變遷，生活水平的提高、民智的進步，中產階級（薪水的白領階級）在人口此例中，一日比一日高，誰能掌握這股穩定社會的力量，誰就操勝券佔上風。於是，左派滙集了「歷史的知識」、「社會的正義」、「鄉土的熱愛」、「文藝的美善」形成了一股看不見卻體會得出的力量。

總之，左派有一致的理論基礎，有迂迴隱暗的做法，比右派近視地張牙舞爪的做法高明太多。

◎先殺靈魂再殺人頭

讀歷史的人都知道，當帝俄沙皇時代，民粹派不斷地以暴力投擲炸彈、綁架撕票，引得沙皇用全力對付民粹派，無餘力（同時也不知利害）地准許「馬克斯讀書會」合法存在。當有一日沙皇發現眞正構成威脅的不是民粹派，而是馬克斯讀書會時，為時已晚矣！他們的成員已佈遍了各階層、各行業，尤其在知識界了。最後接管政權，奴役人民的不是民粹派，而是公開掩護秘密，以合法掩護非法，暗中做思想紮根工作的馬克斯派了。想到這歷史的教訓，便自然聯想到今日的「黨外人士」右派，不正也類似當年的民粹派嗎？愚笨的民粹派那裡想得到，先殺人靈魂後殺人頭的馬克斯派才是眞正的敵人？當然，與歷史有極大的不同是，今天的國民黨政府絕不是沙皇。

今天，我想誠懇地勸醒「黨外」右派人士，你們自稱和國民黨「鬥爭」了卅年，我相信你們會了解，國民黨不是一個施行暴政的黨。卅年的事實證明可以質之於天地。我認為國民黨還不夠格玩狠的，國民黨像一個心腸良善、頭腦似乎卻不太靈光的人，他想拍手歡呼，左右手掌都可能拍空，合併不起。何況他想打蚊子趕蒼蠅?我又覺得國民黨像一個絕對的忠僕(主人是人民),主人家中有位慘綠少年(黨外人士)動輒欺侮他、打他一拳、踢他一腳,他總是萬般無奈地逆來順受,除非這個惡少要迫他死,他恐怕不會反抗。何況,依照國民黨「革命民主」的性格言,想叫他獨裁、專制,他也獨不到那裡,專不到那裡。當然,大敵當前,想叫他學歐美式民主,他也不能更不敢學到那裡去。相同的客觀環境,若換了「黨外人士」相信你也不更會民主到什麼地步。

三十年的鬥爭,在台灣有否一個人無緣無故失蹤?有無偶語棄市、人頭落地?像我自嘆懷才不遇,滿腹牢騷,逢人就吐的人,也不見有啥倒霉。大不了當不了官,受些挫折。可是一旦「黨外人士」右派的「今日盟友」上台,我保證各位活不過三個月。「民主人士」在他們眼中只是敲門甎,用完甩掉是命大,粉身碎骨是必然之命運。所以國民黨只是你們右派的「競爭者」,不是你們的「鬥爭者」。誰是你們右派的眞正敵人?你們也算聰明人,自己去想。將自己的命運建立在敵人的善意上,是政治白癡。

◎誰在控制你們

我相信有二件事,在「黨外」左派看來,具有一定程度的意義和影響。不知「黨外」右派體察出了沒有。做為一個旁觀者,可免於「只緣身在廬山中」之遺憾:(一)「黨外」的聚會、聚會……是不是整個會場有被王拓操縱的傾向,愈來明顯?他出馬競選的意義也是特殊的。(二)美國「特使」艾琳達是眞正同情支持們?抑或是想藉控制她的中國丈夫施明德來養大左派?艾女的基本思想,可以從他付予本省工人、農人的地位與意義上看出。當然以上二點只是我個人觀察研判所得。但我相信雖不中,亦不遠矣!

「黨外」右派人士,希望你們在戰術上,可以拿國民黨、國民政府為對手。但一定要弄清大局,在戰略上、策略上一定要重視黨外左派。不趁早劃清界限,糊塗仗打下去,吃虧的是自己。「既聯合又鬥爭」是他們祖傳看家本領,不是各位「一招半式闖江湖」的經驗可以應付的。你們右派與國民黨的競爭,是一種「人民內部矛盾」,你們與左派的鬥爭,才是眞正「敵我之間的矛盾」。左派心中的同志,恐怕沒有你們右派「小資產階級」的份罷?他們只是寄生在你們之中,想坐享漁人之利罷了!

◎質變、量變

「黨外人士」(包括左右二派)的戰術是混雜、交互使用的。它們為其各自己的戰略、策略而服務的。只要在「量」上能多削弱國民黨及國民政府一分,便是為「質」變預作舖路。

我二年的整理觀察,約略地歸納了他們的做法。衷心希望讀者看了之後,能做個耳聰目明的人,不再目眩於枝節花招,甚而受人擺弄。要將戰術與戰略、策略放一起整體來看,才不致於輕心不自覺地害了自己,貽患子孫。什麼東西會害自己,會貽患兒女子孫?

一、「人民有虛無的想法念頭,是當政者之恥辱」,因此,從政者莫不提倡積極的、有益的、健康的、正面意義的概念及事物,俾使社會每一成員人人奮發,個個努力,樂觀自信。若某些有心人傳播一種否定一切現狀的虛無念頭,而有百姓受其影響,這位百姓及其子弟,將要頹唐地家道中衰了；多數百姓受其影響，這社會要墮落、解體了。

二、從事政治活動，要以百姓為念，不可愚弄百姓，不可置人民於股掌之中，視人民如草芥而魚肉之。不可利用人民的良善拙樸而滿足自己的權力慾。若有人拿別人的子女父母來戲耍，而人民爭相觀看，引為笑話，不知仗義直言，有一日，自己的子女父母，也將被人戲耍。

三、從事政治活動的人，要充滿對人類的愛，不可視人民如寇仇，他應教導人民以愛心關懷。若有人從事政治活動者內心充滿「恨」並傳播「仇恨」、感染「仇恨」的情緒給他人，大家若不鳴鼓擊之，受害的是自己。

◎黑拳幫戰術

言歸正傳。今日「黨外人士」的戰術，約略地有三項（名稱是我自撰）：

（一）架空總統政策

所謂架空總統政策，具體作法是：除了總統經國先生，他們不罵不批評外，其餘現有的一切——人、法令、制度、事物……均否定之。上自謝副總統，下到國民黨地方幹部，一竿子全打翻。（把謝副總統的弟弟謝敏初的私人事情硬牽涉到謝副總統身上；說國民黨黨工貪污、專橫……等等）。在這其中的如：中央民意代表、省主席林先生、省議長蔡先生……均在謾罵諷笑之列；大法如戒嚴法，小法如有關選舉的行政命令均要廢除；在中央要增設「第四國會」，在省議會設「第七小組」，要自設法院審判案件（姚嘉文語），公務員懲戒委員會是無權機關（許信良語）；十大建設是勞民傷財浪費民脂民膏……總之，現存的一切什麼都不對，什麼都不好。

我也認為中央民意代表問題要拿出妥善辦法解決，我也不是主張〈違警罰法〉不可討論修正。問題是在：黑拳幫的想法與做法是缺乏民主性格的，凡是不合他們心意、不符他們利益的，他們便否定它、抹黑它。他們的如意算盤是：經國先生今年七十歲了，他總有歸老的一天，在這天未來到之前，要傾全力做到使百姓信不過政府任何人、任何事，看不起任何人、任何事。所以他們想把經國先生孤立架空起來。過去先總統　蔣公在世時，他們這批人也有這種一廂情願的幻想，他們萬萬料不到　蔣公的過世，全國軍民更為緊密團結。

「架空政策」的另一副作用是，處心積慮地散佈否定一切的虛無想法，就毒害了這個充滿蓬勃朝氣、人人奮發向上的社會。只破壞、不建設，正是人民的公敵。

（二）暴力邊緣政策

所謂「暴力邊緣政策」的具體作法是，每次餐會、生日會……不是事前廣佈消息，就是當場製造花樣，聚集群眾。放言高論明示的說：「再造幾個中壢事件」！暗示地說：「和平改革已經絕望……」！不斷地將暴力的訊息重覆地明示、暗示、隱喻地傳佈於群眾，將群眾情緒提高到最高潮的臨界點。你政府要出面維持秩序，是你政府的事，維持的不好，稍有差錯，有人受傷或發生糾紛，便是你政府「蓄意迫害人權」了。他們把好奇善良的人民，做為私己的政治賭本，利用群眾心理那種微妙不可自抑的現象與政府賭。燒個燙山芋，丟給你政府，看你接不接。好比把百姓引到懸崖邊邊站著，稍不注意失足掉下山崖，於是政府的罪名可大了！

現在我以群眾運動的二個小技巧，簡單地說明一下他們執行暴力邊緣政策的做法。（若有閒暇，另外詳細撰文）

第一個小技巧是利用女人和小孩：任何預謀的群眾事件發生，最初的演員，絕大多數是女人、小孩。因為：1.他們在旁觀者的眼中是弱者，容易引起同情；2.女人、小孩較易受傷，萬一受傷流血，群眾見血眼紅，便盲動起來；3.女人、小孩容易被利用來做情緒性工作。由「黨外人士」多次的活動，我們可以看出每次吵吵鬧鬧的，與外人民眾起口角鬧衝突的都是那幾個人：曾心儀、陳婉眞、袁X嫣、黃玉嬌、蘇治芬，加上一些年輕小伙子。（參見《美麗島》一期七四頁）這些女人，只是工具，製造氣氛、發生衝突的餌而已。（順便一提：我熟讀各國革命史，我發現一現象，這些女人根本不被他們的男同志尊重，打他們心眼裡，她們只是具有多種工具用途的「女人」而已）。想想看，康寧祥的夫人，黃信介的夫人，姚嘉文的夫人，林義雄的夫人，許信良的夫人，有無身先士卒，衝陷陣呢？女孩們！猛醒吧！

第二小技巧是傳播謠言：「謠言是暴動之母」，在美國時親眼看了紐華克、芝加哥的群眾暴亂，我寫下上面這句話。前年中壢事件的前三天，我的學生由中壢回來告訴我「許信良準備以暴力輔助選舉」時，我內心一驚，起初不敢相信有這種民主的罪人存在。連續二天，我下桃園實地觀察了解，整個桃園百姓的情緒已被「國民黨已準備好十萬張假票」、「國民黨已開始在X地買票了」、「X助選員被警察捉去打了一頓」、「許信良被國民黨特務打了」的謠言燒熱了。許信良在台上嘶聲大喊：「做票是共產黨，是老鼠，大家拿石頭打死他，打死我負責！」當我聽他鼓動、暗示老百姓拿「石頭」打的時候，我已知道，沒有暴動是不可能了。石頭在暴動中的意義，是歷史性的。當中壢分局被第一塊石頭擊中時，我不得不承認許信良是好的導演。

中壢事件有一人死亡。他是誰的子弟？誰又把他玩於肱掌之上？有八人判刑。許信良說打了他負責，可是當中壢分局起火燃燒之際，他卻溜去台北躲起來，是誰在愚弄這八個人？這八個人的父母或兒女，看到自己的兒子或父親被人戲耍，又背黑鍋代「他」受國法制裁，又怎麼想？

中壢事件後，黃玉嬌在散謠說：「我親眼看見警察的槍架在分局窗口，開槍打死人」。我想十一月十九日冬天的晚上八時許，你黃玉嬌是吃了什麼肝膽，眼睛這麼明？我想，以現代武器言，不開槍則已，一旦開槍不死一堆才怪。我相信中壢事件有一人不幸死亡，但絕不是「開槍打死」；依我對國民黨的了解，以她的經驗，不會再為對方製造烈士了。

李雙澤是「黨外人士」製造的烈士。邱奕彬這年輕基督徒，差一點又是「受國民黨迫害而入獄」的烈士。他的神，眞是把他像瞳孔般的保守。目前「黨外人士」人人希望別人當烈士、當羔羊、上十字架；都自認有一套學問，一套辦法，不可輕易「犧牲」。這樣愛護自己也好！為了怕有心人栽贓，而天天擔心「黨外人士」身體安危的國民黨倒可鬆口氣了。

（三）影子政策

「影子政策」就是藏之無形的政策。去年中央民意代表選舉，有幾個想鍛鍊自己能力、充實閱歷的學生跑去助選，選舉中止後回來告訴我：「老師，在黨外候選人的事務所裡，最賣命幹的，不是我們年輕學生，而是那些自稱出獄的政治犯及其家屬，他們死不肯告訴我們姓名是什麼，他們興奮地說給國民黨脫褲子的時候到了，報仇的時候到了！」我聽了之後，心神極為不安，沉思了良久。他們拼命地作幕後策劃工作，是值得有關當局及全國百姓關注的嚴重現象。他們不公開出面，隱姓埋名，但是一旦身份姓名暴露，他們便立刻與群眾結合，藉群眾之力來保護自己，以「公開掩護秘密」取代了過去純「地下工作」。許信良的脫黨聲明公佈的當時，大家都以為許信良文彩華麗，後來中壢一位范姜老師告訴我，許信良的《脫黨聲明》是他的幕後助選功臣魏廷朝捉的刀。魏廷朝是彭明敏的高足，與彭明敏同搞「台獨」，彭開溜出國，魏入獄服刑。既然大家都知道魏廷朝的大名和工作了，他現在就不必顧忌，正式出面編《美麗島》雜誌了。

用「報仇」的人做謀士，運籌帷幄，會沒有戲唱？但可憐的總是善良的百姓，迷迷糊糊地做「別人的群眾工具」。

◎為何捧蔣渭水？

談到「影子政策」，我又想起他們另一種做法；「捧死人」。最近他們看到自己似乎來愈神勇，知名度也「打」出來了，於是不得不捧已經過世的人。近來他們力捧省籍的抗日英雄蔣渭水先生。一般人或看不出這其中一的玄妙，但我這個明眼人倒是一目瞭然。捧一個過世的英雄為偶像可以：1.免除內部的爭權奪利。2.可以拉攏崇拜這位英雄的人群。3.表明自己的屬性。

若「黨外人士」現在大捧政治智慧較成熟的康寧祥為頭頭，那個不必改選的立法委黃信介必大吃其醋，那個富於權謀的許信良必內心不服。捧一個已去世的人，大家都沒話說。

若不為了權力分贓，為何這麼多年，蔣渭水先生都是孤零零地躺在六張犁山上？「黨外人士」有誰曾去燒過香？

靠美國小姐艾琳達「保護」到美國去絕食抗議的一群人，再怎麼捧蔣渭水，我們還是不信這批人會講什麼民族主義。我們向眞正的中國人民族英雄蔣渭水先生致敬！

◎戰術伎倆

「黨外人士」交織運用在戰術中的戰鬥伎倆如下；1.凡事一定牽扯到改革：而且機械地二分法，不改革就是「違反民意」，就是「和平改革絕望」，「要造幾個中壢事件」。2.凡事誇大其嚴重性：例如國外核子電廠有了問題我們這邊立刻大作文章說「政府草菅人命」，考慮欠週了。3.擅於製造新名詞：什麼「中智階級」、「新生代」、「黨外人士」……等等，分門別類，或拉或打，各個擊破。4.凡屬社會事件，就誇大其詞表示：這社會已被國民黨弄得千瘡百孔，滿目瘡夷了。5.佯裝弱者：「黨外人士」從不檢討自己做什麼怪事、說什麼鮮話；一概不准報章批評、不受法院干涉，否則就是「政治迫害」！又動輒造謠說：「信件常常失踪」、「出門常被跟踪」、「電話有人竊聽」、「找不到職業，只好賣牛肉麵吧！」

介紹完了黨外人士的戰略、策略、戰術、戰鬥之後，我公正地說：左派比右派會運用，左派比較有步驟有計劃。

左派針對那些肯定現狀的人，採取有計劃、有日程地，按照進度地分進合擊，在圍剿之下，依序把對象個個擊破，從打新詩開始，到鄉土論戰，在整體的攻勢中，左派有心人在國內、國外裡外呼應，筆調一致，論點相同，聲勢壓人。

那些肯定現狀的在孤軍奮戰，單打獨鬥之後心力交瘁，以致不願再聞世事，噤若寒蟬，灰心喪膽了。

◎應發揮道德勇氣

近多日來，我常陷在「我這個小人物要不要寫這篇文章」的矛盾裡。因為我深深地不能理解，為何一個現代中國的知識分子，不肯義不容辭地聲討暴力集團、散赤分子？我不曾聽到有哪個學術界領袖起來，提出正義的抗議之聲。我感到這是可怕的徵兆。這是一個社會維護法制、正義、是非的理性向赤威、暴力屈服的可怕徵兆。

這個社會已是「瓦釜雷鳴，黃鐘毀棄」！知識分子卻仍虛矯地以「超然」、「理性」、「客觀」、「多元價值」來自我陶醉或綏靖良心。我認為沒有原則、沒有立場、沒有執著，就不配、不能談超然，談客觀。有勇氣喊《狼來了》的余光中、彭歌，有勇氣寫《一個虛構的故事》的顏元叔，是中國知識分子可貴的典型。他們不計個人被圍剿、被醜化的後果，挺身而出，發揮了道德勇氣。

我的學生時常感嘆：「怎麼不生在抗日戰爭的大時代裡？」大時代要的人，不是做浪漫激情美夢的人。大時代要的是敢轟轟烈烈，為國家、民族拋頭顱、灑熱血的人。目前正是個大時代，我們的國家、政府正亟需年輕人奮力支持。你敢寫《我不再做正義鬥士》？你敢協助政府檢舉不法嗎？你敢針對誣衊的言論為之駁正嗎？你我生正逢時。「生不逢時」是懦弱的藉口。

那少數有錢有勢，身在台灣，心存美國持綠卡的「香蕉」，不是人類的事，是沒血沒靈植物的事。我們的土地，我們自己救。有人不做鬥士，也不做難民。我們只做鬥士，不做難民。會拿筆的文化工作者，不要再關著門自言自語了；孤軍奮戰的結果教訓了我們——到了該拿出計劃，分工合作，在理論、創作上彼此聲援，正面開辯的時候了。國民黨像個心腸善良，頭腦欠靈的人；這種人縱使可厭，但不可怕。那群心腸惡毒頭腦聰明的人才可怕、可恨。我們主動地結合起來，幫助這善良人，至少可以使他聰明點，做事有長遠及完整計劃點。

我願以一個比喻來說明我們的處境及自處之道，以之結束此文。在一個房間裡，儘管再黑暗，只要我張開雙眼，善用耳朵、慎用雙手，凡事冷靜，就絕不會碰得鼻青臉腫。反之，若房間通亮，我卻有眼不看，有耳不聽，有手不用，頭腦頑固且僵化，仍會摔得死去活來的。國際局勢再黑暗也不足憂，任何外力動不了我們。該努力的是，我們如何善用大腦、調配手腳，否則方才剛剛撞傷我右腿的桌子，立刻又會碰斷我左腿。

疾風雜誌六十八（1979）年十月號第三期

如何擊破黑拳幫的「雙重思考謀略」

曹毅志

意大利著名政治學者薩托利（Giovanml Sartori）曾指出：「一般的政治語言是不誠實的，因為這種語言用來表示思想的工具較少，卻是作為「隱匿某種想法」之用處較多。實際上，除了若干純為知識分子的論著之外，政治論著往往只是欲獲取權力的一種計謀，或為煽起行動的一種計謀而已。恐怕，在權力角逐場合，政治的「雙重談論」（double talk），甚至政治的「雙重思考」（double think），是不可避免的；因為人們不能藉冷靜的推理，以激起聽眾或讀者採取行動。」

從近代史上看，入類政治舞臺上充滿空前的奸詐，人類一次又一次遭浩劫；其主要原因，無疑是這些「政治雙重談論」、「政治雙重思考」藉著發達的大眾傳播工具而擴大其威力。顯而易見的例子是，希特拉納粹主義的崛起、馬克斯列寧主義的毒害半個世界，於今未歇。

◎中共擅用「雙重思考」語句

中國共產黨當年尤其是擅於運用「雙重談論」，是「雙重思考」的能手。在攫取中國大陸以前，他們製造大量「政治語句」，諸如：「人民政府」、「抗日統一戰線」、「中國人不打中國人」、「聯合政府」、「軍隊國家化」……等等，這些具有雙重意義的詞句，無疑是他們奪取政權的最大功臣。

益有進者。打從毛澤東起算，中共的早期領導人在文藝修養上，從不缺乏。他們把文藝性語句的技巧運用在政治語言上去，使得他們的「政治雙重談論」更抹上一層易於動人情感的色彩；「淺白」、「易曉」、「帶感情」的「政治語言」，其能鼓動人心的程度，絕不是「文以載道」的生硬、艱澀的傳統中國官方語言所能相頡頏的。最突出的例子是，抗戰勝利後，數以十萬計的偽滿軍本來可成為強大的反共力量，由於政府遲疑不予收編，中共立刻製造一句「政治語句」：「此處不留爺，自有留爺處；處處不留爺，爺去當八路。」這句既淺白又富「感情」的話，流傳在偽軍口中，其結果比十顆原子彈的力量還大。

毛澤東從不諱言一句話：「槍桿子出政權」。這句話固然有它的真實性，但不知毛澤東是故意隱瞞、抑或並無所知這句話只說出了一半的因果關係？另一半的因果應是：「什麼出槍桿子？」毛澤東一夥人當年經過所謂「二萬五千里長征」，從江西逃到延安，和當地的土寇劉志丹結合，也不過是三萬多人。接著經過了八年對日戰爭，中共日漸坐大，其中包括許多知識青年「投效」延安的「抗大」。抗戰勝利後，竟能急速再發展，三年之間，居然能把具有數百萬「槍桿子」的國民政府力量打敗。作為檢討歷史的人，我們不禁要問：本來沒有「槍桿子」的中共，何以能取得「槍桿子」而奪得政權？反之，本來有「槍捍子」的國民政府，為何失去「槍桿子」而喪失大陸的統治權？答案已很明顯，兩者的樞紐因素正是「政治語言」。

◎國民黨不擅運用「政治語言」

不能吸取歷史教訓的人永遠沒有進步，曉得歷史教訓而不能改正者亦屬徒然。國民黨經過以前的巨創，雖然有識之士早已檢討過「宣傳」——「政治語言」方面的失敗，但多年來，很多做法上似乎很少有吸取教訓的跡像。縱使吸取教訓，也很少人能大刀濶斧去運用。且舉一些例子以明之：

一、前年的選舉，許信良之所以能高票當選桃園縣縣長，甚至演成「中壢暴亂事件」，根本原因絕不在許信良本人有何高超品格足以號召群倫，尤非縣民愛戴許信良。主要原因毋寧是許信良略能運用「政治語言」之技巧。其技巧之中心乃是「國民黨做票」這句話。這句話早在選戰開始很久以前經過文字、耳語的反覆渲染，造成的效果頗為驚人，不但群眾深信，連一些在大學教書的人直至今天還相信。在平時，他們利用上課、寫文章或開座談會的機會，對國民黨作任何「善意建議」之餘，常常有意無意地帶上一句：「希望國民黨選舉要公正，不要做票」。這句話自自然然就暗示了「國民黨是做票的」，這樣的「政治語言」就印上人們的腦海之中。在選戰開始之前，「國民黨做票」這句政治語句早已在群眾中發酵了，到了選戰開始，進一步強化其作用。在投票前夕，竟以海報公告：「做票就是匪諜！」、「看到做票就是共產黨，大家要一齊喊打！」。在這種「戰術」之下，許某不當選、中壢無暴動，倒是令人驚奇的事。

二、在去年十二月間的增額中央民意代表選戰中，我們可拿台北市兩個相當「極端」的人來比較。李鐘桂是國民黨徵召出馬的，她既有他人難以企及的名望，更有執政黨全力的支持，但顯然可見，她的氣勢並不強，甚至可說相當弱，她所散發的傳單、海報絕無動人之處。老實說，如果她不是占婦女保障名額，且敵手較少的便宜，去年如果選下去，能否當選實成問題。相反的，另一個只是報備選的葉潛昭，論財雄比不上蔡萬才、高忠信；論地利，比不上其他許多提名及報備的本省籍人士；論聲望，由於他家庭關係，使得許多人對他絕無好感；可是選戰一開始他的聲望即節節上昇、獲得社會大眾的刮目相看，連康寧祥等「黨外人士」也感氣勢迫人。如果是項選舉未中止，他的必然當選是意料中的事。箇中原因，只要把他競選的傳單、海報的用句以及演講的「語言」與李鐘桂的對比一下，強、弱之分，便一目瞭然。

◎拳的「雙重思考語句」謀略

「政治語言」在選戰上運用，只是小道。以上兩例，不過欲使我們重視這問題，不要在對敵鬥爭上再陷覆轍。

目前的「黑拳幫」，無疑已是國民黨的「敵人」（看不清此點的人，即是犯了政治幼稚病）。更具危險的是，「黑拳幫」已漸漸有變演成社會大眾的敵人的趨勢。但包括國民黨一些迷信「民主寬容」政治語言的高級人士在內，很多人似乎並未瞭解到這一點。

我們可以從他們最近頻頻製造的「政治語句」來證實這一點，這些「語句」無疑是具有「雙重思考」的謀略性的。

如今可就他們所大量製造的「語句」中，挑出三個最具「謀略性」的來談談。

第一個是：「黨外人士」。這個已為眾所周知的分化性名詞，無非是想造成「國民黨」與「非國民黨」的對立意識。關於這一點，社會絕大多數人皆已看出，故目前很多人已喊出「正名」問題。但

能察覺它的謀略所是一回事，如何使其謀略消失又是另一回事。我們的大眾傳播工具迄今還有不斷稱他們為「黨外人士」的，而一些學者、教授，雖或知此詞之不當，但因為自己的「虛矯心態」，總是不由自主地照稱不誤。在此，筆者不得不對《疾風》雜誌表示敬佩，因為他們一直堅稱那些人為「黑拳幫」。「黑拳幫」無疑也是一個「政治語句」，這個語句足以把「黨外人士」一詞所蘊藏的謀略消於無形。

第二個是：「新生代政治運動」。這個名詞是《美麗島》雜誌創刊號打出來的。其蘊藏的謀略，無疑是欲鼓動知識青年去積極從事「奪權鬥爭」。《疾風》雜誌第三期已有兩篇文章去批駁這一「政治語句」，可惜社會大眾似未注意，而其他報章雜誌還似在懵然不覺之中。

第三個是：「政治上少數民族」。這個名詞是《美麗島》雜誌第二期打出來的。如果把以上兩個名詞來作比較，此一名詞所蘊藏的危險性無疑最大。顯然，這是「地域分化性」的謀略，足以把復興基地中一千七百萬人中的絕大多數捲入慘烈的政治鬥爭之中。

◎擊破「政治語句」謀略三途徑

問題在於，如何消除黑拳幫的「政治語句」中的謀略於無形？其方法不外三途：

一、分析：對於此種「政治語句」，必須永遠記著前文所述的意大利政治學家薩托利的話，切莫「望文生義」地輕易相信文字表面上的意義，必須小心找出隱藏在文字表面意義背後的另一層用意。當然，要做這工作的先決條件，先「客觀」加以綜合其他相關文字以及他們這些人的行為表現，方可下結論，否則可能變成另一種「望文生義」，即斷章取義地曲解人家的意思，其極致將造成冤枉別人的「文字獄」，誠非打擊敵人的本意。因為如此做法，敵人未打中，往往打中朋友；「為淵驅魚」永遠是政治上的拙劣手段。

二、揭發：經過分析，可認定其「政治語句」背後隱藏的陰謀之後，應予以揭發。揭發可分兩途：一是治安機關，二是社會大眾。如果說「政治語句」已在社會傳播——像《美麗島》雜誌這樣公開發刊者，則應有相應的方法向社會大眾揭發。「敵人在那裏放毒，我們就在那裏消毒」，這是揭發的精義所在。

三、打擊：如果光是「揭發」，未必能把敵人的謀略消除，正如你只告訴別人某水井有毒，也只能防止人去飲用，這種消極、被動的做法並未能解決問題；如何徹底消除該井的毒素才是根本之道。因此，最後必須加以「打擊」。打擊之道，一是以更高明的「政治語句」來將之消彌，例如以「黑拳幫」一詞去消彌「黨外人士」一詞的危險性就是。二是必要時不妨對敵人「亮底牌」加以嚇阻！例如黑拳幫目前喊出「政治上少數民族」這一「政治語句」，我們可以把所有「牌」亮出，明白告訴他們，政府今天絕不是「政治少數民族」，而是與大陸上十億同胞血肉相連，更符合一千七百萬人

民多數願望。如果黑拳幫一定要這樣幹下去，縱使政府被他們打倒，全中國的同胞必也起而火拼。鹿死誰手，已有定數。這樣一來，凡是眞正愛鄉土、追求民主的人，只要是稍有理智，當會在權力迷夢中甦過來。這種方法在國際上屢被使用，如美國甘乃廸總統處理古巴飛彈事件即是。對於迷信自己有群眾的黑拳幫分子，若政府相信他們眞有群眾，就是上了大當，今後他們就肆無忌憚予取予求了。正確的方法是，非但不相信他們（堅定自己信心），反而要明白告訴對方，「你們即使眞有群眾，我也不怕！」這樣黑拳幫必知難而退。

對於以上三項方法，執政黨做得如何呢？綜觀她八十多年的歷史，尤其自她與中共鬥爭以來，似乎大多數場合只能做到「分析」這一步，有些場合則昇高到「揭發」第二步；第三步「打擊」，似乎就無法提昇到達了。這顯然是值得執政黨有關部門深思的事。箇中原因，可能是長期以來，國民黨過分喜歡重用「書呆子」型的幹部之故；這類型的人，所長是「飣餖之學」，平時尋章摘句，拘謹有餘，魄力不足；適於承平時代治國，在對敵鬥爭上很難因應自如。

我們今天甚為欣慰的，是看到《疾風》這班人的做法。就從化解敵人「政治語句」所隱藏的「權謀」上，疾風顯然是技高一籌的。綜合疾風三期以來的文章來看，我們發現它無論內容、標題、漫畫、口號、詩詞，都是那麼鮮明、活潑、大膽、易曉、動人，無論他們是「知而行」或是「不知而行」，總之可說把握了在意識型態之戰上的克敵致果要領。願他們繼續奮鬥下去！

疾風雜誌六十八年（1979）年十一月號第四期

不可推銷「政治非廣告術」

——質問楊國樞教授及對國是三點建議

李長之

◎成分認定

首先，為避免被列為「反共義士」，讓人生「非我族類」的錯覺，我願意先做一個自我的「成份認定」。我是在此地出生、成長的新生一代。當年在台大，雖未曾有幸於楊國樞教授門下親聆教誨，然時常在報章雜誌上閱讀到楊教授的文章，報導客觀，分析合理，的確不愧是此地的心理學名家。但最近我在台海的石油探勘船上，兢兢業業地希望為全國同胞找到充足的自產能源之餘，看到送來船上九月十二日《聯合報》有楊教授口述的一篇論斷「中泰賓事件」摘記，曾與船上若干工作人討論過；不敢說是新生一代的公論，但不少人亦持相同看法。謹野人獻曝，期能引起社會公論的迴響。

◎前車之鑑——「非廣告術」

楊師該文係以「黨外政治人士」及「反共愛國人士」以外的第三者姿態發言，並且似欲以其學術名人的地位，企圖導引輿論於其設定的圈範中；如此作法便對楊教授原有的溫文儒者形象有所損傷。並且此等作法與當年的「民主同盟人士」如羅隆基等，企圖以學術地位在政治上分一席之地的方式相似；但是顯然他們在其費盡口舌所抬起來的中共政權中，並未達成慾望，只變成當時統戰運用的工具，斯可為楊教授的前車之鑑。願楊教授惜乎名，勿為他人所利用。

設若楊師確對「黨外政治人士」的某些政治構想有所冀望，則應樹明旗幟支持其政治構想，不該以第三者立場發言。

好像現在報紙上流行的「非廣告」，用旁觀者、使用者口吻來敍述廣告詞，想讓消費者在不設防的心理狀態下，接受其廣告作用，進而出資購買，達成刺激銷售的目的。就商人作生意來講，「無商不奸」是大家心理上的一種容許，但在楊教授一代名學者的筆下，也使用這種「非廣告術」，則不夠愛對惜羽毛矣！

該文對「黨外政治人士」及「反共愛國人士」均有所批評，似乎取兩執中，欲作公平的裁斷，但結論卻偏向「黨外政治人士」這一邊。例如談理性問題的結論：「要改進使黨外人士能夠講理性的客觀條件，儘量減少不必要的干擾，這樣才能化解與防止過份情緒化反應。對於不走正道的政治人士，則應依法辦理勿枉勿縱。」不知道這是否指《美麗島》集團的美麗大使陳婉眞小姐，在洋大人之國哀哀上告，而美麗島集團在此中泰賓館舉杯遙祝之餘，政府應不惜一切動用警憲力量，誓死護衛《美麗島》群賢，如此才能使「黨外人士」增進「講理性的客觀條件」？同時將反共義士領導的搞「武鬥」的「疾風集團」隔絕在外，方能減少不必要的干擾、化解並防止「黨外人士」過份的情緒化反應？

此外，告洋狀的美麗大使，在楊教授眼中不知是否算「走正道」的政治人士？應如何依法辦理？還有，已出國觀光的許信良先生，若是像陳婉眞小姐一樣告洋狀，則應如何「辦理」預防，方才算是「勿枉勿縱」？願楊教授有以教我。

另外談愛國與民主問題。楊教授的認定「眞心主張民主的人，一定是愛國者，而愛國者則不一定以民主為手段。」這項認定在理論上說，是否絕對正確姑且不談，問題是，有政治野心者的民主主張，未必是心存愛國；其爭取民主的高呼，僅為滿足其政治慾望的手段。楊教授文中提到陳婉真小姐，在去年樹立過「民主牆」；使讀者下意識的認為，《美麗島》集團就是全部眞心主張民主的人，都一定是愛國的了。相反地，《疾風集團》的愛國者卻不一定以民主為手段。

事實上、美麗島集團並不都是眞心主張民主的人，懷有個人政治慾望者不在少數。特別是此次中泰賓館事件中，散發「公報」，領唱台獨歌曲的台灣基督長老教會人士；其以宗教信仰的推廣來散佈政治性言論，這對教會以及信徒們來說，不是不務正業、別有居心嗎？

◎雙重標準

還有，楊教授對有關單位的期望，認為：「治安局這次對中泰賓館內依法活動的美麗島雜誌社人員加以保護的做法，是值得讚揚的，但是對於場外不合法的行動，當時應該依法儘快取締才對，這樣當不致拖延長達五小時之久。」楊教授這項看法就美麗島方面來說固然不錯，因為不論此次創刊酒會是否與陳婉眞小姐的告洋狀遙相呼應，甚至由台灣基督長老教會散發公報，呼籲「制止違憲的寺廟教堂條例之立法」，詢問「國民黨政府是否過份懼怕××教會，黨外人士及中共？」這些舉動言論是否為政府主管機關所默許，姑且勿論。至少美麗島雜誌向主管單位報備過，國民黨中策會關副秘書長的蒞臨可為明證，所以動用千餘警憲護衛中泰賓館是值得讚揚。但是對場外疾風團體的取締，不知應該如何「儘快」？是發生流血事件才算儘快呢？還是上手銬，入囚車方才不致拖延至五小時之久？另外在中壢事件發生時，似乎楊教授並未為文說是拖延太久，應當儘快取締。這好像對不同的對象有相異的要求標準，就彷彿美國對共產國家與自由國家間的人權要求有區別一樣。

◎「動機」可忽視嗎？

最後楊教授提出「八不」與「八要」和雙方共勉，這的確是「黨外人士」及愛國人士都要誠心接納的。只是為「八不」中的一項「不猜疑動機」個人以為有修正的必要。因為不同的動機一定會有相異的結果，雖然中途的過程完全相似。

即以開辦一家孤兒院為例，雖然表面上都在爭取社會善心人士的捐助，若有斂財與慈幼兩種不同的動機，則斂財者必然大部份攬入私囊，僅以小部份維持孤兒院的開支，對孤兒們的衣食所需降至最低，其身體育樂及心理成長更無暇顧及。假如動機係慈幼，則必然有效運用社會捐助的每一分錢；除了照到孤兒們的衣食住行育樂，同時對其性格發展亦非常注意，務必使其合群進取，不曾孤僻離群，甚至對整個社會都懷有敵意。

因此，動機是萬事原動力。若動機不明則事態的演變就完全無法掌握，等於在「彼暗我明」的狀況下任由對方擺佈，又如何能夠採取先期行動和進行政治協調呢？所以查明對方對機是做任何事情所必先為慮的，無論作戰、從政、經商、下棋、交友都不例外，不知楊教授以為然否？

◎積極的建議事項

這次「中泰賓館事件」所以產生如此巨大的餘波，是因為《美麗島》聲援陳婉真在美的飢餓抗議與荒誕言論，長老教會公然分發反政府教會公報，以及《疾風》雜誌社的群眾抗議活動。因此擬就此三方面向政府、黨部主管機關做幾點建議，期望有關單位以新作法來適應新時代。

一、建立黨內普選制度

陳婉真、許信良與陳鼓應等「黨外新生人物」最近製造了不少問題與風波。這些新生人物原本都是國民黨黨員，何以他們放棄黨內發展的機會，又付出極大的代價，來換取「黨外人士」的認同與接納？這意味著黨部目前的提名方式可能有修正的必要。因為各級黨部主委與所屬黨員的直接接觸並非全面性的，所以在地方首長和民意代表選舉的黨提名上，不免有遺憾。若遇到未獲提名者思想較為偏激，而且自覺政見、能力以及對選民的號召力都比黨提名者要強，那麼急進的少壯派難免衝動地脫黨競選；而黨部為了伸張黨紀，只有將其開除黨籍，如此他們退路既斷，只好不回頭地作激烈的反對言論，加入「黨外人士」活動，甚至比「黨外人士」的言詞還要譁眾取寵，如陳婉眞者流在嘗試另一條政治捷徑，等於為「黨外政治人士」陣營中憑空增添了少壯兵源。原先「黨外人士」對少壯接班人的吸收並不容易，如此一來，倒反而可以輕鬆地挑選、安排「接班人」。所以目前的國民黨提名方式，似有「為淵驅魚」的傾向。

愚意以為，改目前的方式為黨內普選，當選者由黨提名參加正式公職選舉。普選中的候選人資格不必在年齡、學歷上再加限制，只符合正式選舉中的規定即可；但是可以在黨內資歷上有所限制。比如說候選人必須黨齡滿十年以上，同時在十年中擔任過兩次以上的小組長、區委等義務職務，如此可使黨內基層的業務與活動更有朝氣及活力。候選人所提政見必須不違背黨部事先公佈的基本國策與適應原則。黨內普選的政見發表會儘可能普及到區黨部，讓全體黨員都能瞭解到候選人的政見和抱負，進而選擇最優者出來代表全黨競選，同時讓全體黨員對黨提名都有一種參與感，自然能夠確實掌握全體黨員及其可影響的選票；落選者知道自己所能爭取到的票源數目，也就不會冒險地脫黨競選。普選和黨提名參加正式選舉的一切費用，概由黨部負責。這樣可使任何有一腔熱血的黨員都可以循正途在政治上求發展，不致淪為財團政治或門第政治。

二、嚴禁教會干政

全世界各民族的政治發展史，可以說都是由神權，而君權，終於民權。因此，神權是一種最原始的政治型態。目前除未開化的少數民族尚停留在神權階段外，大概只有泰國和西藏仍然維持著「政教合一」的神權政治模式。即使輝煌一時的天主教教廷，今天也早與政治脫節，僅居全世界信徒的信仰領導地位。

而台灣基督長老教會，竟然還想恢復最原始的神權政治，實在不識世界潮流至極。現在台灣教育普及，該教會只有在教育不夠普遍的山地鄉活動較多，但是已造成山地青年不敬國旗、不唱國歌、拒服兵役等反抗政府行為。最近居然與國內的黑拳幫分子和國外的台獨份子溝通，甚至公然發行反政府的《教會公報》，其欲以教會力造成一股政治勢力的居心，已昭然若揭。若主管機關不加取締，則等於鼓勵教會干政。前南越佛教和尚自焚，以導致國內外對南越政府的不諒解，可為殷鑑。

三、疏導群眾活動

政府遷台以來，由於主管機關的嚴厲管制，一般國民不願沾上政治色彩。二十餘年間，只有「劉自然事件」一次對美國大使館抗議的群眾活動。至於「釣魚台事件」係屬政府誘導下的遊行，不算自發性的群眾活動。這種運動的優點，在使野心分子沒有可趁之機；缺點則是一般小市民對政治毫無興趣，總認為邦國大事由專事者謀之，大家只關心物質、財富的追求。國內外的政治情勢事不關己，實非國家之福。

近幾年從退出聯合國到美匪建交，似乎全國民眾都察覺到了國家的多災多難，主動關心國事。由中壢事件、選舉辯論、斷交抗議，一直到這次的中泰賓館事件，在在都顯示著睡夢中的民眾已然驚醒，家與國不再毫不相關，人人輸財解國難，個個挺身揚國是，這實在是一個好現象，表示一般國民都把自己的身家性命與國家安危緊繫在一起。

今後自發性的群眾活動必然還會再起。主管單位似不必制壓這種活動，以免把初萌的民眾愛國熱心冰消瓦解。但是對整個活動的發展必須密切注意，在群眾情緒激昂，有演變為武力衝突時，要適時疏導，避免暴動的發生。同時，有無野心份子從中煽動，企圖使群眾的愛國活動變質，如中壢事件然，是一定要搞清楚的。

編按：本文作者係台大畢業，現服務於中油海域探勘處。他為表負文責，把身分證字號也寫在原稿中，這正是道德勇氣的表現，本刊謹向他致敬。讀者如有懷疑，歡迎來本刊查對；因為本刊做事向來光明磊落，絕對不像黑拳幫，專愛揑造事實。

楊國樞有意切斷愛國聲帶

疾風雜誌六十八年（1979）年十一月號第四期

何啟元

理性、理性，多少罪惡假汝之名而行之！

◎不是學問，而是陋見

九月八日中泰賓館事件發生後，《聯合報》十二日發表了由台大教授楊國樞所口述的一篇文章〈肯定理性價值，民主是為愛國〉。這篇文章充滿了驚人的謬誤觀念，使筆者立即理解到何以陶龍生教授於八月間在民族晚報發表〈學問與陋見〉一文，沉痛指斥在國建會中，頗有一些「學人」大談外行話。他說：「學者開口，如果講外行話，便不足以稱為學問了；這外行話如果發生誤謬，更不是學問，而是陋見了。」

當然，一位專家學者如能平時即留心「行外事」，日積月累，也可能成為另一行的「專家」，而不致講「外行話」。

但就心理學專家楊國樞教授的例子來看，這個希望到目前為止恐怕仍然落空；因為楊教授在接受訪問中，不但講了許多外行話，而且包含許多驚人的謬誤。顯然，這些都不是學問，而僅表示了他個人的陋見而已。

筆者認為，聯合報這篇文章，影響楊教授他私人成為另一行的專家茲事小，帶給社會很多錯誤的觀念茲事體大，因此，不得不為文嚴詞駁斥之。

◎幾個錯誤的「肯定」

首先，楊教授企圖「肯定理性價值」之時，顯然也做了其他幾個錯誤的「肯定」，如：

一、他肯定：「此地不但是我們安身立命之處，也是我們的後代子孫謀求發展的基礎。」

這句話是什麼意思呢？很簡單，就是主張「偏安」，也是對復國沒有信心，直把杭州當汴京的偏安心態的充份流露。（這是對民心的無知）

二、他肯定：《美麗島》這一小撮人也是愛國的，「只是表現的方式不同而已。」

換言之，在中泰賓館內售賣已被查禁的《潮流》也是愛國，散發主張台獨的《長老教會公報》也是愛國，只是方式不同而已。（這是對政治的無知）

三、他肯定：「對政府建議，法律不應是是統治人民的工具」。

就是說，到目前為止，他認為法律仍是某些人用來統治人民的「工具」。在他的瞭解中，現在的法律並非公平正義。（這是對法律的無知）

四、他肯定：愛國反獨人士只是「幾位先生」，由於在一個封閉而一元化的極權社會中長大，對於「多元化的社會」並不習慣，才有過激的行動。（這是常識上的無知）

據筆者所知，當日楊教授亦收到《美麗島》雜誌的請柬，而準備興高彩烈前往；結果到了中泰賓館門口，看見人山人海，一致在討伐叛國份子陳婉眞，只得敗興而回。所以，楊教授對現場的情況應該是了解的。

筆者無從理解何以楊教授要閉著眼睛肯定只有「幾位先生」在愛國反獨，更無從理解何以楊教授能背著良知肯定，從極權社會中逃出來的人士從事反獨行動就是「不習慣於多元化的社會」。

難道在多元化的社會裡容得叛國賊的同路人「一元」，就容不得反獨愛國人士的另「一元」嗎？難道對叛國行為沉默就是習慣於多元化的社會，而從事反獨行動就是不習慣於多元化的社會嗎？這樣說來，楊教授所指「多元」是什麼？恐怕只有他所喜歡的「元」他才「肯定」吧？這又算什麼「理性」？顯然楊教授所說的「多元價值」，實係依「楊氏的一元」來斷而已！

◎荒唐的「期望」

其次，在高唱「民主是為愛國」之餘，楊教授對政府提出了他心目中有關民主政治推行的方法。他期望政府：

一、「在發現政治人士有違法的趨勢時，可以儘快用連繫、協調、勸導、甚至警告等方式，提醒他們注意行為的法律後果。」

換言之，不要用法律來解決法律問題，而用政治來解決法律問題（即否定法律）。

二、「只要能對自己有信心，少數政治人士過激或不當的言論或行動，社會自己就會把它加以淘汰的。勉強的限制，反而會製造緊張甚至激成變局。」

就是說，政府最好不要有所作為，讓少數政治人士為所欲為（即最好是無政府狀態）。

這些是楊教授對所謂「黨外政治人士」的「好婆婆」看法。

可是，當討論到愛國反獨人士的行動（正是社會在淘汰台獨的行動）時，這位楊教授馬上換了一付面孔，猙獰地主張「對於場外不合法行動，當時應該依法儘快取締才對。」

◎一派欺人之談

從楊教授整篇文章看，明顯的，在他心中有幾個先人為主的觀念，即是：

一、「黨外政治人士」是民主運動者，反獨愛國人士是暴徒。

二、「黨外政治人士」代表民意，反獨愛國人士不代表民意。

三、政府應儘量給予「黨外政治人士迴旋的餘地。並減少干涉。」但政府應儘量取締反對他們的愛國群眾。

楊教授心中既然有了這些陋見，他所說的「一個自由民主法治的社會，容忍是必備的條件之一，對於與自己的觀念不相同的意見，應該養成樂於深入了解並能加以欣賞的習慣。」這段話，根本就是謊言。事實上他自己證明了，他根本未曾「深入了解」九月八日中泰賓館門前的愛國群眾是包括那些人；至於「欣賞」，那更是欺人之談了。

◎狠心切斷愛國聲帶

瞭解了楊教授的心態後，我們就更容易研判出，為什麼楊教授要在九八事件後急於高喊：「理性價值，民主是為愛國」？

無他，因為〈九八中泰賓館愛國事件〉引發了沉默大眾的愛國呼聲，而這種呼聲有礙於楊教授個人的「台灣模式」計劃。如大家都起來愛國，那他的「台灣模式」計劃將永遠得不到國人的肯定。所以，楊教授要不顧一切地，迅速地假借報紙的篇幅，用它專家學術的利刄，狠狠地將此方長成的愛國聲帶一下子切斷。讓這社會永遠只聽到他「理性與民主」的楊家一元論調，再也聽不到大眾的愛國呼聲！但群眾會這樣傻嗎？會再迷信這少數幾位學者所販賣的「美式民主」毒藥嗎？楊教授顯然估計錯了。

最後，筆者特別聲明的是，本文所引片斷，均根據楊教授原稿，讀者不妨找《聯合報》九月十二日第二版原文來對照研究一番，以證所述非虛，並為公評。

疾風雜誌六十八年（1979）年十一月號第四期

別火！胡秋原先生

◎誰反對民族主義？

主筆室

本刊第三期登載了齊森茂先生〈誰是眞正的敵人〉一文，引起社會普遍重視，咸認係剖釋黑拳幫內幕的「經典之作」，使愛國同胞對黑拳醜惡、卑鄙、毒狠的嘴臉有進一步的瞭解，無論對國家、民族，均是絕對有益之事。

因為該文的披露，黑拳幫心驚膽顫，從此信心大喪，自不在話下。從黑拳幫的二號頭目黃順興不得不利用立法院來對此文作質詢之內容，即可充分證明此點。吾人對黑拳幫的反應，毫不驚奇。

令人萬分驚訝的是，向來令吾人敬重的胡秋原先生所主辦的《中華》雜誌，居然又是社論，又是文章，又是投書，開足火力，對本刊攻擊起來。攻擊的理由竟然是說本刊「反民族主義」！

我們可以斗膽說一句：如果《疾風》算是反民族主義的刊物，恐怕世界沒有申張民族主義的刊物了！

打從去年十二月五日《疾風》的成員在台北市中山堂光復廳抗議台獨分子改國歌起，到今年「七七」召開反獨愛國大會，到疾風雜誌發行四期以來的每篇社論（評論員文章），以至「九八愛國運動」發動群眾反擊台獨分子，一年來，我們的行動也好，言論也好，哪一點不是強烈的民族主義的表現？我們非但在言論上是一個堅決的民族主義者，還以行動貫徹民族主義。這一點，絕對不是其他類似政論性雜誌所能企及的。中華雜誌創刊十七年來，雖然不斷鼓吹民族主義，但能做到的恐怕僅止於「書生論政」階段的民族主義而已，卻從未能提昇到把民族主義「起而行」的層次。如果說疾風是反民族主義的，世上豈還會有擁護民族主義的雜誌？

◎疾風犯了何罪？

《中華》雜誌之所以全力攻擊《疾風》，不外是因為此雜誌第三期登了一篇齊森茂先生所撰〈誰是眞正的敵人〉文章，該文長達一萬字，千不該萬不該，內中說了一句這樣的話：「（左派）偶而或必要時也利用中華雜誌作後盾」（見疾風第三期六十五頁中段）。

就因這麼一句話，《中華》雜誌十一月號就以下列「火力」來攻擊本誌了：

一、社論〈略評台灣反民族主義的怪聲〉：說目前台灣有三派人反對民族主義，一派是「黨外人士」（即黑拳幫，但中華仍虛矯地稱為黨外人士）。第二派是留美回國的若干教授。第三派是疾風雜誌。此社論不但痛斥「反共義士」，而且還說《疾風》刊名「似乎有錯」。（這是大笑話，見下表所列中華雜誌六十六年二月社論）

二、黃順興〈為誰是真正的敵人向行政院提出質詢〉一文：認為本刊以台灣內部之「黨外人士」為真正敵人，係公然製造台灣內部分裂，及違背國家之言論，其背景與動機，「本席認為不可不查」。

三、曾祥鐸〈不要堅持對民族主義者的誤解〉一文：此文主旨與前揭社論差不多，並進一步污衊疾風「認為提倡民族主義是危險的，甚至是最危險的敵人」。

四、毛鑄倫〈我看中華雜誌〉一文：此文旨在為中華雜誌「未受人利用」而辯解。內容相當理性。雖對《疾風》不無誤會之處，但尚能使人接受。

五、尉天驄投書〈何必把槍口對著鄉土文學〉：此投書旨在為自己辯白，尚情有可原。

六、王曉波〈我的聲明〉：此投書旨亦係為自己辯白。

《疾風》雜誌究竟犯了何罪，竟勞動中華雜誌發如此猛烈的「火力」？涉及「中華雜誌被利用」的話，只是《疾風》所登的文章中的觀點而已，並非社論所說，何可一棍子把疾風雜誌連同「幾個反共義士」一棍子「打死」？

如果因為登了一篇文章有不當的觀點（姑且假設不當），就可擴張把整個雜誌及辦雜誌的人全加否定；那麼，去年中華雜誌登過黑拳幫分子陳鼓應的很多篇文章，大家是否就可把包括胡秋原公在內的中華雜誌全體人員統統視為「黑拳幫分子」？當然不能夠。

◎我們尊敬胡秋公

多年來，我們都閱讀《中華》雜誌，對於發行人胡秋公的道德文章更是敬佩有加。尤其十多年前，胡秋公以一位眾所敬佩的學者身份，能放棄學者慣有的虛矯面貌，為了正義，為了保障民族文化，寧冒「遂令豎子成名」之險，堅決對「文化太保」李敖開火，把文星集團批駁得體無完膚。胡秋公這種高貴情操，正是中國知識分子的典型，堪為吾等後生小輩的典範。

令人感到失望和迷惘的是，胡秋公以及中華雜誌，近年來似乎失去了當年鞭撻文星集團的勇氣；雖然堅執民族主義的大纛，但對台獨漢奸集團卻不予以有力的打擊，寧可在一些瑣碎之事上大做文章（例如大罵林洋港市長不該建翠谷水庫、斥王紀五為老鼠之類）。反之，對社會正義行動（如中山堂護歌事件、九八中泰賓館愛國運動等）卻不置一詞予以贊揚，反而還登些歪曲性文章。

據查，中華雜誌在胡秋公之下，社務委員有五位：毛鑄倫、王曉波、陳映真、曾祥鐸和劉源俊。毛鑄倫和劉源俊兩位先生的學問和人品，我們瞭解，絕無問題。王曉波及陳映真是什麼樣的人，不必我們說了。曾祥鐸先生呢？據說他是中華雜誌的實際編輯者，自己也寫很多文章，這次為了攻擊疾風，據說還在十月號化名「楚揚」寫了一篇「一件幸未見血的衝突事件」，內中汙衊疾風的人在中泰賓館前指名喊「打死康寧祥」等（疾風的人根本不可能做當眾喊打死別人的笨事）；因此，我們對曾先生的動機和為人甚不瞭解。

是不是胡秋公年事已高，無力去細看稿件，以致被人利用和包圍了？我們甚感迷惘。

以上迷惘和失望，我們絕非無的放矢，敢於汙衊胡秋公或中華雜誌。茲將六十六年元月以來，胡秋公在中華雜誌發表的文章、中華雜誌的社論，以及黑拳幫利用中華的情形作一統計如下列各表：

◎我們的疑問

中華雜誌社論部分言論表（自民國六十一年一月起至六十八年十一月止）：

胡公祠

年月	社論名稱	重要言論	我們的疑問
66、1	民國六十六年之展望	「言論界尤應弘揚愛國主義、民族尊嚴，不可提倡亡國奴主義、漢奸主義。」	疾風弘揚愛國主義，打擊台獨漢奸不遺餘力，為何中華雜誌反批評我們？
66、2	中國到何處去？	「不要以為言論無力。『撓萬物者，莫疾乎風』。全國言論集中之時，是可以旋轉中國的」	我們取名「疾風」，正是以「莫疾乎風」的方法去「撓萬物」，為什麼中華雜誌六十八年十一月社論卻懷疑我們取錯了名字？
66、5	務須謹慎，停止不急之務，振肅綱紀	「社會上的正人君子也應本國民之責，發動社會清議，不作鄉愿。」	為什麼中華雜誌近年來不敢大力打擊台獨叛國分子，反而登陳鼓應之流的文章？難道陳鼓應之流算是「清議」麼？
66、6	歌功頌德是革新障礙百病根源	「同時，我們想勸青年們也要知道國事的艱難，更要知道，這中華民國的生存和安定是必須維護的。」	政府不對之處固應批評，但一味批評政府，對存心危害中華民國的陰謀分子卻不去揭發打擊，就能「維護」中華民國生存和安定？
66、7	論立言之體	「毫無疑問，中華民國政府根據中華民國根本大法之憲法而產生，自然是代表全中國的，而這憲法是經過大陸人民之同意。回大陸前誰也不能將他破壞……在過去，人民反對皇帝名曰大逆；而在今天，不經正式程序，故意毀棄憲法，是可以構成叛逆之罪的！」	這話說得義正詞嚴。但對於台獨分子近年來囂張狂妄，說政府是「政治少數民族」，光復大陸是「神話」，說法統是「繼續統治的藉口」，對於這些叛逆行爲，中華雜誌為何不予討伐，卻仍稱那一小撮人爲「黨外人士」寬容有加？
66、12	論瑣屑、虛驕、崇洋媚外與地方選舉	「由此看中壢事件，我們認為，如能由『大體』檢討原因，則此事是求重大教訓的好事。華盛頓也鬧事，倫敦巴黎東京也常出亂子，不足為奇。但如果還是虛驕，還是瑣屑，還是崇洋媚外，那就還有更壞的事出現。」	中華雜誌既然把中壢事件如此輕描淡寫，爲何對「九八」愛國的中泰賓館事件卻又看得如此嚴重？難道台獨分子可以鬧事，愛國者一旦真的申張民族大義，就「危險」了嗎？
67、1	國家大有希望，不可自毀！	「我們創辦本誌之目的，是想在中國民族有史以來最大的變亂時期支持中華民國政府反共復國政策。」	《疾風》更支持政府的反共復國政策，為何中華雜誌要罵我們「反對民族主義」？

67、4	論中共三人幫的軍事法西斯的專政	「我們可將義勇軍進行曲改爲今天需要的民族主義之歌：起來！不願做奴隸的人們，團結全體軍民，建立我們新的長城！中華民族到了要復興時候，每個人有權利發出最後的吼聲！……」	「疾風」第一期社論「我們要出擊」即揭示了我們反台獨反共產的「吼聲」，「九・八」更以行動喊出了「吼聲」，正是貫徹了中華雜誌同一的主張，中華雜誌為何反而不支持？難道只准中華「吼」，別人就不能「吼」嗎？
67、6	遵守新聞公約，要求新聞平等	「但是，這裡有些報紙對此毫無興趣。他們無視於社會的光明面，卻整天在發掘和演染黑暗面。」	一小撮文人自稱爲「鄉土文學作家」者，最是擅長渲染社會的黑暗面者，中華雜誌爲什麼維護他們？
67、8	以正治國與一個中國	「我們不相信人民不要團結，而是有團結障礙。障礙是什麼？那無非是若干不賢良與不賢能的官吏。因此就發生了一般以『台獨』二字概括的運動。」	不良官吏當然要鏟除。但「台獨」的發生是完全可歸責於「不良官吏」嗎？對於蓄意「奪權」的人，恐怕上帝也無法團結他，歷史教訓太多了，學識淵博的胡先生應更清楚。
67、12	對今年中央民意代表增額選舉的期望	「第三，我們站在國家與國民立場要求尊重憲法，尊重法律，保持社會秩序。一切言論不可有失國體，不可踰越法律範圍，尤其不可因此而損害公共安寧和秩序。民主政治是君子政治，『君子動口，小人動手』。如果發生毆打、暴力行為，那不僅是民主政治的諷刺，也是競選者之失格。」	一篇題旨見解均屬正確的文章。可是，就在去年十二月五日，黑拳幫分子在中山堂高唱「再來幾個中壢事件」的暴力論調，還當場動手打了人，何以中華雜誌不貫徹既有主張去責難那些人呢？這不是「虛驕」嗎？
68、1	以全民族之團結答覆美國與中共之勾結	「鼓舞愛國之正氣，也才能使台灣變成一個真正不怕風雨吹襲的堅強堡壘。」	士君子貴乎力行。既然認爲疾風的愛國反共無可疑（見同年十一月社論），爲何不「鼓舞」，反要打擊？
68、6	論國本國體國策不容破壞並質問執政黨幕僚長	「我們要警告爭權奪利者，不要以為你們善於爭權奪利。沒有憲法，你們可以為王，但也可以送命。亂端不可開。」	疾風的人早已知道，對付「爭權奪利」，空言警告是不起作用，所以毅然採取行動。謀國之誠如胡秋公，難道不能體會我們這點悲憤嗎？

68、7	國際、大陸形勢與我們	「我們主張與大陸同胞合作，改變大陸形勢。這是和那些主張改變憲法，改國號，立小國，求洋人保護的『現代化』的應變派，模式完全相反的。」	疾風不但完全贊同這種主張，而且還要採取有效的行動，不能說了就算。中華雜誌爲何看不到這點，反而大罵我們呢？
68、8	中國人問題與中國人主義	「其次，我們常提到開國民會議的方式，這是建立與大陸同胞連帶或一體之方式。」	對「中國國民會議」想法，我們很佩服中華雜誌。但多年來未見提出具體的方法。疾風願意與中華合作，在近期內開成這個會議。但《中華》卻要罵《疾風》，不是親痛仇快嗎？
68、10	求一個和平統一民主的新中國還是自毀？	「我們堅決反對兩個中國的幻想，並認為『一個中國則生，兩個中國則亡』。」	我們完全同意，也主張建立一個「三民主義新中國」。但中華雜誌已喊了十七年，有多大效果？因此我們不只喊，而且要起而行了。胡先生該支持我們才是，怎可反罵？
68、11	略評台灣反民族主義的怪聲	「第三批的反共義士，其反共，其擁護政府，似無可疑，他們可惜政府不夠『狠』。但最近中泰賓館事件果真流起血來又將如何，他們則不考慮。」	這篇社論的執筆人，何以得知疾風的人「不考慮」？在政府力求安寧的今天，黑拳幫分子必受軍警保護，何能「流血」？這種「不可能的假設」話，應是根本缺乏戰鬥經驗。

中華雜誌有無被利用

中華雜誌刊登黑拳幫分子及其同路人文章一覽表

（自民國六十六年元月起至六十八年十一月止）：

註：以本名發表者為限，另以筆名發表者因未遑查出，故未在表內。

作者	文章名稱	發表年月
陳映眞	建立民族文學的風格	66、10
陳鼓應	對費正清「中國問題」觀點的批判	66、10
尉天驄	愈開壅蔽達人性，先向詩歌求諷刺	66、11
陳鼓應	評余光中的頹廢意識與色情主義	66、11
王曉波	中國文學之大傳統	66、11
王拓	辯駁權是出版法中的人權	66、12

陳鼓應	評余光中的流亡心態與自瀆意識	66、12
王曉波	上帝主張分裂中國嗎？	67、2
陳映真	大英百科全書論民族主義	67、5
王曉波	在論長老教會事件及其他	67、5
黃順興	日帝犯台罪史縮寫	67、6
陳鼓應	評余光中詩作的觀念與藝術（三篇）	67、6—8
王曉波	「現代化」問題的質疑	67、9
王曉波	評香港《明報》月刊上的「一中一台」之主張	67、10
王曉波	評「現代化」的殖民主義	67、11
陳映真	論現代化理論之可能性及可欲性問題	67、12
王曉波	向民主團結前進	68、1
陳映真	斷交後的隨想	68、1
王曉波	現代化破後立的問題	68、2
陳映真	美國的黑人奴隸制度（譯稿）	68、4
王曉波	在憲法旗幟之下團結奮鬥	68、5
尉天驄	請為賴和先生更換墓碑	68、6
黃順興	關於污染問題的質詢	68、6
王拓	聲援保衛國土建議	68、7
王曉波	民族主義與中國前途	68、7
黃順興	保己之國土乎？衛他國之權乎？	68、7
王曉波	釣魚台問題與保釣運動	68、8
陳映真	中國人任人恣意侮辱的日子已一去不返了	68、8
王拓	發展漁業確保漁民生活	68、10
尉天驄	何必槍口對著鄉土文學？	68、11
王曉波	看中國的民主統一	68、11
王曉波	我的聲明	68、11
黃順興	誰是真正的敵人	68、11

◎說明：

一、表列的人共有陳映、陳鼓應、尉天驄、王曉波、王拓、黃順興六人。其中陳、王拓及黃順興三人是明顯的黑拳幫分子，因為去年競選期間他們使用統一的「黑拳標誌」，現在又是漢奸雜誌《美麗島》的成員。陳映眞則是「小左派」，漢奸雜誌《美麗島》公然地表揚，顯應列為黑拳幫分子，其案子現尚在偵查中。尉天驄以「鄉土文學」之名專門搞些醜化鄉土之事。王曉波至今仍是陳鼓應行動上和思想上死黨。雖然可能出於幼稚的「無心」，但已構成「同路人」。

二、這些人共發表了三十三篇文章（包括「投書」）。時間恰在中壢事件以後才作「密集性」刊出。其中最明顯的是惡名昭彰的黑拳分子陳鼓應，自六十六年十一月始發表了五篇打擊余光中的文章，因為余光中有道德勇氣在聯合報發表《狼來了》一文，提醒國人儆惕「工農兵文學」之故。

三、當然，「不以人廢言」，並非說這些人所寫的文章皆有「問題」。但中華雜誌既然讓這些人連續發表三十三篇文章，為何不相對地發表攻擊黑拳幫的文章，以示公正？長久讓一幫人發表文章，縱使文章本身沒有什麼，是否會提高其「聲望」，而使之「坐大」？未知中華雜誌有無考慮到這些問題。

◎我們的願望

此次中華雜誌說《疾風》反對民族主義，我們感到十分遺憾。因為縱使疾風曾冒犯了中華雜誌，也不能說疾風即係反對民族主義。如果這種說法可以成立，豈不是《中華雜誌》與「民族主義」之間可以劃一「等號」，民族主義就是中華雜誌、中華雜誌即是民族主義，誰冒犯（連反對的程度都未到）中華雜誌，就是反對民族主義了？相信以學問大而見仰於國人的胡秋公，必不會如此解釋吧？

從以上二個表列的分析來看，我們尤感遺憾的，自中壢事件以來，台獨分子結夥成幫，顯然已對國家民族構成極大危險性。中華雜誌非但不能貫徹其宗旨去大力打擊奸邪，反而提供寶貴園地去給一些黑拳幫分子使用。是否胡秋公春秋漸高，已失卻當年痛擊文星邪惡集團勇氣？我們謹禱天祐胡秋公，讓他老當益壯，永能為國家、為民族而申張正義。《疾風》眾志士必為胡秋公的擁戴者。

疾風雜誌六十八年（1979）年十二月號第五期

民族主義有罪？

唐漢

我研究室的同事齊森茂老師，投在貴刊的一篇文章〈誰是真正敵人〉一文，台獨黑幫雖內心驚恐，但尚能考慮免受不打自招之譏，裝聾作啞；想不透的是，有一小撮人竟沈不住氣的利用中華雜誌發行人愛護青年的心理，氣急敗壞地發表一篇此地無銀三百兩的社論、一篇立委質詢關係之書、一份聲明（王曉波）、一封通訊（尉天聰）、二篇專論，（請注意，這是多麼完整且用心的調配！）打擊「怪論」，解釋立場。看完這系列的文章之後，仍和往常一樣，我們還是不清楚其中部份人所持之「中國人之立現階段，在自由中國這塊土地上，主張民族主義者，除了力行憲法外，還要聲討中共政權和台獨漢奸兩類思想才行。但是，《中華》雜誌是否會切實地負起他們自許的歷史任務呢？我們對該誌發行人之愛國立場從未懷疑，但是，我們對包圍在他老人家四週的部份年輕人那種打著民族主義旗幟，販賣紅衣、兜售禍國膏葯的作為起疑。我們彷彿看到一群猢猻，因怕「樹倒猢猻散」，而卑劣地串通起來矇蔽發行人。因此，我們焦急莫名。我們實不欲看到一位被我們敬愛，毫無疑問在國歷史上將被肯定的愛國者、學問家，因著晚年的心地善，或一時失察，而被欺矇，做出令親者痛仇者快的憾事。

我們知道該發行人多年來已不太過問社務，交由「編輯委員會」全權處理；我們也知道委員中如毛鑄倫、劉源俊等，確是愛國且尊重學問的年輕導師。但是我們不得不沈痛的指出，你們已經向台獨黑幫屈膝多年了，已經被小左派利用做為後援與對手抗衡（即聯合又鬥爭）的工具了！

很高興，等了這麼久，《中華》把屈膝的雙腿伸直了，終於用社論批判了黑幫台獨份子。社論說：「台灣現在有三派怪論攻擊民族主義，一為台獨，」（見《中華》十一月號十頁上欄第七行）緊接著又說：「第一批人見於最近黨外人士的不止一個刊物的若干文字中，」（同上第十一行）並說明這批台獨與海外台獨是互通聲息，「這原是美國的台獨刊物《望春風》和《台灣消息》發明的。」同頁下欄繼續說：「第一批說，民族主義是破壞了台灣人自我認同的陰謀。這是說民族主義使他們的台獨運動難於發展」，並於同期的四十六頁開始用學問批判 Formosa 台獨思想了。我們希望這種覺悟和轉變是可靠的、堅定的，萬萬不可再像過去對長老會的批判一樣，上馬虛幌二槍，便鳴金收兵了。

這二年來，我們之所以敢肯定「黨外人士」左右二派在「既聯合又鬥爭」地勾心鬥角，乃是因為我們所接觸與所看到的事實如此。例如我們曾多次和黨外人士中的右派呂秀蓮、何文振等人聊天。呂秀蓮對蘇逸凡那種鼓動情緒卻又臨陣退卻的自保、扯腿劣行極為不滿；何文振也心驚肉跳於左派日益高漲的勢力，他憂心忡忡地說：「坦白講，今天新生一代都很傾向大中國統一回歸主義。這是我發現的一個事實。統一派他們到處演講。這問題相當嚴重。」（見《大時代》雜誌一卷四期三十八頁）

又如，這次《中華》雜誌編輯委員之一的陳映眞，因涉嫌叛亂被約談，交保回來之後，發表了一篇〈十月三日事件〉經過的文章，居然是交由漢奸雜誌 Formosa 刊出。我們不能理解，這類民族主義者是什麼民族主義？這是一個善用低沈、富有磁性，充滿感情語言的民族主義者應做的嗎？這是一個善用輕微地搖頭嘆，善用無可奈何的微笑的民族主義者應做的嗎？這根本就是一個善於演戲的偽善者的行為。民國六十四年先總統蔣公崩逝，陳作家回來之後，曾在一個座談會上，對我們一群年青的文藝愛好者，用一種近乎仁慈且寬恕的態度表示自已是冤枉的。我們莫不信以為眞。這次在 Formosa 的文章裡，他終於承認了前一件事政府並沒冤枉他。但他又表示「十・三事件」他是無辜的。我們不想再說什麼，但是我們會靜待「十・三事件」未來的發展，並籲請政府公佈證據，昭信天下，讓這批小左派無顏存在天地之間。

我們不敢講，《中華》雜誌過去就清楚地知道「黨外人士」在搞台獨，但是十一月份的社論已明明白白的昭告了國人這點。雖然時間上略嫌晚了些，但是，這一天我們終於還是等到了，仍令我們感動、令我們欣慰。我們不願《中華》對「黨外人士抱著善意的希望」的「善意」是「不知」的意思（法律上、善意為不知），因為以《中華》發行人的學問，以編委們的政治經驗與認識，再說「不知」，向國人如何交待？坦白講，直到《中華》十一月號公開批判台獨之前，我們幾個同事一直都詫異中華究竟是孩童心理還是故意裝傻，或另有巧妙？更嚴重的是，我們誤以為《中華》在開後門！魯迅當年本也不為共產黨積極鋪路，本也與共黨無涉，但他敞著這一後門，以致紅朝登場，一拍即合。我們希望《中華》的「善意」是以學問來勸醒「黨外人士」中部分尚可藥救的人，回歸認同到中華民族來，狠批執迷不悟的台獨黑拳幫！

在高舉民族大旗招喚部份「黨外人士」，打擊台獨黑幫之前，我願意表示我們的期望：《中華》首應從自身去其虛偽，去其鄉愿。例如，王曉波明明是《中華》編委之一，居然假惺惺地來一篇「王曉波先生來函聲明」。其實這是適得其反的表態。看雜誌的人，誰人不知王曉波在《中華》的職務；不看雜誌的人，再投個十篇八篇，呼天搶地，還是沒用。其次建議《中華》，不要「只認文章，不認人」；學駝鳥並不聰明，以後要認文章，也要認人，切莫把一些開民族主義空頭支票的人，也視為是同道。若是對彼等披民族主義外袍的人禍心估計不足，就「民族主義有罪」了！

最後引用一段《中華》的話來彼此共互惕勉：「我們的話是否值得相信？第一，雖然諸位的想法做法我們不完全贊同，但畢竟在一條船上，船翻了同歸於盡，我們不會害你們；其次我們關心的是國家之將來，不要任何權力，不與任何人爭權奪利，所以態度很客觀。」尤其奉贈發行人一句話；「我們旁觀者清，也許可知道更多事情。這知識總是可參考的，你再去判斷好了。」

疾風雜誌六十八年（1979）年十二月號第五期

六十九年

沉痛的呼籲

本社評論員

假藉「民主、人權運動」為名，卻以叛國殘民為實的台獨黑拳幫，終於因其瘋狂的行為，而惡貫滿地招致了毀滅的命運；這是中華民族的勝利！這是一千七百萬同胞的福氣！

然而，作為對台獨黑拳幫打擊最烈的本社，並不因台獨黑拳幫的首惡分子被繩之以法而欣悅、快感，相反的，我們的感觸卻是無盡的沉痛。

我們沉痛的是，台獨黑拳幫分子也是中國人，他們身上流著炎黃貴冑的血液；他們所愛好的教育，也是中華民國的教育；他們之中不少人身居民意代表的重任，有些更曾獲得執政黨厚加培植的殊遇；但他們為什麼甘心做漢奸、國賊的梟獍之行呢？我們認為，任何民族、國家、家庭以及團體，皆不可避免會有敗類出現，不足為奇。問題在於如何防止敗類的產生、避免敗類的坐大、阻遏敗類的妄行非為，卻是全體同胞的責任。無可諱言的，台獨黑拳幫之所以膽大妄為到這種程度，公然作亂，明火執杖對抗國家的治安力量，以致造成憲警一百八十餘人的輕重傷害；顯然我們這個社會

上每一個人都有著一分責任。自中壢事件以來，如果政府不姑息，如果知識分子不以冬烘式理論去推波助瀾，如果沉默大眾隨時敢於挺身仗義，試問台獨黑拳幫分子們何能狂妄膽大至此？如果黑拳幫分子的家人親友能及時喻以大義，又何至落得一人妄行舉家哀痛之結果？如今，受傷的憲警固易康復，但終難痊癒社會大眾被創傷的心；叛國妄行的首惡分子固易以懲儆，但終不易完全消除詖詞邪說對國家未來的不良影響。尤難平復受懲人家屬戚友內心深處之傷痛。

往事已矣！我們相信政府和法律必能毋枉毋縱，給予公平妥當之處理。但為了防範未來不再有此事發生，我們不得不鄭重地向全體同胞及政府為以下的呼籲。

政府之教育部門，應重新檢討當前育方針與內容，除加強民族主義教育外，尤須強化三民主義之民主政治思想教育。關於前者，應著重鼓勵年輕一代將抱負放於一千萬平方公里之錦繡河山上，將胸襟放於全民族長遠的建設藍圖上，亦即務求汰除偏安台灣一隅的狹窄卑微心態。關於後者，我們不能不指出，高雄事件之發生，與多年來的政治思想教育缺失實有相當密切的關係。因為目前我們的教育，幾乎是灌輸美式政治思想，並未把握住　國父遺教的最高精神為指導方向。蓋　國父學貫中西而創造三民主義，三民主義的構成則有三源：一為中國固有的優良文化，二為規撫歐美政制的精華，三為孫先生獨特的創見，足徵三民主義的最高精神實係融會中外優良政治於一爐，絕非歐美的政制生套硬搬者。反觀卅年來的復興基地教育，尤其大學研究所有關政治、法律教育，根本已失去此種批判性精神，一味發揚美式民主迷信，寖假造成「今日之美國，是我們的明日」之想法。受這

種教育的人一旦進入社會，突然發現社會現實與一己所學多所不符，於是迷惘不滿之情油然而生。在這種情緒下，如加上個人稍遇挫折，即甚易被野心分子所利用。觀乎黑拳幫近來不斷鼓吹所謂「新生代政治運動」，即係此種利用的策略，當可見危險性之一斑。故為正本清源，今後必須注意意識形態之破立。所「破」者，即對美式民主迷信不可再囫圇吞棗式的闡揚，而應採取批判的態度去吸收別人的精華。為達到此目的，具體作法上，首先必須遏阻以楊國樞、胡佛等為極典型的美式迷信販賣者有害國家民族的「知識」。唯有所「破」，才能建立適合中華民族未來長久發展的意識型態及政治制度。

早在民國十三年，執政黨總理　孫先生已指出過：「從前本黨不能鞏固的地方，不是什麼敵人用大力量來打破我們，完全是我們自己破壞自己，是由於我們同志的思想見識過於幼稚」，總裁　蔣公也於民國四十七年在中央評議委員第一次會議中指出：「三十多年來，敵人共匪瓦解本黨的方式，總是用『民主』與『自由』的口號，來破壞本黨的革命組織和革命的傳統精神」、「我們必須看透他們『民主』和『自由』的口號下面，不僅要我們自動反黨毀黨的陰謀，而其骨子裡頭還有這種亡國滅種的陷阱。」因此，他老人家曾鄭重宣告：「我們更應確信今日民主制度，若是沒有革命的組織與革命的精神，來作堅強的支柱，那他就沒有抗禦敵人滲透和顛覆的力量！」我們三復　國父及蔣公此等昭示，實有無限感慨。觀乎台獨黑拳幫所以打著「民主、人權」幌子，幹著出賣國家民族的勾當，竟然坐大到敢與國家力量相對抗者，究其根本原因，實係執政黨的革命精神未能充分闡揚之故。由於前述的教育失敗，一些「學人」推銷美式民主迷信不遺餘力，竟造成今天執政黨很多幹都羞言「革命」者。細查台獨黑拳幫中的許多首惡分子，包括黃信介、張俊宏、許信良在內，都無不是從執政黨中叛脫出來的人，如果執政黨再不注意革命性的發揚，而一味去強調什麼「民主」，恐怕適足以造成無可補救的損害，這是對每一位中國人皆屬不利之事。作為民間刊物，我們有責任督促執政黨勇敢地擔負革命任務下去，這不是執政黨一黨的利害問題，而係關乎每一個中國人未來的前途問題。

無論如何，台灣未來仍是求安定為第一要務，因為只有在安定中求進步，才是可靠的利民進步。先總統　蔣公也在民國四十七年說過：「我們今日在台灣多一分安定和進步，就是反攻復國戰爭多一層制勝的保證。反之，我們今日政治上多一次風潮，也就是反攻復國戰爭少一分勝算，或許還要功虧一簣！」但如何才是求安定的正確方法？我們以為「高雄事件」係一個最佳的教訓。從中壢事件以來，政府對黑拳幫分子不斷姑息，甚至認事用法也有雙重標準之勢，（例如吳哲朗殺人成傷案，卻以輕傷罪處刑七月），如此做法，我們誠能瞭解政府是為安定的苦心。但是對於隱患亂源不加杜絕，求安定之苦心適足以變成對邪惡的鼓勵。年來民間早已厭惡甚至懼怕黑拳幫分子的妄行非為，許多企業界人士因此而深為台灣未來前途躭憂，於是篤實者，紛紛把資金移向國外，以逃離是非之地；卑劣者則挺而行險，不惜幹起經濟犯罪之勾當，使國家經濟，遭受相當之損傷。影響工商界投資意願低落，難免導致未來經濟蕭條。此等現象，不可不謂係政府求安定之方法尚有不妥有以致之者。這次高雄事件，固然因為政府處理得適宜，乃未釀成巨禍。但像這種事件發生，絕對是危險之事，若謂這種現象就是「民主」，我們寧可不要這種怵目驚心的民主。希望當局今後能吸取血的教訓，切莫再以綏靖細惡而形成巨禍，國家民族幸甚！

最後，我們還應請求當局，今後應切實加強海外工作，必須充分發動、運用海外愛國僑胞的力量，將海外台獨漢奸作根本性的消滅。台獨黑拳幫之所以敢在島內猖獗，實來自海外敗類的勾連。例如這次高雄事件以後，許信良即在海外鼓動敗類，不但成立什麼「台灣建國聯合陣線」，而且還敢對我駐美各辦事處發動暴力騷擾，所以，為正本清源，徹底消滅台獨漢奸叛賊，必須從海外進行。我海外華僑數千萬，絕大多數是擁護中華民國政府的，全世界的「台獨」叛亂分子，充其量不過區區數百名而已，其敢於在海外橫行不法，乃係廣大僑胞均屬無組織的「沉默大眾」之故。如果我們能夠適當的聯絡海外愛國的志士，廣泛的發輝僑胞的潛力，運用有組織有效率的策略，使愛國同胞都有報國効命的機會，我們堅信，海外台獨漢奸叛賊，必終消於無形。

疾風雜誌六十九年（1980）年元月號第六期

對高雄暴力事件之抗議書

◎主旨：

執政黨未能發揮高度革命精神、政府未能嚴格執行法律，一味姑息養奸，坐使台獨黑拳幫囂張日甚，乃發生十二月十日之夜高雄市之暴亂事件，凡我善良同胞，均已感到自身安全不獲保障。用特向執政黨及政府有關門提出嚴正抗議，並請立即嚴懲暴亂分子，以保障復興基地一千八百萬人民生命財產之安全。

◎說明：

一、自從前年中壢事件發生以來，台獨黑拳幫分子囂張日甚，勾結海外台獨暴力組織，企圖在台灣內部煽動暴亂，置一千七百萬同胞於死地。其梟行妄為，早已神人共憤。究其原因，固有海外台獨漢奸及帝國主義者之唆使支援有以致之，執政黨之過度寬容及政府之姑息養奸實不能說非其主因。

二、昨以黃信介、姚嘉文等為首之台獨黑拳幫叛亂分子，竟然在高雄非法進行集會發動暴亂、放火傷人，治安人員但知逆來順受，容忍姑息，致受傷公務員及民眾達百人之多。其囂張狂妄之言論及行為，令人髮指。凡我愛國同胞均已感到自身生命財產受到威脅。

三、吾人對具有八十五年光輝歷史之執政黨喪失革命精神至此，深感失望！對政府不能嚴格執行法律，以致姑息養奸，難安緘默！用特提出嚴正抗識。請求執政黨四中全會期間徹底認清時局，堅定唯有提昇革命精神方能保障「民主」之認識，維護國家尊嚴，嚴懲不法暴亂分子，始辜負全國人民的付托。

四、如果政府再不依法嚴懲暴亂分子，我等愛國同志為維護國家民族之命脈，保護本身及台灣一千七百萬同胞之安全，甘冒最大犧牲，採取必要行動，以協助政府平定內亂。

謹此抗議　敬候　示遵

疾風雜誌社全體志士、以及愛國同胞代表　同上

中華民國六十八年十二月十一日

疾風雜誌六十九年（1980）年元月號第六期

十億神州埋台獨

何洛

民族主義從來沒有打過敗仗。孫中山先生，賴民族主義推翻了滿清兩百多年的帝制；蔣公以民族主義打敗了日本帝國主義；以色列以民族主義，於亡國長達一千多年之久，終於建立國家，且能對抗週圍異族之虎視眈眈；蘇俄在第二次世界大戰期間，於瀕臨亡國之危時，凍結共產主義，改以民族主義為號召，打敗了提倡日爾曼民族主義之納粹。

以上歷史事實告訴我們，民族主義是戰無不勝、攻無不克的法寶。誰違反了民族主義誰都避免不了滅亡。我們試以幾個明顯的歷史事實為例。

吳三桂甘作漢奸，引淸兵入關，屠殺自己同胞，晚年雖天良發現，在衡陽搞獨立王國，名為「大周」，亦圖洗雪其認賊作父之漢奸臭史。但當時的中國人，早已將他視為漢奸國賊，沒有人願意為他效勞，不旋踵即告覆滅。

汪精衛本為推翻滿清之志士，國人對他極為尊敬。然而於抗戰期間，他看不清中華民國之前途，竟甘心作為日本之傀儡，在南京建立偽政府，作日本帝國主義之兒皇帝。結果終於為國人所唾棄，慘死異邦，落得遺臭萬年！

毛澤東，非但藉俄共之幫助，顛覆中華民國，且實行異族的共產主義，並明言「一面倒向蘇聯」是中國歷史上最大之漢奸。但是到了晚年，他覺悟到他死後，必將被史家判為賣國賊，於是，他也和吳三桂一樣，在其臨死之前，拚命反俄以表態。其所以瘋狂之反俄，無非在為其自己脫罪，以示他「不是俄帝豢養之漢奸」。他那恐懼遺臭萬年之心理，直到他彌留時刻，仍然忐忑不安。

歷史是一面鏡子，鑑古知今，是每一個讀書人所必須把握者。任何漢奸國賊，都不得善終；縱其肉體，能夠終其天年，但其子孫及其聲名，卻永不超生。杭州岳飛墓前，立有用廢鐵鑄成的秦檜夫婦的跪像，後世有一位姓秦的讀書人到岳王墳憑吊，他寫下了一副對聯道：「人從宋後羞名檜；我到墳前愧姓秦」！此一名聯，足以證明漢奸雖死，國人對其痛恨與討伐，是永不停止的。

漢奸國賊不但生前惶恐羞恥，死後亦萬古凄涼，難安九泉之下。當漢奸的滋味如此，稍具良知，自不願為之。令人扼腕不解的是，今日的台獨份子，如黃信介、許信良、張俊宏、姚嘉文、呂秀蓮之流，皆屬大學畢業，也算是個讀過書的人，竟不以作漢奸為恥。公然高唱漢奸理論，出版漢奸雜誌，發動漢奸暴動行動，告洋狀、反民族、反祖宗，無所不用其極。此等漢奸行為，可稱空前之荒謬，其無知、無恥、無行，雖石敬瑭、張邦昌、劉豫、秦檜、吳三桂、汪精衛等人，都無法望其項背。

台獨漢奸之命運如何？筆者可斬釘截鐵地說：他們的下場，將比歷史上任何漢奸來得悲慘。因為現代的中國人都已覺醒了，正是民族主義高漲之時，連中共都以作為俄共之奴才為恥，不斷反俄；你台獨份子，卻拚命親美，以為有美國人撐腰，便可背叛中華民族，簡直幼稚之極。美國眞的這麼偉大嗎？美國若是靠得住，高棉、越南便不會淪陷，巴勒維便不會出亡。即使美國人眞的幫助台獨，試想，中華民族有十億之眾，是世界最大之民族，難道會怕美國嗎？連伊朗的柯梅尼也不怕，中國人豈會怕？中華民族經過了八年浴血抗日，才收回了台灣，我們還會讓台灣脫離開中華民族而「獨立」嗎？休想作夢！

台灣是中國人的台灣，猶如海南島是中國人的海南島一樣。十億的中國人民，將不容任何漢奸得逞。十億神州是一股浩瀚的巨流，任何漢奸小丑，必被這浩浩巨流所吞噬。任何人再想搞什麼「台獨」，必被十億神州所埋葬！不信，請試試看！

疾風雜誌六十九年（1980）年二月號第七期

調寄「如夢令」
掛起胡兒魔煞，洋鬼是我乾爸！
雜種不丟人，愛國才是傻瓜！
王八！王八！去你憲法刑法！
刑法
違警罰法
民法
監獄
胡兒魔煞
FORMOSA
你們這些蠢材！趕快參加胡兒魔煞，有了它，作姦犯科都不必怕！
殺人無罪是「潮流」！
政治迫害好理由！
行兇亮出美麗島！
六法全書盡低頭！

歷史豈容抹煞、誣衊與揑造

駁斥所謂「一千八百萬人的台灣史」

孟養

《美麗島》雜誌第三期中，有一篇叫做〈一千八百萬人的台灣史〉的文章，一開始便這樣說：

研究台灣政治，故意忽略或強調台灣人口的組合，是不應該的。但籠統說台灣人都是中國人，或許是對自己缺乏信心，不然就是出於大國沙文主義優越感或病態。

這位作者以台灣過去的移民，是由於下列三種原因：1.人口壓力；2.兵燹烽起；3.政府獎勵。還用現代語說他們是「海上難民」。把他們的「鄉土情懷」只限定於台灣——「移民依附土地，土地為移民的生命。」並以鄭成功之於台，是一入侵者，又認為「台灣與大陸，分則治，合則亂。」

以上是這篇文章的大前提。而其要造成所謂「一千八百萬人的歷史」，則顯露於下面的兩種論調：

第一是：「大陸卅五省的朋友，在這塊土地已經卅年了，他們將與本省人同其命運，同時也成了『新台灣人』的分子。在台灣島的歷史上，他們絕對可以不卑不亢擁有一席之地。」

第二是：「國民黨政府所遭遇的危機，不僅來自內部有所謂政權的合法性，中央民意代表的全面改選等有關法統問題。事實上，最積極的是國民黨政府已退出聯合國，去年又逢中美斷交，在遼濶的世界上，如今祇有廿多個弱小國家，承認其政權。在國際舞台上，其扮演的角色，除做做小生意、打打棒球外，已日漸有限。國民黨政府必須在法統與新生之間作一抉擇。」

我們必須在此鄭重指出：

台灣的歷史自古是中國的溯自三國時代，東吳黃龍二年（西元二三〇），派甲士萬人浮海求夷洲，「夷洲」就是今日的台灣，那時中國就開始經營台灣。隋煬帝時，陳稜從義安浮海來台（當年叫做「流求」），今彰化尚有「陳稜路」。元代在澎湖設巡檢司。明朝沈有容《諭退紅毛番（荷蘭）》，曾在澎湖立碑，現在媽祖宮柱壁。福建連江人陳第為了觀海，隨他來台，寫有《東番記》，是台灣文獻第一手資料。後來台灣終給荷蘭人佔領，幸好鄭成功驅荷復台。

鄭氏在致荷人一書中，有「……然台灣，中國之土地也，久為貴國所踞，今余既來索，則地當歸我。」之語。台灣在明鄭時代，才從異族中收回我們的土地，展開了我們的歷史。清末台灣防務欽差大臣沈葆楨稱鄭成功為「明室遺臣，台陽初祖」、連雅堂著《台灣通史》，更尊之為「我台建國之大神」。鄭成功為福建同安人，當時追隨他來台的，多為漳泉二州之人，他們是為驅荷復台而來的，是為反清復明而來的，而這民族精神，以後還發展為「草澤群雄，後先崛起，朱（一貴）林（爽文）以下，輒啟兵戎，喋血山河，藉言恢復」，而拓荒精神也一直延續到清代。雅堂先生昭示神明，發誓述作，不唯懍於「國可滅而史不可滅」之義，而尤在於：

> 洪惟我祖先，渡大海，入荒陬，以拓植斯土，為子孫萬年之業者，其功偉矣！追懷先德，眷顧前途，若涉深淵，彌自儆惕。嗚乎！念哉。凡我多士，及我友朋，惟仁惟孝，義勇奉公，以發揚種性：此則不佞之幟也。婆娑之洋，美麗之島，我先王先民之景命，實式憑之。

他修史的職志，是要台灣同胞永念祖先拓植之功，倡言排滿，鼓吹革命，目的更是希望從日本人的手裏收復台灣，故說「婆娑之洋，美麗之島，乃先王（鄭延平）在天之靈所式憑，台灣之人，當以延平愛國家愛民族之心為心」（參看台灣通史序及朱一貴列傳）。

在地理歸屬上，台灣於清代正式納入中國版圖。初為福建省的一府，後來以列強的覬覦，尤其是日本，乃有建省之設；並「開山撫番，析疆增吏，正經界，籌軍防，興土宜，勵教育，綱舉目張，百事俱作」台灣乃氣象一新。

◎光復台灣是中華民族的全民意志

到了是年，一紙《馬關條約》台灣割讓給日本；然此初非清廷所願，光緒曾謂「台灣一失，天下人心皆去」。光緒二十一年五月初二日（一八九五年五月廿五日），丘逢甲等擁唐景崧為台灣民主國總統，聲明「事平之後，仍歸中國」，顯示台灣愛國志士保衞自己的家鄉，也是為了中國，以台灣本是屬於中國的。

就在台灣失陷這一年，孫中山先生組織興中會，提出「恢復台灣，鞏固中華」的口號，具見　國父致力國民革命，深受台灣為日所攘的刺激，而以台灣的恢復和鞏固中華同樣的重視。

抗戰期間，先後召開開羅會議及簽訂《波茨坦宣言》，規定台灣、澎湖應歸還中華民國，後為國際所公認。在民國三十四年春元，由數十架盟軍飛機投下四種傳單，內有〈台灣之將來〉文章，係前往高雄之海外同胞所寫，文中稱「……該宣言謂，同盟國決排出日本之侵略主義及帝國主義，決使高麗獨立，並將台灣歸還祖國中華，以謀求各民族之自由幸福」、「黎明將臨台灣，而吾儕能操祖國語言並恢復我固有文化、風俗或自治之日，當不遠矣！」、「我六百萬同胞須念及無數革命先烈之偉績」……凡此語句，皆表達了當時台灣全民的心聲。

總之，台灣與中國近代史的關係，正如總統蔣公所說：

沒有辛亥的革命，就沒有中華民國。沒有中華民國的八年抗戰，就沒有台灣的光復。

◎台灣人就是中國人

台灣居民最大多數是「福佬」（河洛的訛音），這是和鄭成功復台有關係的，上面已經說過。其次，便是客家人。徐秉琰督學從地名和墓碑發現了陝西村居民的祖先是陝西人，最近又在彰化沿海地區的永安村和長安村，發見該村居民祖籍包括河北、河南、陝西、甘肅、山東等省。就是高山同胞，據輔仁大學衞聚賢教授的研究，也是屬於中華民族的一支。

民族是由血統、生活、語言、宗教、風俗習慣的五種客觀因素所構成的，這也自然產生了主觀因素——民族意識。台灣居民那一個不是流的是中華民族的血液？生活、宗教、風俗習慣那一點不和大陸同胞一樣？就語言來說，台灣話就是閩南話，來自福建，溯其本源，則係中原傳入。祖籍福建龍溪遷居台灣台南的連雅堂先生，特別寫了一部《台灣語典》，就是要台灣同胞應當深切認識其來也有自。尤其是台灣光復之後，台灣同胞才得操祖國語言（在日據時期，被迫學習日語日文稱為「皇民化」，即要把台灣的中國人變為日本天皇的臣民），並恢復我因有文化、風俗，以及能夠自治，

和享受自由幸福的生活。

◎黑拳幫意欲何爲？

三百年來的台灣史，可以一筆抹煞嗎？鄭成功以及我中華民族無數革命先烈開台和復台的血汗功勞，更是史實具在，能夠誣衊得了嗎？從歷史、地理和人口的組合來講，自始就是和中國有密切而不可分的關係，從來就是中華民族的大會堂，憑什麼分為本省人與外省人，而且捏造出「新台灣人」和「一千八百萬人的台灣史」這種乖謬的名詞？其所以如此，理由非常簡單：

一、「美麗島」一詞別有居心

先從《美麗島》雜誌的封面說起，在中文以外，還印有外文Formosa（福爾摩沙）的字樣，而這個「美麗島」，取之於過去葡萄牙人對台灣的讚語，用意乃在題示「台灣是台灣的台灣」，而不是屬於中國的，這和連雅堂先生所說的「美麗島」，完全站在相反的立場。更是別有居心。（編註：職是之故，本刊乃將黑拳幫專用的FORMOSA一詞譯為「胡兒魔煞」。請參本刊第五期。）

二、污衊鄭成功之目的

再如鄭成功的驅荷復台，該文卻說是「一入侵者」，這是要打破台同胞三百年來對於鄭氏民族精神的景仰，和開台偉績的崇德報功心理，以及台灣與大陸在歷史上地理上密切關係的觀念，特別是藉此否認中華民國之以台灣為復國的基地的地位。這從該文這幾句話，可以明顯的看出：

台灣為荷西統治，而後為鄭家統治，而後又為滿清統治，為日帝統治，而後又為中國統治，這一系列的安排，那一次

不是莫明所以的結果，那一次不是莫明所以的運命。

其以鄭成功的開台，乃至中華民國的光復，與荷、西、日帝的侵略，竟一律稱之為「統治」，都是「莫名其妙」。旨在淆亂視聽，激起台灣同胞對「外來政權」的排斥感，這位作者劉峰松才是莫名其妙的台奸加漢奸哩！

三、脅迫他人作無恥的「新生抉擇」

復次，妄稱台灣是一個「移民世界」，這些「移民」是「海上難民」，他們的鄉土情懷，今後限定在台灣。這是要否定自己的祖先，做這樣的編排，即是要「斬絕中國的血緣關係」，目的是從「促請政府使台灣成為新而獨立的國家」（《美麗島》第二期），進而以威脅的語調，要「國民黨政府必須在法統與新生之間作一抉擇」。這「新生」是什麼？是要台灣人民必須奮起以外，把「在這塊土地已經卅年了」的「大陸卅五省的朋友」，作為「新台灣人」，給他們以「不卑不亢」的「一席之地」，來共同創造其所謂「一千八百萬人的歷史」。具體言之，這幫民族敗類自己「數典忘祖」還不夠，還要強迫其他人統統要跟他們一樣做無恥的「新生抉擇」！

高雄暴力事件發生之後，在海外有「台灣建國聯合陣線」出現，在一次集會中，台獨分子還和前駐華大使安克志提出「台灣共和國」、「台灣獨立」、「民族自決」論調（參看十二月二十日台灣新生報）。以上《美麗島》雜誌的謬論爛言，是「台獨」的理論基礎。祇是沒有在海外那樣明目張胆以「台獨」作為雜誌的名稱而已。然在出版四期中，已不斷或暗或明反映這一種意思，高雄暴力事件中，已喊出「台灣萬歲」口號了，可以說是圖窮而匕首見了。

王昇將軍曾以「無知無識，無法無天」八字來形容黑拳幫，像《美麗島》雜誌這一小撮人為了爭權奪利，什么話都敢說，無事不可做。該文主張不認自己是中國人，把大家說成是「海上難民」。其實不管是「移民」或「難民」，總是有個地方來的，像海外的華僑，不是來自福建，便是來自廣東，都是抱著「落葉歸根」的情懷、祖國日趨強大的願望。使我們最觸目驚心的，最近在電視上播映的海上難民，是從越南來的，人人懷著家破國亡之痛，每個畫面都是慘不忍睹！《美麗島》這一小撮漢奸，說他們的祖先是海上難民，實際是要所有在這台灣島的人，都成為悲慘的海上難民。

◎要發揚「台灣精神」

最後，拿「一千八百萬人的歷史」這個題目來講，就不通之極！所謂「歷史」，必須有過去，才有現在；沒有過去，就不能算是歷史。台灣之有歷史，是自鄭成功始，不是「現在一千八百萬人」才有台灣史。我們不但要作歷史的見證者，更要作歷史的創造者。

我們所見證的是，國民黨為了中國，也為了台灣，抗戰勝利，光復台灣，更使台灣成為「三民主義模範省」。我們所要創造的是，要從光復台灣進而光復大陸的光榮歷史。這不是神話！過去　國父倡導國民革命，是赤手空拳打出天下來的，創立了亞洲第一個民主國家。總統　蔣公當年北伐，所憑藉的，只是廣州一隅的根據地，和數千名的黨軍，終能完成全國統一的大業；再和日本打了八年的仗，敵人無條件投降了，才光復台灣。如果以「現實」和「科學」去衡量，

冤枉呵！大人，小女明明是胡兒魔煞，
他們却說我是中國人。謹呈
訴狀一紙，尚乞明鏡高懸。

當時這些勝利應該是毫無可能的。然而事實恰恰相反，這證明了一個眞理：「事在人為，人定勝天」。

我們為何可勝「天」？——這個天指的是客觀環境的橫逆，因為我們有明澈的歷史意識，憑著中華文化的偉大力量，凝成了百折不撓的意志，咬定先聖先賢定下的目標，必能達到「行者常至，為者常成」的境界。因此我們更相信：台灣同胞絕大多數是有理性有良心的，他們必能和連雅堂先生一樣，追懷先德、惟仁惟孝，眷顧前途、義勇奉公，發揚「台灣精神」，媲美抗戰時期的「重慶精神」，又寫下了中華民族輝煌的一頁！

疾風雜誌六十九年（1980）年二月號第七期

國歌競賽——一頁被遺忘的歷史

李念慈

這是一個眞實的故事。在幾年前一個偶然的機會中，我接觸到了這段歷史，在我心中留下了不可磨滅的印象；直到今天，這個故事的餘波仍在我心中盪漾不已……

西元一九三六年，歐洲二次大戰的三年前——也就是民國二十五年，德國在希特勒獨殘酷控制下，一方面在「恢復日耳曼光榮」、「大砲重於奶油」的口號聲中，拼命從事軍備擴張；另一方面在法國耽溺外交及英國首相張伯倫的姑息政策縱容下，終使德國日益壯大，不僅把一次大戰戰敗後的蕭條殘破一掃而空，而且再度列於世界強國之林。就在那一年的八月，第十八屆奧林匹克運動會在德國舉行。

運動場上，德國的旗幟昂然飄揚於各國國旗之上，激昂的德國國歌亦在整個會場上縈繞；使失卻十八年的高傲、自負情懷，又在每一個德國人的心中昇起。希特勒更是志得意滿，他深信日耳曼人是世界上最優秀、最聰慧的民族，毫無可疑；尼采所預言的勇敢、冒險、具有卓越知識、強毅能力、而能統治世界的超人，更非日耳曼人莫屬。

為了再度滿足他的自大心與虛榮心，希特勒無視於國際禮儀，竟向奧運執委會提出了「國歌競賽」如此荒謬絕倫的提案。競賽方式是，把所有參加國的國歌，交由樂隊奏出，再由一個評審小組依旋律、含義、音調來評定名次。以代表國家莊嚴神聖的國歌，作為競賽的項目，不僅是怪誕荒謬無理，對一個國家的尊嚴更是莫大的侮辱。但一則英、法當時採妥協政策，不想引起衝突；二則德國為當屆世運主辦國，奧運執委會只好勉強的接納了這個史無前例的提案。

就這樣，國歌競賽成了奧運會的壓軸大戲。希特勒更是趾高氣揚：一因他以為在這種國際場合中，各國居然在他的威力下屈服了，足以證明自己是「超人」。二因他深信，德國的國歌必能贏得這創舉性「競賽」的勝利。

壓軸大戲結束，名次揭曉了。出乎這個狂人的意料之外，那擁有名次最佳國歌的國家，並非德國，亦非英、法、美、俄等強國，竟是飽受苦難折磨、被列強欺侮已久的中華民國！頒獎時，當那肅穆的節奏、雄偉的旋律再度縈廻會場時，多少人為之驚歎，深表欽敬！是的，這才配稱是世界上最美的國歌！

然而，四十多年了，這段中國人的光榮史，不但未隨時間的增進而發揚光大，反而隨著歲月的流去而被人們漸漸遺忘……遺忘也罷了，最近還有身為中華民國的國民非法篡改這首國歌呢，豈不令人痛心？

疾風雜誌六十九年（1980）年六月號第十一期

落魄異鄉的過氣漢奸彭明敏

李勇仁

在西斜的夕陽裡、那踽踽獨行的身影，躑躅紐約街頭。這不僅是彭明敏的孤獨、落魄、凄涼，亦是所有台獨分子自我作賤的寫照！

台獨所供奉的偶像——彭明敏，曾出版過一本英文著作：《自由滋味》（A Test of Freedom），這是一本以自傳方式敍述自己的生平，尤其是以思想的轉變來介紹「台獨理論」的書。

在軍事檢察官的起訴書中也曾提及彭明敏；但生活在國內的同胞，充其量也是只聞其名、未知其人。希望這篇評介性的文字能幫助國內同胞進一步了解搞台獨的人的那一股特殊「氣味」，不要再為其美麗的謊言所欺騙，以為他們是什麼了不起「特殊材料」。

◎日據時代的彭明敏

彭明敏比一般的台灣同胞幸運；與他同時代的台灣人，包括筆者父執輩，在日人種族歧視的政策下，過著番薯簽配鹹魚的日子時，彭某卻是日人眼中高等紳士。

一八六五年英國長老會傳至台灣時，彭某的祖父受僱為巴克萊教士的廚子，藉此使他成為日後〈基督教長老會〉的領導人物；彭家從此堅定地拋棄中國傳統生活，而變為假洋鬼子。

彭某之母係基隆八堵人，娘家也是少數信基督教的富有台灣人家庭。彭父習醫，畢業後行醫賺大錢，遂亦培育其伯叔行醫賺錢。日據當時，彭家擁有水田四十甲，馬四匹，是日人〈騎馬俱樂部〉的活躍會員之一。彭家並蓄有養女兩名，以供使喚。一九二三年，彭明敏在這麼一個富豪的家庭中出生，開始過著一般台胞無法了解的日本「御用紳士」的顯赫生活。

當時在日本殖民政策下，將學校分為日人就讀的「國民學校」及台胞子弟就讀的「公學校」。彭家是「高等台灣人」，所以彭明敏也能進入日人的「國民學校」就讀，自然造成了與一般台灣同胞不同的心態，也因此在其書中將台胞抗日的組織稱為「無望的非法集團」，一副漢奸嘴臉躍然紙上。這樣的人還有什麼資格要來「救台灣」？彭某中學畢業後，轉赴日本富豪浪蕩子弟的〈關西學院〉就讀，一年後轉入東京〈第一高校〉，並考上〈東京帝大〉。美軍轟炸長崎時，彭明敏被炸斷了左臂。雖然如此，他對美國人還是充滿了好感。

◎光復後的彭明敏

彭某回台後，以〈東京帝大〉學生的身份免試進入台大。

民國三十八年娶台北某大地主之女兒為妻，彭某自稱要保持其「高等台灣人」的血統。

彭某在台大期間，頗受當時法學院院長薩孟武之照料與賞識，他悉心指導彭某之學問及中文能力，並幫助其獲得庚子賠款獎學金，赴加拿大蒙特利奧的麥其爾大學（Mcgill University）攻讀航空法。一年後，庚款獎學金終止，他求得當時在美之胡適博士的幫助，始完成碩士學位，再赴法國巴黎攻讀法學博士。他自稱每日週旋於法國美女之中，享盡人間豔福。

彭某出國期間，台大仍保留其助教職務，直到彭某拿到學位回國；年僅三十一歲的他即擔任副教授。他先後得到傅斯年校長、錢思亮校長的照顧，三年後升為教授，成為戰後台大第一位最年輕的教授。由以上經歷可知，在彭某一生的發展過程中，他所痛恨的「中國人」非但沒有打擊他，反倒是經常以長者的身份不斷地鼓勵、提攜、幫助他。可是，這些慈祥的長者所付出的心血，並未能感化充滿「仇恨中國」的彭明敏。

彭明敏不但在教學上一帆風順，即使在仕途中，亦平步青雲。國民黨眼中的彭明敏是一位難得的「本省籍才俊」之士，因此不但大力提拔，委以學術要職，選為「十大優秀青年」；更於四十歲就任台大政治系系主任之後，又被派擔任〈駐聯合國代表團〉顧問。就當時情況而言，彭明敏實在是當時台籍人士中最出鋒頭的「政治明星」、「學術要人」，可是他並不以此為滿足。他痛恨「中國人」，更痛恨做「中國人」，他從沒有把自己當做過「中國人」。他曾經回憶說：「日本戰敗，中國戰勝，我在路邊與兩位美軍聊天，居然脫口說出我是中國人，眞是罪孽深重。我怎會說我是中國人?」彭明敏從來不承認自己是中國人，而自稱為「胡兒魔煞人 Formosan」。

◎彭明敏的台獨謬論

台灣人不是中國人，是胡兒魔煞人，而且是土著胡兒魔煞（Native Formosan），這眞是丟盡台灣同胞臉！好好中國人不當，卻要自封一個帝國主義的名詞來自我作賤！在其自述中，不斷談及：「滿淸時代的禁海令是台灣人與中國人的仇隙開始」。這眞是荒謬，滿淸同樣頒佈陸禁令，禁止山東人前往東北；也頒佈海禁令，禁止沿海人民冒險出海到南洋。然而至今沒有一個東北同胞搞「東北獨立」，自認有日本血統，否認自己是中國人。海外華僑亦沒有因禁海令而失去對中華祖國的認同。偏偏就是這個彭明敏，要丟盡台胞祖先曾為中華民族奮鬥的光榮史。

彭明敏自稱，法國學者瑞南氏（Earnest Reman）的《何謂國家》（Quest gu' une nation）一書給予他很大的啓示。依瑞南氏的講法，構成國家的要件並非民族、語言、文化；而是一種深切的「整體感」和「共同命運感」。彭氏就是感於「胡兒魔煞」的共同命運感而搞台獨。眞虧他是什麼法學博士！須知，民族、語言、文化是國家組成的外在因素，透過這些外在要素共識認同政治體識而產生國家意識，就是國家、民族、住民的共同命運感和整體感。這是最起碼的常識，而一個法學博士竟然如此輕易地接受法國人的「啟示」，幹起其畢生叛國滅祖的台獨勾當來了。

此外，彭某還以法學博士的頭銜唱什麼「台灣地位未定論」。他說，大戰後，台灣不是歸還給中國，日本取得台灣是「合法」，台灣歸還給中國是「非法」。真是令人冷齒，不值一駁。

◎彭明敏的台獨行動

彭父曾擔任〈二二八事件處理委員會〉高雄市的主席。事變當時，不知是激動過度或被利益衝昏了頭，他竟高呼：「以中國人之血統為恥」，要其子孫與外國人結婚，徹底脫離中國血統。不幸，血不是用口號可以割斷的。彭明敏為了要與「中國人」劃清界線，於是付諸實際行動，搞起台獨運動。

如前所述，彭某在日據時代是「御用紳士」，在光復後是「才俊新貴」，又是大地主之後，在其事業日正當中的時刻，他的生活更是極盡奢華。筆者記得，民國四十七、八年前後，大多數台胞的生活仍然非常清苦，即使到了民國五十一、二年，筆者上小學時，大多數同學仍打著赤腳，穿著麵粉袋改裝的內衣；吃便當時，更是遮遮掩掩，深怕被人看到簡陋、貧乏的菜色。而在號稱要革命的彭某家中就擺著大小魚缸，飼養各色各樣的熱帶魚，以及各種名犬十頭（大丹犬、狼犬、普多獅子犬等珍貴品種），並擔任〈愛犬協會〉副會長。在當時，一隻大丹犬的飼養費足夠養活好幾個貧苦的農家人。這種人卻說要拯救台灣同胞，其誰能信？

民國五十三年，彭明敏既見他所培養的勢力已逐漸成熟，乃與二位學生；一為謝聰敏、一為魏廷朝，共同起草一篇《台灣自救運動宣言》（後又改為「台灣獨立宣言」），不料在印刷過程中，就被彭某認為顢頇無能的政府很有效率地予以逮捕，當天為民國五十三年九月二十日。這個「台獨」夢囈就此而被撲滅。

◎被捕後的彭明敏

在彭某自訴中提及，被捕當天心亂如麻；在偵察期間，內心充滿著犯罪感、絕望，憂懼得吃不下飯。事實上，警總負責偵辦的人對他相當優待，彭某則認為警總對他優待，是因為他有「大牌」的洋朋友。彭某犯罪證據確鑿，無法抵賴，當然他也沒提到「刑求」。

日本大使館有意插手此事，乃設法弄到一份宣言送回東京，由日人代為印發，並引致歐美人士，如今天高雄事件一般紛紛來詢問此案之究竟。行筆至此，我們可發現，任何一個從事台獨叛國勾當的漢奸，幾乎皆有其可怕、可恨的國際陰謀背景；難怪《美麗島》的黑拳幫膽敢如此狂妄囂張了。

彭某以為開庭時，他的後台老闆會派人到庭干預；結果沒有，使他大失所望。判決的結果；彭明敏、魏廷朝八年，謝聰敏十年徒刑。魏、謝二人沒有如彭某一般幸運，能在「友人」幫助下偷渡到美國。日後，魏廷朝還為許信良寫過《脫黨聲明》。眞是妙事！一個台獨叛亂犯為國民黨黨員寫脫黨聲明，竟然還有人糊塗到說是什麼「忠貞黨員之聲」！豈非滑天下之大稽？選舉停止後，《美麗島》的狂熱份子又數次為文，其中有關義民廟一文曾經引起客家人的憤怒。至於謝聰敏在八、九年前即著手進行破壞活動，在爆炸台南美新處後，企圖再擴大爆炸案，終被逮捕入獄。

彭某入獄以後，「因多方的因素」，坐牢僅一年零一個月，即被特赦釋放。政府本想為其安排個工作，使能痛改前非，重新做人。而彭某一面假裝悔過，一面暗中與「洋朋友」接洽偷渡事宜。終於在高明的化裝下，瞞過政府，在洋人的幫助下，脫渡國外。

◎彭明敏的偷渡經過

根據《自由的滋味》一書之自述，彭明敏先與那些以觀光的名義進入台灣的「友人」見面，然後著手安排航空器。然後他一再宣稱沒有外國政府的干涉，沒有「CIA」的幫助，卻又得意洋洋地說明自己的國際背景有多好，「友人」又是如何地協助他脫逃。眞是此地無銀三百兩。

原訂計劃是讓彭某先離台，等那些「友人」離台後再發佈消息。孰料這幾位來台的「友人」竟然在台觀光旅遊了十天再離開，害得彭某以為事機敗露，差點自殺。

彭某的逃亡路線是：台灣→香港→東京→瑞典，在瑞典落腳。他在瑞典期間，與美、日使館來往非常密切，而且安排他到倫敦、日內瓦、蒙特利奧、多倫多等地演講，鼓動「台獨」。

民國五十九年四月二十四日，蔣院長訪美，遇刺未果。五個月後，華盛頓批准彭明敏入境。這是對我中華國政府非常不友好的作法。據此也可看清「台獨」那種漢奸的本質。

彭某來到美國後，即被安排進密西根大學搞什麼〈胡兒魔煞究所〉。不要小看密大「研究」，此研究非我們一般概念的研究。一九五四年，越南政客吳廷琰就被美國「弄」去密大「研究」，在法軍撤走，美國介入後，隨即「弄」他出來做了越南總統。那天「台獨」搞成功了，大概美國也想「弄」彭某出來做個「台灣國總統」吧！

◎彭明敏的下場

背棄祖宗鄉土的人，是沒有根的；彭明敏如此，郭雨新如此，許信良、陳婉眞也是如此。而今，彭明敏在美國只是生活在自我的幻夢中。他已過時、過氣了。他既沒有張燦鍙的兇狠，也沒郭雨新的老到，更沒有許信良的知名度。今天的彭明敏只能做一個被人抬著當樣板的過時老頭；利用演講的吶喊來證明自己的存在。

在西斜的夕陽裏，那踽踽獨行的身影，獨步在紐約街頭；這不僅是彭明敏的孤獨、蒼涼、悲哀，也是所有台獨分子的最後寫照。身為大漢炎黃子孫，就應該有堂堂正正的使命感來認同自己的文化，認同自己的國家，認同自己的鄉土。根——中國人尤其講究根；沒有根，就沒有了生命，你長年流落他鄉，為何也不低頭想想那曾生你、養你、育你的鄉土呢？中國是一個泱泱文化大國，五千年來，無論在何種侵略、分割、打擊之下，從來沒有亡過，相信她也不會亡在我們這一代的手中。更不可能亡在台獨漢奸叛賊的手中。彭明敏們好好想一想吧！

疾風雜誌六十九年（1980）年六月號第11期

七十年

龍奮貫青天

龍旗雜誌創刊宣言

中華民族是龍的民族，中華兒女是龍的傳人。龍的民族已被欺侮一百多年了，龍的傳人已被荼毒三十多年了。當此民國七十年代的開始，也該是龍奮貫青天的發皇了。

炎黃貴胄，孕育於雍梁華嶽之巔；上仰日月，下履山河，昇潛無礙；是乃龍的靈化。

華夏胤承，基於華陽夏水之間，薪火不斷，血統長傳，蜿蜒自如，是乃龍的傳人。

管子有云：「龍被五色而遊，故神。欲小，則如蚕蠋；欲大，則函天地；欲上，則凌雲；欲沉，則伏泉。」從這思想脈絡中，說明了龍之為物：能幽能明，能細能巨，能長能短，能伸能屈。這種蛻變於自如之中，興發於微渺之際，是龍的特性，也是之所以謂為龍的傳人之精神所在。

回溯歷史文化的長流，我們可以清晰地看到龍的民族，處於幽、明、潛、昇之際的踪跡：

——三代之先，蠻夷猾夏，寇賊姦宄；但華夏仍能定天下於一，開創了夏、商、周盛世。

——兩晉之際，五胡亂華，紛擾中原，相繼僭立，爭戰無已，歷一百九十年之久；但羯羌蠻野終融合於中華文化，而開創日後的大唐郅治。

——胡元武略蓋世，縱橫歐亞，震動寰宇。但入主中國，終無所成。不足百年乃屈於華夏文化，胡虜貔貅，棄甲北還。

——滿清君臨宇內，之所以克垂三百年之久，實因女真粗文，僅經康、雍、乾三代，已完全漢化之故。

由此史實，我們可以斷言：中華民族正如龍一樣，儘管有其困頓挫折之時，但必反可藉此而蓄養更大的力量，待時機來臨，一奮而騰於雲漢之表！

自鴉戰爭以來，由帝國主義以至共產主義的交相欺凌，我民族又已幽潛了一百四十年之久。

帝國主義早年以「船堅砲利」打開中國門戶，輸入有形的鴉片毒品及無形的文化毒素，企圖將巨龍癱瘓，俾便分而食之。近三十年來，則以豢養內奸敗類「台獨」反動分子，披掛「民主」外衣與「人權」面具，而從事分裂中華民族的勾當。但這些詭謀狡計，都已在龍的如炬目光照射下，原形畢露，為我民族正義所粉碎！

更可怕的卻是毛氏的共產主義，它使整個大陸河山籠罩在「階級鬥爭」腥風血雨中，迄今已三十一年，造成中國空前的悲慘時代。幸而，龍的民族實有自強之道；三十一年來，龍的傳人含垢忍辱，艱辛備嘗，他們正隨歲月的增長而蓄養出更大的力量：

——他們蹈厲奮發在台、澎、金、馬復興基地上，愈挫愈強。

——他們忍辱負重在三洋五洲的異國流離生涯中，對中國的光明未來從不灰心喪志。

——他們蟄伏在腥風血雨的故國河山裡，苦俟時機，一舉待發，撥雲見日。

終有一天，中華民族會滙成一股翻騰天地巨流，縱橫四海，昂揚寰宇，廓清混沌，再朗乾坤！

今天，當這民國七十年代的開始，我們深信龍奮動風雷的時勢已降臨了。

在復興基地，我們不但已獲得三十一年生聚訓的成功範例，更已堅忍渡過民國六十年代之中的「危疑年代」。今天，由剝而復，貞下啟元，我們不但贏得世人的尊敬，更已掌握了打開華夏統一之門的鎖鑰。

《淮南子》云：「龍舉而景雲屬」，為迎接這大時代，我們創辦了《龍旗》雜誌。因為，「龍奮貫青天，團結四海志士；旗展迎白日，鼓舞中原英豪」，建設一個三民主義新中國，是每一個龍的傳人義無反顧的責任。

《龍旗》誕生之際，正當中國國民黨召開第十二次全代會的前夕，島內分歧集團蠢蠢欲動之始。此誠風雨如晦，雞鳴不已之時。龍吟九霄，虎嘯八荒，雲從風乘，機臨勢至，此其時矣！

《龍旗》雜誌是全體龍的傳人之刊物，凡是愛民族、愛國家，及具有時代使命感的人，都與《龍旗》的同榮辱、共休戚。今後，願大家與革命先烈同情操，與民族英雄共氣魄，把龍的旗幟遍插在有中國人生活的土地上，豎立在每一個龍的傳人的心田裏！

龍旗七十年（1981）年三月創刊號

台灣人同聲一哭

評台奸王育德著《台灣——苦悶的歷史》

劉添財

眼看著國府對臺獨敗類姑息養奸，使得臺獨氣勢日益壯大；今天他們認為島內革命「建國」時機已經成熟，不惜掀起高雄暴動，使得臺灣在風雨飄搖中又起動盪。千錯萬錯，錯在國府多年來對臺獨的姑息，實在對臺獨的本質太不瞭解！筆者苦口婆心提了九年的逆耳忠言，今天被國府誤會。但筆者基於對臺灣的熱愛，對一千八百萬同胞的關心，實在不能眼睜睜的看著臺寶島沉沒於狂風巨浪中。因此，還是要大聲疾呼，給同胞以當頭棒喝：除非願意丟棄中華民族的一切傳統、一切文化、一切利益，甘願做走狗的走狗，大家一起皇民化，否則對臺獨姑息是絕對無生路可言！

◎引言

臺獨元老王育德係臺灣省臺南市人，一九二四年出生，畢業於日本〈東京大學部〉中國文學語學科，獲得博士學位。他是臺灣獨立聯盟中央委員，並支持日文版臺獨的機關雜誌——《臺灣青年》。現任〈明治大學〉教授、〈琦玉大學〉及〈東京外國語大學〉講師。王育德於一九四六年出版了一本以日文撰寫的談臺灣歷史及現狀的書《臺灣——苦悶的歷史》。

王育德是一個極端親日的典型偏狹的臺獨人士。他這本書受到日本人的大力讚美，該書再版多次，賣出四萬冊之多。東京《朝日》、《每日》、《讀賣》三大報，以及各地方有力量的紙、部份週刊雜誌都刊出書評，作了不少的介紹，可謂「佳評潮湧」。

這一本書出版後，王育德等「臺獨核心」為了使年輕一代也能讀懂此書，乃於一九七九年把這一本書翻譯成中文，運到美國去，在紐約一帶散發，並由〈臺灣同鄉會〉、〈長老教會〉和其他臺獨組織將該書轉送予紐約臺灣同鄉研讀，由是很多年輕台灣人受到影響，變為日後的台獨積極分子。目前這本書被一些人看作「臺獨聖經」。

◎肯定《馬關條約》，否定《開羅宣言》

這本書一開始的序章就說：「開羅宣言的決定事先未與臺灣人磋商，因此，台灣人不受其約束，這是臺灣人的主張……」臺獨人士反對〈開羅宣言〉，但從來不曾以同樣的理由反對〈馬關條約〉。王育德在書中承認日本依馬關條約併吞臺灣的事實，而且百般讚頌日本治臺之成功；這明顯的是以雙重標準來談問題，親日而反中。

歷史事實證明，如果真的「事先與臺灣人磋商」，台灣人是絕對反對馬關條約，贊成開羅宣言的。因為馬關條約後，台灣的義軍義民奮勇血戰日本軍二十年，而開羅宣言之後，台灣人手搖國旗蜂湧至基隆港熱烈歡迎國軍，充分說明了台灣人對馬關條約和開羅宣言的「主張」。當然，後來因為二二八事變，有些臺獨就恨不得沒有開羅宣言倒好。

該書中說：「這裏進行的是臺灣人對中國人的民族鬥爭。」「中國人主張『臺灣是中國固有的領土』，除了擅自把臺灣人視為中國人之外，大概還以隋朝的陳稜和元朝的高興、楊祥很早就嘗試探險性遠征之類的事實為根據。……照中國人這一套作風的話，日本人也有三分權利，而且日本人的權利比荷蘭人優先」。

接著詳細敘述了日本人探查招撫臺灣的經過，什麼豐臣秀吉、原田孫七郎、德川家康、有馬晴信、村山等安、濱田彌兵衛等等，果然臺灣是「皇國」的固有領土也。王育德的結論是：「這個時期日本人向南海所做的擴張被下定義為所謂早期重商主義，可惜由於一六三六年到一六三九年的鎖國令而宣告閉幕。」王育德居然因為日本沒有繼續經營統治而感到「可惜」。如果早在那時日本已經經營臺灣，那麼，今天王先生鐵定不是中國人、不是臺灣人、而變成了「九成的日本人」，當然，這個「王」姓也早就換成什麼「X田」、「X井」、「X島」、「X村」、「山X」了。筆者也真替王先生感到「真沒彩」！

◎「台灣」這個名稱不佳

關於台灣的名稱，王書中說：「現在英語有稱臺灣人為Taiwanese的傾向，但我個人不願放棄Formosa，以及Formosan這個現成的稱呼，『美麗島』、『美麗島上的居民』在感覺上較佳」。

這是為了什麼呢?原來「臺灣」這個名稱是由臺灣人的祖先——明代的中國人周嬰在〈東蕃記〉中所稱「臺員」二字演化而來，臺獨不願認同於中國，連帶對中國人定的名「臺灣」也不喜歡，而喜愛西洋人對臺灣的稱呼「福莫沙」（編注：本刊譯為胡兒魔煞，尤妙！），這是一種典型親洋的偏狹臺獨心態。臺獨在島內的雜誌《美麗島》的英文名叫Formosa也是同一種臺獨偏狹心態。

其實「臺灣」才是臺灣人自己定的名字，這才是真正「現成的名稱」，比洋人替我們取的名稱「福莫沙」要好得多！

希望將來臺灣人士在美國再成立「政府」時，要用「臺灣國」做國名，不要用充滿殖民地色彩的「福莫沙國」，以保持「臺灣民族」的自尊。

◎好一個「皇民奉公」的無恥奴才

王育德大捧日本曰：「日本在整整五十一年的時間內（筆者按：自一八九五年六月十七日日本總督府佈政典禮至一九四五年十月廿五日臺灣光復，其實是五十年零四個月）孜孜經營，把臺灣建設成幾乎十全十美的資本主義殖民地」、「日本在臺灣實施殖民地統治能夠成功，有賴於上至總督、下至市民乘國運昌隆之勢，為了祖國的名譽盡其在我的滿腔熱情」、「同化政策相當成功」、「臺灣人……享受近代化的恩惠」、「和以後的國民政府時代比較，才具有重大的意義」、「日據時代有可能被判定勝過現在」、「像樺山總督時代的第一任學務課長伊澤修二這種熱心的教育家所創立的『芝山岩精神』，連山地分校的教師也貫徹到底」。

在這裏，王育德明明白白的認定日本是他的「祖國的名譽」，好一個「皇民奉公」的無恥奴才！事實是日本人為了便利在臺灣的壓榨，確實有一些工農建設，但絕對稱不上「十全十美」。絕大部份臺灣人受到日本人的待遇是毆辱、欺壓、掠奪，只有漢奸、臺奸、走狗才能享受日本主子的「恩惠」。國民政府的統治雖然缺點很多，但日據時代臺灣人的生活無論政府權力、社會地位、經濟能力、物質享受，絕不會「勝過現在」。

奴隸劣根性已經麻痺了王育德的良知，他瞪著眼睛顛倒黑白。筆者想起幼時在家鄉見日本警察「大人」任意打臺灣人耳光，踢臺灣人屁股，心中就痛恨莫名。今天如果筆者見到王育德，一定狠打他兩記耳光，狠踢他兩腳屁股，吐他兩口口水，罵他一聲：「八格牙魯！清國奴！」讓他重溫一下舊夢，來給我的同胞出一口氣！

◎蚍蜉欲撼大樹

王育德對於鄭成功驅逐荷蘭人光復故土甚有反感。鄭成功向荷蘭人下書招降：「此在乃我先人故物，今所有珍寶聽爾載歸，地乃還我，兵始罷。」王育德評之曰：「從某個角度來看，這句話很不合情理，難道臺灣只是由鄭芝龍一個人的力量開拓？許許多多的移民的存在價值如何評價？淨打如意算盤的風涼話。」其實鄭成功所謂「先人故物」，並不見得說臺灣只是他們鄭氏家族先人的，乃是指臺灣是許許多多中國移民的先人的。王育德故意把它歪曲為鄭氏家族以攻擊鄭成功，眞是侮蔑臺灣人的祖先！然而筆者深信王育德侮蔑鄭成功就如同江青侮蔑孔子一樣，是蚍蜉撼大樹而已，臺灣人還是尊鄭成功為「開臺聖王」的。

王先生繼續侮蔑中國曰：「喚醒『睡獅』，而且使它淪為『病豬』的導火是英國」。中國是「病豬」，中國人自然就是「豬仔」了，豬仔還有什麼怕呢?於是王育德勇敢地「和中國人全面針鋒相對」、「看到日人和臺人攜手合作，孜孜不倦，建立起來的人口三十萬的現代都市臺北一天比一天荒廢下去，身為臺灣人誰能不痛心」？「臺灣人對中國人的憤懣，於是日趨强烈」。這是他認「二二八事件」的發生原因。二二八事變確是當時陳儀在臺灣的昏庸腐敗所致，但王先生不應該把它胡扯成什麼「日本人和臺灣人攜手合作」，這樣的話，時時不忘聯日反中、又不忘記日本主子的「恩德」。

關於國府在臺灣統治的情形，王育德的評價是：「兩百萬屬於統治階級的中國難民」。「兩百萬中國人寄生於一千萬臺灣人之上，利用『反攻大陸』的幌子，向臺灣人進行剝削和壓迫。荒發、衰微、悲慘的結局已經顯然可見，根本談不上發展」。這種偏激不實的說法如果是在二二八當時尚有幾分可信，今日的臺灣哪有「中國人寄生，剝削迫害臺灣人」之事？實際上臺灣經濟的發展全世界有目共睹，怎麼會如王先生所說「根本談不上發展」呢？而兩百萬「中國人」中絕大多數都只是老百姓而已，如何能稱他們「屬於統治階級」呢？

王育德一再說臺灣人不是中國人，如「中國人要統治臺灣人……」、「臺灣人和中國人本質上的差異」、「臺灣的獨立本質上就是臺灣人和中國人全面攤牌」、「要和日本人攜手並肩」。日本當權者近千年來就不斷想擴張勢力，侵略中國及東南亞各地。日本軍人所到之處就是濫殺無辜姦淫擄掠，王育德卻還是要依賴這樣的日本人來和「中國人」鬥爭，簡直就是喪心病狂了，那配稱為博士？

◎誣衊烈士　讚揚台奸

對於臺灣人第一號大漢奸、帶領日本軍進入台北城，並協助日軍屠殺抗日義軍的辜顯榮，有良心的臺灣人莫不恨之入骨，但是王育德卻有特別的看法。他對辜某有極高的評價：「雖然有許多臺灣人罵他是頭號御用紳士、最大的臺奸，但是他也有他自己的信念……。」

「扮演和辜顯榮一樣的角色……長老教會牧師巴克禮。長久受到臺南市民的感謝」。長老教會一直在臺灣島內和海外扮演積極的臺獨角色，而「臺獨導師」彭明敏的祖父更會過這位巴克禮牧師的廚子，以侍候洋人而得意洋洋，是臺獨淵源一家親也。不過，巴克禮是英國人，不是臺灣人，他也沒有像辜某一樣的繼續為日軍帶路，殘酷屠殺自己的同胞臺灣人，因此，巴克禮還是和辜某不同的。

王育德以「當十足的日本人有何不可？」為標題，替辜顯榮辯護。辜說：「……仕於二朝，不忠不義，莫此為甚。如係平民，而非官吏，可免此責」、「既為日本臣民，盡忠於日本帝國，……因此為掃蕩土匪，余自任日本帝國之耳目手足，竭盡全力。」這喪心病狂的辜顯榮引領日本軍殘殺自己的同胞，竟稱之為「掃蕩土匪」，並且說官吏投降敵國是不忠不義，但平民賣國投敵卻「可免此責」，這根本是禽獸不如的話！請看臺灣人抗日烈士林大北、胡阿錦、柯鐵、簡義、簡大獅、林少貓、徐驤、姜紹祖、羅福星、余清芳、江定、羅俊等等，全是臺灣人平民老百姓。他們為了臺灣人的正氣，拼死反抗日本，壯烈犧牲，王育德對於所有的臺灣人烈士不讚一詞，相反的，對於雙手沾滿同胞鮮血的臺灣大漢奸卻極為同情。王育德說：「對投降清軍獻計、奪取中原的洪承疇的苦悶，日軍佔領下的維新政府的苦悶……能夠同情的人，對於辜顯榮的苦悶大概也能同情。」、「我認為辜顯榮的生存方式也是有其道理的一個生存方式」。這樣說來，秦檜、吳三桂、汪精衛等等歷史上所有的大奸臣都有「苦悶」，都「有其道理」，也都因此而成了正面人物，反而是抵抗異族外敵的忠臣義士都成了莫名其妙的混蛋了？如此混淆黑白顛倒是非，這王育德真是和辜某一模一樣的大臺奸也！

◎替漢奸塗脂抹粉

王育德又不忘藉著辜顯榮之口，大捧日本主子：「若以公平眼光觀察，帝國佔領臺灣以後而至今日三十年間之治績，我臺灣島民應為地球上各國人民中最幸福之人民之一。」「島內和氣洋洋，一片昇平景象，而且臺灣人不會被徵調服兵役。如此幸福之人民在世界上什麼地方可以尋得？……」事實是否真是如此呢？

臺灣人抗日英雄簡大獅屢屢重創日軍，終因彈盡援絕，被日本人在臺北監獄處以絞刑。簡大獅在供狀中說：「……日人無禮，屢次查家尋釁，且被姦淫妻女，我妻死之，我妹死之，我嫂與母死之，一家十餘口，僅存子姪數人，又被殺死。」當時日軍侵臺極為凶虐，燒殺淫辱無所不為，臺灣人如簡大獅這樣遭受劫苦毒、有血海深仇者極為普遍。因此，稍有血性的臺灣人明知不是日軍敵手，還是不惜性命和日本鬼子拼鬥，而辜某卻昧著良心說臺灣人是「地球上各國人民中最幸福之人民。」對於辜某這樣出賣同胞、獲取「顯榮」的人，王育德卻是死心塌地的敬佩。他計畫要寫的「先覺列傳」，第一個就是辜顯榮。請問：這樣氣質的臺獨元老王育德到底想建成一個什麼樣子的「臺灣國」呢？王育德這樣替辜某塗脂抹粉，利底良心何在？

王育德評論日本人絞死簡大獅說：「他把日本人視為不共載天的仇敵是很理所當然的，而日本人把他這個復仇者殺死也是不得已的」。這種說法絲毫沒有譴責日本強盜之意，以乎簡大獅和日本人之間只是單純的冤冤相報而已，並沒有什麼是非可言。眞不知王育德的心肝是什麼顏色呢？

◎頌揚變節投降

另外還有一位本來和簡大獅齊名的臺灣人抗戰英雄陳秋菊，可惜後來意志不堅，投降了日軍（王育德稱之為「投誠」）。日本人頒授給他「紳章」，並給以製造樟腦的權利。這陳秋菊反過來向日本効忠，「掃蕩附近不肯順從的土匪」。王育德少不得又要好好讚揚他一番：「他享盡天年，壽終正寢。出殯時，據說有許多日臺人士執紼，場面空前」、「現在也許有人會批評他不守『晚節』，但試讀當時流行的一段俗謠，自然會知道別有評價。」謠曰：「兄弟和番眞正妙（按：番指日本），二來下本整腦寮（接受日人所給樟腦寮），收除山賊卻然了（消除了抗日臺灣人），安局收兵第一條（安享富貴榮華最重要）。」這王育德公然反對臺灣人抗日，鼓吹臺灣人向日本人投降，以享受日本人所給的「恩惠」。

但今天臺獨人士要革「中國人」的命，絕不能向「中國人」妥協投降，一定要和「中國人」打拼犧牲到底，認那些「妥協投降」的臺人是叛徒大臺奸，臺獨革命建國以後絕不能放他們干休！為什麼會有如此完全不同的標準呢？唯一能解的理由就是：臺獨人士見了日本人馬上變成軟體動物，見了「中國人」就非常有骨氣，非英勇的拼到底不可。然乎？不然乎？

◎卑鄙無恥已至極點

王育德說：「臺灣人為了擺脫國民政府的壓迫，現在正向自由陣營求助。提到自由陣營，大多數臺灣人最先浮現腦海的是日本。有一個青年這麼呼訴：『……如果是日本帝國陸海軍還存在的時期，大概會毫不留情的把侵犯臺灣人權益者打落臺灣海峽……家兄也是奉天皇徵召，在馬尼拉戰死的許多人當中之一。即使不補償死者的生命，也希望能對生存者做這一點點的供養』」。

天啊！這還是出自人口的話嗎？「日本帝國海陸軍」會平白的把國民政府「打落臺海峽」，然後允許臺灣人獨立建國嗎？日本鬼子「侵犯臺灣人權益」不知比「中國人」更凶惡多少倍！臺灣人為日本侵略戰爭死於馬尼拉，是應該向日本鬼子討還血債的，怎麼反而要請「日本帝國海陸軍」能對生存者做這一點點的供養？這是沒有一絲骨格、卑鄙無恥、侮辱臺灣人已達極點的話呢？這樣子依靠日本人打「中國人」，再求日本「供養」，還談得上什麼獨立呢？現在，筆者要大喝一聲：「那一個無恥臺獨要求日本「供養」來建立『臺灣國』，我就和他拼到底，雖死不悔！」看誰是有志氣、有骨格的臺灣人？這個王育德和那位「青年」才是兩隻卑鄙的狗仔，涎伸長舌頭在舐著日本皇軍的馬靴！

關於日本人對臺灣農民的苛刻、剝創、壓迫，使得臺灣農民家破人亡，臺灣人忍無可忍，起來武力抗爭的事件，王育德在其書的第六章第七節上標出「利用迷信的陰謀事件」，並這樣描寫：「日本資本主義擴張得很快，土地的兼併和山林草原共同使用權的剝奪到處可見，農民和伐木者生活受到威脅，狗急反噬起來暴動。」

今天我們仍可以看到日據時期臺灣新文學，看到賴和、楊逵等等熱血臺灣人中的絕大多數在日本鬼子統治下都是過著非人的生活。賴和先生在《流離曲》中如此描寫：

賣兒子的錢，已無多所剩。
甕中糧米，吃也再無幾時。
秋風涼了，身上尚是單衣。
……
你怎敢，無斷（擅自）開墾，
你怎敢，佔住不肯退去，
……
那幾處田畑，那幾處原野，
早就依照法的手續，
給予退職前官吏。
……
痛哭罷！痛哭罷！
正對著喫骨飲血之筵，
任憑你，喫到眼淚成泉，
也無人替你可憐。
……
把田畑阡陌開墾得齊齊整，
流盡我一身血汗。
把稻仔蕃薯培養得青蒼茂盛，
眼見得秋收已到，
讓別人來享受現成。
這就是法的平等！
這就是時代的文明！

這種血淚控訴，才是日本統治下臺灣人的眞實生活！

◎ 誰的「歷史認識」淺薄？

除了日本資本家剝奪臺灣人農民的土地之外，王育德一再讚揚的大臺奸辜某更透過日本人的鐵腕，强佔了不知多少可憐的臺農民的土地。臺灣人奮起抵抗暴政，卻被王育德形容成「狗急反噬，起來暴動」！如此肆意侮臺灣人，請問，臺灣人能承認這樣子的王育德是臺灣人嗎？海內外臺獨人士高級知識份子居然把他捧成臺灣人的「先知英雄志士」，連這一點最基本的良心與是非都沒有了，這眞是全體臺灣人的奇恥大辱！

王育德又說：「首先必須認清自己既非中國人也非日本人，而是第三個民族的立場」、「然而渭水以及當時許多臺灣的運動政治家，在觀念上抱著中國人的意識，不容諱言。他們對過去的臺灣歷史認識淺薄……」王育德也不是眞心想要做「第三個民族」，看他得意洋洋的描寫「皇民化運動」就知其意：「臺彎人中所謂『大正郎』，就是在這個環境中成長，接受完全的日語教育。」「不學國語（日語）者罰款」！「執行公務時使用臺語者革職」！「臺語和中文絕對禁止！不滿意者滾到支那去」！「臺灣人由於日語和日本文化而從封建社會蛻到現代社會……」。這些話明明白白說出了王育德心裏想要做的是大和民族，絕非「臺灣民族」。

另外，他更加無恥的露骨說出：「處於跟日本人幾乎無法區別的狀態下，和日本人並肩活躍。前往中國和滿州、南洋打天下的臺灣人，被當地人視為日本人，體味到優越感」、「作為對國民政府壓迫的消極抵抗，臺人一直對日太抱著親切感」。這不是狐假虎威、十足的二鬼子嘴臉？其實，日本人和臺灣人大有區別。日本人永遠看不起王育德這種奴才型的臺灣人，他居然想要和日本人「並肩活躍」、享受「優越惑」，其心地之卑鄙下流眞是達於極點了！奉勸王育德這一類型的臺獨人士：自己把頸子套上一條皮帶，用嘴巴叨起皮帶，交到日本主子手裏，然後汪汪兩聲搖搖尾巴，那才切合實際。

看王育德和臺灣先賢蔣渭水，誰的「歷史認識淺薄」？答案已是很明白了。

王育德在書中完全模倣著日本人的口吻說話。他稱元朝征伐日本是「元寇」，又說北白川宮能久親王率領的日本禁衛師奉命「綏靖臺灣」、「平定全島」。日軍殘殺高山族同胞是「征討」，臺灣人抗日是「陰謀事件」。其他什麼「日華條約」、「日臺關係」等等，都證明了他既不站在中國人立場，也不站在臺灣人的立場，只是站在日本的立場講話！

◎歧視高山族及客家人

現在姑且按照王育德之意，把「兩百萬中國人難民」排除於「臺灣人」之外，我們再來看看他對臺灣另外兩個「民族」——高山族和客家人是如何看法。

他說：「未開化土著民族人口的銳減，……其實他們本身頹廢的性生活，不衞生的風俗習慣，對饑荒和傳染病的無防備狀態等等，才是內在的主要原因」、「高山族生性懶惰、反覆無常……」王育德完全是站在現代「先進侵略民族」的霸道立場講話！其實土著民族人口的銳減，最主要的原因還是被科技先進侵略民族的壓迫逼害所致。生長在台灣的高山族被日本人強迫重勞役，毆打侮辱，因而發生了震驚世界的「霧社事件」。該族青壯戰士在日本人現代化砲火毒氣進政下，全部壯烈自殺。這樣暴露日本人凶殘苛虐的大事，王育德竟然在書中隻字不提。他如此看不起高山族，卻說高山族經過日本人的教化之後，脫胎換骨變得十分優秀，請看下面的描述：

> 高雄州潮州郡巴克秀青年團團長達利昂，曾留下內容如次的血書：「天皇陛下萬歲。我是日本男兒，有大和精神。不管多艱苦的事，如果為了天皇陛下，為了國家，我不會以為苦。請讓我當軍夫」。……以「高砂義勇兵」的名義到南方戰線作戰的八百名左右的高山族所顯示的幹勁，比日本人有過之而無不及……日本人豈止在實施和三百年前的荷蘭人一樣的懷柔政策上得到成功，更進一層日本教育還給高山族帶來某種精神上的變化。

王先生並在書上附了一張「高砂義勇兵出征餞行圖」的照片，日本軍國主義者看了眞不知有多麼過癮呢！筆者倒看過一羣日本軍官手扶軍刀、圍繞著一堆被砍下來的臺灣人和高山族的頭顱的照片，顯示了「皇軍」的「大和魂」、「武運長久」！特建議王先生再版時把這類照片也印上去。

王育德很看不起客家人，而且污辱丘逢甲。他說：

> 移民中客家人比福建人更多橫暴之徒，似乎也是事實……他們因為人數少，特別團結，有特殊的生活習慣和語言，而且好鬥，這也助長了別人對他們的戒心和輕視……臺灣民主國……這種中國人……像丘逢甲這個重要角色，也有跡象顯示他曾藉口召募義勇，侵吞兵餉。

主育德至今還念念不忘三百年前和客家人之間的怨恨過節，也不知客家人經過日本五十年的「教化薰陶」，有沒有像高山族一樣的變化氣質，不再「橫暴」、「好鬥」，而成為好「皇民」了？奇怪的是，他說臺灣人不是中國人，而客家人丘逢甲怎麼又變成中國人了呢？難道客家人不是臺灣人嗎？啊！原來丘逢甲「侵吞兵餉」，所以他是中國人，不是臺灣人也。筆者曾看過臺灣鄉土文學作家丘秀芷女士撰文談他的叔祖丘逢甲的軼事，她說根本就沒有「侵吞兵餉」這回事。

前日本首相佐藤榮作曾對王育德說：「啊！你的書我看過，受益很多。不過，眞的沒法跟中國人和好相處嗎？」王先生沒有直接回答這個問題。其實，凡是看過這本書的人都清清楚楚的感覺得到：王育德這種偏狹臺獨對中國人的憎恨、厭惡，答案是明明白白：「臺灣人確實沒法跟中國人和好相處！」而佐藤首相更是掩飾不住日本人內心的喜悅，臺灣人要對抗中國人，日本人才有機會幫助「皇民同胞」把中國人「打落臺灣海峽」呀！今天王育德不但不容「中國難民在臺灣」，恐怕將來客家人、高山族也不太好混日子吧？在他的心目中，全世界只有日本人最偉大、最優秀，其次是臺灣人（福佬人），而中國人最低下卑賤。這樣的偏狹激烈、挑撥分化、歧視排斥，將來「臺灣國」建國之日，就是內部大混亂、大流血之時！

◎不能做「皇民」是苦悶啊！

臺獨元老王育德寫《臺灣——苦悶的歷史》這本書，到底是要給臺灣人看呢？還是要給日本人看呢？他說此書是要促使「同胞自覺」，那麼他應該使用臺灣人自己的文字，不應該使用日文再翻譯成中文，難道臺灣人的文化還不如非洲野蠻的民族，至今二十世紀八十年代連文字都沒有嗎？講來講去，就是因為臺灣人自己的文字原來就是漢民族使用了數千年的中文，為王育德所深惡痛絕之故。於是乎有彭明敏給王育德來信：「你的書不愧名著，不過很遺憾的是年輕一代的臺灣人已經不懂日文。」想想當年「皇民化」的好日子，王、彭二位臺獨元老眞要「遺憾」得抱頭痛哭了，眞是「苦悶」的歷史啊！大日本帝國趕緊來救援「皇民同胞」啊！

面對當前的時代，王育德仍然念念不忘日本人的厚恩大德，希望日本人看在他們這種走狗奴才臺獨心理的份上，再給他們施一點恩惠加一點助力：「希望日本人起碼替沒有發言權的臺灣人在聯合國主張……」、「日本人如果肯表示這些許誠意，在南洋戰死的數萬臺灣青年將能死得瞑目。」再三的說明了王育德所期待的同胞不是中國人，不是臺灣人，而是日本人！可惜的是日本人並不會眞的認王育德為同胞！日奴狂獨走狗怎麼有資格和日本人平起平坐呢？

◎骨格何在？良知何在？

總而言之，這本書誇張的描寫了鄭成功的苛厲，滿清王朝的貪鄙，國民政府的腐化。當然對中共更要痛罵，他在該書「後記」中強烈攻擊中共說：「中共開口就猛吠：『臺灣是中國神聖的固有領土』，但對臺灣和臺灣人究竟知道多少？中共取得政權以來，是否出版過有關臺灣以及臺灣人的緜密而合於科學的論著？答案是沒有。」

中國人的政權沒有一個是好東西！相反的，荷蘭人是寬容開明的，日本人是強大進步的，這些東西洋鬼子們才是臺灣開發、教化、建設的功臣！

這本書的「後記」最後一頁引用一位「有名的臺籍政治家」說：「……大家一面哭一面讀，讀這本書不哭的就不是臺灣人。」眞是說得對極了！筆者也是臺灣人，我看了這本書

也眞的想哭，只是欲哭無淚！我悲痛，我憤慨！為什麼臺灣人中竟然會出現像王育德這樣子無恥荒唐的人？為什麼直至今日臺灣人還懷念日本人再來做臺灣人的主子？為什麼王育德丟盡臺灣人顏面，損盡臺灣人骨格的這本書已用日文出版了十五年，竟然沒有一個臺灣人起而批判痛斥之？為什麼至今還有那麼多臺灣人在尊捧日本人的走狗臺獨元老王育德？

◎應徹底揭發「臺獨」的荒謬醜惡

筆者對臺獨問題深思熟慮多年，因為中共毛始皇、四人幫的恐怖黑暗，我確曾想到「為什麼臺灣不能脫離中共而獨立？」並曾鄭重的提出臺灣獨立五原則：1.一定要有獨立氣魄和國格。2.一定要顧著廣大民眾的幸福。3.新舊移民要互相寬容合作。4.以中華民族文化為建國基本。5.不能再裝洋神、弄洋鬼、做洋奴。

然而直至今日，臺獨人士的實際作為正好和筆者的五原則背道而馳。眞想不到臺獨

調寄「憶江南」
·江南子
日本好！甘拜新祖宗；
俯首貼耳聽擺布，
狂吠同胞逞威風；
分明漢奸種。

人士竟然在今天還把王育德的臭爛貨拿出來宣揚賣弄，做他們建國的「指導綱領」。三十多年前「二二八」時，王育德的論調還勉強可以原諒，因為那是一些情緒的氣話；三十年後的今天還彈這種論調，實在不可原諒！奴性、野心和私慾掩蓋了這些臺獨人士的理性，赤裸裸暴露了他們做「日本奴」的狂熱，他們只會一步步把臺灣帶向滅亡！要防止這個大悲劇，就應該徹底揭發「臺獨」的荒謬言行、醜惡本質，不能再掩蓋、安撫、妥協、苟且了。

龍旗七十年（1981）年三月創刊號

三十年來政論雜誌對政治的影響

齊森茂

◎前言——超級藝術

政治是一種高度的藝術。政治史進入現代以後，文化、思想、經濟以及武力爭戰均大量而密切地混同了政治，政治的內涵變得極其複雜，政治的外延無限擴張，使得這種藝術更呈複雜。

國民黨本身有兩項本質：「革命」與「民主」；如何把其分寸，使之不會兩相妨礙，無疑是一種高級的藝術。由國民黨領導的中華民國政府，一方面如何防止共產黨的滲透與破壞，一方面如何保障人民的民主自由，使這兩方面互不妨礙，無疑也是一種更高級的藝術。

國民黨在台灣三十年來的表現，常呈左右兩邊不討好的為難情境。撇開敵人中共、台獨等的攻擊不談。高喊民主自由的自己人也有罵它「獨裁」，而偏愛革命堅決反共的自己人又會嫌其「軟弱」；但真正懂得政治的人卻瞭解，這兩種說法皆不對，國民黨在政治上表現的正是一種「超級藝術」。

人們可以從「言論自由」這問題的處理上，窺見這種藝術的造詣是何等高超。言論自由的表達，有賴於大眾傳播工具。雖然現在電視及廣播電台甚發達，但報紙雜誌仍為最重要，因為文字傳播有它不可取代的恒久性、固定性和威望。因此，我們應從報紙雜誌來看這問題。

台灣地區共有三十餘家公、民營報紙，卻有一千餘種雜誌，絕大多數是民營的，而可列為「政論雜誌」者則約有七十家，亦絕大多數屬民營。因此，台灣的報紙已不算少，而從土地、人口比例來看雜誌，則可能是世界第一位了。在數量上來說，絕不能說台灣「沒有言論自由」。

但其中顯然有一個奧妙的政策，多年來報紙有「報禁」，而雜誌則除偶爾有一年期限不許新設登記之外，三十年來卻是盡量開放自由創辦。

「報禁」，不開放新報紙登記，主關機關的理由是說為節省紙張。這種從供需觀點的理由固然也言之成理，但不可避免地招致許多非議。然而，非議者也許其智識不足以看出，也許出於假裝的不知，在這官式理由中，應還有更重要的用意在。如我們猜測得不差，因報紙影響力較雜誌大，也遠較雜誌難以把握，如一旦出問題，政府又非查禁不可，查禁報紙很可能演化成「壓迫言論自由」惡名的最佳佐證，這種事在過去大陸上屢曾發生，結果受大害的不是被查封的報館，反而是政府本身。為思患預防，採取「報禁」的政策顯然可諒解的。而政府為了維持言論自由，只好任由各種奇談怪論到雜誌上發表了。這正是「革命性」與「民主性」平衡運用的結果。這種運用極其困難，而達三十年之久，非有高深造詣必無法肆應。

因此，我們現在回到本題，雜誌既然扮演如此一個寄妙的角色，研究台灣三十年來的政治、思潮，從政論雜誌著手，顯然是個最便捷的途徑。

在這三十年中，出版了許許多多的雜誌，有的默默無聞，乃至無疾而終尚不為人知。有的卻對這個社會發生了重大的影響，激起了強烈的震撼作用。本文中，我們僅以忠實的態度，透過這些具有重大影響力的政治性雜誌，回顧三十年來的政治脈動，也許有助於人們對整個情勢的瞭解。

不過，我們還須補充的是，所謂「政論雜誌」並非專以政治論著為唯一標準。相反的，透過文藝來表現政治思想的脈動，卻是自古以來文士之所長。然而不幸的，這種技術被近代的共產黨人發揮到極致——從文藝入手，腐蝕群眾，奪取政權。因此，本文取材亦及於文藝方面。

◎三十年代文藝的失敗

民國三十八年政府播遷來台，驚魂甫定。大眾痛定思痛，反省到大陸之所以會如洪水決堤，一敗不可收拾，實因思想戰線上的失敗，瓦解了軍民的思想武裝之故。而追根究柢，乃是因中共善用了卅年代的文藝作家及作品之故。

這些三十年代的作品，儘管有五花八門的題材，但綜合以觀，卻有一個共同的方向：「反封建」、「反官僚」、「反壓迫」——暴露社會的黑暗面。由是，使老百姓相信：舊社會之所以存在的本質，是黑暗、壓迫和剝削的；由於舊的生產關係（如地主與佃農之關係）無可避免地約束了生產力的發展，貧困是這社會的必然產物。因此，唯有推翻這種舊的關係，才能使人民翻身。在這種論定前題與推理過程下，就生出必然的結論：共產黨揭櫫的新經濟關係社會，才是光明的泉源。這種文藝方向，對中共而言，是絕對成功的，它很快就幫中共「推翻了舊社會」。

自然而然，中央政府播遷來台灣之後，經過檢討反省，卅年代文藝於是成了眾矢之的。更由於許多卅年代作家學人都陷在大陸，政府也就禁止重刊他們的作品。於是，卅年代的作品縱使還有點正面價值，也無人敢出面或願出面說句公平的話了。

卅年代作品的正面價值是什麼呢？就是淳樸的鄉土的民族主義價值。文藝不能無根，無根的文藝會受別種文化填補真空。由於來台後，因其負面之故，斬絕了卅年代文藝，連帶使其正面也不再存在，於是日後隨著美軍協防台灣而俱來的美國文化，便佔據了文藝、文化界的相當大勢力，此種勢力迄今未衰竭。

◎反共作家群的貢獻

韓戰發生之前，美國尚未能將其文化挾其軍事力量，進入台灣。而且當時台籍的文藝作家多因文字障碍之故，無法暢所欲寫，所以那期間的文藝作品大多出自大陸來台的作家。而這批人是：1.心懷對中共的憎恨，2.在兵荒馬亂中成長，3.對大陸的山河有深深的依戀情緒。有著這三種傾向的人所寫作的作品，雖能給人情緒上的刺激或產生反共的意念，但嚴格講，這些作品缺乏一種震撼人心的力量。早期一點的如王藍、公孫嬿，稍晚的有朱西寧和司馬中原。現在的人將此時期的作家（或作品）稱為「五十年代作家」或「反共作家」。

這批作家，日後成為「青溪派」的作家群，所寫的大量作品，雖不會產生如《戰爭與和平》般氣勢磅薄的大作品，但確有重大的貢獻。這種貢獻，不僅是給心靈空虛的外省人有所寄託而已；當時本省籍的同胞也能接受這些反共的作品。因為日據時代，日帝警察對共產主義及共產黨的嚴禁態度，與國民政府是一致的。當本省同胞，看到文字小說中描述共黨的殘酷暴行時，也不知不覺中潛移默化地產生更堅定的反共意念，這一點的貢獻更是不可抹煞的。

除文藝創作之外，還有漫畫。漫畫是敏銳的。同時期的漫畫也足以表現出該時期的知識份子的心理傾向。如梁中銘的《土包子下江南》，牛哥的《牛伯伯打遊擊》，這些反共的作品，絕不是政府當局所指令畫出，而是歷經赤火戰亂的倖存者內心聲音的流露。

◎純文學路線

軍中反共作家稍後出現的另一支細流，便是《文學雜誌》。這是相當學院性的一份刊物，它擺脫描寫軍中生活及對大陸懷舊的創作領域，進入知識份子的層面，將單純的寫實小說拉回到學術層次內去。較有名的有穆中南、彭歌、林海音等人。這條路線與政治雖無甚大關係，但基本說來是健康的。

由這條路線發展下去，更有日後以《皇冠》雜誌為代表的文藝路線，最成功的人物無疑是女作家瓊瑤。其作品偏向「鴛鴦蝴蝶派」，以描寫青年男女私情為主題，常作無病呻吟。這些作品在五十年代（民國四十年代）後期至六十年代頗為盛行，雖無直接政治意義的反映，但透過這些作品卻會使人生起「商女不知亡國恨，隔江猶唱後庭花」之感。然在那段期間，第二次大戰末後出生的年輕一代，這是正當「夢般年華」，確實也藉這些小說文藝作品獲得不少的「娛樂」價值。這在當時電視未發達的時代，不能說它沒有正面價值，因為人總需有純粹的、正當的消遣，尤其愛作綺夢的青少年人。不過這已逸出政治範疇了。

◎西化派的抬頭

我們回歸到政治性方面。民國四十三年，是一個思想的轉捩點，轉變的關鍵是這年簽訂了〈中美共同防禦條約〉。這一條約的訂立，明顯的產生了二種不良副作用：

一、由於美軍勢力的進入，帝國主義便挾其優勢的軍事及商業資本，有形無形的企圖控制台灣的文化。美國新聞處先後出版《今日美國》（後改為《今日世界》）、《學生英文雜誌》來影響學校及社會的人心。不巧的是，胡適也於此時回到台灣，他又把當年五四運動時對中國傳統文化的批評老調重提：「凡是提倡民族主義，一定是保守的」、「一個民族的文化竟然容許抽鴉片、女人裹小腳，而持續那麼長的時間沒人反抗，這種文化有什麼價值？」於是乎殷海光等人的文章，在《自由中國》半月刊上也篇篇反對傳統文化，鼓吹全盤西化。而且胡適出掌中央研究院，他的論點影響了國家最高學術機構的方向，更形成了最高學術的學風。

一些以西方文化為信仰對象的人漸漸結成「西化派」，一切以美國的立場為立場的似是而非的論點、以美國標準為標準的言論，便充斥學術市場。《現代文學》的產生及所走的路子，便是這種現象的反應。《現代文學》是民國五十年左右，由白先勇、陳若曦、歐陽子等外文系學生所編的刊物，它的言論路線正是西化的反映。

二、另一個不良的副作用是，鼓動了大陸時代自五四以來，以《獨立評論》雜誌為代表的，一脈相承的舊自由主義餘緒的復活。他們藉著美式文化的進入，企圖在台灣建立思想和政治上的陣地。他們以「民權運動」為標榜，以《自由中國》雜誌為園地，並結合了許多頗孚眾望的專家、學者，甚至幾位國民黨高級幹部，及一些台籍政治人士，企圖成立一個反對黨。

◎「自由中國」對「黨外人士」的影響

《自由中國》雜誌無疑在台灣政治上有甚大的影響，但它的影響還不在當時——當時它雖能鼓噪一時，甚至傳言有外力在背後支援，但終於四十九年九月雷震因涉案被捕，而中止了它的風潮。然而，它所主張的「兩個中國」論——主張與自己大漢民族切斷以求自保的分離思想，卻影響了當代的省籍政治人士如郭國基、郭雨新、李萬居、李源棧，他們都是民國四十年代中期的第一批省議員。

這批省籍人士深受《自由中國》觀點的影響，就演變成為「黨外人士」，這是第一代的「黨外人士」。從此，「分離主義」便難以阻遏地傳了下來。「黨外人士」也就一代代傳了下來，第二代以高玉樹等為代表，第三代以黃信介等為代表，第四代以張俊宏等為代表，直到今天則第五代已告出現了。但無論如何，直至今天，無論「黨外」第幾代，他們所提的幾個口號，所提的幾個問題，仍然脫離不了當年《自由中國》的幾個論點。

由此可見，追本溯源，今天「黨外人士」的主張其實源自《自由中國》。而這本雜誌的產生，雖可遠溯於過去大陸上的舊自由主義，但使之復燃的直接因素則是美國文化的入侵。

令人覺得諷刺的是，這批舊自由主義者，當年以其「理想」苛求戰亂頻仍的中國政府，等於幫助了中共。大批的自由主義者留在大陸上成為紅朝的新貴，但不旋踵便被毛氏以「反右」為名而鬥倒、鬥臭，並關入牛棚，噬臍莫及。而得幸追隨國民政府撤退來台灣的少部分自由主義人士卻仍不覺悟，硬是以「民主人士」自居，不顧後果，高唱不合時勢的論調，不是很可悲嗎？

總之，從上述文藝方面的《現代文學》雜誌，以及政治方面的《自由中國》雜誌，足以顯示了美式文化的傾銷後果，也說明了文化真空時橫的移殖現象。

◎另一條路線——左傾

在此值得一提的是《筆滙》雜誌，它的革新號於民國四七年出刊。它本來是「文藝協會」的王藍，陳紀瀅等人辦的小刊物，內容是對文化及文學的批評。後因經濟因素，交由尉天聰接辦。

《筆滙》之後有《文學季刊》（文季）。《文季》時人物如劉大任（現任中共駐聯合國的職員）、陳映眞、施X

青……等，為今日香港、台灣左傾文人。若當時負責文藝的文壇先輩能預先看出端倪，予以事先輔導，今日情況就改觀了，因為早期的《筆滙》，並沒有很深刻的批判性，而是大量的介紹外國藝術，文學思潮的流派等。後來到了文季漸漸地走入現實，並標示了方向，開始有計劃地批評現代主義的作品。第一期批評的對象以歐陽子為代表，然後是張愛玲、王文興等人。

《文季》與「保釣運動」的興起大約是同時。「保釣運動」政府處理不夠明確及主動，使得一些大中國民族主義者轉而變為左傾——贊成中共統一的民族主義者。這些民族主義與《文季》左傾作家結合，後來便團結在《夏潮》雜誌的四週，形成一股眞正有左傾影響力的集團。這股力量並利用了另一條線發展的自由主義的「台獨」力量。因為左傾文人的集合與發展，在國策法律的嚴格限制下，它不可能明目張膽去做，必定是潛伏與隱晦的，它也不可能公然標榜社會主義或馬列主義，必會改以另一形態來宣揚這種思想。

有人說，「人在三十歲以前如無左傾思想，便無大志；三十歲以後仍有左傾思想，便是幼稚」，姑勿論這種說法是否對，但我們細研深究共產主義之所以能鼓動青年，必有其一定的基礎存在，此種基礎便是利用青年的正義感與人道情懷。因而，首先強調社會的不平、人間的黑暗，尤其透過文藝性筆調，其感染力是必然更大的；如是煽起青年人的正義感，鼓動他去關懷社會——改造世界，這種意識的懷抱，常足以使一個青年「忘我」起來——青年人眼見（其實是得自蠱惑人心之作品）天下黑暗如此，便不免生起救世的大懷抱，此種懷抱實本於自傲，從自傲中得到自己存在價值的肯定，從肯定中獲得「忘我」的樂趣。這便是共產黨人利用青年能無往而不利的根源。因此，我們別以為「左傾」一詞便是恐怖的，它的可怕只是它與「虛無」一樣，是為馬列主義舖路的。

左傾的壞處是，它特別強調「社會改造」，卻避而不談「心理改造」，青年心中若先認定或接受了「社會改造」，則讓他自然而然地去接受「唯經濟改造」或「一切制度或心理或文化都是社會環境所產生的」之類的唯物論概念，便輕而易舉了。

因此，由於台灣雜誌存有左傾路線，在「保釣運動」後期陸續發展衍生的運動，例如「一萬小時奉獻運動」、「山地服務隊」之類，這種運動若孤立來說，它或多或少喚起人們，尤其是青年學生對社會的關懷，對社會的奉獻，卻不是壞事。但先決條件是，不能讓它再朝下一個方向走——順著共黨所預定的程序發展下去。這就是我們這些深受共產災害的人，必須對左傾提高警覺的主要原因。

這股左傾力量，發展到後來，以《夏潮》雜誌為主要園地，以鼓吹「鄉土文學」為手法，一時之間，造成相當的影響。尤在民國六十年代末期，他們與自由派的「台獨」結合，並利用了這條本質有異的路線，大力鼓吹「鄉土運動」與「民主運動」。甚至公開提倡所謂「工農兵文學」，演成相當危險的狀態。

◎《文星》——新舊自由主義的結合

民國四十年代中期有另一支系統，屬於「自由主義」的刊物創刊，很快就在知識份子間流傳，它是《文星》雜誌，它是大陸「舊自由主義」與台灣「新自由主義」的一次過渡的結合。

《文星》創刊始初，只是文星書店的宣傳刊物件質，類似今日的《愛書人》、《書櫃》之類以宣傳推銷書籍為主旨的刊物。但漸漸卻發展成為一份高水準的政治文化性刊物。它與《自由中國》一樣，成員以知識分子為主。在內容上，它們也有相通之處——關心高層的政治上、理念上及文化上的異議。但兩者最大不同的是：《自由中國》是一群人的「機關刊物」，它有組織一個反對黨的企圖，而《文星》則沒有明顯的現實政治上的企圖。《文星》的言論方向是對中國傳統的事物——包括儒家思想、道統觀念等均盡情貶伐，極力主張「全盤西化」，這是繼承五四運動以來西化派的一貫思想，它顯然有意完成舊西化派所未完成的「任務」。因為「文星」與美國〈太平洋學會〉有密切的關係，使人咸信美國費正清集團曾在幕後支持及操縱這個刊物。因為以費正清歷來的帝國主義作風，《文星》的言論方向顯然是符合其願望的。故即使無法找到足夠的證據來證實，但這種看法應該是「合理的可疑」。

◎中西文化論戰

在《自由中國》雜誌興盛時代，曾經發生過「國家與個人孰重？」的論戰，由國家主義與個人主義的論戰，演變成以任卓宣等為主流的民族主義者與西化派的筆仗。

在《文星》雜誌上，卻發生「中西文化論戰」；雖然與《自由中國》的論戰題目不同，本質卻無所異，即以民族主義對抗西化主義。

從這兩次震撼思想文化界的論戰，我們可以發現：民族主義一直是貫穿思想界的思潮，再往後看「保釣運動」、「退出聯合國」，甚至《疾風》雜誌的對抗《美麗島》，在在都證明了民族主義的力量。因此，我們可以說：若透過「民族主義」、「本土文化」的脈絡去觀察自五十年代以來文化界思想的動向，就不難綱舉目張地瞭然其大概了。

◎《大學》雜誌的分裂

民國五十年代末期，是《大學》雜誌的黃金時代。由於它擁有一群在台灣新成長的第一代知識分子做基本成員，包括張俊宏、楊國樞等人，當時正是各方矚目的「青年才俊」。

民國五十八年，張俊宏以《大學》雜誌編輯身分，被延攬入中央黨部工作。恰於此時，第一批學成回國的留學生，在「起用青年才俊」時機之下，紛紛被當局重用，形成一股青年學者問政的熱潮。

在此背景與「時運」下，可以說，自民國五十七年起以後數年之間，《大學》幾乎成了雜誌界的主導地位。但出人意料的是，大學雜誌突然分裂了，從此失去了原有的光彩。

《大學》分裂的原因，有人在事後說是「國民黨的分化」，當初在《大學》那批人嗣後也一直強調這點。其實若瞭解內容或深入分析，《大學》的分裂並非出自外在的因素，而是內在因素促使它必然走上分裂之路。

因為，《大學》自始的組成分子就不單純。例如張俊宏根本是個「台獨派」，從他的「海洋中國論」就可充分證實此點。其他則有「自由派」（如楊國樞）及左派、民族主義派等。

我們從它分裂以後分裂成五派，各人所走的方向不同，也可觀知其分子的複雜性了：(1)《中國論壇》派——代表自由派。(2)《大學雜誌》派——原雜誌的延續。(3)《台灣政論》派及《這一代》派——台獨派。(4)《夏潮》派——左傾統一派。(5)《人與社會》派——較支持政府的。如此看來，這麼複雜的人共同辦一個刊物，縱可熱鬧一時，但必難長久，這應是定論。

◎《小市民的心聲》——反急進的印證

但無論如何，大學雜誌內部派別無論怎樣的複雜，它卻有一致性的共同點，那就是「急進」。急進的要求，不可避免的將會帶給社會沉默大眾相當的危機感，此種感覺自民國六十年退出聯合國後表現得尤其強烈。民國六十一年孤影在中央日報副刊發表一篇《一個小市民的心聲》長文，不但是這種危機感的另一種反映，而且是表達了沉默大多數不同意以《大學》雜誌為代表的急進主張。

直到最近，還常有人攻擊《一個小市民的心聲》，事實上它所顯示的正是沉默大多數的心聲，否則這篇文章當時不會像潮水般的暢銷，在民間幾乎人手一冊。

從《一個小市民的心聲》例子看來，這個社會確有一股強大的力量存在。這股力量在平日無聲無臭，但一遇某種時機需要，就立刻出現，成為社會最大的穩定力量。這股力量在民國六十年代曾出現過兩次，一次是六十年代的初期，因為退出聯合國後反擊「急進」主張而出現；一次是六十年代的末期因為中美斷交後《美麗島》分子囂張橫行而現出。如果說民國六十年代是「危疑年代」，所以能渡過一次又一次的「危疑」，這股力量才是眞正的重要因素。

◎「土、洋」兩派分裂對政局的影響

《大學》雜誌的分裂，有人稱之為「土、洋」二派的分裂。也有從地域主義觀點稱之為「外省人、本省人」的分裂。不管這說法是否周延可信，但是明顯地可以比較出來這種分裂，的確是加深了文化界地域觀念的分歧。

「洋」的或「外省人」的一夥人，自是轉入《中國論壇》（自由派），較支持國民黨及政府的則轉辦《人與社會》。所謂的「土」派便開始籌設《台灣政論》與地方政治人物緊密結合。

因為「土派」主觀所要求的權力及政治地位，比客觀所容許的較高；所以，當局對它的注意也超出一般程度。「土派」與「洋派」的分裂，對台灣政治的安定發展，有著極重要的負面影響。

《自由中國」》時代，雖有籌組政黨的企圖，但只是知識份子間的結合，而且那時的結合根本沒有省籍上的排斥與隔閡。但《大學》分裂之後的發展，則是令人疑慮的。因為《台灣政論》已步上了與基層群眾相結合的路，超出知識份子或青年學生（《大學》與《自由中國」》之不同，即在於前者能號召且結合在學的青年學生）的範疇，而且省籍地域觀念不斷有意加以強化。不可否認的，這種地域觀念的清晰化及強化或多或少地受了：1.海外日益猖狂的「台獨運動」所鼓勵及支持，2.中共對台正面壓力及側面分化的強化，而產生的「獨立自保」念頭。這種因素的影響、地域觀念的強化，是對日後政治發展上有極大的負面影響。《台灣政論》以後，《這一代》、《美麗島」》、《八十年代》均屬「土派」

的衍生物及發展。

◎《台灣政論》與《夏潮》

民國六十四年左右，有兩個雜誌銷路暢盛，它們是《台灣政論》及《夏潮》。前者是以自由民主為號召，實質上是「台獨」勢力及思想所操縱之刊物。後者便是前述由《筆滙》、《文學季刊》一脈發展相傳而來的左傾民族主義者的「機關刊物」。

《台灣政論》因急躁冒進，而《夏潮》穩健，以致前者被禁，主事人黃華被捕。黃華被捕對「黨外人士」來說是一嚴重刺激，彼等硬認定這是「寃獄」，許多年輕人相信此種說法而走入更偏激。

《夏潮》本來是類似《讀者文摘》的刊物，出刊二期，虧損累累，乃由蘇新之女蘇慶黎接掌。在該誌十八期出刊之前，該誌的核心尚未成為眞正的左派。該誌十八期出現尉天聰為「鄉土文學」辯護之文章二篇，左派文人，才眞正追隨「尉老大」從《中國論壇》投向《夏潮》。

原來《中國論壇》，自始即有著「兩條路線之鬥爭」。一條是以楊選堂（楊子）為首的「自由派」，一則是以尉為首的「左派」，兩者本質不一，但所謂「關懷社會」則一，所以尚能作持短暫的結合，但不能長久。後來尉終於被趕出《中國論壇》而轉到《夏朝》另建地盤。

◎「鄉土文學」的抬頭

「鄉土文學」的發生，是因為台灣多年在「美化」、「西化」文化的浸染下，一切以「西化」為尚，人們心中感虛無

的反向物。而退出聯合國之後，二種多年來整日在麻將或教堂中尋求慰藉的人，也察覺到問題的嚴重了，何況心靈特別敏感的知識份子呢？因此鄉土文學的發生是自然的。但可慮的，卻是它的發展方向；六十二年「台大哲學系事件」，若仔細推究，智者可以從其中嗅出「向中共認同」、向大陸鄉土「回歸」的深長意味了。那時中共對外尚保持「強大」的虛像，外國人並未能瞭解大陸文革的真相，「中國人在國際社會的抬頭」的意念，亦是促使「鄉土」抬頭的重要客觀因素。

因此，「鄉土文學」本質並不錯，乃是基於民族主義的產物，它的抬頭是可理解的。問題是，縱使是出自無意，鄉土文學發展方向的誤導——對中共的認同，這是缺乏明辨是非的智慧了。文人常會有一廂情願的想法；因不滿現實而濫施情感給另一實際動向不明的中共，已使三十年代的前輩作家，包括、巴金、胡風、老舍等人在內的人吃盡了大虧；但他們是初次受騙者，尚情有可原；若生活在數十年後的晚輩，卻仍然智不足以明利害，不鑑前人的覆轍，仍然執迷於左傾路綫，這不是愚妄得可憐嗎？

◎「台獨派」的愚笨

「鄉土文學」興起之初，許多年輕作家或以地方用語創作，或以地方事件為題材來創作，這樣的發展，引起了許多外省籍人士的擔心，他們以為「鄉土文學」就是「台獨」的。的確，若「台獨派」懂得利用形勢，會利鄉土文學，倒是「革命」情勢大好。但是，「台獨派」似乎是一群「笨人」，沒有這種見識。

很明顯的，「台獨派」與「統一派」（左派）有明顯的

素質差別。「台獨派」大多數是法律、政治系的畢業生，「統一派」大多數是文史哲系的畢業生，前者常缺之歷史遠見而囿於「技術主義」，後者卻能透過歷史的發展知道未來路綫方向的輕重。而且在文字運用技巧上，「技術主義」者亦相差太遠，他們往往以為文學作品不外乎是「無病呻吟」，因而喪失了可資利用的「寶貴資產」。

◎國民黨未涉及論戰

在彭歌、余光中發難揭批「鄉土文學」的赤色傾向之前，國民黨一無所覺，這是令人十分詫異的，所以有人以此指責黨已經缺乏尊重學問的習慣久矣。不過這樣也好，政府或黨從未正式干預或涉入這場論戰，免去受他人政擊的另一口實。

在此得提一下胡秋原的《中華》雜誌。平心而論，《中華》雜誌雖然在提倡民族主義上功不可沒，但此次鄉土論戰，它卻未能超然，並容納了數個「鄉土派」的作者，甚至連陳鼓應之流的反擊余光中的文章亦加容納，是以自民國六十六年以後兩年當中，社會很多人對《中華》發生納悶與懷疑，也就不足為怪了。

◎《這一代》與《新生代》

繼《台灣政論》被禁之後，《這一代》創刊，不久亦被禁。這本雜誌的壽命雖短，對社會的影響也不太大，但它的出刊對「黨外人士」卻有相當大的意義，因《這一代》雜誌可以說是他們一脈相承「第五代」興起的象徵。許多年輕的「前進分子」結合在該誌的四周。接續《這一代》的是為期僅一期的《新生代》雜誌。

這批「黨外第五代」的特點是：衝勁十足，知識基礎頗佳，故其筆鋒銳不可當，並常有新奇之論。但最令人驚訝的是，其激情中尚能控制自己；其潛力實令人不能忽視。這些新生代，將在「黨外陣營」中，漸漸取得主導地位，這是可預見的。

◎《美麗島》雜誌

《美麗島》的創刊與被查禁是最近之事，於茲不贅。但比較最初之《自由中國》與現在《美麗島》，可以明顯看出它們是一脈相承的台獨思想（或稱分離主義）。

此外，主張「組黨」也是兩者一脈相承的。但此較起來，兩者所處的客觀環境卻大不相同。在《自由中國》時代，若「組黨」成功，國民黨說不定已經失去政權了。因為當時《自由中國》集團中，所包括之學者、名人、及省籍，涵蓋面是頗廣的；而當時的國民黨內的本省籍同志不但少，而且多為在大陸受教育而回，缺乏一份對台灣的密切關係。日後《美麗島》則大不相同，其組成分子大多是台省人士，如組成政黨，地域色彩必極濃，且人才比《自由中國》相差太遠。尤其，今日國民黨內省籍人士已陸續培養成長，且擔負國家重任，他們的素質、水準較美麗島人士高出太多。從這個角度來看，可見《美麗島》比《自由中國》更缺乏「組黨」的主客觀條件。

◎結語

以上所述，並不是細密的學術研究，只是一種鳥瞰式分析。無論是否詳盡妥當，總可看出三十年來政治文化激盪的大概。

三十一年了，台灣在中共威脅下、在帝國主義破壞的夾縫中以求生存、求發展，面臨各種的激盪已成為家常便飯，更已學會了如何在激盪中求安定，在危殆中求生存之道。這正是歷盡風霜所得來的教訓。

雜誌在台灣，竟是扮演如此重要的角色！辦一份雜誌可能對國家產生巨大的負面影響，也可能產生積極的正面影響，也可能是無足輕重的投機手段而已。有心人通過這鳥瞰式的分析，作為一個知識分子，應有助於作明確的抉擇了。

龍旗七十年（1981）年三月創刊號

那邪惡的手又伸出了

關於《教會公報》問題

陳鐵民

五月三日出版的《台灣教會公報》週刊第一五二二期，又大肆登載了與法治公然對抗、曲解基督教教義的謬論，令所有正義人士為之側目，更令該教會廣大信徒又一次蒙羞。

此期公報報導〈台灣基督長老教會總會第二十八屆通常年會〉召開之狀況，其最主要是通過了一封致高俊明的《慰問信》，其內容竟說：「表示總會認同高牧師的行為，符合台灣基督長老教會的教義、信仰，及牧師應有的職責」云云。

眾人皆知，高俊明是觸犯了國法才被判刑的。他的犯法行為，還不是言論問題，而是在叛亂犯施明德潛逃被通緝期間以實際行動去包庇幫助犯罪的。試問，這種「行為」是符合什麼教義？什麼信仰？難道牧師犯罪是「應有職責」嗎？

無論依情、依理、依法，乃至依聖經，這種說法都是沒有任何理由的，恐怕該教會任何一位長老或牧師，都無法答覆上述問題。

站在該教會立場，對高俊明寄以同情而致慰問函這是不出人情與上帝的矜憫之旨，應可諒解。但「慰問」的內容無異公然向國法挑戰，藉以欲煽起人們的激情，以便製造社會的對立，其心就太可誅了。

台灣教會公報 週刊

TAIWAN CHURCH NEWS

第1433期

台灣基督長老教會發表「人權宣言」二週年特刊

長老教會「人權宣言」二週年 總幹事高俊明特別發表文告

以信仰勇氣積極行動促使「台灣為新而獨立之國家」

美國基督教聯合衛理公會 亞洲人權會長董元模訪台

玉山神 新生

廿七屆傳教 請早報名

◎長老會的來源

〈臺灣督教長老會〉是台灣省外來宗教最具宣教歷史的一個教會。該教會的性質，是參與普世激進宗教運動中最積極之一員。該教會近十年之所以步向激進的方向，有著極復雜的因素。但其中最重要的莫過於受到近世「激進宗教運動」的深度影響。

所謂「激進宗教運動」（Radical Religious Movement）為六〇年代的產物，在精神上是將馬克思主義的質素灌輸入基督教神學中，而在形式上則是經由武裝革命、暴力、政治異議等方式，謀求政治與經濟改革的運動。此項運動，由於統治國家實施主義制度之不同，而產生效果亦迥異。易言之，這運動在共產制度下實施較為適宜，在民主國度裡，可能適得其反。

臺灣基督教長老會，創始於一八六五年，由英國長老會的宣教師馬雅各在台灣南部展開傳教工作。繼而一八七一年，加拿大長老會的宣教師偕叡理（即馬偕）亦在北部淡水傳教，南北兩地以中部的大甲溪為分水嶺，各自經營發展。

在南部之發展為：一八七七年成立台灣府教士會，一八八五年創辦長榮中學，兩年後又設立女校（即長榮女中的前身），和府城教會會報，會員為一四四五人，在創辦初期，粗具規模。一九三〇年因教徒和教堂數目日增，一舉擴充為高雄、台南、嘉義、台中四個中會。

在北部方面：一八八〇年開設廿所教會，分派了廿位傳教師，以及吸收了三百名以上的信徒。一八八四年因中法戰爭和一八九五年的甲午戰爭日軍踞台之後，北部教會曾兩次遭到兵火波及，直至一九〇四年才成立台北中會，一九一四年開辦淡水中學，和一九四〇年成立北部大會。

南北兩教會雖然不同，但其信仰以及職制並無差異。因此，乃於一九一二年在彰化舉行的〈基督教長老會台灣大會〉之中，初步擬定了南北兩教會的聯合。

光復以後，教徒人數增至五萬多人（現稱十六萬人），遂成立海外宣道會，遴派宣教師前往海外閩南和台籍人士居住區從事宣教工作。目前則已擴及日本、美國及南美等地區。也因此，台灣基督教長老會自從一八六五年英國派遣宣教師來傳教以來，經過了大約一百年的經營、發展，不但達到自立、自養、自傳的目的，脫離了與英國、加拿大長老會的母子會關係，並且行有餘力的轉向海外發展、宣教，成為一個具有實力的宗教團體。

◎組織形態

台灣基督教長老會的組織，目前最高的代表機構是〈台灣基督長老教會總會〉，內置正副議長、正副書記、正副會計各一人。每年集會一次。大體上，正副議長由出身南、北教會分別輪流擔任。總會之下，設各種委員會，由總幹事統其成；又分設傳道、教育、女宣、山地宣教等幹事。另以〈常置委員〉為總會閉會期間的最高權力機構。

關於總會的召開，乃是由全台灣的十六個中會推選長老、執事代表，連同各中會議長，各總會直屬單位的神學院、醫院等之負責人及總會事務所負責人員合組而成。其內部議事，大體上採民主議會方式，重要決議以多數同意為可決。

在總會之下，並有直轄機構，包括彰化醫院、新樓診所、台南神學院、玉山神學院、新竹聖經書院、長榮中學、長榮女中和台灣教會公報，以及仍由北部大會辦理的台灣神學院、淡水工商、淡江中學、馬偕醫院等單位。在總會之下的教會組織則有各地區約十六個「中會」和「區會」，其組織形態與總會相彷。

台灣長老會除一八九五年「台南事件」（註1）被指為對政治介入的可能性以外，綜觀百年傳教歷史，尚找不出與現實政治事務有任何瓜葛。甚至一直為今天社會大眾所痛心的《台教會公報》，當年為避免政治牽連，曾在一九三七年第十八屆台灣大會中定了言論尺寸之原則：

一、凡妨害信仰之文章絕對不可刊出。

二、凡有涉及政治之論說絕對不可刊出。

三、凡屬無利益於人之個人言論不可刊出。

此一原則，一直遵行了四十二年。但遺憾的是，在四十二年之後，由於戰後台灣特殊的歷史條件和帝國主義者對台歷史所作的曲解和陰謀，基於分離（台獨）傾向，以及社會躭於安逸和過度强化危機意識等因素，造成台長老會的迷惘，卒於一四四六期公報中公佈，刪改了上列言論遵奉的三原則，而改變其內容為：

一、編輯方針續依據總會所發佈三次宣言：(1)國是聲明。(2)我們的呼籲。(3)人權宣言的精神。

二、拾穗專欄歡迎讀者提供，但本報將附加短評、註釋，或有關之經文。

三、對所謂「純政治性」或「宗教範圍」之涵義，由本報根據長老教會之神學立場判斷之。

因之，由上述情況判斷，不難發現台灣長老會自此時始，已有續漸介入政治之跡象。

◎在外國鼓吹「台獨」

自一九七一年中華民國退出聯合國始，台灣長老教會發表了第一篇宣言：《對國是的聲明與建議》，主張「人民有權決定他們自己的命運」。因為退出聯合國「嚴重威脅到台灣地區全民的生存」，並主張政治走「德國模式」。復至一九七二年初，由唱和《對國是的聲明與建議》的四位由台灣赴美的長老教會牧師在美國成立〈台灣人民自決會〉機構。這四個人是：曾任台南神學院院長、台灣長老總會會長、〈普世教協神學基金會〉主席的黃彰輝，曾任長老會總會議長及總幹事的黃武東，曾任台南神學院院長、現任「普世教協」信仰與教訓委員會副主任的宋泉盛牧師，以及教徒林宗義、趙有源、魏瑞明等人。目前「台灣人民自決會」的外圍組織已有廿九個分支會所，他們的組織在加拿大、美國正迅速發展中。這些組織裏面上是宣揚教義、聯絡教友，實際上在鼓吹「台獨」，破壞我政府形象。

◎推展「台獨」的活動

溯自一九五七年一月，台基督教長老會印發羅馬字拼音《白話聖經》，才引起政府嚴重關切。因為此舉：一則破坏國家語言統一，二則適在此時中共亦欲毀棄中文而用羅馬字拼音，所以政府再三申令禁止再版。但該會置之不理，一再違法，政府不得已沒收《白話聖經》二千冊。高俊明以政府「破壞信仰自由」為由，發表《我們的呼籲》一文，主張他們「有使用自己的語言去崇拜上帝的自由」，並在美國的《紐約時報》，東南亞的《星島日報》等刊登廣告，肆事誣衊我政府迫害宗教。同時黃武東牧師，和「普世教協」代理總幹事卜拉漢牧師，在美國各地舉行支持《我們的呼籲》的遊行示威。這是公然的打著宗教旗幟來干涉政治了！從此，這個教會配合島內外「台獨」組織的「干政行動」，越來越積極。例如：

一九七六年，全美「普世教協」在奈羅比城召開年會，公開污衊我政府為：「沒宗教信仰的國家，連聖經都被沒收」、「台灣根本沒有人權」云云。

一九七七年七月四日，任職於「普世教協」的王成章，在第五屆〈世界同鄉會〉中發表《馬列主義神學論》，望教徒參與政治，控制政治，必要時進行暴力革命。高俊明牧師則在台灣發表《台灣基督教長老會人權宣言》，公然主張「台灣的將來前途由台灣一千七百萬居民來決定，使台灣成為新的獨立的國家」等台獨謬論。

一九七九年四月，在〈台南年會〉中，高俊明以「增加教會的國際交流合作、促進國民外交」為藉口，指派台南學院院長蕭清分為代表，重新加入「普世教協」（註2）。

一九八〇年，黃彰輝參加「台灣民主運動海外同盟」第一屆大會中表示：「二次世界大戰以後，東南亞各國都已獨立，為什麼台灣做不到？」而且強調：「要建立一個獨立的國家，不是以中華民國基礎，而是要由台灣人民當家作主。」

一九八〇年十二月十日，因〈高雄事件〉，長老會有吳文、林弘宣、蔡有全等教友和台南神學院一位謝姓教師介入，繼而高俊明牧師又因包庇逃犯施明德，被政府逮捕。偵審期間，「普世教協」鼓動各國教會，進行「營救」，企圖干預我國司法。

一九八〇年十二月底《台灣教會公報》第一五〇四期，又以傳播福音的手法，提出「總統也是人」的說法，「號召」國民和三軍將士「不必效忠領袖，不必聽命於總統」。並明喻暗諷高雄暴力事件叛亂犯高俊明是「眞彌賽亞」，對政府及執政黨極盡諷刺侮辱之能事。

由上述事例觀之，長老會自一九七八年底以前對政治之參與，多採「發表宣言」、刊登「廣告」、召開「祈禱大會」等「非行動」方式表達之。惟到了一九七八底以後，由於長老會之主使者改採以「行動」代替對政治表達的手段，積極參與「黨外」活動，終於爆發了「美麗島高雄暴力事件」。

◎養癰貽患，後禍無窮

基督教原是伸張「神愛世人」的宗旨，促使人類和諧互助，發揚人性的光輝，這種理想是崇高而超然的。宗教如參與政治，若是出於暴力奪政治權力，就有違宗教的教旨了。台灣基督教長老會的母會「教世協會」就是主張以暴力奪取政治權力的組織，它自私稱「解放神學」，標榜「馬克斯人文主義」，有著濃厚的暴力革命思想，對任何民主社會絕不適合。因為「凡是憑暴力來建立的政治，決不會是民主的政治，可能比原有的政治更可怖！因此，民主政治的常軌，實在不可使用暴力，」這是高雄事件份子林義雄在獄所說的一段話，不以人言，這話值得該教會少數領導人士反省。

眾所周知，長老教會的台南神學院早己成了「台獨分子養成所」，而《台灣教會公報》則是「台獨機關報」了。中國自古以來是世界上最寬容宗教之邦，從來沒有發生過宗教戰爭；但宗教信仰之自由，必需基於國家安危原則之上。希望有關部門，如一再姑息長老會胡作非為，實是養癰貽患，後禍無窮。

龍旗七十年（1981）年六月號第四期

附註

1.台南事件：一八九五年，日軍入侵台南，當時兵臨城下，長老會巴克禮牧師被指爲私通敵人，有出賣台南市民開城迎降之嫌疑。

2.台灣基督教長老會於一九七〇年與「普世教協」脫離關係。

吳稚暉對子女的「三修」教育

湯承業

天下父母無不鍾愛其子女者，亦無不重視其子女教育者；此乃人之天性，吳稚暉先生曰：「我雖私於我兒女，決不諱」。以此，稚老對其子女尤為鍾愛，施教尤為嚴格；進而言之，其施教途徑固異於常人，其施教要點亦異於常人。茲就修生、修學、修行三者，分述於次：

◎一、首重修生之道

稚老素以碩康見稱，其績業亦以健碩相關，故極重修生之道，而此道亦為施教要點之一。對親人之惦念牽掛，最足影響人之健康，所以稚老慣於家書中書曰：「我的身體，很好很好」。其健康之原因，一則由於「樂」，一則由於「忙」，如曰：「我快樂得極……一切人恭敬得很」；「每天求寫字者紛紛，所以也忙極」。稚老最重以「樂」養生與以「忙」養生，故以此道教之子女，如曰：

以清白之身，受之父母，更以清白之身，還之黃土，為良心上之至樂。

我身體是好極了，忙也忙極了；幸虧忙了身體到格外好，可見得運動有益。

有時略述飲食狀況，作其子女參照，既可函示生活情景，又可平添生活情趣。

如曰：

每日三餐，止要定有時間，早上終是鹹菜麥粥，午飯一葷一素一湯（或即一葷一素），晚上泡飯冷菜鹹菜。每禮拜或夾吃一頓麵包，或禮拜日買點麵吃吃，以免「厭氣」（生厭）。

其傳授修生之道，可謂無微不至。例如其綜合叮嚀曰：「性急不得，起緊不得；多勞不得，不勞不得；多吃不得，少吃不得；心上想心思，尤其不可」。

其囑子女選擇住處，應該注意「陽光足，空氣亦好，水也便」。飲食方面，既要多吃果蔬，又要耐心細嚼。如曰：

……以我看來，大約是蔬菜水果吃得太少了。尤其蔬菜不可吃太爛，爛則蔬菜之功用失（然太硬又恐不消化，褚先生則云：「必要嚼得甚多」。如此，不妨生硬一點，以多嚼救其弊；且多嚼易消化，即吃肉吃飯吃麵包等，皆當如此）。

細嚼固易消化與攝取養分，並且易於排泄，以保身體內部之清潔。以論其養生之道，此為其中之要者，故其對此特為注意。如曰：

不多出恭，膽汁不入腸，滲入皮膚，皮膚焦黃。糞無膽汁，堅硬難下。

綜合進食與充分排便，以保持消化管道之暢通，固為養生之要道；並且要「多運動，善衞生，自然智德體俱進矣」。

◎二、教以修學之事

次於保健之教子之道，則為修學之事，以其為立身之要者，故為稚老所重。如曰：

吾兒！吾兒！父親愛你亦甚。至非逼你于過分之勞苦，因衞生之道，既特別當講，而修學之事，亦勉強必行。

以論修學之道，稚老舉「顏淵以能問於不能」為例，說明「做人最要虛心」，並謂「學問之進全恃問」。既要「好問」

又要「下問」；所以「孔子好問，孔子稱之」。「顏淵能下問，曾子敬之」。由此可知：「學問學問，問是一件大事」。蓋以稚老主張「截樹問到根」，故其又引中庸「博學之，審問之」之言而謂之曰：「學與問並為大事」。

稚老之重視子女教育，乃是以心血灌注，平時「常常剪點報」寄其子女，對於有益之報紙則為「紮捆出寄」。並且為子女以「多看書籍」為「消閑」之習慣，有時則為子女「寄幾本記載革命的書本」。對子女教育用費，絕不吝嗇，曾致函寬慰子女曰：「現在人家請我做事的很多，銅錢不怕沒有」。又曰：「以後即死心蹋地在文明（書局）做書，替你們弄錢」。稚老之作業雖已極忙，又為子女作《三字經圖說》與《論語淺解》等。切囑子女曰：「你們讀書，須要刻刻留神」。

因為稚老與子女聚少離多，所以最重函教，規定「每禮拜一，發一信」；並且每信皆為編號。其為子女寫信，常達四千字或五千字；又恐寫得太長，子女不耐細閱，故於信中常用白話寫景，且用土語述情。有時「望信不到」則不獨痛責「混帳已極」！尤以「不寄銅錢與你們」作為懲罰。對於子女函中「別字連篇，太不成話」之處，則必予逐字訂正。例如「電燈具明」，具宜作俱；「制造養氣」，制應作製。甚至將船艙寫成「船蒼」，將迄今寫「乞今」。英文信中之錯誤亦多，尤必一一為之指正。其如此「不通」，已令稚老「可嘆」；其子女之智力，似乎見低，所以「再三罵過，仍不能聽」。其粗心之極，有時竟將舊信寄發，誠屬「混帳混帳！放屁放屁」！此所以稚老有時「火冒」，以至於「打阿大」！

稚老自有寫日記之習慣，亦令子女必作日記，如曰：「你們若不記日記，將來可以弄成一個中國字也不識」。子女日記須每週與信一同寄呈，閱後則加以批語，如曰：

日記別字連篇，又用字誤了，好笑煞人。如云「可愧」，乃稱「無耻」。殊不知學問不好等等，止可曰：「可愧」。必要做了賊，偷了漢，方可曰「可耻」。用字不知輕重如此，可笑可笑。

並且切囑子女「日記書札萬不可用草稿」，因為「用慣草稿，不但費時，且從此下筆即要草稿，永無信筆直書之樂」。即使行於路上，亦須按日作日記。既得「信筆直書之樂」，則可「越寫越多，「並且偶而亦好發點議論」。養成習慣之後，自然每天晚上「記好了日記方睡」。

稚老固示子女曰：「英文英語尤要」，又曰：「華文亦不可拋荒」，主張「中文西文，俱要竭力猛進」。為應時代需要，特為加強外文，故於子女相聚時，稚老則親授其英文。並且規定「信要寫西文（不許寫華文），有要緊字眼，准夾華文」。此外，每週猶須「學做英文，寄至上海」。如此，則「積字成句」，句成段，積段成篇，至易易也」。對於華文國字，亦不放過，如曰：「限你們半年，照了我們老祖宗的字，寫到一樣」。

◎三、嚴於修行之要

稚老認為「大丈夫在世，惟有學問，有品行、有氣質為貴」。故對子女之治學與修行，一皆重視之。如曰：「在家格外要大人氣質，即習練異日擔當世事之才」。又曰：「首當有大人氣質，不可常守孺子兒女之態」。必須具有恢弘之氣質，始可獲得治事之學業，如稚老函示曰：

我終望你們放開眼界，把學問飛進。卻不在乎過度之用功，用功而不知開拓心胸，見人羞縮，用如不用。

蓋以稚老認為：「愚者必練而為智，懞者必練而為達」。故以「海闊天空，胸襟放大」之語而勵其子女。修行者，固為盡孝，亦為求樂。如稚老曰：

氣死莫告狀，餓死莫作賊。以清白之身，受之父母；更以清白之身，還之黃土；為良心上之至樂。

如此，則自然「盡心」矣，自然「踐形」矣！亦自然覺得「吾人之身，乃社會公共之身」矣！亦唯如此，則自可盡孝與求樂。

治學可藉學校之助，修行全憑自學之力；既需自己「留意習練」，又需自己「與人通氣」。如稚老曰：

所有國家社會及世故人情之事，並無學堂可學、亦無教科書可讀；惟當處處留意習練，與人通氣。

既然「與人通氣」與「留意習練」為同等重要之修行途徑，所以稚老格外重視子女之交遊；例如留美青年張文馥為「眞大人物」，則函囑「師之師之」。孫星如之公子抵英遊學，以其「高才博學」，則函囑「虛心求教」。交友既有助於人之修行，故以交友之道授於子女。如曰：

人生最重良友，年長最要交友；人而無友，寡陋野蠻；友而不諒，有損無益。有良友而不知親愛，愚謬不成人。

雖然稚老函示子女「好好交友」之道曰：「善事之，毋妬之；篤愛之，毋慢之」。惟其「家教甚嚴，不許自由結交朋友」，如蘇雪林述曰：「有某男同學對他某位小姐獻了點殷勤，便大遭吳先生之白眼。一回，那位男同學贈他女兒以鮮花一束（或者還附了一封情書），他老人家竟勃然大怒，賞了那魯莽青年一個耳光，揮之大門之外，從此再不許上門」。蓋恐子女沾染西風，足以誤學蕩性也。可知「嘻笑怒罵」者，固為稚老常見之性格；而「令人震慴」者，亦為稚老獨特之風格。此一性格與風格，足證稚老為「今人」中之「古人」；蓋其思想學問固為「現代化，而道德操守則為「古風猶存」。所以「他接受先進各邦的思想，敢於革滿清政府的命；但腦筋裏還保留中國傳統的觀念，所以不敢革舊禮教的命」。（本文原註，因篇幅所限，故省略）

龍旗七十年（1981）年七月號第五期

憂懷國事

李樸生

編者：這是黨國前輩樸老從美國三藩市的來信。除對本刊同人多所鼓勵外，並談及黨內許多問題，俱見愛護後進、憂懷國家，溢於言表，令人讀來感動不已！爰以「憂懷國事」爲題，刊出全文，以饗讀者。併向樸老致謝。

龍旗雜誌勞政武、何啓元、戴家文、余如雲四位先生著席：

旬來收到龍旗創刊號及第二期，細心讀了一遍。欣知貴刊諸位先生愛國家，擁護三民主義，聲討台獨叛徒，立場光明正大，文章爽快雄壯，三十一年來很少讀到之好雜誌也！不勝敬佩。

◎ 中朝大官老於事

我是一八九六年出生于荷屬之殖民地亞齊埠，童年即見到荷蘭人所加於土人及華僑之暴行。回國升學，特選讀歷史，以求深透明瞭一個國家、一個政權盛衰、成敗的原因。民國十四年，讀到中國國民黨第一次全國代表大會宣言及國父遺囑，而加入中國國民黨。從此，我與黨同患難、共甘苦。

五十四年，我暇常懷念大陸十億同胞的苦難，憬于官僚腐敗之舊病復發，乃發表《卅年來行政改革的成敗及其分析》，五十五年我發表《我參加黨務工作的甜酸況味》，都輯在拙著《我不識字的母親》小冊子裡。以我才能之平庸，沒有高超的見解，只有遵守黨章，期求實行大會決議案的愚誠。

記得胡漢民先生曾嚴厲批評本黨的大弊病是「會而不議，議而不決，決而不行，行而不力。」所以我們雖有趕上世界潮流而又適合國情、眞能救國的三民主義，雖有不世出的偉大領袖，但因幹部不能振奮自强，因循敷衍，民眾不滿，終於為共黨所乘，錦繡河山竟魚爛而亡了。卅八年陳布雷先生憂國自殺，遺書所引韓詩「中朝大官老于事，豈知感激徒媕婀！」誠足為今日我幹部之座右銘。

◎新加坡的人民聯絡站

我又記得在陽明山中山樓的某次中全會，經國先生時任職政治部，曾很感慨的說他所見到兩個民眾服務社的有名無實（中央黨部應有紀錄）。我也曾到過台北的民眾服務社，裡面空洞洞、冷清清，沒有服務人員。所以我聽到他直言檢討，印象極深！

我五十二年曾到新加坡訪問。親見李光耀先生競選得勝，組織〈人民行動黨〉的政府，設立〈人民聯絡站〉。從此，人民行動黨每屆競選，無不有壓倒性的勝利，共產黨、社會主義陣線等雖極力要在議會得一席位，無不失敗。遊客到新加坡，只看見其國民住宅之價廉物美，管理得法。（台北吳嵩慶先生曾在中外雜誌大讚其國民住宅。主辦國民住宅的程金山先生曾獲墨獅獅獎。）又稱讚其馬路清潔，車行秩序好……沒有人注意其〈人民聯絡站〉如何多方面的、高效率的為人民服務，是選戰勝利的大關鍵，是能牢牢地掌握政權的大關鍵。

我們的〈民眾服務社〉如果能和其〈人民聯絡站〉的工作並駕齊驅，第五屆台灣縣市長選舉，台北市長的選舉就不致失敗了。（這次市長選舉失敗，高玉樹先生成為英雄人物，國民黨聲望大跌，顏面無光。如果不是總裁德高望重，足以維繫民眾的信仰，國民黨員還能重整旗鼓，負起反共救國的大責任嗎！）所以民眾服務的工作，平日在訑訑的聲音顏色的官僚們看來，是不關重要的事。到了戰鬥的緊急關頭，民眾對我是「委而去之」，抑或是「效死勿去」就決定了我的勝敗生死！俗語說得好，平時不燒香，急時抱佛腳，佛是不會來救苦救難的！（我曾在工作會議提議調整，加强人民服務社，未見實行）。卅四年勝利以後，我們對共黨續續的失敗，基本原因就在此。（詳見郭廷以著《近代中國史綱》下冊第九章第二、三節）。郭廷以曾在南港〈中央研究院〉任近代史研究所所長職位。郭著此書歷時四年，由香港中文大學出版社出版，譽為取材豐富，態度嚴謹。傳記文學討論王雲五先生發行金元券之功過時，沈雲龍先生即引此書之記載以證金元券之為害，足見此書在史學界之地位。

◎民眾服務社一飛衝天

在十二屆全代會開會之前半個月，《中央日報》連續發表民眾服務社新聞，（以前未見過）三月十八日發表高雄塩埕區陳君邁等二十餘人推進社區服務，稱為青年好榜樣。又載花蓮縣黨部決議民眾服務社，每一分社都擁有小型集會場所、民眾閱讀中心和康樂中心，使每一分社都成為當地民眾的聯絡中心、服務中心和活動中心。十九日發表小評，題目是擴大民眾服務工作，對花蓮縣黨部之決議，特加讚許。又有一篇特寫，題目是《有困難，找民眾服務社！》指出南投服務支社照顧仁愛之家、老人院十分周到。又在鹿谷鄉創設勤學基金；彰化永清分社則為農民籌款解除水患。台中潭子鄉分社致力于幫助青年研習職業知識。三月廿一日《中央日報》以國民黨為民服務的具體表現題目著為社論。說：

國民黨在台灣各地共設置了三百五十四個服務單立，包括一個省服務社，十九個服務支社，和三百三十四個服務分社……各服務單位共有三千名工作人員以及數千名義務的志願服務員。他們以無比的熱忱，犧牲奉獻的志節在各地提供服務。

我看到以上的新聞，非常高興！我們民眾服務社的工作，已趕上台南市政府的〈馬上辦中心〉了。（我曾細看過台南市政府的馬上辦中心兩週年紀念專輯）也趕上新加坡的人民聯絡站了。我們的人民服務社眞是不飛則已，一飛衝天；不鳴則已，一鳴驚人！

現在，十二屆全代會已開過了。在黨章第一章第七條、第二章第九條第五項、第九章第三十四條第四項、第三十八條第三項，再三再四重複規定黨員應努力、加强、研討、策進、擴大為民服務。政綱的乙項第七條，又有積極為民眾服務的號召。而强化黨的組織結合民心力的中心議案中，在四結合全民心力，有第五條指示我們「透過黨的組織，擴大為民服務」具有本屆全代會的全部精神在鼓勵全體同志應加强為民服務，發揮總理人生以服務為目的的救世精神。更為防止「決而不行，行而不力」的積弊尚存，蔣主席於四月十五日主持本屆第一次中常會時，提示全會，決議案及意見即行推動全面貫徹，原審查小組作為設計推動小組，並希望全體評議委員、中央委員、黨務顧問分別參加各個設計推動的工作。同時亦可邀請有關同志及各界人士參加，以充分反映全黨同志，全體同胞之意見。（載七十年四月十六日中央日報第一版）。民眾服務社在這樣强有力支持下，必能積極工作，擴大工作，得到民眾衷心的擁護。我希望每次開中全會，尤其開全代會，應選出成績優良的民眾服務社，像模範英雄、模範母親、十大青年那樣獎勵。其工作不力、敷衍塞責者也要有所處罰。

◎關中、鄭心雄只許成功

我最高興的是新任台北市、高雄市兩位主任委員關中、鄭心雄都年在四十上下，正富幹勁，又有學識；深知主權在民，執政黨與社會的關係是「永遠和民眾在一起」，必須憂民之憂，樂民之樂。

關中先生說：「台北市黨部未來工作方向，就是努力切實做到這一目標（為民服務）而不使其流為口號」（見七〇年四月三十日中央日報）。鄭心雄先生說：他會全力為高雄市民服務（見七十年五月五日金山世界日報）。但台北與高雄兩個地方，是藏龍臥虎之區。周百鍊先生曾在台北慘遭滑鐵盧。周清玉去年又曾以高於紀政之票數當選。高雄曾發生「美麗島事件」，成為國際新聞。關、鄭兩主委為民服務的工作眞是十目所視，十手所指，只許成功，不許失敗！

而我想今日民眾所希望之生活改善，只是歐、美、日民主國家多年前所已有之生活改善，成法具在，他們能，龍的傳人、三民主義之信徒為什麼不能？只要我們眞是全心全力，不偷工減料去做，無不成功之理！若不成功，就是主持人因循敷衍，不負責任；就是經辦人偷工減料，虛應故事。故關於人民服務社之推動與考核，必有多角度深入的訪查。我以為中央日報、聯合報、中國時報有不少優秀而公正的訪員，應該總動員去做探訪的工作，把人民服務社的各項活動，應褒則褒，應貶則貶；最優者予以金筆獎。而龍旗同志，在台北更應直接參與實際工作。如周敏同志之多年基層工作經驗，見龍旗第二期座談會發言紀錄。更是為民服務的老手，應有很大的貢獻。

因為〈人民服務社〉沒有辦好，蔣主席常常親往各縣市鄉村訪問民眾，以求瞭解各地方政經實情及民眾生活眞況，是必要的。但，民眾服務社辦好了，我以為蔣主席似可以減少到各鄉村的訪問。謝副總統已經炸傷了一隻手；雷根在警衛環侍之下，也中了一彈。（台灣對槍枝管理嚴，勝於美國）台獨是沒有人性的，不可不防其萬一。

◎對《龍旗》的意見

不辦好人民服務社，以親身訪問民眾，使人民能講說其對政治之感受，加以改善，是人治。辦好人民服務社，使人民時時能表達其對政治之感受，加以改善，是法治。我們應向法治方面走。不知勞、何、戴、余四先生認為有當否？

末了，我對龍旗的創刊宣言那句「鞭笞四海」的鞭笞兩字，以為可以使人誤謂龍的傳人有帝國主義併吞各國的思想。「鞭笞天下」我記得是賈長沙形容秦政的野心與其暴虐。自孔子至孫中山先生提倡世界大同，是重在講信修睦，使老有所養，壯有所用，幼有所長。而不是要鞭笞之以助威勢。故鄙意以為如改為「縱橫」或「鎮撫」兩字較好。縱橫可以表現龍的雄猛活躍，鎮撫可以表現龍是要四海安定和樂，不許侵略的風度。不知高見如何？

八十六歲老人李樸生七十年五月八日

龍旗七十年（1981）年七月號第五期

編註：創刊辭「鞭笞」一詞已照樸老意見改為「縱橫」了。

談龍

楊明顯

編按：本文作者楊明顯女士，生於北平，〈河南大學〉中文系畢業後，一直任教北平中學。民國六十四年至香港，任九龍聖瑪加利女書院國語教師。出版有短篇小說集《姚大媽》，為香港首屆中文文學獎得主。今年九月間曾回國演講並發表作品，甚受讀者歡迎。

老北平城是龍的大本營。故宮中每根大柱子上盤著龍，保和殿上舖著雲龍石階，長長的九龍壁上刻張牙舞爪的巨龍，太和殿的殿脊上一排排的吻獸中站著龍首，天安門前潔白光滑漢白玉的華表上纏著龍，京郊有個盤龍山，胡同有個二龍坑，甚至男孩子的名字也常常取做大龍、小龍。

農曆二月初一是中和節，二月二就是龍抬頭的日子。這天早晨要把香灰從大門口蜿蜒的一路撒到屋門和廚房水缸四週，這叫「引龍迴」。應節氣的食品是龍鬚麵、龍鱗餅。老奶奶會把貪睡的小孫子擰著耳朵弄醒，讓他挾著本書在院子蹓幾圈兒，取其「獨占鰲頭」的吉兆。婦女們這日不許在閨房中鏽花做針線，避免會傷了龍眼。不許孩子們剃頭怕是傷了龍頭，有句調皮的媽媽令：「二月二龍抬頭，誰要剃頭尅舅舅」。

龍，是中華民族獨有的最具有濃厚神話色彩的創造物：蛇身，麒麟頭，鷹爪，獅尾，通身閃著發光的魚鱗形巨片。牠能呼風吐雨、騰雲駕霧，遨遊四海，藏身在萬丈深淵中。最早出現在《山海經》中的記載是：「又東三十里日光山……神計蒙處之，其狀人身而龍首，恒遊於漳淵，出入必有飄風暴雨」，這個計蒙神就龍王爺爺的肖相。

龍，是中華民族發祥和文化肇端的象徵，是歷史上帝王的符瑞，是「帝德」和「天威」的標記，龍和鳳一樣是我國原始氏族的一種圖騰。中華民族是個最富有想像力的民族，不但創造了龍的肖相而且給龍立下了家譜，在民間長久以來流傳著美麗動人的神話故事。

龍生有九子，九位龍太子不但容貌各異而且各有所好，牠們都有一個古怪別緻的名字——不能叫錯了名，否則牠給你個利害看。譬如龍大爺牠名叫「嘲風」，性情好冒險，宮殿角上的走獸就是大爺的肖相。龍二爺名叫「睚眦」，性情很粗暴特別愛打架鬥毆，刀柄上的龍吞口就是二爺的肖相。

龍三爺名叫「螭吻」，性情喜歡瞭望，宮脊上的獸頭就是三爺的肖相——有這樣一段傳統，老龍重病一命嗚呼按規定應該是長子繼承王位，而龍三爺很不服氣，他認為誰的武功好誰有本領就可以繼王位，沒有理由指定非是長子不可。哥倆個為此事爭執不休，龍大爺為人奸狡，他答應翌日兄弟兩人比武後勝負做為繼位的決定。龍大爺第二天清晨很早起身，派蝦兵蟹將拖來一條千年的殿脊擺在庭院中，如此這般的吩咐好。龍三爺準時來到，牠衝著龍大爺喊：「論武功你那能比得上我，我一張口可以吞下這條宮脊，你睜大眼睛瞧著吧！」話音剛落就張開大口去吞宮脊，就在牠正吞的一刹那，咔—喳—飛劍向頸項砍來，龍三爺身首分家，嘴巴裏緊緊咬著那條殿脊，脖子上殘留著飛劍的傷痕，這就是龍三爺所以成為殿上的獸頭原因了。

龍四爺名叫「叭夏」，性情愛嬉水，橋柱子或橋洞上做為裝飾的那個龍頭就是四爺的肖相。下雨陰天時老人兒向來告誡孩子別在橋洞下避雨，調皮喜歡開玩笑的四爺，經常露出原形張口吐水嚇壞了人。

五爺名叫「蒲牢」，性情喜愛引頸高鳴，古鐘上的獸鈕就是五爺的肖相。

龍六爺名叫「贔屭」，性情愛負重，樣子像大烏龜，駄石碑的那位龜身龍首即是六爺的肖相。相傳六爺貪杯中之物，只要有酒飲，多重的石碑牠也願意駄。

龍七爺名叫「囚牛」，性情喜愛音樂，琴頭上刻的那個獸頭就是七爺的肖相。

龍八爺名叫「狻猊」，性情愛烟火，牠的長相似獅子，香爐腳上的獸頭就是八爺的肖相。

龍九爺名葉「椒圖」，性情好清閒，牠的長相似螺蚌，在大門上裝飾的銅扣環就是九爺的肖相。

古老的北平城廟宇多：土地廟、關帝廟、財神廟、城隍廟、觀音廟、天仙廟、藥王廟、東嶽廟、灶君廟、火神廟樣樣俱全，只少建了一座龍王廟；舊日求雨時老百姓都到大鐘寺去，老北平人說這影響了「風水」。有一日《龍旗》插在北平城時就會整個徹底的瀰補了缺欠的風水問題了。（九月一日於香港）

龍旗七十年（1981）年十一月號第九期

「台灣民族」粉墨登場

阿修伯

你可知道，一九八一年七月五日在美國賓州蓋提斯堡學院（Cettysburg College pa.）誕生了世界上最新的一個民族——「台灣民族」？這是〈第十二屆美東台灣人夏令會聲明〉中鄭重宣佈的，不由你不信！

此屆美東夏令會是由洋教台獨人士為主體，因此在聲明中看不到眞正為大台灣人信仰的天公、媽祖、王爺、菩薩等「中國人」的神，卻反而是人口僅佔全台灣百分之一弱的洋教長老教會的洋神洋鬼，大搞其政教合一的愚民手段：「……用無比的信心、愛心及盼望去見証基督的福音」、「以祈禱及實際的行動去促進希望那榮耀的上帝國早日降臨在咱的故鄉」、「上主的保祐」，把這些話對照一下台洋教「聖人」高俊明牧師等人矢口否認他們主張台獨的言論（見拙文《好漢剖腹來相見》），明明白白看到了這些虛偽狡詐公然講白賊話的「聖徒」的醜惡嘴臉。這些「聖徒」在「上主的保祐」下居然還是沒有信心沒有勇氣，不敢承認他們主張台獨。眞是可恥！

洋敎台獨多年來就主張台灣人在民族上不是「中華民族」（Chimese 前尼斯），他們熱烈呼籲一九八一年美國戶口普查時，台灣人要在「民族祖先」欄填寫「台灣民族」、「否莫山」或「台灣尼斯」。也不知他們能號召了多少「台灣民族」響應，但今天美國聯邦政府並未公佈「台灣民族」是一個最新的少數民族。同時，左派的台獨，日本「獨立台灣會」的史明先生、加拿大「台灣時代社」、紐約「海外政論」以及「美麗島社」許信良等等，也都主張「台灣民族」。這次「夏令會」邀請史明先生演講並主持討論，台獨左右派大團結大會師，終於隆重推出「台灣民族」聲明。眞是四百年台人歷史上的空前大盛事！夏令會聲明原文是這樣寫的：

諷寄「訴衷情」
魔幡飄飄殺氣揚，牛鬼喜欲狂！
祭起暴力標誌，毀滅好家鄉！
搞台獨，組黑幫，要稱王！
打倒法統，分化同胞，甘做豺狼！
胡兜
魔煞
FORMOSA
萬歲！胡兜魔煞！
疾風

> 雖然中國人用大中國沙文主義的理念來遊說，或以暴政來奴化，或以回歸來誘騙，或因阮身爲亞細亞的孤兒而一時迷茫懷疑「台灣民族」的存在，現在阮已發掘先祖及列代先輩為阮留下寶貴的遺產——就是「台灣民族」……阮在此向全世界的人民嚴肅的宣佈：阮已經確立「台灣民族」的理念。

從今開始，不但台灣人在「國家」上要脫離中國另建「台灣國」，在民族上也已斬斷了「中華民族」的淵源，另外成立了「台灣民族」！阮是台裔，阮不是華裔，和中國人一點關係都沒有，徹底和中國人劃清界線、和中國人決裂！何等乾脆，何等爽快？舊的台獨理論說：「民族相同可以分建不同國家」，今天已經不適當，要改為「不同民族必分建不同國家」才對。台灣人的革命乃是「民族獨立民族解放」的戰爭。那麼誰是當前統治壓迫「台灣民族」的「異民族」呢？毫無疑問的，是現居台灣的大陸人——中華民族！

《美麗島》週報四五期（一九八一年七月十一日）有一篇文章〈論民族與民主〉中有一段話：

> 在民族國家中，同一國人均為同一民族，不同的種族也會漸趨於同一民族，這是因體制相同所致。同理，在美國長大的台灣人就較具有美國民族性質而非台灣民族性質。因此，體制不同下造成不同的民族是很明顯的，這自然不能用古典的民族定義强辯！

按照此一說法，則不管台灣叫做「中華民國」也好，叫做「台灣國」也好，實際上是同一個國家同一個體制，而且其民族是同一個「種族」，似乎今天在台灣的一千八百萬人都應該是「台灣民族」才對。然而，洋教台獨為什麼對數百萬居台大陸人還是那麼區別劃分，至今猶稱之為「難民」、「非台人」，視之為非我族類？另外又說台灣人在美國長大「較具有美國民族性質而非台灣民族性質」，可笑的是，《夏令會聲明》第一句話正好就是「阮居住美國東岸的台裔美國人」，開宗明義的說他們是「美國民族」不是「台灣民族」。聲明後面的文字卻又說「共同來建設屬於咱台灣民族的台灣國」。「美國民族」如何來建設「台灣民族」的「台灣國」？這不是帝國主義公然干涉台灣國內政嗎？這些博士學人牧師長老怎麼如此昏庸胡塗，寫出了這樣淺薄、幼稚、自相矛盾、自打嘴巴的可笑聲明！而且公然「向全世界的人民嚴肅的宣佈」，不怕全世界人民恥笑嗎？

《美麗島》四五期該文大罵台獨聯盟，罵得固然不錯，但是就「台灣民族」這個問題來說，「台獨聯盟」的表現要比「美麗島」高明多多。但台獨聯盟對「台灣民族」的看法仍是扭扭捏捏似有若無，沒有革命者追求眞理的堂堂氣魄。面對要取而代之的許信良《美麗島》野心勃勃的猛烈攻勢，「台獨聯盟」表現出一付老朽腐敗、軟弱無能、張徨失措，醜態畢露，恐怕是很難救藥了。許信良現在與左派台獨成立〈聯合統一戰綫〉，打擊台獨聯盟，但筆者不相信許先生信仰了馬列主義，許某一貫是個投機政客而已。

毫無疑問，今天為全界人民普遍接受的觀念，仍然是「古典的民族定義」，即以血統、語言、宗教、風俗習慣、生活方式為構成民族的原素。也就是在今天的大多數台灣人（少數洋教狂獨及左派狂獨除外）仍然自認為他們是「漢民族」、「中華民族」，而是什麼「台灣民族」。今天在紐約，要是有猶太人說他和一個黑人同是「美國民族」，並要視以色列人為「異民族」而與之劃清界綫，這猶太人不和你拼命才怪！

同理，一個「台裔美國人」還是不會和「猶裔」「黑裔」美國人認同為「美國民族」，而斷絕他對台灣的關心和與「台灣人」的認同。台獨人士根據最新潮的民族定義創造的「台灣民族」，實在可拋之於垃圾箱中矣。

一個「台灣新民族」的形成，絕不是夏令會一紙聲明，就可成功了。這些博士學人、牧師長老把這麼一件大事當成兒戲一般處理，這是對大多台灣人的挑戰，也是對大多數台灣人的侮辱！台獨聯盟以為然乎？〈台獨聯盟〉副主席陳南天先生也在場，他居然不敢代表「本盟」抗議這份聲明。將來洋教台獨建成的「上帝國」將是一個如何「民主」、「自由」、「人權」的「流著奶和蜜的迦南地」呀！

龍旗七十年（1981）年十一月號第九期

七十一年

「民主鬥爭」的精深化

本社

三月十六日上午，康寧祥、張德銘、黃煌雄及許榮淑四人在立法院對行政院提出質詢，就「檢討執政黨三十年來應負的政治責任」、「戒嚴法」、「黨禁」、「報紙雜誌的查禁」、「黨政分際」等高層次政治性問題，提出許多似是而非的看法，對國民黨展開貌似溫和實甚凌厲的攻勢。

自從半個世紀以來，國民黨即遭受「民主鬥爭」的困擾。「黨外」這次在立法院所提的問題，不過是國民的敵人（中共、以及民盟分子等中共的同路人）叫嚷了幾十年的老問題，在內容上可謂老生常談，了無新義。三十多年前中共及其同路人的叫嚷，已使整個大陸失了民主自由，而今這一小撮人又在此處同樣叫嚷，究想幹什麼？尤不可忽視的是，自「高雄暴力事件」後，一小撮「黨外」從教訓中吸收了精深的經驗，所謂「再出發」，中間經過兩次選舉，迄今為止，他們自信已取得可觀的成績。此次「黨外」四人在立法院的質詢，敢於公然否定執政黨三十年來輝煌政績；敢於在全球一致要求「以三民主義統一中國」的高潮中，公然否定台灣的三民主義建設成果；這便是其狂妄「自信」的表徵！

檢討兩年來的「黨外民主鬥」狀況，令人難安緘默的是，針對現階段的情況，國民黨方面似未能讓人看得出有什麼適切的因應方法。

例如：「高雄事件」明明是暴亂事件，為首幾個人也都依法判了刑，在社會價值上本應屬人人共棄的敗類。但兩年來，叛亂犯的同路人卻透過大量的雜誌、某長老教會，以及各級民意機關的質詢等種種方法和機會，將叛亂分子描劃成「追求民主的良知人士」的「英雄形象」。如此一來，不但直接蔑視了法律，而且造成社會價值觀的倒錯。就目前情況而推想將來，恐怕會愈來愈惡化，但不知國民黨有何有效的阻遏之方？

又如：《美麗島》餘孽們這一年來用盡各種機會，聲嘶力竭地要求「特赦美麗島受刑人」，並假惺惺地說「希望當局秉持一貫的仁愛精神」。顯然，若不予特赦即製造一個「不仁愛」的藉口，如竟予特赦則不啻縱放長蛇，無論何種結果總是對他們有利。但不知執政黨當局有何新的有效的因應方法？

又如：在對《台獨》集團最不利的當頭，就「突然發生」了兩個命案（林家血案及陳文成命案），敵人乃能盡量利用此兩案大作文章，居然扭轉了其不利情勢。但不知執政黨當局有無慎密計劃預防此類不幸案件的再度發生？

又如：兩年來，「黨外」一些人用盡種種方法，企圖削弱癱瘓國家的治安力量。盡量把警總、調查局等重要治案機關醜化（注意：他們卻盡量對警察不攻擊，以爭取基層的力量）。但不知執政黨當局有無密切注意？

又如：目前，「黨外」一些人盡量裝出「關懷」、「慈善」、「愛心」面孔，利用每年頻頻行的選舉，撈取各種席位。如今自中央到地方，他們顯已佔據相當的力量，彼此密切呼應，形成聲勢。對此重大問題，但不知執政黨有無通盤的因應計劃？

以上聊舉數例，我們相信國民黨已有因應之方，或是時機未到不為我們所知而已。我們之所以顯得過慮，乃因瞻望未來五年到十年間的情勢，國家民族必將面臨重大的關頭。在這轉捩點上，基於全民族的利益，必須强化國民黨的主導地位。而具有八十多年光輝歷史的國民黨能否經得起未來的考驗，其先決條件在强化其領導與基地軍民同胞的不拔基礎。所以，吾人寧過慮以望國民黨：對目前的「民主鬥爭」情勢，切勿輕忽。

龍旗七十一年（1982）年四月號第十四期社論

血案對誰有利？

從長老會一些別有用心分子利用林家血案說起

方又新

◎〈義光教會〉的陰謀

最近，台灣基督長老會中，有一小撮人，正忙於兩件事。而這兩件事又是有關聯性的，所以也可合為一件事來看：

把林義雄在台北市信義路的凶宅整修一新，成立了〈義光教會〉。這是自民國六十九年二月廿八日林宅血案發生以來，某些別有用心人士夢寐以求的事。兩年來，他們千方百計，首先勸林妻受洗入教會，再勸她「奉獻」出這棟凶宅作為教會聚會之所，俾便使社會永不忘記這血案，俾便招徠外國人士來此參觀，以便永可「證明台灣的人權有問題」。如今，這些人的心願達成了。

以「祈禱會」及《教會公報》為工具，不斷在海內外要求政府特赦美麗島分子，尤以要求特赦林義雄為主要對象。原來，該教會小撮別有用心分子當初要求方素敏（義雄之妻）允諾把凶宅做〈義光教會〉會址時，曾開出對等條件：保證運用教會的力量以使林義雄獲得特赦。

◎洪牧師的尷尬

月前，〈全國浸信會〉聯合主席洪文山牧師赴美參加「廣播節」，在一次「全美教會聯合晨禱會」中，雷根總統也以信徒身份參加，與很多教會袖共聚一堂。

使洪牧師萬分尷尬的是，竟然有幾位美國宗教領袖鄭重問他：「台灣迫害教會的事最近有無改善？」洪牧師費了半天口舌，才把台灣根本無所謂「迫害教會」的事解釋清楚。

美方那幾位宗教領袖才說：「原來被逮捕那位牧師高俊明根本是破壞社會秩序的違法刑事犯，基於聖經的訓示以及民主法治原則，這種人當然要受法律處罰，否則誰都可以披著宗教外衣去做違法亂紀的勾當了。但我們從來未瞭解過這件事的眞相，從前一向都是貴國的教會人士指控貴國政府迫害教會，所以高俊明才被捕，但貴國政府為什麼不說明眞相？」

由此可知，長老會中那一小撮別有用心分子這幾年來的努力，確是收到了相當的「效果」——嚴重破壞了國家的形象。

最近，該《教會公報》更變本加厲，正式公然地冒用台灣長老教會全體教友的名義，對海外發表專論，頻頻以要求特赦林義雄等美麗島叛亂分子為幌子，製造「台灣沒有仁愛、沒有人權、迫害宗教」之假象，其梟獍之行，令人髮指。

◎「牧師」來得何其快速？

林家血案已發生了兩年了，由於迄今未能破案，在海外有種種推測，別有用心之人更常發含血噴人之謬論，對政府甚是不利。

但這裡有幾個疑點，提出來也許有助於破案。

當林血案發生那一天（六十九年二月廿八日約中午），林奐均虎口餘生在醫院急中，當時新聞、電台、電視均未報導（報紙次日才登出，電台及電視遲至晚上才播出）。但台灣長老教會的某位牧師，就被人命令趕到醫院要見林氏家屬探視林奐均傷勢了。他的要求被醫院以安全理由拒絕，他就在病房門口為林家做起禱告來。因而吾人調查《教會公報》當時所登的資料及綜合各種事實，不能不提出幾點疑問：

1.發生血案之後數小時以內，新聞界許多人尚未知悉，即使知悉也不及趕到醫院探訪消息。但長老會中某些人士何能如此早知道，幷及時派牧師去探訪？

2.林家全家信佛教（林妻改信基督是以後的事），依常理，基督教牧師是不會如此熱心去「關懷」佛教徒的。那麼，長老會那位師此舉，絕不應是純粹出自「聖徒的愛心」，而是另有目的，其目的又何在？

3.據《教會公報》報導，當時那位牧師站在病房門口禱告的內容是：「求主拯救在不公平社會中受迫害的人民」云云。試問，當時血案剛發生，究竟是盜殺、仇殺……均在根本未能判斷的情況下，該牧師又據什麼而說出這種，意指此案乃「不公平社會受迫害」的結果？而所謂「不公平的社會」究竟意欲指？

◎「誰是兇手」的推測

在《美麗島》叛亂集團中，林義雄本屬較有理性的人，他的聲譽較其他人好，又不是一個「老大」。他之所以參與《美麗島》雜誌，大部分的因素是交友不慎所致。但兇手竟選他的家屬來下毒手，既不指向老大黃信介家屬，也不指向頑劣之徒施明德家屬，更不指向包庇施明德逃亡的高俊明牧師的家屬，其理由何在？筆者以為

下列三點應斟酌的：

1.逃亡犯施明德原即住在林宅的二樓。他逃亡期間，曾一度潛回家中，後來才在另一藏匿處被捕。他被捕後，台獨分子即懷疑有人通風報信，而林氏家屬也在被懷疑之列。且證之施某之妻艾琳達不斷在舊金山、東京各地揚言：「要報復出賣施明德的人」可見林家被海外台獨分子視為報復對象，並非不可能。

2.高雄暴力事件發生後，約在六十九年元月間，美國國務院曾派一人來台灣瞭解此事件的情形。當時所涉案的人犯均曾去向那位美國人陳情、個別談話，無非百般誣衊政府。但唯獨林妻方素敏女士拒不參加謁見美國人之列。據說，她之所以不參加，一則因有職業在身，不便請假；二則她的知識水準較高，認為此事宜由法律途徑解決，「告洋狀」反而可能引起司法機關認為她們「挾外力干涉內政」而對林義雄更為不利的判決。是否她這一態度引發「內部分子」的不滿而造成血案選擇對象的因素之一？亦不無可疑。

3.林義雄是台大高材生，十分優秀，在外聲譽也好，各方面都超越了黃信介、張俊宏、施明德、姚嘉文等人，更不是海外那些台獨暴力分子，如張燦鍙之流所能望其項背的。從而林義雄自視甚高，這是人之常情。他曾說過：「張燦鍙這些人是什麼東西，也配來領導我嗎？」他這話不免傳到張燦鍙耳中，因張某在台灣是有一些長老會的人作他耳目的；張某既然對林早有了芥蒂和成見，張某既敢搞郵包炸彈，報復一下林義雄自然不是不可能的事。試想，連許信良到了美國，也因爭領導權之故，就被張某排擠得幾乎走投無路，可見張某這種人什麼事做不出來的？

當然，以上三點不過是根據事理的推測而已。但從長老會中若干少數人直到今天還執迷不悟，仍然走「台獨」路綫到底，顯示出其「妄信」是多麼的執著。我們要警覺的是，林家被殺者是一位老太婆和兩位弱小女孩，如果行兇者是精神正常的人，必不忍幹出這樣的事。只有對某種「妄信」非常執著的人，其精神狀況就幾近瘋狂，才視傷天害理的行為是「正義」的。亞蓋那叢林發生數百名「人民教堂」的教徒自殺的殘忍事，不正是活生生的例子嗎？

◎對誰有利？

直到今天為止，海外台獨分子、島內的長老會一小撮人士，以及打著「黨外」旗號的一些反政府分子，仍不斷渲染這兩血案。他們渲染目的何在？當然是渲染對們有利。

判斷一件刑事案，如從「需求利益」方向入手，常是雖不中亦不遠矣。林家血案，最近報載偵查單位已公開指出它是一項「政治性的謀殺」，那麼謀殺了林家的人，在政治上對誰最有利？當時全民性正在憤怒聲討美麗島叛亂暴行之際，就選「二二八」這一天，突然發生了這血案，非但扭轉了社會的輿論方向，而且引起很多民眾對《美麗島》分子的同情。其最嚴重的結果是使日後的審判受到輿論的牽制。這對堅決反對台獨暴行的反獨愛國人士是百害無一利，對政府更是巨大的損害，而直接獲得益處的當然是台獨分子。因此，如果林宅血案屬政治性謀殺，應是台獨分子幹的，這是極合理的推論。

將近一年半以後發生的陳文成命案，亦應作如是觀。最近島內有雜誌積極配合長老會一小撮別有用心分子的行動，頻頻利用陳文成案大作文章，足以證明陳案亦是他們「利之所在」。希望偵查單位多從這方面入手細加查察，或有加速破案的可能。

龍旗七十一年（1982）年四月號第十四期

李敖的黑牢

文戈

李敖果然身手不凡！坐了七個月〈詐欺罪〉的牢，不但「知名度」居然又提高了好多「成」，而且創造了一妙語：「一天下沒有白坐的黑牢」。

本來〈詐欺罪〉是不名譽之事，一般人犯了它，恐怕一輩子也翻不了身，從此無顏見江東父老，只好學那烏龜法，得縮頭時且縮頭了。

但聰明的李敖卻不。首先，在入獄前先來一篇《萬言書》，表面上是向司法院黃少谷院長陳情，實際用意是利用報章雜誌大肆渲染自己是「寃枉的」，是「政治迫害」等等。這樣做的功效很大；第一，造成社會一般人先入為主之見，「預洗」詐欺之惡名也。第二，造成獄政單位讓他有特權，俾便七個月白吃白住，好寫三十萬字的大文章也。

接著李敖進牢去了，他絕不會忘記如何「續洗」的。他居然有辦法把一批批的文稿送出牢外出版付印，一共出了四部書，總名叫做《千秋評論》。在書裡不但痛罵國民黨，連陶百川、胡佛等人士統統罵進去了。更妙的是，他認為現在的「黨外人士」根本不懂國民黨，因而大大揶揄一番。這些書一出版，立即造成暢銷。人們在驚嘆那些痛快文句之時，早已渾然忘卻作者做過不光彩的詐欺事了。

接著李敖出獄了，他更不會忘記抓住機會來一次「清洗」的。清洗的辦法是召開記者招待會，痛詆獄政黑暗無比。其中一項是：獄中醫生替人犯打針時，「只換屁股，不換針頭」！這不是駭人聽聞的新聞麼！各大報焉有不中計之理！於是，李放大可拈花微笑了；顯露出無盡禪機：「不名譽之罪於我李敖何有哉！白白再增加我五成的知名度而已！」

獄政單位未免太可憐！記不得是那位道家古人說過了：「君子有三避：避辯士之舌，避文士之筆，避武士之劍」。李敖在服刑，卻讓他居獨室，坐擁書城，日夕飛筆疾書，這不等於縱長蛇而放封豕嗎？到頭來被倒打一耙，平白被他罵為「黑牢」，豈不悲哉。如果自始就不准他接觸筆墨，令他參與一般受刑人的工藝生產，結果也許就大不相同了。

國民黨就更可憐了！現在一些「聰明人」似乎流行著：不論甚麼事，只要把它往國民黨身上一推，然後描成「政治迫害」，非但可掩飾自己過錯，而且往往可變成英雄呢。李敖犯的明明是「詐欺罪」，是自己的老朋友蕭孟能控告的，而自己的老婆胡茵夢居然出庭對丈夫不利之事作證，這與國民黨何干？但他坐了幾個月的牢，卻找到了一位「代罪羔羊」。這位「羔羊」既不會像曹操整彌衡那樣，借黃祖的刀把他殺了；又不會像蘇聯那樣，把一些討厭的文士送往精神病院；更不會像中共那樣，把敢於放言批評毛澤東的知識分子鬥臭、鬥倒、鬥死；甚至連新加坡、英國等一般民主國家那樣，依法追懲到底也不屑為；只是笑罵由他，處之泰然，豈不是如羔羊般的仁慈嗎？幸運的李敖！

天下多的是黑牢，但李敖坐的顯然不是。否則，他何能獲得如此之多的好處?李敖雖然聰明，但別人也不盡是傻瓜。

龍旗七十一年（1982）年四月號第十四期

一張叛亂的鐵證

停雲

九月二十八日，一群無黨籍人士假〈市政研討聯誼會〉的名目，在台北市中山堂舉行非法集會，並在會中散發一份《美麗島受難人共同聲明》的文件。由於該文件措辭偏激，鼓吹台獨，嚴重違反國策，因此次日即遭警總明令查禁。

然而站在法的觀點來看，這篇明的主張和用意，顯已觸犯〈懲治叛亂條例〉第二條第一項的「陰謀叛亂」，和第七條的「有利叛徒宣傳」等罪，希望政府不要以查禁為已足，而應當依法追究聲明者和散發者的法律責任，以息邪說而正人心。

◎鼓吹台獨、反對統一，就是叛亂

按〈懲治叛亂條例〉之規定，所謂叛徒，係指觸犯刑法一〇〇、一〇一、一〇三、一〇四各條第一項之罪人，如台獨首惡和美麗島份子，皆屬本條例所稱之叛徒。

由於叛亂行為嚴重威脅國家和全體國民之安全，因此該條例特別規定，對於陰謀犯和預備犯也要懲罰。換句話說，只要有兩人以上密謀叛亂，即使未及著手實施，就已構成叛亂罪。

這份《美麗島受難人共同聲明》，主旨無非是斷然否定光復統一國策的可行性和必要性，而意圖破壞國體，達成「台灣獨立」的目標。這種行為和主張，與台獨叛徒言所所行全無二致，純然是叛亂。根據擬定並散發此項聲明的許榮淑和周清玉解釋，他們是分別向署名的四位受刑人探詢之後，綜合研究整理出這篇聲明的。那麼據此一說，她們是在六人以上的密謀之下，才擬定並散發這篇「意圖破壞國體、變更國憲」的叛亂文件，這等於是自承了六人叛亂的行為。

以三民主義統一中國，不僅是當前的政治號召，也是憲法「前言」及第一條明文所載之國體國策。因此任何破壞此一國體國策之人，皆屬背叛國家，危害政府的叛徒。

在這篇《美麗島受難人共同聲明》當中，倡言「中華民國在歷史上曾經不止一次有過因理想不同而分立建國的經驗」、「在台灣完成民主，遠比為中國製造統一更為迫切更為重要」等分離意識，此與台獨「分立建國」的主張完全相符。

職是之故，該「共同聲明」不僅形諸文字，且經散佈於眾，完全構成「有利叛徒宣傳罪」之要件，依法應予對之追溯懲罰。

◎容忍反對，不可放縱反叛

誠如多數法律及政治學者所稱，此件《麗島受難人共同聲明》所引發的，實非政治問題，而係法律問題及治安問題。對於政治問題，政府廓然大度，基於全盤考慮，或可加以容忍；但是對於法律問題或治安問題，且涉及叛亂行為，政府萬萬不可屈法伸恩，姑息放縱。

以法律觀點視之，倘此《共同聲明》之擬訂與散發，確如許榮和周清玉所稱，乃兩人分向署名的四位受刑人探詢之後，才綜合整理出來的，那麼六人將同為「陰謀叛亂」和「有利叛徒宣傳」兩罪之共同正犯。設若許、周兩人事前並未與四位受刑人密謀，逕自以四人名義擬定並散發此項聲明，則兩人為共同正犯人。設若兩人係受四為受刑人授意而為之，除四人為教唆犯外，許、周兩人仍為正犯，而難逃法律責任。

綜此以觀，《美麗島受刑人共同聲明》這文件的擬定和散發，無論從「主體」、「客體」、或「行為」上衡量，均已構成法律上的處罰該當性，亦即構成犯罪。政府如有貫徹民主法治的決心，理當追根究柢，依法處理，才能昭信國民，知所勸勉。

一葉知深秋之將至，分歧份子蔑法至此，已全然無視國憲尊嚴之存在，相信他們行將再度走上暴動叛亂的途徑，這份《美麗島受難人共同聲明》，就是他們用心的鐵證。

消弭反叛，政府需要付出適度的政治代價；但姑息縱容，所需代價將更高昂。兩害取輕，當斷應斷，請政府拿出決心和魄力來吧！

龍旗七十一年（1982）年十一月號第廿一期

七十二年

給分歧妖刊看病

三閭大夫

三閭大夫曰：

本大夫乃台灣抗日民族英雄蔣渭水先生之私淑弟子是也。竊以先師在世四十年，稟賦「龍的傳人」之大志，初習醫學，期以痌瘝濟生。年廿一歲，嚮慕 國父孫中山先生志業，成為三民主義忠實信徒，乃「棄醫從運」，鼓吹革命運動，以圖光復台灣、重振華冑天威。二十年之間，獻身於反日事業，艱苦奮鬥，夙夜匪懈。可恨天不假年，民國廿年八月五日病逝台北，光復志業未見及身而成，良可痛惜。

詎料半個世紀以後，台灣竟生出一小撮不肖子孫，為求一己權慾之滿足，不惜與帝國主義勾結，企圖推翻憲政法統、違背三民主義建國路線，實為中山先生之叛徒，即係渭水先師之罪人也。尤可痛者，此撮叛徒乃冒用渭水先師之名義，揑造「台灣民族」，以不做「龍的傳人」而自得焉。尤可恨者，此撮叛徒輒行盜用渭水先師名言「同胞須團結，團結真有力」，以為煽動群撈取個人權益之口號焉；渭水先生九泉有知，豈能難瞑目乎？

猶記渭水先師於民國十年十一月三十日曾撰《臨床講義》傳單一份，痛擊日本帝國主義之愚民政策，詼諧尖刻、日寇狼狽，民眾稱快。本大夫忝為渭水先師傳人，目睹時艱，自當秉承遺教，不敢怠忽。故自本月起，以先師傳授之《臨床講義》為藍本，在龍旗雜誌著文、對當前分歧妖刊痛下針砭，期其復歸於先師愛民族愛國家之正道。本大夫庶可無愧於先師遺德，豈不懿哉！

病歷表

患者	縱橫雜誌
年齡	七十年二月二十五日出生
性別	亦雌亦雄、可母可公、或牡或牝、不男不女
住址	兩年內從信義路搬到木柵，再從木柵搬到新店，現在新店仍為流動戶口，居無定所。
家庭狀況	祖父《自由中國》，早歿。父親《大時代》已歿。堂兄《政治家》，近歿。現僅有一妹《新生代》，未歿。
病歷	兩年內曾經五度流產。
健康情形	六神無主、五內如焚、四肢乏力、三餐難嚥、二目呆滯、一臉枯黃。
病名	蝙蝠症第二期（此症如到第三期即為絕症）
病因	心無定見，以致舉止乖張：暴飲亂食，以致失調陰陽。
療法	先服用最大量巴豆湯，使體內污穢排除淨盡。而後內療、外療兩法並施，或可起死回生。外療法：須社會各界隨時對之痛下針砭，使能永遠保持清醒狀態。內療法：每月初一、十五應服「三民主義建國路錢」大補湯，與「行己有恥」回神劑各一帖。
主治醫師	蔣渭水的傳人　三閭（簽名）

第一診　蝙蝠主義與三模路線

◎荒誕不經的《縱橫》雜誌

從前大陸上有一種動物，這種動物長耳四蹄，非驢非馬，又有一點像騾子，模樣十分古怪，因此一般人都稱它做「四不像」。目前「四不像」已經絕種了，據外電報導稱：只有中共的北京動物園裡還養著一、兩隻。

在台灣的政論界，卻有一家和「四不像」很類似的雜誌。這份雜誌看起來好像是所謂「黨外人士」辦的，然而它的發行人鄭臨安卻是個如假包換的國民黨員。那麼說它是國民黨員辦的雜誌吧？它的內容又千篇一律是罵黨、罵政府的言論。

於是有人說它是標榜「自由主義」、「中間派」的刊物。不過這種說法完全不確，因為它從來沒有登過自稱是「自由主義」大法師的胡佛、張忠棟等蛋頭學者的文章，那麼它到底是個什麼樣的雜誌呢？

◎蝙蝠主義

嚴格地說起來，縱橫和「四不像」在某些方面仍然是有些差別的。因為「四不像」的樣子雖怪，但是從左邊看，從右邊看：或者是早上看，晚上看，牠始終是那個怪樣子，不會有什麼變化。而《縱橫》雜誌昨天剛批評完康老二的放水路線，今天又會突然地採用康寧祥對新生代「瀉肚觀」的反諷（同見十八期）。這一期剛罵過「國民黨戒嚴一戒三十年」，下一期也難保不會承認「實施戒嚴，確有必要」。像這樣朝是夕非，窮和稀泥，沒有固定立場的作風，比起「四不像」醜而不變的定性，格調似乎還更低一點。

那麼要用什麼東西來形容《縱橫》，才更恰當些呢？形容《縱橫》最恰當的東西，莫過於蝙蝠了！因為蝙蝠這種動物既醜怪，又善變，叫的聲音難聽無比，而且專門躲在暗處伺機偷襲人。這些外表上的特徵，和內在的習性，和《縱橫》若合符節，全無二致。「大坐牢家」李敖對蝙蝠素無好感，曾經在文章裡痛罵一通，所幸這篇文章沒有投給縱橫，否則彼此早就翻臉「擺擺」了。

縱橫的「蝙蝠主義」，表現得最具體的地方，就是它經常喜歡做一些荒唐滑稽的「大膽預測」，而每次預測的結果和實際的結果太離譜時，又往往把責任加諸別人的身上。例如說七十年十一月的縣市長選舉，縱橫第九期中「大膽預測」：「黨外」將贏得七個縣市長的席位，並且還把十九個縣市長的預計當選名單「大膽的」列了出來。俟選舉結果公佈，「黨外」候選人非但只當選了四個，縱橫所列的十九人當選名單之中，落選的竟有六人之多！預測的「不正確率」，高達百分之三十幾。如此荒唐滑稽的預測，當時曾使政論界騰笑不已：於是有人戲稱：縱橫預測的「正確率」，比閉著眼睛對空放槍能夠打到麻雀的「幸運率」還要低。

然而縱橫不但未曾以此臉紅，反而操起蝙蝠的特徵——難聽無比的聲音；耍起蝙蝠的性格：自藏其拙，反咬他人，在次一期（第十期）中以社論《國民黨不應縱容黨員賄選》來推卸責任，意思是說：若不是國民黨縱容黨員賄選，我的「大膽預測」就正確了。這實在是亙古以來所未有的滑稽事兒。

縱橫標榜「蝙蝠主義」以來，除了鬧出一連串的笑話之外，並未得到任何實質上的利益。因為蝙蝠這種東西醜怪善變，人見人厭，遇之輒予撲殺，故而在黨內、黨外，都不討好。它自發刊以來，先後有五期遭到查禁（1.8.15.16.17），查禁率之高，除了已遭停刊一年處分的《博觀》之外，僅次於激進派的分歧刊物《深耕》，「蝙蝠主義」之陰暗難行，足可想見。

蝙蝠未來的命運，難保不會像「四不像」一樣，絕種！

◎三模路線

《縱橫》的寫作路與編輯路綫，一直是令人覺得好奇的話題。

照說在其「蝙蝠主義」的原則指導之下，至少也應該有個明確的方針。然而在大多數人的眼中看來，縱橫寫稿和用稿，就如同猴子撿果子一樣，大的撿，小的也撿；硬的撿，爛的也撿；以致於一本雜誌攤開來，和平劇臉譜差不多，紅黃藍白黑，五色雜陳，而造型上卻分不出究竟是曹操？還是武大郎？許多政論界的朋友在竊笑之餘，私底下交換意見，一致的看法是，縱橫的編輯陣容，有待改善。

不過憑良心說，《縱橫》搞得一團糟，把責任完全推到編輯人員的身上，未免有失公平。因為鄭臨安是發行人，他有相當的決定權。然而鄭臨安剛好又是個懷有「蝙蝠心態」的人，用人的標準，和一般人不太一樣。

比如說《縱橫》創刊之初（七十年二月二十五日），正逢《美麗島》玩法自斃，康寧祥乘機稱王，不可一世的時期，鄭臨安為了拉攏老康，就用了《八十年代》系的宋國誠、黃宗文二人，來主持編務。然而到了去年五月間，以《深耕》、《關懷》為地盤的一夥「黨外」新生代，由於素來不滿康寧祥的老大作風，想要另行擁立尤清為新領袖，於是全面發動對康寧祥的政擊，說康是「逃跑主義」、「放水路線」、「老二哲學」，使康老二的形象大受傷害，「黨外霸主」的地位岌岌不保。鄭臨安有見如此，立刻見風換將，把宋國誠、黃宗文放鴿子，以示和老康「劃清界錢」，改聘《深耕》的主編洪金立為總編輯。並自七月號十六期起，將康老二扣上一頂「宋江」的帽子，正式加入「剿康」的行列，也以新生代自居。

如此顛三倒四，投機觀風的「蝙蝠」作風，如何不把雜誌的編輯路綫和寫作路綫攪得亂七八糟？而雜誌搞得亂七八糟，又如何能只怪編輯人員的功力不夠呢？

最近《巨橋》、《秋海棠》等雜誌，對《深耕》系的新生代修理得很厲害。因此，有不少人猜想，鄭臨安對下一任總編輯的屬意對象，不是《巨橋》的李偉成，就是《秋海棠》的趙寧。關於這一點，大家不妨拭目以待，樂觀其變可也。

其實《縱橫》並非沒有「半固定」的編輯與寫作路綫，只不過比較特殊一點，一般人不容易看出來而已。

這個路綫，就是所謂的「三模路綫」。模者，模仿，抄襲也；亦可做框框解。因為縱橫走的是「三模路線」，所以黨內、「黨外」、「自由派」，它都沾上一點邊。例如罵國民黨的時候，它就模仿《八十年代》、《深耕》的口氣；而罵「黨外」的時候，就抄襲《黃河》、《顯微鏡》的寫法；至於標榜起「自由主義」、「中間派」的時候，當然是以《政治家》的馬首是瞻了。另外，縱横還喜歡套用「模式」、「框框」一類的名詞，來模這個，框那個，就連別人在咖啡館裡喝杯咖啡，它也說人家的生活是所謂的「咖啡館模式」。這些都是縱橫走「三模路」的具體表現。

記得在《龍旗》二十一期裡面，有一位作者寫了一首打油詩來形容縱橫，這首詩是這樣的：

縱爬横行眞囂張，巧筆難描四不像。
鳥獸魚虫皆不是，罵它蝙蝠最適當。

縱橫在「蝙蝠主義」掛帥，「三模路綫」行文之下，的確是讓人很難看出它的立場和方向。就連它的妹刊——「風派」的《新生代》，也一樣是「黨內黨外憑你猜」，讓人捉摸不定它的立場。鄭臨安和王應傑，眞是謎一般的一對玉人（他倆恰好共有美好的儀表，像玉樹臨風，故稱為「玉人」）。

上一期（二十一期）縱橫社論的題目是《模式、模子、模特兒》，這篇文章是該刊奉行「三模路綫」的代表性之作，有興趣研究縱橫編輯與寫作路綫的朋友，不妨可以仔細研究一下。

◎鄭臨安其人

鄭臨安是《縱橫》的發行人；此人身高一八〇，面方耳大，唇紅齒白，非僅不像蝙蝠那麼醜怪，如果能減肥一點，還滿有希望充當男性「模特兒」。

據鄭臨安自己稱，他出身於台北縣瑞芳鎮一個礦工之家。如此寒微的出身，而能力爭上游，讀到文化大學大陸研究所畢業，實在令人敬佩，可見他不是個泛泛之輩。目前國民黨求才若渴，凡「士有一技而能報國者」，莫不破格延攬。以鄭君的出身、學歷、和具備國民黨黨員的身份，足可當之「青年才俊」而無愧，如果能為黨服務，前途應該十分看好。

然鄭臨安為何偏偏要捨「才俊」而就「蝙蝠」，辦個「蝙蝠」雜誌來謀出路，實在令許多人都搞不懂。

其實鄭臨安也並非不存仕進之心。早在民國六十六年，他曾經考進某公家機關，在受訓期間，表現得十分活躍。後來該機關舉辦乙等特考，受訓學員須通過考試，才能取得公職人員的任用資格，否則只能以聘雇人員任用。由於這類考試是對內舉辦的，訓練班的學員，錄取率在百分之九十以上，以鄭臨安的學歷來說，決計不會考不取。詎料揭榜之後，鄭臨安居然名落孫山，開該訓練班碩士學員特考不及格之先河。鄭臨安大概是覺得很沒面子，在被分發台南幹了一陣子「聘雇」人員之後，怏怏然打報告離職。嗣後開起印刷廠，又辦起雜誌來了。因此若說鄭臨安無心報國，是不公平的，他只是「道不行，乘桴浮於海」而已。不過，在「浮於海」之後，反過來扯政府的後腿，未免有些薄情寡義就是了。

鄭臨安年紀尚輕，今年不過才卅二歲，實在搞不懂他為什麼和王應傑的「風派」人士扯在一起。因為王應傑搞過房地產，手上鈔票一大把，辦雜誌賠個幾文，不痛不癢，沒啥了不起。而鄭臨安卻是白手起家，一分一文，得之不易，《縱橫》銷路本已欠佳，又先後被查禁過五期，弄得血本無歸，辦公室一遷再遷，如此下來，終究不是長久之計。

◎陽德模式

以前陳陽德辦《大時代》是為了搞選舉，選上之後，就不願再辦了，足見辦雜誌並不是一條好走的路。這是陳陽德的精明處。鄭臨安本來是追隨陳陽德的，也許辦縱橫正是想效法「陽德模式」。可是他也許不知道，任何「模式」都有專屬性，比如「新加坡模式」其實是李光耀搞出來，沒有李光耀就沒有「新加坡模式」。陳陽德有博士學位，又不會做公共關係，他所辦的《大時代》雖然屬於「中間派」，但不太過「蝙蝠化」。這是「陽德模式」成功的主要因素。鄭臨安如果自忖沒 有這些條件，卻無彈性地去學人家，到頭來只好落個「畫虎不成反類犬」的笑話了。

良藥必苦口，忠言自逆耳，希望鄭兄不以為忤是幸。

龍旗七十二年（1983）年二月號第廿四期

病歷表

患者	千秋評論
年齡	七十年九月一日出生
性別	缺
住址	狡兔三窟。先住土城台北監獄，後在台北市金蘭大廈，現住陽明山某處
家庭狀況	父親《文星》已歿。近和眾分歧親友一一翻臉以後，已舉目無親。
病歷	脈息微弱，經常昏厥
健康情形	原賴《深耕》、《政治家》等分歧親友供養，經絕裂後，養分枯竭，形銷骨立。
病名	毒牙症第三期，已告藥石罔效。
病因	好作蛤蟆吹腹之舉，以致肚腸糾結、臟腑錯位。
療法	無
主治醫師	蔣渭水的傳人　　三閭（簽名）

第二診　毒牙主義與哈蟆路線

◎吹牛又犯法的《千秋評論》

從前有一則寓言故事，說到一位農夫，在下田回家的途中，遇到一條凍餓將死的毒蛇。農夫本想一鋤頭打死這條毒蛇，但見它蜷縮待斃的可憐相，哀憫之心，油然而生，非但沒有殺它，反而將它捧起，揣入懷中，用自己的體來幫助它取暖。不一會兒，毒蛇恢復生氣，一見自己竟貼在農夫溫熱的胸膛上，大喜之下，張口便咬。結果是該死的毒蛇死裏得生，還飽餐了一頓農夫的溫血。而不該死的農夫，卻因一念之仁送了命。

◎毒牙主義

在台灣島內的政論界，有一個人的性格，和寓言裏的那條毒蛇，十分相似。這個人就是李敖。而《千秋評論》，正是李敖用來噬咬恩人的毒牙。

說李敖是毒蛇，得要有證據才行。因為李敖在替別人扣帽子的時侯，不論真假，總會搬出一大堆的證據來唬人。因此輪到別人扣他帽子的時候，也要有一大堆證據，這叫做「以其人之道還諸其人之身」。

可以證明李敖是毒蛇的證據，十個籮筐也裝不完。

六十五年十一月十九日，李敖自土城〈仁愛教育實驗所〉，刑滿出獄。斯時老母嫌棄，身無分文，惶惶如喪家之犬。在百般無奈之下，只好硬起頭皮找以前的老師吳俊才先生，央求介紹工作。吳先生是向來愛護青年，有教無類的，今見李敖站在凄風冷雨之中，鵠候多時，頗有程門立雪的味道；再加上他那一付凍餒於途的可憐相，不由得慈心大發。就在同年的十二月一日，李敖出獄後的第十一天，幫李敖在政大〈國際關係研究中心〉安插了一個副研究員的職位。使奄奄待斃，一息僅存的李敖，得以貼在國民黨溫熱的胸膛上，漸漸而蘇息。

然而李敖這條被國民黨救活的毒蛇，吃了三天飽飯之後，體內的毒液，又開始在牙裏脹得癢癢的，急想擇人而噬。因此在國研中心待了一年一個月，早已把吳老師的恩情拋到爪哇國去了，遽然拍屁股走路，心想「這番不再作馮婦大幹一場，豈算英雄李敖？」但他卻高估了自己，這時候李敖的行情，遠不如《文星》時期，離開國研中心，生活頓失憑依。在此兩頭夠不著的情況下，只好賴臉在家蹲著，過了一段看老母臉色的日子。間或出外打些土木零工，又嫌有辱斯文，並未當作常業。

六十八年六月，李敖在無技可施之下，二度涎臉去叩國民黨的大門。在某公的荐引之下，李敖和《中國時報》老闆余紀忠搭上了綫，為余老闆招撫，得以在時報副刊寫專欄。而後藉著時報副刊主編高信疆之助，陸續出版了《李敖文存》、《李敖文存二集》等書。

六十九年六月，李敖被《文星》時期的老搭檔蕭孟能控告侵佔罪，官司一打再打，終於在七十年七月敗訴被判刑六個月。心慌意亂之下，李敖急請余紀忠的中國時報，給予「輿論」聲援，但被一向不為「雪中送炭」的余老闆所拒絕。狗急跳牆的李敖，登時把余老闆兩年來的豢養之情，一筆勾銷，並把滿嘴毒液噴在余老的臉上，將時報告進官裏。八月十日，李敖入獄服刑，在獄中寫成《千秋評論》第一集「千秋、冤獄、黨」，又把這次因侵佔罪而坐牢，說成是曾經救活他兩次的國民黨所揑造出來的「政治冤獄」。這就是《千秋評論》

施展「毒牙主義」的第一招。

被李敖《千秋評論》搞得最慘的，還不是國民黨。一些自稱「黨外」或「自由派」的人士，被「毒牙主義」坑得更苦。

以「黨外領袖」自居的康寧祥、康老二來說吧！七十年七月，當李敖《千秋論》的雜誌執照剛拿到手不久，第一集尚未出版之時，康老二就在《八十年代》第十三期37頁，以「柏楊與李敖」為題，替《千秋評論》猛打廣售。俟該年九月，李敖已在獄中，康老二又在《亞洲人》第五期卅四頁，以「李敖的朋友」身份，替《千秋評論》打知名度，表現出「燒冷灶」的溫情。到了七十一年二月，李敖刑滿出獄，靠寫《千秋評論》維生的時候，「義薄雲天」的康老二，又連續在《暖流》第二期（二月號）四頁、《亞洲人》第十期（三月號）28頁，《八十年代》第二十一期（四月號）十頁、第二十三期（六月號）十二頁，一連幾個月，介紹《千秋評論》的內容。表現得好像唯恐李敖沒有注意到，有康老二這樣夠意思的朋友存在。

但是當同年六月，康老二因涉及「放水事件」遭到以《深耕》、《關懷》為地盤的一夥「黨外新生代」的圍剿之時，李敖對康老二這位「夠意思」的朋友，竟然報之以反咬一口。先在《深耕》第十一期（六月號）五頁，以「放火的，不要變成放水的」一文，把康老二修理成「虎頭蛇尾」的癟三。繼之，又在《縱橫》第十六期（七月號）五七頁，以一篇訪問談話〈官司、黨外、鬥〉將康老二貶為秦末的張義、與元末的張士誠，一類只能做個土霸王的人物。最後，李敖以「黨外與混蛋」、「戰鬥是檢驗黨外的唯一標準」兩文，做為對康寧祥的蓋棺定論。這些文章，都收錄在《千秋評論》第十一集「放水、放火、逃」裏面。據說康老二為此，氣得拍裂了好幾塊玻璃桌面，差一點吐血。

除了康老二之外，《深耕》的林正杰，也曾被「千秋評論」的毒牙，狠狠地咬過。

《深耕》是所謂「黨外新生代」，所辦的一份分歧刊物，一向對《千秋評論》最為捧場。早在七十年十月，該刊第四期起，就為李敖開了一個「李敖專欄」，讓李敖在獄中賺稿費。而後，從第五期一直到十四期，半年多的時間裏，《深耕》始終對李敖奉如至聖先師，表現得忠心耿耿，唯恐拂逆。但是當七十一年八月，李敖寫了一篇「剿康」性質的文章「戰鬥是檢驗黨外的唯一標準」投給《深耕》，被林正杰退稿之後，李敖馬上翻臉，痛罵林正杰「對放水的人放水」！嚇得肝膽俱裂的林正杰，其實時尚未摸透李敖的毒蛇性格，滿以為道個歉便可了事。

詎料李敖對林提出的「和談三原則」，竟是「一道歉，二賠款，三林正杰滾蛋！」使林正杰在萬分難堪之下，不知如何是好。至此，李敖深知《深耕》這隻鐵公雞的毛並不好拔，就在同月二十日，寫了一篇「小朋友，別鄉愿」，把《深耕》的一夥人，說成是腦袋少了一根筋，做錯事還死鴨子嘴硬。然後，就溜到陽明山躲起來，再也不和《深耕》打交道了。

另外，號稱「自由派」，現已遭停刊一年處分的《政治家》雜誌，也曾遭過李敖的毒吻。原先，《政治家》對李敖《千秋評論》捧場之殷，並不亞於「深耕」。在七十年五月，李敖在侵佔案官司連連敗訴，灰頭土臉之際，《政治家》

第六期就登了一篇李敖的「大人物與小人格」，以示存慰之意，十月，李敖已在獄中，《政治家》第十五期亦仍轉載《千秋評論》的文章，借機送些銀子，讓李敖花花。七十一年二月，李敖出獄，《政治家》第二十五期（三月號），馬上給李敖來個長達十八頁的大特寫。把李敖捧上了天。而後，從二十六期到二十九期，一連四期，都為李敖開了專欄，供李敖為《千秋評論》打廣告。不過，這段蜜月期維持的並不太久，即因李敖「黨外與混蛋」、「從陶百川綁票大學生說起」兩篇文章，把《政治家》的發行人鄧維賢嚇得口吐白沫。因為康寧祥、陶百川二人，是鄧維賢向來崇為偶像的人物，李敖本人，亦並非不知此事，貶陶罵康，只是故意要出鄧維賢的洋相，讓他難堪而已。自此之後，鄧維賢不敢再捧李敖，而李敖卻以「小朋友，別鄉愿」一文，在鄧維賢頭上，再補上一刀。

總之，從七十年七月，到七十一年八月，一年一個月當中，李敖從各個分歧刊物當中，騙取了為數可觀的稿費，也充份利用了各分歧刊物的版面，來替《千秋評論》做促銷廣告，等這一切均已稱心如意，李敖立刻翻臉，把為他效命過的分歧刊物，一一踢翻。七十一年八月二十八日，李敖以一篇「隱而不退的告白」，向分歧刊物揮手擺擺，扔下賠了夫人又折兵的眾分歧刊物負責人，在辦公室裏氣得跺腳。

李敖對自己的毒蛇性格，其實非但不隱諱，還引為沾沾自喜。七十一年十二月一日出版的《千秋評論》第十六集「政治、女人、蛇」，書名就帶有蛇字。因此，凡在「毒牙主義」之下吃過悶虧的朋友們，也不必自怨自艾了，今後還是少在路邊檢垃圾來當寶貝吧！

◎蛤蟆路線

蛤蟆這種東西，一般人都見過，而且也都十分嫌惡它，恨不得一腳將它踩死。但是，有不少很小的小孩，卻十分怕它。因為它一見到人，就把肚皮脹的很大很大，弄成一副很兇猛的樣子，使小孩子不敢隨便碰它。

其實癩蛤蟆並沒有什麼好怕的，它唯一的本事，只有會「吹」而已。

李敖的《千秋評論》，寫稿和編輯的路綫，所走的就是這種「蛤蟆路綫」。遇到人，拼命地吹自己，使許多政治兒童與學術兒童，對它害怕。身上被洒了蛤蟆尿的，不敢去反踩它一腳；沒有被洒過尿的，則對之畏若蛇蝎，不敢隨便去碰它。《千秋評論》所以能橫行霸道，就是覷準了小孩子怕癩蛤蟆這種心理之故。

說它走的是「蛤蟆路綫」，不是隨口亂說的，不相信隨便找一本《千秋評論》翻翻看，都可以找出一大串該打李敖屁股的錯誤來。

比如說該誌第十一集「放火、放水、逃」，當中「黨外與混蛋」一文四十三頁的第三行，李敖說道：「一些為黨外坐牢、受難的先輩先進，被『黨外主流派』開除的開除、排擠的排擠。當他們這樣對蘇洪月嬌的時候，他們完全忘了蘇東啓坐牢十五年蘇洪月嬌孤軍奮戰的往事。」這種說法，就十足是一種混蛋的說法。

蘇東啓坐牢十五年，是為叛國而坐牢，並不是為「黨外」而坐牢。而蘇洪月嬌坐牢兩年，乃與其夫同案，因政府哀憫其子女乏人照料，從輕發落，只判了她三年有期徒刑，因此也不是為了「黨外」而坐牢。這件叛國案，發生在民國五十年間。該年一月上旬，蘇東啓聚眾在雲林縣虎尾詹益仁所開設的國際照相館，成立了「武裝行動隊」，並擬定「行動計劃」，準備先奪取虎尾糖廠駐廠保警和空軍訓練中心的武器，然後再襲擊樹仔腳第一〇四七部軍營，搶劫軍械，以發動武裝叛亂。同時，並計劃佔領廣播電台，向全島廣播，以爭取他人的響應與國際的同情。但計劃擬定不久，未開始發動，即因當中有人向治安單位自首，使這個「武裝行動隊」，胎死腹中。同年九日十九日清晨二時，蘇東啓、蘇洪月嬌夫婦，於北港自宅雙雙被捕，旋以叛亂罪起訴。

李敖張冠李戴，把蘇氏夫婦因叛國而坐牢，說成是為「黨外」而坐牢，也就罷了。但在同頁的第五行，李敖又吠聲吠影的說：「蘇洪月嬌帶著孤兒到監察院請願，半路上被特務抓去、毆辱、下獄，那十五年間，今天的『黨外主流派』沒分過一塊錢給蘇洪月嬌。」這一段話，更是荒唐離譜。因為蘇東啟至今還活得好好的，蘇洪月嬌當時那來的「孤兒」可帶？莫非指的是另外的私生子？李敖造這種謠，不嫌太過缺德了嗎？此外，「到監察院請願，半路特務抓去、毆辱、下獄」這一幕是李敖親眼看見，還是聽人家說的？根本是子虛烏有的事，李敖憑什麼證據說得那麼肯定？

李敖教訓「黨外混蛋」，所列的理由，自相排擠和領導人物有「島國的偏狹之見」，是一點也不錯的。但是舉蘇洪月嬌的遭遇，來說明「黨外主流派」所患的「圈圈症」，卻錯了一半。因為蘇洪月嬌被「黨外主流派」排擠是沒錯，但她只為叛國、妨害公務、和偽造文書坐過牢。從未為「黨外」而坐過牢。李敖這種以偏概全的「蛤蟆論證」，只唬得了「黨外主流派」，絕對唬不了本大夫。

《千秋評論》走「蛤蟆路綫」的具體表現，除了張冠李戴之外，就是好作權威論證。翻開看裏面的每一篇文章，都有一大堆的年代、人名、專有名詞、和「某人說」一類的引述。這樣的寫文章法，不問可知，當然是為了表現自己資料多，有學問。但是李敖在運用資料上，含蓄地說，通常是不夠細心的，關於這一點，朋友們可參考參考汪立峽兄在《新生代》第三期發表的，「李敖可以歇歇了」這篇文章，就足以稍知一二了。

「蛤蟆路綫」的「吹」字訣一時是可以把肚皮脹得很大來嚇唬人的。但是吹久了，吹多了，肚皮失掉了彈性，也難保不會炸掉。李敖眞是該歇歇了。

◎「長江後浪」模式

在《文星》時期，李敖寫文章攻擊的對象，有胡適（見文星五十三期五六頁「為播種者胡適翻舊帳」等文）、胡秋原（六十期三頁「胡秋原的眞面目」等文）等人，這些人都遠比李敖有名、有地位得多。現在搞《千秋評論》，李敖的攻擊對象，以陶百川、康寧祥為主，這些人仍比李敖有名、有地位得多。因此李敖憑著「毒牙主義」、「蛤蟆路綫」，居然能在文化、政論界混那麼久，其訣竅決非在於他有多大的本事，而在於他能深體「長江後浪推前浪」這句話的個中三昧。

因為身居「長江前浪」的人，不論是「播種者」也好，抑或是「黨外混蛋」也罷，都是有歷史的人。在歷史中，難免會留下讓人攻擊的把柄，讓李敖來利用。同時，藉著攻擊這些「前浪」者，也可以把對方的名氣，反射到自己的身上，用以漲大自己。李敖，就是靠這個起家的。

然而，時移勢轉，今天的李敖，也成了有歷史的「長江前浪」了。而且，在李敖的歷史中，有比被他「推」過的人，更多值得推、一推就倒、絕對沒有還手餘地的把柄存在。因此，文化界、政論界的一些年輕朋友們，應該群起師法李敖的「長江模式」，來推倒李敖，因為這是成名立萬的終南捷徑。

推李敖，就是要把李敖推進垃圾堆裏，永遠不得翻身。一向自認聰明的李敖，是絕對不會以「前浪」之尊，來反推「後浪」的。另外，凡屬推毀李敖的文章，《八十年代》、《深耕》等，都會樂於刊登的。

龍旗七十二年（1983）年三月號第廿五期

死亡證明書

患者	深耕雜誌
年齡	七十年六月一日出生，七十二年二月廿五日死亡
性別	陰性
住址	出生在台北市和平東路，後遷樂利路，在羅斯福路歿。
家庭狀況	祖父《台灣政論》，早歿。父親《美麗島》，已歿。哥哥《進步》，亦歿。妹妹《關懷》，未歿。另有一遺腹女《生根》，剖出中。
病歷	一年內八度流產
健康情形	病入膏肓
病名	蚯蚓症第三期，無可救藥
死因	軟土深挖，以致缺氧窒息。嗜毒過深，以致內臟崩潰。
主治醫師	蔣渭水的傳人　三閭（簽名）

第二診上桌主義與蚯蚓路線

◎呷緊弄破碗的《深耕》雜誌

從前有一夥人，圍著一張桌子吃飯。當中最乾癟、最瘦小的那個人，經常被其他人擠到桌角去，既挾不到菜，說話也沒有人要聽。不久，坐在桌子大位的那些人，因為吃得太快，又相互擠來擠去，結果統統把碗擠掉跌破，不能再吃了。於是，那名乾瘦漢子邊吃邊說風涼話：「呷緊弄破碗」；邊坐到大位上去，大吃特吃起來。

不一會兒，又來了幾個小朋友，看到乾瘦漢子獨享一桌酒席，饞得口水直流，也想上桌分點吃吃。但是乾瘦漢子只許小朋友們啃些骨頭，還警告他們吃慢一點，以免「呷緊弄破碗」。於是，這堆飢火中燒的小朋友，只好各自蹲在牆角啃骨頭，並暗中商議著，怎樣打倒那個乾瘦漢子，好上桌飽吃一頓。於是，《深耕》雜誌就這麼誕生了。

◎上桌主義

七十年六月一日，《深耕》以黃石城掛名創刊。第一期便刊出「增額立委的憲政千秋」一文，來表露志在「上桌」之意。第二期，又以「什麼叫新生代」等文，正式和「黨外」已在桌上的人之間，劃出了一道鴻溝。至第四期，正逢省市議員及縣市長選舉前夕，《深耕》遂以長達十頁的大篇幅，刊載了一篇「余家班內部的政治恩怨」，來扯高雄黑派余家的後腿，藉舒對「黨外桌上派」自私自利作風的不平之氣。至此，深耕鬥倒桌上派，好讓自己出頭天的把戲，已是圖窮匕現了。

七十年年底，「深耕」的發行人黃石城當選為彰化縣縣長，從牆角擠到了桌上大位，目的已達，遂停辦了這份專以鬥倒「黨外桌上派」為職志的刊物。直到七十一年二月，許榮淑接任為發行人，投下大把銀子，才使《深耕》死灰復燃。

但許榮淑在六十九年即已當上立委，亦屬「黨外桌上派」，她為何要接任這樣一份專門「桌上派」的刊物呢？

原來她的丈夫張俊宏，曾是被康寧祥嘲諷為「呷緊弄破碗」的人物之一。自她當上立委之後，康寧祥在她面前又處處擺出「主流派」老大的架勢，對她吆來喝去。因此，「舊恨埋在心底，新怒又擁上眉際」的許榮淑，決心要對老康報以顏色。正巧，這時候黃石城甩掉了《深耕》，使小朋友們連骨頭也沒得啃了。許榮淑看準了深耕的「仇康性」與自己無異，遂立即頂下此刊物，撫輯流亡，生聚教訓，準備對康寧祥發動突擊。

七十一年四月，許榮淑接辦《深耕》僅僅兩個月，就已露出「剿康」的鋒刃來了。當月出刊的第八期，由林世煜操刀，寫了一篇「進步雜誌停刊一週年的感想」，將康寧祥一年前在《政治家》雜誌第五期上嘲弄「黨外新生代」的話：「三十幾歲的年輕人手中有多少政治資源？社會關係夠不夠？錢有嗎？」、「他們的生活圈子都很窄，來來往往就是那幾個，他們想法也都差不多，生活層面就是那些。整天鑽來鑽去，你說給我聽，我說給你聽，說得大家都很高興。」、「新生的一代，不能在時機還沒有成熟的時候，想排斥那些在政治上有實際職位的人，我認為這不對。」、「釘子如果突出來，要把它釘下去」云云，全部翻了出來，並直斥康寧祥有「大老」心態。這一役，正是全面「圍剿康寧祥」的斥候戰。

七十一年六月，康寧祥因涉及「放水事件」，讓《深耕》逮著了機會。當月十日出刊的第十一期，以九頁的篇幅，登載了「杯葛鬧劇始末記」、「放火的，不要變成放水的」、「批評黨外，刻不容緩——抗議黨外杯葛立法院會的虎頭蛇尾」、「第一碗圓子湯」等四篇文章，對老康迎頭痛擊，掀起全面「剿康」之戰的序幕。同月廿五日，深耕十二期又以「都是深耕惹的禍」、「烏鴉的功能」、「清流第一主流第二」等六篇文章，對老康施以密集的砲擊。至七月十日，深耕出刊第十三期，再以十一頁的篇幅，登載了「藝術乎？權謀乎？」、「話題與意見」、「我們應對黨外公僕繼續施加壓力」、「黨外分裂了嗎？」、「發行人尺度」等五篇文章，對老康刀棍齊下，將「剿康」之戰帶入了第一度高峯。

七十一年七月，康寧祥對《深耕》連續三期的「圍剿」，已呈不支之勢，趁著林正杰也在美國之際，與林正杰舉行了第一度的和談。深耕發行人許榮淑這個女人，是深諳「談談打打，打打談談」之道的，一見康寧祥有了示軟之意，十四期便立即停火，只刊了一篇「康寧祥、張德銘對杯葛事件的回答」，做為「不投降，就再打」的伏筆。

果然，當八月二日，林正杰自美歸來，向許榮淑報告了與老康和談的經過後，許榮淑認為老康殊欠和談的誠意。遂在八月十日出刊的《深耕》第十五期，以十二頁的篇幅，刊載了「請大家告訴大家」、「迷惑、迷戀、迷霧、迷惘」、「別再玩弄中國功夫吧」、「八十年代的憂患意識」、「人權、黨外、刑訴法」等五篇長文，重新燃起「剿康」的戰火。八月二十五日深耕第十六期，又以「黨外應放棄冒進機會主義」、「體制內改革與改革體制」、「這一片泥淖，便是我們的國際舞台」等三篇文章，繼續追剿老康，使老康在「黨外主流派」的行情，跌入空前的低價位。

七十一年九月初，老康與《深耕》舉行第二度的和談，但仍無法獲得結果。於是九月十日出刊的深耕第十七期，又以十七頁的篇幅，刊載了「再就教於諸位黨外先進」、「打破幻想與奢望」、「黨外生命的實質意義在那裏」等七篇長文，對老康發動第三度的總攻擊。康寧祥至此，已告全線潰敗，毫無招之力了。於是，許榮淑為夫報仇的心願已了，「黨外新生代」也刷雪了被老康命令到牆角啃骨頭之恥，就在九月二十五日出刊的第十八期，報導了一篇具有「弭兵」性質的座談會記錄。十月十日，第十九期，再對「康系」的謝長廷進行了一次掃蕩戰，自此鳴金收兵。

自七十一年十月二十五日第二十期起，至七十二年一月二十五日第二十六期止，《深耕》的言論路線，趨向於「關懷」模式。原因是許榮淑與林正杰等人認為，在完成「剿康大戰」的非常破壞之後，必該從事一下故作善良狀，喊喊人權口號的「非常建設」。否則，僅只扳倒了老康，而不是騙取「群眾基礎」，未必能夠在年底的立委選舉中，獲得「黨外主流派」的推荐，達到「上桌」的目的。因此，言論方式上，決定向《關懷》看齊。

七十二年二月，距離年底的立委選舉，尚有九個月，《深耕》的小朋友們，已經為能否「上桌」，變得緊張兮兮了。在二月十日第二十七期中，深耕闢了一個「推荐與選舉」專欄，大談「黨外推荐」的問題。而後，又覺得如此明白顯露出想被推荐的企圖，十分可恥，乃在二月二十五日的第二十八期，改為「選舉專題探討」，但內容仍以探討推荐問題為主。然而，荒唐的是，《深耕》由於標榜《關懷》作風標榜得太過，竟然偷抄在日本的左派台獨史明的著作，弄了一篇「三十年來重大政治案件」有為匪宣傳之嫌的文章。這篇文章，帶來停刊一年處分的下場，使深耕的小朋友們，又應了康寧祥「呷緊弄破碗」的讖語，「上桌」之夢，頓化煙塵。

《深耕》在「上桌主義」掛帥之下，發行了一年六個月。其間，有半年多的時間，專門在鬥康寧祥，使康寧祥在「黨外」的地位，一落千丈。然而，鬥倒康寧祥，並不等於就取得了「上桌」的機會，頂多只是報了私仇而已。因為，虎視一旁，等待上桌的「黨外人士」，不只是深耕的小朋友們而已。《深耕》費盡了力氣鬥老康，恐怕到頭來撿便宜的，還是隔岸觀火的一些人吧！

◎蚯蚓路線

蚯蚓這種東西，具備了三點特性：1.長年鑽在土裡，心胸窄，視界小，以方寸之地為天下。2.不顧生態環境的需要，一心只想把泥土弄鬆。3.往往被人用為騙魚的釣餌。

《深耕》雜誌的編輯與寫作路戲，和上述三點特性完全吻合，走的正是這種「蚯蚓路綫」。

先就第一點特性來說。

《深耕》的源流，乃承襲《美麗島》而來，這是大家都知道的事情。美麗島又名「胡兒魔煞」，是一份十分凶險的雜誌，深耕為什麼要承襲它呢？

這當中是有一段秘辛的。

《深耕》發行入許榮淑，其夫名叫張俊宏。張俊宏者，費正清之傳人也。老費是共產國際的大特務，曾蠱惑美國的鴕鳥政客，將大陸送給了中共；而後，又提出「海洋中國論」、「台灣香港化論」等荒謬主張，陰謀策動台灣獨立。張俊宏早於六十六年八月一日，在《這一代》雜誌第二期四七頁，發表了一篇「大陸乎？海洋乎？從海洋文化談到認同問題」，正式掛起「費的傳人」的招牌。其後，在擔任《美麗島》雜誌總編輯期間，亦莫不以推銷台獨意識（見美麗島二期八七頁「生命獨立——頌連體嬰分割成功」等文）為能事。許榮淑與張俊宏結髮夫妻，同床同夢，按費、張一脈相承的台獨論調，採《美麗島》路綫來辦「深耕」，乃自然而然之事。

另外《深耕》社長林正杰，其師名曰許信良。許信良者，「台灣民族論」之繼承人也（創始人為廖文毅，見廖民國四十年所著《台灣之說明》一書），不過許的論點：「阮等居住美國東岸之台灣人，較具美國民族性質，而非中國民族性質」，比廖之「台灣人不斷吸收荷蘭、西班牙、滿洲和日本移民的血統，原非中國血統的番族」，更加的漢奸化。林正杰拜許信良為師，始於民國六十六年為許信良助選之時，經過長達六年的面諭與函授，林正杰已完全承襲了許信良「台灣民族論」、「台灣文化論」的唾餘。去年九月十六日，林正杰在《政治家》第三十七期十三頁，曾說：「現在在台灣的一千八百萬人，應該有台灣人的觀念，對於中國的三十五省，我們的關心就應該只有三十五分之一。」這段話，便是光大其師所說「台灣民族論」的具體表現。許信良曾任《美麗島》的社長，現在美仍以延續「美麗島」的遊魂為主業。一向事師甚謹的林正杰既然身為深耕的社長，當然會把《深耕》辦得像「美麗島」一模一樣了。

深耕既有「海洋中國論」、「台灣香港化」、「台灣民族論」等理論做指導，自然會充份表露「心胸窄、視界小、以方寸之地為天下」的蚯蚓特性，而做「在台灣完成民主，比光復大陸重要、迫切」的蚯蚓之論了。從《深耕》第一期至第二十八期，足以代表「蚯蚓路綫」的文章，計有「頌讚福爾摩莎」（第二期）、「眞正的聲音，才能感動人」（第三期）、「台灣何去何從」（第十二期）、「一千八百萬人的共同意願」（第十三期）、「從四面楚歌中奮起」（第十六期）、「同胞仍須努力」（第十九期）、「誰能決定福爾摩莎的歷史方向」（第二十期）、「前夕與明日」（第二十三期）、「往事只能回味」（第二十八期）等四十八篇，一篇比一篇蚯蚓！

次就第二點特性來說。

民主世界目前的處境，在國際共黨步步相逼之下，已陷於即將崩潰的邊緣。未來是否能轉敗為勝，端視民主世界能否團結一致，普遍採取民主戰鬥體的路綫，來遏阻共黨在各地的滲透顛覆。

但是《深耕》的蚯蚓們，卻完全不這種客觀事實，只一味標榜著「民主」、「人權」、「自決」，想把台灣這塊反共的泥土弄鬆。

有百分之百的事實足以證明，「民主」與「人權」，是國際共黨假美國政府之手，用來顛覆第三世界國家的利器。伊朗、尼加拉瓜、及亞、非、南美洲的其他國家，目前不是已遭民主、人權「解放」了，就是終將會被「解放」。至於「自決」早先是帝國主義相互爭奪殖民地下的產物，目前則為國際共黨用為「階段革命」的糖衣毒藥。然而，「深耕」的蚯蚓們，為了想要「出頭天」，不惜做國際共黨的幫兇，以「民主」、「人權」、「自決」來掘鬆我們這塊基地的泥土，居心實在陰鄙。

從第一期至二十八期，深耕鼓吹「民主」、「人權」、「自決」，並頌讚國際共黨在第三世界中所獲「成就」的文章，計有「北愛爾蘭的輓歌」（第一期）、「掀起妳的蓋頭來——伊朗女人被剝奪權利的眞相」（第三期）、「歧視與反歧視之間的鬥爭」（第四期）、「薩爾瓦多近況」（第七期）、「尼加拉瓜——人權、自由和現代化的矛盾」（第十六期）、「桎梏下的詩歌——摩洛哥」（第十九期）、「瓜地馬拉——可口可樂的血腥手段」（第二十三期）、「菲律賓的反對派領袖——狄克諾」（第二十七期）等五十九篇。

再就第三點特性來說。

《深耕》的前述兩點特性——台獨、左傾，是很容易被國際共黨看中，而加以利用的。於是，深耕就又具備了蚯蚓的第三點特性——被人用做為騙魚的釣餌。

如眾所周知，所謂「國際特赦組織」，是國際共黨的外圍運用團體。而在日本從事台灣「社會主義革命」運動的史明，更是左派在日本的頭號文化大特務。但是，《深耕》卻被他們充份利用了。從第一期到第二十八期，「深耕」報導有關「國際特赦組織」活動的文章，計有「世界各國的自由度」（二十八期）、「再談國際特赦組織」（第二十三期）等八篇，充分被「國際特赦組織」利用為釣「世界革命」之魚餌。

在第二十八期中，「深耕」又以「盧修一案的迷霧」、「但願大道在人間」兩篇文章，替史明在台的爪牙盧修一翻案；並且還抄襲史明的著作，弄了一篇「三十年來重大政治案件」的文章。由此可見，它也被史明用來做釣「社會主義革命」之魚的魚餌了。

《深耕》走這種「蚯蚓路綫」來辦雜誌，簡直比《美麗島》還兇險十分。所幸它已經被停刊了，否則，吾等一千八百萬同胞，將無噍類矣！

◎南解模式

早在越南淪陷之前，也有一批奉「上桌主義」為無上寶典的人，日夜在鼓吹「完成民主，比打敗越共更重要」的意識，冀圖能獲得一官半職。而後，由於政治的權慾無法飽飫，這些人乃以「蚯蚓路綫」——挖根、掘土、做釣餌，來反對越南政府。結果，越共利用這批人，成立了「南方解放陣線」，使越南人在俄頃之間，成了海上難民。

目前《深耕》一夥人走的路子，正是這種「南解模式」。不過，以「南解模式」來尋求出頭天，完全是死路一條。因為越南淪陷以後，出頭天的只是少數越共高幹，「南解」份子非但沒份，還統統下了地獄。《深耕》的蚯蚓朋友們，難道不知道嗎？

龍旗七十二年（1983）年四月號第廿六期

台灣的道路——論「台獨」的最後「理論」

本社

本刊上期曾載文戈《分歧分子現階段宣傳重點分析》一文，指出國內分歧分子與海台獨分子現階段的重點口號是：「台灣前途由一千八百萬住民決定」。這問題除了是現階段的宣傳重點以外，它還意味到整個「台獨理論」走向破滅的象徵。尤其是後一點，能透澈認清的人恐怕不多；所以，有藉此加深分析之必要。

自從民國三十六年「二二八」算起，三十多年來，一小撮民族敗類在海外推展所謂「台獨運動」，製造過林林總總的可笑「理論」，以使其「台獨」得到合理化。這些「理論」主要包括：(1)「人種論」——說台灣人不是中國人，而是馬來種的高山族、荷蘭人、西班牙人、日本人與漢人的合種。(2)「文化論」——說台灣由於地處海洋的交通樞紐，數百年來的歷史性隔離，形成了與中國大陸本土不同的文化，台灣是剛猛的海洋文化與中國的陰柔大陸文化截然有別。(3)「國際地位未定論」——說台灣的領土主權固由日本所放棄，但《金山和約》並未規定它屬於中國，所以在國際法上應走上「托管」或「獨立」之路。(4)「住民自決論」——說台灣數百年來都是「殖民地」，是「亞洲孤兒」是「被外來政權所支配」，唯有根據現代國際法的「住民自決原則」，才能走上掌握自己命運的「出頭天」道路。

上述四種「理論」中，第(1)種主要是日據時代「皇民化」甚深的人捏造出來的，完全荒謬可笑，現在連絕大多數的台獨分子自己也都不相信，所以目前海外台獨刊物已不敢再提了。第(2)種主要是美國蛋頭學者費正清（J.FAIRBANK）所創造的（費正清早年甚支持台獨，後來則阿諛中共為務，避之唯恐不及），曾被國內一些台獨分子所信奉，從前以張俊宏主張最力。但此種「理論」非但沒有根據，而且空疏不足以鼓動群眾，所以絕大多數的台獨分子也不提它了。第(3)種來自美國一些陰謀分子一心想把台灣控制，是早年台獨分子最樂意引用的藉口，尤以一些學法律的台獨分子如彭明敏、呂秀蓮等為然。但這「理論」，隨著民國六十一年二月廿七日美國與中共在上海發表「聯合公報」，六十七年十二月十六日宣布美匪建交，美國官方也不敢否定台灣屬中國這一事實，於是這一理論就完全破產了。由此可知，三十多年來台獨分子的四種「理論基礎」，無不源自帝國主義陰謀分子的捏造，而且其中三種又完全破產了，所以目前他們只好拼命抓住這最後的「理論」——「住民自決論」，以便繼續其漢奸生涯，妄圖延長其賣國勾當。

明乎此，人們就不難恍然大悟：為什麼近兩三年來，從海外台獨刊物《美麗島》《台獨月刊》等到國內分歧刊物《八十年代》、《亞洲人》、《深耕》、《關懷》等，從海外的台獨分子張燦鍙等到立法院的分歧分子許榮淑等，有志一同地齊聲大合唱：「台灣前途由一千八百萬住民決定」了！原來這句「台灣前途由一千八百萬住民決定」口號，正是他們最後的漢奸理論「住民決定論」的另一種說法哪！

然而，抓住這「理論」，就真能延續那一小撮漢奸的可恥勾當嗎？答案是：絕不能。請從這「理論」的來源、法律效力、實際效果去探討，任何人自必首肯此答案。

所謂「住民決定論」，淵源於「民族自決原

則」（又有稱「人民自決原則」（NATIONAL SELF DETERMINATION）。此原則是第一次大戰後，由美國總統威爾遜所提倡的。他當時提倡此原則，乃係針對德國及土耳其的殖民地而來，本質上仍屬西方帝國主義之間為解決法國殖民地糾紛而提出的一種方案。此原則提出之後，對當時世界影響不少。就台灣而言，當時正是日本帝國主義的殖民地，台灣人民受著日本人的血腥壓榨，包括林獻堂、丘念台、蔣渭水、楊肇嘉、吳三連、連雅堂等人在內的台灣先賢前輩們，為了反抗日本的高壓統治，自民國十年起至廿六年抗戰軍興止，在台灣或在海外或在大陸推展民族反日運動，他們所提出的主張，多多少少是受到這原則的影響。他們當時引用這原則是恰當的，是大義凜然的，因為運動的本質是生活在殖民地的中國人對抗日本帝國主義。而今，那一小撮台獨分歧分子，卻拿同一原則來對抗屬於中國人自己的政府，甚至拿同一原則來主張把台灣脫離中國版圖以滿足日本及其他一些帝國主義餘孽的夢想，等於反台灣先賢前輩之道而行，豈不是可恥、可笑嗎？

在國際法上，此「人民自決原則」，自威爾遜提出來之後，中間經過第二次世大戰，許多被壓迫的殖民地紛紛宣告脫離枷鎖而獨立，自有其良好的作用。因此，此原則被一九四一年八月十四日通過的《大西洋憲章》、一九四五年二月十一日的《雅爾達宣言》及一九四八年十二月十日聯合國大會通過的《人權宣言》所明載及確認。然而就連台獨派的理論家彭明敏亦認為：「人民自決原則不是一個國際法上的原則，沒有法律拘束力，它只算是一種政治原理」（見所著《國際公法》增訂三版第九〇、一九三、二三六頁），一些台獨分子連這點都不明瞭，竟然說它是具有國際法律效力的原則，十足顯示其淺薄。

近三十年來，在所有的「台獨」派系之中，主張「人民自決原則」最賣力的是〈台灣基督教長老會〉中的一小撮人。遠在十一年前的一九七二年，長老會牧師黃彰輝、黃武東、宋泉盛等人便在美國成立一個叫做「台灣基督徒自決協會」的台獨組織，其主要主張便是「人民自決運動」。到了民國六十六年（一九七七）長老會中以高俊明為首的那一小撮人居然敢在國內發表所謂《人權宣言》，公然主張「成立一個新而獨立的國家」，所依據的「理論」亦是「住民自決原則」。問題是，面對中共的脅下，就算長老會這一主張是出於善意，其效果真會如願嗎？請健忘的世人回顧一下慘酷的歷史事實吧！

中日甲午戰後，腐敗的清政府把台灣割給日本，三百萬台灣人民聞此巨變莫不悲憤填膺，在「無天可籲」的情況下，全台絕大多數人民擁護唐景崧、丘逢甲、劉永福等人成立〈台灣民主國〉，欲以己力展開抗日寇救台灣的運動，這是真正的符合民族大義的「住民自決」行動。可是，〈台灣民主國〉自一八九五年五月二十五日成立，於同年十月廿一日便滅亡了。給這運動劃上最後「終止符」的人是誰呢？原來正是以台南為基地的〈台灣基督教長老會〉中的兩位牧師！因為這兩位牧師於一八八五年十月廿一日出城去把日軍帶入台南，才正式結束了台灣人民的反日救亡運動（事見連橫《台灣通史‧獨立紀》所載）！可見該教會竟然是有著熱心政治出賣台灣的傳統！今天出身於台南長老會中的那一小撮神職人員又要插手政治了！他們說什麼「住民自決」，其實正是摧毀全台人民的鬥志的詭計，亦想再次把强盜引入台灣的陰謀；當年他們是日寇的幫兇，今天又想再作馮婦。可是，台灣人民經過歷史教訓已不再像八十八年前那麼傻了，那一小撮披著神聖外衣的陰謀者，絕不可能重演歷史了；因為他們的偽善的面孔，早已被世人看穿了，他們的鬼計已不會得逞了！

綜觀三十多年來的「台獨運動」，真是派系林立，無不「理據」悖謬。但無論任何派別，它的背景不外乎兩種性質：一是受帝國主義利用，企圖攫取中華民族神聖的領土台灣，以重溫過去荷人竊據或日人佔據的舊夢；二是受中共幕後指使，企圖透過台灣獨立的階段革命，已達到「解放台灣」的最終目的。至若問那一小撮人何故甘受利用？綜觀他們們共同的動機，則不乎是個權慾的作祟（他們從不諱言搞台獨是為了「出頭天」，這點就是共同動機的自供），這是無可疑的答案。

「台獨運動」既然是來自如此可恥的背景，出於這般背下的動機，當然不能成事。過去三十多年來，如廖文毅等有良知者紛紛醒悟，其他冥頑不靈者亦無非小丑跳樑，迄無「出頭天」之日，就是「實踐的檢驗」；今後愈入窮途，終必灰飛煙滅，亦可斷言。

蓋凡可望有成效的政治性運動，除了動機要純正之外，並須有一套足以擴大團結同志，鼓群眾的理論主張。透過以上的論述，我們可看出，所謂「台獨運動」，非但其動機皆不純正，而且立論怪異，主張悖謬，他們曾奉過「人種論」、「文化論」「國際地位未定論」，今已成過眼雲煙，因為這些立論不是早被事實否定就是荒謬得連他們自己內心也不相信。而今他們只好紛紛抓住這根「住民自決」的稻草，提出所謂「台灣前途由一千八百萬住民決定」的主張，自以為是救溺的方舟。殊不知，無論從這「住民自決原則」的來源、性質、法效與實效種種角度去衡量，這條原則根本救不了他們。今天海內外的台獨分子和分歧分子紛紛抓住這根稻草當作方舟，恰是充分證明了「台獨」之路愈走愈窄，是日薄崦嵫的象徵。正因如此，所以他們之中又有很多派別走到「馬列革命論」去了。問題是，今天馬列主義已是被世人所公認的一個落伍的思想了，大陸人民早已不相信共產主義，生活富足的台灣人民更不歡迎共產主義，「台獨」卻反其道而行，不是更顯得它的日暮途窮嗎？

台灣是中國的台灣，這一命題是無可置疑的客觀存在，非任何人的主觀願望所能改變的事實。台灣人民的唯一出路，也和大陸人民以及海外華人的出路一樣，就是團結一致，在孫中山先生光輝旗幟下，把中國的共產主義問題早日解決掉。

龍旗七十二年（1983）年三月號第廿五期

從陳永華治績看延平郡王的政治路線

資料室

◎鄭成功光復中國領土

永曆十五（一六六一）年三月廿三日，大明招討大將軍延平郡王鄭成功，親率二萬五千大軍，從金門料羅灣誓師出發，征討台灣。

二日之後佔領澎湖。同月卅日晚，冒著狂風巨浪，下令大軍向台灣台南鹿耳門進軍，並發表談話，昭告全體將士。這番談話，充份代表了他的政治路綫：

> 本藩矢志恢復，念切中興。曩者出師北討，未奏膚功；故率我將士，冒波濤欲闢不服之地，暫寄軍旅，養晦待時；非敢貪戀海外，苟延安樂也。唯天唯祖宗之靈，其克相余！（見江日昇《台灣外記》；連橫《台灣通史．開闢紀》）

同年四月廿六日，延平郡王大軍圍攻熱蘭城（即紅毛城，今之台南安平古堡處），致書給城中的荷蘭人勸降，並表明台灣是中國的領土的嚴正立場：

> 夫戰敗而和，古有明訓；臨事不斷，智者所譏。貴國人民遠渡重洋，經營台島；至勢不得已，而謀自衛之道，固余之所壯也。然台灣者，中國之土地也；久為貴國所踞，今余既來索，則地當歸我；珍瑤不急之物，悉聽而歸。若執事不聽，可揭紅旗請戰，余亦立馬以觀，毋游移而不決也。生死之權，在余掌中，見機而作，不俟終日，唯執事圖之！

◎ 鄭成功的功勳

鄭成功於永曆十五年十二月初三（即西元一六六二年一月廿五日）克服台灣，至康熙廿一年七月十一日（永曆三十七年七月十一日，一六八三年七月廿七日）鄭克塽上表向清廷投降止，鄭氏以遺明的一方藩王地位，治理台灣廿三年之久。這是台灣早期歷史的最重要階段，它不但驅逐了荷人的統治使台灣重歸中國版圖；而且由於鄭氏政府移民、屯墾、立學校、施教化種種內政措施的成功，造成台灣徹底的中國化，改變古代歷朝視台灣為「夷」、「荒服之地」的面貌與狀態，以使二百多年後雖有各國帝國主義者再想染指台灣均為不可能。所以鄭氏的「反清復明」志願雖然未能達成，但他對台灣以及對全中華民族的貢獻是無比巨大的。

鄭成功克服台灣驅逐荷人後，只有五個月，於一六六二年陰曆五月八日，因風寒而以三十九歲的英年逝世了。真是「大業未成，而英年崩殂，長使英雄淚滿襟」！但成功雖逝，而繼承人鄭經才具又不及乃父，卻能治理台灣二十年，大體能貫徹成功所遺留的政策路綫，實已難能可貴。其中最關鍵人物，在於重用一位諸葛亮式的謀士陳永華之故。

◎ 陳永華其人

根據《台灣通史．陳永華傳》說：

> 陳永華，字復甫，福建同安人。父鼎，以教諭殉國難。華方舞象，試冠軍，已補弟子員。聞喪歸，即棄儒生業，究心天下事。當是時，招討大將軍鄭成功開府思明（廈門），謀恢復，延攬天下士。兵部侍郎王忠孝薦之。成功接見，與談時事，終日不倦；大喜曰：「復甫，今之臥龍也」！授參軍，待以賓禮。
>
> 永華為人，淵冲靜穆，語訥訥如不能出。而指論大局，慷慨雄談，悉中肯要。遇事果斷，有識力，定計決疑，不為群議所動。與人交，務盡誠。平居燕處，無惰容。布衣疏食，澹如也。

對於這一位諸葛亮式的謀士，鄭成功非常依重。到了鄭經掌政，經本人常親自率兵，以武將劉國軒為提督，坐鎮金門，於是台灣內部政務則「巨細皆取決於陳永華」（見《泉州府志》）。直到陳永華逝世為止（永曆卅四年，西元一六八〇春三月），治台十九年之久，可知他對台灣治績貢獻之大了。

◎陳永華的政績

關於陳永華治台十九年的政績，歷史上記載甚多。茲舉犖犖數端以見之。

一、關於法治上的成就，他貫徹鄭成功的「信賞必罰」政策，與諸葛亮治蜀一樣。《台灣通史・刑法志》說：

> 延平郡王鄭成功既克台灣，養銳待時，與民休息，而立法嚴，犯者無赦。諸將以立國之初，宜用寬典。王不可。……及克臺後，任賢使能，詢民疾苦，民亦守法奉公，上下輯睦，奸宄不生，而訟獄幾息矣。經立，遵用成法，民樂其業。閩粵之人，至者日多，盡力農功，相安無事。及經西伐，委政陳永華，……興利袪弊，民歸其德。台灣之人，以是大集。

二、關於屯田開墾、民生經濟及社會建設方面的成就，見《台灣通史・陳永華傳》說：

> （永華）親歷南北各社，相度地勢。既歸，復頒屯田之制，分諸鎮開墾。插竹為籬，斬茅為屋，以藝五穀。田土初闢，一歲三熟，戍守之兵，衣食豐足。又於農隙以講武事，故人皆有勇知方，先公而後私。
>
> 東寧初建，制度簡陋。永華築圍柵，起衙署。教匠燒瓦，伐木造廬舍，以奠民居。

三、關於文化建設方面的成就，見《台灣通史・陳永華傳》說：

> （永曆十五年）十二月，請建聖廟，立學校，經從之。擇地寧南坊，二十年春正月成，經行釋菜之禮。三月為學院，以葉享為國子助教，聘中土之儒，以教秀士。各社皆設小學，教之養之，台灣文學始日進。

四、關於招撫大陸人民的成就，《台灣通史・關征志》說：

> （永華）籌專治之策，盡心經劃；建保生之方，布屯田之制，開魚鹽之利，伐林木之材，內課農桑，外興貿易。十數年來，移民大至，多至數十萬人，拓地遠及兩鄙，台灣之人以是大集。……洎永華亡，而雜稅之徵濫矣。

◎歷史教訓

以上所舉治績，實係貫徹鄭成功的「建設台灣，伺機恢復」的正確政策。雖然，鄭成功的「矢志恢復，念切中興」的目標尚未達成，而英年崩殂，鄭經亦因主客觀條件所限而不能達到「滅清復明」的志願。但由於二十年的最高目標堅持，足為內部銳意建設的動力，這是「立志高者，則進取銳」的必然結果。換言之，台灣有這階段的最好開闢與建設（自隋書所稱的「夷洲」時代以迄清末劉銘傳等人在台建設鐵路等「自強」時代為止，鄭氏時代是最高峰的建設），那是有一個崇高目標在引導之故。

不幸到了永曆三十四年以後，鄭經已「無西志」，而文武官員又「燕安相處」，復國志氣消沉了。陳永華見此，乃鬱鬱不樂，喟然長歎：「鄭氏之祚不永矣！」數日後便逝世了。

陳永華逝世的消息傳到清廷，翰林學士李光地立刻上疏向康熙帝祝賀說：

> 台灣未可卒圖者，實由永華經理有方。今天心厭亂，使之殞命，從此亡可立待。

於是，清廷命施琅率軍征台灣。六月十四日從福建銅山起兵，七月十一日鄭克塽即上表投降，台灣自此歸入清朝治理。由此可得最重要的歷史教訓：能令像陳永華這樣的人才盡心竭力者，在於鄭氏有一恢復故土的崇高目標之故，此目標一旦失去，人才必為萎縮，則自「亡可立待」了。

龍旗七十二年（1983）年三月號第廿五期

註：本文摘自《台灣分歧運動史》書稿第二章第三節第三項。按此稿約六十萬言，是一九八〇年代中期由時任國民黨中央大陸工作會白萬祥主任資助龍旗雜誌社人員合力撰成，後因故未能出版。

敬答陶百川先生

勞政武

敬閱二月十九日《自立晚報》二版陶百川先生大作《我在除夕那一天——困勉回憶》一文，有云：

從中國時報，我想到在紐約治療眼疾的余紀忠先生。他近來碰到一些困擾，我是過來人，所以不勝懸念。我們這些人，如有不是之處，至其極，也祇是為著國家安全而稍稍（尚非大人）兼顧自由民主而已。但自由民主究竟還是我們立國的大本和反共的利器，背之不祥，何罪之有！所以我希望那些不民主的行動能夠結束停止，免為親者所痛，仇者所快。

因為本刊連續四期內容涉及余先生，所以這話應是針對本刊而發的。既辱承 陶公垂注，允宜藉此說明，望能溝通一些觀念，以符陶公一貫關懷國事熱愛民主的精神。

據悉，民國卅九年，中樞播遷之初，國民黨鑒於大陸上的失敗教訓，乃成立《中央設計委員會》機構，聽取黨內碩德之意見，為黨的政治路綫之設計制定，謀求起衰振弊，以使國民革命大業繼續進行。當時在中央設計委員會上，黨今後究應循何種路綫曾分成三派：一派主張應循英美式的純和平民主建設路錢。另一派則認為不妨採共黨式的革命建黨路綫，俾以其人之道還諸其人之身。第三派則認為，英美式的民主制度乃為純和平而設計，無法應付反共戰爭的需要；而我們既然要反共，實亦不能與共黨路綫不分軒輊；是以為了適合反共戰爭的客觀需要，宜兼採民主制度之所長。三者經過反覆辯難，最後大多數確認「革命民主」路綫為最能切合客觀需要。此路錢旋奉 總裁核定，便成日後黨的最高指導原則，以迄今天。陶公亦為黨內碩德元老，此段淵源諒必知之更詳。

信如公常說的「台灣好，台灣要更好」，經過漫漫三十三年，台灣之所以好，當然正是這條「革命民主」路線的成功——以革命的手段遏阻了敵人的滲透顛覆，保障了台灣內部得以從事安寧的民主建設。「台灣好」是果，「革命」與「民主」兩者均是因，皆不可偏。對於這點認定，想陶公當無異議。但今後如何使「台灣要更好」？近數年來一般學者清流人士乃偏重於美式民主方向的鼓吹，對於共黨謀我情勢非但未變且日益險惡此一事實，似乎故為忽略，此種偏頗，已足為憂。甚至有主張：「完成台灣的民主建設比光復大陸更為重要」之分歧論調者。殊不知，崇高目標之放棄必致內部之渙散，台灣非但不會「更好」，適足以自招危亡！是以陶公指出「為著國家安全」良可敬佩；本刊除本乎同一旨趣外，更欲擴張「台灣好」為「全中國好」。容或年輕氣盛，下筆激切，以致冒犯多方，然自忖用意，亦與陶公向來不懼權勢關懷國是之風格無殊也。不意被視為「太不民主之行動」，似嫌言重矣！蓋所謂民主，理應包括各種意見均可依法表達之含義，初不能專指倡言反對國策者方屬「民主」，其他不屬此類言論皆為「不民主」也。

經過六十多年的自由民主陣營失敗於共黨的歷史驗證，我們相信，自由民主是人類的理想目標，但不是反共的利器，而是反共的原因。因為我們愛好自由民主之故，所以必須反共；但自由民主的本身卻不是對抗共黨的有效武器。恰恰相反，共黨最大的長處正是利用一個社會的自由民主，來攫取武力所得不到的成果。索忍尼辛非常了解此點，所以他說我們「需要戰鬥」，而不必說「需要民主」。大抵此間許多人對「利器」與「原因」兩觀念之關係與分別不易理解，故而產生今天言論間許多共識的混亂。達識如陶公者，尚且如是，遑論他人？

陶公與余先生同然，於國有勳勞，皆為國之大老。後學末進，一體尊敬之不遑，豈敢為罪乎？只因余先生懷抱時報之巨業，身列決策之高峰，非雷鳴恐難以達聽聞；而陶公則身居清議，熟省下情，即蚊嚶亦蒙垂注；故本刊表達方式有異焉。但無論雷鳴蚊嚶，無非本於春秋責賢者之意，出自强國强黨之願望；務祈陶公勿怪以「困擾」是幸。

龍旗七十二年（1983）年三月號第廿五期

陶百川先生的辯解

陶百川

編按：本文是陶百川先生針對本刊上發表勞政武「敬答陶百川先生」一文之論點，所作的辯解。

儘管我們與陶先生平素所持某些點有不同的看法，但彼此憂國憂民之用意是一致的，所以樂於披露陶先生來函全文。我們認為此文涉及當前許多根本性問題，本刊亦將鄭重答覆。因為本刊負責人勞政武於三月中旬方返國，故對陶公大函未答覆，本刊編輯部謹先向陶公致意。

政武先生：

三年前敝寓晤教、長談為歡。關於先生和許兄的憂憤國事、痛論時政，迄今還留有深刻的印象。年來閱讀貴刊，對先生所自忖的「年輕氣盛、下筆激切」雖有同感，頗覺婉惜，但略跡原心，仍對先生寄以關切並其改進，當荷鑒言。

日前看到大作「敬答陶百川先生」，辭婉和而義嚴肅，不像時下二三打手論客的造謠而不能惑眾，害人而遺臭子孫，對於他們的批鬥，我一向不屑置理，但對你的批評，我極願另眼相看，鄭重辯解。

首先，你引我「困勉回憶」中的話：「所以我希望那些太不民主的行動能夠結束停止，免為親者所痛，仇者所快」，從而批評我：「『太不民主之行動』，似嫌言重矣！」你的理由，是「蓋所謂民主，理應包括各種意見均可依法表達之含義，不能專指倡言反對國策者方屬『民主』，其他不屬此類言論皆為『不民主』也」。

對這論旨，我不獨贊成，而且生平常為這項原則和精神也就是所謂言論自由而奮鬥不已。

可是你卻錯怪了我，因為所謂「太不民主」，是我原文「太不明智」之誤，是我向自立晚報記者電話修改時被聽錯和排錯了。可是我在當天下午見報時立即以限時郵件要求該報更正、第二天即經更正，你可能沒有看到，以致誤加責備。

我順便指出另一錯誤：報載原文「結束停止」，乃是「即速停止」的誤聽誤排，我和該報也以一併快速更正。錯誤的原因很簡單，祇是「民主」和「明智」以及「約束」和「即速」聲音類同、而我的國語又說得不好。

但這是小事，說穿便了。我所仍有不能已於言者，乃是這一小事引起我們對革命和民主的認知問題。

何謂革命？它有廣狹兩義。以廣義來說，宇宙間一種事物的根本變革，無論是用和平方法或暴力手段，都可稱為革命，前者例如工業革命，後者例如法國大革命。而狹義的革命，常多指政治革命。

至於就一種事物的根本加以損益，或加強它的長處，或減少它的害處，那是革新，而不是革命。

然則大作所強調的革命，是革新還是革命？是廣義的革命還是狹義的革命？如果是革命而不是革新，而且是狹義的政治革命，則在此刻此地似乎不宜強調。因為如果「革命」、「革命」的父以教子，師以教弟，長官以教僚屬，將帥以教士兵，難道不怕將我們的道統或法統，我們想竭力維護和保持的政權和秩序，會在有意無意中被誤導而變成革命的對象麼！

但是證以你在大作中曾說：「索忍尼辛非常了解此點，所以他說我們『需要戰鬥』，而不必說『需要民主』」，是則你所強調的革命，可能就是戰鬥。如果如此，自可減少此刻此地強調「革命」的流弊，但仍須注意戰鬥不可濫施，不可用以對付反共的人。否則乃是誤解或扭曲了索翁的本意。

因為在他提到戰鬥的一段講詞中，他說得很明白：「貴國的經濟成就和民生富裕其有雙重特性：一方面它是全中國人民光明希望之所寄，另一方面它也可能顯露出你們的弱點。因為所有生活富裕的人們容易喪失對危機的警覺，沉湎於今日的生活，結果可能喪失了抗敵的意志。我希望並且呼籲你們，能夠揚棄這一弱點，在你們物質生活有所成就的時候，不要讓你們的青年懦弱到寧願做敵人的俘虜和奴隸，也不願去戰鬥。」

由此觀之。索忍尼辛談話中的「戰鬥」或「抗敵」，當然是針對敵人，而不是用它來對付民主、自由或自由民主人士。所以他緊接著指出：「你們在台灣三十三年的和平生活，並不意味著今後三年你們不會遭受攻擊。你們不是生活在一個無憂無慮的寶島上，你們應該全國皆兵，因為你們不斷地受著戰爭的威脅。」

至於大作所強調的「革命民主」、應該也可以叫做「民主集權」或「民主集權制」，乃是本黨中國國民黨的組織原則，是黨的制度，不是國的法制。所以「革命民主」或「民主集權制」實施於黨內，凡為黨員自當一體遵行。它包括下列條款：

——「由選舉產生幹部，以討論決定政策，個人服從組織，少數服從多數，下級服從上級。」

——「在決議以前得自由討論，一經決議，須一致服從。」

——「服從黨的紀律，接受黨的命令，保守黨的秘密。」

但對方如果不是中國國民黨黨員，而黨部或黨員也要利用這個「革命民主」的美名及其條款去部勒他們，那就太不合理，而且也無法實施。所以「革命」或「革命民主」實不宜在國家和一般社會層面上過分強調。

至於大作所說索氏告訴我們不必說「需要民主」云云，我也有不同的了解和看法。因為：

第一，他很嚮往和肯定台灣的自由，所以他稱台灣或中華民國為「自由」中國，並以「給自由中國」作為講詞的題目。而自由必須靠民主作保障，所以需要自由便不能不需要民主，便不怕說「需要民主」。

第二，他固然狠狠的批評了自由民主的西方世界不該出賣「戰時盟友蔣介石總統」，但他沒有說自由民主不可要或要不得。正好相反，他痛惜和責備西方世界沒有盡到保護自由民主的責任。請看他說：「至於西方世界若干世紀以來，早已熟知自由的眞諦，可是由於長久以來生活在幸福安樂之中，他們為自由所付出的，有愈來愈少的傾向。西方人一向珍視自己國家的體制（自由、民主），但是為保衛這一體制挺身而出的人愈來愈少了。西方保衛自己的能力正一個年代不如一個年代地衰退、喪失中。」

因此，我們不難推測，如果我們說不需要自由民主，甚至像有些人那樣把自由民主和共黨台獨一併視為三大敵人，則索忍尼辛必將像痛惜和責備西方世界那樣的對我們痛惜和責備了。但是索氏的確痛恨「絕對的放任」，那個「幾近背叛國家和任意破壞國家的權利」。他認為那不是「普通的民主」。他指出幸而台沒有感染那種「廣泛的民主」或「絕對的放任」，所以他為台灣大家「都能有理姓的節制」而欣幸。索氏何嘗說過台不需要民主或不可說「需要民主」呢！

承示「自由民主是人類的理想目標，但不是反共的利器。」但我以為自由民主既是人類的理想目標，同時也是反共的利器。因為反共的利器雖有多種，但自由民主不失為其中之一。例如團結是反共所必需，是反共利器，但自由民主乃是團結的基礎，為團結所必需，所以也必然成為反共的利器。

如果台灣不是這樣自由和民主，而像大陸那樣的四大堅持，政武先生，你和我會來台灣並能享受自由民主的福祉麼！

自由民主當然不是放肆胡鬧而使國家陷於無政府無法紀狀態致為共黨利用以「攫取武力所得不到的成果」。幸而依照你我所欽佩的索忍尼辛，台灣大家「都能有理性的節制」，沒有要求「廣泛的民主」，也不准許「絕對的放任」，所以我們不必過分悲觀和敏感，以致「相驚以伯有」，對「普通的民主」和自由也加以不必要的打擊。

至我個人，對於英美情形了解頗多，所以也頗多述介，但政武先生，請把國父的三主義和中華民國憲法再翻一下，美式民主在那兩種文獻中屢見不鮮，但它何曾有負於我國！

對於共黨的危險性，請你何放心，「達識如陶公者」，「對於共黨謀我情勢非但未變且日益險惡此一事實」，必不致「故為忽略」。

「風雨如晦，雞鳴不已」寧願失言，不願失人，因而不免說得多了一點，尚祈諒之！順頌 文祺

陶百川 謹啟 七二、三、一

龍旗七十二年（1983）年四月號第廿六期

辯解的辯解──覆陶百川先生的公開信

勞政武

編按：本刊上期登出陶百川先生的信（題爲「百川先生的辯

解」），涉及當前許多根本性觀念。所以，本刊負責人發表本文，以作答覆，並請各界參考指教。

百公賜鑒：

猥蒙見教，待以青眼，榮幸何似！謹致謝忱。吾公尊為元老，名重朝野，乃不嫌愚微，長書為誨，情當聽從。惟大函所涉諸端，事關革命大是大非，實有不能已於言者。孔子不云乎？當仁尚可不讓於師；何況「敢想、敢說、敢懷疑」亦吾 公素所鼓勵者（見大著《台灣怎能更好》八五頁），故敢不揣淺陋，析事指理，剖腹坦陳，如有唐突之處，尚祈原宥是幸。

晚對大函所示，深感疑惑者有四，以為頗值商榷者有三。茲分陳之：

大函所示，「革命」有廣、狹二義：「以廣義來說，宇宙間一種事物的根本變革，無論是用和平方法或暴力手段，都可稱為革命，前者例如工業革命，後者例如法國大革命。而狹義的革命，通常多指政治革命。」淺見以為，無論從邏輯之「妥當性」，抑或從下此定義之「必要性」兩者考量，均足致疑。蓋依邏輯之分類法則，對任何事物之一次分類須以「單一標準」為據，若違背此原則，竟以雙重以上標準分類則必致觀念混亂。觀乎此定義先則以一標準指「廣義革命」（「和平」與「非和平」（暴力）乃同一標準），再則以另標準指「狹義革命」（「政治」與「非政治」才是同一標準，「政治」與「和平」則屬二重標準。因「政治革命」中有「和平」者，亦有「暴力」者）。由是等於不能分清何種為「廣義」，何種為「狹義」矣。況且，凡稱革命，一般均指人類有意識有計劃之根本變革。若擴及「宇宙一種事物的根本變革」，則星球生滅、物種突變、滄海桑田等無意識之自然變遷均為「革命」矣，豈非超乎常識？是吾 公此義是否妥當，所以疑惑者一也。

抑有進者，「革命」一詞，在 總理遺教及 總裁遺訓中，到處可見，亦早有確定性解釋與特性之涵義，除非另有發明，否則似不必再費筆墨。何況，二位領袖教訓之於國民黨人，正如聖經之於基督徒然；基督徒不可捨聖經而妄加臆度，國民黨人自亦不宜游意於二位領袖教訓之外也。今吾 公既以「革命」一詞相詰，且捨二位領袖之教訓而自界定，究竟是否必要？此所以疑惑者二也。

又，大函所示，「革命」二字，「此刻此地不宜強調」，原文曰：「如果是革命而不是革新，而且是狹義的政治革命，則在此刻此地不宜強調。因為如果『革命』『革命』的父以教子，師以教弟，長官以教僚屬，將帥以教士兵，難道不怕將我們的道統或法統，我們想竭力維護和保持的政權和秩序，會在有意無意中被誤導而變成革命的對象麼！」淺見以為，公作此語，實出自雙重之誤會也。

晚為三民主義信徒，熟知在三民主義，及 總裁遺訓中，「革命」二字非但隨處可見，且係二位領袖言行之精髓。如 總理，逕稱三民主義為「革命主義」，有云：「我們的革命主義，便是集合起來的士敏土，能夠把四萬萬人都用革命主義集合起來，成一個大團體」（見《民權主義》第二講」）；總理遺囑更開始便說：「余致力於國民革命凡四十年……」，可見，總理從未離棄「革命」二字。如 總裁，可謂言必談革命。來台後，明定當前反共復國階段為「國民革命第三期任務」。總裁甚至自道「中正許身於黨，許身於國，大義所在，為革命而生，為革命而死，惟黨命是從！」（《本黨同志對國民大會第三會議的責任》文）。至總裁在遺囑中，則三言革命焉：「自余束髮以來，即追隨 總理『革命』……實踐三民主義，光復大陸國土，復興民族文化，堅守民主陣容，為余畢生之志事，實亦即海內外軍民同胞一致的『革命』職志與戰鬥決心。……非達成『國民革命』之責任，絕不中止……」由是可證，總裁亦從不避諱向任何人提「革命」二字。今吾公乃教以「不宜強調」，豈於二位領袖之教訓有所誤會乎？此所以疑惑者三也。

雖然，吾公所謂「不宜強調」者，可能專指復興基地內部之「政治革新」不宜代以「革命」一詞而強調之而言。是則，又誤會拙文（見本刊廿五期）之意思矣！拙文言「革命」，乃專指本黨之「革命民主」最高指導原則，依此原則發抒為具體措施，則提到「以革命手段遏阻敵人的滲透顛覆」，並未以「革命」代替「革新」之意。茲應補充者，關於「革新」與「革命」關係，總裁早有明白闡釋：「要以一種革新的手段，來達到革命的目的」（見《先總統 蔣公嘉言錄總輯》六冊七六九頁），是「革新」雖非「革命」，但兩者具有手段與目的之關係。析言之，復興基地內部固應時刻求革新，但此「革新」非為革新而革新，亦非為求自保而革新，而係為完成國民革命目標而革新，否則革新將失意義。故若取其「手段」而忘其「目標」，可倡「革新」而避諱「革命」，豈非捨本而遂末乎？此所以疑惑者四也。

至於吾 公提及，強調「革命」，可能「被誤導」一節，深思遠慮，誠值敬佩。惟淺見以為，我國民革命對象至為明朗，應無被誤導之可能。況且台灣人民生活富足自由，除應慎防共黨滲透分化之外，政府實無「被革命」之原因，故吾公對此似嫌過慮。

又，大函以較長文字，闡述索忍尼辛「並未說過台灣不需要民主」以見責。公之觀點似亦出於對拙文原意之誤會。拙文原句為：「……索忍尼辛非常了解此點，所以他說我們『需要戰鬥』，而不必說『需要民主』」。其中重點在「不必說」三字，即為「沒有強調之必要」之意。其理正如同總理在民權主義中所強調者厥唯「國家自由」，而不必說「個人自由」，因 總理認為中國人歷來非但不缺乏自由，且為「一盤散沙」；今設有人因 總理未強調「個人自由」之故，便遽認其為反對「個人自由」，此乃非愚即妄者也。然而，此間乃有二三學者焉，數年來因未見索忍尼辛強調「民主」之故，遽指索氏乃「具有極權心態」、「不懂民主」云云，洵屬非愚即妄之類也。索氏自一九七四年四月二日見放於自由世界以來，發表重要談話及演說凡九次，無不苦口婆心勸告自由世界應「提昇道德勇氣」、「提高戰鬥精神」等等，揆其用意，無非在「對症下藥」，蓋當今自由世界自救之道不在「民主自由」之擴張，而在「戰鬥精神」之弘揚也。吾公達識，不似該二三學者妄意曲解醜化索氏，誠值敬佩。惟大函中仍斤斤強調索氏「愛好民主自由」一點，而未能指出其「對症下藥」之意，此所以值得商榷者一也。

又，大函特別指出：「戰鬥不可濫施，不可用以對付反共的人。」旨哉斯言！豈唯「戰鬥」不可濫施？世間任何事物皆不可濫施也！《長短經》有言：「仁、義、禮、樂、名、法、刑、賞、忠、孝、賢、智之道……用得其道，則天下理，用失其道，則天下亂」，蓋「仁」、「義」、「禮」、「樂」、「忠」、「孝」、「賢」、「智」諸名色，本為祥和之物，天下之達道，猶且用須得其當，況「戰鬥」乎？必也「極高明而道中庸」而後可。故吾 公此語之關鍵，應在於明確辨別戰鬥之對象，即「何謂反共的人」此一大前題之確定。

淺見以為，判斷何者為「反共的人」，必先經過三個階段之「認識程序」，即：先認識「共黨人民戰爭之特性」→再針對此特性確認「反共戰爭之客觀需要」。→然後判斷其「行為」是否符「客觀需要」。經過此程序研判，可得三種情況：

1.凡符合「反共戰爭之客觀需要」者，當然係「反共行為」，一貫持此種行為者，屬於「反共的人」。

2.雖不符合「反共戰爭之客觀需要」，但亦無妨害者（即無利亦無害）：基於「不是敵人，便是同志」原則，仍可認為係「反共的人」。

3.非但不符合「反共戰爭之客需要」，而且有害者：即為「反反共行為」，一貫持此種行為者，屬於「反反共的人」。

所謂「戰鬥」，其對象自是於第3種「反反共的人」。惟再加分別，「反反共的人」中又有「故意」與「無意」（指觀念不清受敵利用等情形）之分，應有不同之對待方式，否則仍屬「濫鬥」。例如「民盟」、「民革」之類「民主人士」，原其用心實係為中共之統戰工具，此即故意「反反共的人」，亦即共黨之同路人，為「打倒」之戰鬥對象。至如時下有少數學者，或出於求好心切，或出於立異鳴高，雖無「反反共」之故意，但其言行實與反共戰爭之客觀需要有害，此種人應為「提醒、勸告」之戰鬥對象。

以上個人試為分析，或未盡確當，更不敢望獲得普遍之同意。但若囫圇混指「反共的人」而不加分別（如某公倡言「不是共匪，便是同志」即屬此），其害亦與不分敵我而「濫鬥」相若也。觀乎大函以及吾 公向來言論，似未對「反共」一詞有明確細密考量，乃招致諸多不必要誤會，甚至有傷及吾 公諤諤謀國之誠者，豈不悲乎？所以特別提出商榷者二也。

又，大函指出「美式民主」在三民主義與我國憲法中屢見不鮮，「它何曾有負於我國」！晚以為，此問題涉及當前反共戰爭形態與客需要之根本性關鍵，應慎重提出管見，以供商榷。

誠然，「美式民主」乃構成三民主義淵源之一種（即國父所謂「規撫歐美學說」），而中華民國憲法之精神亦與其他西方民主國家憲法大抵相同。且究其實際，美國今日之繁榮進步比我台灣地區亦只有過之而無不及（此指政制與物質範疇而言，精神文化範疇不在論列），故晚甚同意吾 公所言，「美式民主」確未曾有負於我國（眞正有負於我國者乃共產黨的階級鬥爭思想及政制，以使中國大陸生民塗炭！）

但晚所關切者，不在「美式民主」曾否有負於我國之問題，而在「此刻此地」如一味強調「美式民主」，消極方面能否防制共產黨從事內部滲透分化顛覆，積極方面能否擊敗中共以實現全中國之自由民主問題。故晚對「美式民主」絕非「相驚伯有」，而係「審慎研究」。

晚以為，「美式民主」所代表之西方政制，無可否認有優良之處，但更無可否認有其嚴重失敗之處。面對共黨之蠶食鯨吞，六十多年來（自俄國革命一九一七年算起）只見自由世界日益萎縮，迄未見有勝利之機。此歷史事實，斑斑可證，無人能否認者。

面對此一史實，論者有強為辯者，其理由不外乎是：

「六十多年來，共黨鯨吞蠶食半個世界固屬事實，但被赤化者均係不實行真民主之落後地區也。若英、美、日、西德諸國，行真民主者也，迄未見赤化。由是可證，若行眞民主，必不虞赤化矣！故曰：民主是為對抗共黨之有效武器。」云云。此乃當前台灣二三學者竭力鼓吹「美式民主」之唯一「理論基礎」。容晚放肆以言：此實似是而非之謬論也！何以言之，理由有三：

一、英美諸國之所以未被赤化，並非因其「民主制度」足以抗衡共黨侵吞，實係因其高度工業化，人民生活富足，「共產主義」之引誘力較難發生作用之故。但即使如此，並非英、美諸國終不可赤化。共黨在其內部一面收買失意者（任何是社會都有失意者），一面滲透決策機構；至某種程度，自發生內部顛覆作用。蓋被共黨收買者在民間從事種種有利於共黨活動（如越戰時之「反戰運動」、最近之「反核運動」等是），以削弱政府及人民之抗敵意志；滲透決策機構者運用高妙手法左右決策以對共黨有利（如我國抗戰後之「史迪威事件」、韓戰及越戰作成「不求勝」之決策，卡特政府時代以「人權政策」削弱自由世界整體力量等是），如是交互運用，即使強如「美帝」，終有被赤化之日。

二、共黨本有「世界鄉村包圍世界城市」之大戰略，美、英、日諸工業發達國乃「世界城市」也。「世界城市」非不可赤化，僅係較難赤化而已。俟「世界鄉村」盡被赤化或佔重要戰略地位之「世界鄉村」被赤化後（如目前中南美之左派運動即為包圍美國之先鞭），即使強如美國，在內部被滲透控制，外部被「鄉村包圍」之內外夾擊下，欲不赤化尚可得乎？美國一旦赤化，其他英、日、西德諸國之被鯨吞，不過舉手之勞耳。

三、在自由世界許多落後地區，常不具備實行「美式民主」之充分條件（如教育水準、守法精神、傳統習慣、宗教信仰等因素），如貿然實行，非但無成效，反而引起動亂，適足以摧毀原有之自由生活。如昔日美國以「自己模式」強加諸越南政府，結果引起領導中心瓦解，以致不旋踵而淪亡。又如推動「美式民主」最力之巴勒維，非但一無成效，且陷伊朗於水深火熱之域，自己則身死異國，為天下笑。若越南與伊朗之例，數十年來，屢見不鮮！由是可知，在自由世界較落後地區強行「美式民主」，其結果恰是有助於共黨，加速其「世界鄉村」之「解放」！故在此場合，「民主」非但不是「反共之利器」，而是「助共之利器」矣！

總上三點，可知所謂「行眞民主」（美式民主）即不虞赤化之論，確係經不起理論究詰與事實驗證之謬說。因為時下某些反對政府之人士堅執此論，自以為堅甲利兵，無往而不利，用特藉此機會剖析之，非為吾公而發者也。

吾公前在《自立晚報》指出，民主為吾國立國之大本，晚甚贊成此說。惟「民主」二字，不過是一抽象觀念；面對共黨「人民戰爭」，必須落實此一抽象觀念，使之與反共戰爭之實際要求相結合，方能裨益當世，澤及後代。以吾 公平素謀國之殷，最關切者諒不外乎此；故大函中堅持「民主乃反共的利器」一點，其用意或在乎此。晚為體察尊意，不揣淺陋，試為分析敵我雙方使用「民主」之方式如下：

1.中共之「民主」：（共黨亦言「民主」，黨內有「民主集中制」之原則）

A在共黨內部之使用——「民主」乃促成其極權目的之手段。

B對敵方（我方或自由世界）之使用——「民主」乃瓦解敵人內部之利器（以「民主」消滅 民主）

2.我方之民主：（我國為民主共和國，本黨為「革命民主」政黨）

A在我方內之使用——「民主」乃「革命」之目的（以革命之手段保障民主目標之達成）

B對敵方（中共或共產世界）之使用——民主是有條件的打擊利器（假定民主能造成人民生活自由經濟繁榮，「自由繁榮」才是足以號召鐵幕中人民之「利器」，而「民主」本身不是利器，但它通常能獲致自由，所以謂「有條件的打擊利器」）。

據此「方式」，所謂「民主是反共利器」一語，只有在2B情況下為有條件之適用。但晚誠相信，吾 公作此語，實係出自2A之良善用意。不過在2A場合，為避免引起民眾觀念之混亂，晚以為還是用「民主是反共的原因」說法較妥，未知吾 公以為然否？至像時下一二三學者，不加思辨分析，便囫圇吞棗式鼓吹「民主」，等於採取「面對同志，背向敵人」之不當態度——即事事挑剔自己陣營，對敵人則漠視，此等人鼓吹「民主」即與1B程式相符矣！如此作用之「民主」，又豈能怪人「相驚伯有」乎？總之，在「民主」一詞泛濫至極之今日，如何正確把握，在反共戰爭大前題下善為之用，以符我立國之大本，又不致成為敵人瓦解我方之利器，實為事莫大於此者，務莫急於此者。所以提出商榷者三也。

綜上所述，「四疑惑」也罷，「三商榷」也罷，歸根結柢，均以「反共戰爭」大前題為出發而立論者也。對此大前題，晚以為滕俊公以長達五十餘年之理論研究與實際經驗所得結論，實有突破性見地。俊公在賜晚一公開函中曾作歸納性之言：「我們今天所面對的戰爭是『人民戰爭』，也就是總體戰爭。在此戰爭過程中，民主體制，必須要針對敵情，與戰爭的要求相結合，構成民主的戰鬥體制，然後民主才能戰勝共產黨的極權。反之，不問敵情，不顧戰爭要求，而以純和平觀點講民主，堅持和平的民主制，則民主必為共產黨的極權戰鬥體制所戰敗。」（發表於本刊廿一期），實為一針見血之論。

晚生也不幸，少遭荼毒迍邅，不勝痛苦！深知不強化國民黨無以救中國，追求民主亦莫非徒托空言。竊以愚鈍之資，非敢妄言長策，指點江山。不意數年來陷入政治性之是非，誠如過河卒子不得不前，是以振臂疾呼，望有助於復國大業於萬一耳。區區此心，敬請 垂察。肅此 特頌

崇安

晚 勞政武 敬上 四月廿一日

龍旗七十一年（1982）年五月號第廿七期

彭明敏的一份洋狀

羅子

簡介：本文作者現居紐約，美國《世界日報》闢有「金山客語」等專欄，爲海外名政論家。

蟄伏沉默了很長一段時間的「台獨大統領」彭明敏，最近突然活躍起來，不但在華盛頓首府的國會聽證議壇上亮相演講，還在台獨刊物——《美麗島》雜誌上發表他的回憶錄。

彭明敏回憶錄是以英文撰寫，原名是《自由的滋味》（A TASTE OF FREEDOM），於一九七二年出版。《美麗島》雜誌為了壯大其聲勢，特別在創刊開始把他譯成中文連載（請注意並非譯成台文），直到今年元月五日第一二四期連載完畢。其字數之多，篇幅之大，討論之廣可以想見。

回憶錄前面是「台獨之友」喬治・克爾（GEORGE H.KERR）的序文，他介紹彭的出身，強調他出生於「否莫山」（FORMOSAN）的豪富家庭，自小為師長喜愛，及長又為國民黨器重，但他仍然從台灣來美國從事台獨運動，為「台灣人」不是「中國人」之「理想」而奮鬥。

彭明敏在回錄中自稱從福建來台灣只有五代，約一百多年歷史，中華的血緣仍新就已經與「中國」有深仇大恨，可見「彭大統領」自小的稟賦與眾不同，實在是當之無愧之「台獨運動」的導師。

不過「彭大統領」不可不知，台獨分子把他們對「中國」的仇恨推到四百年前，他們的說法是：「台灣人」被「中國人」迫害已達四百年之久，依此推算，台獨分子與彭家之仇恨至少有三百年，因為一百多年前，當彭家未去台灣之前，是「台灣人」所仇恨的「中國人」是也。

且按下「彭大統領」與台獨分子的「仇恨」不說，讓我們來看看彭在回錄中如何懷念「日本人的寬宏」。彭說，一八九五年日本佔台灣遭到當地人反抗，日本人平亂後，給當時住在台灣的「否莫山」和「中國人」選擇國籍，有數千「否莫山」選擇回中國，有數千「否莫山」選擇登記為外國人；由此可見日本人的寬大！也可見願意做「中國人的「否莫山」已走，剩下他們當然就不是「中國人」了。

彭在懷念「日本人」之後，不免又奚落「中國人」一番。他形容「中國人」落後，「中國」窮困破爛，因為他是生長在信奉基督教的富有「台灣人」家庭，彭父畢業後行醫賺很多錢，買入水田四十甲，是個大地主，並養馬四匹，彭父是日本〈騎馬俱樂部〉會員。彭五歲去中國大陸旅行，發現「中國」很貧困。

彭雖以做中國人為耻，但居然有一次自認是「中國人」，那是日本人戰敗，中國人戰勝之故也。彭在回憶錄中說，他雖在日本被美軍炸斷左臂，但對美國卻有好感（否則美國人不會幫他從台灣「脫出」來到美國），因此當日本投降後，某天他與路邊兩位美軍談天，美軍誤會他是日本人，他立即更正說他是從台灣來的中國人，既然是中國人，當然回「中國人」的地方，於是在戰後回到台灣。沒有想到所見在台灣之中國人窮困褸襤，中國退伍軍人拉黃包車，目睹這種現象，「彭大統領」對做「中國人」沒有興趣，從此恢復「否莫山」的身份，但卻進入〈國立台灣大學〉就讀。

彭大統領對日本人的懷念，在往後的日子中越來越深。他說：日本人統治台灣，使台灣享到法治保障及經濟繁榮的高水準生活，而日本人佔台後還給他們選擇國籍之自由，而「中國人」佔台後，卻強迫他們做「中國人」。

假定「中國人」像日本人一樣，戰後讓「台灣人」選擇國籍，相信「台灣人」都會像彭在日本街頭與美軍所說一樣，會不自覺的「選擇」做「中國人」，並承認自己是中國人。

「彭大統領」在回憶錄中叙述他「以中國人血統為耻」的經過，他說，他的父親擔任「二二八」事變處理委員會高雄市的主席，因為到高雄要塞請願，曾被「中國兵」阻擋，激動之餘就不願做「中國人」，並吩咐他的子孫與外國人結婚以後「脫離中國血統」。

根據中國人的說法：彭明敏當然是孝子賢孫，因此他把「仇恨」永銘於心。可惜的是，他與他的子孫還是與台灣人結婚，保持的還是中國人血統。

一九四九年二月，彭娶了台北一個地主的女兒為妻，並在留日的「中國人」老師薩孟武特別指導下提高中文程度。其後並用中國人恥辱換來的庚子賠款獎學金，赴加拿大麥基爾大學攻讀航空法。然後又得「中國人」學者胡適的資助，完成碩士學位，並赴法國巴黎取得法學博士學位。從彭這段自述看，中國人的確待他不薄。但彭仍然恨「中國人」如故。

「彭大統領」在自述中不斷誇耀他的成就，並藉此來標榜他的天縱英明。他在國外留學，居然尚可一直保留台大助教職。年僅三十一歲回台灣，即升任台大副教授，三年後升正教授。國民黨不但委以學術要職，並進而選他為「十大優秀青年」而表揚之，四十歲不到便擔任台大政治系主任，並被國府委為〈駐聯合國代表團〉顧問，派他赴紐約視察「台獨」運動實況。「台獨」分子一直寫「中國人」壓制「否莫山」。從彭的自述看，那種說法就站不住腳，因為「彭大統領」的風光就是最好的證明。

彭在自述中說出他之被捕，是因為他與謝聰敏、魏廷朝共同起草了《台灣自救運動宣言》從事台獨活動。在獄中他常用日本話吼叫「戰鬥到底！」以示威風，「中國人」拿他沒有辦法。雖然判了他八年徒刑，結果坐了一年一個月的牢就把他釋放了。

彭在《回憶錄》中以日語描述他「脫出」台灣的經過。他說：一九七〇年初他在「外來人們」協助下到瑞典，然後在「台獨恐怖分子」行刺蔣經國後五個月後獲批准入境美國，並讓他受受聘擔任密歇根大學〈中國研究中心〉的工作。忙了幾年，還是兜回「中國人」圈子裏來。

「彭大統領」在叙述自己種種威風事之後，便循歷史論據、國際法論據、新國家論據來說明「台灣應該獨立於中國之外」，原因是儘管文化、語言、血統一樣，但「台灣人」仍然不是「中國人」，因為只有「獨立」他才有「大統領」可做。所以「彭大統領」希望聯合國幫助「否莫山」獨立。

彭明敏的《回憶錄》主要是寫給歐美洋大人看，所以他在文中用了不少篇幅來描述其家庭之基督教背景及日常所過的西式生活，顯然想在洋人心目中製造這樣一個印象：彭的「革命」是高尚的西洋基督教文明，與野蠻腐敗的東方中國文明對抗。

綜觀全書，彭明敏始終無法說出他的「革命動機」。用盡苦心，費了不少筆墨，只讓人惑到「中國人」對他太重視、太遷就、太嬌寵、太優容，遂使他產生了可以「取以代之」的狂妄念頭。

近幾年來，台獨組織中出了不少「青年才俊」，也建立了不少山頭，在權力鬥爭中又出現了不少「大統領」，其對「彭大統領」的「權位」形成了一個重大的挑戰。他能不能再在凋零落索的台獨組織中起作用，誰也不知道，但他的價值隨時間的消逝而淡薄則是可以肯定的事實。因此，我希望「彭大統領」今後寫《回錄錄》續集中，不要忘了把他「脫出」多年後的凄涼處境加入去，看他與「中國人」敵對之後的處境多麼可悲可憫，更讓外界的人知道他這十幾年來如何販賣「中國知識」來討生活。

龍旗七十二年（1983）年五月號第廿七期

李敖——台灣第一大不要臉

陳楚文

之前五百年，之後五百年，台灣如果要數不要臉的前三名，其順序毫無疑問，一定是李敖、李敖、李敖。

如果要論今天台灣第一大不要臉，必然非李敖莫屬。套用李敖自己的句法，不要臉的前三名都給他佔光了。其他人再怎麼不要臉充其量也只能稱第四，只有李敖才算包了台灣第一至第三名之「大不要臉」。

李敖為什麼是如此之大不要臉呢？理由有三：

第一、古今中外的不要臉通常都有一個限度。流氓雖然不要臉，卻很少和自己的靠山鬧翻面；妓女雖然不要臉，卻很少和自己的恩客吵翻天。這個難以超越的限度，可以說是不要臉的「瓶頸」。

李敖是《文星》老板蕭孟能一手栽培出來的暴發戶，李敖當年為什麼能橫衝直撞一手遮天，全仗著蕭孟能的這張臉。但是誰又會想到有朝一日，李敖竟然忍心連這張臉都撕破？由此可見：並不是「臉不要李敖，而是李敖不要臉」。此李敖之所以為天下之不要臉者，一也。

第二、李敖是男人（至少身分證上這麼寫）。古今中外男人最大的恥辱，就是自己沒有辦法賺錢，連女人不想分給他的錢他都想要。偏偏李敖就有這樣的紀錄。

影星胡茵夢在誤解中下嫁李敖，本不貪圖富貴，亦不講究外表。沒想到李敖卻視此為發達的捷徑，蜜月沒過完就和丈母娘爭起片酬來了。眞是：「良人者，所仰望而終身也。今若此！」此事人皆以為不要臉，唯有李敖卻處之泰然。此李敖之所以為天下之不要臉者，二也。

第三、世之不要臉者，對其不要臉的事，通常是避談而唯恐不及。只有李敖一人才會自己製造《不要臉年表》，將他一生的不要臉事蹟如數家珍，一一道來，包括他與蕭孟能、胡茵夢撕破臉的種種，字句中仍然不忘杜撰栽贓的一貫手法。其自讚自誇，竟然到了自撰「準備接中央日報總主筆」和「復興」起中華文化的地步。此李敖之所以為天下之不要臉者，三也。

就此三項，李敖眞可佔台灣不要臉的前三名而面無愧色。他不但是台灣最大不要臉，也是全中國的最大不要臉。連馳名世界的大陸「四大不要臉」之郭沫若、袁水拍之流，都望塵莫及。

從他自製的《年表》看來，李敖一生丟臉，賴臉、撕臉，從一個「只要棒子，不要臉子」的後生變成一個「四五十而臉焉，斯亦不要臉者也」的糟老頭，依然不改本色。某些政治刊物到今天還摸不清李敖的本性，總有一天會像康寧祥一樣遭到李敖的撕臉。謹倣古人《剃頭歌》作一首歌以儆惕之：

李敖眞丟臉，逢人就撕臉。
有臉他都撕，無撕不成臉。
且看撕臉者，人亦撕他臉。

龍旗七十二年（1983）年六月號第廿八期

注意兩爆炸案

方白

四月廿六日，座落在台北市忠孝西路的《中央日報》社大樓，及座落在忠孝東路的《聯合報》社大樓，幾乎在同一時間內（聯合報是上午十時四十分，中央日報是十一時七分），發生了爆炸案。聯合報的爆炸地點，是在電梯機房內，所幸當時電梯內並無乘客，否則後果不堪設想。中央日報爆炸地點，是在一樓的營業廳，當場使該報職員及民眾共十二人，受到了輕重不等的傷害。

連日以來，情治單位已展開嚴密的緝兇行動；朝野各界，也一致對此喪失人性的暴力行為，痛加譴責。本刊基於言論報國之一貫宗旨、願就此一事件表達意見，俾助政府與民眾今後提高警覺。

第一、此兩起爆炸案，當非一般不良份子所為，殆無疑義。查諸台獨叛亂份子，近年來在國內、外所遂行的各件爆炸案件，其所使用之工具與手段，均與此兩起爆炸案，密切偶合。因此，本刊希望海、內外國人今後對於台獨叛亂及集團，應進一步地認識與警覺。

第二、目前台獨叛亂集團，正積極展開「島內鬥爭」工作。台獨刊物《台灣公論報》、《美麗島周刊》等，甚且公開披露其建立「城市游擊隊」之計劃。四月廿六日發生的這兩起爆炸案，正是台獨份子企圖發展「城市游擊隊」之先兆。每一國人，自此再不可對國家安全、社會安寧懷有漠不關心之態度，而應積極與政府合作，以「全民防禦」來粉碎台獨的顛覆陰謀。

第三、此兩起爆炸案，咸信與將於今年年底舉行的立法委員選舉，及四月二十六日成立的「防制竊盜與暴力犯罪督導會報」，有密切的關係。易言之，叛亂份子乃是藉暴力恐怖行動，來破壞我們貫徹民主法治與維護社會治安的決心。因此，為了保障每一個人民主與安寧的生活，每一個人均不可坐視叛亂份子逍遙法外，而應勇於向治安單位檢舉。

第四、對於少數與台獨叛亂集團相互勾結的分歧份子，全體國人，應予唾棄。因為彼等口稱「自由、民主、參與」，卻對自由、民主、參與的實質象徵——大眾傳播工具，加以野蠻恐怖的破壞。此種口是心非的做法，絕不容在這安和樂利的復興基地上出現。

兩報的爆炸案，至本文執筆時為止，尚未查出端倪，但基於發生的地點、時間等因素的考量，吾人相信，極有〈台獨〉暴力分子蓄意破壞的可能。如此對於生活在長治久安，豐衣足食環境下的我們，應是一次最嚴重的警告。大家應該勇敢地站出來，對國家前途，不可再冷漠了；對叛亂分子，不可再姑息了！

龍旗七十二年（1983）年五月號第廿七期

台獨暴力，不打自招

方白

當四月廿六日發生台北中央日報及聯合報爆炸案，筆者在是日晚上就趕出一稿，題為「注意兩爆炸案」，登在《龍旗》廿七期。

在那篇拙文中，筆者就大膽推斷：此事大有可能是台獨分子所為，而不太可能是一般不良分子所做的。筆者之所以敢如此推斷，乃基於三項原因：

第一是台獨暴力歷史：近六年來，台灣斷斷續續發生一些暴力事件，如炸斷謝副總統左手的王幸男郵包爆炸案、中壢暴力事件、林宅血案、王玉雲內弟在美被暗殺案、高暴事件、陳文成案……等，無一不是與台獨暴力分子有關。

第二是台獨暴力性質：近年來，海外台獨倡言「城市革命」、「誓要以暴力推翻國民黨政權」等等，所謂「台獨運動」已完全成為暴力性質，因此連美國加州法院也正式宣告台獨組織是「暴力團體」。

第三是本案實況：這兩爆炸案，無論從時間、地點、手法等因素看來，最有可能是台獨分子幹的。

筆者的推斷竟然不差！最近一位朋友從美國紐約寄來一份《台灣公論報》第一七八期資料，頭版大幅報導的正是這兩爆炸案，而且還將它定名為「四二六事件」。又登出：「台灣獨立聯盟台灣本部主席邱怡發專電稱：四月二十六日攻擊台灣警備司令部出入境管理處、中央日報總社、與聯合報大樓行動，係由島內秘密革命團體『正義建國軍』全盤計劃執行」云云，這不是不打自招嗎？（見附影印資料）

筆者撰此文，並非自炫推測正確，只是提醒社會大眾注意：維護社會安全不是一句空口號，而是確確實實要靠大家努力去做的事，因為奸險的敵人——台獨漢奸，無時無刻不在搜索我們的空隙。

龍旗七十二年（1983）年六月號第廿八期

海外台灣人的報紙
For Overseas Taiwanese Communities

臺灣公論報
TAIWAN TRIBUNE

島內革命組織 正義建國軍

三處接連發生爆炸事件
現場均留有台獨標誌

轟然巨響·煙霧瀰漫
烈焰衝天·火勢四起

「四二六」事件震撼島內

給台獨暴行算總帳

資料室

自從四月廿六日發生《中央日報》及《聯合報》兩爆炸案，海外「台獨聯盟」於四月三十日即自承是他們指使島內「正義建國軍」幹的。《台獨》的暴力嘴臉又一次暴露在世人面前。

台獨暴力形象，早已被世人認定。美國加州司法部於一九八一年六月發表的《暴力組織一九八〇年度報告書》（ORGANIZED CRIME IN CALIFORNIA 1980—ANNUAL REPORT TO THE CALIFORNIA LEGISATURE），便把台獨暴力組織列為國際恐怖組織的第一名（見附圖資料）。今年五月間，美國眾議員海德並在眾議院發表聲明，公開指出台獨恐怖暴行的事實，並舉出自1976年以來十五次重大暴力事件為證，呼籲美國各界嚴予譴責遏止此種恐怖行為。（譯文見七十二年五月廿七日中國時報）

為使海內外同胞對台獨暴行有更清楚扼要的了解，茲綜合各種資料（包括國內外報刊，以及台獨自己報導之資料），表列近年來台獨暴力事件如後。

日期（民國）	時間	發生地點	暴力方式	結果情況
59.4.24		台獨聯盟暴徒鄭自才、黃文雄二人在紐約拉薩飯店前，圖行刺蔣經國先生（時為行政院副院身份訪美）	手槍射擊	射擊未中，兇犯當場被捕以謀殺罪起訴。
65.1		破壞高雄變電所。兇犯為顏明聖、楊金海。		造成南部地區數小時的大規模停電，顏、楊二人被捕判刑。
65.10.9		「台獨聯盟」派王幸男回台，製造郵包炸彈，炸斷謝東閔先生左手（時任省府主席）	自造郵包炸彈	此種郵包同時寄給李煥、黃杰等首長，幸未得遂。本案於六十六年一月七日將王幸男逮捕。
68.8.9		我政府駐紐約辦事處	炸彈	房舍受損
68.8.21		駐紐約辦事處新聞組	炸彈	房屋受損
68.12.8		駐紐約辦事處	空氣槍	玻璃被擊破
68.8.23		駐華府辦事處	炸彈	未炸前發現
68.12.14	上午十一時	駐洛杉磯辦事處	搗毀辦公室器材、打傷一名主事	張修石為警方逮捕，旋以較輕罪名起訴。
68.12.15	上午十時	駐西雅圖辦事處	示威（二十餘人）	搗毀辦公室大廳器材。
68.12.15	上午十時十分	駐華府辦事處	示威（二十餘人）	打破辦事處大門玻璃。

68.12.19		駐華府辦事處	縱火	
68.12.21		駐華府辦事處	炸彈	擊破二、三樓的玻璃窗戶
69.1.13		駐紐約辦事處秘書詹秀穎住宅	炸彈	未炸前被發現
69.1.18	上午六時	華航芝加哥分公司被攻擊	磚頭	擊破玻璃門窗
69.1.23	三時15分	華航洛杉磯分公司機場櫃台	炸彈	炸毀櫃台、行李輸送帶
69.2.2		華航芝加哥分公司	貼台獨標語	
69.2.17	晚上八點45分	加州王步天寓所	爆炸	王步天是王昇將軍之子，在美留學。當時幸不在屋內，結果前房及車房爆炸後損毀。
69.2.19		與駐洛杉磯辦事處處長張炳南同姓名者家中	炸彈	爆炸後房舍損毀，未有傷人
69.2.28	下午六時	駐巴拉圭大使館	炸彈	爆炸後燒毀部份辦公室
69.2.28	上午約十一時	台北市林義雄宅	兇殺	林家祖孫命案，疑為台獨分子所為
69.3.1		駐休士頓辦事處	示威（三十餘人）	警方逮捕王碧蓮，以亂擲垃圾罪起訴。
69.4.10		紐約世界日報社	縱火	企圖燒毀該報社印刷設備，被撲滅損失不大。
69.4.26		舊金山	縱火	國民黨駐舊金山總支部門口被縱火，損失輕微。
69.7.29		洛杉磯王志雄住宅（王玉雲之子）	炸彈	結果前高雄市長內弟李江林開門觸發爆炸，被炸身死。
69.12.27		紐約	暴行	僑選立委曾燕山被台獨分子打成重傷。
70.7.3		台北台大校園	不詳	歸國學人陳文成被殺，疑為台獨暴力分子所為。
70.4.26		台北中央及聯合報社	爆炸	傷及路人十二人，兩報略有毀損。台獨聯盟於四月卅日承認為該組織所為。

註：本資料是綜合國內外報章（包括台獨刊物）所載而得。

龍旗七十二年（1983）年八月號第三十期

江亢虎的悲劇與虛無主義

勞政武

一部中國近代史，就是一部民族屈辱史。為了湔雪民族的屈辱，自清末以來，各種思想主義被引進來，於是眾說紛陳；相互激盪，一如亂流橫決。所以一部中國近代史，也是一部思想亂流橫決史。

從哲學上的虛無主義衍生出來的無政府主義，是其中一股頗為激昂的亂流，它與共產主義恰似一對孿生兄弟，曾合力強化了亂流的衝擊力；但最後共產主義不但與之分了家，而且吞噬了自己的兄弟，「無政府主義」終於成為歷史名詞。近半個世紀後的今天，除了專研這方而的著作，已很少人提起這股在中國曾盛行於一時的思潮，一般人對此名詞已不甚了解。

無政府主義傳到中國，很多人受其影響。其中最負盛名的人物是江亢虎。他思想上，高舉無政府主義的旗幟，以示獨樹一幟，不同流俗。他在踐履實際政治上，依違於各派系勢力之間，結果落得各方面不討好，最後死在中共的監獄中。江亢虎本人一生的遭遇，是一個遵奉一種錯誤思想又缺乏個人處身法則的典型悲劇。

無政府主義也曾影響過日據時代的台灣，最主要人物有范本梁、王詩琅、張乞食等人。他們最初與共產主義者合流，主張以暴力改革社會狀況。但終因他們所奉的「主義」不同，後來與「台共」分途。他們的主張和行動雖影響於一時，但共產主義的影響力卻久遠得多；其間原因並不是理與非理之分，而是繫於組織強弱問題。

◎ 江亢虎其人

江亢虎，原名紹銓，一八八三年七月十八日（光緒九年六月十五日）生，江西弋陽人。他出生在一個書香門第。父親德宣，是光緒十二年進士，任工部主事。祖父澍畇，也是

光緒三年進士，授翰林編修之職。

江亢虎十二歲時，離開故鄉到北京求學，一八九八年十五歲，開始研習西文與科學。一九〇一年春，他到日本考察政治。半年後歸國，被時任直隸總督的袁世凱看中，聘為北洋編譯局總辦及《北洋官報》總纂。為報袁氏知遇之恩，他上書敷陳「經世之宏圖，中興之要略」，並伏祈袁氏為「全球萬世之偉人」。（註1）

他任職不久，又去日本留學。一九〇四年，因病回國，被任為刑部主事及〈京師大學堂〉日文教習。一九一〇年，他出國遊歷，經日本而至歐洲各國。他眼見海外僑界及留學生受孫中山的三民主義思想影響者甚眾，竟然倡言所謂「三無主義」——「無宗教、無國家、無家庭」，企圖抵制孫先生。同年七月，他在比利時撰成《無家庭主義意見書》，宣傳虛無主義。然而，次年春，他的父親在南京病故，他仍然回來奔喪，可見這位「無家庭主義者」，只是在口頭上說說而已。

一九一一年十月，辛亥革命爆發前夕，這位長於「觀風」的江亢虎，眼看清朝江山岌岌可危，革命勢不可免，就認為革命之後的中國必將走向「政黨政治」局面，為搶得機先，在辛亥革命前二個月，他就在上海成立了一個〈社會主義研究會〉。辛亥革命後一個多月（十一月三日）上海宣告獨立，他便於同月五日宣告改組〈社會主義研究會〉為〈中國社會黨〉。這個號稱為「中國第一個政黨」的無政府主義黨，採取「無論何人，不須介紹，皆得為黨員」的組織路綫，據說不到一年間，全國支部有五百處，黨員達五十萬之眾。

眼見辛亥革命發展如火如荼，江亢虎乃詭稱「贊成共

和」，但又在上海《天鐸報》公布一封致《武昌革命軍公開信》，謾罵辛亥革命是「多事以自擾」。此種行徑引起革命黨人的憤慨，欲對江有所行動。然而，袁世凱認為，江氏的政黨頗有價值，乃命國務總理趙秉鈞加以保護。自此江亢虎更加成為袁氏的走卒。一九一三年七月，「二次革命」發生，江亢虎通電全國，積極連絡各界反對孫中山。

不料，一心掠奪革命果實，欲復辟帝制自為的袁世凱，之所以下令保護〈中國社會黨〉，並不是有愛於江亢虎，甚至，連維持一個民主雅量的面貌都不是，反是留一「開刀樣版」的用意。於是，同年秋，當袁世凱準備大權獨攬，掃除一切政黨團體之先，便下令解散〈中國社會黨〉，以作「假此立威，為解散一切黨會之入手」，並因此而槍斃了社會黨的重要幹部陳翼龍。江亢虎只得把黨解散。不久之後，他去美國，在加州大學任中國文化課程的講師，並把家藏八千多部圖書捐贈給加大。一九一七年夏天，他又回國搜得兩千多部中國地方志送往加大。今天加大中文藏書中有許多這類書籍，據說就是江亢虎的功勞。

一九二〇年夏，江亢虎回國。次年四月，去蘇俄旅行，竟然以〈中國社會黨〉旗號，參加了當時在莫斯科舉行的共產國際（第三國際）的第三次代表大會，並謁見列寧。一九二二年八月，經歐洲回國。九月，在上海創辦〈南方大學〉，自任校長。其間，他發表一篇《新俄遊記》，認為俄式共產主義不可取，而改倡一種「新社會主義綱領」，主要內容是英國費邊社及一些無政府主張的併湊。

一九二四年，國民黨在總理孫中山先生領導下改組，成立廣州革命基地。江亢虎為了反對孫中山，竟透過清室內務大臣金梁介見廢帝溥儀，他乞求溥儀出來救亡，並阿諛溥儀「遜帝英明，前途有望，宜廣求知識，博采輿情，用非常之才，以應非常之變。」茲所謂「非常之才」無疑是指江亢虎他自己。於是年六月十九日，江亢虎再次組織〈中國社會黨〉（次年元月更名為中國新社會民主黨），鼓吹所謂「新民主主義（註2）及「新社會主義」。同年十月，段祺瑞出任北京政府臨時執政，召開「善後會議」，江氏馬上代表中國社會黨發表聲明表示支持。結果，段氏以江具「特殊資望學術經驗」的資格，邀請他出席「善後會議」，並成為段氏北洋政府的制憲要員。

由於江亢虎的言論一再表示對共產主義的非議，在再組〈中國社會黨〉時並發表《中國社會黨宣言》文件，其中明定對共產黨的態度：「本黨對於第二國際、第三國際均維持友誼的關係，而保留獨立的資格」，從而激起中共的不滿。該宣言發表後，中共當時的機關報《嚮導》立即著文抨擊。適於一九二五年八月，江亢虎去年與溥儀來往的文件被馮玉祥的〈清室善後委員會〉查獲並公布，由此引起世人認為江氏參與「甲子清室密謀復辟案」，他自己的〈南方大學〉學生更掀起了「驅江」怒潮。此一學生運動，其實是共黨分子藉故煽起對江的打擊。是年十一月，國民黨反共派在北京舉行「西山會議」，江氏既恨共黨給他的打擊，於是以〈新社會民主黨〉名義，發表宣言，表示支持此項會議，一致反共。一九二七年，國民革命軍北伐節節勝利之後，江氏依附的軍閥勢力土崩瓦解，乃不得不解散〈新社會民主黨〉，出國赴美。不久，又轉往加拿大，任加拿大大學中國文學院院長及漢學主任教授之職。

一九二八年，國民政府在南京已穩定，蔣中正先生出任國府主席。江氏此時在海外，多次上書國府，對蔣先生不乏稱頌之詞。一九三三年秋，江氏自美回國，在上海文廟成立〈存文會〉，並主編《講壇月刊》，反對白話文與吹孔孟學說。斯時的江亢虎，顯又由「新民主主義、新社會主義」一變為「國粹主義」了，可見其多變的性格。

七七抗戰後，江亢虎避居香港。一九三九年九月，他竟接受汪精衛的邀請，由港到上海。次月，發表《雙十節對時局宣言》妄言「以中國固有文化為中心，建設東亞新秩序」，一副日本人腔調。同時，又宣布〈中國社會黨〉復活的旗號，希圖作各個漢奸政權與日本人之間的「調人」。

一九四〇年三月廿九日，汪記偽「國民政」醜劇在南京開張，江亢虎奔走大半生為了做大官願望實現了！先後出任偽「國府委員」、「考試院副院長」及「代理院長」等職。一九四二年十月，汪偽政府舉行高等考試「掄才大典」，江亢虎受命為典試委員長，他「每早六時即起，夜十二時方睡，所有命題閱卷，大小事必躬親」為汪精衛盡效犬馬之勞。

抗戰勝利後，江亢虎如喪家之犬，潛藏到南京清涼寺削髮出家當和尚，後又逃往北平。終因漢奸罪名，被政府緝獲。但政府體念其為一個知識分子，「附逆之舉，心理上屬多矛盾」，故未以峻罰處決，僅禁在獄中。不久，中共席捲大陸，中共把他從原禁監獄移押上海藍橋監獄，實行「勞動改造」。一九五四年十二月七日，江亢虎終於不勝折磨，死在上海橋監獄中，享年七十一歲。

綜觀江亢虎的一生，眞是一個信仰錯誤、行為錯誤的知識分子之悲劇典型。

◎虛無主義與俄國共產革命

虛無主義（Nihilism）原為一種哲學上的概念，主要認為形而上及倫理上的「實在」或「絕對價值」均係空洞的虛構。它不承認神的存在，也不承認任何先於自己的本質及價值秩序。這一形態的虛無主義，產生於十九世紀中葉的俄國，現代的存在主義者沙特（Scarter）乃本於同一主張（註3）。

虛無主義之所以產生於十九世紀中葉的俄國，代表知識分子對當時俄國的橫蠻無道政治權力的一種反抗。既在這種背景下產生的哲學思想，自然成為政治主張。以巴枯寧（M.BAKUNIN 1814-1876））為代表的一派，完全主張「無政府主義」（Anarchism 安那其主義），竟與馬克斯的共產主義會流，匯成共產主義運動。但它到底與共產主義有別，所以到了一定階段，兩者又分道揚鑣了。

在十九世紀俄國思想中，無政府主義的因素極強。俄國的知識階級沒有一個人喜歡國家，他們並不把國家視為自己的。國家是「他們的」、是「敵人」。「我們」生於不同的平面中，和一切國家絕緣。最令人驚訝的是：無政府主義的意識形態學，大部份是俄國地主貴族階級最高層的創作，所以，俄國無政府主義漸漸成為全歐洲的流行思想。如巴枯寧、克魯泡特金親王、托爾斯泰伯爵都是大領主，又都是俄國的和世界的無政府主義的創立人。中心人物巴枯寧，是俄國地主貴族的離奇兒子。他是早熟的孩子，常燃燒著最極端的革命思想，缺少有織的思考和紀律的俄國幻想家，帶有俄國貴族中純眞的性格（註4）。

這種奉哲學上虛無主義、政治上的無政府主義，在俄國又形成知識分子的「民粹主義」——知識分子以人民為贖罪的對象。所謂人民乃指以農民為主體的勞動人民，知識階級信賴他們，但未能自覺到是「人民的一部分」，而是隔離於「人民」之外，因此知識分子對「人民」懷有罪惡感。為了消除罪惡感，知識分子必須償還「欠人民的債」。這就是「民粹主義」的主要理路。由列寧領導的黨，既是（自稱）代表苦難人民的黨，自然「民粹派」就與之合流。列寧革命的成功，可以說居半是這些虛無主義、無政府主義的「民粹派」的助力。當然，這不過是共產黨人一時的「統戰陣綫」，等到革命成功，他們就統統被共產黨人踢到「歷史垃圾堆」去了。

與蘇俄同樣的情形，亦見之於中共的初創階段。民國九年（一九二〇），由陳獨秀、張國燾發動組織的共產主義〈北京小組〉，參加者九人：李大釗、張國燾、羅章龍、劉仁靜、黃凌霜、陳德榮、張伯根及張申府。其中黃凌霜、陳德榮、張伯根三人即為無政府主義者。（註5）

其實，在民國初年，作為西方思潮的一派虛無主義（或無政府主義）亦被以北京為中心的許多知識分子所信奉，著名人物如江亢虎，以及劉師復等人。他們一方面出版《晦鳴錄》、《救世音》、《好世界》、《兵士須知》等鼓吹無政府思想的刊物，另方面，早在民前一年（一九二〇）九月，江亢虎等即在上海成立一個信奉無政府主義的黨〈中國社會黨〉。該黨被袁世凱解散，北洋軍閥並槍殺該黨重要幹部陳翼龍。嗣後，無政府主義主張益烈，並未因其黨被解散而稍歇，甚至創出「無政府共產主義」（Anarchiste-communisme）名詞，鼓吹激烈的暴力革命。至民國十四年，江亢虎遊歷西歐回來，欲重組〈中國社會黨〉則提倡所謂「新社會主義」、漸與共產主義者分道揚鑣了。

◎「無政府共產主義」的具體內容

中國的無政府主義者，於民國三年曾發布《無政府共產主義同志社宣言書》，對后世欲了解這種奇異的「主義」的具體內容很重要，茲載其全文如下：

無政府共產主義同志社宣言書（民三年七月）

一九一四年七月無政府共產主義同志社成立於上海，聚會既畢，乃公布宣言書於眾曰：

無政府主義者何？主張滅除資本制度，改造共產社會，且不用政府統治者也。質言之，即求經濟上及政治上之完全自由也。

資本制度者，平民之第一仇敵也，而社會罪惡之源泉也。土地資本器械均操之不勞動之地主資本家之手，吾平民為服奴隸之工役，所生產之大利，悉入少數不勞動者之囊橐。而勞動以致此生產者，反疾苦窮愁，不聊其生。社會一切之罪惡，匪不由是而起。故吾黨誓殲此巨慝，廢除財產私有權。凡一切生產機關，今日操之少數人之手者，（土地及器械等）悉數取回，歸之社會公有，由生產者公共使用之。本各盡所能各取所需之義，組織自由共產之社會。無男無女，人人各視其力之所能，從事於勞動。勞動所得之結果，（衣服食物房產及一切生產物）勞動者自由取用之，而無所限制。

政府者名為治民，實即侵奪吾民之自由，吾平民之蟊賊也。吾人有自由生活之權利，有個人自治之本能，無需乎強權之統治者也，故政府必廢。將來之社會，各個人完全自由，一切公共事業，自由組織種種公會、種種團體以經營之，而無復絲毫以人治人之强權，是之謂「無政府」。行無政府於共產社會，是之謂無政府共產主義。

抑「無政府」以反對强權為要義，故現社會凡含有强權性質之惡制度，吾黨一切排除之。本自由平等博愛之真精神，以達於吾人所理想之無地主、無資本家、無首領、無官吏、無代表、無家長、無軍隊、無監獄、無警察、無裁判所、無法律、無宗教、無婚姻制度之社會。斯時也，社會上唯有自由，唯有互助之大義，唯有工作之幸樂。吾人為欲實現無政府共產之社會，所用唯一手段曰「革命」（革命者，非但起革命軍之謂也。凡持革命之精神，仗吾平民自由之實力，以期摧毀强權者，皆曰革命）。對於真理之障礙物，以「直接行動」鏟除之，無所容其猶豫。

吾黨乃宣言於支那之平民曰：無政府共產主義乃光明美善之主義，所以出汝等於地獄，使入正當愉快之社會者也。「無政府」乃社會進化必至之境。近世科學之發明，與夫進化之趨勢，皆與無政府之哲理相吻合。故謂「無政府」為理想世界無從實現者，非也。無政府之社會，人人自由、人人自治，以獨立之精神，行互助之大道；其組織之美善，必遠勝於政府之代謀。故不必慮無政府即秩序擾亂也。無政府黨萬國聯合，不但為一國說法，故中國無政府他國必來干涉之說亦不必慮也。吾人之反對資本制度，乃主張廢資本之私有，非但反對大資本家而止。故中國尚無大資本家社會革命非急務之說亦不足以阻吾人之前進也。人類之罪惡，實生於社會制度之不良。吾人改造現社會之組織，即所以滅除人類罪惡之根苗。改造社會，即同時改造個人。故人類道德不良不可無政府之說，亦無由成立也。總之，無政府共產乃人類天性生活之本則、社會進化之要道，亦為二十世紀不可避之趨勢，吾人可無疑慮者也。

又宣言於支那同志曰：無政府共產之實行，賴于吾黨之實力。而欲增進吾黨之實力，則聯合全體一致進行，實為今日唯一之要務。凡我同志，當各在其所在地與宗旨相同者連絡為一，相其情勢，創設自由集合之團體（或為秘密之組織或為表面研究學術之機關），以為傳播主義聯絡同志之機關，以為將來組織聯合會之預備。聯合會未成立以前，則以本社為暫時之交通機關，無論為個人，為團體，均望隨時與本社互通聲氣，務使散在各地之同志，精神上皆聯為一體，實際上皆一致進行。

又宣言於世界各國之同志曰：「萬國聯合」為吾黨今日一致之趨勢。吾人雖不敏，竊願互相携手，向此同一之途徑而行。當支那無政府黨聯合會未成立以前，暫以吾社為交通機關。凡世界各國吾黨之團體或個人，均望隨時與本社互通聲氣。凡吾黨之國際行動，本社同人願勉力擔任之。

從上述《宣言》，可知所謂「無政府共產主義」的思想即係空想共產主義，其與共產主大不同者在以「互助論」與「階級鬥爭論」。但除此之外，其為激情的暴力革命傾向，與共產主義不分軒輊，所以此種思想有助於初期共產主義運動。但因其具體主張虛無過甚，在人類社會根本行不通，所以這種思想只能出現一時，不可能有任何成就了。

台灣人民在日據時代，受盡日人的壓迫，連台灣青年也難望受中學以上的教育。自民國初年開始，台灣許多優秀青年只有兩條求深造的出路，一條是回祖國大陸接受教育，一條是到日本留學。在這個時代（自民國初年至廿六年抗戰軍興止，是台灣的「非武力抗日階段」），正當祖國多難，共產主義、無政府主義、自由主義、軍國主義……種思想亂流激盪之際，透過在大陸及在日本接受教育的青年，把各種思想帶回台灣，台灣自也不能為自外於思潮衝擊的世外桃源。

其中回到大陸祖國的學生中，受到無政府主義影響最著名的人是范本梁（嘉義人）。先是，范本梁原到日本東京留學，就受到日本無政府主義的影響。民國十年（一九二二）范轉到北京讀書，即加入無政府主義組織〈北京安社〉。民國十二年，又與燕京大學學生許地山（廈門人，曾到台）合作創立〈新台灣安社〉，並發行一個鼓吹其主義的刊物《新台灣》。這本刊物時常寄回台灣，在青年學生中散布，無政府主義便這樣傳到了台灣。演變到後來，竟然組成〈台北無產青年〉、〈台灣黑色青年聯盟〉等組織，在對日民族鬥爭上固然起了一定的作用，但在當時台灣思想上卻助長了左傾風氣。

〈新台灣安社〉的政治主張與江亢虎等人無甚大異，但在對日本的鬥爭主張上，卻採極其激烈的方法。它在一篇題為《台灣革命運動方法》文中說：

> 把日本人欺凌台灣人的慘狀暴露出來，使三百六十萬我同胞自覺猛省，殺台灣民眾之兇敵的日本人，折破日本的強盜統治，破壞一切不合理的制度與組織，實現沒有壓迫沒有剝削的自由平等的新台灣！為此，必須犧牲吾身，供為同胞之血肉……同胞們！勿忘巴庫寧（M・A・Bakunin ）在盧昂（Roucn）被訊問時所喊出的二事，及虛無黨的一語。二事即：(1)腦中的思想、槍口的子彈，(2)一個炸彈過十萬冊的書籍。一語則「目的決定手段」！

這種破天荒的激烈主張，確也為台灣同胞宣洩了對日本人的心頭大恨。因此，很多青年對無政府主義趨之若鶩，形成了相當大的革命聲勢。

范本梁本人於民國十五年秘密潛回台灣，準備推行「無產革命」。不料被當局探知，被捕處刑，直到抗戰時死在獄中。

民國十四年一月間創立的〈台北無產青年〉是個關鍵性組織（嚴格地說，它不算是組織，而是由一群不同思想信仰而又一致激情反日的青年人組 合的派系）。往上推，它是繼〈社會問題研究會〉、〈台北青年會〉等組織而來，凝合為共產主義、無政府主義兩派為主，並有民族主義者混雜其間的一個團體。往下演變，自〈台北無產青年〉開始漸漸走向「道不同，不相為謀」的分裂，奉共產主義者變成日後的「台共」（王敏川等）、奉民族主義者（蔣渭水等）日後走向組織〈台灣民眾黨〉，而奉無政府主義者則另成一系統——〈台灣黑色青年聯盟〉。

促成台無政府主義派與共產主義派分裂的人，是一位叫做小澤一的日本人，他也是無政府主義者。民國十五年十二月，小澤一來台北，依照〈東京黑色青年聯盟〉模式，糾合「台北無產青年」的王萬得、王詩琅等人，組織〈台灣黑色青年聯盟〉（仍有共產主義者參加）。聯盟成立後，即分發

《無政府主義的烏托邦》、《告青年書》、《列寧的革命運動》等小冊子，鼓吹暴力革命。聯盟並發表宣，有如此之激烈語句：

……吾人認為，只有直接行動，才是獲得人性解放的唯一手段，以暴力、暗殺為最完善的革命手段。吾人誓約將死於黑旗之下！

因為主張如此激烈，又有原先一大批「台北無產青年」為群眾基礎，所以該聯盟成立不久，組織已瀰漫全島。自然，這組織不久便遭到日本當局的取締，主要人員小澤一、王詩琅等被處徒刑。同時，組織內部共產主義派與無政府主義派亦因展開「階級鬥爭」與「相互扶助」爭論而發生成員之間的徹底分裂。無政府主義者張乞食（維賢）等又另組〈孤魂聯盟〉。之所以取此怪異名稱，據張乞食自道：「孤魂即是生前孤獨，死後無處可依的靈魂之稱，其悲慘哀痛猶如活在現代無產階級，因此組織孤魂聯盟，竭力於無產階級解放運動。」（註6）。

共產主義派與無政府主義派徹底分裂後，共產主義派（台共）則在統一領導（先由日共領導，後由中共指揮）和嚴密組織下，展開社會各方面的鬥爭，後來雖然遭日本當局的取締，但未熄滅其生命力，經過八年抗戰被中共收編階段，抗戰勝利後又以「台省工委會」的名義，重返台灣，終於利用機會參與了「二二八事變」。而無統一領導、無堅強組織的「無政府主義派」，後來不是蛻變為社會救濟活動，就是被日本當局悉數取締，從此消聲匿跡。

所謂「觀今宜鑑古」，認識過去原是為了策進未來。透過江亢虎個人的遭遇以及虛無主義的演變認識，筆者以為可

得三點重要的歷史教訓：

一、個人欲在政治上獨樹一幟、頭角崢嶸，何其艱難！他必須具備客觀與主觀兩方面的條件。客觀條件乃指所處的環境與機運，即所謂「時遇」問題，此種條件不能操諸在己，只能靠「天」保佑了。主觀條件細分又有四項：思想、品格、性情、才華，必須四者少瑕疵而均衡，方可謂為主觀條件的充足。以江亢虎而論，他的才華也許甚高（出身名門，博聞強記，見多識廣），他的性情也許無甚瑕疵（涵容雅量足以當黨魁），但由於他思想錯誤地信仰虛無主義，而品格上表現出十足朝秦暮楚不以為恥，結果不能見容於各方（註7）。所以江亢虎的悲劇是他自招的必然下場，這是值得任何一個從事政治的人警惕的。

二、「無政府主義」原出於知識分子的浪漫激情，歷史證明這種思想在人類社會是不可能達到的，它所採取的暴烈手段只會帶來更壞的社會。但盡管無政府主義作為一種思潮已消聲匿跡了垂半個世紀，但類似的思想模式卻零星地時生時滅。例如近幾年來海外台獨暴力派所鼓吹的一些暴力思想，又如近年來台灣內部有少數「黨外人士」主張「為反對而反對」，不都是迹近當年的「無政府主義」嗎？如果聽任這種思想形成「潮流」，現政權固不安穩，但最後獲得好處的絕不是這些「無政府主義」者，他們註定只能做共產黨人的「開路先鋒」而已，最後必被共產黨人推到「歷史垃圾堆」中去。

三、經過邏輯的檢驗與實踐的檢驗，無政府主義與共產主義兩者均非眞理。但無政府主義早已消聲匿跡，而共產主

義直到今天仍能肆虐於全世界，其理何在？前文既已指出，原因在共產主義不只是一種思想而已，它更是一套具有統一領導的嚴密組織體。《龍旗》第廿八期社論已指出過：思想原則的眞僞決定久遠的勝負，手段的優劣則決定一時的成敗；無政府主義是思想原則及手段兩者俱劣，所以雖喧鬧於一時，但不久即熄滅。而共產主義雖思想亦劣，但有優越的手段（組織策略），所以至今仍能生存於世界。有志於為民救溺者，唯有明瞭此種關鍵，方能找到對症之藥。

◎附註

1：《江亢虎文存初編》，一九九四年版，廿一、廿六頁

2：「新民主主義」一詞為江氏先提出，後來被毛澤東所用。

3：見項退結編譯《西洋哲學辭典》。「虛無主義」條。

4：參鄭學稼譯：《俄羅斯共產主義之本原》七九、八八〇頁。黎明文化公司六四年再版。

5：見張國燾：《我的回憶》上冊，一〇五頁。香港明報出版。

6：以上資料，採自《台灣分歧運動史》（稿）第二部第七章第二節。

7：中共罵他是「漢奸和無恥的政客」。見《民國人物傳》第一卷三九一頁，北京中華書局出版。

龍旗七十二年（1983）年八月號第三十期

李國鼎在洛杉磯逼台獨分子說國語

思義

最近在「台獨」刊物上看到，〈中華民國訪才團〉團長李國鼎先生在洛杉磯遇到有人以方言來表示他「獨立」決心的報導，李國鼎表現得十分得體，使得想在方言上玩花樣的那位「同鄉」窘態畢露。

這名「同鄉」是現任〈南加州同鄉會〉的會長謝志清。他在台灣從小學到大學畢業，都使用中國的國語，他來美國雖取得博士學位，但在美國居留的時間並不長。不料他在聽完李國鼎致詞後，竟故意以台灣方言發問。謝講到一半，被李國鼎從中打斷問他：「你為什麼不用國語講？」謝只好以美式的國語回答：「我寧願用我熟習的話講。」李立即追問：「你不是在國內受教育的嗎？聽你的話你的國語說得不錯，為什麼不說？說呀！用國語說。」於是哄堂大笑！謝博士十分尷尬，靦腆坐下來。幾分鐘後，又勉強站起來，硬著頭皮繼續以台灣方言，自言自語的說完他的話。

謝志清人在美國，也得到美國的高級學術頭銜，當他撰寫論文時是不是用中文？當他通過博士班口試時，不知道他會不會對主考老師說：「我寧願用我熟習的語言與文字。」絕對不可能！若他敢這樣便得不到博士學位了。如果謝志清不敢對美國的老師用中國話，又為什麼對自己家鄉的官員用方言？這不僅對李國鼎是不禮貌，也對自己的莫大侮辱；表示他自己只是一個偏執的狂徒，而不是一位有學養的博士了。令人惑到奇怪是：自稱擁有最多博士、碩士學位的「台灣獨立聯盟」，既然一個個是飽學之士，為什麼會有謝志清那種幼稚的表現？

在美國這裡的台獨分子，為了表示他們「獨立建國」的決心，一定要與「中國人」劃清界限。因此主張說「台灣話」，不說「中國話」，同時一致聲討國民黨政府在台灣推行的國語連動。搞政治活動，搞奪權鬥爭，可以用的理由很多，可製造的藉口也不少，大可不必找那些幼稚不通的話來振振有詞，這樣不但自暴其醜陋，而且搬石頭砸自己的腳。如果那

種論調是「台灣獨立」運動之理論基礎，「台獨聯盟」有什麼「前途」，自可想見了。

觸發我有上述法原因：不久前在一份「台獨」刊物上，看到一篇「講台灣話」的文章，作者從鼓勵子女學台灣話開始說到「尊重台灣文化」，也談到「台灣風俗」，同時也回憶到小時侯常聽的「虎姑婆故事」。

其實所謂「台灣話」，應該包括客家話，因為在台灣一千八百萬人中，有四百到五百萬是客家人。另外還有將近百萬的高山族，更不要說三百多萬說著大陸各省話的「外省人」了。

撇開「台灣話」的涵義不談。就算台灣話就是以閩南話為主，要知道「閩南話」也就福建南部的語言。就算台獨分子否認「台灣是中國的領土」、否認「台灣人是中國人」，但他們能夠「使福建脫離中國」嗎，能否認「福建南部的話是中國話」嗎？這樣說來，「台灣話」只是中國一種方言，台獨分子就沒法不承認了。

硬以語言來搞台獨，絕對是荒唐的！美國人用的語言就是英語，為何他們不改用另一種語言來表示美國是「獨立於英國之外」的國家？用原住民印地安人的語言才對。

其次談到「台灣文化」、「台灣風俗」及「虎姑婆的故事」。任何人都可以很顯著的看出：台灣文化與風俗，就是中國的文化與風俗，而且其純眞、道地超過以「北京話」為主的中國北方人。今日年齡在四十歲以上的中國人，不論在南方或在北方、不論在大陸或在台灣，絕大多數都流傳著「虎姑婆」的童話故事，更何況文化與風俗？

台獨分子要搞「台灣獨立」，搞「奪權鬥爭」，這是一時性的政治問題，實在沒有必在永恒的民族、語言、風俗、文化問題上做文章，更不必數典忘祖去否認自己是中國人。這樣不但令其他省籍的中國人恥笑，也令真正的台灣人不滿。（寄自紐約）

龍旗七十二年（1983）年十一月號第三十三期

違法者，罰無赦！

查良鑑

查良鑑先生，浙江省人，係中外著名法學權威，司法界先進。曾任重慶實驗法院、高等法院院長、司法行政部長等職。現任東海大學董事長、文化大學法律研究所所長、中美文經協會理事長。

在中華民國司法史上，第一個判決貪污官吏死刑者（爲當年財政紅人高秉坊），即係查先生在重慶實驗法院任內所下之判決。我國收回領事裁判權後，第一個判決英人罪犯爲無期徒刑者，亦爲查先生。因是，他的剛正不阿聲名，成爲司法史上的典範，司法界至今仍引以爲榮。名作家查良鏞（金庸）即係他的堂弟。

本刊有幸，蒙查先生惠賜鴻文，謹致謝意。又本文標題係編者所加，以便閱讀。

◎民主必須以法治爲基礎

自由民主是時代的潮流，也是人類共同追求的目標。民主政治最高的原則和其實質的表現，就是選舉。由人民根據個人的自由意志，選出政府的負責人——官吏，為大眾服務。同時選出代議士代人民發言並監督政府。因此選舉是表達自由民主的主要形式。所以現代民主政治，選民在選舉中投票來決定政府之大政方針及其執行人選而開始。

歐美各民主國家以此方式決定政府如何管理眾人之事，歷史悠久，為時已逾兩百餘年。我國正式實施現代民主政治，其經過歷程波折甚多，眞正實施始自民國三十五年十一月制憲會議公佈〈憲法〉後，于民國三十六年第一屆中央民意代表在大陸各省及台灣省選舉開始，為時迄今僅三十六年而已。與歐美各民主先進國家相比，為時甚暫短，可以說還在起步之中。幸賴先總統 蔣公之睿智領導，以迎頭趕上的精神，不管國家的處境如何，邁步向前，策定實施民主憲政體制為國民黨與國家的基本政策方針。蔣總統經國先生繼志承烈，更是力行不懈、堅守民主陣營，所以才有今天民主進步而聲蜚國際的台灣，與中共極權政治下的大陸，形成強烈的對比。

但是民主政治必須以法治為基礎。一切選舉依法進行。民主與法治如 車之兩輪循一定之軌道而運作，脫軌必亂，就成了泛濫的民主、放浪的自由。為此，政府特訂定選罷法，經立法院通過施行。

目前中央民意代表——立法委員之增額補選，係根據六十一年三月十七日第一屆國民大會依修憲程序而制定之〈動員戡亂時期臨時條款〉之授權，而政府依法負責辦理。任何人只要合乎一切法令的規定，都有權參加選舉和投票。國民黨雖是執政黨，它的黨員參選也必須辦理法定的手續，不能有例外。這是大眾所瞭解的事實。我們知道，民主的選舉，是同一的政制體制中依法爭取政權，是多數與少數的競爭，而不是換政體與政制。大家都希望在野的民靑兩黨及無黨人士的踴躍參與，與執政黨競爭以達制衡的力量，來貫澈民主法治的精神。但我們也堅決反對任何搞分裂或破壞政府威信，以煽動人民反對政府和執政黨作競選活動的號召與手段，作著錯誤違法的民主表演。大家應有寧願因守法而光榮落選、不要因違法而自絕于國人之認識。

◎破壞法統萬劫不復

目前有一位依據〈動員戡亂時期臨時條款〉增額選出之立法委員，藉質詢之權力與機會，向政府負責人表示說：「今年年底之立委選舉將屆，本席很榮幸的能依憲法規定，尋求選民支持競選連任。」同時卻又公然表示懷疑「現在統治的正當性與合法性」。他一面自稱是依憲法選出來的立法委員，一面卻質疑實行憲政政府的正當性與合法性，進而根本否定台灣係根據憲法所規定為中華民國之一省。他不僅未對憲法有深入之理解，而且否定國家的法統存在，間接的等於否定了他自己由何而來，本身所居何地，究竟他代表誰在發言？這種矛盾的心態與言論，此種自我矛盾的言論，不僅有失為人民依法選出的代議士的身分，更有失為國家立法者的基本立場。

持此論者不僅一二人而已。尚有此次從事競選活動的所謂「黨外人士」發表共同主張十點。其中有主張廢棄憲法和取消戒嚴法等。試問如果國家棄置憲法，則大家又根據什麼法律來從事競選？選民把他選出是否合法？既然主張廢棄憲法，則又何必多此一舉來競選專事立法的立法委員呢？確實令人百思而不得其解！〈戒嚴法〉乃經過立法程序，不因一二人主張取消即取消。何況此時此地，大敵當前，危機四伏。戒嚴法是保障國家安全、維護全體國民的生命財產之依據，何可輕易廢除？

中華民國是國父孫中山先生領導革命推翻滿清後，建立的第一個東亞民主共和國。他以年三民主義作為建國的理想，它繼承了中國五千年的歷史文化傳統。我們今天的政府是依憲法而產生，代表國家正式法統。二十餘年來，我們之所以能和竊據大陸的共產政權相對抗，就由於我們有此一憲政體制的法統。中共雖佔據大陸的土地，國人認定它不代表中國的正統與法統。真偽之分就在於國號與政府體制之別。因此，全球中國人的民心歸向認同實施國父 孫中山先生民有、民治、民享的中華民國。假如沒有〈中華民國政府〉這一正式法統存在，則台灣早已為中共所吞滅了！是以台獨和分歧分子所提出的「台灣前途由一千八百萬住民來自決」，是一種天眞幼稚的幻想；不僅主張變更國土與國體，其藐視國法莫此為甚。

依據〈憲法〉第四條規定：「中華民國領土，依其固有之彊域，非經國民大會之決議不得變更。」涉及領土歸屬問題，除國民大會之外，任何人無權置喙。復依據〈刑法〉第一百條規定：「意圖破壞國體，竊據國土，而著手實行者，處七年以上之徒刑。預備或陰謀犯前項之罪者，處六月以上五年以下有期徒刑」此條之內亂罪者並構成懲治叛亂條例第二第一項之罪，刑罰則為唯一死刑。

目前少數所謂無黨籍人士，既欲從事在現行國家體制下、參與於中央最高的民意代表立（法委員）之選舉，卻又發出違法亂紀的乖張言行，而此種言行適足以動搖國本。國本動搖，則萬劫不復！任何人不可能置身於赤禍湮沒的浩劫之外。因此，我們希望有識之士，要識大體明大義，要領導大家走健康的路，維護民主與法治並重的精神，為選民表率。不要誤入歧途，破壞民主與法治的基礎，則國家幸甚！

◎共同珍惜今天的成就

政府自大陸撤退來台，經過三十多年來的艱苦奮鬥，在國際險惡的環境中，在面對中共的威脅下，由於舉國上下朝野人士和軍民同胞一致團結，共同努力，流血流汗，才創造今天安和樂利、經濟繁榮、社會進步的台灣。而且不顧一切的困難，堅持實施民主憲政，使人人有參政的機會和權利。我們以之和大陸極權作比較，一個是實施暴政的社會，一個是實行仁政的自由社會，有如天淵之別。這是我們在台一千八百萬同胞，地無分東西南北，人無分男女老幼，共同携手創造的結果，贏得舉世的讚佩與尊崇。這也是我們力行憲政和三民主義的結果，大家必須珍惜。展望台灣前途，對內需要安定、成長與發展，對外需要應風雲變幻的國際局勢；又要和一個兇狠詭詐多端的共產政權作生死搏鬥。執政黨有責任，也有義務來領導我們同胞擔當起國家復興的使命。不管國民黨樂不樂意，也不管反對國民黨的人樂不樂意，也不管一般別具用心的分歧分子和台獨分子的詆譭和污衊與中傷，這副維護國家法統以三民主義光復大陸的神聖重擔，必須由國民黨來挑起。它不是權位之爭，亦非個人得失之爭，更不是黨派利益之爭。

總之，今天的選舉是國家的大事，人人必須冷靜思考，作理性的反應，大家相忍為國，在民主政治的進程中，作公平競爭。異中求同，化戾氣為祥和，使我們的社會進步更進步，使社會成員成為有理想、有道德、有文化、有水準、守紀律、重法治的觀念的國民，提高復興基地全體人民的民主生活素養和品質，為中國創造光明的前途。中國的前途就是台灣的前途，也即是我們每一個人的前途。

龍旗七十二年（1983）年十二月號第三十四期

從禪機看鬼魅世界

天山雪狐

天山雪狐，為居士的雅號，法號悟空，現年八十歲，曾先後擔任馮玉祥、胡宗南將軍的高級幕僚，曾與鄧小平同時擔任西北軍訓練班的教官，救過鄧小平一命。後轉任西安幹四團與七分校陸大參謀班教官。來台後信佛，為在家修行居士。

高臥沈酣悟禪機，塵埃犬馬亂相吹。
壺中偶放偷天日，照破乾坤無是非。

方外人看今日世界事物，盡為心上浮塵。碌碌眾生，爭逐名利，滔滔滾滾，聲色沉迷，不知何日是了。憧憧往來、熙熙攘攘，在歧路中徘徊者，自以為天外天，黨外黨、人上人。林林總總，盡是鬼魅的浮光魔影，豈只一二人之左傾右倒而已？迷心逐物，犬馬相映，竟不知前因後果，為何而來者！

佛家說：「世間的人，向來都不認識自己，更不知道自己不生不滅常駐的眞心，本來是清淨光明的。由於一己的私慾的心理狀態，被自家的妄想支配，認為這種妄想就是自己的真心，所以發生種種錯誤，在生死海中輪轉不休，把一個本來和諧的社會，搞得昏天黑地、爾虞我詐。如果這種現象任其滋生蔓延，就會貽禍世間和子孫。」

◎犯三大戒害人害己

出家人不打誑語，講求因果報應。當我漫步台北街頭，在所有書攤上稍一瀏覽，很少發現一本佛經和醒世勸人為善的書籍，卻都是誨淫誨盜及攻訐政府、醜化國民黨的一些號稱黨外雜誌的《深耕》、「關懷」、《前進》、《現代》、《前瞻》等，內容千篇一律都是邪師外道的說法。這些亂世書刊，卻都犯了佛家的三大戒：

一、殺戒：一切世間的六道眾生，他的心理如果沒殺，就可以了生脫死，不會欺世盜名，欺師滅祖。因為殺心不除，魔障叢生，一片暴戾之氣，墮落在神道之中，與鬼魅為伍。他們也有一些信徒，有稱為黨外黨，人外人，等到福報完了，必定沈淪在苦海之中。這些人，互相殺戮吞吃，唯暴力是尚，沒有了期，不能跳出三界，必然會為禍國家與社會，最後將打入阿鼻地獄，永不翻生。犯此一戒律之人，今日充滿了大千世界，逐漸形成了暴力集團，危害人間殊甚。有的人在高雄，有的在台北，更有在海外犯戒的人，結果是身陷囹圄，可悲可憐！

二、盜戒：一切世界的六道眾生，如果他們沒有盜機和偷心，就可了生脫死。為了爭名逐利，欺世盜名，把自己標榜為無上之人，把別人攻擊詆毀得一無是處。這些人發宣言，散傳單，播謠言，寫文章，美化自己，醜化別人，居心奸險，自稱為「民主人士」，欺騙一些無知之徒，譁眾取寵，博取他人的同情和讚賞；恐嚇他們，使之喪失真心本性；欺騙他們，以為自己真是受壓迫的苦難者。這些妖孽，「寄于殘生，旅泊三界」，使得這世界混沌不開，因之驅使盜跖宵小之徒橫行在這大千世界之中。

三、大妄語戒：一切世界的六道眾生，雖然身心已無殺盜淫心，如果犯下妄語，他在這三昧境界中，也不能得到清淨，而成為貪愛之魔。所謂大妄語，就是「未得言得，未證言證」，也就是專打誑語，無事生非，妖言惑眾，詆譭政府，出賣國家利益，攻訐國家元首。他們並公然集會，妄語台灣沒有人權，沒有自由。自己犯了錯，卻說是被迫害，是「良心犯」。只有那一幫妄人才甘犯大妄語，猶如要雕刻人糞作檀香狀，想在其中求得香氣，然而他們永遠是臭氣薰天，污染了大千世界。

◎劣根性不知悔改

這些人，不離「嗔恨行、痴亂行」，在物以類聚的同一法性中，顯示他們各種不同的劣根性行。不知悔改，更不知自覺，從此失于正愛而致淪墜，數典忘祖，遺禍千秋。

考人世間一切生死相續。生從習性順路而來，死從變化之流而必至，生死相因，因果循環。當生命將要終了時，一個人尚未完全捨棄盜心、妄心、欺心，那時一生的善惡行為，在識根中，就會一齊顯現出來，死逆生順，相互交戰，因果報應自然而生。有云：「善有善報，惡有惡報，不是不報，時候未到。」無知小子睜眼看果報吧！

他們接受國家的培養教育，享受大家共同努力創造的成果，也感受佛的恩典，不但沒有回饋社會，反而恩將仇報，違背倫常道德。他們雖然謾罵搗亂，但是他們自己已陷入塵勞煩惱裏。你若能鎮定明性在禪定境界中，即使是群魔亂舞，亦不為所動；否則就會被妖言惑眾，墜入魔道，以致形神俱滅，無可挽救。但在目前世間空虛的觸感中，卑鄙齷齪的靈魂中，混沌的大千世界中，會發現那永不熄滅的佛光普照的生命之火花，照亮黑暗世界，人性的光輝，生生不息。

從來國家平承之日久，法治廢弛，道德敗壞，於是儒以文亂法，今日尤甚。自稱「黨外人士」，倡言廢棄國之根本大法，胡言「台灣獨立」，實為知法犯法，其言糞土也。

◎治亂世用重典

今日大敵當前，孤島生存處境危殆，敵人圍我日亟，卻有不肖之徒，享受了自由，倡言台灣沒有自由，生活在民主社會中，卻言政府不民主，不知這群自命天外天，人上人的一群小子們意欲如何？滿口盡出糞土之言，其心可誅。他們不知春秋大義，倡言叛變，是亂臣賊子、漢奸敗類，人人得而誅之。本居士雖習佛法，但當此亂世，倒是主張法家精神，「治亂世用重典」，凡屬倡亂禍首罪魁，論處極刑，以彰國法，如此始可阻止異端邪說來煽惑人心，動搖國本，使大家同歸於盡。

天下烏乎定？定於一；定於摘奸除惡，不容亂臣賊子興風作浪。我佛普渡眾生，希望年輕人不要自甘墮落，自誤誤人；更盼曾在西安做過我的學生的費某人（註），勿引狼入室，害人害己，為「台獨」打大旗，應速懸崖勒馬，回頭是岸！

註：當指費希平

龍旗七十二年（1983）年十二月號第三十四期

韓愈不是中國人?評「台灣民族」的迷惘

阿修伯

洪哲勝先生在紐約《台灣與世界》第一、二期（一九八三年六、七月）上的大文「台語發展史巡禮」，分析探討了台灣話的起源和發展演變，十分生動有趣。說來說去，台灣話的主要來源還是中國漢民族的語言，洪先生信手拈來就有詩經、晉書、隋書、左傳、史記、唐詩等等典故。正如洪先生所言：「多數語言學家都同意，台語保存最多的漢語上古音」、「台語在這方面是古漢語的正宗繼承者」，洪先生並譴責「住在中原的漢人在外族長期統治下已經失了這些寶貴的成分。」「數典忘祖！」他並說：「像韓愈那時的人如果今日來美國，一定樂於參加台灣同鄉會……而不願去台灣同鄉聯誼會或松社講『國語』。」說是非常有意思。不過，如果文起八代之衰的韓昌黎先生眞的去參加〈台灣同鄉會〉，希望他不要像曾燕山先生一樣被打得頭破血流才好。

◎「否莫山人」的荒誕

今年五月三十一日，美國人口統計局發表居美各族裔人口，華裔人口本來是超過九十萬，但因有一萬六千多華裔「改宗」成為「台裔」、「否莫山」（Formosan）而使得華裔人口不足九十萬。許多台獨組織和「台灣同 會」為此歡喜雀躍，慶賀「台灣民族」之誕生！

《台灣公論報》六月四日頭版大字標出「台灣人與中國人劃清界限」！並呼籲其他二十多萬沒有認清「民族大義」的居美台灣人，趕緊下定決心脫離華裔，歸宗「台裔」。洪哲勝本人也是贊成「台灣人不是中國人」、「台民族不是中華民族」的。

人人都知道漢民族是「中國人」及「中華民族」構成的絕大多數主要成分。照洪哲勝在《台語發展史巡禮》一文中的論證，很明顯的台灣人才是正宗的漢人，台灣人保留的漢文化的語言最多，台灣人絕對沒有數典忘祖，反而是大陸中原的所謂漢人所謂中國人才是數典忘。但是，正宗漢民族的台灣人卻又不是中國人，「台灣民族」卻又不是「中華民族」不是華裔了，怎不令人興起「台灣民族」的迷惑呢?參加了〈台灣同鄉會〉講著正宗古漢語（台語）的韓愈先生也免不了會被弄得一頭霧水，搞不清楚他自己到底是不是中國人、是不是華裔了。

台獨人士不滿國共的政治，因此而有獨立建國的想法。但是，要獨立建國又須要有自身獨特民族文化做基礎，台獨人士找來找去，這民族文化的基礎卻始終難於「脫出」中國漢民族漢文化的籠罩。他們又不肯面對現實，反而絞盡腦汁、費盡心機要來創造「台灣民族」、「台灣文化」，拼命掙扎卻又總是逃不出漢民族文化的「陰影」。就如同孫悟空跳不出如來佛祖的手掌一樣，愈多掙扎愈這成迷惑、混亂、矛盾，甚至造成笑話。為什麼不直接了當、坦白乾脆、堂堂正正、大大方方地承認漢民族漢文化，並以之為基礎，再吸收、融合其他民族文化來建立光輝燦爛的「台灣民國」呢?世界上同民族同文化的不同國家眞是太多了呀。

◎數典忘祖的敗家子

洪先生談到「唐山人」這個字眼說：這些人不管是做

生意的、做官的、還是來投機冒險的，都想在台灣撈一把，然後帶著滿裝著金銀的口袋回歸「唐山」，光宗耀祖，恩澤子孫。這些人在血緣上雖然同是漢人，但是他們的意識和台灣人完全不同。台灣人為了加以區分，就把他們叫做「唐山人」。

三百多年來中國大陸人移民台灣，和其他許多華僑移居海外一樣，起初都沒有定居的意思。往往都是單身漢，冒險渡海闖天下，等到事業有成、安家立業，也就不想再回中土，就在台灣定居下來。這時，有新從大陸過來的人，往往就被先來的同胞呼為「唐山人」。這個字眼並沒有任何的惡意，反而是十分的親切。但是照洪先生的「政治化」的誇張解釋，「唐山人」居然是和台灣人大不相同的「醜惡的中國人」。

台南連先生在他所著《台灣語典》中說，「好客之風，台為盛。蓋我先人皆來自中土，闢田廬，長子孫，以建立基業，故中土之來者多禮待之。台人謂漳泉曰唐山，稱初至者唐山客。」這種說法實在比洪先生政治掛帥的說法要平實、中肯得多。連橫先生考據古山東人烹魚之辭「泔」，台南婦女皆知之。四川人稱「阿姐」經福建而傳台灣，是則今日台灣人與「新唐山人」仍然有著骨肉相連的親密關係，實不應故意加以分化挑撥也。中國人本來就不團結，現在又出現「台灣民族」的分裂運動。萬一由此而產生連鎖反應，什麼「廣東民族」「福建民族」「上海民族」……紛紛出現，「中華民族」將於旦夕之間崩潰！

◎滿腦子的洋奴思想

連橫先生是一位深明民族大義的人，他如果在美國參加族裔普查，絕不會否認他是華裔。他說：「台語中有所謂食教話者，別成一種……其最壞者則稱英國為祖家，謂英國之貨為祖家貨。竟自忘其為何國人，哀哉！」看看今天，身背十字架、口呼耶穌基督，要在台建立「上帝國」，認洋人為「祖家」的〈台灣基督長老教會〉的種種「食教」作風，仍不免使人大嘆一聲：「哀哉！」也。連氏又說：「顏之推氏有言：今時子弟但能操鮮卑語，彈琵琶，以事貴人，無憂富貴。何其言之惋而戚耶。今時子弟能操東語唱和歌，而不能富貴，幸而得事貴人，不過屬吏下士，一朝得志，趾高氣揚，則不屑操台語，若自忘其為台人矣。」今日吾台同胞中天天「操東語唱和歌」而趾高氣揚，不屑操台語者固仍大有其人在也。尤可怪者，正就是此輩人士特別熱衷於宣揚「台灣人非中國人」、「台灣民族非中華民族」，觀其生活行事種種作為，似乎應該是「台灣人是日本人」「台灣民族是大和民族」才對了。眞正具有「台灣民族」自尊自信的革命志士們，你們怎麼能容忍這種現象存在啊？

第二期《台灣與世界》有陶永先生「大家來寫台灣語文吧！」一文。陶先生提倡台灣語文，主張「儘量採用跟普通話共同的字眼」。這是要與華人華文合，而不是要與華人華文分。其實中國的國語（普通話）和國文不應該排斥各種漢語或其他少數民族語方言。方言中，有古雅的有活潑生動、多彩多姿、寓意深刻的話語，正可以豐富我們的國語國文。方言與國語是親密的、融和的；不應該由提倡國語而排斥或消滅方言。同理，也不應該打著方言的旗號而分裂民族，造成中國人之間的對立仇恨。

連橫先生在《台灣語典》中主張：「余意短篇尺簡，可用方言；而灌輸學術發表思想，當用簡潔淺白之華文。以求盡人能知，而後可收其效。」這更是認為台人者華人也，台文者華文也。特錄之如上，以供洪哲勝先生、陶氷先生以及許多關心台灣語台灣文之「台灣民族」同志們之參考。

龍旗 七十二年（1983）年十二月號第卅四

「台獨」就是漢奸國賊

丁治磐講・陳不平（綏民）記

丁治磐先生，江蘇人，江蘇陸軍小學及保定軍校畢業，北伐、剿匪、抗戰、戡亂，無役不從，轉戰南北。曾任江蘇省主席及綏靖司令官等要職，軍事素養極深。來台後平日以讀史、賦詩、寫字自娛，數十年如一日，為當今國內名書法家與詩人。本文為其一年前所口述，授意補記送龍旗特別刊出，文字內容如有謬誤由記者負責。

紀已亡而晉葬，紀叔姬存紀也。陳已亡而晉葬，陳哀公存陳也。此聖人之情而見諸行事者也。故孔子作《春秋》而亂臣賊子懼。顧亭林《日知錄》

師者，傳道授業解惑也。可是人之患在好為人師。我有幾位忘年朋友：孔令晟、林徵祁、陳綏民、楊汶達、屈毓鍾諸位，經常稱我為老師，實際上他們並非我的入門弟子，只不過我年長幾歲，而他們卻謙恭有禮，對我則尊敬有加。他們這幾位眞正的受業老師，則是蔣夢麟、梅貽琦、錢思亮、王世杰、何浩若、胡宗南諸先生。他們既受過高等教育，也受過黃埔革命的洗禮，可以說都是文武兼資的人才，他們有暇常來鄉下舍間閒談問道，看看我寫字賦詩，多年來從此成了忘年的道義之交。

◎孔令晟一席話

一年前，他們同學好友為孔令晟馬來亞之行，晨間飲茶餞別聚會，特邀余夫婦亦參加，其中還有老友軍校教育長吳允周先生。斯時也，眞是老少咸集，群賢畢至，每人各出飲茶費一百元，聊表送別之意。

席間談及令晟在警政署長任內，在處理桃園〈中壢事件〉、〈高雄暴亂事件〉時之堅定、沉著、勇毅、果斷、擔當、忍耐、為領袖負責，為國家除惡，任勞任怨任謗。解職之後，既無牢騷，更無怨言，反省讀書，兩年如一日，不愧是一個革命軍人的好榜樣，希望他此次馬來之行再展長才。進而談到最近的中山堂有所謂無黨籍人士的集會和發表言論與主張，似有再度掀起風暴之徵候。

令晟頗有感慨的追述，在中壢、高雄暴亂事件發生前，姚嘉文、林義雄、張俊宏還有一位女省議員共八位請他在台北〈天厨〉吃飯的事，我們大家笑說：「他們是八仙過海，你則是單刀赴會」。席間，孔對這八仙曾非常客氣和誠意的表示了他個人的立場與態度說：「我是負責維持治安的人，因之希望各位共體時艱，瞭解國家當前的處境，盼望你們幷轉告所有參與地方選舉和搞政治活動的人，共同遵守兩個原則：第一、法律防綫不能突破 。現在是民主時代，但民主與法治不能脫軌；否則人人亂法，危及社會安寧，國家安全。第二、思想防線不能突破。今天提言論自由，但思想不能分歧，自由不能越軌，否則派系林立，謬論四起，共匪與台獨宣傳乘虛而入，台灣將形成亂局，最後無法防止敵人的滲透與活動，一如當年在大陸政府之被分化與顛覆」。孔當時曾笑著說，姚先生是學法律的，瞭解民主國家法治的重要性。又謂張先生是曾在中央文工會工作過，瞭解思想宣傳的重要性。

孔令晟說：「我是語重心長，當時他們沒有人否定我的意見。可是不幸的是，他們沒有接納我一片苦心誠摯的忠言，而發生了中壢和高雄的暴亂事件，使他們一些人違法受刑，社會受害，國家受損蒙羞。」他這一席話，令我們在座的每一個人都深深的感動。

我個人覺得，凡智愚無它，在讀書與不讀書。禍福無它，在為善與不為善，在明理與不明理。毀譽無它，在仁恕與不仁恕，在自省與不自省。古人所謂：「言語如箭，一發難收，言語不可亂發，發必當理。」曾子之所以要吾人每日三省吾身，又曰：「知過能改，善莫大焉」。

◎青年人應多讀歷史

外國有三句成語：「青年人是盲動者，中年人是奮鬥者，老年人是悔恨者」。中國也有兩句警語：「一失足成千古恨，再回頭已百年身」，「少壯不努力，老大徒傷悲」。

所以人當青少年之時，多讀書，進德修業，以為爾後做人處世之張本。清順治時，治國史院檢討湯斌一篇有名的奏摺，論及取士須兼重學識與經驗。其說是：

> 年少登科切勿自喜，見識未到，學問未足，一生吃虧在此。即使登科，陟高位，庸庸碌碌，徒與草木同朽耳。往往老成之人一入仕途，建立一二事便足千秋，由其閱歷深矣。人皆可以為堯舜，要體察我之可為堯舜者何在，識得工夫，自不容己。故讀史則不患其不明，不致師心自用耳。

歷史就是「鑑往知來，究天人之際，通古今之變」，以人為鑑，可整衣冠；以史為鑑，可習修齊治平之道。凡天下國家治亂興衰之大事，如果沒有深厚的史學基礎和遠見的慧眼，是無法探討和看出它演變的趨勢的。由此，可見讀史之重要。

我總覺得，今天生長在台灣的年輕一代，對現代的知識、近代文明的常識，尤其科學方面和一般屬於西方開放性的言論新知與行為，較之我們年老的一代，瞭解的程度超出很多。可是青年人卻對自己國家的歷史，古聖先賢的嘉言懿行，作人處世治事之道，卻極端不足，有的近乎無知。因此，才有數典忘祖的荒言謬論，不知自己的父母和祖先來自何處，不知自己民族文化的中心何在？使我們年老的一代感到痛心與悲憤。

◎李鴻章的悲憤

凡稍具歷史常識的人都知道，滿清入關後，朱明遺臣義民不願做亡國奴，群起抗拒。其中以鄭延平為了反清復明，所率領的義師規模最大，時間最久，影響至深且鉅。不幸在國內遭挫敗，乃率義軍義民渡海來台，從荷蘭人手裏收回了台灣，把它建立成為一個反清復明基地。可惜的是，他及子孫的壯志未酬，使這一塊基地，歸滿清統治。滿清統治也有功勳，如派劉銘傳他們先後來台開發。不幸在甲午之役戰敗，被迫簽訂〈馬關條約〉，把這塊中國的土地割讓給日本，成為殖民地被統治了五十多年。老一代的人該知道當年中國人被壓迫的情況。記得當年李鴻章在簽訂這一喪權辱國條約時，揮淚賦詩流露自己的心情和感受，這一首詩是：

勞勞車馬未離鞍，臨事方知一死難，
三百年來傷國步，八千里外弔民殘。
秋風寶劍孤臣淚，落日旌旗大將壇，
寰海塵氛還未已，諸君莫作等閒看。

由這首詩看出，李中堂當年被迫割讓了台灣的哀痛和悲憤。想不到百年以後的今天，竟然有人自稱「台灣人非中國人」，主張台灣脫離中國而「獨立」。虧了這一小群人中，有的還是受過高等教育，簡直是無知無德！有的人身為立法委員，居然主張廢棄國家的根本大法——憲法，重訂一種新鮮名詞的所謂：〈基本法〉，眞是越少思想的人，越是無知的人，說話越多，主張也越荒唐。約翰士曾說過：「每一人都有權說出他自己認為是眞理的話，但每一個別人也都有權因為他說了那些荒謬的話而揍倒他。」因此我勸一般青年應多讀歷史，學校家庭也要加強歷史的教育。多讀歷史，就能接受歷史的教訓，不致數典忘祖誤入歧途。

◎台獨就是漢奸國賊

中國百多年的歷史，可以說是中華民族一頁最悲痛的史程。自一八四〇年代鴉片戰爭以後，中國人受盡欺凌，中國版圖有遭受列強瓜分豆剖之危。到了一八九五年更遭受一個小小日本的欺負，才有前面說的李鴻章簽〈馬關條約〉割讓台澎的奇恥大辱。國父孫中山就是受了這刺激，才決心領導革命推翻了滿清。但建立民國之後，又遭到南北軍閥的割據。國父為了國家的統一，十四年隻身北上，就是希望結束南北分裂之局。中山先生竟在春秋鼎盛之年而逝世，幸有先總統蔣公，繼承遺志，領導北伐，完成國家的統一。但東鄰強敵日本卻不願見中國的統一與復興，乃積極侵華，從「九一八事變」，繼之「一二八」淞滬之戰、「華北自治」，到了盧溝橋「七七事變」，使國人忍無可忍，乃奮起抗日。我們以絕對的武力劣勢對抗日寇，打了八年的全面抗戰，以犧牲了三千萬以上的中國軍民同胞，終於打敗了日寇，光復了台灣與澎湖。抗日戰事的慘烈，我都躬親參加了。我常想，我們付出如此慘重的代價才收復這塊台灣領土，豈能容忍任何人再把它割出去？

今天台灣內部，竟然有少數人自稱「黨外人士」的，公然倡言「台灣人不是中國人」，甚至公然提出「台獨」主張，完全是賣國漢奸的言行！我要肯定的指出：不管他是那一省人，也不管他有何等身份地位，凡是主張擅改國憲，勾結外人，出賣國家領土主權，破壞民族文化，製造國家分裂的人，無一不是漢奸、賣國賊！都是應該剷除的。

◎國運如棋運

國運與棋運頗相類似，下棋不能走錯一步，俗云「棋錯一著，全盤皆輸」，國家之命運亦復如斯。抗戰勝利後，在大陸我們就因為與中共和談一著之錯，在美國馬歇爾來華的調停之下，談談打打，打打談談，中共乃利用一班號稱「民主人士」和青年，掀起了「爭自由、爭民主」的風潮，分化挫傷了我們的團結和士氣，影響國際的觀感。共軍在蘇俄背後支援之下，由東北，而華北、華中、華南，最後使我們輸掉了整個大陸！這是一頁血的歷史教訓。楊金虎先生曾寫下一篇《一個老兵的忠告》，他倒是沒有當過兵，我則是不折不扣的老兵。我從十五六歲從軍，迄今已經七十餘年，到台後才脫下軍衣，以讀書寫字自娛。我這一個老兵，當年曾統兵領政、身歷其境的看到國家多少艱難困危，親自嘗過這些痛苦的歷程，至今回憶，眞是感慨萬千。

一個民族遭受了打擊和失敗，要有第二代反省。我們有責任也有義務告訴我們年輕一代的子弟們：千萬要記取我們當年在大陸失敗的教訓，不管「台獨」如何的標榜，自決、民主、自由、人權，其欲「亡台」「滅國」的目標則一，千萬不能中毒，不能上當，而斷送自己的前程，國家的命運。青年一代的朋友們，要堅信國家是有光明前途的，民族也必然是一個整體而能統一的，最後一定統一在三民主義的之下。只要我們大家結在蔣總統經國先生和大有為的政的領導之下，堅定、沉著的下這一盤棋，不要自亂步驟，被野心分子利用，攪亂這一局棋，我們一定能贏得最後的勝利。

我已垂垂老矣！但愛國之心，自信不減當年，也絕不後人。自己歷經將近一個世紀的人生旅程，已是「白髮漁樵江渚上，慣看秋月春風」；但願今天年輕的一代，人人都能成為三民主義統一中國而獻身的英雄，不要成為背叛國家民族的亂臣賊子；則台灣幸甚，國家幸甚，民族性甚！

龍旗七十二年（1983）年十二月號第三十四期

「住民決定論」的謬誤

劉真光

分歧分子〈後援會〉宣布的所謂「十項政見」，其第一項：「台灣的前途應由台灣全體住民共同決定」，這一簡稱為「住民決定論」，無論從政治理論或政治現實來說，都可以說荒謬絕倫，不值識者一駁的讕言。

所謂「住民決定論」，這個名詞，創始於第一次世界大戰後的美國總統威爾遜。威爾遜心目中的「住民決定論」（NATIONAL SELF DETERMINATION），其原意是用來解決第一次大戰後曾被列強佔領的殖民地問題，其所採取的決定性行動，包括諸如：實行住民自決投票，來幫助它們自決及獨立。

國內分歧分子及「台獨」分子，不知這一帝國殖民主義時代所盛行的名詞之來歷，居然拾人牙慧，把這個早已無事實存在、已在歷史上宣告死亡的「死名詞」，硬生生地移植到屬於中華民國領土一部分的台灣來，還沾沾自喜地自以為是一大「發明」，豈止無知？斥之為無恥，也不為過。

試問，今天的台灣是殖民地嗎？今天的台灣又是被那一個列強帝國主義所佔領？如果倡此荒謬主張者不能正面回答此一問題，則將此列為所謂「十項政見」的人，還能掩飾、強辯他不是「台獨」分子？

過去，曾有分歧分子喊出「台灣是台灣人的台灣」的口號，曾被駁得體無完膚。試問：誰才是正的台人？最不確定而紛歧的答案，包括下列一大串：

——是由閩南移徙來的福佬，
——還是廣東來的客家？
——是土生土長的高山七族，
——還是鄭功的部將子弟？
——是劉銘傳的僚屬家族，

——還是宋末的遺民，如彰化粘厝的移民？
——是明末的孤臣孽子，如蘭陽平原的浙東移民，
——還是也包含了三十年前移居台灣的大陸移民？

如果照上的淵源推究下去，恐怕連高山族也成了中華民族旁系苗傜的分支，而找不出半個「純台灣人」！

由於在這種尖銳而理性的批判之下，分歧分子既不能包攬的說：「只有我是台灣人，你們都不是！」於是，那句「台灣是台灣人的台灣」的口號，大概自知喊不下去了，就更換口號，喊出所謂「台灣前途應由一千八百萬的台灣住民來決定」，而現在竟又進而列為所謂「十項政見」之一。這項「政見」有兩個大前提是錯誤的：

一是要先肯定台灣是被異族統治的殖民地；

一是要先肯定自己不是中國人！

如果在這種錯誤之下，還要數典忘祖的提出「住民決定論」，這就是叛亂思想，如果化為行動，就是叛亂行為。

龍旗七十二年（1983）年十二月號第三十四期

七十三年

陳蝶衣——一位愛國的文化工作者典型

黃馨

陳蝶衣，一株文壇的長青樹，也是愛國者。四十多年來，始終如一，不忮不求。

四十多年來，他辦報紙、編雜誌，為的就是透過這些園地來抒發他責無旁貸、當仁不讓的胸懷。

四十多年來，他執著勇敢的默默向前，寫歌詞、創小說、作詩、寫劇本，來表達他對國家、對同胞之愛。

四十多年來，他永不間歇提起筆桿，一字字寫出他的心聲，一筆筆列出他穩健無盡的筆陣。

再次幸會陳蝶衣，是今年他回國參加金馬、亞太影展之際。在他多次抽暇與同仁及友人的聚晤中，我有幸領受到這位長者不凡的風範及愛國情懷。

「士先器識而後文藝」，這是陳蝶衣畢生服膺的先哲名言。不論是立身處世，以至從事文化工作，他莫不以「器識」為大前提。

因此，雖歷經歲月的滄桑，也曾看透世事的變化，但他從不動搖自己對文藝、對國家無邊的愛。

◎獲名士教誨

他何曾想到會走上文藝的路子？但因緣際會的投入了，卻也就把生命投入了。連帶未來的歲月，陳蝶衣何只是心甘情願而已？他獻出了執著，在其中找到了生活的大喜悅，生命的真意義。

生逢亂世，他與一般戰亂中的孩子無異，無法如願完成學業。年十五，中學未畢業，即進入上海《新聞報》，擔任文牘方面的工作，當了一名「小書記」。

年未弱冠，即從當世名士步林屋（曾任袁世凱的秘書，袁稱帝後，步氏就棄官南下到上海，懸壺行醫。）及張春帆

兩人，幫助步、張兩人擔任《大報》、《平報》的編輯工作。

青少年時代追隨名士，獲益不淺。再加上他的天聰，註定他日後走上了文化工作的路子。民國二十二年，他自創《明星日報》於上海，並發起電影皇后選舉，胡蝶當選首屆電影皇后。這是中國有影后選舉之始。

旋又假座〈大滬舞廳〉舉行〈電影皇后加冕典禮暨航空救國遊藝大會〉，以門票收入捐獻給國家，作為「購機祝壽」之用。

此後，又歷任《東方日報》、《力報》、《陣中日報》、《鐵報》、《小說日報》、《芸海畫報》的編輯。還有《萬象》、《春秋》、《宇宙》、《西點》、《大偵探》等雜誌的主編。

在這段人生中，他歷經了時代的無數動亂，但仍不忘堅守崗位，也不斷的為文化工作注入苦心，餘暇並飽讀詩書。

七七抗戰爆發，他兼任漢口《鏡報》的駐滬記者及漢口《壯報》的副刊主編。在亟需文宣的抗戰時期，他貢獻了自己的智慧與心力。還協助好友張常人，創辦了一份《抗戰晚報》，兼任記者及編輯工作。

◎ 家國之痛烙痕

童年時期曾經歷過「齊盧戰爭」的苦難，青少年時期又經歷了八年抗戰的國難，在他的心底留下了深刻的「家國之痛」烙痕。

因此使他更體念到：對國家民族要負起一個「人」應盡的責任。

他說：「我雖不能執干戈以衛社稷，但在新聞、文化工作方面，終於使我有了一種使命感。」

「日軍侵入上海租界，上海市淪為孤島之後，我除了先後主編《萬象》及《春秋》兩本雜誌，透過文字盡可能發揮同胞們敵愾同仇的抗日意識之外，接著又開始了歌詞的寫作。」

藉著摸索與嘗試，抗戰期間，陳蝶衣在上海有許多激勵人心的歌詞發表。因為當時同胞們都在日軍勢力壓迫下，甚為苦悶，陳蝶衣透過電影插曲的巧妙安排，讓淪陷區同胞發抒了喘息。

打開記憶之窗，陳蝶衣無限感懷話當年：「民國三十一年，電影導演方沛霖正在拍一部戲，原名是〈傾國傾城〉，但因不合時代背景，因此我建議他改名為〈鳳凰于飛〉，這是一部歌舞片，由周璇、黃河主演，我應邀撰寫片中插曲的歌詞。」

「這部影片有兩首主題歌，即〈鳳凰于飛〉之一、之二。另外，我還寫了〈前程萬里〉、〈霓裳隊〉、〈合家歡〉、〈慈母心〉等等，都是這一時期的作品，也是我試寫歌詞的開始。」

從他的歌詞中，可以看出他對家國之愛，俗語說：「美不美，故鄉水；親不親，故鄉人」國家、鄉梓都是我們自己的，不論美不美，親不親，在感情上，我們都易產生共鳴，喜歡它、親近它。

因此，在〈鳳凰于飛之一〉裏，一開始陳蝶衣就寫：「在家的時候愛雙棲，出外的時候愛雙棲。」

在〈鳳凰于飛之二〉裏，又寫了「分離不如雙棲的好，珍重這花月良宵。分離不如雙携的好，且珍惜這青春年少。」

這些歌詞乍聽之下，似乎與國家民族無關，但仔細去品味，就能了解：正值這抗戰時期，戰亂中家破人亡、妻離子散者不知凡幾，所以它能巧妙地喚醒了淪陷區同胞的愛國情懷。

陳蝶衣說：「這些歌詞，我是寫出當時『孤島』人民的悲苦心情，而期待有一個美滿的未來——闔家團圓。」

因此，在另一首〈合家歡〉裏，陳蝶衣便寫出了遊子歸來，乳燕投懷的心情：

> 走遍了萬水千山，嘗盡了苦辣甜酸，如今又回到了舊時的庭院，聽到燕語呢喃。孩子你靠近母親的懷抱，母親的懷抱溫暖……

這首流行到今天仍然動人心弦、深受大眾喜愛的歌詞，對於箇中意境，陳蝶衣解釋說：「我是以『舊時庭院』象徵我們的國家，以『母親的懷抱』象徵我們的政府。國府還都，孤島人民有了依靠，就不再有『孤兒』的悲哀了！」

以濃重的倫理、親情，灌注入詞中，又不忘表達家國、民族同胞之愛，他的苦心孤詣實令人肅然。

「我覺得一首歌詞能表達出時代意義，真是很有價值的工作。」因此，在他的歌曲裏，歌詞都閃耀深沉的激勵性。

◎含激勵於情歌之中

多年來，陳蝶衣一直有「通國皆歌，通國皆舞」及「推崇的是愛，追求的是美」的抱負與理想。

前者，他希望有一個昇平景象的出現，承平時代的到來。

後者，則遵循國父的「博愛」遺教——「願將愛字作旌旆」，從匹夫匹婦之愛，擴展到社會的愛，對國家的愛。

在陳蝶衣的歌詞中，因而有了表面是情歌，實際意義深遠的歌詞出現。例如一首似乎是靡靡之音的〈不變的心〉，在抗戰時，充分表達了淪陷區中國人的心聲。

陳蝶衣說，〈不變的心〉歌詞中：

> 你是我的靈魂，你是我的生命……你就是遠得像星，你就是小得像螢，只要有你的踪影，我也能得到你的光明。一切都能改變，變不了的是我的心……只要你還發放光明，我就會追尋這個光明，走向你身邊。

「表面上，看起來像首情歌，但是這幾句歌詞，當時在上海具有很大的鼓舞力量，因為歌詞中的『你』，指的是重慶國民政府，這首歌即象徵抗戰時期，淪陷地區人民對政府的嚮往與忠誠，很多人聽了或唱這首歌都哭了。」

他曾經寫過一首詩，解嘲曰：

> 放眼看人世，常嫌棘刺多，
> 不如忘固陋，琢句寫情歌。

他所寫的歌詞，從民國三十一年起，歷四十年不輟；已達三千首以上，比較耳熟能詳，傳唱不衰的即是這些陳蝶衣所謂的「情歌」。

除前述幾首之外，其他如〈慈母心〉、〈春天的花朵〉、〈春風吻上我的臉〉、〈何必旁人來說媒〉、〈山前山後百花開〉、〈雪山盟〉、〈月下對口〉、〈東山飄雨西山晴〉、〈瓜棚小唱〉、〈南屏晚鐘〉等等。這些歌曲的歌詞，不但都是富有時代意義，而且長久流傳於後世。

◎三十年來在香港的耕耘

這位文化鬥士，於民國四十一年，踏上「一身去國八千里」的旅程，到了香港之後，展開了生命史上又一頁——寫劇。至民國六十六年止，先後編寫的電影劇本有五十部以上，〈小鳳仙〉、〈秋瑾〉、〈桃花江〉、〈百花公主〉、〈原野奇俠傳〉、〈追〉……都是膾炙人口的作品。對提昇劇本水準，他貢獻甚大。

寫劇之外，也兼以餘暇寫詩。陳蝶衣興緻勃勃的說明，他寫詩的旨趣在於「一生常願尊傳統，百世難忘樂太平。」

他說：「我願意尊重傳統，是指有益的，有建設性的傳統而言。而且凡是能夠保存至今，使人感覺到光景常新的優良傳統，也都是先民智慧的結晶。」

陳蝶衣也作詩。許多現時代的新事物，為古代詩人所未曾夢見的，他都寫入詩篇中。因此，豐富的情感、深湛的文學修養，及敏銳的洞察力，給了他豐盛的寫作題材。

他說：「寫作的題材，在我來說，是取之不竭，寫之不盡的。」

由於生活在香港，陳蝶衣說：「我擁有著充分的寫作自由，因此我便可以詩、詞、歌、劇同時並進，甚至可以旁及小說雜文。」

也因此，能實行他「立身須謹，文須放」（梁簡文帝語）主旨。

他還說：「說到寫作的自由，香港與台灣是一體的兩面，每一位作家，每一知識分子，都有發揮智慧、能力的機會，作出有意義、有價值的貢獻。」

這也是陳蝶衣每年抽暇回來所得到的感想之一，「至於在大陸，雖然知識分子曾被貶為『臭老九』，並且也一直是被鬥爭的對象，談不上創作自由，但卻仍然是爝火不熄，除

了《傷痕文學》的出現，說明了顛撲不破的『野火燒不盡，春風吹又生』的原上草有枯也有榮哲理外，還另有《朦朧詩》的產生。」

所謂「詩不與人同感慨，字雖綴玉亦泥沙」，陳蝶衣認為：「不管是傳統詩、現代詩，以至《朦朧詩》，凡是能夠與時代通呼吸的，都是好詩，都有保存的價值。」

◎一位可敬的文化界典型

陳蝶衣對國家的忠誠，一如他對創作的熱愛。他每次回台灣，都會盛讚復興基地的繁榮進步，他每次踏上台北機場土地都不禁流淚，他不厭其煩地屢次告訴友人：「在三民主義下的中華民國同胞，實在是太幸福了，我歷盡無數的變遷和苦難，深知舉世的十億中國人中，唯有今天在台灣的人最有福氣了。」而每次離開台灣，也都無限依依，正是「人生自是有情癡，此事不關風與月」。

陳蝶衣近五年來在《香港時報》擔任編輯工作，也像他四十多年來的風格一樣，默默耕耘，不忮不求。年前有人建議他把自己的三千多首作品到香港及台灣的保護著作權機構登記，「你的歌曲都是十分流行的，登記了可以向唱片公司、電台、電視台要求報酬，可以發一筆財呢！」別人這樣勸他，他卻說：「我要錢有什麼用?能夠為社會留下一些文化資產，就是我最大的收穫」，他對這類爭名爭利之事沒什麼興趣。

民國七十二年十月他從《香港時報》退休。同事看他身體硬朗、才華橫益，退休實在可惜，所以建議他向秦孝儀（台北故宮博物院院長）找個適當的事做做。他堅持不肯，說：「秦孝儀是我老朋友沒有錯，但我這個人從來不麻煩人家照

顧的。我生活勉強可以過，有空寫寫詩詞豈不快樂？」後來他的同事暗中寫了一封信給秦孝儀告知他退休之事。陳蝶衣事後曉得，還責怪了這位同事好一陣子。

古人說：「有始者實繁，克終者蓋寡」，一個人的一生，能夠貫徹始終去做一件工作，不論這工作的大小，只要是對社會有益的，這便是偉大。一個人一生能夠保持他一貫的態度，不亟亟於名利，不汲汲於富貴，這便是崇高的風格。

陳蝶衣正是文藝界一位這樣的愛國典型，值得人們尊敬。

龍旗七十三年（1984）年元月號第卅五期

「教亂」的歷史教訓　《耶穌在哭泣》讀後感

陳蝶衣

重臨台北，作客兩週。讀到了一本平生未見之書，是余如雲所著的《耶穌在哭泣》，出版了還沒有多久。

耶穌之所以要哭泣，是由於台灣有一個〈基督長老教會〉的組織，近年來受到了少數人的控制與利用，已不再是推行「我為人人」的與人為善教義，而是把〈教會〉當作了「過問政治」、「攫奪政權」的「發難」基地，從而將「人人為我」的「利己」工作安置在第一位，作為唯一的重要課題。

操縱著長老教會的一些「長老」或「非長老」，所作所為（包括所喊的「自決」口號）正與越南淪亡以前的「政治和尚」如出一轍，並無兩樣。

台灣的〈長老教會〉領導人，也正在蹈著越南的「政治和尚」的覆轍前進。因此他們的一切謀略與行動，充其量也只會造成「自我毀滅」的悲慘結果。稽諸歷史，利用「神道設教」的方式而糾眾作亂，並沒有僥倖成功的例子。

在台北，有一次與前輩政論家蔣廉儒先生及陳綏民教授共進早餐，我就曾提出了如上的觀點。當時，本刊發行人勞政武先生亦在座。

以下是從歷史記載中可以查考的一些「神道設教」具體事實：

◎五斗米道

五斗米道—東漢末年，原籍山東，流亡到鉅鹿的張角，以「符咒治病」為名，創立了一種邪教，名為「太平道」，俗稱「五斗米道」，這是歷史上較早的一個教會組織。

「符咒治病」當然是一種騙局。但在民智閉塞的地區，自會有愚民信以為眞，於是便充當了工具，成了張角糾眾作亂的資本。

東漢靈帝中平元年（公元一八四年），張角把徒眾組織起來，分為三十六「方」，喊出了「蒼天已死，黃道當立」的口號，徒眾各以頭戴黃巾為號，開始了殺人祀天、擄掠府邑的行動。這便是歷史上的「黃巾之亂」。

當時，「黃巾賊」（又稱「蛾賊」）的勢力曾由黃河流域及長江上下游八個州，擴張到河北的許多地區。但，亂只蔓延了短短的九個月，張角即兵敗身亡，「五斗米教」的殘餘分子也遭到了掃蕩而歸於消滅。

◎白蓮教

白蓮教——最初的名稱是〈白蓮會〉，時在元朝末年，欒城人韓山童繼承了父祖的燒香惑眾方式，擴大了白蓮會的組織，詭稱「天下將亂，彌勒降世」，與他的信徒劉福通等共謀起兵，結果是同被捕殺。

到了明代天啟年間，蘇州王森沿襲韓、劉故技，改以〈白蓮教〉為名，詭稱獲得了神狐的異香，自稱為「聞香教主」，最後亦是被捕處死。

台灣基督長老教會政治活動秘史
耶穌在哭泣
余如雲 編著

稍後，教徒徐鴻儒又在山東聚眾起事，自稱「中興福烈帝」，但不久被官軍殲滅，未能成得了大事。

乾隆年間，〈白蓮教〉又從勢窮力蹙之中復活，教主是安徽人劉松。其後松被捕遠戍，徒眾劉之協、宋之清，利用河南麻邑的一個童子王發生，楞說他是明室後裔，原姓朱而冒姓王，號召教眾起兵，以收復「大明江山」為口號，結果也是盡遭誅戮，並且株連甚眾，一如現代所說的「死得人多」。

就因為征伐之際，不免殃及無辜，於是荊州、襄陽、四川、陝西、甘肅等地的〈白蓮教〉眾，便紛紛揭竿而起，以「官逼民反」為口號，開始了攻城略池的行動；數年之間，亂遍及五省，歷史上稱之為「川楚教亂」，

據清人黃育便所著的《破邪詳辯》一書透露：〈白蓮教〉已懂得了利用文字煽惑群眾，所頒行的經卷名目多至數十種，其一是《古佛天真考證龍華寶經》，分為二十四品，其中的〈混元初分品〉有曰：「無始以來，無天地，無日月，無人物。從真空中化出尊無極天眞古佛來。」又曰：「古佛出現安天地，無生老母立先天。又無生日，無始以來，天眞古佛打開家鄉寶藏庫，取出一部龍華眞經傳留後世。」〈古佛乾坤品〉有曰：「無生母，產陰陽，嬰兒奼女起乳名，叫伏羲女媧眞身。」又曰：「李伏羲，張女媧，人根老祖。有金公，和黃婆，匹配婚姻。」又曰：「混元子，又生出，九十六億。皇胎兒，皇胎女，無數福星。」又曰：「無生母，差皇胎，東土住世，頂圓光，身五彩，脚踏二崙。」另一〈無生傳令品〉有曰：「無生母，吩咐汝，法王傳令。天真佛，聖臨凡，下生投東。」又曰：「下生在，中原地，燕南趙北。桑園裏，大寶莊，有祖弓長。」更有〈家鄉走聖品〉、〈弓長領法品〉、〈聖來投凡品〉、〈警中遊宮品」〉等等，大都是一些荒謬不經的話，此處從略。

此外還有所謂《混元紅陽顯性結果經》、《混元紅陽大法祖明經》兩種，後者有「稽首歸依蓮花會」之句。

另有一些《苦功悟道卷》、《正信除疑無修證自在卷》、《巍巍不動泰山深根結果卷》及《普明如來無為了義寶卷》等等，無非都是因地制宜，教人奉誦的經文之類；由於數量多，只能舉其大略，藉窺一斑。

按：「川楚教亂」中後期的一些主要人物，在苗族方面有以吳八月為首的一股，以及分別起事的石柳鄧、石三保、吳半生等數股。起事的時間在清乾隆六十年（公元一七九五

年），清廷曾調動了七省的兵力，方予以平定。當時的主將是額勒登保、楊遇春。有一部武俠小說《奇俠精忠傳》，玉田趙煥亭著，書中所描寫的即是清剿〈白蓮教〉的戰役，以上提及的幾個苗族首腦人物，都是書中的主角，作者顯然是根據了歷史的記述，作為描寫的資料。我至今還記得：書中有一個類似「智多星」吳用的角色，名叫柳方中。又有一個出於捏造的女教主，名為陳紅英。

〈白蓮教〉的亂事終被蕩平，說明了該教並沒有能夠建立一個「白蓮國」。

◎太平天國

三點教——糾眾作亂而能夠稱孤道寡的只有一個〈太平天國〉，史稱為「洪楊之亂」。為首的是洪秀全與楊秀清，所利用的是〈上帝會〉，又稱「三點教」，所散佈的讖言是詭稱耶穌為天父的長子，而自稱「教主」的洪秀全則是天父的次子。

道光三十年，洪秀全在廣西省桂平縣的金田村率眾起事。咸豐元年，攻陷了永安州，建號〈太平天國〉。同治三年，金陵城破，洪秀全仰藥死，〈太平天國〉滅亡；歷時凡十五年，起自公元一八五〇年，亡於一八六四年。

此外還有一些〈義和團〉、〈紅燈照〉，以及〈小刀會〉等等的亂事，全都不成氣候，終歸消滅。近代的「紅衛兵」之亂，性質與〈義和團〉相似，造成的十年浩劫，時間則較〈義和團〉為長。

總的來說，凡是「神道設教」的蜂屯蟻聚組織，在歷史過程中雖然多的是，糾眾作亂的也不勝枚舉，但卻找不出一個僥倖成功的例子，所有的例子只是「自取滅亡」而已！

龍旗七十三年（1984）年三月號第卅七期

馮致遠先生遺像

齎志沒地，長懷無已——悼馮致遠先生

勞政武

老弟，你的事情我最清楚。

你去中山堂的事，我是唯一事先知道的人。

馮致遠先生逝世了。我聽到這消息，不勝黯然。因為我沒有接到訃文，而平常又不注意報上的訃告，竟沒機會在他靈前行最後的敬禮，此事想來，更是愧疚不已。

自民國五十一年，我蒙〈救濟總會〉根據「四四專案」自澳門安排來台升學，從高中二年級到大學畢業，一直就受到救總的照顧。當然這是出自政府的德意。但「政府」一詞只是一個抽象的存在，把德意具體化則落實到一個機關裏，落實在這個機關的有關工作人員身上。因此，對於很多大陸來台學生來說，救總就好像再生父母，而救總的有關工作人員好比自己的家長一樣。馮致遠先生是救總第一組組長，主管宣傳業務；垂三十二年之久，一直默默服務。他在我們心目中，一如救總其他工作人員，是自己的家長，可是在我心深處，對他卻懷著更深一層的感激。

民國六十七年十二月五日上午約十一時，我到救總見了馮先生，為的是向他報告：收到了當日下午救總要召開的一項籌備會的通知，但有事不能來，故此請假。他問我有什麼事，「這個籌備會很重要，希望你儘量來！」他說。

面對長輩的懇切要求，我自忖不應隱瞞，所以坦白告訴他，我下午二時要去中山堂，「黃信介那班人今天要在那裏開會，外面的風聲很緊，傳言不少，我要去看看他們到底搞些什麼！我想找些資料回來寫文章」我說。因為那時我在台北《民族晚報》有個專欄，每週必須寫二篇文章。我的文章也是他常看的。

他聽我這麼一說，不由瞪著眼睛，大搖其頭，以那濃重的四川腔鄭重地說：「老弟！那種場所可不是鬧著玩的喲！他們根本就是叛亂嘛，你去會發生事情的，還是不要去的好。」

這是愛護我的勸告，但我已下定了心。於是，我向他說明要去的理由；最後我說：「自從中壢事件以來，那些人囂張狂妄，一日甚於一日，現在居然要在中山堂開起會來了。我們在大陸受過痛苦艱難的人都知道，這些現象是危險的徵候，必須遏止，否則後果不堪設想。我聽說組長你青年時代，是一位忠肝義膽之士，讓我有機會向前輩學習不是很好嗎？何況，我只是想去了解一下情況，找些資料回來寫文章而已。大概不會發生什麼事的，請組長放心。」

說著說著，他竟不由自主地過來緊握著我手，滿眶熱淚直往面頰流下。

聽我說完，他鄭重地說：「老弟，你要得！我不阻止你。」接著，他要請我到外面館子去吃中飯。我堅持不肯讓

他破費。他轉而提議：「老弟，有志氣的人不計較飲食，你就在這兒的伙食團便餐如何？」原來救總辦有伙食團，供應午餐，此時飯菜已端到辦公室來了。於是我接受他的好意，就在他辦公桌旁的茶几上用了午餐，這是直至今天為止唯一的一次吃救總伙食團的午餐，印象深刻。告別前，我還請求他保守秘密，不要把我要去中山堂的事告訴他人，免致去不成。他也答應了。

也許他事前有預感，那天下午果然發生嚴重的事，那就是轟動一時的「中山堂事件」。因為這次事件，我們始則發表聲明，痛斥那些人；繼則打官司，控告那些人傷害、殺人未遂；再則辦《疾風》雜誌，與《美麗島》集團作持續的對抗，且演成〈中泰賓館事件〉。這些發生在民國六十八年整整一年之間，引起中外的矚目。

「敢為天下先」之行，本來就不易為世人所諒。我們整整一年所作所為，自信是為愛國，敵人固然忌恨，可嘆的是一些同志起初亦持懷疑的態度。在這期間，馮組長就非常熱心為我闢謠。聽說在很多次會議上，有人提出對於我的疑問，他都仗義執言，說到痛心處，動輒熱淚盈眶。有一次我為此事向他致謝，他又是拉緊我雙手，眼圈紅著說：「老弟，你的事情我最清楚。你去中山堂的事，我是唯一事先知道的人。在這個社會，愛國的人本來就夠吃虧了，我不能再坐視愛國有罪！」他是性情中人，他的話使我好感動。多虧他的仗義，使很多人消除了誤會。

後來，我辦了《龍旗》雜誌，他知道我是辭了高考及格得來的台北市議會公職，退了政大法律系兼任講師的聘書，

賣了自用的住宅，加上眾多朋友的幫忙，才把這本雜誌撐持下來的。他每次見到我，都帶來溫暖的鼓勵，「老弟，國家危難，需要像你這樣的人去奮鬥！舉世熙熙攘攘，都為自己的權利，到頭來全是一空。只要堅持到底，為國為人，方能永垂不朽。老弟，你要好好幹，有困難，只要我出得上力的，我願意幫助你。」這是他常對我說的話。他不是一個口惠而實不至的人，每遇到好友，必向人推荐這份刊物。還常常和〈大華中學〉方志平校長、〈紡織公會〉王道理事長、〈電影公會〉總幹事承錫康先生等幾位關心我的前輩聚會，研究如何幫助《龍旗》。物質的幫助多少尚在其次，精神的鼓勵卻是無價的。蓋「萬法由心」，精神鼓勵足以強化一個人的信心，堅強的信心是解決一切困難的基礎。

《龍旗》年前曾大舉批判《中國時報》。馮先生看了大為激賞，他是第一個打電話給我表示鼓勵的人。他說，余紀忠先生原是他的老上司，在私誼上應該維護余先生；但在公益上；他應該支持《龍旗》。他不止在口頭上說說而已，並且親自動筆寫了一篇文章，題為「光大中央日報式的自由」發表在《中央日報》五十五週年社慶特刊上。經他同意，「龍旗」廿五期也轉載了。這篇文章沒有指明時報及余先生的名字，這或許就是出於私誼的考慮；但普通人一看即知是針對什麼而發的，這是基於公益的仗義。「私無足爭，公非可讓」這便是馮先生的風範。

去年他不幸患了胃癌，群醫束手，已預告他的家人，將活不過半年了。家人不敢告訴他病情，從醫院把他接回家療養，吃中藥，希望發生奇蹟。我知道這消息，大吃一驚。於九月十七日下午約同張思親、林竹松二位先生，到木柵探望他。他家住坡內坑附近，一個十分難找的偏僻而吵鬧的巷子，算得上是「居陋巷」了。他堅持從床上起來接待我們。他原來胖胖的身體已瘦得不成樣子，臉色枯黃。再看看他的夫人和小兒的倉惶神色，使我們難過得不知說什麼話才好。但他不改本色，依然關懷《龍旗》，依然頻頻鼓勵。這是我見他最後一面的情形，一切彷彿就在眼前。

如今馮先生過世了，從治喪委員會所撰的《事略》中得知，他自幼聰穎而好學，兼以秉性忠耿，有強烈正義感。年輕時曾率領青年群眾抗日，徒手格斃二日人，幾被處死。西安事變時，復領導師範同學在公私場合演說，指斥張、楊二人的叛逆行為，堅決表示擁護中央。後來參加青年軍，對黨國貢獻良多。《事略》給他的總評是：「綜先生一生，忠黨愛國，好學多能，思慮縝密，勇於任事，實不愧為國之楨幹。」就我這幾年與他往還的印證，這是恰如其分的褒揚。

馮先生享年七十。「寢大暮之同寐，何矜晚以怨早？」（陸機、嘆逝賦），馮先生是一位通達的人，想必不計較個人生命之修短；何況以今天的平均壽年標準來看，他也不應有太大的遺憾了。

終馮先生的一生，位不過中級公務員，亦無赫赫之名而見知於世；「賢不肖者，材也。遇不遇者，時也。故君子博學深謀不遇時者眾矣！」（說苑第十七），實不能以名位來衡量一個人如何。相反的，和馮先生同在當年青年軍服務者許多人有居高位的，也有飛黃騰達的，可是馮先生能做到不忮不求，從未聞他對個人名位有什麼怨言，這正是他遺留的良好風範。因此在成就自我品格上，馮先生也沒有遺憾了。

然而，作為一位性情中人、熱血志士，馮先生必然是有所遺憾的：「賫志沒地，長懷無已！」（江淹・恨賦），他未能親見河山的重光，自必飲恨不已。我想，這一點遺憾，也是全民族的遺憾，只有靠後起的人蹈厲奮發去銷解了。

龍旗七十三年（1984）年四月號第卅八期

小左派反擊台獨派

──論《夏潮》的指標

方白

《夏潮論壇》四月號發表了一篇社論，對海內外一些台獨分歧刊物展開強烈的反擊，引起社會大眾的注目。

◎「小左派」的來源與演變

《夏潮》集團成員，包括蘇慶黎、王拓、陳映真、王曉波、尉天驄、陳鼓應等人，大約是從中華民國退出聯合國、海內外保釣運動興起，而結合起來的。其中以陳鼓應於民國六十二至六十三年間發生的「台大哲學系事件」最為著名。嗣後，以陳映眞、尉天驄為主將掀起的「鄉土文學運動」（民國六十七年），更加加深了社會對此集團的「左派」觀念。

民國六十八年，以黃信介、許信良、施明德、姚嘉文為首的「黑拳運動」（他們自稱為「黨外民主運動」，即美麗島叛亂的前奏），王拓、陳鼓應完全投入，自此給人一種印象：這集團完全與台獨派合流了。為此，當時的《疾風》雜誌曾刊出〈誰是真正的敵人〉一文，對此有所論述。直至今天該文仍為王曉波所不滿。

「高雄暴力事件」發生以後，對於台獨暴徒，國人皆曰可殺之時，偏偏《中華雜誌》登出社論為「美麗島」集團奧援。因為胡秋原的《中華雜誌》與陳鼓應等有密切關係，從而引起社會更大的不滿，終於演成《疾風》與《中華》之戰。

◎與台獨分途

但自從民國七十年起，陳鼓應在美國漸漸與台獨分子分離，兩派人士就走向分途了。演變到今年元月，陳映真在香港《七十年代》發表談話，公開嘲笑台獨「台灣民族論」只是生活在美國「一小撮誇張、害羞、神經質、時時需要某種集體治療的生病民族」，這就顯示了兩派人士的徹底分家。

台獨人士自不能忍受此種言語，所以連續在海外發動攻擊，其中甚至說陳映眞他們是得到「中共奧援於外，國民黨默許於內」的，誣陷之意溢於言表。問題發展到此，才引起《夏潮論壇》的強烈反擊。

◎離合的原因

平心論，無論從學問根柢、個人品格來比較，台獨分子根本不能與小左派相比。過去他們曾有一度的合流，不過是基於一時的「反國民黨」的空泛認同，如今空泛的幻影消失，大家分道揚鑣、甚至惡言相向，這是必然。

大凡人的結合，不外三種作用力：1.理想目標的作用，2.情感的作用，3.利害的作用。此三種作用中，最關鍵的是第1種。

小左派中一些人因為自己有過不愉快的經驗，所以對國民黨懷有怨恨，這一點是可以作為和台獨結合的「目標」。但此一目標到底不是「理想目標」。小左派們大皆學有根柢，時間一久，經過理性的思考，自然得出不同的結論。而台獨派呢，根本就是一撮不學無術之徒，不但以「咱要出頭天」這般膚淺言語立為「革命理想」，而且捏造一個「台灣民族論」出來自我陶醉；為了個人權欲寧可做漢奸。這種行為當然不是小左派所能容忍，也不屑容忍的。在這種情況下，縱使兩派分子私人間有些情感，也無足影響了。

至於雙方利害關係方面，從種種跡象看來，顯然也有甚大的分歧點。如果說他們兩派過去有什麼利害一致的話，那便是「反對國民黨」這一點。但是反對國民黨有什麼好處呢？在私利上也許更能獲得有關方面的重視（按：國民黨的特性就是重視反對者，而認為效忠者是理所當然而不必理睬）。但在公益的衡量上，如果把國民黨打倒了，中國還有什麼活路呢？最終對個人又有什麼好處呢？凡是有理想、肯以理性去思考問題的人，都能體認到這一點。

小左派們大抵是有理想的人，當初對中共懷有幻想，那是不明中共實際之故；甚至，他們向來以「關懷勞苦大眾」表現出類同於當年左派的政治傾向，往往還是出自個人良知的人道主義理想之故。由於近年來大陸文革種種面目大暴露於全世界，他們的幻想自然消退，最後必然回歸到對國民黨的反對之反省上：國民黨當然可以批評，但不能徹底反對，因為這樣做無益於中國前途，等於有背於原有的人道主義理想。這樣，台獨派以「打倒國民黨」為唯一使命，其實是一種「為反對而反對」的「生病心態」，小左派當然不能再與台獨派有「利害的結合」可能了。

◎《夏潮》的指標

《夏潮論壇》這次痛斥台獨分子為「法西斯、造謠、誣陷……政治倫理水平低下，令人驚嘆！」令人痛快極了。不過，《夏潮》似乎對台獨有點恐慌，連忙表白一番自己不是「左派」，而是「進步的自由主義雜誌」。其實，社會大眾經過十年來種種事實而認定了夏潮是「小左派」，但這兩年來形象又有改變了。到底人家怎麼說是沒有用的，最重要的是自己怎麼做。正如《夏潮》自己說的：「願意跳出唯台灣論的島氣，學習從全中國、全亞洲和世界的構圖中去凝視中國（連帶地是台灣）的出路」，這是一個明確而正大的指標，只要照這樣去努力，必得越來越多的中國人認同，又何必計較人家一時送來的「帽子」？這樣的表白，反讓台獨分子看輕了，認為你們就是怕此帽子。

夏潮諸君，其勉之！

龍旗七十三年（1984）年五月號第卅九期

絶食？這是一幕「鬧」劇：無理取鬧！

這是一幕「醜」劇：醜態畢露！

丑八怪

叛亂犯受刑人黃信介等四人，及其家屬與部分無黨籍公職人員，於五月初所發動的「牢內絕食、牢外聲援」，自始即為社會大眾判斷是一幕鬧劇，是一齣醜劇。

鬧劇的重點，在於一個「鬧」字。開場時，說它「熱鬧」，未必；說是「無理取鬧」，則那些打著「追求民主、分擔苦難」幌子的絕食者，也必不承認。

醜劇的特色，在於表演得是否夠「穿梆」，「作秀」的本領是否夠「漏氣」？而能呈現「醜」態畢露。

鬧劇是登場，醜劇是閉幕。

眼前，要鬧的都鬧過了，要出醜的也都已使出渾身解數。台下的觀眾（沉默的大多數善良百姓），沒有人鼓掌，更無人叫好，所留下的唯一印象是：「原來如此」！

台上的演員，未見有人走到台前來「謝幕」（似乎欠缺做為一個戲班子的演員或台柱的基本禮貌），而落幕之際，令觀眾最納悶的是：這個戲班子的演員是從那裏找到了「階台」下來的？

叛亂犯「演員」黃信介等四人的「絕食」，於場上演了十天之後，經過台大醫院、榮民總醫院、三軍總醫院的三位新陳代謝科主任，檢查這四名「絕食」的健康情形，提出結語是：「營養良好，身體正常」。

這些在自稱的「絕食期間」，在警總的細心照顧之下，都曾先後送入三軍總醫院觀察，並在看護人員的勸告之下，「進食狀況有顯著改善」。這四名「絕食者」，在住院期間的：「菜單」是：

1.廣東粥、2.清粥、3.荷包蛋、4.糕餅、5.果汁、6.豆漿。

有這樣的「伙食」，且在「勸告」之下，「進食狀況」良好，難怪三位權威名醫對這四名絕食的〈身體檢查報告〉的評結語是：「營養良好，身體正常」。

根據〈警備總部〉發言人熊仁義於五月十四日，就黃信介等四人的「絕食」情況，提出醫師的鑑定報告，以供社會了解他們宣布「絕食」後的身體狀況。這分報告的權威性與可信度是極高的，也可以說是目前民主政治發展過程中一份歷史性的〈文獻〉。

此一文獻中，對於所謂「絕食者」，警總所給予的護衛過程，交代極為詳盡，足資徵信。因之，我們願登其全文如下：

黃信介、張俊宏、姚嘉文、林弘宣等四位受刑人，日前因拒絕正常進食，警備總部為維護受刑人健康，除曾多方勸告正常進食，另請三軍總醫院醫師每日至看守所探視及體檢，並密切追蹤健康狀況。嗣因受刑人每日攝取之熱量不足，故將他們於五月五日至十一日之間，先後送三軍總醫院住院觀察。在住院期間，於看護人員勸告下，進食狀況有顯著改善。其中有完全恢復正常飲食者；有進食廣東粥、清粥等，並食荷包蛋、糕餅者，至於果汁、豆漿則為經常性飲料。

十四日下午，復請國內三家醫院遴派權威醫師實施聯合會診。他們是臺大醫院新陳代謝科主任蔡詩顯教授、臺大醫院生化營養學教授黃伯超、榮民總醫院新陳代謝科主任金鑑年教授、三軍總醫院內科主任兼新陳代謝科主任黃漢文。

根據會診結果，受刑人身體正常，其個別情形如次：

黃信介，飲食狀況：從五日入院以後，由流質軟食漸進至正常飲食。身體檢查：除偶發現心室早期收縮外，一切正常（根據以往病歷，心室早期收縮已一年以上）；營養狀況：良好。

姚嘉文，飲食狀況：從十一日入院以後，除半流質飲食外，並進少許固體食物（蛋糕及餅乾）。身體檢查：正常。實驗室檢查：目前正常（尿酮體消失）。營養況：良好。

張俊宏，飲食狀況：從九日入院以後，除半流質飲食外，並進少許固體物（蛋糕及餅乾）。身體檢查：正常。實驗室檢查：目前正常（尿酮體消失）。營養狀況：良好。

林弘宣，飲食狀況：從十日入院以後，只吃豆漿之類流質飲食。身體檢查：正常範圍之內。實驗室檢查；尿中酮體逐漸少，只剩下微量。營養狀況：日前尚可。建議事項：增加總熱量攝取，並供應脂溶性維生素。

熊仁義並指出，黃信介等拒絕正常飲食期間，〈中華民國團結自強協會〉理事長吳三連、〈中華民國人權協會〉理事長杭立武，曾於四日前往探視，勸導他們正常進食，以維健康。吳三連、杭立武也會晤黃信介等四位受刑人，瞭解他們身體健康一切正常，表示欣慰。

熊仁義希望社會上關心他們的人士，應當為受刑人的健康著想，要以正當的態度及方式表達對他們真正的關切。只有如此，才有益於社會的和諧與團結

龍旗七十三年（1984）年六月號第四十期

絕食！這真是一場「好戲」

金烏鹿

〈高雄事件〉受刑人黃信介等四人，自五月初所發起的「絕食」活動，從表象看，似乎已告一段落。參與「絕食」的人，在一些有心人的慫慂「勸進」之下，都已開始進食。看樣子，這一幕引起海內外關注的戲，戲幕已開始漸漸拉下，快要塵埃落定，而又一切歸於平靜了。

◎國民黨的耐性

平心而論，政府當局面對分歧分子這一「絕食」的絕招、和平抗議中可能隱藏類似另一次高雄事件爆發的危機中，表現了相當的容忍和耐性，也適當的發揮了一些政治的藝術。例如：

——在「絕食」開始之後，曾由〈人權協會〉理事長杭立武、〈自強團結協會〉理事長吳三連，先後數度赴警總看守所、義光教堂、三軍總醫院、台大醫院等處，探望牢裏、牢外的「絕食者」，並拳拳致意，勸他（她）們停止「絕食」、恢復進食。杭、吳二老的出面充當此一「和平使者」，扮演這種「轉圜」的角色，誰也不能否認是由政府當局幕後策動的。

——黨外民意代表及《美麗島》受刑人家屬等，於絕食三天之後，又於五月八、九、十等三天，展開「聲援」的第二波活動，先後在新竹市、台南市、高雄市，舉辦了三場宣揚「絕食」的演講會。雖然出動了不少情治、警察人員到場維持秩序，以期「防患於未然」，政府當局能在這種可能是「點燃火苗」的危機時刻，不惜冒險核准了這三場「走向街頭」的群眾活動，也堪稱是一次大膽的嘗試。「黨外」雖未成功，政府也並未失敗。

這一次牢裏、牢外的「絕食」；牆裏、牆外的活動；黨內、黨外的嘗試，對任何一方而言，都是一次新的「教材」的「試教」。雙方都有收穫，但彼此也都付了相當的代價。

◎黨外省議員的冷漠

不過，唯一令黨外、黨內都感到意外的是：在這次「絕食」活動中，黨外的中央級民意代表，誰都參與了三天的「絕食」，及三場演講會，唯獨〈台灣省議會〉的七名黨外省議

員，非但未予「聲援」，且有相應不理、隔岸觀火的冷漠，以致「黨外」集團立即引發了一場砲轟黨外省議員的內戰。

五月十四日出版的《自由時代》週刊（已被警總查禁）第十期第四十頁，刊出了一篇署名〈本社〉，題為「黨外省議員為何不聲援『聲援會』？」的公開信。這封信的受信人指定為「致黨外省議員諸公」。試摘錄兩小段原文如次，就足以明瞭目前「黨外」的結構，距離一個有組織的體制，顯然還有相當遙遠的旅程。

這封公開信的第三段說：

由於聯絡上的不便、誤失、差錯，「聲援會」未能由所有的黨外先進共同討論、參與，誠然是絕大的遺憾。

這說明了搞「絕食聲援會」之前，對黨外省議員連事先通知都沒有，他們是否即因此而樂得不「躬逢其盛」？

◎內部作人身攻擊

接著又說：

我們所作所為，實在只是一個處在今日台灣的黨外人士所該作的最基本努力。我們相信，任何的逃避，都會在黨外的人格上造成極度的損傷。

這明明是在責備「黨外省議員諸公」在「逃避」最基本的努力。至於「人格」上的「極度損傷」一語，這樣嚴峻的遣字用辭，已不止於拉開炮衣猛向「黨外省議員諸公」作無情的人身攻擊，甚至於可以說近乎「聲討」、「撻伐」了！

從上列簡述黨內、黨外面對這一場「絕食」的火苗，當局一方是「唯恐出事」，省議員一方是「冷漠置之」，「黨外」一方是「厲言聲討」；這樣的「三角習題」演算，倒教旁觀者拍案叫絕：這眞是一場好戲！

更好的戲，也許還在後頭。

龍旗七十三年（1984）年六月號第四十期

放心吧，不會餓死的！

余不想死

蛇可以「絕食」廿二個月
烏龜可以「絕食」十八個月
人可以「絕食」六十三天
西諺：「飽了肚子，不能思考。」
子曰：「飽食終日，無所用心。」

五月，本來是個絢麗的日子；大地春回未久，百花齊放，草長鶯飛，人間神清氣爽，意氣風發。

然而，在這麼詩情畫意的時光中，竟有人放著飽暖的日子不過，偏偏要自己「找死」——絕食。

上天有好生之德，螻蟻也惜生，何況是萬物之靈？

其實，人到懸崖，有幾人眞跳？非到無米為炊的絕境，有誰會真想把自已活活餓死？

因之，五月的「絕食」，雖然一小撮人「作秀」得蠻像煞有介事，但留意觀察細節的慈悲之士，卻早已看透了這些「絕食者」，是早已「有備無患」——明知自己不會因「絕食」而餓死，也不可能會見死不救而讓他們眞的活活餓死。於是、那些想「作秀」的演員，乃能：豁出去！大胆一「餓」。

五月初，一些分歧分子辦的刊物，對「絕食」鬧劇大登特登，連一些「絕食專家」教他們「如何進行絕食」的機密背景資料也登出來了。殊不知這些「機密」的公諸於世，會令稍有思考力的人想到：原來這些人在「絕食」之前，是預先作了「在職訓練」的，先有了充分的「再教育」；是百分之百的「有備而來」，所以才會如此不顧「死而後已」的上場充當假勇士。

在五月初出版的一本分歧刊物中，刊出了一篇題為〈如何進行絕食〉的文字，我們願予節錄，奇文共賞，實亦「絕食」鬧劇落幕後，足供好閒磕牙之輩用為茶餘飯後的談資；更可供未來的「絕食勇士們」卓參也。

◎絕食每能提神醒腦

四月二十六日黃信介在獄中開始絕食，林弘宣、張俊宏、姚嘉文等後來也加入。受刑人家屬和黨外朋友在勸阻無效後，也決定於五月四日到五月六日，在信義路〈義光教會〉進行為期三天的絕食，來聲援獄中的抗議行動。

這種方式，未來很可能繼續被援用而蔚為風氣，所以有必要對絕食應該注意事項，以及絕食期間產生的生理、心理變化做一概要的瞭解。

◎絕食歷史與癥狀

古代的聖哲賢人經常的斷食。有的因為宗教，有的為了健康，也有為了心智及性靈的提昇。據他們說：「填飽的胃不能思考」，孔子也曾說過「飽食終日無所用心」。希臘哲學家蘇格拉底、柏拉圖，在從事他們的哲學著作或參加考試前，時常絕食，因他們知道絕食可刺激精神力量。

在聖經中我們一再談到有關絕食，因早期猶太人和基督徒們經常絕食，不但在治療自己，而且藉以得到神力同時「與上帝更加接近」。

以絕食表達對政治的抗議，還是屬較近代的事。印度聖雄甘地的絕食抗議更為舉世所津津樂道。然而，不論從事何種目的之絕食，正確的方法與態度是很重要的。方法正不僅能「持久」，甚至會涵養生命毅力，使身心得以獲得某種程度的改造。

從營養代謝方面來看，絕食因斷絕了外來的營養補給，使人進入自我營養的消耗，最初是燃燒貯藏糖分，糖分用完，開始燃燒儲藏脂肪時，問題便發生了。

因沒有了糖分，脂肪的分解不能完全，因不完全燃燒乃產生丙酮體（Acetone）引起脂肪性酸毒症。酸性過多，將有頭痛、眩暈、體痛、眼充血、鼻出血、耳鳴、手足麻痺及惡臭等種種反應。

絕食開始三天內是反應期，會有上述各種反應。另外排泄糞便呈黑褐綠色而起泡，有刺激性的臭氣。此乃因所含膽汁的成分甚多，是腸上皮細胞及細菌所簇集。有時且包括胎便（俗稱宿便），為病源菌的巢穴。宿便排出時期因人而異，亦有在斷食後才排泄的。根據實驗記錄，僅呷水，龜可活十八個月，蛇二十二個月，小鳥二十天，兔子只十天，至於人類，據一八三一年意大利的記錄，僅給囚犯呷水，至六十二天而死。由於關於人類實驗的案例較少，故迄今無較權威的估計值。

◎絕食四階段

一般而言，絕食可分為四個階段：

第一階段，營養的補給斷絕，進入最少限度的自己營養，全部機能起很大的動搖。期間約十天至十四天，在第三、四天時，因脂肪代替糖份，開始燃燒，發生種種變化而感覺痛苦，以後痛苦繼續持續下去。

第二階段，是新陳代謝繼藉自己營養而趨安定的時期。這一時期最為安靜，大概繼續十天，稱為安定期。

第三階段，脂肪用完了，進行蛋白質分解。機能又重新發生動搖，而感覺痛苦。

第四階段，是第三階段的蛋白質分解的繼續。一直到死，期間僅三、四天。

絕食中生理的變化：體重減輕約 25% 時，是危險的訊號，表示必要的蛋白質已關始分解。體重減至41%便得死亡。這點非密切注意不可。

第一階段，唾液減少而會起白色舌苔，進入第二階段便沒有這種現象。皮膚乾燥而鬆弛。五官的機能逐漸敏銳，性慾如舊但性能力減弱。食慾屬於心理因素，一直到最後不變，而飢餓感覺會漸漸消滅。

◎食前做「有備無患」

1.絕食之前，最好有預備的「減食期」，日數須與絕食的日數差不多。這時期最好素食，以調整體內的代謝系統。

2.絕食須有強烈的動機，並視為自我反省與自我改造的一項行動，但須在舒泰的心情下進行。

3.絕食期間，五官銳敏，神經容易亢奮。盡可能選擇寧靜的環境，並少言語，不要有太多干擾（文字閱讀亦應少），並練習靜坐、禪定法以維特心的平靜。

4.絕食中，體內平時儲積的廢物會陸續排泄出來。必須經常做一些適度的運動、乾布摩擦和呼吸法。入浴因刺激強烈，必須禁止。可洗洗手腳，不要穿得太厚。要選擇空氣流通的環境。

5.為了促進生命體的活動，肝臟、腎臟及足部，必須保溫（可用布遮蓋），神經與頭腦則保持冷靜。

6.絕食期間，除水外，不要飲用其他飲料。十天後不需要時不勉强飲水。

7.絕食結束的復食時期，急遽的恢復大吃大喝，會給生理機構產生很大的傷害，許多人絕食後死亡均肇因於此。詩聖杜甫即是一個例子。復食時，第一天先進米湯或燕麥茶，第二天進少許薄粥（加點鹽）或菜湯，第三天以後漸增其他種類食物及分量。

8.入浴時必須用溫水。飲用水也須冷熱調勻。性生活至少須在絕食日數的六倍日數以後，才可行。

一個圓滿的絕食結束後，絕食者有一些身心的變化，例如說：會增食慾，並對食物感到珍惜，腦部較清醒，工作效率增高等等。若能維特這些正面的改造，也未嘗不是一種莫大的收獲。

自願的絕食與被動的飢餓效果是全然不同的。有些人能絕食二十幾天而且心靈獲益，但是可能在一次迷途挨餓的狀況下，七天就餓死了。其間的關鍵因素是，一則心情舒泰，一則心情恐慌。可見「心理因素」在絕食過程中影響有多大。

龍旗七十三年（1984）年六月號第四十期

從醫學觀點看「絕食」

只要有水喝，不會「翹辮子」

蒙大夫

在台灣，五月的季節，正是第一期稻抽穗，開始長實成熟的時刻。

在台灣，每年的稻作收割三季，五月，並非青黃不接的時刻。

在台灣，每年的稻米產量，非但吃不完，還要想方設法外銷。

然而，寄妙的是，正五月這個豬正肥、牛正飽的時刻，卻有一小撮活得不耐煩的人，為搞政治，表演「絕食」特技。

五月的某分歧刊物，不打自招，供承了如採取「不完全絕食」，只要喝水、飲料等，不會「翹辮子」的！等於証明這次絕食只是「政治表演」而已。

五月一日出版的該刊物，訪問了一位蔡姓醫師。這位醫師根據醫學觀點，對絕食者作了如下的「前教育」：

絕食應分完全絕食與不完全絕食。「完全絕食」是滴水不沾，「不完全絕食」則可適度進食飲料。

因人體質不同，故忍受程度亦不同。胖子脂肪多，水分消耗快，反而較常人不易忍受。冬天又比夏天好，因冬天水分消耗較慢，天冷人心也較不劇烈起伏。以通常人來論。「完全絕食」的極限約在九—十天左右，「不完全絕食」如果只飲水，則基本上半個月至一個月，應該不至於有生命的危險。

如果進食水果及飲料，則到底多久才會有生命危險就很難說了。以程度來看，只要不進食而僅飲水，就是標準的絕食行動。因口渴很難令人抵住外在的誘惑，畢竟生理需要的反射，而不是隨便可以克制的。

以身體反應來看，絕食時小便減少、活動量低、身體虛弱、心悸手抖，大概最痛苦的日子是頭兩三天。接著，由於長期缺乏營養，很可能造成休克現象，加諸缺乏糖份，對肝功能會有重大影響；肝若無法獲得需要的醣份，可能產生「中心性壞死」。現今的科學雖然進步，但人體有不少維他命尚無法靠人工製造，如幾種胺基酸便是一例，所以靠針劑注射只能暫時維繫，不可能永久。

有時短暫1—2天絕食對身體有好處。平時食量大的人，絕食比較容易。情緒千萬要平靜，如果情緒不定胃液會增加，甚至會引起胃出血、穿孔等更嚴重的併發症。此時，祈禱、尋求信念的支特、以愛對人……等，都是很好的方法。

生病的人食慾自然低，無法進食心情比較能接受。而絕食者因心中癥結抗議心理，在有食慾的狀況下，强迫自己不食，心理負擔比病人較重。而且，生理反應如唾液分泌、胃酸形成……其痛苦可想而知，所以絕食者的毅力一定比常人强。

至於停止絕食後，生理反應及應注意事項：絕食對身體會造成相當程度的傷害，表面上或許只是清瘦、虛弱。但由於養份的消耗補給不夠，細胞失掉養分供給而相繼死亡。因此，補充養分自是當務之急。然而必須注意，進食不能太快，初時先進流質食物比較易為身體吸收，量也不要太多，以免腸胃難以適應反而造成後遺症。繼之，如果身體過份孱弱，則以葡萄糖及生理食鹽水、鉀、少量鎂（防止抽筋）注射，使之漸漸恢復體力。週遭的人應多加對當事人關心，疏導情神及心理上的壓力。當事者本身也應該自我調適面對現實，莫因絕食後的鬆懈反而使身心受損。

對於「強迫進食」問題，有雙重矛盾。一則以人道的立場來說，生命是第一順位，而以當事者的立場本身所面對的問題，能獲得解決最為重要；因為，絕食的出諸於自發性的行動，心理上的問題最重要，解決的方法應從導致絕食的誘因去看，避免以強迫的手段令絕食者進食。

絕食，一般不是一、二天的事，要慎重。更應關心的是，對身體所造成的傷害，不是結束絕食便可恢復的。為了當事者以後面對的問題，即或要採絕食方式來解決，最好採「不完全方式」，進飲少許飲料。人體一天消耗的水分，包括自然蒸發、排泄，大概要一仟八百c.c左右。人體的水分佔體重高達七十%，如果缺乏水分，絕食很容易死亡。因此，進食飲料如水或加糖的水，應該對絕食者大有幫助。

龍旗七十三年（1984）年六月號第四十期

台獨內部分裂──洪哲勝另搞「台灣革命黨」

資料室

編者按：在美國的台獨組織〈台灣獨立聯盟〉，因內部矛盾，已與張燦鍙分裂，洪哲勝於四月中旬宣布脫離台獨聯盟，另組〈台灣革命黨〉。因該組織是暴力性質，已引起美情治單位的注意。

《台灣日報》駐美特派員續伯雄於四月廿四日獨家報導此一新聞，本刊特予轉載。關於台獨分子近來在美的活動，本刊曾於今年三月出版的第卅七期第廿四頁，以「現階段台獨革命的路線問題」為題，詳予剖析，可供讀者與本文共參。

美國有關情治單位十八日接獲了一個新的「台獨」組織的報告，並開始密切注意該組織的發展與活動。

新的「台獨」組織是於四月十七日剛自〈台灣獨立聯盟〉分裂而出，自稱為〈台灣革命黨〉，由前任〈台灣獨立聯盟〉副主席洪哲勝領導。因為在該一新台獨組織下將有一個暗的武力地下力量，美國政府情治單位將依據四月十六日雷根總統剛簽署的一三八號《國家安全指令》，對該一新的織的「恐怖性革命活動」予以注意。

自一九七〇年正式成立的〈台灣獨立聯盟〉，基於權力與路綫之爭，組織內部始終傾軋不已，到四月十七日洪哲勝等廿一人發表脫離「台盟」聲明，另行籌組〈台灣革命黨〉，其內部鬥爭分裂乃益見表面化，對整個「台獨」組織形成了一次強烈的衝擊。

洪哲勝在長達一頁的書面脫離「台獨盟」聲明中指出，他們對「台獨」領導人張燦鍙（世界台獨聯盟主席）、陳南天（美國台獨聯盟主席）等十多年來的革命路綫不表贊同，抨擊張等領導人「累積了諸多的缺陷」、「內部缺乏實質民主」、「無足夠的道德勇氣」、「無寬廣的心胸氣量」、「無強烈的保密觀念」、「無卓越的推動能力」……，洪則自信具備這些條件。

洪哲勝曾於去年底競選〈台獨世界聯盟〉主席而告落選，他所控制的「台獨」盟員，對於台北市公布偵破「台獨」爆炸兩報案時截獲的《台獨內部機密文件》，也感到震驚與不滿，有人認為兩報爆炸案經由一名台獨高級盟員向台投誠而偵破，是促成台獨次大分裂的主要因素。

此外，今年二月廿八日，設於洛杉磯的〈台獨聯盟〉總部，曾派遣一名台獨分子黃泰和前往蒙特利公園散布恐怖標語傳單，為聯邦調查局當場捕獲。此事也在「台獨」內部引起恐慌與批鬥，被洪哲勝派指責為「領導能力有嚴重缺陷」。

另據與「台獨」有連繫的人士說，自去年下半年以來，美國各地〈台灣同鄉會〉之紛紛聲明與「台獨」劃清界線，開始與國內的朝野團體及個人作「化除隔閡，共謀國是」的接觸，也嚴重打擊了「台獨」的形象與陣容團結。

跟張燦鍙、陳南天等對照，洪哲勝被視為「台獨」的溫和派。他不認為使用武力舉動對政府的總體戰是當前急務，而主張催動台灣內部各階層人民的羣眾運動，武力只是用來助長這種羣眾運動。

洪哲勝等在脫離「台獨」同一天的《建黨聲明》中表示，他們籌組的〈台灣革命黨〉將於今年八月底以前完成建黨，由明、暗兩個自成指揮系統的部分組成。明的部分從事宣傳、組織工作，暗的部分是地下組織，是在政治、軍事上反擊敵人的兩個巨拳。

從聲明中所列的通訊地址看，〈台灣革命黨〉的總部將設在紐約，以與洛杉磯的〈台灣獨立聯盟〉東西遙抗，洪哲勝是建黨委員會的召集人，很可能由追隨洪哲勝脫離台獨的其他廿名盟員擔任新黨的首幹，這廿人是：王大山、江文雄、林山林、林再生、林明台、林哲台、林啟賢、柯台立、柯志仁、柯柏、陳山、陳梅、陳漢永、張阿猴、張澤友、曾世雄、游新事、黃佑嘉、黃佳惠、劉銘采。

龍旗七十三年（1984）五月號第三十九期

從洪哲勝看台獨內鬥

羅思義（寄自紐約）

在台灣同鄉口中，知道有一個叫洪哲勝的台獨分子，他經常以台獨理論家自居。否認自己的華裔血統，劃分台灣人與大陸人界線，經常面無愧色的自外於「中國人」，把「中國人」放在對立方面上。

很久以來，我就想看看洪哲勝長得什麼樣子，為什麼中國人裏會出這樣一個漢奸敗類？沒有想到，我的願望忽然達到了。

有一天下午，美東〈中華青年協會〉在紐約哥倫比亞大學教師學院舉辦了一個座談會，主題是「從歷史、文化及思想的眼光來看中國的統一問題」。邀請了四位有名的教授——唐德剛、許倬雲、齊錫生，冷紹烇主講。參加的聽眾有來自台灣、香港、中國大陸的人士。

◎留仁丹鬍子的人

座談會開始不久，有兩名中等身材的中年人進入會場，大模大樣的坐在會場前面第二排的中間位置，其中一人蓄了一撮仁丹鬍子，另一名較矮胖的則跟在後面。兩人一言不發，每名主講教授講完，留仁丹鬍子的均鼓掌叫好。

等到四個教授的演講結束，主席李慶華問大家有無問題時，留仁丹鬍子的中年人立即起立，以十分標準而流利的國語，報出他的中國姓名，他高聲的說：「我是台獨聯盟前主席洪哲勝！」

「洪哲勝」的名字報出，我嚇了一跳，好奇的看著他，並想他有什麼高見，但見他繼續以國語說：「今天演講的人都講得很好，開始重視台灣人民的意見問題，這是一件令人欣喜的事，講得很好！」

洪哲勝的話一出，舉座哄笑。我看不出他說的話內容有什麼可笑，也不知道在座的人笑什麼。等到洪哲勝再發言，我才領會到，洪哲勝惹笑的原因並非講的內容好，而是他的口氣與小丑動作頗具逗笑作用。想不到「理論家」竟是這樣一個小丑角色。

接著，洪哲勝以粗聲大氣的話及不通不順的語句來散布他對「中國統一」的意見，看得出他想散布「獨立建國」理論，但又怕犯眾怒，因此吞吞吐吐的說：「今日的問題不是中國統一問題，而是一千八百萬台灣人的出路問題。」

洪哲勝話是講了，但獨立的意願未明，舉座既無反應、也無掌聲，接著另外有人舉手發出其他問題，把「洪大理論家」的話掩蓋得黯然無光。

◎劉添財的質問

但在座一位有心人——政論家劉添財（阿修伯），對洪哲勝很有興趣。他立即起立，仿照洪哲勝粗聲大氣的口吻說：「請問洪哲勝，台灣獨立後，台灣是否以武力對待外省人？根據台灣現有的一千八百萬人區分，其中有高山族、客家人、閩南人與外省人，現在閩南人中的漳州、泉州衝突已減少，那麼與其他人的衝突是否會轉劇，請洪哲勝說清楚！」

阿修伯的話在台獨分子聽來大概頗有討論的價值，但在座的人不知道為什麼又是一陣哄笑，尤其說到漳州人與泉州人衝突時，笑聲更大。我因此聯想到，在所有有理性的中國人心目中，劃分省籍的地域觀念，是一個可笑的問題，根本不值得討論，也不值得重視。

果然，洪哲勝又得到機會起立發言，但所答非所問，胡扯了一大堆「台獨八股」，又不能言之成理，除了惹來哄笑之外可以說毫無反應。

在短短幾十分鐘內，洪哲勝有連續兩度發言的機會，但他都不能好好把握宣揚他「獨立建國」的革命理論，最後只好提前離座出去，結束了他的胡鬧。不料，幾天之後，洪哲勝竟在「台獨」機關刊物——《台灣公論報》上自吹自擂，自稱「出擊成功」，儼然以「勝利者」自居。但令人反感的是，洪哲勝不但不知道感激座談會主席給他兩次發言的機會，相反還以怨責的口吻寫著：

座談會不再讓洪哲勝有發問的機會，這是座談會未能遵守「自由發問、暢所欲言」的原則。

◎洪哲勝的經歷

過去看過洪哲勝的文章，現在再親耳聽到洪哲勝的談話，不禁想到不久前一份在美國西岸——洛杉磯出版的台獨刊物，上面有一篇訪問洪哲勝的文稿，對洪哲勝的身世背景有更多敍述，並把洪哲勝走火入魔的歷程說得一清二楚。

根據那份刊物記載，洪哲勝在台獨的組織中，是喜歡舞文弄墨的一分子。由於叛逆根性作祟，自小就受侵華的日本人影響，以後又被中共政權所吸引，先親日後媚共。到了最後，竟然在出國後投入台獨陣營，貫徹他數典忘祖的思想與行動，這是他概括性的心路歷程。

根據台獨刊物對他的介紹，可以知道洪哲勝一九六一年在台灣南部的〈成功大學〉畢業，當了兩年兵，退役之後回到成功大學當助教。四年之後以助教獎學金來美國，入科羅拉多大學深造。

洪哲勝是一九六七年離台抵美，一九六八年就加入〈台獨聯盟〉。一九七一年博士論文還沒有寫好，就毛遂自荐參與實際台獨組織之工作。十月份從科羅拉多州抵新澤西州，名義上是台灣研究所的秘書，實際上負責〈台獨聯盟〉的理論宣傳工作。

一九七五年三月，台獨組織因爭權奪利，競當「統領」而分裂，洪哲勝被敵對一派擠了出去，失意「失業」之餘，返回科羅拉多大學，以六個月時間完成博士論文，然後留校當助教一年。由於收入不足養妻活兒，乃於一九七六年九月應徵到波士頓一家公司做了三年工程師。一九七九年十月，與洪哲勝一伙的台獨分子奪權成功，乃以分贓的形式把洪哲勝弄來紐約，再擔任台獨之理論宣傳工作，不但主辦《台獨月刊》，並在《台灣公論報》主持編務。

洪哲勝曾公開承認，他的左傾思想與日本有關，也與「家學淵源」有關。在台灣時，就因為中共實行社會主義，深得洪哲勝之心，因此洪在政治選擇上，出賣了培育他的中華民國政府，走向對中共認同之途。

洪哲勝說：「發行於日本的《台灣青年》以及產生在中國的〈毛澤東思想〉，對於我的轉變，同樣起著促進的作用。」

從洪的自述，就可從他的轉變看出一個軌跡，那就是「親日、媚共、台獨」。終其一生，走的都是莫名所以路線，不但忘恩負義，而且數典忘祖，這就是他顛三倒四心路歷程。像洪哲勝這種邪曲心態的人，台獨組織中擁有相當的數量。

◎山頭林立利慾薰心

不要以為台獨組織的人是因為「獨立建國的理想主義」才從事「革命」，其實他們大多數人是由於利慾薰心、權力幻想而誤入歧途。根據洪哲勝的說法是：台獨組織內「山頭林立」，分幫別派，框框圈圈之多令人難以想像，而且是由來已久的事。洪哲勝在接訪問中說：「海外革命陣營各自成立小山頭，各自劃出小圈圈，已經不是兩三年的事情了……鑒於……大家缺乏協調共事的經驗，大家缺乏妥協求同的涵養，多個山頭並立的現象，毋寧是一件非常自然的事。」

但洪哲勝也坦白的承認：「長期以來，各自為政使得每一個組織都產生無力感。」因此洪希望「持有山頭主義作風的領導人物，改變以往作風，否則便冒著被羣眾淘汰的危險。」

洪哲勝這兩句話倒是一點也不錯，台獨組織內鬨互鬥已非一日。最後，這批利慾薰心的傢伙，最後就如洪哲勝所說「自顧山頭，吵吵鬧鬧」，絕對成不了氣候。洪哲勝說了許多胡話，只有在內鬥火併的敘述上還算坦白。不用多久，大概就可看到洪哲勝成為山頭林立、互相排的犧牲者了。

當前分歧言論總覽及分析

主筆室

◎第一部分發展的要點

每月一百萬字的攻勢

今年四月底、五月初，以高雄暴力事件受刑人及家屬為主幹的台灣內部分歧集團，策動了一次「絕食運動」。

這次以紀念「五四運動」為名、以「請求政府特赦美麗島刑人」為訴求運動，並不算成功，在政府及各界的努力下，使當時頗為緊張的情勢迅速化於無形。

然而，它所隱含的意義及作用卻不可忽視：第一，就台灣內部三十多年來的分歧活動史看，這是首次出現的形式，代表一種分歧鬥爭的新路綫，今後將如何發展，尚不可知。第二，就後來三個月的發展情形可證明，它是當前分歧活動昇高的開端。

尤其前述第二點，社會有目共睹的，從五月二十日第七任總統、副總統就職開始，原有和新創的「黨外週刊」竟有八家之多，再加上幾本非週刊的分歧刊物及叢書，紛紛採取聯合性行動，以《國民黨學》為名，對國民黨的歷史極力扭曲；對黨政要人，上至國父 中山先生、先總統 蔣公、今總統經國先生，下到黨政各單位人員，只要行文沾得上邊的，莫不受到攻訐、誣衊。

這些分歧言論的大攻勢，根據他們其中的一分刊物自己統計，從五月開始到現在為止，每月平均有一百萬字產出，專門攻擊國民黨及有關人士。

◎國民黨的因應措施

自從北伐勝利以後，近五十年以來屢次敗於文字宣傳、而且迄未重視文字宣傳力量的國民黨及政府當局，這幾個月面對如此凌厲的分歧言論攻勢，也不禁怵惕起來了。從七月初，開始了一連串反擊和因應行動，其明顯的事例如下：

1.七月八日，台灣警備總司令陳守山上將在《青年戰士報》發表「反滲透——認清敵人」講詞，並在華視莒光教學節目上公開演講，內容指明當前敵人利用一些刊物作思想滲透的情形。

2.同日，台灣省府主席邱創煥在聯合報發表談話，強烈指責「那些專門吃裡扒外，顛倒是非，淆惑視聽的人。」

3.七月二十五日，行政院新聞局長宋楚瑜在日本與我國一些記者聚餐時談到國內一些刊物「走偏鋒」，表示痛心。

4.七月二十六日起，譴責分歧言論社論、專論、讀者投書，陸續在《青年戰士報》、《中央日報》、《大華晚報》、《台灣日報》、《民族晚報》、《聯合報》出現，甚至連平素對分歧言論採姑息態度的《中國時報》，亦於八月一日刊出了社論。此外各電視台亦播出有關專訪節目。

5.八月九日，報紙登出消息，國民黨中常會過，更換文工會主任，由宋楚瑜接替周應龍。並於同月二十日交接。

◎出乎想像之外的發展

對上述一連串反擊和措施，分歧刊物非但不為所動，反而頻頻反舌相譏。甚至揚言：把「蔣家神格化的威權形象也將被群眾踩在腳下」並沒有什麼不對，這種「國民黨的反攻倒算」根本不可怕，「過火的行動必將禍延國民黨自身」云云，猖狂氣焰，溢於言表。

分歧刊物登出大量的這種楚霸王式「天下莫予毒也！」侮謾言語，當然更昇高了社會政治的對立性，一場不可避免風暴行將來臨了。

然而，天下之事，常有出乎意表發展。八月十三日羈留在韓國的六義士突然獲釋歸來，造成連日的大新聞，人們的注意力暫時獲得移轉。接著，八月十五日下午，政府突然宣布假釋林義雄、高俊明、許晴富、林文珍四位叛亂犯。這出乎所有人意料之外的措施，意味著政府無意採取打擊分歧的進一步做法。

綜上所述的重點，本文試圖以全局的眼光，透過較精密客觀的分析，俾供各界對台灣未來政治發展的參考。

◎第二部分歧言論的總覽

綜覽二個多月來的分歧言論，可以分為幾個主要方向：

1.突出國民黨歷史上的缺失，醜化二位領袖（總理及總裁）形象，以達到「挖根」之目的。

2.污辱元首經國先生及他的家庭。

3.醜化大量的黨政人員及社會知名人士。

4.分化民眾與政府的感情。

5.煽動青年學生及軍人的不滿情緒。

在這五項之中，又以一、二、三項所佔的篇幅最多，分歧集團且賦予一個新的名稱──《國民黨學》。本部分茲就第一、二、三項作表列如後。

應先聲明者，下面表中所列者，取材是全面的，但無論攻訐言語或攻擊之個人，並非包括無遺。尤其被攻訐之人方面，表中所列恐怕尚不及三分之一，因為篇幅關係，看了表中所列就足以推想其餘了。

又應說明者，分歧刊物對國父 孫中山先生、先總統蔣公及今元首和他家屬的污辱，所用言語實為大不敬，所以在表中特加「本刊批判按語」以作駁正，以示本刊並非要傳播那些荒謬言論。讓是非留諸天下公斷，世人當知古今中外沒有如此的「言論自由」！

謬論摘要	本刊批判按語	刊物及頁數
攤開中國近代史來看，如果中共是靠打、砸、搶起家的紅色「丐幫」的話，那麼國民黨政權肇基之前，本質上與之相較，亦不過「五十步笑百步」 ………… 孫中山在清廷眼中，這些國民黨的革命黨人都是「不良幫派」中的首惡分子。 ………… 整個民初政局，可以「一團混亂」四字來概括。……眼見此情此景，秀才孫中山當然心有未甘，於是一九二四年蘇聯紅軍翻版黃埔軍校誕生。 ………… （蔣）早在清黨之前，據聞他與上海清幫首要黃金榮、杜月笙等人，即過從甚密，關係非比尋常。 蔣中正的「清黨」與當年上海幫派力量，有著極親密的關係。 ………… 蔣的政治型態，可謂帶有相當濃厚幫派色彩。 到了台灣以後的國民黨，基本上仍延續了它在大陸時代的幫會性格，只不過統治技術更高明，更懂得照顧門面罷了。 ………… 國民黨的幫會性格是不會死滅的，從孫中山、蔣中正，以至當今的「後蔣經國時代」，其內在本質均是換湯不換藥。	中國的幫會，原是民族主義的產物，起於清初顧炎武、王船山等人；因為當時在清朝強力高壓統治下，反清復明力量無法明的對抗，只有走入民間，於是成了幫會。關於這一點，國父遺教中也說明了。 國民為了到推翻滿清之目的，即使是團結幫會的力量，本質是符合民族主義精神，何能說國民「本質」是「幫會」？ 總而言之，分歧刊物此種文字，不是在客觀研究歷史，而是針對目前台灣黑社會暴力事件高漲的情勢，把國民黨與黑社會劃等號，以達醜化之目的。其可惡在此。	《開拓》二期4頁以下。
一九五九年三月廿六日，蔣中正告西藏同胞書上有這樣一段：……請問，這怎能解釋？不是公開表示你允許「藏獨」嗎？	早在數年前發行《台獨季刊》第一期，台獨右派「理論家」蕭欣義即發表〈國共長期倡導台灣獨立的史實〉一文，斷章取義地曲解歷史，說中山先生及先總統「倡導台獨」。此處所謂「藏獨」不過是與海外唱和的手法而已。	「開拓」三期10頁。

蔣介石是一個無意識型態的軍人，他向右轉拉攏西山會議派，並不是因為理念的認知，而是權力爭奪的考慮。 …………… C.C. 基本上是介石靠攏右派後的基層 黨工組織靈魂，C.C. 的形式也帶著濃厚的右翼本位。 …………… C.C. 的勢力拓展還多少帶些建設意義，而藍衣社卻是蔣介石控制下的國民黨，進一步趨向法西斯化的骨幹。 …………… 蔣介石此時將他的二兒子蔣緯國派往德國接軍事教育，即是他心儀法西斯的最佳明證。	這是純粹對先總統人格形象醜化。 事實上，任何現實政治離不開派系力量的爭取，但這些只是方法不是目的，看問題必須看出發點及目標不能光看方法。蔣公一生以繼承中山先生、實現三民主義為職志，歷史證明他這目標是執著不移，正因為如此才有今天的台灣。 把國民黨指為「法西斯」是中共一貫伎倆。如果說派蔣緯國留德就是心儀法西斯的「最佳明證」，那麼他也派了無數的人去留英、留美，又是什麼證明？這種說法簡直可笑之至。	《八十年代》七十三年六月十五日出版7頁以下。

蔣介石靠武力崛起。

……

孫先生在民國十二年親自製定「聯俄容共」的策略，不幸剛剛付諸實施，便於民國十四年辭世。

民國十六年，國民黨新的導人突然開始以武力大舉清除共黨，孫先生的「聯俄容共」政策立刻便煙消雲散。

……

民國十三年中國民黨的改組與黃埔軍校的成立，都是在蘇俄協助下，依蘇俄藍圖完成的。沒有蘇俄的協助，便沒有新的國民黨。何以孫逸仙博士一辭世，繼承者就敢立刻改變「聯俄容共」的政策呢？他有什麼力量能做到這一點？

……

政策轉變中引起最不利之反應的，便是「攘外必先安內」政策。當時日本步步進侵中國，以民族主義作為革命標幟的國民黨，當然應該盡全力抵抗日本的侵略。但是，當時為了先剿共以「安內」，對日本一直採取逐步退讓的姿態。甚至到民國二十年日本進佔東北挑起「九一八事變」，國民黨依然採取不抵抗主義，輕易放棄東北九省。這一來，民眾忍無可忍了，爆發了全國性的「反日」與「反政府」浪潮，當時的國民黨雖然沒有立即被這一浪潮淹沒，而日後的「西安事變」實肇因於此，而「西安事變」使國民長期的剿共功敗垂成。

……

日本人最預料不到的事，就是共產黨居然能再度和國民黨合作撤銷邊區政附「易服色，改正朔」，共軍接受了國民政府的整編，在青天白日旗幟下抗日。儘管這「國共第二次合作」被認為是形式上的，但是，沒有這一「形式」，中國仍難抗日。

把蔣公說成「背叛孫中山容共政策」，把「安內攘外」政策說成是對日本的「不抵抗主義」，把八年抗戰勝利說成是共黨肯與國民黨合作的功勞，……這些均是幾十年來中共一貫的論調。這種論調居然出現在今天的台灣，豈不令人驚訝？去年中共在海外發行「西安事變」影片，正是上述論調的宣傳。由此印證，顯見分歧分子就是與中共唱和的。

《蓬萊島》叢刊七月十六日出版十四頁以下。

四、「攘外必先安內」政策使日本坐收漁利。為了「安內」而耗盡了所有的時間與精力，如果內戰再繼續下去，中國將因分裂而滅亡。 五、「七七事變」後，中國可說是在毫無準備的情況下，倉促抗戰，軍隊的訓練與裝備相差太遠，犧牲自必慘重。謀國者如此缺乏深謀遠慮，是中國百姓的悲哀。	這兩段是矛盾的說法。「九一八事變」到七七抗戰六年間，採取「安內」政策正是為了不要「倉促抗戰」。由是可見原作者根本不了解歷史，或故意扭曲歷史，所以露出了矛盾的馬腳。	《蓬萊島》叢刊七月十六日出版 14 頁以下。
整個國共戰爭，簡直快變成黃埔學生和政治教官打校長的遊戲了。國民黨面對這麼尷尬的史實不得不編造一番說辭來向看熱鬧的民眾交待：他們說：這都是共產黨滲透黃埔軍校的結果。	這是純粹謊話。只要看看中共最近公布的滲透黃埔史料（部分見本刊四十期12頁「六十年前的兩則機密檔案」一文），及較客觀的著作（如中共早期領袖張國燾回憶錄），便可證明：共黨滲透軍校想奪取國民革命果實不是「國民黨編造」的了。	《前進》六月二十三日出版 21 頁以下。
今天的軍官學校，已經完全喪失了他六十年前「革命前鋒」的本質，淪為一個解決就業問題、解決國中生、高中生失業問題的一個「職業學校」。	這是嚴重污辱。不知軍校學生有何想？	同前 23 頁。
國民黨政權反其道而行，長久以來不斷地扯謊、欺瞞、爾詐我虞，世人皆知民是一個死要面子的政權。	這是潑婦罵街式的謾罵。只有大陸文革時期的紅衛兵才說這種話。	《新潮流》叢刊八頁。
在台灣國民黨是無孔不入，特別是軍校和學校更是其控制的主要對象。 …… 三十年來軍訓系統雖然在「大學法」和「大學規程」中始終妾身不明，但事實上軍訓系統業已發展成為當局校園控制系統中主要之一環。國民黨把台帶入了空前未有的生存危機。	這種說法是根據「和平民主」理論而來。其荒謬在於「大前題」錯誤。因為今天台灣不是承平時代，而是處於「反共戰爭過程」。放棄軍隊及學校的政治防禦，無異引狼入室。 沒有校園的安定，才有生存的危機！	《台灣廣場》六期 6.9 頁。
在國際上……已成了國際孤兒，不完整的國際人格和法律地位，使台有喪失國際主權的危機。	這是典型的「台獨」論調。試問分歧集團能提出什麼方案來解決這些問題，而又可阻止中共吞噬台灣？	《蓬萊島》週刊一期。4 頁以下。
中共是「一黨專政」，國民黨是「一家專政」。 「蔣宋孔陳四大家族搞垮中國的歷史將在台灣重演！」	此是中共早年汙衊的最犀利論調，再加上今天台獨的標準論調。（按「四大家族」一書係中共的陳伯達所寫，對國民黨打擊極大）。	《蓬萊島》叢刊七月廿三日出版。6 頁以下。

◎污辱元首及其家人言論表

對象	謬言擇要	備註	刊物及頁數
元首蔣經國先生	家族統治的氾濫要到蔣經國時代，蔣經國由其父親手中繼承了領導權，順利完成了家族接班。在蔣經國掌握實權的時代，其所擁有的威權，甚至超過他父親。……一千七百九十九萬五千被排除在政權之外的人民，應該爭取自己的政治主權，不能再任由「統治家族」搞垮台灣。	把國民黨描成「家族政治」、說成「蔣家政權」是當今海外台獨的慣用詞彙。	《蓬萊島》叢刊七月廿三日出版21-23頁。
	來台以後的蔣經國，歷經「被監視 時代」、「小兒科的時代」、「統一情報的時代」，固然形勢日好，權力亦驅穩固。但，以全國領袖的嫡長子而去掌管特務，被人在背後指指點點，稱之為「特務頭子」總有「不是味道」的感覺。	旨在醜化元首為「特務頭子」。其資料與中共在港出版的《蔣經國系》一書同類。	《政治家》23期24頁。
	經國先生有其性格上的局限性，在思想深處蒙上了蘇聯教育的陰影，又吃了蔣老先生對封建意識薰陶的虧。運用特務統治，常常化友為敵，甚至憑空製造敵人。……蔣經國現在似乎是拖到生命結束之日而仍能維持住台灣現狀，到九泉去向父親交差。	此乃轉載海外投機分子陸鏗之《蔣經國面臨新抉擇》一文	《前進》叢刊六月廿三日出版。
	在蔣家第三代接班逐漸明朗化之際，奉勸蔣經國能盡早打消此種「家族統治」、「唯我蔣家獨尊」的念頭。	把元首孤立為「家族政治」是敵人當前的主要攻勢。	《蓬萊島》四期19頁。
	蔣經國個性堅決，又有親和力，是一個性格複雜的政治人物，而且蔣經國沒有自己的親兄弟姊妹，他非常孤獨。	故意分化元首家人的感情。	《八十年代》40期51頁。
	一國的「至尊」，因為……往往對一件原甚單純普通的事，為了故作神秘，遂致愈故作神秘，就愈啓人疑竇。……蔣經國總統的第二時代，也有人稱為：「後蔣經國時代」。……「蔣總統經國先生」的名號，不知是國民黨中那一個「叔孫通」的餿主意。	欲毀損元首之形象。	《政治家》叢刊2，第5頁以下。

	蔣經國給媽媽的一封信（全文）。	此信係抄自香港七十年代雜誌社出版的《雷震回憶錄》一九七八年出版。按當時「七十年代」是中共的統戰刊物，二年以前才背叛中共變成中間刊物。	《台灣廣場》週刊八期。
蔣緯國將軍	他有許多媽媽，卻不知道生母所自出。都是人奉承呵護，像捧鳳凰一樣捧著長大……性格與意志之趨於兩歧。	挑撥元首家庭感情。並醜化蔣緯國先生。	《政治家》20期27頁以下。
	率性、任性。提起「裝甲之家」，就必然的想起了是「蔣緯國特權作祟」。宮廷中尷尬人物的代表。因為蔣緯國元配夫人涉嫌走私，…………	醜化元首家庭，有失厚道至此！	《蓬萊島》叢刊一期31頁。
	事實上，蔣氏家庭是名副其實的國際家庭。在他們家裏，不只有中國血統，即連蘇俄、德國、日本血統都有，是真正的「小聯合國」。		
蔣孝文	任性非為…………	醜化元首家庭。	《政治家》23期9頁。
蔣孝武	孝武之氣焰確非等閒。大人物的後代容易被小人包圍……直到如今，蔣孝武似乎並沒有超越這條鐵律。蔣孝武似乎也的了解三台本來就是靠他家吃飯的機構，他對三台的負責人經常頤指氣使。	醜化元首家庭。	同前書11.12頁。又見《蓬萊島》叢刊七月廿三日版，26頁以下。
蔣孝勇	中小企業不歡迎的人物。分辨事理能力不夠。除了經營企業之外，孝勇和地方派系、黑道勢力也頗有往返。	醜化元首家庭。	《政治家》23期7頁。

	專包工程拿回扣。孝勇是標準的紈袴子弟，養狗內行，搞錢也有一套：風評極壞，但又無人奈他何。	醜化元首家庭。	同前《蓬萊島》27-28頁。

附註：此外，分歧刊物對蔣夫人宋美齡女士、蔣方良女士、蔣孝章等元首家人污辱之文，並未列入本表。從整體來看，分歧刊物對元首家庭成員幾無一遺漏地加以醜化，美其名是「民主政治下沒有神話」，實際上是起著打擊領導心中的作用。這是有識者皆知的陰謀伎倆。政府必須阻止這種陰謀。又分歧刊物竟能把元首家人的生日、生活情況寫出來，如果不是捏造，必是黨政高層有了內奸，此點尤須注意。

◎對政黨人員及其他人士人身攻擊之言論表

人身攻擊對象（職務或身分）	攻擊言詞摘要	出處
李登輝（副總統）	一命而僂，再命而傴，三命而俯。 素來口齒不清，邏輯錯亂。 他常借上帝之名教訓部屬、斥責同胞。 濫用公權力壓迫民權、傷害人權，他更藐視議會，拒絕民意，在台省最高的議壇上任意使性。	《蓬萊島》週刊一期42頁。
	李登輝令台灣人臉上無光。 他認為努力建設台是為「三民主義統一中國」尋找成功的模範，但是這神話只是講給他的主子聽，連他自己也不敢相信是真的。	同前誌二期54頁（照片附汙衊文字）。
	……所以蔣經國在選擇第六任副總統時，不得不找沒有班底，沒有子嗣的李登輝當副總統。 （按：民七十李氏有喪子之痛，這是極刻薄無人性話。）	同前誌三期25頁。
俞國華（行政院長）	俞國華交接表現差：不耐煩的時而前傾、時而身體左右搖擺、時而抓耳搔腮、時而摸鼻子、扶眼鏡，動作不斷，充分顯露不耐煩心情，給人的印象是沈不住氣。	《先鋒時代》週刊一期30頁。
	侍從性格及掌櫃性格根深蒂固，欠缺閣揆應有的架勢與風範。而一般人批評他沒有親和力與平民性格，也證明絕非無的放矢。	《八十年代》半月刊六期32頁。
	從立委放水看俞國華，在立法院的無能和無知；這種行政院長再讓他幹下去，台灣還有希望嗎？	《蓬萊島》三期48頁。

人物	言論	出處
	堂堂的行政院長，卻有兩個美國籍的兒子，老子是中華民國宰相。俞國華自奉甚儉，儉省得近乎刻薄，每天交給女傭的錢不超過新台幣二百元，但是他的兩位公子在美利堅合眾國，生活奢華，住高級洋房，開最豪華轎車，銀行中的存款在億萬美元以上，相形之下，俞國的「儉樸」未免讓人有不實在的感覺。	《台灣廣場》週刊五期。
	俞氏就任一個月來，大家看得很楚，他實在不是行政院長的料子。（俞國華為台灣埋下一個炸彈）。	《蓬萊島》二期53頁。
蔣彥士（國民黨中央黨部必書長）	風流老先生…… 風流豔事廣為人知。	《新潮流》週刊六期37頁。
	更何況食色性也，層峰對蔣彥士的寡人之疾並不見怪。不過，據了解，女人一旦牽涉到商業活動，難免問題複雜化，據說今上對於這方面很不能接受。	《前進》七月廿六日出版17頁。
沈昌煥（總統府秘書長）	政治大章魚緊緊的吸住「主子」後，在黨政軍各方面「八」面玲瓏。 他講話模稜兩可，是個大滑頭。可是在「主子」面前他卻是大馬屁精。 沈昌煥深知中國官場中的「箇中三昧」：要「抓」對人，要會「拍」馬屁，要「滑」頭，如此抓、拍、滑三管下才能前途無量。 不學無術。	《先鋒時代》週刊一期6-8頁。
孔德成（考試院長）	無才無德，只能靠孔夫子餘蔭。	《蓬來島》叢刊四期36頁。
林金生（考試院副院長）	反倒是不學無術的孔德成與林金生混上了正、副院長。	《薪火週刊》六期33頁。
林洋港（行政院副院長）	擔任內政部長時，以其耍嘴皮子的工夫，充分發「國民黨打手」的功能。	《新潮流》週刊六期39頁。
張豐緒（政務委員）	平庸而無幹才。 張豐緒在一夕之間幹上台北市長，治績被市議會評為「一塌糊塗」。	《蓬萊島》週刊一期21頁。
	張豐緒家族專搞政治婚姻。	《蓬萊島》叢刊三期23頁圖片。
馬紀壯（政務委員）	馬氏出身軍方，意識型態屬極右派……在去年「倒王」行動中亦居要角。	同前書21頁。
吳伯雄（內政部長）	長袖善舞，在宴席上一向以善講黃色笑話而著稱於交際圈。 一向出手大方，只要能滿足其虛名與權勢的慾望，花再多的鈔票也不會在乎。	《新潮流》叢刊一期26頁。
	無論才識、氣魄，當內政部長都很勉強。	同前書六期37頁。

徐立德（經濟部長）	具有政客本質徐立德，做的事，常常個人政治前途的考慮，重於國家整體的利益。	《蓬萊島》週刊一期34頁。
	只想做大官，不願做大事。 政客。 最缺德。	《八十年代》半月刊六期54頁。
連戰（交通部長）	公子哥兒出身。 公私品德都不佳，完全暴露世家子弟的劣根性。 在美時秘密參加台獨組織。 才具平庸，難成大器。	《先鋒年代》六月八日出版10頁。 「蓬萊島」叢刊三期30頁。
姚舜（行政院青輔會主委）	美國大學文憑是買來的。 是黑官。	《新潮流》八月六日出版42頁。
宋楚瑜（行政院新聞局長、今文工會主任）	他藉金馬獎賽會中「夾帶為自己做秀」的怪招。 新品種的新藝綜合體新官僚。 公然執法亂法。	《政治家》叢書二期13頁以下。
	宋楚瑜騎到邱創煥頭上。	《蓬萊島》週刊一期30頁。
	自負、官架子大得要命。	《新潮流》一期22頁。
	宋楚瑜喜營結勢力、好逞口舌之利。 喜歡任用私人。 常常講的是一套做又是另一套。	《蓬萊島》四期27頁。
	一向心思活絡，擅於發明政治術語……取得上級歡心。 出身於官宦世家，滿腦子充滿了封建思想，批評蔣家就好像批評到他家一樣。	《開拓》週刊三期1.18頁。
宋時選（組工會主任）	缺乏學問根基，為人富於權謀。	《政治家》週刊20期13頁。
邱創煥（台灣省主席）	是一名政壇公認才幹平庸、缺乏氣度、毫無魄力的政治人物。 擅於官場逢迎、長於政治鬥爭。 這一位奉命唯謹的省主席，是標準的「萬歲不離口，語錄不離手」。 充分顯露保守畏縮、好官我自為之的心理。 開創力不足，也根本不想建設台灣省政。	《開拓》週刊一期14頁以下。
	平庸油滑，居然在抓到權力的開始就不顧一切地展示他橫蠻的一面。	

	邱創煥渴望省政府主席的心情已到了「不當主席，死也不瞑目」的地步。每飯不忘感恩，台籍政客的軟骨與肉麻表態。宦海浮沉三十載……一帆風順，全靠他的圓滑手腕，而他的輕佻、倨傲以及僚氣十足。	《蓬萊島》週刊一期41頁以下。
	邱創煥是俞國華的心腹……天知道，他是一個多麼沒用的省主席！	《新潮流》叢刊八期25頁。
	台灣第一龜縮：鄉愿作風，既心安又愛湊熱鬧，無能又官僚。	《前進》73.1.19出版14頁。
	省主席的聲勢權力比他當年任內政部長和行政院副院長時強多了，難怪他會躊躇滿志，夸夸其言了。	《薪火》創刊號35頁。
	才具平庸但擅長逢迎做官。 邱大人一向講話都是不清不楚，油滑曖昧，而他的為人也一向都是暗中出招，不是十分光明磊落的緣故。	《台灣廣場》七十三年七月十三日出版34頁。
	邱創煥的泥鰍招數：他的政治火候，的確比過去進步得多，但官僚的本質，並沒有改變。	同前書八月三日出版55頁。
關中（臺省黨部主委）	對黨的紀律、鐵的隊伍要求甚嚴，其跋扈、武斷的一面，於此也可見一二。	《八十年代》七月十五日出版39頁。
楊金欉（台北市長）	鴨掌市長。 是典型的技術官僚。	《先鋒時代》週刊一期26頁。
	他是一個道道地地的政治侏儒。 楊金欉沒有良心和肩膀。	《前進」》七月十九日出版29頁。
蘇南成（台南市長）	一向以諂媚阿諛為職志，不知良知血性為何物。 一生信奉「有奶就是娘」，全無知識分子志節骨氣的御用市長。 作秀、醜人多作怪。 蠻不講理。	《開拓》八月六日出版21、35頁。
	烏龍神探。	《蓬萊島》一期59頁。
	他是個不折不扣的暴力分子。	《前進」》五月十七日出版14頁。

趙自齊（中央政策會秘書長）	為兒子立法。 不學無術，草包一個、工於心計。 性喜濫用權力，思想又頑固保守，近年來在法案上下其手，假傳聖旨。	《新潮流》六期39頁。 《蓬萊島》三、四期9頁。
郭俊次（立法委員、行政院顧問）	擅長吹牛和拍馬屁。	《蓬萊島》一期39頁。
錢劍秋（婦工會主任）	破壞體制，戀棧不退。 儼然蔣夫人的代表自居。	《政治家》20期8頁。
周應龍（原文工會主任、現任考紀會主任）	在（文工會）任內企圖結幫拉派……與宋楚瑜明爭暗鬥。	《薪火》六期17頁以下。
陳守山（警備總司令）	陳守山的鳥勁…… 拼命查雜誌……為了得邀寵幸。	《開拓》七月廿三日出版61頁。
	陳守山教唆警總所屬結夥搶劫。	《前進》七月廿六日出版37頁。
李璜（青年黨主席、總統府資政）	晚節不保。 老糊塗。	《蓬萊島」》八月七日出版41頁。
馬星野（中央評議委員、中央通訊社負責人）	「這是吃糞，而非吃米」，大概可以當著馬星野的最佳寫照。 像馬星野之流的人物，除了為既得特權服務之外，對整個中國新聞自由可以說只有負面的效果和作用。	《台灣廣場》七月廿日出版49頁。
張一中（監察委員）	奪權跋扈、大膽蠻橫。 「張一中時代」的監察院，將監察史帶進一個「黑暗時期」。	《八十年代》七月十五日出版14頁。
馬鎮方（台北市政府秘書長）	架勢十足、權威心態。 地下市長。 搞黨工出身的馬鎮方崛起，使得黨政分際更加混淆。	「政治家」七月十日出版48頁。
陳金讓（台北市黨部主委）	擅長人際關係處理，為人十分海派圓滑。	《政治家》六月廿十六日出版32頁。
李模（經濟部政務次長）	李模大小通吃。 扶搖直上，當然是靠官場逢迎巴結。	《先鋒時代》二期22頁。
王惕吾（聯合報創辦人） 余紀中（中國時報創辦人）	一起泡女人，一起尋歡作樂。	《前進》七月廿六日出版8頁。

丁中江（原任考試委員、政論家）	不學無術，專替國民黨當打手的無格之徒。	《薪火》四期18頁。
	在考試院任期內是個無多大作為的人。形象太差，尤其上了「現代吳鳳」以後，他在社會上的聲望一落千丈，其作為深為有識之士所不齒。乃不學無術之輩。	《薪火》六期20頁。
	看到他家人的護照，不禁大吃一驚，「天下為公」的理想根本在他家實了！	《台灣廣場》六月廿九日出版63頁。
吳豐山（自立晚報社長）	沒有格調，不折不扣投機報人。	《蓬萊島》八月七日出版28頁。
吳東權（中視經理） 鄭貞銘（黃河雜誌負責人）	諸如吳東權、鄭貞銘等混混輩，這些文化混混並沒有什麼學術水準。	《政治家》23期11頁。
趙守博（台灣省社會處長）	年少得志，難免猖狂，他語鋒犀利，口中得理不饒人，是出了名的辯者。	《蓬萊島》一期28頁。
黃鏡峰（台灣省建設廳長）	無恥。 為升官而升官。 一副總統代言人姿態，囂張到極點。 現實、巴結、邀功。	《政治家》七月十日出版54頁。
許新枝（中影董事長）	以升官發財作為憑藉。 追逐功名仕途、汲汲於仕宦之途的鑽研。	《政治家》六月廿三日出版35頁。
許整備（台北市環境保局局長）	市府的老油條。	《蓬萊島》八月七日出版57頁。
羅張（警政署長）	是個做官的人，善於作秀而且作秀作得不露痕跡，相當高招。 並不是「有為有守」標準人物，他對金錢的興趣不小。	《蓬萊島》三期45頁。
劉侃如（新聞局顧問）	夫婦利用外交豁免權走私黃金。 此君性喜漁色，台視旗下的女影歌星常屈服於他的淫威之下，連台北市某晚報一位女記者也掉入他的陷阱。	《蓬萊島》二期26頁。
顏海秋（文工會副主任）	顏海秋喜歡搞錢爭名是遠近皆知的，過去在中華日報、台灣新聞報及幼獅通訊社社長任內，即大搞特搞。	「蓬萊島」二期26頁。
蔡雲甫（華僑精神號駕駛人）	「華僑精神號」機型很小，飛在天空就像一隻鳥，如果憑這麼一樁「鳥事」，就能一舉鼓舞「精神」，那才真是「神經」有問題！	《開拓》二期18頁。
	藉「機」中飽私囊。	《台灣廣場》八期42頁。
盤治郎（台北市黨部總幹事）	才具平庸。 只知吃喝玩樂。	《新火》六期18頁。

從以上表列內容，可見當前分歧言論放肆情形，是何等嚴重！正如一份分歧刊物（言論尚較溫和）自說的：「在作者穿鑿附會，以筆名寫作，不負任何責任地亂幹一番下，將整個政論園地搞得流彈四射、砲火冲天，猥褻動作齊飛！」其影響的效果值得深思和檢討。

◎公然違法路

台灣有分歧刊物，非始自今日，而是從中央政府遷台之初即有了。最早的是《自由中國》註。後來是《文星》。再後來是《大學雜誌》分裂之後的《台灣政論》。《自由中國》及《文星》走的是美式和平民主理論路綫。《大學雜誌》興盛於我國退出聯合國之初，各派言論薈集在一起，很難說何者為固定路綫。《大學》分裂之後，「台獨派」乃創辦了《台灣政論》。因此，自這個時候起（民國六十六年），地域主義的分歧言論才在台灣內部公然出現。結果，導致六十六年十一月的「中壢事件」。嗣後，到了民國六十八年，接續這條分歧路綫的刊物《八十年代》及《美麗島》出現，由此又導致了同年十二月十日的「高雄暴力事件」。嗣後，一方面由於政府受到國際的牽制而對暴力分子姑息，另方面在幾次選舉《美麗島》分子家屬當選，導致這三年來這條分歧路綫不但死灰復燃，而且越燒越烈，終於演成今日分歧刊物囂張的形勢。

以上是追本溯源的簡要，或許有助於我們的全盤思考。

然而，無論從前《自由中國》，抑或到《文星》，它們的言論，尚只是思想的歧異，不至於有人身攻擊的文字出現。《美麗島》比較囂張，但走的還是「法律邊緣」策略。今天的各家分歧刊物，則完全是赤裸裸違法路綫了。站在公益的法律觀點，它們許多文章非但已構成「為匪宣傳」，簡直是明目張膽「以文字圖畫煽動叛亂」了。站在私益的法律觀點，它們所作的人身攻擊，其下流的語調，簡直與「廁所文字」不分軒輊，被辱者出面控告，立可構成刑法上誹謗罪。而它們攻訐侮辱範圍之廣、涉及人數之多，更是到了令人咋舌地步。

◎對這種人還有理可講嗎？

雖然邱創煥、宋楚瑜、馬星野等要人挺身出面指責分歧言論走偏鋒的不對。但這種斥責只換來分歧刊物更多反舌相譏與推過諉責。

它們為自己不當不法行為找了如下推過諉責的理由：

1.「政論雜誌所以如此做，必有其市場上的考慮。亦即有助於促銷，廣大者支持。否則，所謂偏鋒言論當然也不會出現」（《薪火》7.28）——「促銷」說。

2.「黨外雜誌目前的走向，我想與國民黨的報禁政策絕對有必然的關係。」（《開拓》7.30）——「報禁」說。

3.「黨外言論面對此種查禁政策，才會有各種嘗試性的做法」（《蓬萊島》7.30.）——「查禁」說。

4.「在民主國家，基本沒有所謂報導題材的限制……任何不同的觀點都可以提出，人民有知的權利」（《台灣廣場》8.3.）——「知的權利」說。

5.「新聞言論自由既為民主政治的重要支柱，藉由一枝不傷人身的筆來闡述事情的真象與理念，已被公認為人類進化最合理途徑。」（《台灣廣場》8.3.）——「不傷人身」說。

以上就是目前分歧刊物不斷重複的推責說詞，說來說去都跳不出這五種範圍。

事實上，這五種說詞，任何神經正常的人莫不知是歪理謬論。試簡單辯證如下：

1.「促銷」說——此說等於認為有市場價值就是正當。那麼鴉片和一切毒品也應當允許公開販賣才是，因為這些毒品也大有市場。

2.「報禁」說——有「報禁」尚且如此，沒有「報禁」行嗎？

3.「查禁」說——明明是分歧言論走偏鋒才有查禁的結果。這是倒果為因的胡說。

4.「知的權利」說——建議調查局不妨設法拍下寫這種話人私生活影片，製成錄影帶，在市面公開出售看看；必然既可「促銷」，又可滿足羣眾「知的權利」！

5.「不傷人身」說——「千夫所指無疾而死」、「我有筆如刀」之類的話難道沒有讀過嗎？揭人隱私，傷人至深，比直接傷害身體還厲害。否則何以古今中外法律都訂有誹謗罪？可見「不傷人身」說，既無知識更乏民主法治常識。

人們如果存心為自己行為找藉口，世間沒有一件找不到藉口的事。但是，眞理仍是存在。以上分歧分子的荒謬藉口，非但不足以使人信服，反而更加暴露了其邪曲的心態。可見，與這些人講理，等於對牛彈琴，怪不得宋楚瑜等講了一番話，反而招致更大的汚辱了。

◎令人感嘆的現象

日前，有一位著名的教授，為目前分歧雜誌的言論問題向台北市黨部某位幹部反映，意思是要他正視此問題，並促請黨內注意。你猜結果怎樣？

那位幹部居然這樣說：「那些黨外雜誌，我根本不看它！」好一副「笑罵由它」的超脫精神！問題是，國民黨不是佛教團體，黨工幹部不是只顧自我修持希望來世得超生的僧侶；國民黨是一個革命性政黨，每個幹部都應該是鬥士，他的任務不是做「自了漢」，而是要完成革命使命；何能過著裝聾作的「超脫生活」？

是的，「有識之士」根本不屑去看那類像瘋狗吠般的刊物。但這些刊物「有市場」卻是千眞萬確的。何謂「有市場」？羣眾愛看是也。換句話說，這些刊物儘管煽惑不了「有識之士」，但卻能煽惑得了羣眾。

所以，黨政大員們千萬別持著虛矯心態，忘記了「國民黨永遠和民眾在一起」這句話。過去在大陸的失敗，就是敗於羣眾被共黨矇騙過去了。陳伯達發明「四大家族」一詞，並以此為名寫了一部揑造事實醜化國民黨領導中心的小書，勝過百萬大軍。唐人以完全揑造的事寫了一本《金陵春夢》的書，它又勝過百萬軍隊；還有那些民主同盟等形形色色人士不知辦了多少個刊物、出了多少本書籍，從各個角度去醜化黨政界人士，這些書刊又勝過不知幾百萬軍隊。

於是，註定而奇妙而事發生了：一九四五年初尚只有四十九萬人的中共部隊，不到四年之間，居然吞噬了擁有五百萬之眾的國軍！

一九四八年初，時任參謀總長陳誠先生，尚且揚言「一年之內把關內共黨消滅」。他根據「有形的軍力」的對比而得出此結論，固然沒有錯。可惜他沒有看到「無形的軍力」一面，中共憑文化宣傳獲得的力量加上有形的軍力，其「總力」早已超過我方了！我方焉有不敗之理？看到這點的人都曉得是註定的結果，看不到這點的人還以為是奇妙的「天數」呢！我們回顧過去的痛史，面對今天的情勢，居然聽到國民黨有人表示如此之「超脫」，豈不令人感嘆！

事實上，國民黨怎能忽視分歧言論呢？只要細加查對一下，當可發現那些資料來源的嚴重性：有關國民黨史、先總統蔣公歷史、元首早年生活情況等資料，幾乎完全與香港出版的一些中共統戰書刊雷同，顯然係抄自《金陵春夢》、《蔣介石的生前與死後》、《蔣經國系》等書。有關黨政要人的生活資料，除非全屬揑造的，否則必係「內奸」供給。這些「外通中共」、「內結奸佞」的做法，再演變下去，將發生什麼嚴重結果，不待卜而可知了。

◎今天不做，明天就後悔

記得經國先生於民國六十一年當行政院長之初，毅然決定全面推展「十大建設」，當時遭遇的反對不少。但他公開說了這麼一句話：「今天不做，明天就後悔」。而今十幾年過去了，一切證明他的話對了。

回溯國民黨九十年來的歷史，除了在打倒滿清時代重視文化宣傳之外，以後就不再重視了、國父說：「革命靠九分的宣傳，一分的武力」是一點也不錯的。自從北伐勝利以後，宣傳的主動權操在中共手中，結果中共以宣傳為先導，結合了羣眾、組織了羣眾；相反，國民黨則只知結合「士大夫」一流的人物，最後招致了大陸上的失敗。來到台灣之後，到今天為止，在宣傳上，與中共比較起來，一直居於被動之勢，所以無法作有效拓展。

而今天，自從中壢事件以來，居然在台灣內部文宣思想戰場上也一步步居於劣勢。憑「黨外」一小撮人，竟然能辦出八份週刊對國民黨進行團剿，而國民黨沒有一份刊物可以應戰的。一群民間傻瓜辦份「龍旗」勉強可以將就，最近居然遭到海內外敵人的誣陷與圍攻，而國民黨非但袖手旁觀，有些人還在落井下石！想來令人悲嘆。

然而，國民黨今天仍是有力量的。她在大陸上已贏得十億同胞的肯定與嚮往。在海外，早已譽為「奇蹟」。在台灣，她真正為台灣人民創造了高水準的生活環境。這一切都是她巨大資源。她憑這資源，有足夠力量撲滅島內的一小撮分歧野火。

總之，我們希望國民黨正視當前問題，珍惜今天的力量，從歷史的、全局的眼光，研究出一套波瀾壯瀾的、強而有效的思想文化戰場上的攻勢方策；不但徹底解決當前分歧言論囂張的問題，而且要一改過去數十年來宣傳老是落在敵人之後的局面。此事如果今天不做，明天就會後悔！

註：《自由中國》實係美國人支持的刊物，此事未爲一般人所知。參《司徒雷登日記》一九四九年三月十七日條。香港文史出版社代理發行，一九八二年初版。

龍旗七十三年（1984）年九月號第四十三期

敵人誣陷龍旗

鍾觀仁（香港）

最近看到本港報刊對龍旗展開圍剿，指勞先生「詐財」，我十分詫異。勞先生和龍旗同人幾年來的表現，海內外眾所共知，出錢出力，甚至不惜犧牲自己一切，辦一份不可能賺錢的刊物，為的是追求反獨愛國理想。這種人根本不可能貪財，否則又何必賣房子、犧牲公務員高職位和政大講師去辦雜誌？所以我直覺想這是敵人的陰謀。敵人深懼龍旗來港發展，在這時機上狠狠打一棍。

綜合港台各種消息研究，證實我的想法果然正確。吳、曹二人先稱賺了中共一百萬美元，捐了十二萬多給龍旗，這是去年十一月間之事。龍旗準備以此款辦個基金會，重點工作是到香港設立分社，為五百萬港人吶喊。四月上旬勞先生偕四位龍旗人員來港，就是為此事。

我經他們介紹，在香港文華酒店咖啡室和吳、曹二人見了面，因為吳被指定任龍旗香港分社的業務經理。詎料四月底，就傳出了曹女潛返台灣（她是香港居民，吳則去菲律賓）控告勞先先的事。同時，曹又改口錢是騙中共來的。不久，曹女之母竟將不實之情節告訴台北的「黨外」刊物《前進》。接著本港中國新聞社發了通稿（該社是新華社屬下的海外統戰機關），于是《大公》《新晚報》、《文滙》等左報都登了消息。到了八月中間派《九十年代》又刊出一大篇，據傳該文有些細節資料竟是某「內奸」供給的。可見這是一個重大的陰謀。

敵人最拿手的伎倆是「不戰而屈人之兵」，用我們自己的力量消滅忠貞的力量，今天台灣《龍旗》遭遇如此，而最直近深受港人歡迎的哈公也有類似的遭遇。

龍旗七十三年（1984）年九月號第四十三期

朝鮮義勇隊──在第三戰區的工作情形

顧祝同

簡介

顧祝同（墨三）先生，現任總統府陸軍一級上將戰略顧問，中國國民黨中央評議委員、並為主席團主席。墨公在抗戰期間功勛彪炳，現已九十三高齡，但體力充沛，思考敏捷，關懷國事，令人景仰。本文係墨公於六十九年十一月應〈韓國精神文化研究院〉之請，所作的錄音談話，對當年的韓國獨立運動實況留下歷史性的證言。

本文原載於韓國〈精神文化研究院〉編之《韓國獨立運動史資料集》。茲蒙墨公同意，由本刊轉載，以供國內人士研究本問題者參考。

◎一、前言

諸位先生：現在我先向貴國〈精神文化研究院〉院長李瑄根先生致謝，同時，也向你們──權泰烋、尹炳奭、李亨求三位先生致謝。承諸位先生之囑，要我講述抗日時期「朝鮮義勇隊在三戰區的工作」情形，我很樂意照辦。茲就我所知，謹對諸位作扼要的講述。

民國卅二年顧墨三公五十歲獲頒青天白日勳章

諸位都已知道，在民國二十年「九一八事變」之後，我們國家的處境空前險惡，而韓國的命運與我們的前途是不可分的，如在此時尚不痛下決心作有效的共同奮鬥，將再無更好的共同奮鬥機會。因此，先總統 蔣公乃於次年（二十一年）決定採取主動積極的態度，來援助韓國的獨立運動的開展。並立即派定陳果夫、滕傑兩位先生，分別負起援助〈韓國獨立黨〉和〈朝鮮義烈團〉的責任。這兩部分的援助，都是有計劃有系統的援助，現陳果夫先生已經作古，為其負實際責任的蕭錚先生，還在台北，我想他和滕傑先生對這兩方面援助的情形，必能為諸位先生作具體的敘述，提供諸位足以瞭解其全貌的資料。

對此項援助工作，由於我當時在軍方所負的責任與所佔的地位，我所知道的多屬原則性的內容，對於具體的事實，所知不多。所以我現在所能奉告的，也多屬一些原則性的見證，尚請諸位先生見諒。

◎二、我當時所負的責任與援韓工作的關係

當援韓工作積極展開的時候，正是我受命為第三戰區司令長官的時候。先總統 蔣公為使各方面對援韓工作之執行，能作必要而適當之配合，所以在對援韓政策作具體決定之前，曾約集或分別與有關高層負責人員商談過，我也是被徵詢意見之一人。

當時我們都認定，我們對日抗戰之勝敗與韓國之能否復國是不可分的，韓國同胞參加中國抗戰工作也就等於是他們自己所做的復國工作，因此，在原則上我們決定應儘量在軍政各方面任用韓國同志。其次，我們估計日本侵華部隊中，以及他們軍隊所役使的各種工作人員中，必然也會役使許多韓國人。因此，我們決定應隨時協助韓國同志打進到日本部隊有關的各種組織裏去，或協助他們有接近日本人所役使韓國人之機會，去深入的收集情報，或從事必要的破壞。在外交方面，如何有利於韓國的〈復國運動〉，也是我們決定隨時注意，把握機會去做的事。凡此原則性的決定，都是當時有關的高層人員所一體知道的，但其實施的具體實況，不是實際負責者，那便不能完全知道了。

◎三、朝鮮義勇隊在第三戰區的工作情形

我知道滕傑先生透過〈三民主義力行社〉，為〈義烈團〉——也就是以後的〈朝鮮民族革命黨〉，秘密的訓練了一批軍事幹部。這批軍事幹部在我們對日全面抗戰開始後，就公開的組成了一個〈朝鮮義勇隊〉。這個義勇隊曾派一個小隊到三戰區工作，附屬於三戰區的軍中政治部體系和情報體系。

這個小隊的負責人是李蘇民，隊員人數，約在二十人左右，他們都是下級軍官的待遇。他們所從事的工作，按性質可分為對敵宣傳，對敵情報，與招募韓國士兵的三個部分。

三戰區主管的範圍，包括浙江、福建兩省全部，蘇、皖兩省長江以南部分、江西贛江以東部分，以及南京、上海兩市。這幾個省市的重要點線，均已為敵人所控制，所以從表面上看來，這些地區都是淪陷的地區。但實際上還有廣大的空間，仍然是在我們的手中，或有我們的正規部隊在防守。並且我們隨時都在尋找有利的機會，對敵人進行反擊。所以敵人當時的處境，實在是非常危險的。敵人開始向我們進攻

時，雖很輕易的就佔領了我們許多重要的地方，可是時間一久，他們便發現他們已陷入泥淖，愈陷愈深，而無法自拔。因而他們的內心非常恐慌，士氣也很消沉。相反的，我方的士氣卻愈戰愈勇，日益高昂；這就是三戰區當時的情況。

派到三戰區來的〈朝鮮義勇隊〉的隊員們，就是在這種情況下，在這幾個省市的範圍內，非常活躍的進行了他們的工作。隊員們在對敵宣傳方面，所做的工作，主要在於教育戰地民眾，使他們知道如何不為敵人所用，如何乘機向敵人宣傳，如何乘機獲得敵人情報，如何協助我們國軍或游擊隊對敵人作戰。這些宣傳、教育工作，有時在敵前做，有時則滲透到敵後去做，都是根據前線指揮官作戰的需要而做決定的。

在對敵情報方面，我們最需要的是深入敵人內部所得來的比較可靠的情報。而這種情報卻是最難得到的，因為我們很難找出人來能打進到敵人內部去。但朝鮮義勇隊員，卻比較容易滲透進去，只要他們能找到為日軍役使的韓國人，他們就能找出機會和他們接近而滲透進去。因而在這一方面，隊員們的貢獻特別的重大，也在這方面他們的犧牲特別的重大。當時，主持這一方面工作的是盧旭（覺華）先生，不幸他到台灣後不久就去世了，否則，他能提供最具體的英勇事實之資料的。

在招募韓國士兵方面，由於義勇隊有隨時擴充的計劃，所以我們也協助他們在本戰區招募了一些韓國士兵，以擴充其組織。不過所募到的人數未能如所預期，那是由於在本戰區的韓籍兵源有限的緣故。

◎四、我所知道的韓國幹部之特殊和一般的表現

總括我所知道的，有關韓國志士在韓國本土、在日本東京，以及在我國上海等地，所作種種奮不顧身以打擊敵人的壯舉：如〈種路警察署案件〉，〈密陽警察署案件〉，〈安東警察署案件〉，〈拓殖株式會社案件〉，〈朝鮮總督府案件〉，以及東京的〈李奉昌案件〉和上海的〈尹奉吉案件〉……等等之驚天地而泣鬼神的特殊表現。我所知的有關韓國幹部在本戰區之努力不懈、負責盡責的工作情形。我覺得他們都已不愧為〈大韓民族〉的子孫。他們已為民族歷史的延續，民族前途的光明，而寫下了成仁取義、盡忠盡孝的光榮歷史篇章，這將永垂不朽的。

龍旗七十三年（1984）十二月號第四十六期

湖南人保衛台灣

擊破史明的漢奸謊言：新楚軍血灑八卦山史實大公開

余如雲

◎台獨的二條「歷史基礎」

近十年來，一些喪心病狂的民族敗類，為了達到「台獨」之目的，頻頻製造了許多荒謬、無恥、卑鄙的「理論」，企圖建立「台獨理論基礎」。

任何政治理論架構，離不開從歷史找尋啟示、證據。共黨為了赤化世界，必先捏造一套「唯物史觀」。台獨分子亦如此，為了使「台獨運動」變得振振有詞，必先在歷史上動手腳、找根據。

「台獨」分子如何在歷史上動手、找根據呢？主要有二

途徑：

第一是「文化論」。揑稱台灣的文化是「海洋文化」，與中國大陸的「大陸文化」不同，理應另立一國。此說是美國蛋頭學者、帝國主義者費正清所創造（見本刊連載：《費正清回憶錄》文），叛亂分子張俊宏服膺執行最力。

第二是「民族論」。揑稱「台灣人不是中國人」，說是自明朝中葉起算，四百年來台灣被大陸各代政府所拋棄，「台灣住民」正像北美十三洲的移民那樣，自成「民族」，不再是英國的子民，故應另立一國。此說主張最力者是受過中共延安「抗大」訓練的史明（施朝暉），他撰有《台灣人四百年史》，揑造事實，來證明台灣人已自成一個「民族」。

所謂「文化論」，張俊宏只是在幾篇為了競選而撰寫的文章中表現出來（見許信良：《風雨之聲》的張俊宏序文；及張著：《我的沉思與奮鬥》二一〇頁「吸納浩瀚的海洋文化」一文），其膚淺、空虛，毫無根據，尤無理論體系可言。故此說，任何人一看便覺得可笑，炫惑不了什麼人。

所謂「民族論」則不然，因為史明的「史書」字數達百萬字以上，具有量多炫人的作用。而他所引用的「史實」不是動過手腳，便是偏採曲用，讀者要不是具有歷史知識或經過詳細的考查，常易於信以為眞。故「民族論」比「文化論」更荒謬，卻危險。

◎史明扭曲史實的一斑

一八九四年中日甲午戰爭以後，由於滿清的腐敗，割讓台灣，這不僅是台民之痛，也是全中華民族之痛。國父孫中山先生決意推翻滿清、建立民國，此實為重要原因之一。事實上，割讓台灣的當時，全國各地有無數的仁人志士痛徹肺腑，矢志反對此事，很多人都拿出行動來支援丘逢甲等台民領袖的抗議行動。日軍入台後，很多內地兵勇奮起抗日，壯烈犧牲。可是，在史明的「史書」裏，卻蓄意抹煞這些事實，突出「內地人」紛紛逃回大陸這一點，把腐敗滿清政府的罪咎加在「大陸人」全體的頭上，以將中華民族一分為二——「台灣人」與「大陸人」。

曾祖考述文公
長男：少農
次男：輪（號月樓）
三男：斌卿
四男：化金
五男：化玉
長男：瑞臻
次男：駢臻
三男：威臻——克柔
四男：祿臻
女二：雍宜、皇宜。

摘譜載祖考輪公事略

公單名輪，字啟烈，號月樓，生於清同治三年甲子農曆十二月二十三日子時。丙戌中選武秀才，擢任新楚軍營官，於光緒甲午年調台灣。是年中日交兵，為國殉難，崇獎烈士，殁葬失考。

且看他在該書二六〇頁敘述一八九五年八月下旬，日軍攻取彰化八卦山一段是怎麼樣說的：

北白川宮在大甲，乃召集幕僚計畫攻擊彰化城，把師團本隊分為二梯：第一梯隊由北白川宮親自率領，川村少將則統帥第二梯隊，擬向彰化城開始總攻擊。彰化守軍由前清軍吳彭年、徐學仁、黎景嵩統領，分駐於大肚溪、茄冬腳、菜光寮、彰化城內及其近郊的八卦山等處。這些殘兵敗將、一如以往，聞風即不戰而逃。日軍於八月二十六日渡過大肚溪，進駐菜光寮、從東面進迫八卦山。前清守軍逃脫後，有從苗栗退下來的吳湯興、徐驤、李惟義等抗日首領、重整敗退的義民軍，誓死據守八卦山，士氣為之大振。可是，菜光寮既已失陷、八卦山總是守不住的，遂被日軍包圍。歷戰的抗日烈士吳湯興，奮勇迎戰，不幸戰死於八卦山下。八卦山一旦失守、彰化城立即被攻下、日軍終於在八月二十八日進佔彰化。

在這段敘述中，他強調的是「義民抗日」，突出的是「前清軍，這些殘兵敗將，聞風即不戰而逃」。

◎歷史的真相

事實是怎樣的呢？根據王國璠著的《台灣抗日史》，事實上清軍固有戰敗而逃的，但更多的人轉化成義軍，與台民一起抵抗日軍。招募義民力抗日寇的吳湯興、徐驤、李惟義等人根本就是「前清軍」，且多為湖南人。而吳彭年、黎景嵩等「前清軍」非但不是「聞風而逃」，反是「誓死抗戰」！

且看《台灣抗日史》三〇七—八頁所載：

時彰化已知日軍將攻城，人心惶懼，不可終日。黎景嵩亦以吳彭年所招敢死隊三千未至；鹿港允撥之餉銀又遲遲不到，五衷憂鬱，寢饋難安。乃集官紳將弁等共研大計。有以敵勢兇猛，主棄城，或有附之者。吳彭年抗聲曰：

「公等固無恙，其如吾土何？且吾等又有何面目見臺民乎！」徐驤等亦曰：「不戰而退，何顏而見劉幫辦也」！景嵩不語，微微頷首。遂決議誓死抗戰。並電臺南劉永福速速來援。永福復曰：「兵來禦之，死守毋恐」。又電彭年「務必堅守八卦山，援且至」。是晚，苗栗義軍索餉，數百環伺衙外，洶洶不能解。彭年出慰，許以明日，始去。景嵩知己力之不逮，急招諸將就商，欲委兵權於彭年，眾和之。彭年執意不允，仍由景嵩肩大任。其際，礮聲隱約可聞。避難居民，喧鬧貫耳，然城防尚有未週，乃徵眾意，配佈兵力如下：

統帶王德標率七星隊及黑旗親兵營，守中寮（今彰化和美附近）。

營官劉得勝率先鋒營一營，守中莊仔（今彰化往台中公路傍）。

營官孔憲盈率一營，守茄冬腳（今和美之東北）。

彰化知縣羅樹勳、雲林知縣羅汝澤率防軍二營，守市仔尾。

副將李惟義率新楚軍胡輪等四營，守城廂。

吳湯興、李士炳、沈福山、湯仁貴、徐驤各率一營，守八卦山。

吳彭年率所部林鴻貴等，守大肚溪南岸菜光寮。

營務處吳孔博率旱雷營，在八卦山南伏雷待敵。（雷隊二百先至，雷由海道運彰，未至城已陷）

前敵各軍，仍遵前令認真防守，不得擅自徹移。

初九日夜零時，敵分三路進攻八卦山，一由川村景明少將率所部右翼隊，越大肚溪，國姓井，撲八卦山西麓。中寮莊守軍王德標、茄冬腳守孔憲盈抵死抗禦。一面由內藤政明大佐率左翼隊（司令官山根信成為一軍礮擊重傷），潛渡大肚溪後，在北崁仔與敗走大肚溪上流之敵兩中隊會合，經同安嶺、臘沙坑、紫梭金、斗礮臺，犯八卦山東麓，黑旗將湯人責從容迎戰。一由北白川能久率本隊，出船頭莊，經大竹圍、中莊仔，迫市仔尾。彰化知縣羅樹勳偕子雲林知縣羅汝澤，奮勇堵擊。戰約兩小時，勝敗未分。敵以山礮十六門、機關礮九門，聯珠轟擊，民家俱火，草木皆焚，羅樹勳不支，紛紛逃竄。

已而，內藤政明之左翼隊，有若狼奔豕突，蜂湧奪山。

第四聯隊第三中隊小山秋作，首趨礮臺，守軍胡輪一營迎擊，不敵，胡輪戰死。爭避林壑。第一聯隊第八中隊長西村貞之助，直指山巔，曹長森山伐竹懸其國旗，部隊環繞歡呼，聲震山嶽。湯人貴、李士炳、沈福山各統一營仰攻，無奈敵兵居高臨下，火力熾烈，五度衝鋒，均遭擊退。方欲再進，而敵島村中尉、曾我大尉分率第五、六中隊殺至。義前後慘被夾攻，死傷累累，人貴死，士炳、福山相繼殉，士卒罹難五百人。吳湯興、徐驤之軍在處土墳開礮，多不中，敵礮還擊，彈雨如下，義軍死大半。吳湯興戰至義民廟附近，彈盡力竭，欲入城，適澀谷之騎兵大隊衝至，一彈飛來，竟穿其脅。林鴻貴率七星隊趨救，見狀，欲搶湯興屍，敵騎奔馳，亂槍齊發。七星隊傷亡幾盡，鴻貴同殉。

六時許，八卦山槍聲沉寂，敵左、右兩翼隊大舉攻城，左翼隊中尉森駿三郎之第一聯隊七中隊，中尉小山之第四聯隊第三中隊，搏東門。城深閉，中尉佐川岩五郎率敵兵數十，綑轎竿為梯，跨越城垣，破門，敵呼嘯而入。「縱橫屠斬」（四字見之日本臺灣征討史），「肆意甚歡」……義軍將領李仕高、沈仲安、楊春發率部分頭柢抗，均死於巷戰。

是時，吳彭年督戰橋仔頭，忽見八卦山已樹倭旗，大驚，急統全軍回救，南壇巷（在今彰化中山國小前），中彈墜馬，親兵四人翼之逃，不可，親兵不忍離，遂同死。千總嚴雲龍攻至紅毛井，圖接應，馬蹶被殺。王德標身受數創，左右强挾之行，自蔗園潛往北斗，轉赴嘉義療治。

九時正，敵酋能久入彰化城，彰化陷。

◎胡輪壯烈事蹟

前文提到的「新楚軍胡輪一營」守八卦山壯烈犧牲的事蹟，月前由台北市文獻委員會副主任委員王國璠，公布了最新發現的史料。

王國璠以《乙未抗日戰爭的湖南雄鬼——胡輪》為題，發表的史料原文摘要如下：

中華民國立國前十六年，也就是清光緒二十一年，日本帝國挾甲午之役的凶鋒暴焰，奪取台灣。當時，臺灣居民號稱六百萬，在眾志成，桴鼓相應的情勢下，人人效死，個個爭先。從這年五月初四日（陽曆五月廿七日），日軍偷襲鹽寮開始，到七月初九日（一八九五年八月廿八日）彰化會戰止，大小戰役共一百一十三次，我臺灣義民肝腦塗地的不下一萬五千人；駐防臺灣不肯臨陣逃走的湘、淮將士也有三千餘。可惜在暴力統治的環境裏，無人敢予存記，到如今，有誰還能知道他們的姓氏，有誰還能知道他們的事蹟？

例如防守九份的守備宋忠發，分統陶廷樑；保衛基隆的差官楊德標、李成發，當他們被敵礮擊倒時，仍然高呼殺賊，指揮部卒進攻。這種精神，這等作為，原應長垂竹帛，為千秋萬世所景式！但畢竟人們遺忘了他們，歷史也遺忘了他們。

八卦山會戰，是乙未抗日戰爭最慘烈的一幕。義軍死亡確數，幾乎無人曉。陣亡將領多達四、五十人，除了義軍統領苗栗吳湯興、七星隊統領吳彭年二位已經入祀忠烈祠外，還有李仕炳、沈仲安、楊春發、胡輪、嚴雲龍等五個湖南雄鬼，他們有的是參將，有的是營官，有的是千總，職位高低不等，殺敵捐軀則一。這五位雄鬼中，犧牲最壯烈，殺敵最稱職的是胡輪。

根據新得的資料：胡輪，湖南平江人，字啟烈，號月樓，生於清同治三年十二月二十三日，光緒十二年丙戌武秀才。由於他出身名門世閥，自幼就養成了一股浩然正氣。楊岳斌在福建籌辦海防，胡輪從軍至閩，積功為營官。甲午中日開戰，胡奉命移防臺灣，駐守中路。第二年的五月，日軍近衛師團侵台，清廷的正規部隊，都紛紛內渡。祗有胡輪歸隸的〈新楚軍〉，一直駐紮頭份。新竹陷敵，新楚軍在頭份山區迎敵，不幸負責統領的湘籍副將楊載雲，力戰陣亡。另一湖南鄉籍的副將李唯義，馳往陣地，兼領楊載雲部眾，集中到尖筆山東南的四分子。胡輪是楊軍兩個營中一營，劄在錦水。不久，尖筆山失守，苗栗稍戰而退。主持中部抗日大計的湘潭人黎景嵩（台灣縣知府），因為新楚軍傷亡慘重，要李唯義到大甲整補，並令胡輪一營在整補後，速返彰化城。

彰化城戰開始，胡輪就感覺到此戰關鍵重大。倘若不勝，臺灣即將無險可守。經過文武官員協商，大家一致認為，要守彰化，定要先守八卦山，守八卦山，更要守住礮台。胡輪怒髮衝冠，情緒激動，自請出守礮台。

初九夜零時，敵軍三路進攻八卦山。一路由近衛師團第一旅團長川村景明，越大肚溪，經國姓井，猛撲八卦山西麓。一路由第二旅團代理旅團長內藤政明，經同安嶺、臘沙坑，進犯八卦山東麓。一路由近衛師團長北白川宮能久親王，出船頭莊，經大竹圍，奪入卦山正面。守軍吳彭年、吳湯興、湯人責、李仕炳、沈仲山等迎頭阻擊，戰約兩小時，勝敗未分。敵以山砲十六門，機關砲九門，聯珠轟轟，民家俱火，草木皆焚。胡輪在八卦山頂，見敵勢猖獗，亦開炮還擊，敵死傷甚夥。至午間，內滕政明所部四個中隊八百人，有若狼奔豕突，蜂湧奪山，胡輪看到敵兵近在咫尺，慷慨激昂，告誡全體官兵說：「你我兄弟，遠自三湘，泛海來臺，祗望倭氛早定，結伴還鄉。但天命有在，今日之戰，若勝，自是還鄉有望，若敗，將永作異鄉之鬼。願諸弟兄好自為之。」話畢，一手執銃，一手執刀，率先入陣，官兵隨之衝入火網。敵兵器械犀利，彈無虛發，胡輪身中數十槍，尤持刀趕殺犯敵，終於力竭血枯而死，部眾也傷亡殆盡。剩下極少數的逃入森林，不知下落。胡輪死，八卦山、砲台亦遭破壞。義軍統領吳湯興揮兵救援，同時遇難，統領吳彭年，搶救吳湯興，亦成仁。

乙未之戰，距今已及九十寒暑，戰亡將士，幸者名垂史簡，俎豆千秋；不幸者則姓氏未彰，幽光不顯。但就民族意識而言，名垂史簡與姓氏未彰，在精神上，毫無二致。當你踏上八卦山之巔，假如你熟悉這段史實，你定然會為那些臨大節而不苟，殉一命而利國族的志士仁人，浩然興嘆，禮敬不已。

臺灣是中華民國的臺灣，保衛臺灣，是中華民國全體國民的共同責任，試看八卦山義死的人，並不侷限於臺灣一省。地域，更不能遏阻民族意識的發揚。

這份最新史料，原來是胡克柔女士查訪了三十多年，最近經過海外輾轉獲得族譜，方知她的祖父就是英勇為台捐軀的胡輪。

今年台灣光復節，胡克柔參加〈台史蹟源流研究會會友年會〉，特為此事發表了書面談話（上圖），說明了發現她的祖父就是胡輪的經過。按胡克柔曾任台灣省議員，現居台北縣新店。

誠如王國璠所指出的，台灣是中華民國的台灣，台灣人即是中國人民的重要構成分子。任何「台獨理論」皆被歷史事實所粉碎，任何「台獨分子」只是被中華民族唾棄的渣滓、敗類、漢奸、日本奴！

龍旗七十三年（1984）十二月號第四十六期

9.8
12.10
民主同盟死不休
借死還魂聲啾啾
明為叛賊覓歪論
偏說國家無自由
容忍多元袒台獨
溝通參與擁逆流
血洗高雄犯衆怒
鴉嘴才變烏龜頭

七十四年

楊國樞的「三蛋」謬論

陳景雲

◎「三蛋」奇談

好久未公開發表文章的「自由派」大將楊國樞，於四月十五日在《自立晚報》發表〈從劉宜良案擷取教訓〉一文，並非就事論事，而是藉事攀緣，「無限上綱」；指愛國為「愚忠」，指當前的教育為「強調愚忠的愛國教育」，甚至一棍子打倒一大片；認為根本問題在於「政府中軍政與訓政時期的人物太多」，「軍政思想及訓政思想的人」應避免擔任公務員云云。

楊文內，巧妙地借用別人的話，說：

有人將江南案綜合描述如下：「幾個混蛋派了一夥笨蛋，殺了一個壞蛋」。

明眼人一看便知，所謂「有人綜合描述」，就是楊國樞自己，除他之外並沒有他人。如謂不信，試叫楊國樞舉證看看是誰這樣「綜合描述」的，包他說不出一個人來。

江南案究竟是不是「混蛋」和「笨蛋」做出來的事，並不重要。重要的是，楊某藉此「指蛋罵槐」的筆法，歸根結柢，他依然是為了推銷他的「美式民主迷信」和「多元價值」，可見他真是「本性難移」。

說他是「本性難移」，自然要回顧楊國過去的一段歷史。

◎楊國樞大有來頭

早在十多年前（約在民國六十二年），楊某是《大學》雜誌旗下大將，與陳鼓應、張俊宏、許信長等人合作，發表《國是諍言》，掀起甚大的波浪，時人稱之為「青年才奪權運動」。

然而，大學雜誌不過是烏合之眾，很快便分裂；幾十位「大將」形成四派而分道揚鑣了：

1.小左派：以陳鼓應為代表，採取親共反國民黨路線。此派後來發展為以《夏潮》為中心的左傾言論路線。陳鼓應在去年投共到北大任教，迄今仍在大陸。

2.台獨派：以許信良、張俊宏為代表。此派後來另立門戶辦《台灣政論》，接著搞「中壢事件」，一直發展到《美麗島》，以至今天多本分歧雜誌均為此派之流亞。

3.自由派：以楊國樞為代表。採取「美式民主」的價值取向，以「行為政治學」為推銷自己的法寶。此派後來結合胡佛、張忠棟等幾個蛋頭學者，儼然以「社會天秤」自居，不時在報紙雜誌上作秀，成了典型的「明星學者」及「座談會專家」。此派雖屬「書生論政」，但能迎合親美的潮流，所以名利雙收十餘年而不衰，任何微風細雨也打不到他們身上。

4.忠貞派：以張潤書、陳少廷等為代表。此派頗能以國家民族利益為重。《大學》解散之後，一度曾參與過《人與社會》雜誌，不久各人只在個人崗位上貢獻自己力量（多為教書），迄今漸變得默默無聞。

由上述可知，楊國樞的來頭確是不小。他最出鋒頭的時候大約在民國六十七年到六十九年之間，那時正是《美麗島》台獨派最囂張的時候，他夥同胡佛等三兩位教授，拼命鼓吹「多元價值」，要政府寬容暴力行為。所以實質上，他們雖不贊成台獨，但對台獨派的氣焰確有助長之功。正因為如此，自民國六十八年九月起，他們受了各界嚴厲的批判。但儘管受批判，仍批不倒他們，因為他們的論調迎合了親美潮流之故。

據說楊國樞的背景很「硬」，他是前任某警備總司令的女婿。所以，他雖然鼓吹的政治學說對當前國家的處境有害，但是他個人卻獲得了「安撫」，大約在民國七十年就當上了〈台灣大學〉心理系的系主任。

楊當上系主任之後，此較少露面，必要時且會講講有利於國家的言論。因而，大家認為他已經改弦易轍，思想進步了。所以，近三幾年來，人們只聽到胡佛、張忠棟的自由派言論，再也少聞楊國樞之名了，人們對他的印象也逐漸好轉。

想不到現在楊國樞又跳出來，寫了這篇「三蛋論」奇文。可見他自由派的本性是絕不改變的。可能他認為，幾年系主任坐穩了，就可以再度「出馬」放言高論了。

◎「三蛋」邏輯

通觀楊文的全文，讀者可能會被他的形式邏輯所迷惑，以為他所說的還有道理。其實，有識之士只要稍加分析，其言論之謬即刻顯露無遺。

他的「邏輯」是這樣推演的：

五個「混蛋」和「笨蛋」殺害江南，自稱及被一些人稱為「愛國」。

→「愛國」源自「愚忠的愛國思想」。

→「愚忠的愛國思想」，來自「愚忠的愛國教育」。

→「愚忠的愛國教育」，來自軍隊、學校、電視、報紙。

→軍隊學校電視報紙的「強調愚忠」，來自很多「位居要津人物」。

→那些「位居要津人物」，來自「軍政及訓政時期」。

→「軍政及訓政時期」的人物缺乏「民主現代化觀念」。

→「缺乏民主現代化觀念的人」不合憲政時期的需要。

→總結：所以，具有軍政及訓政思想的人統統應該下台！（原文是「應避免任公務員」，不過是趕下台的婉轉說法」

檢討以上的邏輯推演，其頭尾都是荒謬的，也就是其結論與前題均屬荒謬，其中間過程就用不著說了。

◎何謂「愛國」

首先說明上述邏輯的「頭」。這牽涉到「何謂愛國？」問題。

凡屬愛國之行為，無論如何，均有個判定準則，這不是因為「軍政思想」、「訓政思想」或「憲政思想」而有所不同，因為真理只有一個。所謂「愛國」，平時只是一種潛在的思想、感情，是一種可貴的情操，也是人類「能群」的具體表現。但一旦將此種思想感情以行動形式表現出來，必須作三階段的研判：

1.動機（出發點）為愛國。

2.過程為愛國（未發生其他有害國家的副作用）。

3.結果為愛國（行為之結果有利於國家）。

如果以上三項同時兼備，無人能否定它是眞正的「愛國行為」。反之，便有商榷的餘地。

以此標準來觀察江南命案，不用說，與第2．3項都是不符的，它的後果對國家傷害太大了，這是公論。

「動機」一項，是被告們及他們的家屬所主張的。但是被告儘管可以這樣主張，是否真的出自「愛國動機」卻甚有商榷餘地。作這樣主張者僅陳啟禮、吳敦以及他們的家屬。情報局的「三蛋」卻未有如此的主張（他們根本否認有共同、幫助殺人的事）。而陳吳二人如此主張，實際上亦未為法庭所採信，法庭認為他們為了保持竹聯勢力不被「掃黑」而出此。也就是說，連「動機」是否「愛國」這點亦只有行為人內心明白，他們說的並不能取得公信（包括法庭採信及公眾普遍的相信）。

由此可知，楊國樞對被告是否眞正「愛國」這點毫不加以分析，便遽然認定這種「愛國」是除出自「愚忠」並一路推演下去，要求政府清除「具有軍政、訓政思想人物」。試問這種推演法，又與中共文革時期的「無限上綱」有什麼兩樣？

水滸傳中，宋江等人明明是打家劫舍佔山為王，但必定要自行美化為「替天行道」、「劫富濟貧」。汪精衛明明是權慾熏心、意志不堅，在抗戰緊要關頭居然變節做漢奸，打擊民心士氣莫此為甚，可是他必定要自稱是「曲線救國」。同樣的，任何作奸犯科的人在審判時都能編造一番光明正大的理由，希望獲得從輕發落，這總是人之常情。如果依照楊國樞的邏輯，宋江的藉口不必研究，汪精衛的說詞也可相信，任何作奸犯科之徒的話自然可勿論，要追究的反是如何「無限上綱」，把這社會、政府、風俗、文化統統打倒便是了。這是何等簡單與痛快的事！但作為一個教授，可以這樣「論政」的嗎？

如是看來，楊國樞既然置被告所自稱的「動機是否為眞」於不問，便硬說他們的「動機來源」是如何如何，這等於承認他們所自稱的「愛國動機」是為真的了。這不但顯示了楊某對愛國本身的無知，而且十足表現了他的武斷。一個當到台大心理學系主任的人，談論問題竟然如此武斷，能不令人感歎學風之日下乎？看來台大需要大力「整肅」（這論斷學自楊之邏輯，請台大教授們要生氣生楊主任的氣可也！）

◎這是個什麼時期？

楊文認為今天是「憲政時期」，所以不能用有軍政、訓政思想的人。這說法，顯示他堅執「美式民主」不放，根本無視「反共戰爭」這個大前題。

欲釐清此觀念，並不容易，但不說，又恐楊國樞及自由派的人永不能了解。所以筆者試著貢獻一得之愚，希望楊教授能虛心檢討。

首先，須明瞭兩項前題性事實：

一、我國當前是怎樣的「憲政時期」？

依照國父規定的建國程，由軍政、訓政，到憲政，這三階段原是循序而進，井然不紊。然而，由於中共的叛亂，這建國程序就被搞亂了。民國三十六年宣布行憲，老實說，並非「訓政」已完成的基礎上的做法，係拘於一時現實的做法。這種做法表現了國民黨還政于民的胸懷與民主的誠意，中共卻不容和平建國。因而，行憲未及一年，政府便不得不宣布進入非常時期。此時期的根據便是與憲法只有同一效力的〈臨時條款〉。因此，如全依憲政來做，那是和平時期的做法，但直到今天，我們都未得到這個機會，依然是處在戰爭的非常時期。這點事實，相信誰也不能否定。

二、美式和平民主不能戰勝共產黨。

自從一九一七年列寧革命以來，自由民主世界對抗共黨，從來就未有不失敗的。尤其自從第二次世界大戰以來，美國統一領導自由世界，失敗得更慘，除了蘇聯一國之外，其他國家的赤化，可以說都是美國「幫了大忙」！歷史早已證明，美國這套民主制度，雖然適于和平建設，但大大有害於反共戰爭！這點事實，相信誰也不能否定。

根據以上二項事實，我們可得下列明晰的概念：

1.我們推行民主憲政，必須在戰爭客觀需要下來推行。否則，我們非但不能打贏戰爭，而且必喪失了民主，甚至葬送復興基地一千九百萬同胞的自由生活。

2.美式民主不能反共，所以我們的民主憲政不能以美式為標準，必須依據三民主義全民民主的特質（全民、民主、革命三者的特質）來主宰我們的政治，結合反共戰爭的客觀需要，來確定我們的價值標準與行為取向。

3.既然是戰爭，必須遵守戰爭的規範，以求「勝利第一」。

4.在「勝利第一」原則下，來談論一切問題，包括用人的標準及思想教育的標準。

5.凡人才有所長必有所短。為了建設台灣，具備現代化智識的人才固然重要，但這些人才的短處卻是沒有戰鬥精神、缺乏戰鬥經驗。而「軍政訓政時期的人物」則反是。故兩者均不能拋棄，要各取所長。

6.因此，除非我們不求反共勝利，除非我們願意讓中共來統一，否則，「軍政、訓政思想」的人才非但不能拋棄，而且應該針對現階段中共統戰狀況，擴大起用有戰鬥性的人才，方為上策。

7.因此，為了適應「勝利第一」的需要，必須講究「意志統一、力量集中」。所以，「愛國」、「效忠」、「鞏固領導中心」等觀念非但不能拋棄，而且要大大的加以強化。

◎「和平民主」必須揚棄

所謂「利害相生」，利之所在亦是害之所在。政府自遷台以來，走的是堅定的親美路線。台灣今天經濟上的成就，人民享著高水準的物質生活，不能說這條路線沒有貢獻。但相對地，由於「美國模式」本質上是一種以和平為假想基礎的政治制度，所以它不但拙於戰鬥，而且懼怕戰鬥，羞言革命。因而，在過去三十多年來，我們只能保持偏安之局關起門來建設，卻無法抓住「三面紅旗」、「文革」等良機，對大陸展開行動。換言之，今後我們想有作為，必須揚棄美式的「和平民主」才行。

這幾年來，中共對內採取開放政策，在一定程度上改善了人民的生活；對台灣則採取笑臉的統戰攻勢。由是，使得我方內部分歧邪說興盛，整個社會的意識逐漸凌亂，甚至對敵爭目標變成了模糊。此誠危急存亡之秋！如果採信楊國樞等「自由派」的崇美言論，就只有局面不斷更加惡化下去，非至社會自行瓦解而不可止。當務之急，只有認清「反共戰爭」這個大前題，提昇革命稱神與戰鬥意志，才能救亡圖存。筆者之所以批判楊國樞的謬論，並非與他本人有什麼過節，實係鑒於他的自由派謬論足以引起國家更大的危險。

總之，無論為了求開拓，抑或求自保，楊國樞之類的謬論必須批判！何況，楊等自由派均為一流大學的教授，其謬論如不予批判，對青年學生影響至巨，為了下一代的心靈不被污染，亦必須批判！

龍旗七十四年（1985）一月號第五十一期

雷渝齊搞「第三勢力」？

一種「新分歧路線」的探討

主筆室

甲、關於雷渝齊這個人

凡對雷渝齊稍有了解者，當會承認，他算是一位有才華的人，無論口才、文筆，都算不錯。尤其是口才方面，演講、辯論，恐怕在同一輩中能與他較量者並不多。然而，兩年前他脫黨競選立法委員失敗，隨後在不滿下辦了份《雷聲》周刊，所採的言論路線相當怪異，以致使人們對他究竟扮演什麼角色覺得難以捉摸。

近年來，由於國內外種種因素，許多年輕人在政治上露出頭角，大量年輕人被當局所重用；更多的未被當局重用者，透過競選各級民意代表，或透過報章雜誌顯示自己的想法。於是台灣似乎進入了一個思想路線紛亂的「戰國時代」；有堅持反獨愛國路線的，有自由主義路線的，有台獨路線的，也有左傾路線的。而每條路線上的人又可細分成許多派別。總之，處在這時代，各種不同路線派別的人同時湧現，錯綜複雜，蔚為奇觀。

欲評估一個政治性人物，只要根據他的言論，衡量他屬於哪個路線派別，大抵就相差不遠了。但以這種評估方法去衡量雷渝齊，卻難獲得一個正確的概念。因為，根據雷渝齊多年來的言論，他有時似乎扮演一個激烈的反共愛國角色，有時又扮演一個反國民黨的自由主義角色，有時被視為黨內的忠貞份子，有時似乎變成比「黨外」還「黨外」的角色……總之是讓人搞不清。而今因為關中控告他，更引起人們的注意與迷惑：「雷某究竟想幹什麼？」

◎雷的過去

欲搞清一個人到底想幹什麼，了解他的過去是必要的。

在雷渝齊競選的傳單、出版的書上，他的青年時代（大學以後，四十歲以前），似乎有著相當「輝煌」的學經歷。

在學歷方面，他是國立中興大學行政學系畢業生，中國文化大學政治研究所碩士，並曾在文大三民主義研究所博士班就讀（未畢業）。以他這般學歷，在台灣年輕一代中雖不算一流，也算不錯了。

在經歷方面，他當過大專院校優秀青年代表，榮獲先總統 蔣公召見訓勉並合影留念。曾任國民黨中央第六組研究委員、救國團青年工作設計委員，當過國民黨十全大會代表，參加過六十八年第二次國建會，曾任國防部華視合辦之政治學講座。且先後在文化、逢甲、海洋、台北護專、銘傳、台北工專等院校任三民主義講師及副教授。

然而，雷渝齊的青少年時代如何？在大學以前的學歷，卻絕少見他提及。如果有的話，就是他在〈我的政治性格〉一文（見雷聲周刊六三期）中沾沾自喜的：「我從小就喜歡仗義執言，在中學讀書時，每學期都被推為第一次動員月會主席，安排敢言之士抨擊學校許多不良措施，因而在校聲名大噪……」但此種自稱為「英雄事蹟」，到底有幾分真？尚待考證。

根據某些雜誌記載，雷某在唸文化大學期間，曾發生過「驚心動魄的事」。究竟是什麼事？語焉不詳。不過，學生時代即使發生過什麼事，對一位「政治人物」來說，應該是無關宏旨。

◎乘時而起

雷君雖然有相當輝煌的學歷，但如果不是碰上個「美麗島分歧運動」，他大抵走的將是教書或黨工路線。民國六十七年黃信介等人藉選舉來推展其台獨分歧勢力，原來在政界沒沒無聞的雷某就得到「乘時而起」的機會了。

民國六十七年底，雷渝齊首次以「黨內報備」方式參加台北市區的中央民意代表選舉。這是雷君踏入政治「是非圈」之始，因而研究他這個人的政治態度，這個起點有相當的重要性。

不過，那次驚風駭浪的選戰中，雷君的初啼並不響亮，原因倒不是他個人不行，而是分歧集團（包括黃信介、陳鼓應、姚嘉文等）的聲勢成為大眾注目的焦點。在分歧集團的對立面，則有葉潛昭等參選者贏得大眾的矚目。然而，雷君到底是個受過黨栽培的聰明人，所以在競選中，看準了形勢，強烈地演說，站到反分歧的正義一邊來。按當時，黃信介集團以一個〈黑拳頭〉為通用的競選標誌，引起群眾的惡感。雷某乃於是年十二月十三日的一場政見發表會上，公開指罵分歧集團是「黑拳幫」。此事被報紙登出來，迅速贏得厭惡分歧集團的民眾之注意。以「黑拳幫」一詞稱呼日後的「美麗島集團」，亦肇因於此。

那次選舉雖然因中美斷交而中止，但對雷君來說，卻進入一個創造個人前途的黃金時代；由於《美麗島》日甚一日的囂張活動，雷君因而有了極度揮的機會。當局不但邀請他參加國建會，而且安排他到全省各地演講，又不時在華視上政治性節目，此外，他的文章言論常被各大報紙及雜誌刊出來。這黃金開創時代，有兩年之久，奠定了他在六十九年被提名立委的深厚基礎。由此可證，「乘時而行可成絕代之功」黃公石說的一點也不錯。

◎「政治基礎」的轉進

在現實政治角力場中，個人的才具條件固然重要，運氣更重要。按理說，六十七年反分歧鋒頭最健的候選人是葉潛昭。葉的父親就是情報局長葉翔之，出身顯赫，能說善道，儀表堂堂，知名度甚大，而且有相當群眾基礎（曾任市議員），在在都不輸給雷。不幸的是，六十八年間，葉之胞弟葉依仁竟搞出個〈洋洋倒閉案〉，引起中外震動，嚴重連累了老哥。如果不是出了這件事「不虞之禍」，六十九年黨提名，非葉莫屬，絕不會輪到雷；雷既有時機又有運氣！按葉在如此沉重打擊下，仍思振作，黨不提名便再次報備競選。結果形勢比人強，葉終以三萬六千多票的次高票落選（最高票落選者為洪文棟）。在形勢如此惡劣的情況下，葉尚能得到這麼多的票，也算是雖敗猶榮了。

重要的是，雷君那次雖被提名，但使得黨內輔選十分吃力，許多文教界人士都不願支持。黨在最後關頭，喊出「認黨不認人」的口號去說服同志，最後雷君方以最後一名當選立委。他的票數不過比葉多數千而已。從而可看出他當時的基礎是多麼的薄弱。

獲黨的提名而做「吊車尾」而當選，對這略有「失面子」的事，雷君當然有番說詞，他認為：一是黨部票源區分配（中山區及知青）使他吃虧，二是他沒有錢。他並得意地說「我的四萬票算起來，一票才三十多塊錢！」

但對外說詞是一回事，真正原因如何，雷君應該心知肚明。因此，借黨的力量一踏入立法院，他便開始「政治基礎的轉進」工作，希望運用三年的時間，奠定個人的基礎，以便將來黨即使不再支持他，他也有所恃而不在乎。當然也是雷的聰明處，從前是時勢造了他，而今他要造時勢了。

◎「誰代表黨？」

民國七十年初，雷渝齊成為立法委員。此後三年任期中，他以「國會雷聲」自詡，利用一切質詢機會，引起朝野注意。他儘量與各報記者保持良好關係，使他的言論透過報紙、以影響社會大眾。同時，他創辦了一份名為《新形象》的月刊，作為推銷自己的工具。

這麼一來，雷立委在立法院的言論，就常常使得黨方頭痛。但黨方對他這種「脫軌」方式，似乎無可奈何，因為雷渝齊有他自己一套的「理論基礎」，從事黨政協調工作的人，如果沒有搞清國民黨自己的眞正理論基礎，還眞的會被他唬得有理說不出來哩！

他的「理論基礎」是什麼呢？且聽他自己說：

如果意見不一樣（指行政機關、學者專家及黨籍立委三者的意見），那麼把不同的意見送到中常會去。由中常會就整體的利益考慮後，做最後的決定。我們黨員一定支持。這是對重大政策。至於一般質詢不同的，我想可個人決定。本黨政策就是要永遠與民眾在一起，只要符合民眾利益的，就是本黨政策。也許某一個人他的觀念不相符，我認為他不能代表黨。」（見《國會雷聲》三一六頁）

這段話就是雷的「脫軌」主要「理論基礎」。這段話是什麼意思呢？說穿了只有一句話：「中常會決定的才算黨的政策，其他誰說都不算。我雷某人說的，只要自認符合民眾利益者，便是黨的政策！」顯然在雷某的觀念裏，除了少數重大事件外，他就是代表了黨。事實上，那段期間，「誰代表黨？」這句話常是掛在雷君嘴邊的。

這種觀念當然是錯誤的，顯示他忘記了黨章的明文規定，也顯示他對國民黨的性質只有一知半解。

國民黨與西方民主改良政黨的性質完全不同。它是一個革命性的政黨，為了達成革命之目的，它有嚴密的組織，因此黨章明白地規定：「個人服從組織」、「以組織管理從政黨員」、黨員有「實行黨的決議，服從黨的命令，遵守黨的紀律」之義務。何謂「組織」？依黨章規定，自中央一直到小組莫不是。故一個黨員究竟應該服從那個「組織」（權力機關）要看他所屬而定。據此，雷齊所說顯然沒有理由的，他是立法委員身分，依現制應服從立法院黨部的制約，而不是直接受中常會領導。所以，他說什麼「中常會決定的」才算數，那只是不服從組織領導的藉口罷了。

其次，沒錯，黨章也明白規定「中國國民水遠和民眾在一起」，為了達到此目的，必須以民眾的利益為利益。但判斷一件具體的事是否符合「民眾利益」，卻不是容易的，其中常有「全面利益」與「局部利益」、「長程利益」與「短程利益」的矛盾性，為了確實做到照顧全面，黨必須經過內部民主程序的討論來決定。一個黨員有意見自可在黨內充分表達。如果在黨內不表達，或表達意見而未被黨所採，就獨斷獨行地依己見在黨外渲起來，這已不是合不合民眾利益問題，而是變成了脫離組織問題。一個革命黨如果縱容這種行為，等於自趨解體。雷渝齊所做的正係類此，他認為除「重大政策」以外的事，他可以自作決定，而他又把自己作為衡量是否符合民眾利益的「準據」，這根本是一種「取而代之」心態。這種心態發展下去，事實上連所謂「重大政策」也不會被他放在眼內的。活生生的例子正是他自己；他後來不被黨提名為候選人，這決定不也經中常會核備的嗎？為什麼他不接受，悍而脫黨競選？可見他的行為打了自己的嘴巴。

綜上所述，顯然雷某的「理論基礎」是站不住腳的。不過，他到底是個聰明人，他運用國民黨給他三年立委的時間，運用國民黨長久忽視理論的弱點，更針對國民黨許多人鄉愿求苟安的心理，大大的擴展了自己的基礎。然後，他在這個「自己」的基礎上，開展了他新的攻城略地謀略。實施他新的謀略的工具，再不是立法委員這個職位，而是一本雜誌——《雷聲週刊》。

乙、《雷聲》的產生與路線

◎震撼的「緊急質詢」

民國七十二年，又面臨立委選舉，雷渝齊當然仍望獲得黨的提名。可是，在選前幾個月，報紙透露出黨可能不再提他的名之消息。他立即利用立法院正在質詢的機會，在立法院會議上提出「緊急質詢」，指謫黨提名方向不對，「要求政府促執政黨對台北市的提名作業要慎重，要有一個明確交待」云云。此一行動經報紙披露，立刻引起議論紛紛，是當時相當撼的事件。中央考紀會即立予警告。

平心而論，國民黨提名常有錯失，引起很多詬病；這包括雷渝齊今天不斷指責的蔡辰洲，也包括忠貞黨員們所議論的雷渝齊本人。蔡辰洲今日變成階下囚，這是雷君最有力的指責當年「提名不公」的口實；同樣的，雷君自當上立法委員的「變質」到今天以打擊國民黨為志事，又何嘗不使更多的人怪責當年黨提名他也是不當的？

對於多人競爭的權位，不可能做到個個滿意。國民黨提名作業只要往更好的目標去努力，就是對的了。然而，黨提名縱使值得檢討，但雷渝齊身為立委黨員，居然將黨的事以「緊急質詢」形式渲出來，這種行為根本就是徹底的錯誤。立法院質詢對象是政府，何可將黨的事拿到立法院來渲揚？試問，即使在美國，有人會將共和黨或民主黨的「家事」拿到參議院「緊急質詢」的嗎？雷君這一行徑，算是那門子的「模式」？當然，雷君是聰明人，所以能勉強造了個理由「要政府促執政黨對台北市的提名作業要慎重」，企圖逃過「法理上困境」。但這麼一來，又發生新的矛盾，顯示他對國民黨的無知。國民黨是個革命民主政黨，為了完成革命任務，它是要「以黨領政」的，是「黨」指揮「政」，不是「政」指揮「黨」！今雷君自詡有豐富的政治理論及三民主義學識，難道連這點都不知？居然要政府「促」執政黨如何如何，這不是荒唐的說詞嗎？

雷渝齊為何這麼做？說穿了還不是為了個人利益，什麼政治理論，什麼黨的利益都統統拋到九霄外去了。就憑他這一舉動，他常自稱的什麼「中山先生忠實信徒」、「我們才是正的國民黨」等等就變得不可信。

也許正是這篇「緊急質詢」所催化，是年黨果然不再提他的名。他便違紀競選，遭到開除黨籍處分。他以「打擊特權」為主要競選口號，聲勢相當嚇人，吸引不少民眾。最後終敵不過關中的戰術，以五萬二千票落敗。

◎雷聲與耿榮水

對於一個政治人物來說，失敗是悲慘的。競選失敗的雷君，大抵在痛苦中掙扎了三個月，決圖東山再起，於是創辦了《雷聲》週刊。

據說，雷渝齊在當立法委員以前，曾搞過印刷出版事業。在立委三年內，又辦過一份《新形象》月刊。因而，文化事業對他來說，並不陌生。可是，儘管如此，能夠辦一份週刊，卻並不容易，它每週出版一次，如果沒有相當財力固然辦不到，如果沒有一位經驗豐富的「掌門人」更是辦不起來。雷渝齊《雷聲》之所以辦起來，行家都認為，那是耿榮水之故。

耿榮水是苗栗客家人，生於民國四十一年，政大三民主義研究所碩士。曾先後擔任過《仙人掌》、《大時代》等雜誌編輯。後來，曾進入《中國時報》《自立晚報》等機構服務。此人原係國民黨員，在年輕一代中，頗有名氣。在《美麗島》集團囂張期間，他幾篇訪問黃信介、許信良的稿件，寫得頗為客觀。民國七十年以後，他參與中間派的《縱橫》月刊。七十一年間，他以「徐策」筆名寫了〈誰是蔣經國的接班人〉一文，引起政界相當的矚目，就是從他開始，分歧雜誌頻頻討論元首的事，演變到今日變污辱元首的所謂「言論自由」局面一發不可收拾。民國七十二年間，耿榮水突然投身到《前進》，與林正杰合作。結果因為誹謗劉元方鬧出個官司，龍旗當時支持劉元方，認為耿榮水這個人還是讀書人，過去對政府也不錯，並不站在黃信介的立場講話；所以刻意開脫，不把他與林正杰列為共同被告。嗣後，大概又與林正杰合不來而離開了《前進》。不久之後，竟與雷渝齊合作，創辦起《雷聲》來，當時頗令政論界驚訝。

去年三月廿九日創刊的《雷聲》週刊，列名為總編輯徐策，正是耿榮水。從《雷聲》初創的風格，亦頗似耿過去參與過的刊物。因此可以斷定，如果不是這位耿榮水，恐怕雷渝齊自己沒辦法把一份這樣的周刊辦出來。

耿榮水在《雷聲》做了大約六個月，就離開而自行創辦另一份名為《薪火》的雜誌了。據當時有一刊物說，雷、耿二人相處不好，所以耿自己另起爐灶。也可能是，雷覺得自己駕輕就熟了，何必再留耿？所謂「飛鳥盡，良弓藏」，耿榮水合該走路了。

無論如何，《雷聲》是靠耿榮水起家的。如果沒有耿榮水，相信就無雷聲，也許雷渝齊到今天仍只好枯守他那份默默無聞《新形象》月刊呢！

◎揭黨政要人「內幕」的路線

《雷聲》自創刊迄今，已發行了六十五期，自始就是採取「揭發黨政要人內幕」為主的路線。

任何一個社會，都有不平的事情存在，消除社會的不平，是所有政治學說所追求的主要目標之一。國父 孫先生曾明白指出，他的革命就是為了「打抱不平」。

《雷聲》揭示的宗旨是「打擊特權、打擊貪污、打擊腐化」，這原是「打抱不平」的事，原則上沒有什麼不對。問題是：

1.所謂「打抱不平」究竟是他的「目的」還是「手段」？如果眞是他所追求的目的，他就是「政治家」；否則，不過是「政客」。

2.所謂「打擊特權、貪污、腐化」，所打擊者是否眞的屬於「特權、貪污、腐化」？如是眞的，該打；如不是眞的，那就是胡打。

3.所謂「打擊特權、貪污、腐化」，是否針對問題本身而「就事論事」？抑或藉題發揮、揭露「內幕」以達譁眾取寵促銷刊物之目的？如屬「就事論事」，那是高尚行為，否則不過是「生意經」罷了。

依以上三項標準來看《雷聲》，恐怕是值得商榷的。

就第1項而言，當然目前尚不能完全肯定：雷君所做的一切只是「手段」。但從上述他居然把黨的事弄到立法院去渲的做法，應該不算是「政治家」所應為。

就第2項而言，人們只要略加檢視《雷聲》的內容，當可發現，它絕大多數的篇幅，根本就是與「打擊特權、貪污、腐敗」無關的。其實，這本雜誌基本論調與其他分歧雜誌並無不同（依美式和平民主標準來衡量台灣一切），不過在內容技巧上卻有特出之處，那就是以似真似假的情節，大量報導黨政要人個人或處事經緯的內幕，在行文之間，常常指姓道名地夾議夾罵；讓人看起來既像「報導」，又像「小說」，更像「官場現形記」的現代版。所以，它未必盡是貫徹「該打」的宗旨，這從多次有人去函抗議更正之事可證。

就第3項來說，該刊走的路綫絕不是「就事論事」，這點已是公認的了。就隨便翻開第一期來看看吧。有一篇短文是評論林洋港的一篇文章（十四頁），它非但對林文本身不置一辭，反而煞有介事地說：「林洋港這次未被提上副總統的位置，左右檢討起來，一定認為是林平時拍馬逢迎的功夫不夠，以致不為當局所喜……」，這等於罵了林洋港，又罵了當局（指總統）喜歡「逢迎拍馬」！又如同期一篇「趙自齊滿腹牢騷」為題的短文（廿五頁），居然借題發揮地罵關中「在美麗島事件後即以副秘書長名義負責與黨外人士接觸，憑三寸不爛之舌欺騙了不少受刑人家屬和律師」，試問這種論調與「台獨」刊物有何不同？又如同期一篇長文，痛罵沈昌煥「走裙帶，拍馬屁，搞關係……」（廿七頁）。又如雷君署名的專欄罵老國大代表「比中小學生也不如」（三十頁）……其他諸如報導連戰部長「打老婆」、以諷刺劇形式罵宋楚瑜「正事不辦」之類，可謂期期觸目、篇篇引人。也就難怪，該誌暢銷，其根本原因在此！

綜上所述，《雷聲》雖自稱為站在民眾利益「打擊特權、

貪污、腐化」為宗旨，實際上它是以揭露黨政要人內幕為主的路綫，而且它所登的「內幕」，多為「據說」、「相信」之類的來源，其為虛構性成份甚大。只是廣大讀者對這些事既好奇，又沒辦法去查證眞相，所以這手法恰恰抓住了讀者弱點，這無疑是它成功之處。

雖然如此，有識之士千萬勿以迂腐心態去輕估它對這個社會的破壞力。試想，在今年二月至五月間，劉宜良案及十信案相繼爆出，社會許多流言耳語，弄得人心惶惶，當局頭痛不已。若追查來源，人們當可發現，有很多「消息」都是出自《雷聲》。

◎樹立個人英雄形象

這份雜誌，尚有其他政論刊物所少見的特色，那就是過分地樹立雷渝齊個人的「英雄形象」。月前政大教授黃越欽評論當前的許多政論雜誌說：「不像雜誌，倒像競選宣傳單！」這句話如果用在《雷聲》，那眞是最傳神不過。

《雷聲》幾乎每隔幾期，便有個《雷渝專攔》，寫的東西，一再是自吹青年時代如何辯論得獎，如何被先總統召見，如何被經國先生賞識，自己又如何「不屑鑽營」，如何一年之中演講三百次，在立法院質詢時如何不怕權勢，在政見發表會演講時如何造成萬人空巷人山人海……等等，令人看起來，甚為肉麻！

在好多期的對面內頁及封底內外頁，登了一個雷君的著作廣告，居然寫著：「雷渝齊的聲音就是人民的聲音，代表正義、公道與眞理！」這種話，倒使人覺得頗眼熟。看看頌揚基督教的宣傳品，不是常有那麼一句：「我就是眞理、道

路、生命」嗎？雷君如果有志做個耶穌，倒是萬民有福。問題他是不是眞想當耶穌？是不是夠得上當耶穌的條件？

雷君似乎很愛刊登自己的照片，漫畫。每篇專欄，必配上一幅個人的漫畫作刊頭。有一張斜坐沙發滿臉笑容、作得意洋洋狀的雷君照片，在雜誌上出現率奇高。至於他與先總統合照等重要照片也就不用說了，好像一有機會便登上。

最令人覺得沒必要是，《雷聲》五九期，為了反擊關中的控告而在封面登了一張這樣的漫畫：前面是雷君自己，顯得無比英雄洋洋自得的樣子；右後方是關中，橫眉怒目、尖嘴繃腮地斜視著雷君。這張漫畫刊出，當然是表示雷君不怕控告的意思。但徒然給人一種刻薄的印象，其實對雷君沒有任何好處。一個眞有修養的政治人物，大可不必如此。

此外，該誌又愛登一些粗俗的口號、打油詩、「打油聯」之類，使人覺得不應該出自一位曾攻讀博士的人。例如，該誌不時登上「雷聲傲骨天生就，不達民主誓不休，橫眉冷對官僚指，俯首甘為百姓牛」，這首抄改自魯迅的詩，用來作一時競選之用尚無不可，不斷登在刊物上，識者看來難免甚覺好笑。又如一首「打油聯」說什麼：

瓦釜雷鳴

問國家興亡干我何事

借關中控告正好作秀

□圖為雷君出庭的裝扮。

「雷撼九霄汚吏羣魔皆喪膽，聲轟四面歪哥黨棍盡垂頭」這算什麼水準？又如改寫一副對聯曰：「以國家興亡為己任，置關中控告於度外」完全是不倫不類的文字。其實，如果眞的「置關中控告於度外」，雷聲就犯不著用連續好多期的大篇幅，來擴大反擊關中了。一個眞正「以天下為己任」的政治人物，必不願搞這類小噱頭。

◎墨索里尼手法？

據歷史記載，墨索里尼當年創立意大利法西斯黨，以「擁護國王，打倒內閣」為口號，贏得意王的放心，取得羣眾的擁護，只用了三年時間，便進軍羅馬，取得政權（一九二二年）。他的做法引起希特勒的模仿，組織納粹黨，採行法西期主義，可是搞多年，仍然沒辦法取得德國政權，最後向墨索里尼請教。墨告訴他：「你主義和組織都對，就是口號不對。現在德國的總統興登堡元帥是眾望所歸的人，不能打倒。你應該使用『擁護興登堡，打倒腐敗官僚』的口號，才能成功。」希特勒回去就依照墨所教的做，果然很快便掌握了德國政權。所以，希特勒比墨氏晚十一年（一九三三）才掌到政權，這還是墨氏教他的。

在現實政治中，「擁護少數人，打倒一大堆」是很常用的技術。《雷聲》雜誌似乎正是使用著這套技術。統觀六十五期之中，被他罵的黨政要員相當多，如果加上不是明罵而是暗諷的人，更是難以計算。可是，有些黨政大員，它非但絕不罵，反而大力捧場的。例如對蔣總統經國先生，絕對頌揚。這是雷君最聰明處，這也是他與所謂「黨外人士」的最大分歧點。不過，無論雷君用意如何，是不是以此作為逃避查禁的方法，他不像分歧分子一樣去汚元首，就是應該肯定的。

有人批評雷君，說他「別有用心」，他則這是堅持「對就是對，錯就是錯」的原則之明證。如果孤立地來看這個問題，雷君的說法是難以反駁的；到底，每個團體都有好人，也難免有不肖分子；頌揚好人，打擊不肖分子，正是健全這個團體所需要。可是，如果不把這問題孤立看，而是把該誌有關路線方針的大量言論連貫起來，雷君這種辯稱就未必令人信服了。就第一期的《發刊詞》來看好了，他居然寫著：「我們始終認為，只有我們才是中山先生的忠實信徒，我們才是眞正的國民黨，是國民黨的中山派！」文中這個「我們」一詞是何所指？依據同篇文章的前文「我們沒有黨的提名輔選……一票票的累積了五萬二千多票」，這就極明白，所謂「我們」指的就是雷自己，也就是他認為「只有」他才是中山先生的信徒，是眞國民黨。這不是等於否定了所有國民黨人，其他人都不是「中山先生的信徒」、是「假國民黨」了嗎？這當然是非常不妥的自大說法。雷君是否想學墨索里尼？

丙、「第三勢力」能成功嗎？

◎雷君的「理想」是什麼？

四月廿日的《自由報》，登出一篇署名本報記者陳宏志的文章，題目為「雷渝齊發動的第三力量，將影響台北市議員選情」，謂今年年底台北市議員選舉中，雷渝將在五個選區內各推荐一人，以與執政黨和無黨籍兩方較量。

《雷聲》第58期轉載了該文，並以自己訪自己方式，由雷渝齊發表談話，並未完全否定該文的報導，而且大言炎炎地說，是否決定推荐人選，決定三個因素。他並反復強調自己參與政治活動「從不為名利著想」而是堅持自己的「政治理想」。

然而，雷君的「政治理想」究竟是什麼呢？綜觀他所有的言論，實有令人摸不著頭腦之感。「不做國民黨的腐化派」、「要做外省人第二代的代表性人物」、「要做特權的尅星」、「理性參與、溫和改革」、「崇尚民主」、「誓為中山先生未竟之民主理想奮鬥到底」……這類語句是雷君常說的。如果雷君眞有所謂「理想」的話，大概其理想亦不出這些語句的範圍罷。如果從政治理論及從回顧國民革命歷史，以一種超然全局的眼光來檢查這些語句，可以肯定的說，雷即使眞的持著這所謂「政治理想」，也是不可能成功的。

從政黨政治理論的尺度來說，雷君所說的什麼「不做國民黨腐化派」、「特權尅星」、「理性參與、溫和改革」、「做外省人第二代的代表性人物」等等，根本不屬於「主義理想」的層次範疇，只屬於階段性的「政綱」，甚至更低層次的對某具體問題的「主張」範疇罷了。這些概屬於「手段」，並非理想本身；以此來作一時性的號召，爭取個人的政治資本是可以，長久下去，如果沒有眞正的政治理想，那雷君縱使成功，亦只能是曇花一現的成功。

從三民主義的本質及國民革命九十年史來說，雷君對中山先生的三民主義顯有誤解，對國民革命的歷史教訓顯然未能融會吸收。須知，三民主義的本質並非就是「民主」一項，而是包涵「全民」、「革命」，一共三項。「以革命的手段達成全民主之目標」才是中山先生遺教的總指標。違背此而談什麼「中山先生的民主」實際上係割裂中山先生的精神，破壞了國民革命總指標，等於是國民革命歷程中的反動派！在過去九十年來的國民革命過程中曾出現過很多這種「反動派」，造成多次的挫折與傷害。例如，大陸淪陷前的「民主建國會」（一九四五年成立，負責人為黃炎培、章乃器等），其政綱第一條便規定遵奉孫中山先生的民主理想為其理想。又如「中國國民黨民主促進會」（李濟琛等領導，後併為民革），其強調的也是「民主政治」。歷史證明，這些扭曲割裂中山先生革命精神的派系，不過是中共顛覆國民黨的幫兇罷了。政府遷到台灣初期，國民革命進入到第三期，比以前更險惡和困難，可是依然出現這種反動派，著名者就是以雷震為首的組黨運動，這一派完全是企圖以「美式民主」取代三民主義革命民主路綫的運動，但其標榜者依然是「中山先生的民主理想」！

從以上簡單分析，可知雷君之以「中山先生信徒」自居，要以「實現中山先生民主理想」的手法，實在是太陳舊落伍了。歷史證明，以這種「理想」去搞「第三勢力」是不可能成功的！

◎一種新的分歧路線

從上分析，雷君現在所走的路綫，無疑亦屬於「分歧路綫」。然而，值得注意的是，這是一種「新的分歧」，與原有的「台獨分歧」、「左派分歧」、「自由派分歧」的做法並不相同。這路綫對國民黨的本身造成的傷害，可能更大，因為它旨在結合「黨內不滿人士」及「外省人第二代」，此乃過去所未會發生過的做法。這點值得國民黨當局特別注意。

當然，這不是說雷君眞有此能力，結合「黨內不滿人士」及「外省人第二代」，搞出個「第三勢力」。而是說，他這種路綫趨勢值得注意。綜上所述，因為雷君的「基調錯誤」、更未能建立一套有體系的眞正「理想」，而他的雜誌又處處表現出粗陋的「個人英雄主義」……凡此等等，所以他想成為「第三勢力」的領頭人，應無可能。可是他這樣「始作俑」，不但使他的刊物賺大錢，而且他本人亦成了眾所議論紛紛的對象，早已引起很多人的羨慕，難保不出現一窩蜂的效法。台灣這個社會本來有個怪現像，無論做生意、搞政治，歷來都有一窩蜂的事發生。過去有人養鳥成功，結果引起一窩蜂養鳥。民國六十六年許信良以地域主義、暴力邊緣策略競選成功，結果釀出個《美麗島》集團來。這些都是值得警惕的例子。

最後還有一點，奉獻雷君注意的。幾乎在每期的《雷聲》都登了一句這種的話：「五萬二千個證人……」，這是指他在七十二年得的票數，洋洋自得之情，溢于言表。誠然，以一位未獲黨提名的人來說，五萬二千票的成績算是很不錯。但若以為一時的得票便是永久支持的「證人」，便是大錯，錯得令人好笑了。

「群眾」這回事是「要來統統來，要去統統去」的，其不可依恃性很大，諒學政治出身的雷君不可能不知。或許，他不斷這樣強調，目的無非在宣傳自己有「羣眾基礎」，藉以嚇唬國民黨，好讓他放膽去搞什麼「第三勢力」，那他更是大錯。蓋國民黨不但是靠「鼓動風潮，造成時勢」起家的黨，黨內對羣眾運動嫻熟之士多的是，尤其重要的是，歷史已證明：國民黨是個適應力甚強的黨，它要改革是慢一點，但卻是必能改革的；如果發覺果眞有人想從它內部挖走、分割部分力量或取代它的地位的話，國民黨必然會立即鞏固陣容。總之，我們可以斷言：如果雷君眞欲搞「第三勢力」恐怕是自不量力。

龍旗七十四年（1985）七月號第五三期

「四腳仔」誹謗案的初審感想

高資敏

編按：本文作者高資敏先生，醫學博士，在美行醫多年，現任傑佛遜紀念醫院物理醫療部主任，是美國〈台灣同鄉聯誼會〉的創辦人。因酷愛民主自由，秉持正義，並堅守「我是台灣人，也是中國人」的立場，更嚴正表示「我以台灣人爲榮，也深深以中國人爲榮」，所以遭到台獨分子的仇視，美國台獨的機關報《台灣公論報》曾一再爲文污辱他。從高先生這篇大作的字裏行間，可以看出一個中國知識分子正氣凜然，勇者不懼的形象，尤令人敬佩。

我所居住的維琴尼亞州，任何人使用侮辱文字（Insulting words）羞辱別人，就是侵犯了別人，如提出控告會被判有罪。

《台灣公論報》罵中國人是「唐山猪」，又罵唐山猪是「四腳仔」（公論報一九八四年十二月廿九日蔣小湖語。蔣小湖是該報主編的筆名）。由於我是台灣人，但又認同中國人，因而公論報以題為〈一個會講台灣話的四腳仔台灣人〉批鬥我。

我作為原告，認為「四腳仔」是指猪、狗等動物，是一種侮辱文字，我也相信公論報用「四腳仔」一詞是在罵我。這一簡單的事實，只要懂得起碼中國語言、台灣話的人是都會同意的。

然而台獨的《公論報》為了逃避罪責，居然聘來兩位「語言學」專家來法庭作證，將「四腳仔」大大美化，一變而為不是侮辱文字。這兩位「語言專家」是蕭欣義和蔡武雄。蕭先生現執教加拿大，遠來和尚會唸經，尤其對七位完全不懂華語、台語的美國人陪審團，「說服力」是可想而知的。蔡武雄先生任職於美國〈國會圖書館〉，也自稱是台語的「語言專家」。

蕭教授舉例台語「黑狗」是指瀟洒的年輕人，使人意會「四腳仔」好像也是讚美詞呢？他又反駁我認為「四腳仔」指動物，是絕對（ Absolutely）不通的。蔡先生也在法庭宣誓作證，表示對「四腳仔」三字頗有研究，他認為「四腳仔」意指動物是絕無可能。當原告律師問他，四腳仔的「仔」字英文的意思，他說他對此字不熟悉（not familiar）。當出示他一本梁實秋中英字典的「仔」字，請他讀英文，他讀出「young animal」，但他又說字典太舊了，此字不可解為小動物。等會兒他又說「四腳仔」是悠久歷史的舊名詞。蔡先生還一再舉其他無關的例子，務使洋人相信，「四腳仔」是親切的用詞（蕭、蔡二位的證詞，法院正在整理答詞紀錄）

蔡先生功力沒有蕭大師深，但他們聯手足可將美國人搞糊塗了。兩人又強調原告的譯文是將公論報以「華語」翻成英語，而他們則是以「台語」翻成英語。他們認為華語與台語是不同語言，被告律師最後又經由法官，提示陪審團，台灣公論報是「台語」，一切要以「台語」解譯。在這種情形下，美國人的陪審團自然會陷於混淆，而只好盲從兩位語言大師的「解釋」。我做為原告，但無力聘「語言大師」，因為我認為凡是有點良知的台灣人、中國人都不會說「四腳仔」、「唐山猪」這類名詞不是侮辱文字的。連在公論報寫「四腳仔」一文的原作者許台俊，在法院作證都坦承「四腳仔」是指動物。

蕭、蔡二位都是知識分子，尤其蕭先生是頗著名的歷史學者，他們的作證，已使美國法院認定「四腳仔」不是侮辱人的用詞，也絕沒有影射動物。二位「專家」能「說服」美國人陪審團，而使此案未能做公平裁判。但是，他們能面對所有台灣人，所有中國人嗎？

現在蕭、蔡兩位先生不必手按聖經宣誓作證，我願意很誠懇的請教兩位，請本諸良知答覆我：

一、你們認為台語與華語如此不相同，你們可否將任何一篇《公論報》的文章，由原來的「台語」翻譯成「華語」，讓大家看看有多少不同？

二、你們兩位是歷史上第一次將「四腳仔」解釋為不是侮辱文字，也不影射動物，且還帶點親切之意。從今後，是不是大家都可稱呼你們為「四腳仔學者」？

三、「四腳仔」案也許會重審，你們是否可不必引經據典浪費太多時間，簡單地答一個「是非」問題。到底公論報所用台語漢文——「四腳仔走狗」、「三腳仔台奸」、「白賊」、「唐山猪」等，是不是罵人的侮辱文字？如果你們認為「是」，我就不必請專家了；你們如果認為「不是」，我則不得不籌款請「台語語言大師」，與兩位較量一下了。

公論報將中國人列為「四腳仔」，親善中國的台灣人列為「三腳仔」，只有搞台獨的台灣人才是頂天立地的「二腳人」、「正港」的台灣人（蔣小湖認為許台俊叫我「四腳仔」，是多給了我一隻腳）。知識分子似乎很少人本乎良知，加以匡正。即使搞台獨的台灣人與中國人沒有血緣歷史，也不應該如此狠毒侮辱所有中國人與不順從台獨的台灣人。

我個人一年多來，受盡了《公論報》的辱罵，但我仍然堅持「我是台灣人，中國人」的立場。我以台灣人為榮，也深深以中國人為榮。

龍旗七十四年（1985）七月號第五十三期

對日抗戰蒙難血淚記

黃造雄（國大代表）

在抗日戰爭前，我原為〈上海特別市黨部〉執行委員、〈上海市教育會〉理事長，兼任本黨所辦的紀念張君毅烈士的〈君毅中學〉校長。廿六年對日抗戰後，我即蒙中央派為〈東南戰區〉文化教育督導員，在上海租界內秘密組織文化教育抗日工作團體。上海各租界被日軍佔據後，我即住在上海從事秘密教育文化抗日工作，數年內艱苦備嘗，時有被日本憲兵捕拿危機。

三十二年八月十七日中午，我到滬上舊居。不到二十分鐘，三個敵憲兵就到我家中來，一個守在門前，一個走到三樓守在曬台，一個憲兵進來用流利的上海話問我：「你姓什麼？」我答：「我姓韓。」他馬上要我住民證，他看看我住民證上的地址是一個私立小學裏的，看他的神氣，他似乎相信。我當時想走，該憲兵對我一踢，同時一個重重耳光，一邊說：「不准走！」我的內人在這幾個憲兵來我舊居時，適在一鄰舍家中，她知道家中有敵憲兵來，馬上趕回家來，那憲兵便問我內人：「你是誰？你與黃造雄什麼關係？」她說：「黃造雄是我男人，他不在上海，在幾個月前，已到外埠做生意去了。」該憲兵對她說：「好，你到隊裏去。」

我們一家三個人就被敵憲兵帶到離家中二三十排店面邊，一公共電話處，該憲兵去打電話，想是叫隊裏開汽車來送我們去。當時忽然下雨，該處有一公共廁所，我們夫妻兒子三人，都站在該廁所前面，一憲兵看牢我們，不准我們說半句話。我忽然想到我身上西裝褲內，還有一紙密電碼，一紙化學書寫的信，及一顆印子，這是證據，是可致死之物，我便請求該看守憲兵說：「我小便急，給我進去小便次。」起初他不允，後經我再三要求，並裝出小便很急的模樣，他便許我進去小便，我在小便時，便把這紙密電碼、化學書寫信與一顆印子拋在公坑中。身上沒有了證據，我也就安心多了。

一輛大汽車到了，我們三人與敵憲兵三人一同上車。開到憲兵隊，就把我們拖進隊裏去了。不到五分鐘，我一家人就被分別拖到二三樓審訊去了。

我被拖到三樓審訊室。我對審訊我的憲兵說：「我在八一三前，曾任滬市黨部執行委員，上海市教育會主席，君毅中學校長，八一三後，這些職務統統沒有了，我專門在上海做肥皂生意。」一憲兵馬上下樓去，拿上一大卷宗來。我站在旁邊，看這個卷宗，都是關於我的事；我平時在報紙雜誌上發表的文章都有，甚至我在民國二十六年上半年在東京帝國教育會裏報載的講演詞都有剪貼在該卷宗內。那個憲兵便對我說：「你是重慶教育部派你到上海做抗日工作的，快快陪我們到你辦公室裏去，你有危害大東亞罪，要槍斃。」我便對他說：「有何證據說我是重慶教育部派我至上海來做抗日工作的？我此刻做生意，那裏有辦公室？」該憲兵便把手上所吃的香煙，向我面上一燒，接著便把我拖到隔壁一間受刑室裏去。一進門，就叫我脫衣服。我不肯脫，三個憲兵拖我硬剝，西裝袖子褲子都被他們撕破，脫得只剩汗衫短褲子。再把我拖到桌上立好，將我一隻手吊掛在預弄好由天花板中掛下來的一根麻繩子上。吊好之後，將我立的桌子拉開，把我這人在空中盪，就是飛機刑。二三憲兵一面撞我盪，一面用很粗的竹桿在我身上打，一邊說：「你辦公室在那裏？快快陪我們去。」我在起初還能說我根本沒辦公室，我還能罵他們海盜。半小時後，我已不會說話，手上縛掛之處肉也破了，血汩汩流下來，下部尿糞亦洩下來了。大約有一小時左右，把我解下，放在上板上，我只有一點知覺，不知他們用什麼藥水向我口中鼻孔中一灌，又用冷水向我身上一潑，我才漸漸甦轉來。

第二天上午早晨七時，由一管牢憲兵，從牢門木柵上放進一半小罐頭薄粥，我已決定絕食而死，當然不去吃它。這天上午過去，下午另一個憲兵與頭日審訊我的憲兵，又到我牢中，拖我出去，二個憲兵撐住我二手，撐至二樓一審訊室審訊，他又問我道：「你辦公室不陪我們去搜查。你明天便要槍斃，而且馬上要拖你到隔壁屋內用電刑。」我馬上大聲怒喊：「我早已不從事黨政工作，專做生意，那裏有辦公室，你馬上槍斃我好了。」我說完這句話，一個憲兵打我一個耳光，便由二個憲兵拖我到隔壁一間電刑室中。

電刑設備是如此的：一隻如剃頭椅的板凳子放在一寫字檯旁邊，凳子上裝有可捆犯人的皮帶幾根。有一個搖機，裝在寫字檯上，樣子好像削鉛筆的搖機。這搖機上有根電線，按在電燈上，另有四根電線，長長的申放在椅子上，該四根電線頭上裝有細的鐵絲。

他們拖我坐在這椅子上，用裝在椅子上的皮帶，將我手足身子各部捆縛得很牢，我已半死，動彈不得，遂任他們擺佈。捆好之後，便用一根電線頭上的鐵絲，吊在我右手大姆指上，一憲兵將裝在寫字檯上的搖機搖起來。我全身發麻，頭昏腦漲，眼睛看去糊塗得很，牙齒發抖。他們搖了五六分鐘就停止了。

接著，他們又把我吊一根電線在右耳上，又吊一根在左耳上，一搖起來，我便汗流如珠，全身更覺麻木，而且覺得發著焦熱，頭腦亦覺得更脹大起來了。全身發抖更加劇烈。但聽見他叫我說在滬的地下工作同志來。我只有牙齒咬緊待死，約莫搖了五六分鐘，他們看我已受不住，就停止了。將我解開捆縛的皮帶，用一桶冰水一潑，便又把我拖至牢中。

第三天第四天，因我已被打得要死，奄奄一息，且他們已知我絕食待斃，在審訊室問我時，我已不理，只咬牢牙齒，任他毒打罷了。我睏在牢中地板上，已不會彈動，彼等亦未曾來拖我出去審訊，受刑。這二天中，他們立在監牢的木柵洞中，看過我二次。

第五天早晨，該管牢憲兵送進一個麵包，一碗開水，放在我身邊，說一聲：「吃」便去了。我即不理睬，又不吃，我想被慢慢打死，不如絕食早死。等一會，該管牢憲兵再進來，又對我說一聲：「快吃」！我不理睬。他大發雷霆，馬上將那麵包向我身上一擲，將那杯開水向我頭上一潑，轉手便去拿了一根木棍進來，對我頭上身上足上亂敲，又轉手便拉著我的頭髮，拉立起來。我人已將死，身軟如棉，那裏能立得起來呢？所以他拉起來，我便跌倒。他後來把我再拉起來，用一根麻繩，捆縛我身體捆在監牢木柵門上。那天自下午二時左右捆起，一直捆吊到翌日天明。

到第六天，約在下午二時半左右，他們二三人走進牢中，竟又扶拖我至樓上猛塞煙於口鼻中的刑室，將煙猛了幾下，我此時已不大有知覺。猛煙刑弄完了，便放在水門町地上，過一會，又把我拖到樓上另一刑室，即為灌自來水的刑室。我被拖進該室，倒臥於地板時，我看他們將皮帶水管一頭旋上了在那壁上的自來水龍頭後，開出自來水，一端便塞牢在我鼻孔口中沖，我閉牢口，咬緊牙關，口中沖不進多大的水，但鼻孔中被他們沖得要命。真難受啊！沖完之後，把我抬進監牢，向板上一摔。

再過一日，我較清醒，惟胃發焦乾，非常難受，我看見我監牢內已無茶杯放著，倘若有，真想爬過去喝口水，解解焦渴。我很想吃自己的尿，可是連尿亦沒有。那天夜間，我監牢中關進一個商人模樣的人，他看我如此淒慘，輕輕問我：「先生，你因何事被捉進來，弄得這個形狀。」我看此人還老實，他坐我身邊亦還近，我便同他輕輕攀談起來，始知他名為陳阿毛，紹興人，他為藏匿幾十匹士林布被搜，捉進來毆打罰款的，款送進隊後，即可釋放云云。當時我便拜託他，你一出去，便替我通知一位從前朋友來營救我。（我這位朋友是洪幫內的人物，此時洪幫人在淪陷區裏，還可說話，我此番能生還，一半功勞為這位朋友。）幸虧這位陳君，他在第二天早晨就釋放出去了，他一出去，就去通知我那位朋友。

再過幾天，我又較清醒了。一個憲兵同了一個翻譯進監來，叫我到三樓審訊室去審問，這翻譯一進我監牢，看到我，二目向我一瞪，他是認識我的，我看他，也有一點面熟。（因為此人在八一三前據說曾在滬上一同業公會內當過書記，我在滬市黨部，在民訓委員會，主持民訓工作七八年，滬上所有各業公會書記，當然認識我，在此番能生還，此人出力也不少。）一到審訊室，憲兵出去接電話，這翻譯就對我說：「你就是黃先生？你幾時捉進來的？啊！刑已受得如此。」我就問道：「朋友很面熟，為何到此地當翻譯，你能救我命嗎？倘能救我，我出去時當大款奉謝。」他說：「熟悉的人，當然設法。不過我要去查一查看，現在你有否證據被他們搜去」剛才說畢，那憲兵進來了，對那翻譯說：「此刻有要事，我們要出去了，明日再審。」於是馬上又把我扶回監牢。這天傍晚，那翻譯走到我監牢門口，對我說：「你有個認識你的朋友，到隊裏來，把你說情過了，憲兵似乎已經答應。而且把你查過，你現在沒有重要證據給隊裏搜索，不過你偽造住民證有罪，大概關一段時間就可以放了。」

到了第二天，那翻譯面帶笑容走我監牢前面來通知我說：「你判決關一年半，四個月算一年，且可因我所被捕的人共同加起來計算，二星期後即可釋放了。」

過二星期多，一日的中午，要放我出來。由監牢走到捕進我們那個大廳中，看見我的孩子、內人也已放至大廳中，我看見我的內人、孩子，面黃饑瘦，全身污穢不堪，恍如隔世，我不禁淚下。他們見我左手已用布帶掛著頭頸，骨瘦如柴，竟號淘大哭。我內人雖未曾受電刑慘刑，但亦曾吃足耳光籐鞭之苦。據我孩子對我說：為怕我槍斃，他到第二星期，還不肯承認我是他父親，因此吃了不知多少耳光抽籐鞭的痛苦。

龍旗七十四（1985）九月號第五五期

七十五年

堅決反對外人干涉內政

本社

五月廿日，美國國會參議員愛德華甘乃迪（Edward M. Kennedy）、派爾（Claiborne Pell），眾議員李奇（Jim Leach）及索拉茲（Stephen J. Solarz）四人，成立所謂〈台灣民主委員會〉（U.S Committee for Democrcy on Taiwan），發表荒謬言論，公然干涉我國內政。他們身為美國民意代表，不務正業去為美國人民謀福利，卻甘受中國人民的公敵台獨分子所利用，配合許信良、彭明敏等台獨分子在美國的〈台灣民主黨〉建黨行動，串連島內分歧分子的「五一九綠色行動」，企圖將菲律賓政變模式在台灣翻版，一舉推毀中華民國。他們自稱「自由派」，打著「民主、人權、和平」的旗幟，對全世界十六億受共產暴政統治的人民從來漠不關心，卻專門將「民主鬥爭」的鋒芒指向其他自由民主國家。他們這種醜行謬論早已引起美國廣大正義之士的不齒，引起海內外中國人一致的憤怒與聲討。

現在，讓我們把他們〈要求台灣實行民主決議之引言〉及有關主張文件內容，來逐一作一番分析如下：

1.要求台灣實行所謂的「真正民主」

他們顯然自以為美式民主才是「真正的民主」，美國乃「民主上國」，全世界各國必須與美國做得一模一樣，才叫做「真正的民主」，否則便是不民主。事實上，美式民主是「真正的民主」嗎？當然不是。原來，他們所講的乃是資產階級的民主，即是只講自由不講平等的假民主；而且是只求和平不能戰鬥的失敗民主；所以四十年來與國際共產黨對抗無往而不敗。他們不知道只有我們三民主義的全民民主才是既有自由又有平等的真民主，只有中國國民黨的革命民主才是統一和平目標與戰鬥手段的必勝民主。所以我們應提醒索拉茲等美國政客：若談「真正的民主」，他們的見識尚嫌短淺，他們習知的民主是落伍的。該向我們的全民民主理想學習學習才成。

2.要求台灣停止戒嚴

他們一面說：「台灣經濟的快速成長一直是開發中國家所羨慕的」、「政治的穩定及和平在台灣本島及西太平洋地區已佔優勢」，另一方面卻說：「現在是台灣走向菲律賓同一道路的時刻，現在是台灣實行真正民主的時機」，於是強調要求我國解除戒嚴。就是他們一方面肯定了台灣過去三十多年在戒嚴體制下所生之「果」，另方面卻又否定戒嚴為台灣經濟繁榮政治穩定社會和平之「因」，這豈非自我矛盾的荒謬言論？如何能行？

3.要求「台灣政府允許真正的反對黨的形成」

他們要求中華民國政府允許「反對黨」形成，並傾心支持許榮淑、許信良那一撮人組黨。如由那一撮人組黨算是「反對黨」，試問：「真正的反對黨」是否可以不承認國家、不承認國歌，公然鼓吹暴力，走「法律邊緣路線」？那一撮人的行徑正是如此。無論依什麼國家的民主尺度、法律標準，這種行徑根本不是「真正的反對黨」，而是「真正的叛亂集團」。試問美國政府：能否容許外國人要求在貴國組織一個不承認美國政府、不承認美國憲法、不承認美國國旗，一心一意要以武力叛亂的「反對黨」？

4.要求「停止新聞檢查制度」

這點完全是誤解或蓄意誣衊，因為台灣根本就沒有新聞檢查制度。相反的，台灣報刊的言論自由已被放任到無法無天的地步，連中山先生、先總統蔣公、現在的元首，以及所有的黨政要員、學者名流等等，很少有人不受人身攻訐者。今天政府唯一辦法是出版後的查禁措施。這種措施是「事後追懲」制度，根本不是「新聞檢查」，純粹是為了保障人權維護國家安全的必要，絲毫未背離民主通例。試問美國政府能容許有人身攻訐與破壞國家安全的「言論自由」嗎？

5.指責「台灣政治結構拒絕大多數人民參與，全台灣立法團體中只有8%的成員代表台灣並經民選」

三十多年來生活在台灣的中國人，除了依法褫奪公權之人外，人人都有「參與政治結構」的權利與機會，這是舉世有目共睹的事實。他們的說法，純屬信口雌黃。至於「全台灣立法團體中」是否只有8%的成員代表台灣並經民選？讓我們來看看具體數字：如他們所說的只是指中央立法院而言，則現有立委三三六名，前年在台灣選出的增額立委佔七十一名（其中余陳月瑛一名現任縣長而辭職，但名額仍應算入），故應為21%強的「成員代表台灣並經民選」。如他們所說的是指中央到各級地方民意機關，那更有90%的成員是「代表台灣並經民選」的了。由是可見他們完全是胡說！但他們胡說的動機何在？他們要求的是中央民意代表全部只「代表台灣並民選」，而不再代表全中國。換言之，他們要求的是成立「台灣國會」，實行「台灣獨立」。

6.要求我政府「朝完全代表人民的政府前進」

中華民國政府繼承中華文化的道統、代表孫中山先生三民主義建國路線的正統、基礎於中華民國憲政的法統，正是「完全代表人民的政府」。那麼他們所要求的到底是什麼？很明顯，他們所說的「完全代表人民」指的不是「全中國人民」，而是「台灣人民」。他們實際要求我們做的，是要把「中華民國」變成「台灣國。」

7.要求「總統直接選舉」

我國總統是由國民大會代表全國人民選舉的，其程序載明於《憲法》現在他們提出這種要求，不是等於要推翻我國《憲法》嗎？我國憲法是由國民代表大會所制定的，除了國民代表大會外，沒有人可以修改我們的憲法。他們身為外國人，有權決定我國憲法的內容或其存廢嗎？他們提出如此荒唐的要求，不但是污辱了我國的憲法，而且根本瞧不起我們中國人民！此可忍，孰不可忍？

以上七點，不是違背我們建國理想，便是違背現實要求的，所以我們絕對不能接受。同時這是我國內政的問題，他們根本無權干涉。

他們在文件末尾，還隱含威脅地說：「一個較自由開放的台灣以及對人權的完全尊重，會使美國人民給予更強烈的主張以道德支持。」台灣是否已夠自由開放及專重人權？台灣的自由開放人權問題是否可以由甘乃迪等外國人來過問？此等問題姑且不談。只讓我們回顧一下美國的「道德支持」的成績吧！

當中日戰爭的最初階段（珍珠港事變前），美國不但不援助受法西斯日本侵略的中國，反而賣鋼筋石油等戰略物資給日本；難道就是美國的「道德」嗎？四十年前，在蘇聯支持下，中共挑起叛亂內戰，美國始終與蘇聯訂定出賣中國的〈雅爾達密約〉、繼則強迫我政府跟中共和談、組織「聯合政府」，再則斷絕援助，最後竟發表落井下石的《白皮書》；這一切行為，難道就因為俄共及中共比國民黨更自由開放和尊重人權，所以美國給他們如此之多的「道德支持嗎」？三十多年前的韓戰，美國自己竟作成「不求勝政策」，使盟軍徒然犧牲數十萬兵員與逾千億戰費，難道這是對韓國及美國自己的「道德支持」嗎？三十年前的匈牙利事件以及廿年前的捷克人民抗暴事件，請問美國的「道德支持」何在？十年前的越棉寮三邦的悲慘結果，請問美國的「道德支持」又何在？數年前，號稱世界上最崇拜美式民主的伊朗國王巴勒維，被推翻流亡國外，身染重病欲到美國就醫而不可得；請問美國的「道德支持」又何在？還有尼加拉瓜總統蘇慕薩，一家兩代均為美國人支持培植，卡特政府竟迫使退位流亡，卒致全家被暗殺；請問美國的「道德支持」更何在？數十年來，類似例子太多了。由是觀之，美國所謂的「道德支持」，有何可依賴之處？甘乃迪等人所講的是全世界沒有人再肯相信的謊言。事實上，他們這幾個人受台獨分子利用，近幾年來專門做「一年一度對台灣打擊」的事（美國眾議員索羅門語），此種荒謬言行本身就是極不道德的。

綜上分析可知，甘乃迪等人的言論實在荒謬之至。如果照他們的要求去做，等於在消滅基地軍民同胞的戰鬥意識，瓦解台灣內部的一切防禦，造成中共有吞噬台灣之機會，陷台灣人民於萬劫不復的深淵。因此，我們必須痛加駁斥，堅決反對！

龍旗七十五（1986）年七月號第六五期社論

台籍青年軍為復員四十週年給本省同胞的公開信

各位父老兄弟姐妹們：

際此青年軍復員四十週年紀念日，我們當年台籍從軍同學，感念特多，所以發表這封信；無論對歷史、現在和未來，我們認為這樣做，都是必要而有意義的。

民國三十三年（西元一九四四年）中日戰爭進入了決戰階段，也是日寇侵華作垂死掙扎的最激烈時候，無論是大陸上的中國人、台灣的中國人，都呻吟在骨獄血淵的苦難裏。

正在這時，我們在日本留學的青年與台灣的青年，從廣播及其他有限的管道得知，蔣委員長正在號召知識青年：「秉持莊嚴民族大義、一寸山河一寸血，十萬青年十萬軍，奮起抗日雪恥，配合國際有利形勢，俾予日寇以最後的反擊」。這個消息沸騰了我們每一個人的熱血，激發了我們不顧一切的行動。於是，我們瞞著家人，躲過了日本人的密探，冒死穿越日寇陣地，間關萬里，輾轉回到了祖國的懷抱，投入了青年軍的行列。依據資料統計，當時循這方式投入青年軍的台籍青年學生，第一期有一百多人，第二期有五百多人，都是歷盡艱險，不約而同的響應　蔣委員長的偉大號召，才有了以身許國的機會。

我們投入青年軍各師後，正在加緊接受嚴格訓練，抗戰已勝利。不幸戡亂隨即開始。我台籍青年軍以編入二〇七師（師長羅友倫）較多。該師兩年之間，轉戰在東北戰場，歷經〈四平街會戰〉等大小戰役五十多次，連戰皆捷，「雄獅」之盛名遠颺。尤其我台籍戰士，每臨戰之先，剪頭髮、剪指甲、寫明姓名年籍，包妥留交守營之同鄉戰友，以備萬一陣亡攜回故鄉，作追思之遺物；其長虹貫日的悲壯，其馬革裹屍的決心，實可感天地而泣鬼神！正由於我們抱著這種不怕犧牲的決心，人人勇敢、個個爭先，以同鄉所組成之迫擊砲連；共軍聞聲喪膽，贏得「八路軍怕台灣砲」的美譽。尤其，在民國三十六年二月七日三源浦之役，由團長張建勛（前任政戰學校校長）率領將士與共軍激戰，白刃肉搏三晝夜，直到全團殆將覆沒而後止。我台籍戰士參加斯役者不下百餘人，傷亡慘重，以鮮血寫下台灣同胞為中華民族而犧牲奮鬥的光榮篇章。

我們這一羣數十人，就是當年的台籍英勇戰士成員。託上天的垂顧、受祖宗的庇護，在戰場受傷而未死，能活到四十年後的今天。而今雖年近垂暮，但不能就此而百事不問以安享餘年。如果，我們不出來做個見證，遂令青史湮沒無聞，更是對不起那些為國捐軀的英靈。如果，我們不出來做番激勵，遂令少數年輕人誤解台灣人的大義血忱，更是辜負台灣父老們當年對我們自己的期許。

當我們小的時候，台灣早已割讓日本。那時台灣人的命運是悲慘的。雖然強權可以禁錮人的肉體，卻不能封鎖人的靈魂。「台灣是中國的台灣」、「台灣人是中華民族的血裔」，大陸與台灣血肉相連，誰也不能把我們分開，無論是閩南、客家…都是炎黃子孫。這些民族意識，父兄們早就灌輸在我們幼小的心靈；並期望我們這一代能為台灣重回祖國的懷抱而奮鬥。國父　孫中山先生逝世時，留學北平的台灣學生曾撰一副輓聯：

二百萬台灣剛醒同胞，微先生何人領導？
四十年祖國未竟事業，舍我輩其誰分擔！

這副名聯，當時的台灣父老大體均耳熟能詳，聯語的內容也就成了父老們勉勵我們具體努力的方向。中日戰爭一起，台灣真是人人「身在曹營心在漢」，身為日本帝國的屬民，心中無不希望抗戰早日勝利，掙脫異族的枷鎖，使我們再做大中華國民。這就是民族大義血忱認同，也是列祖列宗世代一脈相承的民族動力。我們繼承了薪傳，所以在國難當頭毅然參加了青年軍，為台灣人民參與國民革命大業的歷史寫下了不可磨滅的一頁。

我們這群倖存者，又歷盡艱苦、穿過狼煙處處的大江南北，回到了光復後的台灣。三十多年來，台灣成為民族復興基地，我們默默地過著安和樂利的日子。但每當月白風清的良夜，驀然想起那副輓聯：「四十年祖國未竟事業」早已變成六十年、八十年、九十年……，心中便有捺不住的無盡愴然。轉念以撫今追昔，眼下的故鄉一日千里在進步；台灣人從昔日日本人的心目中的次等屬民，而變成民主、自由、富有的中國人，心中也有無限的安慰：戰友的鮮血沒有白流，自己當初的艱辛總算有了回報。沒有先人的鮮血，那有今天奇蹟的台灣？鄉土有幸，成為中國第一個實現三民主義理想的模範省。

然而，國父　孫中山先生的未竟道路是如斯之漫長；沒有志氣的人、短視的人就顯得不耐，那是無可厚非的。但是其中有極少數的人，本身不過是溫室中的花朵，對國家民族未有絲毫犧牲，對台灣鄉土也沒有什麼貢獻，為了一己的名利權位，不惜採取背叛民族的逆行態度，擾亂台灣的安定進步，這就太不應該了。這些人實在對不起台灣的列祖列宗，便對不起為革命而捐軀的台灣先人，應該受到全省同胞的譴責。

先總統　蔣公說得好，「今日的台灣，就是過去在國民革命歷史上佔著關鍵地位的廣州和重慶。」當歷史的腳步落在廣州時，廣東同胞未以獨善其身為滿足，而是放眼全國，才開創了日後的北伐勝利成果。當歷史腳步落在重慶時，四川同胞也未以獨善其身為滿足，而是放眼天下，才取得了抗戰聖戰的勝利，取消不平等條約，使台灣重回祖國。今天既然歷史腳步落在台灣，正是我鄉土台灣的光榮！我們台灣人自不能落後於廣東人或四川人，更應放大胸懷，為完成國民革命第三期任務而奮鬥！為三民主義宏揚於全人類而奮鬥！

這是我們這一群人對台灣後起之秀的期待，相信也是全台灣父老兄弟姊妹的共同心聲。謹此　並祝
健康快樂！

（楊境秋等十二人簽名）

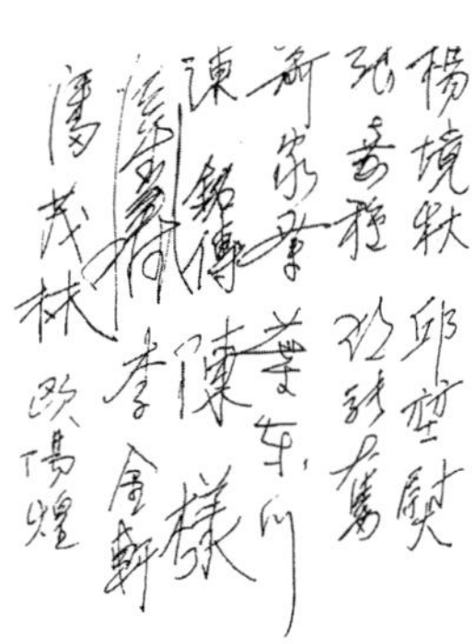

敬上

民國七十五年六月三日

龍旗七十五（1986）七月號第六五期

奮發論強

◎奮發圖強應明強

車輪

「光武奮發，中興漢室」。奮發云者，即奮其志，竭其力，勇猛興起以圖強耳。中庸：「博學、審問、慎思、明辨、篤行」五者，其要歸於「雖愚必明、雖柔必強」。

「有弗學，學之弗能弗措也。有弗問，問之弗知弗措也。有弗思，思之弗得弗措也。有弗辨，辨之弗明弗措也。有弗行，行之弗篤弗措也。」

以此歷練其奮鬥到底、不屈不撓之堅強意志、聰穎睿智、明察秋毫之膽識。

◎強而不暴為美

美好的人生，乃是精神煥發，步伐昂揚，邁向成功的強者。醜陋的人生，那是萎弱頹靡，畏難卻顧，十足的可憐蟲。生命之火不熄，奮鬥之泉永流。君子以自強不息。

羅家倫先生曾提出：「弱是罪惡，強而不暴是美」的論點。世界多少罪惡，是因弱者縱容強者所引起的，有弱肉就引來強食，於是禍亂生而糾紛起。遠者不論，即以宋代而言，因講心講性，靜弱自守，失卻剛健有為的尚武精神，引來遼金交侵，兵連禍結。再說清代季世，政治腐敗，積弱不振，招致列強環伺，意圖瓜分，國勢岌岌危若累卵，如無　國父革命，恐已亡國滅種矣。嚴復任北大校長時，曾寫《原強》一文，一曰鼓民力，二曰開民智，三曰新民德；不失為進步觀念。因為洋人造出洋槍洋砲來瓜分中國，只說中國是個「愛好和平」的民族，那是弱者的哀鳴，等於在虎口之下講感情，白費！

檢討我們社會風氣之敗壞、不法分子之猖獗，是因為：一禮治不興，二法治不張，對一些不法之徒，包括「台獨」同路人，相讓為國，一味以寬容姑息來示好。豈不知「君子愈讓，小人愈妄」，他們不但不感恩向善，還罵你：「軟弱」、「無能」，是個「窩囊廢」哩！須知民主社會即法治社會，公正嚴明的執法，可恢宏志士之氣，發揚正義之光。當前我們面對國家處境，應如商鞅之執法，和俾斯麥統一德意志之從政手法；以鐵血智慧為圓周，畫成一個強有力的執法者，來整飭社會紀律，重振國家紀綱。易鄉愿作風，發為剛毅行為；要看得真切，做得徹底。（不可演捉放曹）一摑一掌血，

一鞭一條痕，步步踏實，處處認真，事事徹底；「以國家興亡為己任，置個人死生於度外」。最低限度，多替國家著想，不要完全為自己的安危禍福和榮辱想。

這次阿根廷公然在海之上向我〈憲德三號〉漁船砲擊沉沒，他是找一個弱者，給英國以顏色看，使我們很難堪。可是為什麼我們的民意代表在議壇之上，年年、月月、日日，所叫囂的，儘是些：「黨外民主制衡呀」、「住民自決呀」、「取銷戒嚴法」另立新黨呀，沒有聽到公忠體國，想把國家弄強起來，使每一個中國人，風風光光地活在這個地球上的言論？

台灣真是經八年對日抗戰，犧牲三千萬同胞而光復；大陸沉淪之後，經古寧頭一戰而確保台澎金馬者；是打出來的江山，沒有理由成為縱容窩裏反的弱者！

◎強者之道

1.強者要有堅強的意志

意志的強弱，常執成敗關鍵。大仲馬在基度山恩仇記中說：「意志是造物者賜予人類的妙物。有些人憑藉意志之堅強，使生命完成到更高境界，有些則意志薄弱而一事無成。」唯有激發堅強意志。才能產生愈挫愈奮、愈挫愈強、愈戰愈勇的堅強力量。所以孔子說：「三軍可奪帥，匹夫不可奪志也。」歷史上建功立業之賢豪，無一不有其堅強的意志。勾踐在會稽，田單在即墨，漢高祖在滎陽，都是以其堅強意志，而就其功業。他如剛毅不屈之蘇武，揚威西域之張騫與班超，郭汾陽之復西京，范仲淹之拒西夏，岳武穆之力挫金人。至若開創民國諸先烈之犧牲奮鬥，對日八年抗戰，一寸山河一寸血之壯烈事蹟，尤足驚天動地，憾人心於百世之下。是皆意志堅強，剛健有為之典範。

儒家精神，不僅有其陽剛雄健之美，且使人身處逆境中，能保持永不灰心、永不解志的「發憤」精神。其發憤忘食、樂以忘憂，常能化悲憤為力量，化消極為積極，化柔弱為剛強。司馬遷被刑而發憤作《史記》，他在自序中引述：「西伯拘羑里演周易，孔子厄陳蔡作春秋，屈原放逐著離騷，左丘失明厥有國語」這些都是代表不屈不撓的「發憤精神」。此種精神，即今日我們的憂患意識。

2.強者要有卓越的膽識

料事應變，悉賴膽識。膽由識長，可多學以益之，多問以積之，久之自進。要之，膽識相連，識見增而膽力壯。若李世民之推心納降，郭子儀之單騎退敵，藺相如之完璧歸趙，關雲長之單刀赴會，有膽亦有識也。勇氣係由膽識而生，不具膽識，縱有萬全勝敵計畫，亦等於畫餅。孟子之至大至剛浩然之氣，是由自反而生，所謂：「自反而縮，雖千萬人吾往矣！」其為氣也，是否配義與道？要憑識見的自反來判定。

一個人的「識見」包括知識與智慧。知識是智慧的原料，智慧是知識的運用。今日科技發展，經濟繁榮，工業進步，都是知識結晶，智慧的傑作。人類能戡天役物，主宰宇宙，所憑藉的就是聰明的頭腦——「智慧」、豐富的知識。所以英哲培根說：「知識即力量」（KNOWLEDGE IS POWER），時代進步日速，學問領域無窮，一日不學，便會落伍，不學無術，無以適存於世界。博學以拓知，為能「聰明睿知」足以有臨也，唯強者居之。

3.強者要有矯健的體魄

一分耕耘，一分收穫。一分精神，一分事業。幾乎所有的事業，其成就愈大，所付出的心血勞力亦愈大。凡能成功立業者，無不有其矯健的體魄，充沛的精力，旺盛的活力。麥克阿瑟將軍一生說了不少名言可資待述，有人問到他身為軍人，首要的職責是什麼？他的回答是：「軍人第一責任，就是維持強健的體格。」（A SOLDIER' S FIRST DUTY IS KEEP FIT）其一生戰功彪炳，聲名顯赫，實得於強健的體魄與卓越的膽識。拿破崙雖然個子矮，但他是個身體矯健、精力超群的人物。他每天睡眠時間僅有六小時，繁忙時只睡三小時，他有一面思考，一面睡覺的本領，他一口氣能做十八小時的工作。在人生銀行裏，總是有一筆很大的存款，存在你的戶頭裏，等待你用血汗勞力去領取，如果你的體力不支，就領不到，所以沒有強健的體魄，很難做出一番轟轟烈烈的事業。

人容易在滿足中陶醉，在舒適中腐化，其體力既衰，其膽力必減。推行全民體育，維護與鍛鍊體力與精力之矯健，能經得起大風大浪，經得起困苦的煎熬，這就是強者的生活。

4.強者要有光明磊落的胸襟

「無欲則剛」，就是一個人無偏無私，坦誠正直，無不可對人之事，亦無不可告人之言，俯仰無愧、光明磊落，自然就流露出一股至大至剛的浩然之氣。有一句不雅的俚語：「人不為己天誅地滅」，完全沒有私心私慾的人，殊不易得，所以孔子感嘆地說：「吾未見剛者」，門人說：「申棖是剛者」，孔子認為申棖有私慾，算不得剛者。不過一個人自私自利完全為自己打算，不管別人死活者，就會在大眾孤立起來沒有朋友。在人人為我、我為人人的互助社會中，強制自己做到恕字，朋友就會多起來。

「有人情味沒有公德心」這是外國人很早對我們的批評。在人情味籠罩下，本來在法令上辦不通的案子，或許是透過同鄉、同學、師生、校友、親戚關係，就辦通了，這叫做公事私辦。機關用人、受人情壓力、民意代表替選民作非法之關說是為選票，被關說之公僕則順應其說，是為保祿位，三者各為己謀，因私廢公，構成公務之公害。廓然而大公，渾然而忘我，唯強者行之。

5.強者統剛柔於一元

一陰一陽，即一剛一柔，在易數上只等於一不等於二。因之剛柔的共存共蘊，即孕育出宇宙的神奇而創造萬物。儒家以陽剛進取之風為主流，正是我們現在所需要的時代精神，而同時亦濟之以寬柔。所謂寬柔，決不是柔媚諂笑、巧言令色、善解人意者，而是寬諒仁厚，有容乃大的風範。所以子路問強，孔子的答案是「寬柔以教」和「衽金革死而不厭」，經過中和都是強者。過剛則折，濟之以柔；過柔則弱，濟之以剛。剛柔相濟，使強而不暴，柔而不弱，恰到好處。曾文正公說：「近來見得天地之道，剛柔互用，不可偏廢。」其保舉李鴻章之評語為「勁氣內斂，才大心細」，是將剛強之銳，收納於意志心靈之中。而其風範，則為溫文儒雅，即所謂「外柔內剛」者。我們破除「以柔克剛」或「以剛勝柔」之說，使剛柔相濟，來構成強者之完美人格。

◎結語

縱觀世局，時代需要強者。光武中興，得自奮發圖強。是知我中興大業，必須以強有力的思想，強有力的作為，強有力的生命，作堅苦之奮鬥，作時代之強者，來創機造勢，革新馭變。並本「天行健，君子以自強不息」之志，縱橫捭闔於國際之間，主宰時局，左右逢源。此則有賴於全國同胞團結努力，使我們的科技發展、國防實力、工業進級、經濟成長、工商業競爭居於優勢，以達成之。

龍旗七十五（1986）七月號第六五期

國民黨果然上當

本社

自從五月十日國民黨與分歧集團第一次舉行「溝通餐會」之後，經過兩個多月的演變事實證明：國民黨果然上當了！

何以見得？現在請先看幾位分歧人士的最近言論（引自七月十六日自立晚報第二版）。

尤清說：「溝通本身不是目的，行憲才是目的。不要使溝通淪於見面吃飯，或是擺姿態，必須能真正解決問題。希望執政黨能展示行憲的誠意，溝通才有意義。」

謝長廷說：「公政會問題已沒有再談的必要。黨內外將來進行溝通時，執政黨應就四大憲政問題；解除戒嚴、國會全面改選、開放黨禁、地方自治法制化，與黨外人士溝通。」

康寧祥說：「黨內外溝通能否順利舉行，關鍵在於執政黨是否能明確表示實施憲政的基本政策及時間表，如此才能顯示執政黨對溝通真正具有誠意。」

試想，國民黨之所以決定跟分歧集團進行溝通，原本就是為了解決「公政會」及其設〈分會〉這件事的，現在忽然變成「公政會問題已經沒有再談的必要」了！要繼續「溝通」嘛，就應談「實施憲政時間表」的「最高綱領」問題。請問：分歧集團這種要求，不是「得寸進尺、得尺進丈」是什麼？請問：分歧進團這一手段，與四十年前中共以「最高綱領」迫逼國民黨無法接受、以靈活的「最低綱領」蠶食各方面的實際成果的「談判戰術」有何不同？請問：國民黨誠心誠意以退讓求和諧，卻得到這種難堪的回應，這不是上了大當是什麼？

在首次溝通餐會之後不久，許多有識之士就已指出，由於雙方對溝通的出發點不同，故在本質上就註定了不好的結果（其詳請參本刊六四期社論及座談會全文）。國民黨為了求社會的和諧，不借作大幅度的讓步（同意設立〈公政會〉及分會），這種誠意絕無可疑，即等於將「溝通」當成目的。反之，分歧集團絕非為了同樣目的而參加溝通，正如上開尤清所說的「溝通本身不是目的」，而是作為發展力量、昇高鬥爭的手段；既然溝通本身只是手段，當然談不上什麼誠意不誠意。由是可知，雙方溝通的出發點就南轅北轍，導致今天的結果是必然的。

兩個多月來種種事實證明：分歧集團確實在大舉發展了力量、昇高了鬥爭：

1.急速布建籠罩全局的組織

分歧集團根本不理會第一次溝通結論中所定的「登記」

及「改名」條件，到目前為止，已在全省各縣市設立了十個〈黨外公政會分會〉。不但如此，他們還準備設立鄉鎮分會及各大專院校校內的分會。這種籠罩全局的組織一旦布建完成，國家命運如何，不問可知了！

2.積極主宰或插手各種社會運動

例如「一五一九綠色綠色行動」、「坐監惜別會」、「反核運動」、「反杜邦設廠污染環境運動」、「計程車司機爭取權利運動」、「南台灣人權之夜」等，都是這兩個月來頻頻由分歧集團主宰或插手的，這是群眾爭鬥的全面昇高。

3.昇高對國民黨的宣傳戰

月來分歧刊物對國民黨的總裁、主席及許多黨政要人攻訐污衊更不遺餘力，贊美中共當前「開放、進步」的文章逐漸增多。尤其對黨內反對溝通妥協的人，如谷正綱、袁守謙等平素不被攻擊的人，也拉出來大肆誣衊；對軍方的首長，則採用挑撥離間的惡毒手法企圖分化其與最高統帥的關係。

4.公然勾結外國政客及叛國分子

國內分歧集團與美國少數政客勾結組織所謂〈台灣民主委員會〉，公然在國內分歧刊物上連篇累牘報道叛國分子彭明敏、許信良、林水泉等人之訪問稿，已到了肆無忌憚的程度。

尤其令人震驚的是，分歧集團在第一次溝通餐會之後僅一個星期，藉著〈首都公政會〉成立名義，居然提出所謂「民主時間表」——民國七十六年成立新黨、七十七年解除戒嚴、七十八年全面改選中央民意代表、七十九年總統民選、八十年台海兩岸和平。這條「時間表」的推進，等於是：第一步允許分歧集團完成全面組織化控制群眾有了公開的傾覆動力，第二步是徹底解除基地內部的政治防禦體系放任所有敵人進行滲透顛覆活動，第三步是廢除象徵全中國的法統成立「台灣法統」，第四步是篡改憲法宣告成立「台灣國」。這種所謂「時間表」，實質上不是「民主時間表」，而是「葬送民主程序表」或「消滅中華民國五年計畫」。

「溝通」之所以演變到今天結果，黨方溝通人員在第一次餐會的結論上未切實把握住問題的關鍵，也不能不負一定的責任。今天一切政治問題的關鍵是什麼？那就是總統蔣經國先生屢次說過的「非常時期的認知不可無」，即是「反共總體戰爭過程中」這個大前提絕不可放棄。長期以來，我國之所以以〈臨時條款〉限制了憲法若干條文的實施、之所以戒嚴、之所以禁止組黨、之所以限制罷工罷課遊行示威，甚至中國國民黨本身之所以定性為「革命民主」（黨章第一條規定），統統都是在這個大前提下而產生的。如果沒有這個大前提的存在，今天所有政治上的糾紛統統不會發生，當然應該實現憲法所規定的一切民主自由。但這個大前提是不能否定的，因為它是一個客觀的存在，不以人們的看法為轉移，更絕對不是如一些分歧分子所妄指的「只是國民黨把持政權的一個藉口」。把握住客觀存在就是守住了真理，放棄了這個真理就必然治絲益棼，甚至自招滅亡。關於這個關鍵問題的細節，本刊在過去數十篇系列社論與有關文章中不知分析過多少次了。我們的用意就是要提醒大家牢牢把握這個大前提，如是一切問題便可迎刃而解。很遺憾的，根據當時新聞報導，在首次溝通餐會中，黨方人員雖曾在口頭上強調過「非常時期共識」問題，但在做文字結論時，卻不能堅持寫進去。在第一次結論中只寫：「參加人士對中華民國憲法的實施都具有共識，至於如何積極推動民主憲政，仍有待繼續磋商。」於是，分歧集團根據此點，開出了「民主時間表」，以「全面實施民主憲政」為藉口，向國民黨步步逼進，這是何等狡獪的談判手段！國民黨如此自貽伊戚，顯見談判手段與技巧尚有待檢討與改進。

國民黨雖然是上當了，但問題並不太嚴重。因為國民黨今天擁有九十多年來空前優越的力量，只要充分發揮，用到戰爭求勝的目標上去，一小撮分歧分子不足掛齒。

如何做才能把國家的總體力量用到戰爭上去？滕傑先生在最近一次會議上指出五個具有嚴密邏輯體系的重點，我們認為是唯一可行之道。這五個重點是：

第一，要恢復旺盛的革命精神。

第二，要建立黨的革命民主的戰鬥體制。

第三，要完成總體的防禦部署。

第四，要實行全面的政治反攻。

第五，要保持內政的絕對自主。

關於這五個點重所構成的體系內容，在本刊過去三十多篇系列社論裏、在滕傑先生所著的《組織與策略》一書及歷來發表在本刊的文章裏，都已經有了詳盡、具體的論述，任何人只要從戰爭觀點去細加研究一遍，就知道它是可行的必勝之道。

五十五年前，日本人先擬定了一個〈三月亡華〉計畫，然後才發動「九一八事變」。日本人當時的計畫不是閉門造車出來的，而是根據雙方國力比較的科學分析所得的結論。可是經過十四年，日本人徹底失敗了，為什麼？不是日本人原有的計畫不對，而是日本人沒有預料到我方立即有了救亡圖存的反敗為勝做法。今天，分歧集團竟然敢公布五年毀滅中華民國「時間表」，難道我們就不能反敗為勝嗎？當然也能！

龍旗七十五（1986）年八月號第六六期社論

漢奸獎助金

文瀾

友人給一份偏激刊物《新觀點》（五月十九日出版）。信手一翻，內容荒誕甭說了。翻到四十六頁，一則啟事吸引了我，仔細一看，赫然是「王育德教授紀念獎助金申請辦法」（如附圖）！這個惡名昭彰的台獨元老大漢奸，死了居然還設「紀念獎助金」。其申請辦法竟可公然出現在台灣出版的雜誌上！這像什麼話？還成什麼世界？

王育德是何許人也？龍旗創刊號登了劉添財先生的〈台灣人同聲一哭——評台奸王育德著《台灣——苦悶的歷史》〉長文，對這位漢奸有極詳細的介紹和評論。現在引該文一些要點簡介如下：

王育德是親日派台獨元老，原籍台南市人，一九二四年生，日本東京大學博士。是台獨聯盟中央委員、日文版台獨刊物《台灣青年》之主事者，曾任明治大學教授。

一九六四年，他出版了一本日文書《台灣——苦悶的歷史》。此書內容完全視日本為宗主國。凡是中國人的政權，包括鄭成功、滿清、國府，統統不是苛厲貪鄙便是腐敗，沒有一個是好東西。只有日本經營台灣五十年才「把台灣建設成幾幾乎乎十全十美的資本主義殖民地」。凡在日據時代甘做日本人的走狗者，如辜顯榮及台南長老會牧師巴克禮（開城門迎接日軍的洋鬼子），此書統統大加贊美；凡義勇抗日的烈士，如羅福星、林少貓烈士等，及具有中國民族意識的志士如丘逢甲、蔣渭水等，一律加以辱罵。

把「台灣人」與「中國人」一分為二的始作俑者，就是這本書。他說：「首先必須認清，自己既非中國人也非日本人，而是第三民族的立場」。這就是後來「台灣民族論」的起源。

在「台灣人」中，王某又最痛恨山地同胞，認為日本人屠殺山地人是「迫不得已」的，因為山地人「性生活頹廢、懶惰、不衛生、反覆無常」。其次，他也看不起客家人，說他們是「橫暴之徒」、「好鬥」。當然最高等的是日本人，其次才是閩南語系的「台灣人」。他無恥地說：「處於跟日本人幾乎無法區別的狀態下，和日本人並肩活躍，前往中國和滿州、南洋打天下的台灣人，被當地人視為日本人，體味到優越感」！

他說中國人是「病豬」，一再強調中國人與台灣人絕對不同。說：「台灣人和中國本質上的差異」、「台灣的獨立本質上就是台灣人和中國人全面攤牌」等等。他絕對痛恨國民政府，竟說：「如果是日本帝國陸海軍還存在的時期，大概會毫不留情的把侵犯台灣人權益者打落台灣海峽！」這種無恥到無以復加的論調，恐怕中華五千年歷史中找不出第二個人！

他反對用「台灣」及「台灣人」兩詞，認為中國化太深了。所以應用福爾摩薩（FORMOSA）及否莫山（Formosan）兩詞，他認為：「美麗島、美麗島上的居民在感覺上較佳。」這也就是近年來島內分歧分子為什麼一直喜用「美麗島」一詞的根源。

王某這本書出版之後，立刻受到懷有「重回台灣夢」的日本帝國主義心態的日本人大加贊美，東京《朝日》、《讀賣》等新聞和刊物都出書評，真是「佳評如潮」，一下子賣了四萬冊。另一位台灣漢奸彭明敏看了此書，深有同感，立即去函王育德說：「你的書不愧是名著，不過很遺憾的是，年輕一代的台灣人已經不懂日文了。」王某大概聽取了他的意見，於一九七九年將之翻成中文，運到美國，由各台獨組織分發給台灣同鄉研讀。於是此書便與另一位左派台獨元老史明的《台灣人四百年史》共同為台獨的「經典」。

王育德就是這麼一個最可恥的漢奸。現在死了，居然還無恥到設什麼「紀念獎助金」，到台灣內部來登啟事。這分明是公然鼓勵年輕一代去當漢奸。是可忍、孰不可忍？

龍旗七十五（1986）年八月號第六六期

不是「八年抗戰」，是「十四年抗戰」

王煥

今年「七七」蘆溝橋事變五十週年紀念日，日本劇作家石飛仁先生，率劇團來華，在台北市英雄館，推出史實戲「怒吼吧！花岡」，由中、日兩國演員同台，以報告式演出，揭發四十餘年前，日本軍閥在第二次世界大戰晚期時，強制押送四萬餘名中國人，到日本服勞役，遭日本軍閥嚴酷的虐待迫害，導致六千餘人慘死異鄉的悲劇；後來這群工人，不堪長期遭受凌虐殘害，乃在花岡煤礦起義抗暴的始末。

「花岡事件」與「南京大屠殺」都是一樣，長久以來，一直被湮沒在歷史的灰塵裡，世人少聞。「南京大屠殺」慘事，由於近幾年來，日本政府篡改歷史教科書，才引起我國知識分子的警惕與關切。而「花岡事件」則因這次石飛仁劇團來台演出，才使我社會各界人士，感到悲痛與震憾。

日本軍閥在侵略中國十四年期間，無法無天，無所不為。「花岡事件」雖悽慘，但以與國內千千萬萬件，慘絕人寰的大屠殺、大掠劫、大強姦、大焚燒，所謂「三光政策」相比，則它只是件輕微平淡無奇的小事，不足以揭露日寇野蠻暴行於萬一。不過石飛仁劇團，敢冒於日本政府正在積極進行塗抹篡改教科書，以淡化掩飾，甚至企圖勾銷日本軍閥侵華罪惡的時候，能堅持正義，維以史實，不畏橫逆，而以「花岡事件」為題材背景演出，為歷史見證，加深世人認識日軍閥的猙獰面目及殘暴的獸性，實為難能可貴。前年「南京大屠殺」的作者鈴木，也認為日本侵略中國是最大的錯誤，七月七日是日本軍閥開始大失敗的恥辱日子。由於日本人這些點滴的表露，可見近年來，一般日本有識之士，已有了良知的覺醒與懺悔。

雖然日本軍閥在蘆溝橋點燃全面侵華戰火時，蔣公曾嚴正宣示，「國家民族已臨到最後關頭」，號召全國軍民，地無分東西南北，人無分男女老幼，一齊奮起，抗戰守土。使這個沈痛日子的烙痕，深深地印在每個中國人的心坎，世代永遠無以釋懷。但這並非戰端開始，而是抗日戰爭的延伸與擴大。從抗戰史上考證，我軍民浴血抗戰的第一槍，該是於民國廿年「九一八」那天，現在一般習稱「八年抗戰」只是指自民國廿六年「七七」蘆溝橋事變，以迄卅四年「九九」在南京受降，這一段時間而言，但按諸抗戰史實，殊有未諦。

溯民國二十年「九一八」事變突發，日軍閥攻擊北大營，我守軍第六二〇團團長王鐵漢，立即率部隊還擊抵抗，其後黑龍江的馬占山、蘇炳文、馮占海等部相繼奮起，與日敵周旋，抗拒不屈；而全國同胞立即起來響應，踴躍輸將，競相支援，同仇敵愾，赴義恐後。

民國廿一年「一二八」，日寇傾其精銳五師團、兩旅團之眾，並挾其海空軍的優勢，大舉進攻淞滬，展開瘋狂的所謂「四小時席捲淞滬」的猛烈攻勢。當時我第十九路軍和第五路軍等，十二萬大軍，起而應戰，血戰三閱月，傷亡萬餘人，英勇戰績，震驚中外。

民國廿二年元旦，日軍閥進佔榆關，略取熱河，威脅平津。繼出動兩師團及兩混成旅團，飛機三大隊配合進攻，而我方也以十一個軍的兵力，與日寇鏖戰於長城喜峰口、古北口、冷口、南天門一帶，我軍以血肉之軀，躬冒日寇陸空軍的猛烈砲火，為捍衛國土而苦戰，前仆後繼，死傷枕藉，是即抗日戰爭期間，有名的〈長城戰役〉。

迨民國廿五年十一月，日寇入侵察、綏，勾結內蒙德王，成立偽「蒙古自治軍政府」，更配合偽軍進犯歸綏，為我晉軍痛擊，於百靈廟獲得大捷。日寇旋又利用清廢帝溥儀，製造「滿洲國」，納入關東軍勢力範圍，囊括東北四省，繼企圖「華北特殊化」，使脫離中央割據成為日寇的傀儡。總之，於此數年中，日寇蠶食鯨吞，得寸進尺，不知所止。

自「九一八」至「七七」這六年期間，我軍民幾乎每年都有抵抗日寇侵略的戰事，且是大場戰爭，而非小衝突；從東北而西北至華中，年年廝殺不停，血跡斑斑可考，史蹟昭然，不容抹煞。然而何以「七七」之前的六年抵抗日寇侵略的戰爭，被排斥於抗戰歷史之外，使這六年抗戰埋沒於世，後代無聞？為甚麼變更聖戰日期，指定自「七七」開始？明明是抗戰十四載，而稱為「八年抗戰」？同是抵抗日本軍閥，保衛國家領土的禦侮戰爭，何以摒棄「七七」前的抗日戰爭，置諸不論？這六年抗戰，既不是抗日聖戰，然則是什麼戰爭？目的安在？至當年成千累萬，披肝瀝膽，馬革裹屍，為國犧牲的軍民，為誰而死，死得不明不白，死如鴻毛之輕，使忠貞血汗，盡付東流！如此歪曲事實，編訂戰史，殊不公道，真使生者難堪，死者無以撫慰其在天之英靈。

根據抗戰史實，足證我國抗日，是始於民國廿年「九一八」，自戰端開始至最後勝利，為時十四載，不容疑惑。如果僅稱「八年抗戰」，實不能包括中日戰爭全程，且抹煞我軍民艱險抗戰的精神與力量，埋沒我抵禦外侮的功績與榮耀，更減輕了日寇荼毒、殘害我國家民族滔天的罪惡。

從我立國數千年，在抵禦外侮的戰史上，抗日戰爭的規模是空前的；而我民族所遭受的災害，也是空前的。至我們付出的代價與所提供的貢獻，也為前所未有。在歷史上，這場戰爭，永遠有其實寶貴的價值，國人永遠不可忘！

龍旗七十五（1986）年九月號第六七期

不能坐以待亡！

粉碎台獨組黨奪權陰謀告同胞書

同胞們：不容風雲改變山河色，敢將憂患化作雷霆怒！

中國國民黨自從本年五月十日聽從幾名蛋頭學者蠱惑，事前毫無戰鬥意識準備，貿然同分歧集團「溝通和談」，一直陷於被動地位。發展到目前，竟然被迫決定開放黨禁。此誠中樞遷台卅七年來空前之變局。面對此風雲變幻，凡我愛國同胞，無不為國家前途憂心忡忡；國民黨黨內絕大多數同志，莫不為革命前途而痛心迷惘。

眾所周知，那撮分歧分子，源自民國六十六年〈中壢事件〉，多屬六十八年《美麗島》集團「黑拳幫」的餘孽，是如假包換的台獨分子。雖然總統蔣經國先生早在六十七年初公開宣示過「台獨就是台毒」，次年十二月十日又鄭重地宣示：「認定『台灣獨立』是背叛國家民族的意識行為，決不容許其滋長蔓延。……必須加以清除！」但八年來的事實證明，政府的實際作法，卻是受制於外力、投鼠忌器而姑息養奸，致有今日分歧勢力的坐大。回顧這段「台灣分歧運動」發展的歷程，凡我愛國同胞，莫不痛心疾首！對於已決定讓其合法化的政策，凡有識之士，能不寢食難安？

不但如此！對於總統浩蕩如海的寬容，那撮分歧分子非但從無點滴之善意回報，反而一貫報以醜化誣衊。此次總統提出「遵憲、反共、與台獨劃清界線」為三項「組黨原則」，舉世皆認係合情合理的起碼要求。但那撮分歧分子，竟敢玩弄文字技倆，橫加嘲弄、狡辯、規避。他們堅持台獨路線，昭然若揭！對一個如此圖謀不軌的凶險集團，如任其合法化，繼續坐大擴張，台灣前途不問可知了！

論者或以為：「分歧集團過去種種不是，都是因為未取得合法地位之故；開放黨禁之後，在法律公平規範之下，可變成忠誠的反對黨」云云，我們認為，這是一廂情願的想法。歷來對於分歧集團的非法活動，並不是「無法可依」，而是「有法不依」，甚至官員空言「取締」，而再三失信；政府過去既是這樣，又有什麼理由使人民相信今後能夠「以法規範」？何況，分歧集團的一些頭目早曾公開喊出：「組黨是力量問題，而不是法律問題」，他們深知自己之有今天，完全是憑藉「暴力邊緣」策略對準當局一味求苟安的心理換取的；他們連國家都不承認，根本就是叛亂集團，目的在奪取政權搞「台獨」。試問，又有什麼理由使人民信賴他們今後會奉行法律？再何況，多年來分歧集團用各種方法，早已突破了思想防線、政治防線及法律防線，現在根本已不是單憑法律規範所能糾治的了。我們可以斷言，分歧集團「合法化」之後，只有更易於「以合法掩護非法」進行奪權鬥爭而已，只有讓他們進一步的飛躍發展機會而已。

論者又或以為：「分歧集團雖有若干被矇騙的群眾，但無武力。他們合法組黨以後，如違背憲法，宣揚台獨叛亂意識，縱使坐大，政府尚可以武力敉平。」我們認為，這是「純武力論」的膚淺想法。分歧集團現在走的路線，恰是共黨正規的奪權模式。毛澤東曾說：「中國的特點是，……在內部沒有民主制度，而受封建制度壓迫；在外部沒有民族獨立，而受帝國主義壓迫。因此，無議會可以利用；無組織工人舉行罷工的合法權利。在這裏，共產黨的任務，基本地不是經過長期合法鬥爭以進入起義和戰爭，也不是先占城市後取鄉村，而是走相反的道路。」試看今天的台灣，既有各級議會可以利用，又有各種選舉可以煽動群眾；今後分歧集團更有合法的地位去組黨形成「強有力的政治核心」，可以變成各種形式的政治鬥爭的動力；而且內有「挑撥省籍意識」為籌碼，外有帝國主義政客的公然撐腰和暗中的支持，有什麼理由認為他們不走這條正規的奪權道路？歷史證明：走這種道路奪取政權，純軍事武力是不能防禦的。回想民國三十七年初，政府中尚有人曾發下如此豪言壯語：「半年內可以把關內的共匪消滅」，結果正相反；半年內中共席捲了長江以北的大好山河，又半年內整個大陸都沒有了！這就是純武力論的教訓。至如蘇俄的赤化道路、以及東歐諸國、古巴、越南、尼加拉瓜的赤化模式，也都是同樣的教訓。我們今天僅有最後一塊國土台灣，豈可再迷信純武力論？

論者再或以為：「台灣經濟繁榮，中產階級為絕大多數，人心求安而厭亂。民主是反共的利器，只要走向美式民主化，可以長治久安。所以不怕任何人組黨。」我們認為，這是「目中無敵」的苟安想法。沒有錯，今天台灣經濟力強大，舉世同欽，但這一成果是建築在三十多年來政治安定基礎上得來的。政治一旦動搖，台灣經濟便如沙灘上的崇樓，旦夕不保。台灣民眾富有，絕大多數為「中產階級」，固有求安厭亂特質。但這種特質充其量只能成為約制敵人暴力路線的定力，絕不能成為全面防制敵人採取任何奪權路線的可靠力量。六十多年來歷史證明，「民主」是「反共的原因」，而不是「反共的利器」。自二次世界大戰後，只有共黨利用「美式民主」，赤化自由國家的許多事例，從未有「美式民主」戰勝共產黨的事例。我們今天面臨的最根本問題是，有一個強大的敵人中共，無時無刻不在施展各種總體戰的陰謀，不達吞噬台灣之目的誓不甘休。所謂「中產階級穩定力」，所謂「民主是反共的利器」，所謂「美式民主能長治久安」等等，都是在沒有強敵前提下方能成立的事。今天我們面對一個如此強敵，卻去奢談一切，豈非「目中無敵」？「目中無敵」便是自取滅亡！

綜上所述，無論基於任何理由，都不能容忍台獨組黨。但台獨分歧集團行將組黨成功了！此事該怪誰？廣大同胞又該怎麼辦？

尹子文有云：「國亂有三事。年饑民散無食以聚之，則亂。治國無法，則亂。有法而不能用，則亂。」今天台灣人民豐衣足食，過著中國五千年歷史上從未有過的好日子，根本不發生「年饑民散」的問題。中華民國開國七十五年，法制主要繼受於歐陸，典章燦然大備，絕非「治國無法」。今天唯一的問題，便是「有法不能用」。分歧集團勢力長期不能消除，其主要原因正是如此！尤足騰笑中外者；從〈公政會〉成立到〈民主進步黨〉宣告成立，兩年餘之間，政府有關官員三番五次公開指其為違法，疾言厲色地說「依法取締」，結果不但全部失信於民，九月卅日且替〈民主進步黨〉找「仍屬籌備階段」為理由，以作「有法不依」的掩飾。試問長此下去，國家不亂尚可得嗎？司法院長黃少谷先生在今年中樞國慶典禮中作專題報告，說到：「至於在非常時期之集會結社，法有規範，試問有何理由不依法行事，而必以違法為快？此時此地而有此事，能不令人浩歎！」黃院長為分歧集團之不守法而浩歎，誠有理由；但廣大人民為政府的「有法不能用」而浩歎，又何嘗不更有理由？

中國國民黨，是政治的動力，也是社會的動力。一切關鍵在於國民黨！過去三十多年來，國民黨堅持著其總裁親自訂定的「革命民主路線」前進，造就了台灣長期的政治穩定，達成了台灣今日的豐盛局面。際此蔣公百年誕辰，人人應該感懷盛德。但遺憾的是，近年來，國民黨似乎未為於堅持在這條勝利的路線的主宰下，去適應新的環境與潮流，乃發生諸多治絲益棼的痛心現象。革命，是誘導潮流而走向自己理想的目標，不是放棄自己的理想而順應潮流。分歧集團發展成這個樣子，國民黨是必須檢討！今後台獨漢奸集團是否組黨奪權成功，國民黨更要負最大的責任。國民黨到底往何處去？海內外全體同胞必須過問。因為這不僅是國民黨一黨的前途問題，而是台灣一千九百萬同胞的身家性命問題，更是中國的前途問題，凡炎黃子孫都有關心的責任。

同胞們！中國傳統上老百姓都對政治有冷漠感。但大陸淪陷後，八千萬同胞被屠殺的教訓太慘重了。它使我們深知：你如果不關心政治，政治會來找上你！今天你是「中產階級」，如果台灣赤化了，你想做一位「無產階級」絕不可得。你可以在國民黨統治下做一個滿腹牢騷的不滿者，但你絕不能妄想在共產黨統治下做一個俯首貼耳的效忠者，因為你連效忠的資格也沒有！我們可以斷言，如果聽任分歧集團得勢，台灣也就不會有幾年的「安和樂利」了。這是性命交關的事，豈可不關心？

同胞們！你千萬別以為自己的力量微小而自暴自棄。國父　中山先生一人之思想動力創造了中華民國；歷史從來就是少數人創造的。事實上，像你這樣卑視台獨的同胞，全球遍處皆是；只要你肯挺身而出、持續奮鬥，就必能凝成沛然莫之能禦的力量。與其坐以待亡，莫如起而奮戰！

同胞們！當務之急，就是即將來臨的中央民意代表選舉。如果分歧分子騙不到選票，台獨漢奸的組黨奪權陰謀便成幻夢。讓我們人人發揮雷霆萬鈞之力，粉碎台獨漢奸的陰謀！

最後，讓我們齊聲高呼：

重整革命陣容，重振革命精神！

內政必須自主，不容強權干預！

消滅台灣漢奸集團，保衛台灣民主自由！

救亡第一，勝利第一！

編注：本文會製作百萬份傳單，在台北等地散發，引起廣大回響。

龍旗七十五（1986）年十一月號第六九期代社論

島內分歧分子與海外台獨漢奸大串聯

余原

（編按）本文原載十月十三日美國《中報》，原題為〈民主進步黨海外組織成立紀實〉。內容係全文轉載，未刪一字。從本文報導可證實，所謂「民進黨」與海外各派台獨組織完全是同穿一條褲子的東西。此點值得社會各界特別注意！這也就是本刊轉載全文的理由。

本文文末說到「如果民國黨當局對島內外組黨人士進行鎮壓，將會刺激並鼓舞『革命路線』抬頭」云云，這是不正確的觀念，也是當前的偏袒分歧分子組黨的「標準說詞」，即是「兩條路線鬥爭」（即以「暴力革命」要脅，誘使國民黨對其集團的所謂「溫和派」多讓步）的詭計。當局對這一點應高度注意！

〈民主進步黨海外組織〉於十月四日在洛杉磯世紀大酒店舉行成立大會，共有來自北美洲各地的七、八百位社團人士與會，島內〈民主進步黨〉人士康寧祥、尤清、江鵬堅、許榮淑、司馬文武、余登發等二十多人亦傳來賀電，從該日的成立盛況來看，誠為海外台灣人政治運動的歷史性大事。

按照原訂的計畫，十月四日是〈台灣民主黨〉的成立大會。由於島內黨外人士在九月廿八日突然宣布成立〈民主進步黨〉，海外組黨人士為了因應形勢之遽變，立即於九月廿八日宣布取消〈台灣民主黨〉的名稱，並將十月四日的大會改為〈民主進步黨海外組織〉成立大會，象徵海內外組黨人士在精神、行動上的一體感。

十月三日晚，來自北美洲各地的八十多位黨員代表即在希爾頓飯店舉行預備會議，會中做了三項重大的決議：（一）將〈台灣民主黨〉改名為〈民主進步黨海外組織〉，（二）以島內〈民主進步黨〉的綱領做為「海外組織」的綱領，（三）以黨外選舉後援會的會旗做為「海外組織」的黨旗。

十月四日的成立大會中，「海外組織」榮譽主席彭明敏以主題演講者的身份，讚揚並肯定許信良、謝聰敏、林水泉三人在五月一日宣布「遷黨回台」，是海內外組黨運動的締造者。他說，從五個多月以來的政局發展來看，許信良等三人的決定是完全正確的。然而，彭明敏提出警告說，海內外組黨人士的行動目前只是起步階段，組黨對〈民主進步黨〉和國民黨都是歷史性的挑戰，只有台灣在完全解除戒嚴令的情況下，組黨運動才算告一段落。

此外，與會的黨員代表也推選許信良為〈民主進步黨海外組織〉主席，彭明敏為榮譽主席，黃彰輝為榮譽顧問，並有五十一位來自各地的黨員代表當選為工作委員。從上述政治布局來看，〈民主進步黨海外組織〉可以說是美麗島系統、FAPA系統、自決會系統的大結合，其團結情況是十餘年來的海外運動所未見。（台獨聯盟系統則自組〈民主進步黨世界後援會〉，由於起步較晚，尚未納入海外組黨潮流中）。

政治學者田弘茂接著以特別來賓的身份，分析民主進步黨宣布成立後的島內政治形勢。這位擔任〈亞洲學會台灣委員會〉主席的學者指出，民主進步黨宣布成立是台灣民主運動史的歷史性事件。是二十六年前雷震等人籌組反對黨理想的實現。田弘茂比較〈中國民主黨〉與〈民主進步黨〉說，前者是精英式政黨，後者是群眾式政黨，〈民主進步黨〉要在國民黨的壓迫下生存，必須擁有雄厚的群眾基礎，才能順利運作。對於國民黨的反擊措施，田弘茂也提醒海內外人士要密切注意。

〈民主進步黨海外組織〉主席許信良在會中表示，海內外人士同時展開組黨運動，其成果比預期中還要快速達成，係因組黨已是台灣民與社會的普遍要求。這位自稱「無可救藥的樂觀者」說，〈民主進步黨〉人士如果要保持並擴大成果，千萬不可觀望時局的演變，必須加速組黨工作，廣泛招收黨員，使〈民主進步黨〉成為百萬黨員的反對黨，如此才能抗衡國民黨的反擊，得到社會人士認同與接納。

在回台人士謝聰敏、林水泉做了類似的呼籲以後，主辦單位分別邀請楊黃美幸、王桂榮、謝英敏以社團代表的身份致詞，然後由彭明敏等人向十四個〈民主進步黨海外組織〉分會代表授旗，顯示「海外組織」將朝草根性方向發展。主辦單位的上述安排，我們可以看出，「海外組織」的成立具有雙重目的，一方面聲援島內的〈民主進步黨〉，一方面發展成海外的一股政治勢力。

這種雙重目的在十月四日深夜的副主席選舉中更加明顯化。因為，〈民主進步黨海外組織〉主席許信良將於十一月間「回台入黨」，為了避免到時海外領導層呈現真空狀態，於是在成立大會結束後召開第二次工作委員會議，會中選出了陳榮儒、王桂榮、謝英敏為副主席，以示必要時海外仍可進行獨立性作業。

從消極意義來說，〈民主進步黨海外組織〉發展成草根性組織，是海外台灣人自FAPA成立以來的第二波政治運動，表示海外運動已從「遊說層次」提昇為「組黨層次」，可謂一項進步。從積極意義來說，「海外組織」目前僅有六百多位黨員，如何將黨員擴大到一定數目，從而對島內〈民主進步黨〉產生新的壓力，並對國民黨產生牽制力，應是「海外組織」人士的重大課題。

從另一個觀點來說，十月四日晚上，〈台獨聯盟〉主席張燦鍙與〈台灣革命黨〉總書記洪哲勝均以特別來賓的身份受邀與會。他們在會場上並未上台致詞，但主辦人士介紹他們時，與會七、八百位社團人士亦起立鼓掌致敬。情況顯示，海外組黨運動固然是目前政治運動的主流，但海外人士並未完全排斥「革命路線」，對於這種民心向背，國民黨當局一定要列入考慮之中，如果國民黨當局對島內外組黨人士進行鎮壓，將會刺激並鼓舞「革命路線」抬頭。如何將〈民主進步黨〉順利納入政黨政治常軌，也同樣是國民黨當局的重大課題。

龍旗七十五（1986）年十一月號第六九期

一定要消滅這個台獨黨

本社

十月廿五日台灣光復節，本社發表了〈不能坐以待亡——粉碎台獨組黨奪權陰謀告同胞書〉傳單，立即掀起了空前的熱烈反應。不到一個月內，本社蒙各界捐贈費用，加印四版，發行總數超過六十萬份。如果加上各地同胞自動翻印分送之數，當已在百萬份以上。

從這種風起雲湧的反映，可見民心士氣是何等激昂！可見那撮組織什麼「民進黨」的台獨分子是多麼令人痛恨！可見政府以往一味姑息的政策是何等的不當！

在〈告同胞書〉（即本刊上期代社論）裏，我們已斷然指出：「所謂民主進步黨」根本就是台獨漢奸集團。一個月來，該集團種種惡形惡狀，又一次證實了我們以上看法的正確。從該集團召開「第一次黨員代表大會」所通過的「黨章政綱」內容，更加證實了我們以上看法的正確。

根據各方資料證實，從十月下旬起，海外台獨組織（由許信良、彭明敏等台獨分子所領導）對島內台獨漢奸連續發出這樣的指令：「為了民主進步黨的生存和發展，目前最緊要的工作，就是繼續鼓動組黨熱潮，在國民黨舉棋未定之際，盡速擴張群眾基礎，成為民主進步黨的後盾。只有這樣，才能使國民黨不敢輕舉妄動」、「我們要島內同志，必須抓緊這個四十年來空前的良機，用盡一切可用的方法　團結一切可團結的力量，完成組黨的階段鬥爭的任務」、「當前海外民主鬥士的主要任務，是要以海外組織的具體發展，來促進島內組織的發展」、「我們一定要給予島內組織最大的財政支援」、「我們一定要組織百人代表團回台給予支援」、「十一月三日許榮淑已在立法院為許信良等三人和百人代表團成員提出緊急質詢，以作配合」、「臨回台灣前，先安排好三位以上在美親友，記下他們的電話號碼，和他們約好連絡的訊號，例如以腳痛、肚痛、頭痛分三級來表示事態嚴重的程度。在台期間，若有麻煩，即以此方法迅速向海外求助。並請將本組織總部的電話（818－307－0357）告訴你的連絡人，以便他們和本部連絡。」、「一回台灣，不管你已否入外國籍，必須盡快的向美國在台協會（AIT）的旅行組（Travel section）報到，以作為要求協助的線索。」……從這些指令內容可知，所謂「民進黨」那一撮人，果真是受命於海外台獨組織，透過「搶先組黨參戰」的鬥爭策略，以達到擴張勢力，最終全面奪權消滅中華民國之目的。

果不其然！十一月十日分歧集團召開了「第一次黨員代表大會」，通過了「黨章」、「政綱」，產生了「主席」以次的各級組織。十四日，他們又曾聚眾大鬧中正機場，企圖以暴力協迫當局放任海外台獨漢奸入境。由此足證，島內台獨漢奸的一切舉動，與海外台獨組織的指令，是完全配合節拍的。

現在，讓我們再分析一下他們所謂「黨章政綱」的內容，看看說他們是「台獨黨」、「叛亂黨」有沒有冤枉？

◎一、定名的台獨函義

該黨定名的〈民主進步黨〉，據稱是為了避免「中國結」及「台灣結」之故，所以不冠以「中國」或「台灣」之詞。實則，此乃規避的狡猾說法。任何人對照它的「黨旗」圖案（綠底白十字中間鑲以台灣地圖，顯示的完全是背叛中華民族的漢奸意識。）組織級層的分法（分中央、縣市及鄉鎮三級，並無省級；顯示的完全是以「台灣國」為建制依據）及「黨章」中有關「全國」之含義（均指台灣，絕未有一處是指全中國的）等等，可以鐵定證明：該黨完全是「偏限台灣、否定中國」的台獨意識下的產物，位何狡詞均不能掩飾。

◎二、組黨的叛亂功能

從其〈黨章〉所規定的「黨員權利義務」、「黨紀懲罰」、設「婦女、青年、產業、海外及其他直屬特種黨部」等規模及建制作用以觀，它與英美的民主政黨完全不同。可以斷定，它根本就不是英美式的改良民主性質政黨，而是具有叛亂性的政黨；絕不是「柔性黨」，而是「剛性黨」；它完全是個具有發動叛亂功能的組織設計！

◎三、綱領的叛亂性質

細看它的「基本綱領」（共五項）及「行動綱領」（共一三九條），凡屬層次較低的一般性興革事項（佔綱領中內容的絕大多數），不是政府已實行的，就是已在計畫實行的，或是別人早已提出的，不過是陳腔濫調、了無新義。但它的玄機不在此，而在使用暧昧詞語夾雜在一般性事項之中的「叛亂性內容」。例如：稱「台灣住民自決」是相當明顯的「台獨」的變語詞；以「生產邏輯」一詞代替共黨的「生產關係」用語；以「生產民主制」代替共黨的「生產資料公有制」；以「合作共享」代替馬克斯「各盡所能各取所需」；以「尊重大陸來台人士返鄉意願」之『尊重』一詞來代替『驅逐』；以「任何政府或政府的聯合，都沒有決定台灣政治歸屬的權利」說法來否定「台灣屬於中國的領土」；以「定二二八為和平日」的說法來挑起地域鬥爭；以「改組蒙藏委員會，成立少數民族委員會」的主張來否定中國大一統意識；以「廢除中小學標準教科書及課程制度，嚴禁政治教條灌輸」之說詞來否定民族精神教育；以「肯定台灣歷史文化地位價值」的美好說詞來割裂大中國歷史文化意識；以「文化工作應認同本土文化並吸收世界文明，形成嶄新的進步文化」的委婉說法來製造漢奸文化意識；以「全面改選中央民意代表，廢除海外遴選」的主張來表達「拋棄法統、實現台獨」之企圖；以「裁撤警備總部」、「情報局不得在本國對人民進行情報活動」、「調查局不得對本國人民進行非特定案件之一般性蒐證活動」、「廢除軍中政戰制度」、「廢除教官及軍訓制度」、「鼓勵人民自發性之組織與運動」等說詞來達到撤盡內部防禦、聽任敵人擺布之目的。……凡此諸端，不勝盡舉。據本刊粗略統計，單是表達「台獨」意識的詞句或主張，便有廿六處之多！從而充分顯示，這個黨的本質，徹底是台獨漢奸的叛亂組織。

月前，總統經國先生曾提出三項組黨原則：「遵憲」、「反共」、「與台獨劃清界線」。綜觀該黨的上述行動以及「黨章政綱」的內容，對於這三項原則，不是公然挑戰，便是狡詞規避。在他們近日舉行的競選演講會上，則變本加厲地對總統肆意侮辱、譏笑。試問是可忍，孰不可忍？

在〈告同胞書〉中，我們已經痛心地指出了：分歧集團之所以有今日的坐大、狂妄，國民黨及政府的一味姑息養奸，實難辭其咎。但事已至此，我們廣大同胞的味去怪責、埋怨，是不必要的，也是沒有用的。與其埋怨當道，莫如盡其在我！如果任由台獨漢奸叛亂成功，勢必造成台灣被「血洗」的悲慘後果。這不只是國民黨或政府的事，而是關係到我們每一個人的存亡和子孫前途的事；與其坐以待亡，莫如起而奮戰！

但如何奮戰？下面幾項具體方法，可以供廣大同胞參考：

1.這次選舉是重要的關鍵，必須使台獨漢奸慘敗。大家必須發揮自己的力量，去說服你所能說服的每一位親戚、朋友、同事、同鄉，千萬別投自我毀滅的一票。

2.選舉之後，無論結果如何，那撮台獨漢奸是必然不會悔改的。所以愛國同胞必須團結起來，以各種組織或個人的形式，一面督促政府不要再姑息養奸，一面同台獨漢奸作正面的鬥爭。如是持續戰鬥下去，直到台獨漢奸灰飛煙滅為止。

3.因為台獨漢奸幕後有外國陰謀政客的支持，其手段是無所不用其極的。所以，愛國同胞在戰鬥過程中，必須有「文攻武衛」原則的認識；即為了社會的安寧，要採用「文」的手段向台獨漢奸進攻，但同時要做好抵抗台獨漢奸用卑鄙的暴力手段報復的準備，以確保自己的安全。

群眾的力量是偉大的，但必須要有志士仁人挺身而出帶動團結，才能朝向一定的目標行動。「天下興亡，匹夫有責」，愛國同胞個個以志士仁人自許，消滅這個台獨漢奸黨，不過是指顧之間的事而已！

龍旗七十五（1986）年十二月號第七十期

評江炳倫反「革命」謬論

王玉白

政大教授江炳倫於十月廿四日，在《中國時報》發表〈黨的革新要追求更多的民主本質〉一文。主張國民黨應放棄「革命民主政黨」的特質，從今以後不談「革命」，放棄「革命」，專走西方民主政治的路線。

這論調提出以後，關心國家民族前途的有識之士，莫不大為震驚。感認茲事體大，應加澄清。而分歧的反動分子則喜形於色，以為正獲我心，沾沾自喜。

此一問題，關係重大，筆者不敢緘默，也不忍緘默，所以要表達個人的意見。

◎革命民主的來源

據研究政黨政治的孫正豐等幾位教授分析，就以政黨的性質為標準，概略區分為：1.民主政黨2.極權政黨3.革命民主政黨。而中國國民黨的性質則屬於「革命民主政黨」。這是有其時代意義的。

政府播遷來台之初，時局動亂，國脈民命危在旦夕。國民黨基於自己的責任和非常時期的時代需要，在　蔣總裁英明果斷的決定之下，於民國卅九年實行改造，即確定中國國民黨的屬性是「革命民主政黨」。故在改造後的黨章第一章第二條中，明確規定出「本黨為革命民主政黨，負責完成國民革命之使命，以鞏固中華民國為三民主義之民主共和國」。

蔣總裁逝世後，本條黨章經修訂為「本黨為革命民主政黨，負責完成國民革命之使命，致力於實踐三民主義，光復大陸國土，復興民族文化，堅守民主陣容，建設中華民國為統一的、自由的、安和樂利的三民主義民主共和國」。這修訂後的條文至今未變。

◎革命民主的性質

當中國國民黨改造之初， 蔣總裁曾剴切指出「革命民主政黨」的主旨：「革命而不民主，則違反潮流，喪失革命目標；民主而不革命，則不足以適應變局。」故中國國民黨之為「革命民主政黨」，就當今國家形勢和革命任務言，實具有必要性和時代性。三十九年七月，蔣總裁在中國國民黨第六屆中央臨全會中，對中國國民黨是「革命民主政黨」的屬性和意義作了更明確的解釋：

（一）革命民主政黨第一個意義——要以革命組織和革命精神來保障民主制度。當憲政實施之初，民主制度尚未鞏固之前，尤其今日共匪威脅尚未曾消滅，本黨必須以革命組織與革命精神維護民主制度，不讓共匪借民主之名滲透反共基地，來顛覆我們碩果僅存的反共堡壘。

（二）革命民主政黨的第二個意義——要實踐五權憲法的精義，完成反共復國的任務。五權憲法的精義，就是革命的、建設的、民主憲政的政治。我們唯有實施這革命的、建設的革命民主政治，才能從共產主義鐵幕下，拯救大陸人民於水火之中，建立現代民主國家。

（三）革命民主政黨的第三個意義——三民主義的國民革命，是為了要建立「民有、民治、民享」的民主制度。革命與民主並不是互相排斥，或互相對立的兩個觀念或兩個制度，沒有本黨堅持國民革命，亦就無法抵抗共匪，保持今日的民主憲政，那麼反共復國的任務更無從談起了。 總理親手組織，從興中會、同盟會、中華革命黨，到中國國民黨，徹始徹終，不放棄「革命」的本質，就是這個道理。

蔣經國先生在中國國民黨第十一次全國代表大會作政治報告時，提到「革命民主政黨」的屬性和事實時說：「認為初看彷彿是兩回事，深切體認之後，就明白根本是一不是二」。

他又解釋說：「因為本黨是一個無私無我，全國全民的黨，革命是我們確保民主的責任，而民主則是我們始終一貫，生死以之的目的。也可以說，我們在民主進程中，需要革命的精神；在革命進程中，要求革命的民主；我們是為民主而革命，也是為保障為民主而繼續革命」。這可見「革命」與「民主」，不但不矛盾衝突，而且是並行不悖，彼此相輔相成。

基於總裁和蔣主席的歷次指示，再看看我國當前處境，我們都深深體會到，中國國民黨現在必須走「革命民主政黨」的路線。捨此以外，三民主義無由實現，中華民族前途必將坎坷多難，朝不保夕。

◎對江炳倫的意見

孰料，於七十五年十月廿四日，《中國時報》竟發表政大教授江炳倫「黨的革新要追求更多的民主本質」一文，苟合分歧的反動分子濫調，對國民黨「革命民主政黨」的屬性提出非議，反對國民黨的「革命」本質及一切革命作為，主張國民黨應變成一個像英美式的西方普通「民主」政黨。

我們站在實事求是的客觀立場，對江炳倫教授的這篇文章的論點，有幾點批評，也持有不同的看法：

1.江先生在文中說：「政黨的改革係其內部的事，無需外人置喙」。據瞭解，這位江先生是資深的中國國民黨員，且做過中央海外工作會副主任，自己自稱「外人」，且以「外人」身份對自己的黨說風涼話，挖黨的牆腳，似不應該！

2.江先生在文中說：「政府遷台之初，國民黨進行改造時，為何稱自己是『革命民主政黨』呢？我們猜測它可能有兩個用意⋯」，江先生既然是國民黨資深黨員，且作中央副主任高級職務，連自己的黨在改造時為何稱「革命民主政黨」都弄不清，真是可笑！

3.江先生在這篇文章中，同其他若干書呆子一樣，偏執一見，與西方和平民主政治腐朽學者，犯了同一毛病：一提到「革命」，就下意識的認為是「造反」、「改朝換代」、「殺人流血」、「暴力恐怖」、「上斷頭台」、「劫巴斯底獄」等，於是就對國民黨的「革命」產生誤解，提出異議，進而為文反對。

按「革命」一詞，國父孫中山先生曾對陳少白說：「革命二字出於《易經》：『湯武革命順乎天應乎人』一語，日人稱吾黨為革命，意義甚佳」。易經本文是：「天地革而四時成，湯武革命，順乎天而應乎人，革之時大矣哉！」故國民黨的革命，即是順天應人，除舊佈新，凡一切基於人為的，徹底而全面的社會及政治的改進和更新都屬之。而江先生卻引用西方杭廷頓等人對「革命」解釋的話，以曲解中國國民黨的「革命」，實是迂腐之至。

4.江先生在文中說，滿清推翻了，北伐成了，國民黨執政了，實施憲政了，國民黨的革命組織和革命手段就無用武之地了，所以應該放棄「革命」，免得被人誤解懷疑。我們認為，江先生實際上是替中共、台獨、政治陰謀分子出了力氣。現在兇狠的中共對我們威脅更大，台獨及政治陰謀分子們，對我們進行致命打擊，難道國民黨不應用革命組織和革命手段對付嗎？按照江先生主張，等於撤盡了內部一切（心理、精神、組織等）防禦。我們認為，面對此種情況，國民黨更應加強「革命」行動，才是對的。

5.江先生在文中說：反攻大陸消滅共匪是「戡亂」，不是「革命」，所以國民黨也應放棄「革命」行動，我們認為這是書呆子想法。我們必須明確認定，反共戰爭絕對是革命戰爭，只有用革命的主義、革命的精神、革命的組織、革命的紀律、革命的行動、才可望戰勝的中共，尤其反共作戰，是無所不在的總體全面作戰，我們怎能如江先生所說，只在大陸「戡亂」呢？

6.江先生說，現在實施憲政了，政權應以選票作基礎，不應再以政治理想作維持政權的理由，對黨員除在選舉時要求其動員選票外，不應再有別的要求。這不像是一個國民黨資深黨員所應該說的話。

國民黨是根據三民主義的政治理想而革命建國，無論在任何時期，都應為實現三民主義的政治架構而奮鬥；我們的憲法以三民主義為基礎，國民黨為保障憲法能貫徹實施，無論在任何時期，也必須根據三民主義的政治理想而奮鬥。在革命任務艱鉅，內外敵人錯綜複雜的革命環境下，故對中國國民黨員，不僅要求其動員選票，爭取選舉勝利，更應要求其堅定主義信仰、加強革命意志、服從革命領袖、熟諳革命策略、提高敵情觀念、嚴守革命紀律、打擊革命敵人等，才能爭取革命勝利，保障全民福祉。也只有這樣，我們才能生存。

7.江先生說，國民黨已經掌握了政權，誠意推行民主憲政。於是乎政治理想，革命領袖，革命紀律，革命組織，政治使命感，精英黨員等都應該不要了，消失了。照江先生這樣說，就等於國民黨變成一具殭屍，使之入土為安，等待中共、台獨來台接收政權了。我們真想不到一個資深黨員和教授，會發出這種議論。

早在四十七年七月十六日，　總裁曾對中央評議委員會講話，痛心的說：「今日本黨之中，有自稱為『民主人士』，自認其是迎合世界潮流的『進步分子』，而對我們的三民主義，在他們看來，已是背時落伍的東西，所以往往拿『世界潮流』這個名詞來譏評本黨和指責我們政府。在他們的口頭和筆下，本黨的組織和紀律，政府的反共和反攻措施，一舉一動，都是違反世界潮流，只有他們才代表世界潮流，本黨任由他們口誅筆伐！」

依我看，不僅江炳倫先生是　蔣總裁所說的黨中自稱為「民主人士」和「進步分子」的人物，而且還有不少所謂「中介人士」、「民主學者」之流，和江先生一樣，被西方腐朽的資產階級民主思想所麻痺、所奴役、所毒化。用那種腐朽的，不切實際的，不合於我們國家實際情況的和平民主政治概念和模式，來衡量我們政治思想，批評我們的政治體制，把我們三民主義的政治思想和體制，批評得一無是處。　其實英美民主政治模式，只有在英美行得通，在其他國家，尤其在新興國家和受共黨威脅的國家，沒有一個行得通，行得好的。相反的，都為共產黨培養了滲透顛覆的有利環境，成了共產黨滋長的溫床。希望江先生和一些自命為「民主人士」的學者們，放棄西洋民主教條，回到我們當前的客觀實際中，為我們的國家的生存助一臂之力，不要把我們推進死亡的深谷。

總之，中國國民黨的「革命民主政黨」屬性，是基於實際環境的需要，採「革命」與「民主」並行，「革命」與「民主」一體，「革命」與「民主」相輔相成的「革命民主」路線。其奮鬥的基本方向，是根據三民主義的民主政治理想，全力推行國家憲政建設，建設中華民國成為民有、民治、民享的民主共和國。但在大陸未光復，三民主義未徹底實現以前，中國國民黨必須堅持「革命民主」。

◎ 秦孝儀當頭棒喝

為此，〈中國國民黨黨史委員會〉主任委員秦孝儀先生，於七十五年十一月五日，特在該黨中央常會提出〈　蔣中正先生與現代中國學術研討會〉研討經過報告，指出：「近來敵人已滲透至歷史研究和出版方面，陰謀從根本上曲解我國革命的本質，以和平統戰的面孔，對本黨總理、總裁加以誣衊，以惑亂真相，導引成『取消革命，唯務民主』的錯覺謬論。孝儀提出的『革命民主政黨的本質與時義初詮』論文，主要在指出革命的最初目標，原在締造民主，但民主仍必須賴革命精神為之護持；我們是在非常時期，實行民主憲政，仍須隨時準備應付非常事變，如果放棄了革命，亦就是放棄了民主，所以我們必須保持『革命民主政黨』的形態」。還篇報告當即獲中常會一致通過。這不啻是對江炳倫的當頭棒喝。

不僅如此，我們倒認為國民黨不止要維持「革命民主政黨」的形態，而且更應強化革命本質；使國民黨從上至下，強化領袖功能，加強主義信仰，培養革命理想，淬礪革命精神，嚴密革命組織，嚴肅革命紀律，統一革命行動，提升革命作為，使在這非常時期成為一個能挽救國家民族命運的大有為革命政黨。

中國國民黨是最能適合時代潮流、適合人群需要的政黨。它更是個開創時代、主導時代的政黨。在此國家民族存亡絕續之交，它必須以革命民主政黨的精神和組織形態，保障正義人權、消滅一切邪惡的國家民族敗類，以實現三民主義的政治理想！

龍旗七十五（1986）十二月號第七十期

七十六年

肅清台獨分離分子——國民大會發出怒吼

臨時動議

案由

呼籲全民團結，支持政府，厲行法治，肅清分離分子，以貫徹政治革新，弘揚民主憲政案。

說明

我國自行憲以來，迭遭中共之阻撓與破壞。幸賴先總統　蔣公英明領導，戡亂與行憲並進，堅持三民主義立國方針；乃能於台澎金馬地區，循序漸進，於憂患重重中，奠定堅實基礎；民族地位之平等，人權自由之保障，民主政治之進步，經濟建設之發展，社會繁榮，民生均富。不僅為我基地同胞衷心慶幸，亦為國際人士譽為奇蹟；固為執政黨決策之正確，亦為我朝野同心，團結奮鬥獲致之輝煌成果。

我政府在復興基地之建設愈進步成功，中共愈感芒刺在背，因之，時以滲透分化，武力侵略相威脅。而少數偏激分子，竟與其互為呼應。尤以本次增額中央民意代表選舉期間，輒以言論自由為藉口，毀謗國家元首、藐視司法威信、滋擾國際機場，製造暴力事件，必欲破壞我民主憲政與全民福祉而後已。愛國之士，莫不痛心疾首。

選舉過後，執政黨蔣主席於中常會發表談話，殷殷提示「越要推動民主憲政向前發展，就越要有嚴正的法治精神做基礎。」一語破的，國人極為敬佩。

〈國民大會〉代表七十五年度會集會於台北，全體代表以國家情勢，殷憂重重，如不堅定團結，厲行法治，勢將治絲益棼，民主憲政前途倍增艱困。特提出臨時緊急動議，呼籲我政府及全國軍民同胞共同努力，以達成維護國家安全，社會安寧，人民安康之目的：

一、民主憲政法統之延續，國家之安全，端賴全民一致維護。因此，憲法及元首之尊嚴，我全國同胞自當同心同德，一致維護。政府對〈國家安全法〉、〈人民團體組織法〉等有關法規之草擬工作，必須縝密研討，從速制訂，以達成政府貫徹政黨政治，推行民主憲政之決心。

二、無法治即無民主，無法治即無安定。如不欲民主政治流為空談，則民主與法治不可分割。凡我國民必須堅持此一政治共識，團結奉行，務使民主政治不致為脫法行為所斷送。

三、民主政治的本質貴在公平、合理之競爭，政黨政治必須循此規範進行運作，以達成憲政制度之理想。當前毀法亂紀之徒，藉「自由民主」之名，行違法叛亂之實，製造暴力事件，散播反動言論，動搖國家根本，摧毀民主憲政。政府必須依法予以處理，以貫徹民主政治之精神。

四、中共及分離分子謀我日亟，挑撥離間，變本加厲，隔海唱和，我政府三十餘年來在復興基地之三民主義各項建設成果，業已面臨破壞威脅。因此，政府今後對於法治精神之信守、國家紀綱之提振，必須以嚴正之態度，負起政治責任；不可再事姑息容忍，助長偏激分子之氣燄，沮喪愛國同胞之士氣。

五、促進政治革新，本為政府之基本決策，斷不容別有用心者任意誣衊。言論、結社自由，本為我憲法所賦予，凡不逾越法律規定者，絕不予以限制。但國家正值戡亂時期，中共侵犯復興基地之野心未已，絕不容許任何人民或團體，假借自由口實，自我製造混亂形勢，破壞社會秩序，影響國家安全。今後如再有此種不法行為，政府應切實依法處理。

以上動議，攸關國家命運及民主憲政前途，敢紓忠藎

敬請

公決！

提案人：高信

連署人：薛岳、谷正綱、何宜武、孔德成、郭驥、陳建中、滕傑等六百四十六人。

龍旗七十六（1987）年二月號第七二期

英雄總是布衣多

秀河

◎（一）

台灣巡撫劉銘傳在台灣割讓與日本時，悲憤不已，憶微時風味，曾賦詩云：

自從家破苦風波，懶向人前喚奈何；
名士何妨茅屋小，英雄總是布衣多。
為嫌仕宦無肝膽，不慣逢迎受折磨，
饑有餘糧寒有帛，草蘆安臥且高歌。

太魯閣、日月潭、阿里山，澄清湖、墾丁公園，這與中國分不開的美麗寶島，我們還依稀看到劉銘傳、丘逢甲、吳鳳、吳沙等英雄義士的風貌。

無論什麼人，要想割離台灣與祖國的關係不易；要想割離劉、丘、吳諸公與台灣民眾的感情更難。

台灣回歸祖國的懷抱已四十一年了，今天如果說還有人存分離的心態，那不是民族問題，也不是文化問題，而只是政治權力的爭奪問題。

愚昧的政治人物，不知道權力爭奪，如不取之以正，結果損失的不是競爭的對手，而是為競爭者犧牲下的國民。

◎（二）

自由祖國所謂〈民主進步黨〉已於十一月十日召開「全國黨員代表大會」，該黨共有黨員一百六十五人，大會出席

代表一百四十人左右，經選出「中央執行委員」三十一人，「評議委員」十一人；「中央執行委員會」的十一位常務委員是：游錫堃、蘇貞昌、吳乃仁、潘立夫、康寧祥、江鵬堅、謝長廷、洪啓昌、費希平、尤清、周滄淵。並由此十一位常務委員選出江鵬堅為該黨的「主席」。

這次「中執委」、「中常委」的名單，係依票數多少而排名。奇怪的是，平時都被稱為龍頭人物的費希平、尤清、康寧祥都落後了。「中執委」竟以黃爾璇為首，「中常委」則以游錫堃領先，這真是耐人尋味的怪事。

◎（三）

這次苦了內政部長吳伯雄。這位繼林洋港為「打手」的首席部長，已宣佈「民進黨」為「不法」。聽說在「違法」與「不法」兩詞之間如何採用，而煞費了苦心！

「民進黨」已屬「不法」組織，不禁則「公權力」与「公信力」盡喪；禁則如何在執法中維持和諧？這都不是輕易處理的事。這種政治運作上的矛盾和繩結，從前在大陸打擊國民黨一向是中共拿作「非法活動」的武器，今天已為台灣「野心家」所師承運用了。

台灣已有許多愛國知識份子沉不住氣了。近日常見他們三五成群來向當局請願，反對「民進黨」組黨的鏡頭，由黨國大老們滕傑、張彝鼎等支持的《龍旗》雜誌也以〈不能坐以待亡〉發表告民眾書，並直指「國民黨是笨驢」。

我預估由於「民進黨」的激進，將會引發一群愛國運動。國民黨將面對「敵」、「友」兩面肆應，工作之艱鉅，可以想見。

「英雄總是布衣多」，我們希望國民黨面對當前的局勢，多在「布衣群」中，創造更多愛國英雄。我的意思是說，今天我們就得要以群眾對付「群眾」了！（民國七十五年十一月十二日於洛杉機）

龍旗七十六（1987）年元月號第七一期

國民黨會如何演變

本社

開放「黨禁」已是既定政策。規範政黨（政治性團體）的〈動員戡亂時期人民團體組織法〉研修草案且已於上月底確定，可望於立法院本會期內完成立法程序。從此，國內政治情勢將有急速的改變。這是關係到國家前途的大事，是人人都關心的大事。

本來，一種政制本身，無所謂對或不對；其能切合時代的客觀需要者，就是對；反之，就是不對。對於開放黨禁之事，亦當如是觀。今天的客觀需要是什麼？那就是和過去卅多年來的基本情勢一樣，我們仍然處在「反共戰爭的過程中」，在這過程中一切均應以勝利為第一要務。因此，今天問題的關鍵依然是：必須要把「反共戰鬥」與「民主建設」兩種需要加以統一。如果把「反共戰鬥」的需要棄置不顧，一味走向美式的和平「民主建設」之路線；那就是國民黨已放棄了「革命」路線了。如此，我們可以肯定地說：國家的危亡必然是無法挽救的。這類的歷史苦果，其實國民黨也曾嘗試過。辛亥革命成功之後，革命的同盟會被改為和平的國民黨，企圖走和平民主的「議會路線」，其結果是國民黨被袁氏解散，革命成果被犧牲了。經過中山先生重組〈中華革命黨〉，民國始得延續。今日的國民黨若不吸取這一歷史教訓，則在台灣三十多年的建設成果必將再被犧牲，殆可斷言。因此，「黨禁」開不開放，這個問題的本身並不重要，重要的是國民黨今後在多黨林立中，如何有效地堅持總裁訂定的「革命民主」路線問題。

依〈人民團體組織法〉修正草案規定，政治性團體的組織，只需有三十位年滿廿歲的國民即可發起。這種寬鬆的組織條件，是合理的規定。因為這樣一來，等於使人人均有組黨的平等機會與自由，避免了對既成反動勢力（台獨的民進黨）的變相保護之嫌。草擬當局此一明智決定，值得贊揚。然而，正由於此種寬鬆條件，一旦該法通過頒行，台灣地區必然會出現許多政黨，是可預見的。面對未來政黨林立的局面，國民黨將會如何演變？這是關鍵問題，必須有所解答。

不容諱言，照國民黨現在的做法來看，顯然已經走上了「和平民主」建設之路，要想它自動地回歸到「革命民主」路線恐怕已經很困難。個中主要原因是：目前黨的領導階層的人，本質上是一個和平建設的「班子」，而不是一個革命戰鬥的「班子」。不過，我們應該肯定這個班子的功勞，因為有他們的精勤努力，才有今天台灣的建設成果。因此，最有利的做法是，讓建設的人才仍留在黨內不予更動，使他們繼續從事建設，使基地更繁榮、更進步。另方面，為了適應戰鬥的需要，則在黨內另設一個對敵鬥爭的部門，容納長於戰鬥的人才，專門做對敵的鬥爭工作。只有這樣，國民黨才能兼顧「民主建設」與「反共鬥爭」的雙重任務，才能有效地貫徹「革命民主」路線於不墜。

但國民黨會不會照這有利方法去做呢？恐怕希望不大。四年前把〈劉少康辦公室〉解散，就是最好的印證。本來，該辦公室的性質就是黨內的一個強有力的反統戰機構，旨在統合黨、政、軍、民的力量，從事對敵的全面鬥爭。在它存在的三年內，果然有效的發揮了作用，使敵人攻勢凌厲的統戰伎倆（包括中共告台灣同胞書、葉九條、鄧六項等攻勢）均不能得逞。但因內部的一些不相干原因，竟然將該辦公室撤銷了，連主持人亦受到打擊。該辦公室撤銷四年，種種惡果發生了，包括江南案、十信案等，連台獨分子之所以敢公然組黨，也是因此而來的。由此教訓，實在使人難於相信國民黨能再設戰鬥性的機構了。

如果不能照上述的最有利的方法去做，那麼國民黨必然會分裂。我們固然不希望國民黨分裂，但在不得已情況下，我們也不要怕分裂，反要因應其分裂來挽救黨和國家，這才是正確的態度和導向。

在國民黨黨史上，也曾有過因為原有的黨已無作為而不得不另立一個黨的事實。北伐勝利中國名義上獲得統一以後，因為大量的舊官僚、軍閥、投機分子混入了國民黨，使整個黨失去了戰鬥力。到了「九一八事變」（民國二十年）發生，國家情勢危急萬分。先總統　蔣公當時為了救亡圖存，乃允許黃埔學生秘密地成立〈三民主義力行社〉（即復興社），來作全國的動力。結果在六年之間，發展社員達百萬之眾，有效地控制了全國，迅速地完成了國家實質統一與國家必要的改造兩大工作，為後來八年抗戰勝利奠定了基礎。當時這個秘密組織，其實就是另一個國民黨，它與原有的國民黨有相同的主義和領袖。所不同者，在於它有超越的戰鬥知識與能力，能無堅不摧地掃除了革命障礙。就是由於另立一個秘密的國民黨，才使整個國民黨能夠起死回生。這是一個極重要的歷史經驗。

今天的社會條件不同，當然用不著另立一個秘密的國民黨，但可以順勢利導地由現有的黨分出另一個戰鬥的黨。這兩個黨具有相同的主義，都是「三民主義黨」，彼此是兄弟黨的關係；一個偏重於建設，一個偏重於戰鬥，相反相成，彼此配合，控制全局。即使兄弟之間有競爭，無論那個黨執政，依然是三民主義黨的勝利。這樣可以確保三民主義黨永遠為政治的中心地位。而且，這樣由兩個同性質的政黨運作下去，可望演變成完美的兩黨政治，達到　國父中山先生的政黨政治的理想。

如果能這樣做，則不管台灣將來會出現多少黨皆不足顧慮。因為不管成立什麼黨，均不能具備「優越的主義理想」及「眾多的菁英人才」這兩大條件，所以都不能成為政治的中心勢力。按黨是主義理想的結合，如果沒有優越的主義理想，即使建了黨也不能發展長存，只能曇花一現，就像民國初年湧現三百多個黨的情形一樣。三民主義是涵蓋一切意識形態的主義，沒有任何主義能與之比優越。此其一。任何事的成功，最後歸結於人才。論人才的素質與數量，今天中國的任何黨派均不能與國民黨匹敵；只是國民黨今天有許多人才，尤其是戰鬥性的「打天下」人才沒有被用出來罷了。如果另立一個戰鬥性的國民黨，它的人才就會全部被用。此其二。因此，我們可以肯定地說，只要把國民黨變成兩個「兄弟黨」，就必能永保它政治中心的地位，沒有任何政黨能與之相抗衡，台灣多黨林立的狀態就可以全部控制住，而且可以進而完成統一中國的目標。

政治是人為的，聽任逆流橫決而束手無策，是無知無能的表現。〈人民團體組織法〉公布之後，必然會出現多黨林立的局面，是禍是福仍繫於國民黨本身的作為。我們提出本文的看法與意見，相信是唯一的轉禍為福之道。

龍旗七十六（1987）年三月號第七三期社論

為「台灣話」正名

林衡道

編按：本文作者林衡道先生，是本省籍文化界耆宿。民國四年生，台灣省台北縣人。日本仙台市東北帝國大學經濟學士，曾任中國國民黨台灣省黨部第一屆委員。台大、文化、淡專、淡江等大學執教，〈台灣省文獻委員會〉主任委員。現任東海、東吳大學專任教授。行政院〈文化建設委員會〉文化資產委員。著作有《台灣歷史百講》、《鯤島探源》、《台灣一百位名人傳》等二十餘種。

時下，有些別有居心的人漫天叫嚷，妄倡使用「台灣話」。其實，在背地被人嗤之為「痴人說夢」，他們自己還不自知。

我們中國人的語言屬於漢藏語系。「漢藏語系」乃是我們自己訂的學名，國際上叫做「東南亞語系」。

漢藏語系分布的地方，包括了西藏在內的我國本土、中南半島，以及現在的泰國。這個語系的特色，原則上，不論名詞或動詞，都是單音節。例如：名詞的天、地、水、人，動詞的食、住、行、臥，無一不是單音節。

近鄰的阿爾泰民族，像韓國人、日本人，他們的語言就不同了；名詞、動詞都是粘著語，也就是說，好幾個音節粘在一起。

古時候，我們的祖先住在長江以北，特別集中在黃河流域。當時的長江以南，像吳國、楚國的語言，都有兩音節的情況。春秋戰國時代的楚國，虎叫做「於菟」，《辭源》也有這樣的記載。

自從五胡亂華以後，原住在長江以北的若干支，南遷過焦嶺，來到今天的粵東、閩南定居，這就是所謂「客家」的來源。從此以後，每次中原遇有戰亂的時候，都有人過焦嶺南遷，客家不斷擴充。尤其是宋室南渡以後，中原的衣冠之家遷居嶺南的人特別多，而使得客家的人口益見增加。

如今，住在台灣的客家多為閩南、廣東的客家，係在明末清初以來，不斷移居台灣而形成。所以，無論大陸或台灣地區，客家的語言保留很多我國古代語言的音韻，便是這個因素。

其次，當五胡亂華，客家源源不斷地遷往嶺南定居的時候，福建仍為閩越的種族所居住。有關福建的中原化，是在唐代才開始的。

提到閩越種族，亦即古代所謂〈無諸〉的後裔。唐代，漳、泉方面因陳元光平定當地的土著，而推行中原化，福州方面有節度使王審知，自稱為閩王，也推動中原化的工作。

因為福建的周圍都是高山，與大陸其他地方完全隔絕，所以福建的方言，無論漳泉或福州的方言，也是保留很多古代語言的音韻。這一點，跟粵東客家話的情形是一樣的。並且到現在，福建的方言仍有兩個音節的言語用法，像「玩」，國語只有一個音節，漳泉方言叫做「迫（白為日）迌」，福州方言叫做「腳溜」；另如「嚴」（岩），福州方言叫做「林潭」，均為兩個音節。

舉例來說，我們中國北方的語言本來有八聲，五胡亂華以後，因為胡人對八聲很拗口，不是發音發不出來，就是很不流利。慢慢地，漢人跟胡人互相交流之後，變成只講四聲。今天，我們的國語只有四聲，就是由此演變而來。

相反的，客家話，乃至漳泉、福州的方言，都有八聲。古代語言的豐富音韻反在南方保留著，不無「禮失求諸野」的道理。

此外，在古代，我們的祖先所用的語言，K的音很多，但因胡人不會發K的音，以致所有K的音都變成CH，就像街本來唸KAI現在唸成CHIE，而在客家話及漳泉、福州的方言，仍然保留K的音。

我們古代的語言當中，H的音很多，胡人不會唸，而把H唸成F。因此，北方話只有F的音，卻沒有H的音。國語也是如此，福氣的「福」字，國語唸做FOO，漳泉、福州的方言還是唸HOK，仍舊保留古音。

不妨這麼說，古時候的胡人發音就像幼稚園的小朋友一樣，老是唸走了音，「百事可樂」不會唸，而唸成「百事可悅」。

接著來看福建省的方言分布情況。以漳泉方言的流通範圍最為廣大，福州方言流通十一個縣市而已，人口還不到兩百萬；閩北方言和江西方言很像，使用閩北方言的人很少；

閩西的汀洲府則使用汀州的客家話，使用人口也不多。合計起來，閩北方言和汀州客家話的使用人口比福州方言更少，最多的是漳、泉州方言。

所以，漳泉方言有〈福建話〉之稱。它的使用人口不但在福建的分布地區最廣，海外華僑也廣泛流通。把它稱為福建話，用文言來說，就是〈閩語〉，實在是當之無愧。

但是，也有人為了跟福建省福州的方言加以區別，而把漳泉方言叫做閩南話，文言稱為〈閩南語〉。

福州既然是福建的省會，自古以來，福州人以「居天下的中央」而自許，並將漳泉方言稱做「下府話」或者「下路話」；以福州為中心，閩北的延平、建甌為上府，又叫做上路，相對的，閩南的漳泉就是下府、下路。

清代時期，台灣曾經是福建省的一個府，所以那時候，台灣也是屬於下府、下路。

到了清末五口通商之後，漳泉兩府的人無論渡海到南洋去，或是和外國人通商交易，均以廈門為根據地，因此，外國人把漳泉方言叫做〈廈門話〉。

在清代的台灣同胞，大家只有「我是漳州人」、「你是泉州人」、「他是廣東嘉應州的人」……等等的說法，而沒有自稱是「台灣人」的。

官府的文件，往往寫「台灣人某某」、「淡水人某某」，那是因為台灣有很長一段時間，分為〈台灣府〉和〈淡水廳〉兩行個政區；以大甲的大安溪為界，溪的南部屬於台灣府，府治設在今台南市；溪的北部屬於淡水廳，廳治設在今新竹市。

在官方的文告出現這種「台灣人」、「淡水人」的字眼，係指台灣府的人、淡水廳的人而言，跟今天別有居心的人所講的台灣人，意思完全不同。

至於今天別有居心的人所講的「台灣人」一詞，乃是日據時期，日本帝國主義者為了分化中華民族而製造出來的用詞。

而且，在清代，台灣根本沒有「台灣話」這樣的說法。那個時候，只說那個人講的是「漳州腔」、這個人講的是「客話」……等等，而沒有人說那個人講的是台灣話。

由此可見，目前我們的政府機關，乃至大眾傳播事業，在提到有關台灣的方言時，都不採用〈台灣話〉的字眼，而以〈閩南話〉、〈客家話〉等地方上的方言來稱呼，這是對的，也才是正確的用法。

另外，新加坡的人口有百分之九十以上都是使用漳泉方言，也就是所謂閩南話。但是，新加坡的政府及學術界都重視華語，亦即我們的國語，他們並不主張推廣方言，因為國語是「文言一致」的，其他各種方言都無這一優點。

時至如今，台灣同胞四十歲以下的人以方言交談時，如果不摻雜國語，就無法表達完整的意思；正式發表演講時，就非採用國語不可了。只有別有居心的人妄倡使用「台灣話」，實在顯得很幼稚。

大體來說，國語和方言的關係，為一般與特殊的關係；方言融入國語，就更為洗練而文雅；讓國語多加包容方言，內容也會更加豐富。

龍旗七十六（1987）年三月號第七三期

高舉龍旗、橫掃鼠輩——紀龍旗國是座談會

（洛杉機）大可

（本報台北特訊）龍族之旗、龍種之旗；為海內外輿論界高舉反獨戰旗的台北《龍旗》雜誌，以召開〈我們如何反敗為勝〉座談會的實際行動，來紀念六年來奮戰的歷程，歡呼六年來豐收的碩果。

座談會三月十四日台北時間下午三時至五時卅分在中山樓光復廳舉行。《龍旗》鬥士發行人勞政武，副社長戴家文、鄺少真、周湘蘋、劉元方和工作人員一早就在樓的上下，廳的前後大排長「龍」，向來自台北及其他地區的同志熱烈握手，親切問好；大家都是同一條壕溝的戰友呵！

主席張彝鼎教授（前總政戰部主任，司法官訓練所所長，現任國大代表、龍旗雜誌社董事長）代表全體同人向「龍旗之友」致敬後，接著是引言報告。

首由芮正臯教授（前駐象牙海岸大使等職。現任淡江大學區域研究中心執行長、歐洲研究所所長）報告〈國際現況分析與對策〉，指出今天的世局，還是亂局；美、俄與中共彼此利用又互相掣肘，但這並不造成制衡的均勢，星戰計劃使美俄與中共拉長了差距。因之，中共的「現代化」軍力，比諸美俄還是望塵莫及。芮教授引大量的具體數據說明，中華民國已經成為一個名符其實的經濟大國；我們不但能創造經濟奇蹟，同樣也必能煥發政治奇彩；以一個政治實體重返國際社會。

裘孔淵教授（台灣大學教授、大陸問題專家）發表了題為〈大陸現況分析與對策〉的專題報告。他說幾個月來大陸學潮，引發中共內部權力鬥爭激化，胡耀邦下台後可能刮起的「大搬風」……顯示中共內部既不「團結」，社會秩序更未「安定」，四個堅持不堅，三信危機更危；馬列主義的思想教育，反過來「教育」了青年學生群起反對馬列主義的思想。裘教授也提出警告，雖然中共本身險象環生，卻又仍然殺機四伏，謀我之圖日亟。我們必須鞏固憂患意識，加強敵情觀念；使其無機可乘。

最後引言的是陳志奇教授（台灣大學政治系教授），談及國民黨的堅強領導，卅多年的生聚教訓，使復興基地的美麗寶島，出現了經濟上繁榮昌盛，政治上安和樂利的局面。自然，我們還不是處在一個天下太平，足以高枕無憂的世界，外有中共虎視眈眈，內有台獨野心勃勃，不過，只要我們處變不驚，進而應變制勝。殷憂啓聖，多難興邦，就一定能夠使中共台獨，成為我們手下敗將。

拋的是金，引的是玉。自由發言的八十分鐘時間，正是珠玉紛投，精彩畢呈。尤其是龍旗女將周湘蘋，一腔忠言，滿懷激情；大聲疾呼，語動四座。周湘蘋演說給暴風雨般的鼓掌聲、歡呼聲中斷數十次之多，幾乎她說出了每一句話，聽眾都以掌聲作為「標點」，原本限定發言時間不得超過五分鐘，但是聽眾卻自動要求她把時間「順延」下去；可見她這一番話是如何深得人心呵！

壓卷之作由德高望重，深受大家敬愛的革命元老滕傑教授（前南京市市長。現任國大代表、革命思想理論家、政戰學校政治研究所教授、龍旗雜誌名譽董事長），對當天的座談作出總結發言。他指出今天萬眾一心，人同此心：這就是反共產、反分歧一心，愛國家、愛自由同心。大家團結在

蔣經國總統、中國國民黨、中華民國政府領導下，全黨、全國、全軍、全民大打一場反共產、反分歧的總體戰，我們有的是三民主義這一個無攻不克，有戰皆勝的最有力武器。因此，怎麼樣使我們反敗為勝，履險為夷，答案就是：堅持三民主義革命建國立場和共匪台獨及分歧偏激份子進行針鋒相對的鬥爭；那麼我們就必能立於不敗之地，穩操必勝之券。全場聽眾以最熱烈掌聲，表達了內心激動和對滕公尊崇的致敬。

座談會在互相祝福，同慶勝利的高潮中結束。大家深信為反共愛國，鬪奸清毒而搖旗吶喊、衝鋒陷陣的龍旗雜誌，在未來的歲月裡必將取得更大的功績。龍旗不但是團結之旗，也還是正義之旗。豈止是戰鬥之旗？更將是勝利之旗！

龍旗七十六（1987）五月號第七五期

奮發陽剛之氣

車輪

孟子曰：「吾善養吾浩然之氣，其為氣也至大至剛。」此浩然之氣是陽剛的。所謂陽剛，具體的說，就是光明磊落，剛健煥發，無偏無私，不說謊、不誇大，不護短，坦白誠實，直來直往，無不可對人之事，亦無不可對人之言。它是以真誠出發，集義養氣，樂觀奮鬥的一種氣節。

儒家發強剛毅，獎勵狂狷；大抵奮發踔厲，堅強貞固；三軍可奪帥，匹夫不可奪志也。有殺身以成仁，無求生以害仁。見義不為，無勇也。臨大節而不可奪也。自反而縮，雖千萬人吾往矣！充份表現出這種陽剛雄健之風。

有人認為做人不宜太剛，剛則易折，偏重老子「以柔克剛」之說，引為處世接物之準則，甚至把一切事業之成敗，都歸於柔弱勝剛強。如言劉邦之勝項羽　國父推翻滿清，我八年抗戰之勝日本，均屬之。似此論斷，未敢苟同。其實老子言柔，係得自其師常樅以水穿石之薪傳。試從其師生二人下列對話中，探其義蘊：

老子之師常樅病篤，老子服侍在側，並請問最後之叮嚀。常樅允之，即徐徐張口，命老子向口內觀看，然後問道：「所見者何」？老子答：「只見舌頭」。常樅問：「牙齒安在」？老子答：「無矣」！常樅曰：「此即予與汝之最後一課」。老子又問：「而今而後向誰就教」？常樅答曰：「水」，汝可見河床之水，不久即將石頭流成槽，穿成孔矣。

以上係為柔以克剛之傳習，於是老子乃言：「天下莫柔於水，而攻堅強者莫之能勝」、「弱之勝強、柔之克剛」、「要以天下之至柔，馳騁天下之至剛」

殊不知水性雖柔，但因「逝者如斯夫不舍晝夜」的流，終於滴透了堅硬的石頭；使柔水變為強者，堅石反為弱者。是以強弱之實，不能純依表面剛柔的形狀而定，須重視內涵如何。換言之，人之剛柔與強弱，要看他的意志、決心和毅力的強弱而定。像柔性的水，因其川流不息的毅力，用能發起柔性攻勢，克服了固定不動的石頭。所以孔子說：「知者樂水……知者動。」諺云：「抽刀斷水，水更流。」足見水是內剛外柔的強者。等到巨浪滔天，造成水患時，更是無物不摧的強者。以水來證明弱之勝強，似乎難以成立。唯有柔而強者，才能攻強克剛。

羅家倫先生所言：「柔而不弱，強而不暴。」頗有道理。曾文正公對李鴻章保舉之評語：「勁氣內斂，才大心細。」是指李氏能將其剛銳之氣，集蘊於心靈意志之中，而其外貌則溫文儒雅，算是外柔內剛的強者。另有外剛內柔即所謂「色厲內荏」者，是由自卑感作祟，或故作姿態以欺世盜名者，孔聖人把這種人視為：「穿窬之盜。」是可恥的。

在中國歷史上，項羽個性強烈，剛愎自用，一般人都認為他是不折不扣剛性人物。他所作的〈垓下歌〉和劉邦所寫〈大風歌〉，都屬於剛性作品，但細加玩味，則有強弱之別。

劉邦的〈大風歌〉：

大風起兮雲飛揚
威加海內兮歸故鄉
安得猛士兮守四方

大風歌的首句，有氣貫日月，震撼河山，大有狂風掃落葉，百萬雄師破敵於前之勢。第二句唱出百戰榮歸，志得意滿之情。最後第三句又吐露出居安思危的心情，未被勝利沖昏了頭，算是意志堅強者。

項羽的〈垓下歌〉：

力拔山兮氣蓋世，
時不利兮騅不逝，
騅不逝兮可奈何？
虞兮虞兮奈若何！

垓下歌的首句—「力拔山兮氣蓋世」是力勝萬鈞，武功蓋世，如巨浪滔天，如蛟龍出海，可與劉邦「大風起兮雲飛揚」之勢媲美。第二句不承認自己戰敗，把失敗的命運歸之於天，不再繼續奮鬥，算是意志薄弱者。第三句是一個悲慘的下場，令人一洒同情之淚。晦庵論垓下歌說：「其詞慷慨激烈，有千載不平之餘憤，若其成功得失，則亦可為強者不知義之深戒焉！」足見劉、項、二人之成敗，繫於意志之強弱，不能說是以柔克剛。

徵之往史，勾踐在會稽，田單在即墨，都是以其堅強意志，成就其功業者。至若 國父領導革命，屢躓屢起、百折不撓，革命諸先烈洒熱血、抛頭顱、前仆後繼，經過十次失敗而後成功的。對日八年抗戰「一寸河山、一寸血」之壯烈事蹟，均足以驚天動地也。撼人心於百世之下，是皆意志堅強，剛健有為之典範，何云「以柔克剛」？

惟察人性弱點，總是喜歡柔和柔順的人，樂於接受善體人意，長於獻媚阿諛之辭，通常所謂給人「戴高帽子」雖多謊言，但聽起來順耳，覺得舒坦。即如善於察人者曾文正公亦不免以「人不忍欺」，自我解嘲而悟受騙之事。緣當金陵初復日，有客往謁曾侯，論及用人須杜絕欺騙，來客大贊曾公之至誠盛德，人不忍欺；曾大喜，待為上賓，委以政事。未幾，客忽竊重金遁去，曾乃捋鬚曰：「人不忍欺！」左右聞者皆匿笑。

近有不少有識之士，指出近世許多毛病是出在剛正之氣少，巧佞之念多。陰柔之風盛、仁厚之德衰，政壇之上尚未根絕虛浮鄉愿、迤迤沓沓。社會之中機變投巧，正義不張，偏激份子、日見囂張。

子曰：「吾未見剛者」，或對曰：「申棖」。子曰：「棖之慾，焉得剛」。「慾」就是自私，必也無慾則剛。西諺亦云：「完全為自己的好處而活著的人，死了對世界倒是一種好處。」

時至今日，人們已失去剛正無私豪情萬丈的狂狷氣質，代之而起的是理智而現實的功利人格。故有很多社會人士，已不相信「以柔克剛」是化解當前危機的法門。在此非常時期，需要剛健有力的作為，上自廟堂下至基層，須勇敢的面對一切挑戰，見得真切，做得徹底，一摑一掌血，一鞭一條痕，步步踏實，事事認真。若忍讓為國，勿流於姑息養奸。遇事退遜，何如當機立斷？曾文公亦云：「國藩入世已深，厭聞一種寬厚論說，模稜氣象，養成不黑不白、不痛不癢之世界，誤人家國。」現階段社會迫切需要陽剛的浩氣，來轉化人們的冷漠、偏狹、陰險、自私、怨恨、墮落之風，成為熱情、敦厚、仁愛、坦誠、剛正、奮發進取的品德與精神。亦唯有以大公至正，無私無我之胸襟，才能誠開金石，化除一切門戶畛域和派系的私見。

時代在變、潮流在變、環境在變，在這一切蛻變中，我們要把胸襟敞開，把眼光放遠，察往策來，以明得失。我們在復興基地上享受民生樂利的幸福生活，勿忘海峽對岸那個狡黠的敵人，正在虎視眈眈，隨時謀我。當年他們用來顛覆我們的——「打強，強亦弱；打弱，弱亦強」狡猾伎倆，仍然是現在的統戰花招。所謂：「打強，強亦弱」的意思是說，如果硬碰硬去打強大的敵人，一定要付出很大的代價，本身就有由強變弱的危險。反之，去打對方弱的，可以輕而易舉得到勝利；如此日積月累，積小為大勝，本身就可由弱變強了。這就是共黨所慣用的——「打弱，弱亦強」的伎倆。其在抗戰期間之所以起死回生，乘機坐大，就是吃掉弱的，把強的孤立起來，使之變弱，再來解決掉。如此說來，「柔弱」，

就會招來被吃的禍患。誠然，世界上有許多罪惡，是因弱者縱容強者所引起的，有弱肉就引來強食。例如二次大戰期間，因為猶太人以容忍退讓作不抵抗之弱者，以求免災，就招致五百十一萬猶太人被希特勒納粹黨徒所殺害。

我們居安思危，惟有發揚儒家陽剛雄健之風，作時代之強者，才能衝破難關，立於不敗之地。如在蕭墻之內，時有陰謀破壞者，或藉外力，或起內訌，一旦把復興基地分解成弱的目標，恐將引來極大的禍患，自取敗亡。任何一個國家最大的財產是它的國民精神，造成一個國家最大危機就是國民精神的墮落。敬錄　領袖　蔣公生前最愛讀的荒漠甘泉書中一首〈要剛強〉的詩篇。用來激發國民奮發圖強的愛國精神，作轟轟烈烈的奮鬥。這首詩是這樣的：

要剛強！
我們不是來此遊玩，做夢，流浪。
我們有苦工要做，有重擔要負。
這是神的恩賜，
應該努力承擔。
要剛強！
莫說世風日下，誰使道德淪亡？
莫要袖手旁觀，隨俗浮沉，這是恥辱。
以神的名站起來，理直氣壯，正義伸張。
要剛強！
不管邪惡植根多深，日子多長，
不管鬥爭進行得如何艱辛，
莫氣餒，要奮鬥，勝利之旗今日就飄揚。

龍旗七十六（1987）年五月號第七五期

國父也生氣—台獨漢奸「五一九行動」紀實

編輯部

五月十九日下午一時起，台獨漢奸們嘯聚台北國父紀念館，足足胡鬧了八個小時。不用說，他們把神聖莊嚴的紀念館廣場搞得一片髒亂。此猶為小事，嚴重的是：

——他們以「慘綠白十字台灣旗」取代了孫中山先生親自制頒的「青天白日滿地紅旗」。

——他們以暴力主義鼓吹「台灣獨立」為理想目標，徹底的否定了孫中山先生的「和平、奮鬥、救中國」的理想目標。

——他們以講「台灣話」為煽動地域鬥爭的手段，徹底否定了孫中山先生的「天下為公」和「博愛」的胸懷。

——他們肆無忌憚地咒咀中山先生手創的中國國民黨，否定了中山先生致力四十年的革命事業。

——他們不承認中華民國、肆無忌憚地污辱國家元首，等於否定了中山先生「以建民國、以進大同」的全部理想，也等於污辱了全體中國人民！

他們的梟獍之行竟是如此，試問　國父在天之靈，難道不生氣嗎？

◎痛擊台獨　個個爭先

以「群眾路線」與「議會路線」交互運用，企圖搞垮國民黨，是台獨漢奸集團絕不放棄的。繼「四一九進軍總統府行動」被萬眾所迫而延期之後，台獨漢奸集團是絕不甘願失敗的，所以又掀起「五一九行動」。

早在「五一九」的前十天，漢奸集團就在全台各縣市，以宣傳車到處招攬民眾參加「五一九到總統府去」。明明是非法行動，但各地當局根本不敢過問。

政府軟弱如此！但愛國的廣大人民卻絕不怕事。早在「五一九」的三天前，台北便有〈愛國陣線〉等人民團體，公開表示，要以「必死」的決心，號召三千鐵衛隊，誓與台獨漢奸集團一決雌雄。「五一九」的當天，更有無數的市民，以各種方式，表達了高貴的愛國情操，給台獨漢奸嚴重的打擊。

五月十九日的凌晨開始，就有一批愛國民眾在國父紀念館的正門仁愛路至光復南路口的安全島的每棵樹、電線桿上，掛滿了國旗、標語及海報，寫著支持國安法反對台獨漢奸的語句。在一些大樓頂上也垂掛了十幾層樓高的大標語：「阻撓國安法就是犧牲大家富裕安定的生活」、「先有國家安全，才有社會安定，才有民眾安康」等等。

最令人感動的，忠孝東路四段〈台灣房屋仲介公司〉總裁王大維，目睹台獨漢奸的妄行非為，當場義憤填膺，立即找來一面大幅國旗，伸出窗外大喊：「愛國救國，人人有責！打倒違法亂紀分子，中華民國萬歲！」他這一舉動，引發了附近大樓的同胞紛紛響應。霎時間，面對國父紀念館的四周大樓窗口，統統掛出了國旗，一片旗海，比雙十節還熱鬧，蔚為奇觀。

王大維表現還不只如此。到了下午五時，他動員公司全體員工，購買六百份飯盒送到街上，給維持治安的警察人員（多為警官學校學生）食用。他這一舉動，又起了「帶頭作用」，附近的民眾，家庭主婦、女店員、小販、老闆……統統加入慰勞行列。有送麵包的、有送茶水的、有送可樂的、有送水菓的，甚至還有送啤酒的、送口香糖的……好一幅「簞食壺漿、以勞王師」的活生生寫照！這正是：保家衛國、人人有責！痛擊台獨、個個爭先！

◎實爲保護暴徒

本社早在數天前，已決定派人到現場探究虛實。是日上午十一時，由義工先在紀念館四週察看，如有什麼情況，即以電話向總社報告。到了下午一時三十分，消息傳來，〈民進黨〉的台獨分子，集結完畢，開始演講。本社六位人員在副社長周湘蘋率領下，出發趕到現場。到達現場，即分成三組（二人一組），分別以採訪名義進入群眾之中，作周密而深入的觀察。

當本社人員到達仁愛路的外側，那裏已由鎮暴人員將所有馬路及巷口封住。他們頭戴膠盔，持著盾牌，只拿警棒而沒有帶槍，以二至四人成橫排列，像天兵神將般站著。除了人員之外，尚有三道防線，第一、二道均用鐵絲網、拒馬，攔在馬路上，第三道備有消防車、水龍頭等物。這不是怕漢奸暴動，而是怕他們不知死活衝出來被愛國群眾打死！

筆者與曾總經理一組，跨國仁愛路，進入會場的外圍。在安全島上，遇到一位民眾，正在喃喃自語：「哼，不要警察，沒有警察，愛國的民眾，早就把你們宰了！」原來這時演講的台上，正是一位林姓牧師在狂吼：「這是一個警察國家，我們要打倒他，不要警察！」這位市民這時更以不屑的口氣主動對筆者說：「你們看，這是什麼牧師？牧師不傳道，跑到這裏來窮罵，真是上帝也瘋狂！」

◎如此無恥的污辱

演講場外圍，擺了幾處很像測字攤的架字。近前一看，原來是出售台獨分子等的演講錄音帶及禁書如《蔣經國傳》等，根本無人問津。有人問「買錄音帶，開不開發票？」答「不開」。這是當然的，台獨漢奸連國家都不承認，還在乎稅法嗎？多此一問。

約在二時左右，筆者擠進了台獨分子的中心地帶，這是逸仙路與仁愛路之間的廣場，中間搭了一個台子。「民進黨」的頭頭們，輪流登台演講，講的內容大致不外下列數端：

一、國民黨戒嚴四十年，台灣同胞過的是奴隸生活。因此，一定要推翻國民黨，建立新的台灣獨立國。

二、這裏是警察國家，法律是國民黨訂的，專門壓迫台灣人。

三、只要解嚴，不要國安法！我們要去總統府抗議。

他們的語調是激情的，他們的用意是惡毒的。然而，儘管他們聲嘶力竭，並不能引起在場約有兩三千名群眾的共鳴。因為，他們真正的「自己人」——頭上紮了綠布帶的漢奸分子不超過二百名，每次講話，就只有那些戴綠帶者在瘋狂鼓掌，在偌大的場面，給人一種「耍猴戲」的感覺。

一位台獨漢奸看見鼓動不了群眾，竟然上台開始對總統蔣經國先生作最無聊的人身攻擊，他說：「蔣經國滿身是病，不如早點死了算了！」台下綠巾者像跳舞似的，「去死！去死！」一面跳一面吼著相應的口號。然後，台上那人居然宣布「現在奏送喪樂！」台下群丑哄然大笑起來。群眾聽了，許多人都搖頭、嘆氣！

台獨漢奸這般荒唐、惡毒、無恥、無聊的舉動，似乎觸怒了上天。正在群丑哄笑得高興當兒，突然大雨傾盆而下；淋得群丑們一鬨而散，紛紛走避到紀念館的屋簷下。直到雨稍歇，他們又叫嘯聚到中心區來，繼續周而復始地胡叫亂跳。

◎衝鋒與歌曲大戰

但隨他們怎樣叫囂，所發生的效果越來越微弱。原因是，此時四周住家的、商店都有不少人掛上了擴音器或扭大自己的音響的音量，再加上警車的擴音設備，統統播放著〈梅花〉、〈中華民國頌〉、〈國父紀念歌〉等歌曲。這又形成了奇妙而罕見的「歌曲大會戰」。終於，正義的吶喊壓倒了邪惡的鬼嚎！這是一個好的經驗：在群眾運動中，歌曲是犀利的武器。

漢奸們看到苗頭不對，於是發動向仁愛路方向衝鋒。眾所周知，他們有的是錢，這次他們就準備了五部吉甫車作衝鋒用的。

他們駕著吉甫車，加大油門衝到第一道防線門前，突然剎車。軍警們看到此情況，立刻在第二道防線上的拒馬腳打鋼釘。

台北市警察局長廖兆祥此時登上指揮車，向他們喊話，要他們切莫衝鋒，切莫向法律挑戰。康寧祥聽了，立即站在吉甫車上面，指著廖局長大叫：「廖局長，我們民進黨現在命令你下台」！漢奸徒眾們跟著叫囂。但局長並不退縮，挺在指揮車上，不為所動。

漢奸們見嚇不退局長，又加大吉甫車油門，齊聲大喊：「衝啊！」只見吉甫引擎嗚嗚作響，車尾廢煙滾滾，但車子卻紋風不動。啊！原來他們踏著空檔再加到大油門，純粹是嚇人的伎倆。此時是最高峰，約下午四時半。

此路即不通，暴徒們於五時左右，轉向忠孝東路。那裏更不是任由他們胡來的，早集有五百名以上的愛國民眾等在那裏，人人揮舞國旗，不斷要求警察放行，好讓他們進入現場痛「修」漢奸一頓。警察當然奉令不許進入。

他們正在漸覺不耐之時，突然，漢奸們衝向這裏來了！愛國民眾登時情緒高昂起來，人們揮舞國旗，大喊「消滅台獨漢奸！保衛民主自由」、「中華民國萬歲！」等等口號，猶如雷動九天，把衝向這邊來的台獨漢奸們嚇呆了。此時，一位「民進黨」頭頭大概生怕出事！立即登上車子向兩方的民眾呼叫：「同胞們！我們是理性的，是和平的，我們為了台灣民主自由，我們要學習甘地精神…不要暴力，不要暴力！」喊著喊著，他們的車子和人群悄悄後退了。這場一觸即發的衝擊終於沒有引發。由此可見：正義要能戰勝邪惡，首先就不要被邪惡嚇倒才行。

◎他們的收穫

七時過後，這場「五一九」鬧劇接近尾聲。本社全體同仁也回來。得到最大的收穫，除了臨場經驗外，就是攝了整整四卷現場的彩色照片。

台獨漢奸這次「行動」是徹底失敗的，因為他們嘗到了正義力量的偉大；因為他們阻塞了交通使整個東區為之癱瘓八小時之久，所有行人及計程車司機無不唾罵；因為他們妨礙了數以百計的商店的生意，使附近的同胞無人不痛恨。當然，他們也是有收穫的，這「收穫」就是：他們膽敢以行動

來污辱國父　中山先生。中山先生是近六十年來沒有任何一位中國人或任何一個黨派敢於污辱的人！他們卻做了。

龍旗七十六（1987）年六月號第七六期

我們何負於台灣省同胞

劉性良

聽說有極少數偏激同胞，喊出排擠大陸來台同胞的口號。我不禁萬分的傷感。我是一個無黨無派的大陸來台老人，特向親愛的台灣同胞們，說幾句良心話。

當年大陸自從蘆溝橋七七事變以後，地不分東西南北，人不分男女老幼，即全面浴血抗戰，艱苦奮鬥八年，才使日本軍閥戰敗投降。在這八年抗戰當中，我國軍與日軍大小戰鬥數千次，日機轟炸大陸前後方，也不下數千次，日軍每侵佔大陸一城市鄉鎮，就任意燒殺淫掠，並且以殺人競賽為樂。據抗戰勝利後統計，大陸軍民同胞死亡約兩千餘萬人，傷殘者不計其數，因而家破人亡、妻離子散，全家盡死斷絕後代的，到處都有。如此悲慘情況，冠絕古今中外。其次，大陸損失的公私財產，更無法計算。

先總統　蔣公對日本「以德報怨」，不但將日軍投降的官兵三百餘萬人，全部妥為遣送回國，並且沒有向日本政府索取分文賠償，祇把台灣收回中國版圖，使被日本壓迫五十一年的台灣同胞，重回祖國懷抱。當時台灣同胞祇有五六百萬人，如以大陸死亡的軍民同胞作比例計算，等於以大陸軍民同胞四、五人的生命，換回台灣同胞一人的自由。台灣的面積，尚不及大陸最小的一省，如以大陸損失的公私財物計算，或許可與台灣的耕地價值相等；收復台灣所付出的代價，真是「一寸山河一寸血，一寸土地一寸金」。如此說來，大陸同胞有何負於台灣？

還有一件事，從來沒人提過；那就是大陸來台的同胞，當時帶來許多金鈔銀元，這些錢財，都已花費在台灣。政府遷來台灣時，也運來大量的金鈔銀元，這兩項公私錢財，對於台灣的建設以及社會的繁榮進步，都有極大的潛在推動力。

台灣在光復初期，絕大多數的台灣同胞，衣食住行，都非常簡陋艱辛。誰人居住樓房，家中有腳踏車，收音機，不穿木拖鞋，不吃地瓜飯，人們都用驚奇的眼光羡慕他。當時有一位七十多歲的台灣同胞告訴我說：在日據時代，祇准台灣同胞在大學裡讀醫科，在公家機關裡擔任極不重要的工作。日常生活的必需品，也要受到嚴格的限制，連好的蓬萊米，也不准台灣同胞吃，都要運到日本去，所以農民偷偷地把蓬萊稻穀裝在瓦罈裡埋在地下，以免搜到後受罰。如在街上詢問日本警察某些事情，也要向他先行九十度的鞠躬禮，否則，必遭受鞭打。上面所說的情形，在五十五歲以上的台灣同胞，還記得很清楚，不會忘記，在三十八歲以下的台灣同胞，必定也聽到老一輩的講過。

我們現在過的是富足安樂的生活，各憑本領，自由發展，在法律範圍之內，絕不受干預和限制，要比日據時代好了幾十倍。這當然是政府實行三民主義政策與全體同胞努力奮鬥得來的。我們大家要好自珍惜這種成就。

立法院絕大多數的立法委員，在每次開會時，擬具各種可行的建言，供作制訂各種法律的參考，促使國家更富強，人民生活更富足，深獲人民的感戴。可惜有極少數的立法委員，為了私人的權利和政治恩怨，以及聽信讒言，為人利用，提出不成問題的問題，做出不應該的行為，經常在神聖的議事殿堂，吵吵鬧鬧，拉扯罵打，連販夫走卒的風度都不如。將重要的議案捨而不議，因此延長會期，增加開支，使國家人民未受其利，先受其害。希望極少數的台灣偏激同胞和極少數的立法委員，請在發言與行為以前，先要摸一摸自己的良心，仔細想一想過去與現在，才能仰不愧於天，俯不怍於人。

龍旗七十六（1987）六月號第七六期

「台獨」的前途

陳弘文（紐約）

有人認為，今天搞台獨的人，都是因為「二・二八事件」與國民黨結下的仇恨。我想，早期的台獨，像廖文毅那一批人，用這種解釋勉強恰當。但事過四十年後的今天，當時參加事變以及鎮壓事變的當事人很多都已物故，就是生存的也已老矣，是否尚有此雄心壯志與國民黨拚到底？我看，有也不會多吧？即使他們的子女 雖然在心裡不免仍存有一些陰影，但是，如果他們今天事業有成就，生活得很如意，我想，也很少有人會為這種理由去搞台獨的。

再說，就今天國民黨和國府的組成份子來說，也非四十年前的情形，其中大部份也都是台灣本地人。所以，要說四十年前國民黨統治台灣是「大陸人的殖民統治」，今天應該說是大陸人和台灣人共同統治台灣。如果說，今天國民黨統治台灣仍有錯誤，那麼這種錯誤應該說是這批統治台灣的台灣人和大陸人共同的錯誤，就不應該將這種錯誤完全歸給「大陸人」了。

再說，四十年前國民黨統治台灣所犯的錯誤，也不是今天總統和高級官員所犯的錯誤，何能要他們來承擔罪過呢？況且今天在台灣所居住的大陸人，他們大多數都是民國三十八年以後來台灣的，他們很多人當台灣發生「二・二八事件」時，根本不知道有這回事。那麼今天以此事來挑起省籍的仇恨，不是無的放矢麼？

◎台獨的語言符號

其實，我們如果能稍稍去研究「台獨」的語言符號，就不難了解他們的真意了。

就這些分歧人士來說，今天要搞台獨，就得找出名正言順的理論根據，才能教人景從。人家說，台灣本來就是中國的一部分，「台灣人就是中國人」，沒有獨立的理由！於是我就要提倡「台灣意識」。要提倡「台灣意識」，就得說明台灣人與大陸人不同。於是「台灣民族論」、「台灣文化論」、「台灣四百年不同的獨特歷史」都得製造出來。甚至過農曆年也得說成「過台灣年」，各族裔聚居的紐約法拉盛也得說成「台灣城」！你劉添財硬要跟我抬槓，我就更要堅持到底！要不然，我的「革命大業」豈不泡了湯？那怎麼行！如果你劉老大還要再跟我抬槓，我就非把筷子碗都說成「台灣餐具」不可！

可是，明眼人皆知，這種不成理由的理由，騙人家騙不到，騙自己倒蠻有用。君不聞孟子曰：「身有所忿懥，則不得其正；有所恐懼，則不得其正；有所好樂，則不得其正；有所憂患，則不得其正。心不在焉，視而不見，聽而不聞，食而不知其味。」這種「台灣民族論」、「台灣文化論」時時刻刻的在自我暗示中，也就如吸大麻的過癮，飄飄然的深信不疑了！

既然我偉大的「革命理論」你不信，無法用來「鼓動風潮，造成時勢」，於是二•二八的「國家仇恨」該是我最有力的武器了！來，我們大家擴大紀念，廣為宣傳，以正告世界人類，我們「台灣民族」是「被壓迫的民族」；所以我們要起來自決！多麼義正！多麼辭嚴！多麼氣壯！

但是，聰明的朋友一看就知道，這不是有了問題之後去「小心求證」的找答案，而是為了自己勝訴，先決定了答案，再去找尋對自己有利的證據。你劉添財所提的不利於我的證據，我一概「不足採信」！

由此可知，你要從他們的語言符號中去了解他們的行為動機，是永遠得不到答案的，因為就語意學來說，語言的地圖常常與實地是不相符的。

◎「台獨精英」的心態

要尋求他們真正搞台獨的原因，得從他們此一代「政治精英」的思想根源和成長背景去探索，才能雖不中不遠矣。

這一代的「政治精英」大都是有戰後出生或成長的。大致說來，他們多數都沒有經過苦難的洗鍊，並且是在生活安定，豐衣足食的環境中成長，他們所經歷的是工商的功利社會，和激烈競爭的環境，他們的所謂「理想」只是從書中得來的洋理論，性格和人生觀是從現實功利的社會中陶冶而成的。因此，先天性對別人的同情心就不很強，對與自己眼前利害不相干的對岸同胞自無關痛癢，更遑論「以天下興亡為己任」的使命感了！

由於台灣地狹人眾，一個年輕人從入小學起，就投入了升學競爭的激流中，而後繼之就是就業競爭。就業後，在工作崗位上又是與同事競爭，與同業競爭。由於社會的期望與家庭親友的獎譽，使競爭更為激烈；人人都視「出人頭地」為第一生命，而其成就又往往以金錢為價值標準，其他的價值觀往往視為「沒有營養」的迂腐之見！在激烈的競爭中，人們第一個考慮的問題就是我如何擊敗同儕，獲得勝利。甚至為達勝利，可以不擇手段！這種觀念發展到極至，就只知有我，不知有人。在社會上常見兄弟之間為利之所在反目成仇者。這就是今日台灣社會和政治風氣敗壞的根源。所以，在這種環境中要想孕育出悲天憫人、摩頂放踵的政治家，如墨子和范仲淹者，真是難矣！

加以島上對外地理的孤立，對內則人滿為患，人與人間的感情疏離，無形中養成一種島嶼性格，對問題的看法往往自我中心的意識非常強烈，不能以開闊的心胸接納不同的意見。於是競爭中的失敗者，很容易就將社會的一切問題歸咎於政府和執政黨。認為「一切罪過都是你們造成的」！甚至將仇恨的目標加以「類化」，而遷怒到所有的大陸人。在憤懣和絕望中，為撫慰自己的創痛，就給自己創造一個「新希望」——只有推翻國民黨，趕走「四腳仔」才有「出頭天」！就能在島上創造一個人間天堂！

另一原因就是國府三十多年來一直堅持反共復國的目標，而又未能收復一寸國土，於是人們就認為中華民國收復大陸的目標是根本不可能的，甚至認為已經失敗！由於認定光復大陸的根本不可能，而他們又不願接受中共的統治，那麼他們唯一可行的辦法就是「獨立」了，使台灣得到國際的承認，倖免於赤化。

此外，台獨人士還有個自我安慰的想法：

認為今天台灣島上台灣人佔大多數，而軍中和政府機構中也是台灣人佔大多數，只要我們將這種力量組織起來，到時候，時機一成熟，我們只要登高一呼，國民黨就非垮台不可！

◎「民主自決」的計謀

另一派台獨人士較為「理性」，認為從以往台獨與國民黨鬥爭的經驗來看，硬碰硬是划不來的，不如採迂迴戰術，以合法的手段，達到非法的目的。我們不用武力奪取政權，而以民主、自由、人權為號召；以議會鬥爭，群眾運動，街頭抗議為手段，用以喚起民眾，宣傳自決。我們不用獨立，而用自決；不用革命，而用民主、自由、人權；不用驅逐大陸人，而用一面挖牆腳一面摻沙子的辦法，主張開放返鄉探親，鼓勵大陸人回大陸，歡迎海外的台獨人士回台灣搞「民主自決」。如此，我們就能在「民主」的偽裝下，在民眾的同情下，（因為民主是時代的潮流，你不同情就是反動！誰能夠揹得起這個罪名？）在外國政客的聲援外，而暗渡陳倉，達到我們以革命手段所達不到的目的！

這當然是最聰明的辦法。如以國府現在要開放黨禁、報禁、解除戒嚴，更給這些「民主人士」以精神的鼓舞。無怪乎海外原來主張革命的團體，也會認為「形勢大好」，而放棄革命的路線，要回台灣搞「民主自決」了。

◎誰支持「台獨」

但是，如果我們冷靜的想一想：台獨人士認為台灣人在島上佔大多數，就是贊同或同情台獨的人佔大多數，這一點，如果不是為自己的情緒所矇蔽，大概不會得出這樣的結論吧？

我要請教：今天在台上的李登輝、林洋港、邱創煥等台灣人是否也會跟你們去搞台獨呢？當然，台獨人士會說，這「一小撮」是在國民黨統治下的「受益者」，是「台奸」！他們不能代表我們「台灣人」！

好，那麼我們再請教：今天在台灣的政府機關、軍隊、學校，以及公營事業機構中的大小「受益者」，以及認為自己有前途，有希望明天也可成為「受益者」的「台奸」又有多少？請扳扳指頭算算，看看這些「受益者」和可能成為「受益者」的「台奸」比你們搞台獨的人多還是少？這些「台奸」的「受益者」是否要比大陸人的「受益者」多？

除去這些「受益者」外，今天在台灣一般種田的、做工的、做生意的普通老百姓，他們既不是「受益者」，又不想在國民黨統治下或在台獨統治下成為「受益者」，他們希望的是什麼？我想，大多數的人只想我能多賺點錢，生活的安定，過得舒服點就好了，管你誰當總統，誰當議員，誰當縣市長，只要不影響我納福就好了。這些人是否會成為你們「自決」「獨立」的支持者呢？

除了前述這兩類人，那麼，什麼人會成為台獨的支持者？一句話說穿了，自以為是個了不起的「人才」，在現實環境中不得意，而又不能安於現實，希望台獨革命成功後成為「受益者」的。這些人有多少呢？有多少品性善良，具有悲天憫人之心，願意為老百姓打不平的呢？又有多少是要別人犧牲生命，打下天來給他做皇帝的呢？請想一想，以這樣一群「革命家」和支持者，能給老百姓做出什麼樣的事呢？

◎自己騙自己最可怕

人不怕別人騙你，最怕掉進自己情緒的陷阱裡，自己騙自己。革命者往往為情慾所蔽，認為自己就是正義、公理和「人民」的化身，敵人就是一切腐敗、罪惡之源，只要將革命的障礙掃除後，就可以建立自己的天國樂園。

世界上的事都如此簡單嗎？如果真是如此單純的話，何以國民黨秉持三民主義的理想，北伐統一後，三民主義未見實行，就繼之以黨內的火拼呢？共產黨要推翻「資產階級政權」後，建立一個「無階級」的理想世界，何以竟建立一個更專制、更殘暴使人民更痛苦的「黨資產階級」政權呢？主張台獨的先生女士們，你們可曾對這些歷史教訓做過冷靜的自省？在你們的革命熱情中是否也夾雜有自己不自知的私慾卑劣呢？

古今中外很多政治團體，往往在開始的時候，都是一個為「理想」而奮鬥的團體；但當它一旦取得政權之後，卻會變成一個「利益」團體。這不僅是「權力使人腐化」，而最重要的是當開始的時候，這個團體的成員都把一切焦點集中到政敵的腐敗、罪惡和缺失上去了。而且大敵當前，為了生存和發展，這個團體又不得不捐棄成見，團結對外。所以人們所看到的是這個團體的朝氣、幹勁和口號。但是各個成員內心裡不可見的私慾和卑劣卻不為人知，也不為自己所知，（因為這些不可告人的慾念，早已為光明正大的口號所掩蓋和為自己「理想」而奮鬥的信念「合理化」了），一旦取得政權，強大的敵人打倒了，這團體就會立即變成一個分贓的「利益」團體。分贓不公，就會同室操戈。以往隱藏在內心的卑劣都會暴露無遺！為什麼？這就是人性的真面目啊！

今天主張台獨的「政治精英」們，可曾對這些人性的劣根性做過深思？有何辦法避免這種政治上的惡性循環在台灣重演？台灣一千九百萬無辜的百姓還經得起你們再來一次實驗嗎？

我曾與一些台獨人士閒談。我說：你們要搞革命，第一需要宣傳，第二需要有組織。我們先就第一項來說，不管你們說，國民黨所說的都是胡說八道，你們說的就是天下唯一的真理，但是我請問你：你如何將你所說的「絕對的真理」讓台灣所有的老百姓知道，來支持你呢？今天國民黨掌握台灣一切的宣傳工具，如報紙、雜誌、廣播、電視、電影等等，同時還有學校和軍中的政治教育，可以說無遠弗屆，而你要辦份雜誌，如果言論稍有出軌就會被查禁，我請問，你在宣傳戰上打得過國民黨嗎？第二談到組織，今天在台灣你三兩個朋友在一起吹吹牛，發發牢騷大概沒有問題，但是你如果要有十個二十個人在一起搞點政治花樣，可能就少不了有情治人員滲透其間。我請問：你組織戰鬥得過國民黨嗎？你宣傳搞不贏、組織也搞不贏，那你還革什麼命？不是在跟自己腦袋瓜子開玩笑嗎？

當然，近來國府要開放黨禁、報禁，解除戒嚴，這種情況稍有改變。但是基本的形勢未變，國民黨的實力還在，其警覺性還高，並非如某些人幼稚的想法，認為形勢大好，國民黨在我們強大的壓力下，沛然莫之能禦，只有步步退讓的份兒！古人云：「禍兮福之所依，福兮禍之所伏。」當年高雄美麗島事件，如果不是當時「黨外」人士過於高估自己的聰明和敵人的愚昧怯懦，何能變成過街的老鼠！

◎一位女台獨的奇談

寫到這裡，我想引一段最近《美東時報》訪問楊黃幸美女士的談話。她說：「有些親國民黨的人反對台灣人民獨立建國。事實上，正如施明德在高雄事件軍事法庭上所說的，台灣已經獨立了三十幾年！『中華民國』即台灣。這個國家最近三十幾年來，不已經作為一個政治實體存在於國際社會中嗎？國民黨所說的『獨立自主』的中華民國，其實就是台獨，……不過，台灣人民所追求的比這個更好，因為他們還要求民主化，使一千九百萬住民在台灣做主人，而不是做國民黨戒嚴令下的順民！」她又說：「假如有一天，一個獨立的台灣已經民主化了，就在台灣隔壁的中國人民，眼睜睜的看看台灣比中國小那麼多，但人民不但物質生活上，而且在精神生活上比他們幸福得那麼多，相信他們的政府一定會受到無比巨大的壓力，而不得不盡一切力量在物質生產及精神生活上設法迎頭趕上。把台灣兼併去，就沒有競賽，中國政府沒有比較，也沒有競賽，它就可能把自己的官僚統治延續下去！」

在這裡，我想跟楊黃女士討論幾個問題：

第一、台灣要民主化，只有台灣獨立才辦得到嗎？台灣不獨立就不能民主化嗎？台灣獨立與民主化有必然的因果關係嗎？這個「大概的假設」是根據民意測驗還是根據選票的結果？我看，如果不是根據這種客觀的測驗，而硬要說你們獨立就能使台灣一千九百萬人民做主人，可能到時候做主人的不是一千九百萬老百姓，而是你們台獨的領導人吧！

第二、中華民國三十多年來在國際間是一個獨立的政治實體，這是事實。是個獨立自主的中華民國也沒錯。但是楊黃女士說：「中華民國即台灣」，「獨立自主的中華民國其實就是台獨」。我想，不要說目前中華民國政府有效統治的地區，除了台灣省之外，還有金門、馬祖、東引、烏坵、南沙等地區，這些地區雖小，但你總不能說，中華民國政府統治的只有台灣省吧？再說，如果楊黃女士有意將以上的地區不算，「中華民國即台灣」，「獨立自主的中華民國就是台獨」的話也說不通。因為誠如楊黃女士所說的，中華民國在國際上是個獨立的政治實體，但是這個政治實體是叫做「中華民國」，並不是叫做「台灣國」。譬如說，大韓民國與中華民國有邦交，它並不是與「台灣國」有邦交呀，楊黃女士為何一定要「黑白講」呢？更進一步，就邏輯上說，台灣是屬於中華民國，但總不能說「台灣就是中華民國」，就如我們說「楊黃幸美是人」，這當然沒錯，但是我們總不能說「人就是楊黃幸美」呀。因為除了楊黃女士之外，還有很多的人，他們並不叫楊黃幸美，怎能說只有妳一個人才算人呢？

第三、楊黃女士認為如果有一個獨立的台灣已經民主化了，就會構成對中國大陸無比巨大的壓力，使中國大陸不得不迎頭趕上，否則，它沒有比較就不會進步，它的官僚統治就會延續下去。要一個獨立的台灣才會與中國大陸有比較，才會構成對中國大陸的壓力，迫使它進步，這真有點像天方夜談！

我要請教楊黃女士，今天在中共週圍的比大陸進步的國家，除了中華民國外，如日本、韓國、星加坡，這些國家比中國大陸民主進步，是否構成對中共的壓力，而迫使它非進步不可？現在它受這些國家的壓力有多大？進步了多少呢？除閉上眼精「大膽的假設」外，還請「小心的求證」才好！

我們且看看中共自己的說法。鄧小平說：「台灣問題（即統一台灣）一天不解決，我就一天睡不好覺」。請問：這是有個中華民國在，還是因為有個「獨立的台灣」在，才對他構成壓力，使他睡不好覺呢？這道理很簡單，今天有個堅決反共的中華民國在，不放棄解救大陸同胞的責任，則在大陸上不願受中共統治的同胞才有一線的希望，才能鼓舞他們對中共的反抗。這就像在中共背上插入一把利刃，才會使老鄧睡不好覺。相反的，如果台灣宣告獨立，使大陸同胞連這最後的一線希望都沒了，你不僅幫中共拔去這把利刃，還幫助中共假民族主義的口號攻取台灣。那時，大陸同胞不僅不會幫助台灣，還會幫助中共「完成國家統一的神聖使命」了！你這不是將自己的朋友推向敵人的那一方，幫敵人的忙嗎？

在此，我要奉勸主張台獨的人士：一個聰明的政治家並不是只蒙著頭自己想自己的，再要求老百姓服從你的主張。而是要以開擴的心胸去聽聽老百姓所想的，所要的是什麼，再以你的智慧想出一套辦法，來達成老百姓所希望的，才容易成功。否則，如果你蒙著頭去想一套，是你自己所需要的，與老百姓無關痛癢，甚至與他們所需要的相反，那你就是費盡九牛二虎之力，也不會成功的。

◎何能證明光復大陸不能成功

再談台獨人士認為國府三十多年未能打開海峽兩岸對峙的僵局，即認為反共復國已經失敗，根本不可能。我想，這個結論未免下得太早了吧！誠然，就一個人有限的生命言，三十多年的時間已去了一半，但是，如果就人類整個歷史的發展看，三十多年的時候只不過曇花一現！怎能武斷的說國府三十多年來未能光復大陸，就證明它以後不可能呢？猶太人亡國了兩千五百年他們還是復國了，在五、六十年前，你能斷定以色列復國失敗了嗎？何況今天中華民國並未亡國，三十多年的事實也證明它不僅能經得起驚濤駭浪的考驗，還證明它在日益堅實壯大，如今有人硬要說它光復大陸的目標已經失敗，這不是抹煞事實就是心理有毛病！

戰爭的勝敗，除了實力的競賽外，最重要的還是精神意志力的競賽。誰能夠堅持到最後五分鐘，誰就能得到最後的勝利；否則，只有為堅苦的考驗所淘汰！抗日戰爭，經不起考驗的，如汪兆銘等人，投敵賣國，以致落得千古罪名，是為後人戒。

再進一步探討，就算今天國民黨將台灣的政權拱手讓給台獨人士來治理，其所面對的問題，如內部經濟問題，社會激烈競爭所造成的問題，外面中共的壓力等等，你們台獨人士真有能力解決這些問題嗎？如果你們解決不了，那些不能成為你們新政權的「受益者」，要再來革命造反，你們怎麼辦？

你們口口聲聲希望中共不要干涉「台灣人」的事，可能嗎？中共對東南亞、非洲、中南美洲那些「弱小民族」都不忘輸出「革命」「解放」，還會對臥榻之前的「台灣國」特別客氣，來接受你「無比巨大的壓力」嗎？我希望那些醉心獨立建國的「革命志士」們，在你們做白日夢之餘，也能抽暇將共產黨的理論和策略以及他們以往的革命史實做一番研究，看看在他們的槍口下有無你們「獨立建國」的自由。

◎那個國家會支持台獨

當然，台獨的「政治精英」可能說：我們只要運用國際力量來支持我們，使「台灣國」取得國際承認，再與強國結盟，或宣佈為「永久中立國」，他就不敢在眾目睽睽之下破壞國際和平，對我們進犯了。

這真是在沒有希望中給自己製造希望啊！以前的南越不是得到國際的承認，而且有強國的武力支持嗎？何以被北越「統一」了？以前盧森堡不是永久中立國嗎？何以被希特勒的鐵蹄踐踏？自己不爭氣，不團結，國際的支持還不如放個屁！在大國的眼中，你弱小國家只是他全盤棋中的一顆小棋子，為了他全盤的利益，隨時都可以犧牲你這顆小棋子！何況今天所有的強國大國都在承認中共的時候，條約明訂中共是「中共是唯一合法政府，台灣只是中國的一省」，誰能破壞條約，冒犯中共來支持你獨立？這對他有何利益？即使你真能獨立，你要想進入聯合國，還得問問中共的「否決權」同意不同意！再說，你獨立後，不僅得不到新國家的承認支持，連原來承認中華民國的國家，由於你法統斷絕，他是否會再承認你新建立的「台灣國」都有問題。這樣台灣不僅得不到更多的友邦，還會使自己更加孤立！

就算真有大國來支持你，一切都不成問題，如果他沒有好處可得，他會幹嗎？要是給他好處，令他滿意，那你這個國家也就成了第二個「滿州國」了！你要真成了「滿州國」，你還有「出頭天」嗎？

◎畢竟在一條船上

孫子曰：「智者之慮，雜於利害。雜於利，而務可信也；雜於害，而患可解也。」

主張台獨的「精英」們：殘酷的事實擺在眼前，不管你們喜不喜歡國民黨，喜不喜歡大陸人，但是你們畢竟還是同在一條船上啊！如果你們硬要不顧一切的鑿船底，到頭來，無貴無賤一同下海。

當然，在海外的「政治精英」們也許說：管他的，反正我不在台灣，死活與我無關！但是，別忘了，那兒可能還有您的親戚好友，他們何辜？

龍旗七十六（1987）年七月號第七七期

何謂「老而不死是為賊」

蔡策

從電視新聞上看到，立法委員朱高正，在院中開會時，指在大陸選出的資深委員為「老而不死是為賊」，引起了一場小小的風波。

朱高正委員，對於孔子這句話的真正含義，是否有深切而正確的了解？或者他自己另有一種解釋與觀念，引以為作為攻訐，謾罵的語言？除朱高正委員自己知道以外，他人無法揣度，更毋庸置評。

我是一個年逾七十歲，已經退休閒居在家，安享天年的人。換言之，我也是當年在大陸參加投票選舉立法委員的選民。而現在，我選的立法委員和我這個選民，都隨政府來到台灣快四十年了，我依然心存大陸，渴望光復中興，聽了朱高正委員這句話，有很深刻的感觸，於是難安緘默。

先說「老而不死是為賊」的含義。我個人認為，孔子是一位具有溫、良、恭、儉、讓五種美德的聖哲，以他這樣的修養，是不會面紅耳赤、大聲吼叫去罵人的。但他這樣說，是什麼原因呢？

這是他對一位老朋友原壤說的。有一天孔子去看這個老朋友。一向吊兒郎噹的原壤，本性難移，像一隻畚箕一樣，岔開兩腿，蹲在那裡不動，等孔子自己走過來，無禮之極。於是孔子對他說：「你這人呀！自幼就不知道作小輩應有的謙虛遜讓。長大了以後，又沒有做一件對於社會、國家及他人有益，值得人稱讚的事情。如今嘛，年紀大了，還是這樣吊兒郎當，依然故我，亂七八糟，白白地享受天地所生、別人血汗種植出來的糧食，卻像一個不勞而獲的小偷一樣！」孔子說後，還「以杖叩其脛」——用手杖在原壤的腳骨上輕輕敲了一下，以示教訓。

從論語憲問篇中的這一章全文看來，就不難了解，孔子是勸勉這位老朋友，該多做些有益人群的事，不要這樣沒規沒矩地亂搞一通，影響別人，成為一個偷吃他人成果的「賊」。

這次立院的小風波，是新進的一位增額立委，指責資深的委員，重心在一「老」字上，乃指他們「無用」之意。但何謂「老」？凡是生理的功效與能力衰退，則謂之「老」。倘使生機勃發，活活潑潑，思想言行有力，雖年登八十、九十亦不為老。反之，縱然年只三十、四十，如果生機衰弱，思想呆滯，亦是老了。這該是眾所共識的。

那麼資深是不是老了呢？很多人不但不能視之為老，更非「無用」，因為資歷愈深、知識愈廣博，經驗愈豐富、見解愈高明，修養愈深厚、謀慮愈慎密；將這些知識、經驗、見解、修養、謀慮，貢獻發揮出來，必能對國家、社會，人群大有裨益。

奈何，近年以來，大家從電視、報紙等傳播媒體上，所獲得的印象：在立院開會時，起立發言的，十之八九為增額立委。在那裡侃侃而言，爭論的是他們，甚至摩拳擦掌，拉拉扯扯的，也是他們。卻很少聽到資深委員的讜言宏論。連最孚眾望、最為人崇敬的若干資深委員，似乎也沉默了。由此造成民眾印像，認為資深立委果真是「老」了，甚至果真是「無用」了。

我絕對相信：資深的立委們，在立法院中的功效與能力，並未衰老。相信他們也確實已經默默地做了好多事情，雖然我們這些選民們無法知道。

因為我們很厭惡目前這種亂糟糟的現象。所以，我們希望，曾經是由我們投票選出來的資深委員們，除了反擊「老而不死是為賊」這句話以外，更應多多告訴我們：究竟誰是誰非？究竟我們該何去從，才能獲致真正的福祉而不被只圖一己權勢的野心家所利用？祈望資深的委員們，不顧個人的成敗得失利害譭譽，該起立發言了。

龍旗七十六（1987）年七月號第七七期

人生到此天道寧論—敬悼范化民先生

勞政武

◎他一通電話，成了「中山堂事件」的緣起

民國五十一年七月十一日，我以一名十八歲少年難胞身分，蒙救總從澳門接運來到台灣。當時可以說是真正的「孑然一身」，身無長物；豈止舉目無親？連一位認識的朋友都沒有。廿五年轉眼過去，其間完成了高中、大學到研究所教育，通過了高等考試，結婚成家，到今天尚能藉《龍旗》一伸報國之志者，除靠〈救總〉照顧之外，應歸功於許多長輩的愛護。我素不相信命相之類，但我深信這些長輩就是命相書上所說的「貴人」。如果沒有這許多貴人，就沒有今天的我。

范化民先生正是許多「貴人」中之一位。而今他忽然在春秋鼎盛之年逝世了，教我何能不痛悼！用特撰文，以表哀思。

人生的道路發生重大變化，常起於不經意的小事。自民國六十四年我在政大法律研究所畢業後，一直就從事法學研究的職務與寫作，從無涉足政治之心。改變我人生道路的起點，就是六十七年十二月五日偶然發生的〈中山堂事件〉。而該事件的緣起，卻是前一日范先生給我一通電話。他告訴我，晚報已登出來，黃信介他們「黨外人士」，將於翌日下午在台北市中山堂舉行〈中外記者招待會〉。他建議我不妨去聽他們說些什麼，也許獲得寫文章的好資料。按當時我常在《民族晚報》及《法論月刊》等報刊發表法政方面的文章，所以他好意提供這個消息。

范化民先生遺像

我接到這通電話，才和幾位朋友約好，「去中山堂看看」。卻不料就發生了轟動社會的「事件」。從此，始則與黃信介他們打官司，再則參與《疾風》雜誌而與《美麗島》集團對抗，繼而辭去公職與教職而辦《龍旗》。這樣一路走下來，自己竟不知不覺成了「過河卒子」，再也不能回頭去做我的法律公務員本行了。

以上所述，只是交代范先生與《龍旗》的間接因緣。我當極感激的，是他在〈台北市議會〉法制室主任任內，對我的盡心照顧。

民國五十九年底，我高考合格。次年四月，被人事行政局分發到台北市議會當法制編審，頂頭上司就是范先生。自此直到六十九年辭職辦《龍旗》止，逾九年的時間，范生生對我是愛護備至。最重要者有兩件事：

一是配住宿舍。我任職議會不到一年就結婚，苦於無力租較近辦公地點的房子住，每天為上下班長途奔波，不勝其煩。那時議會恰好剩有最後一戶職員宿舍。但按理說，我年資如此之淺，不該輪到我居住。范先生乃與當時任人事室主任的王占熊先生會商妥當，他們以我「表現優異、工作重要」為由，向議長林挺生先生請求特准分配。結果不但使我居住問題獲得解決，而且對日後產生了很大的影響。七年之後，政府規定在一定條件之下將各機關員工宿舍售給現住人，以節省公家維持費用；我的宿舍由是承購下來了。後來房價高漲，我決心辦《龍旗》，乃賣了該宿舍而另租房子居住，淨得了將近一百萬元。就靠這筆錢，才創辦了《龍旗》。所以

說這件事影響很大；如果沒有范先生的照顧，自始就不可能有《龍旗》的創刊。

二是容許我到研究所進修。到議會任職一年後（六十一年），我考上了〈國立政治大學〉法律研究所。當時的所長，就是日後做到教育及司法部長的李元簇。李老師對學生要求之嚴，在法律界是出名的，他規定：(1)研究生不准在外兼職，(2)必須讀滿三年方准畢業。至於對學生功課、論文要求之嚴，就更不用說了。因為如此，考上而讀不下去者、或修完學分而始終不能通過論文者均大有人在。「讀書是逼出來的！」這是他常掛在嘴邊的一句話，他顯然是一位「嚴師出高徒」論者。因而當他的學生，沒有人敢不戰戰兢兢，「如臨深淵、如履薄冰」地去努力了，這樣確也立竿見影地提高了研究水準。但李老師卻不是一個無情的人，更非一個不能從權而愛護學生的老師。那時我如不兼職則無以為生，因為在此沒有人可以予我經濟上支持。我把個人的特殊情況向李老師報告，他就例外默許我可仍在市議會任公職，但規定：必須按時上課。當然這是合理合情的要求。修學分要兩年之久，如何能按時上課？這又是一個難題。這個難題，如果沒有范先生的愛護與指點，恐怕也不容易解決。

范先生對我考上研究所的事，表示十分高興。他多次說起自己當年在〈長春法政大學〉讀書的情形，他為自己沒有機會繼續深造而感慨。他曾發下宏願，希望兩個孩子長大以後，能有一筆相當積蓄，好去日本研究法學。最令我敬佩者，是他對我的告誡。他說，人在社會中應不斷奮鬥，這樣必能有成果。但自己努力並不難，最難在不引起旁人的嫉視；蓋嫉妒是最傷人之物，要避免則要靠智慧，不是努力所能做到的。因此，他要求我勿將讀書的事對外張揚，有課就由他准假去上便成了，但必須靈活運用其他時間把公家的工作做好。三年下來，我都遵照李老師和范先生的話去做了；當然是十分辛苦，我的左眼本來只有二百度近視，竟一下子加深到四百五十度。但如果沒有范先生的誠摯照顧，再辛苦也沒有用。「君子愛人以德」，范先生就是一位以德愛人的君子。

范先生是東北吉林市人，民國九年九月十九日生。今年七月六日，因檢查肺癌胃鏡，竟引起大量出血，群醫束手，突然休克以歿。他早年畢業於偽滿時代的〈長春法政大學〉法學部。抗戰期間，因反抗日寇而逃到大後方西安。接受軍事訓練後，奉派回東北從事抗日地下工作。抗戰勝利後，曾任〈三民主義青年團吉林分團〉主任、吉林省參議員、國民黨〈吉林省黨部〉執行委員兼處長等職。來台後，大部分時間都在台北市黨部及市議會服務。他的身體素稱健朗，卻不料退休不到兩年就逝世了，知者莫不震悼。

范先生一生都奉獻給了黨國。來台後，在黨政機關雖未有高位，但他從不以為意。他為人豁達正直、古道熱腸，極好讀書，公餘手不釋卷。我想，他一生最大的遺憾就是永遠沒有了再深造的機會。

范夫人湯素琴女士，端方賢良，現執教於台北市〈仁愛國民小學〉。伉儷恩愛，親友無不敬羨。遺一女一子，女貴君、子貴和，尚在大專肄業。

范先生生長於長白山黑水之鄉，而火化於台灣。雖說：「人生何處不青山」，這只是安慰人的話；埋骨他鄉，終究是昔人所悲的事。

七月廿四日，范先生遺體火葬於台北市立第二殯儀館。我在弔祭回途中，想起他的一切，不禁興起「人生到此，天道寧論？」的悲切情懷。有道是「人死如燭滅」，大限來時，不管有多少豪懷壯志，不管有多少心願牽掛，依然是不得不撒手。因而使我更深憬悟到：人到底是應善用其有限之年，去為別人、為社會多貢獻一分力的，此乃人生之本分。如范先生者，其生既無赫赫之名、顯達之位，其死卻令親朋好友無不震悼，就是因為他克盡了為人處事的本分之故。《恨賦》說：「自古皆有死，莫不飲恨而吞聲」，范先生是吞聲了，但他應無飲恨。

龍旗七十六年（1987）年八月號第七八期

「本土化」的危險性

本社

月來，所謂「本土化」之說，甚囂塵上。這是一種從實質上來滅亡中華民國的意識，如不嚴加駁斥與有效的遏止，勢將嚴重地危害到國家前途。

何謂「本土化」？綜合各派議論，可歸納為兩類不同層次的主張：一是用人任事的「本土化」；即指政府各機關之用人、尤其中央民意機關之代表，應由符合台灣人口比例的省籍人士出任。二是政治認同的「本土化」；即指在政治上不再認同中國，只認同台灣，實即「台獨」。惟任何政治問題，最後都要歸結到人的問題；如果用人任事層次的「本土化」實現，自必「水到渠成」地轉化到政治認同層次上去。故「本土化」問題在表面上有兩類主張，實質上是二而一的。

所謂「本土化」，無論其說法如何，其最終目的，說穿了就是要搞「台獨」，要毀滅中華民國。此證諸近月來海內外各派「台獨」分子及其同情者「自由派」人士的言論，實在是言而有徵的。

例如，今年一月才獲假釋的前《美麗島》分子、旋即於四月就被選為〈民進黨〉中常委的姚嘉文，在八月出版的《遠見》雜誌便毫不掩飾地說：「民進黨不是反對黨，也不是在野黨，而是一個『台灣民主改革運動的組織』。它的主要成員是本地人，面對的敵人包括整個政治和文化體制，它不以做國民黨的對手為滿足，它要求的是整個文化、語言、憲法的改革。把民進黨當作反對黨來討論，便無法瞭解民進黨的本質和角色！」這不是明明白白地供出：企圖以「本地人」的力量來達成全面（文化、語言、政治、憲法）「台獨」之目標，才是他們的「本質」與「角色」了嗎？

又如，旅美學者，著名的「自由派」士人張旭成，在八月七日《自立晚報》發表專訪文章，標題就是要求「加速進行本土化政策」，在文章內，他雖然說：「本土化應是指將本地的政治、經濟、社會等各方面的資源作更合理的分配」，但他卻委婉地強調：「分離是水到渠成的，現在毋須作宣言式的聲明表明台灣是否獨立，否則將過於刺激中共與在本省的外省人之情緒」，他還巧妙地曲解總統的話的原意來補強自己的觀點：「目前報載蔣總統經國先生邀請十二位士紳餐敘時表示他也是台灣人，這句話實在相當重要……蔣總統說他覺得自己是台灣人這句話，表示他認同台灣這塊土地，所有的台灣人都應該歡迎他的這句話……」他的意思也就十分明白，他所說的「本土化」雖然表面上指的是用人任事層次的涵義，但其實質歸趨依然為「台獨」；他與「台獨」分子所主張者，沒有基本之不同，只有方法的迂迴或直接、緩慢或快速的不同。

何以有「本土化」問題的產生？直接原因，固然是由於中樞播遷將近四十年，非但未能達成光復大陸之目標，且連採取政治攻勢亦不肯為，一味耽於偏安保守所以致之者。但推本究源，意圖使中華民國「本土化」，原是帝國主義欲永久分裂中國的陰謀，尤其是美國少數政客的一貫有計畫的陰謀。那撮美國政客多年來對華採取「兩面三刀」政策，即：(1)阻止中共「解放台灣」；(2)阻止我方光復大陸，及(3)極力在台灣支持「台灣化」運動，是為達成其長久分裂中國陰謀之具體政策。即如素有「自由派」色彩的呂亞力教授，也在八月廿七日聯合報上明白地說出：「美國國務院的『台灣人權報告』，動輒提到『台灣化』（Taiwanization），並以台籍人士在政府中所佔的比例，作為衡量『台灣進步』與否的標準。」由是可知，所謂「本土化」也者，不過是帝國主義的陰謀符咒；凡鼓吹「本土化」的中國人，不過是隨著帝國主義符咒起舞的可憐蟲而已！

「本土化」能否保有台灣偏安之局？絕不能！反而加速台灣的毀滅。中華民國若「本土化」了，那就不再是「中華民國」，而是「地方政權」；這恰恰是中共現階段對台統戰的「最低綱領」，等於為中共吞台創造了條件。「本土化」實質上是權位爭奪的藉口；如其實現，則在台的六百萬外省籍人民必將產生不滿，如是等於昇高省籍矛盾，最後很可能演變為玉石俱焚的內亂。「本土化」實質上又是一種無恥、無能、卑鄙、軟弱的苟安思想，如其遂行，則必引起愛民族、愛國家、知廉恥、有志氣的海內外廣大同胞的激烈反對，最後很可能發生不可測的事變。

「本土化」既危險如此，就必須遏止。但如何遏止？如前所述，這個問題既是帝國主義一手導演的分裂中國的陰謀，而我黨政當局又一貫軟弱如此，台灣內部的分歧勢力更日益猖狂，故欲直接遏止幾已不可能。唯一有效而且是根本的辦法，就是本刊一貫主張的：必須集中黨政軍民的總體力量，向大陸展開政治反攻！蓋向大陸的政治進攻有一分收穫，台灣的分離意識就自然而然地消滅一分。本此認識，我們認為，政府擬在最近開放人民前往大陸探親的政策完全正確！這就是一種「政治進攻」，我們希望當局今後從各個方面掀起一波又一波的此類政治進攻。只有這樣，才能徹底消除「本土化」或「台獨」問題。

龍旗七十六（1987）年九月號第七九期社論

江鵬堅的奇怪法律觀點

白峰

〈台灣政治受難者聯誼會〉日前在成大會中，竟然提出「台灣應該獨立」的叛國言論。並將其列入章程草案，公然違背〈憲法〉及〈國安法〉，主張分裂國土，明顯的向國法挑戰。

所幸，台灣高等法院檢察處，已決定依〈叛亂罪嫌〉提起偵訊。另外，並將有過相同主張的鄭楠榕及江蓋世二人，也一起依法，秉公處置。這實在是近一年中，公權力不張、司法不振裏，一則令人興奮的作為。值得全國民眾，一致的表示讚揚。

〈民進黨〉主席江鵬堅卻幼稚的指出：「憲法保障人民思想自由，單純的提出主張，不能構成犯罪」，令人懷疑是不是學法律的人的見解？難道憲法保障人民思想自由，就可以主張分裂國土、不守法律，或主張把總統府放火燒掉，或主張殺人無罪、搶劫無罪？果如斯，豈不天下大亂，惡人當頭、好人遭殃了嚒？我相信世間沒有這樣解釋法律的。

龍旗七十六（1987）年十一月號第八一期

七十七年

余登發不同凡響

李維國

多年前，余登發先生曾因特殊原因，不幸身受失去自由之苦。過去的事已過去，不必再追憶，是非讓歷史作最後的評斷吧！筆者以一老國民黨員身份，向余老至誠摯的問侯之忱。

雖然余老依然反對國民黨，但沒有關係，因為他所表現與執著的政治理想——天下為公，乃堅決反對「台獨」，令筆者及志同道合者不勝敬佩。余老出席〈民進黨〉第二屆代表大會，建議在黨綱增加前言：「民主進步黨之精神，以天下為公大公無私，犧牲奉獻為宗旨，為大家服務，始能成功執政，建設世界上最民主、自由、富強的中國。」這幾句崇高的理想，也就是國民黨在過去、現在、及未來推動的目標。因此，余老與國民黨並無本質上的意識形態的衝突，他反對國民黨，只是政綱或施政層次的問題，這是真的「忠誠反對者」的作法。

台灣與大陸不可分割！

余登發認為「台灣獨立」沒有前途

本報記者 樂新生

在「民進黨」二全大會之後，高雄縣前縣長余登發日前再度發表聲明，表明反對台灣獨立的立場，受到各方注意，記者特請他說明他的觀點。

問：你主張「民進黨」黨綱應加前言「民主進步黨之精神，以天下為公、大公無私、犧牲奉獻為宗旨，為大眾服務，始能成功執政，並進而建設世界上最民主、最自由、最富強的中國。」如果仍不被接受，你是否要脫黨？

答：「民進黨」人士如果只知爭權逐利，私心自用，將永無執政之日。再說，沒有大公無私、犧牲奉獻精神，即使執政，又如何能建設自由富強的國家？二全大會已拒絕我的提案，但我要余陳月瑛在中常會再提一次，倘若仍不成功，則我別無選擇，只有退出「民進黨」一途。

問：有人認為「民進黨」未接受你的提案，關鍵在你聲明的最後兩字，如果你用的是「台灣」而非「中國」，情況或許不同？

答：這兩個字沒有更改的餘地。

問：「民進黨」二全大會有關「人民有主張台灣獨立的自由」決議案，你的看法如何？

答：我反對台獨不是自現在始，很久以前我就曾對王拓表明立場。「民進黨」對台獨問題的決議只是想幫助許曹德、蔡有全兩人，並未列入黨綱。如果列入黨綱，我也將脫黨。

我們的祖先是來自大陸，文化、血緣上都與大陸不可分割。在經濟上台灣獨立也毫無前途，因為台灣土地狹小、資源貧乏，過去靠低工資生產才能賺錢，但現在美國不願買台灣產品，台幣又升值，小生意人和小工廠都難以生存。農村生產過剩，香蕉、雞蛋都賣不出去，叫苦不迭，由此可看出台灣海島經濟的窘境。長遠來看，中國大陸資源豐富，市場又大，與台灣互通有無，可兩蒙其利。

問：那麼台灣與大陸如何統一呢？

答：台灣要用武力統一中國是不可能的。只能用政治方式，推行民主、自由，以展現民主生活方式的美好成果，影響到中共的政策後，雙方便可能結合為一。中共一直要和國民黨談判，但國民黨不願意，橫亙其中一大問題是：我們不能接受大陸為中央政府，而自居地方政府。

問：近來「民進黨」採群眾路線，頻頻走上街頭，你認為如何？

答：「民進黨」走這種路線，主要是因在立法院與省議會中，雙方力量懸殊，只好走上街頭，但這種行動須用和平方式，不能以暴力為之。

其實街頭運動只能對國民黨作低程度的牽制，不會產生太大的作用，基本上是空的，流於技節性。「民進黨」真要有前途，還必須摒除私心，真正犧牲奉獻，為民服務，像我在高雄縣這樣踏實經營，成果是可掌握的。

等我把經濟情況搞好，我準備支持幾個有實力的人出來競選，希望下一屆省議員選舉時，黨外能獲得半數席位。

問：你說如果「民進黨」不能接受你的條件，你將退出，此時是否有意另組新黨？

答：不管「民進黨」如何決定，我將在高雄縣繼續貫徹我的理想。至於組黨不是一件簡單的事，要有無私心的幹部，還要很多黨員，經濟條件也必須考慮，我最近的經濟狀況並不很好。

問：如果屆時有很多人支持你，是否可能組黨？

答：組是組啦，但組黨不容易。

但余老的主張竟遭〈民進黨〉拒絕，這不僅使余老氣憤與大失所望，更使全國同胞對〈民進黨〉的不齒！這足以顯示「民進黨」實非具有理想的黨，僅是一群企圖以「地域性」作籌碼而逞其個人私慾的烏合之眾而已。難怪組黨未久，內部即為個人政治利益紛爭未已；犧牲小我的精神都沒有，遑論天下為公？古人說：「薰蕕不同器，鳥獸不同群」，君子與小人是不能同一黨的。余老與「民進」的決裂，正顯示了余老人格的不同響。

我的志同道合同志，堅定支持余老這種政治理想，共同努力實現　國父三民主義統一中國，早日達成天下為公的目標。更應強調的，就是余老對國事的看法，完全符合中華民族與歷史的認定，即台灣與大陸不可分割，主張「台灣獨立」肯定沒有前途，堅決反對「台灣獨立」，讓我們大家和余老站在一起，認清台獨，唾棄台獨。

龍旗七十七（1988）元月號第八三期

誰能做國民黨主席

高漢清（澳門特稿）

元月十三日下午三時五十分，中華民國總統、中國國民黨主席蔣經國猝逝。不到四小時之內，副總統李登輝繼任總統，元首問題順利解決。這說明了台灣的民主憲政制度有相當程度的成熟。

可是，這不是說中華民國的實質最高權力問題已完全獲致解決。國民黨是「革命民主」性質的黨，在台灣擁有最大的政治資源。這種性質的黨，扮演著「政治動力」的角色。所謂「政治動力」，包含兩層意義：第一是國民黨根據自己的政綱政策，指揮政府（從政黨員）來執行。第二是政府的重要人事，由黨先行決定。這就好比電影的「導演」同「演員」的關係，導演決定誰當什麼角色的演員，也決定演員如何去按照劇本演出。現在國民黨本身的領袖為誰未產生，其嚴重性也就可想而知了。

在實質意義上，黨主席的決定毋寧是更重要的。國家元首地位的取得可以憑法律規定的順理成章。黨領袖的產生，條件就複雜得多，在很大程度上，必須憑「實力」。而今國民黨處於「群龍無首」狀態，誰將為黨主席，自然成為海內外關心的話題。

◎奇特的發展

在蔣主席逝世的翌日，香港《明報》就發表了一篇署名為鄭義的文章，標題為「蔣經國去世後的台灣」。文內說到：「十三大繼任主席者呼聲最高的是七十二歲的李煥，為了安撫正統派的元老，八十六歲的谷正綱或八十八歲的黃少谷會出任副主席，以資平衡」。据本港消息界人士盛傳，這篇文章發生了頗大的影響，中共方面尤其重視，並已載進中共當期的《參考消息》之中。

二天後的元月十六日，〈合眾國際社〉自台北發出一封怪電訊，說是經調查卅一位中常委的意見，大多數均表示支持李登輝兼任黨主席。該電訊且指名說到俞國華想當主席，但不被大多數的人接受。又說到國民黨高層的一些人原來有意推舉黃少谷當臨時主席，亦被打消此議的事。

同日，台北的報紙登了「執政黨不推新任主席，有關議題延到十三次全會決定」的消息。

台北的《自立晚報》引述了合眾國際社的電訊，並加大幅評論，其內容就是針對俞國華。並提到官邸派「有些文膽」正在聯絡了一些大老們準備擁立俞國華當主席的事。該報的論點筆調，完全對俞國華不利。

十八日，這個問題更有了爆炸性的發展。國民黨籍增額立法委員趙少康、李勝峰等卅九人，竟然不顧立法院黨部及中央黨部的勸阻，聯名公布了一份稱為〈中國國民黨不可一日無領袖〉的聲明，直接了當地「推薦李登輝代理黨主席」。

翌日，《中國時報》及《自立晚報》大幅刊登了此項聲明及有關事項。並且以社論、評論、學者專家及各黨各派人士談話等方式，予以強化性的配合。《自立晚報》的社論標題竟然是「支持李總統才是真正崇敬蔣故總統」，文內以相當強烈的字眼，主張國民黨必應推舉李氏為主席，若不如此便是「對蔣故總統不真崇敬」。

同日，增額國大代表王應傑等二十餘人，也效法立法院趙少康等的做法，不顧何宜武秘書長的勸阻，簽署了一份內容相同的聲明，交到中央黨部。

二十日，臨時決定停開中常會。

廿一日，監察院跟進，簽名擁戴李登輝。

廿四日，報紙傳出，中央態度軟化，大體同意推舉李登輝為代理主席。

由上述十日間的發展，不可能不是有計畫的行動，整個黨中央處在被動。但因黨主席必須經十三全大代表通過，所以即使李登輝順利任代理主席，問題尚多。屆時如搞不好，會造成國民黨的分裂。

◎「四老聯盟」的傳說

一個團體之中，一旦強有力的領導人逝世，有資格爭取繼承其地位的人有多個，因而產生新領導中心的角逐問題，這是自然的現象，甚至是生物界的通則。

自蔣經國主席逝世後，海內外流傳著種種的傳言。有些顯然是空穴來風，不值一笑。有些則聽起來合情合理。尤其台北報紙掀起擁戴李登輝為代主席熱潮之後，易使人相信確有複雜因素存在。

現在流傳得言之鑿鑿的，就是「四老聯盟」的事。所謂「四老」，是指秦孝儀、黃少谷、袁守謙和俞國華。秦孝儀就是《自立晚報》十七日文章中所按指的官邸「文膽」。而黃少谷出任副主席，則是早在二個月前已被《中國時報》報導過的事。袁守謙是陳誠派大將，任中常委卅餘年，是政壇的長青樹，其智慧高超，功力深湛，常使人神祕莫測。俞國華是現任行政院長，也是《自立晚報》所攻擊的「官邸人物」。

據傳，四老的真正領袖是袁守謙。在他策畫下，希望俞國華能當黨主席，由陳誠的兒子陳履安出任副主席。如此搭配，不但平衡了元老派與新生代，也平衡了黨內其他派系。

據傳，袁守謙絕不想自己登上此位置，主要原因是他向來喜在幕後，次要原因是他的兒子在多年前發生在美國投共的事件，此事必招攻擊。據熟知台北政情的人士評估，袁守謙有主宰全局的本事是可能的，原因有四：1.他是黃埔一期學生，同軍方有歷史淵源，軍方的人都把他當作長輩看待。而最近兩年台北開過二次〈黃埔同學聯誼會〉，就是他在幕後主導的。2.他是陳誠派代表性人物，陳誠部屬尚有許多人，都對他十分尊敬。3.他曾經主持國民黨〈革命實踐研究院〉，因而同許多黨工幹部有師生情誼。4.他是〈光復大陸設計委員會〉副主任委員；因為該會的全部委員均為國大代表，他卻以非國大代表的身分任此職，從而實質領導了相當多的國大代表，同他們建立了良好的關係。黃少谷的名氣比袁守謙大，原因倒不是黃的運籌能力比袁強；而是黃本記者出身，精嫻詩詞歌賦，常為報章報導的人物。袁的作風似乎相反，精嫻「黃老之學」，事事講究隱晦之道，所以連他究竟長得是什麼樣子也很少人知，報上多年來未見過的他的照片。

俞國華基本上是個財經長才，台灣之有今日的經濟成就，他的貢獻甚大，但他不是個嫻熟政治藝術的人物。這從元年十三日他主持臨時中常會時，要向坐在旁的宋楚瑜詢問後再答覆王惕吾提議的電視鏡頭，可以想見其餘。

秦孝儀擅長古文學，有典雅的文學修養，是以文字奉侍蔣中正總統的人，十多年來並無實權，只管黨史工作，瞭解官邸一切細節，竭誠支持俞國華並無問題，但要成為「四老」

的主導者，恐怕未必。

由上分析可知，由袁守謙主導的「四老聯盟」，要推俞國華為主席，陳履安為副主席；這種說法是頗合情理的。

有心人首先巧妙地運用〈合眾國際社〉電訊在海外渲出來，再轉折回台灣在《自立晚報》指明對俞國華的攻擊，跟著就是立委趙少康、李勝峰等人以「推薦李登輝」為名的推波助瀾。這種從海外迂迴台灣，從報紙聯合立監院、國民大會的公開「行動」，恐怕是「四老」始料不及的。公開變成街談巷議，自然再也不是擅長「隱晦」方式的袁守謙等元老們所能抵擋了。

最奇特的事情，是幾個向來主張國民黨應「黨政分家」的自由派學者，如台大教授張忠棟等，竟也一反常態，連日在報上發表文章，主張國民黨應「領導一元化」。按美國當年在西南聯大、燕京等大學曾積極培養「代理人」式的中國學者，推銷「美式民主」，實欲控制中國政治，其結果是葬送中國大陸給中共。李登輝當總統兼黨主席，據傳是美國頗為希望的；所以美國透過一些自由派學者勸進。這一看法極有可能，否則張忠棟等不致一反常態如此。

「領導一元化」論者所採的最大理由，是說國民黨向來有此傳統。事實上，三十到四十年代，曾有相當長的時間，國民政府主席為林森，黨的領袖卻是蔣公。在嚴家淦繼任總統期間，蔣經國任黨主席。所以此說不合史實。

整個黨中央顯然為此事困擾不已！先則以「國喪期間不宜談論這個問題」為由，多方勸解。再則以停開中常會以求「冷卻」。最後不得不「軟化」，而傳出決定由中常會選代主席之事。

◎好戲在後頭

如果所謂「四老聯盟」之事是真，至少到目前為止，這個「聯盟」已遭到相當大的挫折。但事情往往會有出人意表的演變，何況極端複雜的國民黨領導中心問題？

反彈「四老聯盟」者，本身可能也有許多不同的動機。如巧妙運用合眾國際社電訊，發動一些自由派教授撰文呼應者，則很可能只是「趕搭新權力中心巴士」的動機。當然，大部分「跟著走」的人，出發點應該果真是為了大局的團結；只是他們自己不曉得他們此一舉背後的複雜因素罷了。

一般認為，李登輝是個純潔的學者型的人；面對如此的不是十分自然的擁戴，尤其是在不適宜談這種問題的國喪期間的擁戴，按理，他本人必然覺得頗尷尬。

而袁守謙、黃少谷二老，自從民國初年就廁身政壇，不知身經了多少大風浪，這種事在他們心中又算得了什麼。以他們的足智多謀，恐怕趙少康等幾個初出茅廬的人絕非對手。因此，在未來六個月內（七月七日十三大召開），恐怕還有許多複雜變化。

總之，這場「國民黨新領導中心形成」的大戲，精彩還在後頭，相信有得瞧的。

◎國民黨的難題

站在國家民族利益的立場，也為國民黨設想，是誰當上國民黨主席並不重要，重要的是誰有能力解決國民黨近程與遠程的兩大難題。

近程的難題，就是明年年底的全面性選舉。無可置疑，〈民進黨〉屆時必然要大幹一場。而自台灣開放黨禁之後「非法」政黨（團體）逕自組織起來了。一旦〈人團法〉公布，台灣勢將面臨多黨林立的局面。當然，中共更永不會忘記「台灣回歸祖國」問題，明年台灣全面選舉，當然也在中共高度「注意」之列。在這種錯綜複雜情況下，一個新的國民黨主席負擔就極為沉重了。如果搞不好，國民黨不要說選戰大敗，就是不大理想的黨主席就很可能成為黨內眾所責難的對象。

遠程的難題，就是如何解決「民主建設台灣」與「加速光復大陸國土」之間的矛盾問題，也就是國民黨今後如何將「民主」與「革命」這兩個矛盾的是加以統一的問題。不可諱言，蔣經國自從一九七一年起擔任行政院長以來，對台灣的民主建設是功勳彪炳的，但在「加速光復大陸國土」方面則是力有未逮。「民主」是能戰勝「極權」的，但須漫長的時間；這從蘇聯共黨政權建立了七十年而不倒的事實可資證明，從迄今世界上未見過一個共黨國家變成民主自由的事實更可資證明。因而，國民黨如果一方面只想以「民主建設台灣」來影響大陸民心，一面又要「加速」以三民主義統一中國，這是兩難矛盾的事。對於這件事，連英明睿智的蔣經國主席也未能做得兩全，試問又有誰能做得更好？這確是一個極大的難題。這個難題如果不能解決，台灣的前途自是凶多吉少，因為中共不會長久等待你國民黨去「以民主動搖大陸民心」的，只要一有機會，它必然要「速戰速決」；中共之所以永遠堅持「不放棄武力解決台灣問題」之著眼點正是在此。因此，未來的國民黨領袖，如果不能解決這個較長遠的問題，就很可能變成了葬送台灣的千古罪人，也是葬送國民黨的罪人。

◎誰能當主席

當上國民黨主席，這是何等顯赫的事！權位是極其誘人的，是人人想爭取的，如他有爭取的資格的話。但此時此地要當上這個位置，睿智的人卻應另有一番見地。那就是：

1.如果他能帶領全黨度過短程的難關，那麼他就可以當穩一個階段性的平實的主席了。

2.如果他能把「革命」與「民主」兩事準確地統一起來，讓全黨齊一眾志不懈地前進；雖然「三民主義統一中國」之大業未能及身而成，那麼他也不失為一個英明領袖了。

3.如果他進而能完成民主自由統一中國大業，那麼他便是足以超越孫總理、蔣總裁、蔣主席三代領袖的最偉大領袖了。

到底誰能做國民黨主席？願天祐國民黨！

龍旗七十七（1988）年二月號第八四期

對「充實中央民意代表機構方案」看法

楊揚（國大代表）

自從政府播遷，中央民意代表追隨政府來台，可以說是全部大陸之精英會萃於台灣；故能整軍經武、勵精圖治，造成台灣由貧轉富，由弱轉強，舉世稱讚，譽為亞洲四小龍之一。四十年來，中央民意代表功不可沒。也可以說，全部中央民意代表，功在國家，是不能否認的。

自從國民大會代表為新陳代謝，謀國事日趨光明團結，乃於民國六十一年第一屆國民大會第五次會議時修訂〈動員戡亂臨時條款〉，增加第六項：授權總統依規定訂頒辦法充實中央民意代表機構。第一款「在自由地區增加名額，定期選舉中央民意代表，其須由僑居國外選出立法委員監察委員……得由總統訂定辦法遴選之。」依此授權，才有今日增選遴選之中央民意代表。

不料七十五年增選遴選以來，糾紛迭起！分歧分子大唱「中央民意代表全部改選」。請問這與憲法第二十八條「國民大會六年改選一次，每屆代表之任期，至次屆國民大會開會之日為止」之規定背道而馳，是否違憲？

繼則有主張「台灣獨立」者。台灣是中華民國的一省，人民全自大陸先後來台謀求發展的炎黃子孫，其祖宗墳墓、親友故舊均在大陸，這是否忘本？等於否認祖國及中央政府來台四十年之功績。

大陸同胞八年抗戰，殺身成仁者千萬以上，台灣才能回到祖國懷抱。這是否「以怨報德」、「數典忘祖」？

繼則政府要求警憲對於暴民亂行「打不還手罵不還口」。於是分歧台獨分子藉此機會，聚眾遊行。對國家元首誣以「暴君」，要他「扶柩帶母回大陸負荊請罪」。其猖狂若此！

中央為息事寧人，對於分歧分子的無理要求多方容忍，乃使彼等無所畏懼，狂燄日張。最近，對於他們的「全面改選中央民意代表」要求，乃設「十二人小組」，研究出的所謂〈充實中央民意代表機構方案〉，並經黨中央通過了。看它的內容，等於「分段屈從」了。長此以往，國家前途的演變，令人不寒而慄！

這「方案」問題很多，茲提出個人意見如下：

1.不考慮設大陸名額——不設大陸名額可以贊同，但必須在「不考慮」之上加一「暫」字，以留將來適應餘地。此外，監察委員中大陸人數已嫌太少，似應遴選。

2.久居國外而不返回視事者、多年臥病幾如植物人者，可以退職，但宜顧及其生活。

3.「鼓勵中央民意代表退休」一句中，用「鼓勵」一詞，多少有勉強意味，不宜用。

4.中央民意代表將設上限問題，自應贊同。據《中央日報》統計，國大代表現有九二三人，立法委員現有二一六人，監察委員現有六七人。將來如設上限，國民大會代表五百人足矣。立法委員二百人足矣。監察四十五人足矣。此按現有人數比例分配，再加以分次增選遴選似較為合於情理法。

5.再看中央日報載「資深代表執行職務現況統計表」：資深國大代表八三八人，經常出席者五五〇～六五〇人，長年臥病者九五人，久居國外者八四人。立法委員二一六人，經常出席者一〇〇～一二〇人，長年臥病六人，久居國外者四人。監察委員現有卅六人，經常出席者二〇～二六人，沒有在國外者。如此算來，國代暫不增加，立法委員增遴選五〇人，監察委員增遴選十五人。如再分次增選遴選，必能增強其機構工作效力。五、六年後，再看情況酌予增加，但以上限名額為限。

6.對國外華僑及蒙藏地區隻字不提，似欠周密。令人有不要僑民、不要蒙藏地區之感，有無形中走上「台灣國」感想。或許是中央十二人專案小組無心之失。也可能備受分歧台獨分子精神壓迫，不敢明言提出。這樣怎能令人心服？將來如有人提出複決案，同情者大有人在。如成事實，中央又將何以善其後？

龍旗七十七（1988）年三月號第八五期

美國如何影響台灣政局

資料室

蔣經國身後的一場國民黨權力爭奪戰，美國曾經介入。

國民黨進行「激烈的政治謀略活動」時，雷根發出口信。

《紐約時報》一月廿三日刊出該報記者包德甫（FOX BUTTERFIELD）關於蔣經國去世後台灣政局發展的內幕新聞報導。這條新聞雖然被擺在最後一版，但卻非常值得關心台灣政局人士注意，因為包德甫在文中透露了美國政府在蔣氏身後介入國民黨權力爭戰的蛛絲馬跡。

◎雷根官員透露三項消息

包德甫引述雷根政府官員（複數）的話，透露以下消息：

一、雷根政府官員們認識到，蔣氏去世後，國民黨內部發生了「激烈的政治謀略活動」，一些元老派企圖擁立俞國華為新黨魁，但難以得逞，因為國民黨穩健派的首腦們與台灣本地人聯合起來，要推舉李登輝為黨主席。

二、雷根政府官員們相信，國民黨內的資深大陸人與台灣反對派已採取負責任的做法，避免公開決裂或造成台灣正在走向獨立的恐懼。

三、雷根政府官員們透露，國民黨穩健派與台灣本地人聯合支持李登輝當黨主席的努力，受到了雷根總統於蔣氏去世次週致李登輝口信的支持。雷根的口信表達了，美國支持使李登輝升任總統的「憲法程序」。

由於美國與台灣沒有外交關係，雷根支持李登輝的信息，只能以「口頭」方式傳達，以表示其「非官方」性質。然而，官方也好，非官方也罷，雷根就是雷根，雷根政府對世界上許多親美政權的影響力，往往是立竿見影的。例如在前年菲律賓的變局中，雷根政府在關鍵時刻表明支持艾奎諾夫人，立刻促使軍方站在她這一邊，而迫使馬可仕逃亡出國。又如去年六月南韓學生大示威而軍方蠢蠢欲動之際，雷根政府對南韓軍方發出警告，並表明支持反對派的訴求。不旋踵之間，全斗煥的執政黨就宣布對反對派作戲劇性大讓步，同時南韓軍方至今不敢鎮壓反對運動，美國的因素至關重要。

◎美國的「悄悄外交」

美國與台灣沒有外交關係，對國民黨當局是否也能施加政治上的影響力呢？答案是肯定的。

《紐約時報》於八六年四月廿日披露美國對待世界上親美政權的外交政策方針，就曾明指其適用範圍包括台灣在內。這項政策方針就是要以「悄悄外交」督促各個親美政權推行漸進的民主改革。自八六年以來，菲律賓、台灣、南韓，以至中南美洲的海地、智利、阿根廷等親美國家地區的民主變革步伐加速，固然是由各國所特有的主客觀因素所促成，但美國的介入也是其中一項不可忽視的因素。

以台灣而言，一九八六年所發生的一系列變化，包括蔣孝武外放新加坡、民進黨順利成立、國民黨當局對在野力量的容忍度放寬，等等，都有一隻來自華府的「看不見的手」

在發生作用。據洞悉美台關係的學界人士指出，自八五年初國府官員涉入〈江南命案〉的內情曝光以來，這隻「看不見的手」就一直透過「悄悄外交」途徑對國府施壓，其交換條件則是雷根行政當局不支持受害者（江南）親友及相關團體所提出的主持正義與保障民權的請求，盡量幫助國府「控制損害」（雷根的話）。

美國對台「悄悄外交」的運作是雙向的，一方面要督促國府當局推行漸進的民主改革，向在野力量讓步，另方面又要顧慮台灣的安定。當在野力量走得太快而可能威脅到台灣的安定時，美國也會設法予以約束。去年四月民進黨計畫在總統府前面舉行大規模示威，但因獲悉國民黨決心鎮壓而臨時變卦。當時台北盛傳「美國在台協會」支持當局的鎮壓計畫，這項消息雖不證實，但卻合乎美國的「安定」邏輯。

去年十二月，一位著名的台灣反對派領導人對筆者透露，有證據可以證明美國當局「同意」國民黨當局扣押蔡有全、許曹德二位主張台獨的人士。美國的立場據說是憂慮台獨風潮會造成台灣社會內部分裂、導致政局不穩和中共當局的武力干預，進而破壞台灣海峽地區的和平和中美關係。

◎雷根給「開明派」打氣

同樣的道理，當國民黨內部的權力鬥爭，可能導致元老保守派上台，造成政局的動盪不安時，美國也會透過「悄悄外交」進行干預。讓我們以國民黨黨主席的爭奪戰為例，看看美國可能在當中扮演什麼角色。

蔣經國去世後，國民黨中央表面上說是「國喪」期間不宜討論推舉黨主席的問題，實際上卻在幕後進行雷根政府官員們所謂的「激烈的政治謀略活動」——保守派要擁立俞國華，穩健派和本土人士則支持李登輝。這場政治角力賽在元月十八日（即蔣氏去世次週的星期一）達到最高潮。一方面，保守派要推舉五名中常委，作為過渡期的領導核心；另方面，趙少康等卅九名國民黨籍立法委員發起了聯署運動，支持李登輝出任代理黨主席。國民黨中央委員會秘書長李煥、中央政策會秘書長趙自齊、組織工作會主任關中等人，見情勢不妙，立即出面勸阻。同一天，十七名國大代表發起類似聯署活動，亦遭勸阻。李煥當時表示，黨主席人選問題，必須等到七月召開十三全大會時決定。

就在這個時候（一月十八日），雷根總統發出了支持李登輝的「口信」，給「開明派」打了氣，於是情勢急轉直下。三天後，台灣報紙傳出消息：國民黨中央連日來徵詢有關推舉代理黨主席的問題，至廿一日告一段落，多數中常委均支持李登輝出任黨主席，而李煥將於日內拜訪採取反對意見的黨內元老進行說服，爭取他們的支持。同時，保守派醞釀組織五人至七人中常委領導核心之議，「經各方權衡」之後，已決定放棄。就這樣，李登輝出任「代理黨主席」一事已成定局。

◎目標：安定與民主

國民黨最高決策層何以在短短數天中改變原來立場，而決定在「國喪」期間推舉李登輝為代理黨主席？國民黨保守派元老們為什麼輕易讓步？箇中原因可能不止一端，但我們從包德甫的報導可以看出，雷根政府官員們密切注視國民黨內部的權力鬥爭，對情勢發展瞭如指掌，雷根總統適時表明了態度；美國「悄悄外交」的運作，肯定是促成事態急轉直下的重要因素之一。

蔣經國去世後，有見識的政治觀察家曾經指出，美國非常關切台灣政局的穩定，一定會設法對國民黨保守派以及在野激進派雙方加以約束，從中協調，俾使台灣得以在安定中繼續其民主化進程。

（取材自香港《九十年代》三月號）

龍旗七十七（1988）年三月號第八五期

經國先生因何逝世

劉弘堅（國大代表）

《書經》上說：「沉潛剛克，高見柔克。」這是中國古人為政所做的聖賢功夫。

經國先生含辛茹苦，企求在民主自由天地中創造新格局。從他的形象觀察，的確是個剛毅木訥近仁的長者風範。但他內心性烈如火，事事求真求善求美，絕不輕率浮躁。所以在去年十二月廿五日的〈四十年行憲紀念會〉上，民進黨十一個粗暴的人，以愚行擾亂會場，正面對他施以侮辱謾罵，他仍是無言地走出了會場，毫不動氣。但他也是個血肉之軀，當然藏滿了滿腔悲憤。身為元首，處此情景，不得不忍。但這個忍字，真像一把利刃插進了心窩。

他在元月五日便做好了〈遺囑〉，準備以身殉國。延至十三日早晨七時，便感到頭暈心痛，十一時即大量吐血，復從口鼻中噴出，到了下午三時五十分，宣告崩逝了。

這一幕暴戾的定時炸彈，出現在代表全國民意的國會殿堂，炸毀了總統的生命，也炸傷了全體護憲的國大代表，便炸裂了愛國的全民。幾天來已有幾位代表因心傷而斃命。我們這些忍死以待的全體代表們，應有以自處。還須確實認定目標，永遠要呼出：

三民主義萬歲！中華民國萬歲！民主憲政萬歲！萬萬歲！

身為國民黨員的國大代表們，這是我們共同信念，應該生死以之，無怨無悔。

龍旗七十七（1988）年三月號第八五期

鄧小平談蔣經國逝世

◎統戰部長擔心

資料室

蔣經國猝然長逝，使台北政壇震動，使中南海受到更大的震動——雖然這不是完全的意外，但誰都感覺到蔣經國「走得太早」了。

一月十五日，蔣經國逝世兩天之後，中共中央統戰部長閻明復招集各民主黨派負責人，作了關於蔣經國逝世後台灣局勢和中共對台政策的講話。閻明復的講話，最主要的兩點是：蔣經國死後的台灣局勢，可能「對我們不利」；我們堅持和平統一台灣的方針，但在必要時準備用武力解決問題。

閻明復的講話，實際是傳達鄧小平在蔣經國逝世前後所作「重要談話」的精神。

◎蔣病情、死因都有線報

中共上層對蔣經國的病情和死亡的原因是十分清楚的，因為台北高層有中共的內線。關於台北的重要情況，通過香港向中共中央政治局通風報信，也通過香港接受中共中央的指令。因此，鄧小平對蔣經國的病情和死因，都瞭若指掌。

幾個月前，鄧小平就擔心蔣一旦「經不住」，台灣局勢將會變得更複雜。在鄧小平的建議下，中共政治局擴大會議曾專門研究過台灣局勢的問題。兩個多月前（即去年十月下旬），中共中央對台辦和對台工作小組（鄧小平授意成立的專門研究台灣問題的小組），和國家有關部門就曾經召開會議，專門研究蔣經國的病情和蔣經國死後台灣局勢的發展和可能出現的問題。

去年下半年，中共不斷宣傳和海峽有關的軍事演習，同時繼續表明必要時使用武力統一台灣，這實際上是對台獨和台灣地方勢力的嚴重警告。

當時，鄧小平在聽了中央對台辦、對台工作小組關於蔣經國病情的彙報之後，作了這樣的談話：

如果蔣經國的父親不死，中國的統一問題，難度不會像現在這樣大，像現在這樣複雜。中國的歷史上，有過兩次國共合作，我就不相信，不會有第三次了。可惜老蔣死得太早了。

◎鄧承認統一不果共產黨有責任

在談到第三次國共合作問題時，鄧小平還講到，兩黨的談不攏，第三次國共合作遲遲不能形成，老實說，我們就抓住這個問題不放，就心平氣和地坐下來，問題恐怕早就解決了。可惜的是，我們自己白白放跑了二十年時間。你老是在那裏「抓階級鬥爭」，蔣家父子當然存戒心嘛。經過二十幾年了，老的老，死的死，新的一代，不懂國共合作的歷史，因為不懂，才沒有積極性，加上這二十幾年，國際形勢發生了這麼大的變化，問題能不複雜？我們最後才摸索出一條正確的路，那就是「一國兩制」。國民黨人表面上不買帳，可是他們在內部，對我們黨的這一主張，還是認真研究了——他們內部有很大分歧！

◎遲遲不和談就動點小武

鄧小平還說，中國的統一問題，是個世界性的大問題，共產圈的國家、非共產圈的國家都很關注，各種議論都有，不少人專門跑來北京為我們出主意，提建議。也有一些人跑到台北，為蔣經國先生出主意。別人議論再多，也是外人，中國的統一還要靠我們自己去努力，還要靠共產黨和國民黨這兩個執政的黨。但是靠歸靠，不是無限期的拖，我們是不能答應的。所以我們要有兩手準備，首先是和平統一，第二手，不動大武，動小武吧！有的外國人問我，你們既然提出「一國兩制」，為什麼又不放棄武力？我告訴他們，這個答案，你要到台北去找。

鄧小平這次講話的要點，已在中共高層幹部中、包括軍隊高級中傳達。

蔣經國逝世的消息，中共高層是通過兩條途徑去得到的：一是國民黨高層中的中共內線，一是香港新華社分社。當中共高層獲得這一確切消息後，大為震驚。政治局連夜召開會議，聽取了中共中央對台辦等有關部門的彙報，分析和研究了目前台灣可能出現的情況和問題。鄧小平聞訊後，據說講了兩句話：

老蔣死得早，小蔣比他父親死得還早。蔣經國先生在堅持一個中國這個立場上，和他父親是一致的。

◎政治局的五項決定

中共中央政治局連夜召開的會議，作出了幾個決定：

1.由趙紫陽發表談話，對蔣經國的逝世表示哀悼，並重申和平統一方針不變；

2.由中共中央發去唁電；

3.在小範圍內進行悼念活動（主要指在蔣經國的大陸親友中間以及在蔣經國的家鄉進行）；

4.軍隊繼續做好戰備；

5.繼續做好台胞的接待工作。

其後，外交部等有關部門分別電令中國駐美、英、法、日等國外交機構，密切注意當地華僑和華人組織的反應，允許以溫和姿態，參加當地華僑和華人組織的悼念活動。對華僑、華人中的右派組織，採取多接近、多了解、多聽意見的「三多」政策。由此可知，中共高層對蔣經國逝世之後各方面的情況是非常重視的。

◎頌蔣令百姓驚愕　台屬不冀望統一

北京一般人對蔣經國之死並不感到十分震驚，但是對於《人民日報》刊登蔣經國逝世消息之後，發表中共中央的唁電和趙紫陽關於評價蔣經國的談話報導，卻感到異常的驚愕。想不到上層對蔣經國之死會如此重視，並趁著這個機會對台灣展開這樣猛烈的和平攻勢、統戰攻勢。

不過一般人對於和平統一問題並不感到興趣，特別是那些台灣同胞的親屬。聽說，一些從台灣回來的台胞在家鄉會親人之後，那些家屬在白天對他們說：我們希望台灣早日回歸祖國；但夜裡卻對他們說：你們回到台灣之後，千萬不要跟著宣傳和平統一，因為這樣對中國大陸沒有好處，對我們（台胞親屬）更沒有好處，假如真的實現了統一，我們在工作、生活、學習等方面就不再受到各種優待了。

特別重要的是，北京一般知識份子並不相信鄧小平的「一國兩制」，並不相信共產黨會平等對待國民黨。他們認為，如果統一了，共產黨一旦沒有競爭對手，失去制衡力量，對海峽兩岸，對十億人反而沒有好處。

在北京了解到多方面的信息之後，我有這樣的強烈感覺：

中共擔心台局有變——主要是擔心台獨力量增長。

中共將繼續在海峽製造適當的緊張氣氛，意圖阻嚇台獨發展。

中共在台一旦發動大動亂時，會趁火攻台，也可能先動「小武」。

人們對統一問題的看法，和利己主義的共產黨的看法，並不一致。

（原載香港《爭鳴月刊》二月號）

龍旗七十七（1988）年三月號第八五期

國民黨再出發

蔣廉儒先生與本刊發行人談當前一些重要思想性問題

三月二日上午，本刊發行人勞政武向蔣廉儒先生請教當前一些政治及思想上問題。蒙蔣先生許可，將談話全文發表。國民黨召開十三次全國代表大會在即，我們相信本文對各界是頗有參考價值的。

蔣先生現任國民黨中央委員、正中書局董事長，也是著名的黨內思想家。尤擅長創造生動活潑而言簡易賅的詞語，如「時代考驗青年、青年創造時代」（文獻性警語，當年即由其承命執筆，先總統　蔣公曾于改造委員會議席中公開讚許，並召見予以嘉勉，時爲民國四十年八月，蔣先生亦正在青年時代。），又如「無煙囪工業」、「革命斷層」、「政治文盲」……等等膾炙人口之語甚多，對文化思想貢獻頗大。

蔣先生自本刊創辦之始，即熱心支持與鼓勵。順此向他表示衷誠的謝意。

◎飲水思源的感謝

勞：

恰好在七年前——民國七十年三月十四日，我向廉公請教了一些思想上重大問題。那次談話，以〈國民黨的真形象〉為題，發表在《龍旗》第二期，後來也收集到由中正書局出版的一本大著中，對海內外頗有影響。尤其，當時正在中國國民黨第十二次全國大會召開的時候，本社同仁，曾把該期雜誌送到三德飯店和三普飯店的全會代表住的每一個房間。同時，又蒙張師彝鼎帶了幾十本到陽明山中山樓會場送給很多有影響力的黨國先進，其中包括後來成為龍旗理論思想指導人的滕傑先生。因此，我們那次談話，直接和間接的影響，實在是很大的。

七年過去如一瞬！今天又有機會來向廉公請教一些思想問題，實在使人感慨萬千，也是高興萬分。所感慨的是，七年之間，多少變幻，今天連經國先生都已不在了，客觀情勢已發生了極大的變化。所高興的是，看到廉公身體健康、思想敏銳，一如往昔。而龍旗從當年的第二期到了今天已出版八十五期，雖然說不上什麼成就，但總算每期都如期出版，生存下來了。對於一個扮演這種角色的刊物來說，能生存七年就算奇蹟。這一切應歸功於很多長輩的指導、支持與愛護。廉公當年以中央委員、文工會副主任的地位，能夠給我們年輕一群創業抱負以關懷與鼓勵，這是令人銘感的。

蔣：

處在這個價值觀念混亂時代，處在這個「革命斷層」中，像龍旗這樣一份刊物，始終堅持一貫的目標、一貫的鬥志，毫不動搖地去奮鬥了七年之久，實在令人敬佩！

個人感到很慚愧，沒有全力支持龍旗。但個人感安慰的是，當年向滕俊公推薦了你，龍旗這麼多年來，在他的指導下，增大了不少的「精神資產」，避免了許多挫折。

勞：

還不止如此！如果沒有滕傑（俊夫）先生的指導，龍旗必然不能持續三年。七年來的過程，使我深深領悟到，這種事業的經營，最難的還不是抵擋外來的打擊，而是個人內心如何戰勝自己的氣餒。戰勝自我，是一種甚難獲得的「功力」。靠自己練就這種「功力」，除了天賦條件之外，還得走很長的痛苦道路。有「高人」指導，就容易多了，滕公是這方面的「絕頂高人」！所以龍旗能撐持下來了。因此，飲水思源，對於您當年的推薦，我永記於心，至所感激。當然，我也應感謝張彝鼎老師、王宜聲委員，這兩位前輩，稍在您之後，也不約而同地向滕公介紹了我，使得滕公印象更深刻。關於這一點，滕公在多次演講中也提到了。

◎三點共識

蔣： 經過多年的鍛鍊，你很多思想見解相當成熟，這從你所執筆的龍旗每一期社論可以看得出來。對於國家當前種種新的變化，不知你有何看法？

勞： 謝謝廉公過獎了。

個人覺得，國家當前是有種種變化，但不能就問題去談問題，因為那是談不完的，也沒有結果的。重要的是，歸根結柢，國家的基本情勢未變，那就是我們依然處在「反共戰爭過程中」，這是一切問題的大前提，我以為必須把握住這點認識。唯有能針對此大前提，提出有助於勝利的辦法，才是對的；反之，如違反此大前提的勝利要求，不管它是什麼「潮流」，通通是錯的。例如，前些日子報紙登出，國民黨中央有人主張要把「革命民主」本質改變，取消「革命」，專講「民主」，使國民黨變成一個民主改良性質的黨。這件事極為危險，我在龍旗雜誌寫「宏揚革命性系列社論」寫了五十多篇，自信對這問題研究得相當深刻。但不知廉公身為中央委員，對此問題有何看法？

蔣： 革命與民主片面取消論，確為本黨一直未能解開的一種思想困境。

我在多年前，即已主張，國人有三點共識是最關鍵的：

一、「國家建設」與「國家革命」要統一起來

我完全完意你剛才所說，我們直到今天，乃至在可預見的將來，依然是處在「戰爭過程中」，而不是承平時期。但由於台灣近四十年的和平，很多人已忘記了戰爭，更不能體會「無砲聲戰爭」的真義。於是大家只知道應加強台灣建設，包括經濟建設與民主建設，而視「戰爭」為無物。

反共戰爭，是一種隱形的戰爭；更是一種敵人強迫加諸我們的戰爭，不由我們去逃避的，因為逃避就是將被征服，被征服就是任宰割，就是將台灣一切建設成果、甚至許多人的生命毀諸一旦。所以我們不論是為了保衛台灣，或為了中國的美好明天，都非要堅持「國家革命」不可。所謂國家革命，就是要打倒共產黨的極權專制統治；不能作到這點，一切國家建設，都變得無意義，我們必須為反共建設。中國國民黨必須是個既能建設國家的黨，又是個肩負起革命責任的黨。關於前者，現在一切成果已證明作得很好，經濟建設被舉世稱為「奇蹟」，民主建設被舉世所矚目稱讚。但要完成國家革命，則必須提振每個黨員的使命感與責任感。

二、「反共戰爭」與「民主實踐」要統一起來

我們不能因反共而懷疑民主，因為民主是我們的目標；我們也不能因民主而妨害反共，因為不反共事實上就沒有了民主。所以，我常說，一些人「目中無人」、「目中無敵」地只顧去爭一己的權利，去爭民主，是淺視、危險的。只有在具備充分的敵情觀念下，去追求民主，才不會使敵人得到

任何間接的利益。這是其他各國在追求民主的道路上所沒有的困難或負擔，這也是我們這一代中國人必須通過的考驗。

三、「現代化」與「中國化」要統一起來

「現代化」不是跟著西方走。把別人的今天當成自己的明天，這是幼稚病，也是沒出息。這一點，幸而我們已經有了一個指引的明燈，那就是孫中山先生所豎立的人格榜樣。他繼承中國固有優良傳統、規撫歐美進步學說，再加上他的創見，而創造了〈三民主義〉。三民主義就是代表中國人要走自己的道路，而不是一味跟著西方後面走。「自尊而不自盲、自知而不自卑」，就是這種偉大精神的寫照。自鴉片戰爭以來，一百四十多年之間，中國為追求現代化，走了不少曲折而挫敗的道路，先是留學日本者跟日本走，後來留學德國者跟德國走，再後來是留學俄國者跟俄國走，現在似乎是在一味跟美國走；無論怎樣走，始終是忘記了試走自己應走的路。這是一種思想懶惰病，也是獨立人格的自我否定。就只有孫中山先生所表現的志氣，才是結束這種悲劇的良方。

以上所說的三點共識，早年七年前已同你略為談過，發表在龍旗第二期。因為這是關鍵性共識，依然適用於現在，也適用於可預見的將來，所以沒有「落伍」可言；也不能嫌它重複，建立「共識」本來就是要不斷重複提醒的嘛！

◎十二點價值規範

勞：

對！很多重要的觀念，必須反覆去說，才能被人接受，才能「深中人心」。廉公所提這三點「統一」，確是很重要的，應該不斷提倡，才能成其為「共識」。

剛才廉公提出了一句話：「處在這個價值觀念混亂時代」，這句話也很重要。但不知您以為，處在這個時代，應有怎樣的價值觀念，才是妥當的？

蔣：

我曾深思過這個問題，也曾請教過許多有學養的學者，歸納出十二點〈價值規範〉，作為建立三民主義社會的新的價值標準。

第一個新的價值觀念是「前瞻而不忘本」

我們習於留念過去，老是只向後面看，是不行的。應該要向前看，迎頭趕上先進國家，正如　中山先生說，我們要有一種雄心，一種抱負，不但要迎頭趕上，還要後來居上，超越他們前進。但重要的是前瞻而不能忘本；一個民族不能不知自己的「根」在何處，無根的國家就如同斷線的風箏，將不知會飄向何處，不繼往何能開來？在傳統的根上，追求現代化才能免於自我的失落。將傳統看成現代化的包袱，排斥、糟蹋、羞辱自己的傳統，是對祖先的不孝，對民族整體發展的傷害，這絕不是堂堂中國人應有的心態。

第二是「創新而不厭舊」

我們常有一種觀念，認為凡是新的就是好的，新的就代表進步，這是一種嚴重的錯誤。創新而不厭舊，是改正「舊的就該丟掉」的淺薄心態。應知「真理常新」，真理並無新舊之分。青年人因為愛好新鮮，往往看不起舊的事物，這是幼稚。我記得學生時代，禮堂正中必有「忠孝仁愛信義和平」的橫額，自五四運動後，年輕人多視之舊八股教條，實應摒棄。今天思想成熟之後，再想想，每一個字無不代表一個永恆價值的座標，是祖先留傳的無價寶貝。反省之後，覺得我們真是罪人，我們始終沒有把這些寶貝的價值意義，向中國人代代傳遞下去，使代代知所珍愛。這八個字用二句話說明它現代的意義：「是人類社會生存的法則」、「是人際關係建立的規範」。正如現代西方歷史學家的警言：「光明將來自東方！」西方的現代文化的危機，產生於物質文明衍生出來的諸多病態，精神的空虛感，促使他們回過頭來尋找中國的智慧，以求重建人的自我肯定。倫理觀念就是這種智慧的結晶。所以創新而不厭舊，是要喚醒國人的責任感，怎樣使中國舊有的、固有的價值觀念，在今日加以發揚；用現代的語言加以詮釋，使展示現代的面貌，成為現代人可得共享的資產，當有助於現代文化的反省、提升與調適。

第三是「守法而不輕德」

民主社會就是法治社會，但光靠法治是不夠的。法律是一種外在強制的規範，一定還要建立一套內在理性的規範，這個社會才會更安樂，才會更和諧，才會更高貴。怕犯法而不做壞事是不夠的。守法而不輕德，就是使德成為內在的規範，展現一個有道德的社會，才能代表一個有文化的民族，一個有文化的社會。不要輕視道德的價值，過分強調法治，視道德為反科學的落伍的說教，那是代表真正的淺薄。

此外，談到人權，中國比西方高明太多。我們在人權理念之上，更重人道、人格、人性和人倫；人在人際關係中的地位，因位列於不同的角色，就必守相對的分際，有其不同的規範了。不是什麼都講平等；兒子在父親面前，兒子就是兒子，老子就是老子，怎麼講平等呢？老師就是老師，學生就是學生，怎麼講平等呢？這就是倫理。倫理就是人際在社會的「定位」關係。古人說「定分止爭」的手段；它的基礎仍在倫理道德。如果一味強調法治，而不理會倫理道德，這是捨本逐末，「定位」混亂，「紛爭」必起。

第四是「重己而不害群」

一個民主社會肯定每一個人有獨立的意志、獨立的尊嚴、獨立的人格，因此他享有法律之內一切自由和權利。重己固然對，但追求自我實現中，不能不重視社會責任，守群己的界限，不能以私害公，為己損群。

第五是「自利而不損人」

一個人，必然是一個自我實現的動物，也是一個自我滿足的動物。沒有一個願意淪為一種抽象目的的工具，人不能變成別種意義的手段，一個人本身就是一個目的。他追求個人的目的，並沒有錯。共產主義否定功利的動機、取消私有財產的意義，不只是剝奪你現有的財產，而且是剝奪你享受自己勞動成果的權利。它帶來什麼後果呢？「我既不能享受自己勞動的成果，我為什麼要勞動？」所以共產的結果，就是勞動動機的消失。故共產主義離開了強迫勞動，離開了奴役制度，它的政治實驗計畫，第一步就無法走。正如杜勒斯所言：「共產主義和奴役不可分。」它不是「手段」選擇錯誤的問題，它是理論發展必然的結果。由於它對人性判斷的錯誤，馬克思理論構建的「天國」極其美好，但是出發點一錯，全盤理想就變成「政治的夢遊症」了。所以功利的動機並非罪惡，只是自利而不能損害到別人和群體的利益。

第六是「競爭而不敵對」

在一個民主的社會，自由競爭是其特徵，也是社會主義的能源。我看過養殖鰻魚的作業，要在水塘中裝置打水馬達，讓空氣進入水中，氧氣才夠，魚才能生存。競爭就像馬達，為社會注入有效的動力，使社會不致害「缺氧症」，而虛弱無力。但是「競爭」和「敵對」是二種不同性質的互動；敵對就是我要打倒你，消滅你。社會相互依存的關係，絕對不可少。社會利害關係是連帶關係，像一個連體嬰兒，共存而共有，損害了對方，必定會傷害到自己；因此競爭的互動是建設性的，而敵對則只有破壞性，民主之爭必也建設性之爭。

第七是「求同而不仇異」

一個社會而沒有共同的目標，沒有必具的共識，那是很危險的。求同有助於社會整合，但是求同而不仇異，才是民主的素養和器度。但是光是存異而不求同，那也是社會的危機，會使社會撕裂無法繁衍，無法和諧，終至全體受害。

第八是「容忍而不姑息」

我常感國內政治衝突的形成，執政黨和黨外的政治人物，均應以理解代替憤懣。我常對黨內同志說「是我們把他們寵壞了」，任何一個家庭，出現了問題兒童，出現諸如太保、太妹的，都是父母寵壞了。政治兒童轉變成政治頑童，還不敢打屁股，那怎麼成？價值觀念，一定要很嚴肅地傳達和溝通；什麼可以？什麼不可以？這才是幫助下一代人格的成長，人格的成熟。所以容忍、姑息的界線，要把它劃分清楚。可以容忍的容忍，不能容忍的，絕不可以姑息，一定要把價值的觀念，認真而嚴肅的傳遞下去。闖紅燈一定開罰單，這沒有什麼客氣的。闖紅燈都變成英雄，那還得了！那豈不使價值觀念顛倒混亂？這樣含含糊糊，還有什麼價值標準與法治的尊嚴？

◎不可「手段僵化，原則動搖」

勞：

廉公對此點所見，我至有同感。近幾年來，國民黨作為政治的動力，但讓人覺得這個動力有了問題，表現的是「無力感」。在許許多多問題上，表現的是「手段僵化」、「原則動搖」。這是搞反了！「原則」是不變的，手段則應制宜因應、千變萬化也不妨。例如對中共問題上，堅持「三不」，其實這不過是「手段問題」；直到經國先生逝世後，某首長才公開在立法院承認這只是手段；過去幾年不斷受到海內外有識之士的質疑，當局硬是含混其辭應付了事。又如對民進黨問題，他們根本沒有多少力量，他們的「台獨理想」更是不可能被任何一位有良知的中國人接受的，何至弄成今天這個樣子的氣焰？國民黨被人一步步進攻，自己卻一步步放棄原則，甚至搞到高級官員「說了不算」、「有法不依」的地步。這些都是出自「手段僵化」——什麼事非逼到頭上都不敢做；「原則動搖」——逼到頭上來，不管原則不原則，法律不法律，只求「保持和諧」就好了。

又如中央有人打算取消「革命民主」問題，絕對是一個原則性問題。一定引起黨內精神全面崩潰，甚至引起黨的分裂的，絕非國家之福。但有些主張「取消革命」的議論的理由是什麼呢？聽來會讓人覺得可笑！他們說，「為了民主康莊發展，所以革命不必要提了。如果國民黨堅持革命，民進黨也勢必要革命，這樣不是破壞民主了嗎？」這種是什麼理由呢？難道今天國民黨的存在是靠「民進黨」的嗎？難道國民黨取消革命，民進黨就放棄奪取政權的目的了嗎？難道中共已放棄「四個堅持」不再威脅國民黨的生存了嗎？答案都是否定的。國民黨怎可以如此「動搖原則」？

這種毛病的根源到底出在哪裡？人人心中明白，只是心存忠厚，不肯明說罷了。現在「大家長」已離去了，政治大局改變了不少，希望新的領導階層有新的作為。否則長此下去，國民黨的執政地位勢將動搖。國民黨失去政權，不是一個政黨執不執政問題，而是台灣能否保持自由問題，也是中國前途能否脫離共黨極權統治問題。這種根本性原則，怎可以動搖？

對不起，我不得不打斷您的話。請您繼續說。

蔣：

第九是「溝通而不疏離」

政治上的溝通是不能被動的，這不符合民主社會的態度。任何環節有了疏離現象，雙方都應主動而積極的去溝通，你不找我，我找你，必求把問題明白弄明白談清楚。政治問題，不能換政治懶惰病，只要不放棄建立認同的任何一種可能的機會，不放棄任何一種可達成共識的可能，我相信我們會把政治的分歧、意見的分歧，減少很多。

第十是「參與而不專橫」

我參與不是就必須一切要聽我的。凡事不聽我的，就否定對方的誠意，這種態度是反民主的。參與是大家的事，誰對，誰錯，要依民主程序解決。

第十一是「消費而不浪費」

正當的消費不是罪惡，但為炫耀而消費，以豪華性的消費來滿足自己的優越感，這種消費的心態，就代表一種罪惡。但是以三十年前農業社會的眼光來衡量，則未必正確，三十年前，農業社會的節約觀念，喝汽水代表奢侈，還是喝開水吧！但是有錢人能喝汽水總比較有樂趣。經濟發展之後，今天人民物質享受水準提高了，喝汽水就不算什麼浪費了。不用冷氣並不會熱死，過去在南京、在重慶，比台灣還要熱，我們過得也很好，不感到熱，而現在有了冷氣後，沒有冷氣就受不了，其實我們沒有冷氣過了幾千年。可知消費是一種心理的問題。共產黨所謂的「平等」就是跟人比；「人比人，氣死人」，不跟別人比，你會活得很快樂。台灣雖然富裕，但不可忘記我們乃為復國而建設。故今日國民必須建立起來的消費觀念是「根據國家的經濟能力來消費，而不是根據個人的經濟能力來消費」，根據國家的經濟能力，消耗國家過量的外匯去買昂貴的林肯牌轎車，有沒有必要呢？在愛國良心上，會不會有犯罪感呢？到菜館點菜，不問夠不夠，而該問是不是吃得完？吃不完的就變成浪費，吃完了再多吃，沒有人會反對。

第十二是「昇化而非量化」

現代經濟與科技的管理，一切講求效率，一切講求量化；但太重量化，就忽略了「昇化」。一國精神的國力是靠「昇化」的。而「昇化」屬精神層次的建設，我們做得太不夠了！一個國家不能只有「國力」，而沒有「國魂」；「無國魂即無國力」，這是我們應提升反省的問題。讓國民的志氣昇化，人人成為大有為的國民，才能成為大有為的國家。「國者之積，人者心之器」，每個人的「心」就是精神力，才是國力的最根本來源。

◎國民黨應「再出發」

勞：

廉公提出這十二點新價值規範，切中肯綮，符合時代所需，令人敬佩！拿這〈十二規範〉對照前述的〈三點共識〉，兩者具有密切的關聯性；〈三點共識〉代表國家或社會整體努力的「方向」，〈十二規範〉代表人人應持有的價值觀念的「定位」；無正確的方向，就談不上定位；無具體的定位，縱有方向也是空談。廉公在思想上的貢獻，表現了思慮深刻，用語雋永，這是眾所共認的。

但我有一點芻蕘之見。這十二規範，是否可以將其排列的次序研究一下？依照邏輯法則或規範的對象性質，做更妥當的排列，這樣也許能夠成一個完整的「體系」來，更有助於流傳久遠。

蔣：

你的意見可以考慮。

以上所述不過是個人平常的一些所想所感，未敢稱為成熟，只是為了溝通一些共識而大膽說出來，也算減少個人對國家一點良心的負債。

我們在台灣近四十年的成就，今日國際社會已公認是一項歷史的奇蹟。回憶民國三十八年大陸變色，我政府播遷台灣，其實很多外國人竟認為「中華民國」已成為一個歷史的名詞了。甚至有偏見的咒罵我們是「一具已經死亡而尚未埋葬的屍體」，以一筆勾銷為快。但這三十多年來，中華民國不但證明它沒有死亡，而且成為全中國人民所寄望的前途，

這是何等值得我們自傲的一段奮鬥的歷程。但我們不能如此陶醉，我們代表中國之希望的中華民國，今日它所承擔的歷史考驗是太沉重了，沒有那一個國家，所曾受到的歷史考驗，可以與我中華民國相比擬！也因此，我們唯有在既有的成就基礎上，創造更巔峰輝煌的前景，我們才能夠頂天立地的通過這一項歷史的考驗。

過去，我們幸有兩代偉大的領袖——先總統　蔣公及經國先生，帶領我們度過了重重的難關，通過了嚴酷的階段歷史考驗。今天，兩位偉人都已遠離我們而去，我們已經沒有「大家長」可以依賴，自立自強已成為我們迫切的課題。其關鍵當然還在國民黨，它今後如何在新環境中，鼓舞每位黨員同志都能惕勵奮發，遵照　中山先生、中正先生及經國先生三代領袖遺教遺訓所既定的目標，成為「再出發」的黨魂，以此「黨魂」為動力來昇化「國魂」，未來任何橫逆我們都不怕，我們必能通過歷史的最終考驗——創造一個真正獨立、自由、開放、平等、均富的三民主義新中國。

龍旗七十七（1988）年四月號第八六期

最不智的切腹「死諫」

李良

據報載，一位叫陳春暉的榮民弟兄，在某日瞻仰蔣故總統經國先生遺容時，「傷時局之動亂不安」，留下三封書信，然後在忠烈祠趁人不注意時切腹自殺，圖以死諫的方式，來導正別有用心的邪惡之途；希望人人成為國家棟樑之才，為民眾造福。此事令人悲傷！

不過，這樣表達他的忠誠，真是痴人說夢，異想天開之極。即使你是真心誠意為他們好，期望他們改邪歸正，這似乎太天真了。你是否仔細深一層的去思考過？他們是連中華民國的國號、國旗、憲政體制都想要否定的群醜；尤其，自己也不承認是中國人。你的切腹自殺死諫方式，能起得了什麼作用？還好及時送醫急救保住了性命。

身為退役榮民，理應懂得「死有輕於鴻毛，重於泰山之別」。筆者與陳春暉先生，雖然素不相識，只因他擁有榮譽國民身分，所以，我要不加思索的奉勸於他，理應鼓足勇氣活下去，才是我大中華的英雄好漢。況且，他還會寫信留遺書，應該算是知書達禮的人，心胸一定廣大，何不把心中鬱抑已久的不平憤怒，著成文字投到報章雜誌去控訴——來發為你的忠誠愛國之志，秉如椽之筆，撻伐鼠輩，相信總比妄自菲薄，無緣無故莫名其妙的切腹自殺，捨棄寶貴生命有價值得多了。

何況，他所指的那幾位民意代表，他們的所作所為僅為表演給投其票的選民——愚夫愚婦們看的。耍的猴把戲噱頭而已！難道值得你拿生命去換取他們的憬悟嗎？

「生氣重要還是生命重要」？這是對愛開快車者的警告詞。那麼，我要在此沉重而嚴肅地請教陳春暉先生，你的切腹死諫，是否起得了憬悟作用另當別論，是否對得起生身父母又是一回事。我要請教你的是，至少你是誠心誠意排隊瞻仰經國先生的遺容者，應該知道經國先生的遽然崩逝，還有許多未竟的志業，需要我們去來完成的。你的切腹死諫遺言給朱高正、費希平他們，這些人會替你負責嗎？所以我要竭誠的忠告你，你的切腹自殺是不智之舉，是最愚蠢率爾操刀的舉動。這不是我的譏笑；而是真正的忠言。在此，期盼你早日康復，堅強的站起來赴國難，才能告慰他在天之靈。

龍旗七十七（1988）年四月號第八六期

故總統的『大謀』何在？

余如雲

「五・二〇」暴力事件，朝野震動；凡心智正常的同胞，莫不為台灣社會的情勢而擔憂。

行政院長俞國華在事件的次日發表了一篇談話，表示對暴力分子要「依法嚴懲」。但同胞對這種談話已不再相信。因為自台獨集團組黨以來，已記不清多少次違法事件，行政首長照例是說「依法如何如何」一番，最後無不了了之。

俞國華的話當然更嚇不了存心搞陰謀的人。過去二年來，俞院長每次強硬的話，其結果只給對方多一次藉反擊而宣傳一番的機會；每次「依法處理」，其結果只給對方多一次集結群眾擴大實力的機會。在「辯證法則」指導下的政治鬥爭技術，最妙之處便是能運用對方的弱點，將不利於己者變為有利，小利於己者變為大利。今天在台灣搞陰謀的人，顯然擅長此道，所以勢力日益膨脹。而俞院長及一些技術官僚們顯然不懂此道，所以只有步步退縮、日陷窮途了。

因此，俞院長這次強硬的談話，不但嚇不倒陰謀集團；他們必然暗自竊喜：又一次發展的機會來了！君不見，他們已宣稱要鼓動更多的農民來台北「道歉」、「要求放人」、「要求嚴懲打人的警察」嗎？

「五・二〇」事件，波及到多名記者被暴民打。新聞局為此，邀請有關單位招開記者會，呼籲社會大眾要尊重新聞自由。但這個記者會卻演成被幾個人不斷追問「警察打人」的主題。〈民進黨〉發表聲明，所強調的也是「警察打人」，少數報紙大登特登的依然是「警察打人」。這就是「轉移問題焦點」的戰術，使無理者變有理，使不利者變有利。

讓我們回想當年的「美麗島高雄暴力事件」。民國六十八年十二月十日發生該事件，當時真是海內外沸騰，暴力分子人人皆曰可殺。但不到三個月，搞出個「林家血案」，從此，不但影響了軍事審判，而且對林家的同情成了海內外新聞的焦點。於是，軍事法庭的詳細對答通通在報紙上登出了，成了首次在國內公開宣揚「台獨」的大好機會。同年年底，「美麗島」分子的家屬竟然通通高票當選民意代表。被判重刑的人，漸漸被描成「台灣民主政治受難者」的英雄人物。從此，他們的勢力日漸增長，終於迫得故總統蔣經國妥協，放任〈民進黨〉成立，並宣布解嚴；最後人家還不感謝他，被氣死而後已。

回想前年十月間，蔣主席曾公開說「小不忍則亂大謀」，解說對陰謀集團不是軟弱，要求大家多忍耐。可是，今天他已離開了人世，他的「大謀」是什麼呢？恐怕已沒有人能知了。

如果台灣內部安全繼續惡化，如果國民黨實無什麼「大謀」，我們贊成周書府等七十多位立法委員和國民大會絕大多數的代表提議：政府應再宣布戒嚴！

龍旗七十七（1988）年六月號第八八期

可悲的「五二〇」事件

袁大戈（美國洛杉磯）

由台灣省雲林縣〈農民權益促進會〉主辦的「五・二〇遊行請願示威行動」，集合數縣農民二千人左右前往台北，演變成一場流血暴亂的大悲劇，令人痛心。

遊行隊伍由民進黨四輛宣傳車前導，以磚石木棍強行闖進立法院。並無任何口頭或書面陳述，不由分說，立即以暴力拆掉立法院招牌、砸破玻窗。進而妨礙交通、包圍警局、燒毀警車、毆傷員警、劫持記者為人質。繼而又到〈警政署〉門前叫囂，拆毀警政署及警務處銜牌，砸毀公用電話亭等等。

警方逮捕了現行犯一百多人，只有五個是農民。充分證明這次事件的背後是有一只看不見的黑手在操控的。這隻「黑手」敢於導演這次流血暴動，是經過許許多多次「投石問路」的過程的。

國民黨決意追求美式「民主」，忽視「法治」，一味寬容，天長地久，「寬容」變成「縱容」，「運動」變成「暴動」，此之謂「姑息養奸」。

去年「五・一九」和「六・一二」，暴徒毆打群眾，焚毀國旗，「民進」黨魁江鵬堅在國父紀念館廣場的宣傳車上肆意污罵蔣故總統，都不了了之。今年〈國安法〉通過後，朱高正帶頭率領暴民強闖資深國代住處，已嚴重違反〈國安法〉，構成犯罪。封建時代尚有「王子犯法與庶民同罪」之說，警方蒐證函送法辦，檢方「傳票」朱某拒不到庭應訊，台北地院至今不敢發「拘票」逮提，不知是朱某「不守法」，還是台灣沒「立法」，還是國府不「執法」？此之謂「有法不依，必有後患」。

暴亂中最精彩的片段是朱委員挨揍。旅美僑胞們聽到朱委員給人「修理」了一頓，躺倒在地，被送醫急救，莫不笑逐顏開，心花怒放，認為那位出手摑掌的「一毛三」警員能夠當機立斷，口到手到，劍及履及，實在難能可貴。這種勇敢的精神和正義的行動，值得敬佩！對付那一幫唯恐天下不亂的「黑手群」，就是要斬釘截鐵，一言九鼎，像俞院長「唯唯諾諾」、李總統「愛心處事」那一套，僑胞實在不以為然。

「民主樣板」的美國警察可以打人，受到攻擊時還可開槍射殺，殺死活該。這次台北暴民橫行，以磚石鐵片棒棍攻擊警方，混戰中尚無死亡，總算警方「有理有節」的了。

農民的要求有些未免過分，合理的要求國府應斟酌處理，過分的要求如耕地自由買賣，容易形成土地兼併，貧富兩極分化，產生新的地主和富農，從根本上推翻了以往的「土改」成果，違反了「耕者有其田」的政策，是不能接受的。

這次暴動是有計畫、有步驟、有陰謀的，目的不是為了農民權益，而是為了衝突打鬥，給流氓、地痞、幫派或刑釋分子一個發洩激憤的機會。以後，必然地還會有二次三次，直到國民黨解體，四十年生聚教訓盡付東流而後止。

龍旗七十七（1988）年六月號第八八期

立法院緊急提案

案由：

本院周委員書府、蕭委員楚喬、潘委員至誠、黃委員武仁等七十五人，為年來台灣地區暴亂頻仍，流血時起、毀損公署、毆辱執法、破壞公共設施、阻撓經濟建設，實已危及國家安全，影響人民生計，已有實施緊急處分或行局部戒嚴之必要，特向行政院提出緊急質詢。

中華民國七十七年五月二十七日

說明：

本（五）月二十日陰謀分子又利用善良農民請願機會，蒙混其中，遠從雲、嘉地區載藏大量磚、石、棍棒，開來台北滋事。開始即包圍立法院、警政署、城中分局等辦公處所，搗毀門窗、拆棄銜匾、燒毀警車、投擲燃燒物，意圖燒毀警局，破壞鐵路交通至郵電設施，毆傷維持秩序之警察及採訪記者數百人，造成台灣地區四十年來前所未有之大規模流血事件！而此一暴亂竟持續至隔日，顯見警察力量已不足應付龐大規模之暴亂，公權力受到嚴重之挑戰。況此等暴亂活動，正方興未艾，將使國家安全、社會安定、經濟發展與人民生活秩序遭受極其嚴重之威脅。國家已面臨危急存亡關頭，實已符合戒嚴之法定要件。茲特建議政府應適時發布〈緊急處分〉，必要時實施〈局部戒嚴〉，以儆懲不法，平息危機。

龍旗七十七（1988）年六月號第八八期

「雞首」乎？「牛後」乎？

冰三

俗諺云：「寧為雞首，毋為牛後」。用現代官場術語演繹，便是：寧願在小單位當主管，不願在大機構做幕僚。其中包含很多處世之道與為官哲學。不過，主管職位究竟粥少僧多。芸芸眾生，大都還是處於「牛後」地位。並非他們的聰敏才智與學業經歷不如人，只能說這是遭遇與機緣問題。迷信五行的人則說，這是個人生肖與五行生剋的命運問題。

提到生肖，說也奇怪。當代國之棟樑的大要們，輔弼先總統蔣公與經國先生的大臣們，以及擔任政府與社會要職的人士，肖牛的特別多。當然，生肖部屬牛而叱吒風雲，執兵符與掌印信、擔任重要職務的也大有人在。可是，自先總統蔣公時代算起，資料顯示，擔任部長級以上或相當於特任或特派職級、或對社會有特殊貢獻的人士，肖牛的人士可列入「國之大牛」者，已有六代之多，而能上「牛譜」的均非等閒之輩，豈非巧事。若也不信，請看下表：

第一代（一八八九年次己丑年）：張群。

第二代（一九〇一年次辛丑年）：谷正綱、黃少谷、陳雪屏、董文琦、郭寄嶠、張曉峯。

第三代（一九一三年次癸丑年）：王惕吾、沈昌煥、何宜武、汪道淵、林棟、沈之岳、周書楷、俞國華、孫運璿、高玉樹、鄭為元、張光世、陳建中、賴名湯。

上述第三代人物中，俞國華為一九一四（甲寅）年一月十日生，寅年原應屬虎，惟經查萬年曆，這年正月初十夜子時纔交進立春節氣，依子平推命法，俞院長既出生於立春節前，仍以上年癸丑生肖屬牛論命。

第四代（一九二五年次乙丑年）：丁懋時、王玉雲、邱創煥、吳化鵬、郭婉容、劉垕、關鏞。

第五代（一九三七年次丁丑年）：郭為藩、陳履安、張京育、魏鏞。

第六代（一九四九年次己丑年）：黃書瑋等。

除了以上各代的「智牛」群外，可能有很多「名牛」漏列，尤其第五、第六代的後起之「牛」，一定不在少數，有待發掘。

上面的「牛群」，具備下列共同特點：幾乎每一位都發揮了牛的美德——祇問耕耘，不問收穫；勤奮耐勞，忠誠謀國；自奉也儉，待人以厚；忍辱負重，鞠躬盡瘁。當然，「牛群」中也不免有偶爾擇善固執、發發牛脾氣的。但這無傷大雅，不因小疵而掩大德，而且絕大多數都是「智慧之牛」，僅一、二條「牛」擁有多金，但仍以「智」彰顯，足見輔佐元首或參與中樞大計者，需要「智牛」而非「金牛」。

以上所舉，僅就現有資料論列，容有漏網之「牛」，但已斐然可觀。巧合歟？天意乎？

想做「雞首」的，看了上述「牛譜」陣容，理應知所進退，順應其勢，「識時務者為俊傑」，把「毋為牛後」的俗諺改為「寧為牛後」，倡導「牛後」學說或主義，吃些「牛群」不吃的，或反芻後的殘草，安分守己，也可使天下平靜無事。其實跟在人家後面並不吃虧。老子說得好：「是以聖人後其身而身先，外其身而身存」。

問題是，如果甘願作「牛後」的，卻連「牛後」都高攀不上，則群心惶惶不可終日，勢將紛紛轉而爭為「雞首」。使原先持平之道難於維繫，昔日祥和之氣遂亦不可復得。

我們目前所面臨的正是大家爭為「雞首」的時代，如何使安於「牛後」的局面再度呈現，似乎應是今天的優先政治課題。

應請蔣緯國出任黨副主席

余如雲

吾人鄭重向出席國民黨十三全大會的代表們呼籲：國民黨必須要設副主席，大家應該支持蔣緯國先生出任此職！這是攸關黨國盛衰存亡的大事，人人應作明智的抉擇。

關於必須要設副主席的理由，龍旗已在前兩期社論分析清楚，使人心服口服。在上（八十八）期社論中也曾嚴肅地指出：「中央黨部有少數人反對設副主席，只代表了這種人的私和愚，應受全黨唾棄」。果不其然！六月十六日報紙登出「中央決定不設此職」云云。事實已經擺得很明顯：今天的國民黨已不是任何一派的力量所能操縱全局的；而明年大選就是面臨生死存亡的關頭，任何人想培養其壟罩全局的力量已沒有了足夠的時間。現在唯一能走的路就是大團結，由適當的人出任副主席則是形成大團結的關鍵。

吾人認為，由蔣緯國先生出任副主席，就是最適當的人選，必能促成黨的大團結。何以言之？理由有四：

◎人品可信賴

緯國先生為人坦率、正直、風趣，對民眾極有親和力，這是眾所周知的。尤其重要的是，他雖是軍人出身，但對中華文化有精湛的研究，尤其對「中道」有獨到的心得和身體力行表現。具有這種大中至正修養者，做人講道義、做事不走極端，是可信賴的品格。

◎學識閎通

緯國先生是國際知名的戰略權威、兵學專家，他在這方面的著作極多。由他創辦的〈中華戰略學會〉正是負擔了吸收世界戰略新知並加以具體實踐的責任；無論對台灣或對其他整個自由世界，都起了實質的貢獻。緯國先生不但在軍事戰略上學有專精，對哲學、政治、地理、歷史、心理、經濟等均有相當的研究，獲得知識分子們普遍的推重。由這樣的人出任副主席，自能提升黨的戰鬥力，矯正多年來「無力感」的缺失。

◎有助於黨內大團結

黨是主義理想的結合，也是實力和情感的結合。因為故主席逝世未久，今天國民黨必須著重在實力和情感的整合，才能形成大團結。緯國先生過去長期擔任〈三軍大學〉校長之職，近年又任國安會秘書長重責，均與國家的實質力量有深厚的淵源，由他出任副主席，自必增強國家武裝力量和情治力量對黨的向心力。又因為現今黨政軍幹部鮮有不是先總統蔣公或故總統經國先生直接或間接提拔起來者，早已凝成深厚的感情，由緯國先生出任副主席，自能增強黨的大團結。

◎有助於統一中國目標之達成

緯國先生不但在台灣極受民眾的敬愛，在國際和大陸上也具聲望；十億同胞皆知其人。由他出任副主席，自必增強國民黨在國際的號召力、對僑胞的號召力與對大陸同胞的號召力，有助於三民主義統一中國目標的加速進行。由他出任副主席，海外廣大僑胞和大陸同胞的「中國國民黨將漸變為台灣國民黨」、「國民黨也在搞台獨」之類的顧慮也就自然消解了。

總之，由緯國先生擔任副主席，無論客觀需要與主觀條件都是最妥當不過的。但有什麼理由堅決反對？反對者是誰？

據六月廿日《中央日報》社論所說不設副主席的理由，竟說是為了「黨內民主、鞏固領導中心」，黨今後要「集體決策」、「黨中央幕僚長，亦即秘書長監督所屬各工作會，負責研擬『政策備選方案』之重任」、「蔣主席逝世，黨即根據黨內民主精神推舉代理主席，基於此次經驗，我們認為本黨無需設副主席一職。」云云，完全是不成其為理由的「理由」。如果真是為了「黨內民主、鞏固領導中心」更應設副主席才是。

又根據可靠消息來源，六月十五日中常會討論黨章提案，只討論過維持「革命民主」問題，設不設副主席一事根本沒有提出來，但翌日報紙卻登出來「中常會決定不設副主席」！事有如此蹊蹺者，難道這就是「黨內民主」？

當然，積極干涉我國內政的某外國人必是反對國民黨設副主席的。因為那些帝國主義者數十年來用盡了種種方法，要「台灣國際託管」、「台灣脫離中國獨立」、「國民黨本土化」、「中華民國台灣化」等，說穿了無非是希望中國永久分裂，他們好從中牟取利益。國民黨如由緯國先生出任副主席，有助於中國的統一，恰好與帝國主義者的利益衝突，所以極力反對是必然的；帝國主義者透過其在國民黨內的自私政客來達成其卑鄙的目的，也是事所必至的。

望國民黨十三全大的代表們，人人拿出道德勇氣來！不要受自私政客所擺布，更不要受外國人所左右，為了黨國的前途，要堅決主張增設副主席！支持緯國先生出任副主席。

（本文曾抽印單張在國民黨十三全代會散發）

龍旗七十七（1988）年六月號第八九期

龍旗的奇襲行動

殷琦

七月六日下午二時，〈中國國民黨第十三次全國代表大會〉（簡稱十三全代會）出列席人員，在台北〈圓山大飯店〉辦理報到手續。為了防止台獨分子藉機滋擾，在通往圓山飯店的登山大道沿途，佈滿安全警衛人員，作了以防萬一的準備工作。

由於中央黨部秘書處根本不打算接受〈增設副主席〉的建議案，所以龍旗同仁乃毅然採取向全國代表們直接訴求的行動。

我們一行十人，由周湘蘋副社長擔任領隊；其中包括本刊同仁熊大任、司國泰與筆者；大家旅行社負責人曾慶金、經理邱應棻；還有關心執政黨前途的黃志奮父女、陳嵩仁及張永隆等人，分乘三部車直上圓山。在半途遭到重重的攔阻，費了好大的功夫才上到圓山大飯店。

◎圓山分發刊物

我們攜帶了以蔣緯國為封面人物的「龍旗」八十九期壹千本，每本夾有龍旗抽印單張，正反面印了：〈國民黨應增設副主席〉及〈應請蔣緯國出任副主席〉的社論與專論。我們以不同的方式，分組突破層層封鎖，終於順利登上二樓敦睦廳。當然主要是因為擔任安全警衛的人，基本上都是贊成我們的主張的；他們知道龍旗同仁多年來的忠貞表現，所以並不太為難我們。

開始分發「龍旗」以後，卻受到黨中央一些幹部三番四次的阻撓：

他們說：這裡不准外人進入！

我們駁：我們是黨員，不是外人，是回到自己的家！

他們說：這裡不許散發書刊、傳單！

我們駁：這是誰的命令？為什麼滿地散發著競選中央委員的書刊傳單？難道為私者可以隨意散發，為公者反而沒有自由嗎？

他們說：你們的主張違背黨的政策！

我們駁：你說的是什麼政策？難道黨有反對蔣緯國當副主席的政策嗎？還是你個人同蔣緯國有過節？

我們理直氣壯，弄得他們理屈詞窮，只好無言而退。

但是他們似乎並不因此而改變阻撓的初衷，竟請了飯店的管理人員出面，以我們「妨礙租借場地的客人」為由，要我們停止散發。

我們對飯店管理人員說：「這不是房間，而是貴飯店的大廳，是公眾出入活動的場所，我們在此，誰也無權干涉。何況，聽說你們圓山飯店的創辦人是蔣夫人，你們正是蔣氏的受惠者。我們來此表達要蔣緯國出任副主席的主張，難道你們反對蔣緯國不成？這是政治，你們做生意的最好不要過問！」

於是，我們大舉散發刊物與傳單，誰也沒有辦法阻止了。從我們手上親自接受「龍旗」的知名人士，除了蔣緯國本人之外，包括王昇、李煥、馬英九、戴瑞明、邱創煥、吳伯雄、宋長志、郝柏村、林洋港、錢復、李鍾桂、宋楚瑜、邵玉銘等人，都有禮貌地道謝。

唯一遺憾的是，筆者曾以士兵及下級軍官身分，接近過總裁　蔣公與蔣主席經國先生，而今天卻在親手向李登輝代主席奉上《龍旗》時，為便衣人員所阻止。

◎林口高掛標語

七月七日上午，〈十三全代會〉在林口舉行開幕典禮，應邀觀禮的來賓，連同出列席人員有萬人以上的大場面。

我們為了讓更多的人瞭解國民黨必須增設副主席，在前一天，漫畫家金志書（江南子）和楊進士兩人，連夜趕製了「增設副主席促進大團結」的長達三十台尺大型布幅標語。

當日清晨六時卅分，本刊總編輯金志書帶領筆者與社務委員陳毅聰、業務經理熊大任一行四人，乘了一部計程車向林口直駛。

當車抵林口長庚醫院外圍時，即遭遇警方人員阻擋。經過三次迴旋行駛，仍然無法突破，只好改作下車徒步前進。進入封鎖線後，立即受到便衣人員包圍。陳毅聰理直氣壯地與他們據理力爭，對方有人嚷著要錄影蒐證，筆者一面請他們不必緊張，一面自動將布幅拉平在地上，當中間的青天白日黨徽出現時，才使警方人員鬆了一口氣。等他們照完相（蒐證）後，我們再重新摺好，準備繼續前進，好找個適當的位置掛上去。但安全人員依然不准，雙方爭論多時不得要領。不久桃園分局長親自出面溝通。我們三人護衛著「黨徽」向後方轉進，現場則由金總編輯單獨「談判」。

十分鐘之後，我們選擇了長庚醫院外面工地的鋼板圍牆，終於掛上了「增設副主席，促進大團結」的布幅。當便衣人員再度干涉時，也無可奈何了。於是我們就在攝氏三十七度的烈日下，守護著這幅標語，眼看著數百輛車隊逶迤而來，車內的人都被窗外的巨幅標語吸引住了。車子一過車內即議論紛紛。

為了讓所有的人都看到標語，我們守護的四個小時，直到典禮完畢，車隊回程又經過這幅標語。估計，乘車兩側的人都有機會看到了這標語，我們才達成了任務，回到台北已是下午一時半了。

這是兩次「奇襲」式的行動，為的是伸張我們的主張。事後，中央有人認為我們這種行動「不適當」。我們卻想反問：元月間中央既然可以用「奇襲」方式推選了李登輝為黨的〈代主席〉，為何忠貞黨員卻不能以此方式來表達「增設副主席」的訴求？

龍旗七十七（1988）年八月號第九十期

李煥的懊惱

本社

據八月廿八日《自由時報》所載，國民黨中央秘書長李煥於廿七日對三位訪美歸來的國大代表鄭重表示，「世台會」在同月中旬回台北開會，他個人是贊成的。他原希望「世台會」多談政治、經濟、文化以及社會等方面的革新問題，不料他們始終大談「台獨」，痛罵國民黨，把政治說得一無是處。李煥「因此而挨罵，有好人難做之嘆」。

李煥並指出：本來他們這種鼓吹台獨行為，當局可以依法處理，但顧慮到政治上的和諧，為了避免可能發生的衝突，當局容忍下來了。但這並不表示執政黨怕事，「執政黨希望用其開朗的胸懷，換來反對者的共識：台灣獨立會有前途嗎？」云云。

如果上述新聞報導不虛，李煥的懊惱當可想像。其實這不是李煥個人的懊惱，而是國民黨全黨的懊惱。這種懊惱是多少年來姑息養奸的必然結果。瞻望未來，除非國民黨改變因循姑息的作風，重振革命精神，對叛逆分子採取有效的對策，這種懊惱就成為有益的教訓。否則，這懊惱必然越來越重，到最後必將葬送黨國的一切，迨可斷言。

回想十年前（民國六十七年十二月十日）在國民黨十二屆四中全會的開幕典禮上，蔣故主席曾鄭重地宣示過：「認定『台灣獨立』是背叛國家民族的意識與行為，決不容許其蔓延……必須加以清除」，曾幾何時，蔣故主席現在已逝去，十年來的事實演變卻恰好與他的宣示相反，「台獨」勢力不但漸漸蔓延，而且屢屢運用國民黨的錯誤政策而獲得了「飛躍發展」的機會，終成為今天不可收拾之勢。這是誰為之，孰令致之者？

「台獨」的根源，當然來自帝國主義者要永久分裂中國的陰謀。蓋任何帝國主義者，沒有不希望中國永久分裂的，因為只有這樣，才符合他們的「長久利益」；更沒有不希望在中國人的政權中培植親己之漢奸勢力的，因為只有這樣，才符合他們的「現實利益」。「台獨」既是這種陰謀下的產物，所以它的本質就是漢奸叛逆，所以它受到帝國主義者的豢養是必然的。國民黨多年來在這種外來的強大勢力壓迫下，而對「台獨」集團不得不審慎處理，也是可以理解的。然而，審慎不等於寬容，再大的寬容也不能毀法。蓋法律不只是「民主的基石」而已，根本就是任何制度的社會的「最後堤防」；如果執政者正是去破壞「堤防」的人，試問危不危險？何能避免「禍水決堤」？又有誰能挽救？令人寒心的是，多年來，國民黨對「台獨」叛逆的處理上，正是重複同樣的錯誤政策，不斷扮演著一個「自掘堤防」的角色。

就以這次「世台會」為例。在他們回國之前，曾由行政院副院長施啟揚出面與「台獨」分子溝通，要求他們保證遵守〈國安法〉等不得宣揚分裂國土的「台獨」主張。對方不但不答應，反而以「人民有主張台獨的自由」而反唇相譏。到了將近開會時，又由李登輝總統親自出面，公開宣示「如有違法行為，一定依法處理。」由此足證，這撮叛逆存心就是要向法律挑戰而來的。當局也預先了解此事。但為什麼依然核准他們回來？在兩天（八月十九、廿日）的會議期間，「台獨」的呼聲壓倒了一切，猶且不說；會後，那撮人且嘯聚街頭，公然以示威的方式來表達其「台獨」的主張。這種種舉動，無疑是徹底的違法行為，執法者絕對沒有放任的權力，可是正如李煥所說的：「當局可以依法處理……當局容忍下來了！」

問題還不止如此！當局正在「寬容」街頭的台獨分子的違法行為的同時，高等法院忽然「選」在此時（八月廿七日）宣判蔡有全、許曹德的「主張台獨叛亂者」更審案，各處有期徒刑七年四個月及四年八個月。主事者也許以為這樣的「巧安排」對「台獨」集團有打擊效果、對群眾有教育（使大家知道台獨是有罪的）作用。殊不知恰恰相反，群眾看到的是法律有著「雙雙重標準」：「世台會」分子更嚴重的「台獨叛亂」行為無罪，而蔡許案卻成了「殺雞儆猴」的樣板。「台獨」集團更趁機抓住了反擊的藉口，於是產生了黃信介等人控告陳立夫、趙耀東「資匪叛亂」的胡鬧而聳動視聽的案件！如是演變下來，更降低了法的威信，其「毀法」將不知伊於胡底！試問古今中外有如此無原則的「執法」乎？有如此混亂可笑的「用法」乎？法治堤防不崩潰尚可得乎？

上述例子，並非特例，幾乎是十年來一再重複發生的事了。否則，「台獨」叛逆勢力何至於演變到今天的壯大地步？總括而言，國民黨應負重大的責任，迨無可疑。這也就難怪，許多有識之士懷疑，國民黨雖然表面上反對「台獨」，實質上是在以迂迴的方式在培植「台獨」了。這更難怪，一些知識分子直指國民黨內有些人為「B型台獨」，而且中共又透過熊玠的口來說國民黨是在搞「獨台」了。

李秘書長說得對，「台獨」是絕對沒有前途的。但是大家必須要確認：一個「沒有前途」的意識形態並非不能起巨大的破壞作用；共產主義就是一個最好的例子，它只是根本不可能達到的幻想，但此種謬論卻危害人類已經七十年。同樣的，一個「沒有前途」的集團必非不能為禍一時，歷史上這類例子府恰皆是。顯然，「台獨」勢力今天已發展到嚴重危害國家安全、人民的福祉與民族的前途了！如果國民黨再不以反省過去「反對台獨實質培植台獨」的教訓，研究出一套有效的策略來；繼續以「這是社會轉型期不可避免的現象」之類的論調來綏靖良知、說什麼「希望他們迷途知返」之類不切實際的話來掩飾無能，豈止李煥將繼續懊惱而已？台灣二千萬同胞很快就沒有自己的前途了！

龍旗七十七（1988）年九月號第九一期社論

中國人的世紀

穆超（立法委員）

－編按－〈人生哲學研究會〉加拿大總會於一九八八年八月二十日，舉行成立六週年紀念大會，由理事長陳愛光主持。本文係世界總會秘書長穆超書面講詞。

西洋人自第十九世紀起，即對中國前途抱有很大的希望，因為中國有優越的文化和地大物博人口眾多的特點。西洋人推崇中國的證言甚多，茲略述如左。

◎斐納的證言

十九世紀著名的學者斐納，在所著《科學在社會之功用》一書中說：……以中國人治事嚴謹的態度，忍耐的習慣，中庸的德行，可以預期中國對於科學的貢獻，決不在歐美之下。近年有一種新思潮與科學發展同時並進，這是一種積極的批判的人文主義。中國文化將藉此新的孔學與科學二者合流，而復興起來。相信這種文化對於當前世界種種難題，會有適當的對策，至少對於難題的解答，會有補助。

斐納所說：「批判的人文主義，中國文化將藉此新的孔學與科學二者合流而復興起來。」正是人生哲學研究會所進行的方向。

◎艾默生的證言

二十世紀初期的美國學人艾默生說：

中國歷史上有好幾種偉大的發明。在天文學上，中國亦有貢獻。至其歷史紀載的悠久，則為他國所不及。中國過去於自然現象的探究，用力過少無庸諱言，但幾千年來中國學人終身致力於學術作深邃宏遠的思索者，何可勝數。一旦中國學人轉移其心力於大自然方面，則中國的科學研究，定能有加速度的進展。

我國的自然科學，在滿清時代確實落後西洋很多，但是至民國成立後，對自然科學的研究，已加速進行。中國的國父孫中山先生說：「對西方的科學，要迎頭趕上。」

◎葛量洪的證言

一九六〇年前後，英國駐香港的總督葛量洪，在美國紐約工商界歡迎會席上說：

十九世紀屬於我們英國人，二十世紀屬於你們美國人，二十一世紀將屬於中國人。

又說：

當二十一世紀到來的時候，這個世界上將有十億中國人，這十億中國人的刻苦耐勞，努力奮鬥的精神，遠勝過美國人和英國人。世界上的華僑，在清朝和民國初年，從未獲得政府的保護，出國的時候連護照都沒有，他們既然沒有移民的計畫，也沒有足夠的川資，隻身到海外去謀生，克勤克儉。奮鬥若干年後便能掌握著當地的經濟權，從印尼、馬來亞、新加坡、泰國、越南到菲律賓，全是如此。而英國和美國的僑民，在政治保護之下，有殖民制度，有優惠的條約，有軍事的支援，但是，成效並不如華僑優異，更不能取得當地人民的合作與信仰。英國之所以能在十九世紀稱霸，是因為十九世紀的動力是蒸氣，而蒸氣發動的原料是煤，英國在十九世紀產煤量最豐，有「黑英國」之稱。二十世紀已進入電氣時代，主要的燃料是石油，而美國的石油產量最富，二十一世紀將為原子時代，原子動力的資源為鈾，而鈾的產量以中國的新疆和拉達克最多。

上述葛量洪的演講，據悉很得到美國人的同意，美國國會把這個講稿，列入美國的國會紀錄。

中國有一千一百四十一萬八千一百七十四平方公里的土地，佔亞洲大陸的四分之一。佔全世界陸地的十二分之一。今日中國的人口，已經超出十一億人。計中國大陸有十億六千萬人，台灣約有二千萬人，華僑約有三千萬人。至於位置的優越及資源的豐富，又是其他任何國家所不及的。就製造原子的鈾產藏量來說，有一百二十億公噸以上，超過美俄兩國儲存量的總和。以上是未來中國人世紀的物質條件。此外尚有優異的精神條件，就是中華道統文化。

◎ 羅素的證言

英國大哲學家羅素說：「在第一次世界大戰之後，對於在科學那麼發達、宗教勢力那麼深厚的歐洲，為什麼近代的戰爭總是從那裏開始？在歷史那麼悠久，人口那麼眾多的文明古國—中國，為什麼近代總是受人欺侮？」羅素對上述兩項問題，曾發生困擾。但是當他來到中國講學時，經過一段時間的觀察與研究之後，終於找到了答案。他說：西洋的文明是征服自然的，中國的文明是順應自然的。征服自然的念頭，不是被支配，而是去支配。順應自然的念頭，不是去支配，而是被支配。去支配的念頭產生科學也產生衝突和戰爭，被支配的念頭，卻相反是逆來順受。所以沒有產生科學也沒有產生衝突和戰爭。

又說：

西洋人的長處，是科學的方法，中國人的長處，是合理的人生觀。吾人希望是能以二者合一。

上述西洋人的長處，是科學方法，中國人的長處，是合理的人生觀。人生哲學研究會的工作，就是研究建立合理的人生觀，並致力研究科學與人生哲學的合一。

西洋人因支配慾太大，產生衝突和戰爭，所以西洋人不容易統一、形成大國。就歐洲而言，歐洲的土地面積有 10,241,366 方公里，其中有大小國家三十七個（白俄羅斯及烏克蘭不在內），其中最小的國家——直布羅陀，只有 5 方公里土地，摩納哥只有 15 方公里，聖馬利諾只有 98 方公里的土地。但是中國有 11,418,174 方公里土地，比整個歐洲尚多出 1,176,808 方公里，只有一個國家。又如日本有土地 377,619 方公里，只有一個國家。可見歐洲人衝突多，不容易統一。

但是衝突對立，是互相都不利的，所以目前歐洲的十二國共同市場，就是由分而合的一種運動，相信歐洲共同市場的國家還會增加的。

◎ 湯恩比的證言

英國著名的歷史哲學家湯恩比，於一九七〇年一月在《美國之路》月刊上發表〈世界展望〉一文，他說：

二十年後可能有一個世界性的政府，中國具有最悠久最成功的歷史傳統，數千年間能以使億萬人融合無間。所以中國人以此傳統為基礎，將來爭取統一世界的機會也最多。

湯恩比認知中國民族具有偉大的包容性，數千年來，以優越的文化，同化數十種異族，形成中華民族。不僅將來爭取統一世界的機會最多，而且這個世界非中國文化不能挽救，因為孔子的大同世界，就是統一世界的最好藍圖。

人生哲學研究會的宗旨，即在促進大同世界。而且在大同世界之上，建立一個人間天國，促人性向神性演進，促人類加速進化。

◎何浩若的證言

我國的何浩若教授，於一九七〇年在〈未來世局與中華民族前途〉一文中，對葛量洪的意見補充說：

核子武器變更了現代國家的戰略地位。在這一轉變中，不論世局怎樣演進，中國已成為世界最大的強國之一，而且無法改變他的地位和重要性。在核子戰爭中，構成強國的條件，首先是地域廣大和人口眾多，必須有幾百萬平方公里的土地，和幾億的人口才能經得起核子武器的考驗。這一個廣大的地域還需要良好的地理位置，和豐富的天然資源。單祇這些條件還不夠，這一人口眾多地域廣大的國家，必須有進步的科學技術和工業生產能力，同時還需有良好的軍事設備。因為人類智慧相差有限，後面的兩個條件只是時間問題。根據社會進步的原則，落後的國家遲早會工業化的。至於科學技術的發展，假以時間總可以造出同樣的洲際飛彈。構成原子時代強國的條件，最難能可貴的還是前兩項，這是天賦的。

◎王家駒的證言

另有王家駒教授，對葛量洪所說：「二十一世紀是中國人的世紀」的意見，他堅信到了二十一世紀，中國躍居世界第一富強的地位。更堅信湯恩比所說，二十年後可能有一個世界性的政府，而中國人爭取統一世界的機會最多。他說：

我民族確已很古就產生了「公」的觀念，數千年來談公

的理論非常之多，最具體的，即是《禮運大同篇》。我們根據大同篇的原理原則，盡力提倡破私為公，達到人類合理的生活。如此人類的總問題，就自然解決了。

又說：

我民族有以「天下為公」的雄心壯志，有「捨己成仁」的俠義作風，有摩頂放踵、利天下的精神，有寬大能容的度量，有以德報怨的心胸；不輕視異族，慷慨大方，厚往而薄來，抑強扶弱，憐貧恤寡。而尤其是愛好和平，這也是我民族能解決世界總問題的優良條件。我民族具有此種優良條件，必然能團結世人，協調人我的關係，使之互助合作，使所有世界各民族和平相處，永絕禍亂。

以上是中華民族精神的特點，構成優越的中華文化，負有以思想挽救人類的使命。

◎卡魯姆的證言

據今年七月十六日《星島日報》登載法國克里斯托夫、卡魯姆，在世界報中發表的論文說：「中國醒來之日，將是世界震驚之日。」他說：

台灣、香港、新加坡與日本、韓國，一起成為當今世界經濟的冠軍。這些中國人在亞太地區的經濟貿易領域裡，已經佔有統治的地位。……中共當局已不再堅持奉行僵硬的馬克思主義意識形態。並打算以經濟改革帶動政治體制的改革。

又說：

中國工人能適應各種技術性工作、比西洋工人具有更大的機動性，更能承受條件艱苦的工作。

他作結論：

要承認中國文化系統是傑出的，在心靈感應，知識層面，因果關係等方面，尤其如此。

克魯姆的觀察是深刻的，他承認台灣、香港、新加坡與日本、韓國，都是中國人的血統。並說中共已不再堅持僵硬的馬克思主義，並打算以經濟改革帶動政治改革。因為僵硬的馬克思主義，只是一個假設或一個神話，既然違背人性，亦違背科學，必然走入消滅的道路，證明三民主義必定能統一中國。

克魯姆更強調中國人具有機動性，並能承受艱難的工作。他承認中國傳統文化的傑出性，不論在心靈感應，知識層面，及因果關係等各方面，都很傑出。老子的《道德經》，早已被西洋公認是人類最高智慧之書。中國的五經四書，都是傑出的中國文化。

◎陳本苞的證言

天主教〈輔仁大學〉陳本苞教授在〈中國世紀的來臨〉一文中說：「整個世界正在走向大同，和中國政治哲學的最高理想，及三民主義的終極目標正好吻合。」

我中國自堯舜的選賢讓位政治開始後，以「允執厥中」奠定道統文化的基礎，至孔子發揚光大，提出「大同世界」的偉大理想。國父革命後，以繼承自堯舜以來的道統文化，提出三民主義的建國理想，不僅為中國所需要，亦合乎整個人類的需要。據陳本苞教授在該文中闡述三民主義的優越性四點如左：

1.具中性而不走極端。國父於民國十年在桂林對共黨代表馬林說：「中國有一個道統，堯、舜、禹、湯、文、武、周公、孔子，相傳不絕，我的思想，就是這個道統。」所以它不像其他主義的偏激、走極端。

2.具容他性而不具侵略性。三民主義乃師承中國固有文化的傳統精神，而「己立立人，已達達人」、「己所不欲，勿施於人」的恕道，所以它的終極目標、是在促進國際地位平等，而達世界大同。

3.具永久適應性而排除時空性。三民主義的哲學基礎就是「以民為邦本」的民主主義，這是從古到今，甚至未來，永遠不會改變的根本問題，這就是三民主義的永久適應性。

4.具體整體性而不是部份的枝節。三民主義所要解決的問題，包括種族的、政治的、經濟的、社會的、文化的，而且是所有問題一次解決。

◎中國人世紀的來臨

中華民國自民國三十八年由大陸撤退來台灣後，實行三民主義，政治民主、經濟自由、教育平等、人盡其才、地盡其利，國民所得逐年提高，自民國五十一年到六十八年之間，實質生產毛額平均每年增加百分之八・五，在亞洲各國中，僅次於日本，排名第二。六十八年度的對外貿易總額為二百一十億美元，在世界貿易大國中列第十二位。至去年底止國民所得已逾五千美元，但是大陸只有三百美元。七十八年完成十年經建計劃時，外貿總額將達二千億美元。

台灣的土地，只有35,691方公里，人口不足二千萬，世人對台灣建設的進步，稱為奇蹟。反之，中國大陸則落後於中華民國三十年至五十年之距。中共政權早已發生「三信危機」，知識份子有機會則投奔自由，三民主義統一中國只是時間問題。

據稱印度聖雄甘地的孫子，某年來台灣訪問時，於閱讀三民主義後說：「我曾遊歷歐美民主國家，總想能找到一種主義，把馬克思主義打倒後，能起而代之，以適合人類需要，可是終無所獲。不料到了台灣，竟然找到了三民主義。這個三民主義，足可以滿足人類的需要。」

◎迎接中國人世紀的新理論

〈人生哲學研究會〉於民國三十年（1941）創始之初，其宗旨條文十分簡單，其最終目的，乃在實現「理想國家」，促進「大同世界」，本會的宗旨條文，一再修改，至民國七十一年修正確定其原文如左：

「本會以愛為出發點，追求真理，闡揚人生真諦，瞭解人生終極目的，提倡倫理道德，提高精神生活，建設幸福家庭，實現民主法治富強康樂之理想國家，促進真善美聖和平繁榮之大同世界，建立人間天國為宗旨。」

本會宗旨條文的特點，出自《大學》一書的「三綱八目」一段，證明本會有組織的實行儒家思想。大學三綱八目的目的，在「平天下」，建立「大同世界」，國父則以實行三民主義來實現大同世界。

但是本會在大同世界之上，另增加「人間天國」的一個境界。因為大同是聖賢境界。本人依佛教：「一切眾生，悉具佛性」的教義，提出「人性佛性化」理論。人性佛性化就是「人性神性化」，佛性即神性，神性即佛性。本人認為神佛，係同一境界。

因此，本人以儒思想為基礎，融合佛教及基督思想，建立「人生哲學理論體系」，這個人生哲學理論體系，促進宗教、哲學、科學三者合一，解除宗教與科學的衝突，並使東西思想合一。所以本會的理論，是救世的新思想，也是迎接〈中國人世紀〉的新理論。

龍旗七十七（1988）年十月號第九二期

王作榮的讜論

余如雲

《龍旗》連續二期都登有香港方面批評王作榮教授的文章。王教授在香港那次座談會上的發言，或許對香港情況不夠了解，或許個性耿直而言者無心，致使香港許多右派的朋友有「受傷害感」，故而發出了不平之鳴。這實在是不幸的事。但如果香港的朋友們看到十一月八日台北《中國時報》第二版王作榮的大作〈談資深民代退職與大陸代表問題〉，相信對王教授的看法會大為改善了。

多年來，中華民國的資深中央民意代表（國大代表、立法委員及監察委員）長久未能改選問題，已經不知發生了多少暗鬥與明爭，而爭鬥中又不乏意氣之爭。而現在「退職方案」已提到立法院議程上，最後是否能妥善處理，情況並不樂觀。

在政府遷台不久，陳誠先生當時就曾在一項內部會議上公開說過，不惜「解散國會」而要組織「軍政府」。他這種一時之氣的言語，曾引起激烈的反應。國民大會中有識之士力加反駁，痛陳組織「軍政府」等於自棄名正言順的法統的危險性，陳誠才作罷論。

稍後，蔣經國先生實際主政之初，亦因為看到國會少數人表現令人不滿的偏面，而產生一時之氣的想法，曾與國會議員（尤其國大代表們）的關係搞得不太好。結果他在「高人」指點之下，才了解問題的全局，立刻改變態度，積極地改善與國會議員的關係。這是經國先生睿智之處，設非如此，日後他可能不會這般順利當上總統。老中央民意代表們絕大多數是追隨先總統蔣公的人，把對上一代的擁護力順利地轉移為下一代的支持者，像經國先生能做得這麼好，實在不簡單。

以上所說的，不過是說明過去「暗鬥」的嚴重例子。下面再說「明爭」問題。

公開以辯論方式，提出改選中央民意代表問題的，應追溯到民國六十年退出聯合國後。從此，這個問題就公開爭論了十七年之久。激烈人士們，包括「台獨派」、「自由派民主人士」等，不斷主張「全面改選」。國民黨方面當然反對「全面改選」，但也非像一些人所說的「堅持法統到底」，而是望以「增補選」方式做「緩衝劑」，然後將這個問題盡量往後拖延，直到由「自然解決」為止。在一時沒有辦法中，政治問題做這樣的處理，可能是聰明的做法。但不幸的，現在國民黨本身已起了「質的變化」，一些與原來對立面同一心態的人成了黨內的有力人士，這批人的主張已和國民黨的敵人的主張沒有本質的不同，只是「五十步與百步」之差：人家喊「台獨」，他要做「獨台」而已。因而，現在黨已經不再堅持原來的「自然解決」路線，於是急急忙忙趁經國先生大喪未奉厝的「微妙時刻」，打著「遵奉遺命」的名義，在元月間匆促地透過中常會通過「充實中央民意機關方案」。

這個方案通過之後，遭到強力的反彈。許多資深代表發言表示反對，報章雜誌也不乏反對的議論。但綜觀這些維護法統的言論，像王作榮教授這篇文章寫得這麼好的，實在是未之見。

王文直率地指出，這個「退職法案」是黨政幹部欠考慮所提出來的一個「餿主意」，對資深民代「直接羞辱」。他鞭闢入裡地指明，「這不是一個退職條例之爭，而是一個全面改選之爭，政權徹底移轉之事，建立『新而獨立的國家』之爭。」

他提出了很有見地的主張：退職條例不能只適用於資深民代，應該仿效其他民主國家的做法，讓這個法案成為「民意代表的退休給與與制度」，因為民意代表也是廣義的公務員，做了一定期間能退休是應該的。他言下之意，是唯有如此，才使這個法案不是專為資深民代而設的，才沒有「羞辱性」，才不是「因人而立法」，而是為了長治久安而立制。這見解是卓越的。

他又說，反對「設置大陸代表」實際上是為了建立一個「新而獨立的國家」，這是一條禍國殃民的死路，必不可行。它即使一時成功，也很可能像「萬頃楓林，遠遠望去，一片綠色，令人意氣飛揚，而一夜秋風，盡化火紅。更有可能雙凋碧樹，綠色才出現沒有幾天，便為嚴霜所凋謝了。」為什麼？因為中共不會坐視，再加上「祖國臍帶」強大的感情力量不能除去之故。所以，他認為，縱使設大陸代表「有悖民主政治原理」；但為了台灣前途，為了人民的利益，依然要設大陸代表。政治理論是為實現需要服務的，不顧生民塗炭的危險性去迎合理論，那是書呆子的行為，王教授能見及此，絕非書呆可比。主張「不設大陸代表」最力的馬英九等人，不知作何感想？

他最後指出，台灣前途有兩大危機，一是內部的道德、倫理、規範、法律制度等在少數愚蠢而自私的人破壞之下，已經在迅速的解體。二是中共的「統一壓力」不斷在強化。因此，如果不放棄「建立一個新而獨立的國家」（指台獨）的夢想，本省、外省、朝野上下如果不能團結，台灣前途就難測了。這是完全正確的結論，應是任何人駁不倒的真理之言。

王文不只義理周全確當而已，用字遣詞更活潑動人，在字裡行間透著「弦外」之深意。例如他奉勸老代表那一段，是這樣寫的：

我們也知道這些資深代表，當年揮戈中原，躍馬長城，北伐抗戰，氣壯山河。但是浪淘盡千古風流人物，衰老殘年，淒涼晚景，雲封鄉間，浪阻歸程，英雄末路，千古同慨，認了吧！連蔣經國總統都要宣布放棄老總統給他的籍貫，自稱是台灣人，雖然未被接受；則此時不下台，更待何時？

這明顯講的是「反話」，讓人讀來有百般的感慨與無盡的蒼涼。積極奮發的行為常生於深刻的感悟，王教授為此言，可能是想激勵人們的奮發吧，故筆者謂為「反話」。

總之，王教授的讜論是值得大家一讀的，尤其黨政當局更值細心研究的；在這「退職法案」即將在立法院上場的關頭，這篇文章或許有助朝野作正確的選擇。也望香港的愛國朋友們，對王教授另作一番評估，到底不為「潮流」所惑而敢講真話的耿直之士已不多了，即使有所失言也是應該諒解的。

龍旗七十七（1988）年十二月號第九四期

鄭元澤的大勇

林中維

最近報載，榮民上校鄭元澤老先生，以愛國憂時的情懷，感慨目前社會脫序混亂，留下一字一淚的遺書，於十月三十一日清晨在台北市西門圓環陸橋上引火自焚，以示對少數人士顛倒是非、製造社會不安的嚴重抗議。此一壯烈行為，震撼民心，已引起社會各界廣大的關切，亦替絕大多數民眾表露了心聲，更為執迷不悟者敲響了警鐘。

「人生自古誰無死，留取丹心照汗青」。死，有輕如鴻毛，有重於泰山；榮民鄭老先生以自己寶貴的生命，為了向社會以及腐蝕的人心提出苦諫，不惜犧牲自己；他的死，決不是輕生，而是一項慎重的決定、大勇的選擇。他這種勇氣與義行，堪稱英烈千秋，深植所有國人欽佩。本人對他的自焚，雖不表贊同，但對他的愛國情操，則肅然起敬。

鄭老先生是安徽省人，現年七十三歲，民國三十八年隨政府來台。家有妻、子、媳婦及兩個聰明可愛的孫兒，家庭美滿，並不像少數報刊所稱不能適應新時代的「孤獨老人」。他身體狀況良好，理應含飴弄孫、安享晚年。其所以如此，不僅是因為他留書自焚的「死諫」方式，而是感於他遺書中所表現的一片忠誠。凡是具有良知血忱，而又常懷憂時憂國之心的人，實不多見。其對國家的耿耿忠心，對社會對同胞的的戚戚關情，直可驚天地、泣鬼神，堪稱「義士」而無愧。

自古艱難唯一死。在歷史上，我們看過太多貪生怕死之輩。然而這位榮民上校，卻能夠看破小我，能可犧牲自己以「喚醒民眾，共同奮鬥，進而捍衛國家」大我的生命，其精神氣節，正如同在戰場上奮戰到底，以身殉國的戰士，真正足以垂芳百世，名列千秋！

鄭老先生遺囑認為，唯有安全的國家，才有安定的社會。他念念不忘的，就是要大家團結和諧，辨清真理，不為別有用心的人所利用，要為國家多奮鬥。他目睹當前社會少數偏激分子遊走法律邊緣，動輒走上街頭，充滿暴戾之氣，弄得是非不分、公理不彰，於是深感悲痛，而不惜以死相諫，希望藉此能喚醒沉默大眾，挺身而出，駁斥邪說謬論，撥亂反正，維護真理。其用心之苦真是令人感動。

在他的遺書中，鄭老先生自稱「不甘沉默的老人」，相信，社會上不甘心繼續看到邪惡囂張的人必定很多。從今以後，我們應如何化悲憤為行動？如何不怕邪惡、不怕恐嚇，切實振作精神，以正氣克服邪氣，以「捨我其誰」的氣魄，掃除暴力？唯有全體國人，彼此要能真正團結，動員起來，大家一起支持政府嚴正執法，激濁揚清，力挽狂瀾！同時呼籲少數民意代表暨分歧人士，從此能切實放棄街頭脫序運動，不要在民主殿堂興風作浪，信口雌黃，而真正以良心理性自我節制，形成健康而忠誠的反對黨。這樣，鄭老先生之死，不只是感慨和哀悼，而是真正以行動拯救時艱，才能告慰他在天之靈。

龍旗七十七（1988）年十二月號第九四期

七十八年

李登輝是「領袖」嗎？

殷琦

今年元旦，很多團體及黨員同志收到了一份以中央黨部組工會主任關中名義發出的賀年明信片。它以「革新求進步・奮鬥爭千秋」為主題。圖案採用總理、總裁、蔣故主席遺像及李主席肖像為主題，明顯地有把李主席列為國民黨的第四任領袖之意。

新年假期以後，筆者聽到多位同志、同胞質疑，認為把李主席突顯為領袖的形象，並不適宜，且對李主席個人有害。因為「領袖」一詞重在精神信仰的形成，這是要功勳德業到了一定程度才能達到的。「實至」才名歸，未有足夠的精神及信仰便受此大名，這就是「愛之適足以害之」，古人教訓，不可不知。

以蔣故主席經國先生一生為主義盡忠、為人民服務的犧牲奉獻成果，其功勳德業足夠成為全黨公認的領袖。但他在接任黨主席之初，尚且鄭重宣布：「中國國民黨除了總理、總裁之外，以後不會再有領袖。大家都是同志，都是為黨服務。」李登輝先生是經國先生一手培育的人，他

□中央組工會發的賀年卡

對經國先生的思想、見解、為人、處事，豈會沒有充分瞭解？李先生在黨內經歷未久，接任主席為時更短，一下子強調其「領袖」地位，等於說他已經超越蔣主席，這是有大害的。

這張明信片的設計，應該不是出自李主席的本意，問題出在一部份黨內人士。趙少康等增額立委，他們於蔣故主席逝世「頭七」之內，就採用公開作秀方式，連名在報上發表一份〈中國國民黨不可一日無領袖〉的聲明，強行塑造李登輝總統的「領袖」地位。他們為什麼要急捧李登輝為領袖？只有兩種可能：1.李總統授意。2.自作主張，無論哪種，都是不離趙等人的幼稚不識大體。

我認為，領袖的地位，是為國家民族立下大功勳而自然形成的。總理推翻二千多年的帝制，創立了中華民國，其領袖地位是當然的。總裁打敗了日寇，廢除了全部不平等條約，使中國成為世界五強之一，其領袖地位也是必然的。試問今天李主席以何功勳而可稱為「領袖」？

黨部設計一張這樣的明信片，也許有人能解釋為不是突出「領袖」的形象，只是表示元首的傳承。但這麼說也不通，因為當過我國元首的還有林森主席、嚴家淦總統在，為什麼又不列上去？

總之，這張傳單的設計，是不適宜的，關中先生應檢討！

龍旗七十八（1989）年二月號第九六期

一位真正的愛國者—可敬的朱文琳先生

勞政武

元月廿八日（星期六）近中午時分，龍旗同仁正忙於將在下午及晚上舉行的兩項會議的準備事宜，忽接政大國關研究所一位先生來電告知：朱文琳先生已在今晨病逝。這真如晴天霹靂！人人心中十分難過，那兩次會議當然受到深沉的哀悼情緒影響而不能開好；整個春節假期也不時想起文公的一切，再無年節的歡樂可言。

早在十多年前，我尚在台北議會服務，公餘為報刊寫文章。為了充實自己，每見報上有政論性文章必細讀。文公發表的對大陸政情分析文章，是我必讀的。因其內容深入精闢而有見解，其行文簡潔明快而典雅，一看便知出自名家手筆，從而對此作者仰慕已久，惜無緣識荊。直到民國六十九年十二月十日晚，在台北市青年會召開〈龍旗創刊籌備會〉上，一位朋友帶了文公蒞臨。自此便一見如故。八年以來，他對《龍旗》的支持是越來越熱心，他對我個人更是徹底信任、百般呵護。而今，他遽爾逝世，在龍旗是失去了一根最有力的支柱，在我個人是失去了一位最可依賴的尊長，教人怎能不悲傷？

在龍旗創刊之初，約有兩年多的時間，文公除了政大教職之外，並在〈劉少康辦公室〉兼秘書。透過他的關係，使我得到了許多有關重要政治問題的資訊，有助於龍旗初創階段言論路線的成型，有助於內容水準的不斷提升。後來該辦公室解散，文公對龍旗的指導更加熱心了。

他曾說過多次這樣的話：「撤銷劉少康辦公室是錯誤的決策，將來會出現許多麻煩，你看著吧！政武老弟，反共是良心工作，一定要做的；政府不做，我們就自己努力吧！做得一分是一分。」此後政局的發展，果然為文公所不幸言中。而近五年來，文公可能就是本著「自己努力」的心，埋首寫了一篇又一篇的對敵鬥爭研究巨構，對龍旗的支持也就越來越熱心。這種「鞠躬盡瘁」式的奉獻，嚴重地損害了他的健康，終至一病不起；所以我可以肯定地說，文公雖逝在病床上，但實質是為國犧牲的。

按民國六十八（一九七九）年元旦中共發表〈告台灣同胞書〉，對台灣國民黨當局展開新的和平統戰攻勢。大約半年之後為了應付中共，蔣經國總統親自下令成立了〈劉少康辦公室〉。這個辦公室，由富有政治作戰經驗的王昇上將主持。這機構實際是一個結合黨、政、軍、民總體力量從事反統戰的決策單位。在它存在約四年之中，發揮了高度的功能，使得中共用盡了各種手法進行統戰，包括要求「三通四流」、發表〈葉九條〉、〈鄧六項〉，以及〈廖承志致蔣經國的信〉等等，通通都沒有什麼大作用。据香港媒體說，中共高層有數次作內部檢討，曾顯示了「機關算盡枉費心」的懊惱。

除了應付中共之外，這個辦公室還負起台灣內部政治防禦的任務，此際正是「台獨」在島內打著「民主、人權」旗號，以「黨外人士」之名，大肆活動之時。我參與《疾風》到《龍旗》，都是以「反台獨」為主旨的，由是自不期然得到文公的關懷了。

朱文琳先生遺像

中共當然對〈劉少康辦公室〉必欲除之而後快。除去該單位的迂迴方法便是除去王昇這個人，而除去一個人則必先從醜化他著手，所謂「造成輿論是摧毀敵人的第一步」乃共產黨人一貫採用的法則，是無往而不利的法則。故自民國七十年開始，有關醜化王昇的文章先在海外登，漸漸在台灣內部的「黨外雜誌」登，公然造謠說「王昇要搞政變」、「王昇、日日昇，昇為王」、「王昇有多少錢存在銀行」等等，這些造謠文字漸漸變成了銷金蝕骨的傳言耳語。這種情形，與最近參謀總長郝柏村所遭受的如出一轍。

面對他人無理的攻訐非議，中華文化傳統教訓是採取寬容態度，故有「謠言止於智者」、「但求無愧於心」之類的格言。對於社會上尋常的攻訐非議，這種態度是對的，這些格言應該適用。但對於敵人有計畫的攻訐非議，這種態度正是敵人所企求的，這些格言並無適用的餘地；因為在計畫性謠言攻勢下，沒有幾個人會是「智者」，只求個人「無愧於心」並不能阻止敵人的勝利。對當時的攻訐，向來正直而只一心想為光復大業多作點事的王昇將軍，可能也是誤用了傳說的態度，對外界攻訐一概不理會，只想埋頭苦幹他的工作。卻不料，敵人的攻勢在最高當局發生作用了！七十二年五月間，在毫無預象情形下，蔣經國總統突然下令立即將該辦公室撤銷，王昇個人則先調為國防部的〈聯訓部〉主任的閑職，隨即外放巴拉圭大使，直到今天。

自從〈劉少康辦公室〉撤銷後，接二連三地發生了許多不利於國家的大案，如「江南案」、「李亞蘋捉放案」、「十信案」、「林希翎全省演說辱罵案」……等等，如今大家都已公認，如果有〈劉少康辦公室〉存在，根本不可能發生這些案子。大抵「台獨」集團也看準了國民黨已經沒有了應付繁難問題的決策動力單位，所以自七十五年起便公開設立了非法組織〈黨外公政會〉，七十六年五月藉「溝通」的機會迫得最高當局在毫無準備情況下而開放黨禁，廢止戒嚴，一直演變至今天公權力的威信已敗壞到無以復加的地步。現在乃設立了〈中央大陸工作指導小組〉、〈行政院大陸工作會報〉，其功能不出當年「劉少康辦公室」範圍。亡羊補牢固為時未晚，但過去幾年因政策錯誤而造成的後遺症，又何能輕易消除。

近幾年來，我每次同文公碰面，他談的都是這類國家大事，其憂憤之情溢於言表。個人智慧加上長期的奮鬥經驗，使他自信對許多政治問題有更深的了解。尤其對於新疆問題、共黨如何運用外圍組織從事戰鬥問題，他是首屈一指的權威。他曾說過，希望再活十年，能將這些問題寫下來，做為國家大政方針的參考，做為教育後代的材料。今天他的心願已不能達成，是國家的損失，卻是敵人的大幸。

由於堅持辦龍旗之故，八年來我個人也是受盡打擊。來自敵人的直接攻訐倒不成問題，因為我個人並無名位，大不了給我戴個「極右派」之類的帽子，並無實質的損害。嚴重的反是來自同志內部的攻擊，當然這也是敵人的迂迴手段。

其中最嚴重的是五年前發生的「龍旗基金會案」。事緣我在香港救了一個將被遣送回大陸必遭殺害的吳姓人氏；因為他原任職中共軍方，不知怎樣弄了八十萬美元跑到香港，卻被香港警方以「非法居留」罪名關起來。他卻因著認識《龍旗》香港的一些同志，而向警方自辯是來自台灣，不是來自大陸，而且是龍旗的人員云云。如此便迫得我非得用盡辦法救他來台不可了。事成後他捐了一筆錢（約十四萬美金）給龍旗做基金。這筆錢保存著，卻因基金會董事人選問題一時未能解決而擱置了四個月未立刻登記。此事被一位素無道義的人偵知，居然大作文章誣控，指我是利用安全局長汪敬煦先生的名義「詐欺」得來者！一面在香港《大公》、《文匯》等左派報刊及台灣分歧刊物《前進》等大造其謠，一面到調查局誣控。由此可知，此事根本就有敵人在背後操作，甚至可能自始就是出自敵人的設計。汪局長大概唯恐事情牽到他身上，竟作了知者皆認為「無政策、無情義」的決定，運用其安全機關的龐大職權，命令將此案移送法辦。使我自七三年到七六年被判無罪確定止，足足有三年之久，陷在險境中，損失非常大。常常是上午去開庭滿肚子氣，下午回來必須想法靜下心來寫文章以使《龍旗》照常出刊，箇中苦況，非可言宣。

文公自始就了解此事。知我被陷害後立刻抱病趕來，痛斥汪局長之乏擔當。並簽字向法院證明我的清白。在那段苦難期間，他除了盡力參與《龍旗》所有的會議，給龍旗寫文章外，又向所有他認識的人為我辯白，減少了外界很多的誤會。所謂「渴時一滴如甘露」文公給我個人的幫助不是一滴，而是傾盡其所能了。我與文公本無任何關係，但他的任俠仗義如此！

他離開人世前約一年時，把他在〈劉少康辦公室〉任職時的所有寶貴資料，包括中共的及台獨集團的有關文件，有二大箱之多，統統送給我。他的意思是要我好好保存，努力研究，因為「反獨是長期的鬥爭」，他說。他這一動作，顯然是對自己的身體有所預感了，只是我當時無警覺。

文公年輕時歷盡艱難，年老時受盡病魔的折磨，但無論遭遇如何，他從不改為黨國奮鬥的志節，不改仗義為人的本色，他是真正做到的了「顛沛必於是，造次必於是」的君子風格。他生時未有很高的名位，死後也無餘財。但他的「遺產」比好多人都豐富；他遺下一位賢慧堅強的夫人和一對聰敏的兒女，遺下朋友故舊的共同尊敬；他在天之靈當可欣慰。

◎ 朱文琳先生事略

朱先生諱文琳，陝西省延長縣人，生於民國十四年十月十八日。其尊祖光耀公，服務鄉梓，有聲於時。其尊翁幼康公，陝西省立師範畢業，原從事教育工作，後出奔省垣，服務於中國國民黨陝西省黨部。其令慈王太夫人，系出名門，嫻於書禮，尤精於治家，生子四人，先生行二。

先生髫齡離家，就讀外埠，抗戰軍興時，正肆業於天津扶輪高中，即投身熱河先遣軍，轉戰綏南。民國二十七年冬，至西安考入中央陸軍官校十六期，受教於成都。二十九年四月畢業後，選送至軍令部受訓，從此正式與革命事業結合，為其生命之轉捩點。

民國二十九年底，先生奉派至陸軍新編第三十二師，遠戍綏遠河套。三十一年春，調任第八戰區副司令長官部參謀。三十二年中，奉派至敵後工作。三十四年底，任陸軍第四十二軍參謀。其時抗戰雖已結束，然西陲之烽火方熾，先生隨軍入新後，直指南疆，解阿克蘇之圍，進軍喀什克爾，逼令中俄兩共叛軍退入帕米爾叢嶺。未幾張治中倡導和談，兩共遂與之成立聯合政府，從此戰亂雖歇，政治鬥爭益趨猛烈。先生總籌南疆對敵任務，在兩共陰謀暴動前夕實行肅反，政局遂賴安定。

民國三十八年，中原板蕩，蘭州棄守，駐新高級將領在張治中與兩共之誘迫下告降。先生力抗無效，率屬迫走異國，越阿爾泰、帕米爾，經印度、巴基斯坦，其間路長人困，危機四伏，終抵自由基地台灣。若無果敢之毅力，明智之抉擇，何足以勝此重任？

先生返國後，服務於國防部總政治部，接受蔣經國先生領導，歷任參謀、主任等職。民國四十四年底，因表現良好，調國家安全局，自專員、專門委員以迄研究委員，無不全力以赴，榮獲元首頒發多種動獎章。六十四年七月退伍，轉任〈中華民國國際關係研究所〉研究員，並兼〈大陸組〉召集人。先後撰文數百篇，為海內外讀者所共見，先生終以〈中共問題專家〉名世矣。

民國五十九年，先生與花蓮名紳賴榮滄先生之令媛玉蘭女士結婚。婚後育有公子子恒、女公子子瑀，皆勤奮向學。先生因獻身革命，成婚較晚，幸賴夫人殷勤持家，遂無後顧之憂，得以專心治學，並多次出國參加學術會議，發表論文，揚名他邦。

先生秉性剛毅任俠尚義，提攜後進，不遺餘力。每因憂懷國事，廢寢忘食；著書立說，力闢奸小；而不知病魔纏身矣。民國七十七年十一月底，因感不適，住入台大醫院，經胃部手術後，仍未痊癒。延至民國七十八年一月二十八日晨六時，以併癌症性腹膜炎，導致心肺衰竭，終歸道山，享年六十有五。愛國志士，一代學人，遽與世辭，可至痛也。

朱故研究員文琳先生治喪委員會謹述

龍旗七十八（1989）年三月號第九七期

對榮民「死諫」應有的態度—敬悼浦澤民先生

翟耀

去年十月卅一日，台北市中華路天橋上有身懷遺書的老榮民鄭元澤先生自焚而死。他以「死諫」來期盼國人愛護這個國家，救救這個多難充滿危機的國家，其憂國憂民的心情不言可知。

最近高雄縣鳳山市又有一位榮民浦澤民先生跳樓身亡，他希望能以此來喚起〈民進黨〉的理性與良知，做一個忠誠的反對黨，不要做一個為反對而反對的暴力集團，放棄「台獨」思想，以國家利益全民福祉為先。

鄭、浦二人以死來期盼國人愛護國家，救救國家，其行徑雖不可以鼓勵，但其犧牲卻是壯烈的。他們二人都是在清醒理智的狀況下，為表示對國家前途的憂慮、傷感無法抑制時做如此的選擇，希望以死來換得國人的一點理性與良知。就此一點，可知其犧牲的精神價值與戰場上的英雄並無二致。「死諫」誠然不是報國正途，但其報國的意願與決心，堪稱清澈純潔，英雄豪傑之士亦不過如此。深深的值得我們敬佩！

可是鄭先生之死，並未喚起社會的共鳴；更未喚醒〈民進黨〉的良知，該黨反而變本加厲的公然以國家為敵，竟以暴力手段破壞議堂尊嚴，走向街頭大亂社會秩序，使國家蒙羞，眾人受害。並以分裂國土主張、搞「台獨」運動，其目的是在搗毀這國家，如此狀況較鄭自焚之前更為惡化，以致復有浦先生之跳樓而死。我們再也不能不加重視了。

我政府居然能容忍要打倒政府的黨存在，居然能同意要消滅國家的團體存在。這是什麼樣的民主社會？「民主開放」就是無限制的容忍嗎？是民主的進步，還是民主的倒退呢？是維護民主，抑或是破壞民主？擾民不遵守法律，政府不執行法律，使歹徒受惠，良民受害，民主究竟在哪裡？難道說這不是鄭、浦兩位先生犧牲的原因嗎？

「死諫」者目前僅二人，為國為民憂心傷感者又有多少？因憂傷而病而死及面臨死之邊緣者又有多少？執政者能不重視如此嚴重的問題嗎？

國家四十年在台灣建設的成果，是榮民們親自參加播種耕耘的結果，難道這美好的果實剛剛成熟待收時，不料又親眼看到將被那「民進」暴徒毀於一旦，憂國憂民之士能不傷心嗎？國人還不警惕嗎？榮民們的傷心實無濟於事，想奮起挽救，又無能為力。只有將謀國的傷感，深銘肺腑，久久不能抑制。對這年老體衰多病的榮民來說，無異的是一種極大的傷害。鄭、浦二人之死，不過是眾多憂傷人中放出一點火星而已。

近年來，據筆者所知，有不少榮民袍澤、親朋好友，在憂國憂民中傷心難過，在傷感氣憤中生病，在住院中死亡，這些默然不吭的死者，雖未如鄭之自焚、浦之墜樓的壯烈，但其死因卻無二致。我們希望執政當局重視此一問題的嚴重性，不能看做單一的個案，而是代表千千萬萬榮民的心聲。

因此，希望政府和國人對鄭、浦二位之死要從良知上去認定，向鄭、浦二位以死而立之目標去努力。這樣才是該有的態度，才對得起已經為國效命了一輩子、最後還以「死諫」來了結自己殘生的榮民！

龍旗七十八（1989）年四月號第九八期

對李煥先生的建議

勞政武

本刊前兩期連登了陳大成先生所撰涉及〈中國國民黨〉秘書長李煥（錫俊）先生的文章，引起各界不同的反應；有喝采者，有不以為然者，也有指出內容頗有不實者。

按龍旗創刊八年來，始終一貫地依循著四條言論路線在立論的：1.探索反共思想理論體系，2.有效地打擊敵人，3.表彰反共反台獨的人和事，及4.對黨政當局提供建設性意見及善意批評。之所以刊登陳大成先生所撰的文章，就是基於第4條言論路線的考慮。然而，誠如古人所言「事未易察，理未易明」，據以批評的基礎事實容有缺失，批評的分寸尤有見仁見智之異，故本刊對所發表之任何意見與批評性文章都極審慎，且必本著虛懷若谷之態度，接受廣大讀者的指教，隨時自我糾正，以期止於至善。

本此，讀者既有如許反映，自不能等閒視之，故主動要求採訪李秘書長，以了解事實的真相。

四月廿日中午，筆者蒙李秘書長在百忙接見，在中央黨部利用午餐時間，一談就談了兩小時半之久。所談內容涉及各方面，其中對黨的思想路線、當前面臨的困難、未來奮鬥的方向等重大問題佔了絕大部分時間。詩云：「會當凌絕頂，一覽眾山小」，思考層次提高到如此境界，較低層次的問題是真是假已變得豪不重要了，所以有幾個陳文所登的問題，本擬向他請教的；結果不是沒有了時間，便是三言兩語帶過去了。

一開始，他便垂詢對黨國前途的看法。我向他報告了今年元月間在香港會親所瞭解的種種情況，之後，堅定地表示了我的結論：「在客觀環境中，黨國前途絕對是樂觀的，問題在我們的主觀努力上有無做法而已！」對於這個結論，他不但極表同意，而且以非常肯定的語調指出，未來三年將是決定性的關鍵的時刻；如果全黨全民努力，必能重返大陸，完成歷史使命。

由此，話題轉到如何做法上。我說，今天您是站在關鍵地位的人，能夠撥冗接見，是我的榮幸。以一個民間刊物的負責人、一個長期為黨戰鬥的小兵、一個愛好研究思想理論的知識份子的立場，應該提出一些政略層次的意見；如果認為對，就請參考；如果認為錯，則請多包涵、多指正。因為見面機會難得，如果我儘說一些枝節問題，或講些應酬恭維話，不但是浪費了我的榮幸，也是對您的不敬。

他聽我此言，滿臉笑容，非常誠懇地鼓勵我可以坦率提出任何問題。於是，我鄭重地向他提出了一下列三點建議：

◎一、歷史教訓問題：

滕傑先生在《總結辛亥革命的經驗》文指出（該文載於龍旗出版的「組織與策略」一書中）：中國國民黨九十多年來的歷史，是一種「勝敗循環的歷程」，以致革命曠日持久，迄無已時。我認為這種說法很對。從大者來說，辛亥革命成功，但勝利卻被袁世凱等軍閥奪去。國民黨又費了二十多年的苦鬥，終於贏得抗戰勝利、廢除百年來所有不平等條約，但此輝煌成果不到四年又被中共奪去。而今在台灣辛苦經營了四十年，創造了建設奇蹟，但面臨這麼多的困難，現階段的革命成果是否再度葬送在「台獨」手裡？這個歷史教訓，必須要喚起全黨的注意，才能群策群力，避免「勝敗循環」繼續下去。

◎二、思想路線問題：

是主義理想的結合體，革命是向預定目標、遵循一定的路線不斷前進的計畫性行為。顯然，目前朝野瀰漫著「目標迷失症」與「革命恐懼症」，對黨國至為不利。今天種種背離三民主義理想目標與背離革命民主路線的意識及做法，表面看來已是不可抗拒的潮流。其實，這種意識和做法只是極少數人操縱一些大眾傳播工具所「製造」出來的，並不代表絕大多數人民的心聲，有識之士更無不反對；那極少數的人並不代表客觀的真理，他們也沒有真實的力量，用不著畏懼，國民黨人員更不應受迷惑。只要站在黨政關鍵地位的人思想堅定，立可扭轉，使革命大業邁向勝利。

◎三、人的因素問題：

長期以來，我們似乎只重視「治天下」的人才，而冷落「打天下」的人才，今天朝野瀰漫妥協畏葸之風其來有自。為了兼顧「民主」與「革命」的雙重需要，兩種人才都應作適當的重視、安排、配合，至為必要。同時，領導階層如何做到精誠團結合作，更是今後能否度過難關開創光明的關鍵。自經國先生逝世後，有若干的人事安排似有欠當，不但削弱了團結的基礎，而且其負面作用現在顯然正在擴大之中。此事如不注意，黨國前途堪憂。

對於第一點建議，錫俊先生表示同意。他還說到當年陪同經國先生拜候滕先生請教國家大計的事。他說滕先生的風範道德文章受到大家的敬佩。他並具體地指出，今年年底的各項公職人員選舉，將是空前的挑戰，全體黨員必須要人人努力，不讓「台獨」得逞，才能確保四十年建設台灣成果不致毀於一旦。

對於第二點建議，他表示非常同意。他進一步指出，「革命民主」是總裁親自訂定的屬性，蔣故主席及李主席亦皆仰體斯義而凜遵並求發展，當然是本黨一脈相承的路線，絕不能放棄。何況，從實現條件衡量，也不能放棄；因為一旦放棄「革命民主」，國民黨成了一個普通的民主政黨，以參加選舉為唯一的任務，又怎能負起保衛復興基地民生樂利的責任？又怎能完成以三民主義統一中國的使命？他這一明確表示，也等於澄清一些人以為李秘書長不堅持「革命民主」的誤解。

對於第三點建議，他未正面表示看法，卻舉了許多例子，似乎是在說明「人」的問題的複雜性。在講這些事情時，他的面容隱約顯出憂慮的神色。

例如，他提到自己的進退問題。在十三全大會之後，他曾向主席提出數次辭呈而被慰留；絕非如外界所言，他從未提過辭職。目前，他決定不再提去留的事了，因為年底選舉艱難，如果現在再提此事，勢必被人解釋為「畏難卸責」之舉。他說，面臨這場挑戰，明知其艱難，還是要努力下去的。他希望選舉能順利完成，到明年總統選舉後就考慮退休了。

我聽此言，深受感動之餘，不由衝口而出：「我以為您這種想法值得商榷。老子說：『功成、名遂、身退，天之道』固然是個人修持表現，可是這種從個人安身立命出發的態度，只應適用於太平盛世。您剛才說過，未來三年將是決定黨國興亡的時刻，在這種時刻隱退，顯非所宜。因為您是經國先生費盡數十年時間所培養成功的少數幾位高級幹部之一，您一旦隱退，就不是個人的安身立命問題，而是對黨國是否負責任問題，更是您所影響的幹部力量會不會因此而渙散的問題。王昇先生就是一個好例子，他外放六年，多少幹部感到灰心失望，黨國蒙受相當大的損失。如果再加上您隱退，恐怕黨國前途就更加艱難了。」他聽我此言，未置可否。末了，只是表情凝重地說：「王化行先生是堅決反獨的，在國外也有很好的成就。如果他在國內，對黨一定會有幫助的！」

最後，我要求同他合照紀念，並發表在龍旗雜誌上。他很爽快地答應了，並且盛情地拉著我的手去找比較好的照相位置；親自指揮在旁同志拍了很多幀。這樣，才結束了非常愉快的談話。

龍旗七十八（1989）年五月號第九九期

國會痛史

趙同信（國大代表）

民國元年，各省代表齊集南京，選革命領袖孫文為〈中華民國〉臨時總統。孫先生環顧國內外情勢，見袁世凱掌握重兵；助清，則清勝；助民國，則民國勝。孫先生為國為民，不忍生民塗炭，派員與袁世凱和談，只要袁世凱肯贊助民國，便願將臨時總統之位相讓，並保證袁世凱為民國第一位總統，命令國民黨員一致選袁。

袁世凱聞言大喜。一面接受孫先生之條件，一面勸壓清帝退位，左右逢源，雙方討好，不愧為一代奸雄。既登臨時總統之位，當各省國會議員在北京開會；選舉總統時，袁不放心，怕不當選，派軍警到會，名為保護，實為監視。並收買地痞流氓，冒充人民，包圍國會，名曰「請願」，實是逼選。民國史上，冒人民之名，包圍國會實由袁世凱開始創舉者也。

袁氏死之後，名由黎元洪繼任總統，實權卻落在段其瑞手。段師法其上司袁之故技，國會決議稍不遂心，便以流氓包圍國會，卻也能得心應手。

黎元洪受張勳之逼，解散國會。議員無奈，紛紛南下廣州，擁護孫文先生，另組織革命政府，名為〈非常總統〉。南北遙遙對立，各自為政，相峙十年之久。

北洋軍閥曹琨，命令大將吳佩孚，一戰擊潰段其瑞，再戰打垮張作霖，唯我獨尊。知袁、段前對國會手段並不高明，變硬為軟，金錢引誘，以「炭敬」、「茶敬」美名，送各議員每人大洋五千元（合今天台幣至少五百萬元。）此法果然靈驗，曹登上賄選寶座。少數有骨氣議員，拒絕受賄，控告曹於法院，終不敢在京停留，南下廣州，依靠孫文先生，表自己清白。

卅八年，蔣公被逼下野之前，發表陳誠主台，一面將黃金運台，一面調精兵守台。同時極力鼓勵中央民意代表趕快赴台，先送船票，再贈機票，催請速速來台。

卅九年三月一日，蔣公在國大代表擁護下復職視事。蔣公指天拍胸告諸代表說：「誓死反共抗俄，收復大陸，責無旁貸！只要有我蔣某當政，絕對與諸君風雨同舟，共同奮鬥。大陸在我們手中失去，定要我們手中光復。」

四三年三月，〈國民大會〉第二次大會全體代表一至投票選蔣公連任。大會主席胡適博士致詞：「沒有國大代表們的冒險犯難來台開會，便無現在的反共政府。沒有代表的擁護及蔣先生的領導，便沒有反共基地的台灣。我們是反共的堡壘，世界的燈塔……。」從此，蔣公勵精奮發，抗共匪，聯友邦，重經濟，獎生產，台灣為經濟大國。

曾幾何時，蔣公含恨九泉，經國吐血而死。大陸中共搞統戰變笑臉。但民進黨包圍國會，打「老賊」、罵元動、砸立院、唱自決、欲獨立、要分裂，用心之毒，手段之狠，比袁世凱、段其瑞、曹琨尤卑劣萬分。

而主政者，一退再退，順其魔棒，低頭屈服，逼代表退職，迫委員讓位，聽其「獨立」，任其自決！除良安暴，聽任胡鬧。

老夫死不足惜，何況退職？我剜眼釘牆，看中共渡海西來也！

龍旗七十八（1989）年六月號第一百期

必須防備詹秀枝發生「意外」

江培傑

利用鄭南榕遺體，強行出殯遊行的一群民進黨徒，於五月十九日再一次搞起街頭活動，也再一次使台北市部分重要道路陷入全面癱瘓。

鄭南榕之死，其過程有眼者可以見到，有耳者可以聽到。鄭南榕如果地下有知，如果真有所謂靈魂之說，我們深盼其悠悠之魂，在看清事實真相之後，能有一番覺悟與良知的浮現，顯其神靈，使其生前同黨徒眾能夠回心轉意。

這次抬棺遊行過程中，在電視畫面出現令人怵目驚心的一幕，那就是有一民進黨員詹益樺，在遊行時，突然引火自焚。但是他的妹妹詹秀枝卻堅決肯定他哥哥絕無此膽量，指控民進黨把她哥哥當猴子耍，要求民進黨拿出良心來，不要再害人了。

據悉詹益樺「自焚」案，檢察官已著手偵查中，自焚？被騙？被害？究竟為何，目前不宜妄作臆測。不過，詹益樺絕對沒有自焚的意願和決心，從兩件事的證明，是可以肯定的：第一，他死後驗尸時，發現身穿了防火背心。第二，在他周邊群眾中，竟有人已準備妥棉被搶救。由此，可以證明詹益樺是被人欺騙利用，其目的以此舉來作攻訐政府的藉口，但不幸弄假成真，喪失了性命，這是詹益樺料想不到的結果。但唆使者，已有讓他死的計畫，藉機再來一次抬棺遊行，製造混亂。

我們為詹益樺的無知受騙，懷有一份沉重的哀痛。死者已矣！但是對於詹秀枝女士不顧威脅，勇敢地挺身而出，為哥哥伸冤，拆穿民進黨的陰謀詭計。依據以往他們一貫伎倆，我們不得不為詹秀枝女士日後的安全擔心，我們憂慮她會發生人為的「意外」。因此，我們向治安單位要求盡一切的可能給予適當的保護。

我們更要向法曹大聲疾呼，秉持「雖千萬人吾往矣」的精神，對危害社會秩序破壞國家法統之徒，作正義良知的鞫判。畏首畏尾，因循輕縱，就是形同「無法」，今日亂法之徒之所以跋扈囂張，社群人心之萬般無奈，皆由法之輕縱，公權力不振，正義不張，有以致之。

龍旗七十八（1989）年六月號第一百期

對鄭南榕出殯秀的看法

朱育才

《民主時代》雜誌創辦人鄭南榕，因撰文涉及叛亂及誹謗案件，四月七日抗拒法院的拘提，引火自焚。其遺體入殮告別式，由〈基督教長老會〉總幹事高俊明主持，十九日在士林廢河道舉行，〈民進黨〉主席江鵬堅擔任治喪會總幹事。來自各地〈民進黨〉宣傳車約卅餘輛，出殯遊行車隊、沿途參觀加上湊熱鬧的民眾約二千餘人，於十三時廿分出發，依原定路線：承德路、中山北路、中山南路、介壽路，十八時許車隊轉往信義路前往市立第二殯儀館。出殯情形已由傳播媒體及廿日各大報刊載。筆者現就此一出殯秀前後所引發的問題，提出幾點看法：

一、普設靈堂宣揚「台獨」。鄭南榕並非民進黨員，民進黨欲將此一法律案件轉化為「政治事件」，四月十日招開中常會決議，各地民進黨部設置靈堂至五月十八日，藉此擴大挑撥、製造事端，並棒為「台灣建國烈士」，實在荒謬可笑。

二、半旗致哀貓哭老鼠。鄭南榕生前，與民進黨相處並不融洽，曾有被朱高正用凳子砸破頭的紀錄。但鄭死後，民進黨卻決定於出殯日，降民進黨半旗致哀，這種反常舉動，不是貓哭老鼠的假慈悲嗎？

三、出殯作秀人車受阻。台灣雖是一個既民主又開放的社會，但頭紮「台灣建國烈士」白布條，成為出殯秀唯一特色，這正說明民進黨與「台獨」已不可分了。我們從電視上看到，出殯行列，加上湊熱鬧的民眾約四千餘人，所過之處，人車受阻，交通繁亂。據估計台北市現有汽車超過四萬輛，每日外地來汽車超過一萬輛，上下班顛峰時間，堵車情況相當嚴重。這一場以「出殯」為名，抬著死人作政治秀是實，也可以說是「台獨」人士的示威遊行。替台北市帶來了交通上的不便，只怪你為什麼要住在台北市，除感嘆外還能說什麼呢？

四、兒子自焚義正詞嚴。十九日十六時八分詹益樺自焚一事，其母在電話中表示深感其行為可恥，其家屬不會認屍。其妹詹秀枝十九日廿一時十分招待記者會上指出，其兄是受人唆使，被民進黨害死的，因此，她也不願去認屍。有如此義正詞嚴的家庭，除令人起敬外，詹益樺受人蠱惑利用而走上死路，實在太不值得了。

五、陳女插花迅緝偵辦。陳婉真於六八年參加台北市立委競選，經常提出不當言論，因中美斷交停辦選舉而赴美，夥同「台獨」分子張金策等，至北美事務協調會紐約辦事處前，為「潮流」遭禁一事，演出「飢餓抗議」鬧劇，要求美國停售武器給我國，並詆毀國家元首。與許信良搭檔一段時間，始終與「台獨」分子為伍，七七年七月廿四日塗改預期護照達六處之多，冒名「陳婉施」闖關，依國安法即予遣返。如今陳婉真潛返，顯示出我們的海關或海防漏洞仍多，為國家安全計，應檢討加強外，陳婉真應即緝捕偵辦。

六、毆打記者野蠻可怕。在介壽路一位攝影記者，竟被出殯行列民眾，疑是警方蒐證人員，遭受追打。民進黨掛羊頭賣狗肉，假民主之名，行暴力之實。這種提倡暴力、毆打記者，是野蠻人的可恥行為，國人應一致的譴責聲討。

七、學生靜坐受人利用。台大少數學生在介壽路，參與靜坐抗議；大學生不專心讀書，盲目的受人蠱惑利用，介入政治抗爭活動，其動機為何？令人費解。台大孫校長、教育部趙次長，兩度與學生勸退及溝通，而遭「滾蛋」的鼓譟相待，大學生目無師長的叛逆心理作祟，能不令人感嘆與擔憂嗎？

八、沉醉「台獨」走上絕路。鄭南榕是強烈主張「台獨」分子，因其沉醉於「台獨」思想，才會抗拒法院的拘提，走上用汽油彈自焚的絕路。民進黨欲將鄭南榕之骨灰，遍撒台灣各地，表面上看起來是「作秀」，實際上在傳播「台獨」思想。隨著鄭南榕的死亡，叛亂官司雖然煙消雲散了，但轉化後的此一事件，將不斷被利用下去，可以預見明年四月七日「鄭南榕紀念週年」秀將要上演了。

龍旗七十八（1989）年六月號第一百期

在龍旗看到光明、真理、力量！

蔣緯國

編按：本文是國家安全會議秘書長蔣緯國上將蒞本刊創刊百期酒會上的講話，根據錄音整理成文者。

今天參加《龍旗》雜誌發行一百期酒會，大家要我講幾句話。我應該講幾句由衷道賀的話，我想在座的各位都有同樣的心情。

《龍旗》雜誌在這個階段，在我們復興基地，能夠發行到一百期，不是一件簡單的事。因為我自己也主持過刊物，撰稿、整理、照片圖表，以至各種的文字處理，工作是非常繁難的。最初辦幾期還容易做到，到後來就越來越難了。而龍旗雜誌竟然辦到一百期，將近九年之久，而且越辦越興旺，每一期都有進步。它的內容能把握著其一貫的宗旨特性不算，而且一期一期都能配合時事，可以說篇篇文章都有歷史的背景，都有時代的呼籲，都有前瞻的指導。尤其在滕將軍的指導下每一期都有專題，一直都是保持著愛國家、救國家；愛社會、支持社會；愛同胞、鼓勵同胞的精神。在這本刊物裡面，看到光明；在這本刊物裡面，看到真理；在這本刊物裡面，展現力量。

因為我是龍旗的忠實讀者，今天不是來湊熱鬧，來說幾句應酬的話，而是我以為龍旗雜誌值得驕傲。我更要為龍旗雜誌提出呼籲：今天我們寫文章的人多，讀文章的人反而感覺到少，所以我呼籲整個社會要把有價值的、有目標的雜誌，每一篇文章要好好的看，細細的體會，而且還要它推廣出去。

我最近奉令到中美洲參加〈薩爾瓦多〉新舊總統的交接典禮，同時為新任總統道賀，三天前才回來。在當地，我發現我住的旅館附近的山頭上，就是他們左翼游擊隊的基地。本來這些游擊隊，政府軍一下子上去把他包圍也就沒有了。可是沒有想到，每一次政府軍在時機成熟時包圍上去，國際間馬上就講話了，說是「基於人權立場」，要政府軍趕快撤退，否則就停止外援。要知道，這個國家的總預算跟外援的數字是一模一樣的，所以一旦停止外援，是不得了的事。因而，政府就只好任由游擊隊猖狂了。我住的旅館附近有一座電台，游擊隊經常去佔領電台，每天都聽到槍聲、手榴彈爆炸聲。中央電纜常常被炸斷，於是全國停電；電話線常常被炸斷，自來水的供應被炸斷；搞得國家的經濟、交通都如此的難以推動，國際間的勢力，又有如此的壓迫。所以說，一個國家如果在經濟上不爭氣，那真是拿誰的錢，聽誰的話，一點辦法都沒有。

我最近到中北部看了一次，更感覺到我們四十年來經濟上的發展，佔了絕對性的戰略價值。可是我們講經濟，就要靠貿易，貿易要靠生產，生產靠能源，而今我們的能源已發生問題。台電、中油，不斷被搗亂，被阻礙，甚至於被襲擊。連最便宜的能源，核能發電廠，也被假借反污染之名，阻止核能電廠的興建。站在經濟戰略的立場來看，這些完全是有利於敵人的行動。同時，經濟要靠生產，生產靠勞資的和諧。他就給你製造不斷的勞資糾紛，鼓勵勞工要求更高的工資、更少的工時、更好的福利，增加成本，逼得生產無法在國際競爭。站在戰略的立場，處處都是敵人，這也是非常明顯的事。

我們龍旗雜誌，一期又一期的暴露敵人的詭計，呼籲我們大家一齊動員起來。龍旗對我們思想領導、對民心士氣的鼓勵，所發揮的功效，真是數不勝數。

今天我是來道賀的，我不宜多講話。以上只是提供最主要的幾點看法，表示由衷的致敬。

龍旗七十八（1989）年七月號第一〇一期

反對〈大陸代表制〉就是「獨台」

——痛斥林鈺祥的謬論

本社

林鈺祥的反對〈大陸代表制〉言論實在太荒謬了，簡直是典型的「獨台」心態。這種論調如果不痛加駁斥，才是真正的「其害不可勝言」！

自「天安門六・四事件」發生後，國際間和全球的中國人都把中國的民主前途寄望於台灣，這是極為有利的客觀情勢。今後我們只要在維護內部安定的前提下，力求各方面的革新進步，並將一切可用的力量都用到「政治反攻」的戰場上去，全面勝利就是指日可期的事，這是不待智者而後知的。

維護台灣內部安定，關鍵是在徹底消除「台獨」與「獨台」的危險想法。眾所周知，「台獨」是中華民國近十多年來最嚴重的內部亂源，而「獨台」則是近二、三年來國民黨內部的隱憂。這兩種分歧意識，表現於手段或訴求上雖有不同，但兩者的動機和目標都是一樣的。他們皆以為光復大陸是「神話」。他們恐懼擔負復興中華民族的歷史責任，因而妄想使台灣脫離中國而獨立自保。他們都是自私自利沒有責任感的政客，甚至是甘受背後「黑手」撥弄而出賣國家民族的叛徒。

七月下旬，一項由美國眾議員索拉茲主持的「民意測驗」，以預設誤導答案的手法，公布其結果竟謂「在美的台灣人百分之八九．五一支持台獨」云云。此一荒謬的「民意調查」，迅即在台灣被兩家立場曖昧的報紙大幅刊登，等於給台灣內部的「台獨」死硬派予以「強力打氣」。也在同月間，以林鈺祥為首的兩三名增額立法委員，竟藉黨內初選的機會，實際是繼續執行「獨台政策」，掀起強烈的「迫退」資深中央民代行動，對資深民代指名批鬥。素有「好好先生」之稱的立法院副院長梁肅戎亦為之震怒，直指其為「違反黨意的行為」。

以上兩項行動，猶不嚴重。最嚴重的是，七月十七日林鈺祥竟發表公開「呼籲」，要求政府「堅決反對大陸代表制」否則「其害不可勝言」云云；又要求「實施總統直接民選」，無異明目張膽地要將「中華民國國會」變為「台灣國會」，要將憲法否定，與「台獨」的主張沒有什麼不同，迹近鼓吹叛亂。如果對這種行為不予遏止，我們可以肯定：要台灣內部安定是不可能的。

林鈺祥的言論極為荒謬，尤其是他身為國民黨黨員更見其荒謬（見七月十八日中國時報），實在難以寬恕，茲逐項痛斥如下：

一、他說：「不設立大陸代表制是故總統蔣經國先生在世時已決定採取的政策，現在還需要浪費時間去討論嗎？」

這是厚誣故總統之詞。因為故總統從來未有這般「決策」，而是這樣昭示的：「充實中央民意機構勢在必行。惟其實施必須確切符合憲法及動員戡亂時期臨時條款的精神和有關規定，對於依憲法及臨時條款構成的現行體制，必須絕對遵守與尊重。」林委員不是厚誣是什麼？

如果照林委員的論調去實施，既不設大陸代表，又迫資深民代全部退職，那麼還算「符合憲法及臨時條款的精神和有關規定」嗎？這和民進黨主席黃信介所講的「一旦國會全面改選，台灣獨立就真正實現了」（見七月六日《民進周刊》所登）又有何不同？

二、他說：「如設立大陸代表將使每個國民心理隨時考慮自己是本省人或外省人，破壞國家團結。而且外省籍第二代的代表性人物在本年底的選舉中也可以選出，並無選不出的理由。」、「想要設立大陸代表制的人無異想要以大陸代表的名義來製造特權，使得權貴子弟、老民代子弟可以不經由選舉而取得中央民代的資格，完全是特權思想。」

這是故意把「應不應設大陸代表制」這個主題本身撇開不談，卻自行捏造一些將來實施此制可能產生的流弊去否定主題的伎倆。這是一種「詭辯術」，在邏輯上犯了嚴重的「論點竊取」、「結論相違」等謬誤。林委員或者以為運用這類伎倆可以煽動群眾並瞞盡天下有識之士的耳目。殊不知天下並不盡可欺！具有碩士學位的林委員如此論政，徒令有識之士深感其素質不相稱而已。

憑常識當知，必須有代表全中國的中央民意代表來組成的國會，才是「中華民國憲法」所規定的國會。若照林委員論調，豈不是說憲法規定全國各省市都要有代表參加國會，乃是「破壞團結」的了？

其實，如何使「大陸代表制」實施圓滿，那是技術問題。設大陸代表制的意義，是要使中華民國國會仍能保持憲法所規定的代表全中國的法統，而絕不是為了照顧在台灣居住的外省籍第二代人士的權益問題。林委員硬把「設大陸代表制」說成什麼「省籍」和「特權」問題，根本是與此制的主旨風馬牛不相及的事。如果說有誰「破壞團結」，正是胡說什麼省籍問題的林委員自己。如果說誰有特權，恐怕林委員自己也難說別人的指責；因為，如果他不是有位曾當省府秘書長的「好爸爸」，當年他又何能以廿多歲的年紀被黨捧為台北市議員並從此青雲直上？林鈺祥如此酷於誣人、寬於自責的思路，試問清夜自省能心安嗎？

三、他說：「若干資深中央民代揚言，政府必須設立大陸代表制他們才願意退職，此乃混淆視聽的說法。因為資深中央民代之所以必須退職，乃是因為長期不改選而喪失代表性的緣故，並非只是年齡問題……若在設立大陸代表來替這些資深中央民代，仍然又產生一批沒有代表性的中央民意代表，無異是前門拒虎、後門進狼。」

林鈺祥這些話，有如王婆罵街，於情、理、法都講不通。

林委員否定資深民代的代表性，實質上等於否定了他自己，因為他之所以有「增額立委」身分，就是根據這些「喪失代表性」的老代表所訂定的法律而產生的。自己否定自己，還振振有詞罵人為「虎狼」，豈有無知至此者？！

事實上，今天資深民代是不是真的「喪失代表性」？當然不是。因為所謂「代表性」，原有三重意義，一為「法定代表性」，二為「實質代表性」，三為「形式代表性」。林委員顯然只知其一，而不知其二，更不知其三，而且所知部分又是誤解的，故有如此淺薄的論調。

就「法定代表性」而言，凡民主政體，一切爭端所解決莫不以法律為準，故代表性的有無，法律才是首要的準據。第一屆資深民代繼續行使職權，乃是基於〈憲法〉、〈臨時條款〉及〈大法官會議解釋〉而來。除非林委員能推翻這些法律規定，否則憑什麼否定他們的代表性？

就「實質代表性」而言，四十年來大陸選出的中央民意代表忠實地代表了最重要最根本的民意，那就是反對共產主義暴政、重建三民主義的中華民國。試問現在全中國人民的民意是什麼？毫無疑問就是反共；除開反共，其他的事，都屬次要或枝節。這些資深民代正是實質代表了全中國的民意，林鈺祥何得謂為「缺乏代表性」？事實上，最不反共、最不代表全中國民意的人，就是目前那撮「台獨」及「獨台」。還有不具「實質代表性」的就是某些增額民代政客，他們騙取老百姓的選票，當上了民意代表，其努力的目標只是圖個人的大名大利。

就「形式代表性」而言，在常態上，民意代表是應定期改選的。但我國資深民代不能定期改選，不是常態情形，而是中共叛亂造成的。把不能改選的原因說成是資深民代的「戀棧」，這是顛倒黑白的講法。執著未能定期改選一點便全般否定其全部的代表性，尤屬以偏概全的荒謬論斷。

須知這些資深中央民代都是參加抗日戰爭的人，且多為領導抗日戰爭的重要幹部。他們百戰餘生，對打敗日本、收復台灣有著極大的功勳。中共擴大叛亂期間，多少政客變節投降，只有他們忠貞不二地追隨領袖來台灣，堅苦卓絕地為建設台灣、維護民主憲政而貢獻了一生。包括林鈺祥在內的年輕一代，就是在他們那一代人的犧牲下，才有今天良好環境和個人地位的。現在「台獨」分子罵他們為「老賊」，已不是人話；而直接受國民黨栽培的林鈺祥，居然指他們為「虎狼」，大傷忠厚，寧有至此者？

四、他說：「政府不應討好資深國代，順利度過明年總統選舉而做出違背民意的決定。要消除資深國代的威脅勒索，最好的方法就是實施總統直接民選。」

請問林委員，你憑什麼說「政府討好資深國代」？就算你是總統，你有權否定憲法第二十八條第二項的明文規定而逼使資深國代退職嗎？說這種話，簡直缺乏法律常識。謂資深國代「威脅勒索」，尤屬含血噴人的挑撥離間伎倆。

又什麼叫做「違背民意的決定」？難道由「台獨」及「獨台」以欺騙台灣民眾的手法、由若干大眾傳播工具蓄意煽動起來的反對資深國代浪潮，就算是「民意」嗎？老實說，縱使台灣二千萬同胞全被逆流所迷惑，還不叫做「民意」，只有全中國十二億人民在公開公正公平的環境下投票得出的結果，才是決定資深國代進退的真正民意。

又「總統直接民選」是「台獨」集團叫了多年的口號。現在連林鈺祥也這樣叫了，試問這不是和「台獨」分子同一鼻孔出氣，是什麼？

綜上所述，可見林鈺祥的言論實在太荒謬了，簡直是典型的「獨台」心態。這種論調如果不痛加駁斥，任由它在國民黨內散布，因而誤導黨的政策，才是真正的「其害不可勝言」！

在追溯三月廿八日他在立法院所提「一國兩府」的主張（此事引起海內外譁然，僉認荒謬；見本刊九九期座談會。又經李煥院長斷然否定），顯見他此次言論不是偶發的，而是前後一貫的。問題是，素有「國民黨乖乖牌」之稱的林委員，為何敢膽公然一再表露這種獨台心態？若沒有「奉命」背景，顯不合常理。如果他不過是個出面「造勢」的棋子，真正的「黑手」卻混在黨的高層有計畫地變「中華民國」為「台灣國」，那就太可怕了。

「台獨」的立場是明的，大家容易分辨；「台獨」分子的地位又處於國家領導階層之外，其謬論不會成為政府的政策；故雖有索拉茲之流在鼓吹「台獨」，其害處尚不致太大。「獨台」則反是，其立場是曖昧不明的，甚易混淆人心；其地位又處在國家領導階層之內，其陰謀很易變成政策。所謂「上兵伐謀」，其危險實不可勝言。故為了穩定我內部，當務之急，就是要撤底清除國民黨內部的「獨台」勢力。

國際公法權威、本刊董事長張彝鼎博士曾明確地指出：「中共政權是國際法上的「叛亂團體」，只包括主持及參與叛亂組織的人員，而大陸上一般民眾並不受影響。我們政府實行動員戡亂，本來就不應影響大陸上一般民眾的權利，更不能取消大陸人民對國家的參政權益，故國會如不採〈大陸代表制〉是有問題的」（見本刊第九十九期七頁所登）。張博士的至理名言，希望懷有「獨台」心態的人要搞清楚。執政黨所有幹部更要搞清楚，才不會被「獨台」謬論蠱惑而誤導政策。

中華民國是十二億全體中國人共有的國家，不是台灣地區二千萬人中少數台獨或獨台可以獨佔的國家。中華民國政府是全球中國人都有權參政的政府，不是台灣地區的人才有參政權的政府。中國國民黨是由全體中國人經百年奮鬥而締造的全民政黨，不是為台灣一地的一時利益而存在的政黨。而今一些國民黨內的「獨台」分子竟與黨外的「台獨」集團沆瀣一氣，一面對資深國會議員作全面的「迫退」行動，一面又倡言「堅決反對設大陸代表制」，如此「雙管齊下」之目的，實質就是要將〈中華民國國會〉變成〈台灣國會〉。一旦成為〈台灣國會〉，其結果自然便是：〈中華民國〉變成「台灣國」，〈中華民國政府〉變成「台灣政府」，〈中國國民黨〉變成「台灣國民黨」了。這是一種「兵不血刃、和平過渡」毀滅中華民國的陰謀。

設大陸代表制是阻止此項陰謀實現的關鍵。凡是反對設〈大陸代表制〉的，就是「獨台」。為了中國全民民主政治的前途，必須要消除「獨台」，為了台灣二千萬人民福祉，更必須要消除「獨台」！

龍旗七十八（1989）年八月號第一〇二期社論

關中庇護林鈺祥內幕

林元耀

月來，增額立委林鈺祥，好像吃錯藥，強烈表露了「獨台」心態。在七月中旬，他夥同李勝峰，掀起強烈的迫退資深立委浪潮，甚至指名批鬥。此事遭到立法院副院長梁肅戎的震怒，直指林、李此舉乃「違反黨意的行」。但林委員不但毫不悔改，而且接著發表公開的呼籲，要求政府「堅決反對大陸代表制」，立刻遭到一些學者專家的公開駁斥，《龍旗》也發表社論加以痛斥。詎料林某變本加厲，在八月初，公然倡言「解散國民大會、總統直接民選」，甚至要求總統引用臨時條款的「緊急處分權」，將國民大會的資深代表視同「緊急危難」，一舉將之解決掉！

林某連續的違背黨紀、違背憲法的言論，引起各界人士大譁，沒有人贊成。至於在國民大會引起強烈反應，那就更用不著說了。

八月十日，國民大會憲政研討會召開第八十八次綜合會議，李登輝總統以主任委員身分致詞，並聽取意見。會中，多位代表發言，都曾提及林鈺祥違憲言論問題。但李總統對其他問題都予答應，偏對這個問題避開不答。箇中有何玄機？立刻引起輿論界揣測紛紛。

在此之前一日，一百餘位國大代表曾連署上書中央黨部，以強烈措施反駁林某的荒謬言論，並要求黨部不應提名林鈺祥競選年底的立委。

此事在中央黨部造成極大的震撼。據權威消息透露，黨中央在提名人選討論時，確實很重視國大代表的意見，就連宋秘書長也認為這件事應該慎重考慮。不料，主管組織的關中副秘書長堅持不必理會國民大會的聲音，仍舊提名林鈺祥為台北市南區立委候選人。與會的中常委們見關中這麼堅持，只好緘默不語。於是林鈺祥在關中的大力庇護下，順利過關。

關中為何如此維護林鈺祥？表面上的理由當然是為了年底選舉多一分勝算，但實質的因素恐怕不是這麼單純。

眾所周知，關中自台北市黨部主委、到省黨部主委，到今天的副祕書長兼組工會主任，培養了不少的選舉班底。而其中林鈺祥、李勝峰及趙少康三人就是他一手提拔的勇猛愛將（李勝峰還是關中的學生）。愛將林鈺祥雖有什麼不是，豈有不維護之理。所以關中維護林某，也是人之常情。

但偏偏三位愛將，最近卻是最積極挑起國會議員的「老少之爭」的人。由此，除了從人情考慮之外，是否他們三人最近的「迫退鬥爭」，正是關中所指使的？這也不無可能。因為以關中的強悍個性，這種事他是敢做也能做的；何況，對於三位愛將任何越軌言論，未見關中講過一句勸阻的話（宋秘書長於八月九日曾正式出面，盼林鈺祥適可而止。又對該三人組織「新國民黨」之事表示不容「黨內有黨」），由此更有理由作此推論了。

足智多謀的關中，或許正是執行著一種「大謀略」：運用其愛將來掀起「民意」，企圖以「民意」來逼迫國會資深立委及代表；這樣一來，使得內外夾擊徬徨無助的資深民代們只好向李總統投訴，李總統則抓緊任何機會對他們好言相慰；這樣運用「威恩並濟」策略，自自然然地把握了國民大會，明年可保選舉總統無虞。這種正反手段同時配合運用的謀略，毋寧更重要的是「反」的那一面。老子曰：「反者，道之動」，其妙用不是常人所能瞭解的。如果此一論斷不差，那麼，關中力保林鈺祥是必然的，對國大代表們的憤怒他當然不屑一顧，因為他正是惟恐他們不憤怒呢！

這次黨內提名，雖然形式上有中央審查小組，又由中常會最後通過。其實，這些都不過是形式，真正一言九鼎的人仍然是關中。他何能如此？據內幕消息透露，這完全是李總統對他個人授權而來的。提名名單在中央小組或中常會討論之前，關中早已向李主席報告過了。所以一旦開會討論，只要是關中提出的意見，人人皆知便是李主席的意見，所以統統默然通過了。由此可證，關中力保林鈺祥，不可能與李主席沒有關係的。

如果以上說的沒有錯，那麼，林鈺祥、李勝峰對資深國代立委的鬥爭，實際上是關中所指揮的鬥爭。而關中之所以如此，實是奉李登輝之命而來。

向為坊間刊物說成「選戰悍將」的關中，在對付資深國代立委的鬥爭中，到底勝負屬誰？照客觀估計，恐怕資深國代立委們失敗居多。何以見得？其理由很多，別的不說，只要看關中過去的成績就夠了。尤其，他能夠一面跟後母爭財產打官司鬧到報紙大登特登，這種事如果換了別人，不被別人以「政治形象不佳」理由攻下來才怪；但對關中不但毫無影響，而且還高升上副秘書長。由此一斑，就見其功力之高，誠非等閒之輩了。

資深國代雖有數百人，但群龍幾無首，意見龐雜，所以對付一個小小的林鈺祥，第一回合就已經敗陣了。如果繼續跟關中玩下去，恐怕凶多吉少！

龍旗七十八（1989）年九月號第一〇三期

蔣公智取張學良

趙同信（國大代表）

民國廿年九月十八日，日軍突襲瀋陽北大營，張學良不抵抗。不旋踵，東北三省，為日軍佔據，全國大譁。是為舉世聞名「九一八事變」。

行政院長汪精衛召開國是會議，聽取各人意見。與會者固對張學良大加討伐，對汪不能立即採取對策，亦紛紛責難。汪在會中，力表政府即有對策以報國人。

會後，汪專機飛平，以行政院長之尊，面令張學良即日率軍反攻日軍，收復東北。張書面拒絕：「以全國之師，尚不足敵日。我數十萬兵，焉能收復東北？意在犧牲東北軍，恕難從命……」

汪碰壁後，轉飛南昌晤正主持剿匪的蔣委員長：「張學良不抵抗而失東北，我命其即日起，反攻日軍，彼竟不服從命令，應予撤職查辦！」

蔣聞言答：「要慎重！現張尚擁兵數十萬，又有華北地盤，撤不成，則內戰又起！」

汪聞言憤怒，拂袖而起：「我不幹院長了！」返京後，即致書張學良：「身為東三省軍事長官，守土有責，我羞與為伍，決定辭職。看你有何面目再幹！」並將信文公佈，刊登報紙。隨即離京出國。

汪一怒辭職去法（法國），南京群龍無首，全國惶惶。蔣不得不暫停剿匪，返京自兼行政院長，以孔祥熙為副院長代行院務。即自行專車北上，停保定車站，電張學良來見，面商要公。張奉召前來，依例單身上車晤謁。行禮之後，命座。

蔣極嚴肅說：「東北失守，汪院長為你憤而辭職，全國不服，你有何打算計畫？」

張答：「汪是政客，我不聽他的。唯鈞座命是從！」

蔣：「話雖如此，你應有週詳計畫！」

張：「我率軍收復東北，請委員長支援，雖死無恨！」

蔣：「其次呢？」

張：「我辭職不幹，以謝國人！」

蔣：「好！你暫且辭職吧。」

張聞言吃驚，起立說：「我馬上返北平辦辭職手續！」

蔣：「勿庸返平，即在車上辦好了！」

張學良本聰明絕頂。察言觀色，環顧四週，知已被扣，立即落座，伏桌親寫辭職文，並下達其部下，令各軍師長等：「我失職誤國，今辭職照准。你等應各守職責，服從蔣委座命令，不得自誤……」送呈蔣公手，蔣閱後點頭。專車即轉頭直回南京。

專車抵京，蔣再問張有何打算。張答願出國考察。蔣送銀元十萬元，以壯行色。

由是，未費一彈、未傷一卒，解除了張學良一切職務。上海各報一致刊登：「蔣先生手段高超，張學良聰明知趣」

（為紀念九、一八而作）

龍旗七十八（1989）年十月號第一〇四期

列寧「職業革命家黨」的成因及其組織原則

劉廣華

◎一、前言

列寧革命成功的主要因素，奠基在「職業革命家黨」的組織磐石上。列寧基於革命經驗與對「無產階級專政」政權的建構理念，形成了「職業革命家黨」及其運作模式，乃是列寧超越馬克思主義和現實共產社會的一大發明。

古今中外締造政權的政治領袖，大皆擅長於發展組織即領導群眾，諸如楚漢相爭裡終底於成的劉邦，和引導德國邁向富強之路的俾斯麥等，都是掌握組織獲致成就的能人。但是，若論及通澈人性的內涵，將組織效力完全融匯於群眾機體之中者，列寧才是活用權謀之翹楚。

列寧建黨的源起，肇立於《火星報》的籌創。「職業革命家黨」的產生背景、定義和目的，是研究列寧「黨」的必要課題。至於其特性及效能，即是列寧政治性格與蘇共性格的反射。本文的重點，在於提示列寧「黨」的「組織原則」；由此引伸的認知，足以供吾人參考、深思，在強調辨識共產黨原貌的前提下，能夠見樹又見林，應是對列寧研究之後的另一種收穫。

◎二、《火星報》在建黨過程中的定位

一九〇〇年十二月十一日，《火星報》創刊號出版了，報頭題詞是摘自十二月黨人給普希金的回信中的一句詩：「星星之火，可以燃成熊熊之焰！」（或譯為：星之火可以燎原）這一句詩的意涵，縱貫了列寧建黨的原旨。

列寧為《火星報》創刊號所撰寫的社論〈我們運動的迫切任務〉指出，這個報紙的主要任務就是——在俄國建立馬克思主義政黨。列寧在這一篇歷史性的文章裡寫道：

> 在我們面前屹立著一座強有力的敵人堡壘，從那裡向我們發射出雨點般的砲彈，殺害我們的優秀戰士。我們一定要奪取這個堡壘！只要我們能夠把覺醒了的無產階級的一切力量和俄國革命者的一切力量統一成一個黨，並能使俄國一切生氣勃勃和正直的人都傾向於這個黨，我們就一定能夠拿下這座堡壘。

至於列寧是如何在沙皇專制政權的嚴密監控下，將革命的「黨」建立起來的呢？一九〇一年五月，列寧在《火星報》發表的〈從何著手？〉這一篇論文裡，提供了答案。列寧說：

> 從創辦全國性的政治報紙著手。這樣的報紙能保證從思想上粉碎工人運動內部的敵人，維護革命理論的純潔性。它將促使大家對黨的綱領目標和策略任務、對黨的實際活動方式取得一致的認識。報紙同時也是，在組織上把各個地方委員會和小組，聯合成一個統一的政黨的有力工具。

也就是說，列寧透過《火星報》的統合功能，「把一切革命的馬克思主義力量團結起來」，而「報紙不僅是集體的宣傳者和集體的鼓動者，而且還是集體的組織者」。

在二十世紀啟幕之初，列寧即深諳宣傳媒體對於「革命鬥爭」與「組織政治核心」的竅妙。事實證明，《火星報》在列寧從事奪權運動，以致鞏固蘇維埃政權的功效上，確已奠定了不移的歷史定位。

◎三、「黨」的背景、定義及目的

一九〇二年三月，列寧出版了極富策略指導意義的著作—《做什麼？》在這本書裡，列寧指明了「必須進行毫不間斷的、有系統的和堅持的鬥爭去反對那些侵入工人階級的資產階級影響，必須把社會主義意識灌輸於工人運動」。同時，他還強調「沒有革命的理論，就不會有革命的運動⋯只有被

先進理論所指導的黨，才能實現先進戰士的作用」。

列寧很冷酷地斥責「經濟主義者」那種遷就現實的機會主義立場。他認為，馬克思主義所教導的，是「馬克思主義號召用革命手段改變現實，指明黨在工人階級鬥爭中的決定作用，指明考慮周到的自覺策略的偉大意義，覺悟工人首創精神和毅力底偉大意義」。按照列寧的革命腹案，成就無產階級革命的「黨」，應當由以下兩部分所組成：

一部分是人數不多的擔任領導工作的幹部份子，主要是職業的革命家。另一部分是廣闊的地方黨組織網，人數眾多的黨員群眾，他們是備受數千百萬勞動者同情贊助。

要在沙皇的專制統治下，達成革命的艱鉅任務，單憑當時俄國的〈社會民主黨〉之運作方式，是辦不到的，「顯然要有一個特殊的組織形式」，就在這個（需求）背景之下，列寧提出他〈職業革命家黨〉的主張。

列寧所謂「職業革命家」的定義，即是「以革命活動為職業的人」，為了同沙皇的政治警察做殊死戰，以達到革命的目標，奉持馬克思主義的革命者，乃必須以主觀的作為，貫穿組織之形式，在群眾的前進戰線上求取戰果。列寧在〈從何著手？〉一文中宣稱：

> 俄國工人階級應當成為爭取民主的先進戰士，成為反對沙皇制度的全民鬥爭的組織者和領導者。為此，無產階級就需要有一個真正是階級的先鋒隊的黨。…黨就應當帶頭為解決任何一般性的民主問題而鬥爭，同時不懈地捍衛無產階級的利益和無產階級的社會主義目標。

由此可知，〈職業革命家黨〉之目的、任務，就是站在無產階級的立場上，為保衛其本身的利益而戰鬥。以往是如此，於今尤然；而其運作的總標的，則無不以列寧之革命理念為依歸。

◎四、塑造「黨」的特殊材料

（一）「革命問答」的意涵

在馬克思和恩格思合撰的〈共產黨宣言〉之最後結語中，有這麼一段話：「他們的目的，只有用暴力推翻全部現存的社會制度才能達到。讓那些統治階級在共產主義革命面前顫抖吧！無產者在這個革命中失去的，只是自己頸上的鎖鏈。而他們所能獲得的卻是整個世界」。在尼洽也夫（Sergei Necheav）與巴古寧合寫的《革命問答》廿六條裡，已經將這種深具挑戰意涵的宣示，赤裸裸地表露出來。現僅將其條文重點分列如下，以供研究共產黨人革命心態之參考。

1.革命者的人生觀。「革命者是自我獻身的人。他沒有自己的利益、自己的事務、自己的感情、自己的愛好、自己的財產，甚至沒有自己的名字。他的一切都融匯在唯一僅有的利益、唯一的思想、唯一的激情——革命之中」（第一條）。

2.革命之目的。「革命者，……只知道一門科學——破壞的科學。他研究機械學、物理學、化學，也許還有醫學，都是為了這個目的，……目的只有一個：最迅速、最可靠地破壞這個醜惡的制度」（第三條）。

3.革命者的道德觀。「……凡是促進革命勝利的東西，都是合乎道德的。凡是阻礙革命勝利的東西，都是不道德的

和罪惡的」（第四條）

4.革命者的理念。「他對自己是嚴酷的，對別人也應該嚴酷。一切親屬、友誼、愛情、感激等溫柔脆弱的感情，都應該被唯一的革命事業的冷靜激情抑制下去。他只有一種柔情、一種安慰、一種褒獎和滿足：革命的成功……。」（第六條）

以上屬於「革命者對自己的態度」。

5.友誼認同的先決條件。「……只有在行動上表明是與這個革命者自己從事同一種革命事業的人，才能夠成為朋友和親愛的人。…」（第八條）

6.培養「共識」的方法。「……在革命認識和革命激情方面處於同等程度的革命同志，應該盡可能共同討論並且一致決定一切重大事務。…」（第九條）。

7.統一戰線的基本信念。「每個同志手下都應該有幾個第二級和第三級的革命者，即非完全親信者。他應該把他們看做共同的革命資本中交由他支配的一部分……。」（第十條）。

8.革命至上。「當同志遭受不幸，要決定是否搭救他的問題時，革命者不應該考慮什麼私人感情，而只應該考慮革命事業的利益。……」（第十一條）

以上屬於「革命者對革命同志的態度」。

9.吸收成員的要件。「吸收不是言論上，而是行動上表現良好的新成員……。」（第十二條）。

10.由徹底的「否定」到全然的「再生」。「……他應該毫不猶豫地消滅這個世界的地位、關係或者任何人。……如果他的手能被他們攔住，他就不是革命者。」（第十三條）。

11.不擇手段達成目的。「為了達到無情地破壞的目的，革命者可以、而且常常應該假裝成與他的本來面目完全不同的人，生活在社會上。……」（第十四條）。

12.消滅敵人的方法。「……應該消滅對革命組織特別有害的人，以及突然橫死會引起政府的最大恐懼的人，使政府失去聰明而有毅力的活動家，從而動搖它的力量。」（第十六條）

以上屬於「革命者對社會態度」。

13.革命者的任務。「……將利用一切力量和手段促進那些…不幸和災禍發展和蔓延。」（第二十二條）。

14.革命的本質。「……人民革命不是按照西方典範炮製的運動，……拯救人民的革命，只能是消滅一切國家並且根除……一切國家傳統和階級的革命。」（第二十三條）。

15.組織活動的主要使命。「把這個強盜界（革命者自稱）團結成一個不可戰勝的、摧毀一切的力量，就是我們的全部組織、祕密活動和任務。」（第二十六條）

以上屬於革命者「對人民的態度」。

《革命問答》所展示的思想，實際上就是列寧藉以推動世界革命的〈職業革命家黨〉的本質特性，它「斷言革命者的首要義務就是當強盜」。由此觀之，所謂「共產黨是特殊材料構成的革命有機體」，誠非虛言。

（二）「黨」的特性及作用

由於〈職業革命家黨〉是無產階級革命運動中的骨幹，因此，「這樣建立組織，就保證了集中制、紀律、同群眾的密切聯繫、機動性和靈活性。」在列寧的建「黨」意識裡，革命者均「具有忘我精神，忠於無產階級事業，堅持原則，遵守紀律，對一切機會主義的卑鄙行為毫不妥協，和群眾有密切聯繫。」同時，列寧還說：「我們的任務是要保護我們黨的鞏固性、堅定性和純潔性。我們應當把黨員的稱號和作用提高，提高，再提高。」如此，吾人乃得知列寧〈職業革命家黨〉的特性。

另一方面，〈職業革命家黨〉的作用，在於「不斷地以革命精神教育工人階級，培養出了一批密切聯繫群眾和善於影響群眾的領導骨幹。」「……從政治上領導無產階級，決心把勞動群眾爭取到工人階級這邊來，以便進行社會主義革命和建立無產階級專政。」這不但顯露了「黨」的效能，且已注入了工作的方法及方針。

列寧說過：「從一九〇三年起布爾什維克主義就作為一種政治思潮、一種政黨而存在。」（《列寧全集》一九五八年，北平：人民出版社，第三十一卷：第六頁）。列寧〈職業革命家黨〉的作用與效能，於焉確立。

◎五、推展革命策略的「組織原則」及影響

合法化與集中制，是列寧建黨的基本原理。為了要「建立一個在思想上和組織上把所有的組織都緊密聯繫起來的黨」，必須重視建「黨」的「組織原則」。

（一）革命建黨的「組織原則」

列寧關於慎重吸收黨員和嚴格要求黨員的指示，成了布爾什維克黨的基本組織原則之一。基於革命環境之現實需要和共產主義之革命信念，列寧的「職業革命家黨」「應當是一個堅如磐石的、戰鬥的、組織嚴密和有紀律的、革命的、無產階級政黨；……」。

中共對列寧「黨」的推崇、期許與肯定，是非常深切的。中共於一九六〇年出版的《蘇聯共產黨歷史》一書中，如此寫著：

> 革命的馬克思主義政黨──布爾什維克黨的建立，是俄國社會民主工黨第二次代表大會的主要收穫。俄國工人運動經歷了一條漫長曲折的道路，現在終於創造了自己的最高形式──獨立的政黨。這個黨是根據列寧的《火星報》所制定的思想原則和組織原則建立起來的，它的骨幹是從鬥爭中鍛鍊出來的職業革命家，它的領導人是列寧派，是布爾什維克。（聯共黨史，第六七、六八──六八頁）。

「秘密性」、「有效性」、「集中化」和「專門化」是列寧〈職業革命家黨〉的組織原則，亦即含攝了它的運作特性。列寧認為，在一個專制體制的國家裡，來從事革命組織之推展工作，「秘密性是最必要的條件，其餘一切條件（如成員人數、挑選成員的原則、職能等等），都應當和這種條件相適應。」因此，把「所有祕密的職能都集中在數量盡量少的職業革命家的手裡。」是必要的，列寧謂：「捕捉十來個聰明人要比捕捉百來個笨人困難得多」，而這裡所謂的「聰明人」即是意指富有機智的、從事秘密活動的「職業革命家」。

另一方面，革命運動的有效性是建築在專門化的程度上的，整體革命工作的單箇手續分工愈細膩，就愈能發揮職能的效力，沙皇的政治警察也就愈難捕捉從事專業革命的人，

所以，「為了使運動本身不會因運動的職能之分散而分散，為了使執行細小的職能的人，確信自己的工作室必要的和重要的…就需要有堅強的，由經過考驗的革命家組成的組織。」「總而言之，專門化必須以集中化為前提，並且絕對要有集中化。」

列寧曾謂：「給我們一個革命家組織，我們就能把俄國翻轉過來。」事實證明，由於〈職業革命家黨〉的努力，蘇聯及中國大陸以至諸多赤化的國家，都「翻轉」過來了。在驚滔駭浪的「翻轉」過程中及頗具諷刺性的「翻轉」結局下，吾人應該當汲取此一教訓，俾能由痛苦的體會中，獲致免疫的機能，進而維護自由、保障人類世界的安全。

（二）由著作、組織到行動一致的長遠影響

從辦報，建「黨」到淋漓盡致地發揮革命奪權的運動威力觀之，列寧的著作、組織與行動，凝結成了密集殲敵的火網。《火星報》在其對俄國社會民主工黨第二次代表大會作的報告中，將列寧的《做什麼》一書所產生之影響，評論如下：「《做什麼》一書又給了俄國活動份子以強有力的影響，有很多人，—據他們自己承認說，—都因受這本書的影響而成為《火星》擁護者了。」

列寧在有生之年，不遺餘力地培養、挑選〈職業革命家黨〉的菁英幹部，他盡一切努力使用所有的手段、力量和注意力，投注在「黨」的建設事業上，這是列寧革命性格的自然反射。而〈職業革命家黨〉的膨脹發展，卻埋下了日後共產黨專政的種子，這種發展的型模及趨勢，不是西方社會學家韋伯（Max Webex 1869-1920）所謂的「科層組織」（又稱「官僚體系」—bureaucracy）所能概括的。

由於馬克思主義已經把「無產階級」凌駕於一般社會中的其他階級之上，列寧主義則再進一步強調「黨」對無產階級領導地位，其必然的結果，就是使共產黨凌駕於全社會之上。這層結果意涵，演變到史達林詮釋列寧主義的時候，乃充分地表露無遺了。

◎六、結語

列寧在《怎麼辦》一書的重點部分做了這樣的提示：

> 我認為：（一）任何革命運動，如果沒有一種穩定的和能夠保持繼承性的領導者組織，便不能持久。（二）自發地捲入鬥爭，構成運動的基礎和參加到運動中來的群眾越加廣泛，這種組織也就愈加迫切需要，也就應當愈加鞏固。（三）參加這種組織的，主要應當是以革命活動為職業的人。（四）在專制制度的國家內，我們越縮小這種組織的成員數量、縮小到只吸收那些以革命活動為職業，並且在與政治警察做鬥爭的藝術方面，受過專門訓練的人參加，這種組織也就會愈難捕捉。（五）而工人階級和其他社會階級中，能夠參加這箇運動，且在運動中間積極工作的人數也就愈多。

從實際運作的功效角度來論析，〈職業革命家黨〉的角色定位，是頗為札實地根植於社會群眾中的。由於它「是一個形式上非黨的、靈活的、比較廣泛的、極為強大的無產階級機構。」所以，吾人即不能以自由國家之民主政黨的架構和性質來與之比較。由此衡量共產黨的「革命職業性格」及其「組織原則」，乃可明析地透視出，他們對人類世界全體所映現出來的心理意識，是置放於何種的角度上。而反觀自由社會對他們的輕忽情態，也就不難尋得人類在反共戰史上為何屢嚐敗績的根本原因了。

編註：本文原有註釋廿六條，為省篇幅，故刪除。

龍旗七十八（1989）年十二月號第一〇六期

台灣不具備獨立的條件

——答首都早報

穆超（立法委員）

本人與邢淑孋等一百一十二位委員，於今年十月三日在立法院提出〈反對台灣獨立建國〉的質詢後，日來接到不少贊成的信件；也接到幾件反對的信件。贊成的人說我們的質詢，是大手筆，非常重要，盡到了立法委員的職責。反對的人說，台灣如果不獨立，不能成為一個真正的民主自由國家。又有人說台灣有百分之九十的人主張台灣獨立。另有人說資深中央民代，為何被中共趕到台灣來流亡。日前又接到《首都早報》轉來李筱峰先生作〈老賊造反〉一文，說本人在質詢中指稱「少數台灣同胞仇視外省人」，有挑撥省籍的歧視。又強調台灣地區有百分之十五的民意，主張台灣獨立等等。

事實上，執政黨在台灣實行三民主義，就是民主自由政治，而且十分成功，經濟的成就各國都認為是一個奇蹟。中國大陸尚需「台灣經驗」來改革。

至於所說主張台灣「獨立」的人數，不僅沒有百分之九十，連百分之十五也沒有，本人估計不出百分之一。

至於執政黨被迫撤退來台灣的原因，主要是八年抗戰之後，軍民疲憊，加上抗戰期間國共合作，中共取得合法地位，至中共擴大叛亂後，一般人反共的意識不強，不知為何而反共。至物價不能控制及大量裁軍後，中共得到被裁退的大量軍隊參戰，國軍勢弱，導致大陸撤退。

其實，李筱峰先生所指「少數台灣同胞仇視外省人」一語，其來有自。陳隆志先生在《台灣的獨立與建國》一書中說：「台灣人對統治罪魁的懷恨詛咒，變為對所有大陸人的怨恨」，「少數不願以台灣為國的大陸人，最好設法早日離開台灣。」以上兩語，就是少數台灣人仇視外省人的言論。

本人是大陸人，本人也反對台灣獨立，台獨人士可能對本人仇恨；但是本人對台獨分子並不仇恨，只認為台獨人士一時迷惘而已。本人本諸愛同胞、愛及民族的情感，希望台獨人士毅然醒悟，慎重考慮台灣獨立的利害得失。

昨日《首都早報》又轉來李日章先生〈台獨何辜〉一文，文中有云：「要說沒有知識，這一百一十二個人才真是十足的沒有知識。」但是這一百一十二人中，有十一人是台灣籍，十五人是僑選，能說他們都沒有知識嗎。（質詢全文見本刊上其所載）

李先生又說：「就事實而論，國民政府取代日本政府統治台灣，對台灣人民來講，不過是去了一個舊的統治者，來了一個新的統治者；由一個凶狠而精明的，換成一個殘暴而腐敗的。」這些話則不公平了，日本人已經承認是中國人的後裔，日本人不會比中國人精明。同時國民政府如果以殘暴而腐敗的方式統治台灣，則那有民主選舉，又如何能在經濟上有這麼大的成就？願意在日本帝國專制之下統治，不願意接受祖國的統治，豈不失去良知嗎？大陸人士拋頭顱灑熱血所得的成果，就是從日本人手中收復台灣，台灣人不再作日本人的奴隸牛馬了。

人貴有良心，更重要有理智。美國的林肯總統為了拯救黑奴，而解放了黑奴，但是林肯卻被黑奴殺害，這種悲劇不要在台灣重演。

又有人說：「美國可以脫離英國而獨立，台灣怎麼不可以脫離中國而獨立呢？」美國和英國的關係，與台灣與中國的關係，完全不同。美國人不只是英國人一國，美國是由數十個國家聯合組成的。但是今天的台澎金馬兩千萬人，是同一民族，同一祖先，同一文化傳統。同時美國獨立後沒有第三個國家來侵犯美國。但是台灣如果獨立，中共立刻有藉口武力征討「民族叛逆」，消滅台獨了。

又據日前由香港回國參加雙十國慶的僑胞說，本月七日的中共電台曾報導說：「中華台灣的立法委員莫萱元和穆超兩人，反對台灣獨立，認為台灣獨立分裂國土。台灣同胞也是中國人。我們始終反對獨立，台灣如獨立，我們不排除使用武力。」云云。台獨人士為什麼不顧及台灣的安全，和兩千萬同胞的幸福呢？中共如犯台，屆時台灣的繁榮進步，都完全失去了！

總之，無論怎麼看，台灣都是沒有「獨立」的條件的。請《首都早報》二位李先生多多思考吧。

龍旗七十八（1989）年十二月號第一〇

七十九年

解嚴後民進黨人數活動統計

資料室

根據官方資料統計，自從政府於民國七十六（西元一九八七）年七月十六日解嚴以後，至七十八年十一月二十日止，僅二年四個月間，民進黨「台獨」分子所直接、間接策動的聚眾活動，高達六千四百五十三次之多。其中造成交通阻塞有五百卅七次，使用暴力造成傷亡事件亦有四十六次。至無辜民眾死亡一人，受傷二十二人；憲兵受傷二人，警察受傷五百六十六人。政府因處理聚眾活動而投注警力高達七十四萬五千一百七十九人次。

因聚眾活動而造成民眾及憲警傷亡的直接損失，以及投注警力的耗費，已經是驚人數字。更嚴重的是無法估計的間接損失。例如因交通阻塞而造成的病人無法送醫急救，搭乘火車、輪船、飛機之旅客，不能及時趕到車站、碼頭、機場。工商企業員工下班回不了家，讓太太們為丈夫擔憂；學生放學不能準時回家，使父母著急。這些損失，是任何人無法加以評估的。

台灣經不起這樣的紛擾不安。現在顯然是慢慢走向動亂，很多人已感到身後性命受到威脅了。

民國七十六年七月十六日至七十八年十一月廿日 民進黨「台獨」聚眾活動事件統計

事件		台灣地區（含台北市）	台北市
聚眾活動（次）	街頭遊行	882	175
	室外集會	4933	936
	室內集會	638	181
	合計	6453	1292
聚眾活動造成交通阻塞（次）	輕微	461	146
	嚴重	76	42
	合計	537	188
聚眾活動暴力造成傷亡事件	次數	46	8
	傷亡情形	受傷民眾 22 人 憲兵 2 人 警察 566 人 死亡民眾 1 人	受傷民眾 2 人 憲兵 2 人 警察 460 人 死亡民眾 1 人
處理聚眾活動投注警力（人次）		745,179	200,303

台獨者・傀儡也

蔡策

什麼是「台獨份子」？說穿了只有一句話：由外國人操縱提線的傀儡而已。

二次世界大戰期間，日本人玩弄溥儀，搬了一場傀儡戲——滿州國，以欺世人。如今，則有人欲學當年日本人的故技，企圖搬一場台獨傀儡戲，以欺世人耳目，而得殖民台灣的實果。奈何其搬演的技巧，尚不如當年的日本軍閥。戲未上場，即被人一眼看穿。但是，直到現在，還有許多人，認為主張「台灣獨立」，是台灣人與來台逾四十年的外省人爭政治權力。這種觀念，完全錯了！而且，正中了搬戲人分化我中國人團結的陰謀詭計。

事實擺在眼前，承繼　國父孫中山先生所創中華民國法統的政府，在政治力量所及的台澎金馬地區，現在的總統李登輝先生固然是台灣人，而總統之下的五個院中，立法、監察、司法三院首長皆為台灣人，已超過半數。即在行政院所屬的八個部及直屬單位中，已有內政、外交、財政、交通、法務五個部及文建、衛生、環保等重要會署，都是台籍人士主持。在地方政府，一省兩直轄市、各省市縣以下的首長，各級議會議長，更無一不是台籍人士擔任。所以，如果一定要在省籍上去強為分析政治權力的掌握，則根本上談不到「爭」字。

而且，雖然戶籍記載上仍保留原籍，實際居台已近半世紀的數百萬人，對此現勢，也並未感到不妥，並未有何異議。換言之，並無爭的對象。因此，非常明白證實了：所謂「台獨」，並非台灣人與外省人的政治權力之爭，只是由外國人搬演的一場傀儡戲。實際是中華民族與非中華民族國土之爭了。

還有人批評台獨分子，是「挾洋自重」。這也是顛倒說法。台獨分子有什麼能力可以「挾」洋？而洋人又豈能甘於被台獨分子所「挾」？實際上，只是台獨分子，循洋人手中所提的幾根線，作各種不同的表態而已。試看這些木偶傀儡，上場之前，必與洋人接觸，下場之後，亦必被懸掛在洋人的帷幕之後。是知：非傀儡以挾洋人，實洋人玩弄傀儡，以圖欺世人而逞殖民之慾。

僅在東半球而言，越南是沃土，韓國仍膏腴，菲律賓亦蘊育豐富資源，都曾經被人撥弄過吳家幫、阮家幫、李家幫、朴家幫、馬家幫等等傀儡戲。但當這些傀儡發生了機障，操縱不靈時，搬演的洋人，便將傀儡摔到地上，摔得粉碎。尤其在越南，踩痛了腳以後，便掉頭而去，留下給共產野火去焚燒。被提吊在洋人手中的台獨傀儡，假如靈明尚未完全泯滅，剩有半點良知，該從這些已被洋人毀滅的傀儡身上，憬然覺悟：被玩弄於洋人的掌握之中，不但將一無所得，且必將毀滅，甚至死後仍不得屍還故鄉，如馬（可士）家傀儡者。

更要正告國人：可怕而可惡者，是那搬傀儡戲的洋人。而被搬弄的傀儡，只是可憐、可恨而又可悲！

（編註：本文作者係資深記者，禪門泰斗南懷瑾的高徒；南先生名著《論語別裁》就是出自他的原始記錄）

龍旗七十九（1990）年元月號第 107 期

大公方能團結，治國需要宏才

支持林洋港先生、蔣緯國先生參選正副總統宣言

本社

自蔣總統經國先生逝世，李登輝先生因緣際會，集黨政大權於一身；以李氏資歷極淺，既無卓著治績，更乏顯赫功勛；考諸中外歷史，殆為異數；實係黨政大員共體時艱以輸誠之結果。李氏設能公忠體國，善用職權，穩定台灣，規復大陸，不難成其曠世之功。不幸二年以還，非唯大陸政策徒託空言，即台灣內部亦日益混亂；尤其執政黨去歲大選失敗，李氏竟然推過諉責，逐使多數黨員寒心。凡此事例，眾所共見共聞，足證李氏器識不足，德能不逮。如不急圖補救，黨國大計繼續由其一人快意孤行，自中山先生以來百年革命大業勢將毀於一旦，洵非危言聳聽之詞。

當茲國民大會招開第八次大會之際，絕大多數國大代表凜於興亡有責之大義，決定根據民主原則與憲法職權，推舉林洋港、蔣緯國二位先生參加正副總統之競選。林、蔣二氏亦已表示願接受徵召，為國效命。我們為此歡欣鼓舞，特成立〈助選總部〉，聚集民間力量，為國家略盡棉薄。

眾所周知，林洋港先生服務黨國凡四十年，自基層以迄院長，政績輝煌；其為人則睿智敦厚，大公無私；在當今省籍大員中，其民望可謂無出其右者。蔣緯國先生久歷戎行，荷德深厚，精研戰略，旁涉史哲，學識閎通；其為人則力行中道，正直純良，在大陸及海外具有極高聲望。如此搭配，文韜武略，相得益彰，正是治國之宏才；非僅足以「立足台灣」，進而定能完成中國統一偉業。

國大代表聯署正副總統候選人即將開始，此乃國家興亡

之關鍵時刻。我們特提出下列數事，呼籲各界，為國脈民命而披肝瀝膽：

一、國民黨臨中全會推出之正副總統人選，實質與程序皆不合黨內民主原則，完全係出自「無道有術」之一二人的操縱結果，根本不代表全黨之公意。全體國民黨忠貞黨員，千萬不可被挾持「黨意」以逐其私欲者之言論所愚弄。

二、「林蔣搭配」與「二李搭配」競選，是「民主」與「獨裁」之爭，是「統一」與「獨台」之爭，也是黨員行使黨章基本權利之正當競選，故根本沒有所謂「黨紀」問題。全體國民黨員，切莫接受「違紀」一詞之恫嚇。

三、今天復興基地內部之所以出現如此混亂局面，完全係出自李氏個人領導無方、個性偏執所致。全體國大代表諸公必須認清此因果關係，不為利誘，不為勢劫，全力支持林、蔣二氏，才是盡了您們對國家對人民應盡的責任。

四、在正副總統選舉期間，我們懇求國軍將士，保持高度警覺，不容中共乘機蠢動，更要嚴防島內「台獨」與黨內「獨台」集團相互勾結進行任何破壞活動。情治單位應嚴守中立，不可介入同志之間的競爭，而淪為「獨台」集團逞其私欲之工具。

五、我們在此更要誠摯請求台灣全體同胞了解，目前大家最關心的社會安定問題，完全是由於李登輝先生的領導背棄民主、剛愎自用所造成。我們確信林洋港、蔣緯國兩位先生，以它們的民主風範與堅毅作為，在當選後，必能使社會立即恢復安定，朝野自然和諧；進而繼「經濟奇蹟」之後，創造真正的「政治奇蹟」，使四海歸心，迅速達成和平民主統一全中國之歷史使命。

六、近日各種跡象顯示，二李氏輔選單位正施展危險手法：一面在國民大會及社會散布「不支持李登輝當選，就會發生動亂」之耳語，一面在全省策動簽名運動，並計畫進而煽起群眾運動。對此，我們提出嚴重警告；若有任何亂動，全民必將起而保家衛國，一切後果請問誰能負責？懇望李氏輔選單位立即懸崖勒馬，切勿為個人權位私利而無所不用其極，以致殃及黎民。

大公方能團結！李登輝先生昨日央請八位大老出面整合，期能穩定政局。足見他已了解局勢之嚴重而思有所更替。「君子莫大乎與人為善」，此種作法值得人民稱慶，我們表示敬意。但求有效之整合，必須先講是非；若一味和稀泥，使人不得不懷疑此不過又係一種瓦解對方之「手段」。且聽聽負責整合之蔣彥士先生動輒放出：若不支持李登輝當選「我們四十年的建設毀於一旦」之類言詞，令人百思不解，不知其「玄機」何在；何故李氏不當選我們四十年建設便會毀於一旦？放出此類不可思議之言語，無非意在恫嚇威脅。如此之「整合」，非但不能達成和諧，只有擴張危機。希望各位大老促請李總統立即採取大公無私之具體行動，容納林、蔣二氏參選，如此才足以顯示心胸廣大，立能贏得世界各國及全球炎黃子孫對其民主精神的敬佩。

中華民國各界支持林洋港先生、蔣緯國先生參選第八屆正副總統總部

（中華民國七十九年三月六日下午三時三十分在來來大飯店記者會發表）

龍旗七十九年（1990）年三月號第 109 期代社論

這樣的人還能當總統嗎？

陳景雲

自從二月十一日國民黨召開「臨中全會」之後，二十日之間，李登輝總統雖然挾其黨政組織的龐大力量為自己的連任而積極造勢，可是實際得到的卻是相反，可謂到了「與時俱損」的地步。其情形包括：

1.海外報章，早已掀起一片「反李」之風。尤其在香港，街頭上擺著多種的刊物內容多對其不利。僑社組織原奉命發表「赤誠擁戴」的廣告，通通受到僑界的質疑及抗議。

2.包括實權人物如郝柏村、林洋港、李煥等，聲望崇隆的元老如薛岳、黃少谷等對李登輝原先採取曖昧的態度。到二月廿五日陳履安公開說「領導中心不應由一、二人把持」談話之後，實權大老們的「反李」言論便如黃河潰堤般湧出，黃少谷更兩度挺身鼓吹「內閣制」。

3.二月廿八日上午，少壯派立委趙少康召開個人記者會攻擊鋒芒直指李登輝，點名批評他「搞獨裁」、「缺乏用人及領導能力」、「已造成眾叛親離」。當天晚上，行政院臨時招開記者會，相當明白地表示了不反對滕傑先生所提的「二組正副總統人選」的主張。

凡此等於各派已緊密聯合吹起了總攻號角。顯然，離總統選舉只有二十天，李登輝已經陷入四面楚歌的困境。除非奇蹟出現，「雙李搭配」恐怕大勢已去。

許多人說這是國民黨內部「權力鬥爭」，並不妥當。這種種現象固然有「權力鬥爭」的性質在內，可是，權力鬥爭終究是「果」而不是「因」。從過去很多事實證明，李登輝個人問題才是真正的「因」。李登輝究竟有何問題？趙少康說他「欠缺用人與領導能力」還只是局部的。除此之外，他的「人格膨脹」、「背景複雜」、「推過諉責」、「智慧短淺」……等惡質因素，一起加起來才是致命傷。

◎一、智慧短淺

前年元月間，李登輝接任總統召開首次記者招待會發表談話，顯出他在農業經濟問題上確有卓越的見解，但對政治問題的看法卻顯得平庸，甚至錯誤。尤其指總統府秘書長和黨中央為「跑腿的」，令人發噱。此猶為小事。

釀成今天局面的最根本起因，是刻意排斥蔣緯國將軍之事。前年七月間國民黨召開十三次全國代表大會，滕傑先生提案修改黨章設黨副主席、並以蔣緯國為副主席。此項提案有二百五十三人連署，其中包括一百八十多位國大代表。滕先生這一提案，其出發點全在幫助以李登輝為中心的領導能夠穩固。正如滕先生常說的，這是「政略性設計」，就是照顧到全面與全程的設計。如果李登輝能接受，海內外同胞對這個政權也就不再會有「獨台」的疑慮，對由先總統蔣公帶領來台的數百萬大陸人士也就有了光復重返的希望。可是李登輝智不及此，當時與滕先生溝通不表示反對，卻用小伎倆（運用時任總統府副秘書長的張祖詒套住蔣緯國「個人無意爭取」的話），連一名中常委也不給蔣緯國。另方面又刻意讓經國先生四個兒子都名列中央委員以示安撫。這一切小伎倆，何能補救「政略錯誤」？如果當初用緯國將軍當副主席，今天副總統誰當都沒有了問題，更不會弄成「眾叛親離」的局面。政治是人為之事，不是上帝所賜。弄成現在局面，顯示李登輝政治智慧不足。他現在動輒祈禱，信誓旦旦地自稱要「背十字架」，何人能信？耶穌也幫不了政治智慧不足而又固執攬權的人。

◎二、推過諉責

李登輝似乎相當擅長官場的推過諉責。最突出的例子是去年選舉大敗，卻無一語自責，將一切責任推給「黨務革新要加強」，將關中、馬鎮方犧牲。並由其親信順勢延伸到「國會未全面改革」是「黨革新」的最大癥結，居然策動台大黨籍師生作全面迫退的運動。這種手法，立刻引起有識之士的不滿，力加阻止，才搞不下去而停止。

去年選舉失敗，李總統是責無旁貸的。他不但親自出面助選，而且對提名也有堅強的個人意見，最著名的例子是工業團體的李成家和台北縣長的李錫錕。

李成家是「美吾髮」的老闆，與李總統女婿賴國洲相交莫逆，甚至傳說李成家喊李總統為乾爸。以此緣故，黨乃不顧工業界的強烈反對，提名李成家為立法委員候選人。選舉結果，不被提名的謝來發竟以囊括三分之二的選票當選，李成家慘敗。此事成了工業界的笑柄。

台北縣長候選人李錫錕，據傳是李登輝的侄子，在政界及學術界均無籍籍之名，居然被提名。結果雖用盡黨政軍民的各種組織全力輔選，還是以些微票數敗給尤清。

以此兩個較突出的例子，可以看出李總統是如何的偏執地一心一意要建立自己的「基礎」，失敗之後卻不自省，而將過錯諉給下屬。就是中國古代的皇帝，遇有天災人禍，都要下「罪已詔」以鼓舞臣下爭取民心。而李登輝則反是，遭敗卻已拙劣的方法證明「萬方有罪，朕躬聖明」，在此民主時代又何等突兀。

◎三、背景複雜

具內幕消息指出，民國七十三年初，謝東閔先生有意卸下仔肩，向蔣經國總統表示不再任下屆副總統之意。蔣總統於是問他，有何人適合繼任。個性忠直的謝東閔不假思索便推薦林洋港。蔣總統聽後沉默不語。後來問當時任省主席的李登輝：「將來想請你多負點責任，不知你有無顧慮？」李可謂福至心靈地答：「但憑總統吩咐。我一個獨子都逝世了，自己沒有任何後顧之憂」。蔣總統於是大為高興，第七任副總統一職敲定了李登輝。

這項傳言的真實性如何，姑且不論，但相當合情合理。大抵蔣經國先生認為林洋港地方勢力大、令人難放心，李登輝以學者從政沒有個人基礎故託以重任。殊不知，現在種種事實已證明，林洋港從基層幹起，基礎雖大但背景單純，而李登輝則反是，個人勢力雖不雄厚但背景複雜。

早在光復初期，李登輝在台大讀書時，就曾參加過共黨組織。此事在海內外喧騰已久，現由承辦此案的前情報局督察室主任谷正文證實。當然，後來他已唾棄共黨，那是另一問題；有此「前科」，卻是不爭的事實。

最受人疑懼還不是曾參加共黨組織，而是他與「台獨」集團的成員有令人迷惑的關係。例如此次由海外流亡的台獨精神領袖彭明敏發表公開的支持李登輝連任總統聲明。又如他在二月中旬到中南部向傾向台獨的國代拉票時，竟然表示「不反對主張台獨的人」，又與之一同祈禱。其與有「台獨窩」之稱的〈台灣長老基督教會〉關係密切，尤不在話下。

由此足見其「背景複雜」，使人們連想到兩次「世台會」得以合法來台開會公開主張台獨，對天安門事件的冷漠反應，在新加坡稱「從台灣來的總統，可以接受」……等等，對他的真正動機不敢信任，這是自然而然的事了。

◎四、人格膨脹

一些人不斷歌頌李登輝兩年的「政績輝煌」、「聲望崇隆」，其實都是與事實不符的阿諛之詞。但聽在李登輝耳中覺得很舒服，心中便信以為真，這也是人之常情。但真正是英明的人，必須了解這阿諛其實是毒藥，愛聽諛詞足以使自己「人格膨脹」而誤了大事。不幸，從很多事例足以證明李登輝確是「中毒」了。

在前年十三全會，黨部便製作了一幅國黨旗為底。印上孫中山、蔣中正、蔣經國、李登輝四人頭像的圖案。這幅構圖並在同年春節智成賀年卡向全黨寄發。這意味著李登輝要以「國民黨第四代領袖」自居。民國六十七年蔣經國接任總統後，曾一再明言「國民黨只有總理、總裁兩代領袖」，他禁止幹部稱他為領袖，更拒絕民眾歡呼「萬歲」的口號；這是經國先生之所以為經國先生，他是真正的「強人」，其所以「強」是處處表現在「平凡平淡」中累積而成的。李登輝一當上總統，便以「領袖」自居，豈不令人疏離？

又如十三全會選主席，此次臨中全會推總統候選人，他都接受「全體起立通過」方式以登大位；姑不談形式效力問題，就從禮儀觀點，實在不妥之至。他從政不過十八年，對黨國並無重大的貢獻，怎可以接受如此崇隆的大禮？中山先生是創建民國的人故不用說，中正先生一生東征、北伐、打敗日寇、收復台灣武功彪炳，經國先生一生為黨國辛勞創下台灣文治基礎，他三人是偉人，是領袖，要全體黨員起立擁護，絕大多數的人都會心悅誠服。但以一位既無革命經驗又無顯著貢獻的李總統，卻想效法三位領袖，接受眾多德高望重的幹部起立擁戴，豈非有虧禮儀？

「票選派」不願起立，竟由宋祕書長出面指斥別人「搞陰謀，不負責任」，這等於是運用權力公開強迫大家向一位人格膨脹的人致敬，以逐其製造「新強人」之目的。趙少康斥之為「實質不民主、程序也不民主」猶算客氣，簡直是「不花一毛錢當了兩年總統的人便以為自己是蔣公中正」了！

◎五、將成悲劇人物

「沒有機會起不來，沒有本事站不住」，李登輝因緣際會當上總統兼黨主席，這是上帝對他的特別眷顧。但兩年來的表現已證明，他確實不足以領導一個國家，不足以領導一個具有百年歷史的黨，才會演至今天幾乎到了「四面楚歌」的田地。但迄今（三月一日）為止他似乎仍未了解自己錯在何處；有些阿諛之徒為了自己利益，還是運用一些小伎倆意圖力挽狂瀾，這一切必然是白費力氣的。一個眾叛親離的人，縱使仍然爭得大位，其結果也未卜可知。

歷史將會留給後人無限唏噓：李登輝是中國歷史上少有的幸運人，但他卻沒有本事延伸其運氣，成了一個悲劇角色。

龍旗七十九（1990）年三月號第 109 期

滕先生作獅子吼　宋楚瑜強詞奪理

編輯部

二月廿五日上午，國民黨中央委員會在國軍英雄館召集黨籍代表三百餘人舉行座談會，目的在「對國民大會第八次會議政治任務提示」。不用說，這是黨部為了支持李登輝而爭取國代的一次重要行動。

會議一開始，在事先布置下的五位國代紛紛發表「支持黨提名的正副總統人選」的言論，無非是讓人甚感肉麻的阿諛之詞。在座絕大多數是有正義感的老國代，人人均感到無聊之至，有打瞌睡的，有聊天的，氣氛異常雜亂。

此時，滕傑先生起立走上發言台，會場氣氛頓然變得凝重無比。他未開言，氣氛便為之一變。

滕先生溫和而有力的語調，配以各種手勢，等於作了一場十五分鐘的震撼性演說。

他指出，現在應有兩組以上的正副總統人選給國民大會作選擇，才能達成「是統一而不是獨台」、「是民主而不是獨裁」的要求。因為兩組人選都是黨內同志，無論誰勝都是黨的勝利，所以根本沒有黨紀問題。

他的講話，句句有力，字字動人心弦。當日三家晚報均以大幅刊出，其中《聯合晚報》更以頭條新聞配巨幅照片處理。次日各報又更以頭條新聞配巨幅照片處理。次日各報又登一次。由是引起社會各界巨大的震動。當晚就有二十多個在野政黨的負責人登門請益，紛紛表示今後一定照滕先生的意思自動去做。而第二日各報又連續刊出陳履安及黃少谷的談話，除表對民主政制的贊成外，並強調「黨已是由一、二人把持」，這是對滕先生主張的迴響。

然而，中央秘書長宋楚瑜，對於滕先生的主張卻以「先進國家政黨，那會推出兩個總統候選人！」的話來作公開的反駁。稍有常識的人皆知，宋先生的話強詞奪理，實無根據。因為：

1.正如陳履安所說，今天國民黨是被一、二人所把握的，所以推選李登輝，李元簇為正副總統候選人的決議，實質上只是不民主的結果，不能代表全黨的意志。如果以此不民主做法強行推展下去，只是造成黨的大分裂。滕先生的建議，恰恰是補救行將大分裂的最好也是唯一的方法。故宋秘書長以形式主義理由（黨已通過）來推展李登輝獨裁的企圖，實在是大不智。

2.實際上，即使在美國的政黨政治初期，也有過一個政黨推出二組、三組，甚至四組正副總統候選人的例子。在政黨政治初期採取開放寬容的政策，大大有助於民主政治走向健全。現在我國初具政黨政治的規模，無論為了維持國民黨內部的團結，抑或作未來健全政黨政治作一模範，由同一個黨推出二組人選，並無不當。可見宋秘書長對美國政黨歷史了解的未夠。

3.即使退一步以言，就算外國政黨沒有推出二組人選的，也不能說國民黨就不能這樣做。如果宋楚瑜的理論成立，那麼國民黨如三民主義信仰等許多東西都應取消才是，因為「世界上有那個政黨信仰三民主義的」？

宋秘書長的反對理由如何並不重要。重要的是，他及李登輝總統等人雖然身居高位，但似乎皆未了解到「真理加信心」力量的偉大。自從前年滕先生主張增設黨的副主席起，滕先生一連發出了四次關鍵性的獅子吼（1年前七月前推選副主席，2今年元月廿一日成立「全統會」宣布針對此次國大為當前努力目標，3二月四日針對當局的「副總統人選五條件」而召開記者會提出「四原則」並公開表明支持蔣緯國，4此次提出二組正副總統人選），一次比一次震動人心，而且前後一貫，毫不動搖。滕先生何能如此？就是因為他所提的構想是完全沒有自己個人在內的真理，他所提的是出自堅強的信心；即是藉著「信心」而爆發出來的「真理」，其無形力量是無窮的。如果不懂這個原理，就不足以成為政治家。如果不服從真理去做，自必走上危亡的窮途。

龍旗七十九（1990）年三月號第 109 期

民國總統名錄

趙同信（國大代表）

一、袁世凱

袁世凱，字慰亭，河南項城人。面如滿月，頭圓鼻正，二十歲即髮白如霜。老奸巨滑，當總統猶不滿意，登基為洪憲皇帝，隨即一命嗚呼。洋人稱其為「東亞怪傑」。北洋官場稱為「袁項城」。

二、黎元洪

黎元洪，字宋卿，湖北黃坡人。繼袁為總統。面如冬瓜，煥發照人。性和心慈，缺乏果斷。世人稱為「黎菩薩」。

三、馮國璋

馮國璋，字華甫，河北河間人。由江蘇督軍，進為總統。為袁世凱部下三傑之一，面圓口方。為政搖擺不定。北洋官場呼為「馮河間」。

四、徐世昌

徐世昌，字菊人，天津人。前清進士，官東三省總督，一度曾任袁世凱之國務卿，繼馮國璋為總統。擅書法，自署為「水竹村人」。

五、曹琨

曹琨，字仲珊，天津人，行伍出身。由三省巡閱使，賄選任總統。方面寬口，北洋官場呼為「曹三爺」。

六、段祺瑞

段祺瑞，字芝泉，安徽合肥人。德國留學，袁世凱之大將，有「段虎」之稱。獨斷專行，任國務總理有年，被北洋軍閥擁為首領。以當時政情複雜，不敢稱總統，以「執政」發號施令。北洋官場呼為「段合肥」。

七、蔣中正

蔣中正，字介石，浙江奉化人。首創黃埔軍校，由國民革命軍總司令率軍北伐，統一中國，被推為國民政府主席。日軍侵華，領導中國軍民全面抗戰，八年血拼，率獲勝利，功高德隆。三十七年為中華民國行憲後第一任總統。三十八年，剿共失敗，退守三台，勵精圖治，國富兵強，連任五次總統，建立「三民主義模範省」，照耀遠東。六十四年清明節逝世，享年八十九歲。

八、李宗仁

李宗仁，字德鄰，廣西桂林人。短小精幹。三十七年當選副總統，次年，共軍渡江南下，蔣中正下野，李即代理總統，即與共軍和談，受愚破裂後棄職赴美作寓公。十數年後不耐寂寞，辱身向中共投降。不久即困死在大陸，晚節不保，為天下笑。

九、嚴家淦

嚴家淦，字靜波，江蘇吳縣人。為財經長才，溫文圓融，蔣中正特挑選為政權之過渡。蔣公崩逝，由嚴家淦副總統登位總統，無為而治，大小事務悉委諸蔣經國，歷三年太平總統而退位。

十、蔣經國

蔣經國，為蔣中正大公子。六十七年繼嚴家淦出任總統。力行十大建設，福國利民。七十三年連任總統。晚年力行本土化政策，開放黨禁、解嚴，推行民主。于七十七年十二月二十五日出席國民大會年會中，遭民進黨台獨分子包圍辱罵，未及一月，五內出血而死。傳位于李登輝。

十一、李登輝

李登輝，台灣省台北縣三芝鄉人，先世為客家人，語言後同化於閩南語。留美農業專家。以異數獲蔣經國信任，七十三年取代謝東閔出任副總統。七十八年元月十三日蔣經逝世，依法登位為總統。其歷史功過如何，後代自有評論。

龍旗七十九（1990）年三月號第一〇九期

大逆不道的人

致蔣孝武的公開信

劉珩

蔣代表：

你匆匆從日本趕回來「大義滅親」，曾否想到我們老百姓的看法、想法怎樣呢？現在我代表部分國民黨黨員及老百姓告訴你，奉勸你以後說話做事多用點大腦，少鬧笑話。

我們中華民族是重視倫理道德的民族。你的那篇聲明有違倫常，而且幼稚得過分。

蔣緯國將軍是你的親叔叔，你居然說「不願多花一秒鐘時間」與他溝通一下。我們派往北京出席亞銀會的郭部長，在中共的地盤上還與他們官員握手；你叔叔又不是你敵人或仇人，你豈不是比共產黨更會劃分界限嗎？

「假民主之名，圖奪權之謀」、「有票選、無民意」等語，你不覺太過分嗎？蔣緯國先生從開始到現在也沒要求老國代提他的名。純是老國代眼見國家政局不安，暴力不斷昇高，加上海外、大陸人民對緯國先生之愛戴而提他出來，這是民主的實現，他自己壓根兒就沒假民主之名強出頭。「圖奪權之謀」這句話，更是荒謬論！「有票選、無民意」這話，虧你敢說出來！我們老百姓說說還差不多，由你口中說出來真是幼稚無知到飯桶地步。想當年蔣公及經國先生那一次不正是「有票選無民意」出來的？你不是罵你的父祖嗎？李登輝的副總統也是「有選票、無民意」出來的才繼位總統，你不是罵李登輝嗎？你忘其所以，就想過河拆橋，太可笑了。

你憑什麼當上駐日代表？老百姓心裡清楚得很。你父親提拔李登輝，他為了向大家表示沒有過河拆橋，才給你好職位。你該虛心努力，嚴守自己崗位多做點為民的事，豈可用火辣刺激而有失厚道的聲明，將我中華傳統倫理破壞得蕩然無存，你還是中國人嗎？你夠格當一個駐日代表嗎？你只配被人當猴子耍！完全不配當蔣公中正的孫子。

你從日本回來公開鬥爭你叔叔，於情於理都是大逆不道。你如果以晚輩立場去拜訪他，不論老國代們選不選他，你盡了力，誰也不會怪你。為什麼一定要「六親不認」才能表現你了不起嗎？李登輝究竟許諾了什麼給你？我們百姓等著瞧呢。

龍旗七十九（1990）年四月號第一一〇期

蔣孝武發表公開信內幕

齊民

據香港《展望》雜誌四月號一篇文章透露，三月九日上午駐日代表蔣孝武突然回台，下午即在中廣公司安排下，招待記者，宣讀那篇鬥爭其親叔叔蔣緯國的公開信。這是出自中央某人的獻計（註），由政大教授金神保捉刀寫了公開信的原稿，呈給李登輝主席過目，然後再由蔣孝武宣讀出來。

當時在記者會上，蔣孝武也不諱言，在當天上午他曾見過李主席，那篇公開信經李主席過目。

蔣孝武此舉，已被海內外報章公認「有違倫常」，引起各界極大的惡感，其影響不斷在擴大中。但蔣孝武本人似乎尚懵然無知；據四月上旬《聯合報》登，他居然還要求李總統允許參加「國是會議」。如其要求成為事實，政壇上將不免又有一次波瀾，而報章勢必會推出一致討伐的言論。

編註：眾所周知，金神保是宋楚瑜親信。

對蔣孝武的憤怒

劉中石

在各傳播媒體上看到，政府所派駐日代表蔣孝武的言行，第六感促使我非常悲憤！為甚麼為了選舉就暗用權勢促使一個沒爹的孩子，對他親叔叔公然侮辱，離間人家的骨肉呢？

怎麼說，蔣緯國與蔣經國在國家禮制上、在宗族倫理上都是光明正大的兄弟。倘蔣緯國死後，蔣孝武是要盡一年的功服孝的家屬。蔣孝武這種行為，就是忤逆不孝！蔣總統經國先生的遺孀——蔣方良夫人，照理依法應該送這個忤逆的孩子到法院。蔣老夫人也該出面代表老總統蔣公父子與蔣氏宗族來管教這個不孝的孫子。

同時也該正告主使孝武不孝的那些黨國權貴，現在你們唆使孩子不孝，將來他也會變成一個對黨國不忠的幹部，也會反對你們！請問蔣氏父子有哪點對不起你們？何必對老長官的遺族如此殘忍呢？歷史上兒皇帝石敬塘還說：「大丈夫行事當磊落……」真可惜那些黨國權貴連個無恥叛徒都不如！

最後，因時代變啦，建議蔣孝武代表，若自覺蔣家人不必孝，今後乾脆改名，「蔣武」好啦！或者用台灣流行的隨母姓當俄裔，連蔣也不要姓啦，同時也丟掉先總統　蔣公家族的這個包袱！就可以自由自在地和那些黨國權貴們共創新天地啦！好不好呀？

龍旗七十九（1990）年五月號第 111 期（以上二篇）

李、黃會談給國人的警訊

現行憲政體制面臨危機

施劍英

據四月三日台北各報新聞：李登輝總統三日下午在總統府三樓接見民進黨主席黃信介，商談「國是」，〈民進黨〉黃信介主席向李登輝總統提出一份「改革事項時間表」，內容如左：

1.資深民代全面退職。時限：七十九年九月一日。

2.終止動員戡亂時期。時限：七十九年十二月三十一日。

3.廢除臨時條款。時限：七十九年十二月三十一日。

4.國會全面改選。時限：七十九年十二月三十一日。

5.省市首長民選。時限：八十年六月三十日。

6.總統民選。時限：八十二年三月三十一日。

7.政治犯平反。時限：盡快。

8.實施全民健康保險。時限：八十一年底。

黃信介所提以上八項改革意見〈備忘錄〉，是依據《民進黨》日前臨時中央常會意見而來。李登輝總統對黃信介主席的八項意見，據新聞報導，1至5項同意在二年內完成，也就是李總統五月二十日就職後起算，將是八十一年五月二十日前完成。

第6項：「總統民選」，李登輝認為「涉及修憲，非總統職權可決定」。

第7項：「政治犯平反」，李登輝認為：「回復政治犯工作權、參政權等，均涉及修法，非總統職權」。總統府方面表示：「對個案、個人的特赦、復權，總統府將慎重考慮」。

第8項：全民健保。總統府表示「同意」。

李黃會談是「國是會談」的奠基工作之重要環節，儘管民進黨這份「改革意見」近似〈哀的美頓書〉具有最後通牒、否定現行體制的味道，李登輝總統大致都接受了。因而，換取了黃信介主席：「我們這個總統還是很英明」的讚譽。黃信介主席也說了：「現行中華民國憲法很完整，只可惜過去沒有徹底實施」的讚佩與認同之詞。

朝野對這次李黃會談，由於雙方都表現了理性和君子風度，無不寄與「和諧合力，共赴國是」的厚望。不過，也有不少人對民進黨的備忘錄內容，有所警惕，例如資深民代全面退職，定七十九年九月一日。國會全面改選，定七十九年十二月三十一日。其中有三個月的差距，國會單靠增額代表撐腰，是否會成為國會權力空檔，國會行使國家政權，乃國家主權的象徵，是否可以「空檔」？必須慎重考慮。在現行憲法未修正前，憲法第二十八條第二項明文規定：「國民大會代表之任期，至次屆國民大會開會之日為止」。是以資深國代全面退職，宜與國會全面改選配合一致，以免憲政權力中輟，這是維持憲政體制需要考慮之一。

第二點考慮：終止動員戡亂時期，廢除〈臨時條款〉，不僅涉及許多「戡亂時期」與「動員時期」的行政法令，制度必須轉化，也涉及反共國策的存廢，如在憲法未修正前貿然廢除除此兩項行之多年之國家重大體制，可能要使國家政策面臨興替困難。是以要廢除臨時條款、中止動員戡亂時期，必須待國會完成改選，完成修憲，完成一切法規制度轉化，才宜宣告，以免欲速不達，貽患無窮。

第三點要考慮：總統民選，現行憲法第二十七條規定，總統選舉為國民大會之主要職權。在憲法未修定前，如實施總統民選，豈不公然違憲，就算拋開五權體制權能區分理論不談，總統民選必須先完成修憲，才能在合憲的前提下實施。

第四點要考慮的是：國民大會為五權憲政體制最高政權機關，其四大職權創制、複決兩權大家反對實施，選舉、罷免兩權又主張改為直接民選，豈不存心架空國民大會，推翻五權體制的　國父憲政主張，這與李總統一項主張在體制內改革，及黃信介主席贊同體制內改革不提臺獨、基本法的信念背道而馳。

我們仍然認為現行體制可以充實強化，但不容轉彎抹角予以肢解。五權憲政體制是　國父盡畢生之力所首創，沒有什麼不好，誠如黃信介主席所言：「現行憲法很完整，可惜過去沒有徹底實施」。所以今後全體國人應該一致認同現行體制，加強他的實施，而不可予以分解消除。否則，一步之錯，千里之謬，國是國非，循環不斷，則國必危、民必亂，而我們亦將成為歷史的千秋罪人了。

龍旗七十九（1990）年五月號第一一一期

大官要學梁肅戎

余如雲

近半年來，現任立法院院長梁肅戎常發表驚人之語。傳播界無論政治立場如何，也無論讚不讚成他的言論，卻一致肯定：梁肅戎實在是一位錚錚漢子！在充斥著投機份子、軟腳蟹人物的今天官場上，梁氏是極少數稱得上有風骨的人物。

他最近突出的言論有三次：

◎第一是敢於把省籍問題擺上檯面來談。

今年三月間，立法院選院長，杯葛梁氏最嚴重的還不是民進黨立委，反而是一些本省籍的國民黨立委。他們反對的表面理由冠冕堂皇，說資深立委沒有民意基礎，應該讓年輕人來領導之類。其實明眼人一看便知，其真正動機是強烈排斥外省籍的人當院長。無論從年齡、學識、經驗、聲望來衡量，梁肅戎出任院長是不作第二人想的，唯一讓人杯葛的就只有他的「籍貫不良」，由他當院長有害「本土化」云云。梁氏面對此種狀況，絕不退縮，向新聞界明白拆穿那些人的卑鄙動機。這一招還真靈，那些人的心並被公諸於世，遽然降低了反對的氣氛，終於順利選出院長。

敢於把無聊的「省籍排斥」端上檯面來談，在高級黨政要員中，梁氏可說是第一人，非有大無畏精神是做不到的。

本來，省籍問題根本不是問題，尤其民間百姓，早沒有省籍歧見存在。但在政治上卻逾來逾成為問題，揆其原因，主要是兩方責任造成的。首先應負責任是一些「台獨」政客，他們長期以來以種種方法不斷挑撥這問題，「省籍訴求」已成了他們的有效攻擊武器。其次是以經國先生為首的一班政黨大員，可能是受攻擊久了，晚年在心中形成了恐懼感，故對此問題用規避、討好方法處理，美其名曰「化解」，事實上卻助長台獨的氣焰。如是惡性循環，外省籍的黨政大員對之則越來越退縮，終於使得不成問題了「省籍」果真成了大問題，弄得今天在此的幾百萬外省人普遍有危機感、失落感。

其實，如果早像梁肅戎這樣正視問題，根本不會成為問題。「外省」人居住台灣固然是少數，可是大陸有十一億人口統統是「外省人」，有什麼可以恐懼「省籍威脅」的？何況無論何省籍都是中國人，挑撥省籍是卑鄙的行為，正人君子何懼之有？在政治上，如同戰場上一樣，精神是一切的主宰，心理健全的人不怕邪惡勢力威脅，邪惡勢力就必然退縮。梁肅戎敢於反擊卑鄙的「省籍威脅」，證明他心理健全，結果贏得勝利。

◎第二是敢於為朋友擔道義

五月間，為行政院院長人選之事鬧得滿城風雨之時，梁氏敢於公開指陳李登輝總統在「整合」期間，確曾託他傳話給李煥院長表示繼續倚重之意。對此事，人人讚揚梁氏「夠朋友」。

本來「講道義」是人際關係的基本要求，但世風澆薄的今天，「道義」似乎只存在民間，在政界則已鮮見。許多有頭有臉的政治人物，所關心的似乎只是個人權位，甚至有如蔣孝武者竟公開鬥爭親叔這般無恥的事出現；官場之不講道義情況，概可想見了。能夠像梁肅戎這樣，寧可得罪當道而堅持道義原則的，實在太難能可貴了。

◎第三是敢於主張「兩黨對等談判」

五月廿日李總統就職發表有關大政方針談話，其中涉及大陸政策的內容，主張在三項前提條件（大陸政治民主化經濟自由化、放棄武力對台、不阻饒我方開展國際關係）下，願意「對等談判」。這是實質的「兩國」政策，招致中共強烈的抨擊，海內外許多有識之士也僉認此種政策有欠考慮。六月十七日梁肅戎院長在參加國是會議分區座談會上，贊成立委張希哲的意見，認為：如果以政府對政府的談判，無異在法律上承認中共政權，也等於把「中華民國」這塊招牌卸下，變成「台灣獨立」，故到了適當時機，以國共兩黨對等方式接觸談判，才是可行的。

「國、共兩黨對等談判」當然是較「兩府對等談判」為可行的方式，這是海外內有識之士相當一致的看法，《龍旗》雜誌早在去年五月號第九九期社論已作相同的主張。但在李總統宣示新的大陸政策之後，即由一位立法院院長公開提出來，那就非比尋常。梁氏如不是有大無畏的骨氣，何能出此？

了解梁氏經歷的人，都相信他的勇氣與擔當，不是出自一時的偶然，更非因對誰有偏見而意氣用事；而是有其一貫的風格，在大關大節上出於理性的選擇。

民國四十九年發生雷震案，敢當雷震辯護律師的人就是梁氏。不久又發生台大法學教授彭明敏發表「台獨」宣言而被判叛亂案，沒有人願意做彭的辯護人，彭寫信央求梁肅戎，梁不顧任何阻力當他的辯護人。不久彭被「保外就醫」方式免於坐牢，梁出力甚多。從這兩件事可以証明，勿論政治立場如何，在法律上任何人都有受公正待遇的權利，這便是梁氏的基本信念，有此信念，才有此勇氣。

他今天堅決反對「台獨」或「獨台」，主張在適當時機應當與中共「兩黨談判」，絕對不是出於意氣。六月廿二日《中央日報》第六版一篇記者分析說得好，梁氏早年與日偽（滿洲國）及中共交手，有豐富的經驗，才會產生如此堅決的認知。他發表了這些談話，當然引起一些人的不快，很多朋友也勸告他「少說話，安坐院長位子就好了」，但他明白地表示：「為了熱愛國家，我將言所當言，為所當為，絕不同歷史繳白卷」！這種豪言壯語，多麼動人心弦。

四年前，他承經國先生之命，與當時的「黨外」溝通，結果促成了開放黨禁及解除戒嚴等一連串的改革。當時他個人受到很多愛國人士的誤解，但他不以為意，認為誤解總有澄清之時。現在，他的言行不但澄清了一切誤解，而且贏得廣泛的尊敬，認為他是近兩年三位院長（他前任相繼為倪文亞、劉闊才）中最稱職、最有魄力的院長。

數當前在位人物，真正以國家民族為念、敢於公開堅決反對台獨的，就只有行政院長郝柏村及梁肅戎。但郝氏的職位，據五月間中央日報一篇報導（林意玲撰）透露，將只有一年半到二年。而梁氏的職位，則已因大法官二六一號解釋，到明年底亦必去職了。如果郝、梁二人都退職了，國家將走上什麼樣的方向？如果走上「台獨」之路，台海兩岸戰爭勢將爆發，無辜的百姓又該怎麼辦？這才是大家切切不可忽視的問題。

職是之故，筆者發表本文，意不在頌揚梁氏個人，而在提醒同胞們注意；尤其要呼籲身居高位的黨政要員，應效法梁肅戎，人人要採取「不向歷史繳白卷」、「不做歷史的罪人」的態度，拿出勇氣魄力來，堅決反對台獨，台灣才會度過未來二年的難關！

龍旗七十九（1990）年七月號第一一三期

為「小朝廷」建立了法的基礎

評大法官二六一號解釋

木劍子

「小朝廷」開創了！司法院〈大法官會議〉於六月二十一日招開臨時會議，結果發表了解釋文，硬規定第一屆中央民意代表，包括國大代表、監察委員、立法委員，必須在中華民國八十年十二月三十一日退職。

這一件大法官會議的二六一條解釋文，短短三百四十三個字，就將中華民國延綿了七十九年的法統，於八十年底，斷送得一乾二淨。等於從此建立起：用〈中華民國〉國號自甘侷限於金、馬、台、澎的小朝廷。

◎「黑箱作業」——協商的結果

大法官會議，固有解釋國家一切法令的責任，但對於憲法的解釋，尤其是在國民大會、立法院、監察院中，都爭議不能決的「憲法解釋」，是何等重大的事情，豈可輕率而為？憲法是中華民國一千一百二十萬方公里領土上居住、以億計人民的代表所制定的國家基本大法，大法官的解釋，絕對不可違背原法的精神。

像這樣重大的解釋案，關係到國家的命脈及法統的傳承，其討論研究，自應透明化、公開化，讓以億計的國民以及他們選出的民意代表親自耳聞目睹，知道何者為是、何者為非，方為合理。

據中國國民黨所經營的《中央日報》報導：「由於大法官會議於前日的審查會議中，有關爭議的問題經過協商後，終於取得多數支持，於是舉行臨時性的大法官會議。」云云，所以作出了如此斷送法統、建立小朝廷的解釋文。

所謂「協商」，又是一次「黑箱作業」，如李主席與黃信介協商、派蔣彥士與「八大老」協商的一貫作風。國民們要問：誰與誰協商，是依情面協商？依權力協商？還是依其它什麼威脅、利誘來協商？如果是依法理依真理，則是會議，是在開會桌面上的爭議，用不著協商，也不該協商；只有服從真理、服從法理。此等大事，豈可在「黑箱」中依情面、勢力協商以壓人，違背良心與真理？

甚堪玩味的，中央日報所說：「對於有關的爭議問題，經過協商後，終於取得多數支持。」真是絕妙的好「供詞」。試問「終於取得多數支持」的標的——也是最後獲得多數所支持的，究竟是什麼事物？明顯的就是在臨時大法官會議後，宣布出來的第二六一號解釋文。這也就是，先後開了二十八次之多的審查會，仍有爭議，仍不得多數支持的爭議問題。原來，這件解釋文的內容主旨，是在預先決定好了的。

◎林洋港的證詞

又試問今日中華民國政府中，誰有權威，可以預先決定好解釋文主旨，交給大法官會議去如儀通過的？司法院院長林洋港，在記者問到大法官會議的會議過程時，答覆說：「這件解釋案，在開了二十七次解釋會議無結果，經過『協商』取得多數支持後，在二十八次審查會才決定請他出來招開並主持臨時大法官會議，而在大法官會議中，他並沒有表示任何意見。」立法院中，國民黨籍的立委，對行政院郝柏村也問及這個問題說：「大法官解釋文中，所規定資深中央民意代表，於八十年底終止行使職權的最後時限，與國民黨所領先擬訂的時間相符，是不是行政院與大法官協商的結果？」郝柏村答說：「這個問題我不便答覆，但行政院並未干預大法官會議。」至於這兩個時限，是不是由於「巧合」？他也不知道。而一般國民也在問，大法官會議決定這個時限，是依據什麼法理或事而來的？為什麼不決定在其它的任何一個年日？更問：司法、行政兩院既然都為干預大法官會議，那麼還有誰具備那麼大的權威，將解釋文的內容主旨，交給大法官會議去「協商」再通過如儀？其人似呼之欲出。

◎「時機」的可疑

開會表決，是民主政治的正道。會外的協商協調，美其名曰「意見溝通」，實質上多為權與利的討價還價的政治分贓。解釋憲法—國家的根本大法，如此重大的事情，不循民主政治的正道而行，一而再、再而三、一直循正道開了二十七次審查會仍行不通。欲走小路、經後門，以「協商」來整合。這種過程、手段，就本身已經是偷偷摸摸、算不得光明磊落。無論什麼樣的結果，亦難免於「曲國家之法以從私人之欲」的嫌疑。有何可昭信於國人的？

還有，在「時機」上也是可堪玩味的。在經過二十七次的審查會仍然擺不平，經一度「協商」擺平之後，卻等不及下一次的大法官定期正式會議時再提出來討論，就匆匆地要司法院長林洋港召開臨時會議。這又為了什麼？

◎知法犯法的解釋

且再分析一下解釋文的文字，就更饒興趣了。

解釋文一開頭就說：「中央民意代表之任期制度，為憲法所明定。」那麼明定的任期制度怎麼說呢？是到下一屆國大代表選出就任時為止。這是《憲法》明定的任期，不容更改的；如擅加更改，就是違憲。如今在「下一屆國大代表」選出就任前，就將原任的國大代表職權予以終止，就是更改了憲法的明文規定，就是違憲。但大法官就做了如此的決議，是不是知法而犯法？

解釋文又說：「第一屆民意代表當選就任後，國家遭遇重大變故，因未能改選而繼續行使職權，乃為維繫憲政體制所必要。」那麼國家遭遇的重大變故，是指什麼？當然是指中共佔據了大陸，中華民國政府的治權，到達不了大陸，才未能辦理選舉，所以必要讓第一屆的民意代表，繼續行使職權，來維持憲政體制。現在國家所遭遇的「重大變故」仍存在，大陸仍被中共所佔據，仍然未能辦包括大陸的全國性選舉，欲限定時間，終止他們的職權，是否不必要「維繫憲政體制」了？或者是依從民進黨「台灣獨立」的主張，而廢棄原有的憲政體制呢？

◎自打耳光的解釋

解釋文中，最重要的一段，亦是全文的精華處，說道：「民意代表之定期改選，為反應民意，貫徹民主憲政途徑，所以本院……解釋及憲法……條文中，既無使第一屆中央民意代表無限其行使職權或變更其任期之意，亦未限制次屆中央民意代表之選舉。」云云，這段話，既否定其本文前面所說：「中央民意代表之任期制度所明定」這句話，自相矛盾，自打耳光。且問：限定資深民意代表一律在民國八十年十二月三十一日終止行使職權，又是依據憲法中第幾條的「明定」而來？

如果說是反應「民意」，那麼，資深中央民意代表，都是居住在大陸上數以億計的國民黨選出來的。今日大陸的領土，當然是中華民國的領土，大陸上數以億計的炎黃子孫，仍然是中華民國的國民，這是不容否認的。那麼由他們所選出來的資深中央民意代表應該在中華民國八十年十二月三十一日終止行使職權，是否出於他們的意思？有誰去問過他們的「民意」嗎？

解釋文中所說的「民意」，也許是將近兩三年來，依據資深中央民意代表創制的〈臨時條款〉所產生的增額中央民意代表，以及省、縣、市議員口中常說的民意。但這所指的，顯然只是台、澎、金、馬自由地區的民意。這一地區的人口，只有兩千萬，與大陸上的人口、即使是四十年前的五億數字相比較，只有全國人口的百分之四，又怎能以百分之四的民意強制代替了其他百分之九十六的民意？

◎適應當前什麼「情勢」？

解釋文最後說了一個抽象的理由，是「適應當前情勢」。這當前是一種什麼樣的情勢？並未舉出事實，不知就何所指。但人人所看的見的，有兩個情勢：一種是「大陸熱」：台灣地區的人，紛紛前往大陸，尤其以大陸投資，大陸設廠最為人們所關注。如果是適應這一情勢，便沒有終止資深中央民代行使職權的必要。另一種情勢是「台獨熱」：這以民進黨的所作所為最為明顯；辱罵資深中央民意代表為「老賊」、首先假借不知來自何處的「民意」逼退，繼之以暴力示威；而國民黨的少數增額立委，為了達到「獨台」目的，也就跟進，隨聲附和，於是造成了「情勢」。現在限定資深民意代表一律在民國八十年十二月三十一日終止行使職權，正好適合了台獨的「情」、響應了獨台的「勢」。從此以後，「中華民國」存一虛名而已！

◎矇騙人民的技巧

雖然，解釋文的最末四句話說：「並由中央政府，依據憲法精神，本解釋之意旨及有關法規，適時辦理全國性之次屆中央民意代表選舉，以保憲政體制之運作。」這只好說是中國作文章的起、承、轉、合手法，與一開頭的「乃維繫憲政體制所必要」那句話「合」起來了，但毫無實質意義。道理很簡單，「適時」是什麼樣的時間？正確的答案照理應該是中華民國政府的權力，重新回到大陸的時候。那麼，在這個「適當時間」到來之前、八十一年元旦之後，在這一段時間中、僅有台、澎、金、馬選出的中央民代行使政權與立法權，是否算確保了「憲政體制」的運作？如說是，又何必選「全國性之次屆中央民代」？如說不是，則這一段時間的「憲政體制」又存在何處？這段無「憲政體制」的階段，又算是什麼體制？「憲政體制」可以有階段的真空嗎？因此，令人不得不懷疑，此謂「適時」之意不過是文字遊戲，意圖矇騙全中國的人民，留給「台獨」或「獨台」靈活運用的「技巧」罷了。

所以，就在大法官會議的二天，新聞學界提出了質疑，非常委婉地問道：「資深中央民代，全部退職以後，人數太少，國會的運作，是否將受影響。」其意即在沒有全國性的中央民代的國會，是否合憲政體制。而以和稀泥見長的蔣彥士答的妙極了！他說：「我想到時候，可以選兩三百位臨時代表出來參加。」這話簡直和稀泥和到了登峰造極。姑不論選多少人出來湊數，根本與「全國性」無關，更不知他何所依據。創造出一個「臨時代表」新玩意兒來！

綜觀解釋文的全文，其述事、說理、行文、遣詞、用字，矛盾、失當之處所在多有，比刀筆小吏的寫作也不如。

◎卑鄙與風骨

更惡劣的，在大法官會議通過了這種解釋文的第二天（六月二十二日）上午，國民黨中央黨部就迫不及待、猴急地派出人員，攜帶水果，跑到病重在床的中央民代家中，不管老年人的病情如何，進行美其為「勸退」的手段。這不只是跡近卑鄙，甚至事一種殘酷。對於曾經對黨貢獻心力血汗數十年的老同志竟如此忍心對待。還談什麼「上帝的愛」，還背什麼十字架。

值得慶幸的，在十五位大法官的會議中，有二位大法表現了「不為利誘、不為勢劫」的高風亮節人格，對於這次的解釋文，抱反對的態度，而且堅持到底，最後仍然投的是反對票（不同意見書）。一位是從基層司法官幹起，數十年來，堅守崗位，公正廉明，實務經驗豐富，法理透徹分明的李鐘聲大法官。一位是應先總統「十萬青年十萬軍」號召，忠黨愛國，投筆從戎，知識青年軍出身的李志鵬大法官。雖然不久後，他們的大法官職位必將會失去。但他們崇高的風骨，將永垂青史。（編按：本文作者是中央日報一位著名的資深記者，以筆名發表。）

龍旗七十九（1990）八月號第一一四期

國是會議後的省思

法天

萬眾矚目的〈國是會議〉，經過三個月的籌備，投注了許多人力與財力，已於六月廿八日至七月四日如期舉行了。與會的政府官員，對這次會議的過程與結果，雖不十分滿意，大致上仍給予正面的評價；至少覺得朝野雙方已在不傷和氣的狀況下，達成不少「共識」，不能不算是國是會議的成就。

◎「總統民選」問題

可是，大家若檢視這次盛會所達成的「共識」，究竟是多少人的共識？恐難免產生疑慮。其中影響最大的「共識」，就是「總統直接民選」；這是反對黨與無黨籍的反對派聯手所打出的一張王牌。他們原本企圖將國是會議變成制定新憲法的「預備會議」，再以「制憲」造成台灣獨立的事實。但他們也了解，制憲的主張不是一時所能得逞，所以他們兼籌並進，一方面提出「民主大憲章」，爭取制憲；一方面積極爭取「總統直接民選」；如此，即使制憲不成，只要爭取到「總統直接民選」，以後他們就可以不擇手段，使出渾身解數，以求在大選中獲勝；一旦被他們取得總統寶座，那「台灣獨立」不就水到渠成了嗎？

反對黨派這種如意算盤，政府當然體察得到；但推展民主政治，也不能拒絕「總統民選」，只是顧慮在台灣地區的選舉，常遭金錢、暴力介入；何況總統大選，若由全民直接投票，更容易被野心分子從中攪和，製造暴亂，弄得整個社會動盪不安，再加上威脅利誘，就很難不產生令人失望的選舉結果了。因此，政府僅同意委任代表制的「總統民選」方式，而不同意由全民直接投票。不料七月二日上午第二

次全體會議，輪到無黨籍的吳豐山擔任主席時，竟未經討論，便宣讀主席團所擬的結論：「總統應由全體公民選舉產生」！然後，更不讓台下有意見的代表發言，便以迅雷不及掩耳手法，宣布通過、散會。當天下午，雖有好些代表強烈斥責，但最後仍只加了「之結果」三個字，變成「總統應由全體公民選舉之結果產生」，並未排除「全民直接投票」之方式。這就是反對黨派的「民主」，以少數人的結論，強迫多數人接受；這樣的「共識」才是他們所要的！

◎「單一國會」問題

會中，另一影響較大的「共識」，是單一國會制。所謂「單一國會制」，就是只承認〈立法院〉是國會，而將〈監察院〉與〈國民大會〉排除在外；縱使不將它們完全撤銷，起碼也要貶低它們與立法院平行的地位，消滅它們的功能。這樣一來，以後立法院的權力將更為膨脹，其唯我獨尊的氣焰將更為飛揚；假如他們真能關懷民瘼，心心念念回饋選民，那權大勢大好辦事，倒也說得過去。

可是，他們實際的表現怎樣？整個第八十五會期，都在吵鬧鬥爭中度過，讓民生法案堆積，不聞不問，僅僅通過了兩件；直到七月十七日最後一天休會前，才為了不好意思交差，又快馬加鞭通過了六件法案。如此功能癱瘓的國會，到底是誰造成的？誠如幾位立委在檢討時所說：主要是由於反對黨一味以程序問題冗長發言，阻擾議事運作；而執政黨同仁不能團結一致，發揮多數的力量，制止少數人囂張，也難辭其咎。

因此，我們認為，老百姓所關心的是：如何制裁部分委

員的惡劣行徑？如何彰顯立法院的功能？而不是擴張立法院的權力，廢除監察院與國民大會的體制。突然擴權而不辦事，又不讓別人辦，豈不是於國於民有損無益？為什麼國是會議代表寧可仿效外國的三權分立制？而不願遵守五權憲法？這又是遷就反對黨派的「共識」。

◎「在野聯盟」乃國是會議贏家

此外，諸如資深民代全部退職、國會全面改選、終止動員戡亂時期、廢除臨時條款、省與直轄市市長開放民選；則早在「三月學運」班師後，反對黨提出〈改革時間表〉時，便已獲政府承諾；當然在國是會議中達成「共識」，更不成問題。

但以上所有「共識」，甭說不是全民大多數的共識，不是多數中產階級的共識，不是多數知識分子的共識；就是在國是會議中，也不見得是多數代表真正的共識。事實上，由於「在野聯盟」堅持他們預設的底線，動輒以退出國是會議為要脅，從事需索，逼得與會的政府代表，不得不一再與他們舉行秘密協商，以免破裂，以導致其他立場超然的學者、教授等交相指責，都覺得兩黨協商，對他們太不尊重；有一位教授更感嘆國是會議到此地步，已變得十分無聊，再開下去，也沒什麼意義了！可見他們對國是會議評價之一斑。

再看國是會議結束後各方的反應。連《中央日報》七月六日社論都不諱言，此次國是會議，顯示社會已出現嚴重的共識危機。菲律賓華僑更對國是會議深表不滿，認為執政黨對民進黨及海外異議分子一再退讓，令僑胞失望；可說國是會既無法律基礎，又無民意基礎。立法院也在七月六日專案評估國是會議結論，部分委員或謂國是會議之召開是多餘的，或對其籌備過程、組成分子、合法性及預算，均加以抨擊。

倒是〈民進黨〉的黨鞭陳水扁，改變了原來的看法。他在六月三十日曾公開表示，「國是會議是假的！真的國是會議在立法院」；不到一週，他卻反過來肯定國是會議的結論，並指責梁肅戎院長不應當安排這種檢討國是會議結論的議程。由此更可印證，反對黨派在國是會議中又掠得了相當可觀的政治資源，奪權執政的目標邁進了一大步。難怪梁院長說：「國是會議最大的贏家就是民進黨！得了便宜還賣乖」。我們也深具同感。

因此，我們要向所有堅持立場、不接受制憲、不接受所謂「民主大憲章」或「基本法」、不接受「多省制」的國是會議代表致敬。並仰望各位，今後繼續堅持維護國家的法統及人民的權益。尤盼所有愛國愛鄉的同胞，在未來的任何選舉中，用大家神聖的選票，選出真正肯為國奉獻、為民服務的行政首長與民意代表來；別讓那些不認同國家卻假藉民意的人再度當選。這樣，國家才有前途，大家才有希望！

龍旗七九（1990）年八月號第一一四期

國是會議是「台獨的推進器」

庚嶺梅

假如硬要強說李登輝召開的那個圓山〈國是會議〉有什麼成果的話，唯一的成果，是擴大了〈民進黨〉主張台獨的聲音，將民進黨的台獨陰謀，向前推進了一步。實質上，那個國是會議，只是用來幫助民進黨搞台獨的擴音器與推進器。

世人都已看清：從國民黨黨內提名總統人的方式——投票與起立之爭，到今日所謂的〈國是會議〉為止，這六個月來，李總統都是在獨斷、獨裁的一貫作風下，實質使國民黨分化、分裂了。

更可怕的是，李登輝和民進黨人合作，已經設計好了毀棄我中華民國基本體制的最後時限，比民進黨真正領導人許信良所說的三年執政，還做了大幅度的縮短——在民國八十一年元旦起，即將開始「獨台」化（雖無台獨之名，但實質的脫離大中國的獨立，稱為獨台）。這是中華民國的莫大危機！

雖然，當局一再信誓旦旦，口口聲聲說：「國體不容變更，國土不容分裂，及統一中國的目標不容動搖。」又說什麼「中國必須統一也必將統一」這些話，但與實際行為對照一下，不只是言行不符，甚至背道而馳。因此不能不使人懷疑，這些話以及說話的語氣及表情，只是一種巧言令色；一則以避免大家的反彈，次則以避免中共的武力制裁。

假如我們仍沉醉在當今政治上的一切美麗謊言中，這才是真正的、最大的「自作孽不可活」了。大家必須覺醒！

中華民國是中國國民黨總理孫中山先生，率領了先烈先賢，拋頭顱、灑熱血、絞腦汁、流汗水建立起來的。雖然，中共強據大陸，蔣總統中正先生，率精忠同志、志士仁人，憑海抗拒，維繫國脈不墜。四十年經營，國力漸強，復興在望。不期陰謀分子，在洋主子唆使下，進行種種分裂活動，國勢殆危。今日欲救中華民國，亦惟有中國國民黨；凡中國國民黨黨員，在此時此地，老、中、青三代，務必認清假黨員之分化陰謀，斷然覺醒，捐棄己見，心血相凝，肝膽相照，救黨救國，才對得起先總理，先總統，先烈，先賢；才對得起自己的良心，才對得起萬代子孫。（為紀念七七抗戰而作）

龍旗七九（1990）年八月號第一一四期

再造一個輝煌的漢疆和唐土

蔣緯國

在龍旗主辦「中國如何統一」座談會上致詞

主席、各位老兄弟、各位好朋友、各位同志：

志同就道合，「同志」這兩個字，是多麼寶貴！

我記得民國二十五年，是我這一生，第一次放洋出國前往德國那一年。那一年註定了我這一生！出國之前做兩件重要的事，一是得趕到黃埔島去向父親說再見，二是回到上海轉往南京向我的義父戴季陶先生告辭。當時戴先生給了我兩封介紹信，交給我帶到德國。他說，這是給兩位同志的信，你到德國後如有需要，他們會照顧你的。你懂得「同志」這兩個字的意義嗎？這是一件非常重要的事！同志們絕對是一家人。

當我還是九歲到十一歲的小孩子的年紀，包括今天主席滕大哥在內的黃埔一期到六期的老大哥們，都是曾看著我長大的人。民國廿五年父親剛好去了黃埔，我便趕去向他告辭。我當時站在那裏看黃埔島並不怎麼大，可是黃埔所做的事業卻是太大了。今天在座者很多人做了很多事，無不直接或間接都同黃埔有關係，可以說都是從「黃埔精神」這個系統而來的。

過去有一段時間，別人老是說我「蔣家人、蔣家人」。真正說起來，我們都是那家的人呢？應該是「孫家人」！也就是追隨　孫總理來承繼堯、舜、禹、湯、文、武、周公、孔子一脈相承的道統者。所以我們都是孫家人。然而，今天我眼看到連〈孫文學說〉這堂課都被排除了，眼看到〈三民主義〉也將被排除了。想當年在上海大撤退的一段期間，很多教三民主義的大學教授都想賴得乾乾淨淨，說自己不是教三民主義的；那種時代的悲劇，難道今天在這個所謂復興基地——台灣，又要重新出現了嗎？（鼓掌）對我們的孫中山先生為了復興中道文化而發起的〈興中會〉，難道到了這個時代，竟然又被別人像當年的秦始皇來個「焚書坑儒」嗎？「焚」的是中道之書，「坑」的是中道之儒。今天我們凡是想維持這個中道的人，以及民國卅六年根據中道、由全中國的中央民代立下的〈中華民國憲法〉，都要被人剷除了，這不就是「焚書坑儒」嗎？那些想毀憲、逼退、阻礙國父思想的人，是想將中華民國的基礎，連根拔掉。那些人都是秦始皇或少正卯，那些掘根或鏟牆腳的行動就是焚書坑儒！（鼓掌）（在拙著「宏中道」中，說明了三民主義與中道關係。）

今天，由滕大哥帶隊，在「焚書坑儒」的環境中，要剷除「秦始皇」！那就是復興漢文化。難道我們不是漢人嗎？今天竟然有人否認是漢人。「漢」代表什麼？漢不是個血統；因為秦始皇「焚書坑儒」毀了中道，漢朝推翻秦朝，即復興中道，所以我們中國人如此之尊敬漢朝，因而自稱為〈漢人〉。到了唐朝，更是使中道發揚起來，所以中國人又自稱為〈唐人〉。因此漢與唐就意味著信奉中道——我們的道統。這道統從唐而宋、而明、而中華民國。以前，凡從大陸來台灣的人，都自稱為「唐山過台灣」。今天竟然有人要挖掉這個「唐山過台灣」的根！

我曾在立法院被人質詢過：「你究竟是台灣人，還是中國人？」這話是什麼意思？難道台灣人就不是中國人嗎？我生活在台灣已經四十年，道道地地的是台灣人，我有許許多多的台灣朋友；包括在座各位都是一樣，沒有人不愛台灣，因為這是我們生存之地。三百三十多年前，那些跟隨鄭成功來台的先祖們，為的就是要反清復明；也就是要恢復中道政體。在立法院質詢的人曾指著我的鼻子說：「你違背台灣二千萬同胞的利益，應該向全台灣的人道歉」，說這種話的人，他自己才是違背台灣人的利益、有愧二千萬人的人！（鼓掌）

我當然愛台灣，家也在這裡。台灣如果真的沒有了，什麼也沒有了。因此，我們為了生存，先要保住台灣；要統一中國，先要統一台灣。（鼓掌）要用我們的力量，來維護文化道統，來復興中華。我們絕不容許再度「焚書坑儒」，就是要保「中」。剩餘的時間實在不多了，我們每個人都要站出來！中國要在我們的手中救起來，要在我們手中強盛起來。我們要使十二萬萬中國人，在台灣、在大陸、在海外的每一個角落，人人能過得好日子；使我們中國在國際間能受到尊敬！

滕主席今天以八十六高齡，還如此的奮勇。如果我們真是一條心，中國一定能統一，而且是統一在有中道的民主憲政之下。今天我帶來了一篇書面的報告，有關的想法和主張都寫在其中了，因為時間所限，我不能照本宣讀一遍，我已把它留在各位同志先進們的座前，請多指教。

各位同志：就像〈古月照今塵〉這首歌詞所寫的：「長江長萬里，黃河水不停；江山依舊，人事已非！莫負古聖賢，效歷朝英雄；再造一個輝煌的漢疆和唐土！」只要同志們齊努力，就有成功的希望！

龍旗七十九（1990）十月號第一一六期

〈中山堂護歌事件〉十二週年

勞政武

民國六十七年（一九七八）年十二月五日發生〈中山堂事件〉（即護歌事件），轉瞬過去十二週年。回首前塵，不勝感慨。如果不是發生此事，我個人當不會涉足政治上的是是非非，至今依然在大學教書或當公務員。惟對個人人生方向有何影響，概屬小事，不值得多著筆墨。

此事件在當時只是偶發的小衝突，但今天客觀檢討起來，實有其發生的必然性與對日後政局相當的影響。

自從民國六十年我國退出聯合國之後，整個六十年代的中華民國，可以說是外交逐漸陷於孤立而導致內政日漸紛亂的時代。其中最關鍵的紛亂，就是「台獨」勢力的滲入本島。而六十六年十一月間發生的〈中壢事件〉，就是「台獨」勢力首次公開在台灣與群眾運動結合。自此迄今，島內的「台獨運動」方興未艾。而在〈中壢事件〉之後約一年即發生〈中山堂事件〉，其本質正是民間自發性反台獨的首次表現。世事的發展常循辯證法則，即所謂「正反相隨」；「台獨」為民族大義所不容，反台獨勢力的興起是必然的。〈中山堂事件〉不過是這種必然性的表現形式而已。縱無此事件，也必有其他事件為開端以逐行此種必然性的。

繼〈中山堂事件〉之後，緊接著有〈中泰賓館事件〉、〈高雄暴力事件〉……以迄今天的各種「統獨之爭」。十二年來，儘管世事滄桑、人物代謝，但「台獨」與「反台獨」的鬥爭迄未變更，反日趨擴大。尤以近三年來，隨著兩岸中國人接觸增加、中共自身的急速「異化」（或稱為撥亂反正），「統獨矛盾」似乎已取代延綿了六十多年的「國共矛盾」，成為中國內部的主要矛盾。〈中山堂事件〉本身當然不是形成這大局的直接原因，但由於當時大眾傳播工具對該事件的大幅報導，無疑發生了「喚起民眾」的作用，因而使大量的民間熱血菁英分子相繼投入反台獨陣營，才逐漸形成日後的局面。從這觀點來看，此事件造成的間接影響，是不容忽視的。

有〈中山堂事件〉，才有《疾風》；有《疾風》的經驗，才有《龍旗》；有《龍旗》十年奮鬥的影響，才有今日的〈全統會〉，才有各種團體反台獨蔚成風氣。所謂「至誠無息、不息則久、久則徵、徵則悠遠」。此事件之所以值得紀念，應在乎此。

龍旗七十九（1990）年十一月號第一一八期

假藉人權
勞政武挨揍　竄改國歌
陰謀兆顯

孫立人〈兵變案〉新發現

徐昌隆

孫立人將軍於十一月十九日病逝台中。一代名將，學識淵博，戰功彪炳，治軍嚴明，用人唯才，一生廉潔，有口皆碑。厲行四大公開，軍中民主有成。深獲陸軍健兒之愛戴，絕非倖至。惟個性爽直，不善敷衍應酬，致人緣欠佳，最後卻受〈兵變案〉連累。

九月二日香港《大成報》刊出了美國前國務卿《魯斯克回憶錄》出版，有「孫立人確曾意圖兵變」的敘述，揭發了當年秘辛。魯斯克還接受該報記者的訪問，暢談事實經過。當記者說孫立人將軍健在，他相當懊悔云云。有一分證據說一分話，魯斯克國務卿的回憶錄，發現孫立人當年兵變的新證據。

人非聖賢孰能無過，知過近乎勇。孫立人將軍也不因兵變案，受到國人的輕視。死後哀榮，可證明吾言不虛。但要提醒那些翻案人士，不要再提那些無聊的政治謬論。

龍旗八十（1990）年元月號第一一九期

掃獨・衛道・護法

——慶賀龍旗雜誌創刊十週年

汪正志

《龍旗》雜誌民國七十年三月一日，由一群堅決反獨愛國的青年才俊所創立，到今年（民國八十年）二月份第一百二十期與讀者見面時，便是整整十週年。艱難歲月，逝者如斯，龍旗雜誌諸同仁，在顛危困阨的環境中，全憑一股愛國的熱忱，衛道護法，歷經險阻，依然屹立不搖。其忠貞不屈之精神，十年如一日；其志節，百折而不回。筆者忝為龍旗雜誌的「知音」，僅以十二萬分的至誠，向龍旗雜誌的編者、作者及讀者致敬！並且要特別向龍旗雜誌的精神領導人滕傑先生、發行人兼實際經營策畫者勞政武先生與其工作伙伴敬致賀忱！

◎龍奮青天，旗展白日

在龍旗雜誌的〈創刊宣言〉中，曾經揭示了他們的理想。其中有兩段話，仍然值得我們回味：「自鴉片戰爭以來，由帝國主義以至共產主義的交相欺凌，我民族又已幽潛了一百四十年之久。帝國主義早年以船堅炮利打開中國門戶，輸入有形的鴉片毒品及無形的文化毒素，企圖將巨龍癱瘓，俾便分而食之。近二十年來則以豢養內奸敗類——台獨分子，披掛民主外衣、人權面具，而從事分裂中華民族的勾當。更可怕的是共產主義，他的荼毒，使整個大陸河山籠罩在腥風血雨之中，造成中國空前的悲慘、黑暗時代。」所以，「我們創辦了龍旗雜誌」。因為，「龍奮貫青天，團結四海志士；旗展迎白日，鼓舞中原英豪，建設一個三民主義新中國，是每個龍的傳人義無反顧的責任。」最後並誠摯的呼喚：「龍旗雜誌是全體龍的傳人之刊物。凡是愛民族、愛國家及具有時代使命感的人，都是龍旗的同榮辱、共休戚的同根共命者。今後，願大家與革命先烈同情操，與民族英雄共氣魄，砍掉我們國土上那些有形、無形的罪惡『紅旗』，把龍的旗子遍插在有中國人生存的土地上，豎立在每個龍的傳人的心田裡。」——這些十年前的慷慨陳辭，至今讀之，仍然虎虎有生氣。

◎衛道護法，任重道遠

今天，世界共產主義運動已日薄西山，台獨叛逆則日益囂張。政府雖有建國之宏圖，未能完全貫徹；民眾雖有求治之心願，卻意見紛歧；大陸之民心雖已盡變，但河山光復難期；我們雖然擁有完整之道統及法統，卻面臨廢棄及損毀之挑戰。是故當前龍旗雜誌之首要任務，不得不側重在掃獨，亦即為「衛道」與「護法」而奮戰也。

在龍旗創刊號的首頁中，曾經引用了孫子兵法的名言：「善戰者，立於不敗之地；善用兵者，修道而保法」。誓言之，欲「立於不敗之地」，必須「修道而保法」。

我們衛的是什麼道？就是從堯、舜、禹、湯、文、武、周公、孔子到國父孫中山先生相繼不絕的一貫大道。其內涵有三：第一，外夷狄而內諸夏的大一統精神。第二，親民、愛民、保民、教民之民本主義。第三，使老有所終，壯有所用，幼有所長，鰥寡孤獨廢疾者皆有所養的大同思想。

我們護的是什麼法？是由全中國各黨各派、各省各縣，漢、滿、蒙、回、藏……各族之代表所共同制定的《中華民國憲法》。目前有人要假借修法之名而毀法，或曰，廢除憲法的前言；或曰，揚棄以三民主義為基礎的意識形態；或曰，總統應由台灣地區之公民直接選舉產生；或曰，將「五權分立」體制改為美國式的「三權制衡」的制度等等，不一而足。甚且反對由大陸各省合法選出之資深民意代表參與修憲工作。言下之意，要完全由台灣地區選出之增額代表一手包辦。筆者推想，他們不把中華民國憲法修改成為一部「台灣民主共和國」之憲法，決不甘心。其卑劣短視及陰險，堪稱國家民族之敗類！

面對此情此景，龍旗雜誌的同仁與廣大的作者、讀者諸君，能不奮然而起，為衛道、護法而秉筆直書，以申春秋大義，而使萬民復甦乎？展望未來，真是任重道遠；迎戰各種謬論，實在責無旁貸。

◎疾惡如仇，風雲際會

熟悉龍旗雜誌背景的朋友都知道，它的前身是《疾風》雜誌。疾風雜誌創刊於民國六十八年八月。這是在中美斷交之後，也是民國六十七年十二月五日在台北〈中山堂〉有人擅改國歌歌詞並毆打上台抗議的勞政武事件後，激起許多愛國青年大團結的開始。當時以黃信介為首的「黨外黑拳幫」，有張俊宏、許信良、姚嘉文、施明德為其羽翼。他們以所謂〈全國黨外候選人座談會暨中外記者招待會〉的形式，公然大肆宣傳以醜化執政黨，為黨外候選人造勢。並發行《美麗島》雜誌，又在全省各縣市成立〈美麗島雜誌分社〉，作為黨外人士活動聯絡的中心。而在當時執政黨及其所領導的各縣市黨政機關與文化出版事業，皆只能守成不變，或避而不談，無法發揮「以正制邪」的功能。《疾風》雜誌諸君子，高舉著「疾惡如仇，除黑務盡；風雲際會，再滌神州」的標語，號召所有的愛國志士，民族精英，共同來支持疾風。在他們的創刊宣言中很感慨地說：「使我們無限憤怒的是，今天台、澎、金、馬雖然已經獲得數千年國史所未有的安和樂利，而且成為大陸同胞，以及海外僑胞的燈塔和希望，但卻有一股小逆流出現。那就是『台獨黑拳幫』野心分子。他們受個人權力慾望的驅使，甘作洋人壓迫中國的鷹犬，打著民主、人權的幌子，肆無忌憚的鼓吹暴亂。企圖分裂中華民族，割裂中國版圖，摧毀我們復興基地的光輝成果。」筆者深有同感。

◎驅除黑暗，迎向光明

現在，那一段「小逆流」已變成了「大逆流」，其分裂中華民族、割裂中國版圖、摧毀復興基地的目標，絲毫沒有改變，而其策略、手段、形式、陰謀正在變本加厲地向台灣區的「全民」訴求與造勢。而且處處地方均以合法的方式來掩護其狼子野心。還有少數學者名流及「沉社」、「死台會」、「葬老會」……為他們撐腰。正如在當年的疾風宣言中所說：「那一小撮台獨黑拳幫反動分子，受到前年中壢暴力事件倖獲輕刑的鼓勵，竟敢公然鼓吹台獨，挾洋自重，口出狂言，惡意醜化領導中心。更在台北市中山堂篡改國歌，煽動暴亂，又為匪諜案件，糾眾遊行，詆毀愛國自強捐款運動。最近更利用神聖民主議壇，污蔑國軍將士。其分化挑撥伎倆，無所不用其極。其漢奸禍國心態，更是昭然若揭。凡我中華兒女，對這一小撮醜類，莫不痛心切齒！」十二年來，台獨叛逆分子的作為未變，疾風雜誌與龍旗雜誌聲討之對象相同。筆者常常為那些死不回頭的叛逆分子而憂心忡忡，不知要以何種語言方能促其痛改前非？但是一想到孟子所說：「不仁者可與言，則何王國敗家之有？」便心灰意冷不敢寄與厚望也。但是筆者也為龍旗雜誌愈挫愈奮、再接再厲的精神而喜！有此明燈照亮人心，必可驅除黑暗，迎向光明。目前，共產主義的體制，已經逐漸瓦解，海峽兩岸的民心，亦在水乳交融，三民主義的曙光，正冉冉東升，此時此地搞獨立與分裂，不是夜郎自大、孤芳自賞便是坐井觀天。古人曰：「坐井觀天，非天之小也，其所見者小也」。

筆者從民國六十八年閱讀疾風開始，到龍旗創刊三年之後，始以讀者一分子的身分，試投一稿，題曰：「我們擁有大有為的思想」（載於民國七十三年十月號第四十四期），幸蒙編者批露，復蒙本刊發行人勞政武先生鼓勵，乃與本刊結下了文字緣。嗣後又蒙滕俊公親自接見，耳提面命，勗勉有加。筆者雖然才疏學淺，文思晦澀，但為不負長者厚愛之盛德，乃竭盡棉薄之力，追隨龍旗雜誌諸先進之後，為實現龍旗之理想與抱負而從事筆耕，六年以來，朝夕惕勵，不敢懈怠。務期為阻止分裂國土，重建富強統一之大中華略盡心力。願以此心與龍旗雜誌諸先進共同勉勵。

龍旗八十（1991）年二月號第一二〇期

上兵伐謀

——熊向暉「地下十二年與周恩來」一文透視

余如雲

孫子曰：「上兵伐謀，其次伐交……」歷來學者解釋這個「謀」是指「謀略」，顯然不正確；因為任何戰爭施為都是含有謀略的，何待「上兵」才伐謀？現代組織權威滕傑先生指出，這個「伐謀」，指的應是滲透潛伏在敵方內部、誤導其決策，以便達到不戰而勝之目的。這是創建性的解釋。

曾任中共中央〈統戰部〉副部長的熊向暉最近發表了一篇傳記文章，據悉已被國軍高級將校列為必讀的「教材」。這篇文章之所以被重視，顯然它就是活生生的「伐謀例證」之故。

中共官方喉舌——《人民日報》海外版在今年元月八日起，以連載四期方式，刊登了熊向暉的長篇回憶文章〈地下十二年與周恩來〉。在大陸上，此文不但登在報上，而且由電台廣播，並準備由〈中共中央黨校出版社〉出單行本。在台灣，該文被《傳記文學》轉載，多家大報也作了摘要的報導。據悉軍方對該文頗為重視，已列為國軍高級將校必讀的「反面教材」。其影響如此，謂為「熊向暉震撼」亦不為過。

《人民日報》該文的編者按語稱：「文中披露了一些群為人知的史實，具有較高的史料、研究價值」。既視為「史實」就宜披露無隱；既視為「研究」則應持全方位的角度而不宜偏激一方或一種立場之見解。幸好該文涉及許多人於今尚健在，許多事也無法以一偏之見而抹煞。筆者乃盡力走訪，將有關事實及觀點公諸於世，或許更有助於此段史料的完整性。

◎熊向暉的背景

熊向暉，原名熊彙荃，民國七年生，安徽人。據他在該文自述，父親曾任湖北高等法院庭長，有三個姐姐，一個哥哥，一個弟弟，兩個妹妹。可見他是出生在一個高級分子大家庭。

熊的前半生，最重要的工作，已如該文所交代的，是做胡宗南身邊的「閒棋冷子」，終為中共立了大功。他身為胡宗南上將的秘書，實為受周恩來直接領導的「地下黨」人士，為中共做了許多情報工作。他最大貢獻是民國三十六（1947）年三月間，胡宗南攻佔延安前，因熊的通知，毛澤東及其黨中央得以全身而退。中共佔據大陸建政後，曾任〈中國人民對外文化協會〉理事、〈國務院外事辦公室〉組長、駐英臨時代辦（接宦鄉遺任）、駐墨西大使、中共駐聯合國首席副代表（代表為伍修權）、全國〈政協〉常委、中共中央統戰部副部長（部長為烏蘭夫）、〈中國國際信託投資公司〉董事長等職。目前他已退休，僅擔任〈黃埔軍校同學會〉理事之類的閒職，但享有「部長級」待遇，住在北京市復興門外大街的著名的「部長樓」。

他有子女各一位，子學企管，在美國。女兒熊蕾，在新聞界頗有名氣。據說此次發表的文章，就是由他口述由女兒執筆再經他自己潤色而成的。熊蕾現年三十九歲，未婚，在〈新華社〉任職，現與父母同住。據傳約在七年前，她在美國曾鬧過自殺，此事影響頗嚴重，因與中共當時駐美大使柴澤民有關，而導致柴澤民的去職。

熊向暉有一弟名彙萱，原追隨李煥在救國團服務，後任台北市建國中學的三民主義教師，研究國父遺教有相當成就，現已退休，住在台北。彙萱亦有子女各一，皆得日本大學博士學位，現分別任教於高雄〈中山大學〉及台北〈中國文化大學〉，成就均不凡。

熊向暉又有一妹名彙芝，嫁給孫適石（又名孫德智），係一反共健將，原為王超凡部下，復興社社員；來台後曾在國民黨中央大陸工作會（中六組）任駐港要職。

◎熊文提到的幾個人

熊向暉在該文提到的幾個人。我據現有的資料，披露出來更有助於歷史真相的查證：

1.陳指導員

該文第一段即三次提到，胡宗南派了「一位姓陳的親信當指導員」，來歡迎「湖南青年戰地服務團」的。據悉指的就是陳綏民。陳綏民原名陳大勳，胡宗南攻下延安時，曾指派他任〈延安市長〉。來台後曾在國民黨中央〈大陸工作會〉服務，從事文化反統戰工作。後來轉任〈光復大陸研究設計委員會會〉研究工作（主委是薛岳），並在淡江等大專任教。現已退休，是《龍旗》雜誌的顧問，平常熱心參加許多愛國團體的活動，在文化界頗有名氣。

2.王石堅

原名趙耀武。一九四七年間在西北被國民政府逮捕後自首。來台後曾任職〈情報局〉研究室副主任。現已逝世。

3.陳忠經

該文稱他是周恩來譽為中共情報「後三傑」之一的人物。據說才氣比熊向暉猶高。曾任國民黨〈陝西省黨部〉委員，〈三民主義青年團陝西分團〉負責人（書記）。中共建政後，多從事外交工作，曾任〈對外文化事務聯絡局〉局長。現任中共〈國際問題研究所〉所長。

4.申健

原名申振明，也是「後三傑」之一。曾任〈三民主義青年團西安市分團〉負責人（書記）。中共建政後，也從事外交工作，曾任駐古巴，印度大使。熊向暉的第三位姐姐正是申健的夫人。

◎熊向暉的思想個性

熊向暉身材不高，膚色白晰，儀表溫文。在公開場合甚少講話。但接近過他的人大體覺得，他的思想稍嫌保守僵硬，對人則顯自負與傲慢。以他的水準及對中共的大貢獻，始終連一個〈中共中央委員〉位子都不能得到，根本原因可能就出在這裡。

他雖然曾留學美國，並多年從事外交工作，接觸面不能說不廣。但對共產政制卻很執著，對民主思潮有相當的排斥感。事實上，「民主」固有其形式或程度的爭論，但也有相當程度的共通標準。尤其民主的內涵——「自由」與「平等」，是人類理性的選擇，扭曲或否定這種選擇是不智而徒勞無功的。即使中共當年「造反」，也要以爭「民主」、「自由」、「平等」的口號來攻擊國民黨、來團結幹部與號召群眾；中共自己當了權又何能對這些概念作否定，對知識分子這種爭民主的要求加以壓制？這種否定與壓制只有將自己困在意識形態的死胡同裡終將自亂陣腳。今天在東歐、蘇聯、外蒙的變化的根源莫不在於此。故中共即使為了自己的繼續執政，也要接受這些代表真理的概念，而不是一味愚蠢地去否定它。至於如何做法才可避免社會動亂與既得利益者失權？那是實踐方法的問題，不可與追求真理的目標混而為一。

他在該文中一再透過他人的嘴或自詡：「對國民黨很了解」。但終觀全文，顯示其思路對國民黨之所謂了解，僅是當年戰亂時期國民黨的偏失方面而已。一個政權同個人一樣，有其缺點必有其優點。一味強調敵對者的缺點以便提升己方的「戰鬥意志」，這在戰爭年代，容有不得不然的特殊需要。但如果將此「特殊需要」誤以為是普通真理而使自己的腦筋流於主觀僵化，那便不是一個高層政治人物應有的修為了。

平心而論，國民黨當然有其缺失，否則便不可能有四十年前的大陸失敗。但它也有其很多優點，否則便不可能延綿九十多年而不倒，更不可能有今天的台灣成就。單就熊家的際遇而論：胡宗南對熊本人的真心愛護與提拔，該文也不得不承認，完全沒有其他動機，純是出自一片愛護青年才俊之心；而周恩來對熊的重視，則完全出自可作「閒棋冷子」的運用，而不是純然的愛護之意。熊雖對國民黨傷害如此之大，四十年來，國民黨在台灣也沒有對熊的親弟弟彙萱及親妹妹彙芝有任何的迫害。如果反過來，熊所傷害的是中共，其家人下場的悲劇就不可想像了。國民黨就憑此仁厚精神，也夠中共黨人汗顏了。

◎發表該文的動機

究竟是什麼原因，使得熊在此時發表該文？當然其表面上的理由是為了紀念周恩來逝世十五週年，但其真正動機恐怕不會這般單純。據了解熊氏的許多人分析，熊氏趁這個機會發表該文，有三項可能的動機：

第一是揚名：

熊氏今年雖然只有七十三歲，比鄧小平、陳雲那輩八、九十歲的人年輕得多。但退休賦閒後，身體並不很好。他因而想藉該文在歷史上留下一個名聲，這也是人之情。從該文的字裡行間，借用董必武的話，強調自己「儀表不俗、知識面較廣、記憶力較強……肯動腦子、比較細心，能隨機應變」，借用周恩來的話：「毛主席說過，你頂幾個師」，借用張治中的話：「蔣介石的特務如狼似虎，胡作非為，花天酒地，哪有像熊老弟這樣的人？」等等，均屬「死無對證」的褒揚言語，故該文被許多人指為「刻意突出自己」，亦係合理的講法。如果這點動機是真實的，其發表該文的效果卻是逐其所願了。熊氏不但因此文而在海內外聲名大噪，而且中共黨校將印成單行本，勢必在中共黨史上留下一頁。

第二是闢嫌：

據說熊向暉曾一度追隨過康生，故在文革期間未受過「四人幫」的迫害。因而直到今天，中共高層中仍有許多人對熊有微詞。今熊發表該文，一再強調的是受周恩來直接領導的傑出「閑棋冷子」，等於巧妙地否定了他與康生的瓜葛。它在該文「第五部分」也提了一下：「周恩來指示他（按指蔣南翔）把我的情況詳細向當時中央組織部長陳雲彙報，陳雲認真聽取，要他再向康生講（我聽王石堅說過，康生是書記處書記，是他的直接領導人）。」這種提法相當技巧，等於不著痕跡地撇清了自己同康生關係的嫌疑。如果此一動機屬實，在中共內部「鬥爭傳統」中，也是合理的。但其效果如何？未必盡屬樂觀，主要是因為該文太突出自己了，難免會引起同輩當權者的嫉妒，反而因此挑起有心打擊他的人的「追究動機」，也是說不定的。

第三是洩怨：

中共建政後，熊向暉雖曾做過大使、副部長等高級職稱，但終究不是很重要的。如照該文所講，熊的功勞是如此之大，又得毛澤東、周恩來的看重，而且其知識水準又是中共同輩高幹中少有的佼佼者，其地位斷不應止於此。多少經歷、功勞、知識比他差的人都當到了政治局常委、副總理，甚至總理之位，他卻始終連一位中共中央委員都當不上。有著恃才傲岸性格的他，在垂垂老矣的意識中，自不免有著怨憤，也是人情之常。大凡好文章，都是怨憤的產物；這種道理早在二千多年以前的司馬遷已說過了。

然而，熊向暉發表該文的個人動機並不重要，值得研究的是：為何中共當局此時這般大張旗鼓處理該文？《人民日報》海外版連載之不足，尚加上電台廣播，又要出單行本。這是非比尋常的，對台灣及海外人心影響很大的類似的文章，記得這是第二篇。第一篇約在九年前由中共前統戰部副部長張執一發表的〈在敵人心臟裡——我所知道的中共中央上海局〉一文。此文把抗戰勝利後，中共如何在上海各界布置其地下人員及組織，如何策動「民主運動」及「策反蔣軍」等等工作，做了詳盡的描述。此文當時被台灣報刊登出（全文見《龍旗》第十八期），產生了相當大的警惕作用。

但張文當時只是由政協〈文史資料研究委員會〉出版，收在《革命史資料》第五輯中，其影響的範圍比今天的熊文差得很遠。中共當局對熊文作如此的處理，究竟有何用意？此文在台灣發生的作用，只有使本來「恐共」的人更加恐共；使本來對中共本質有深刻認識的人加上一件更有利的「佐證」而已。

◎價值取向的問題

就文論文，在當前出現許多傳記體文章中，熊氏此文確是上乘作品。但最值得人們注意之處，還不是該文引人入勝的曲折故事，也不是歷歷如繪的真人真事，而是作者不經意地突出了共產黨人的價值觀大有異於常人，對世人有更深刻的啟示。

二月廿四日，台北約有二百多人前往胡宗南墓園憑弔，紀念胡逝世廿九週年（胡逝世原為二月十四日，今年是日，恰為農曆除夕，故展期紀念）。包括劉安琪將軍等胡氏親朋故舊，見面後議論紛紛的主題離不開熊氏該文。有人痛罵熊發表該文污辱了胡長官（理由是，熊文等於凸出了胡宗南無知人之明）。也有人批評熊「以怨報德」（理由是，熊受胡如此愛護提拔，卻不知感恩圖報而作中共的棋子）。凡此等等，不一而足，全是氣憤貶損的議論。

其實，如果了解共產那套出自「鬥爭哲學」的價值觀，胡的親朋故舊也許就用不著氣憤。

在傳統價值觀或依人類普遍的價值觀，胡對熊可說是「恩重如山」，熊卻做背叛胡的工作，這當然是不能見容於任何人的。但是，在共黨的價值觀裡，卻不如此看法。熊自己內心深必也了解到這一點，故引用了周恩來的二段話，來做自己的辯解：「對黨要忠誠，對敵要狡猾」（第二部分第十一小節），「總理向張治中說，文白先生最清楚，抗戰勝利以後，毛主席去重慶，我們又誠心誠意同國民黨合作和平建國，我們作了許多讓步，但蔣介石硬是要打內戰，要消滅共黨共軍，我們為了人民的利益，絕不能聽之任之。毛主席早就公開說過：『人不犯我，我不犯人，人若犯我，我必犯人』，『以其人之道，還治其人之身』。我們在軍事上、政治上是這樣，在情報上也是這樣。蔣介石、胡宗南已經知道他（指熊向暉）是共產黨員，今天我向大家講出，希望文白先生有便轉告蔣介石，讓他知道來龍去脈。」（第五部分第卅一節）。這兩段話，他把共黨鬥爭哲學下的價值觀表露無遺。當然，熊在該文中段及末段畫龍點睛地突出這兩段話，也就顯出他恐怕良心依然有愧。

老子說：「以正治國，以奇用兵」，這是說，治國與戰爭所使用的原則應有不同。在戰爭需求上，「對敵要狡猾」這個原則並無不對。可是，如果使用奇詐到其方面去，最後受害者將是自己。

中共正是這樣，以種種無所不用其極的方法手段打垮了國民黨這個「敵」，自己得了天下卻不知回歸到治國的「正道」上去，依然執著「鬥爭哲學」，其結果是使「敵」的層面無限擴大，最後連自己的親密戰友劉少奇、林彪等，自己的廣大幹部、自己培養的青年學生通通成了幻想中的「敵」，彼此用詐不已，循環鬥爭不息。這是中共根本毛病所在。中共既執著這種價值觀，又怎能怪蔣介石先生當年不肯相信毛周的「和平建國誠意」？如果中共很多高層的人物今天依然執著這種價值觀，又怎能讓國民黨相信你們真是有和平統一的誠意，而不是想透過和平統一的口號來「以大吃小」達到兵不血刃的勝利目標？

因此，該文所強調的「價值觀」，雖能綏靖熊自己的良心，卻不能使廣大人民接受，對中國統一大業有害，對中共自己更有害。

◎改變心態，有利統一

一切鬥爭原則只能在戰爭環境下使用，不可延續到治國時代來誤用，一切「狡猾」可用來對付真正的敵人，不可用來對付恩人。就是草莽出身的漢高祖，也懂得「天下既定，施以文德」；只有符合一般理念（包括中國傳統價值觀及人類普遍的價值觀）的東西，才是有益於治國平天下。

明敏如熊先生，應能了解這一點。並祈他及中共領導人都能徹底放棄這種已使自己受害無窮的鬥爭思考模式與待人處事積習，這才是促進中國統一、民族昌盛的根本要圖。

熊氏誠屬「伐謀」高手。但一切謀略不能離開「道」，故孫子兵法以道為五計之首。本文有望於熊氏者，就在於返乎道。

龍旗八十（1990）年三月號第一二二期

國民黨應清理門戶

懋勳

李總統在今年的元旦祝詞中說：「飲水要思源頭，吃果子要拜樹頭。……不怕虎生三張嘴，只怕人有兩樣心。」他這一席話，意思是期勉大家，要能飲水思源，不要「得魚忘筌」、「過河拆橋」。更要團結一致，「一心一德、貫徹始終」，共謀國是。

可是我們目前這種四分五裂的局面，何止是「兩樣心」而已？簡直就是人各一心，散沙一盤。而且，還在緊要關頭時，只爭權奪利，各懷鬼胎。如此狀況，怎麼能求得意志的統一，力量的集中，而一致對外呢？這種現象的釀成，應歸究於黨紀的廢弛。

最嚴重的是，國民黨黨內已出現了黨奸。他們是人在國民黨而心向「台獨」的一群。諸如立法院的黃主文，居然在記者會上，公開指責郝院長及施副院長，大意是說：「因為他們倆沒有能夠答應民進黨聲援黃華的政治訴求，才引發了立法院的暴力抗爭，因此，他們倆為應該對此一暴力事件完全負責。」云云。此外他還在立院發言台上，欲蓋彌彰地說：「不要視聲援黃華及同意特赦黃華的人，就是『台獨』的同路人。我不同意『台獨』的主張，但我要求保障『台獨』的言論自由。」像這種論調，理當由國民黨黨員的口中說出來嗎？不但偏離了黨整體利益的立場，而且詞意也充滿了曖昧與矛盾；既反對「台獨」的主張，卻又要求保障「台獨」的言論的自由。難道他是白癡，連「台獨」言論就是宣揚「台獨」思想、荼毒無知與盲從群眾的利器的淺易道理尚且不懂嗎？要求保障「台獨的言論自由」，很顯然地就是同意「台獨」的主張，何止是「台獨」的同路人而已？簡直就是如假包換的原裝「台獨」了。

另外還有一群與「台獨」互通聲息，彼此呼應唱和、專為「台獨」分子造勢的人。他們的作法是：全力配合「台獨」的叫囂與索求，如跟著「台獨」分子大罵大陸資深民代為「老賊」，把國大老代表誣為「緊急危難」，反對「設立大陸代表制」，響應「總統民選」，公開聲援台獨分子黃華等，都是諸如林鈺祥、陳哲男、蔡碧煌等有聲有色的表現。又他們在針對行政院成立〈大陸委員會〉之事，緊跟著民進黨謝長廷、張俊雄對行政院大肆抨擊之後，他們也雪上加霜、大放厥詞說：「行政院成立大陸委員會是偷跑的行為」。蔡說的更是囂張與離譜：「大陸委員會未經立法院通過，竟然公開放鞭炮、掛招牌，向我們示威，我們應該把他們的招牌拆下來」。所幸在民進黨內曾享有「第一號戰艦」令譽的委員朱高正，這時算是良心不泯，及時說了幾句公道話，可以說是大快人心。朱說：「這機構既然根據〈行政院組織法〉第十四條成立，便不能說他不合法，怎麼可以拆他的招牌」？可是蔡並不以此為足，而且還公然譁眾取寵，糾集一群無知與盲從分子，跑到教育部、考選部等處，拉白布條，大搞其抗議的勾當，擾亂是非、混淆視聽。

論書本知識，他們擁有高學歷，可是他們所表現的，卻又如此的淺薄與幼稚得可笑，連最淺近的「皮之不存、毛將焉附？」的道理都壓根兒不懂，我真不知道他們「讀聖賢書、所學何事？」而今而後當深愧對上及「億萬世之祖宗」，下及「億萬世之後代」了。他們如此作為，其目的究竟何在？難道他們真的幻想在「台灣共和國」中，謀取一官半職，故而預先巴結「台獨」分子嗎？真是癡人說夢，太不可思議了。

在此時此地，中國國民黨真應該作一項徹底檢省，好好清理一下門戶了！把這一類「同床異夢」，更是「吃裡扒外」的黨內蟊賊，清除乾淨。

最後請讓我引述汪正志先生的一段話，（詳載龍旗一一九期第七頁），來作為本文的結語與對執政黨當局的建言吧：「筆者一直擔心，中華民國八十年，對中華民國的國運而言，到底是『發』？還是『罷』還是一個未知數。如果我們要力挽狂瀾，首先必須要中國國民黨黨員大團結，中國國民黨中央委員以上的領袖人士，務必摒棄成見，以承先啟後、犧牲小我之精神來盡瘁國事。我們特別寄望於李主席登輝先生、郝院長柏村、林院長洋港諸公的堅定立場，堅守原則，不為利誘，不為勢劫。絕不可為分裂分子假造的民意所惑；也絕對不容許他們到處挑撥，蠱惑無知群眾製造動亂。更不可以屈於洋政客、洋牧師、洋學者之要挾！中華民國之存亡，繫乎諸公不計毀譽、只計國脈民命之一念也。」

龍旗八十（1991）年三月號第一二二期

中華民國往何處去

勞政武

四月卅日十五時，李登輝總統在台北舉行記者會，宣告「動員戡亂時期」將於翌日（五月一日）零時終止，廢止〈動員戡亂時期臨時條款〉，並公佈《憲法》增修條文。同時，藉著答覆記者問題的方式，表達了憲政改革、大陸政策、經濟發展、務實外交及有關「台獨」問題的重要觀點。

李總統在答覆《青年日報》記者時，情不自禁地說了一句話「現在我們有一點輕鬆了！」這應是真情的流露。人們從電視上看到，向來表情較嚴肅的李總統，今天卻是那麼意氣風發，時而掩不住內心的喜悅而談笑風生。這個記者會不只象徵著中華民國走過了一個歷史轉捩點而已，對李總統個人來說，也意味著「三年有成」，自此數年將成為一個真正的「李登輝時代」。

◎「掃除障礙」三年有成

民國七十七（一九八八）年元月十三日，李登輝先生在蔣總統經國先生逝世數小時之後，即接任總統。為了實現他的宏圖，如何「掃除障礙」實際成了頭等大事；蓋「除舊」方能「布新」，而「布新」易「除舊」難。三年來，李總統竟能以種種靈活的技巧，將他心目中的「障礙」一一破除，到今日已獲得決定性的勝利。客觀而論，其意志的堅強與方法的高妙，令人不得不讚嘆。

我們回溯「掃除障礙」的脈絡，也許有助於對未來的評估。

第一是拋棄蔣家「歷史包袱」問題。蔣氏父子主政逾六十年，其影響力的深厚是無人可以相比的，故廣義來說，包括後述的「障礙」都屬蔣氏的範疇。但此所指的只是狹義的一面，即對蔣夫人宋美齡女士及蔣緯國將軍而言。在七十七年元月間推選國民黨代主席時，即發生代表蔣夫人的「官邸派」元老欲爭取〈代主席〉的位置問題。這個關鍵性的事件，終因時任黨秘書長的李煥性格猶豫且懷有幻想，使得宋楚瑜（當時只是三位副祕書長之一）能夠「臨門一腳」，促成了李登輝初步兼攝了黨政大權。在視蔣氏為「歷史包袱」的大前提下，後來由滕傑先生連續二年力主的〈黨增設副主席並以蔣緯國為副主席〉案、推選蔣緯國為副總統案，無不遭強力抵制而終歸失敗。

第二是掃除以俞國華為代表的「官邸財經派」障礙。俞氏不失為謙謙君子，但個性拘謹，不是政治長才。故只要運用一下李煥欲當行政院長的願望，俞氏便自動鞠躬下台了。

第三是防止以王昇為代表的政戰系統力量的形成。這點也輕易做到，即堅持王昇留在巴拉圭就行。

第四是掃除以陳立夫、黃少谷、袁守謙為代表的黨內元老勢力的障礙。此派在國民黨十三次全代會上雖有蔣夫人的「老幹新枝」演講的支援，但終因年事已高又各有懷抱，輕易被一一化解。

第五是掃除以李煥為中心的散布在黨、團、政、學界的勢力。對李煥個人處理似乎並不困難，只是滿足他當行政院長的願望，讓他當了一年便能解決。但對其影響下的各方勢力，卻不易擺平。如關中現在搞個〈民主基金會〉，聚合年輕一代的許多菁英，形成巨大壓力，將來如何演變，尚待觀察。

第六是阻止以謝東閔、林洋港為中心的省籍力量的集結。此點由去年請「八老」出面強力阻止林洋港參選的事，可見化解方法高強的一斑。

第七是掃除資深中央民代的障礙。此點主要是從多方面運用，包括以黨內決策、大法官二六一號解釋、國是會議、個人的分化、學生運動、輿論壓力、反對黨群眾運動等等方法相互巧妙配合，經四月間〈國民大會臨時會〉而做成總體的徹底解決。

◎前途多艱的原因

經過三年的奮鬥，今天李總統可以說已經獲得全面的勝利。但正如他在記者會上所說的，這僅僅是「整個憲政改革的第一步」。綜觀李總統全部談話所顯示的「憲改」理念，未來的改革必然充滿了變數，隱伏難測的危機。這是因為：

——希望透過「憲政改革」來「立足台灣」。至如何作憲政實質改革？他一再提「一切以民意為依據」。而所謂民意，目前則以「國是會議結論」為凝聚象徵。因而他所說的民意顯然只是指台灣地區的民意，而非全球十二億炎黃子孫的「民意」。由此方向發展，自然不會有堅決排斥「台獨」或「獨台」目標的可能。因此，台獨內部今後的「統獨鬥爭」只會升高，不會降低。

——以〈國家統一綱領〉為張本，主動承認中共為「政治實體」，希望中共在國際上給予活動空間，但不求加速統一的腳步。此點做法，恰恰與中共所需求者完全相反。中共可以承諾台灣保有軍隊，甚至可以默認〈中華民國〉保有國號、國旗，就是不能允許在國際上擴大生存空間（因為怕國際插手，將來更難統一）。中共為解決其內部問題，急求統一，希望國共兩黨坐下來，一切可談；故對「政府對等」的設計，中共只視為「搞一台一中」的延緩統一的計謀。同時，中共有效地統治了大陸四十年，早已養成「天朝中央」的心態。鄧小平等自居為「漢文帝」，以「南越王趙陀」的模式對待台灣則可，李總統欲與之平起平坐則絕難容忍。故李總統主動承認中共為「政治實體」，不但不會使中共心存感激，反而會增強其「在戰略上輕視敵人」的意識，不可能有令李總統滿意的「善意回報」。因此，在統一工作上，中共今後將不斷增加壓力，是可以預見的。

——「障礙」雖已掃平，但政治暗流日益洶湧，今後國民黨甚難強化團結。而作為社會中堅的人群，如軍公教人員等，也再難維持往昔的愛國懷抱與憂患意識。這種種「內部弱化」的趨勢，在中共統戰與「台獨」蠱煽雙重侵襲下的台灣，是可慮的。

◎ 國家走向的變數

從過去三年李總統實際的做法，觀照他這次答覆記者所有問題的談話內容，我們已可看出中華民國今後走向，除了「民主化」這點是確定的之外，並無確定「統一」或「台獨」的方向；就是既可能走向統一，也可能走向台獨（獨台）。這是一條「不統不獨、亦統亦獨、時統時獨、可統可獨」的彈性路線。信如李總統在答覆《中央日報》記者時說的：「我認為現在唯一可以做到的，是用這一個方法來進行以外，其他沒有辦法」，也許是沒有辦法中的唯一選擇。

這麼一來，中華民國走到哪裡去？那就看下列的變數來決定了：

1.中共內部的變化（大陸開放改革越深廣，越有利於統一）。

2.中共對台灣的壓力（中共一定程度的壓力，有利於統一；但壓力過大則有反作用）。

3.二屆以後中央民代選戰的結果（民進黨得票愈多，愈有利於台獨）。

4.民間統派與獨派勢力的互動（統派力量消沉，有利於台獨）。

5.兩岸同胞接觸層面（接觸層面愈深廣，愈有利於統一）。

6.國際局勢（美日勢力越大，越有利於台獨）。

7.僑界壓力（僑界統一呼聲愈大，愈有利於統一）。

國家興亡，匹夫有責。中華民國不是一人的國家，彈性方向正是人人有努力空間的方向。黃石公不云乎？「賢人君子，明于盛衰之道，通乎治亂之勢，審乎成敗之數，達乎去就之理」，筆者不揣淺陋，發表本文，以供參考；意亦盡在此。

龍旗八十（1991）年五月號第一二三期

愛國有罪．台獨有理？

——台灣的反「台獨」冤案

池平

據《台灣時報》三月廿日頭版報導，國防部最近對陸海空三軍少校級以下官兵所作問卷調查顯示，竟有七成以上官兵不願繼續留營服役，希望盡快退任或除役。這一驚人消息表明，台灣社會的信心危機已經向軍隊內部蔓延。中共的虎視眈眈及台獨勢力的蠢蠢欲動，給台灣的社會穩定增添了不少變數。十年前，在台灣主張台獨的人只佔總人口不到一成，如今已逾三成，且與日俱增。從台灣出來的人都說，這一代年輕人多數傾向台獨，國民黨主流派中不少要員都在悄悄地搞「獨台」。不久前台北地方法院刑事庭將反台獨的沈光秀等三名外省人判處徒刑，就是當權者曲意逢迎台獨勢力的具體例證。

◎ 冤案的來龍去脈

一九七八年十二月五日，一夥台獨分子在台北中山堂集會，擅改國歌歌詞，激起圍觀民眾不滿。政大法律碩士勞政武、蕭玉井等人義憤填膺，上台提出抗議，遂受到暴徒圍毆。事後，勞政武與蕭玉井控告集會的支持者黃信介等人傷害，沈光秀挺身作證，此案由台北地方法院檢察處朱楠檢官承辦，至今沒有下文。

被告黃信介等人聞訊甚為惱怒，乃向法院提出自訴作為反制，控告沈、蕭、勞三人誹謗與恐嚇。

翌年十二月十日，高雄發生了〈美麗島事件〉。台獨分子雇用職業流氓，藉世界人權日在高雄掮起暴亂，打傷憲警人員一百八十三名。暴亂敉平後，警備總部明令宣布《美麗島》

為叛亂組織，美麗島雜誌社社務委員黃信介、張俊宏、姚嘉文等人因叛亂罪確定入獄。這兩宗互控案件一直沒有下文。

一九八八年一月蔣經國逝世後，黃信介、姚嘉文等人都獲減刑出獄，流亡海外組織〈城市游擊隊〉的許信良在戲劇性的闖關後，到監獄轉了一圈就獲釋放，還大模大樣出席〈國是會議〉。李登輝總統召集的這個盛會，出席者近半是「台獨」分子，因而被香港報紙稱為「島是會議」，其宗旨是為修改憲法而造勢，為台獨鋪路。

◎台司法界偏向「台獨」

在蔣經國晚年，台灣司法界已漸漸被台獨分子滲透。一些法官不僅受賄、枉法，而且在政治理念上偏向台獨。今年一月十三日台北地方法院的刑事判決就是在台獨聲浪甚囂塵上的環境下出籠的，法官林陳松、書記官林碧華可能是台籍的民進黨擁躉。這一判決無疑是探測政治風向的氣球，接下去還有更驚人的表演。

判決書陳述沈光秀等三人的犯罪事實是：「民國六十八年一月廿三日以反共愛國鋤奸行動委員會籌備處名義，散發聲討黑拳幫叛國罪行宣言，向姚嘉文、張俊宏恫稱『我等為保障國族與自身的生存不把該一小撮黑拳幫消滅，誓不甘休』等語，使張俊宏、姚嘉文心生畏懼，致生危害於安全」，故依據刑法第三〇五條判處沈、蕭、勞三人拘役五十日。

◎宣言的由來

從判決書可知，沈光秀等三人唯一的所謂犯罪事實，就是他們參與發表了一篇《聲討黑拳幫叛國罪行宣言》，表示「不把一小撮黑拳幫消滅誓不甘休」。

「消滅」一詞係政治訴求的常用語，即宣示某種政治理念或願望，意為欲某敵對實體瓦解、消失，而絕非「殺死」「加害」某個政敵。「消滅黑拳幫」指的是消除以黑拳為標誌主張台獨的幫派，這完全是政治理念的表達，與一九七九年十二月十日蔣經國在國民黨十一屆四中全會開幕式上所說「台獨是背叛國家民族的意識與行為，絕不容許其滋長蔓延，必須加以消除」的意義完全相同，這個法官引伸為「恐嚇他人」顯係牽強附會。今日台灣報刊流行「消滅特權」「消滅貪污」等文句，如依林法官的邏輯，豈非「加害特權者之生命」「加害貪污者之生命」？如此推斷，徒令人發噱而已。

縱使「消滅」一詞定義含糊，上述宣言也明白宣示消滅對象是「黑拳幫」而不是任何一個自然人。林法官擅將黑拳幫移轉到姚嘉文、張俊宏二人身上，誠令人匪夷所思。

按，「黑拳幫」一詞原係前立法委員雷渝齊所先用，蓋因黃信介等台獨分子在競選活動中以黑色拳頭為標誌，而當時台灣處在戒嚴時期，主張台獨係違法行徑，故有人誓言消滅黑拳幫正是維護國法的表現。時隔十二年，台北地院法官在國民黨寬容台獨的新形勢下，追訴當年反對台獨人士為有罪，那當然是極其荒謬的。

在香港，看到這一宗判決，人們咸感到台灣法官不可理喻。譬如一九八九年五月底，香港至少有二百人上街揮拳高呼「打倒李鵬」，但是維多利亞地方法院的法官從未幼稚到聲稱那二百萬市民「共同以加害生命之事恐嚇李鵬，致生危害於安全」，而以「恐嚇安全」定罪抓人。同理，在五十年代至少有幾億民眾在中共誘騙下高呼「消滅美帝！」其中不少人近年移居美國，然美國法官絕不會以「恐嚇尼克遜」罪名，判處該等人士入獄。

沈光秀等人發表《聲討黑拳幫叛國宣言》是在一九七九年一月廿三日，那時台灣政局極為動盪。七八年十二月十六日，美國卡特政府遽然宣布與中共建交，蔣經國不得不下令停止地方選舉。七九年一月廿二日，許信良、姚嘉文、張俊宏在高雄鳳山橋頭糾眾非法遊行，為余登發叫冤（按：於是共諜吳春發指派的「高雄台南地區最高指揮司令」，密謀叛亂）。那篇《聲討黑拳幫叛國罪行宣言》就是在國難當頭時刻的產物，無非是一表書生報國之意願，完全出自一腔愛國熱忱，根本談不上什麼「以加害其生命之事恐嚇」。

即使從刑法第三〇五條之恐嚇罪，必須產生「致生危害於安全」的結果，才能確立。事實上，從一九七九年一月廿二日至十二月十日高雄暴亂，張俊宏姚嘉文非但沒有「心生畏懼」，反而策動了至少三十八項街頭騷亂，且一次比一次激烈，終於被判刑入獄，何畏懼之有？

◎案件拖了十二年才判決

此案的另一點荒謬是，自姚嘉文、張俊宏提出控告後，案件拖了十二年之久，期間有長達十年的時間沒有傳喚、調查或審訊，依照刑法第八十三條規定，其追訴權時效早已喪失。但林法官在判決書中此地無銀三百兩地自辯「案經提起公訴或自訴，且在審判進行中，此時追訴權既無不行使之情形，自不發生時效問題」，還牽出「大法官會議釋字第一三八號解釋」。既然十年未審，何來「審判進行中」之可言？除非法律明文規定法官有權將案件隨便擱置十年仍視同「審判進行中」，否則斷無如此濫用大法官解釋而侵犯人權之理。

十二年過去了，整個世界形勢和中國環境都變化很大，當年許多政治恩怨，連當事人都不再計較了，偏偏有個名叫林陳松的法官，把十二年前的廢案翻出來，在一份表達政治理念文件中摳出一句話入人以罪，這絕對不是偶然的失誤，而是一顆精心炮製的信彈號。它向世人表示：今日的台灣不同於兩位蔣總統在位的時代，公開反對台獨是犯罪行為。你反對台獨，挨了打野白挨，法律不能保護你：相反，台獨份子打了你，還能給你定「恐嚇」罪。

◎精心炮製的信號彈

事情總是一步一步發展的，今年五月李登輝宣告停止戡亂後，在台灣如果有人公然以文字、語言、口號反對共產黨，譬如高呼「打倒共產黨！」「李鵬下台！」那也可能以「加害生命之事恐嚇他人」罪名被判入獄。香港人入境問俗，要有思想上的準備，以免誤蹈法網。

近年台灣民進黨黨魁黃信介、康寧祥、許信良先後去北京朝見楊尚昆，從中共統戰效果來看，是相當成功的。康寧祥出席亞運開幕式後，自言非常感動；許信良抹乾了嘴上的烤鴨油後，口口聲聲中共對和平統一抱有誠意，堅信中共在沿海裁了一百萬軍隊。但是，在另一面，人們發覺台獨更加囂張了，冥冥中似有一種默契配合。

今日台灣的兵力只及大陸的十分之一，中共之所以還不揮戈渡海，乃因台灣事事忍辱負重委委屈求全，加上本身經濟繁榮，人民生活安逸，中共暫時找不出一個使世人信服的攻台藉口，是謂「名不正則言不順，言不順則事不成」也。倘若台獨勢力日盛，正好給中共一個鼓舞士氣的理由。（轉載自香港《前哨》月刊四月號）

編註：本案經上訴，台灣高等法院於同年五月三日判決：沈光秀、勞政武、蕭玉井三人無罪確定。

龍旗八十（1991）五月號第一二三期

蔣公的情義與失敗

趙同信（國大代表）

蔣公介石先生待人接物，感情信義可欽。早年與陳英士交，陳不幸被袁世凱派人刺死，當時屍體都無人敢問。蔣公冒險運屍自寓，辦理後事。從此對陳氏家人盡力照顧。子惠夫、侄果夫、立夫受重用始終如一。

與張群同班同學，終生信賴不二。北閥成功，歷派張為上海市市長、外交部長、湘北主席、四川主席、行政院長等要職。來台後任多年總統府秘書長，退而不休。

蔣公與張學良情同骨肉，不幸「西安事變」。張學良義不殺蔣，並親自送蔣回京，甘落法網。蔣亦不殺張，但形勢所迫而使張學良被關二十五年。張直到今天九十一歲，仍稱蔣待其如子，雖兩人政見不同，從未對蔣個人出過怨言。

蔣待中山先生如父，待吳敬恆如師，有始有終。中山先生逝世後，如果不是蔣堅定不移地尊中山先生，實踐三民主義，中山先生是否能為〈國父〉，實有問題。請吳敬恆負責教育其子經國，信任無以復加。

蔣與譚延闓交，如長如兄。為譚建墓，不惜巨資，建造宏偉，僅次中山陵。又作主將其女許配給愛將陳誠。陳譚聯姻，後代傑出，現任國防部長履安即陳誠之子。

蔣對台籍史學家連雅堂欽佩有加，因而對其子連震東予以重任，對其孫連戰不次提拔。對抗日領袖丘逢甲之子丘念台，愛護備至。蔣公其實並不識連雅堂其人，僅看其書聞其名而已。

北洋軍閥之首段其瑞，曾在保定軍校任教，時蔣為學生。段不識蔣，更忘其為學生。蔣執政後，對段尊之敬之。段下台後月俸大洋萬元，供其養老。

蔣與同輩的李宗仁、白崇禧、閻錫山、馮玉祥等軍閥，雖多次翻目，戰場相見，打得你死我活，然終不忍加害，反予以重職。其中以李宗仁最無情義，晚年尚出個自傳來罵蔣「獨裁」。如果換了別個政敵如毛澤東，那會重用李宗仁這樣的政敵？不鬥臭鬥死他才怪，又何止「獨裁」！

以上不過隨手拈來數則，蔣公確是有情義的人。再配以雄才大略，勇冠三軍，帥軍北伐，乃能統一全國，戰勝日本，以德報怨，施仁國際。但他終為毛澤東打敗，退守立台，含恨九泉。其故安在？無毛澤東之狠毒也！

狠人常得逞於一時，但不能長保。君不見蔣公死後有子為總統，子子孫孫昌盛，而毛澤東死後，夫人立即成為階下囚，一子死於朝鮮，一子精神不正常而成廢人。正是天理昭彰，不公平之上仍有公平也。

龍旗八十（1991）年六月號第一二四期

「獨台會」案的幕後

鍾健（香港特稿）

五月中旬，筆者隨本港一個新聞界訪問團赴台北參觀訪問，剛碰上因「獨立台灣會」事件而掀起的「學運」。經過多天的實際考察，確認這是「台獨」的「學運」，是由「台獨」及「獨台」勢力在背後策動和指揮的。參加的學生和教授，也大多數是狂熱的「台獨」分子，說不上是受蒙蔽受利用的「工具」。

去年三月台灣的學潮，仍比較單純，並沒有打出爭取「台灣獨立」的旗幟，而以要求加快民主改革步伐為號召，故即使有許多非理性的激烈行動，也不能抹殺其積極意義。但今年的五月學運已完全變質。雖然仍提出民主的口號，但爭取的只是「台獨」的民主和自由。

台灣調查局「海瑞」專案行動，於五月九日拘捕「獨立台灣會」在台地下組織四位成員，是這次學潮暴發的導火線。這是終止動員戡亂時期後，第一宗偵破涉嫌叛亂的案件。調查局在台北縣市、新竹市和高雄市各地的調查站、處人員，從九日清晨五時起，同時在各地展開搜索，並拘捕了陳正然、廖偉程、王秀惠、林銀福等四名嫌犯。因為廖偉程是清華大學歷史研究所研究生，校方以新竹調查站「先抓人，後知會」為由，向法務部表示嚴重不滿和關切。民進黨和學校社團、社會中的台獨分子乘機發難，小題大作，即時成立「廖偉程清大後援會」，並與「全國學生運動聯盟」、「反政治迫害運動聯盟」等組織，發動罷課、罷教、靜坐和示威，並圍攻及衝擊行政院、教育部等機構，毆打參與調解的立法委員。當台北立法院於五月十七日通過廢止〈懲治叛亂條例〉，並於當日令四名「獨台會」分子獲准保釋外出後，鬧事學生仍不滿意，繼續佔據台北火車站大堂，成立所謂「人民廣場」，並於五月二十日發動萬人大遊行。

由緝捕「台獨」叛亂分子的司法案件，而觸發一次大規模的學潮，是許多外界人士始料不及的。台灣輿論界對此有許多不同的看法。有人認為〈動員戡亂時期〉結束後，立刻向「台獨」開刀，是要向中共表示統一的誠意，希望獲得中共善意的回應。也有人認為這是要做給國民黨內的保守派人士看的，顯示政府決不縱容「台獨」的決心。據筆者觀察，這種種講法都不是此次事件背後最主要的政治動機。

如果說「獨台會」案是作給中共和國民黨內的保守派看的，以顯示當局決不縱容「台獨」的決心，那光是拘捕四位沒有知名度的「台獨」分子，顯然是沒有什麼效果的。台灣內的「台獨」組織多不勝數，既有祕密的，也有公開的，民進黨內的「台獨」勢力早已提出「建立台灣國」的政治綱領，在全島各地大搞「台獨運動訓練班」，在街頭高呼「台灣獨立萬歲」的口號，而且還把台獨主張帶到國會中去。故連台灣島民也普遍認為，「台獨」叛亂犯罪情節比「獨台會」更嚴重的團體和個人多的是，至少〈台獨聯盟〉就比〈台灣獨立會〉的力量大得多，許信良、盧修一之流的「台獨」叛亂罪也比陳正然四人嚴重得多，為何打「雞」而不殺「猴」？是不是「吃軟怕硬、欺善怕惡」的「選擇性執法」？

對於這些疑惑，有人解釋為台灣的政治生態仍停留在「叢林政治」的階段，即有實力的「搞台獨」可以，沒實力的「喊台獨」則不可以，遊戲的規則取決於實力的大小。但台灣內部的統派有人認為，這還只是問題的次要方面，最要害的則是搞「獨台」的當權派，在動員戡亂時期宣布終止後不到十天，就引發「獨台會」案引發一場新的學運，從而為廢止的〈懲治叛亂條例〉、〈檢肅匪諜條例〉及修改〈刑法〉第一百條、一百零一條，掃除來自執政黨內外的障礙，這是一種利用學生群眾由下而上施加壓力的巧妙策略。一位「台獨」分子在接受記者訪問時，就打開天窗說亮話：「我們和國民黨其實一樣，他們獨台，我們台獨，不同的只是以誰為主體而已。」

確實，經過這次學運一鬧，又不少台獨的障礙得以破除，「台獨已獲取更大的自由，更多的民主。但相應的台灣內部的政治危機亦進一步激化，「台獨」式「民主」的膨脹，必然加深國民黨內部的統獨之爭，也必然助長中共「統」與「戰」的雙重侵襲。若台灣朝野對目前的局勢仍然沒有危機意識，則台灣很快就會進入崩潰機制。（本文作者是香港著名的政論家）

龍旗八十（1991）七月號第一二五期

恢復正統漢字，廢除簡體字

——我對大陸簡體字的看法

林中維

閱讀《龍旗》雜誌第一二〇期轉載香港《明報月刊》莊淑燕撰寫〈漢字應否簡化〉乙文指出：「中共推行簡體字三十多年來，混亂了漢字系統，造成文化斷層，只為了簡化而簡化，弊多利少，效果適得其反」。筆者深有同感。

事實上，中共自一九五六年（民國四十五年）推行「漢字簡化方案」以來，一直受到其內部不少學者專家的批評，認為許多漢字在刻意簡化之後，形成極端混亂的現象。不僅破壞了漢字傳統完美的系統，更造成文化傳承上的脫節與斷層現象，問題嚴重。於是一九八六年（民國七十五年）十月明令廢止其一九七七年所發布的「第二次漢字簡化方案」。這是中共當局明智之舉。

數千年來，我國文字對內是一種團結安定的力量，且在東南亞成為一種通用文字，使中國與亞洲各國有一種同文之誼。這基礎是深厚的，而且世界語文學權威，大都推崇中國文字最為完美。

儘管中共方面認為簡體字筆劃少、好寫、好認、好教。實際上有些簡體字甚至比繁體字更難寫、難認、難教，如「长、長」、「尧、堯」。有些簡體字，往往簡化到讓人看不懂，例如麵粉、麵包的「麵」簡寫成「面」，我想稍有知識的人看了，都會懷疑到底是「麵粉」還是擦臉用的「面粉」？「銅象」到底是指紀念偉人的「銅像」還是銅鑄的「象」？諸如此類，不勝枚舉。足見兩岸在文字上是何等的差異。因為有差異，所以才會談到統一、同化的問題。

近兩年來，因主客觀情勢的變化，使海峽兩岸的交流與接觸，日益頻繁，尤其是大陸沿海的特區和開放城市，繁體字更到處可見，識繁體、寫繁體、已成為一種時髦。報刊、雜誌、電視字幕、商店招牌……往往都恢復繁體字，和平統一，指日可待。但由於文字的差異，無疑是一個很大的障礙，故如何整理中國文字走向正常化，保持它的完美性與優越性，以適應時代的潮流，文字的統一，實為當前首要而迫切的工作。

前師大校長劉真先生認為：「如果要以中國文化統一中國，第一個實際做法就是要文字統一」。筆者也覺得，中國要統一，恐怕仍須靠文化力量。畢竟海峽兩岸是文化同源，有共同的文化基礎。用文化力量的統合，要比用軍事、經濟力量的統合，更具有堅實的基礎，而且能長治久安。

因此，如何促進並擴大兩岸的文化學術交流、進而邁向統一大道，是全體中國人努力的目標。而認同正統漢字，摒除不倫不類、奇形怪狀的簡體字，也是中國文字學專家責無旁貸的重任。

龍旗八十（1991）六月號第一二四期

一生為中國法治而奮鬥的人—查良鑑

編輯部

與周恩來、張厲生同學的查良鑑先生，是一位著名的法學博士。他曾任最高法院院長、司法行政部部長等要職。他一生爲中國的法治而奮鬥，有兩件傳奇性的經歷：第一件是，他因氣憤外國「領事裁判權」給中國的恥辱，而選讀了法律；結果擔任了廢除領事裁判權後的首宗涉外案件，此事引起英國首相丘吉爾的注意。第二件是，一九五一年奉命到美國追訴毛邦初案，大獲全勝，不但追回了巨額的公款，而且爲國家爭得了聲譽。編者謹識

◎出身

查良鑑先生是浙江海寧人，一九〇五年生於河北。今年已高齡八十六歲，他的身體極朗健，思路清晰。目前除擔任〈中國人權協會〉理事長之外，並任台中的〈東海大學〉董事長、〈中美文化經濟協會〉理事長等職務。

浙江海寧有一支查姓望族，世代書香。其先人之中，有數位頗有名氣的大儒碩彥。如清朝的查士標，是書畫名家，現在的大英博物館也典藏著他的作品。又如查慎行，也是清代浙江有名的詩人。良鑑先生祖父是位鹽商，經商致富，由祖籍地浙江海寧，遷居至直隸省；良鑑先生的父親跟隨祖父自幼讀書，未繼承父業，卻「學而優則仕」，成為民國初年的一位知縣。當今武俠小說名家查良鏞（金庸）是他的族弟。

◎求學

查良鑑先生自幼受良好的教育。在家受私塾教育後，即進入天津〈民立第一小學〉。四年初小之後，又升入天津西門內城隍廟高小就讀。這兩所小學是當時天津最好的學校。由於品學兼優，學校的各種重要活動都少不了他。例如每年祭孔大典，他被選為「佾生」。這在當時，是一種極高的榮譽。

高小畢業後，即考取當時全國最大最有名的一所中學——〈南開中學〉。該校有學生一千餘名，這在當時是全國人數最多，素質也最高的中學。這樣的一所學校，自然就成為教育當局在國際展示我國教育成果的典範；也是國內所有少年學子仰慕的對象。

這所中學就是當代大教育家張伯苓創辦，經他培養的名人很多。例如周恩來就是南開的學生，比查良鑑高數級。與查先生同班的有當過駐日大使、內政部長及國民黨中央黨部祕書長的張厲生。此外尚有葉公超、錢思亮、吳大猷均是南

開學生。張伯苓極重視學生的課外教育，尤重視體育活動，是近代中國教育中提倡體育的第一人。南開在張校長的提倡下，成立了許多社團，其中最重要的有〈自治勵學會〉、〈敬業樂群會〉及〈青年會〉。查先生參加〈勵學會〉，不久即成為會長。周恩來則參加〈敬業樂群會〉。查先生並積極參加運動，曾獲得跳高金牌，賽跑銀牌。他因此認為小時運動極重要，今天八十多歲有這麼好的身體，主要是小時打下的基礎。

因為查家有多位兄弟（如胞兄良釗、堂兄弟良鑄、良鎔、良鍾）均在南開畢業，功課均佳，所以查氏學生在南開也是非常有名的。至於香港明報創辦人，武俠小說家查良鏞（金庸）也是浙江海寧查氏子弟，與良鑑是五服外的族兄弟關係。良鑑先生對金庸很好，金庸稱他為四哥。

當時的中學是四年制的。南開中學畢業後，良鑑先生升入〈南開大學〉，攻習政治，受教於名師徐謨、蔣廷黻等教授。一九二六年畢業後赴上海入〈東吳大學〉法律學院繼續深造。

他為什麼選讀法律？原來，當時我國受種種不平等條約束縛，國力衰微，有志氣的青年人皆引以為奇恥大辱。國父孫中山先生倡導革命，雖推翻滿清，但爭取中國的自由平等尚未成功。當時的查良鑑正如許許多多青年學生一樣，思想深受孫中山的影響，但並未加入國民黨。真正激起他立志學法律的卻是華盛頓會議，使他幼小的心靈極為氣憤。按第一次世界大戰結束後，列強召開巴黎和會，我國是戰勝國之一，卻受侮辱而激起國民怨憤。未久，列強又召開〈華盛頓會議〉，我國派代表出席，旨在解決德國在華的特權問題。我方要求收回各國在華的「領事裁判權」，但列強不理會，且在會議結論上說「中國司法尚未健全」，國人皆引以為恥。年少的查先生就因為如此，而立下了「為救國雪恥而學法律」的志向。

他在〈南開〉畢業後，立即再入了〈東吳大學〉法律學院。之後又到美國〈密西根大學〉攻讀法學博士。密西根法學院是美國五大法學院之一（其他四個為哈佛、耶魯、哥倫比亞及芝加哥大學。本刊董事長張彝鼎先生即為哥大法學博士）。他順利獲得學位之後，立即回國為司法界及法律教育服務。

◎經歷

民國二十年，查先生已得到博士學位，回到祖國。包括南開大學、濟南大學等學校對他都爭相羅致，他卻一心一意想去四川教書，希望了解中國各地情況。可是這個願望沒有達成，終被〈安徽大學〉請他夫婦一同任教。元配查夫人是南開的同學，也是留美的同學，當時剛結婚不久。

在安徽大學任教僅一年，就轉任首都南京的〈國立中央大學〉教授。不久，又被時任司法部長兼任外交部長的羅文幹聘他到〈司法行政部〉任職，從此就踏入了司法界。

在司法部任職的第二年，查良鑑被調往上海法租界法院當法官。不到半年，又調往上海公共租界第一特區地方法院當法官。這個法院因為在公共租界，涉外案子特多，中外輿論所矚目，故無論其人才或設備都是當時全國最好的。查先生在此任職一職到抗戰，他已擔任推事兼書記官長。法院的

〈書記官長〉一職，實即如一般機關的秘書長。

七七抗戰開始，不久上海被日軍佔領，政府遷到重慶，唯有租界成了「孤島」，特區法院一直存在到太平洋戰爭開始後日軍進入租界為止。查先生在這個法院服務，等於在敵後工作，除了司法審判之外，並為國家做了許許多多同有關外國友邦聯絡的工作，對抗戰貢獻很多。

一九四一年日軍攻擊珍珠港，引起太平洋戰爭，日軍佔領上海公共租界和法租界，法院人員撤出。查先生輾轉到重慶，先任〈四川高等法院〉檢察官，不久重返〈司法行政部〉任參事之職。抗戰數年後，中國的英勇奮鬥已為世人所深知，莫不表示稱讚。英美兩國特表示願自動放棄不平等條約、廢除〈領事裁判權〉。於是中華民國國格升高，國人在世界的地位亦受重視。政府為適應此一新形勢，乃在陪都重慶設了一個〈實驗法院〉，目的為司法改革作示範，由查先生出任院長。這個法院對司法制度作了許多改革，設立〈司法節〉宣揚法治就是照查先生當時建議實施的。

抗戰勝利後，查先生受任〈上海地方法院〉院長。這個法院是由原來公共租界法院、法租界法院、上海法院三個大法院合併而來，具有「司法窗櫥」性質，故遴派查先生任院長這職位在當時很重要。因為抗戰勝利，帶來了百年來所有不平等條約的廢止，所有外僑都須受中國法院審判。上海當時是世界第四大都市，所以涉外案件也最多。

卅八年中國大陸淪陷，查先生追隨政府遷到台灣，次年先任台大專任教授，又次年轉任〈司法行政部〉政務次長之職。後來，昇任〈最高法院〉院長、〈司法行政部〉部長，並曾代表政府出席過許許多多的國際性會議。公職退下來之後，他曾任很多間大學的法律系主任、研究所所長、法學院院長等。

近年，查先生除了擔任一個國策顧問的公職名義之外，致力的是與外交有關的宗教、教育工作。透過基督教創辦的〈私立東海大學〉，爭取了許多國際友人。尤其近十年來，他每年一、二月間都帶一個宗教領袖訪問團到美國參加〈福音傳播年會〉，對國家貢獻很大。這個會議的參加者是全美的基督教各派領袖，美國總統、副總統也多次出席演說，其重要性可想而知。

◎第一位審判外國人爲被告的法院

第一個美國人涉訟為被告而受中國管轄的，就是在〈重慶實驗法院〉，這是一件民事案件。當時抗戰尚未勝利，可是以美英為首的許多國家已自動放棄〈領事裁判權〉，以示同中國親善。

抗戰勝利後，第一個受中國法院管轄的英國人，也是查先生任內的〈上海地方法院〉，這是一件重大刑事案件。

尤其對英國人的審判，引起當時英國首相丘吉爾的注意，影響很大。當時，上海的一家英文報《字林西報》登了一條消息說，一位英國會議員質詢丘吉爾，有個英國公民被上海法院審判，這是一百六十年來第一件英國人為被告受中國審判的案件，問首相知不知道此事。丘吉爾說曉得此案，並且每次都派駐上海總領事旁聽，覺得審判過程很公正。後來那個英國人被判了無期徒刑，中國人也很高興，百年來屈辱自此而消除。

這兩個案子是劃時代的象徵。查先生一生以此為榮，因為他自少年立志學法律，其目標就是如此！

原來，自鴉片戰爭以降，中國國力積弱，與世界列強簽了許多不平等條約。這些條約中，除了割地賠款之外，最嚴重的就是〈領事裁判權〉。所謂領事裁判權，就是規定，凡以外國人為被告的民、刑案件，中國法院沒有審判權，而該由外國人所屬國家駐在中國某地的領事來審理。這樣一來，不但國家的司法權受害很大，人民受實際的損失更嚴重。因為被告是外國人，中國人控告外國人須到該外國的領事館去辦理，當然難以得到公平的裁判。尤其所謂「領事」，本來只是商務官，大多不懂法律，由他們來裁判，自然吃虧的是中國人。

由此可知，〈領事裁判權〉對中國主權傷害之大，使當時的國人感到無比屈辱，是可以想像的。查先生之所以立志唸法律，為的就是要湔雪此一恥辱。而〈領事裁判權〉的廢除不但為查先生及身經驗，而且第一件審判美、英人為被告的案子就是在他手上經辦，其引為終生的光榮，是理所當然的。

◎追訴毛邦初貪汙案

毛邦初貪汙案，是政府遷台初期轟動國際的一個案子。

毛邦初是浙江奉化人，經國先生生母的本家，黃埔畢業後，不久轉到空軍服務。抗戰勝利後，他逐漸升到空軍副總司令的高職，又兼我國〈駐聯合國軍事代表團〉的代表。政府撤來台後，他駐在美國，負責向美方購買軍品的工作，地位很重要，手中握有巨額的公款。

那時，中華民國處在風雨飄搖之中，美國有許多左派分子為中共搖旗吶喊，國務院許多政要對蔣中正先生大抵都抱著落井下石的心態，更有李宗仁等政客不斷對蔣公作不利的宣傳活動。在這種複雜環境下，毛邦初受了影響，難以把住志節，以為中華民國已經沒有希望了，於是暗中將公款吞為己有。侵吞總額為六百一十萬美金，這在當時是不得了的巨款。他將其中二百萬購了美國國庫券（是無記名流通證券，等於現鈔一樣，並有定期利息可領者），二百萬元存在二家瑞士銀行秘密帳戶，其餘的置私產及存儲、花用了。

此事不久被政府察覺，乃催他交賬，他一再藉故不交。於是，老總統不得不於一九五一年八月間將他免職，並飭令他將公款繳還。毛邦初不但不遵命，反而勾結在美的李宗仁等人，在報紙上大登特登，對老總統及國家進行誣衊誹謗。各國報紙刊出此事，成了世界性大新聞，海外僑界譁然。

老總統蔣公召見時任〈司法行政部〉政務次長的查良鑑，要他提供處理意見。經過詳細研究，查先生認為必須到美國去依法追訴，才能澄清是非。老總統欣然同意此一意見，立派查先生主辦此案，由他率領周宏濤（曾任行政院主計長）及三位軍方經辦人員組成一個五人小組，專程到美國去。

此案追訴過程頗曲折。查先生到了美國，立即與當地政要好友商議。當時最支持我國的美國政要如周以德、諾蘭議員等與查先生研究結果，都認為，一面依法處理，一面透過新聞界澄清，是最妥當的辦法。

一九五一年十一月十四日、查先生他們將訴狀送進華盛頓〈哥倫比亞特區法院〉，當日，全世界的重要報紙都登出此事，說「蔣介石決心具狀追訴毛邦初」。毛邦初見報後，畏罪潛逃到紐約，次日法院送達找不到人，全世界報紙、立即登出了「毛、逃犯」的大標題。按西方人觀念，如果有理應坦然接受審判，逃亡即表示理虧了。這麼一來，輿論的是非立即得到澄清。胡適之、蔣廷黻都由紐約電話道賀。這等於旗開得勝。

過了幾天，查出毛匿居紐約的地址。但依美國司法制度，在華盛頓起訴的案子不能管轄在紐約的人。於是查先生急忙趕到紐約，向紐約法院送了訴狀。紐約法院立即承辦，但一連數天均無法送達給毛邦初。原來毛躲在屋子裡不開門，依法不能入屋送達；被告未在送達書上簽名，則不能開始審理，也不能捉人。執達人員費了好多天在屋外偵候，才趁他出來而送達成功。過了幾天，毛邦初大概與律師商量，認為此案躲不過了，所以請律師主動找查先生他們談判，希望回到華盛頓打官司比較方便，查先生同意。

詎料，回到華盛頓之後，毛召開記者會，宣稱〈中華民國〉的合法總統是李宗仁，他得李宗仁的信任和授權處理該筆公款，蔣介石業已退職無權追究，云云。並極力詆毀蔣公的種種不是。此事又經全世界報紙大登，對蔣公的聲望又生影響。查先生他們只好大舉動員，到各圖書館等地找妥一切資料，送上法院。

法院審理該案很精彩。毛邦初及他的律師還是拿那套「李宗仁才是合法總統，公款是李宗仁授權處理」理由藉以抗辯。那位美國法官非常公正，他問對造：「李宗仁現在住在哪裡？」毛邦初的律師答：「住在紐約某區」。法官幽默地說：「既然是中華民國的總統，怎會住在紐約？」毛及其律師均為之語塞。此事又經報紙宣揚，等於擊敗了對方的狡辯，再度挽回蔣公的聲譽。

毛看案件必然落敗，未待宣判，即潛逃到墨西哥躲在他的豪華別墅中。查先生他們只好又到墨西哥，透過種種外交及法律的繁瑣手續，終於使得毛在墨西哥被捕。因為我國同美國及墨西哥之間並無〈引渡條約〉，不能將毛引渡回台灣，故毛在墨國服刑了數年才被放出來，一直流落當地，數年前才死在異國。

至於追回贓款部分，也費了許多力量。二百萬元美國國庫券部分全數追回。存在瑞士銀行的二百萬，又再花了一年多時間，以瑞士銀行為被告提出訴訟，勝訴之後，追回了一百八十萬元。因為毛邦初送給李宗仁十萬、李惟果（國民黨前組織部高級人員）五萬元，及分了五個毛邦初部下各人一萬元，所以少了二十萬元。

追回多少錢事小，重要的是，在那種國家風雨飄搖、領袖受盡毀謗污辱的時代，此案維持了法律正義，更使美國政要、新聞界、僑社以及世界各國人士對蔣先生有了正確的認識：絕非如當時左派所宣傳那樣「蔣介石領導的是一個貪汙腐敗的政權」。這種認識，是對日後美國軍、經援助台灣的決心影響很大的。

查先生經辦此案，為國家立了大功，激勵公務人員忠誠守法愛國。此案詳細檔案在外交部，將是後世外交史、司法史上重要參考資料。

龍旗八十（1991）年七月號第一一五期

陳重光的老把戲

韓文傑

八月二十五日夜，「台灣建國運動組織」屬下的一群暴徒，以宣傳車載了大批汽油彈等自製武器，到台中市的〈國民黨省黨部〉施暴，險些造成大衝突。在前一日，由民進黨主導的所謂「制憲會議」通過「台灣憲章」，明定國號為「台灣共和國」。

二十七日國民黨中央常會開後，文工會主任祝基瀅代表執政黨發表聲明，除譴責台獨分子的暴力行為以外，並首次說出「民進黨就是台獨黨」的話。

對國民黨的強烈反應，民進黨不但不在乎，黨主席黃信介反舌相譏：「國民黨才是台獨黨」！新潮流系的吳乃仁更直接了當地說：「民進黨本來就是主張台獨的黨！」大有輕蔑國民黨「為何這麼久才發現」之意。

台獨集團之所以有今天氣候，正如吳乃仁招認的，主要是「拜國民黨之賜」。事實上，李登輝領導的國民黨近年政策很明顯，對統一是「抽象的讚成，具體的拖延」，對台獨則是「口頭的反對，實質的幫助」。

八月二十九日，〈行政院〉院長郝柏村在院會上表示深以為憂。他指出，台獨言行如此激化，造成對社會安定經濟發展的傷害，那麼我們是在「自毀長城」。海內外絕大多數同胞都鼓掌喝采。

可是就在同一天，深受李登輝總統信任的工商人士陳重光，突然在電視上表示，曾邀請兩黨人員「溝通」了。他雖然不贊成台獨的搞法，但重點卻呼籲執政黨不要把此事看得太嚴重。這無異是在郝院長的「憂心」上澆了一桶冷水。

不健忘的人都記得，多年來，台獨就是在執政黨這種「暴力鬥爭→溝通→暴力鬥爭→溝通」循環不息的模式中壯大起來的。陳重光此次出馬，不過老把戲而已。

因此，祝主任這次雖然表現了一點道德勇氣，其作用恐怕只是撫慰一下反對台獨的人而已；對台獨集團到底有何實質抑制作用，實在令人懷疑。

龍旗八十（1991）年九月號第一二七期

菩薩老師——張彝鼎博士

為恭賀鑑秋吾師九秩華誕而作

勞政武

記得約在民國六十年的某一天，我和幾位同學去看丁道源教授，他當時任職於司法部並在政大兼法律課；話題不知怎的轉到政大法律系創建人張彝鼎主任身上。丁老師說了這麼一句：「張主任是活菩薩！你們有這麼一位老師，實在非常幸運。」此語一出，令我心頭一震。二十年後的今天，回想起來，無論從同學們的一致感受，或自身受到的愛護庇蔭，無數事實都證明他的話真是一語中的。

◎一

事實上，在丁道源教授講這話的當時，我已厚蒙著這位菩薩的庇護。

先是，民國五十九年我通過〈全國性公務人員高等考試〉，且以「法制組」榜首中式。這種考試錄取率常不到百分之一，本來就很難通過；尤其對一個從大陸來台灣不久，自高中二年級讀起的青年，受教基礎有很大的歧異，通過這種考試當然難上加難了。這是我苦讀多年的成果，自然欣喜莫名，飄飄然地自感前途充滿一片光明。卻不料，一陣欣喜過後，精神打擊隨之而來。

原來，有位好心的師長十分為我高興，乃主動熱情地表示要介紹我去〈行政院法規委員會〉工作。那時，我雖能把法律課本上寫的政府各機關的職責倒背如流，但對自己究竟該到那個單位服務卻是一片茫然。經打聽結果，人說行政院是「大衙門」，「宰相府裡的門房，抵過一個九品知縣」，進入那裡服務不愁沒出路的。

我到行政院謁見了單位主管，他表示了歡迎之意，並略述了有關工作職責。末了，他吩咐我回去請那位師長寫一封推薦函，以便據以簽報。

我興沖沖回去見那位師長，告明始末。他聽說要寫推薦函，立刻面有難色地說：「你是從大陸出來的，過去做過什麼我又不清楚，這個推薦函我很難寫。」他解釋，現在蔣經國先生當行政院副院長，院內人事管理很嚴，稍有可疑者便不能通過安全查核那一關。我聽了這一番話，就好像章回小話上常寫的「劈開八片鎖陽骨，一桶冰水澆下來」一樣，震驚之餘，嚅嚅向他解釋：「我在大陸只是一個讀書的小孩子，家庭遭清算鬥爭，受盡苦楚。我來台灣只有十八歲，一向都乖乖地讀書。我想你推薦也不過證明一下我在政大的表現，官樣文章而已。」結果，他還是不肯推薦，到行政院服務之事遂寢。

有道是「怨莫大於清白而不見信」，對一個初出社會的青年，此事在精神上的打擊何其嚴重？考試勝利的歡樂立即變成人生前途的惘然。當然，那位師長為了自己而不夠擔當，也屬人之常情，自無計較之必要。但這種態度代表著在政治上對大陸來台人士不分青紅皂白的一律懷疑，才是真正刺痛許多人的心靈，引起諸多乖離與不幸的。

此事過後不久，人事行政局分發我到台北市議會任職。辦理初任手續時，要填一張人事安全〈保證書〉。剛「被蛇咬」過的我，看到這張要別人保證自己「思想忠貞」的表格，心中滋味實不好受，更不知向什麼人開口才好。

最後想起有位同學說過張老師如何如何愛護學生的事，只好硬著頭皮登門一試。他看見我來，當即笑容滿面，說「最近好吧？」我告明來意，他毫不考慮連說：「好！好！你先把表格填上，我找個圖章出來，給你一蓋就是了！」於是我於六十年初順利進入〈台北市議會〉秘書處，開始了公務員生涯。

同樣是愛護學生的師長，器度的不同竟有如此之差異！

·本刊特訊·

痛悼

本刊董事長 張彝鼎博士 之喪

張公彝鼎先生，字鑑秋，山西省靈石人。生於一九〇二年農曆九月廿日。民國八十一（一九九二）年二月四日（農曆正月初一），因腸癌逝於台北榮民總醫院，享年九十一歲。治喪事宜現由國防部處理，擬於三月下旬候其在山西之家屬來台後，舉行公祭大禮。

彝鼎先生早年畢業於北京清華大學，獲美國哥倫比亞大學法律哲學博士（Ph.D.）學位，其在法學界的地位國際知名。曾任國防部總政戰部主任、國防部次長、國立政治大學法律系主任、法律研究所所長、司法行政部法官訓練所所長等要職。

自公職退休後，即出任本刊董事長達八年之久，對本刊的支持，澤良多。有關彝公一生事跡，本刊於其九十壽誕時曾有長文報導（見民國八十年十月號第一一八期）。

龍旗雜誌社全體同人 敬啓

龍旗 民國八十一年三月號

龍旗 民國八十一年三月號

◎二

二十年來，張老師可真像一位「有求必應」、甚至「不求也祐」的大菩薩。

例如，十三年前發生〈中山堂事件〉後，我去看他。他對我挺身而出抗議台獨謬論的做法表示很讚許，並主動介紹我去看當時主持執政黨大陸工作會的白萬祥先生等首長。他的用意很明白，就是要增強我的社會關係，避免有關當局的誤解。

《龍旗》創辦後，他更竭盡全力予以支持，這種支持可以說是「全方位」的。他在國民黨十二次全國代表大會時，就主動帶了十多本剛創刊的龍旗到會場，當面分送重要的人士，要求他們予以指導與支持。他甚至主動給我一疊預先蓋好章的名片，吩咐我說：「我在各界的熟人還不少，如果有需要，就拿我的名片去用，免得你臨時有事找我太麻煩，也說不定有點用處呢！」他名片有多大效用倒在其次，實際上我也沒有用過，那疊名片一直保存到現在。但他這份徹底對人的信任，使我感激涕零之餘，只有鞭策自己更加努力，深怕使他失望。

七年前，《龍旗》因為籌一筆基金，一時大意，被人乘機誣陷，我身困於五個官司纏鬥之中。當時適巧張老師從司法官訓練所所長職退下，立即應允出任龍旗董事長，以明白行動表示支持。

凡此等等，他對我個人的德澤，廿年來實在不勝列舉。

◎三

他絕非對我個人有偏愛，而是對學生普遍如此。這是政大早期法律系的學生都知道的。今天，他為自己的學生遍布司法、外交、財經、政治各界卓有所成而高興不已，但他還說：「我的學生都不錯，可惜就有一位立場不對的。」事實上，那位今天已當了地方首長的獨派學生，儘管政治立場歧異，但對張老師的敬愛並無二致。

我想，菩薩本有二種屬性：「大智慧」與「大慈悲」。這兩者且是相須為用的，即智慧乃慈悲的基礎，慈悲係智慧的體現；無慈悲則智慧變成空虛，非出於智慧的慈悲則屬於濫愛。張老師這位「菩薩」正是兩種屬性俱足的。他的學養深湛，知識閎通，博聞強記，早已望重士林。在學生問難或主持會議時，對於任何繁難問題，立即能把握要領，三言兩語即指出其要竅；其「不勉而中，不思而得」的本事，很少人能望其項背。

正因他有此高超智慧，故對學生絕非溺愛，而是嚴其所當嚴，愛其所當愛。在學校時，他對不上進的學生是相當嚴厲的，但對努力用功的學生則是和氣得很。對我之所以如此愛護，他早在多年前就說過：「我的學生遍布黨、政、軍各界，唯獨你選擇這條辦雜誌報國的道路，這樣很好！國家需要有人肯做這件事。我應盡力幫助你。」這就超乎師生的感情，而是基於大義的理由而加我以庇蔭了。

◎四

比較地球上各種生物群，獨有人類社會有「師道」這一能力，誠屬極奇妙的現象。因為人類曉得向老師學習，乃使智識能傳遞、能累積，於是創造了文明，推動了歷史進步，使人類獨霸世界且有無窮發展的可能。因此，「尊師重道」無論對國家社會抑個人成敗利鈍，都是無比重要而嚴肅的課題。

漢代王符所撰的《潛夫論》有道：

> 雖有至聖不生而知，雖有至智不生而能。故黃帝師風右，顓項師老彭，帝嚳師融，堯師務成，舜師杞后，禹師黑始，湯師伊尹，文、武師姜尚，周公師庶季，孔子師老聃。若此言之而信，則人不可以不就師矣！夫此十一君者，皆上聖也，猶學問其智乃博，其德乃碩，而況於凡人乎？

應璩有詩云：「子弟可不慎？慎在選師友。師友必良德，中才可進誘。」我這個自忖僅勉強夠得上中才的凡人，自從十八歲來台灣，舉目無親，屈指算來已三十年，雖迄無所成，尚能知奮力求上進者，得自許多位良師教益極大。其中最突出者如：中國法制史權威陳顧遠先生，領我進入艱深的古代法制堂奧；前政大法研所所長現任副總統李元簇先生，啟示我做學問的嚴謹態度與方法；禪宗大師南懷瑾先生，使我領悟到許多深刻的人生道理；革命理論家滕傑先生，淬鍊我百折不撓的持久奮鬥精神。而這位「菩薩老師」除了教我以國際公法知識之外，還給我如此多的庇蔭。如果沒有這些老師的指導，我會變成什麼樣子？故《楊子法言》曰：「務學不如務求師」，信然！

◎五

張師鑑公生於一九〇二年農曆九月廿日，本月將度九秩華誕。我這個受惠可能最多卻成就最少的學生，愧無以報師恩，只好摘自身經歷撰此拙文以為賀嵩壽。並順便刊登王昇先生在他八十大壽時所撰之大作，俾龍旗讀者對本刊董事長有更全面的了解。（於九月廿八日教師節）

龍旗八十（1991）年十月號第一二八期

張公彝鼎博士在軍中之德行道誼

王昇

張公彝鼎博士，字鑑秋，籍隸山西靈石。早年畢業於國立清華大學，後留學美國，先入芝加哥大學，再入哥倫比亞大學研究，獲哲學博士學位。其博士論文《條約的司法解釋》一書，迄今仍為各國著名大學之重要參考書。其學術地位為世界學者所崇敬，亦為我國家之光榮。

我國軍中素崇儒將。張博士雖習法律卻從軍報國，在我國軍中，卻是一位文韜武略之儒將，其德行道誼，尤令人景仰。民國三十八年大陸轉進時期，張博士率領國防部員工，由南京撤退來台，竟因公務忙碌，未能將其夫子公子攜出，其公而忘私之精神，則非「三過其門而不入」所可媲美！民國三十九年國軍政工改制，張博士任國防部政治部副主任，襄助蔣前主任，籌謀多中，倍極辛勞。對於制度之建立，工作之執行與督導，極盡輔弼之功。時余任職國防部，得再親張博士之風範。

凡識鑑公之士，莫不感其溫文爾雅，處事公正，守法令而復通達人情；對人和藹可親，而尤能表現精誠，其「不勉而中，不思而得」之風範，實足令人敬佩！民國四十三年七月，鑑公繼蔣主任而任〈國防部總政治部〉主任，除對國軍政工制度積極推行外，並開創國軍心戰工作。鑑公對國軍心理作戰，首重幹部之培養與學術研究，並借重盟邦經驗。

美國聯邦政府派出之遠東心戰教育巡迴小組，首先至我國施教，即由鑑公之邀請。當時設心戰教官班於〈政工幹部學校〉，由美方教官擔任講授。時余主持該校教育工作，鑑公常親臨督導。隨後在幹校設心戰班，培養國軍心戰幹部，鑑公雖因公務忙碌，亦常垂詢辦理情形。其對工作之計畫、執行、督考，嚴謹而確實。

鑑公位居總政治部主任，自奉儉約，廉潔可風。其公館僅為一臥室，陳設樸實，僅汽車司機一人隨身侍奉，並無他人。除國家供給之座車外，其生活全係平民化。淡於名利，而勤於工作與治學，其公餘之暇，常手不釋卷。總政治部主任任期屆滿後，於民國四十五年調任國防部常務次長，襄理軍政大計，至五十一年退役，執教於〈國立政治大學〉，轉任〈司法官訓練所〉所長。

鑑公數十年戎馬生涯，功在國家，先後獲頒光華甲等一級獎章，忠勤勳章，四等雲麾勳章，六星寶星獎章，七星寶星獎章，乾元勳章。其在軍事方面之貢獻，於此可見一斑。

鑑公雖脫戎衣而執教，其流風餘韻，仍在軍中。軍中袍澤，莫不尊鑑公為一位廉潔公正、誠樸寬厚之長者。今逢鑑公八十華誕，余亦親受德化，謹述其在軍中之德行道誼，敬為祝嘏。

龍旗八十(1991)年十月號第一二八期

嚴肅處理「台獨」問題

主筆室

近月來，「台獨」言論與行動節節升高，已對國家安全構成了相當威脅，也對台灣二千萬同胞的安和生活構成了嚴重的傷害。隨著年底的第二屆國大代表選舉迫近，到明年三月間召開國民大會，在未來半年之間，可以肯定的說，將是中華民國的「危險期」。如對「台獨」問題處理不當，復興基地將陷入萬劫不復境地。此誠危急存亡之秋！無論朝野，都必須嚴肅對待「台獨」問題。

針對「台獨」聲浪的高漲，中共當局已說出了空前強硬的言詞，此事絕不可掉以輕心。九月廿九日，中共〈國務院〉副總理吳學謙在一項招待會上說：「近來，台獨分子在台灣島內的活動相當猖獗。如聽之任之，讓其發展下去，勢必影響島內的穩定，這是台灣同胞所不願看到的，我們也不能坐視。」翌日，總理李鵬在人民大會堂舉行的慶祝會上又說：「我們絕不容忍少數人在某些勢力的策應下以任何藉口搞所謂的台灣獨立」。此外，其他如王任重、程思遠等人亦隨後相繼發表類似言論。中共高層人員相繼密集地發表這樣的言論，應該不是尋常的空言恫嚇。對中共這個政權有深刻了解者皆知，發出異常強硬訊息往往是採取行動的前奏。

尤其嚴重的是，中共若採取行動可能引發台灣內部問題。一旦中共採取「不坐視台獨行動」時，在島內效果將會怎樣？絕大多數的反對台獨的朝野人士及廣大群眾將會站在什麼立場？尤其數百萬外省籍同胞將如何反應？在兩難而被迫作選擇時，毫無疑問，必然是會站在民族大義一邊的。何以言之？理由如下：

1.中國數千年文化所養成的大一統觀念牢不可破，此與東歐、蘇聯各國的地方可以鬧獨立的情況完全不同。

2.中央政府自遷台四十多年來均以「光復統一」為職志，並以此教育人民。一旦搞「獨立」無異對自己過去歷史的背叛，是人情所不能接受的。

3.近年外省籍同胞，在經濟上是弱者，在政治上更受到種種的壓抑。強烈的「統派」實係此種壓抑的反彈。如果一旦「搞台獨」，更強烈的情緒反應必指向台獨集團爆發。

4.在反台獨人士普遍意識上，與大陸同胞海外僑胞組成聯合陣線敉平台獨叛亂，那是堂堂正正的民族大義行為，絕非如台獨分子所誣指的什麼「吳三桂、施琅」。相反的，聽任帝國主義者長久分裂中國陰謀擺布的台獨分子，才是真正的漢奸「吳三桂、施琅」。

由是觀之，如果島內的「台獨」活動繼續升高，其破壞性絕非來自中共單方面的某種「行動」而已，而是極可能引起內外夾擊的，其將造成玉石俱焚的後果，不待智者亦可知。詎料，那個台獨民進黨的發言人張俊宏，居然在十月一日發表談話說：「值得以台獨與中共一賭！」若其言係出於無知，尚可恕；否則，其用心未免太惡毒了！為了他個人或區區一萬多成員的一黨之私益，竟然不惜要以葬送二千萬同胞的生命財產來「一賭」，試問這是什麼心態？持有這種心態的人在搞政治，不是極端危險嗎？

台獨集團之所以有今天的猖狂，因素固然很多，但最主要的是李登輝當局刻意縱容的結果。試回顧一年多以來，當局從去年三月將台獨叛亂分子延為「國是會議」的座上客，到今年四月三十日總統記者招待會上公開說「台獨是中共迫出來」，再到上月為黃信介一人恢復立委資格而神速通過一項法律，又將黃信介、張俊宏列為十一位「重量級省籍人士」之中，邀請到總統官邸「交換意見」……凡此舉動，如謂當局對台獨沒有縱容，其誰能信？

台獨集團最近各種激烈的活動雖然五花八門，令人眼花撩亂，使當局窮於應付。但可歸納為幾條策略主線：一是將民進黨正式定性為「台獨黨」，以凝聚新聞焦點，取得宣傳上的優勢。二是要求廢止刑法一百條，以為「造反無罪」作基礎。三是揚言以「台灣」名義加入聯合國，企圖爭取民眾的同情。四是繼續攻訐郝柏村院長，希圖迫他早日下台，以解除「台獨」的最大阻力。而這四條相互為用的策略，現在又統一指向年底選舉的目標。因此，如何在年底選舉中徹底擊敗台獨分子候選人，才是問題的關鍵。黨政當局必須抓住這個關鍵問題，才不致被台獨集團的花招所迷惑而自亂腳步。

具體來說，我們建議當局的是：

在心態上，千萬別再有縱容台獨、或「運用台獨以對抗中共」的想法。

對於台獨活動，凡觸犯法律者，政府一律依法懲辦，絕不可退縮。

對於台獨種種謬論醜行，應發動一切可發動的力量，予以駁斥、揭發，以使民眾不相信其片面之詞。（諸如章孝嚴公開辯論重回聯合國之舉辨很好）

對於勇於挺身而出反台獨的人與行為，應予獎勵與支持。

全面發動民間反台獨力量，使之在選舉時發生作用，阻止台獨分子之當選。

事實上，在國際環境的「大氣候」上，今天中華民國是空前的好，只要能堅持安定繁榮發展下去，今後只會越來越好。和平民主統一中國的歷史使命，今天已經不是「能不能」完成的問題，只是「快、慢」完成的問題。這是千載難逢的好機會！如果因縱容一小撮台獨分子而自毀長城，實在是太荒唐了、太不爭氣了。我們希望執政者有避免作荒唐事的認知與能力。

龍旗八十（1991）年十月號第一二八期

黃主文與「台獨黨」合作無間

賴新生

立法委員黃主文是國民黨員，為立法院次級團體〈集思會〉會長，自居為「總統的鐵衛隊」，動輒以代表李登輝總統利益自稱，實際是冒李總統之名，行其為個人利益之實。

〈國民黨〉自從蔣總裁、蔣主席先後逝世後，似乎已經成了沒有敵我意識，只講利害關係的團體。如朱高正博士所說的，倘國民黨再敵我不分，勢將成為「爛黨」。最讓人心寒的例子是：黃主文等幾個國民黨立委，幾乎與〈民進黨〉立委同一鼻孔出氣。

民進黨人欲杯葛梁肅戎當院長之事，黃主文、吳梓則搞省籍分化，企圖取梁而代之。

民進黨立委欲扳倒郝柏村院長，集思會立委跟進。郝院長禮賢下士宴請〈集思會〉立委委員，該會立委居然拒絕。

民進黨立委主張廢除刑法一百條，集思會立委附和。

〈民進黨〉立委陳水扁日前所倡議制定的〈國防組織法〉，其目的並不是真正要為我們國防規劃一套完整的制度，只是存心在憲政體制尚未確定之時，來製造政府與國民黨本身的內鬨及衝突，這是很明顯的「二桃殺三士」之計。然而黃主文等人，好似看不懂陳水扁立委的計謀，而且還擔心陳水扁個人力量不夠，乾脆挺身出來表示要與陳水扁共同連名提案制定國防組織法，使陳水扁這一部東併西湊，掛一漏萬，粗糙無比的法案，在立委黃主文的「大力支持」下，頓時聲勢膨脹擴大，儼然成為立法院本會期中最重最大的一項法案。

民進黨立委堅持欲以「台灣共和國」名義由請加入聯合國，以遂其「台獨」的目標；而行政院認為聯合國必須恢復中華民國的會籍，絕不能以「台灣共和國」名義申請加入聯合國。詎料集思會之立法委員竟附和民進黨立委之主張，反而指斥行政院長說法乃自絕於聯合國大門之外。

凡此種種荒唐行徑，不勝列舉。照理當國民黨發言人八月間指責「民進黨是台獨黨」之際，國民黨全黨上下都應同仇敵愾，一致將「台獨黨」視為「敵人」，而與敵人劃清界線，不作任何利益糾葛的來往才是。黃主文卻反其道而行，毫不避諱的與「台獨黨」合作。說穿了也沒什麼稀奇：因為他們本身也就是國民黨內部屬於「獨台」的成員，「台獨」與「獨台」乃是一家親；「台獨黨」在「獨台派」眼中乃是「志同道合」、「殊途同歸」的「同志」，而不是「敵人」。在此認知下，黃主文等人不僅對陳水扁的提案頗感「心有戚戚」而大力支持，而且在立法院與民進黨立委同一個鼻孔出氣，同一步調。因此，今後立法院還會有甚麼「朝野衝突」呢？實際上只有「統獨之爭」，即是漢奸與反漢奸之爭，正義與邪惡之爭。

虔誠的呼籲黃主文及集思會立委，迅即懸崖勒馬，勿再做使「親者痛，仇者快」的事。否則一旦國民黨垮台，不僅愧對總理總裁創黨建黨之苦心，而且勢將犧牲台灣二千萬人之生命財產，並斷送台灣之民主自由，安和樂利之富裕生活。你們不但成為漢奸，而且成為自己子孫之罪人！

龍旗八十（1991）年十月號第一二八期

蔣夫人為何走了？

韓文傑

九月廿一日上午，先總統蔣公夫人宋美齡女士，突然乘華航專機回美國紐約寓所去了。

此行雖有總統、副總統、五院院長及他們的夫人送別，報紙題為「中華民國政府送行」；表面禮數上算是隆重。可是，蔣夫人這一突然舉動，臨行前也沒有發表半句談話，一定有重大的含意。回想五年來政治上發生的一切，再看看今天台灣面臨的種種，九十三歲高齡的她，這一走，恐怕已是「自茲乘風去，黃鶴不復還」了。因此，民間對她此行，不但猜測紛紛，而且複雜心理含有多少悲涼。

蔣夫人為何選在此時此刻突然走了？

據接近她的多位人士證實，蔣夫人雖已九十多歲高齡，且不良於行，但頭腦極為敏銳，思慮十分清晰。平日有客人來見，多聽別人講話，自己極少表示意見。必要時談談一兩句，都是切中要害的睿智之語。故此，如謂她的離開是因為「老昏」，顯屬理由不足。

古聖先賢有「亂邦不入、危邦不居」、「邦有道則仕，邦無道則隱」、「國之將亂，賢先避」等等教訓。若從這方面來推測蔣夫人的離去，應該是較為合理的。試看她自從蔣公百年誕辰回來定居，五年之間所遭遇的一切，尤其這三年來，可以絕無「酸甜」，全為「苦辣」；當可想見她為何要走了：

三年九個月以前，經國先生過世，傳出「宮廷派爭權」消息，她被牽扯在內。結果以「拋棄蔣家歷史包袱」鐵腕底定一切。她被註定連對黨政表示意見的資格也失去了。

三年三個月以前，國民黨召開〈十三次全國代表大會〉，雖勉強接受她出席發表一篇著名的「老幹新枝」內容的演說，但種種殘酷的政治現實已讓世人看得極清楚。

一年半以前那場競選正副總統的「政爭」，她完全置身事外，採取冷眼旁觀的態度，但仍逃不過威迫（當時某些政客為了迫退蔣緯國，曾揚言發動暴民包圍士林官邸加害蔣夫人）。

這幾年來，她連喪三位親人（子經國，孫孝文、孝武），這種家庭變故打擊不為不大。

最近，包括黨內外的台獨、獨台分子，動不動就要求收回她所居住的士林官邸房舍，豈不令人寒心！

甚至，如她在台灣過世，歸身何處且成問題。因為慈湖暫厝先總統的地方根本沒有為其德配預留位置。這種不合禮法的安排，她應心知肚明。

再面對今天「台獨」勢力越來越囂張、政治混亂到了極點；她在傷心失望之餘，也許想到「晴乾不肯去，直待雨淋頭」那句教訓了，所以下定決心，一走了之。

她走了才一日，國民黨〈集思會〉那些「獨台」分子還有話說呢！怪責華航「派專機太過份」，並倡言要追費用如何支出，等等。他們難道忘了，「宋美齡是中國空軍之母」呀！而且〈華航〉當初就是在她的主導下而創立的。〈集思會〉黃主文這撮人刻薄無良如此！

蔣夫人可不是尋常的一位元首遺孀。六十多年來，她協助蔣公戰勝日本，創立空軍，爭取國際友人支持在風雨飄搖中的中華民國，組織婦女團體鼓舞國軍將士，舉辦各級學校收養先烈孤寡，興辦眷村造福將士眷屬……這一切貢獻，試問當朝人物誰堪比擬？更難能可貴的是，她一生從不利用其貢獻來自攬黨國大政，從未有歷代后妃率性而行破壞體制為禍國家的事。

總之，一位如此大勛勞，又一生光風亮節、擁有世界性威望的老夫人走了。這是她個人的睿智選擇，卻是黨國的悲哀。

龍旗八十（1991）年十月號第一二八期

禍國殃民的「台獨條款」產生沿革

資料室

十月十三日下午，民進黨的「五全大會」在台北中山堂光復廳舉行，通過了將其黨綱增列「台獨條款」案，引起台灣社會嚴重危機，更激起全球中國人一致的憤慨。

民進黨此項提案，是由新潮流派系（林濁水、吳乃仁等台獨偏激分子所組成）所主導的。原提案為：

〈建立主權獨立自主的台灣共和國〉

經內部的三小時激辯，終於將文字修正為：

「基於國民主權原理，建立主權獨立自主的台灣共和國及制訂新憲法的主張，應交由台灣全體住民以公民投票方式選擇決定。」

這條款加了「主張」及「公民投票方式選擇決定」的尾巴，顯示了兩點意義：

1.民進黨內仍有人不主張台獨（如台北市議員、民進黨的財務負責人徐明德等），只是大勢所趨情況下，個人沒有足夠勇氣抗爭到底而已。

2.台獨派之所以接受此修正案，乃是認為這條文字尾巴加上去之後，既無損原意，又可以作為向當局狡辯、在狡辯過程中又可以煽動群眾為「自決」而抗爭的利器。

正如目前台獨死硬份子林濁水在報紙上公開揚言的「民進黨本來就是台獨黨」，民進黨在五年前成立時，自始就是「台獨」的，甚至早十三年前（民國六十七年、一九七八）的十二月五日，他們以黃信介為首的一群人在台北市中山堂集會，就公然篡改了中華民國國歌並脅迫大家同唱（結果演成了「中山堂事件」），就已顯示出這撮人根本對國家不認同的邪惡本質了。

茲將該集團十三年來「台獨」有關重要事項沿革列表如下。

「台獨集團建國」訴求沿革

67、12、5	「黨外助選團」在中山堂集會，公然篡改國歌，以「台灣人出頭天」為主要口號。
68、9、8	《美麗島》雜誌創刊酒會。之後該誌發行了四期，內容暗示性鼓吹台獨思想，極力批判中國統一思想是「沙文主義」。12、10即發生〈高雄暴力事件〉。
69—73年	因69、3《美麗島》集團被判叛國罪，台灣平靜三年。自此又以〈蓬萊島〉、《新潮流》等十數本分歧雜誌，大力鼓吹「自決」，同時集中火力攻擊黨政要員及國父、老總統等歷史人物，造成了抹黑中華民國的「輿論」。
75、9、28	黑拳幫分歧分子在於台北圓山飯店違法成立〈民進黨〉，黨綱明示「台灣前途由人民自決決定」。
75、11、6	公布「住民自決」之黨綱、黨章。
77、4、17	〈民進黨〉二屆一次臨時大會通過〈四・一七決議文〉，主張「台灣國際主權獨立」。
79、10、7	〈民進黨〉通過〈一〇・〇七決議文〉，主張「事實主權獨立」
80、8、14	〈民進黨〉結合無黨籍及學界公布「台灣憲法草案」，決以「台灣」為未來國名，而不冠「中華民國」國號，並以「事實主權」原則規範台灣領土範圍。
80、8、24	「台灣人民制憲會」通過「台灣憲法草案」，國名為「台灣共和國」。
80、9、26	新潮流系提出，於黨綱刪除「台灣前途應由台灣全體住民自決原則」文字，並納入變更主張為「建立主權獨立自主的台灣共和國」台獨條款案。
80、10、13	〈民進黨〉第五屆一次全大會通過新潮流系「台獨條款」修正案：「基於國民主權原理，建立主權自主的台灣共和國及制定新憲法的主張，應交由台灣全體住民以公民投票方式選擇決定。」

由上列簡表，我們可以清楚看出「台獨」是那撮人的一貫本質。它由隱而顯，那是說明了「台獨」勢力確實不斷在擴張之中。這才是值得每一個善良百姓擔憂的。

◎國民黨的強烈反應

針對民進黨五全大會通過「台獨條款」列入黨綱之事，三天後〈中國國民黨〉中常會作了決議和發表聲明，對民進黨主張「依法嚴辦」。（全文見本刊129期6、7頁影本）

儘管這次國民黨有如此強烈的聲明，但能否解決「台獨」問題（最起碼抑制台獨的發展），有識之士都持存疑的看法。

從過去十多年來的事實，可以看出國民及執政當局對「台獨」的「剿撫政策」的消長是這樣的：

1.在《美麗島》以前（民國七十八年間），持的是「剿」為主、「撫」為輔政策。

2.《美麗島》受刑人的家屬紛紛當選民意代表以後（七十九年底起），兼以「台獨」以雜誌作大量的宣傳攻勢，採的是「剿」、「撫」兼顧的平行政策。

3.在七十五年〈民進黨〉成立後，則轉變為「撫」為主、「剿」為輔的政策。

4.在李登輝主政後，則進而變為只「撫」不「剿」政策；甚至漸漸變成「抽象的反獨、具體的助獨」政策。

如果以上判斷無錯誤，國民黨此次發表強硬的聲明與決議，其效果如何，也就不問可知了。發表這種聲明，不過是要安撫一下台灣內部的反獨愛國人士的情緒，及緩和中共的疑慮而已。

挺身而出　義無反顧

——《中國人反獨護國大同盟》成立大會宣言

親愛的同胞們：

我們的國家，現在已經面臨最危急的時刻。一小撮台獨分子，企圖取消國號、分裂國土、背棄民族，葬送台灣二千萬同胞的前途！因此，我們必須要團結起來，立即採取有效的行動，堅決制止台獨這種禍國殃民的罪行！

今年十月十三日，民進黨通過了「台獨黨綱」，悍然宣布要推翻中華民國，建立所謂「台灣共和國」，引起海內外同胞一致的憤慨。台灣的局勢立即陷於動盪不安之中；一時人心惶惶、資金外流，中共武力犯台的聲浪高漲。這些變化，將使四十多年來同胞以血汗換得的輝煌成就，毀於一旦。住在台灣的二千萬同胞，現在真正面臨著立即而明顯的災禍！

那一小撮台獨分子，何以竟敢如此猖狂？他們有什麼力量能將台灣推至毀滅的邊緣？這完全是由於在他們背後有帝國主義者撐腰，同時也由於國民黨決策階層中少數人長期的姑息養奸所致。

我們必須鄭重指出，今天的國際鬥爭，儘管表面上五花八門，但在本質上，依然是國父孫中山先生當年所指出的，是民族之間強弱興衰的鬥爭。一百多年來，帝國主義者不斷侵略中國，他們希望中華民族永遠受他們的宰割而無法翻身。他們長期慣用的手法便是「以華制華」，收買和扶植中國少數民族敗類，來製造中國分裂、出賣民族的根本利益。今天的台獨分子及其同路人，就是帝國主義者這一侵略政策下的產物。此外，由於海峽兩岸的長期對立，台灣某些當權的既得利益者，也以為必須運用「台獨」才能制衡中共。於是，在此雙重因素之下，台獨聲浪必然高漲。現在，他們自認「時機已經成熟」，就公開表明要建立所謂「台灣共和國」了。

然而，不管帝國主義者在幕後如何操縱，不管少數執政者如何繼續姑息養奸，也不管台獨分子如何猖狂，台灣的前途，絕不是他們所能包辦的！二千萬台灣同胞的福祉，絕不是他們所能出賣的！

從歷史文化的層面看，自古以來，台灣就是中國神聖不可分割的領土。在上一世紀，中日甲午之戰不幸割台，是中華民族的奇恥大辱。在這一世紀，八年抗戰，我國犧牲了幾千萬軍民同胞的寶貴生命，才光榮地戰勝日本，收回台灣，洗刷了民族恥辱。以幾千萬同胞的鮮血為代價所收回的寶島台灣，今天在十二億同胞的關懷、祝福與二千萬同胞的努力經營中，民生樂利、蒸蒸日上，豈容那一撮民族敗類、漢奸走狗再度出賣？我們自然也理解到，今天海峽兩岸的統一問題，存在著若干困難，需要國人去克服。但是，再大的困難，也不容許當作製造民族分裂的藉口，更不容許台獨分子當作叛國的憑藉。無論從種族、歷史與文化任何方面來看，海峽兩岸同胞一脈相承，血濃於水。目前兩岸民間正透過多種管道，致力於民主統一、復興民族的大業。這是歷史巨流，那一撮台獨分子及其同路人豈能抗拒？

再從現實的層面來看，我們必須正告帝國主義者，今天的中國人，已經不再是過去那樣可以任憑列強欺凌的中國人了。難道你們今天還想染指中國的神聖領土台灣嗎？難道你們還想重溫十九世紀的侵華舊夢？至於那一小撮台獨分子及其同路人，我們現在要提出嚴重的警告：如果你們繼續不自量力，妄圖分裂國土與出賣民族利益，除了自取滅亡以外，絕對沒有其他下場。

台獨分子的自取滅亡，那是自食其惡果。但是在他們製造民族分裂的過程之中，必將使台灣二千萬無辜的善良同胞慘遭池魚之殃。也就是說，「台獨」之路必然會引燃戰火，而戰火必將使寶島玉石俱焚、同歸於盡。同胞們！是而可忍，孰不可忍？因此，我們只有義無反顧、挺身而出！

我們也要忠告執政黨的決策者。中國國民黨憑民族主義而崛起，當年是以民族大義，推翻滿清並打倒日本軍閥的。今天雖然時移勢易，可是，如果在民族大義方面有所動搖，則黨國必將面臨不測之禍——可能未做成民主的功臣，先做了民族的罪人。中華民國是犧牲了無數先烈的寶貴性命而締造的，這個國號豈可有任何「彈性」？如果不堅持「統一建國」的政策，中華民國的生存空間又在哪裡？

我們很高興看到，政府最近一再公開宣示「反台獨」的立場，我們絕對支持。不過，我們要嚴肅忠告政府：必須劍及履及，言出必行，絕不可再繼續瞻顧徘徊，致令台獨繼續坐大。也不可以假借「尊重民意」之名，如搞什麼「總統直選」之類，企圖達成「變相台獨」之可恥目的；這是必然遭到十二億中國人堅決反對的。

可以斷言，欲有效地阻遏台獨勢力的蔓延擴張，除了有待黨政當局肯擔當、有作為之外，海內外廣大同胞凝成制裁力量，才是牢靠的保證。因此，我們毅然組織〈中國人反獨護國大同盟〉的民間團體，期能團結愛國的志士仁人，為民族之先鋒，採取一切可行的方法，進行長期奮鬥，以徹底消滅「台獨」禍國殃民的罪行。我們反「台獨」的立場、明確堅定，絕不動搖；即使有所犧牲，也毫不退縮。我們要把這種犧牲當作自己光榮的義務，當作對偉大而苦難民族的獻禮。

我們的勇氣，來自對民族的熱愛和信心。我們的祖先走過了七千年漫長而崎嶇的道路，創造了偉大的文明，寫下了光輝的歷史；中國，是當世唯一能夠保持其優良傳統與活力的文明古國，向來擁有巨大的發展潛力。我們堅信，當中華民族在克服了目前短暫的困難之後，將開創一個超越漢唐的光輝未來。那一小撮妄圖分裂民族的敗類，只是歷史逆流中的泡沫，必將被歷史當作垃圾清除。

親愛的同胞們：中華民族終將完成和平與民主的統一。讓我們為掃除統一的障礙而努力，讓我們為民族的光明前途而歡呼！

中華民國八十年十一月十七日

（本文曾製成傳單在台灣全省散發）

龍旗八十（1991）十二月號第一三〇期

「台獨」既動，反「台獨」亦要動

葉知秋

民進黨將「台獨條款」列入其黨綱之中，作為黨綱便屬行動綱領，超出了言論尺度了。既有「台獨」行動，必有反台獨行動，否則堪稱「國將不國」。十一月十三日上午十一時，有五名香港青年學生到台北高等法院按鈴申告「台獨分子」林濁水和許信良。另一個更重要的行動是〈中國人反獨護國大同盟〉正在台北籌備之中，這是一個總部設在台灣的世界性組織，香港分盟亦已開始了活動，珠海書院中國歷史研究所博士班研究生李崇威等五名學生，就是作為香港分盟的代表赴台申告林濁水與許信良。

◎籌組反獨大同盟

自民進黨將「台獨條款」列入黨綱後，台灣、香港、海外的民間反台獨人士以立刻有所行動。有關人士奔波於台灣、香港、海外之間，交流意見，籌組〈中國人反獨護國大同盟〉。該盟籌備會已於十月三十一日草擬好了盟章，盟章分為五個部分，第一部分是總綱，總綱謂「本盟以採取積極有效的方法，阻遏或糾正『台灣獨立』之類言行，以維護中華民族文化、保護中國國土不分裂為宗旨」。為實現上述宗旨，該盟訂出如下任務：

團結海內外一切反台獨力量共同奮鬥。

支持政府知一切反台獨政策法令。

提供諮詢及督促兩岸當局採取有效的反台獨方法。

收集研究反台獨有關資料理論。

出版宣傳反台獨知專著或刊物。

培養反台獨之人才，並支持其參政。

指導、策畫或採取必要的反台獨行動。

堅決反對其他一切有礙中華文化發展及分裂國土之行為。

該盟定性為政治性團體，其存在與期間，根據「台獨」之消長等客觀情勢需要而定。

第二章為有關盟員之規定，謂年滿十八歲以上，凡反對「台灣獨立」之中國人，均有加入該盟之資格。

第三章是組織，從章程看，其組織完善而龐大。第四章為財務，第五章為附則。

◎應從三方面著手

反台獨似應從三方面著手方為有效，一是治本要靠教育，二是輿論攻勢可治標，三是靠執政者的政策。這個〈中國人反獨護國大同盟〉既可造聲勢，也能對執政者起促進作用，在某種情形下它所起的作用，往往是官方起不到的。

在前階段，一提台獨便說中共會攻台，這對杜絕台獨效用不是太大，攻台的目的是為了毀滅台獨，但這不是最好的方法。攻一次台灣可從統治權方面將台獨粉碎，但難保若干年後又萌發「台獨」思想及行動。況發動一場戰爭，不是台獨的損失，他們尚未有所得的情況下，故無損失可言，受損的是國家，是民族，是中國人。現代戰爭涉及的外因很多，萬一為外國勢力所乘，乘機對中國下手，或動作多多，都不是中國人的好事。

為此，著意於以和平的力量與方法，靠中國人的智慧，作出長久的努力，遏止台獨是不難的。

反台獨過程是一次最好的愛國主義及民族教育，台獨引致的禍患不單是兩岸分裂問題，亦有可能觸發大陸如西藏的分裂。為防止出現蘇聯那種狀態，故中國人不應掉以輕心，而應就從現在做起，為永久消除分裂而作永久性的努力，國家行什麼制度是一回事，但大原則是必須要防止分裂。

在反台獨過程中，對兩岸統一問題應會出現新思維新智慧。中共急求統一，不是說得不透就是故意不想觸及太切身的問題。台灣一些人士急求統一，他們倒是有切身的體會，他們認為若短期內不能統一，台灣會有危機。他們的切身感受應做更深入的研究。

有一種看法認為，毛澤東的錯誤決策是改國名，若沿用〈中華民國〉，台灣自然成了地方政府，它就很難捱下去。此說說明了台灣前途不能靠一時的機遇，只有統一才是真正的前程。

筆者日前與〈反獨大同盟〉發起人勞政武先生在九龍河內街午宴時交換過意見。他認為近兩年是困難時期，兩年後會好起來。我的看法正相反，認為近期台獨成不了氣候，若十年不能統一，十年後台灣民族感情極深的老一輩紛紛退出政壇時，台獨會更為猖狂。事緣到那時，商界與政界利益更難分清，新生代理性有餘，感性不足，欠缺民族熱血，台獨會利用經濟力量坐大。不過午宴時間太短，無機會與勞先生進一步交換意見。

香港人提出控告書

李崇威等五名香港人提交的〈控告書〉列如下的三點內容：

1.林濁水是今年十月十三日提案「台獨條款」人，主張台獨最力者。而新任民進黨主席許信良，則遠在民國六十六年煽動〈中壢事件〉，製造國內紛亂，並於六十八年赴美主持美麗島周刊，發表「都市游擊手冊」，教導暴民搗亂台灣，引致今天台灣社會治安急劇惡化，如不阻遏，台灣勢必陷入流血內戰之中。

2.「台灣獨立」已違反〈中華民國憲法〉、〈國安法〉、〈人民團體組織法〉，依法已構成內亂罪，政府不能有法不依。

3.「台獨黨綱」明確說明，將推翻中華民國體制，建立台獨新政權，全球中國人均反對。

李崇威等五人還發表了〈告台灣同胞書〉，指出「捍衛國土，人人有責」，並呼籲：

一、中華民國法統應依法嚴懲「台獨分子」。

二、行政院政黨審議會應依法解散民進黨漢奸叛亂組織。

三、中華民國政府及中國國民黨，不可再姑息漢奸，刻意幫助民進黨坐大。

四、海內外十二億中國人團結起來，鏟除民族敗類，振興中華。（原載香港《經濟日報》一九九一、十一、十四）

龍旗八十（1991）年十二月號第一三〇期

為何走上「台獨」不歸路？

民進黨派系鬥爭的籌碼

黃毓民

本文作者是香港珠海書院新聞系主任、著名政論家。其作品常見海內外報章。

台灣民進黨「五全大會」十月十三日經過激烈辯論後，通過黨綱修正案，在《基本綱領》中主張：

—建立主權獨立自主的台灣共和國。

—依照台灣主權現實獨立建國，制定新憲。

—依照台灣主權現實重新界定台灣國家領域主權及對人權之範圍。

〈基本綱領〉並增列「基於國民主權原理，建立主權獨立自主的台灣共和國及制定憲法的主張，應交由台灣全體住民以公民投票方式選擇決定。」

多了「公民投票」此一但書，民進黨的「台獨」黨綱無疑比原案稍微溫和。這是黨內兩大派系妥協的產物，對保存該黨線有生存空間有正面的意義；同時亦不致對國民黨刺激過甚，使國民黨的「依法嚴辦」多了一些「彈性」。

然而民進黨向「台獨」的不歸之路硬闖，將會為台灣帶來怎麼樣的危機？以及兩岸關係如因此回復緊張狀態，其所產生的影響如何？由於變數太多實在無法評估。

◎不折不扣的「台獨黨」

民進黨已經是不折不扣的「台獨黨」。

將「台獨」列入黨綱，成為該黨的奮鬥目標。換言之如該黨一旦掌握政權，台灣的中華民國必要改國號為「台灣共和國」，正式自外於中國。如該黨的「台獨」訴求不能獲得民眾的認同，豈不是要淪為永遠的反對黨？民進黨能否執政，完全繫於台灣二千萬人民的取決。區區認為反對分裂國土，應從歷史文化傳承和分裂國土會帶來即時危機的角度出發，而不是訴諸狹隘的民族主義情緒。

民進黨應該受到指責的是，他們罔顧台灣民意，無視輿論反對，公然挑戰法律和封殺黨內不同聲音，把台灣帶入危疑震撼的境地，顯示其並不是一個負責任的政黨。

民進黨於一九八六年九月二十八日衝破「黨禁」成立，使台灣民眾對民主政治充滿期待。事實上這個最大的在野黨，在各級議會中發揮巨大的制衡力量，使長期「一黨獨大」的執政國民黨不得不改弦更張，實行一系列的政治改革。然而，民進黨的激烈政治主張和狂飆街頭運動，亦為台灣社會帶來極大的衝擊，而其執意挑起的省籍情結和統獨之爭，亦令政潮洶湧。

◎台灣人終無「出頭天」

民進黨的政治主張由「黨外」時期的〈制衡〉，創黨時的〈住民自決〉，創黨後的〈主權獨立〉，進而主將「台獨」列入黨綱，一次比一次的激進。民進黨擁有百分之三十的選票，具有與國民黨抗爭的力量，甚至有機會執政的最大反對黨，為何走向「台獨」的道路呢？

第一、偏狹的省籍意識：民進黨並不視執政的國民黨為管治台灣的合法政權，他們認為這個這個由外省籍政治人士主導的「外來政權」，一直壓迫台灣人民；光是將這個政權推翻，維持「中華民國」這個國號，台灣人始終不能「出頭天」。民進黨完全否定國民黨外省籍領導人物，視郝柏村、梁肅戎等人為除之而後快的頭號敵人，對台省籍國民黨人則扣以「台奸」帽子。對內排擠外省籍同志，費希平、林正杰二位對民進黨貢獻良多的「外省人」，毫無立足餘地，先後退黨。現時民進黨的領導層，清一色台省人。

假如「台獨」真的成功，台灣三百多萬外省籍民眾，豈不成為倍受排擠的族群？這些「少數民族」一旦反彈，向壓迫他們的「台灣人政權」抗爭，台灣可以太平無事嗎？

第二、派系鬥爭的籌碼：眾所周知，民進黨兩大派系《美麗島》系與《新潮流》系，一直存在路線的鬥爭。前者主張「自決」和通過議會搞抗爭，後者堅持「台獨」，伴以街頭抗爭。但是，隨著《新潮流》系於八九年底參加選舉進入體制之後，《美麗島》系開始感受到威脅，乃不得不將頭浸下去，以「台獨」作為策略和手段，免致《新潮流》系的「道德」形象過於突顯，不利黨內權力制衡。

寫到這裡，區區不禁想起一件事，去年〈民進黨〉秘書長張俊宏訪港，區區與他餐敘的時候，提出一個該黨的派系鬥爭問題，並對新潮流系的激進表示擔心。張俊宏當時是這樣形容新潮流系的：「他們就好像春情勃發的少男，未嘗性愛味道，每天關起門自瀆；我們鼓勵他們參加選舉，進入體制，就是讓他們有『發洩』的地方。所以，對於他們的激進，不必擔憂。」（大意如此）區區今天才把張俊宏的話寫出來，不是有意讓這位溫文儒雅的人難堪，而是想指出，《美麗島》系對《新潮流》系是「春情勃發少男」估計錯誤，因為他們已變成「旦旦而伐」的壯漢了。至於張俊宏，區區看法是他能否保住秘書長此一職位都成問題。美麗島系「輸人不輸陣」（台語），既然「台獨」已成為內部派系整合的有力號召，這張牌怎能不打？

另一方面，民進黨的「台獨」意識形態已經成為一項道德標籤，使得這個政黨的「法西斯」屬性愈加明顯。民進黨內部已經沒有不贊成「台獨」的自由。「台獨」變成「絕對的真理」，不容稍有質疑。這與中共把不贊成革命的人打成「反革命」，根本沒有什麼分別。試問這樣的一個「革命黨」，又如何會有黨內民主，又有什麼資格批評「革命民主」的國民黨？

美麗島系基於保持權力的考量，對新潮流系耽溺於虛幻的意識形態教條和激烈的抗爭縱有不滿，也無法不與其虛以委蛇。

◎讓〈中華民國〉名實俱亡

第三、以「台獨」對抗「統一」：今年八月底，民進黨主導的「人民制憲會議」提出「台獨共和國」憲草與國號，並經該黨中常會通過，顛覆中華民國的態度昭然若揭，使統獨之爭升至高峰。

國民黨「獨台」使中華民國名存實亡，民進黨「台獨」則準備讓中華民國名實俱亡。二者都是自外於中國，於是統一也成為一種夢幻。

然而，統一雖然路遙，台灣前途與中國前途一樣緊密相連。中共的態度對台灣前途具有舉足輕重的影響力，其不放棄武力犯台的企圖固然會使台灣充滿危機感。但中共不必出動軍隊，也可讓台灣風雨飄搖。如在台灣海峽製造一些緊張，或者來個「千帆並舉」，甚至坐視海上走私、偷渡，台灣便吃不消了。統獨的纏鬥不休，已讓民眾討厭，台灣大部分人傾向於維持目前「不統也不獨」的局面，只要國民黨不在虛幻的統一上造文章，把台灣推向獨立的民進黨可說只能淪為只有口號，又不改其激烈抗爭的「永遠反對黨」。

◎主張「人民和平革命」

這次民進黨選舉，《美麗島》系的許信良，在黨主席選舉中取得一百八十票，擊敗《新潮流》系支持的施明德（一百六十三票）。但是，在中執委及中常委的選舉中，新潮流系卻取得多數。這樣的結果，顯示今後民進黨的派系鬥爭依然不可免。比起上一屆選舉，新潮流系顯然已經跨了一大步，尤其是在十一席中常委中佔了七席，成為決策核心的主導力量，可謂大勝。

許信良當選主席後，表示將積極推動「台灣共和國」主張，以民主方式爭取民眾支持，在獲得多數支持後，再把民進黨的主張變成國家政策。不過，許信良的理想恐怕不容易實現，就以他屬意張俊雄留任秘書長遭到《新潮流》系的揚言杯葛，便可見端倪。

此外，許信良強調以民主方式爭取民眾的支持，達成「建國」目標，在這新潮流系而言，恐怕興趣缺缺。

◎將民進黨變成「先鋒黨」

新潮流系在「五全大會」散發《到獨立之路》小冊子，以階級分析方式，主張「台獨運動應該是一個階級動員與鬥爭的運動」，其戰略是陣地戰與運動戰，與國民黨正面交鋒，並以「人民和平革命」的形式與國民黨最後攤牌。所謂「人民和平革命」是：「讓社會生產停頓『例如大罷工、罷課或罷市』」，「或是政府權威中心被攻佔『如包圍總統府』。另外一個形式就是（政府）鎮壓後，人民無政府式蜂起，造成統治者全面癱瘓。」

這是典型共產黨式革命，（新潮流系的領導人邱義仁在芝加哥大學的碩士論文是《共產黨研究》，回台後主張游擊戰，將民進黨變成「先鋒黨」）而且沒有任何妥協的空間。

《新潮流》系已成為民進黨的主流力量，其「台獨」革命未必成功，但許信良式的「民主建國」相信也會落空。這樣的一個政黨能為台灣民主帶來任何前途嗎？

對於民進黨，海內外中國人在嚴厲指責其主張分裂國土之乖謬的時候，是否也應該客觀檢視這個政黨的未來走向對台灣以至中國前途的影響呢？

龍旗八十（1991）年十二月號第一三〇期

悼念蔡策先生

勞政武

蔡策先生字翼中，江西贛縣人。民國六年三月十八日生，今年十一月二十一日病逝於台北榮民總醫院，享年七十有五。遺妻林朱玉女士，子運祥在江西從事文化工作，女運濟在美。

早在蔣經國先生主政贛南時代，從〈中央幹部學校〉新聞系畢業的蔡先生，已追隨蔣先生擔任《正氣日報》記者。來台後，先後任職於《中央日報》及《徵信新聞報》（中國時報前身），其文章以平實敢言稱著，為報界後輩所敬重。

《史記・伯夷列傳》云：

> 伯夷、叔齊雖賢，得夫子而名益彰。顏淵雖篤學，附驥尾而行益顯。巖穴之士，趣舍有時，類名堙滅而不稱，悲夫！閭巷之人，欲砥行立名者，非附青雲之士，惡能施乎後世哉？

蔡先生自始即非閭巷之人，年輕時代也有接近青雲的機緣，但似非其砥行立名之地。約六十歲以後，經商失敗，卻有大轉機；緣於師事禪宗泰斗南懷瑾先生。十年之間，南先生的《論語別裁》、《孟子旁通》、《老子他說》三大巨構，大抵都是由南大師口述，經蔡先生苦心紀錄整理而成的。其中尤以《論語別裁》，不但風行海內外，也是台海兩岸許多力求精進的政要必讀之書。去年四、五月間，林洋港先生即在報上公開說因此書獲益不淺。是蔡先生輔助南大師，終能有施予後世。其預立遺囑，不發訃文、不驚動親友，可見有道之士逝必心安。

余十多年前在南老師處得識蔡先生，素仰其謙雅君子之風。近年他以「翼中」、「庾嶺梅」等筆名賜大作於龍旗；褒貶時政，立論恆持之有故而中肯公正。今年八月間，余曾到蔡府拜候，相談甚歡；他並應允繼續為本刊撰稿，不意遽爾大去。震悼之餘，特撰此文以紀賢者。

龍旗八十（1991）年十二月號第一三〇期

根

車輪

根是一切事物的本源，有根株於下，而枝葉榮於上。人生無根者，飄轉如斷梗。草木的榮枯，事業的成敗，端視其根立與否。老子：「玄牝之門，是謂天地根。」宋朝畫家思肖，畫蘭，連根帶葉，均飄於空中，人問其故？他說：「國土淪亡，根著何處？」

最壯麗的詩篇，得自靈魂深處；欣欣向榮的繁枝綠葉，發自深根固柢。根的滋味在心上，也在大自然中。明洪自誠著《菜根譚》一書，譚以菜根名，係自堅苦歷練栽培灌溉中，

知菜根有真味也。他說：

> 富貴名譽，自道德中來者，如林中花，自是舒徐繁衍。自功業中來者，如盆檻中花，便有遷徙廢興。若以權力得者，如瓶缽中花，其根不植，其萎可立而待矣。

可是老樹春深更著花，一顆幾百年甚至上千年的老樹，仍能新葉叢生，卓然置基於地者，則賴老根老幹之深根蒂結。紮深的根，為生命提供保障，在狂風暴雨中帶來安定，我們就會擁有力量和信心。

植物之根是吸收養分之處，故能向下紮根，向上結果。人之根亦須隨時吸收養分，作自我充實，自我提升。萬丈高樓自根起，水之涓滴、沙之細粒，造成汪洋及大地，人們不可忽略自己的根。佛家教人要六根（耳、目、舌、鼻、身、意）清淨，即在滌六根所生之嗜慾與情慾，導入人生正途。否則，六根不淨，是將沉迷於聲色犬馬、不克自拔。孔孟之教，以人統攝諸德，「孝弟也者，其為人之本歟。」於是由親親而仁民、而愛物，從小康到大同，便是中國人文之根，亦即中華文化之根。

大學之道，在「明」明德，教人要明其根，勿暗其根。中華文化之根，深植中國人的心中是根深蒂固，永遠屹立不拔的。日本統治台灣五十一年，儘管積極推其「皇民化」運動，但絲毫沒有改變我們的民族性，就是這個道理。

今天有我們自己的同胞，明明都是炎黃子孫，竟然妄想否定祖先、拔除中華文化之根，不做中國人，另外成立一個台灣國，真是癡人說夢，必被全球中國人所唾棄。所謂「天作孽猶可違，自作孽不可活。」為什麼自尋絕路呢？

龍旗八十（1991）年十二月號第一三〇期

黎昌意在做什麼

葉知秋（港澳反獨護國大同盟主席）

因為黎昌意先生是抖出台灣在港「最高負責人」的架子，公開對新聞界講香港成立反「台獨」組織沒有必要，影響不可謂不大。究竟台北政府是抱什麼態度，這是人們想知道的。在此，不妨公開我們與台北政府之間聯繫的「機密」。

十二月十七日《天天日報》的報導說：「對於本港民間成立的一個反台獨的組織，中華旅行社總經理黎昌意認為無此需要。」

而台灣行政院僑務委員會於十二月十三日致「中國人（港澳）反台獨護國大同盟」發起人之一陳志雄先生的函件說：

受文者：陳志雄先生。

副本收受者：行政院秘書處。

一、行政院秘書處台（八〇）僑移字第六六五一六號函移來，台端本（八〇）年十一月十九日致郝院長大函敬悉。

二、台端聯合知識青年，在香港發起組織「中國人（港澳）反獨護國大同盟」，愛國情操，殊感佩慰，特函致意。

僑務委員會。

港澳盟於十一月十七日成立，並派陳志雄先生赴台參加台灣的〈中國人反獨護國大同盟〉成立大會。他在台期間，於十九日致函郝柏村院長，認為「台獨」今日之猖狂，實乃台北政府「縱容姑息」所致，並謂〈中國人（港澳）反台獨護國大同盟〉業已成立，誓與「台獨」「決戰」到底，為此，陳志雄收到了僑委會上述覆函，顯示了台北當局對港澳盟成立之支持。

不意在香港又冒出了一個以台灣在港「最高負責人」自居的黎什麼昌意先生，弄得港澳盟同仁一頭霧水。我們明知他不是「最高負責人」，但未看到誰是「最高負責人」的任命書，我們又不便直說。查了老半天，不得要領。黎先生最好是自己親自公布他是台灣那一個政府在港的「最高負責人」。若是屬於由郝柏村當院長的政府，他的「最高代表」身分卻與政府立場不一致，對「港澳盟」看法不一致。這下倒使我們為難了：我們該信黎先生代表的後面什麼「政府」呢？還是該信郝柏村院長的那個政府呢？

黎先生於八月份來港，我們在新聞中知道有這麼一個人。他一來，風風火火的很出了一陣風頭，傳聞滿天，「最高負責人」、「最高代表」、「改革家」呀什麼的，弄得滿天飛。所傳有大事有小事。

大事有要收購珠海書院，不成再購麗宮戲院，三個月「搞掂」新聞文化中心。三個月過去了，這些事好像未見蹤影，珠海書院真是被人「購下」了，但好像不是黎先生出的錢，也不是轉到他名下去。

港大師生倒還有希望。有一位港大教授問黎先生可不可以支持建個學生宿舍呀什麼的，黎先生說：只要稱之為「中山宿舍」，捐幾十萬美元，是小意思而已。若建圖書館能稱為「中山圖書館」，黎說：「幾千萬美元我都捐！」港大師生這回有福了，但似乎要等錢銀入了港大戶口才高興為佳。

關於「改革」方面的小事就更多了，從台灣在港系統的「改革」，連誰遲到他都管到了。誰到文化協會遲到，挨了他一頓罵，這些「改革」新聞在右派圈天天都有。由八月他來港至今，他的使人「看得見摸得著」的「改革成就」，只有一項：就是改組《自由中國評論》，「請走」了兩位本地僱員，分文不補。黎先生「代表」的後面那個「政府」，好像不是有七百億美元外匯存底的政府。

十九日的新聞報導說，珠海書院學生「往見中華旅行社總經理黎昌意，黎昌意相信珠海書院是會繼續辦下去（的），只要珠海書院辦下去，台灣政府是會給予資助（的）。」

此句的意思是：只要你活下去，我就資助你！而不是「我讓你活下去」。珠海是教育部的事，黎幹旅遊生意，管不了教育。報導倒是有意無意指出了這一點，謂黎昌意「見過」教育部長毛高文，談珠海事件，「毛高文表示十分關心珠海的發展。」黎「代表」是「見過」毛部長，毛部長則「十分關心」，之後沒下文了，可見「最高負責人」仍負不了責。

十一月十六日的《中央日報》以「是的，我能！」頌黎先生一曲，謂黎「把《YES I CAN!》的精神帶去了，中華旅行社頓時煥然一新，看在港人眼中，窩心又痛快，真正不同凡響。」有人在複印件題詞曰：「黎先生的座右銘應改為：NO I CANT!」

對於黎先生的「美式政治」，不少人佩服得五體投地。在「雙十國慶」酒會上，他一句英文一句國語，搶主持人梁永燊的麥克風，國民黨在港「最高負責人」站在檯下角落，梁亦退下，黎在台上表演，一忽兒又請人唱了首歌，見檯下有「靚女」，黎先生以百米短跑速度撲下來與美女握手。在聯歡會時，將蛋糕糊在已七十歲的「最高負責人」臉上。他在浸會參加〈國慶聯歡晚會〉，只到會六分鐘就走了。他出席演講都是講完就走。中共在港「最高負責人」，恐怕不會看幾分鐘表演就走。他罵人遲到，但論遲到早退，倒是沒人可破他的紀錄。這「美式政治」，還真是使人眼界大開。

黎先生說「在港成立反台獨組織沒必要」，是不是也是「美式政治」呢？此點我們無從研究。我要用「中式政治」告訴黎先生的是：來港搞反「反台獨」，並不比搞旅遊生意容易。

龍旗八十一（1992）年六月號第一三一期

人生到此，天道寧論？

與葉知秋先生七十天交往經緯

勞政武

元月十八日是星期六，好不容易有一夕閑，晚餐後同家人看電視長片《國王與我》。情節正引人入勝時刻，忽接吳道明（華）先生自澳門打來的電話。他語氣淒厲地說，葉知秋在數小時前被暗殺，港澳電視已播出來了。道明兄同我相知十多年，現任國民黨駐澳負責人，他的話當然可靠；但此刻我卻不敢相信。隨後，與香港的林中堅兄通電話，遠在加拿大的陳志雄先生也來了電話，都證實此噩耗。電視當然看不下去了，情緒陷入不可名狀的紛亂中，躺在床上似睡非睡，滿腦子都是葉知秋的影像……。

◎

兩年多以前，即「六四事件」前後，台北的《中央日報》密集地登出葉知秋的評論文章，我已是忠實讀者。他的文章對我似乎有特殊的吸引力；不但有獨到的見解，而且筆鋒犀利中帶有豐富的感情。這種文風不是關在書房做研究的「大陸問題專家」所能有，應該是有過親身深刻體會而才華又頗高的人才能寫得出的；這是我當時的直覺想法。所以每有他的文章登出，我是必看的。

「六四」之後約半年，我到香港參加一項酒會，友人介紹一群新聞界的朋友，其中就有葉知秋，但只留下一個「葉知秋原來很年輕，外表不怎麼樣起眼」的印象。因我對人的記性特壞，在那種熱鬧場面，一個接一個地握手、說幾句不關痛癢的客套話，所以一般是相見直如沒見，一轉身就沒有什麼印象留下來了。對於葉知秋，初見能留下這個印象已算深刻，想是因為多讀其文而久仰其人之故。

雖說「同聲相應，同氣相求」，能不能「應」得上、「求」得到，還靠一個緣字。緣到了，就有了知遇，甚至共事。緣盡了，就會離散，甚至死別。人世間的悲歡離合既是如此的不能捉摸，如此的無可奈何，也只好這般理解了。想不到才在兩個多月前一頓飯上的一番話，葉知秋和我一拍即合，共了一番大事。彼此方期大展抱負，他遽然月落星沉了。我的心境，豈是「悲痛」二字所能盡的？

去年下半年，「台獨」的聲浪日漸昇高。八月間推出所謂「台獨憲草」，一個又一個海外台獨分子偷渡闖關進入台灣，一次又一次的「現身」群眾運動，把疑危情緒籠罩在許多人心頭。十月十三日，民進黨通過「台獨條款」列在黨綱之中，民眾反台獨的情緒也升到頂點。就在這個社會氛圍下，台北的一群朋友決定採取緊急的海內外組織行動，希望盡民間的一份力量，對「台獨」的抑制有所幫助。

十一月五日，我與前《香港時報》總編輯許承宗兄專程赴港，目的是聯繫港澳各界人士，了解他們對「台獨」的看法，如發現熱心者則相機結合共同採取組織行動。在港三天兩夜，雖是勞累得生了病，卻是成績輝煌。

第一天就遇到了李崇威、陳志雄二人。原來他們正想到台灣去控告台獨分子，這就是不約而同的機緣巧合了。於是，李成了後來的《中國人（港澳）反台獨護國大同盟》副主席，陳則成了該盟的中堅分子。

第三天中午，經由林中堅與吳道明二位先生的介紹，我們在尖沙嘴一家潮

勞政武先生台鑒：

香江一聚，得聆教益，銘感於心。先生所言，我亦有所自省，曾於兩年前開始思考中國何去何從這大課題。近來決意組織一個機構，與大陸、台灣、香港三方人士共同研究何去何從及一國兩制這個題目。尤其是體制內的參與，光書生不成。如此方能促使自己上一層樓。我識人不少，唯客氣者多，洋場習氣濃了一些，鮮見閣下如此長輩風範之人，是以算是我苦鬥多年一大收穫。

我的一大缺失是不便進大陸，隔絕難成大事，所以近來只好致力成立我的讀者會、政治顧問公司等以穩固自己。不意在此刻幸遇前輩，若能有機會以大同盟名義隨前輩赴京一趟，將是我一大突破。

即頌

鈞安

晚 葉知秋 敬上

一九九一年十一月十五日

州餐館請到了葉知秋吃飯。我對他說了一番相當長的話。末了，他也略略地說了自己的身世和苦難。難怪他有如此愁苦的面容！而我也看到了他那愁苦外層卻包裹著過人的智慧與才情。這就是我首次真正認識的葉知秋。

◎

葉知秋顯然有顆熾熱的心，只是因他的態度沉穩而一時不易被人察覺，但不久他會以行動表現出來。我和他一頓飯的談話，事實上已激起他的熱情與鬥志，只是當時我並不知道。八天之後，他寫了一封信，請陳志雄帶來給我。我比他長四歲而已，他在信中卻以晚輩自居，足見他為人謙恭。他竟把同我認識視作「苦鬥多年一大收穫」。人貴相知，他的推崇雖使我愧不敢當，但也等於給我最大的鼓舞。於是，在十一月十七日《中國人反獨護國大同盟》成立於台北前後那幾天，許多莫名其妙流言蜚語形成巨大壓力朝我湧來，我卻不為所動，鎮定如常一心致力於既定目標。這種連自己也驚訝的「功力」，想與葉知秋這封信的鼓勵，應不無相當的關係。

政武吾兄：

二至六頁因換**FAX**紙，需再傳一次。

此文題目似有滅自己志氣之嫌。我一月底或二月初赴台專程與你見一次面，談未來計劃。我有更高級設想。「連線」功業之建立，不在我們已做的常規性的事情，而在另外的方面，我會詳細設計與你共同研討。今年我們大有作為。青年研習營那些事我會交李崇威他們去做，我們有更大規模的事要做。

即頌

撰安！

弟 知秋 上

一九九二年一月十四日

十一月下旬，香港頻頻傳來令人振奮的消息：「葉知秋表示願意做港澳反獨同盟的首席發起人」、「葉知秋連續在報紙專欄號召市民參加反獨同盟行動」、「葉知秋決定在十二月中旬台灣選戰正熾期間召開聲討台獨禍國殃民群眾大會」……相互呼應、相互激盪，對民間運動的作用非常重要；於是台北總盟也相應地竭盡所能，做了有益於選舉的許多活動。

◎

十二月十四日下午三時，在香港九龍〈珠海書院〉大禮堂舉行〈港澳各界聲討台獨禍國殃民罪行大會〉。出席一千多人，大會程序安排得簡明有力，熱烈嚴肅的氣氛直貫一小時半的全程（大會情況可參酌本刊上期）。

在香港這種高度商業化的地方，舉行這類大會是很難的。會前，不免有許多人「潑冷水」的。就是內部的同志，也有缺乏信心的。在大會的前一天，台北總盟監常委陶滌亞將軍和我應邀到了香港。見到了葉知秋滿懷信心的態度，看到了李崇威、林中堅、陳志雄、丘世安、梁炎華及譚海濤等十多位工作人員那種日夜拼命工作的情況，我和陶將軍就知道這個大會不但會成功；而且，只要有時勢，這個團體可以做出驚天動地的事情來。蓋中國人的最大毛病就是不易團結；若能團結就不得了。放眼海內外無數社團，之所以做不出什麼事來，多因內部糾紛層出不窮之故。這個新生的〈港澳盟〉竟是如此精誠團結，做起事來當然無往而不利。促成內部團結的因素很多，但最後歸結於領導。葉知秋顯然是個卓越的領導人。

這次大會自是造成了更有利的客觀環境。最重要的是，新聞界對葉知秋這班人由此刮目相看；了解到他不只是一位擅長政論的書生而已，他的實踐力實在不可小視。自然，葉知秋也有了更大的信心。大會結束的翌日，他到我住的雅蘭飯店來，當場決定了下次的更大氣魄行動——元月六日在海城酒樓夜總會大廳舉行千人大餐會，並自己掏出錢來立即向海城下了一萬港幣的訂金。

在香港要辦一次筵開百席的政治性餐會，而且餐費靠參加者自付，這是談何容易的事！結果在葉知秋領導下，破除種種困難，又超出預期地成功了。這次餐會，台北方面由前駐美大使夏功權伉儷、〈反獨同盟〉資訊部主任朱怡及我四人前往參加，看到如此盛大場面，人人為之動容。

在會前的記者會上和會中的主席致詞中，葉知秋宣布了他的理念——「反獨」到「護國」的基礎理論和行動方針。他認為，「反獨」只是手段，「護國」才是目的。透過「反獨」的手段，才能形成具體的力量；不斷以種種方式擴大這個力量；才能阻止今天蘇聯崩潰後四分五裂的狀況在明天的中國出現，才能以民間姿態促使海峽兩岸向民主和平統一的目標轉化而避免戰爭與動亂的民族浩劫出現。連續兩次群眾性活動的成功，人們都相信這不是「書生空議論」而已。

◎

翌日中午，葉知秋他們和我進一步討論了下一波行動的細節，包括春節後挑選一部分青年開講習會，三、四月間舉行一次國際水準的研討會等等。大家雖然勞累不堪，但談到未來計畫無不興致勃勃。

八日下午三時，我在靜觀兄陪同下，到了啟德機場，準備搭五時的飛機回台灣。因顧慮到葉知秋他們還有許多會後雜務正在收拾，所以行前沒有通知它們。我正在機場餐廳喝咖啡候機時，葉知秋忽然上氣不接下氣地出現了。他見到我好高興，嘴裡溫和地埋怨著：「我到處找，找了一個多小時呢。」我幫他叫了咖啡，又談起未來計畫的細節。大約經過一個鐘頭，我要上飛機了，他堅持要送我到出關禁區的門邊。我回頭向他說再見。他一手扛著「大哥大」機，一手在搖晃著，臉上流露出無限依依的容色。我心靈為之一震，轉頭就進了禁區。當時怎能知道，這就是永別了呢！

◎

元月十二日，我照原約寫了一篇文章傳給葉知秋，由他轉頭一家香港雜誌刊登。為了迎合該雜誌的言論路線，故題為「港澳盟前景難測」以示客觀。不知怎的，他遲至十四日才收到該文，傳了一封信給我。信中除了表示不同意這種「滅自己志氣」的題目之外，並決定月底或二月初來台，專程同我商討「更高級的設想」。我好高興，立即回他一傳真，文章題目及內容請他全權改動，盼他早日來台。不料四天後，他就遇害了。這封傳真信成了葉知秋的最後音訊。那個「更高級設想」到底是什麼?他永遠不能告訴我了。

我和葉知秋僅僅交往了二個月又十天，七十天之內親眼看他就能幹出這般大事來。如果他有三、五年時間，其成就將如何？如此英才，是否必遭天妒？他的本名竟叫陳江南，而又以一個悲涼的「葉知秋」筆名行世，叫人不由想起那個「江南案」來。是不是上天註定他有此悲痛的下場？他的被害，對他那位受盡苦楚的母親，對團體、對國家，都是無可補償的損失。真是「人生到此，天到寧論」！

榖子撒在地上，榖子死了，卻變成一片青翠的秧苗。也許只有作如是觀，他就雖死猶生。

龍旗八十一（1992）年二月號第一三三期

「反獨護國運動」的嚴肅意義

蘇聯的潰滅．中國的教訓

林中堅

難忘的一九九一已經過去，在面對九二新年來臨時，人們自然有許多送舊迎新的例行儀式；傳媒論者也會從不同的視角，發表一通回顧過去展望將來的看法。在這種慣性心態下面對年序更新的時刻，筆者選擇了反「台獨」與國運的話題。

過去的一年，從全世界的宏觀角度看，可說是「蘇聯巨變年」：

是年三月，蘇聯全民複決同意戈巴契夫提出的締結聯邦條約。

六月，葉爾欽當選俄羅斯總統。

七月，戈氏拋棄馬列主義的新黨綱獲通過。

八月，發生倒戈軍事政變及迅速潰敗，蘇共全面瓦解，各共和國紛紛宣布獨立。

九月，國會通過成立臨時政府走向主權國聯邦。

十一月，十二個共和國同意組成新經濟聯盟。

十一月，葉爾欽宣布俄羅斯掌控蘇聯金融及石油、黃金、鑽石和外匯交易。

十二月，十一個獨立國家組成聯邦，戈巴契夫宣布辭職，〈蘇聯〉從此成為歷史名詞。

回顧九一年的蘇聯變局，幾乎每一個月都有令世界震驚的事件發生，其變化之巨之速，令人目不暇給、目瞪口呆。蘇聯的分裂解體，不僅是九一年全球最矚目的焦點，也是本世紀最重大的事件。

在二十世紀，蘇聯的每一次重大事變，都對中國發生重大的衝擊和影響。一九一七年的〈十月革命〉，給中國送來了馬列主義；那一九九一年的〈蘇聯分裂解體〉，會給中國造成什麼震撼和影響呢？

由於蘇聯的解體，是與蘇共的崩潰緊密連在一起發生的，故從正面影響上說，必然大大助長中國人民追求自由民主的思潮，民主運動在不久的將來肯定會再度爆發。蘇聯的巨變比東歐演變更清晰地顯示出：當今的天下大勢，即共產主義已走向全面崩潰，民主主義已走向全面勝利。所剩無幾的共產政權，其和平演變已成必然趨勢，無法逆轉，更無法避免。故中共一黨專政正面臨更嚴重的危機，這種危機在今後幾年間將隨時會以突變的形式表現出來，對此中國人應做好充分的準備。

另方面，蘇聯的分裂對中國也有很大的負面影響，就是增大了中國領土分裂的危險性。台灣的〈民進黨〉藉蘇聯解體乘機提出「台獨黨綱」，就是明顯的例證，此外西藏、新疆、內蒙等小數民族地區的獨立思潮和運動亦相應膨脹起來。伴隨著中共一黨專政的衰竭過程，即可能因某一突變事件而導致各省紛紛宣布獨立，中國再度陷入四分五裂及內戰烽煙的深淵之中。

既要促進中國走向自由民主的和平演變，又要防止國土的四分五裂，是擺在當代中國人面前一個極艱難的課題。要解決這個難題，需要中國人有超越黨派的理性認識和更成熟的政治智慧。維護中國的領土完整，是中華民族的最高利益，故一切有良知的中國人，不管其政治立場如何，都應高舉愛國主義和民族主義的旗幟，反對任何分裂國土的「獨立運動」。

中國人當前的首要任務，就是反對「台灣獨立」。因為民進黨在其五全大會上，已通過將「建立主權獨立自主的台灣共和國」列入黨綱。〈黨綱〉是一個政黨的政治行動目標與指引，已脫出了言論自由的範圍。故台獨已成為當前中國分裂的最大的現實危險。

面對此種再不是潛在性而是現實性的分裂危險情勢，每位中華民族子孫都有義不容辭的責任。防止分裂，維護國土完整，不僅是政府的責任，所有海內外中國人都有不能推卸的義務。

欣聞〈中國人反獨護國大同盟〉於去年十一月十七日台北、香港同時成立，接著美國華僑響應成立同類民間團體，加拿大亦正在醞釀組織。他們高舉「反獨、護國、統一」的旗幟，掀起了海內外民間大聯合反台獨運動。最近台灣的國大代表選舉，台獨黨候選人大敗，與民間反獨聯盟的成立及反獨運動的勃興，是分不開的。由此可見，即使是普通的中國人，在反獨護國的大問題上，也不應妄自菲薄，只要團結一致行動，甚至可以發揮比政府更大的作用。

在新的一年，海內外的炎黃子孫，應進一步聯合起來，在〈和平民主統一〉的目標下，增強反獨護國必勝的信心，共同吹響「反台獨、興國運」的號角。本文作者為《中國人（港澳）反台獨護國大同盟》秘書長

龍旗八十一（1992）年二月號第一三二期

國民黨內的三個「黨渣」

翟大夫

國民黨九十多年歷史，充滿波折。為什麼呢？它的主義理想沒有問題，它的三代領袖——孫中山、蔣中正及蔣經國也沒有問題，有問題的是國民黨不管哪個時期，都混入一些黨渣，才搞得黨內一蹋糊塗。

眾所周知，今天國民黨內又混入不少「黨渣」，其中以立法院集思會的黃主文、吳梓、林鈺祥最為人痛心疾首。如果說台獨分子可惡，這三個人其實比台獨分子更可惡。如果說有「獨台」分子，他們就是如假包換的「獨台分子」。

過去二年來，那三個人結成幫派，一味放言怪論，有過不少令黨內人人痛心疾首的言行，也不必去細說了。上月間，吳梓居然在一項會議上說「外省人光著屁股來台灣」如何如何，引起朝野有識之士的一致憤怒。

這三個人慣用兩種手法，一是省籍挑撥，二是利用李登輝總統。

關於省籍挑撥方面，他們不但用心惡毒，而且明目張膽。接近他們的人都了解在他們心目中，外省人都是應該「靠邊站」的。企圖將〈中國國民黨〉變成「台灣國民黨」，就是他們的毒計。他們想用此計來霸佔篡奪孫中山創下的龐大政治資產。這種野心，千萬別小看了。

關於利用李總統方面，林鈺祥曾揚言「打擊集思會，就是打擊李登輝主席」，他們就是以「李主席的鐵衛隊」為名，處處肆無忌憚。其行為之荒謬，也就可想而知。其實他們這種作法，只有害了李主席，更害了黨內的團結。

「攘外必先安內」，國民黨要強盛起來，必須清除這三個人一類的黨渣。全體國民黨員應行動起來！對黨渣口誅筆伐之餘，在今年年底徹底抵制這三個人，使他們不能當選立委，才是最正確的選擇。

龍旗八十一（1992）年二月號第一三二期

請李總統表態，以釋群疑！

我們對「公民直選總統案」的嚴正聲明

中國國民黨〈修憲策劃小組〉在李元簇副總統領導下，花了七個月的時間，先後舉行了一百六十五次各種會議，凝聚了四千五百多人次的才智之士的意見，對於總統選舉方式一直以「委任直選」為目標方向；黨的各級文宣部門也是一直以此目標為訴求，對內教育同志、對外宣導民眾。並因此而獲得了去年年底國大代表選戰挫敗台獨的輝煌成績。卻不料，在定案前一週，有權者竟以秘詭手法，強力運作，意圖廢棄「委任直選」而改採台獨民進黨一貫主張的「公民直選」。此一舉動，已引起舉世一致的譁然，加深省籍情結，導致政局動盪，危及國本。本盟既以「反獨護國」為職志，在此國民黨十三屆中全會召開的前夕，不得不發表嚴正聲明，以告全體國民黨黨員以及海內外同胞。

一，中國國民黨是一個具有百年光輝歷史的政黨，做任何事必須要堂堂正正，不可事前偷偷摸摸、事後巧言圓謊。對於「公民直選案」之提出，而今天下已皆知那是出自李登輝個人的強烈意志。但李氏不但一直佯裝「超然、沒有預設立場」，而且當梁肅戎追問此案來源時，連主其事的李元簇副總統、宋楚瑜秘書長都支吾其辭說「不知道」。堂堂廟堂之上，竟然有這種詭異表現，已成為天下笑柄，實使黨的光榮歷史蒙羞。試問，如自信該案係符合「民意」，為何不敢光明正大提出來？如當權者提出該案確係「絕無私心」，為何尚須盡找一些懾於威勢的既得利益者、小政客之流強為「護盤」？明人不必做暗事，心地磊落者絕不會支吾其辭。十二億中國人眼睛雪亮，騙術只能騙少數人於一時。

二，此時此地，「公民直選總統」之絕不可行，連日來已被陶百川，胡佛等數以百計的立場超然的知識界人士從各種角度所論定，無待我們多費筆墨。惟在此應強調者，政黨是主義思想的結合體，不是利益或感情的集團，如果主義思想瓦解，即黨的崩潰。中國國民黨黨章第一條明定「以實現三民主義五權憲法為宗旨」，如果貿然採行「公民直選」，其隨之而來的後果勢必就是拋棄三民主義五權憲法。這種後果，豈是圓謊空言所能阻止？豈是任何一位有良知的黨員所能容忍？因此，此案不只是修憲問題而已，根本就是危及到國民黨本身生死存亡的大事，凡黨內同志切莫等閒視之。

三，尤其嚴重的，國民黨中央幾個有權者的怪異做法，已挑起「省籍情結」的升高；正如三月十一日《聯合報》所載林洋港院長所言「我較擔心的是省籍情結」，其危險性不言可喻。依照李總統交辦的這種「憲改」方式，今後的總統選舉既排斥海外僑胞及象徵性的全國不分區代表投票，任何非台灣籍人士又根本沒有參選的可能，而總統的職權卻變得無限大，那麼若總統一職落在一個台獨心態強烈的人士身上，數百萬外省籍同胞將被「掃地出門」是完全可能的。事實上，日來街談巷議中，絕大多數的外省籍同胞都有了嚴重的危機感。事到如今，我們已不能不攤開來說個明白，在此的外省籍同胞普遍認為：李總統之所以這般不惜一切來推動「公民直選」，絕不是「即興之作」，更不是受什麼幕僚人員「誤導」所致，而是處心積慮的設計中的一個最重要的關鍵環節。如果此一「環節」安然通過，下一步就是挾「民選總統」的威力掃除以郝柏村院長為首的外省籍政要；接著，等到李元簇、宋楚瑜，蔣彥士等利用價值完了之後，自屬在一一「掃除」之列，這樣即可建成一個徹底的「台灣共和國」……。這種種傳言固然未盡可信，但從黨中央的詭異手法以至「集思會」吳梓之流及一群小政客的「適時推波助瀾」的趨勢，這種傳言總是「合理的可疑」。如果這種疑慮不立予消除，其危險後果應由誰負責？

綜上所述，無論對國家、對黨、對當權者個人而論，推動「公民直選」都是非常不利的事。但為什麼以李登輝為首的幾個大員仍冒天下之大不韙，依然執意以種種秘詭手法去大力推動此案？以他們幾個人的聰明，應當不是見不及此，唯一可作合理解釋者，就是「權令智昏」了。且看三月九日中常會上，高雄市長吳敦義被李總統點名表態時，已透露了訊息，吳氏不但要求「盡速辦理公民直選」，而且當場表示擁戴李氏出馬參選。按過去李總統雖曾經輕描淡寫地表示過「不爭取連任」的態度。故李總統強烈令僚屬推動此事，為的正是他自己，這也是合理的推論。

因此，在這爭端嚴重的關頭，為了平息群疑，穩定政局，維護國家安全，我們誠懇請求李總統，應在三中全會首先明確表示無論將來選舉總統採何種方式，他自己絕對不參選。唯有這樣表態，才能使海內外中國人相信他的確「無私心」而忠誠接受他的領導，才能使全體中央委員、國大代表能夠恢復冷靜，以理性態度來討論各種憲改方案，以造福子孫。

中國人反獨護國大同盟

中華民國八十一年三月十三日發

龍旗八十一（1992）年四月號第一三四期

李登輝能當「台灣的華盛頓」嗎？

岳騫

——李亨、李煜、李登輝

一九四九年中共建政時，因毛澤東誤信小人周禿子之言，吃了幾十年的悶虧。

如今，台灣的李登輝因聽信「五人小組」之言，驟發作台灣華盛頓之夢。

別說李登輝的美夢難圓，就連台灣民眾的福祉恐怕也將毀在他的手裡。

未入本文之前，先說一段故事。一九四九年中共政權成立前，毛澤東為了表示虛懷若谷、博採眾議，把一批從清末到北洋政府的老官僚、黨棍全部請到北平，殷殷垂詢，請求指教。當時中共建立政權只打算改換國旗，從未有改國號的打算。一九四九年九月，中共的〈中國人民銀行〉所印鈔票尚印就「中華民國三十八年」（見附圖），所以中共政權當時改國旗不改國號，已成定案，人人皆知。當毛澤東詢問這批「老而不」的時候，也都主張更換國旗，無人議及國號。其中只有一個人對此微笑不言。

◎周禿子害慘了毛澤東

這個人名叫周善培，字孝懷，浙江寧波人。因為幼年時生過禿瘡，頭上有幾處無髮，人人皆稱「周禿子」，是一個陰謀家。

他發達甚早，清末在四川成都當過「鹽法道」之職，類似今日省高等法院院長兼鹽務局長，是當時四川總督趙爾豐的親信。清朝之亡由於武昌起義，武昌起義之發生是導源於川漢鐵路風潮。此風潮所以一發不可收拾，周禿子要負最大責任。民國成立後，周禿子自然失了官位，就到北京活動想重登仕版。當時北洋政府大員自袁世凱起，都認識他，但是也都敬而遠之，誰也不敢用他。於是他便賦閒了二十年，只是到各處作個清客。

◎聽信小人上大當

毛澤東在懷仁堂（當時尚無人民大會堂）與一批「老而不」談國號時，人人皆同意保留中華民國國號，只改國旗，只有周禿子微笑不語。

毛澤東也知道此人是個陰謀家，一定另有高見，當時移樽就教；走過去坐在周禿子旁邊，詢問其意見。周禿子說：「蒙主席下問，不能不告，如果仍用中華民國國號，主席無論如何不能越孫中山之上。」毛澤東點點頭表示同意，周禿子拉著長腔說：「只有改了國號，才是太祖高皇帝呦！」

一句話提醒了毛澤東，〈中華人民共和國〉國號便是這麼來的。

以後為了爭聯合國席位，毛澤東很快便發覺上了當，但有苦也說不出。一九六五年李宗仁回大陸，在北京開記者招待會，法國共產黨機關報《人道報》女記者瑪嘉利特去採訪，要求單獨訪問毛澤東。當時中共與法國尚是「兄弟」，這位

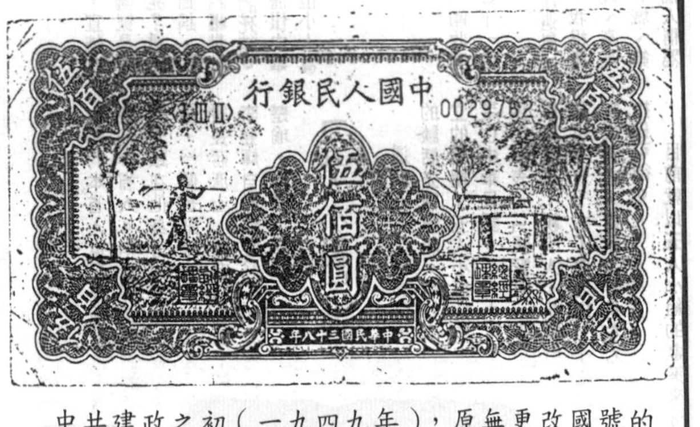

中共建政之初（一九四九年），原無更改國號的打算。這從最初發行的人民幣所印的年號「中華民國三十八年印」可以證明。（這兩張鈔票是一位教授依原版影印提供本刊的。）

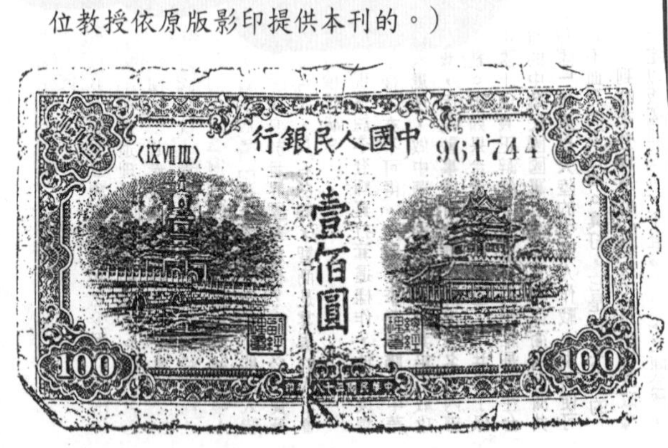

女記者又年輕漂亮，毛澤東那副德性，欣然答應，於是兩人展開一場對話。

當女記者問毛澤東有沒有犯過錯誤，毛嘆一口氣說：「我的錯誤是一九四九年十月，宣布成立〈中華人民共和國〉，而我們的國號是中華民國，我為什麼不照用中華民國呢？」

這確實是中共政權成立以來犯的最大一次錯誤，如果用中華民國，在聯合國固然不會糾纏幾十年。到今天該說，這仍然是無法解開的死結。周禿子本是清末官僚，非但無愛於中華民國，他實在痛恨〈中華民國〉，因此要取消中華民國國號。但小人為禍，無往不禍君子。

◎「五人小組」害人害民

為什麼開頭講這一段話呢？因為剛收到台北《龍旗》雜誌載有曾祥鐸先生如下一段談話：

現在不兜圈子來說，今天討論總統選舉，只是表面的形式，真正問題不在此。我根據《新新聞》報導，美國回來的田宏茂、高英茂、中興教授城仲模、政務委員黃石城、第五個是總統機要秘書蘇志誠，這五個人稱為「五人小組」，向李總統獻策。獻策內容怎樣？他們說：「你何必做中華民國的末代皇帝呢？讓中華歷史再多一位李後主是不是？這很丟臉呀！你應該做台灣的華盛頓，做台灣的開國國父多麼好！你怕什麼？人生自古誰無死啊，你也快七十歲了，怕什麼？」所以一夜之間，委任直選就變成公民直選了。

我先聲明，我是反對搞省籍對立，贊成「台獨」的本省人也只是極少數；這五個人清一色是本省人。李登輝聽他們的話決定了，連天天跟在他身旁的三個外省人通通被蒙在鼓裡，一個是副總統李元簇、一個是總統府秘書長蔣彥士，還有聽說連宋楚瑜也不知道。李登輝自己決定好了，開會之前忽然告訴宋楚瑜。宋嚇了一跳！

這個「五人小組」的獻策，與周禿子對毛澤東的談話先後輝映！周禿子的話害慘了中共建立的政權；五人小組的建議獻策則一心一意要亡中華民國。小人之可怕者在此！諸葛武侯出師表：「親賢臣，遠小人，此先漢之所以興隆也；親小人，遠賢臣，此後漢之所傾頹也。」千古不磨之理。小人之誤人家國，無代無之，當政者若是左右皆小人，其危亡指日可待。

目前就以五人小組的獻策來分析，首先要指出的，李登輝如果奮發有為，一心想到光復大陸，他不但不會做李後主，十之八九會做收復兩京的唐肅宗李亨，因為蘇聯東歐已崩潰，中共安能支持下去？

◎李登輝的下場

我曾說，李登輝才幹比起老少兩位蔣總統相差不可以道理計，但福則過之。他只要謹守後繼，一心光復大陸，終有一天會成全中華民國總統，青史論功也不在兩位蔣總統之下。但是，他偏要胡搞，要做台灣的華盛頓！台灣真的成為「獨立共和國」能不能加入聯合國，擠身於世界國家之林？也不必浪費筆墨唇舌了，只有白癡，智商是零蛋的人才會有這種想法。

現只說李登輝真打算這樣做，他最後想做李後主亦不可得，何以言之？李登輝謹守中華民國憲法，做中華民國總統，中共絕不敢攻台灣，因為戰事沒有把握，師出無名，內部必亂。但如果台灣成立「共和國」，中共為了保衛國土便義正辭嚴。更重要的一點是，在台灣的中華民國國軍也絕不會為保衛「台灣共和國」與來自大陸的中國人作戰，中共便可兵不血刃而下台灣。真打，它是打不下來的。

到時，李登輝還能做李後主嗎?中共政權一定以叛國罪起訴，李登輝的下場是陳公博、王揖唐、梁鴻志走的路子。禍福無門，唯人自招。深願耶穌能賜予其智慧，懸崖勒馬，是國族之福。

（本文原載香港《前哨》五月號，作者係香港著名政論家）

龍旗八十一（1992）年六月號第一三六期

「住民自決論」的錯誤使用

——對王曾才先生大作的補充

俞力工（歐洲特稿）

台獨運動的確如王曾才於去年十二月二十一日在中央日報〈平心論台獨〉一文所指出，曾有過多次不同的「理論基礎」。當台獨的理論家們明顯發現「民族論」不只在外省、客家人、高山族前無法得到共鳴，甚至在許多「三百年的台灣人」處也施展不開時，便又辛苦的推出了一個所謂的「住民自決論」。王先生精闢的從政治學、國際法、主、客觀等層面對台獨加以駁斥。令人感到遺憾的是，王先生誤以為「住民自決論」是「最近所建立的理論基礎」。有鑑於此，筆者願借《龍旗》一角，就「住民自決論」的來由加以介紹。

初次聽到台獨人士談「住民自決論」，是在一九七四年維也納舉行的世界同鄉會成立大會上。當時有幾個留德學生援引薩爾地區人民於一九五六年舉行投票並決定歸併〈德意志聯邦共和國〉一事為例，來證明他們的「自決論」並非出自主觀臆想。

〈薩爾區〉在近代史上，曾多次在德、法間的戰爭中易手。一九一九年〈凡爾賽條約〉規定該區交由國際聯盟托管，十五年後由當地人民進行全民投票，以決定期歸屬問題。

一九三五年一月十三日票決結果，有90.8%的人民主張歸併德國。隨後，德國國社黨政府設該地區為〈薩爾省〉。

一九四五年德國戰敗，薩爾區又落入法國之手。法國當局本打算促使該區從德國分裂出去，而後接受西歐國家的共同管理，並且在這個指導思想下炮製了一個〈薩爾地位協議〉（一九五四年）。無奈當時法國時運不濟，所屬殖民地相繼造反，使得國庫空虛、債台高築，若無美國的援助和支持便無法度過難關。另一方面，美、英又積極爭取西德參加北大西洋公約，以使其成為圍堵共產集團的前進基地。在此一背景下，法國便不得不在美國的壓力下讓步，允許薩爾區人民再次舉行投票，以明確表示他們對「薩爾地位協議」（即分裂）的態度。不難想像，德意志血統佔大多數的薩爾人民在一九五五年的投票中堅決的反對了分裂一途。次年，法國當局尊重該投票結果，與德國簽訂了〈德法協定〉，同意該地區歸併德國。

從國際法的角度來看，該次投票實際上是一個被分裂、被異族統治的民族，對是否願意繼續接受異族統治所進行的表態。因此，它仍屬國際法中民族自決範疇的問題。德國人稱它為「人民投票」（VOLKSABSTMMUNG，也可譯為「全民投票」或「民族投票」）。如把它稱為「住民自決」（SELF DETERMINATION OF INHABITANTS）則不是錯譯便是誤解。

果真「住民」也可以成為國際法上「自決」問題的一個規範，那麼，光是台灣省一地就可在各地區、各項居民的要求下，建立成千上萬個「國家」了。這種觀點顯然是極其荒謬的。而薩爾區的人民的票決也恰好證實，他們所反對的正是民族分裂（即台獨所主張「住民自決」），贊成的是同族合併和民族統一。

從政治的角度來看，薩爾區人民之所以能夠有機會投票，完全是因為法國當局事先已願接受投票的任何結果；套句王先生的話，就是「客觀條件已臻成熟」。如果當時法國當局不斷以「非和平手段……」來加以威脅的話，薩爾地區可能至今仍處分裂狀態。

學術界裡，援引一個錯誤的例子，或長期堅持一個荒謬的觀點絕非罕見。一般說來，這種事情畢竟與己無關，大可一笑置之。但如有人在現實政治上譁眾取寵，以至於把人民推向戰爭、災難邊緣，就難以讓人平心論事，而要認真追究誰是真正的吳三桂了。

（本文作者係國際政治學者，現居奧地利，為德奧報紙政治評論人）

龍旗八十一（1992）年七月號第一三七期

文化統一中國論

劉孚坤

◎文化之義

「文化」一詞，譯自西文「culture」，源自土壤耕耘之意。人類一切心智活動之創建，本自耕種始。

譯為「文化」，源於《易經》賁卦。〈彖辭〉：天文也。文明以止，人文也。觀乎天文以察時變；觀乎人文以化成天下。

中文「文化」一詞，較之西文「culture」似更符合現代學術一般用法。「文化」乃包含人類一切自古以來心智活動之創建。

◎「文化」與「禮」

中國古時「禮」字，從其廣義解，應可相當於今日之「文化」一詞。

一般人常將「文化」一詞指文學、藝術、戲曲、音樂等而言，是過狹義。

一般人又將「禮」僅指「禮貌」或「禮節」而言，亦屬過於淺狹。

朱熹解「禮」為「天理之節文」，意義便寬廣多了。

我國古代十三經中有三部有關「禮」的經，在全部經書中篇幅最多。即《周禮》、《儀禮》和《禮記》，其內容幾乎無所不包。如官制、教育、農耕、紡織、蠶桑、婚嫁、葬喪、天文、曆法、宗教、音樂、哲學、工藝、射藝，以及日常生活規範等都在內。這豈不是相當於今天的「文化」？

再從中國歷史上尋求文化精神，必須從《禮經》上去找。

所謂「富而好禮」，就個人而言，便是富足者應提高文化修養、提升人生生活境界；就社會而言，則是應由富足而提高人的教育品質，建立起高尚的文化精神與設施。不是僅僅說「富足的社會要講禮貌。」

◎文化與政治

政治本也是文化中之一部分。政治必本於文化精神。文化精神一方面有民族歷史傳統之縱深一面，此如中國傳統之天人合一、民胞物與、仁民愛物、上天有好生之德、以及父慈子孝、兄友弟恭等精神。另一方面又有由他民族所開展而行之於全人類社會的橫植一面，此如佛家慈悲喜捨、耶穌之信、望、愛，以及西方社會近代開展之民主、自由、平等。這些都不可偏執，尤不可棄置自身民族傳統文化精神，僅執著於外來移植之某一文化精神。要能將重要文化精神涵化調適於自身民族固有之文化精神中，方能發生有作用之功效。

中國近代悲劇，正是由於未能調適外來文化與固有文化的問題。而今日國家之未能統一，統一之前途多艱，也正是因將某種偏執的政治理念放在文化之上，要文化為政治理念服務的思想與態度。

必須轉過頭來，使政治為文化服務，文化必須放在政治之上。

◎文化與民族

今天談國家統一者，未有不站在民族之立場者，所謂「血濃於水」。此誠然是。

但是，〈民族主義〉必然是文化的民族主義。若不言文化，民族主義一詞便不能成立。

美國黑白問題是「種族問題」，不是「民族問題」，因其中沒有不同的文化。

孫中山〈民族主義〉中言民族之形成，有五種因素：血統、生活、語言、宗教、風俗習慣，後面四種都是文化的因素。而民族之形成，除血統外，必須還有後面四種中之一種或數種，才能成其為「民族」。

因此，若要講民族主義之統一問題，便必須先回歸到中國歷史傳統之文化精神來講。

◎文化統一中國

文化與國家統一

孟子見梁襄王。出語人曰：望之不似人君，就之而不見所畏焉。卒然問曰：「天下惡乎定」？吾對曰：「定於一」。「孰能一之」？對曰：「不嗜殺人者能一之」。「孰能與之」？對曰：「天下莫不與也」。（孟子‧梁惠王上）

這樣一段看似簡而易曉的文字，其中含有深厚的文化精神。所謂「不嗜殺人者能一之」，便是要將人人本有的「不忍人之心」擴而充之，「老吾老以及人之老，幼吾幼以及人之幼」，以至於「仁民愛物」、「民胞物與」方能達到。這便是要有長期文化精神的教養。

◎文化精神貫穿三個近程階段

兩岸經貿的開展，可能逐漸促成政治的溝通。但政治理念執著又可能阻礙經貿開展。其他學術、科技、藝文交流互惠莫不皆然。且即令經貿繼續開展，也未必能促成政治溝通，其他亦然。

唯有文化精神的提升和文化傳統的回歸可以不受政治理念的限制，並且可以使政治理念之固執得以鬆懈而不致造成心理不安的情結。

文化精神又不會受「一國兩制」、「中央或地方」之情結衝擊。因為文化精神是不分中央和地方的。

文化精神亦可以正面有助於經貿之開發，學術、藝文、科技、宗教等之交流，而非有害。

以文化之精神來達成國家統一，也不受任何條件限制，更是唯一可以貫穿〈國統綱領〉三個進程的階段。不必等到某一階段達到某一進程目標以後再進至下一進程階段。例如不必等到相互承認或不否定對方為「政治實體」，才能進到互信合作的進程。文化精神的溝通、合作、回歸、提升、開展等，自有其自身在各種具體問題上的進程，可能受政治或經濟之進程的遲與速的影響，但不受其限制。

◎文化統一中國的層次

文化包含的範圍極廣，故「以文化促進國家統一」不可浮泛空洞、雜亂無章。在選擇先後重點和安排調理順序時，應按三個相關層次進行：

一、是理論層次。這是文化思想方面專家學者的研究工作和責任，政治的政策只能配合協助。

二、是政策層次。這是要根據理論研究而訂出政策上必須做的。例如教育、興建圖書館、博物館、科技研究機構、建劇場、修寺廟、出版計畫等等，有的由政府，有的由民間做。其中有積極和消極兩面，都必須訂出政策。

三、是生活層次，由理論研究的提倡和設計，再由政策的執行配合，使文化精神貫注到人民日常生活與工作之中。其中有自覺者，亦有不自覺者。

以〈文化精神〉統一中國，並沒有時間表。時間表本身便是對文化精神的限制。文化精神重在歷史使命的擔當和努力，不受其他條件的限制。

但是只要有心於國家統一的人，不論是在朝在野，不論何黨何派，不論從事何種職業，大家都將文化精神放在心胸最高地位上，則國家統一自然水到渠成，隨時可致。而文化統一和發揚的工作，卻是永遠做不完的。（本文作者是國立中央大學哲學教授）

龍旗八十一（1992）年九月號第一三九期

中國歷史上的大富豪──石崇

賺錢難，散財也不易。不會散財的巨富，所得的將是災禍！

牛廣泰

報載：我國內現有數百億至千億以上的大富豪多家，其中有五家已名列美國《財星》雜誌富豪榜，成為世界級之大富，每家財產淨值，均在十八億美元以上。彼等聚財之能，實令人欽佩。但不知其散財之道，亦若是否？

上帝待人至為公平，讓每個人空手來到世間，最後也要空手離開這個世間。世間的一切，皆造物主所創造，不屬於任何個人。人生苦短，長壽不過百年，如只知聚財而不知散者，近者自受其害，遠則禍延子孫。此中外歷史皆以為鑑，不可不察也！

在中國歷史上，有位富可敵國，能與王室比財富之巨擘——石崇，但由於只知滿足個人之私慾，不知回饋社會、造福人群，財聚而不散，終遭抄家滅門之大禍。

有關石崇驚人的富有，在我幼年接受啟蒙教育時，即留下深刻的印象。在當時的書籍中，曾讀到一段：「石崇夢墜馬，醒來對人言，親朋齊問候，受驚不是玩。」這形容石崇超乎尋常的財富，受到親朋們特殊的尊崇。以後又在大詩人李白之〈春夜宴桃李園序〉一文中，讀到：「如詩不成，罰依金谷酒數。」金谷者，乃石崇接待宴客，飲酒享樂之別館也。其酒令罰則，居然能影響數百年後的大詩人，可見〈金谷園〉當時之豪華盛況

◎石崇簡史

石崇字季倫，西晉渤海南皮人，生於青州，故小名齊奴。父石苞，曾輔晉文帝司馬昭，拜征東大將軍；文帝崩，武帝司馬炎踐祚，遷大司馬，進封樂陵郡公。有六子，崇最幼，少聰敏，勇而有謀。苞臨終，分財與諸子，獨不及崇。其母以為言，苞曰：「此兒雖小，後自能得。」

崇以勳臣之後，年二十餘，為修武令，有能名。入為散騎郎，遷城陽太守。伐吳有功，封安陽鄉侯。在郡雖有職務，好學不倦，以疾自解。頃之，拜黃門郎，累遷散騎常侍、侍中。後出為荊州刺史，領南蠻校尉，加鷹揚將軍。因故免官，頃之，拜太僕，出為征虜將軍，假節、監徐州軍事，鎮下邳。因與徐州刺史高誕爭酒相侮，為軍司所奏，免官。復拜衛尉，與潘岳諂事權過人主之賈謐（賈后姪），謐與之親善，號稱二十四友。八王之亂，趙王倫廢賈后、誅賈謐，崇以黨免官，因財而被害。

◎財富來源

崇父臨終預言：「此兒雖小，後自能得。」苞知子之名，後果應驗。崇穎悟有才氣，而任俠無行檢，其財富之聚斂，多不以其道而得之。」

據史書所計：崇任荊州刺史時，兼領南蠻校尉，加鷹揚將軍，位居封疆大吏。掌軍政之大權，控南北之要衝。對往來雲、貴、百粵之使節商旅，明取暗劫，致富不貲。後拜太僕，出為征虜將軍，假節，監徐州諸軍事，鎮下邳。權勢所及，百官俯首，無不趨謁奉迎，送者傾都，財產豐積。由此觀之，石崇的財富，多為不義而得。

◎荒唐的「比富」

崇富而後奢，縱情享樂，室宇宏麗，後房數百，皆曳紈繡、珥金翠，絲竹盡當時之選，庖膳窮水陸之珍。並築〈金谷別館〉，園內庭台樓閣，碧山清溪，名花奇石，侍女如雲，猶如人間仙境。崇常宴客於園中，飲酒賦詩為樂，如詩不成者，罰酒三斗，此即李白所依之「金谷酒數」也。

崇常與皇親散騎常侍羊琇（景帝司馬師后弟），後將軍王愷（文帝后弟，武帝之舅父也）互比財富，競以奢侈相高。愷以飴澳釜，崇以臘代薪。愷作紫絲步障四十里，夾道設之以為障蔽，人行其間。崇作錦步障五十里以敵之。崇塗屋以椒，愷用赤石脂。崇、愷爭豪如此！

武帝每助愷，嘗以珊瑚賜之，高二尺許，枝柯扶疏，世所罕比。愷自忖此寶崇弗能相比，以此視崇。崇視之，便以

鐵如意擊之，應手而碎。愷既惋惜，又以為嫉己之寶，聲色方厲。崇曰：「不足多恨，今還卿。」乃命左右悉取其家珊瑚樹，有三、四尺者六七株，條幹絕俗，光彩耀目，愷恍然自失。

◎ 家財招致族滅

武帝駕崩，孝惠帝司馬衷即位，此人既不孝且不慧，近於癡呆。嘗聞青蛙聲，謂左右曰：「此鳴者為官乎？為私乎？」或對曰：「在官地為官，在私地為私。」又聞百姓餓死，曰：「何不食肉糜？」其不慧若此。致使賈后干政，專制天下，威服內外。以其姪賈謐，官人董猛等為親信，弒皇太后，害太子，誅太傅楊駿、太保衛瓘及汝南王亮等。滿朝鼎沸，天下咸怨，遂招致〈八王之亂〉。趙王倫首先率兵入宮，廢賈后為庶人，後即鴆殺，誅賈謐及其親黨數十人，石崇以黨免官。

崇有愛妾名綠珠，係以三斛珍珠買之於交州，美而豔，善吹笛。趙王倫親信孫秀，時為中書令，威權振朝廷。聞綠珠之美艷，使人求之。崇勃然曰：「綠珠吾所至愛，不可得也。」拒之。孫秀怒，誣其奉淮南王允舉兵為亂，乃勸趙王倫誅崇。遂遣武士收之。崇石在金谷園中，正宴於樓上。收者到門，崇謂綠珠曰：「我今為爾得罪。」綠珠泣曰：「當致死於官前。」自投於樓下而死。崇被執後尚自忖：「大難不過流徙交廣耳。」及車載詣東市刑場，崇乃嘆曰：「奴輩利吾家財。」收者答曰：「知財致害，何不早散之？」崇不能答。崇母兄妻子等，無少長皆被殺，崇時年五十二。

族滅後，有司閱崇之財產：水碓三十餘區，蒼頭（僕役）八百餘人，其他珍寶、貨賄、田宅不可勝計。

◎ 有錢人要會散財

我國大思想家老子有幾句名言：「聖人不積。既以為人，己愈有；既已與人，己愈多。」又：「天之道，損有餘而補不足。」願我國內之富豪巨擘，當以石崇為鑑，能遵天道；多為人，多與人，造福社會。為子孫積德，則福壽綿長，其樂無窮也。（本文作者為亞東工專教授）

龍旗八十一（1992）年十月號第一四〇期

簡體字的反諷

劉孚坤

中共自從取得大陸統治政權以來，一直用極權方式的政令，推行其錯誤意識形態的制度。而其中最為特別，便是將我中華故國歷代相傳的文字，改成了許多既不通又具反諷之意的簡體字。這是其他共產國家都沒有這樣做的。

已故友人魯實先生，其文字的造詣，學界公認超邁前賢。他曾指出，中國文字〈六書〉的形構原則，演變至今雖以形聲字最為普遍，但形聲字仍大都兼具會意。所以中國文字根本特性即是〈會意〉，而指事亦是會意之一種形式。並且中國文字表達會意，更與中國文化思想之精神相一貫。如止「戈」為「武」，「日出」為「旦」。這已是今天世界研究比較文字學學者所公認的。自從二百多年前德國哲學家萊布尼茲（Leibniz Gottfried Wilhelm ,1646-1716）提出文字之兩大類別（即「意符字」ideograms與「音符字」phongrams）以後，邏輯、數學及各種科學上大量創行意形符號。比較文字學家已公認，文字本身便表達直接由視覺進入思想的「意符字」，遠優於以文字表達聲音後再形成思想的「音符字」。現今全世界唯一的意符文字系統便是中國文字，所以中國文字應是世界上最優美的文字系統，這一點現在逐漸為學界所理解。

中共當政者之無知與魯莽，竟然不顧中國文字系統之優良特性，提出什麼「繁體字」、「簡體字」的分別（其實應該為「正體字」與「俗體字」之別），大量杜撰一些簡體字，其原則大體只有「省筆」和「形聲」兩種。前者如「廠」字寫作「厂」、「產」字寫作「产」。後者如「進」字寫作「进」，「讓」字寫作「让」。另外就是任意假借，以音近的字代替原字，如「面」代「麵」，「肖」代「蕭」。

如果運用中國文字「會意」的特性，稍加一點思考，便可發現中共所創的簡體字，不但造成中國文字形構原則系統的混亂，並且這些簡體字本身也成為對中共政權之行為與結果的反諷。如「產」應重「生」，可是簡體字卻去掉了「生」字，豈不正好說明中共無法提高「生產」，人民的「生活」亦不能從「產」來得到豐足，而「共產黨」竟少了一個「生」字，是無生命的！

筆著年來熟思，試作一首「簡體字之歌」，附錄於下，相信不必逐句作解釋，便可表達反諷之意。

簡體字之歌

親不見（亲），愛少心（爱）；
廠內空空（厂），產缺生（产）。
開來關去，門何在（开、关）？
業下既廢（业），術難行（术）。
兒童減頭腦（儿），婦女去腰巾（妇）。
病了就算療（疗），成隊一個人（队）。
走向井中為前進（进）。
情懷感動不要心（怀）。
飛上半（飞），餘右傾（余）；
基礎石頭出（础），小土作灰塵（尘）。
變化十次便光華（华）。
勝利原來靠肉生（胜）。

（作者為政大哲學教授）

龍旗八十一（1992）年十月號第一四〇期

中國文化何以能救世界人類？

陳立夫

月前，陳立夫先生接見首次來台訪問的大陸各報社記者，發表了精采的談話，引起各界高度的重視。尤其，他主張以「中華文化統一中國」，更受到海內外炎黃子孫的肯定。

可惜的是，對於他當日的談話，報紙終屬不詳盡。九月中，本刊負責人與陳資政在台北市來來飯店一次聚會，席間談到此事。陳資政乃允撥冗接受本刊採訪，期作詳細報導。嗣因陳資政打算出國，接著九月二十九日陳夫人孫祿卿女士不幸逝世，專訪乃未如願。爰將陳資政交給本刊之〈中國文化何以能救世界人類〉全文刊出，相信有助於各界對陳資政的想法之了解。——編者謹識

中國人從天道中，學到了「公」、「誠」、「仁」、「中」、「行」五個字，以形成人道，為做人做事的基礎。傳承數千年，成為文化道統，是人類共生、共存、共進化的原理。國族之強盛、世界之和平、人類之幸福，均將以其得獲力行實

踐而受賜！

◎一、天地的啓示

中國歷史久遠，從伏羲氏算起，有六千四百餘年之久。真正有文獻可考則始於堯舜，至少亦有五千年歷史文化。中國歷史文化比任何國家都記載詳實。由於中國造紙和印刷術的發明，人類之文明才得以流傳，對世界文化亦有莫大的貢獻。

從孔子、老子所說的話中，足以證明他們思想的深厚、廣大及細密。孔子、老子的觀念雖有不同，前者好比為應用科學、後者好比為純理科學，但都是根據《易經》而來的。

《易經》是中國一本最偉大的書。要談中華文化，不能不懂《易經》，其次是《中庸》。

《易經》首先運用於天道，例如：天干、地支、天文、氣象、季節等是也。降及孔子，始將人道與天道配稱，例如：乾卦「天行健（天道），君子以自強不息（人道）」其它六十三卦，都是如此，逐有「天人合一」之稱。就是說明天道和人道是一貫的，人道是根據天道。人如能效法天，每樣事都能達到完美。所謂「順天則昌，逆天則亡」。

■立夫先生給本刊負責人的信。

為什麼中國自身沒有組織與有形式的宗教？主要是因為人道根據天道。根據「天道」去做，是不會有錯的。世界上所有的宗教，無非以天道誨人，使人法天。我們祖先對於天地的認識如下：「今夫天，斯昭昭之多，及其無窮也，日月星辰繫焉」（中庸）所以稱天為「高明」的象徵而「悠久」，稱地為「博厚」的象徵而「無疆」，合而言之，是智與德的象徵。天道又給了我們許多啟示，例如偉大、寬容、光明、前進等沒有絲毫迷信的色彩而合乎科學的，和西方宗教家所說的上帝是天父有所不同。中國人的觀念，不是為了上天堂而信天，而深信法天配天是做人應該如此的，所以中國表面上無宗教形式，實際上已有宗教實質。中國人對「天」的了解，在《書經》中已得到許多證明。所以其對天文學、氣象學等的了解，非常透徹，過去天文學的資料迄今仍很正確。

日本天文學權威荒木俊馬就曾批評中國人說：「你們書經中所提到的天文，已經講得很高深而正確了，為什麼你們對歷史文化還感到懷疑呢？」我們聽了，十分慚愧。

◎二、天道與人道

人要配合天、效法天，天地究竟給了我們些什麼呢？歸納起來，人，從天道中學到了五個字，那就是：「公」、「誠」、「仁」、「中」、「行」。

第一，公的真諦

天道給我們第一個印象就是「公」。

「公」就是「公而無私」。所謂「天無私覆，地無私載，附件譯文：

自然科學中有不少定律，不因時代之變遷而變遷，即再過數十世紀亦然。

孔子將中國過去一千七百餘年之歷史事實加以歸納，成為人文科學之若干定律；其所以過了二千五百四十餘年，其道歷久彌新者，其原因在此。孔子之所以被稱為「聖之時者」也，可以了解矣。

日月無私照。」「其為物不貳，則其生物不測。」可以說完全是天公地道的。沒有對誰好一點，也沒有對誰壞一點。自己好不好，自己負責，不能怪人。如果自己肯努力，天自然會幫助你。如果自己不爭氣，天也幫不上忙。所謂「天助、自助」是也。故《中庸》有云：「天之生物，必因其材而篤焉，故栽者培之，傾者覆之。」這是很公平和公正的，和外國求神的幫助不一樣。天，是無私的，所以用之於人道，就是「大道之行也，天下為公。」就是說人能法天行道，則大家自能和平共處，自然可以達到世界大同的目標。所謂「大同」，就是大體方面相同，小體方面可以相異。國與國、家與家、人與人，都不能做到完全相同的，因世上沒有兩個完全相同的人，就算是雙胞胎，其智慧、性格，可能都有不同的地方，何況是一般人呢？所以強人同己，就是私。「公」才是道德的基礎。

所以人與人相處應抱著「愛其所同，敬其所異」，「存小異而持大同」的態度，「公」才能顯現。今之資本主義和共產主義，都希望別人完全同他一樣，那都是私心的作祟，世界那會有和平可言？

第二，誠的真諦

人從天道學到的第二個字是「誠」。

天地無時無刻不在動，其原動力稱之曰「誠」，故曰「至誠無息」（中庸），又曰「誠者天之道也」（中庸）。誠就是宇宙的動能。人為宇宙間的一個小單位，亦秉賦此種動能而生，故又曰「誠之者，人之道也」。誠用之於人道，為一切學問道德之根源，故曰：「智仁勇三者，天下之達德也，所以行之者一也」一者何？曰「誠」是也。至誠乃能感化他人，所以說：「至誠而不動者，未之有也，不誠，未有能動者也。」也就是說所謂的「精誠所至，金石為開」。

「誠」可釋為「信仰」。國父說：「信仰就是力量」，確是真理。「誠」也是所有宗教的基礎，沒有不誠的人，可以充任牧師或神父的。所以中庸有「至誠如神」的說法，意思是說至誠的人可以如神的先知「至誠之道，可以前知」（中庸）。中國人對神的認識，亦與他人不同：「聖而不可知之謂神」，最高智慧者僅稱之曰聖，聖人尚且不知，乃稱之謂神。

《易經》：「智以藏往，神以知來」，《莊子》：「至人無己，神人無功，聖人無名。」《孟子•盡心》：「大而化之之謂聖，聖而不可知之之謂神」，都是我們祖先對聖與神所下的定義。所以誠，是天道，也是人道。

如上所說，智、仁、勇三達德的原動力，就是一個誠字，誠又是「擇善固執」（中庸）的信仰，並且是未卜先知者，正如基督教《聖經》所說：「上帝是先知。」

我曾經就《聖經》中的上帝和中庸的誠對照做一番研究，

發現兩者的意義不謀而合，中國人所謂的「誠」正如外國人所謂的「上帝」。

聖經上對神的解釋有二十多種，姑舉數例如下：

誠為信仰，GOD IS FAITH

誠為智慧，GOD IS WISDOM

誠為仁愛，GOD IS LOVE

誠為力量，GOD IS STRENGTH

誠、能見其真，GOD IS TRUTH

誠、能成其大，GOD IS GREAT

誠、能通其化，GOD IS POWER

誠、能盡其性，GOD IS ALMIGHTY

誠者天之道也，GOD IS THE WAY

「上帝」為萬物之主宰，「誠」為宇宙間生生不已之原動力。二者之目的均為修身，為的是行道。

第三，仁的真諦

人從天道學來的第三個字是「仁」。所謂「萬物並育而不相害，道並行而不相悖。」由於天地間每一個單位，不但自己在動，而且和其他星球的單位一起在動，一起存在，這是代表共生共存共進化的意思。但是隨時隨地需要互相調整，始能共同存在。所謂：「致中和，天地位焉，萬物育焉。」

人從這裡面推想而了解到，人要共生共存就應該互愛、互助，而從天道的啟示，產生了「仁」字。

《中庸》說：「修身以道，修道以仁，仁者人也。」仁，這個字是從二從人，也就是兩個人互存、互助、互愛的意思。是家庭、社會、國家之所以能形成之凝固力。所以，國父說：「仁義道德為互助之用。」「人類順此則昌，逆此則亡。」國父為求大同世界的理想易於實現，發明了人類進化的「互助」原則，人與人之間互愛，才能互助、互存。無論是君（長官）與臣（部屬）、父與子、兄與弟、夫與婦、朋友與朋友都要互相敬愛，才能共生共存共進化。這就是倫理道德之所由生。

仁愛的思想是要從小培養出來的。也就是始於孝悌。《論語》：「君子務本，本立而道生，孝悌也者，其為仁之本與。」

論語中提到「仁」，有一百零五次之多，其重要可以想見。孟子甚至說：無仁心者，不能算是人。

第四，中的真諦

人從天道學來的第四個字是「中」。

天地間每個單位隨時在行動中自我調整，並須和其他諸單位相互調整，使之不會衝突，各得其所，各遂其生，而恰到好處，稱之曰「中和」。故曰「致中和，天地位焉，萬物育焉。」萬物育，則人亦在其中矣。

「中」的調整，如何才能達到恰到好處？例如汽車、輪船在行動時期方向盤，駕駛者每秒鐘都在調整，才能不偏不倚地向前行駛。「中」以名詞來說，就是重心點，有此則穩妥不墜；以動詞來說，就是正好打中的中；以形容詞來說，是恰到好處。

凡是過與不及都不好，要恰到好處才好，所以說「過猶不及」。如穿衣，穿太多則熱，太少則冷，要恰到好處。又如流行衣服太長太短太寬太窄，都是短暫的流行，過時淘汰，只有不長不短才能持久。又如吃飯，勿少吃亦勿多吃，適可而止。其菜餚，最好不太甜，或酸、或苦、或辣，則久吃不厭。所以時時事事都要恰到好處——時中，才是最好的，而且是能持久。

「中者，天下之正道」

「不偏之謂中」

「不偏則公」、「公則悅」

「允執厥中」

中庸之道，是中國文化中極重要的美德，因為中則不偏私，不偏私則事無不平，人無不和。人類的知識愈增進，其對事物的兩極端觀察得愈清楚，始能了解事事物物時時在變動中。走極端易造成「物極必反」的錯誤結果，凡事要合乎多數人長期間的要求，才是正常現象，此之謂中。

第五，行的真諦

人從天道學到的第五個字就是「行」。

天體無時無刻不在動而向前進行，乾卦所謂「天行健」是也。這就是教人天天要進步，不可懶惰終止，要「自強不息」。凡是動的東西，都會按照一定的軌道，向前行去，而且都是呈波浪型的進展，如電波、光波、聲波等。天下沒有任何東西是朝直線上升的，而是上上下下的前進的，例如近來的股市，到了頂，必定會跌落下來。所謂「物極必反」、「樂極生悲」，都是從《易經》得來的智識。天所昭示人類的，就是健行，能健行就會「自強不息」，不斷地向前行進，就是進步，所謂「苟日新，日日新，又日新。」是也，懂得健行，一定會有恆。

孔子最討厭的是「坐而言不能起而行」的人。只說不做就是不誠，亦是不仁，所以說「力行近乎仁」、「巧言令色鮮矣仁」，只說不做的稱為「鄉愿」——偽君子。孟子稱之曰「德之賊也。」國父的「知難行易」學說，蔣公的「力行哲學」，均與此相符合。

◎三、道統及其形成

以上五個字，是根據天道而來的人道，是中國文化中的做人做事的基礎，傳承下來數千年，就成為道統。

簡括言之：

於理而言，稱之曰「公」——無私無我之「公」

於己而言，稱之曰「誠」——成己成物之「誠」

於人而言，稱之曰「仁」——立人達人之「仁」

於事而言，稱之曰「中」——不偏不倚之「中」

於功而言，稱之曰「行」——日新又新之「行」

此一道統如何形成？考諸吾國之歷史，在堯舜以前因文獻不足，孔子抱「知之為知之，不知為不知」的科學求真求實精神，不便寫作，故刪書亦從堯開始。堯是一位極偉大（惟天大，惟堯則之），極開明的君主，選擇了一位至孝至悌的（孝悌為仁之本）大賢才於民間，其名曰舜，使之攝政了二十八年（亦可謂之謂訓政），生前曾以「允執厥中」四字訣傳給他。堯崩，舜受人民之擁戴而繼帝位。

舜不幸有一不慈父親——瞽叟，又有一不悌的兄弟——象，但是他依然對父與弟敬愛不衰，所以孔子稱他為「大孝」。他治理政事，重視求才，好問而好察邇言，隱惡而揚善，執其兩端，用其中於民。孔子又稱他為「大智」。他重視人倫，使契為司徒以之教民。其時洪水為災，他選了一位水利專家——禹，讓他攝政了十七年並且傳授給他十六字訣：「人心唯危，道心（仁）唯微，唯精唯一，（誠）允執厥中」，因為當時人民受水災影響，經濟衰落，人心日壞，前兩句是指此的，唯有誠心誠意治好水患，才能挽救厄運，所以他又加上了三句。

禹聚精會神的治水，疏濬九河瀹濟漯而注之海；決汝漢，排淮泗而注之江；然後國人可得平土而居，五穀可登。此一偉大無比的水利工程，得禹之親自督導而最後成功。他在外八年，三過家門而不入，其公而忘私，國而忘家的至誠至仁精神，永垂不朽。（中國工程師學會於民國二十八年由本人提議採六月六日的大禹誕辰為工程師節，經大會通過，與孔子誕辰為教師結合成一案，提經政府採納，迄今年舉行紀念）。他最愛惜時光，他討厭旨酒，而喜歡聽嘉言，甚至可向人拜受。他最能禮賢下士，他亦效法前輩公天下之禪讓。年老時讓益攝政，惟於其死後，國人咸認為禹之子啟賢於益而擁戴之。傳子而不傳賢自此開始，此固非禹之有私於其子也。

其後夏桀無道，民不聊生。湯放之，是為商朝之始。距堯帝已五百餘年矣。湯居亳，以七十方里之地，施行仁政，十一征而無敵於天下。民深水火，渴望其來拯救，若大旱之望雲霓。其來也，人民簞食壺漿以迎之，所謂「仁者無敵」是也。其成功在立賢無方，尤其得賢才伊尹之助最多，而其治政方針，仍秉「允執厥中」之訓示。湯崩，太甲顛覆湯之典刑，伊尹放之於桐，三年，太甲悔過，自怨自艾，於桐處遷義三年，以聽伊尹之訓己也，復歸於亳。伊尹放太甲，其目的在訓太甲以政，及太甲知如何治理國政，遂還政於太甲，此種大公無私，勇於負責的精神，實啟訓政制度之榜樣。宜乎孟子尊之為「聖之任者」，謂必先有伊尹之志而後可，否則將被稱為篡也。

五百年後紂王荒淫無度，商遂亡於周。文王以方百里之地，以仁聲遠播，天下歸心。其所以致此者，蓋源於文王之德之純。純者，誠也，故孔子贊之曰：「文王之所以為文也，純亦不已。」文王視民如傷，其發政施仁，必先及於鰥寡孤獨四者，蓋哀此孤獨，政府之責也。其子武王，軍事長才，統一全國。其為政也，「不泄邇，不忘遠」（孟子），誠敬而信，尤能用賢，有十重臣為佐，使國大治。十人中有女士一人，足徵婦女從政，在我國三千年前已有之矣。孔子稱武王為「達孝」，謂其能為其父王繼志述事；能重視序昭穆，序爵，序事，序齒；能踐其位，行其禮，奏其樂，敬其所尊，愛其所親，事死如事生，事亡如事存，故曰「孝之至也」。孝為仁之本，禮樂為德之行，其為有道之君，又為文武全才，宜其「治國其如視之掌乎！」

武王崩，其子成王尚幼，周公為武王之弟，以王叔攝政。憑其文武全才，平亂拓疆，國勢大振。制禮作樂，為國家奠久遠之德基。孔子認為惟大德而又有其位者，乃敢作此。周公復採文武合一之教育制度，使各級政府之首長，必須具備能文能武之資格，始克勝任，故能內修仁政，外抗侵略。周之能歷三十世，經七百年而始衰，豈偶然哉！考諸世界歷史，無可與之相比者，無他，仁政之為全民所愛戴耳！

天佑中國，有堯、舜、禹三大聖君，連續降生，連續禪讓，為國家奠定了公、誠、仁、中、行之德基，隨後雖稍有變化，五百年後，湯與伊尹，竟復為之復興。再五百年，歷史幾乎重演，文、武、周公三大偉人又連續降生，連續當政，公、誠、仁、中、行之道，復能以身立教，行健不息。五百年後，孔子降生，雖不得其位，而能使此道愈加宏揚，乃被人尊稱為萬世師表。

孔子生於周末，其時中央政府名存實亡，諸侯割據稱雄。孔子雖存復興周室之宏願，無奈終未得時君之長久重用。因其理想過高，不願隨俗浮沉，周遊列國，凡十四年，艱險備嚐，有志未伸。乃廣收生徒，從之者三千，精通六藝者七十有二。乃歸魯，刪詩書，定禮樂，贊周易，作春秋，將中國以往一千五百餘年之文化遺產，作一全盤之整理，存菁去蕪，使後人更易了解而樂於實行。故有人謂「有孔子乃有中國文化。」此言實為過譽，其實「有中國悠久崇高之文化，才產生孔子；有天縱聖哲之孔子，中國文化才成其系統而見其偉大。」

從上述之史實，可以證明治亂與興亡，必有其道，道得眾而得國而治，道失眾則失國而亡，無有例外。綜其要點，為：

本於大公，發於至誠，歸於求仁，固于執中，成于力行。果能具此五者，謂之得道，得道者有多助，失道者寡助，寡助之至，親戚叛之；多助之至，天下順之。以天下之所順，攻親戚之所叛，則戰無不勝，政無不舉。傳此道之統緒，謂之「道統」，代代相傳，形成了全民之共信並造成了「大而能容，剛而不屈，中而無偏，正而遠邪」之民族特性。及至國父孫中山先生，此一名稱，更為顯著，民國十一年在廣西桂林，國父答第三國際代表馬林之問，說：

> 中國有一個道統，堯、舜、禹、湯、文、武、周公、孔子相繼不絕，我的思想基礎，就是這個道統，我的革命就是繼承這個正統思想來發揚光大。
> （見蔣公「三民主義之體系及其實行程序」）

此乃中國道統之形成也。

◎四、八德之演生

國父為了使一般老百姓易於明白瞭解，把「公、誠、仁、中、行」五個字演繹成為「忠孝、仁愛、信義、和平」之八德，亦即中國人傳統的美德。（註：誠則忠、信；仁則孝、義、愛；中則和、平。其行也必公）。

忠孝—忠於國，孝於親，是做人最起碼的條件。

仁愛—由忠孝擴展而來，由「親親而仁民」，到「仁民而愛物」。

信義—由仁愛之實踐而來，若僅空口說仁說愛，而無實際行動，則無補於事，故必須「言而有信，行而合義」，內外一致，言行相符。

和平—由以上六德步步昇華擴展而來。如果人人都能做到忠孝、仁愛、信義六德，自然發揮人類互愛、互助精神，而達到人「和」事「平」。

◎五、四維之宏揚

先總統蔣公在對日抗戰中，倡導新生活運動，以管子的「禮義廉恥」四維，助長抗戰之精神動員，遂作為全國學校的共通校訓，以迄於今。管子雖是法家，和儒家孔子的施政方法不同，但是道理是相通的。道統都根據「天道而來」，其思想淵源於自然，以順天、愛民，發展為大公無私。成為千古不變之政治原則。禮和義是正面的，廉和恥是反面的，都是要求人和而事平的。

禮，就是道德在生活中的表現。有此，則人與人相見以禮，「禮之用，和為貴」；人人有禮，則社會自能和諧安樂。義，就是「仁」見於行。互相扶持，互相幫助，人人知義，則守分而能勇為。

廉，就是不侵犯他人之權益，是指物質方面的。人人廉正，則不會互相侵犯，各守其分。

恥，就是不損害他人的名譽，以及自己的品德，是指精神方面的。人人明恥，則邪惡之事不生。

如果人人有德，各守本分，各盡職責，團結互助，人和事平，國家那有不強之理？因此，管子說：「禮、義、廉、恥，國之四維，四維不張，國乃滅亡。」這是我國固有的「四個堅持」。

◎六、結論——重人兼重德的中華文化才能救世界

中華民族之所以能集結十億餘人民成為一家，持續五千年光榮歷史文化而不墜者，是因為我們祖先發明了人類共生、共存、共進化之原理。此一原理，稱之曰道。其行也，稱之曰德。人人重視道德，並能不斷進取開展，遂成為最有系統的做人及政治哲學。中國之所以屹立不搖，是基於此一「重人兼重德」的道理。和資本主義者之「重財而輕德」、與共產主義者之「重物而輕人」，完全不同。因此，四維八德最後合併成為〈國民守則〉十二條，中國之文化道統，更見其完善與實用。苟我國國民人人能身體力行，則不獨國族能強，即世界和平，人類幸福，亦將受其賜矣。

人類不願為物所役，故共產主義，雖強而行之數十年，終於不到一年而為世界各國所鄙棄，連創始者的蘇俄亦不例外。故惟有「重人兼重德」之中華文化，才為人類所歡迎。人類亦不願久為金錢所奴役，故資本主義，若不及早奮起改善，亦必逐漸沒落，可斷言也。世界上大哲學家如英國的湯恩比、美國的杜蘭等均預言，中國文化之未來，將大有助於世界人類之幸福，而認為二十一世紀，為中國文化之世紀，吾人對於此類預言，其能不努力以求實現乎？願與諸君共勉之！

龍旗八十一（1992）年十一月號第一四一期

國民黨往何處去？

——反獨・護台・保國動員大會宣言

去年此刻，《民進黨》敢冒天下之大不韙，公然將「台獨條款」列入黨綱，妄國分裂國土、背叛民族、消滅中華民國。他們這種荒唐無恥的行為，立刻激起全世界炎黃子孫憤怒的譴責。民間愛國志士更紛紛挺身而出，義無反顧，對那一小撮漢奸展開了各種形式的戰鬥，使得他們在二屆國代選舉中遭到慘敗的下場。

事後，李登輝總統曾鄭重地昭告國人：「我們沒有國家認同的問題了！」廣大同胞無不額手稱慶，以為自此「毒患」可除，而進入民主政治的常軌了。卻不料，一年的演變下來，事實恰恰相反，不但戴上「一中一台」的面目，而「獨患」更毒，就在李登輝先生自己領導的國民黨內，居然也出現了

「國家認同的問題」。其黨內有一小撮人，不但公開質疑「一個中國」、「國家統一」的最高國策，甚至公然要求「國民黨台灣化」，要把《中國國民黨》篡改為《台灣國民黨》；等於要毀滅孫中山先生所創立的百年基業、毀滅全球中國人的精神中心、毀滅重建民主統一中國的核心動力，這是何等嚴重的事？對於區區兩名叛行昭彰的不肖黨員的懲戒案，黨中央竟有人曲予呵護，百般拖延，圖以「淡化處理」；這又是何等令人不可思議的事？

因此，我們不禁要請問：

由李登輝先生所領導的中國國民黨，你究竟要往何處去？具有百年光輝歷史的中國國民黨，你今天究竟想把台澎金馬這二千萬同胞帶向何方去？

鑒史可以知興替。讓我們稍稍回顧過去，就更清楚今天國民黨的危機嚴重了！

中國國民黨的光輝史，也是一部「勝敗循環」的悲痛史。不說枝節，只舉其犖犖大者：最初二十年的奮鬥，無數先烈的拋頭顱灑熱血，換來辛亥革命的勝利，但革命成果立即被袁世凱等軍閥搶去了！又經過三十年的奮鬥，數千萬軍民同胞的犧牲，換來了北伐、抗戰的勝利，但革命成果又被中共奪去了！回顧這兩段痛史，觀照國民黨今天的作為，令人不禁心生惡兆：經過四十多年的奮鬥，才換得今天台灣三民主義建設的勝利，是不是這個成果又將毀在「台獨」手裡了呢？難道果真的「是非成敗轉頭空」麼！

我們不妨再作國、共雙方消長的宏觀比較。民國三十四年五月間，正式抗戰勝利的前夕，國共雙方同時分別召開「六全」和「七大」，可是兩個大會的結果完全相反；中共的「七次大會」是個高度團結的大會，從此全黨凝成一個「戰鬥體」，四年之後奪取了大陸河山。而國民黨的「六全大會」，卻是一個紛爭不斷的大會，從此全黨渙散，土崩瓦解只好退到台灣。今天，正逢中共開了一次足以同「七大」相比的「十四大」，全黨又形成了以鄧小平改革開放路線為主導的團結氣勢。反觀國民黨今天種種荒腔走板的亂象，彷彿當年「六全」的重演；行將召開的「十四全」，試問能有什麼好結果？

在「世界共產主義運動」全面崩潰、中華民國經濟力為舉世所仰慕的今天，國民黨的處境不是小好，而是大好！但卻自甘墮落到如此地步！揆其根本原因，是既不能堅持黨的使命目標，又無明確的政治路線，更似乎不知組織路線為何物之故。沒有「組織路線」，當然使得大批的金牛、政客、黨棍、小丑，甚至叛徒漢奸之流混在黨內，且互相勾結圖私，成了可以呼風喚雨的「主流」；迫得賢能正直之士難以容身，黨的素質只有日趨低落了。沒有明確的「政治路線」，當然使得眾心迷亂，莫知所從；只好逕自組幫結派，以自求多福了。沒有「使命目標」的堅持，當然使得眾志渙散，群起狐疑，乃至有黨員向黨的最高政策作公開挑戰、而黨卻手足無措難以處理的奇聞發生了。這樣看來，國民黨如不立即痛自反省，回歸正道，恐怕再一次嚴重的失敗便難以避免了。

因此，我們要正告中國國民黨全體黨員：辛亥革命後的大失敗，你們可以到廣東再行革命；戰勝日寇後的大失敗，你們可以到台灣再造中興。如果今天又遭失敗，試問你們將往何處去？如果任由那夥政客、小丑同「台獨」漢奸聯手繼續搞下去，孫、蔣二公畢生創造經營的基業勢必毀之於一旦，試問你們能安心嗎？黨不是一夥人升官發財的工具，更不是哪一個人的私產；它是全體黨員思想信仰的結合體，是「以建民國、以進大同」的載具或利器；所以，你們應該趁著這個「黨雖病了，仍有可為」的時機，慎思明辨，認清方向；挺身而出，盡己之力，為救黨而奮鬥！

我們也要正告中國國民黨主席李登輝先生：因為您是虔誠的基督徒，所以我們不懷疑您人品的高潔。因為您是學有所成的博士，所以我們不懷疑您學識的淵博。因為您曾依憲法宣誓而就總統之位，所以我們不懷疑您對國家的忠誠。因為您曾在給蔣經國先生輓聯上發過如此的重誓：「厚澤豈能忘？四十年汗盡血枯，注斯土斯民，始有今日。遺言猶在耳，億萬人水深火熱，誓一心一德，早復中原。」所以我們不懷疑您對黨的忠貞與使命的堅持。正因為對您仰之彌高，所以我們望之彌切，願您為黨國的前途負起真正的責任：不可幻想「放縱台獨」有助於鞏固個人的權位，不可任由幾名獨台分子把您拖「下水」做他們的政治籌碼，不可一概封殺那些敢於批評您的謇諤之士以致群小壅閉了您的聰明，不可堅持「總統公民直選」而引起黨的大分裂，不可吝於對您一向忠誠、政績卓著而刻正受到種種無理攻訐困擾的郝柏村院長表示激勵，更加不可一味拒絕同中共黨對黨的談判促成兩岸和平民主統一。總之，您今天已是黨政軍大權集於一身，但這一切不過是過眼雲煙，重要的是歷史將會記載您到底為中華民族作出了什麼貢獻。

我們更要正告中國共產黨：你們的「十四大」在確立鄧小平改革開放路線這一點，是舉世公認成功的。但在政治方面，你們依然抱殘守缺，實在令人遺憾，國民黨人當然不能完全放心。在對台的政策上，希望你們盡量在放寬；尤其要信守「尊重歷史」的諾言，不要再說什麼「中華民國法統在一九四九年已中斷」之類的悖理之言，要尊重中華民國是國父孫中山創立的歷史，尊重中華民國是二代蔣先生在中國的神聖領土維持下來的歷史；它不是「地方政權」，它先於你們而存在。你們怎可以連個「對等政治實體」也不肯承認？李登輝先生既已盡行放棄二代蔣總統的「代表全中國」的高姿態，你們對於如此卑微的要求也不成全，未免太計較「名分」而有得寸進尺之譏了，這樣怎能加速統一？同時，希望你們不要一味打壓中華民國的國際活動空間；兩岸到底誰統一誰，最後將決定在民心的歸向與力量的對比，在國際上有多少朋友根本無關宏旨，你們又何必小氣如此？徒然助長「台獨」聲浪，增加統一的阻礙而已！誠為智者所不取。

我們要呼籲復興基地的全體同胞：中國國民黨的興亡，同我們身家性命息息相關。那一小撮公開倡亂的台獨漢奸不成氣候，可怕的是混在國民黨內的「獨台」分子正在同「台獨」合流，變成了「雙獨為患」。如果他們的狡計得逞，國民黨成了台獨的工具，我們老百姓勢必大禍臨頭。連中共都覺得今天情勢嚴重，所以最近李瑞環提出嚴峻的警告。他說，如果台灣走向「獨立」，大陸十一億同胞不惜停止經建，也要保衛國土的完整；要像打八年抗戰一樣，「犧牲流血，前仆後繼，沒有任何迴旋的餘地」！中共的態度既如此，如果「台獨」與「獨台」分子不懸崖勒馬，台灣不是隨時都有面臨戰火毀滅的危險嗎？難道我們二千萬善良的同胞，要坐視這毀滅的一天到來嗎？當然不能被台獨漢奸、獨台叛徒拖下水，我們要起來自救！我們該用什麼方法來自救呢？

我們主張，在即將到來的立委選舉中，人人要堅持「反雙獨」的立場，發動親友，絕對不投「台獨」或「獨台」候選人的票。我們要將神聖一票，投給社會上的清流人士，讓他們進入立法院去保衛中華民國！

我們堅決支持郝柏村先生繼續擔任行政院長，去對抗背叛國家民族的台獨分子，以保護台灣二千萬同胞的安全。

我們主張國民黨應該在「十四全」展開再改造，清除黨內的獨台分子，消除黨內的獨裁作風，使國民黨恢復本來面目，成為純正的實踐三民主義的中國國民黨。

最後，我們要呼籲全世界中國人：團結起來！消滅台獨漢奸，維護漢疆唐土的完整壯麗；監督兩岸當局，加速中國的和平民主統一。這是我們光耀祖先的天賦，這是我們造福後代的責任。讓我們為重振漢唐雄風而歡呼！讓我們為創建「中國人的世紀」而奮鬥！

中華戰略學會、中華民國歸國學友會、中美文化經濟協會、中華民國反共愛國聯盟、中華民國退伍軍人協會、中國社會工作協會、中國青年軍協會、二次大戰中美合作空軍退役人協會、中華崇德協會、世界大同促進會、中華民國老莊協會、世界中華武術聯合總會、世界孔子學會、建國國際同濟會、中國人反獨護國大同盟、龍旗雜誌社　同啓

中華民國八十一（1992）年十一月十五日發表

龍旗八十一（1992）年十二月號第一四二期

八十二年

我對李登輝總統的支持和期待

王禹廷（國大代表）

王禹廷，甘肅人，民國四年（一九一五）生。曾任第一屆國大代表、主席團主席。現任國民黨中央黨務顧問、國家統一建設促進會理事。係著名的歷史學者，有《細說西安事變》、《馮玉祥與西北軍》、《胡璉評傳》、《北伐統一與中原大戰》及《國共分合，勝敗殊途》等著作行世。

民國七十八、九年的歲尾年頭，國民大會第八次會議開會前夕，部分國代同仁及社會人士，不滿李登輝總統的某些作風，先後策動蔣（緯國）林（洋港）檔、林（洋港）陳（履安）檔，角逐總統、副總統，掀起政潮。我和幾位志同道合憂心國事的朋友，認為強人已去，新舊傳承，必須支持李登輝先生連任總統，鞏固領導中心，以求政治安定、社會和諧。不意有人化名在報章發表〈擁李反蔣之論可以休矣〉的文章，對我指名叫陣。我立即回敬一篇〈擁蔣反李之論可以休矣〉的長文，剖析其利害得失，聽憑國人公斷。

當時我覺得此事攸關大局，不容輕忽。乃分函總統府秘書長李元簇先生、國民黨中央秘書宋楚瑜先生、行政院長李煥先生，陳述所見。立承李秘書長和李煥院長，分別的約晤長談。我把國大內部的情勢及因應之道，詳為析陳，皆蒙認同。宋祕書長因公忙未晤，但復函有「善意的回應」（稍後在一次餐敘中曾舊事重提）。

當時我們為化解紛爭，立即從三方面著手：一面請黨國

大老奔走調停，一面由有關各方分別邀宴並拜望國大代表，溝通紓解。另外則由我們幾位同仁，聯合發起〈開好國大第八次會議，支持李登輝總統競選連任〉的簽署。這一著最重要，因為選票握在國大代表手中，他們選誰，誰就當選，不選誰，誰就落選。於是透過各種管道，運用各種關係，我個人更受託穿插奔走，不遺餘力（曾遭受異議者登報汙衊且被追打）。此事黃復興黨部也大力推動，軍系代表全部支持，很快便獲得四百八十多人參與簽署。（最近出版的某書中所載，李當時握有三百四十人支持他的名單，不確）。那時國大代表共有八百人稍多，除少數堅拒外，其餘或在國外未歸，或心存觀望。四百八十人居絕對多數，自然有決定性的作用。此一簽名冊即由國大黨部呈報黨中央，登輝先生當然全部瞭解，無異吃了一顆定心丸。

同時元簇先生每晚領導〈友諒小組〉在南海路福州街郵政大樓，邀集部分國代及有關人士餐敘，瞭解狀況，交換意見，消弭雜音，尋求共識；我是其中的一員。

登輝先生和元簇先生，由執政黨提名為總統、副總統候選人，他倆挨家逐戶，向國代們登門拜票。後來投票結果，登輝先生以百分之九十七的高票當選中華民國第八任總統，元簇先生亦高票當選副總統。一場政爭風波便告落幕。

王禹廷先生

以上所述，是我支持李登輝先生的簡要事實。

登輝先生當選就任兩年多以來，勤政愛民，深入基層，獲得歷次民意測驗的高度評價，乃是他正面的收穫。可是他的某些作為，也滋生負面影響，試述如下：

◎獨攬大權，糾紛叢生。

威權統治有其主觀的條件和客觀的環境，兩位蔣總統有此憑藉，乃能得心應手，處置裕如。登輝先生受蔣總統特達之知，不次拔擢，一步登天。既無顯赫之功，又無卓越之才，卻因身任執政黨主席及三軍統帥，於是獨攬大權，任意而行，引起糾紛，層出不窮，對國對黨，傷害日深。

◎放縱台獨，禍生不測。

民進黨及其同路人，早期雖在國會囂鬧，街頭暴行，高呼台獨的謬論，並無市場，不成氣候。但自「國是會議」後，放縱台獨以鞏固李氏權位似成政策，因而久居國外入籍異邦的台獨分子紛紛被准許回台，因案判刑繫獄者也給特赦出來。從此台獨氣焰大張，活動頻繁，什麼「台灣共和國」、「台獨聯盟」、「一中一台」等紛紛出籠，提供對岸以武力犯台的最大藉口，將陷二千萬同胞於浩劫。

◎省籍情結，形成對抗。

台灣人和外省人都是炎黃子孫，只有先來後到之分，並無畛域之別。經過四十多年來和睦相處，業已融洽無間。可是近幾年來，由於少數別有用心的無聊政客，蓄意挑撥打壓，使得外省人滋生危機感，不得不尋求自保而圖苟全，於是漸有對立歧異傾向。此種現象雖非李登輝先生所願見，但他不但未採取化解的措施，而且最近還提倡「本土化」，無異火上加油，有失最高領導者的職責。

◎統馭失常，軍心渙散。

總統為三軍最高統帥，參謀總長執行軍令，對總統負責。國防部長主管軍政，為內閣之一員，對行政院長負責。多年以來，各司其事，合作無間。而參謀總長一職，依例由陸、海、空三軍輪流擔任，以期平衡。登輝先生於軍事毫無淵源，為了抓權固位，不按牌理出牌。先把參謀總長陳燊齡（空軍）逼辭，突然將屆齡退役的海軍二級上將劉和謙晉任一級上將，接任參謀總長。而後續打算，又要把總統府參軍長蔣仲苓晉升一級上將，預作劉和謙任滿後繼任參謀總長的安排。因與體制及慣例不合（自國府建軍以來，從無參軍長晉升一級上將），行政院長郝柏村婉拒副署而作罷。登輝先生惱羞成怒，在軍中劃分派系，順我者升，逆我者去，以致軍中人心疏離，士氣低落。軍隊為保衛國家的干城，似此情形，如遇強敵壓境，何以為戰？此乃最大的隱憂。

◎劃分派系，互相暗鬥。

國民黨建黨以來，因理念不同，而分派系，乃係事實，但從無什麼「主流」、「非主流」之分。可是登輝先生上台以後，立法院卻有主流（集思會）非主流（新國民黨連線）兩派的出現。主流派受到登輝先生的呵護，在立法院橫行無忌，且與民進黨串聯掛勾，對剛正不阿的行政院長郝柏村和立法院長梁肅戎，杯葛侮辱，不留餘地。於是一些有正義感責任感的立法委員，也即組成新國民黨連線以為對抗。尤不可恕者，集思會極端歧視外省人，其核心分子「無恥」竟說「外省人是光著屁股來台的」，又公然一味主張「國民黨台灣化」，竟把反對他們的荒謬言行的忠黨愛國、卓著勳猷的李煥、梁肅戎、沈昌煥、許歷農罵為「賣台四奸」。執政黨中央對此竟熟視無睹，聽其猖狂，令所有忠貞之士不寒而慄。

◎選勝擴權，選敗無責。

前年第二屆國大代表選舉，國民黨以反台獨及總統委任直選為訴求，民進黨以台獨及總統公民直選為訴求。結果國民黨大勝，民進黨慘敗。登輝先生得意之餘，居中運用，在第二屆國大代表第一次臨時會議的修憲條文中，把憲法修改得面目全非，其要點則為總統的權力大為擴張，五權憲法的體制遭到破壞。而在去年第二屆立法委員選舉中，登輝先生走遍全島，為其造勢。民進黨鑒於國代選舉之失，改變策略，不提台獨及總統直選，而以民眾的福祉需要為訴求，獲得大勝。國民黨失敗的因素固多，最可議的莫過於登輝先生突然改變主意，推翻李元簇先生主持的憲研小組的研究結論，一反總統委任直選為公民直選，與民進黨以前主張同唱一個調，豈非滑天下之大稽？而選舉的結果，國民黨主流派集思會大敗，新連線大勝。尤其讓人不可思議的，國民黨中央對於逼辭及堅辭官職、競選立委的王建煊和趙少康，不予提名、推薦或准其自由參選，且由地方黨部予以封殺。可是王趙二人卻以最高票當選，此中訊息，寧不省思？宋楚瑜知恥負責，引咎辭職。登輝先生迄無一語以自責，卒致各方憤怒，紛紛要求其辭職「下詔罪己」，此可謂自取其辱。

◎國會改造，違背初衷。

在第一屆國民大會第八次會議召開之前，國大聯誼會組成卅七人研究小組，研究八次會議有關問題。其中，對於如何維持新的國民大會對全中國及海外僑胞有代表性，是我們代表同仁最關心的事，所以作成結論：在第二屆國民大會代表中，應有大陸及海外代表佔總額三分之一或至少四分之一的名額。但此議黨中央堅不同意，乃改為「全國不分區代表」制。如今從不分區的二屆國代及立委的名單可以證實，其所謂「全國不分區」者，實為台灣一地佔絕大多數，等於「全國」的初衷意義盡失。由此，海內外中國人對我當局是否有「中國統一」的誠意，甚表懷疑。

以上所云，只是登輝先生當選總統兩年多以來不當措施的犖犖大者。擺在眼前的軒然大波，則為世代傳承、內閣總辭的兩樁大事糾結在一起，處理如有不當，將引起無窮後患。登輝先生的應付辦法，一如兩年前的政爭風波一樣，由蔣彥士和宋楚瑜出面奔走，徵詢黨國大老意見，他自己也登門拜訪或設宴約談。各大老的共同意見，都主張對內亟需整合，不需整肅，團結安定，至為重要。其情況月餘以來的傳播媒體，每天都有詳細的報導與評析，眾皆周知。

至此，我想提出六點具體意見，以就教於高明：

其一，基於我一貫支持登輝先生的立場，懇切希望他審時度勢，深切省思，不要堅持己見，一意孤行。您動輒以「天下為公」自況，但是否真的為公，自有公論，何須自我標榜？誠能如此，則可名垂青史，流芳百世。中共尚且老中青三結合，我們萬萬不可以「世代傳承」之藉口，排斥異己。最近考試院院長、副院長、司法院副院長，都已提出辭呈，堪稱冰山之一角。如果老成退隱，您心中所屬的乖乖牌接捧著難任艱鉅，會釀成什麼亂局？關乎國脈民命，不可不慮。

其次，我原奉勸郝院長絕對不可步李煥的後塵，自動辭職。因為依法、倫理、循例皆不可行。何況七十九年政爭時，您居於舉足輕重的關鍵地位，站到李的一邊，李方能當選連任。您受任行政院長，因為府院的職權混淆不清，李又要大權獨攬，乃各自調適，形成所謂「李郝體制」。您受行政院長兩年半以來，憑智慧毅力和魄力，推行大政，績效卓越。歷次及最新的民意調查，皆獲得高度肯定；聲望之高，一直緊追李總統（這可能是李不願看到的）。且無論公私場合，您不斷推崇李總統，李對您從無一句嘉勉之詞。但最近省主席連載在執政黨中常會報告省政，李立即表示讚賞。相形之下，情何以堪？有容乃大，您對此事不必在意。但您續任院長，即為黨國砥柱，理應當仁不讓。您現在為了平息政潮，已函執政黨中央請辭，此種顧全大局的情操，值得國人欽佩。

其三，懇請黨國諸大老，您們一定要堅持理念，對於新閣揆的人選，審慎推薦，穩固政局，安定人心。千萬不可不作聲，被人曲解真意。更要肝膽相照，慎防別有用心的人挑撥分化。

其四，民進黨人的言行，已有若干改變，他們現在制衡，將來爭取執政，乃是題中應有之義。但是居於絕對多數的國民黨籍立委，必須站穩立場，對郝內閣應加支持，不可任意抹黑杯葛。集思會諸立委，更應痛改前非，促進和諧。

其五，近來擁護李郝體制的各方團體、知識份子及工商企業界，或刊登廣告，或遊行請願，至再至三，絡繹不絕，正面作用甚大，足見人心之所向。得民者昌，登輝先生應有深切體會。

最後，也是最重要的，希望執政黨盡快召開十四全大會，票選中委、中常委、黨主席，並增設副主席，厲行黨的改造與革新。我認為最妥當的安排是黨政要分離，總統不宜兼黨主席。同時為了做到黨的大團結，宜設副主席一至五名，統合各方，各盡所能，則黨一定興旺。

（八十二年元月十九撰，二月二日補正）

龍旗八十二（1993）年三月號第一四五期

台北倒郝新政潮

——行政院長郝柏村下台始末

岳騫

作者是香港著名的政評家。三年前他撰文評論李登輝「貌似劉備、奸比曹操、才如袁術、運止孫權」，一時膾炙人口。他的文章對李氏常有創見，如本文說李氏「大愚若智」便是。

台北最後一次政潮所以定名「新政潮」，是因為自從李登輝當了總統，政潮連綿不斷，一波接一波，這次也難定名是第幾次，只好名之曰「新政潮」。

「新政潮」之起，主要原因是李登輝要趕郝柏村下台。何以要如此？許多人都認為郝柏村個性剛直，堅持一個中國是中華民國，在立法院答覆民進黨質詢時，慷慨誓言國軍只保衛中華民國，不保衛「台灣共和國」，這句話最觸台獨之忌，所以李登輝與民進黨裡應外合要趕他下台。

◎李登輝並不想搞「台灣共和國」

這些話說來好似有理，但實際情形並非如此。李登輝並不想搞「台灣共和國」，他再三聲明台獨是一條走不通的死路，李登輝別的話不可信，這句話是可以相信的。上期本刊發表拙文曾提到即使黃信介當總統，許信良當行政院長，也不敢堂皇掛起台灣共和國招牌。他們可以除下〈中華民國〉招牌，接受中共「一國兩制」，改為「台灣特別行政區」。民進黨所有人，只要不是白癡，都知道「台灣共和國」是一條死路。目前所以這麼喊，只是為了造勢，打擊國民黨。

搞清楚這一點，我們便明白李登輝所以要趕走郝柏村主要是為了奪權。李登輝腦中只有權力，沒有法律；他真正的目的是把五院院長都變成他的秘書長，他可以任意發號施令，命令各院去做。但是，如果出了問題，他卻可以推作不知，由各院、部會首長負責。台北報刊批評他這種「有權無責」的政治作風為任何當政者所無，即使如毛澤東之「無法無天」，但做錯了事仍可口頭承認願意負責。

◎郝柏村名高震主

李登輝這種手段用之於俞國華、李煥可以，用之於郝柏村便不能了。李、郝之間因為人與事發生了多少爭執，無法瞭解，只有一件事是人所共知的，便是總統府參軍長三星上將蔣仲苓退休，李登輝要把他升為四星上將，為郝柏村堅決拒絕。郝柏村認為四星上將只有參謀總長可以晉階，「退役三星上將晉升為四星上將」從無此例。如果說蔣仲苓任三星上將已久應予晉級，則蔣緯國、王昇升三星上將軍在蔣仲苓之前，也應當晉級。郝柏村對此非常堅持，表示寧願辭職不肯副署，後經蔣彥士從中斡旋，李登輝終於收回成命，但也奠定了他非去郝不可的決心。

中國歷史上大臣因功高震主，被殺被貶的甚多，也有權臣因權大震主引起篡弒，如司馬昭之魏少帝曹髦。郝柏村被黜，卻由於「名高震主」。郝柏村擔任行政院長兩年八個月，各方一致肯定，公認為是國民政府遷台後，蔣經國之外貢獻最大的行政院長。但郝柏村之功尚不足覆主，真正使李登輝不能忍受的是歷次民意測驗，郝柏村的分數都比李登輝高，也是李登輝去郝的主因。

◎李登輝的手法十分低級

但李登輝要循正當途徑逼郝柏村下台也不容易。因為根據現行憲法，總統對行政院長只有提名權，並無罷免權，行政院長任期並無規定，可與總統同一任期，在新總統就職時提總辭；甚至即使新總統任職，行政院長也沒有非辭不可的法律根據。李登輝趕郝柏村下台所用的手法十分低級，主要是依靠民進黨及國民黨內「集思會」。他們在競選立法委員時，專以郝柏村為箭靶，民進黨的「知識庫」所組成的「澄社」更編出「郝柏村語錄」，把郝柏村談話斷章取義，摘出三言兩語作為攻擊依據，但負責國民黨「文宣」工作的幹部從無一字還擊。郝柏村實在忍不住了，有一次公開提出質問。到了二屆立法委員選出，民進黨立法委員及自稱「保衛李登輝總統」的「集思會」殘餘（主謀全部落馬，只剩了小貓五隻），一齊攻郝柏村，勢不兩立，非要郝柏村辭職不可，此舉掀起了國民黨內爭高潮。

李登輝與郝柏村曾單獨會談三次。第一次會談郝柏村表示願意辭職，推薦林洋港繼任，李登輝表示可以考慮；第二次會談更為融洽，郝柏村並推薦邱創煥任中央黨部秘書長，李登輝也未拒絕。並表示將在黨成立「政策指導小組」，請郝柏村擔任「召集人」。誰知道第三次會談，李登輝作了一百八十度改變，以前兩次所談完全不提，郝柏村乃決定不辭。於是擁李派展開行動，國大第二屆會議閉幕時郝柏村到場，民進黨國大代表起而鼓譟要郝柏村辭職，被認為國民黨「大老」、李登輝親信的陳重光就坐在李登輝身旁，竟然舉起雙手呼口號要郝柏村辭職，李登輝默不作聲。郝柏村再也不能忍了，舉起雙臂高呼「中華民國萬歲」「消滅台獨」；這一悲壯場面震動人心，某些支持過民進黨的人也為之淚下。

事情到此，已經正式攤牌，郝柏村可以不辭，李登輝拿他也沒有辦法，但民進黨要發動大遊行，社會秩序必然出現混亂。適在此時，參謀總長劉和謙發表一篇擁李談話，郝柏村非下台不可了。

郝柏村辭職後，李登輝又貓哭老鼠說了一些門面話，又要聘郝柏村為什麼小組召集人，又要設副主席請郝擔任，全是使人齒冷的空頭支票。

◎連戰穩坐行政院長位

關於人事方面，李登輝在各方壓力下算是讓了半步，他原來提出行政院長連戰，省主席宋楚瑜，中央黨部祕書長許水德，現在中央黨部秘書長傳將由徐立德接替。徐某是河南省人，宋楚瑜是湖南省人，連戰是台灣省人，其母親卻是遼寧人。李登輝更振振有詞，他任命三個要員，兩個半是大陸人，可見他沒有省籍情結，他說曾與劉和謙談話，自認最能照顧外省人；大概曾提到這一點。

行政院長是連戰，已可百分之百確定，雖然這兩天台北輿論仍然推崇林洋港，民意調查林洋港勝過連戰太多。但以李登輝剛愎自用的個性，他絕不會改變主意，因為提名行政院長是總統特權，他提出連戰到了立法院，即使所謂「泛非主流派」立委投反對票，連戰仍可倚仗民進黨過關。近來台北出現「聯合內閣」謠傳，便是警告「泛非主流派」，如果你們對連戰投了反對票，便與民進黨組織聯合內閣。

◎李登輝大愚若智

李登輝個性除了剛愎自用，也大愚若智，他為了替連戰造勢，約見立法委員便是大大失策。第一天遇上朱高正，兩人爭辯了二十五分鐘，朱高正問李登輝為什麼拒絕會見謝東閔、孫運璿。蔣彥士在旁插嘴說兩人並未求見，朱高正要約謝東閔對質，蔣彥士不敢講話，當堂出醜。

第二天約見趙少康，趙少康聲明三年後競選總統，到時請李登輝支持，直接要李登輝承認不得競選下屆總統。

第三天約了李慶華，更直接了當質問他說話不算數？下屆還競選不競選總統？李登輝答應絕不競選，但以後總統府發表的《公報》又改了。自取其辱，何苦？（資料來源：香港「開放」月刊二月號）

龍旗八十二（1993）年三月號第一四五期

郝院長卸職談話

二月廿六日晚，即將在翌日卸下行政院院長一職的郝柏村先生，透過三家電視台，發表一篇談話，向海內外同胞道出了他的感謝、欣慰、遺憾、信心與憂心，同胞們聽了他的情詞懇切談話，感動之餘，更覺得李登輝竟然一意孤行逼退這麼一位好院長，實在太不應該！

這篇文辭，代表了一段歷史的終結，新的奮鬥階段的開始；本刊特作大字全文刊載，以表示對郝先生的崇敬，並期望海內外志士更加堅定不移地照郝先生所指出的「民主、統一」大目標去奮鬥

——編者敬誌

親愛的同胞們，大家好！

兩年九個月之前，柏村奉命到行政院服務。時間過得很快，明天即將卸下這份責任。在離開這個工作崗位之際，我內心裡交織著感謝、欣慰與遺憾的心情，有信心，也有憂心。

我首先要感謝李總統提名我出任行政院院長，使我有為全民奉獻的機會與榮耀。

我感謝全體行政院同仁的團結合作，在艱難中推動政務；尤其是六年國建的策劃與執行，排除了各種阻力，重振了政府公權力。

我感謝全體治安同仁，尤其是警察人員，任勞任怨任謗，甚至犧牲性命，以維社會安寧，恢復民眾安居信心。

我特別要感謝海內外同胞，對我的鼓勵與支持。

欣慰的是，柏村受命以來，得以順利推展各項重大施政計畫，並多能達成階段目標。尤以近三年來全球景氣低迷，我國卻仍維持百分之六以上的經濟成長，使國民所得突破一萬美元。

我更欣慰全體同胞的勤奮精神，使我們社會能在和諧中持續發展，欣欣向榮。

我遺憾的是，不能再在這個職位上為同胞效力，有違各界支持愛護的盛意。

回憶在這段期間內，最難過的是，由於若干行政上的疏

失，造成民眾的意外傷亡，尤其是健康幼稚園二十位天真活潑的小朋友，兩位家長，以及年輕的林靖娟老師，因為車輛失火而罹難。每念及此，心中痛楚不已！至盼台北市政府早日完成紀念碑，以慰在天之靈。

柏村在此要特別一提的是，民主與統一是國家生存發展的唯一道路，我對國家的前途充滿信心。但是，對目前的若干政治現象，諸如金權染政治、國家認同、省籍情結等，卻憂心忡忡。

我要指出，民主必須建立在公是公非的社會正義的法制基礎上。以槍彈取得政權的時代固然過去了，但是銀彈對於民主品質的戕害，又何異於槍彈？

在多元化社會中，意見分歧是可以包容的，但不能對國家的認同產生懷疑。

台灣早已是本省人和外省人共同生活的美好家園，我們曾經一起走過艱苦的歲月，我們現在正分享著努力的成果。柏村曾經走遍台灣的每一個角落，接觸過各界的人士，我完全沒有所謂的「省籍情結」的感覺。挑動省籍情結，只是少數政客的花招，他們為獲取個人的政治利益而以二千萬同胞的團結和諧與福祉作賭注，這是非常不道德的行為。我希望全體同胞，珍惜我們現有的一切，真誠團結，坦然相處，把憂心化為信心，共創更美好的未來。

各位親愛的同胞，人生的真諦在於犧牲奉獻。柏村三十五年前曾在金門前線為保衛台灣而決心與孤島共存亡，爾後又經歷各種職務。回顧逾半個世紀的公職生涯，常在出生入死褒貶毀譽之間，柏村總是以經國先生的話，「冒人家所不敢冒的險，吃人家所不能吃的苦，負人家所不肯負的責，忍人家所不能願忍的氣」，自勵自勉。

權位是用來為民服務的，對個人並無意義。我在擔任行政院長任內，一本血性良知，以國家利益及人民福祉為施政著眼，訂定「安定、民主、法治、建設、統一」為施政方向，自審無我無私，已竭盡心力。明天雖然即將卸下公職，不過作為國民一份子，仍將追隨全國同胞之後，為民主、富強、統一的中華民國，再盡棉薄。

現在讓我們一起振臂高呼：中華民國萬歲！

龍旗八十二（1993）年三月號第一四五期

梁肅戎的「宿命結論」

勞政武

民國九年八月出生於遼寧省昌圖縣的梁肅戎先生，一生有曲折的經歷和非凡的事蹟。在今天充斥著軟弱、陰柔、阿諛之風的政治高層中，像他這種剛強、明朗、堅守原則又能不與時代脫節的人物，實在太少見了。

梁先生常自稱是一個「法治主義者」。他是偽滿時代的〈長春法政大學〉畢業生，當過日本人治下的檢察官，來台後在立法委員任內也兼過很長時間的律師，又得過日本明治大學法律碩士、博士的學位，他是一位「法治主義者」是理所當然的。可是綜觀他的一生事蹟，「法治主義者」似不足以概括，應該加上「民族主義者」及「民主主義者」兩種素質，方克相當。

◎支持郝院長的關鍵人物

去年底、今年初，梁肅戎積極主動地到處奔走，力勸郝柏村院長千萬別總辭，最後失敗了。他在元月三十一日的《聯合晚報》上公開說，對於郝先生在國民大會所受的侮辱，讓他「難過得真想吐血」！「今後國內的政局等於是，反台獨的堡壘被部分〈台灣國民黨〉和民進黨勾結起來攻陷了」。他並嚴重警告：「國民黨中央如果不能堅持一貫的國家信念，執政黨和中華民國將一步步走向死亡！」

在這段期間，許多朋友勸他「辭不辭又不是你的事，何必多管閒事？」還有一些莫名其妙的人，流傳一些難聽的話來貶損他。但他始終不為所動。常向人說：「我為什麼要這麼做？也許是宿命的結論。」

好一個「宿命的結論」！這不是「此生註定」、「上天旨意」、「明知不可為而為之」之類含有最高道德使命性的說法的同義語嗎？這種悲壯的講法，讓人聽來泫然欲泣。李登輝要換一位行政院長，竟會激起他人出自最高道德良知的爭執，這種情況焉能不檢討？

梁先生在他的《九一八事變前後中國國民黨人在東北的活動》大作中說到：

> 日，俄帝國主義為爭奪地盤，侵略東北，在東北開闢戰場。東北民眾慘受顛沛流離之苦、殺傷荼毒之害，祖父、父親、自己三代長年的悲慘命運；使生於斯、長於斯的東北同胞，防敵禦侮，保家衛國的民族意識、愛國情操特別強烈。

這段話也是梁先生個人的性格形成的背景寫照。這也就難怪，年輕時代和今天的梁先生，一樣表現出強烈的民族主義使命感了。

梁先生的一生，可以分三個階段來了解。

◎一位年輕的地下黨領導人

第一階段是二十五歲以前。民國二十八年六月，他還在〈長春法政大學〉讀書時代，就加入國民黨，從事抗日地下工作。兩年半以後，這位傑出的青年被任命為長春市黨部書記，即是偽滿洲國首都的地下黨領導人。三十一年，為有效地掩護地下工作同志，梁肅戎通過嚴格的高等考試和法官訓練。翌年春，他擔任了長春的檢察官。因為這個職務的權力很大，可指揮日本憲兵和警察，所以很有效地掩護了黨的地下工作。

三十三年三月間，發生了遼、吉、黑三省省黨部被日本人破獲事件，株連甚廣，梁先生也在被捕之列。由於他的身分須經日本司法大臣核可，所以有一週的時間，他大可聽母親的勸告而逃亡到大後方。但這位剛烈的獨子，違背母命寧可為國犧牲，為的是保存其他同志的性命。此事結果，許多同志被判死刑，他被判十二年徒刑，這是因為他的檢察官身分受日本法官敬重之故。在獄中，他受盡了苦，也沒有供出其他同志。在宣判庭上，他竟當場提出強烈抗議，指摘法官把愛國志士判死刑是沒有良心的行為，他聲請願將自己的刑度提高為無期徒刑，要求把判死刑的同志減為無期徒刑。這一舉動使得法庭為之震動，在旁守衛的憲兵紛紛舉起刺刀衝前，架在他脖子上，他根本不為所動。這種勇敢行為，使得日本法官大為敬佩，溫和地阻止憲兵動武，仍照原判宣布退庭了事。

幸而一年多以後日本就投降，他同許多被判死刑同志未執行即慶新生。與他同蒙難的同志，多位來台後都是有名的，如石堅、侯天民、張一中、張鴻學、李繼武、吳廣懷等，自此對這位同志無不敬佩有加。

在他年輕時代，像這類英勇事蹟尚不止這一件。他有過這樣的出生入死歷練，難怪他越老越顯得與眾不同了。

◎受壓抑的漫長歲月

第二階段是來台以後，到民國六十六年出任國民黨〈中央政策會〉副祕書長止。在這近三十年的漫長歲月中，他所扮演的角色變成了「民主主義者」。

因為在大陸上他是黨部系統的幹部，自然成為「C．C．派」。來台之初，鑒於大陸失敗，當權者認為主要是黨沒有辦好，C．C．派該負最大的責任。於是此派的領袖陳立夫先生被迫到美國去養雞謀生。在台的立法院尚有一百八十位C．C．派委員，處境也當然不好。加之，他們的中心主張是「自由民主」，常與當道的想法有所杆格，因而長期備受排擠，等於是黨內的「在野人士」。這一派人認為黨應該走向民主化，還組織了名為〈革新俱樂部〉的立法院次級團體，領導人為齊鐵生，派內最年輕的梁肅戎擔任執行秘書。五十年代末期，齊鐵生同雷震等籌組新黨，多虧梁先生到處奔走，央了大群人向總裁表達意見，齊才沒有同雷震一起被捕。不久，梁先生自己又做了兩件大事令當局不高興，一是替雷震當辯護律師，一是為彭明敏辯護。這兩件事也使得梁肅戎同「黨外人士」有了交情，種下日後出任「溝通工作」的淵源。

在這時的梁肅戎，曾有愛護他的人勸他向陳誠靠攏，但為梁所拒絕。他認為，政治與做人不可分開，都應講道義，他甘願留在C．C．派內，為爭取自由民主法治人權而奮鬥。他這種態度，註定了這階段的他只能是「政治邊緣人」。

為彭明敏辯護的事，還有段想不到的餘波，令梁先生十分光火。當初，梁先生不但為彭明敏盡力依法辯護，而且判決徒刑八年確定後為他奔走了七個月，由彭寫悔過書，蔣公予以特赦釋放，彭是為台灣叛亂犯不服刑即予以特赦的第一人。不料，彭在去（民八十一）年十月十四日的《中國時報》一篇專訪上，說了段這樣的話：「我家找他因為他替雷震辯護過。但沒有盡什麼力，只拿我寫的辯護書在庭上照唸。他拿我這台灣人找他辯護作為政治資本……」

這種話不只有失厚道，簡直是刻毒地挑撥省籍情結。梁看後，立刻撰了一篇〈為彭明敏『台灣人民自救宣言』事件辯護及特赦經過〉長文，把當時的辛苦努力過程全盤道出，並直斥：

> 彭教授現成為海內外異議人士的精神領袖，自認為有一個反抗者完整的自我，一個完整的人格；對曾向政府輸誠悔過、承諾不再搞台獨的事實，構成人格上的瑕疵；乃自心矛盾，有所隱瞞，情有可原，當可宥恕，本不欲重提往事。但他竟違背了做人的誠信原則，不應顛倒黑白、故意造謠，已對我造成重大的傷害和侮辱。

此文刊出，彭再也無言。

◎終被重用

民國六十五年，梁肅戎自日本獲得早稻大學法學博士回來。翌年，他被蔣經國先生延攬入中央政策會，任副秘書長之職。自此一做九年，後升秘書長，再轉任立法院副院長、院長。前年退職，改任總統府資政以迄今天。這是梁先生的人生第三階段。

先是，民國六十六年底選舉縣市長，發生了〈中壢事件〉，這是島內「台獨」勢力公開化的先聲。選後，他們並組成「黨外」集團，運用各種方法，爭取政治空間。次年十二月中央民意代表選舉前，發生了〈中山堂事件〉，這是島內「台獨」勢力公開化的起點，也是島內民間反制「台獨」的起點。再次年（六十八年）十二月，發生了〈美麗島高雄事件〉，主事者嗣後被判重刑。也在此段期間，外交方面又遭到美國斷交的挫折；中共對台政策方面則發表「告台灣同胞書」，展開了和平攻勢的新頁。

就在這種內外環境激變裡，甫接第六任總統的經國先生，施政的總路線是「在穩定中求發展」。為穩定內部，對政治異議人士顯然是採「一手硬，一手軟」的雙面政策；一面對台獨勢力打擊，一面對他們「溝通」爭取。具備良好條件的梁肅戎先生，在這個時候被經國先生選作政策會副祕書長，專事同「黨外」的溝通工作，這是經國先生自然的選擇，也是梁「宿命」的結果。

自此約有八九年的時間哩，梁先生擔任「溝通」的職務，難免被另一方面的人誤解，甚至有老同志公開謾罵他為「梁勾結」者。但隨著形勢的演變，他到立法院擔任院長之後，表現出強烈的「法治主義」及「民族主義」精神，堅決不向非法低頭，堅決反對台獨，種種大義凜然英勇表現在國人面前，過去對他有誤解的人不但不再誤解，而且打心底敬佩他是英雄了。

◎一個政壇罕有的人物

無論從那個角度來看梁肅戎，政壇上像這種人是罕見的。

例如他對人十分坦誠，絕不像一般高層人物慣有的那種敷衍圓滑或道貌岸然的態度。他的解釋是，因為青年時代從事地下工作，與同志相處必須是「交心的」，否則，不但不能展開工作，而且隨時都有被敵人抓去殺頭的危險。由是坦誠帶人成了終生的習慣。

又如最近他常公開批評層峰的「本土化」政策，絕不諱言要求中央多顧及外省人的權益、以維持政治生態平衡。許多高層人士勸他不要說得太直率。他的態度卻是：「人家敢做，我還不能說嗎？」其實許多外省籍大老懷有「省籍恐懼感」，總避諱觸及省籍話題，只有像梁肅戎這種有過出生入死經歷的人，才能看透一切，無所顧忌，有話直說。

政治人物常易流為兩種極端；一種是沒有任何原則，凡事「務實」者，其實是投機份子。另一種是死守一個原則，縱客觀環境變遷亦不能更改，成了保守頑固份子。梁肅戎顯然都不是這兩個極端的人。他做人講道義，從政有原則。他的原則不是一個，而是「民族主義」、「法治主義」及「民主主義」三個，乃能因客觀環境的需要而突出其中的一個，因此他是既有原則又能跟上時代者。

在抗日時代，他不怕犧牲，突出表現了他的「民族主義」原則。在立法院為C．C．派效命階段，他不怕抗拒當道，突出表現他的「民主主義」原則。在面對反對派人士的大鬧立法院時，他堅決地執行自己的職權，突出表現了他的「法治主義」原則。今天他堅決地反台獨，又何嘗不是再次表現了他的「民族主義」原則？

因此，儘管每一時期都有批評梁肅戎的人，但沒有人不承認，這位東北大漢是「一條鐵錚漢子」！儘管有人討厭他的原則，但沒有人認為他是與時代脫節的保守分子。

在未來三、五年內，將是中華民族歷史的關鍵時刻，和平民主統一是全民族的要求，台獨是和平民主統一的最大障礙。時代正需要梁肅戎這種大無畏的民族主義精神。今年雖已七十三歲的他，在海峽兩岸老一輩政治人物中，他還是最年輕的；可以預見，他仍會有燦爛的「政治空間」。

編按：這是龍旗最末期，以梁肅戎為封面人物，內容也是介紹他為主。當時他任〈中國和平統一促進會〉會長。

龍旗八十二（1993）年四月號第一四六期

八十四年

「連四項」，可信嗎？

勞政武

編者按：大陸在除夕提出了「江八條」，台灣日前回應了「連四項」，李登輝下月還將回應，一來一往兩岸關係必出現微妙變化。現特闢「兩岸熱綫」專欄，請專家學者撰文，提供深入分析、前瞻意見，敬請讀者垂注。

中共總書記江澤民除夕發表新春講話，提出八點〈現階段發展兩岸關係、推進祖國和平統一進程的若干重要問題的看法和主張〉（江八點），在台灣引起極熱烈的反應。二月廿一日，行政院長連戰藉施政報告之便，代表台北當局正式提出了回應，揭示「面對現狀、增加交流、追求統一」是現階段最可行的做法（輿論界稱為連四項）。連戰並說，兩岸關係進入「協商時代」已來臨，平等、務實、理性的協商有助建立交流秩序，加強雙方互信、雙贏的基礎。

「連四項」對上「江八點」，無疑是兩岸關係掀開了新的一頁。但是否自此走上逐步追求和平統一的坦途？恐怕困難很多。其中最重要的關鍵，是兩邊所講的是否「可信」問題。

中共向來自詡「講話算數」的，數十年來歷史證明也如此。不過，所講的到底涵義如何？則是其玄機所在，不是一般人僅憑望文生義即可了解的。這是中共擅於運用中國文字的靈活性、再加上運用辯證法的緣故。過去實例多得很，在此不遑列舉。慣於望文生義的國民黨人，常常被弄得有如啞巴吃黃蓮，只有步步走向失敗的深淵。到台灣之後學乖了，卻變成「怕」字當頭，對中共任何有關語言文字，一律斥之為「統戰陰謀」，相應不理但求自保算數。所以，這次國民黨能由官方出面，以「連四項」作正式的回應，實屬空前之舉。就憑這一點，中共應覺得高興。

同中共比較起來，國民黨人的對外政策性談話，就輕率得多了。何況，國民黨結構的本質又是相當鬆散的；這位當權者代表黨或當局講了話，另外一位當權者常常加以否定（或代以另一套說法）。尤其到了李登輝主導這幾年來，同一個人今天這樣講，明天可以自我否定的！他們如此自相矛盾，也能找出種種美妙的詞藻為理由，如「民意如流水」、「朝令既不對，夕改又何妨」之類便是。

因此，若問「連四項」可不可信？這個問題便複雜了。它還不是連戰個人的問題，而是李登輝會不會否定他的問題，以及兩岸的實際互動問。

一個政治人物被認為可信，是社會大眾對他過去言行表現及出身背景的綜合判斷。

連戰出任行政院長二年來，表現得相當穩重，尤其有關國家認同、兩岸關係等敏感性問題，未出現過錯誤。他給人的印象，類似當年對孫運璿的評價「越做越像個行政院長」。再稽考他的出身背景，祖父連雅堂是《台灣通史》的作者，這部地方性正史充滿了中華民族傳統文化精神。父親連震東深受國民黨的栽培。母親是東北閨秀，在西安生下了這位獨子。連戰在大陸讀了幾年小學才隨父到台灣，從此一路讀書，獲得美國的政治學博士，回國後仕途順遂，又娶了中國小姐為夫人。所以綜合這些背景判斷，連戰年前說的兩岸關係要「雙贏」，這次說「兩岸遲遲不能統一的癥結不在台獨」等談話，應該係出自肺腑之言。他不至於像台北一些當權人士，受了中共壓力時就說說統一，平時所做的實際是反統一。

問題是，在兩岸關係的運作上，連戰究竟有多少自主權？〈海基會〉三任秘書長只想做多些事務工作，增進兩岸的交流，結果相繼被迫去職，殷鑑猶鮮活。曾公開宣稱國防、外交及兩岸關係由他自己掌控的李登輝，是否從此放心由連戰去促進兩岸發展？這才是關鍵所在。事實上，針對「江八條」，李登輝已說過下月召開國統會時也回應；新聞界咸信最重要的話留給他自己說。

客觀檢討兩岸關係，如果雙方領導人有足夠的氣魄與智慧，不應該經過了十多年還停留在目前這個樣子。中共的責任是，不該以「老大」的架勢，使人感到「以大吃小」的駭怕。李登輝的責任是，不該以一些怪異的言行來搞壞內部的團結，招致中共的疑慮。作為一位政治領袖，李登輝的表現相當奇特。早在五年前，北京高幹便傳出鄧小平的評語：「這個人花樣很多！」四年前台北有份散布頗廣的文章，說李的立場是「不統不獨、亦統亦獨、時統時獨、可統可獨」。現在有更多事實，證明他是這麼的一個人。古人說：「以正治國，以奇用兵」，李氏以其不可捉摸，使全部外省籍大老離開了權力圈，這是他個人成功的地方。但處理兩岸關係，對手的鬥爭謀略更勝一籌，此事關乎全民族福祉，還是以堂正態度對待為是。

一九九五年二月廿四—廿五日　香港星島日報四版

誰說我親共，我就要告他！

勞政武

〈國民黨港澳總支部〉主委黎昌意，廿日以外交部駐港辦事處負責人身分，列席立法院提出〈香港最近情勢發展〉報告，遭到民進黨數名台獨色彩鮮明的立委「重砲轟擊」。台灣各報昨日都大幅刊登，煞是熱鬧。

立委質詢他曾與〈香港新華社〉的王振宇公開登台合唱〈何日君再來〉，與中共駐港高幹交往密切，又以百萬港幣購買中共政協委員霍英東所主持的〈香港鄉村俱樂部〉會員證，等等。黎昌意澄清，一一推諸本著政府的「不退縮、不迴避」原則辦事，自己毫無過錯。他大概被指責得惱火了，甚至說：「誰說我親共，我就要告他！」

看了這些熱鬧的新聞，不由想起三年多以前一段小小的秘密，當時一位德高望重的長者就感歎過：「唉！這就是黎昌意。」

一九九一年十月，民進黨將「台獨條款」列入黨綱之中，港澳各界反應極激切。當時台灣的許多熱心人士也正在籌組一個〈中國人反獨護國大同盟〉，筆者參與其事。幾位香港青年來台找到我，我提供了一些意見。他們回到香港後，也組織起來，由已故的政評家葉知秋當主席，成立〈中國人（港澳）反獨護國大同盟〉。

當時，那幾位香港青年來台找過筆者之後，回港便找黎昌意。其實找他並沒有什麼事，只是看他初到香港，是國民黨的新領導人，故向他報告要辦反台獨的活動，以示尊重之意而已。想不到黎當頭就澆人一盆冷水，說反台獨「沒有必要」。還對那幾位青年說：「那個勞某人偏激」云云。這幾位青年氣不過，在工作會議上作了報告。筆者當時為了避免節外生枝、弄錯方向，乃勸慰他們。但葉知秋卻認為此人太過份，非「教訓」不可，於是自是年十二月下旬起，連續一星期，日日在他的專欄上，點名批判黎昌意。其結果是，港澳反台獨人士更加鼓舞，踴躍參加千人大餐會。後來，還是外交界元老夏功權先生及黃埔六期與黎玉璽上將（黎昌意之父）好朋友的陶滌亞將軍出面，葉知秋及其他青年才停止了批判。

筆者提這段往事，絕不是對黎有甚麼惡意。相反的，是對他昨天遭受「台獨」人士如此攻訐表示同情，說出這段經緯，也許有助他今後調整自己。平情而論，黎昌意領導港澳這幾年的工作，很賣力，也有表現。別人批判的種種，他也未必站不住腳。例如出售〈華夏大樓〉，縱使他在合約上簽過字，也不表示他能作主；事關黨產處分，李登輝怎會信任這位「非嫡系」的人？他不過是官場上擺在香港的一顆「棋子」罷了，隨時可以更換的。香港僑界的一些人愛拿他來當箭靶，恐怕根本還出在黎平時待人處事的成熟度尚須淬煉。

做人要講禮義，從事政治要講立場。黎氏今天承受的攻擊，竟然來自台獨人士及反台獨人士的雙方，這不是很諷刺嗎？政治上意圖不得罪各方，常是到頭來得罪了全部，這便是不講立場原則的果報。黎現在又說：「誰說我親共，我就要告他！」這在政治是有欠定見的話。何謂「親共」？跟中共的人交往有何不對？據甚麼法律規定「親共」是有罪的？「親共」是道德問題，可告以誹謗嗎？民進黨前任主席許信良、黃信介都去過大陸接受招待，算不算親共？李登輝的親信劉泰英、蘇志誠都去過大陸又將如何？只有想清楚這些問題，心中便有定見，就不會被莫名其妙的攻訐所激怒，就能在政治上表現卓越的風格了。否則黎氏將來難免又受「共黨人士」與「非共人士」雙方夾擊的。區區管見，不知黎氏以為然否？但望不要再說筆者「偏激」才好。

一九九五年三月二十二日　香港星島日報

「黨產風波」的焦點

勞政武

月來國民黨大鬧「黨產風波」。事情發展到目前，問題的焦點似乎被刻意改變了。這是值得探究的。

這場風波原是國民黨的家務事。其起源應推到去年三月廿日香港高士打道〈華夏大廈〉的賤價出售，當時引起本港四十多個自由社團聯名抗議，台北黨中央不得不以正式公文答覆，說該案是經黨產管理機構通過，並由李登輝批准的。此事一時沉寂下來，但黨內的不滿並未消除。

直接導火線是今年二月廿二日中常會討論預算案，中常委俞國華、王又曾二人相繼對黨產的數量及管理提出近乎質疑的看法。一路發展下來，新聞界把事情炒大了，迫得不能不公布黨產數額。結果兩個單位公布的數字相差新台幣一百億，而且與常識評估者差太遠（公布者只有三、四百億，常人估計超過千億），引起一片譁然。在黨產管理方面，追出捐贈十億元給私人在李主席家鄉建醫院的事，再加上華夏大廈賤價出售的不滿，這場風波看來難以善了，勢必影響到黨內提名總統候選人問題。

「移轉焦點」，常是解決政治風波的手段。首先是劉泰英拋出的「權力鬥爭論」，將質疑者歸為黨內派系的鬥爭，矛頭直指郝柏村。為此，郝在三月十五日發表說話反駁。次日，李登輝親自上陣，在一項會議上公開宣稱：「黨產非不義之財，可奉獻給國家、社會」云云。民進黨如響斯應，次日即發表聯合聲明，要求國民黨「把不義之財歸還給全體人民。」這就是把黨產問題引到「非家務事」的焦點上去了。

任何團體的財務問題，其成員都有權過問，這是天經地義的事。主管者只要公正合法，就不怕任何質疑；胸懷磊落者反將質疑看作表白的好機會。把別人的質疑說成「權力鬥爭」，豈不自暴心虛？

李登輝忽然宣稱「黨產可以奉獻給國家社會」之論，實在令人莫名奇妙。黨產是完全共有的財產，「奉獻」給國家社會是一種財產的法律處分，他一人就有權這樣做嗎？如果他真以為有此權力，那就是「視黨產為私產」的心態了。如果他明知沒有此權力，那就是故說些空話大話，無非在移轉「黨內矛盾」為「黨外矛盾」；今後誰還敢提黨產的事，不難背上個「毀黨之徒」的罪名了。

七年來，李登輝在權力鬥爭中無往而不利，根本憑藉的就是兩大武器：一是省籍，二是黨產。兩者巧妙運用結果，使得外省籍大老通通失敗，使得本省籍人士無人能抗衡。顯然他還想選總統，對黨產風波作轉移焦點的處理也就不奇怪了。

一九九五年三月廿五日香港星島日報

兩岸政策的交集與分歧

勞政武

據台北報載，李登輝將於四月八日改組後第一次〈國統會〉上，就新階段大陸政策發表重要講話。規劃的講話方向是：李氏以國家元首立場，呼籲中共當局正式宣布中止兩岸敵對狀態，展觀善意，使兩岸關係進一步正常化。台灣當局且在李氏發表講話後，於四月中旬始陸續開放大陸經貿、交通、農業人士及〈國台辦〉官員來台等重大項目。

顯然，這是台北方面繼〈連四項〉（面對現狀、增加交流、相互尊重、追求統一）之後，對〈江八條〉的進一步善意回應。基本上，中共方面是應該表示歡迎的。據十九日北京消息，中共希望兩岸透過協議，結束敵對狀態，建立兩方的互信。

可以預測，兩岸關係今後會有個新的局面、良性互動比較迅速的局面。但較低層次的政策的交集，並非就是一帆風順向統一的目標直航；一碰到根本性問題，恐怕齟齬便難免了，所以海內外的中國人也未可盲目樂觀。

要求中共「放棄武力犯台」、承認「對等政治實體」、給予「國際生存空間」這三點是台北堅持的根本性政策。若細加分析，要求中共放棄武力犯台一節，已是理不直氣難壯。因為中共一再明確表示，只有外國勢力侵入或搞「台獨」情況下，才有動武的可能；所以台北仍堅執此要求，等於表示有搞台獨之嫌了。

所謂「國際生存空間」是「對等政治實體」的衍生物，沒有併同強調的必要。因此，台北所堅持的根本政策只有一個「對等政治實體」而已。其實這個新造的名詞並不高明，〈中華民國〉就是中華民國，這個由孫中山創建的政權，雖然自一九四九年統治領域縮小了，但並非「國家人格」的消滅，李登輝執政後有何理由羞於提她？何必另造個名詞，給人畏葸之感。

中共堅持「在一個中國前提下，甚麼都好談」，其實所指的一個中國是由「中華人民共和國」政府代表的。這麼一來，台北當局自然就成了「地方政府」。這就是〈一國兩制〉的精義所在。這一堅持，恰是台北方面絕不能接受的。因此，兩岸政策的根本分歧，說穿了仍與中國歷史的朝代一樣，就是「誰是正統」之爭。照歷史經驗，這種爭鬥都是要用武力才能最後解決的。有人想逃脫這種歷史經驗法則而要搞台獨，但後果必然適得其反，武力爭鬥會更早來臨。處在這個民智已開民權高漲的時代，有沒有一種跳出歷史經驗而能和平解決的辦法？這就是對兩岸領導人智慧的最大考驗了。

一九九五年三月廿六日　星島日報

中東之旅為「掌聲」

勞政武

本月一日到四日，李登輝匆匆「中東之旅」，訪問了阿聯酋及約旦兩國。此行是繼去年「破冰之旅」及「跨洲之旅」之後，第三次「實質外交」。比較起來，這次外界反應有兩大特色：一是在台灣內部引起不少的質疑與非議，二是中共反應較為和緩。

〈民進黨〉前主席許信良毫不容情地說：「國家元首外交出擊，所著重的不應只是國內掌聲……以台灣有限的國家資源，這種不分輕重的全方位出擊，所得到的很可能是全方位無效。」如果不以人廢言，許某此說很有道理。

台北《聯合報》發表社論，詳細分析了「經貿外交」之道，最後直率地說：「元首赴中東私人訪問等行動，層次雖高，與國家整體長期利益究竟有何關聯，卻不得而知，不免令人有走一步算一步的感覺。」

政治人物的一次重要行動，常有多元的目標。而在多元目標之中，又常有輕重次序，甚至有「真實目標」為「表面目標」所掩蓋的。李氏這次中東之旅，台灣許多傳媒都認為，其真實目標是為了總統的競選。當然，李氏回到中正機場開記者會時，也曾否認這個問題，但那不過是官式的必然論調而已。無論如何，從李氏近幾個月來的言論和動作，不難看出其中的一致性，就是想再選總統而已。這個道理，筆者在上篇專欄「李登輝的策略」中已講過了。

中共這次雖依往例地抗議，但反應程度比過去溫和。這或是出自為〈江八點〉營造一個較好的氣氛而考慮，也算進步了一點。照筆者看法，中共倒真要好好檢討一下這個問題。這次，〈中通社〉仍發表評論說：「李登輝和台灣政要無論藉任何名義出訪，都是製造『兩個中國』和『一中一台』，為兩岸走向統一製造新的障礙。」這種僵化的看法，等於協助李氏獲得更多的「掌聲」而已。兩岸統一，是海內外炎黃子孫的共同願望；但硬要中華民國自承是「地方政府」，不許有國際活動，這個問題不必同「統一」劃上等號，否則統一更遙遠了。李登輝在記者會上說了這麼幾句話：「中共成立只有四十五年，中華民國已經八十四年了」、「同中共交往，不是國際問題」，顯然在各種壓力下，李氏講話也比過去得體多了。雖是競爭策略，也值得中共玩味的。

中共今天擁有如此龐大力量，實在不必太在意台灣在國際上多交個朋友。兄弟鬧翻了何時才和好，自有根本緣由在，與雙方在外面擁有多少朋友並無太大的關係。中共如能換了態度來看這個問題，李登輝得到的掌聲就更少了，統一之路便縮短了。

一九九五年四月五日　星島日報三版

林洋港不夠膽識

勞政武

始終被李登輝視為強勁對手的林洋港，各界有識之士對他卻越來越不看好；認為他在國民黨內總統提名的競爭，將無法與李氏抗衡；而他既無脫黨競選的勇氣，故終與總統之位絕緣。

五年前，無論比甚麼條件，如口才、魄力、群眾基礎、基本幹部等，都勝過李氏的林洋港，為什麼落到這地步？揆其根本原因，稍遜膽識而已。

中國文字很妙，涵義甚廣，「膽識」一詞便是如此。本來膽是膽，識是識；前者屬於「勇」的範疇，後者屬於「智」的範疇。兩者合成一詞，那就變成「真正的膽量（勇氣）必然生於智慧的基礎」之複雜意思了。

不但如此，《中庸》說：「智、仁、勇三者，天下之達德也，所以行之者一也。」膽識又同「仁」密不可分的，實踐起來是渾然一體的。這個「一體」是什麼？就是「誠」。

所以說：「為天下至誠，為能盡其性。能盡其性，則能盡人之性，則能盡物之性。」林氏空有諸多優越條件，正是膽識不夠之故，不能以至誠的境界去運用，自己的特長不能全部發揮出來（不能盡其性），別人的力量以及客觀環境的一切力量（人之性、物之性）當然逐漸渙散了。

這不是筆者曲解中庸來非難林洋港。由於他最近到各地去巡迴演講，主題離不開《四書》，所以聊備一說以供各界參考而已。事實上，四月一日報紙就登了新黨的趙少康公開談話，直指林氏令人失望，如果他再以「不忮不求不拒」的態度，坐待別人來擁護他當總統，那是不可能的。趙並具體要求林該有大動作才行。問題是林能做出甚麼樣的「大動作」呢？這就是「膽識」所繫了。

回想五年前，國民黨內一群人擁戴林洋港、蔣緯國搭配，同李登輝競爭。結果，蔡鴻文幾句挑撥離間的話，李登輝一句口說無憑的允諾，就瓦解了林氏的意志。如果當時林氏堅持下來，絕對可勝的。林氏也許讀《四書》多了，不由自主地染上了「道學」心態，凡事只講「守分」、「自然」，這在「做人」原則，本是不錯的。但「做人原則」只是基礎，並非可以取代一切其他法則。權位競爭有其本身的法則，不循這種法則去做，必然是個失敗者。到最後連做人也不易被肯定，「宋襄公之仁」之所以為千古所笑，就是這個道理。

林氏自稱受《論語別裁》的影響很深，這是一部「經史合參」重在實踐的書。他如想不出有甚麼「大動作」，又何妨去請教一下這部書的作者？

一九九五年四月六日香港星島日報 三版

「以統保獨」的政治路綫

・評〈李六點〉之一・

勞政武

李登輝的「四・八談話」發表之後，台灣各派人士雖有種種不同的解讀或評判，但總括起來卻有個奇怪現象：除了一些歌功頌德之音無足輕重者外，無論統派或獨派人士都沒有強烈批判的，幾乎一致出現「雖不滿意，但可接受」的態度。這是甚麼緣故？

就文論文，李氏這篇談話，是國民黨多年來少有的好文章。其字數與「江八條」差不多，但在結構之嚴謹，筆調之感性方面，「李六點」猶勝一籌。一般人望文生義，尤易受軟性的筆調所炫惑，故對全文的玄機難以立時把握，也就很自然的了。

「李六點」全文的玄機何在？一言以蔽之：「以統保獨」而已。統派見到大量的「統一中國」感性之詞，還能說甚麼？獨派的人曉得實質得到了「分裂分治」的保證，自然也可以接受了。

綜觀李氏講話的全文，確實是一條「以統保獨」政治路綫。但這裡所說的「獨」，是廣義的，包括台獨、獨台、分治等等，反正不要統一便是。

欲把握「李六點」的要旨，不但應分析他所提的六點主張，更要細察其「前言」及「結論」部分才行。筆者擬以六至八篇系列文章來分析各項問題，本文且先談談「前言」及「結論」部分。

「前言」分為六段，除首段是「緣起」性質的應酬話之外，第二段以下是有著嚴謹的邏輯性的，即：「自稱有統一誠意」→「國統綱領規定三原則是統一誠意的條文化保證」→「國統綱領第四原則規定了統一要分階段」→「由於中共在國際上處處排擠之故，未能統一錯不在我」→「提出六點具體主張來建立兩岸正常關係」。按這種內容的邏輯發展，豈不等於說：「我李某向來主張統一，要統一先保住台灣，所以要慢慢來。現在沒有進展，錯不在我。我現在再提六點主張，如果你不答應就破壞兩岸正常關係，錯上加錯！」

李文的「結論」一大段更妙了，完全是「以三民主義統一中國」精神的一種委婉說法。還有呢，針對〈江八條〉全文三千七百字沒有一言道及「民主」之詞，〈李六點〉不但提了八次「民主」及「民權」，還突出地提出了「共同促進港澳民主」，這恐怕觸及中共目前的「最痛」了。這帖「藥」，中共吃得下去嗎？吃不下去，當然最好免談統一了。

兩岸關係依然是力的對抗。不過在這個民智已開的時代，這種「力」已不盡操在雙方執政者手上，最終還在民族的整體意志。針對〈李六點〉這種態度，台北《聯合報》發表社論呼籲「將兩岸對話直接訴諸全體中國人的支持！」此話有理。筆者站在海外的中國人立場，要詳談這問題，意亦在此。

一九九五年四月十二日　星島日報

李登輝沒有「求統一」的意思

・評〈李六點〉之二・

勞政武

〈李六點〉的第一點：「在兩岸分治的現實上追求中國統一」，是回應〈江八條〉的第一、七兩項主張而來。但兩人所強調的恰是南轅北轍；江要求統一，李則要求中共先客觀對待這個「分裂分治」的現實，才「探尋國家統一的可行方式」。實際上，李的意思是要中共先承認「中華民國在台灣」的主權與治權，才談統一問題。這同〈江八條〉第一項主張的「堅持一個中國的原則，是實現和平統一的基礎和前提。中國的主權和領土絕不容許分割」是各說各話，毫無交集可言。

〈中華民國〉是孫中山創建的政權，她比中共政權先存在三十八年。一九四九年以後，她只是有效統治的領域縮小而已，不是國家人格的消滅。這是誰也無法否認的事實，用不著中共去承認。李氏這種要求，不是多此一舉，便是根本沒有統一的誠意。

平情而論，中共十六年來所發表的對台政策性文件，都表達了「尊重歷史」之類的意思。中共主要是希望透過雙方談判，來達成中國統一。至於「一國兩制」的構想，在中共的意思，也不過是像買賣由一方先「開價」的性質，對方當然有討價還價餘地的。所謂「一切都可以談」，甚至暗示連改國號都可以談，正是這個意思。而今李氏不但強調「分裂分治」，而且主張「在國際場合自然見面」；並要求中共先宣布放棄對台用武，才進引結束敵對狀態談判的「預備性協商」。對這種態度，中共豈無「被戲弄」的感覺？其後果恐怕凶險了。李氏也許以為這樣做是為了二千萬台灣人民的福祉，其結果恐怕適得其反。

蔣經國時代，對中共採「三不政策」，峻拒和談，雖是出自歷史教訓的恐懼，但理由是光明正大的：「我才是中國的正統，當然不同你這個叛亂集團和談」。中共對之雖然氣惱，也沒有辦法運用民族主義來加罪於他。今天李氏執政，情形已大不相同，既不再以「正統」自居，台灣的經貿又依賴大陸日深，卻以種種藉口來拒絕和談，無論用的言論多麼溫馨，都是難以說服海內外中國人的，更是難以取信於中共的。

對原則問題向來不放鬆，是中共一貫的性格。〈李六點〉提出擴大兩岸經貿、幫助大陸農業等，固然是中共樂於接受的。但若以為這種「小恩小惠」，便可以「分裂分治」下去，恐怕對中共太輕估了。

「花開堪折直須折，莫待無花空折枝！」台灣還有多少籌碼可供揮霍的？李氏應知「時難得而易失」的道理。

一九九五年四月十三日　星島日報

文化是中國必然統一的保證

・評〈李六點〉之三・

勞政武

〈李六點〉第二項對應著〈江八條〉，都談到了中華文化問題。這可以說是最重要的交集點。不過，雙方的提法都有瑕疵。

江文說中華文化「也是實現和平統一的一個重要基礎」，這是窄化了中華文化的作用。它何止是一個重要基礎？是「所有基礎的基礎」才對。

李文毛病更甚。他根本不談「文化統一」，只談「文化交流」。又說中華文化是全體中國人的「驕傲」，這個來自英文PROUD的現代流行語，用在這裡，就與中華文化精神相違背了。《易經・謙卦》彖辭說：「天道虧盈而益謙，地道變盈而流謙，鬼神害盈而福謙，人道惡盈而好謙」，所以中華文化只表彰謙謙君子。即使對蠻族異國，也要做到「嘉善而矜不能，所以柔遠人也」、「厚往而薄來，所以懷諸侯也」（中庸），何可言「全體中國人的驕傲」？言為心聲，很多人都感覺到，近二年來李氏的言談舉止都洋溢著虛驕之氣。李氏該小心「亢龍有悔」才是！

筆者始終相信，中華文化才是中國必然統一的保證。談到這個問題，讓人有空疏不切實際的感覺，其實它又是最根本最切實際的。凡是中國人，無論他居住在大陸、台灣、港澳或海外，他們的價值觀念與生活習慣都有共同的一致性，這便是「中華文化」這個東西支配著每一個人的實際。錢穆說得好：「民族與國家者，皆人類文化之產物也」，「中華民族」之所以成其為中華民族，「中國人」之所以成其為中國人，根本就是中華文化的緣故。

歷代碩學大儒幾乎都確認：對內有強大的凝聚力，對外有無邊的包容力，是中華文化的特色。正因為如此，造成了幾千年的中國大一統歷史，這種情況是西方任何民族所沒有的。在西方民族裡，最有內聚力的文化是猶太人，所以他們在國滅之後千餘年尚能重建以色列。但猶太文化碰到中華文化，就被包容掉了。此事最近有人研究，早在唐朝時代聚居在中國河南的猶太人，原是固守著他們的傳統文化，最後竟通通被同化成了中國人。所以，現在有些台獨人士倡甚麼「新興民族」論等，企圖逸出中華文化之外另立一國，真是太不自量力了，「爾曹身與名俱滅，不廢江河萬古流！」

最近北京傳出高幹子弟的一則感歎：「傳統在台灣，法治在香港，腐敗在大陸」，此言是否全對，姑且不論。但比較起來，台灣數十年來對復興中華文化的努力，中共應感汗顏。但過去種種俱往矣！中共今天已在急起直追，這是全體中國人的慶幸。兩岸今後多在這方面合作，不但能加速統一，而且能造出輝煌的歷史成績來的。

一九九五年四月十四日　星島日報三版

中共該如何解決農民問題？

・評〈李六點〉之四・

勞政武

〈李六點〉的第三項是對〈江八條〉第五項的回應，雙方有高度的交集，而且還提出「提供技術與經驗，協助改善大陸農業，造福廣大農民」的創意。

在大陸農村問題日趨嚴重的趨勢中，在江文已明示的「不以政治分歧去影響、干擾兩岸經濟合作」的原則下，對李氏這點創意，縱使是「以統保獨」的一個策略，既對農民有益，中共還是該接受的。

不過，據筆者所知，今天大陸農村問題之嚴重，恐怕不是「台灣的農業發展技術及經驗」所能解決得了的。李氏的創意，只是治標而已。因為今天大陸不只是「農業問題」，而是「農民問題」了。

筆者這種管見，自信非出自閉門造車。因為，筆者在廣東開平辦了個農場，這兩年來常與各省農民接觸，甚至有機會生活在一起，對他們的實際苦況相當了解。同時，年前又曾向前農業部長何康、農村問題專家鄧英淘（鄧力群之子）等了解到整個農業的「宏觀情況」。

大陸農民問題很多。諸如：農民收入太低，農村人口大量外流，很多耕地廢耕、大量農地濫建、農業技術落後、農產品價格不依市場規律訂定、農產品運輸系統不健全、農民負擔很多苛捐雜稅、農地分割得雞零狗碎浪費人力物力、農用工業產品（肥料、耕具、農藥、電力等）價格不斷上升，地方基層幹部貪污腐敗……等等。這些成堆的問題中，固然有互為因果的，但總起來說，都是「果」，而不是「因」。縣級以下政制不合理，以致不能為農民造福，才是「第一因」。如果只想從這些「果」去解決，那便是「頭痛醫頭，腳痛醫腳」了。

現在大陸的各級官員幹部太多了，據說有四千多萬。縣級以下的幹部數目龐大，非但沒有造福農民的功能，反而成為造成農民問題的「動因」，這是沒有有效的監督機制之故。理論上，這些基層幹部都是「群眾監督，向黨負責」的。但實際上，誰也無法監督他們，「向黨矇騙」是慣技。中央當然知道幹部問題的嚴重性，所以最近用老辦法「抓典型」——抓出幾個倒楣鬼來反一反，弄個「好人」來揚一揚。但又有甚麼用？也許連當今中共許多領導人都有所不知，中共原是為戰爭而設計的組織，在和平建設時代本不能適應了。在戰爭目標下，「抓典型」可以齊一眾志，很有作用。但在人人要發財的時代，個人利益本來會相衝突的，何能用這老辦法來齊眾志？只有用「民主機制」才行。

要求中共現在就全面「政治民主化」，既有動亂之虞，也做不到。但這個八億以上農民問題不解決，後果太嚴重了。所以筆者建議中共，何妨參考孫中山的地方自治理論，吸收台灣的農經經驗（尤其農會的造福農民辦法），對縣級以下的政制作根本的改革，以求徹底解決農村問題。

一九九五年四月十五日　星島日報

兩岸如何掙脫「死結」

・評〈李六點〉之五・

勞政武

〈李六點〉的第四點主張「兩岸平等參與國際組織，雙方領導人藉此自然見面」，是對〈江八條〉的第二、八兩項的回應。雙方有局部交集。沒有交集部分，咎在中共方面為多。

沒錯，李氏這兩年來頻頻「打國際牌」，有意用國際力量來抗拒中共。但對此目標他是「明知其不可為而為之」，卻樂此不疲地做下去，道理何在？當然「對內目標」才是真正追求的。中共不斷打壓，恰恰成就了李氏的目標。此是筆者在本欄〈中東之旅為掌聲〉文中已談過了。

如今李氏不肯去大陸，也不願江氏來台灣，而提出在國際場合自然見面。他打的當然還是「國際牌」，無非認為如此方能「證明自己的存在」，進而希望爭得「中華民國在台灣」的主權。這種做法，自屬「挾外人以自重」。但中共呢，動輒說：「中華人民共和國是中國唯一合法的政府，在聯合有代表權，並得到絕大多數國家的承認。國家主權不能分割！」這是甚麼意思？依然是另一種「挾外力以自重」，用洋規範來「證明自己的地位」。雙方的做法如此，是一種「弔詭」，也是中國人的悲哀。

筆者所說的洋規範，就是〈國際公法〉。事實上，中共的領導者這麼斤斤計較甚麼「主權」，就是思想被國際公法的一些觀念所束縛住了。只有思想掙脫這種束縛，徹底解放，才能解決這一弔詭的死結。

在國際公法上，所謂「主權」（Sovereignty）一詞，是最多歧義的。所謂「主權不可分割」只是極少數的法學見解，何能奉為金科玉律？何況，現在的國際公法，是歐洲文化的產物，遲至十七世紀才逐漸成形的，也就是我國明末清初的時候。有五千年文化的中國人，怎樣解決自己內部的事，為何要受這種「洋規範」的束縛？誠然，在這國際來往密切的時代，兩岸政府當然要懂得運用國際法；但應是用來向外國爭權益的，不是用來解決內爭的。

江文說得好：「中國人的事我們自己辦」。但怎樣「辦」？這才是問題的癥結，要雙方領導人發揮高度的政治智慧了。孫中山先生說過，中國人在政治哲學方面，比任何民族都優越。像今天海峽兩邊分裂的狀況，自有信史記載以來，成例多得很。三代（夏商周）時中國「群后」分立數以百計，大家是怎樣相處的？春秋霸政時代，用甚麼方法維持一百五十多個國家和平相處二百年之久？三千年前中國的〈國際法〉未必沒有更好的規範在。當然這不是說古代的辦法必可行於今天，但若對今天的死結用「現實主義」去搞些權謀手段，那就是「思想懶惰」，真是中國人的悲哀了。

一九九五年四月十六日　星島日報

「放棄對台用武」的戲論

・評〈李六點〉之六・

勞政武

「戲論」是佛學名詞。《大日經疏》說：「戲論者，如世戲人以散亂心，動作種種身口，但悅前人而無實義」。換言之，一切沒有意義的言談，如笑話、冗談、詭辯、觀念遊戲、刷嘴皮子等等，都可以稱為戲論。

〈李六點〉的第五點，乃對〈江八條〉第三、四項的回應。非但毫無交集，實是強人所難。且看其鋪陳的思路，有識之士難免發笑：這不是「戲論」嗎？

李文首先自稱已單方面表現了「不再對大陸使用武力」的誠意，而後把兩方「敵對狀態持續至今」的過錯歸責於中共。這種邏輯，在中共看來，恐怕有哭笑不得之感：「和平統一」明明是我十六年來一貫的號召，你台灣相應不理；怎麼現在倒反過來教訓我「應堅持以和平方式解決一切爭端」，還把責任加在我身上？

在台灣部分人士看來，恐怕會很生氣：這不是往自己臉上貼金嗎？早在十四年前的國民黨十二次全代會上，蔣主席便提出了「以三民主義統一中國方案」，就是對大陸放棄武力反攻了，何待你李登輝來做？五年前終止動員戡亂法制，不過是為了切斷正統，使黨國「台灣化」而已，同對大陸動不動武並無關係。

在持客觀立場的第三者來看，則有「阿Q精神」之感：你台灣明明沒有力量，才說自己「放棄用武」的。

李文後面更精采了：「本人必須強調，以所謂台獨勢力或外國干涉作為拒不承諾放棄對台用武的理由，是對中華民國立國精神與政策的漠視和歪曲」。實際的情況是，舉世無人會對「中華民國立國精神」有所歪曲，因為誰都知道此「立國精神」來自孫中山。但倒有非常多的人對李氏所宣示的政策不敢相信，因為眾所共認李氏的政治立場是「不統不獨、時統時獨、可統可獨、亦統亦獨」。還有更不客氣的，說他是「陽統陰獨、形統實獨、抽象的統具體的獨」。連中共前國家主席楊尚昆也說他了：「說盡統一的話，做盡獨立的事」。為甚麼大家的觀感如此？難道通通是「漠視與歪曲」嗎？李氏應自我檢討。戲論不能服眾，遑論服中共？

一個國家使用武力，對內為敉平叛亂，對外為抵抗侵略。這種「自然權利」，即使在聯合國憲章，也是承認的。國際公法分為「平時法」與「戰時法」，也不能否定武力的使用，不過要用得正義、人道而已。就是要求美國對某一地區（如中東）承諾無條件地放棄使用武力，也絕對辦不到。靠武力起家的中共，當然深知「能戰才能和」的道理，怎會答應李氏這種「承諾放棄對台用武」的要求？何況「台獨」是民族罪人，又真的有國際背景？

是的，炎黃子孫不可再骨肉相殘，兩岸執政者都應拿出誠意來。但誠意不是一些戲論，李氏要拿出實際行動來阻遏台獨勢力的擴張，方能取信於全體中國人。

一九九五年四月十七日　星島日報

兩岸三地必互為影響

・評〈李六點〉之七・

勞政武

〈李六點〉的第六點提出「兩岸共同維持港澳繁榮，促進港澳民主」主張，雖然出人意料，但也不算貿然；因為〈江八條〉的前言提到收回香港的事，李氏的主張便順勢而出了。

上月卅一日，筆者在台北參加一席午宴，是企業界前輩張伯英作東的，受邀者有陳建中、沈昌煥、王任遠、梁肅戎、夏功權等知名人士。本為私誼之聚，但暢談時政。因筆者來自香港，承外交元老沈氏詢問香港情況。八天後〈李六點〉發表，冒出港澳問題，筆者恍然有悟；沈氏之問是有來由的。顯然，李氏這點主張，是徵求過各界意見的結果，應非他個人「神來之筆」。

李氏這點主張，港澳人士最為關切，自不待言。依筆者來看，李氏主張，實效雖微，無形影響卻大。在經濟方面，台灣同胞目前去大陸都經香港，而台灣經香港的轉口貿易亦十分龐大，所以現在台灣對港澳的繁榮有相當的貢獻。但兩岸經貿距離行將拉近，直接通商通航為期不遠，這種貢獻還能維持多久？在政治方面，看中共的一貫作風，台灣更是休想染指；此地議論已多，不待贅言。

然而，政治上的事，常常是「無用之用，斯為大用」的。例如珠江三角洲，發展到今天這種繁榮景象，絕對同港澳有關。故在有形的意義上，九七、九九之後是港澳回歸大陸沒有錯；但在無形意義上，又何嘗不可看作珠江三角洲是「港澳的擴大」？

〈李六點〉最重要的，是確認了「兩岸三地」的關係，一改過去港台冷漠疏離的情況。這種三角關係，不管是如何的不等邊，但三地的中國人必會發揮互為影響作用的。

兩岸三地互為影響，應該落實在經濟、法治及文化這三個層面，這也是全中國今後求長治久安的根本。台灣經濟既以大陸為腹地，香港的經濟繁榮當然更非靠大陸不可，但不可忽視台灣在這方面有「輔佐」作用。原來，「一國兩制、五十年不變」是針對台灣的，因為台灣一直不理，所以「讓港澳拔了頭籌」（某中共大員語）。因而，若台灣有戰事，港澳的「不變」自不可保了，還談甚麼繁榮安定？港澳同胞宜深切體認此點，不忘時以客觀態度，力促兩岸不可再骨肉相殘。至於法治方面，以港澳最強，大陸最弱，故港澳有識之士應同台灣合作，幫助大陸建立法治基礎，中國才真的會長治久安。在文化方面，以台灣最勝，港澳因長期殖民地教育之故，亟待加強。但港澳有較自由開放環境，涉及意識形態的問題也可不顧忌，故宜多向台灣學習，全面提升此地文化水平。

一九九五年四月十八日　星島日報

中共能贏李登輝嗎？

・評「李六點」之八・

勞政武

就文字內容來談〈李六點〉，到此該結束了。

如果看了〈李六點〉，被那溫馨的筆調、感性的言詞所迷惑，那便是傻瓜。如果像筆者前面七篇文章一樣，就其文字內容做較深入的剖析，便以為李氏不過爾爾，那是「書生之見」。李文發表之後，數次對外自稱「有深意的」，這才是值得注意的東西。他的「深意」究竟是甚麼？恐怕要把他的背景、過去的作為，尤其是他一些「不經意」的言語，作全盤的研究才行。

四月十七日他在兩個場合講話，也透出一些端倪。他說：「認同與了解台灣歷史，才能胸懷大陸」，按過去國民黨只喊：「立足台灣」，現在忽然進到要「認同台灣歷史」了！他又說，〈李六點〉可讓大陸當局「無法再對我有敵意的藉口，希望兩岸至少可以維持三到四年的和平局面，到那時台灣就更有發展了」（台北當晚電視所播如此，報紙所登未盡準確）。

又說：國統綱領三階段可以有彈性，可以「跳」的，重要的是理性、和平、對等、互惠四個原則不能變。這豈不是說，在〈李六點〉所講的是一套，實際上怎樣做又是另一回事嗎？顯然他只要爭取幾年時間，到時自有新的轉機，再作區處可也。

綜觀李氏執政七年來給大眾的印象是：言行不一的，不按牌理出牌的，常常自我矛盾的，個性固執而又肯向實力低頭的，能以韌性狠心來逐行己志的……。看過《德川家康全傳》的人不難恍然大悟，這不就是「李氏模式」嗎？生存於十六世紀中葉的德川家康，原是一個小城主的兒子，自小被當作人質，受禁屈辱，但全憑「忍耐、等待」功夫，使他由弱轉強，最後竟削平群雄，統一了日本，開創二百六十四年的「江戶幕府時代」。家康精神在明治維新後被日本人拋棄，但到了二次大戰失敗，則受到膜拜，成了真正的「大和魂」—全民對美軍卑躬屈膝，忍辱負重地埋頭苦幹，最後成了歐美各國都吃不消的「經濟強權」。受過日本深刻教育的李登輝，應襲了這個模式，也是很自然的。

中共靠鬥倒國民黨起家，所習慣的自是國民黨老的那一套。而今面對李氏這個新模式，未必能應付得了。觀乎中共這幾年對台政策，依然是對待蔣經國時代那一套，便可思過半了。李氏只按己意去做，看你快要動真怒了便笑臉迎人，你中共能「手打笑臉人」嗎？即使硬心打下去，卻打著了台灣二千一百萬同胞，又該怎樣辦？所以筆者認為，在兩岸的這種周旋中，中共未必贏得了李氏。當然，這是就「手段」而論的。最後一定是中華文化勝、民族主義勝，卻是另一個「本質」問題了。

一九九五年四月十九日　星島日報

沒有李登輝，台灣會更好！

勞政武

「沒有李登輝，台灣會更好！」這是最近台北街談巷議逐漸流傳的一句話，明顯是衝著李氏雖然迄今尚未明白表態，但以許水德為首的幕僚人馬卻頻頻對外「吹風」、「澄清」的態勢來看，李氏確有戀棧之心的。不過客觀形勢對李氏並非有利。

五月廿日是李氏就職總統五週年，連同前面二年餘繼蔣經國未滿的任期，共主持台灣大政已七年，他到底為台灣人民創造了那些福祉？為中國統一創造了甚麼條件？為國民黨立下了甚麼豐功偉績？縱使不說毫無建樹，成績實在有限。

這從他就職五週年前夕，除了他的「自己人」許水德等人出面講些難令人信服的話之外，再沒有一位夠分量的公正人士站出來為他作見證，就可思過半了。

李氏幕僚不斷吹捧的「成績」有兩項：「民主改革」及「提升國際地位」，其實都算不上他的領導成績，甚至負面效果比正面收穫大。

按「民主」原屬三民主義的本質。本質決定政策與行動，可能受環境制約，但非個人意志所能左右。即使老蔣總統那樣的強人，在剛撤到台灣那麼艱難的時代，依然要實施台灣地方自治，縣市長及省議員都由人民普選，這就是本質主宰作用的最好例子。台灣近年民主改革，原是蔣經國立下的宏規，如果他多活幾年，不但也會這樣做，而且必會做得更穩當，絕不至像今天，搞得政治與金權不分、黑道參政、社會嚴重的貧富不均。所以，若說李氏對民主改革有成績，那是「貪天功為己力」居多。

相反的，他領導的國民黨，從用人到政策的怪異，使黨起了「質的變化」，從此切斷了「國共兩黨爭雄」六十餘年的歷史，使國民黨從此再無資格同中共爭政權，兩岸關係變成了「統一」與「反統一」的民族主義之爭，其結果將是凶險的，至少是不光彩的。

至於提升國際地位方面，實際是浪費大量金錢去爭取個人聲望，徒然惹起中共無邊的疑忌，對兩岸和平合作投下變數，對國家人民甚少實益。

對李氏個人來說，七年來建立了威權，當然大有成績。但所憑的仍不是他自己的本事，實在是「時勢造英雄」。這個「時勢」主要是兩項條件：一是他為台灣省籍的第一位總統，二是兩代蔣先生刻苦經營積下大量資產可供他揮霍。換了任何一位台籍人士當總統，只要願意都能做到同樣效果，不是李氏特有的能耐。

實踐是檢驗真理的標準。李氏過去七年的成績如何，海內外全體中國人有目共睹，靠幾位幕僚亂捧是沒有用的。對他還屬厚道的施明德公開勸他：「已扮演完過渡性角色，可以功成身退了」，這話值得李氏深思。

一九九五年四月廿二日　星島日報

催生「中華國協」遇阻力

勞政武

政界元老陶百川先生，近半年來積極推動他的〈中華國協〉構想，得到各界有份量人士的支持。月前，包括郝柏村、李煥、梁肅戎、夏功權、魏鏞、張伯英在內的數十位知名人士在台北集會，並成立了「催生」機構，提出了四句話：「修改國統綱領，展開兩岸談判，成立中華國協，確保全民福祉」以作訴求。該機構下屬一個工作小組，目前且派人來香港接洽有關人士，希望得到海內外的呼應。

陶氏連續數次在報上撰文談他的構想，據他說，這個構想來自〈大英國協〉，不過兩者稍有不同：大英國協中的成員與英國的關係是「父子君臣」，而〈中華國協〉中的關係則是「兄弟朋友」。因為毛澤東、周恩來及鄧小平都講過，中國統一可以慢慢來，「可能要等一百年」，所以若從一九四九年起算，未來尚有五十年時間可等，如果沒有一個過渡性機構來維持兩岸關係的穩定，難保不發生兵戎相見同胞相殘的慘劇，而〈中華國協〉的設計，就是向和平統一過度的組織。

他說，這種設想的精神，來自孫中山先生的《和平統一宣言》：

> 文今為救國危亡計，以和平之方法，謀統一之效果……在統一未成以前，四派暫時劃疆自守，各不相侵；內部之事，各不干涉。先守和平之約，以企統一之成。

他針對江澤民的春節八點談話，要求台灣當局以這種構想來回應江氏。

四月八日李登輝發表六項談話，證明陶公的良苦用心又落空了。早在三年前成立〈國統會〉，陶公被邀為委員，就提出「三聯統一」的構想，並主張先在香港舉行三邊會談，經過兩岸溝通之後再訂定〈統一綱領〉。結果訂定「統一綱領」建議被接受了，卻加進李登輝的「近程三原則」，其他建議通通不採納。這個綱領實質就成為「不統一綱領」。陶公感嘆之餘，現在又提出〈中華國協〉的構想，李氏態度依然故我。若謂李氏真有統一之心，其誰能信？

曾有台灣記者訪問過錢其琛，對於陶氏此構想的看法。錢已明白表示，這個問題是可以進行討論的。由此可見，陶公的構想，真正阻力不在中共，而是來自李登輝。

未來五年將是關鍵時刻。陶氏呼籲兩岸「做好這五年，安度五十年」，而提出這個構想。但台灣如果未來五年仍由李氏執政，以他這種「一邊拉攏外國不惜激怒中共，一邊堅拒和談統一」的政策，恐怕前景極不樂觀。現在海內外的「反李」力量已經大舉集結，務求阻止李氏連任總統。這已不是誰跟誰的「權位之爭」問題，而是兩岸同胞切身利害問題。實情既如此，李氏宜採納陶公的建議才是。

一九九五年五月廿九日　星島日報

錢復的困擾

勞政武

任外交部長已滿五年的錢復，日前在台北一個公開場合對新聞界有感而發，說現在台灣內部存有「國家認同問題」很嚴重，使他希望離開公職。談起服務公職已達三十六年，他說：只要能為國家服務，一定全力以赴的。但自己現在也到六十歲了，「這麼大年紀的人，對國家認同問題，是無法妥協的」。

這話給人有悲壯之感，也有心酸之味。繼葉公超之後，素有「才子」之稱之錢復，六十歲正是從政鼎盛之年，如不是內心真有極大的困擾，斷不致發出這種「邦無道，則隱」之音的。

也在同一段時間，與錢部長層級和年齡相仿的總統府副秘書長戴瑞明，也公開了辭職決心。據報章披露，他是受到了排擠，使這位身為「總統府發言人」完全沒有作為，而且還受到蘇志誠說他「在府內說李總統是台獨、獨台」的指控，所以感到灰心而堅決要辭職了。

錢復的父親是錢思亮，可說是世家子弟出身。戴瑞明則是流亡苦學生出身，一生靠刻苦奮鬥而登上宦途。但不管甚麼出身，只要他身上還留著炎黃子孫的血液，只要他受過中華文化深刻的薰陶，只要他還有一點中國人的良知，在今天台灣這種環境，內心都有同樣困擾，遲早都會發出「不如歸去」之感歎的。

像簡漢生這類還在權力場中分得一杯羹的幾名外省籍子弟，現在似乎成了為李登輝出面辯護「不是台獨、獨台」最得力的人物，但那些言不由衷的言語，究竟有多少人相信？他自己又有何感想？沒有錢、戴同樣的困擾嗎？真是「人在江湖，身不由己」，別人也不忍深責了。

外省籍人士在政壇受盡排擠，這只是問題的「結果」，而不是問題的「根本」。問題的根本仍然是「李登輝到底想把這個中華民國帶往何處去？」就筆者接觸許多政界人士中，似乎以梁肅戎最勇敢面對這個問題。據悉，有一次梁氏當面質問李登輝有關國家及黨的方向問題，李氏表示：「我對外省人最好呵！你當上立法院長也是我的意思。」梁說：「這不是對個人好不好的問題。你要我當立法院長我個人很感激。但黨國的方向是全體同志終生奮鬥的目標。目標變了，我們不能同意！」梁氏這話，不是錢復及其他許許多多的人內心困擾的根源嗎？

但這個問題怎樣解決？恐怕梁肅戎及他的同志們也束手無策。到現在為止，他們還希望透過內部協調來解決，希望李登輝讓出總統專任黨主席，由林洋港來選總統。這是不希望國民黨分裂而讓民進黨「漁翁得利」，用心良苦。但按李氏的性格，此路恐怕行不通了。

一九九五年六月一日　星島日報

正統、法統、道統

勞政武

五月卅日，陸委會主委蕭萬長在大陸工作會議上宣稱：「在兩岸互動過程中，我方的基本立場已放棄正統、法統、中國代表權之爭，視正統、法統、中國代表權是分裂中的兩岸共同擁有，已對尊嚴問題務實地做權宜處理」云云。此論一出，立即引起各方的強烈質疑。蕭氏及有關部門事后急忙澄清，指新聞界「斷章取義」，外交部發言人冷若水則表示完全支持陸委會的說法，「不覺得有任何不妥的地方」。蕭、冷等人為爭取國際生存空間，也許用心良苦，但其「權宜」橫掃到「正統、法統」上去，問題便嚴重了。

問題的癥結應是，包括蕭氏在內的當權人士們，事先似乎並未弄清楚「正統」、「法統」、「代表權」、「主權」等事層次的政治詞語原有不同的涵義，於是囫圇吞棗地混在一起而宣示「放棄」，當然會引起無窮的爭執了。

「正統」的涵義是最復雜的。它的反面叫做「閏位」，具體表現在「正朔」。是中國歷史哲學對一個朝代的道德評價，也是中國傳統政治哲學上的一個術語。詳情後面再說。

「法統」一詞，指的是一個政權存在的法律根據。其源應可上推到周朝的宗法觀念，不過近代指的實是〈憲法〉基礎。中華民國政府自孫中山推翻滿清，訂定〈臨時約法〉而成立，一直到抗戰勝利后，包括中共在內的各黨派共同制定〈中華民國憲法〉，這就是今天海峽這個政府的「法統」。這種「法統」之爭能不能放棄呢？能不能視為「分裂中的兩岸共同擁有」呢？此事大有商榷的餘地。

「代表權」一詞涵義最簡單，今天所指的只是在聯合國擁有權代表中國而已。一個中國不可以有兩個代表權嗎？這正是台灣目前極力要爭的東西，蕭氏等反說「放棄」，不是自矛盾嗎？

至於「主權」問題，筆者已在四月十六日本欄「兩岸如何掙脫死結」文中說過了，於此不贅。

回過頭來談談最嚴重的「正統」問題。

「正統」的理論，是從漢代確立起來的。但它的思想淵源則來自戰國時代的陰陽家鄒衍。鄒衍認為，金、木、水、火、土這「五行」的相生相剋原理，是支配朝代興亡乃至宇宙萬物的法則。到了兩漢，一些大儒接受了這種學說，便斷定漢代屬火，周朝屬木，「木能生火」故漢朝是繼承周朝的正統。至於被漢推翻的秦朝，就變成正統之外的「閏位」（閏，多餘之意）了。

此種說法玄之又玄，甚至有點荒誕不經，但對後世的影響極大；任何一個朝代無不盡力證明自己是正統。尤其是史家們，更以此理論來認定那個政權是正統，那個政權只是閏位。其結果等於用個簡單的框架來網盡歷史事實，發生許多問題。例如三國時代，究竟誰是正統？正史上把曹魏列為正統，但民間的小說《三國演義》不服氣，偏要列劉備為正統。又如在南北朝，無論比文治或武功，北朝（即北魏，分裂為東、西魏，再傳為北齊、北周，北周傳到隋統一天下）都比南朝強得多，但史家均視南朝才是正統。此種情形，後世的五代、元、清都發生疑義，所以宋朝大儒司馬光、歐陽修、蘇東坡等均有大量文字詳論這個問題。一直到現代的國學大師錢穆，還始終不承認清朝是個正統的政權。要徹底弄清楚正統問題，這些人的著作都要看過才行。

不管歷代的爭論如何，「正統」一詞是出自中華文化的產物，它代表一種歷史性的道德評價，那是可以肯定的。每一個朝代都爭自己是正統，是一種「道德使命」的追求，也是無可非議的。

除了以上所說的正統、法統之外，還有個「道統」，也是傳統國民黨人堅執不放的，那是因為孫中山先生對俄國人說過他的三民主義是「來自堯、舜、禹、湯、文、武、周公、孔子一貫的中華文化道統」的緣故。

在蔣老先生的時代，他一定緊緊抓住這「三統」不肯放棄，這是因為「正統」代表道德使命、「法統」代表政權的法律基礎，「道統」代表中華文化的傳承之故。

甫於四月十二日逝世的哲人牟宗三，有生之年以復興中華文化為己任，極力強調「正朔一定要爭，中華民國是個正朔所在，不可輕看。」他在逝世後才發表的演講中說：「海外華僑在歐洲、美洲、澳洲者，歸心台灣是因為中華民國乃是正朔。否則對他們而言，台灣只是個小地方，沒有價值，只是個地理名辭。中華民國才是正統！」面對這位哲人，那些今天台灣的當權者能不慚愧嗎？

不接受西方學者的〈主權〉理論是可以的，主張中國暫時有二個在聯合國的「代表權」更是可以理直氣壯地提出來的。這個問題原很單純，中共能否接受是另一回事。但居然自稱「放棄正統、法統之爭」這不是對外的權宜問題，而是對海內外全體中國人如何自處，乃至對歷史如何交代的問題了。（注：本文原題為〈胡說何能治國〉，並分上下二篇。

為精簡，故改題並併為一。）

一九九五年六月六—七日　星島日報四版

台教育「本土化」耐人尋味

勞政武

台北教育部於十四日公布〈國小、國中課程標準實施要點〉，這個新的課程特色，據教育部自稱是「加重本土化」的內容。小學（國小）部分即在今年秋天開學時實施，初中（國中）部分則到後年秋開始實施。

根據新的課程標準，「本土化、鄉土化」是設計的重點。例如在小學增加「鄉土教學活動」，在校可以教「母語」。國中一年級則以「認識台灣」系列教材，包括「台灣歷史」、「台灣地理」及「台灣社會」三科，取代目前的「中國歷史」、「中國地理」及「公民與道德」。

這不是一件小事，值得海內外的中國人密切注意！

三年前，台灣修改〈戶籍法〉，以「出生地」代替過去的「籍貫」欄。當時遭到許多大陸籍人士強烈反對，連蔣緯國也公開著文批評，但最終還是改了。一年前，公務員考試廢止考「國父遺教」，既然連國民黨主席都不反對，當然又成功了。月前，又決定「三民主義」一科在大專聯考降低一半的計分標準（原以一百分為滿分，今改為五十分），高中的三民主義教師吵嚷一番，當然又照當局意思實行了。這一切的一切，無非是「從根做起的台灣化」行動，都順利做成了，現在自然要著手中小學課程的「本土化」了。

所謂：「諸夏用夷禮，則夷之。夷狄用諸夏禮，則諸夏之。」這是中國四千年前已經有的文化思想，乃造成了中華民族可大可久的歷史。二千五百年前孔子立下的平民教育典範，「以天下為己任」的大一統教育，一直是中國人的教育精神。這種精神，無論朝代如何更迭、社會如何紛亂，總是不變的。就如南北朝五胡十六國那種混亂了二、三百年的時代，各個分裂政權的官方教育或私人教育，也依然維持著這種精神，從來沒有哪個政府的教育是要標榜「本土化」的。尤其，近代中國受盡外國人的欺凌，乃產生了強烈的「民族主義」意識。此種意識實是傳統文化思想的具體表現，國共兩黨都是在這種意識中產生的。所以，台灣的當權人士如果以為從教育的「根」上去「本土化」，便可以對抗「民族主義」，恐怕是太不自量力了。

《登樓賦》說得好：「人情同於懷土兮，豈窮達而異心？」愛鄉土出自每個人的必然感情，用不著刻意去搞甚麼「本土化」。北京傳出三句話：「傳統在台灣，法治在香港，腐敗在大陸」，可證過去四十多年來宏揚中華文化的成績，才是台灣對大陸的真正「籌碼」。今天台灣的當權者似乎連這個資產也不想要了，不是很奇怪嗎？

一九九五年六月廿一日　星島日報

一○三—一○六年

遏止分裂逆流　宏揚中華文化

中國人反獨護國動員大會宣言

廿三年前，民進黨通過「台獨黨綱」，揚言要消滅中華民國、建立「台灣共和國」；島內政治經濟頓時陷於混亂，人心惶惶。更嚴重的是，李登輝氏當時挾持著中國國民黨、掩護民進黨步步趨向「台獨」目標，引起神州同胞一致憤慨，台海戰火一觸即發。懔於如此險惡情勢，我海內外有志之士乃成立＜中國人反獨護國大同盟＞，發表《挺身而出，義無反顧》宣言，在臺灣、港澳及美加等地展開一連串的反獨行動，嚴重打擊了那一小撮民族敗類。

真是天祐中華！李氏倒行逆施未久，即被逐出國民黨，背負「民族罪人」的惡名，有虧晚節。而台獨魁首陳水扁雖一時取得大位，卻因貪腐不堪聞問而下台，至今悲歎囹圄，為天下笑。馬英九先生執政後，迅即開展海峽和平之局，兩岸四地同胞密切往來，漸見心靈契合、水乳交融。正是「天涯輾轉息鞍馬，逍遙歌誦歸去來」，我盟同仁因是亦可各自返根復命、休暢歲月，猗歟美哉！

尤可喜的是，大陸經過這廿年的和平發展，已昂然崛起，成為世所欽羡的富強之邦。而今更朝向「富而好禮」的目標邁進；宏揚傳統優良文化的實踐已在神州遍地開花；且在全球設立了逾千所的〈孔子學院〉，起著推展中華文化於全人類的實質作用。凡此，令有識之士咸信：超越漢唐的中華新盛世，必將照臨寰宇！

惟《易經》有道：「君子安而不忘危，存而不忘亡，治而不忘亂」；常懷憂患意識，是我民族可大可久之要竅。須知「以華制華」——企圖利用我民族內的小撮敗類來控制中國，原是一切帝國主義者百多年來的慣伎。深究當前妄圖分裂中國的勢力，除舊有的「台獨」和「藏獨」外，最近又冒出極端暴力的「疆獨」，甚至還有「左獨」、「蒙獨」、「港獨」的聲音，其根本源由無不在此。其中以一群青年人組成的「左獨」，最堪國人警惕。這群人與今年三月台北發生的「太陽花學運」有密切的關聯，他們自稱「基進側翼」（Wing of radical politics），主張「左獨」路線，妄指北京政府是「帝國主義者」，在台的國民黨則為「殖民主義者」，他們的政治目標要「反帝、解殖」、建立「台灣國」。他們親日成狂，自稱為「我們才是處於日本維新志士那一代」。他們把台南一個公園的國父孫中山先生銅像推倒，稱為「公共空間解殖」。他們甚至誣指中華文化是「霸權」，要實行「文化脫漢」云云。他們還要參與年底的台灣地方選舉，以實踐其「去中立台」的妄想。種種狂言妄行，幾近精神錯亂，實是前所未見。此一小股逆流雖不可能成什麼大氣候，但在民族復興大道上，也可能釀出災禍來的；這好比一個狂漢在人群中揮刀亂砍，必會產生恐怖的效應。這股逆流的主體都是青年人，居然以中華文化為敵！既證明了「去中國化」的「文化台獨」思想長期浸蝕，對年輕的心靈確有相當的毒害性，也說明了近廿年來台灣的正規教育果真出了問題。這類錯亂言行，如不導正遏止，任其漫延滋長，勢必遺毒後代。

職是之故，我們懍於「國家興亡，匹夫有責」之義，不得不再披盔甲，重出江湖；爰發表這篇宣言，望對一切錯亂言行有以導正。

如何導正？佛家有云：「一燈能除千年暗」，必須立於中華文化的最高最廣視界，才能觀照一切問題所在；如是心靈自然清明，不再自困於迷思妄想。

早在一九五八年元旦，牟宗三、唐君毅、張君勱、徐復觀四位大哲聯名發表了《為中國文化敬告世界人士宣言——我們對中國學術研究及中國文化與世界文化之共同認識》。這篇長達四萬字的大作，在中華文化的發展史上，其重要性可與唐代李翱的《復性書》相提並論。按全人類文化可概括為四條主線：以蘇格拉底為代表的希臘文化、以耶穌基督為代表的希伯來文化、以釋迦牟尼為代表的印度文化，及以孔子為代表的中華文化。蘇、耶、釋、孔四人亦因此而成為現代世界公認的「軸心聖哲」。在四條文化主線中，中華文化特有最強的包容力，從它數千年的發展史上可分為三個大放異彩的「融合期」是最佳的印證，即：首先是春秋戰國時代諸子百家學說並起，形成中華原本文化的多彩多姿特質。其次是隋唐時代全面吸收了印度佛教文化思想，使中華文化再放異彩。第三期就是現代，全面吸收西方文化之所長（包括希臘文化的科學精神、希伯來文化的宗教精神，乃至近代西方的民主制度、科技事物等等）。中華文化今天仍處在此「第三期」的過程中，並未完成融合，但將來大放異彩是必然的。《復性書》的重要性正是在第二期，它是開拓宋明「心性之學」的先導性文獻。而一九五八年的宣言，則是貞定了中華文化在此期的大原則大方向，經過半個世紀以來的實踐驗證，這篇大作所說的洵為真知灼見。

不特此也。這篇宣言更進而揭示了全人類走上「大同」的可行途徑。具體來說，中華民族固應吸收西方文化的「方以智」精神來充實自己；相對的，西方也應學習中華文化的「圓而神」精神——天人合一理想、成聖成賢之學、攸久無疆的歷史意識，乃至天下一家的情懷。這樣，便是真正做到了東西方文化的會通，世界上每個人都成為孟子所說的「天民」（不再是哪一國之民，而是天下之民）了。這樣，不但「中國夢」成真，而且中華民族自古以來的「世界大同」理想也實現了！要而言之，這般高明知見、這般廣大胸襟、這般博愛情懷，可用《中庸》這段話來概括：「君子尊德性而道問學，致廣大而盡精微，極高明而道中庸，溫故而知新，敦厚以崇禮。」這就是中華文化的精髓！有權者若不知此，是為淺薄，不配領導群倫。有志氣的青年人不受此教，是為孤陋，難望成大器。

宏揚中華文化，是每一位炎黃子孫的天職。遏止分裂逆流，尤屬當權者的責任。中共總書記習近平先生月前明白宣示：「對任何分裂國家行徑，我們絕不會容忍。歷史已經並將繼續證明，台獨之路走不通。」旨哉此言！令人鼓舞。我們殷望中國國民黨三復此言，重振黨魂，才是實踐其總理遺教、總裁遺訓的正辦。

台灣九項地方公職人員選舉，將於本月廿九日舉行。我們趁此呼籲，請每位選民同胞實踐您的天職，即：

先看清楚誰是台獨分子，或者是打著「無黨派」旗號而有台獨背景的人，您這神聖一票絕對不可以投給他！

中國人反獨護國動員大會全體參與者 敬啓

中華民國一〇三（二〇一四）年十一月十六日於台北市英雄館

反獨護國四十年

宏揚中華文化，遏止分裂逆流，人人有責。本文歡迎翻印、複印。更歡迎捐款助印以利廣泛傳播。

接洽處：淨名文化中心 桃園縣楊梅市青山五街四號
886—03—4962335 0976790660
電郵 :vimalakitic.c@gmail.com 撰稿人：勞政武

蔡英文包藏禍心的詞語遊戲

勞政武

元月廿二日各報載，對於兩岸的具體政策，總統當選人蔡英文首次提出她所謂的「既有政治基礎」，其內涵包括下列四項關鍵元素：

1.一九九二年兩岸兩會會談的歷史事實，以及雙方求同存異的共同認知。

2.中華民國現行憲政體制。

3.兩岸過去廿多年來協商和交流互動的成果。

4.臺灣的民主原則以及普遍民意。

報紙有評論說，蔡英文今天提出這四點「既有政治基礎」，乃是把兩岸的〈九二共識〉基礎「砍掉重煉」。依吾人見解，此論還算客氣，蔡英文實質上是高估自己、輕估對岸，還以為用這種詞語遊戲可以繼續唬弄人，使中共跟著她的「溝通、溝通、再溝通」調子走，她便能逐步達成「確保臺灣人民對於未來的選擇權」（台獨）之目標了。

歷數蔡英文解讀〈九二共識〉的言詞，可見她確是不斷在玩弄著詞語遊戲。她開始是說：「根本沒有九二共識，當然沒有接受不接受、承認不承認問題」。繼之，她另提出所謂「臺灣共識」，籍以對抗〈九二共識〉，實質涵義無非是「兩國論」的另一種說法。再後來，又提出所謂「九二共識是一個選項，但它不是唯一的選項，兩岸之間應繼續求同存異，好好坐下來談」，這是誤導選民以為她已向「九二共識」靠近了一步，殊不知她此言的重點不是向〈九二共識〉靠近，而是藏著無盡禍心的「求同存異」四個字（下詳）。現在，又提出上述的「四項關鍵元素」。綜此可証，蔡英文正是不斷玩弄著言辭技巧，來應付這個兩岸重大問題的。

顯然，蔡英文有玩弄詞語的愛好；其習性應與她留學英國研習法律而受到西方傳統的詭辯術訓練有關。原來，西方早在二千五百年前的希臘時代，就有一群人專以玩弄文辭為務，稱為「詭辯家」（Sophist）的；當時他們在各地遊行，以招收學生教人辯論術為生。他們教學生演說術、思辯術，以作培養政治生涯的基礎。普羅達哥拉斯（Protagoras，約四八一—四一一 B.C.）是當時最著名的詭辯家，他提出一句名言「人是萬物的尺度」（希文 Homo Mensura Onium），這句話的「人」不是指普遍的人民，而是指「個人」；這種思想演變結果就成了後世的獨裁主義，只有她個人說的是真理，根本沒有所謂客觀真理；只要自己認定目標就可以不擇手段去達成，沒有什麼道德正義，更沒有什麼親情大愛可言。今天我們仍可在《柏拉圖對話錄》中看到許多詭辯思想言談，其中有個例子很有趣：這位普羅達哥拉斯老師在招收學生時宣稱：「我教的辯論術是最高明的，學成以後可以天下無敵；如果沒有這成果，不收學費。」有位學生學成之後果真拒交學費，老師只好到法院去起訴，要求法庭判決學生應繳費。學生卻抗辯說：「貴庭無論判我勝訴或敗訴，我皆可不繳費。因為：我若勝訴，依鈞庭判決我當然不必繳費。反之，若判我敗訴，這就證明了老師教導不成功，依老師的允諾，我自可不必繳費！」這就是典型的西方詭辯，其实質是一種無情無義的文字玩弄。在我國的先秦時代，也有專務詞語遊戲的「名家」，著名人物為惠施、鄧析、公孫龍等，這班人愛好「治怪說，玩琦辭」，故荀子批判他們「辯而無用，多事而寡功，不可以治綱紀。然其持之有故，其言成理，足以欺惑愚眾」（非十二子篇）。莊子對這幫人瞭解更深，痛斥他們「飾人之心，易人之意，能勝人之口，不能服人之心，辯者之囿也。」（天下篇）。

細究這次蔡英文提出「既有政治基礎」的四項關鍵元素，吾人可以斷定，她依然在玩弄文字遊戲，她的真正目標根本沒有變，她走向其目標的基本手法也沒有變，她只是變換一些語言罷了。茲分析如下：

第一項：要害仍在於「求同存異」一詞。兩岸早已達成的「同」——（兩岸同屬一個中國之共識），她絕口不提，卻不斷說「求同存異」，那就是運用「求同」一詞，來否定「已同」的共識。「求」同者，因為從來就沒有什麼「一中共識」，但它是一選項，今後繼續「追求」可也！這就難怪她不斷說「溝通、溝通、再溝通」了。她用「一九九二年兩岸兩會會談的歷史事實」的說法來掩蓋了這段歷史事實的真正內容，取得美國人的誤信，更騙得了六百多萬選票，真是「足以欺惑愚眾」！她的足智多謀，比普羅達哥拉斯那位狡黠的學生也不遑多讓了。

第二項：這不過是依然要借「憲政體制」之殼以便上「台獨路線」之市而已，絕對不是向中華民國「靠近」或有什麼「善意」。否則，她何以堅持不承認「一個中國」？因為〈中華民國〉這塊招牌的歷史與憲政實質內涵就是「代表一個中國」。今天兩岸雖已分裂六十年，但不是「中國分裂」，只是「治權分裂」罷了。蔡英文不正視這鐵的事實，卻奢談什麼「中華民國現行憲政體制」，依然在玩文字魔術而已。

第三項：這不過是要「收割」國民黨過去八年在兩岸上所累積的成果罷了，無待再贅言分解。

第四項：臺灣「民主原則及普遍民意」固應尊重，但這裡有個易被人忽略的大前提：「臺灣民主」是在兩岸「治權分裂」下的產物，而不是「主權分裂」下的結果；具體言之，只有在承認「兩岸同屬一個中國」的大原則下，才有「臺灣的民主」可言，臺灣甚至進而可以成為全中國的楷模，這才是臺灣未來最康莊的「選項」。如果蔡英文仍以「兩國論」的狹隘思維邏輯去看待這個問題，那就無異拿「臺灣 2300 萬人的民主民意」去同十三億同胞的整體意志作對抗了，其結果必然凶險！須知中華民族自一八四〇年代以來受盡欺凌，經過一百七十年的曲折艱難奮鬥才走上今天可望復興之路；這是沛然莫之能禦的全民族願力，不是任何勢力所能阻抗的。身為中華民族一分子的蔡英文，若以為玩弄一番言詞遊戲便可以達成其分裂中華民族、阻礙民族復興之目標，真是太不自量力了，對自己的民族也太沒有感情了，在道德評價上即屬邪惡。

運用語言文字，是人類特有的才能，其他動物皆沒有這種稟賦。語言不但是吾人與外界溝通的工具，而且也是吾人內部思想的工具，所以語言是非常重要的。但語言本身有其缺憾，如無足夠的訓練，其缺憾會反過來束縛了人的理智而不自知，像古代西方的詭辯學者及中國的名家便是這樣，莊子所說「辯者之囿也」就是此意。佛教對這問題最瞭解，龍樹菩薩的《中論》要旨就是要「善滅諸戲論」，即教吾人不可被世俗的語言文字所束縛。蔡英文顯然被自己的詭辯習性所囿了！她已當選總統，卻依然企圖運用辭語來狡辯，乃至不顧一個政府的延續性誠信，去否定「一中各表」的兩岸共識；更有甚者，此共識既經對岸最高領導人習近平一再確認，甚至說出「地動山搖」的警示，蔡英文依然頑辯到底；此舉無異對習近平一大羞辱，由此引來不測之禍是臺灣全體人民的大不幸了。

二〇一六年一月廿三日淨名文化中心
中國人反獨護國大同盟
中國全民民主統一會
中華民國新住民文化協進會　同發

反者道之動
——兩岸關係發展的新思維

哲學博士勞政武

五月廿日蔡英文就任中華民國第十四任總統，翌日即迫不及待地展開了各種行動。迄今僅歷時十天，她的政經戰略大方向已相當明朗：

1.在兩岸關係上，否定「九二共識」，對「兩岸同屬一中」的核心意涵更絕不承認。

2.在外交上，走「靠美親日」路線，且把兩岸關係放在亞太「區域安全」的範域中，藉以拉攏外力對抗中共。

3.在經貿上，訂定「新南向政策」，企圖取代兩岸的經貿關係。

4.在內政上，以「轉型正義」為名，對國民黨進行徹底的清算。配合各種手段，旨在徹底削弱、瓦解島內基層及民間的反獨力量。

總括上列四大戰略方向，顯然蔡英文就是要增強未來實現「台獨選項」的可能性；完全是走向馬英九路線的反面去了！其本質正是要徹底改變現狀，而不是「維持現狀」。

令人最可憂慮的，還不是她在五二〇就職演說中揭示的戰略大方向，而是踐行其方向的種種陰柔而靈活手段。這些手段，包括了「詞語玩弄」、「敷衍蒙混」、「表理不一」、「言行分裂」，甚至到了玩弄「見人說人話，見鬼說鬼話」伎倆的地步，這種陰騖的做法很易讓人上當。以下就是檢視這十天來對四大方向所踐行的一些具體手段，好讓我們對蔡英文的瞭解更趨清晰。

◎一、兩岸關係

她雖然否定〈九二共識〉，對「兩岸同屬一中」的核心意涵絕不承認，但卻說這麼兩段話：

「一九九二年兩岸兩會……達成若干的共同認知與諒解，我尊重這個歷史事實。」

「新政府會依據中華民國憲法、兩岸人民關係條例及其他相關法律，處理兩岸事務。」

這兩段話是她過去未說過的，因而許多好心人士都作善意的解釋，認為她已向「九二共識」靠近了，她之所以未直接說出「九二共識」只是拘於深綠（台獨派）的制肘而已。

可是，如深入分析這兩段話，恐怕不能作如此「善意」的解讀。

所謂「達成若干的共同認知與諒解」的實質內容是什麼？就是「一中各表」。可是她卻避而不談，此後如果政治環境有改變，她大可隨時改變其實質內容的；例如她可以說：「根本就沒有「一中」的共同認知」，你就辯她不過了。

又所謂「尊重」是什麼意思？依一般用法，比如人們常說的「我不贊成你的看法，但我尊重你表達意見的權利」，可見「尊重」一詞常是「反對」的客套說法而已。

又所謂「依中華民國憲法、兩岸人民關係條例及其他相關法律，處理兩岸事務」是什麼意思？沒錯，〈中華民國憲法〉本來就是明定「一中」的，而〈兩岸人民關係條例〉內容定為「兩岸」，並非「兩國」關係，故亦可解為「一中」意思。但問題在，蔡英文為何非要避開「一中」論述，卻去繞個圈子來說不可？讓人不得不認定；她內心根本沒有「一中」的誠意，才堅持不直接去論述。她提及憲法及該條例是為了唬弄今天的中共，留待明天的「台獨選項」後路而已；因為憲法與法律是可以修改的，李登輝上臺不是把憲法修了多次嗎？在民進黨「全面執政」的情況下，修改什麼法律都是輕而易舉的事。如果蔡英文開了這個頭，讓台獨分子長期執政下去，說不定那一天就把「一中」憲法修改了，誰又能奈她何？

須知任何法律只是形式的、一時的，只有人的內心真誠才是真實的、恒久的，故《中庸》有道：「誠者，物之始終。不誠無物！是故君子誠之為貴。」（廿四章）說的就是此理。蔡英文這樣繞圈子宣說，只有更證實她「不誠無物」而已。

總而言之，蔡英文這些論述，依然是文字遊戲而已。她本來就擅長詞語遊戲的，我在元月廿三日發表《蔡英文包藏禍心的詞語遊戲》一文已分析清楚了。但她這次文字遊戲卻有收穫，就職當天下午，中共中央就回應了，說她：「在兩岸關係性質問題仍採模糊態度，這是一份沒有完成的答卷，臺灣當局必須以實際行動明確回答」，此乃留有餘地的否定；未至「地動山搖」。蔡英文運用文字技巧，得到了初步的成果！難怪李登輝在當晚的國宴上讚她的演說 100%成功。

至於在一些具體操作上，更可見蔡英文的深沉細膩手段。例如，在就職當天，兩次唱國歌，她都刻意唱出「吾黨所宗」一句，此舉讓很多心懷厚道的泛藍人士大表好感。又如：五月廿三—廿五日在日內瓦的世界衛生大會（WHA），這是蔡英文首次與大陸的國際交手，波折迭起；新政府衛生部長林奏延率領代表團終於得以參加。林在大會上發表演說時完全自稱「中華臺北」，這比往年國民黨政府衛生官員的表現更「傾中」。蔡英文接見回到臺灣的代表團時，卻大加表揚此行的成功：「稱謂上沒有被矮化，更沒有受到政治框架限制」云云，還說：「關關難過關關過」！此舉引起深綠獨派團體發表聯合聲明，痛斥「不僅沒有看到新政府代表展現出對外應有的「折節不辱」，反而看到「卑躬屈膝」自甘下位！和蔣丙煌去年赴會的演說比較，不進反退！」對此強烈抗議，總統府發言人黃重諺轉述蔡英文的意思說：「民間雖有不同的聲音，但這些聲音都很重要，代表社會的期待，應作為努力的方向。」顯然，蔡英文的真意是：在 WHA 自稱「中華臺北」並無矮化問題，因為那只是敷衍對岸的權宜之計罷了，台獨人士所要求的才是「應作為努力的方向」！這是何等陰鷙的手段！

◎二、外交關係

針對中國的「和平崛起」，美國近年高唱「重返亞太」，積極拉攏日本，以各種藉口製造事端，如「東亞區域安全」、「南海航行自由」等等，總之是要想盡辦法抑制中國的發展。最近尤變本加厲，極力支持非律賓、越南，挑起無窮的南海糾紛。正當此時，臺灣忽然跳出一個新領導人蔡英文，明白表示要走「靠美親日」路線，尤其她在就職演講中居然把兩岸內容置在「區域安全」範疇之中來論述，對美日來說無異是「天上掉下一件大禮物」，自此可望臺灣這座巨大的「不沉航空母艦」，成為鉗制中國的馬前卒了。

以上所說絕非危言聳聽，從幾件具體的措施可見端倪。例如：有關開放美國豬肉進口問題，這是早在二〇一二年民進黨就拼死抗爭的事。但此次蔡英文在二〇一五年十二月廿七日選戰電視辯論會上便鬆口說：依國際標準，可讓含有瘦肉精的美豬進口；引起輿論的譁然。更離譜的是，四月廿一日尚未就任的新政府農委會主委曹啟鴻竟然公開表態說：「那有能耐不開放」美豬進口！此事被輿論批為「髮夾彎」似的「換位就換了腦袋」。顯然，這是蔡英文為了討好美國而做的決定，她不過是太急切表白了出來，遭輿論討伐罷了。但以她的個性，輿論一時的討伐何足為慮？為了靠緊美國，這件事終必要實現。

又如：五月廿四日美國在台協會（AIT）在官方臉書上發布一支短片，六位自一九九九年迄今的前後任臺北處長（梅健華、包格道、薄瑞光、司徒文、楊甦棣、馬啟思）全部到齊，一起比出大拇指高喊「美台關係讚」！這支名為「美國在台協會現任暨前任處長給臺灣人民的訊息」影片，到底顯示的是什麼「訊息」，不言可喻。也在同一天，蔡英文接見了美國商務部助理部長賈朵德（Marcus Jaddotte）時，公開表示：新政府將持續強化雙邊關係，「甚至有一個新的且帶有企圖心的架構出現」。她靠緊美國之情，溢於言表；且有具體做法，正在進行中。

在「親日」方面，做得更露骨離譜了。蔡英文就職才不過三天，便把在沖之鳥礁海域護魚的軍艦撤回；同時，行政院發的新聞稿上居然把「沖之鳥礁」的「礁」字除掉，完全是迎合日本的要求（日本人稱為「沖之鳥島」），事實是一塊只有兩張床大小的礁石，目的是要霸佔其周圍二百海浬的經濟水域權利，國際並不承認；馬英九已一再指出日本的錯誤），蔡英文竟卑躬屈膝如此！連民進黨藉的前立委郭正亮也公開指責這種改弦易轍，形同發表了「遠中親美日宣言」！

尤有甚者。蔡英文繼任命謝長廷為駐日本代表之後，又於五月廿七日推出由邱義仁擔任「亞東關係協會」會長，負責全盤的對日交流工作。眾所周知，謝長廷曾任行政院長，在民進黨內有「天王」之稱；而邱義仁則曾任陳水扁時代的國安會秘書長，為人足智多謀，是「二顆子彈推上陳水扁到總統位子」的真正策劃人。蔡英文任命二位這般的重量級人物處理對日事務，連前駐日代表許世楷都說：「顯然對日本傳送出強烈的政治信號」！什麼政治信號？當然就是「親日抗中」的政治操作了。

◎三、新南向政策

蔡英文就職演說中強調：「推動新南向政策，提升對外經濟的格局及多元性，告別以往過於依賴單一市場的現象」。顯然，她的所謂「新南向政策」是企圖擺脫對大陸的經濟依賴而做的，即有強烈政治性的，而不單單是為了經濟問題而已。在具體措施上，她要在總統府設立「新南向政策辦公室」，還將成立「東協及南亞研究智庫」，以落實執行此政策。

其實早在李登輝時代，即訂定「南向政策」，經過陳水扁、馬英九政府廿多年的相繼推動，卻收效甚微。不過，原有的「南向政策」是純經濟性質的，也只是由台商單方面向東南亞各國投資的模式；例如目前台商投資越南的規模相當龐大，就是這政策下的結果。如今蔡英文的「新」南向，據稱要從人才培育、參與東南亞各地的基礎建設、台資企業對東南亞的投資，以及促進觀光共四大領域全面推進。表面比較起來，蔡英文的「新南向政策」，比原有的「南向政策」跨出了廣闊的步伐，其實仍脫離不了李登輝的「聯合東協、印度以抗中」的陳舊思維。

廿多年前中國大陸的經濟實力仍未崛起，「南向政策」還算有點作為。今天情勢已完全不同，蔡英文這政策還有多少勝算？恐怕不樂觀。如果她企圖以此政策作政治性的突破，恐怕反會招來不可測的禍害了。有「台獨理論大師」之稱的林濁水在5月21日就說了：蔡英文把兩岸關係與區域的和平發展並列，還提及「新南向政策」，等於把臺灣放在東南亞安全戰略的一環，「大陸官方應是對蔡英文這種戰略鋪排難以接受」。果不其然！五月廿五日大陸國台辦主任張志軍就在會見「臺灣工商團體秘書長聯誼會」成員時說了：蔡的「新南向政策」違背經濟規律，是不太可能成功的。其主要理由是：目前臺灣產業界對大陸出口的生意十分寵大，在別的地方找不到如此大的出口替代市場。尤其，依一般市場法則與企業家的想法，出口是越多越好，怎可能放棄在大陸已經營了很久的市場？

「新南向政策」具有經濟與政治的雙重目標性質。林濁水從政治角度研判它的前景並不樂觀，而張志軍則從經濟角度判定它不太可能成功。此外，臺灣輿論界及較客觀的專家學者也發表了許多文章，認為蔡英文此項政策並不切實際。人們就等著看蔡氏的「新南向笑話」呢！

◎四、軟性台獨（轉型正義）

蔡英文就職演說中有二段話是最可怕的，卻是最易被人忽略的。原文是：

> 未來，我會在總統府成立真相與和解委員會，用最誠懇與謹慎的態度，來處理過去的歷史。追求轉型正義的目標是在追求社會的真正和解，讓所有臺灣人都記取那個時代的錯誤。
>
> 我們將從真相的調查與整理出發，預計在三年之內，完成臺灣自己的轉型正義調查報告書。我們將會依據調查報告所揭示的真相，來進行後續的轉型工作。挖掘真相、彌平傷痕、釐清責任。從此以後，過去的歷史不再是臺灣分裂的原因，而是臺灣一起往前走的動力。

這二段話為何是最可怕的呢？首先我們要從學理上來理

解，其次我們要從蔡英文當天的實際做法來理解，大家心中才會有清晰的答案。

從史學觀點來說，所謂「歷史真相」是否確能 100% 查清楚?絕對不可能。因為清查歷史只能靠兩項來源：文字（檔案、影音紀錄等亦屬之）及活著的經歷人之記憶；任何文字記錄並非絕對可靠，更嚴重的是絕大多數的事件根本就沒有記錄留下來的。至於人的記憶力就更不可靠了。所以任何歷史只能做到局部的「大約如此」，不可能查得真正的「實相」出來，更根本無法查出「全部真相」。因此，蔡英文此言顯然違背學理。

何況，歷史的調查必然會受調查者的「史觀」之影響；尤其執政者去查所謂「真相」，必會受其主觀願望（現實政治利益）的支配，不可能有「最誠懇與謹慎的態度」。中國自古以來最重視歷史，所以「史官」都有其特殊的地位，他們記錄的東西連當朝皇帝也不許看。又本朝的歷史只能封存在國史館裡，任何人不得觀看。直到本朝滅亡後，由下個朝代來修撰前朝的歷史，這是儘量保護「歷史真相」的高明方法；世界上沒有其他民族能做到這般程度！這就是文天祥所說的「在齊太史簡，在晉董狐筆」的實況。蔡英文是何等人也?居然敢這樣去「處理過去的歷史」，未免太狂妄了!

再從人類心靈哲學的觀點來說，即使「挖掘」出了過去錯誤的「真相」，其實是挖開癒合的傷口再去撒鹽，這種舉動不但不能「彌平傷痕」，只有激發新的仇怨。佛教唯識論說：「三界唯心，一切唯識」，天臺智者大師更指出：「心、佛、眾生，三無差別」，這是說：你的心只想好的事，你就是活在神仙天人境界；反之你心沉迷在仇恨中，就是一個向下沉淪的壞人了。所以，人們對過去的錯誤或不幸，只有抱著寬容的心，不要再去恚礙它，才能真正「彌平傷痕」。中國大陸過去因毛澤東狂熱執著「鬥爭哲學」之故，製造了不知多少怨魂。鄧小平上臺之後，立即改革開放，在幹部內部「不准爭論」，號召全體中國人「向前看」，這是極高明的做法，這才是他成功的硬道理；才有今天中國的「和平崛起」。試想，若鄧小平當權後，也照毛澤東一樣，號召全國人民來個「轉型正義」，有怨報怨，有仇報仇；高唱「階級鬥爭，一抓就靈」，全中國不陷入「怨怨相報，何時得了」的悲慘世界才怪!那還有今天的什麼「崛起」?而今臺灣竟然出現一位這般的領導人，以為挖出前人的「錯誤」便是「轉型正義」，便可成為「一起向前走的動力」，這種思路實是比毛氏「鬥爭哲學」更荒唐；毛氏執著這種哲學還有個「共產主義是天堂」的理想；蔡英文呢?她有什麼理想?完成「台獨建國的使命」嗎?蔣經國先生早在民國六十八年就指出了：「台獨就是台毒」，如果她果真以此為目標，顯見這個人的心智有問題，既膚淺又可怕。

我們再深入看看蔡英文說這段話時的實際背景是怎麼一回事。在五二〇上午十一時蔡英文開始演講之前，總統府廣場上演了二場「臺灣之光」及「臺灣民主進行曲」表演節目；自上午九時起到十一時止，演出主調就是臺灣四百多年來的歷史事件。從選出來加以突出表演的「歷史事件」，包括葡萄牙人入台、清兵入關、日「治」時期、國府來台、「二二八事件」，以至國民黨來台槍決臺灣人、戒嚴、民主運動、「鄭南榕的犧牲」、太陽花的歌曲……等等，充滿了「臺灣人被壓迫」形象，完全是台獨元老史明著作《臺灣四百年史》的精神表演。在長達近二小時表演中，只有鄭南榕，沒有孫中山；歌頌「日治」，不提日本人殘殺臺灣人的「霧社慘案」等所有事件，更沒有日本的投降、臺灣的光復、老蔣的地方自治、古寧頭戰役保住了臺灣，沒有造福農民的「三七五減租」和「耕者有其田」，沒有「中華文化復興運動」，沒有蔣經國領導的「十大建設」，沒有孫運璿、李國鼎等傑出官員主導的經濟起飛，沒有「九年義務教育」的成就等等，總之正面的「歷史事件」一概不提！這不是「台獨史觀」是什麼？這二場表演充分顯示了蔡英文及其執政團隊的真正心態：就是要建立「台獨史觀」，要全面毒化臺灣青少年的心靈，這才算「勇敢的臺灣人」，才能形成「臺灣一起往前走的動力」！

在這種背景下，蔡英文說的這段「轉型正義」的話真正意思是什麼？也就表白無遺了。近日大多數輿論尚未警覺到她這段話的嚴重性，還以為所謂「轉型正義」不過是要調查國民黨的黨產而已。這種想法實在是被她的言詞遊戲騙住了。

試再看她一上臺，任命的教育部長潘文忠和文化部長鄭麗君都是有台獨背景的人。潘文忠一上任就下令「廢止一〇三年的微調課綱」，顯然就是迫不及待的推动「文化台獨」措施。與此同時，她又動用龐大的政府資源，對基層的泛藍社團，如醫師公會、農漁會等基層作全面的收編。這是民進党秘書長在五月廿六日的一波主管會議上宣佈的具體做法。他指出鑒於國民黨仍紮根在基層的鄉鎮市長、村里長、縣市議員中，民進黨仍不能抗衡，因此必須全面深化基層社團的紮根工作，以保障永久執政。云云。

綜上可知，透過種種深層細膩手段，蔡英文絕對是走台獨路線。不過她的台獨手段是柔性的，會讓人家在不知不覺中、或雖有所知覺但一時難以抗拒中失去了地盤。這比陳水扁的「暴走性台獨」高明太多了。

◎反者道之動

「反者道之動」是出自《老子》第四十章的名句。引這句話可以鮮活地概括了臺灣當前各種情勢，也能深刻地啟示出如何解決臺灣問題的新思惟。

「完成統一大業」，不但是國、共兩黨的共同使命，更是中華傳統文化的核心意涵；所謂「國家興亡，匹夫有責」，每位有才華而心態正常的炎黃子孫都會引為責無旁貸的人生目標。只是客觀情勢演變到今天，唯有北京當局才有力量主導這個目標了。無論國民黨也好，其他的志士仁人也好，能起著一些輔助作用就不錯了。

且問中共如何去達成這個目標呢？從前中共是說「寄望於臺灣當局，更寄望於臺灣同胞」，而今所謂「臺灣當局」卻整個變成「柔性台獨集團」了，全盤是「反」了，當然已沒有了指望。「臺灣同胞」呢？有正常心態的老一輩人幾乎已凋謝光了，新成長的年輕人居然多數是「天然獨」！這種「同胞」急需的是再教育，當然目前已不可「寄望」了。總之，依常理，這種局勢是令人悲觀的。但若瞭解老子的「反者道之動」原理，就不會悲觀了。整個局勢既然發展到「反」面去了，這才是統一之道在「動」呢。這是道家思想的深刻啟示，在西方黑格爾辯證哲學也有類似的思想。

欲悟解老子這句話的深刻原理，應參考《陰符經》。

此書是一千五百年前南北朝時代的一位隱士所作，全文只有四百餘字（一種版本只有三百字），主要內容就是把老子「反者道之動」觀念加以發揮。此書文約義深，概括性很強，自唐代以來就有百多家的注疏。注疏者往往從自己所長來判定此書的性質；兵家說它是權謀之書，儒家說它是性理之書，道家說它是玄理之書，道教則把它列為內丹修煉的基本經典，可見此書的奇妙性了。

此書最突出之處，乃從事物的「反面」去闡明深刻的道理。例如它把「金、木、水、火、土」不稱為「五行」，卻從它們的反面（相剋）去稱為「五賊」：

天有五賊，見之者昌。五賊在心，施行於天。

又如一般經典稱「天、地、人」為「三才」，此書卻稱為「三盜」：

天生天殺，道之理也。天地，萬物之盜。萬物，人之盜。人，萬物之盜。三盜既宜，三才既安。

先師南懷瑾先生在世時常喜引用《陰符經》中的一段話：「瞽者善聽，聾者善視。絕利一源，用師十倍；三反晝夜，用師萬倍。」這是說，瞎子的聽力會特別好，耳聾的人視力會特別強。人的某個功能失去了，其他功能卻可能發揮出比常人大十倍的功力。對一個問題反覆思考三天三夜，可收到比常人多萬倍的效果。蔡英文是一個未婚弱女子，卻能在八年間擊敗了民進黨內各大「天王」，使全黨變成「英派」；並進而取得了政權，這段話恰恰足以說明箇中道理。

同樣原理，也可適用於今臺灣大局。如前文分析，蔡英文上臺以後，她所定的路綫完全是要走到馬英九的「反面」去了，若要完成中國統一大業，既不可寄望於臺灣當局，連臺灣同胞也難寄望了。這該怎麼辦呢？且莫悲觀，這就無異給北京「絕利一源，用師十倍；三反晝夜，用師萬倍」的機會來了。《陰符經》又有段話說：「天發殺機，移星易宿。地發殺機，龍蛇起陸。人發殺機，天地反覆。天人合發，萬變定基。」兩岸關係發展的新思維，應作如是觀。

二〇一六年六月一日完稿於〈淨名文化中心〉

上臺百日　荒腔走板

——中共該怎麼辦？

哲學博士勞政武

◎民調詳情

蔡英文就任中華民國總統百日，許多人搖頭大歎：「荒腔走板一詞未足以形容」！上月底臺灣所有民意調查都一致指出：她的聲望大幅下落；尤其她的兩岸政策，民眾不滿意度都高於滿意度，詳情如下（只列不滿與滿意者，不表示意見者從略）：

1.國民黨立法院黨團所委託的民調顯示：43%不滿蔡的兩岸政策，35.8%滿意。

2.有民進黨背景的台灣智庫民調顯示：30.5%不滿蔡的兩岸政策，9.8%滿意。

3. TVBS民調是：43.3%不滿，36%滿意。

4.聯合報民調是：46%不滿，34%滿意。

5.中國時報民調是：45.4%認為兩岸關係變壞，45.3%認為沒有變化，3.5%認為變好。

6.蘋果日報民調是：49.5%不滿，34.65%滿意。

至於整體聲望民調，也值得注意：

1.聯合報所公佈的數據是：36%不滿，42%滿意。

2.蘋果日報的數據卻是：50%不滿，43%滿意。

雖然蔡英文就任總統百日，在聯合報所公佈的數據仍有42%滿意，但比較她前二任，卻是最低的了（就任百日，陳水扁的聲望是64%滿意，馬英九是47%滿意）。而依蘋果日報的數據，她更已「死亡交叉」了！

更值得注意的是，具有深綠背景的〈臺灣民意基金會〉在八月廿九日也公佈了民調數據：與五二〇剛上任相較，蔡英文聲望狂跌近18個百分點，且沒有止跌跡象！基金會董事長游盈隆分析：和三個月前剛上任時相比，總統聲望下降17.6個百分點，而且不贊同她處理國政方式的人大幅增加24.4個百分點。與五月剛上任時相比，「非常贊同」的人減少了11個百分點，「一點也不贊同」的人則增加8.5個百分點。他說，在過去三個月中，蔡總統聲望急速下滑，超過三百萬以上的人民，不再對蔡總統處理國政方式表示認可與支持，特別是重大人事安排與政策方面。而且，她的聲望下跌態勢，沒有明顯停止的跡象。

對上列這樣的一致性民調數據，很多權威性的專家學者都指出：此乃蔡英文既不承認「九二共識」又治國無能的必然結果！其中以〈東華大學民族發展與社會工作學系〉教授施正鋒最直言，他說：蔡政府執政後許多政見都「昨是今非」，且讓人質疑有「選前騙選民」的情形，此舉是「不要臉」。施正鋒分析，執政初期只有藍營不滿，現在連民進黨基本盤也開始懷疑蔡的領導能力；她施政未經通盤考量，只會頭痛醫頭、腳痛醫腳。而且蔡英文偏愛出席溫馨場合，例如到罹難者家中致哀，或是向原住民道歉之類，但結束之後，民眾也不知道政府未來能怎麼做。他認為，蔡用人跟施政都太保守，「原本以為她只有兩岸要維持現狀，現在連內政也一切維持現狀，看不出創新。」他因此痛斥蔡總統是「昏君」！

◎蔡英文的惶恐

面對上列如此一致性的民調狂跌數據及輿論反應，蔡英文雖口頭上說不在意，但她內心絕對是惶恐的。何以言之？

試想：她在競選期間，用來批判國民黨兩岸政策的理由、標榜雙方「最大的不同」的，就是她是依據「民主原則和普遍民意」。她當選後立即發表四點「既有政治基礎」，其中第四點就是「臺灣的民主原則及普遍民意」（詳見今年一月廿三日發表的拙文「蔡英文包藏禍心的詞語遊戲」）。隨後，她在五二〇就職文告中又把四點「既有政治基礎」重申了一次。尤有進者，上個月她接受《華盛頓郵報》專訪時，還敢語帶教訓地告訴大陸領導人習近平，「台灣已經是一個非常民主的地方」，她不可能「違反民意去接受大陸的條件」，云云。如今，面對上列所有的民意調查，蔡英文如何能夠再堅持她否定「九二共識」是符合臺灣民主和民意的？顯然，口口聲聲所謂「在兩岸關係上堅持臺灣的民主與民意」的蔡英文，愈來愈站不住腳了。故我們可以斷定：她內心絕對是惶恐的！

猶有進者。八月卅一日，蔡英文突然發表任命田弘茂為海基會董事長，此舉也可看作她內心惶恐的表現。原來她是希望宋楚瑜或王金平來擔任此職，以圖軟化北京對她的疑慮，解決兩岸當前「冷和」狀態，以便伸展其「柔性台獨」的政治路綫。不料大陸不上當！主管官員張志軍多次公開宣稱：「兩岸問題關鍵不在人，而在政治基礎」、又說：「過去都已經講過了，海協會與海基會如果要能恢復商談這樣的機制化，必須要確認〈九二共識〉這樣一個共同政治基礎和由當局授權」。這些言語，等於嚴詞斥穿了她的「柔性台獨」狡計！

蔡英文眼看此計不得售，此時正值上列各家民調紛紛公佈，她內心惶急，亦屬常情。恰在此際，即八月卅日，忽然冒出一個台獨大老吳澧培公開痛斥她：「有人說蔡英文是無能、昏君，我講起來會流淚！因為蔡英文已經陷入很大危機，她如果沒有好好做，就沒有轉機。」他又說：「蔡英文有三個基本錯誤。第一、國安團隊；第二、司法改革；第三、財經改革，但是，這三方面所任用的人完全都是前朝的人，這是請鬼開藥單」。他重點批評行政院長林全是用不得的人，絕對要下臺，否則「蔡英文就沒有明天」，云云。

按吳澧培曾任美國萬通銀行總裁、陳水扁的總統府資政，是蔡英文的親信現任國安會秘書長吳釗燮的叔父。以一位這樣地位的台獨大老公開痛斥，這對蔡英文何異火上加油？於是立即任命一位年已七十七歲的老台獨田弘茂為海基會董事長，也不期待他能發揮什麼實質作用，只用來塞塞如吳澧培這班台獨大老的嘴巴就好！故由此任命亦可窺見：蔡英文內心絕對是惶恐的！

◎上街爭權益，遍地烽火

蔡英文上臺百日，如此荒腔走板，直接的後果便是：自九月起，各階層忿怒的民眾紛紛走上街頭爭權益。可以預見，臺灣今後只要蔡英文仍在位，必然烽火遍地了！

首先爆發的大型街頭運動是軍公教及工人的「九三大遊行」。這次運動由〈監督年金改革行動聯盟〉發起，主題是「抗議年金改革抹黑軍公教」。大遊行在下午一時開始；退休軍職人員在臺北市大安森林公園和中正紀念堂大孝門兩個點集合，退休公務員和警消在二二八公園集合，退休教師及工人團體在中正紀念堂自由廣場集合。抗議人群兵分四路遊行，最後陸續在三時到四時中間抵達凱達格蘭大道的主舞臺，主辦團體代表在主舞臺發言後，示威人群五時散場。

到下午四時高峰期，府前廣場及周邊大道都塞滿了人；主辦單位宣佈參加遊行人數已經突破廿五萬。照警方保守估算，現場也有約十四萬五千人。如此盛大的街頭運動，在蔡英文上臺才百日便發生了，這是空前的紀錄。而退休軍公教人員大規模走上街頭抗議，更是歷史的首次。

國民黨主席洪秀柱親自到遊行現場加油打氣，並沿著信義路遊行了一小段，她受訪時表示：「看到這麼多人站出來代表人民的聲音，政府不應用政治、貼標籤方式，製造對立、撕裂社會，難怪會有這麼多人抗議」。胡志強等副主席均到場參與。前行政院長郝柏村、國防部長伍世文、嚴明等廿多位上將，也到場響應。

在遊行大會上，〈全國公務人員協會〉理事長李來希指出：名嘴與年金改革委員會都是蔡英文的打手，反讓年金改革議題偏離了主題，更整天都在製造職業別、省籍及世代間對立。

〈高教總工會〉理事長劉亞平則痛斥：蔡英文是「奧步總統」，若蔡英文持續霸淩軍公教，未來不排除發起「十月圍城」，包圍總統府。

〈年金改革委員會〉代表、〈公職退休人員聯誼及關懷協會〉會長黃臺生指出：今天讓人憤怒的是軍公教被人當作小偷與強盜，「全世界有這樣的政府、這樣的政黨嗎？」他說，軍公教並不欠誰，沒有對不起這個社會。他還說：台灣要改革，請政府全面改革，找出中央跟地方政府財政的錢坑，「我們支持年金改革，但我們反對冒進式改革，我們拒絕朔及既往、剝奪性改革，要在信賴保護原則下的改革」！

〈全國教育產業總工會〉理事長黃耀南作壓軸致詞。他痛批：「是什麼樣的政府讓捍衛國土的戰士走上街頭？是什麼樣的政府讓盡忠職守的公僕上街吶喊？是什麼樣的政府讓誨人不倦的教師站上凱道？是什麼樣的政府讓支撐經濟的勞工街頭抗爭」？他說，照理說台灣最美的風景是人，但令人遺憾的是，軍公教奉公守法的結果卻換成年金被汙名、尊嚴被霸淩、權益被剝削、世代被撕裂，甚至還成了拖垮國家財政的禍首，成為人人喊打的過街老鼠。最後，黃耀南還說，他不解蔡英文為何要用如此荒謬的手法治理國家，用挑動對立的情緒掩飾停滯不前的國家發展。今天軍公教站出來，是為呼籲政府不該用打選戰的方式仇視軍公教勞工；蔡英文政府不要忘了作為雇主應有的誠信與協商。

「九三大遊行」只是序幕而已，今後會有無數的大大小小街頭運動接踵而來。據九月五日聯合報統計，目前已有六十八個團體正在排隊上凱道（臺北總統府前廣場）舉行抗議示威的。其中較受注意的是，九月十二日將有旅遊業及遊覽車舉行萬人示威，要求蔡英文承認「九二共識」挽救旅遊業生計。

總之，蔡英文上任僅百日，施政荒腔走板、民調聲望慘跌，來自各方團體抗議，竟如雨後春筍不斷冒出。入秋九月後的臺北街頭，將會每週都有群眾走上街頭爭權益，真是「遍地烽火，週週開花」了！近日大量網友更稱：「Let’s上街吧！」成了今日的台灣共識、全民運動。

◎蔡政府病情的癥結

總結蔡政府百日來的病情，無非是出自兩個因素：一是蔡英文堅拒承認〈九二共識〉及其核心內涵（兩岸同屬一個中國），二是蔡英文治國無方。若再往上追問，她為何抱持著這兩個因素？有二位具綠色背景人士最近表發的言論恰好作解。

1.為何蔡英文堅拒承認「九二共識」及其核心內涵？

據中央社九月三日報道：〈臺北駐日經濟文化代表處〉前代表許世楷今天說，總統蔡英文不承認「九二共識」，選擇「維持現狀」，「與中國的關係會很辛苦，但這是要維護台灣不被中國合併這個核心價值要做的事。」這是許世楷參加〈民視顧台灣顧問團〉上午舉辦「舊金山和約六十五週年座談會——公投、入聯、正名、制憲」說的。

他還說，台灣順利發展障礙在於中國主張「台灣是中國的一部分」，更燙手的是中國國民黨也贊成一個中國，兩大黨政黨輪替，不是一般政策變換，而是「認同祖國的輪替」。要安定及處理「維持現狀」，國際政治上應做兩件事，首先是聯合反對中國對外膨脹的國家或陣營，尤其是美國、日本等具幫助台灣核心利益及共同社會價值觀者，值得互動。

許世楷表示，其次是在適當時機開始「以台灣名義申請新加入聯合國」，這是可先將台灣「維持現狀」固定下來的一步，且終能成為正常獨立國家、參與國際社會不孤立方案。主張「維持現狀」最基本是台灣與中國是分開的獨立國家，維持這個事實就是不承認台灣是中國一部分。

這位台獨元老在此倒是抖出了蔡英文的真正動機：她的「維持現狀」就是要搞「台獨」的先行步驟！這也就難怪：她打死也不能承認「九二共識」了。這也証明：她為何如此「靠美親日」了。

2.為何蔡英文治國無方？

又據中央社八月廿九日報道，前立委沈富雄今天透過社群網站臉書（facebook）的貼文〈百日看小英，三月看四年〉出指：蔡英文新政百日，乏善可陳，民調急降，各方解讀大同小異。之所以如此，他認為新政府有4項缺失：總經概念的陳腐、核心價值的搖擺、雞刀殺牛的無力、整體團隊的平庸。他說，這些大都是性格使然，「一旦成形，難望翻身」。

他說，人民最在意經濟。新政府對經濟的理念卻最為陳舊，仍執迷「低薪、低價」的維護，以冀望來日復甦時，賴出口再旺而起。但，台灣將比當年先進國家更早進入中高所得陷阱，不但後有追兵，還看韓國揚長而去，錯失騰籠換鳥機會，從此一蹶不振。

沈富雄批評，新政府核心價值搖擺。他說，以抗爭起家的政權最怕抗爭，但核心價值如果前後一致，何來「髮夾彎」頻仍，且昔日戰友反臉成仇？新政府明顯欠缺說服人民的能力，以致民調顯示：認為政府偏袒勞、資的百分比幾乎相當，意圖討好兩造，卻落得得罪各方，是最大敗筆。

他說，年金改革眾聲喧譁，妄求「共識決」而終將不可得。另外還有長照財源等問題，新政府陷入「雞刀殺牛的無力」。

沈富雄說，整體團隊的平庸，人多勢眾完全執政，卻極像國軍毫無戰力可言；目標淩亂，政策平淡，人不適位，難盡其才。人民望治心切，自然感到不耐。

他說，總統蔡英文有自知之明，因此向國人討饒「勿以三個月看四年」；但上列諸點大都是性格使然，「一旦成形，難望翻身」。政府如小孩，小時了了大未必佳，何況一開始就如此委靡不振，「豈有後望乎？」。

沈富雄先生原為民進黨立委，後已退黨；今為媒體著名的評論人，常有精闢言論，針砭時政。依上引言論，他等於認定：蔡英文之所以治國無方，乃出自她的性格；所謂「本性難移」，蔡英文上任百天如此，今後四年也不可期待她能變好了。

◎中共該怎麼辦

依上述許世楷、沈富雄二人的判斷，蔡英文要搞台獨、不承認「九二共識」及其核心內涵，這是他的意識型態，很難改變的。而治國無方，則是出自她的性格，她已年逾六十，本性更是不可改變的了。臺灣內部未來四年將日益混亂下去了，這是可以預見的。但問今日主宰中華民族前途的中共當局，該怎麼辦？總不能放任不理，坐待國民黨下次奪回政權再說吧？也不能只做一些減少遊客來台、不買虱目魚之類，只對百姓有害而對蔡政府不痛不癢的事就算「地動山搖」了吧？

上月我到香港參加了一場私人聚會，關心政治的多位朋友都談到，對蔡英文到底該怎麼辦？中共有沒有辦法徹底遏止「台獨」？

會中有位先生提出，中共應效法當年的康熙皇帝，派兵先佔領澎湖，因為澎湖距離臺灣只有五十公里，正是最佳的「不沉航母」，最是有效遏止「台獨」的制高點。

我直覺此種想法頗有見地，因為觸發我想到一段往事。一九九三年底我到香港研究佛學，長住堅尼地道36B四樓南懷瑾老師招待所；曾聽他說過，年前中共中央派國台辦主任楊斯德、大員賈亦斌、許鳴真等人來此同李登輝所派的「密使」會談，這便是後來在臺北立法院渲出的「兩岸密使事件」，也是「九二共識」產生的背景。當時南老師曾建議雙方共管澎湖，把飛彈在那裡一擺，從此兩岸真正和平了，任何外國都不敢來干涉中國內政了。

於是我提出修正意見；因為澎湖本是中國的領土，目前只是「行政權」仍由臺灣當局支配而已，故應稱為「收管」，而不是「收復」或「佔領」。「收管」者，收回管理權是也！臺灣當局現在要搞「柔性台獨」，北京不是不斷宣告「堅決反對任何形式的台獨」嗎？收管澎湖以遏制之，正是「師出有名」之時。至於武力只宜為後盾的嚇阻力，對同胞非不得已不可用。其實北京方面只要先擬定一個〈收管澎湖計劃〉，詳細規定如何照顧澎湖同胞，收管之後如何把澎湖建設為一個最美好的海上樂園……等等，然後將此計劃公告於世。如此必然引起臺灣內部的大變化，美、日等國也必來說三道四。於是北京就對美、日展開談判，要他們「不要干涉中國內政」、「中國是要和平收管澎湖，以防台獨」……等等，並進一步要求他們參與「反台獨、保和平」的事。……凡此舉措，就是運用中國人的智慧，以達到《孫子兵法》上說的「上兵伐謀，其次伐交」的遏制台獨之目標。因為今天臺灣的軍隊已不能打仗了，而所有台獨分子如蔡英文者莫非欺軟怕硬之輩，所以不必真動武；北京只要這麼輕輕一動作，對臺灣內部就會發生「催化劑」的大作用，然後握機馭變，最後結果澎湖會真的和平解決了。澎湖成為「監管台獨基地」，從此「台獨」也就徹底解決了。

與會同仁聽我如此一說，大為驚訝者有之，說我「在作夢」者也有之。我回應言：北京目前不是號召大家追尋「中國夢」嗎？我就算作一個「遏制台獨之夢」，用以激發大家的靈感，又有何妨？大家哈哈大笑而散會告別。

中國人反獨護國大同盟
中國全民民主統一會　同發
民國一〇五（二〇一六）年九月七日

寧共毋獨——〈全統會〉的創立與奮鬥

勞政武

〈中國全民民主統一會〉（簡稱全統會）成立於民國七十九（一九九〇）年元月廿一日。是日上午在臺北市〈國軍英雄館〉中正廳召開成立大會，來自全省及海外的各界愛國人士濟濟一堂，不但坐滿了五百四十個座位，而且站滿場內四周的走道。在主席團（由老中青三代代表：滕傑、何志浩、劉師德、解宏賓、陳志奇、勞政武及楊懷安共七人組成）的分別主持下，順利完成了法定程序：最重要的是通過了《會章》、〈宣言〉（我們的認識與信心）及推選滕傑先生為首任會長。

本會一成立，立即受到黨政界的高度注意。當日各晚報及翌日各大報都以大篇幅報道，甚至以頭條新聞方式登出。一個民間團體，何以受到這般的重視？若瞭解此團體成立的前因，乃至即將發揮的作用，其受重視是必然的。

所謂「前因」，必須追溯到六年前李登輝當上副總統後的政治野心逐漸顯露。所謂「作用」，就是廿日後國民黨召開〈臨中全會〉以至三個月後國民大會選舉李登輝、李元簇為第八任正副總統的政局激烈動盪。本文就是依這二大脈絡，作真實、全面而扼要的說明，以作歷史的交代。

◎成立的前因

先是，民國七十三年（一九八四）二月二十日，國民大會召開第七次會議。此次為期三十五天的會議，為的就是選蔣經國先生續任中華民國第七任總統，而以李登輝取代謝東閔為副總統。在開會的前一週，即二月十四、十五兩天，先召開〈國民黨中央第十二屆第二次全體會議〉，完成了蔣、李的黨內提名程序。

李登輝獲得黨的提名沒幾天，便透過黨部的接洽，專程到滕傑家拜訪，目的是要滕支持他。因為滕先生在國民大會當過書記長，而約有二分之一的老國代又是復興社出身的，滕可以影響他們投票。李登輝來拜訪，當然是蔣經國主席授意的，滕自當表示願意幫忙；滕明白地分析了國大內部的人事結構，支持他當選副總統並無問題。結果李得到了八七三票當選副總統，經國先生則以一〇一二票當選總統。李的政治資歷極淺，有這成績不容易了。

李登輝當上副總統後，一直同滕維持往還，在許多方面滕也誠心盡力幫忙他了。民國七十七（一九八八）年元月十三日，經國先生逝世。總統位子依法由副總統接任，並無問題。然而〈中國國民黨〉主席一職該如何定奪？滕的想法同很多黨內老同志一樣，應該慎重處理。因為國民黨有其革命歷史傳統，而李登輝的資歷尚淺，不宜立即將黨政大權集於他的一身，故應暫採「集體領導」方式，待相當時機再選出黨主席。此事最低限度，也應辦完蔣故主席的喪事才處理。

但事情的演變常有出人意表者。經國先生逝世後不過三天，黨內一群人透過新聞炒作，鬧出一個關係重大的「代主席」事件。到了二十七日，恰是經國主席逝世後二星期，國民黨中常會就在副秘書長宋楚瑜的強烈運作下，通過了〈李登輝任代理主席〉案。從這一事件的不單純，滕傑意識到國民黨前途的危險性；他想，這是孫總理到蔣總裁畢生奮鬥的事業，多少仁人志士為此而犧牲了，他自己個人也投入了一生，豈能袖手旁觀？於是有「推舉蔣緯國為副主席」以作補救之設想。

同年七月七日，國民黨召開〈第十三次全國代表大會〉，主要任務是：一、選出主席，二、向世人宣示傳承既有的「以三民主義統一中國」路線。至於改選中央委員、則是次要的應有之議。

開會之前，約在六月中旬，李登輝約滕傑先生到總統府見面。滕向李提出二點意見：一是要維持國民黨的「革命民主」屬性。二是為了維持黨的團結，應增設副主席，並以蔣緯國出任此職為最適當。對於第二點意見，滕特別說明，緯國這個人胸無城府，絕對不會有爭權的危險，但由他當副主席卻有良好的象徵性意義，能維持黨內的團結。對於第一點意見，李登輝立刻滿口答應。對於蔣緯國為副主席一事，他以較疲軟的語氣說：「如果大家同意的話，我沒有意見。」

滕聽他明白說出「沒有意見」之言，便放心去作正式的提案，並交給國大黨部幾位同志分頭去連署。幾天內竟連署了二百五十多人，便送到中央黨部去了。但直到〈十三全代會〉的「討論提案」程序，居然不見列有這個案子！滕追問黨部的人，都推說不知。滕心裏正納悶，當時任總統府副秘書長的張祖詒卻來對滕說了，那個「增設副主席案」，李先生不但不同意，而且對於另有人提的折衷案「請蔣緯國任中常委」，他也不同意。滕這才恍然大悟，李登輝說什麼「我沒有意見」原來是假的！滕這時心裏雖難過，但為了全黨團結，所以主動告訴黨部，要把原來的「提案」改為同白萬祥聯名的〈建議案〉，讓李主席有個下臺階。當然這〈建議案〉最後也沒了下文。

尤有進者。此次大會中，有許多黨代表提議聘請蔣夫人宋美齡女士出任榮譽主席，同樣被「運作」而沒有了下文。全會之後，接著開〈中全會〉選舉中央常務委員，事後滕細閱三十一位中常委的名單，屬臺灣省籍佔十六位，恰好過半數。這種情況是空前的，當然又是李主席的意思。中國國民黨不但是全中國的政黨，而且是代表全世界華僑的全球性政黨，絕不是一個地域性政黨，這是從孫總理在海外革命開始形成的特性。現在國民黨實際在臺灣地區奮鬥，故而地方色彩重一些也是自然的。但若刻意以地域主義的用心去改換國民黨原有的宏規，箇中透露的訊息就非比尋常了。從此，滕傑對李登輝才真正起了戒心，種下二年後成立〈全統會〉推舉林洋港、蔣緯國與之對抗競選的因由。

◎從〈支援會〉到〈全統會〉

民國七十八（一九八九）年十月，為了因應年底即將舉行的三項選舉（立法委員、縣市長及省市議員），滕先生發起了一個名為〈中華民國各界支援賢能人士競選委員會〉（簡稱支援會）的組織。這個臨時性組織，以江蘇籍中央民意代表為主要發起人。在貳佰餘位成員中，有一百廿位具有國大代表身分。因為距離總統選舉不到五個月，十月十五日在台北市中山堂召開成立大會時，就引起了新聞界高度的興趣，各報記者紛紛來採訪。翌日許多報紙大作文章，說成立此組織是為未來正副總統選舉鋪路；如是說也非盡錯。

〈支援會〉隨後密集地開了多次動員會，民意代表參選人周書府、苗素芳、蔣乃辛、楊實秋、張平沼、馮定亞、趙振鵬、洪冬桂、魏憶龍、郁慕明等人都受到了大力的推薦，他們後來也順利地當上了立法委員或省、市議員。選舉一完成，此組織任務終結而自然解散。但因著原有的基礎，在《龍旗》雜誌社全體工作人員努力下，接著就成立一個永久性的團體——〈全統會〉。

〈全統會〉一創立，外界猜測紛紛，各報都說是為了正副總統選舉而創立的。這也難怪，創立日距大選只有三個月，傳媒不斷來打探我們推的人選是誰。但滕先生為了尊重李主席，希望有挽回十三全代會缺憾機會，所以只向外界提出個凌空抽象人選標準：「誰能帶我們回大陸，誰就是最適當的人選。」其實此時我們在《龍旗》社內已密集地開會研究，比較當朝人物的種種條件，最後得出的結論就是「林洋港為正、蔣緯國為副」為最恰當的選擇。不過，如果能說服李登輝選蔣為副手，則是較能維持黨內團結避免政局動盪的選擇。這種寄望，一直到報紙傳出所謂「五標準」，才開始破滅；這是李登輝為李元簇量身特製的「標準」，等於公開否定了蔣緯國為副總統的可能性，直接導致〈臨中全會〉的大分裂。

◎〈臨中全會〉大分裂

民國七十九（一九九〇）年二月十一日，國民黨召開〈臨時中央委員及中央評議委員全體會議〉（臨中全會），會程只有短短的一天，目的在正式提名總統、副總統候選人。會前的二天，就似「山雨欲來風滿樓」；滕傑分別密集地同李煥（時任行政院）、郝柏村（時任參謀總長）、王昇、言百謙（時任總政戰部主任）、楊亭雲（時任總政戰部執行官）、許歷農（時任退輔會主委）交換了意見；滕先生同這些官員大都有師生之誼，他們完全贊成滕老師的構想。此外，滕又同百餘位國大代表及立法委員餐聚，形成一致的共識。最後，才告知林洋港、蔣緯國這幾天會見各界人士的情況和明天的具體行動計畫。林、蔣迅即回報同意滕的做法。

滕傑的計畫是什麼？很簡單，在會場先爭取提案並通過蔣緯國為副總統人選，即「李、蔣配」。如此議不被採納，則提出「林、蔣配」，要求黨內二組人出來競選，誰當選則由國民大會公決。

這次臨會過程曲折，一直籠罩在緊張而詭異的氣氛中；最後仍是被時已升任中央黨部秘書長的宋楚瑜強勢運作，終使李登輝得到勝利。此次會議，除滕傑領頭奮力主導外，計有周曉天、鄭逢時、郁慕明、吳建國、魏鏞、李煥、林洋港、張豫生等人均先後勇敢地上臺發言，主張不能以「和稀泥」違背民主的方式決定黨內正副總統人選。事後，郝柏村接受記者訪問也指出：「民主本來就是大家表示意見，動不動就指有意見的人是不團結，那叫什麼民主？」此次國民黨內公開分裂會議，正是日後的「主流派」（宋楚瑜為首的擁李派）與「非主流派」（滕傑為首的反李派）兩個新聞名詞之來由。

經過此次會議，「非主流派」雖然失敗，但讓許多人也看出了李登輝的真正用心了。十三日《民眾日報》就以「令人恐怖的李登輝時代」為題發表社論，強烈抨擊李氏的獨裁作風。這是國內報紙以社論批評元首的首例。

〈臨中全會〉開後，戰場轉到國民大會。因為依法規定，只要有一百名國大代表的連署，便取得正副總統候選人的資格。而正式選舉是用秘密投票的，二李想順利當選就很難了。於是，〈臨中全會〉開後次日，即二月十二日清晨，李登輝和李元簇便展開逐戶拜訪國大代表的行動。這種行動當然是針對滕傑一方而來的「瓦解戰術」，並非他們真的對老國代有什麼敬愛之心。据國大代表王禹廷後來的文章透露，原來此時，李登輝已設立一個名為「友諒小組」的秘密單位，專門做瓦解我方的工作。他們不惜到每戶去拜訪，以便瞭解每位國大代表的家庭狀況，要錢的給錢，兒女要官的給官，只要不站在支持林、蔣一方便可。這麼一來，其效果自然奇大。很多代表到底年紀老了，談不上志氣，被他們這麼一弄，改變立場是自然的。

接下來幾日變得越來越緊張，滕傑每天一面要到陽明山中山樓去開會，一面應付窮追不捨的新聞記者，還要處理連署事宜。到了三月一日，就在臺北市杭州南路一段六十三號六樓成立了〈各界支持林、蔣助選總部〉，這裡也是〈全統會〉的會址及《龍旗》雜誌社的社址，勞政武實際負責總部的全般事務並兼對外發言人。

這時，從立法院到臺北市議會，出現了趙少康、陳炯松等人發出了譴責李氏獨裁的聲音，民間及海外支持我方的言論越來越強烈。李登輝、宋楚瑜他們大概已知情況嚴重，乃於三日下午約請黃少谷、謝東閔、袁守謙、陳立夫、李國鼎、蔣彥士、倪文亞、辜振甫所謂「八老」，在總統府開圓桌會，央求他們出面疏解林洋港的參選。這主要是針對我方明天將舉行的餐會而來的。

三月四日上午十一時，滕傑與廿六位國大同仁聯名邀請的餐會，在臺北市〈三軍軍官俱樂部〉舉行。國大代表二百八十多人出席，加上其他各界人士、新聞記者，一個只能容納五百人的會場擁滿了上千人。眾所周知，這個名為「餐會」的，實質是〈林、蔣宣佈競選誓師大會〉。蔣緯國與林洋港先後蒞臨，全場起立，致以熱烈的掌聲。尤其林洋港進入會場時，來賓已爆滿，新聞記者一擁而上，弄得寸步難移，急壞了隨從的安全人員。林、蔣二位先生分坐在滕傑主席位子兩旁，數十名記者又一起擁上，擠得主席臺幾乎倒塌。此次餐會開得很成功。

◎三種無恥的戰法

事情發展到此，李宋他們竟展開三種惡劣無恥的戰法：一是對滕及他身邊的人展開文字攻擊、電話騷擾、黑函威脅種種行動，圖使我方心生恐懼知難而退。另方面則密集邀請「八老」対林洋港進行「整合」。三方面最兇險的，就是暗中策動學生群眾運動。這三方面戰線是依據「拉林、打蔣，醜化老國代」總方針而展開的。

他們最要不得的「打蔣行動」，便是於三月九日策動駐日代表蔣孝武，突然回臺北召開記者會，發表抨擊叔父蔣緯國的公開信，居然說緯國「假民主程序之名，圖奪權之謀」、「連花一秒鐘同他溝通都是浪費時間」，云云。如此不忠不義之事出現在蔣氏親屬中，令人震驚。

與蔣孝武攻擊叔父的同一天，下午二時三十分，林洋港突然在「八老」的簇擁下，向新聞界宣佈「婉辭國代連署提名」。事後多方證實，關鍵在蔡鴻文（時任臺灣省議會議長）昨晚夜訪林洋港，力勸林「不要被這些老國代利用」，否則臺灣百姓會視你為「台奸」，云云。這是非常嚴重的挑撥離間，非有相當經驗及高度智慧就難免上當。後來，滕傑透過人傳話給林洋港，請他試想：「今天是我推你當總統，不是你推我當總統，到底誰『利用』誰？你一旦當上總統就有處理一切的大權；唐太宗尚且『逆取大位，順以保之』，這個深刻的道理宜參悟」！六年之後，林洋港才堅決出面同李登輝競選總統，但一切已太遲了，正是「天與不取，反受其殃」。他出了一本書名為《誠信》，如果只是諷刺李氏這個人不誠不信，固無不可。但若對李登輝真去講誠信，只有顯示了自己的憨直可欺。從林洋港這次輕易被「整合」，到後來的李煥、王昇、郝柏村、李元簇、邱創煥、宋楚瑜、連戰……等大員的遭遇，十餘年之中輪轉般為李氏所欺玩；真是國運如斯，夫復何言！

策動民進黨和大專學生的群眾運動，自十二日開始便積極在暗中進行。最可恥的手段是：先在陽明山國大審查會中利用幾個不明事理的老代表，讓他們提出「自肥條款」。然後在輿論上大肆報導這是「山中傳奇」的「政治勒索」，於是激發一些群眾上山抗議，造成流血衝突事件。隨後，到了十五日，各地民意機構及各大專院校學生會都發表聲明，一致聲討「國大老賊」的「自利行為」。十七日，大量學生及民進黨群眾到臺北市中正紀念堂廣場靜坐示威。翌日，李登輝透過教育部長毛高文發表親筆函，高度讚揚學生此舉為「愛國表現」。學生仍然靜坐下去，一直到二十二日正副總統當選（李登輝六六八票、李元簇六〇二票），為期六天的學生運動才解散。由此足證，李氏是在用盡可恥手段和策動學生群眾「保送」下才當選的，他的大位得來並不光彩。此論斷就是歷史的公正評價。

先是，林洋港被「八老」脅迫下聲明退選之後，蔣緯國本來要堅持到底。但到了十五日，群眾運動已發展到猛烈的程度，此時已傳出消息：李氏將策動一些民進黨徒包圍士林官邸脅迫蔣夫人宋美齡女士。下午約六時，蔣緯國來電要滕先生緊急上陽明山商議。勞政武陪同到了陽明山華崗丁中江的寓所，蔣及丁已在靜候。蔣對滕分析了凶險的情勢，強調說「個人生死可置於度外，但不能連累老夫人」。滕看事已至此，已沒有堅持下去的必要，於是要勞政武即席起草〈停止徵召聲明〉。經滕及蔣逐字斟酌之後，連夜作業，翌日九時即在臺北市杭州南路助選總部發布。

◎臺灣的價值

事情继续發展下來，當然不如滕傑所望。民國七十九年（一九九〇）三月二十二日方選完正、副總統，立法院在四月三十日就通過一個由陳水扁領頭提案，聲請大法官會議解釋：第一屆中央民意代表（即在大陸選出的國大代表、立法委員及監察委員）已不符「國民主權原則」，在憲法原意上有疑義，云云。此時立法院席次仍由國民黨控制之中，這個提案竟能迅速通過，不用說就是李登輝串通陳水扁的傑作。此案提到司法院，只有二個月即完成了第 261 號解釋，六月二十一日司法院就公布了。這號解釋規定滕傑這些老民代「應在民國八十年十二月三十一日以前終止職權」，但並無任何道及應設全中國性代表的規定。李登輝的「台獨」夢又向前邁進了一大步。

臺灣在世界地圖上，只是個小島。四十多年來我們在這個島上生聚教訓，把它建設成為中國的模範區，是「四小龍」之首，成為民族復興的希望，這是臺灣真正價值所在。但如果李登輝這類人，以為可以用這個小島閉關自守，稱王稱霸，那就是夜郎自大了，臺灣的前途也凶險了。

臺灣有今天的成果，那是全大陸的菁英分子在此與臺灣人民共同胼手胝足奮鬥幾十年的結果。如果李登輝等少數褊狹人士，以為高唱地域主義，排斥「外省人」，便可以使政權牢固，那就是大錯了。中國歷史上沒有地域主義成功的例子。近代史上有兩個人搞地域主義的下場很悲慘：一個是洪秀全，他只重用兩廣的客家人。一個是汪精衛，他的南京偽政府有「廣東同鄉會」之譏。李登輝正是一種更褊狹心態，縱使奪得大位風光一時，他今後面對的將是中華民族億萬人的共同力量，他的下場是必然可悲的。

◎寧共毋獨

在這場仗打完之後，〈全統會〉接得北京〈黃埔同學會〉來函邀請滕會長前往訪問。滕先生考慮再三，決定先派人去瞭解情況。七十九（一九九〇）年五月，由〈全統會〉評議會主席、黃埔一期的鄧文儀任團長、勞政武任秘書長的一個九人團，到北京受到最高規格的接待。鄧小平、聶榮臻、徐向前等中共最高層人士都接見了他們，並交換了如何消除分離主義促進中國和平民主統一的許多意見。他們回到臺北，說明了一切，滕會長因之深感今天的中共已有根本性轉變，實質是回歸到孫中山總理的精神了。因此，他多次向「全統會」同志強調：今後國民黨應走「寧共毋獨」的道路，也就是說：我們寧可跟中共合作，也不能容忍「台獨」！

在一次會議上，滕會長感慨地說：「我當年組力行社，為的是抵抗日本的侵略，本質是民族主義的。不料年屆耄耋而支持林、蔣，為的是反對台獨分離主義，本質依然是民族主義的。這種遭遇，無以名之，只好名之曰天命了！個人的天命必有終止的一天，但我看到了同樣的天命已落到海內外每一位有作為的炎黃子孫身上，自己就感到無比的安慰了。」

滕傑先生（一九〇四—二〇〇四）在此次行動後不久，因年事已高，將〈全統會〉會長一職交給陶滌亞（一九一二—一九九九）；陶先生是黃埔六期畢業，曾任海軍總部政治部中將主任。陶逝世後由王化榛（一九二六～）接任，王先生曾任臺北市警察局副局長、國大代表。二十多年來，該會在陶、王二位先生領導下，秉持滕先生創會宗旨，為兩岸交流而努力不懈。今（二〇一六）年春，王先生自忖已到九十高齡，乃堅持把會長職務交給吳信義（一九四四—）。

現任會長吳先生，畢業於〈政戰學校〉政治系十四期，曾任〈臺灣大學〉的主任教官；他有德有才而具容眾雅量，今後〈全統會〉當可穩妥傳承下去且有大發展。古人有言：「靡不有初，鮮克有終」，一種思想或精神，會被人長久堅守下去，必有真理存在。〈全統會〉能長久堅持傳承下來，證明它揭櫫的宗旨正是真理，也證明了歷代會長及志士同仁有真本事。但這種真理存在只是基本的主體條件，欲有大發展卻是要有客觀環境的；正如《莊子》所說：「大鵬摶扶搖而上者九萬里」，若扶搖的風力不夠博厚，則負大翼也無力，大鵬當然上不了九萬里。落實以言，〈全統會〉近廿年無大發展，洵是客觀環境所致。自吳先生接任會長，客觀環境卻突變了，蔡英文登上中華民國第十四任總統之位，竟然不承認「九二共識」、否定「兩岸同為一個中國」，走上「柔性台獨」凶險路，這也是〈全統會〉的新時代來臨，英雄有用武之地了。

本文原載《中國全民民主統一會會刊》二〇一七年九月十八

註：關於〈全統會〉的創立詳情，可參《龍旗》一〇八期，民國七九年二月號。又勞政武編撰《從抗日到反獨——滕傑口述歷史》第十五章，淨名文化中心出版，民一〇四年九月再版。

第二篇　反獨活動

目錄

中山堂叛國事件眞相

本刊記者集體採訪

前言

這已經是半年前的舊聞了，而歷史的意義餘波未已，人們記憶猶新，因爲事件漫染了難以磨滅的殷殷血色。

去年十二月五日，以黃信介爲首的一小撮所謂「社會人士」，在中山堂舉行了一場記者招待會，會中公然做出一些有損國本的蠢行，以及有害人權的攻擊。在一個必須於安定中求生存的地方，我們不容許這類的事件因時過境遷而煙消雲散。經過多方的尋訪與查證，本刊肯定地援用「眞相」二字，將此一事件予以揭露，是非公斷，禀諸天地！

本文所引用資料皆註明來源，以備賜教。惟於會中人演講部份，如黃信介、施明德、陳婉眞、何春木等，若非陳腔濫調；即是孤意鳴高，皆無可取，予以刪除。而於所披露的部份當中，亦不難見出黑拳幫份子一些張牙舞爪的意氣和陰陽反側的心態。

以下是那一次所謂「全國黨外候選人座談會暨中外記者招待會」的實況，所引資料包括部分與會人士的回憶和所發表的文章；那段期間各大報紙的記述和評論；以及現場的錄音整理。

擅改國歌蓄意叛國

王秀琴、王北菁的證言

看了十二月四日晚報上的新聞，說是第二天下午在中山堂有這樣一個集會，而且歡迎各界人士參加，我們就結伴去了。

在光復廳門口放了一張長桌，擺著簽名簿、會議程序單、和一些歌詞等等，還有幾位小姐為我們發貼紙—白底上畫著個黑拳頭—每人都要有一張，那些工作人員的貼紙都有固定的佩戴位置，到會的人士—就是像我們這種和會方素無來往的「外人」—就不一定了，小姐們隨便往你身上一按，做為識別。

當我們進去的時候，裡面已經擠滿了人，我們就只好坐在後頭。原先，工作人員不知道為什麼禁止許多人入場，但是後來人一多一亂，也就陸續放行了。這時大概是兩點十分左右。

我開始注意到那些工作人員：大部分的男子都穿了布鞋，和寬鬆的衣褲。是一種說不上來的氣勢，讓你感覺到他們有幾分兇惡；以及幾分猥瑣。很多人還掛著照相機，一見有人突然起立、走動或交談，就過來給你照幾張，閃光燈亮啊亮的，眞讓人有點說不出的壓迫感。

會場實況

挺身而出，義無反顧，證言黃信介等叛國毆人罪行的王秀琴（左）和王北菁（右）。

疾風

「大會開始」麥克風裡傳出了女司儀柔細的聲音：「全體肅立，主席就位」，（擔任主席的是居中的黃信介，列左的姚嘉文以及列右的黃玉嬌。）——各位來賓，唱國歌的時候，我們把『吾黨所宗』改爲『吾民所宗』——唱國歌；一、二、三，唱……」

這時現場已經發生微微的騷動，四處巡邏的工作人員，立刻一齊將視線投向那些絮絮低語的人們。幾乎是同時，零落的歌聲紛然四起。唱到第二句，却發出兩種截然不同的音調：一種是依照司儀指示所唱的「吾民所宗」，低沉而散漫；一種則高唱著「吾黨所宗」，它來自各個角落，如霜天飛鶚，激昂而雄壯。那些工作人員又開始扭頭張望，並舉起相機，不時地朝高歌者按動快門，黑拳貼紙在閃光燈不斷地照射下，乍明乍暗了起來。

當事人的追述

蕭玉井部分

這是一個氣氛肅穆的政治集會，會場中播放著具有煽動性的方言歌曲，席中有二、三十位外國人士，據稱均爲外籍記者。

會場設一主席台，旁設一發言台，兩旁有貴賓席，和電視攝影、以及錄音設備，予人鄭重其事之感。會場正前方掛了一大幅黑拳圖案，據稱爲該會的「人權」標誌。

會議開始，當擅改國歌的聲言一旦入耳，我頓時感覺一陣氣血攻心。國歌、國旗、國號、國徽、國花以及國父等等，乃我中華民國之象徵，無比神聖，無比莊嚴，任何人不得侵犯！而此一集會中的少數野心份子，竟敢在中華民國戰時首都的所在地，在紀念　孫中山先生、以　中山先生聖名命名的國民大會集會場所——中山堂，公然擅改國歌，這是叛國的行爲！

當即，沈光秀、勞政武與我三人即相約，不但要照原文唱，並且要唱得特別響亮，以示抗議。當唱「吾黨所宗」四字時，我們三人遂以高八度的高音響亮地唱出，耳邊亦聽得有不少人附和著，而我們這樣高歌「吾黨所宗」，立即引起主席台與貴賓席上人士的注意，及全場人們的目光。歌聲甫落，分佈在四週的彪形大漢和攝影人員，立即湧上來，對我們做勢威脅，並且頻頻將我們攝入鏡頭。

站立時，我們儀容肅穆；復坐時，我們舉止從容，無視於任何怒目的逼迫；無視於任何閃光的嚇阻。

勞政武部分

當日中山堂集會的情形，無論如何，對於一個反共義士（此詞其實是同胞給我們的榮稱，既無其他恰當的謙詞，也只好如此自稱了，還望見諒。）而言，是不堪忍受的。它的氣氛使我彷彿退回好久以前……幼小的我懷著萬分的恐懼，被大人帶著去參加過的好多次鬪爭大會。大幹部們飛揚拔扈地高坐在臺上，台邊跪著一排垂頭喪氣的人，台下則是黑壓壓的一大片群衆；群衆之間，穿梭著拿槍的民兵和戴著紅臂章的「積極分子」。於是，台上一呼；台下萬應，風動雷鳴，被驚嚇的幼小心靈，總有好幾晚從噩夢中驚醒。那天中山堂的集會，也許尙不至於如是恐怖，但確會喚起我淡忘多年的回憶，更怕自己和後代兒女們有一天眞的會重過同樣的生活。

對於一個久經法律訓練的人，無論如何，當日中山堂集會的情形也是難以忍受的。按自清末以來，我國就接受了西方的法制，這種法制的主要特色之一，就是講究「正當程序」（Due Process）；譬如，任何法律縱然是公認的惡法，但若未經正當手續去變更它，任何人不能否定它的效力。我們的國歌，早在我出生的前一年—民國卅二年，既經國民政府正式公布，怎焉能由幾個人擅自更改呢？自己要擅自更改也還罷了，焉能強迫別人照他們的意思去唱呢？別人不肯照唱，又焉能怒目而視，還以相機拍照，繼而公開指責呢？也許仍是「法律素養」作用吧，我們雖然怒火中燒，仍然按捺住了。

新聞界的迴響

六十七年十二月六日中央日報：

（本報訊）少數無黨籍登記參加此次增額中央民意代表選舉的候選人，及其助選員，昨天下午二時許，在台北市中山堂光復廳舉行「座談」，並舉行「記者會」，邀請若干經過其選擇的中外記者參加。國內許多報紙、通訊社與電台，包括本報在內，均未獲邀。

據參加人士透露：在「座談」開始時，司儀發口令「全體肅立」、「唱國歌」之後，接著又說：各位唱國歌時要改一個字，就是把「

三民主義，吾黨所宗」的「黨」字改爲「民」字；結果有許多位聽衆仍高唱「吾黨所宗」，被發現後會受到恐嚇。反共義士勞政武及蕭玉井即在其內。

有一位二十多歲的小姐和一些在場人士，特別把「吾黨所宗」的「黨」字唱得很大聲，結果一位自稱「攝影記者」的女子，胸前配有「會心儀」的名牌，大聲指責這位小姐，這位小姐嚴正反駁，「會心儀」乃用隨身攜帶的照相機及閃光燈，不停的圍繞著這位小姐照了許多照片。

六十七年十二月六日台灣新生報：

「本報訊」……這個座談會是於昨天下午二時起舉行的，主辦人對每一位進入會場的人都經過嚴密的盤詰，要憑請帖換取入場證佩戴始獲進入，並在每一個進場人士的胸前貼上一張用意不詳的貼紙，會場充滿神秘怪異的氣氛。

在座談會中，少數候選人和他們的助選人員先後發表一些令人費解的言論。最令人費解的是，司儀在報告會議程序時，要求全體與會人員唱國歌時將「吾黨所宗」改爲「吾民所宗」，此事會引起部分與會人士的不滿與抗議，而不滿的人會在會場內遭到毆辱。

王秀琴的證言

我的確高聲唱了國歌，尤其是唱到「吾黨所宗」時。唱完之後，我的情緒更激動了。人們也注意到我，這時，一個胸前掛著「攝影記者會心儀」牌子的女子走到我面前，推了我一把：「你爲什麼唱『吾黨所宗』？還唱那麼大聲！」

我看了看他，又避開那兇狠的目光，故意瞪著會場前面。老實說，我心裡很害怕，雙腿也微微地顫抖著：「我，唱國歌！」

「爲什麼不聽從司儀的指示唱？你違反規定，給我出去！出去！」

我沒理她，她又要上前來推我，却被旁邊另一個工作人員止住了，他竟然還說：「算了，算了！不要跟這種人計較。」

「會心儀」退了兩步，又不甘心地走回來，繞著我拍了好些照片，我輕輕閉上眼睛，眼皮上仍然可以感到陣陣一閃一滅的亂光。

下面接著是主席致辭和專題報告，我盡量使自己平靜下來，聽一聽他們的說詞。想著：對加諸於我個人，和到會人士，甚至整個國家，大會當局有這種不公平的待遇，他們可能會有某些解釋。

會場實況

康寧祥侈言理性

司儀宣布：「現在我們請康寧祥康委員爲我們做專題報告。」

「康委員！」黃信介在掌聲中叫著：「康委員！」

康寧祥上台說：「今天（競選）總部要我

黃信介(右)、黃玉嬌(左)公然領導篡改國歌，

來報告，題目是：『此次中央民意代表選舉與我們國家命運的關係』。這個題目相當偉大，老實說，我思索了一天半，結果沒想出一個內容出來，但是在要來會場的前二十分鐘，我想到必須要談幾個重要的問題，這些問題似乎與今天的演講題目是相當吻合的。在我從家到中山堂這短短五、六分鐘的車程上，我悶頭思索這個題目，所以內容之粗糙可能會讓大家失望，但是康寧祥一定在盡其所能之下，不讓大家失望。（編按：？）

第一個問題：自國民黨推翻滿清建立民國，實行民主政治以來，已經是第六十七個年頭，在這六十七個年頭風雨飄搖的情況下，我們還在為「安全」兩個字掙扎，今天在這個人人繁榮安定的台灣社會裡，我們竟然還要為「安全」兩字而恐懼。有沒有可能避免？我的答案是肯定的，有！我想我們全民都有責任去避免，尤其執政了六十七年的國民黨更有責任。

所以今天在中華民國，一談到政治、一談到選舉、一談到反對黨，就讓那麼多人心裡不安，恐懼無措，是因為我們的政治形式還沒有和政治內容一致進行。民主國家有了一致的政治形式，卻也容納不同的政治主張，但是在我們中華民國，處於這個過渡時期，我們的政府，我們的執政黨，雖然從來沒有公開地主張獨裁，但在作法上，它並沒有很誠意地走向民主政治！

所以今天我們要坦誠地承認：我們今天只有政治主張，而沒有政治形式。所以今天我們全國同胞所要努力的，就是如何建立一個統一而且大家都能認同的政治形式，在此政治形式之下，可以提出各種主張。對於政治的形式，我們一定要求其統一；在政治內容上我們不一定要求其統一，所以今天在面臨了黨內助選團強大的政治壓力下，我想人人都忽略了，這是因為我們還沒有一個共同認同的政治形式，所以一旦有那麼多紛歧、熱鬧，百花齊放的各種政治主張出現，大家就開始恐懼，開始不安。

第二個問題，談到組織反對黨，在民主之下，必須要透過選民的抉擇而取得政權，才是正常；如果『黨代』不經過人民的選擇和支持而取得了政權，它不合法也不正常。今天執政的國民黨所面臨的問題，大致是這樣。

民國三十七、八年，透過全國選舉，國民黨取得了政治權力，而三十幾年來，在同樣的政治主張下，沒有經過人民再度的選舉，它仍然在行政，沒有人作對。

（此時，會場工作人員帶頭鼓了掌。）

其次，我希望執政黨不要再阻撓黨外助選團訴諸一千七百萬人民的選擇，給一千七百萬人民一個機會，讓他們對當前國家的危機，做一個共裁的表示。

■康寧祥一再強調「訴諸全民」，並且大膽地假設「全民」已然衷心嚮往所謂的「黨外」。而整個座談會席上也充斥著這一類的論調，我們不免有所疑慮：其中的陰謀是層層遞漸的。一些曲意承歡的違心之論；一些作色憤慨的亢激之語；一些聳人聽聞的驚怖之言；加上一些企圖叵測，然而大抵不離分化、醜化的惡謠，便成就了這一席滔滔夸議。如：康某等一幫人有片言之益，大概就是他提出了「理性」二字。以理性言，但望康先生爾後能言行如一，表裡如一。

他們是這次座談會的主席

黃玉嬌潑婦罵街

今天的黃玉嬌打扮得花枝招展，臉皮被脂粉緊緊的封住，顯得更厚重。頭上戴了帽子，但是不像鳳飛飛。

「這次大會，我們黨外的十三個候選人，有十一位出席，我現在來給你報告：省議會最近一年間的風波，請大家靜靜聽。

大家說，有二十個議員是『無黨』的，好，那六、七個老實說是『假無黨』的！這一次我們十三個黨外省議員籠總全勝呢！這是因爲中壢事件發生後國民黨不敢『做票』的緣故！

這一年間，我們十三個所表現的很受人欽佩。（？）

十三個議員中，尤其算我最努力，家庭一切都犧牲了，大部分黨外的議員都在座，你們知道，開會時國民黨六十幾個議員都不敢講話，走狗卡多！我們爲國家民族沒日沒夜的，眞是拚命！

我舉一個例子：國民黨最會在預算的控制上動腦筋，鐵路電氣化，二百八十五億已經損失了，今年又要損失二十億，明年還要三十二億呢！到民國六十九年要四十二億，不是二十塊呢！年年損失那麼多，他都不介意，要用就儘管用，國民黨知道大多數議員都有不法的開支，但是那些議員一舉手就舉掉了，我們十三個舉脚都不夠！尤其十大建設裡面所有的建設都賠錢，賠大錢嘅，不是賠小錢嘅！老百姓的錢、血汗，就這樣一億一億地倒掉了。

這一年間這種事太多，我要報告的話會『脫線』的！（編按：台語，即累壞之意。）所以我跟省主席說：你沒有辦法反攻大陸嘅！反不來嘅！貪官汚吏那樣多，什麼時候才能反攻呢？沒有辦法了，二十八年來，沒有辦法反攻大陸了！

我們十幾個無黨的省議員，希望黨外團結起來，一個一個當選給大家看！」

漫議如此，在一片刻意安排的掌聲和采聲中算是告停了！而喋喋聒噪，言猶繞耳！

「報告！報告！」突然，一位先生自席間起立，舉手高喊：「臨時報告！」

「現在演講時間，不要報告。」姚嘉文說道。

「爭取時間！爭取時間，好不好？」

「請復坐。」姚嘉文提高了嗓門：「會場肅靜！」

「一分鐘就好！好不好！主席？」

「對不起，不行！」

另一位先生在台下也說：「禁止人家報告，這樣恐怕就很………」

黃信介說道：「今天啊！是候選人和助選團的座談會，各位來賓只有觀禮，都沒有發言權。」

周滄淵巧詞詭意

司儀立時宣布：「請周滄淵議員演講。」

周議員和黃玉嬌一樣，談的是「黨外省議員對省政的貢獻及今後努力的方向」。

「國民黨籍的議員也有好的，但是黨外的議員也不全是壞的。不過，執政黨的議員們常常不知道應該尊重少數，而以多數來壓制少數。

政府要以照顧大部分人的利益爲前提。今天這個聚會，我們彼此不分本省、外省，這是三十年來最進步的，而執政黨也該有雅量，不要分什麼黨內、黨外了，我們應該覺醒了！

這是我們『蔡議長』講的。——很抱歉，不是蔡鴻文，是我們黨外選的蔡議長。我們的蔡吉雄先生沒有來，所以我順便替他提一下。謝謝！」

這是一席很容易讓人迷惑的巧詞。在會場中，我們訪問了一位年輕的學生徐誠一。

「周議員的演講聽起來比較温和、平實，能不能請您立刻談一談對他這一席話的感想？」

「我很困惑！」他說：「周議員一再强調不要分黨內外，可是他的演講題目就刻意標明了『黨外』。還有，他剛才說，希望政府有不計較黨內、黨外的雅量，却又馬上接著說什麼，黨外選了另一個『議長』，他也許在語氣上顯得很平和，但是我們聽衆不能忽視一些潛藏在語意之間的微妙企圖。」

張俊宏叫罵暴力

張俊宏仍承接著周滄淵，在黨內、黨外的題目上做文章：

「過去黨外的民主運動，不能登大雅的中山堂。我們只能在龍山寺、在垃圾堆旁的北門市場……這些地方發表政見。這回主席黃信介黃委員一去申請就准啦，這是台灣進入民主政治一種新的里程，它代表了寬容，對於不同的意見、黨派，這種政治境界已跨進了一大步！

我呼籲、並鼓舞這種精神。執政黨有這種胸襟，我相信今後台灣民主政治所有的反對者才能『很負責任地』反對。

剛才會議開始的時候，司儀請大家把『吾黨所宗』唱成『吾民所宗』，這是一種多麼寬容、多麼放達的境界（一片掌聲又自相同的角落響起。）但是坐在前面的一些朋友們故意把那個『吾黨所宗』唱得非常之高，表示抗議，其實這是錯的！我們愛好民主自由的鬥士們都希望把國民黨的基礎擴大到全民的基礎上去。

我們今後要建設一個『全民所宗』的國家，而不是一個『一黨所宗』的國家，我們有這種胸襟，才能感動在朝者，也才可能獲得全民的嚮往和支持！

（編者按：張先生部分講詞過於瑣屑，不予全錄。）

至於黨外人士參政，我們盡量求取和平參與的機會，但是如果和平不可能出現，只有以暴力解決！」■

張某亦一如會方發言的「人士」們，鼓吹：國民黨必須培養一種「雅量」；甚至自認篡改國歌即屬「放達」，以他們的邏輯而言：黨同伐異，謂之民主；姑息養奸，謂之寬容。由是而糾衆以辱人，挾勢以施暴，倒都有其理可循了。然而究竟孰是孰非呢？民意可否讓黑拳幫分子來「共裁」呢？

他們有一種低姿勢的論調：難道我們不能發表一些意見嗎？難道我們沒有表達意見的自由嗎？並自稱爲「可憐兮兮的童養媳」。然而，他們也有一種高姿勢的論調：如果政府不答應他們的要求，他們就要來暴力。

事實上：「意見」絕非「政見」！以意見之空口白舌訴諸政見之眞憑實據，則他們勢有不可能彌補之漏洞！「論調」亦絕非「理論」！以論調之劍拔弩張妄圖構築爲理論之骨堅血實，亦斷然無路！

施明德叛國符咒

這時施明德起身介紹了「黨外助選團」的「統一」標誌和歌曲。後者的曲調是兩首台灣民謠：「四季紅」和「農村曲」，却由在坐的林二先生爲所謂「黨外人士」們重新配上歌詞；前者則由施明德親自介紹：

這是海外台獨分子刊物「通訊」第五期（一九七九、五、卅出版）封面的標誌（右）與國內黑拳幫的符咒相同（見34頁圖），顯見是裡 應外合。

「我們的統一標誌是：一個緊握著的拳頭、一根橄欖枝和兩個鮮紅的「人權」文字。拳與權同音，人權是以人拳爭取來的，緊握的拳頭表示我們爭取人權時會緊密地團結起來。

「人權」這兩個紅色的文字是要大家一目了然，知道我們助選團的目的何在。橄欖枝是和平的象徵，黨外人士反對暴力，以和平方式爭取人權，並堅決反對有權勢者以暴力統制人民。

三種白、紅、藍的顏色已經不只是過去的自由、平等、博愛，我們助選團又爲之加上新意義：他們代表了政治人權、經濟人權、社會人權。■

一派妖符和邪咒，立時在會場中「聲色交映」起來。但是符咒終究止於是符咒，其用意和效果在在只是掩耳盜鈴之罔然而已。

若我們細心推究張、施二人之供詞，不難發現其中微妙的矛盾，和平與暴力竟然共存於方寸之間，甚且假和平之名以藏匿暴力之實。

施明德曾因叛亂罪入獄，處無期徒刑。方因故總統 蔣公崩殂而獲假釋，又參與黑拳組織，任所謂「黨外助選團總幹事」，經由他所率先公布的「競選統一標誌」正與海外台獨運動集團的標誌相同。

拳頭，正如虎牙蛇信，一望可知其爲暴力的象徵，它十分明確地暴露出這群所謂「黨外人士」的血腥意圖。

從以下的實錄中，我們可以很清楚地印證出黑拳幫分子言行反側的矛盾；並洞悉其狼子野心的狂暴本質。

暴力橫行目無法紀

會場實況

這時姚嘉文開始發表一篇所謂「代表全國黨外候選人共同聲明書」：

「一、此次中央民意代表選舉由最高法院檢察長王建今指揮全國監察官執行選舉監察工作，該檢察長一再利用職權，制定候選人政見之審核標準，限制候選人之政見。並對候選人之競選活動一再指示嚴予限制，妨害人民參政權利及言論之自由，無視國家法律體制及候選人基本人權。全國黨外候選人茲共同聲明予以譴責，並請司法行政部、行政院、監察院、總統予以糾正。

二、本年中央民意代表之選舉是依照總統公布之選舉辦法，及行政院制定之施行細則辦理。最高法院檢察長只能依據這般規定命令執行選舉監察事務，無權另行制定規定限制候選人之政見發表及競選活動。然最高法院檢察長王某濫用職權，擅自制定政見審核標準，並對各級監察官指示，對各候選人之競選活動嚴加限制；各候選人申請登記所列的政見多加刪除，尤其是黨外人士候選人所提出政見，十之八九均被刪除，不予刊登於選舉公報。此種行為與態度，不僅監察官執行上發生困難，且引起候選人及選民普遍之不滿。

三、監察單位去年五項選舉執行監察工作時，因沒有依照法令公平執行，對這種公然選舉舞弊及非法競選行為視若無睹，引起許多紛爭，像桃園縣之中壢事件，雲林縣之古坑事件，在台灣選舉史上寫下最不幸的一頁。然而檢察長王某實不能辭其咎。但是該員今年又變本加厲，不指示各地檢察官確實依法公平實踐職務，竟然反其道而行，一以開倒車之做法，將往年刊登於選舉公報上之政見，如「全部改選中央民意代表」、「總統、副總統直接民選」、「解除戒嚴令」、「解除黨禁」等政見，統一規定予以刪除。該員知法、執法；卻又違法、濫權，損害人民權利。全國各黨外候選人於憤怒之餘，茲齊聲予以指責，簽寫本聲明書，向全世界關心臺灣政治前途及選舉的人士提出控訴。我在這裏重申：不顧一切，依法保障我們參政權的決心！

勞政武(中)上上台發言，被施明德(右)等

謇諤的困境

黃信介起立說道：「如果沒有別的意見，我們就通過！」

這時會程進入臨時動議，與會的葉潛昭先生準備發言，而另一支麥克風中却傳來姚嘉文的聲音：「葉先生！對不起，對不起！」

「我要發言。」

「葉先生，你沒有在邀請名單之內，對不起！」

「等一下噢，」黃信介說：「我們大家候選人作一個簽名，共同聲明：」

一位先生舉手起立：「我也是「黨外人

夥同一羣「工作人員」糾打制止

士』，不過如果說……」

「你什麼名字啊？」姚說。

「我是台灣大學法學院的教官，這個會議……」

「請坐下請坐下！」姚不耐地一面揮著手一面微微蹙起眉頭：「請坐下好不好！」

「什麼什麼教官噢、教民噢，籠同款啦！」黃信介冷笑著說，引起了一班工作人員高聲喝采和鼓掌。那位先生隨即被人挾持出場。

鬧聲中却另外有幾位先生離座從後側繞行邊道上前，他們是蕭玉井和勞政武。

勞政武搶先走到麥克風前：「我抗議！」

「現在要跟大家報告啊——」黃信介這才停下來，轉向旁邊的發言台望去。

「我要抗議！」勞政武說：「你們改國歌，剛才張俊宏議員還罵了我們，所以我要抗議。」

「ㄌㄚˇ(掠)出去！」黃信介走離麥克風，聲音便小了一些。這時半個會場都亂了起來，許多工作人員蜂湧而上，黑拳貼紙相互磨蹭著。

「打！」「打！」

「抓出去！籠總抓出去！」黃信介警覺地回到主席台，高聲叫道：「我們今天不怕『老大』！不怕法律！要將國民黨籠解決；來放開！我們今天就是要造反……」

「打！」「打！」……

「他們今天要這樣噢，就是破壞我們的會場；迫害我們國家的人物。打死人我負責！打死人我負責！」黃信介特意强調。

「剛才噢！」台下一個工作人員突然站起身，手指著一席空位：「那個教官就是國民黨處的（台語）！」

「他們今天要這樣噢，就是破壞我們的會場；迫害我們國家的人物打死人我負責！打死人我也不用負責！」黃信介特意强調。

又是一陣掌聲湧爆而起。

黃玉嬌也拉過麥克風：「他們是來搗蛋的，不要怕，沒有關係！」

「好！」黃信介說：「現在進行我們那份『黨外候選人共同選舉聲明書』，大家都看過了噢？有同意沒？」

「好！」「同意！」

一陣鬧采！

「還有那個黨外候選人監票辦法，大家有同意沒？」

「有啦有啦！」

黃信介稍稍停頓了一會兒，等喊聲平靜下來之後，像完全沒有發生過什麼似地說：「我們現在接下來請張德銘候選人講幾句話……」

當事人的追述

蕭玉井部分

有一青年學生要求發言而爲主席黃信介及姚嘉文所斥責，並喝令打手挾持逐出會場，後來有一台大教官欲上台發言，亦遭同樣的待遇。連此次參加競選之立法委員候選人葉潛昭先生也不例外。

會議主席驕橫如此，若請求發言勢不可能，我與勞政武只好上發言台，希望能爭取到發言的機會。

勞政武行動敏捷，首先站到麥克風前，立即對麥克風喊道：

「我抗議！你們怎麽可以隨便改國歌？我抗議！」

此時我立於勞政武身後，加以護衛。

剎時，我見主席台上的黃信介抓起麥克風狂喊：

「大家看！他是國民黨派來搗亂大會的奸細！」

黃信介帶頭喊打喊殺，貴賓席上的「貴賓」及會場中的「工作」人員：如姚嘉文、張俊宏、施明德、陳菊、黃玉嬌、孟祥柯等人，立即高聲附和，光復廳霎時殺聲震耳。即時，會場上的打手一擁而上，拳脚交加，勞政武與我立即遭到一陣圍毆。

扭打中大家圍了過來，會場中的記者也趕上前來，使沈光秀得於此時衝進重圍，前來援救我們。三人遂於暴力脅迫下，離開會場。

到了會場門口，群情激憤，我即當衆演說，痛斥那一小撮膽大妄爲分子擅改國歌，當衆毆人，鼓吹暴力，勾結洋人的可恥行爲，並帶領大家高唱國歌，以示抗議。我們的歌聲響亮莊嚴、慷慨激昂，震撼會場。

其後，我們被推擠至樓下，當時有人建議，舉行記者招待會，公告世人此一叛國集會之眞相，我們接受這建議，在大家協助下，即假中山堂右側的「北歐餐廳」舉行記者招待會。

勞政武部分

一直等到臨時動議時，我們方決定提出抗議。記得我抓到發言臺上的麥克風第一句話是說：「程序問題！」因爲在我當時的直覺裡，大會主席黃信介先生既曾任市議員及立法委員多年，當然會懂得什麼叫做「程序問題」的，我希望他讓我提出一些不同意見。不幸的是，我這句話剛說完，耳邊已響起一片「打死他！」之聲，情急之下，大概只說了「我抗議，你們改國歌，還要干涉別人」幾句話，就被人扭打得不知東西南北了。

如今回想當時情景，實在心有餘悸。當時我們並非不知這樣做有相當的危險性，甚至「殺身之禍」一詞在剎那間也曾掠過我腦際，只是在激情之下，怎能顧得了這許多。我這個O型血液的人，想來也夠魯莽。十七年前還只是個十多歲的小孩子，只憑著一張地理教科書上剪下來的地圖，就自以爲認得從廣州到澳門的路，領著八個鄉下來的人，在 國父故居附近的丘陵上亂闖了一個星期，到了蒼茫的珠江口，眼看自由的彼岸閃耀著的燈光，興奮的心好像要從胸口跳出來一樣。不幸興奮造成大意，七個人被中共的邊防軍和軍犬捉住了，只有我和另一位逃過了一場刼難，如今想來，心有餘悸。這次幸賴蕭、沈二兄的迅速援救，否則也可能有殺身之禍，蓋在激情之下，衆人誰能控制自己的拳脚之輕重呢？我想如果自己眞的死了，倒也沒什關係，一部廿五史中所有的人們不是都死了嗎？人總是會死的，死得其所即屬萬幸。只是想到賢慧的妻和一雙幼小可愛的女兒，她們何能平復終生的悲傷呢？於是我心有餘悸，希望自己從今以後到老死爲止，能與他們長相廝守，不要再遇到殺身之禍。因爲人生總不可能一而再，再而三是這麼幸運的。

新聞界的迴響

六十七年十二月六日台灣新生報：

……座談會進行中，一位民意代表公然指責兩位反共義士不照司儀所「指示」的方法唱國歌，反共義士勞政武在等到座談會進行「臨時動議」時舉手要求發言，指責不該任意更改國歌，但立即遭到制止，並遭到了辱罵。

勞政武接著走到發言台，抓起麥克風想要發表意見，但立即被人搶下，會場內頓時引起一場騷動，「主席台」上傳出了喊打的聲音，於是會場內更有人嚷著要打死勞政武，接著有許多人衝向勞政武，將他連推帶拉的擠到牆角，拳打脚踢一番，他後來被趕出了會場。

在會場門口，勞政武和蕭玉井二人仍義正詞嚴的怒吼，譴責任意更改國歌是一項動搖國本的叛國行爲，這時他們又遭到毆打，但二人並不同此屈服，他們要求在場的人發揮愛國心，維護國歌的尊嚴，與他們同聲高唱國歌，他們立即得到了共鳴，會場外莊嚴嘹亮的國歌聲，震撼了每一個人的心，還有人激動得掉下了眼淚。

唱完國歌之後，勞政武和蕭玉井仍義憤塡膺的要再衝進會場去譴責主辦座談會的人，但週圍的人爲了他們的安全而加以勸阻，並形成一道人牆，護送他們下樓。

事後，勞政武和蕭玉井向新聞界提出控訴，他們聲淚俱下的指責部分喪心病狂的偏激份子，竟然私自更改國歌，更對不順從他們的人以暴力對付，他們的居心由此可見……

蕭玉井說：國歌是 國父孫中山先生所寫，其中「吾黨所宗」的「黨」指的是哪黨，這是人所皆知的，蕭玉井本身非黨員，但也應知其中意義，如今少數人任意更改，這是一種動搖國本的荒唐行爲。

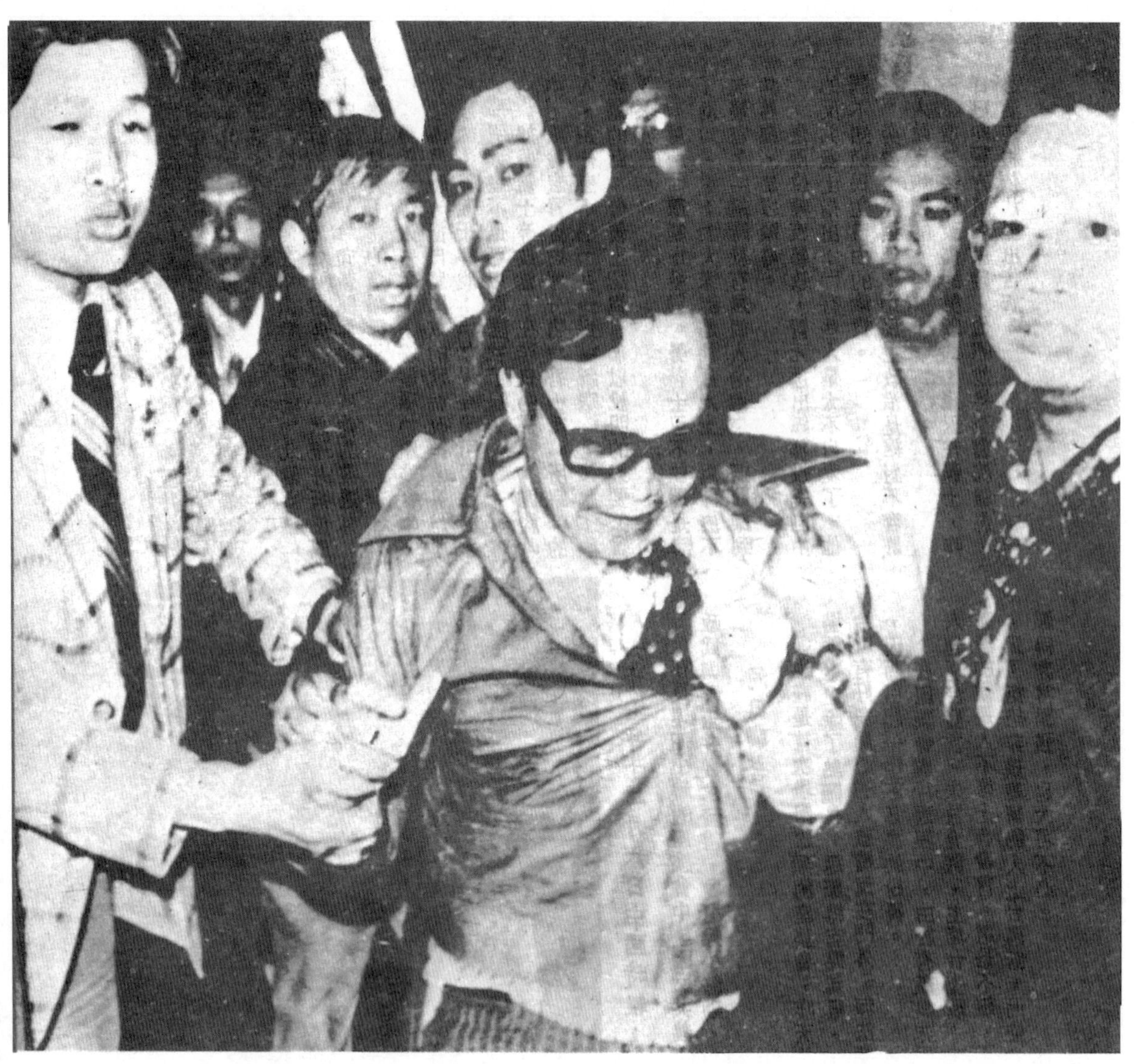

勞政武（中）抗議大會擅改國歌後被毆打，並遭驅逐，離開會場。蕭玉井（中後）隨後護衛，亦受毆擊。

他們也希望所有的愛國同胞同聲譴責這一小撮無法無天的狂妄份子，認清他們的眞面目，拆穿他們的陰謀。

勞政武和蕭玉井向新聞發表聲明時，曾有許多愛國的青年也來到現場表示聲援。他們昨晚除向警方報案請求保護之外，並往醫院驗傷，將向司法機關提出傷害之訴。

六十七年十二月六日中央日報：

……有一位穿着很樸素的民衆，欲登台發言，但不獲准許，這位民衆堅持己意，結果聽衆席中有人高聲喊打，後來這位民衆被勸離開會場。

在「討論議題」時，候選人之一的葉潛昭雖然事先已獲得張俊宏的允許發言，但在欲登上發言台時，被另外一位主持人姚嘉文以及施明德阻止。

張俊宏在發言時，指責有些人唱國歌時爲什麽還是唱「吾黨所宗」。在場的反共義士勞政武及蕭玉井就站起來說是他們唱「吾黨所宗」，並且欲發言說明這樣唱的理由，但被人阻止講話。勞政武堅持要講話，黃信介乃表示：沒有被邀請的人不許發言！

黃信介話剛說完，由聽衆席中走出四、五個粗壯的男子，當衆揮拳打勞、蕭二人，並繼之以腳踢。有位叫做沈野的民衆（編按：卽沈光秀），上前勸架，也被毆擊。最後他們都被人硬架出會場，勞、蕭二人的頭部、手臂、臀部都受傷。

勞政武及蕭玉井二人當時雖被架，但仍不肯離去，而在光復廳門口大聲高唱國歌，結果許多場內的聽衆立正應和。

同日中央日報

〔本報訊〕反共義士勞政武、蕭玉井，昨天下午在中山堂一項少數無黨籍候選人「座談會」中，爲維護國歌的尊嚴，曾遭到粗暴無理的毆辱。

稍後，他們在中山堂附近的「北歐餐廳」，舉行一項記者會，由勞政武、蕭玉井兩位義士聯名邀請，除向新聞界說明事件的經過外，並嚴正譴責上述的這類行爲。

勞義士等人表示，上述這項「座談會」，在唱國歌時，擅自將國歌的歌詞改掉，這是不可以的！勞義士等說：「如果今天可以改國歌，那明天豈不也可以改國號了嗎？」

據勞義士等敍述，在昨日的那項「座談會」中，張俊宏曾責罵部分唱「吾『黨』所宗」的人，爲什麼不唱「吾『民』所宗」？又罵了些難聽的話。勞義士認爲有加以說明的必要，曾要求發言。

可是他被制止發言。勞義士忍不住還是講了兩句，說：「大家都是社會人士，爲什麼不能發言？」這時就有幾個人跑過來，把他架到角落裡，加以毆辱。

這兩位唾棄暴政，冒死逃出鐵幕投奔自由的反共義士指出：「有些人是太不自愛了，他們不知道民主自由的珍貴。」

勞義士等强調：「民主政治是絕對不容許有人陰謀破壞的。」

遭受毆辱致傷的勞政武、蕭玉井義士，昨日已向警方請求保護，他們並將至醫院驗傷，必要時將依法提出告訴。

光復廳外，勞、蕭二義士領導大家合唱莊嚴神聖的國歌。

六十七年十二月六日中國時報：

在長達四小時的座談會中，因反共義士勞政武與蕭玉井要求發言，曾引起小騷動。

同日聯合報：

也許是首次舉辦這類的座談會，昨天的會場秩序，除了熱鬧外，還顯得有點雜亂，一開始就有好多熱心的人被擋駕在門外，無法進入，因而引起一些不必要的紛擾。

在座談會進行過程中，由於有幾個非候選人想上台發言，未被允許，主席台上說：非經邀請的候選人不得上台發言。這是不錯，不過，爲了拒絕非被邀請的人上台講話，而使會場顯得非常緊張，也大可不必。

借題發揮妄言禍國

會場實況

外籍記者知多少？

接著，主席宣布以下是「中外記者發問時間」。

「請各位記者發問時，先舉手，徵得主席同意以後，報告你們所屬的報社，然後才發問。我們要向各位記者表示：今天不是辯論會，今天不是辯論會。請各位直接提出問題，由主席指定人員回答。外國記者如果不會講很好的華語，可用英語發言，我們有翻譯人員爲大家翻譯。」

首先發言的是一位外籍女記者，她用英語講了大約兩分鐘，可是似乎沒有人聽明白她說了些什麼。

一會兒，主席說：

「如果各位記者先生，對於今天的開會沒有異議的話，我們就要結束這個題目。我希望如果有不了解的地方，請不要客氣，提出問題來發問。」

這時，一位自稱是「代表遠東區的記者」提出問題。他問黃主席，執政黨是不是誠心誠意要舉辦這次選舉？

黃信介答說：「這一點，我可以很大膽的代表助選團大會說——他們沒有誠意！第一、各大報——中央日報、聯合報、中國時報到現在都是靜悄悄的，完全沒有把這次選舉當做國家的大事。第二、在電視上也沒有。第三、對黨外的各種活動儘量想辦法阻止。第四、選舉的辦法是爲了黨部候選人的方便而定的，不是爲了一般候選人的方便而定的。這是我簡單的回答。還有沒有什麼問題？」

有一位外籍記者用很流利的國語發問：「我是美國國家廣播公司的記者。我想請問陳鼓應教授一個問題：他是外省人，爲什麼決定出來競選？因爲很多黨外候選人都是本省人。而且他是黨員，他爲什麼要參加助選團？」

「我們請陳鼓應先生回答。」

陳鼓應滿懷冰炭

陳鼓應顯得非常地激動，他的聲調急促高亢，似乎有滿腔的憤恨急欲發洩。

「第一，關於我是一個黨員，爲什麼我會有這種言論？我和陳婉眞小姐發表的一篇給中國國民黨的宣言，我們正反兩面都有的，國家的報紙、社論及文章，都對我們提出了非常强烈的，而且很嚴厲的批評！幾十年來，全國的報紙都被官方、黨方所控制。我們絕大多數的黨員是最沒有權的。因此，黨方很多的決策與絕大多數的黨員是不相符合的。

其次，我以一個黨方、黨籍的立場，可以說今天的黨方把國家正當的方案導向一個極錯誤的方向。今天國民黨只照顧大財閥，他們沒有照顧勞工！沒有照顧農民！他們只知道用武力來解決，甚至用武力來壓迫政治、壓制人民！今天，我們的言論被許多的黨官，被許多所控制的言論認爲我們是叛逆分子。事實上並非如此！各位知道，每個黨員的黨證上都寫著「中國國民黨是一個革命民主政黨」，今天，國民黨已經失去了「國民」的意義，今天的國民黨已經變成一個公有制度的集團，變成了非革命的立場。因此，如果國民黨能夠不再跟財閥勾結，能夠照顧農工大衆，我相信它會成爲一個民主政黨。那麼他繼續發揚國民革命的精神，我們一定支持它！因此，許多的黨官說我和陳婉眞是叛逆分子，我不承認！他們才是叛逆分子！他們叛逆！他們背叛了孫中山先生所創立的黨理、黨義、黨綱！那些高級黨官，他們才是叛國分子！因此，不是要他們來鎭壓我們這樣的叛逆分子，而是要我們出來阻止這一些高級黨官的叛逆，甚至他們所發明的黨理、黨義、黨綱！

最後我要說，身爲一個外省人，歷年來的確是沒有一個外省人來參加這種地方政治選舉。凡是受欺凌的人民，大家都應該集合「團結起來，謝謝各位！」

在掌聲中，陳鼓應結束了他的回答。

黃信介涎臉求雅量

然後，一個自稱是「美國新聞週刊」的記者提出發問。她問，在選舉之後，助選團是不是繼續政治活動？

或許是她的國語不夠純正，姚嘉文又問：

「我們沒有聽淸楚，請妳再講一次，謝謝，對不起！大聲一點，不要怕羞！」

於是她以英語重覆一遍問題，經由一位小姐翻譯之後，黃信介回答說：

「我們是希望繼續活動，每個禮拜也好，每個月也好，利用政府機關、學校禮堂、或中山堂來開民主政治座談會。就看政府有沒有這個雅量讓我們這樣做！」

「對這個問題，我們願意再補充一點：這次活動本身是一種人民意見的蒐集及表現，這個工作如果單純在競選期間這十幾天內做的話，顯然太短。應該在平時長期間由工作人員到各地去蒐集老百姓的意見，然後將其表達出來，影響到立法機關、民意機關。康委員的意思就是說，所有工作人員不應該只有在選舉期間才和老百姓接觸，應該在選舉前、選舉後經常到全國各地與老百姓接觸。謝謝。」姚嘉文補充說道。

一位章先生問黃信介，除了以上他所舉稱各大報不重視選舉的例子外，是否還有其他例證可以證明政府對這次選舉沒有做到公平、公正、公開？如果沒有做到，是不是就代表政府

一羣「洋記者」身分露臉發問的活道具能問多少？能知多少？

或政黨整個是不公平、不公正、不公開？如果是的話，那麼黨外候選人下一步的行動如何？

黃信介回答之後，彰化縣候選人張春男先生、省議員林義雄先生也做了補充說明。

黃信介很輕鬆地說：「這個例子很多，我舉給你看看。國民黨他禁止候選人的政見，把候選人的政見亂七八糟地修改！他們連主賓都分不清楚！到底誰是賓？誰是主？分不清楚！

還有很重要的一點，就是不准我們批評政府，不能動搖國策。今天如果國民大會開會決議：共產黨沒有罪，那共產黨就沒有罪！

還有很多例子，我讓林義雄來講！」

林義雄不反對中壢事件

林義雄很激動地抓住麥克風大聲地說：「當前的黨外候選團的選舉，我敢大膽的說，是不公平、不公正、不公開的實行！

剛才姚嘉文提到，我們的途徑：全部改選中央民意代表、總統、副總統直接民選、解決戒嚴令、解除黨禁，這是一個民主國家中每一個國民主張的意見，為什麼我們的候選人不能主張這種意見？最顯然的，他們聽到我們的候選人說出選民心中的話，就用法規來壓制，這是什麼公平、公正、公開的選舉？

競選活動是考驗候選人機智、才能的機會，由他們舉辦的競選活動和政見，我們才能判斷那一個候選人好？那一個候選人壞？但是，目前的選舉法規規定，所有的競選活動要向上報定；報定沒有關係，他還要核准，你才可以做競選活動！所有你說到人民心中的政見、所有你能讓人民感動、支持你的活動，他統統可以不核准！

剛才那位記者問：『如果不公平、不公正、不公開的話，怎麼辦？』我們黨外人士助選團表明態度：不公平、不公正、不公開的話，如果再發生中壢事件，我們不反對！

還有，我要今天在場的有關機關的人員亮出你們的身分，保護這個會場的安全！在選舉中，你們公公正正地穿著國家給你們的制服，來維持選舉的公平、公正、公開。」

張春男咄咄逼人

林義雄之後是張春男。他首先介紹自己是第三選區的立法委員張春男。因為對於同一字面的定義，可能會有不同的見解，所以他先請問章先生：

「你認為公平、公開、公正是那種情況？從去年以前的選舉，你認為那樣算是公平、公開、公正嗎？」

會場響起一陣叫好的鼓掌聲。

「章先生，對不起！張春男，不要這樣！今天不是辯論會！」姚嘉文揮手制止。

「不是！不是辯論！我只是問他一個定義問題，問他從前那樣是不是公平公正公開？請你答覆一下就好。」張春男急著解釋。

「張先生，對不起！剛剛已說今天不是辯論會，你如果……。」

「這個投票嘛……」台下的章記者喊著。

「不要不要！不要講投票問題！我請問你從前是不是公平公正公開，請你答覆一句好不好！」張春男提高了聲音。

「張春男先生！張春男先生……！」姚嘉文又在制止。

「投票，呃，投票……」章先生又在喊。

「好吧！既然他不願意答覆我這個問題，我願意提出說明。因為國民黨政府每次都說要公平公正公開，但是今年他們還是沒有誠意！他們從前認為的公平公正公開，在我認為是不公平、不公正、不公開！我想舉個例證來說明今年國民黨所謂的公平、公正、公開有變本加厲的趨向。

我參加過好幾次選舉，我的政見第一條一向都是『打倒一切貪官污吏』，去年還可以，今年已經不行啦！貪官污吏已經不能打倒啦！在這種原則下，我的十八條政見被刪除到剩下兩條半！這個選舉怎麼選？我說要廢除統一發票和印花稅，各位，這是立法委員的職權，連這個都刪掉了！還有，我們私辦政見發表，唯一最大的場所就是火車站前的廣場，今年也不可以利用了！連這個都禁止，豈不是更變本加厲了嗎？」

黃信介又補充了一點：

「如果他們是很誠意要來辦這個選舉，我們現在要求國民黨把所有學校的禮堂、或體育館、中山堂，統統讓出來，讓我們私辦政見好不好？國民黨做得到嗎？所以，從這一點就可知道，他們沒有誠意。」

何文振貼大字報

「我要說一句話！」這時何文振跟著發言，聲色俱厲：「剛才那位章記者問：這次選舉，國民黨有沒有公平公正公開的誠意，我答覆他一句話：根本就沒有！因為在我的助選人登記之後，當地管區的警察說奉調查局之命，恐嚇他不准他替我助選，最後他連自己家裡都不能住了。二十八日晚上，新莊鎮的鎮民跑來我的事務所，說有一個很好的地方可以貼大字報，在板橋文化路。我們在冷天裡把它貼起來。可是當天晚上十點鐘，突然來了四個身分不明的男人，帶了照相機把我們的海報通通照相，拆走，國民黨有公正公開的誠意嗎？國民黨尊重人權嗎？」

黃玉嬌卻不甘寂寞地補充說道：「我的十二條政見全給刪掉了，刪得一點都沒有！黃玉嬌不能講話！這個選舉對不對？國民黨選舉一定會做票，我們的中壢事件，第二個中壢事件第三個，全部給他發生好了！」

於是黃信介可以做結論了：「這個問題已經很明確地答覆了，我們不要再討論了。」

■

這時，會議已近尾聲，場中一逕嘈雜著。在無可如何之下，這個吵吵鬧鬧的座談也就結束了。中山堂裡繞樑猶響的是一波又一波的叫囂怒罵，中山堂外夕陽早落，市上已然亮起了無數燈火，任夜黑沉沉地罩著，總有燈火一直亮下去，亮著，並點燃下一個黎明。

餘波

站在正義的一邊

王北著

我是名護士，從學生時代到步出社會工作，我只有一個理想，那就是『燃燒自己，照亮別人』我願以自己的愛心，去照顧每一位病人，希望他（她）們能在自己的照顧下獲得身心健康。我不懂得政治，從來也沒想到自己會和政治沾上關係。至於為什麼我會參加中山堂的座談會，以及事件發生之後，為什麼我要出庭作證，在此必須作一個說明。

邁入二十歲，我終於有投票權了，我十分珍惜我的這一票，希望能投給一位眞正有才幹的人，我利用空閑收集各候選人的資料，注意他們的動態。去年十二月四日，從自立晚報中知道五日在中山堂將舉行所謂黨外人士助選大會，我和我的同學王秀琴，就以純正黨外人士的身分參加。但是，一連串有違國本、有害人權的事情發生了。（編按：已見前文，不再贅述。）

當各大報紙登出勞、蕭兩位公開找證人時，我和王秀琴考慮了很久，為了正義，我們袪除了內心的恐懼，和勞、蕭兩人聯絡，我們願意出來作證。

在生平第一次出庭的時候，我的確非常地緊張。可是一旦我走出了法院大門，心情又十分平靜了。因為我體會出中國的一句古話：「有理走遍天下。」我只是把當日當時，彼情彼景依記憶所及，忠實地敍述出來，沒有偏護任何人，我的心坦蕩蕩。

如果說我不怕，那是騙人，我實在怕得要命，但是不能因為我害怕而不出來，讓那些人顛倒黑白。

七月三日下午兩點半開偵查庭，我記得被告之一姚嘉文提出：「人的記憶差，或許兩位小姐是天才，當時誰喊打兩位小姐都記得。」我們以醫學的觀點來說：當人受到驚嚇時的那一刻記憶最深，中山堂事件將會永遠刻印在我的腦中，或許，我們是比姚先生更聰明些吧?!

蘇治芬（右）在偵查庭外藉未能入會與人發生衝突

疾風44

我看到雪亮的眼睛

范維娟

我還是該說：「記憶猶新」罷？

發生在去年十二月五日，中山堂舉行的一項所謂「社會人士」的座談會中，反共義士勞政武等因抗議有人篡改國歌而遭到毆打，復被人強制挾持出會場一案，於本月三日下午在法院開偵查庭；懷著好奇與關心欲一探究竟，便早早到法院觀看，當時已有許多大概是與我抱著同樣態度的市民在等待，或是欲一睹基於愛國挺身而出却遭毆辱的原告和篡改國歌更不法行暴的被告。約莫三點鐘，突然獲悉易地開庭，大家又蜂湧至另一處等待，當時被告一方已有不少助陣者出現，像陳婉眞、蘇治芬、曾心儀等，還有一些我不認識的人也聚在一邊。就在大家焦急地等待時，突然不知怎麼發生了爭執。吵得不可開交，並頻頻有女子尖聲大叫傳出來，引得群衆紛紛上前圍觀，原來是由於被告黃信介等所舉的證人中沒有蘇、曾二位，按規定不得入庭，她們便立刻發作了。這時有人乘機搶下熱鬧鏡頭；也有警察和群衆在勸阻紛爭，說是不應在庭外另生枝節，約莫持續了三、五分鐘，這場似乎有意引發的爭吵才告平息，群衆也各自散至蔭涼處繼續守候。

當天氣溫相當高，時過午後，烈陽高懸，原本已炙熱不堪，再加上剛才的火爆氣氛，更讓人感覺空氣的窒悶，果不其然，那些不願安心靜待的人士再一次地挑起爭端。起因是有人拍了照片。一名戴黑邊眼鏡穿格子襯衫的男子（編按：即王拓）便怒氣冲冲地質問著「爲什麼拍我的照片，爲什麼拍我的照片？」這話聽得群衆好笑，先前在發生爭執時即已有多人照了相，當時不提出抗議，而在爭端平息後又舊話重提，其蓄意挑釁已然十分明顯，旁邊有位市民即表示「敢來這裡，爲什麼又怕人拍照？何況你們是新聞人物！眞是笑話！」更令人覺得幼稚可笑的是，大家正在勸解爭吵當時，先前尖叫女子更一個箭步踏上前去指著其中一個勸解者大叫：「你爲什麼用手指他（指戴黑邊眼鏡穿格子上衣男子）？」於是吵聲又激昂起來，然後有警察過來才逐漸平緩。到這裡，人們已經察覺出這些「挑戰者」的意圖，在一旁議論紛紛，或許當群衆學會冷眼縱觀的時候，那眼睛就雪亮著了！

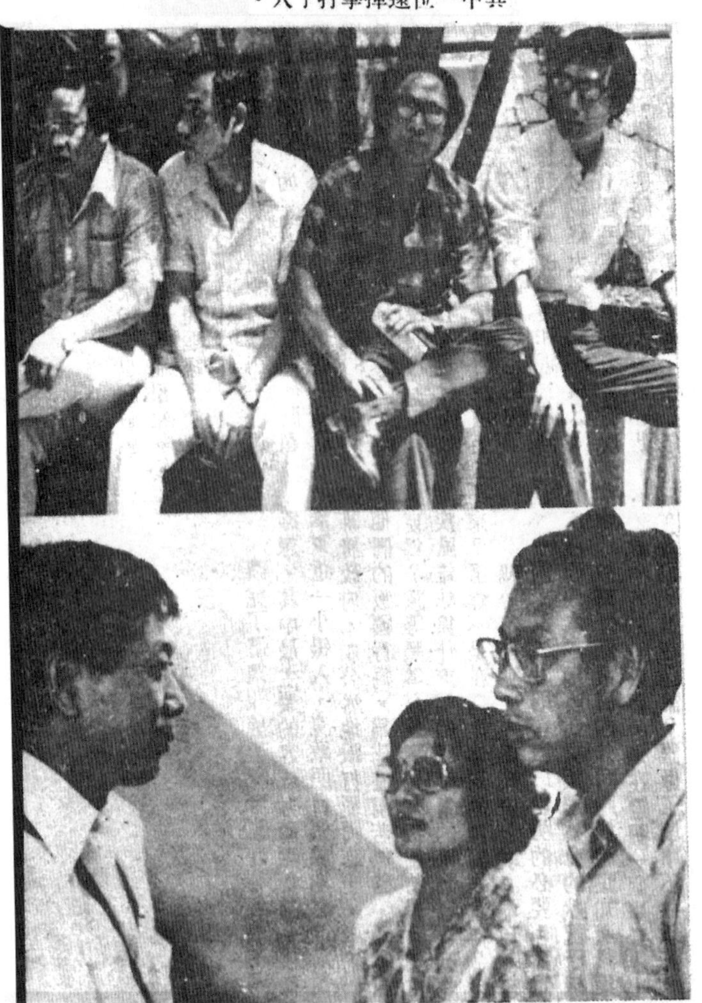

偵查庭外的這一羣蓄意節外生枝，其中一位還揮拳打了人。

陳鼓應（右）與孟祥柯（左）也在庭外交換意見。

有些無奈和不耐，我離開人群四處走走看看，也透透空氣，繞了法院一圈，正走到廳堂右邊出口，突然跑出兩名男子來，我正奇怪：怎麼在室內橫衝直撞的，又立刻看到後面跟著追出來一大群人，其中那個穿藍背心裙的曾心儀邊跑邊叫：「把相機給我！」原來又是爲了拍照的事而爭吵起來，只是這次鬧得更兇，那些人在廳堂上拉扯糾纏，幾位女子伸手就是一陣抓舞，還有先前那位戴眼鏡的先生竟然揮拳打了人，結果有人鼻樑上被劃破一道，而拍照者已幸運地躲開了，但是吵鬧仍未停止，喧嘩聲和勸解聲夾雜著，把個莊嚴的法院弄得鬨亂，其中有位先生大概氣不過，破口大罵：「就是你們在搞分裂，還吵什麼吵！」此話一出，叫罵聲再度高昂起來。接著鬨到大門口，圍觀的群衆愈來愈多，街道對面的行人也往大門口這邊張望著。我站在外圍也看不太清楚，只知道有人坐計程車「落荒」而逃了，另一些人却怒氣衝天不肯罷休地當街攔了部車子，追趕過去，看到這裡，只是一陣鬱氣，掉頭走開了。

事後我回想著當時的情形，固然由於天氣太熱，大家的脾氣不免暴躁了些，但是有人意圖挑釁却是無庸置疑的，幸虧群衆的眼睛仍然雪亮，對是非黑白自有理智的判斷，才使某些不軌的意圖未便得逞。於是我又不禁感覺欣慰。案情的發展是另一回事，但是法律也必然具有雪亮的明眸。

理性的啓示

勞政武

當日中山堂集會的情形，幾經冷靜思考，

對於一個愛好哲學和歷史的人來說，也許對事情會有一些奇怪的見解，不妨在此表達出來。

哲學啓示過我，世界上任何問題絕不簡單，看山是山看水是水不過是訴諸感官直覺的「常識」，其實背後還藏有無窮的道理在，複雜的人類政治問題亦復如此，故我們看任何問題不可偏執。基於這觀點來看中山堂事件，顯然他們當中有些人要否定政府和國民黨的一切，這無疑是犯了偏執的毛病，使人難以接受。但相反的，站在政府或國民黨這一邊的人，如果把參加當日會議的所有「黨外人士」都看成是一丘之貉，甚至把三十年來活躍於台灣政壇上的「黨外人士」俱算爲一夥，這顯然也是犯了同樣偏執的毛病。據我當日的觀察和近日看到他們的書刊所載，可以說絕大多數的「黨外人士」只是本於愛國家、愛民族的用心去督促政府進行革新的，絕非是隨便否定別人一切，動輒以暴力嚇人者。事實上，復興基地之所以有今天的繁榮和進步，他們功不可沒。嚴格說來，他們有許多人確實算得上「謇諤之士」。如果不究明這情況的，雖屬愛國，仍爲有害的偏執。民主法治之基礎在於理性，看問題不流於偏執即屬理性要求的第一步。

歷史啓示過我，「千人之諾諾，不如一士之諤諤」，孟子不也說過嗎?「內無法家拂士，國恒亡」，一個社會有謇諤之士存在是可貴的。不要說現行民主政制，國家需要這些人來「制衡」；即從我國古代的無數例證，也可知每代特立獨行之士，常爲社會進步的不可或缺力量。

後記

讀完了這篇報導，讀者也許有各種不同的感想，其中最主要的容或有兩點：第一、像黑拳幫這一小撮人，竟敢明目張膽地篡改國歌、誹謗政府，並公然地毆打愛國志士，政府對於他們的叛國行爲，爲什麽視若無睹，任其胡作妄爲?該等黑拳幫是不是有叛亂特權?第二、疾風雜誌爲什麽要把黑拳幫的荒謬言論刊布出來?這豈不是在爲黑拳幫的言論作宣傳?

關於第一點，因係政府之事，本刊不容妄置一詞；第二點則有加以說明的必要。我們之所以原原本本地將此次叛國集會的狀況予以眞實地披露，除讓海內外同胞能澈底知道該集會的眞相外，最重要的是在證明一個事實——誰在撒謊?誰在造謠?誰做了壞事不敢承認?去年十二月競選期間，康寧祥與王兆川合辦的「深耕快報」，對於中山堂叛國事件，便作了極其歪曲的報導，並否認有勞政武、蕭玉井因抗議篡改國歌而被毆打的事實。如今本文翔實公正的報導，目的即在讓明智的讀者去判斷誰是誰非。

我們必須說明的是，除了因黑拳幫分子的講詞過於冗長、重複，寫來浪費篇幅，讀來浪費時間，我們不得不忍痛「割愛」，予以刪除，其餘未刪部分，則隻字不改，儘量做到存眞。這種客觀的報導，絕對無意爲黑拳幫的謬論作免費宣傳，我們只是力求公正、翔實、深入。我們也相信熱愛國家的讀者，在讀完這篇報導之後，當能以你們的良知與學識去判斷，那些是可貴的建言?那些是禍國的謬論?而不致爲其所欺矇。即以康寧祥的演講爲例：

康某說：「自國民黨推翻滿淸建立民國，實行三民主義政治以來，已經是第六十七個年頭了。在這六十七個風雨飄搖的情況下，我們還在爲『安全』兩個字掙扎；在這個安定繁榮的台灣社會裡，我們竟還要爲『安全』兩字恐懼!」這段話乍聽之下，似乎言之成理，其實不堪一駁。在此，我們只要簡單地提醒康某幾句話。我中華民國實行民主政治六十七年，今天還在爲「安全」掙扎，此何可厚非?美國是世界公認的强國，推行民主政治也有兩百年的歷史，比中華民國更久，到今天也還在爲「安全」兩個字掙扎。美國的聯邦調查局、中央情報局，以及苦心孤詣爲禁核問題、裁軍問題、限武問題在進行各種談判，這都是在爲其國家的「安全」掙扎。一個國家爲其安全而掙扎並非惡事，最可怕的是，逃避安全、粉飾太平，那才可恥!而且，「居安思危」古有明訓。難道因爲今天台灣十分繁榮安定，我們便可高枕無憂、醉生夢死嗎?被黑拳幫捧爲該次會議首席演講的康某，竟講出這種居心叵測的話，眞是匪夷所思!又如黃玉嬌聲言要把中壢事件搬到台北重演——一次、二次、三次……，以及張俊宏要以暴力對付國民黨……等等露骨的言論，讀者更不難看穿其不軌的居心。

去年十二月是中華民國史上的黑色月份，也是台獨分子垂死的廻光返照之期。西諺有云：「上帝要一個人死亡，必先令其瘋狂。」去年年底黑拳幫喪心病狂的種種活動，正是死亡前夕的瘋狂!

我們也深信，歷史會有公正的裁決。

疾風怒嘯震九卅

陳逆婉真污瀆　總統謬函，因過於惡毒，本刊一再考慮，實在不忍刊登，故在最後抽下了。請各位讀者原諒，並化憤怒為力量！

美麗島助紂為虐

台灣三十年來第一份地下刊物——「潮流」創辦人兼執筆人陳婉真小姐，在北美事務協調會紐約辦事處門口絕食抗議國民黨政府逮捕陳博文，楊裕榮；堅持至八月二十一日，第十二天，終因昏迷而被送進醫院。這件事一直受到美國報紙、電視等輿論界的關心與重視。本篇圖文是「紐約郵報」在八月十三日所作的報導。

A Taiwan publisher hungers for freedom

Post Photo by Adam Scull

Wan-Jen Chen, outside Taiwan consulate, carries on fight to free comrades.

By MARALYN MATLICK

THE PUBLISHER of an anti-government newspaper in Taiwan began the fifth day of a hunger strike here today to protest the arrest in Nationalist China of two colleagues.

Twenty-nine-year-old Wan-Jen Chen, co-founder of the newspaper Chao Liu (Time), has been camped out in front of the Nationalist Chinese Consulate General on Second Av. near 43rd St. since Aug. 9, when she learned of the arrests.

"If I did this in Taiwan, I'd be arrested in five minutes," she said through an interpreter as she took refuge from the rain-drenched streets yesterday under the building's alcove at 801 Second Av.

Miss Chen, who was vacationing here at the time of the arrests, said she will continue the strike until the two are released.

According to Miss Chen, who founded the underground paper in April with another man, reporter Yun-chung Chen and printer Yu-rong Yang were arrested on Aug. 7, shortly after Time printed an article criticizing the regime for "leading toward fascist rule."

Tse-long Wu, the cofounder of the paper which like the government is anti-communist, went into hiding, according to Miss Chen.

The Taipei-born publisher, who drinks nothing but water and uses a foam pad and sleeping bag for her bed, said she is willing to return to Taiwan and face arrest in exchange for the others' release.

Miss Chen, whose Taiwanese supporters here keep constant vigil over her, drafted an open letter to Nationalist China President Chiang Ching-Kuo (son of the country's late founder Chiang Kai-shek) charging that he was "totally insensitive to the suffering of the Taiwanese."

NEW YORK POST, MONDAY, AUGUST 13, 1979

為獻身民主運動而受苦的人們祈禱

本社同仁

沉重的枷鎖將會脫下
牢獄將被打破—而自由
欣然在門前把你們迎迓
——普希金詩句

正在美國旅行的「潮流」創辦人兼主筆陳婉眞小姐，知道了陳博文和楊裕榮被捕以後，立刻到北美事務協調委員會紐約辦事處門口靜坐絕食，嚴厲抗議。

到台北時間八月十七日上午，足足絕食了八天的她，體力已經虛弱不堪而倒了下來，可是，意志仍然堅定不移——她將繼續抗議到放人為止！

她不相信
黑夜永遠沉沉
苦難永無止境

我們虔敬的為她以及所有因獻身民主運動而受苦的人們祈禱！

展望民主前程，我們堅信
逆流不可久
潮流終浩蕩

是可忍，
孰不可忍？

牠們已經篡改神聖的國歌
牠們已經污蔑我們敬愛的領袖
牠們要出賣一千七百萬同胞的安全
牠們要斷絕大陸十億同胞的希望
牠們要扼殺中華民族的命脈
今天九月八日下午二時，牠們居然
要在中泰賓館舉行酒會，
聲援叛國賊！
同胞們；是可忍，孰不可忍？
我們還要容忍到何時？
不！不！不！
再容忍，就是姑息養奸！
再容忍，就是海上難民！
再容忍，就是死無葬身之地！

疾風

聲討叛國賊陳婉眞宣言

陳婉真生於斯土，長於斯土，在安和樂利環境下，得以完成大學教育，並曾任職記者，最近復叨國家經濟繁榮之福，赴美國觀光。衡諸大陸十億炎黃子孫三十年來悲淒遭遇，陳婉真實已身居天堂，較之復興基地一千七百萬同胞，陳婉真亦屬幸運者。

詎料此獠生性逆亂，自去年競選之後，諸般醜行、穢聞早已婦孺皆知。今復利用赴美觀光之機會，勾結帝國主義及台獨暴力叛國分子，表演「飢餓抗議」醜行，污衊先總統　蔣公及國家元首，詆譭政府之民主法治，復要求美國政府不出售武器給我國，顯欲置一千七百萬人民於死地。其狠毒用心，梟獍之行，神人共憤！

尤可痛恨者，此地出版之「美麗島」雜誌，對陳婉真之醜行，竟大篇幅予以表彰，並將此獠名字列為社務委員，復將愛國者詆為「惡棍」，顯見該雜誌以及其成員皆為此獠一丘之貉！

吾人特鄭重宣告：復興基地一千七百萬人民不容任何漢奸出賣！我們崇敬的先總統　蔣公及國家元首經國先生不容任何人污辱！政府的英明領導不容任何野心分子詆譭！愛國同胞之熱血丹心不容黑拳帮台獨分子詬謾！同胞們！沉默者不應再沉默，畏縮者不要再畏縮，讓我們把愛國丹心滙成貫日之長虹！讓我們的浩然正氣成澎湃之力量，橫掃一切妖言梟行，毀滅一切漢奸宵小！民族的正氣蟄伏已久了，如今我們要出擊!!

最後，吾人呼籲政府三事：

一、對陳婉真之叛國行為，司法機關應立即偵查，並行通緝，俾此獠回國時立可逮捕，以正典刑，庶洩民憤。

二、立刻查封表彰叛國賊陳婉真之雜誌「美麗島」，對其成員應禁止出境，展開嚴密調查，如涉有非法言行，應繩之以法。

三、凡政府官員應負起保障善良人民之責任，對一切陰謀分子不可再事姑息；對一切敵人及民族敗類，應施以鐵腕。誠如是方足以儆傚尤，方足以奬忠勵節，方足以確保十億同胞之希望所在——復興基地之安全！

謹此宣言

聲討叛國賊陳婉真委員會

中華民國六十八年九月八日

正義之劍出鞘

——「九・八愛國運動」紀實

主筆室

九・八疾風行動終結了。這是愛國同胞第一次毅然拔出了正義之劍。德慧雙修的高行俠士，不會隨便拔劍的，但當他非拔不可之時，劍光一閃，即足以驚天地而泣鬼神。如今正義之劍雖已復歛其潛德幽光，但就在那一閃，已化成萬道光芒，照亮了每一個中國人的心——疾風精神長照人寰！

驚醒了蟄伏的大漢魂

百年來中華民族的歷史，是一頁頁血淚斑駁的過程。每一個中國人的脚印後面，有多少民族的苦難和志士仁人的鮮血，從鴉片戰爭到推翻滿清，從北伐、抗戰到剿匪，多少愛國青年毅然決然辭別白髮爹娘，離開嬌妻稚兒，投入救國的行列。如今，台灣雖然經過了三十年的安定，社會顯示了一片昇平，很多人且對人心沉溺於物質豪華而引爲無限隱憂。

然而，到底中華民族是不可輕侮的，陽剛的正氣，固然有消沉的時候，不過，那只像冬季萬物的暫息而已，等到驚蟄一到，春雷自然喚醒了萬物，綠茵遍野，繁花怒放，又是欣欣向榮。是的，愛國的情操永不會消失！從中山堂事件到中美斷交，我們更可以驗證，民族的正氣逐漸上昇，國家的苦難驚醒了蟄伏的大漢魂。

火炬點燃了

中山堂事件，黑拳幫分子公然篡改神聖國歌的囂張叛國行爲，點燃了沉默大衆愛國的火炬。從余登發案件到七月廿八日台中事件；從黑刊物「潮流」，到大量黑幫雜誌出籠，他們都企圖造成群衆是擁護他們的假象。

此時，「疾風」雜誌也應運誕生了。這是由大陸投奔自由人士、海外華僑青年及復興基地青年結合的愛國志士創辦之刊物。他們不怕自己力量的微薄，因爲他們自認有滿腔的愛國熱忱，足以喚起民族的靈魂，共同摧毀中共及台獨黑拳幫。

正義之劍出鞘了

黑拳幫分子陳婉眞，利用出國觀光的機會，在國外公開詆毀、污衊政府，說「國民黨在台灣實行了三十年的恐怖統治」，說　總統蔣公逝世時，「全台灣一千七百萬人民，沒有一個人爲他掉一顆眼淚」，並且要美國政府不要銷售武器給中華民國。這些泯滅良心、喪盡天理的言語，凡是中國人都莫不爲之髮指。難道她忘記了國父紀念館徹夜排隊的長龍？難道她忘記了奉厝慈湖時，沿街民衆哀毀跪拜、野蠻巷哭的場面？然而「美麗島」雜誌竟然表揚陳婉眞的可恥行徑。這種行爲，是可忍，孰不可忍？於是，正義之劍出鞘了。

九月八日下午三點鐘，「美麗島」雜誌爲慶祝創刊，在中泰賓館九龍廳舉行慶祝酒會，並在報上刊出這個消息。在以往的前例裏，黑拳幫的集會，無論有無申請治安單位核准，總是搞些非法的行動。例如去年十二月五日在中山堂集會，雖然似乎獲得當局「默許」，但竟公開非法篡改國歌，還煽動暴力。「美麗島」這次集會自是受到各方矚目，不曉得又要耍些什麼花招。

對於陳婉眞在美國的醜行，「疾風」雜誌早已準備聲討，看到「美麗島」竟然表彰她，當然更火冒三丈。如今獲悉「美麗島」要在中泰賓館開什麼酒會，據聞以聲援陳婉眞來壓迫政府，依「疾風」同仁的性格，這當然是正義之士要挺身而出的時候了。

「美麗島」的社務委員施明德，風聞這個消息後，於上午十一點多與蕭玉井通電話，宣稱井水不犯河水，「美麗島」開自己的酒會，

下午一點半掛起了大幅橫布條

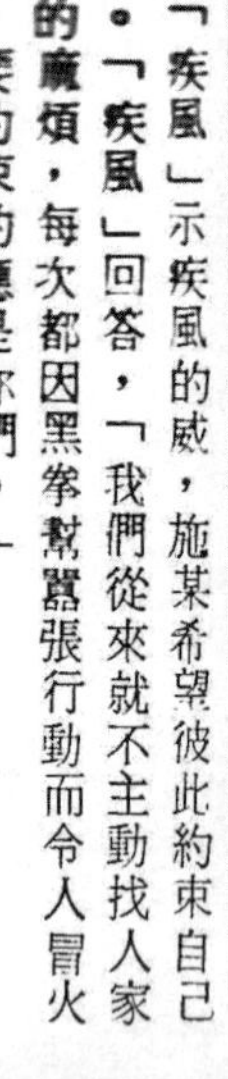

「疾風」示疾風的威，施某希望彼此約束自己。「疾風」回答，「我們從來就不主動找人家的麻煩，每次都因黑拳幫囂張行動而令人冒火，要約束的應是你們。」

下午二點鐘，在中泰賓館前已有人開始散發「聲討叛國賊陳婉眞宣言」，並將宣言書寫在長達十二尺的橫布條上，每在「陳婉眞」之處加上紅圈。（宣言全文見後）

一點五十分，掛起了聲討叛國賊陳婉眞宣言、

「風蕭蕭兮易水寒」

在中泰賓館外的欄杆上，飛揚著青天白日滿地紅的國旗，尤其那兩面迎風招展的大國旗，在今天這樣的場面更加顯得莊嚴神聖。在國旗底下有「聲討叛國賊陳婉眞」的橫布條。欄杆上大幅的布條，墨跡淋漓地寫著：漢奸不容姑息‧台灣不容斷送。「疾風」的志士，頭上綁白布，額頭貼著國旗，並寫上：「莫道書生空議論‧頭顱擲處血斑斑」的字句。地上則擺著鮮紅的披衣，上印顯眼的「愛國有罪嗎？」五個字。這一切佈置，是何等悲壯、動人的畫面。一股「風蕭蕭兮易水寒」的悲亢情懷，油然昇起在蜂湧圍觀的每一個中國人心中。

擺地攤開始了

蕭玉井穿著披肩，手持麥克風，在鐵欄杆外，大義凜然地站上椅子，說：「我們是一群愛國家、愛民族的小市民，今天下午三點，黑拳幫分子要在裏面聲援叛國賊陳婉眞，基於愛國的熱忱，我們自動自發地來到這裏抗議示威。他們有錢、有洋人的美鈔支持，在裏面吹冷氣開會，我們沒有錢、沒有美鈔，所以在這裏擺地攤！」接著播放愛國歌曲，在「我愛中華」、「團結力量大」的歌聲中，群衆開始兩靠過來。有些人知道是聲討陳婉眞，便主動地紮上白布條，加入示威的行例。剛好又是星期六下午，休息的時間，風聞消息的人都趕來了。未到三點，敦化北路已顯得熱絡，一股愛國的熱潮在逐漸壯大。

開始擺地攤，賣起愛國的「疾風」雜誌

冲斗牛、塞蒼冥

二點二十分，愛國青年李勝峯站了起來，宣佈示威正式開始。數十名頭紮白布的青年一一坐下，開始了他們的靜坐示威行動。炙熱的太陽晒得行人道上的紅磚發燙，可是無人動容。他們好像一批銜枚待發的戰士，期待第一聲的號令；又如一群修養有素的禪士，神遊太虛表情安穆。汗珠從他們的額上滴落在紅磚上，立刻就蒸發了；行人道上的幼嫩榕樹，被微風吹拂，搖曳不停。是那麼沉寂、嚴肅，……

呀！你道這是什麼？在寂肅中慢慢迴旋、擴大……形成——這就是在齊太史簡、在晉董狐筆、在漢蘇武節——這就是寧靜以致遠，這就是在人曰浩然——民族的浩然正氣在巍峨的中泰賓館外形成了，旋轉了，擴大了，上昇了——這股中華民族賴以生存五千年之久的正氣，直冲斗牛之上，充塞蒼冥之中！

蕭玉井的激昂

半小時後，蕭玉井站起來了，一個個志士都霍然起立。激昂而抑揚頓挫的聲音自麥克風中傳來：「同胞們！黑拳幫分子陳婉眞的同路人今天要在中泰賓館集會，搞叛亂的活動，但是我們政府還是容許他們。同胞們，團結起來

二點二十分開始靜坐示威—浩然正氣，直沖斗牛之上，充塞蒼冥之中。

井的激昂——「黑拳幫分子有種就出來辯論

，表現我們的愛國力量！今天，我們這一批愛國的青年，在這裏就是要來向黑拳幫示威，他們膽敢罵我們的領袖，我們要來保衛我們的領袖；他們可以來侮蔑我們的國家，我們要保衛我們的國家。今天，我們完全是用一種非常理智的，非常和平的方式，來表達我們對黑拳幫的憤怒，我們要來向黑拳幫分子提出嚴重的警告，你們不要調皮搗蛋，愛國的同胞準備要隨時消滅你們！」

蕭玉井說到要保衛我們的領袖，就有人開始熱烈鼓掌，一說完，群衆中就有人高喊「打倒黑幫」。然後又是一陣掌聲叫「好」，於是蕭玉井開始帶頭喊口號：「消滅黑拳幫！打倒黑拳幫！中華民國萬歲！蔣總統萬歲！蔣總統萬萬歲！」群衆的情緒這時逐漸高昂起來。

館恥日

這時候蕭玉井又對中泰賓館提出警告：「請中泰賓館的當局注意！如果你還有良知，你馬上要把地方退出來，不應該租給台獨分子。今天，是你們中泰賓館的『館恥日』，中泰賓館是聞名中外、規模宏大的觀光旅館，今天你們爲了貪圖一點小利，你們就把地方租給台獨分子，來搞叛國的活動，請你們記住，今天是你們中泰賓館的館恥日。」義正詞嚴的蕭玉井，又得到許多掌聲與叫好聲。他又繼續說：「今天裏面的會場，我知道有一些台獨分子，我要警告這些台獨分子，你們搞台獨，只有死路一條，你們今天如果能夠悔改，站回我們反共愛國的陣線，你們還是有前途的，你們今天利用這個機會，好好反省，假如你們想搞叛國、搞台獨，我們愛國的力量，一定要把你們澈底消滅！謝謝大家！」說完又是一陣叫好聲不絕於耳。群衆中有人突然冒出一句：「打」，馬上被疾風雜誌的人制止，並說：「不要喊打」。

什麼不和平

這時中泰賓館的門口，已有一些貼著「美麗島」標誌的人，張惶失措地叫：「這是不和平」，一位曹先生馬上拿起麥克風反擊：「什麼不和平？我們這愛國的行動，怎麼說不和平？他們放火燒警察局、搞暴動、汚衊我們的領袖、汚衊我們的元首、篡改我們的國歌，還說要再來幾次中壢事件，這就叫做和平嗎？」

二點四十五分，已有十來位警察站在中泰賓館附近，一些比較激動的愛國份子，跑到中泰賓館的門口，因爲黑拳幫分子出言不遜，和他們有一點小衝突，馬上被警察制止。

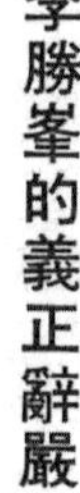

李勝峯的義正辭嚴

接著，蕭玉井介紹愛國青年李勝峯，在一片掌聲中，李勝峯站了起來，他說：「各位親愛的朋友，我想，我用國語講或用台語講都不重要，重要的是，我要告訴各位一些什麼。」然後他用一口標準的台語說：「民國三十八年的時候，美國國務卿艾奇遜，他說：美國西太平洋的防線從阿留申群島經日本琉球到菲律賓，不包括大韓民國和中華民國。因此，在民國三十九年時，韓共發動韓戰，相信在場的各位，你的年齡如果超過四十歲，你都知道，那時

台籍青年，李勝峯發表演說──「今天是我們表現民族正氣的時候了。」

中華民國的處境，可以說是在風雨交加之中。當時共匪已竊據大陸，我們偉大的領袖，已經下野，爲了中華民族的前途，他來到台灣，重新視事領導我們全中華民國的菁英，保持了我們中華民族的命脈。經過政府三十年來的建設，才有今日安定的日子。但是，今天有一個人，她到了美國，她說，我們的總統在台灣三十年來，沒有做過一件好事情，她說，我們的總統在台灣三十年來，禍國殃民！她的名字叫陳婉眞」，李勝峯的聲音愈來愈高，「各位！這是眞的嗎？陳婉眞說的這些難道是眞的嗎？」

台下又揚起一片打倒黑拳幫的喊聲。

「陳婉眞在美國要求美國政府不要銷售武器給我們，她是何許人？她爲什麼不考慮我們全台灣一千七百萬同胞的安全呢？她居心何在？」

有種就出來辯論

李勝峯說到一半的時候，台下突然有人叫：「大家看！張俊宏在這裏。」

群衆立刻有一番騷動，一片「打倒他」、「消滅台獨分子」、「賣國賊」之聲，此起彼落。這時候，安全島上已站有許多圍觀的市民，對面的長庚醫院，一個個玻璃窗也站滿醫生和護士。

蕭玉井又站起來了，「各位！剛剛進入會場的就是張俊宏，我現在向他挑戰，他有種就出來，我要和他辯論。」

李勝峯接著說：「各位朋友，請大家聽一下，剛才我們說打倒張俊宏，請各位聽好，是打倒他這個人的意識型態，打倒這個人的叛國

思想，而不是我們要把他打死，我們要保障他人身的安全，但是，我們要打倒他的思想。」

黑拳幫的姚嘉文，好像也跟著來到，蕭玉井也說要向他挑戰，要和他的思想挑戰。

蕭玉井接著說：「姚嘉文，你不是自稱黨外的大護法嗎？你不是要自設黨外的法庭嗎？有種你出來，我蕭玉井向你挑戰，愛國的力量向你挑戰。」

提防陰謀分子

此時，有一位「美麗島」的打手，從中泰賓館門口高喊：「你們再這樣，我就要對付你們。」，一陣喧嘩馬上激起，但却被另一陣風波所掩蓋。原來松山分局長穿著便服，出來勸導群衆趕快離開，有一位愛國人士，不知所以，以爲他是黑拳幫分子，和他起了衝突，馬上被「疾風」的人制止，並叫道：「你是什麼人？怎麼可與警察衝突！這位先生是我們的警察，今天他爲了工作方便，沒有穿制服出來，他不是黑拳幫，各位！我們要提防陰謀分子！」於是，這位憤怒的愛國人士才恍然大悟，立刻聲明：「我不是匪諜，也不是壞分子，我是一個愛國的計程車司機，看不慣黑拳幫分子爲非作歹。」並馬上向分局長道歉，平息了一個不必要的誤解。

場面有一點混亂了，疾風的人員一再呼籲不要暴動。李勝峯拿起麥克風連叫了幾聲才稍稍平息。然後，群衆又是一串喊：「中華民國萬歲」的口號。

來自亘古的光輝

三點鐘，大家期待的一刻。時間顯得特別慢，一秒一秒地走著，每一秒都扣人心弦，每一秒都可能有偶發事件，而三點鐘終於來臨了。剎那，突然從激昂、熱鬧變得平息，因爲大家知道裏面的會議要在三點鐘開始。這時候，疾風雜誌的人員都立正站好了，李勝峯的聲音從麥克風傳來：「各位同胞！裏面的集會現在要開始了，我們現在要唱我們神聖的國歌，他們任意篡改的國歌。」「三民主義，吾黨所宗，以建民國……」莊嚴的歌聲一起，分局長肅立了，警察肅立了，所有在場的每一位同胞都肅立了，歌聲從中泰賓館流向街道，流向敦化北路，流向每一位中國人的心中。青天白日滿地紅的國旗再度飄揚起來，每一位在場的人，眼中閃爍著民族的光輝。這種光輝彷彿是從亘古浩浩黃河中所流來的，流進中國人的血脈，流了五千年緜延不斷，一直流到今天，流到中泰賓館前的廣場。在神聖的國歌國旗中，民族的靈魂再度覺醒了，人民的眼睛再度雪亮了。中國一百多年來的災難，多少理想希望之幻滅，只有親身經歷體驗者，才能了解這股熱愛國家的澎湃、這股民族正義的偉大，是任何邪惡所無法阻擋的。

勞苦功高、委曲求全的分局長

唱完國歌，接著大家便高呼「中華民國萬歲」，人心正沸騰。不遠處有一位打扮艷麗的中年婦女緩緩走來，她以爲群衆是歡迎她的，立即露出政治職業的笑容，頻頻向群衆舉手招呼。突然有人叫出她的名字：「黃玉嬌，那人就是黃玉嬌」，剎時，一群激烈的青年人蜂湧而上，場面登時大亂。衝前的人有喊打，馬上被旁邊的人拉住，「冷靜！要冷靜！不要衝動！」才稍爲緩和下來。黃玉嬌終於在急忙趕來的警察保護下，匆忙地進了會場，濃厚的脂粉似乎掩不住驚愕的如土臉色。

分局長如是說

三點零七分，一位分局長看到人潮越來越多，就站到賓館門口的台階上，拿著手提擴音器，對欄杆外的群衆說：「各位！我先向各位說聲對不起，我們都是爲我們的國家，愛國以守法爲前提」，疾風雜誌的人也立刻對群衆說：「我們大家要愛國！我們大家要守法！」然

驚弓之鳥—黃玉嬌，在保護之下進入會場。

後分局長又說：「我們大家要守法，不守法就不行，不要超過法律範圍之外！我們要拜托各位，請各位要冷靜、理智，我們一切聽候政府的處置，那一個違法，我們政府站在同樣的、公平的立場來解決，拜托各位！謝謝大家！各位不要地此地看熱鬧，各位趕快回家，謝謝大家！」

麥克風借你講

蕭玉井接著說：「親愛的同胞們，今天我們在中泰賓館舉行聲討陳婉眞行動，其目的就是表現一股愛國的力量，給這些台獨黑拳幫分子看，你們這些台獨黑拳幫平時囂張狂妄，以爲自己很偉大。你們錯了，眞正偉大的是這股愛國的力量，同時我們也可以看到我們的地方是多麼的自由，」話還沒說完，黑拳幫分子有人在門口叫囂要出來打人，又引起一次喧嘩，群衆中有人不斷地喊：「出來！出來！」，李勝峯說：「各位同胞！我願意把麥克風借給他，讓他出來講話。」，於是許多掌聲起來了，等候他出來，蕭玉井也跟著說：「麥克風借你講，你不要在那邊噓。」但是，他沒有出來，悻悻然躲回中泰賓館。群衆又是一片叫好的掌聲。

在掌聲中的同時，一批頭帶白色膠盔的警察，於警哨聲中來到，在中泰賓館門口一字排開，阻止欄杆外的群衆進入，並保護裏面的人。群衆開始議論紛紛，有人說：「這些王八蛋，警察竟然還要保護他。」

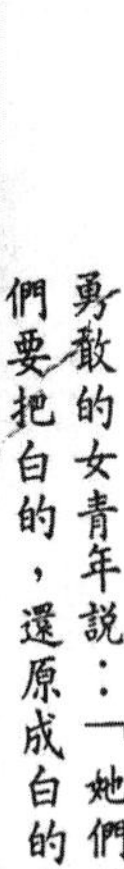
勇敢的女青年說：「她們的心瞎了．．．．我們要把白的，還原成白的！」

要把白的還原成白的

這時候有一位女青年也自告奮勇池上台，希望對群衆表達一些個人的意見，她說：「我相信各位和我一樣，有滿腔的熱忱，在這個場合要表達我們的意見，相信在場的各位朋友，也和我一樣，在台灣生長、在台灣受教育，記得我們小時候，曾經唸過一課課文，我想大家印象一定非常深刻，那就是瞎子摸象的故事。有幾個瞎子，同摸一條象，因爲他們都沒有看到眞象，每個人就抱著自己的部份就說是那是象的整個形象，現在我們遇到的是同樣的情形，而且更可怕的，這些人不是眞正的眼睛，而是心瞎了，他們心瞎了，他看到的事實，他也加以否認，把黑的說成白的，把白的說成黑的，這是目前最大的危機，我們今天就是要把白的還原成白的，不要讓黑的把白的遮掩了。」聲音雖然嬌小，而且不算流利，但是她眼鏡後面的眼神，却充滿了正義的怒吼，使人畏却三分。台下又是一片掌聲。

養樂多

警察的哨聲此起彼落，場面又有點混亂了。這時有兩個人手拿一袋養樂多，排開圍觀的群衆，直送到蕭玉井的手上，蕭玉井這時才明白自己的聲音有點沙啞了，連忙對著麥克風說：「有二位愛國的人士，自動掏腰包買來這些養樂多給我們，謝謝！謝謝！」說完又是一片掌聲，圍觀的群衆聽到有人送養樂多，又有一些人主動加入示威的行列。

竟敢要我們爲「她(牠)」祈禱

由於群衆又慢慢激烈起來，李勝峯站起來，以閩南語發言：「各位親愛的朋友！大家稍微再想一下，大家今天在這裏，情緒雖然非常激動，但是，我們在理智上讓它稍微冷靜一下，因爲只有在理智上冷靜的時候，才能看清楚，看清楚這些人的眞面目。今天這些人的眞面目是什麼？像『美麗島』這些人，像陳婉眞這種想出賣全台灣一千七百多萬同胞安全的人、辱罵我們總統的人，而今天『美麗島』的這些人，還要公開爲她祈禱，要我們一千七百多萬人爲她這種人祈禱，值不值得？」大家一致地回答：「不值得！」「是的！任何一個有理智

連女警也出動了，她們和謁可親，羣衆不忍爲難她們。

的人，絕不會爲叛國分子祈禱，但是，有人却要大家爲她祈禱，各位想一想，牠們的心在想什麼？他們想要做什麼？」

＊　＊　＊

此時施明德出現在中泰賓館門前，在許多人的圍繞下，不太能清楚看見他的眞面目。但是，有些眼尖的青年馬上喊出他的名字，許多正義的聲音跟著指責他，聲音由點而面地傳到他的耳邊，他立即又縮回去了。

蕭玉井喝了一瓶養樂多，又站起來說話：「各位可以看到施明德的嘴臉，但是不要打他。」

何人不痛恨漢奸

三點二十分，第二批警察又來到了，頭帶透明護罩，腰帶警棍，一字排開站在鐵欄杆前。他們用意很明顯，嚴防群衆翻過鐵欄杆。隨著警察的增加，群衆也跟著增加，一、二千位市民從中泰賓館圍到馬路中的安全島，圍到長庚醫院門口，敦化北路的交通已被封鎖，但群衆仍然陸陸續續來到現場，因此顯得比較吵雜，三五成群的人一圈一圈地圍著，大家議論紛紛。當人們曉得是黑拳幫集會，立刻有人衝到鐵欄杆大聲喊罵「叛國賊」、「漢奸」。有些附近的小孩子，也手舉著小國旗到處奔躍，有一個小孩竟老三老四地向其他小孩說明「美麗島」的人在搞些什麼鬼呢。這時有一沙啞而不失洪渾的聲音出現：「蔣總統萬歲」、「三民主義萬歲」，這是沈光秀，穿著一件深藍的運

動衫，一付金邊眼鏡，碩壯的手一舉，群衆馬上附和地喊著。場面還是有一點亂。

疾風雜誌的蕭玉井接著說：「各位！裏面正在進行叛國的會議，希望大家能遵守秩序，大家不要亂。」

以愛國的正氣　表現出理智的行動

李勝峯也跟著喊：「各位朋友！我們今天在這裏示威，但是希望大家冷靜，請各位往後退一步！往後退一步！我們只要正氣逼人就可！各位朋友！請往後退一步！表示我們的正氣！」於是群衆開始慢慢地往後退了一些，離開欄杆，但是比較邊遠的欄杆，仍有一些人靠著觀看。

三點二十七分，許信良在警察們嚴密保護中，走進入會場。後面跟著「打倒許信良」的聲音。

由於許信良的來到，場面又有點亂了，群衆又湧上來，李勝峯又要大家往後退，不要靠近，才慢慢地平息。他說：「各位朋友！我們不要接近，請往後退一步，我們要以愛國的正氣，表現一個愛國分子的理智行動！我們今天不是要打他！」

有人喊「打倒黃信介」，又掀了一次高潮。場面愈來愈不好控制，「疾風」的人一直高喊「不要打他」、「往後退」，有兩個要衝過去的人，被人拉開了。「疾風」的人員又一再向群衆聲明不要打人。

英偉的沈光秀高呼：「中華民國萬歲！蔣總統萬歲！」

此時群衆中有人對疾風不滿，他認爲黑拳幫分子人人得誅之，打打又何妨？疾風的人只好向他解釋，打傷打死黑拳幫分子都無益處，一來無法解決問題，二來徒然替對方製造「烈士」，反而使黑拳幫今後更囂張。「我們只要讓群衆了解他們的陰謀，他們就自行臭了，垮了，打人是笨事。」一位疾風人員說。

保證他們下次落選

這時候「疾風」雜誌發行人沈光秀，也站起來對群衆演說：「我們全國同胞都是擁護我們的政府，黑拳幫分子汚衊政府，下一次選舉時，我保證他們一定會落選的，愛國的同胞絕不會選他們的。」

在一片掌聲和叫好聲中，有一些貼著「美麗島」標誌的外國人走出中泰賓館，由於群衆的吆喝而加快脚步離去。群衆的目光瞬卽轉到「疾風」雜誌的標語下，因爲有一位青年，送來了幾瓶牛奶，接著又有人送冰塊進來，爲他們打氣。在炎熱的太陽下，正是渴時一滴如甘露，喊得有點嘶啞的人們，輪流一人喝一口牛奶，使場面也稍和緩下來。

四時正，「疾風」的人員都站起來，由一位女生宣讀「聲討叛國賊陳婉眞宣言」，在這同時，保警部隊約有一百多名人員，已悄悄地在左側花園餐廳門口集合，分局長似乎對他們指示工作要領。

接著一聲聲「向右轉」，「向左轉」的口令中，警察們魚貫地進入群衆中，三、五分鐘後群衆已被分割成三批，一批在鐵欄杆外，一批在安全島上，其餘的在長庚醫院附近。在同

得多！」

時，蕭玉井也大聲疾呼我們今天是要來表示愛國的熱情，不是來給政府製造難題，要群衆和警察人員合作，大家往後退。並和警察說，不要過份干涉愛國群衆的行爲，我們一定會自我節制，我們是擁護政府，不像黑拳幫是破壞政府的。

在警察分散群衆時，場面又亂了，警察的聲音、群衆的聲音、警哨聲、爭吵聲都混在一起，疾風雜誌又喊了一些口號，才使得場面冷靜下來。

黃信介、姚嘉文 張俊宏還敢荒謬嗎？

蕭玉井又說：「黃信介先生，請你出來，我們要問你，『美麗島』爲什麼要表揚叛國賊陳婉眞，請你回答我們！」這時有一位三十多歲的婦女，從人群中鑽出，拉著頭紮白布的一位「疾風」人員的手，十分激動，抑不住情緒，眼淚簌簌而下，說：「幾年來的憤恨，今天總算可以出一口氣了！」

王顯聞，這位曾在七月廿九日於台中事件中受過黑拳幫的氣的年輕商人，他在欄杆邊，激動得高喊：「姚嘉文！台中的仇今天我要報！」

這時李勝峯拿起麥克風說：「各位親愛的同胞，請聽我講幾句話，有一個人，叫張俊宏，出了一本書，叫『大軍壓境』，七月廿八日，在台中的時候，他們的車子被愛國的民衆，就像現在這樣，包圍起來，把他們的車窗打破了，這時警察們出來保護他們的車子，他照了照片，說：『帶武裝的鎮暴部隊包圍沒有武裝

〃滾回去〃越來越多的愛國羣衆，黑幫分子只好龜縮了。

的遊覽車』。」李勝峯愈說愈激動，「各位想一想，警察先生冒著生命的危險，來保護這些人，但這些人却說，這叫做大軍壓境。是的！你我這些人聽了這番話，都會非常憤怒，」群衆也跟著激動起來，他又繼續說：「但是，憤怒是我們的心，我們行動還是要冷靜！」

許承宗綁著白布條，穿了一身白色的衣服，今天他一直不發一言，這時他也站起來說話，冷靜而低沉的聲音：「各位同胞，我們雖然反對『美麗島』的荒謬言論，但是，我們是擁護政府的，我們相信法律的意義，所以大家要冷靜！

不要再說：這是大軍壓境

蕭玉井接著又站起來，先爲姚嘉文介紹一番他「光榮」的身世，「姚嘉文說，中壢事件發生的時候，老百姓都想燒警察局，同胞們想一想，放火燒警察局難道是代表民意嗎？」一說完，大家就大聲高喊：「偉大的警察，人民的保姆，我們堅決支持警察！我們愛我們的警察！」

在大家的掌聲中，李勝峯說：「大家爲警察熱烈鼓掌，也希望裏面的人不要再照相，然後刊登出來說，這是大軍壓境，拜托！拜托！」蕭玉井接著說：「各位看一看，我們的警察先生多辛苦，他要保護我們，也要保護黑拳幫！」

「這些黑拳幫分子，今天如果不是有警察保護，早就死無葬身之地！」一位中年男士氣凶凶地說。群衆中有人和警察起了衝突，疾風的人紛紛喊：「不要和警察衝突，警察和我們一樣愛國，我們要諒解他們。」

打落門牙和血吞

四點零七分，警察來了大批增援人馬，似乎要强制驅散群衆。場面比先前更亂了，人潮也愈來愈多，群衆的情緒更高昂，氣氛顯得非常緊張，這時候「疾風」雜誌的人，怕群衆激動而把「矛頭」對到警察身上，所以立即要求大家坐下，「愛國的同胞們，請坐下！請大家坐下！請警察幫忙讓大家坐下。」大約有一、二百位的人坐下或蹲下。

這時中泰賓館有人衝出來鬧事，被警察制止，「嗶」的一聲，群衆又全部站起來了，「打倒許信良」全場亂成一片。「嗶」！「嗶」！的警哨聲紛紛響起，阻止安全島上的群衆擁入，只聽見安全島上一聲傳來：「打狗！許信良是狗，打狗！打狗！」蕭玉井也連聲說：「請同胞們服從警察的指揮！」馬上又有人在群衆和警察爭吵，要警察不要干涉，李勝峯也頻頻喊「支持政府，聽從警察的指揮！」「各位朋友！請服從警察的指揮，請大家退到欄杆後，拜托！拜托！拜托！因為我們今天並不是要來鬧事！」這時候，警察已經排開群衆來到疾風雜誌的麥克風前，要求他們離去。

許多群衆不滿，說為什麼不趕裏面的人，要趕外面愛國的行動？蕭玉井說：「親愛的同胞們！沒有關係打落門牙和血吞！我們要服從警察的指揮！」

一位曼谷的華僑

「我是來自曼谷的華僑……………」

有一位泰國華僑和李勝峯說，他看到這個場面很感動，他要和大家講話。在掌聲中他站起來：「我是一位曼谷的華僑，輾轉從香港到台灣來，也有我的朋友到台灣來，我們到這裏要談談台獨的眞面目，在這裏對於警察維持治安，我首先致以萬分的謝意，也希望大家和治安人員合作，但是有一點，我要警告你台獨分子，你們在這裏開會，但不要侮辱領袖，國家的尊嚴！我們今天到台灣，這個復興的基地，我們已經沒有路跑了，所以我們一定要和共匪對抗到底，保衛我們自由的祖國，保衛我們的領袖」，生澀的國語，卻充滿了眞摯的情感，這一份熱愛國家的感情，相信每一位海內外的中國人都有，也是這份情感，使我們中國人更加接近，更加團結。在如雷掌聲中，他下來了。

＊　＊　＊

李勝峯又站起來說：「我們非常感謝警察先生，在這麼忙的時候，出來維持秩序，我這裏還要再三呼籲，請各位服從警察的指揮，不給政府製造難題，落口實於黑拳幫之手，才能表現眞正的愛國正氣，各位！愛國絕不是盲動！所以，我個人在這裏有一個呼籲，假若你對陳婉眞這件事情，有所意見，不管是什麼話，我願把麥克風借給你！

要把陳婉眞抓回來法辦

於是有一位青年上台了，他說：「各位同胞！今天我們在這裏，絕對要冷靜，絕對要客觀。今天我們不止要聲討她，也不止是要罵她，今天我們要行動！今天我們爲什麼要聲討陳婉眞？因爲她不守法，在國內不守法，在國外也不守法！今天我們要聲討不守法的人，她說我們國家元首禍國殃民，而治安單位有沒有逮捕她？沒有。今天我們放縱她，便對不起各位愛國的同胞，希望我們司法當局，嚴正地糾正她，逮捕她！」又是一片掌聲，然後就有人高喊：「把陳婉眞抓回來！」

在如雷的掌聲和叫喊聲中，蕭玉井接着說：「請外國記者把照片拍下來，發到外國去，這是代表我們愛國同胞眞正的心聲。」然後，他又用英文再說一次。

「親愛的同胞們，我們都知道，三十年來台灣在英明的蔣總統領導下，我們過著安和樂利的生活，我們的三民主義建設，有了輝煌的成就，但是，黑拳幫分子却勾結台獨、勾結美國人，想要叛國，所以我們一定要支持政府，要來保衞我們的國家，我們要消滅黑拳幫！」蕭玉井慷慨的聲音甫落，便是一連串的掌聲響起。

這位青年說：「把陳婉眞引渡回國接受國法制裁！否則還有什麼法治可言？」

原來絕食只是不吃牛排大餐而已

群衆又慢慢增多了，整個人行道擠得水洩不通，大家一面聽台上的講演，一面在底下也發表自己的意見。

又有一位女學生上台，對陳婉眞在美國絕食抗議的表演，表示懷疑，她說：「據我們的了解，陳婉眞在美國的絕食，只是不吃牛排大餐而已，有人看她被扶持著到某處休息，是不是有吃東西，我們不得而知！」並且提出許信良等人所高喊的民主，只是爲了滿足他個人的野心和政治慾望的一種謊言。「我們要冷靜、要理智，但是我們的愛國熱忱，不可埋沒，我們不能再沉默，不可再做沉默的大多數，而讓那些少數人叫囂，我們要出來維持正義！」說完，就有一位高中女學生激動地喊：「蔣總統萬歲」、「三民主義萬歲」，高舉的手立刻打破頓時的沉默，群衆也都跟著喊起來！

許信良有種出來辯論！

蕭玉井聲音已經沙啞了，但是，他仍然提起最大的精神，最大的聲音，要和許信良辯論：「許信良！你不要裝作聽不見，有種你出來，面對愛國的同胞！」沈光秀也繼續說：「各位！我們中國有十億愛國的同胞，難道我們怕他一個許信良嗎？難道我們怕一個陳婉眞嗎？因此，親愛的警察先生、警察小姐，你們該保護的是我們廣大愛國的同胞。」接著就是片刻的沉默，在這樣的氣氛下，一秒鐘的沉默都顯得冗長，這時，遠處傳來一聲「中華民國萬歲」，因爲距離的關係，他的聲音顯得細小，他所帶來的廻響却是驚天動地的。

「民主的基礎，落實在每一個老百姓身上，絕不是落在政治野心分子身上！下次讓他們全部落選！」

酒會不停　我們不走！

四點十二分，李勝峯站起來，再一次聲討陳婉眞在美國的醜行和謊言，他說：「各位再想一想，今天我們國家能有這樣的安定，社會有這樣的太平，是靠什麼得來的呢？是你、和我，是我們每一個人，用我們的血、用我們的汗，建設成今天的社會，但是，他們說，我們的政府三十年來沒有做過一件好事，各位想一想，我們以前是什麼生活？到今天我們又是什麼生活？這難道是我們的國家沒有進步，三十年來沒有做過一件好事嗎？這種漢奸行爲和叛國行爲是可忍，孰不可忍，而『美麗島』的人，竟要在裏面開會，要來支持她。各位再想一想，自從去年中美斷交以來，我們的國家，再度面臨風雨交加的時刻，我們國家最重要的是要求安全、安定團結的社會，但是，陳婉眞叫美國不要賣武器給中華民國！」

突然，群衆像熔岩地翻騰起來，一齊大叫喊：「讓他講話」、「有種出來講話」！原來一個貼著「美麗島」貼紙的人，在門口向群衆發出噓聲，立刻激起群衆憤怒的情緒，「出來！出來！」群衆的憤怒如海浪般的洶湧。這位黑拳幫分子大概被嚇呆了，一溜烟躲了進去。

警察局長出來干涉，沈光秀回答說：「他們的會議不停止，我們就不走！」「對！對！」群衆附和地喊著。

還敢說「玉石俱焚」嗎？

時間的脚步如蝸牛一樣，慢慢地走著，秋老虎的日頭仍然猛烈晒著。有些群衆坐在轎車上，有些坐在人行道上，中泰賓館前一棵棵的小樹也都爬滿了人，沉甸甸地像快要倒下來的樣子。有一位××中學的學生，在一旁突然跳起廸斯可來，有人問他做什麼，他回答：「輕鬆一下，等下再幹！」蕭玉井也用比較和緩的聲音說：「各位親愛的警察請注意，在外國，台獨分子說台灣的警察是在壓榨老百姓，台灣是警察國家，台灣的警察都是隨意槍斃老百姓，今天，我們可以看到，你們勞苦功高，不但保衞台灣的治安，保衞台灣善良的老百姓，你們也保護這些叛國分子，你們眞辛苦啊！」最後的「啊」字帶點戲謔調侃，引得有些群衆大笑，有些則鼓掌。

蕭玉井接著說：「許信良，你說每次選舉國民黨都是作票，難道你當選省議員時也是國民黨作票的嗎？你們這一小撮黑拳幫分子，你們平時都以爲群衆是你們的，今天，你們可以知道了，群衆都是愛國的，都是擁護政府的！你還敢說什麼玉石俱焚嗎？」

我愛中華

一位女學生接著說：「親愛的同胞，我在這裏有一個請求，希望大家能做個見證，大家都看到了，我們的警察多辛苦的保護他們，將來如果有他們所謂的大軍壓境出現的時候，希望每個人都能挺身出來，爲政府辯解，痛擊他們！」這時又有貼著「美麗島」標誌的人出現在門口，立刻引起群衆一次的喧嘩。很多人一直要衝過去，但都被制止了。

在喧嘩聲中，又有大約一百名左右的警察

〃各位，愛國的羣衆，拜託，拜託．．．〃警察先生，你平常要受黑拳幫份子的侮辱，今天又要保護他們，太辛苦了！左一站立的人是高副局長，他神色疲憊而徬徨。

，再度集合在中泰賓館前面，場面又再一度的混亂，群衆的不滿聲、警察的聲音、疾風的安撫聲，「美麗島」的叫罵聲，都同時混雜在一起，李勝峯帶頭唱了一首「我愛中華」，才把場面稍稍安撫下來。唱第二次的時候，聲音更大了，群衆都附和地拍起手來，歌聲響透雲霄，然後又是一連串的口號。群衆愈來愈多，情緒也愈來愈高昂。

「警察萬歲」！

四點二十五分，安全島上的群衆全部被驅散，大多數群衆被隔在對街，一部份留在原地，偶爾有比較激烈的，不顧警察的人牆，從對街跑到欄杆下，這時候場面顯得比較和緩，疾風的人開始喊口號，在連續的口號聲中，鎮暴車帶著鎮暴部隊約五十名已悄悄來到賓館旁邊，似乎在等待上級的命令。大部份報社的採訪車，陸續地離開了。他們離開不久，場面又緊張起來了，警察不斷地增援，群衆也愈來愈多，愈來愈激烈。在緊張的氣氛中，蕭玉井喊出：「警察萬歲！中華民國的警察萬歲！」一片掌聲中氣氛顯得非常輕鬆，很多人聽到「警察萬歲」，就情不自禁笑了起來，大概這種口號還是首次聽到吧。蕭玉井喊這口號的用意很明顯：怕群衆和警察發生衝突，致愛國行動變了質。

一位三毛二的警察又出來干涉了。群衆對警察的干涉表示不滿，他們說：「中壢事件是誰在幕後設計的？爲什麼警察不用法律制裁他們？任他們燒警察局、燒車子，任他們爲非作歹？我們願意和警察合作，維護寶島的治安，但是，我們不容這些人爲非作歹！」蕭玉井也跟著說：「我們要服從警察的指揮，遵從法治的精神！」，這時候又有一個群衆和警察吵起來，蕭玉井說：「警察先生，你不要出來，不會有事情的，過份干涉反而壞了事，我們絕不是要和你們過不去，請你們容忍我們的愛國行爲。」有一位一口「台灣國語」聲調的女孩子說：「他們做犯法的集會爲什麼不抓他們？」

李勝峯說：「各位！什麼要叫愛國，什麼叫叛國，當群衆激動時，我們喊要冷靜，叫大家坐下，而在中壢事件的時候，有誰挺身而出，請大家冷靜，想一想選舉前，那個人大喊：打了我負責，中壢事件當天，他人不見了，不但人不見不敢負責，更令人氣憤的是竟然指使燒警察局、燒車子，各位，愛國和叛國，大家可以很清楚地分辨出來。」

教會公報

情勢愈來愈緊張，像滿弦之箭。尤其，此時從酒會流出一份「潮流」合訂本，一份「教會公報」——使群衆得知他們那一小撮人居然在會場中散發這種鼓吹「台獨」刊物。疾風人員看了這份刊物，無不赫然大怒。但怕過份激動群衆，所以不敢當衆宣布該「公報」的內容。

四點三十分，一個東西從群衆裏飛到中泰賓館門口，有人丟東西了。李勝峯連忙拿起麥克風說：「不要丟東西，不要丟東西，各位親愛的朋友，請你幫忙注意，如果你的旁邊有人丟東西，請制止他，或者把他抓出來，因爲他可能是陰謀分子！」有些準備效法的人一聽，

這麼多的愛國羣衆！今後誰也不再相信黑拳幫 有什麼「羣衆基礎」了。

立刻放下東西。

愛國與叛國之分別

場面愈來愈混亂，由於警察一再要趕走群衆，人群中時生爭執，有較激烈的甚至大叫大嚷起來。李勝峯接著說：「各位朋友！今天我們是一個愛國的行爲，當然，在這樣的情況，這種愛國熱潮，誰最怕？裏面那一票人最怕！所以他們都嚇得不敢出來，在他們不敢出來的情況下，我們親愛的警察，爲了保護他們，不得不出來，各位！我們都是愛國的群衆，我們聽從警察的指揮，但是！我有一個誠懇的要求，拜托！就是讓我們積壓了幾年的愛國情緒，有發洩的時候！」台下響起一片「對」的附和聲和掌聲。蕭玉井也接著說：「請大家坐下！沒有關係，警察先生，我們坐下就不會鬧事！」李勝峯繼續說：「請各位看清楚一件事情，什麼叫愛國？什麼叫叛國，當警察先生出來執行時，我們就請大家坐下，這就叫愛國！警察先生出來時，鼓動群衆燒警察局，這就叫叛國。各位！愛國與叛國，你們已經看得很清楚，希望警察先生也能從這次活動裏，可以發現一件事情，什麼叫眞正的愛國行爲？什麼叫叛國行爲？今天！我們仍然來高歌，再唱一首歌」於是，「反攻！反攻！反攻大陸去……」便唱了起來。然後又唱了一次「我愛中華」。

養樂多萬歲

又有人從群衆中擠進來，送了一些養樂多，蕭玉井高舉養樂多喊：「謝謝！謝謝愛國同胞的支持」，於是他高喊：「養樂多萬歲！」給群衆帶來幾分輕鬆。他又一鼓作氣的說：「同胞們，今天我們在中泰賓館集會，主要的目的是向台獨分子示威，台獨分子這一小撮民族敗類，平時搞叛國，像陳婉眞在美國罵我們的總統，居然說我們的總統禍國殃民，今天！我們在這裏，要表達我們沉默大多數的聲音，我們絕對擁護政府，所有的老百姓都是反對台獨的，所以我們要在這裏，向台獨黑拳幫表現我們愛國的力量，請大家支持我們！」

偷偷摸摸地溜出去

這時沈光秀鄭重向警察宣佈：「他們不走！我們也不走！而且要他們從側門離開，否則愛國的群衆要給他們顏色看！我們要他們偷偷摸摸溜出去！」蕭玉井也說：「我們要求警察先生，要求中泰賓館當局，應該馬上結束美麗島叛國酒會，要他們夾著尾巴從側門偷偷摸摸滾回去！你們如果敢從大門出來，愛國的同胞會給你們顏色看，警察也保護不了你們。」他又接著說：「中泰賓館的當局注意，請你們馬上結束「美麗島」的叛國會議，如果不馬上結束，我們還要在這裏繼續抗議！」

又是教會公報

情況又再度激烈了！因爲又有人從裏面拿到了一份「教會公報」讓其他一些群衆也看到了。使得很多群衆大怒，警察跟著緊張地猛吹哨子！「疾風」的人員又帶頭喊了一些口號。沈光秀提高嗓子說：「我們再度警告黑拳幫叛國分子，你們的會議如果不馬上結束，我們的群衆就要衝進去！」然後又有人喊：「我們絕不能再容忍了！」蕭玉井也接著警告中泰賓館，要他們馬上停止黑拳幫的會議！

聲勢浩大的羣衆，是中華民族正氣的表現—正義之劍鋒芒一瞥。

什麼叫「台灣獨立聯盟」？

李勝峯再一次說明，七月二十八日台中事件，黑拳幫的人被警察保護，他們却說這是大軍壓境，「這些人講話有沒有憑良心？我們已經很淸楚。各位，我們必須再度聲討他們，爲什麼今天我們要這樣聲討他們呢？很簡單，這些人在國外搞叛國的活動，在我們的紐約辦事處爆炸後二個小時，陳婉眞和她台獨的朋友，出現在那裏，誰陪伴她去的？我告訴各位，陪伴她的叫做張金策，這個人是什麼人呢？這個人就是現在台灣獨立聯盟，台獨組織的宣傳部長」，「打死她」有人立即喊出，「各位想想看，陳婉眞是由一個台獨分子陪伴她出去的。什麼叫台灣獨立聯盟？我講你們就曉得，當年王幸男寄郵包炸掉謝副總統的手，就是這個組織。這種暴力組織，陪伴陳婉眞出現在那個地方，是可忍，孰不可忍？這種叛國賊，他們今天却要在裏面支持她，爲她聲援，要爲她禱告，那麼我們廣大的群衆，請你告訴我，我們應該怎麼辦呢？因此，我們在這個地方，鄭重的警告黑拳幫分子，也希望你們派一個人出來解釋，解釋爲什麼要聲援陳婉眞？」或許這段較爲冗長的演說，群衆都靜了下來。

勝利將屬於愛國同胞

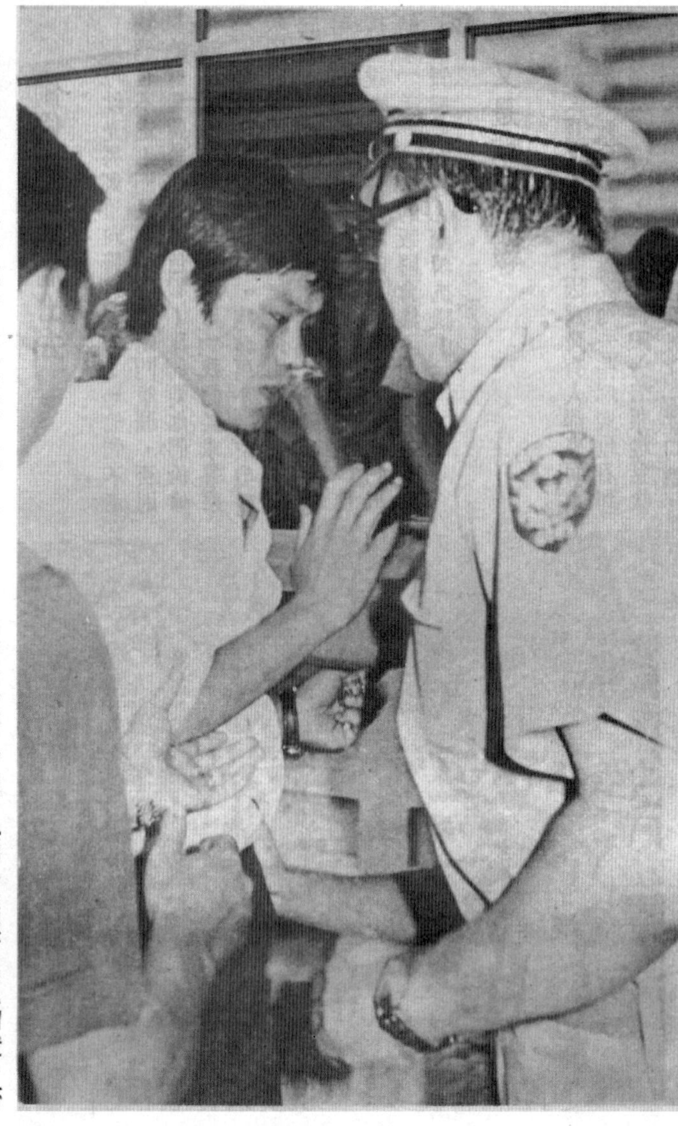

一位台籍青年很憤怒地說：「我們在台灣生活很好，希望他們不要把我們搞成海上難民！」

然而時間一分一秒地接近五點鐘，氣氛一分一秒地緊張起來。任何一件突發事件，兩邊的人可能就你死我活地打起來。沈光秀接著說：「請警察趕快結束裏面的叛國會議，如果再不結束，等一下發生事情時，我們概不負責！我們再警告這幫叛國分子，離開中泰賓館時，不能從正門走出來！」

蕭玉井說：「台獨分子請注意，你最好不要出來，你若出來，你們的安全，警察也沒有辦法負責，你最好滾到裏面去，也最好趕快結束你們的叛國會議，從側門夾著尾巴溜走！否則你的安全沒有人能替你保障！」

沈光秀接著說：「各位同胞！大家要冷靜！但是我們不要走，要等到叛國分子走，我們才走，希望警察先生不要干涉我們愛國的自由！」群衆歡呼起來，拍掌、叫好，一片激奮。

李勝峯說：「各位！我們堅持不走是對的，但我們仍然要遵重警察的勸導！因爲，我們的國家今天不容許亂！今天只有裏面那幫人在亂我們的國家，各位！在中壢事件的時候，沒有人敢挺身而出，要群衆冷靜，只有如中美斷交時的愛國的行爲才會與警察合作。我們也希望警察先生，您現在很辛苦，但是，我們也請您，原諒我們的愛國行爲，也希望愛國群衆堅持到最後一分鐘，我們堅忍百忍，勝利將屬於愛國同胞的！」

身上有可恥貼紙的

這時在中泰賓館外的人，少說也有五千以上。大家都在等待五點鐘的來臨。裏面的、外面的、趕來的、路過的，都在想將會有什麼結果發生。裏面的想看看外面在搞什麼，外面的想瞧瞧裏面的狼狽相。而警察人員如銅牆鐵壁隔在群衆之間，幾個高級警官像熱鍋螞蟻，似乎到了慌張失措的地步了。

沈光秀說：「親愛的愛國同胞！當前年許信良在中壢搞暴動的時候，他說，群衆是他們的，今天，我們看看，群衆是他們的，還是我們的！」話未說完，群衆又是一陣哄然混亂，沈光秀氣凶凶地指著門口貼著「美麗島」標誌的幾個人說：「滾回去！」分局長的聲音隱約可以聽到，但是被群衆的聲音掩蓋住了，聽不清他在說些什麼。混亂中又有人丟東西了。

李勝峯也氣凶凶地說：「各位！誰丟東西?!誰丟東西?!」群衆的憤怒一時無法遏阻，此起彼落的聲音都是氣凶凶的，「各位！不准丟東西！各位愛國的同胞！不准丟東西！」在吵雜的聲音中，可以聽到沈光秀的聲音：「愛國的同胞，不要丟東西！」李勝峯放大麥克風的聲音說：「各位！我們今天雖然很憤怒，但是，我請諸位千千萬萬不要丟東西！」裏面的人拿起一個西瓜皮，也要丟過來，群衆勃然大怒，場面又顯得混亂了。很多人都擔心，鐵欄杆會被衝垮。

突然，身上貼著「美麗島」的一個人，衝出賓館用台語罵了一句「幹你娘！」使群衆立卽火上加油。他也一副要衝出來打人的姿態，隨卽被警察制止。疾風的人員一再呼籲大家不要丟東西。蕭玉井說：「我們容許他們在警察的保護下夾著尾巴逃跑！」有一個十多歲的女孩突然尖叫：「用爬的！」使得全場哄堂大笑。蕭玉井接著說：「警告中泰賓館所有的人，你出了大門趕快把那「美麗島」的可恥標誌撕下來，因爲群衆看見貼紙，就認你是黑拳幫，避免發生危險。」「對！對！」群衆附和著說。

撕下來！

口號聲、罵聲、警哨聲，雙方的叫罵聲都混在一起，使得場面更混亂。在混亂中五點鐘悄悄到來，這時警察更緊張了，裏面的人站在門口也開始緊張了，群衆有人一一爬上欄杆，但隨卽被警察和「疾風」的人拉下來。

又一批警察出現了，帶著全副武裝，包括黑警棍、催淚彈、電棒一一出現了，警車載著一批批警察來到，他們很有秩序地從車上下來，在安全島附近集合待命。門口的人都探頭出來看外面的情況，當他們一出現時，所有的群衆就大叫「把標誌撕下來！」於是他們又一個個地縮回頭去。這時有比較激烈的人，又和警察起了衝突，有部分人認爲警察不應該保護他們，還有和警察吵了起來的。蕭玉井說：「警察先生！希望你們保護台獨分子趕快滾回家去，如果不叫他們早點回家，這裏恐怕安全有問題！」

艾林達的傳聲筒，黑拳幫的洋工具，今天可開眼界了——中華民族的正義之劍是怎樣的。

好幾百塊喲！

李勝峯看情況不對，又站起來說：「各位不要過份衝動，要保持冷靜的心，將民族的正氣表現出來就好！」有警察出來干涉，立刻引起群衆的不滿，有群衆拼命地要衝進去，疾風的人趕快喊：「不要進去！不要進去！」群衆的激情太過熱烈，「疾風」的麥克風已經壓不住場面，只聽見場中一聲的叫罵聲，而且來勢凶凶，有個學生拿起地上的石頭要丟過去，被疾風的人搶了下來，他立卽又從口袋中掏出打火機要扔，有人說：「好幾百塊喲！」他愣了一下，便摸摸頭，把打火機放了回去。

帝國主義的象徵，福摩沙

這時黑拳幫分子龜縮了，群衆氣平了一下，李勝峯抓住機會說：「各位同胞！剛才我們爲什麼要他們撕下那個標誌呢？理由何在？『美麗島』它用的是什麼名稱？福摩沙(Formosa)，我們在台灣爲什麼用福摩沙？福摩沙是帝國荷蘭人、西班牙人想侵佔台灣的代用詞，也是今天在海外的台獨分子所叫囂的名詞。各位！今天在台灣就叫台灣，中華民國台灣省，爲什麼用帝國主義的符號來貼在身上呢？爲了中華民族的尊嚴，我們要他們把這個標誌撕下來！」「今天如果他是一個堂堂正正的中國人的話，我希望他把那張侵略台灣的帝國主義標誌撕下來！」群衆又再度怒吼起來了！有人喊一聲「中華民國萬歲」，群衆也跟著舉手高喊。警察的麥克風聲音又被掩蓋了，沒有人聽到他在說些什麼。蕭玉井也接著要群衆克制自己，他說：「我想警察內心也想消滅黑拳幫，但他今天的責任是要來保護他們的，所以我們要同情這些警察先生。但是！我們警告警察先生，你要他們趕快結束會議離開現場，你們保護他們已經兩三個鐘頭，你們也非常辛苦，我們在這裏聲討他們也非常辛苦，所以要他們趕快離開，否則群衆忍耐不了，安全就會發生問題，謝謝各位！謝謝警察先生！」

誰敢做狗？

這時候，裏面有人要出來，群衆立刻喧嘩起來，一聲聲「滾進去」的聲音如海浪般湧進中泰賓館，他們又龜縮進去，才平息這股浪潮。警察又立即來干涉「疾風」的人，「疾風」的人要他們先回去，因爲，他們開會五點就該結束了，當然他們要先走，羣眾才要走。有警察又來強行干涉，引起群衆們不滿，因此，他們都留在「疾風」人員的身邊。群衆的憤怒並沒稍息，反而愈來愈高昂。

當群衆正在憤怒時，裏面的人當然也氣急敗壞，據說他們排了幾個「敢死隊」，做要衝出來之狀，幸好他們只是作狀，若眞衝出來，不自取毀滅才怪呢。正義之劍豈是輕出的。

五點十六分，有兩部市公車，六路和二〇七路，駛到了中泰賓館的門口，警察要黑拳幫的人，立即上車回去。

據說很多黑拳幫分子都想上車，不料此時黃信介說：「誰上車誰就是狗！」即使不是英雄，也不好在這麼多人面前默認是狗，上了車的只好垂頭喪氣退下。只有幾個新聞記者登上車，並從車上的窗口向外搶拍群衆憤怒的鏡頭。不久車子就空空盪盪開走了。

悲壯、哀傷

這時有一位二十來歲模樣的人，氣憤地在許承宗手上留下一個電話號碼，並對他說：「我今天準備和他們拼了，如果我不幸爲國犧牲，請你打這個電話，告訴我的家人。」許承宗一身白衣，一顆烈士的心，此時，也不禁潸然淚下。正義畢竟是不會孤獨的。

＊　＊　＊

黃信介說：「上車的就是狗」姚嘉文急忙下車。

時間一秒一秒地過去，已經是晚飯時間。群衆中沒有任何人願意回家吃飯，人潮愈來愈多，此時總有萬人以上。在雙方僵持的狀態下，時間也彷彿凝住了，沒有任何其他動靜。只有「疾風」的人員帶領群衆奮力不懈地歌唱。

這時候，有一位青年跑到國旗下，對「疾風」的人說：「你們拿著太辛苦了，我來幫你們拿」，說完就拿起國旗大力地揮舞起來，配合著歌聲揮舞。

歌仍然唱著，口號仍然喊著，但雙方也仍然僵持着，示威仍然在進行，群衆也被警察們隔成三批，大多數在安全島上和長庚醫院門口，一部分仍留在人行道上。三、四部閃著紅燈的消防車悄悄中開到賓館前靜待。保安警察也在原處靜待。「疾風」的二塊海報板子，被警察放到安全島上，「再容忍就是姑息養奸，再容忍就是海上難民，再容忍就死無葬身之地」的標語，也沉默地躺在草地上。

＊　＊　＊

這時，一位老太太顫巍巍地走到「疾風」人員跟前，說她有兩個兒子，一個在抗戰中為國犧牲了，一個在剿匪時為國捐軀了；多少中國的內憂外患，印成她臉上一道道的皺紋。她說，這些黑心分子，到底要把國家搞到什麼地步才甘心？「我已經沒有兒子可以犧牲了！」這是何等憤怒、悲戚！她縱橫老淚，彷彿訴盡了中華民族一百多年的苦難。此情此境，未曾躬親經歷過的人，何能領會？為了自己權力慾念而不惜搞台獨的人哪，你們難道不感到慚愧！

＊　＊　＊

一陣掌聲響起，一位建中的學生，穿著一身卡其制服上台了，他和這位老太太截然不同，他沒有經過任何災禍，沒有經過任何戰亂，

我們轉移到安全島等著黑拳幫走出來，結果黑拳幫．沒有種．撒了賴。

他是在承平的日子裏長大的，在長大的過程中只有歡樂，沒有任何民族的苦難烙印在他身上。但有烙痕的人却要把未來希望寄託在像他這些人身上。在群衆焦點集中他身上時，他有點緊張地說：「各位同胞！我是建國中學的學生。今天，我對這些台獨黑拳幫感到非常憤怒，我非常支持愛國的行動。但是，群衆是盲目的，所以我們大家一定要理智。今天，我們這裏那麽多人，每人吐一口口水，就可以把這些人淹死。可是這些壞蛋不值得我們淹死他，也不值得我們打死他，因爲這樣會弄髒我們的手。我們雖然滿腔憤怒，可是我們不要和警察爲難。希望大家要理智，我們是一個法治的社會，陳婉眞那一小撮叛國分子，一定會得到法律的制裁！」他慷慨激昂的聲音贏得了許多掌聲。

這時候場面比較和緩了，「疾風」的人立刻要求大家再退後，退到安全島上，於是他們拿起椅子，拿起麥克風，高舉著國旗退到安全島上，群衆也跟著退到安全島上。

盛況難再，黑幫留連

另一方面，在中泰賓館的門口，黑拳幫的人貼出一張紙，上面寫著：「請警察撤走」。他們說：「警察不保護我們，我們要自己設法！」群衆有人知道後大表不滿，說他們昧著良心說話，今天如果不是警察先生辛苦的保護，他們早就流血五步，死無葬身之地。這時警察先生一直在兩邊奔波，兩面說好話，免致形成更大的火辣場面。

原來黑拳幫已答應警察，如果群衆退到安全島上，他們願意離開。在疾風人員的勸導下，群衆已經退到安全島上了，黑拳幫分子却食言不離開。平常都是他們在搞暴動，今天，一副政治難民的模樣說警察不保護他們，這時警察要「護駕」他們離去，他們見得了一次采頭，便乘機賴下去，不走了。也許是第一次遇到這種正義的場面，盛況難再，黑拳幫中許多人也留連忘返了吧。

兩位「黨外人士」兩樣心。
吳三連（左）公忠體國要爲中國好—眞黨外人士
黃信介（右）呢？在吳老先生面前，你不慚愧？
—假黨外人士

暴風驟雨眼看就來臨

黑拳幫的人都擠在中泰賓館小小的門口，不敢出來，也不願進去。從欄杆的地方望去，越過警察白色的盔帽，便是一張比一張更黑的臉龐，有咆哮的，有要丟東西的，有和警察吵架的，有雙手揷腰而苦笑的。這時候，姚嘉文突然冒出一句：「沈光秀是匪諜，你們都是紅衛兵！」群衆一聽，大怒，便不顧警察的阻擋，紛紛越過安全島衝上前去，有的甚至想翻過鐵欄杆，場面再一次陷入混亂中。雙方幾小時的對峙，這時達到最高潮，一場火爆眼看要發生了。

這時中泰賓館的台階出現了一位高級警官，他是台北市警察局長胡務熙。他拿著手提式的麥克風對群衆說話，由於場面過於混亂，他的聲音顯得特別細小，所以並沒有發生任何效用。

群衆們咆哮、怒責，警察們「嗶嗶」的警哨，女警察對部分群衆的勸導，小孩子們穿梭在人群之間，和「疾風」人員要大家冷靜的叫聲，又混在一起。

這時候，全場突然冷却下來。大家只是望著天空，一傳十，十傳百，百傳千，所有的人

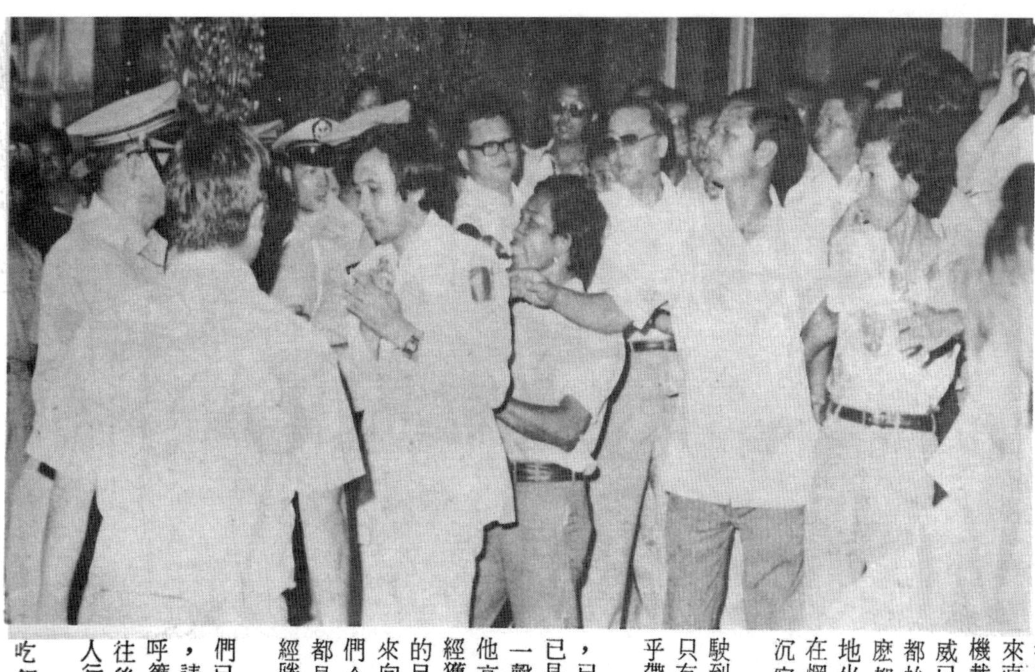

看！姚嘉文手上拿著乾電池要幹什麼？

都望著天空。天空什麼都沒有，只有遙遠地傳來直升機的聲音。於是有人說，警察要用直升機載走他們，大家都不說話了，彷彿這一場示威已經結束了。場面靜止約莫有半分鐘，大家都抬著頭注視著天空，而天空除了雲彩外，什麼都沒有，有許多人以爲黑拳幫已經偷偷摸摸地坐直升機逃走了，但是，他們並沒有離開，在惘然之餘，一聲「中華民國萬歲！」打破了沉寂，然後恢復原來的熱鬧。

在大家呼口號的同時，有一輛黑色的轎車駛到門口旁邊，走出來一位戴滿勛階的將軍，只有少數人注意到他的來臨。但他的來臨卻似乎帶來一項行動，沒有人知道是什麼行動。

警察和群衆集在一起，原來很整齊的直線，已經歪歪斜斜了。「疾風」人員的位置現在已是在群衆當中。「勝利了！」宏偉而嘶啞的一聲，安靜了又餓又怒的人群。這是沈光秀，他高舉著拳頭說：「各位親愛的同胞，我們已經獲得最後的勝利，我們今天在中泰賓館示威的目的，是要來聲討叛國賊陳婉眞，我們是要來向他們表現一股民族正氣和愛國的力量，我們今天已經證明了群衆都是擁護政府的，群衆都是愛國的，我們的目的已經達成了，我們已經勝利了！」

蕭玉井也接著說：「各位愛國的同胞！我們已經勝利了！請大家注意，我們已經勝利了，請大家往後退。」接著「疾風」的人員一再呼籲大家往後退，似乎有些效果，群衆慢慢地往後退了，有些已經退到馬路上，有些仍留在人行道上。

時已近七點，警察一再地勸群衆趕快回家吃飯，但是沒有人離開，卻聽到群衆中有人斷斷續續地喊：「警察萬歲！」、「警察加油！」、「警察辛苦了！」

盡人事而聽天命

六點五十分，原來那兩部市公車又緩緩地開到中泰賓館門口，只見車掌小姐一一的把窗戶關好，可是黑拳幫的人仍然不離去。車子逗留不到幾分鐘，又無奈地開走。這時有一位青年看到車子走了，用台語罵說：「幹！他們在裏面有吃有喝的，當然不願走，伊娘的！」旁邊有人也跟著罵起來。場面又僵住了，裏面的人不願走，外面的人雖然已站了整整一個下午，愛國的精神力量使他們忘了飢渴，沒有人願意離開。

紅色的消防車仍然閃閃亮著紅燈待在原地，好像比先前多了二輛，所有的消防人員都全副武裝地站在那裏。

蕭玉井起來說話了，「各位親愛的同胞！現在天已慢慢暗下來了，天一黑就容易有意外發生，請各位同胞注意你自己的安全，也請警察先生注意，請你們趕快叫台獨黑拳幫分子離開，天黑了，容易有意外發生，我們無法保證安全。也請你們幫忙叫愛國的群衆往後退，謝謝大家！也謝謝警察先生。」

七點正，天上開始下雨。這樣晴朗的天氣，竟然也下起毛毛細雨。彷彿是在「疾風」吹過後，感動了上蒼而下起來的。風起了，吹在衣襟髮梢，帶來些許涼意，卻澆不滅志士、仁人熾熱的心。是甘霖？是喜雨？還是老天爺感動得流下哀傷的眼淚？無人能猜測玄妙的天意！人，縱然深謀大智如諸葛武侯，「七出祁山

無寸土，九伐中原枉用心」，也只能「盡人事而聽天命」而已！站在寬達七十公尺的敦化北路林蔭大道上的愛國志士和愛國同胞，能有表達一己血忱的機會，已屬萬幸，他們將獲得什麼結果，那只有把命運交付上天去裁奪了。

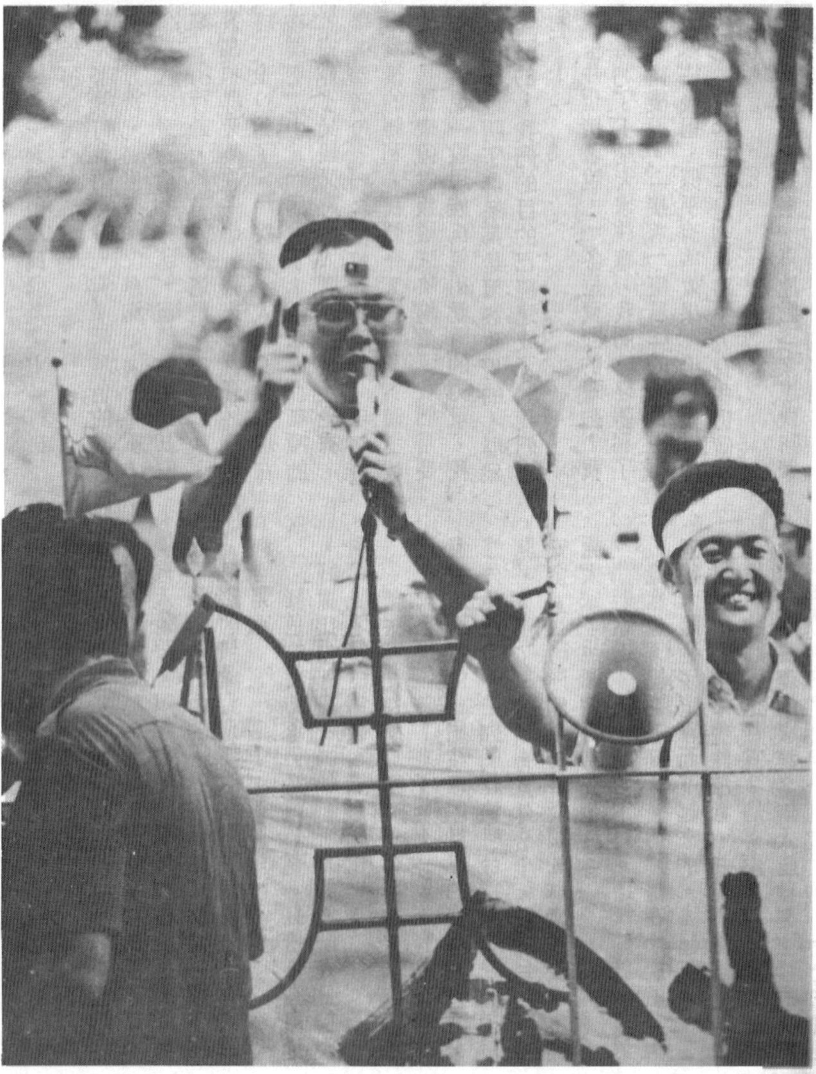

為什麼，你們在裡面開會聲援叛國賊陳婉真？

雄麗的鎮暴方陣

七點零八分，雨勢好像有愈來愈大之勢，天色也逐漸地暗了下來，群衆仍然不停地聲討

這就是敢死隊？

陳婉眞。突然所有的聲音都被一陣陣急速而整齊的步伐聲截斷了，手拿盾牌裝扮奇怪的鎮暴部隊出現了！

所有的人只覺得驚奇，却無人害怕。這麼多的警察和鎮暴部隊，幾乎比群衆還多，是從何而來的？簡直是迅雷不及掩耳。

警察人員和鎮暴部隊，成一個倒「L」形排開，一層一層的如銅牆鐵壁般把人群圍起來。又「一、二—一、二—」喊著，一聲「壓過去」的命令下來，鎮暴的方陣便像幾十部戰車以無堅不摧的氣勢排山倒海而來。他們一步一步地朝群衆逼進，從鐵欄杆到安全島，群衆都亂成一片，有的埋怨部隊小題大作，向他們的長官抗議；有的被雄麗的方陣所吸引，乾脆就地欣賞起來。

鎮暴方陣又朝愛國群衆中心開動了，這時愛國的群衆便手拉手，背對著部隊和他們抵擋，有人並且大呼「不要怕！不要怕！大家坐下來！」在一片呼喊中，愛國的群衆都坐下來了。他們的決心，所表現的正氣，似乎稍挫了鎮暴方陣的銳氣。一個個盾牌停止邁進，使原來整齊的方陣，也變得歪曲了。

黃信介和黑幫分子臉色如土愴惶走出中泰賓館在警察重重保護下，神色張惶的台獨黑拳幫分子應體會到中華民族的偉大了吧？

全體肅立！合唱我們莊嚴的國歌

正義之劍回鞘了

這時在靠欄杆的椅上出現了一個人，拿著麥克風要說話。他不是警察，是勞政武。

他說：「各位愛國的同胞，我是勞政武，請聽我說幾句話。」這時群衆都已原地坐下，有一些人正在和鎮暴部隊大吵，情勢顯然非常緊張。

勞政武花了一些功夫，終於使場面安靜下來，「各位同胞！請聽我說幾句話。感謝大家對這次愛國行動的支持！大家從二點多一直站到現在七點多，都非常辛苦。更令人感動的是，大家愛國的情操，不因爲辛苦而有所減少。我們今天站在這裏示威的目的，是要證明幾點：第一、證明愛國家、擁護政府的是多數。第二、警告黑拳幫，給他們一點顏色看，讓他們清醒過來，讓他們知道他們只是一小撮，沒有任何群衆擁護他們。第三、讓政府官員知道，群衆是要求法治和安定的，不能老是給黑拳幫分子有違法的特權。以上這三點，我們今天已完全達到目的了，我們已經獲得光榮偉大的勝利！現在天已黑，又下著雨，爲了顧及大家的安全，不讓壞人混進來，希望今天的行動到此爲止。在我們回家渡個愛國的、快樂之週末之前，讓我來起音，大家一同唱出我們莊嚴神聖的國歌，請全體肅立！」坐著的群衆迅速地站了起來，鎮暴部隊、警察人員都肅立了。

「三民主義，吾黨所宗………」莊嚴神聖的國歌，在數千人的口中流出，滙成無比的雄混、莊嚴。很多人唱出了淚光，遠處更有許多人聽出了在雄混、莊嚴中隱含著孤臣孽子悲

勞政武宣布示威已取得光榮偉大的勝利

萬衆齊呼：「中華民國萬歲」！

種無奈的悲壯情懷。每當國家有難，總會有這種情懷流露。是的，很多人說，這是人生難得一見的唱國歌場面，更是難得一聞的國歌大合唱。

已是七點二十五分，大家唱完了國歌，勞政武和蕭玉井領導全體高呼口號：「中華民國萬歲」！「三民主義萬歲」！「蔣總統萬歲」！「打倒中共匪幫」！「打倒台獨黑拳幫」！「愛國行動勝利萬歲」！

尾聲

七點三十分，天色已完全暗下來了。群衆已退到長庚醫院門口，大多數的群衆都緩緩地離開，一部份的人仍留在原地，鎮暴部隊也已進到長庚醫院門口，阻止群衆再進入。「疾風」的人這時也搭計程車走了，計程車司機知道是「疾風」的愛國志士，堅決不收他們的錢，使得他們非常感動，也非常欣慰。

＊　＊　＊

●這時「疾風」雜誌的椅子、海報仍留在長庚醫院門口。他們留下三位人員收拾。群衆仍在議論紛紛，有一位青年跑來對「疾風」的人說：「我是一位大學生，剛從學校畢業，對於中國一直有著一份狂愛，可是，我從小就生長在幸福的環境裏，沒有經歷過任何戰亂，我非常想替國家做一番轟轟烈烈的事。但是，我不知從何做起。中美斷交時，我們跑去丟雞蛋、丟蕃茄，發洩了一時的憤怒。可是，回家後我卻感到非常難過，難道除了丟東西外，我們不能做其他有利於國家的事嗎？我今天也非常痛

在長春路被群衆圍困的黃信介

恨這些台獨分子，因爲他們一直在破壞我們的國家、我所熱愛的社會。然而，當鎮暴部隊、警察把我們包圍起來時，坦白說，我很害怕，我很想馬上離開，而當我看到你們「疾風」的人，抱著烈士的心情和一付從容就義的態度時，我很慚愧，也很感動，所以我留在原地和大家一起唱國歌。那時，我感覺到身爲中國人的驕傲和榮耀，我這時也才深深感覺到我的責任。」站旁邊的人，沒有說任何話，只是聽他慢慢說完。

＊ ＊ ＊

「疾風」的人搬著椅子，拿著其他器材離開了，這時已經快八點鐘了。不久，消防車走了，鎮暴部隊也慢慢撤走了，中泰賓館除了一個窗戶亮著外，所有的窗戶都緊緊關著，長庚醫院繼續做他們的醫療服務，所有的人都要回到他們的崗位上，繼續他們的工作。一切彷彿都恢復了，一切也似乎都平靜了。

＊ ＊ ＊

在八點十分的時候，喪盡了面子的黑拳幫爲了在保護他們的警察面前挽回一點顏面，堅持要排隊遊行出去，到了中泰門口，他們唱起了「台獨國歌」之一的「咱們要出頭天」，以壯其心虛的聲勢；在警察的保護下，才折到長春路，就被路過的同胞發現他們是黑拳幫，喊打之聲不絕於耳。嚇得他們還是搭上了警方爲他們準備的公車，抱頭逃竄而逃。據說還有一位路人買了蘆筍罐頭，飛打過去，把車窗一塊玻璃也砸破了。黑拳幫終於成了過街老鼠。

＊ ＊ ＊

九・八疾風行動終結了。這是愛國同胞第一次毅然拔出了正義之劍。德慧雙修的高行俠士，不會隨便拔劍的，但當他非拔不可之時，劍光一閃，即足以驚天地而泣鬼神。如今正義之劍雖已復歛其潛德幽光，但就在那一閃，已化成萬道光芒，照亮了每一個中國人的心——疾風精神長照人寰！

「九、八愛國運動」之意義

勞政武

中華民國六十八年九月八日下午二時起至七時半止，成千上萬的愛國同胞雲集於台北市敦化北路中泰賓館前的人行道及林蔭馬路上，對「美麗島」雜誌表彰叛國分子陳婉眞的行爲，發出了激昂的怒吼，嚇得一小撮意圖割裂中國版圖、分裂中華民族的台獨黑拳帮分子龜縮在中泰賓館內，魂亡胆喪！民族正氣之昂揚，有如長虹貫日之悲壯，有如澎湃雲天之巨浪。這是一八四二年鴉片戰爭以來，一連串的偉大民族運動之一，表現了中華民族不可輕侮的力量。這種力量也就是中華民族得以長存於世界的原動力。這是「九·八愛國運動」的首要意義。

自從西方帝國主義文化入侵中國以來，中華民族在一百多年中皆在迷茫與徬徨中爭扎，其終極的結果乃造成中共之竊踞大陸河山。經過三十年的試煉，今天終於證明了共產主義與共產制度並不適合於中國，它除了把中華民族推向更黑暗的深淵之外，別無好處。相反的，由中國國民黨所領導的中華民國政府，雖然屈居在台灣，却能持以百忍圖成之志，堅貞不懈，實施三民主義民主政治，終於造成今日台灣的安和樂利社會，事實證明了台灣確是民族復興基地，成爲全民族之希望所寄。不幸近年來，有一小撮台獨黑拳帮分子，居然利用政府的民主寬容，鼓吹「

45疾風

台獨」思想，企圖顛覆中華民國。此次愛國運動中，群眾的怒吼，無異給這些陰謀分子一記當頭棒喝，讓他們能醒悟到：「台獨」是中華民族所無法容忍的妄想，執迷不悟者必然是自尋「滅亡」。因爲中華民族奮鬥了一百多年，好不容易才獲得今天復興基地之成果，誰想摧毀這成果，誰就是十億同胞的敵人，人人得起而誅之。這是「九・八愛國運動」的第二個意義。

自前年「中壢事件」發生以來，一小撮自私自利的政客受到了聚眾威脅政府得逞的鼓勵，竟然結夥成帮。由於政府過份容忍，漸使這一小撮人日趨坐大，到去年十二月選舉期間，更明目張胆使用所謂統一拳頭標誌，其司馬昭之心已是路人皆知。元月間政府依法逮捕余登發父子以後，那一小撮人更變本加厲，或作非法遊行，或召開「生日會」，或發行地下非法刋物「潮流」，或搞什麽「台中七二八事件」等等，無一不欲以鼓動群眾來作爲個人的政治資本。幸而台灣同胞絕大多數是擁護政府的，非但未被煽動而喪失理性，反而對那一小撮人的囂張言行漸漸不滿，自不滿而漸生厭惡，終於由厭惡以至憤怒！「九・八愛國運動」，正是愛國同胞的憤怒的首次發洩。如果黑拳帮分子夠明智，應從此瞭解眞正有群眾的是誰？因此，黑拳帮如果夠理性，應從此放棄台獨的夢想，以和平的手段去競選，以建設性的言論去督促政府不斷進步，共同努力把這個社會建設得更好，堅忍不拔地努力把台灣的光輝成果帶回大陸去，讓整個中華民族早日在世界上吐氣揚眉，才是正確的、理性的道路。這是「九・八愛國運動」的第三個意義。

法律是社會的堤防，如逾越這道防綫，社會即有崩潰之危。自從中壢事件以來，我們愛國的同胞但見黑拳帮分子囂張日甚；違法亂紀之行簡直是罄竹難書，却不見政府依法去執行，有法變成無法。黑拳帮分子得意忘形之餘，甚至喊出：「不能用法律解決政治問題」、「凡是不合民主原則的法律皆屬無效」、「自設法庭」之類的狂言囈語。似乎黑拳帮可享受到「非法特權」。經過了此次愛國運動，無異讓這一小撮迹近瘋狂的人體驗一下法律的重要性。愛國群眾那天在中泰賓館的聲討行動，固然是未獲政府核准，而且事前連治安單位都被蒙在鼓裡，但這種行動正是「政治方法」。如今黑拳帮分子應已初嚐「不用法律解決政治問題」之滋味，願他們從此能清醒過來，曉得誰也不該有不遵守法律的自由。這是「九・八愛國運動」的第四個意義。

凡事有其利必有其弊。復興基地人民三十年來的安和樂利生活，無疑造成了陽剛之氣的消沉。知識青年雖然具備豐富的學識，但總似溫室培養出來的花朵，稍嫌缺乏鬥志。遇到黑拳帮之類有組織有背景的人，雖然心懷憤恨，却常有報國無路之嘆。尤其今天大陸青年正在如火如荼與中共搏鬥，中共政權全面崩潰已是指日可待之時，在可預見的將來，光復河山的艱巨工作勢必落在復興基地這一代青年身上。若青年人仍持着昔日的畏縮，顯然難以担當未來大任。通過此次愛國運動，不但鼓舞了愛國青年人的情操。其流風所及，將可望提昇民族新生代的志氣。這是此次愛國運動的第五個意義。

綜上所述，可見「九・八愛國運動」雖然只發生在台北幾小時之間的事，但它的意義却是重大的，它的影響將是深遠的。至於事件發生後輿論界有持不諒解之論，甚至有一個報紙的社論還提出一些引人歪思的論調，均無足計較。因爲這些說法，或則不明眞相，或則故爲曲解，均非持平公正之態度。例如有些報紙僅就「美麗島酒會」獲政府核准，而愛國群眾聚集未經許可這點來大作文章，其餘前因後果一概不談，顯然是偏頗的。光就「守法」一點而論，人所共知，黑拳帮分子一年以來搞過無數次遊行、示威、抗議等政治性集會，從來就未曾依法申請核准過，群眾當然認爲這次亦係非法無疑。這種情形就像一個屢屢犯竊盜的人一樣，每次見了他都會令人損失財物，此次再來，又何能教人相信他不是老毛病發作？益有進者，該項「酒會」中，雖然前一天的報上說經其主辦人保證不發表反政府的談話，但事實上在會場中却公然又賣起非法刋物「潮流」合訂本來，更可惡的是，還散發一份教會的刋物，內中頭號大標題是主張「成立一個新的獨立國」，這不是搞叛國是做什麽？如果那些輿論是在作公正的報導，爲什麽這些非法行動不報導出來？難道藉「合法的集會」就可以搞非法的活動嗎？更値得我們注意的是，愛國群眾此次的抗議，其目標並不是「酒會」的本身，而是要質問「美麗島」的主事者爲什麽要在雜誌上表揚惡名昭彰的叛國分子陳婉眞！如果報導是公正的，應該也把這點強調出來，否則就是極大偏頗。爲了我們社會今後更和諧，希望輿論界也能吸取此次運動的教訓，對社會的正義力量多加鼓勵，對有害民族大義的邪惡勢力多加討伐，能如此，「九・八愛國運動」又可增加一層意義了。

不做漢奸皆「國特」
今日「國特」何其多
「玉石俱焚」空嗟嘆
「婉」兮「菊」兮可奈何

第一篇 · 分析與評論

● 權威的報導 · 歷史的存證 ●

一場沒有失敗的戰爭

——中華民國第八屆正副總統之爭的經緯

／編輯部

一、定性——「爭民主統一」的運動

中華民國第八任正副總統，終於在一個月多的驚風駭浪中，仍由李登輝、李元簇二位先生一組無競爭下當選。這對支持林洋港、蔣緯國二位先生搭檔的海內外同胞來說，自不免有著深沉的挫折感。

事實上，如果從深一層看，這種挫折感是不必要的，因爲實質上並沒有失敗，他們的努力已經創造了歷史，對未來的中國統一與眞正的民主政治的形成，產生了創造性的作用。

從以上觀點來看，這是一場沒有失敗的戰爭，「雙李」如其所願的當上了正副總統，固然是勝利；「林、蔣」兩人成就了們自己空前的聲望，也獲得了未來個人定位的更大空間。而支持林、蔣的無數人則實現了政治主張。

這次「戰爭」，實際上是對國家元首選舉的眞正民主訴求付諸行動，在中華民國史上，在中共史上，甚至在中國數千年歷史上，都是首開紀錄的。在清代以前，皇位的過渡，正常情況是皇儲的繼位，特別情況是成王敗寇式的戰爭或宮庭的政變，統統談不上民主競爭。民國成立以後卅八年之間，歷經袁世凱、黎元洪、馮國璋、徐世昌、曹琨、段祺瑞、林森、蔣中正、李宗仁（代總統）九位元首，他們權位的轉移，實質上都沒有眞正民主競爭意義。政府遷台後四十年來，經蔣中正、嚴家淦、蔣經國及李登輝四位元首，雖然過程非常和平，但歸根究柢，仍是蔣中正先生個人嵩高權威的傳承，也沒出現過眞正民主競爭。至於中共方面，自據大陸四十年來，其領導人產生往往需經過腥風血雨的鬥爭，就更不用說了。

只有這一次，眞正出現兩組人選對抗競爭，雖然功敗垂成，而過程也只有短短的一個多月，但這是眞正的民主競爭，在歷史上是空前的紀錄。所以說「創造了歷史」，眞是一點也不誇張。將來歷史將會記載：中華民族的國家元首的民主選舉，就是以一九九〇年三月間在台灣的中華民國第八屆正副總統選舉爲濫觴的！

對於林、蔣這批人來說，形式雖然是失敗了，實質上則是成功的。因爲他們所要追求的目標，實質上不是誰當正副總統，而是透過推舉林蔣而達成「要統一，不要獨台」、「要民主，不要獨裁」這兩個訴求。透過這次「戰爭」，這兩個訴求不但突出了，爲社會大衆所認同了，而且也被李登輝一再宣示允諾接受了。一個多月來，李藉各種機會強調「中國只有一個」，譴責「台獨」分離思想，並保證「六年內有回大陸的機會」等等。如果沒有林、蔣的競爭，顯然不會有如此信誓旦旦的宣示，這就是對同胞們「要統一，不要獨台」的訴求的回應。李登輝鄭重地以書面文告保證，今後一定向著民主道路走，有關「黨政分離、內閣制」等問題無一不可商量，這就是對同胞們「要民主，不要獨裁」的訴求的回應。總之，對於支持林、蔣派的廣大同胞來說，已獲得了實質的勝利，這絕非「阿Q精神」之類的自我安慰之詞。

形式上，這是一次正副總統職位的「選戰」。實質上，這是一場「民主統一」訴求的「運動」。選戰沒有勝利，運動卻是成功的。經過這一場「運動」，黨國的體質都有了巨大的改變。從此可以肯定「強人」時代已經過去，一個新的時代——可能從此步入眞正的和平民主或轉進不愼而陷入混亂終於導致台海戰爭的不確定階段，已經到來。這眞「是一個開創時代，也是一個毀滅時代」，究竟是開創還是毀滅？就看如何繼續努力了。「選戰」終止了，但「運動」是不終止的，只是一個階段的過去。

11. 龍旗　民國七十九年四月號

二、檢討——形式失敗的因素

自二月十一日臨中全會分裂爲「起立派」與「票選派」之後，直到三月七日上午李主席在中常會由幕僚宣讀書面談話（第一波的整合回應）爲止，「二李」一方的聲勢可謂「與日俱損」。不是經過七日下午「八老」加上蔡鴻文作第二波整合，不過兩天，便使林洋港發表辭選的談話，情勢立即扭轉，自此如江河日下，「二李」達到了反敗爲勝的效果。何以致此？客觀冷靜檢討，主要有三大原因：

（一）有精神中心，無運作中心

「林、蔣」一方的精神中心人物就是滕傑先生。他是最初的倡導者，中間的促成者，也是最後的堅持者。他有深厚的理論基礎，有無私無我的純潔動機，有堅毅不移的奮鬥精神。正因爲如此一個強大的精神中心，才會影響到周圍的人逐漸形成力量，發生巨大的影響。可是他終究是一個沒有權位的人，又已經八六高齡，所以他只能發揮精神的力量，而不能成爲實際運作人力物力的中心。事實上，自始至終，「林、蔣」一方就沒有一個統一的運作中心。林、蔣二位先生本人固然如此，他們自始至終，不得採被動的態度，而且實質作爲也是觀望的，所以根本不成其爲運作中心。一些高層人士，雖支持林、蔣，但極少投入具體力量；看見情形不利馬上採取中立立場，亦發揮不了運作中心的腳色。而流散在海外及台灣民間的各派力量，呈現各自爲戰的局面，產生許多不必要的副作用。至三月一日才勉強湊成一個「助選總部」，爲時已太遲，也不能發揮應有的運作中心作用。主於支持林、蔣的國大代表們，

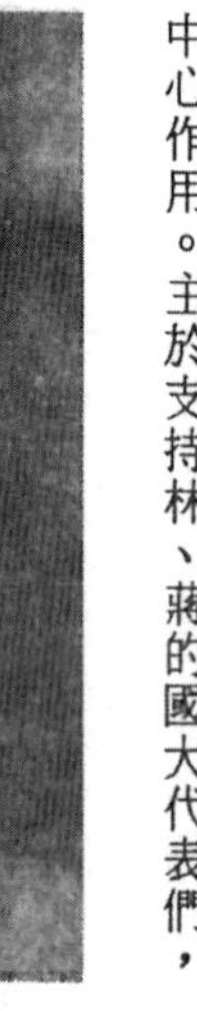

原是較單純的，始初確有四百位以上的支持或同情者，其中還有數十位是「積極分子」，照理可以發揮運作中心的作用。可是，或因多數資深代表已乏精力，也不擅於現在選戰的操作的技巧，故顯得凌亂而無組織，很快被對方瓦解。

（二）高層意志不足、基層各自為戰

在「林、蔣」陣營中，高層人士除了滕先生有堅強的意志外，其他人則相當薄弱。尤其林洋港與蔣緯國兩位先生本人，在全程扮演著「被動的腳色」。如果選戰勝利，總統、副總統職位是他們二人的，他們應是眞正的當事人。可是自始至終，他們卻不以「當事人」自居，不但外表上取被動態度，實際行爲上也是完全被動的。就由於這種腳色的主觀認知與客觀的戰鬥需要發生了極大的距離，因而不能形成堅強的意志。就這點以觀蔣孝武公開指摘其叔父「假民主程序之名，圖奪權之謀」、「明明想當選，卻揚言不競選」實在是厚誣了。「果林、蔣確如所指，情況斷不會如此。他們「想當選」容或有之，試問誰有機會不想當選總統副總統？但指爲

「揚言不競選」則非事實，他們不只「揚言」而已，實際上確沒有採任何「競選行動」，才會被動如此！才會表現得意志薄弱如此！

即使是滕傑先生，雖有堅強的意志，但其意志的產生背景也是被動的，而非自始就有的「設計定謀」。換言之，滕先生原對李總統是支持的，不過為了大團結，希望他容納一個蔣緯國，所以直到報上發出「副總統五條件」，他在二月四日不得不招開記者會發表「我們對副總統人選的看法」的聲明，對「五條件」仍有一句這樣的話：「望此五條件並非執政當局之決策」，也就足見到此時他仍寄望李登輝有容納的雅量。由此可見，事後演變為林、蔣搭配，可以說是百分之百被李登輝逼出來的。因此，即使滕先生個人意志力再強，也擺脫不了其基礎的被動性。

反觀李登輝，整個事件已充分証明，他自始至終沒有接受任何人建言的打算，他以罕見的主觀性而裁斷一切人事問題。他幾乎是以「神授」的使命感來必欲保持其權位及與李元簇的搭配。但也從這事件，可以看出他有極強的意志力，絕非當權的其他任何人所能比較。

雙方當事人意志力強弱懸殊，林蔣一方簡直不能相抗，因遇「整合」便動搖，勝負立判，這是必然的。

再者，始初支持林、蔣搭檔的高層人士也因種種自利自保的考慮，而動搖意志，因而發生中途撤退，以使林、蔣陷於孤立的局面。「精神是戰爭的主宰」，意志力薄弱的組合，一旦遇難題便冰消瓦解，那是必然之理。

至於在海外、台灣民間及國大代表中的支持力量，如前所述，因為倉卒成軍，根本沒有統一調度指揮，形成了一時熱鬧，實質在各自為戰的情況。雖然每個人都是精神可佩、幹勁十足，可是各股力量不能協調一致，很多動作甚至有相當副作用，自難成氣候，更不在話下了。

（三）偏重於造勢，不能凝聚實力

自元月間數百位國代進行初步簽名支持蔣緯國開始，林、蔣陣營一方似乎偏重於外部的造勢，而忽視實力的凝聚。這些「實力」，包括對有影響力的人的爭取、財力的充實等。

人際關係的工作，尤其爭取有影響力人士的支持，對林、蔣陣營是相當困難的，主因是林、蔣的被動立場，使得他們不能主動爭取各界的奧援。而有影響力的人（如一些退休的黨國大老），又非由林、蔣本人出面爭取不可的。在這方面，同「二李」一方相較，簡直不能並論。李登輝以強烈企圖心，以在位總統及黨主席的優勢去逐戶拜訪尋求支持，其效果自然極大。相反的，林蔣不但不能出面取，甚至有人主動投效，他們也要表示婉謝一番以免傳出被人指為「競選」。這樣雙方實力消長自不能相抗。

「林、蔣」一方的支持者，徒有高度情操，財力卻極度缺乏，使得很多應做之事均無法開展。就以各小黨出動的宣傳車而論，據悉至今欠下很多爛債未能解決。「林、蔣助總部」幾乎沒有在一毛經費，所有支出全由熱心的民間人士自掏腰包。反觀「二李」一方，則有公家預算，黨內經費及企業支援可用。二方相較，簡直是乞丐同億萬富翁爭，能爭得「富翁」在意，已屬大勝了。

雙方在如此實力懸殊下，「林、蔣」一方能有這種聲勢，實在是以文宣為重心的「造勢」戰的結果。最後不能獲勝，對於支持林、蔣的國大代表及海外眾多同胞來說，實在是「非戰之罪」！

三、序幕——選戰的前因

這場歷史性的選戰為時甚短，實際是從二月十一日國民黨臨中全會始至三月十六日滕傑先生宣布停止徵召止。即使推前一點，也只是從二月四日滕傑先生招開記者會發表「我們對副總統人選的看法」聲明始，全程也不過一個月十二天。但是，造成選戰的前因卻是更重要的。

事實上，如果不是被李登輝「逼」出來，這場選戰是不會發生的，因為原本任何人並無對李登輝本人的總統職位挑戰之意，只是希望李登輝能容納蔣緯國。容納蔣緯國的方式，原本還不是要求李登輝讓他當副總統，而是當一名黨的副主席。但李登輝不但不接受這種好意建議，反而連一名中常委也不給蔣予以刻意的打擊，才逐漸演變到反「雙獨」（獨台與獨裁）性質的選戰。

歷史大事的發生，常起於微末的一念之差，逐漸演變而來。這件事對國家未來必然影響重大，但後人要了解整個事情的眞相，必須了解此事的前因。

以下所涉及的許多事，因為當事人俱在世，本宜列為政治上的秘密。但在戰選中，卻有許多混淆視聽的言論出現，尤其代表中央的「中央日報」，在三月二日刊出「記者衛徵」一文，居然指滕先生主張二組人選競爭是「一意孤行」、「晚節不保」。如果此時再拘於小節而保守不必保守之秘密，則是非勢必混淆，歷史眞相亦將湮滅。故幾經考慮，在事前未經任何當事人同意情況下，決定盡本刊所知公諸於世。如有舛錯，或任何人如果有疑問，此時尚有查証更正的機會。

●追加稿●

李登輝是台共嗎？

／余如雲

（一）龍旗七十三年三月號

李登輝就是一個好範式

——從李登輝的著作談起

余如雲

（二）龍旗七十三年五月號

（一）滕自始對李的支持

先是，遠在民國七十三年初，國民大會召開第七次大會之前李登輝先生被提名為副總統候選人，就曾到滕傑先生家裡拜訪。相談之下，滕先生認為他非常誠懇，希望他有繼承革命大業統一中國的宏願，表示願意全力支持。滕先生並表明不是空泛的支持，而是貢獻自己六十年對革命的研究與經驗，並動員長久累積的社會關係，尤其在國民大會的關係，予以幫助。如是兩人相談甚歡，李對滕崇重備至，亦表示有澄清天下之志。滕是一位說話絕對算數的人，於是立即展開實際行動：

1、出面宴請數十位國大代表介紹李先生，要大家務必投票支持他爲副總統。

2、針對當時一本反對派刊物「前進時代」六期社論「從台共到國民黨的政治歷程——李登輝會不會成爲沙達特？」一文，恐其對國民大會投票有影響，立即指示「龍旗」緊急追加一篇文章予以反駁（登於龍旗七十三年三月號），刊出散發給國大代表。

李登輝對這兩件事很高興，特向滕先生面謝，並贈了他的三冊巨著「台灣農經濟論文集」（中英本）給滕先生。李終於順利當上副總統，滕先生又指示「龍旗」人員，研究李的三冊巨著。於是二個月後（七十三年五月號）龍旗刊出「李登輝就是一個好範式——從李登輝的著作談起」長文，對李的學識才華推崇備至。事後，李曾對滕先生問起，是否需要幫助龍旗？爲滕先生拒絕。這是滕、李交往之始，可証滕自始就對李採取無私衷誠支持態度的。

李先生任副總統之後，與滕先生時有往還，並有專人爲之聯絡。滕在七十四年以後出版了「組織與策略」、「反敗爲勝的總體法」等著作，李先生不但曾細讀，而且向滕先生表示今後請多指點之意。

七十七年元月十三日，經國先生遽然去世，不過十日，即發生代主席的糾紛。時有

中國國民黨第十三次全國代表大會提案（中華民國七十七年六月二十日）

案由：請增設本黨副主席案

理由：

一、衷考古今中外各種組織制度，大者如國家或政黨，小者如機關部隊或團體，鮮有不設副職輔佐並備不虞者；此乃社會組織之常經，非遇特殊不從權。本黨過去亦曾設置副總裁輔弼總裁統率群倫，成效顯著。嗣後雖因故停設副職，事屬特殊，未可奉爲常制。鑑於蔣主席逝世時所發生代理問題之紛擾，誠足爲戒。況本黨今後須提昇黨內民主，亦應以常制爲規範。現中央提案「遇有主席因故缺席時召開臨時全體中央委員會推舉代主席」似此，背常制而尚權變，昧時勢而反潮流；非唯削弱主席之輔弼，尤不能定分止爭於未來；故該案實不可採，必以設副主席爲宜。

二、蔣主席逝世未久，黨內力量亟待整合，方能實質鞏固領導中心、加強全黨大團結。其間省籍平衡，尤不可忽視。故應在省籍平衡原則下，選擇適當之人士出任副主席，乃政治現實所必須考慮之嚴肅課題，不能規避以妨礙團結。

三、本黨與中共鬥爭六十餘年，今日已進入決戰階段；欲爭取最後勝利，必須強化本黨在全民中之動力作用。本黨增設副主席，苟其人選得當，自可擴大本黨對大陸及海外同胞之號召作用，限期達到以三民主義統一中國之目的。此事攸關黨國盛衰興亡，智者應通乎成敗之數！

辦法：擬請修正黨章第二十三條（增列第二、三項）。其文字爲：

「本黨設副主席一人，由主席提名，經全國代表大會通過之。

副主席輔助主席處理全盤黨務，並爲當然中央常務委員。於主席出缺或不能行使職權時，由副主席代理之。」

提案人：滕傑

位素享有大名的黨國元老，向滕先生尋求支援，顯係有自當主席之意。滕先生不但力言阻止，而且勸他應支持李登輝才是適當的選擇。可以說，在那個危疑時機上，滕的態度消除了不少李登輝當代主席的阻力，這與李煥、宋楚瑜直接擁戴的貢獻是不分軒輊的。直接的作爲以達成目標，與間接的作爲以消除達成目標的障礙，是同等重要的。

（二）「增設黨副主席」案

李登輝就任黨代主席後，到同年七月間召開第十三次全國代表大會止，滕傑先生深感「強人」過後，如何維持黨的大團結是當務之急，因而一改其自從經國先生執政後不再主動過問黨國大事只埋頭教書和研究理論的態度，同黨政高層頗有接觸往還。

他主要的構想是，大團結不是空話可達成的，關鍵在高層人事的布局。他認爲，以李登輝爲中心的「集體領導制」是必須的架構。而在黨內設一位副主席，以蔣緯國將軍任此職是重要的一環；因爲如此一來，海內外同胞，尤其追隨老總統來台的老同志對領導中心就不會再有任何疑慮。且蔣緯國爲人坦率無心計，甚至常有心直口快而失言的表現，給他「象徵性」地位對李登輝絕無危險。

滕先生這番苦心，當時曾與黨政大員及一些黨國元老都談過，包括李登輝本人在內，無不同意。他還特別對李說過，此時此地，任何人想效法「強人」籠罩全局是不可能的，

「本黨應增設副主席建議案」原提議人說明

今爲黨國興衰存亡的關鍵時刻，而黨內能否全面大團結，則爲興衰存亡的關鍵問題。本案即係根據促進黨內全面大團結之要求所作的設計；本人經從理論到實際之全盤研究，以爲此乃最佳之設計。

在本案簽署之前，曾與有關同志商議，無不表示同意者。然在簽署過程中，却有原同意者背爲異議，遂使正確而單純之原意被扭曲，流言四起，敵人亦乘機挑撥，變得複雜化，殊非始料所及。爲避免影響黨內和諧有違原意，故改以建議案提出，不付討論。

本案除提議人外，共有二百五十二人簽署附議。其中絕大多數爲國民大會代表，其次爲本次全會代表、中央評議委員及第十二屆中央委員等。又其中國大黨部第一～五小組（均爲江蘇籍國大代表共五十八人）全體二度通過本案，第六十三小組（均爲吉林籍國大代表共九人）亦通過本案在案。

此二百多人之意願，實有深遠之影響。故雖以建議案提出，仍望將本案案文在大會宣讀，以澄清原意、促進團結，並請大會主席團轉請李主席對本案原意之價值作最後之衡量。

中央評議委員
國民大會代表

中華民國七十七年七月九日

附：1.原簽署名單共三十六張（原本）
2.國大黨部第一屆第一—五小組會議報告表（影本）
3.國大黨部第六十三小組「重要決議案與建議事項」（影本）

也不夠時間，因為「強人」形成需要十年廿年。故作此想只會引起危險。

最不經意的人倒是蔣緯國本人。原來他雖認識滕先生，但兩人長久以來並無交往，故始初並不太接受滕先生這番心意；這一點從當時蔣緯國屢次對新聞界說「當副主席不是我的意思」之類話，可以按覆。

滕先生徵得很多在位者及黨國大老的同意，最後才和李登輝碰頭說明此事，及建議他要維持黨的「革命民主」屬性。大約是民國七十七年六月間的一天，李總統約滕先生到總統府面談。對於「革命民主」屬性，他完全同意滕先生的主張，不但要維持，而且要親自下手令在十三全會上宣讀總裁有關「革命民主」的訓詞。對於設副主席一事，則表示如果大家同意的話，他個人沒有意見。滕先生自忖此事先已徵求大家的同意，李總統既然沒有個人的意見，故應該沒有問題，於是正式擬妥提案，並交給以國大代表為主的幾個人去做連署的工作。詎料費了一個多月功夫，連署了二百五十多人之後，才了解中央根本沒有修改黨章增設副主席之意。到了開十三次全會，經當時的總統府副秘書長張祖詒在會場向滕說明，才恍然大悟：李登輝不但不同意蔣緯國當副主席，甚至另有人提出的折衷案——蔣出任中常委，他也不予同意。雖然演變到此，滕先生依然以黨的團結和諧為重，立即主動將設副主席的提案改為「建議案」（見附資料）。亦由此，可見他對李登輝的一貫尊重。

（三）「支援會」與「全統會」成立

去年十月十五日成立的「支援會」及今年元月廿一日成立的「全統會」，雖然其宗旨都不是為了支援林、蔣而創設，但由於新聞執意朝此方向「炒熱」的結果，使之自然發生了「熱身運動」的效果。

「支援會」全名是「中華民國各界支援賢能人士競選委員會」，是以國民大會江蘇籍代表為主體發起支援去年年底參加各項公職（立委、縣市長、省市議員）競選的人士（以國民黨籍者為主）為宗旨的臨時性組織，由滕傑先生出任主任委員。這個組織是滕先生在民國二十一年成立力行社以後，第一次出面領導的團體，所以一出名便受到識者重視。此其一。由於參加「支援會」成立會多達一百六十多位國大代表，難免使大家聯想到數月後的總統大選。此其二。由於開會當時，龍旗雜誌曾發一本滕先生最新著作「天安門慘案後推翻中共暴政的方法」（中英合輯本），該書內有一章談到「誰能帶我們回大陸誰就是總統副總統的適當人選」，各報記者拿到此書就據以大作文章，使各界為之矚目。此其三。由於這三個因素，使得此次「支援會」發生了為正副總統選舉「熱身」的作用，這是始料未所及的。（關於「支援會」詳情，可參本刊民國七十八年十一月號）。

「全統會」的全名是「中國全民民主統一會」是繼「支援會」解散後的正規性組織，它繼承了「支援會」的基礎，但其宗旨卻不是「支援會」的延續。（關於「全統會」詳見本刊民國七十九年二月號）。

可是，因為有了前面「支援會」的影響，新聞界便認為「全統會」必然更是為正副總統選舉而成立的。恰好在會場散發的「龍旗」又登有香港作者靜觀先生的「李登輝應急流湧退」一文，記者們更認為確有此宗旨。會後他們紛紛訪問滕先生，滕先生也不否認總統副總統選舉是「全統會」目前應努力的事。於是此組織一成立，翌日報紙紛紛鼓吹「誰能帶我們回大陸誰就是最適當的人選」這句話，成了國代們普遍共識。這是第二波的「熱身運動」。

但無論怎樣，直到二月四日記者招待會為止，滕先生雖然強調「正副總統的人選標準」，卻從未提出任何個人名字是符合此標準的。照滕先生在二月廿七日晚對來訪的李登輝說明，在二月四日之前，之所以不提蔣緯國名字，是為了尊重黨主席，相信李主席也了解他的意思之故。但看到「副總統五項標準」登出來之後，曉得事態嚴重，才不得不明白提出蔣緯國的名字，希望以副總統來補救未設副主席的事，使之能形成大團結。

由此可見，滕傑先生對李登輝的支持與尊重，不到最後一刻絕不放棄對李的希望；是多麼的有始有終。他後來主張「二組競選」，實在是被李登輝迫出來的。

四、戰況概要

這次選戰全部過程，已有下文（第三篇：大事日誌）可供後世研究查對。但鑒於「日記體」資料，難免不易獲得完整概念的缺點，故本節將一個多月來的戰況作一概述，如是兩相對照，或可更有助於後世對此事的理解。

這次選戰，眞正起自二月四日滕傑以「全統會會長」名義提出「四原則」對抗「五條件」的記者會，迄於三月廿二日副總統選出、學生運動停止，爲時共四十七日，可分爲三個階段，茲概述如下：

第一回合前哨戰——「四原則」對抗「五條件」

元月卅一日，國民黨中央常會以特別的方式，在電視鏡頭「觀照」下，中常委們魚貫簽名擁戴李登輝爲黨的總統候選人。對此舉動，很多人雖感奇突，但並無大太的異議，因爲絕大多數的人這時仍是支持李登輝的，他是下屆總統的不二人選。大家的注意力卻是集中在猜測何人將是副總統人選。

二月二日，各報登出「副總統人選五條件」，並傳出總統秘書長李元簇是「黑馬」。滕傑先生看到報上所登，曉得事態不尋常，於是與各界重要人士研商，決定召開記者會，對「五條件」提出駁斥，並提出「四原則」。揆諸此時滕先生的用意，是希望「五條件」不是出自李總統的意思；如果是，則希望他利用十一日臨中全會以前的機會更改。當然滕不是對李元簇個人有意見；只是認爲除蔣緯國之外任何人當副總統都是對大陸及海外缺少號召作用。

在此次記者會，滕先生首次提出了蔣緯國的名字。當晚電視新聞和翌日各大報章都大幅刊登了滕先生的聲明和訪問談話，可見效果是極大的。不過，後來事實證明，不但這「五條件」確是出自李總統自已的意思，而且早已內定李元簇爲副總統候選人。這麼一來，這個記者會等於變成了整個「選戰」的前哨戰的序幕。

記者會之後，包括蔣緯國在內的多位中央大員仍然不知誰是李登輝的屬意人選，有一、兩人甚至到了二月十日之前還懷有「可能中選」的幻想。直到九日，滕先生才曉得了李煥、郝柏村、蔣緯國、陳履安等人都不可能被提名，李總統的執意提李元簇也不可能改變，乃有「林、蔣搭配」之腹案產生。但這還只是初步構想而已，很多人仍寄望於十一日臨中全會上，以民主方式表決，使李登輝改變心意；縱使不能做到這點，則要求開放副總統自由競選。但強勢作爲的李登輝，在機敏的宋楚瑜秘書長的強勢運作下，終於使自己的願望達成。但國民黨自此亦分成了「主流派」（起立派）與「非主流派」（票選派）。這是遷台四十年來的第一次分裂。

前哨戰到此雖然落幕，李登輝獲得勝利。但「戰爭」不但未終止，而且從「副總統之爭」的單純性昇爲「民主」對「獨裁」、「統一」對「獨台」的意識形態及思想路線之爭的嚴重與複雜性質。

第二回合攻防戰——從臨中全會到三月四日

臨中全會後，李登輝似乎未了解到其勝利不是黨內同志心悅誠服的結果，而是同志們在心不甘情不願下被「技術取勝」的結果。他在二月中旬，顯然未意識到問題的嚴重性，所以到處拜訪國代拉票時，頻頻出現接受民進黨員獻黨旗，公然說「不反對主張台獨的人」、與台獨分子共祈禱之類的加深大家疑慮的事。

在臨全會後第一次中常會上，謝東閔說「有容乃大、無欲則剛」的話，明顯在教訓他；他似乎也渾然不覺，反而自稱「無一念之私」來回應，以僵硬的表情面對高級幹部，會後甚至一反常反態連手都不握便獨自走了。

此時他之所以如此，可能是除了不了解實況之外，還與其心中信仰有關。他拜訪基督徒國大代表必舉以賽亞書，他深信耶穌是站在他的一邊，所以內心有足夠的自信必能擊敗「亞述王」，根本不在乎任何人有什麼想法。

任何宗教信仰，對個人最大的貢獻，只是使之「為道日損」（老子語）——即將自己性格上不善的一面（原罪）不斷去除（基督教義則以不斷洗衣服來比喻此作用）。宗教信仰不能代替人為的努力，例如政治問題的處理便是。事實上，自二月十一日之後，李李登輝不但沒有採取任何行動去消除各界的疑懼，反而以許多「有意無意」的舉動去加深大眾的疑懼，這當然不是「神的意旨」。否則，十七日李登輝才同台獨主張者國代黃昭輝共同祈禱，十九日黃卻大鬧總統宴會掀翻了七桌飯菜，這難道是「神的意旨」不成？虔誠的信仰無疑可以增強個人的定力，但同樣也足以增加心智的盲塞。

尤其，包括李登輝與他的高級高助手宋楚瑜等人在內，顯然未徹底領悟到這場「戰爭」真正性質的嚴重性。直到三月九日蔣孝武公開鬥爭蔣緯國的「致中國國民黨領導同志的一封信」為止，他們一味從「奪權」、「爭權謀位」論調做文章，可以看出他們對這場「戰爭」的性質似乎是不能了解的。這場「戰爭」容或有一些人是為了「謀位」，但「謀位」絕非可以涵蓋全部，至少以滕先生為首的國代及民間人士的動機就絕不能以「謀位」一詞來涵蓋。這場選戰的真正的始初性質是「統一」與「獨台」之爭，後來又加上「民主」對「獨裁」之爭；這是意形態的爭執，也是政治路線的鬥爭。

須知，此事的原始發起人完全是滕傑先生，他主張蔣緯國當副主席也好、副總統也好，絕不可能是為了蔣的個人權位，更不可能是為了滕先生自已有什麼好處，也不是如一般庸俗化的報章所說的基於「懷蔣情結」，而完全是為了蔣緯國可作一個象徵人物：有他為副座，大家就不再懷疑李登輝會走什麼「獨台」路線，在台五百萬外省籍同胞就有一個重返大陸的希望。滕先生的設計完全是基於這般善意，這般善意是意識形態的產物。也就是因為如此，這場「戰爭」的層面才會不斷擴大、深化。如果真是高層幾個人爭權，那裡會有這般規模？如蔣孝武那封公開信（據悉此信係中央黨部擬妥的，並非出諸蔣的手筆，且蔣的文字水平也不可能及此）所說的「假民主之名，奪權之謀：：透過所謂諮商形式，從事權位分贓」云云，正足以顯出對主事者意識形態爭執的無知與淺薄。

在以上所述——過份執迷於「神意」及不知整件事是意識形態之本質而將之單純化與庸俗化為「權位爭奪」的認知下，自二月十二日起，「雙李」一方的聲勢可謂成了「與日俱損」的趨勢。尤自二月下旬起，陳履安、黃少谷、趙少康、李勝峰、陳炯松、郁幕明等相繼對黨的決策過程、國家體制等事公開提出強烈的質疑、甚至對李登輝、宋楚瑜、宋心濂、蘇志誠等作指名的批評，這段期間對李登輝而言，真是到了衆叛親離、風聲鶴唳的地步。三月四日，廿七位國大代表具名邀請近三百位代表盛宴，林洋港、蔣緯國二人出席。此一被新聞界定名為「誓師大會」的舉行，使李登輝的人馬真正感到事態嚴重了，於是才有央請「八老」出面「整合」之舉。

總起來說，為時二十天的第二回答攻防戰中，林蔣一方由於挾意識形態訴求的巨大威力，一路都是勝利的，而「二李」一方則陷入事事被動、重重苦戰中。如果不是「八老」出面，「二李」一方最終必敗無疑。

第三回合攻防——
從「整合」到戰略撤退

三月五日「八老」正式出面整合，到三月十六日中午滕傑先生發表「停止徵召聲明」止，為期十一日，是為這個階段。這短短的十一天，狂風巨浪，波詭雲譎，令人目不暇給。

「八老整合」的結果，對李登輝來說，是一種妥協——以某些未見公布的承諾來換取總統職位的保持；對林蔣來說，也是一種妥協——放棄「候選」態度以換取一時的安靜。

三月四日支持林蔣「誓師大會」之後，

（右起）蔡鴻文、林洋港、李登輝

「二李」的輔選單位顯擬訂了「拉林、打蔣、醜化以滕傑爲首的老國代」策略。這條策略立即被支持林、蔣總部所知，日後的種種事實也証實了這一點。與這條策略併行的，就是央謝東閔等元老出面，兼採「集體説服」及「個別説服」的方式，使之達成「整合」。

在「拉林」方面，除了檯底許諾何種條件，須待未來證明之外，主要拉攏方法似乎是最不好的手段——訴諸省籍感情的分化。這種分化又是正反面進行的。

早在二月下旬時，支持林洋港的許多老國代以及民間外省籍人士，就已流傳著「林洋港的鄉士觀念更重，支持他比支持李不可靠」等等耳語，如果主事者不夠明智，支持的出發點如果眞的是爲爭取個人權益，這類耳語早就發生作用了。這是以省籍感情離間以達到「拉林」目標的反面作法。此外，根據很多報紙登載，林洋港最後之所以動搖，受前省議會議長蔡鴻文影響最大。而蔡之所以説動他，就是訴諸省籍感情。如果確實如此，那麼林洋港顯然上當；因爲滕傑等老國代之所以主張「二組競選」，固然是被李登輝迫出來，但這組人選之所以屬意林洋港，卻非全然是滕的主動，而是鑒於去年底林在報紙上表示過對副總統一職「勉強可以接受」的話而來。但無論如何，林洋港接受了「整合」，突然於三月九日下午三時左右公開表示辭選，對整個戰局發生了逆轉作用，李登輝已掌握了「反敗爲勝」的關鍵。

在「打蔣」方面，最突出一事就是策動駐日代表蔣孝武急忙在林洋港發表辭選談話的同一天回國，發表公開信，並以記者招待會方式對蔣緯國展開「鬥爭」。這一手段可謂極膽大，因爲代價太大。對緯國個人固然打擊重大，但這還是一時的；對孝武個人及對操縱孝武的人長久造成人倫品德的瑕疵，將是終生揮之不去的陰影。三月十一日後，鑒於蔣受如此重大打擊而滕傑他們還發表「徵召聲明」，李氏輔選一方乃計畫不惜運用群衆包圍士林官邸方法，直到打擊蔣成爲「蔣家罪人」而後已。此從孝武發表公開信後，章孝嚴、孝慈兄弟亦頻頻公開表示「贊同孝武所做」的一些蛛絲馬跡上，足可佐證。蔣緯國主要就是在這種種強大壓下，才於十五日晚在來來飯店當面請求三十多位國代停止連署的。

在「醜化滕傑」方面，二月廿七日滕向李登輝當面堅持「兩組人選」以前，海內外各界寄到他家的信不下五百封，全部都是喝彩、鼓勵和致敬的。但從這天以後，不斷湧來謾罵的黑函、電話。三月十四日以後，輿論已在掀起學生運動。如果十六日不是宣布停止徵召，學運的鬥爭鋒芒自必指向以滕傑爲首的簽署林、蔣國代們。滕基於整體考慮與各重要人員於十五日作通霄研究，決定作戰略撤退，是不得不然的。

三月十日林蔣二人相繼辭選之後，以滕傑爲首的國大代表及海內外的支持者雖受沉重的打擊，但仍不改其昂揚的鬥志。不但如此，爲了鼓舞鬥志，使連署成功，於十一日下午在台北環亞飯店召開記者會，滕先生發表「敬告國代同仁」書，「助選總部」則發表「堅決支持林、蔣參選聲明」。之後連續四日出動所有人力，想盡種種方法向聚居在新店及內湖兩地的國大代表拉票，並出現不惜向老代表下跪的感人場面。又有美國東部和西部各派代表回來聲援者。其中助選總部的張岳軒秘書長伉儷最爲辛勞，敢以一肩擔道義的谷正文的事蹟可以泣鬼神，出錢出力自二月十日就以宣傳車遊行市區的各在野黨派，還有許多不能具名的各界人士，他們都功在國家民族。此外這一回合的戰鬥，在支持林、蔣的總部方面，自三月六日起，曾向全世界通訊網發送「通報」及英文新聞。而台灣各大報，每日派專人到總部採訪消息，使得報章有關報導越來越熱鬧。這也是激起雙方戰火更旺盛的因素。終因林、蔣二人在強大壓力下撤退，使得這個階段的大形勢，一變不可收拾。到十五日為止，連署林、蔣二人已超過法定的一百人之數，但不能正式提出，相對地李登輝一方也就達成了「一定要在連署上封殺林、蔣」之目的。很多美國及國內民間熱血之士，在十六日下午得知撤退消息後，不禁痛哭。

五、未完的戰爭

三月十一日，多家報紙登著如此大標題「坐轎的不坐了，抬轎的還要抬」，其意認為林、蔣二人既已競選，民間的支持者卻還在堅持，是不智的。

對於此種「關鍵性錯誤認知」，「林、蔣助選總部」發言人勞政武曾對數家報派的記者指出：

『一般人把海內外廣大同胞比喻為「抬轎者」，完全錯了！這是把高貴情操庸俗化，也是顛倒其是非的說法。林、蔣二位先生同他們的支持者之間，不是「坐轎者與抬轎者」的關係，可以譬喻為「電燈與發電機」的關係。因為有了電機所發的電能，電燈才能亮，所以這也「主動與被動」的關係。「電能」是什麼？就是全民一致的「民主、統一」的願望，我們每一個人不過是「電機」的零件而已。電燈隨時可以開開關關，「電機」卻要長久保持運轉。因為說不定幾時燈就要開了；這家電燈不開說不定另一家電燈要開了！總之，不隨電燈的明滅而決定運轉與否，這是發電機應有的功能，也就是支持林、蔣的廣大同胞的應有之義。』

這段反駁的話，知者皆稱為恰當的妙喻，可惜有一兩家報紙的記者聽不明確，登出來失了真意。

是的，這是一場未完的「戰爭」，今後將繼續下去。或者更正確地說，一個多月來的擁戴林、蔣選戰，只是中國人民在「爭民主要統一」的漫長路途中的一次「戰役」而已。這次「戰役」雖然形式上沒有成功，但實質上卻已勝利。這種「實質」不是抽象存在，而是具體落實到每一位參與者身上。單就愛國同胞所渴望的「要民主，不要獨裁」，「要統一、不要獨台」兩點訴求而言，李登輝已經有了很好的回應，只要他今後能照諾言去做，同胞們就心滿意足。到底誰人當總統、副總統，對支持林、蔣的每一位同胞來說，其實沒有關係的。

徵召林、蔣連署行動停止之後的第二日（三月十七）日，全省各大專院校的學生數千人集中在台北市中正紀念堂廣場舉行靜坐抗議示威。刺激他們的直接原因雖然是國民大會審查會通過不合理的臨時條款修正案，但他們主要的訴求——要建立更民主合理的政制、要有更開放的大陸政策，正與全民的心聲符合符節。故學生運動的興起，不但在時間上與支持林、蔣「戰役」是接續的，在性質上也是同一的精神的繼續。學生運動因三月廿一日李登輝總統接見答應召開「國是會議」而停止了，這又是一次「戰役」的完成。

下一階段的焦點，將是「國是會議」。但此會議也不過又是另一「戰役」而已，不可能以一次戰役而解決所有的「民主」與「統一」問題。所以，這個「戰爭」仍將持續下去。

擔任「林、蔣助選」戰役主帥的滕傑先生，早已看到「戰爭」的全程全局了。所以「選戰」未開始之前，就成立了「全統會」。這是一個為實現全局全程目標需要而設計的組織。此次林、蔣「戰役」的形式挫折，已為實現全局全程的目標奠定了雄厚基礎。今後「全統會」將扮演繼續「發電」的腳色，只要海內外同胞積極參與，無數「民主統一」的電燈很快便齊放光明！

第二篇・大事日誌

（元月卅一日—三月廿二日）

元月卅一日

中國國民黨中央常會今日上午通過中常委倪文亞的提案，由全體中常委聯署簽名擁護黨主席李登輝競選中華民國第八任總統。

這份聯署全文如下：

「第一屆國民大會第八次會議即將依據憲法規定，集會選舉中華民國第八任總統、副總統，本黨依政黨政治之常規，應提名候選人參選。本黨主席李登輝同志，以享譽國際之學人，秉報國勤民之素志，獲蔣故主席經國先生賞識，先後主持台北市、台灣省政府，功在黨國，朝野同欽。民國七十七年一月繼任總統以還，操危慮患，深思篤行，以是政通人和，國富民樂，全民共戴，四海歸心。邇來全黨同志、全國各級民意機關，擁戴連任，衆議僉同。値此東歐鼎沸，大陸焚如，共產體制潰在旦夕，統一大業指日可期之際，尤賴堅強之領導中心，克承艱鉅，以竟全功。常會同仁外觀世局發展，內察輿情歸趨，咸認本黨主席李登輝同志實爲中華民國第八任總統之最適當人選。爰一致擁護李登輝主席爲中華民國第八任總統本黨候選人，並請其提名副總統本黨候選人，同參大選，共膺重寄，益固國家民主法治之基，更創社會繁榮康樂之境，庶不負海內外億萬同胞之殷望，早日完成以自由、民主、均富統一中國之時代使命。」

據二月一日各報指出：連署過程分二階段進行。第一階段是利用春節假期，由中央秘書長宋楚瑜、副秘書長高銘輝等高級幹部，分別以拜年名義，拜訪卅一位中常委，當面要求而取得他們的親筆簽名。第二個階段才是在今日中常會上，在電視記者衆目睽睽下，進行集體連署。

李煥簽署「擁戴」書

中常會九時開始，這是新春第一次中常會，由李登輝主席主持。他一開始便笑容滿面向大家拜年，然後討論一些不重要議案。九時半，宣布散會，李主席即起身離去。宋秘書長則立即起立請大家稍待片刻。此時電視記者隨即進入。宋秘書長簡短說明提議簽名擁護李主席競選總統一事後，由倪文亞率先起立發表擁戴的致詞。接著由高育仁起立對倪的提議表示支持。

此刻，靜坐一旁的宋楚瑜雖未再就推舉總統人選發表意見，但在高育仁發言完畢後，立即強調將有簡單儀式，把所有中常委簽名公開，表示對李登輝主席的支持。一切運作簡潔有力，不疾不徐，在謝東閔資政帶頭示範下，每位出席中常委亦如序簽名，順利完成此一「創舉」。

然而，這次中常委推舉總統候選人的過程，部分中常委親自居間運籌進行，幾位「定見」較強的中常委則在各方協調下，不得不「配合」時勢，一致推舉，過程未如外界想像般的「完美無缺」。林洋港甚至在接受新聞界訪問對支持李登輝的看法時，脫口說出自己講的儘是「應景的話」。

事後，中評委主席團也召開會議，由陳立夫主持，亦達成了連署支持李登輝競選總統的任務。

二月一日

「中央日報」登出「本報記者」稿，謂副總統人選有「五項條件」。「聯合晚報」亦作同樣透露。「自立晚報」載，副總統人選將是李元簇。又載，李登輝爲此事曾拜訪陳立夫等大老，陳立夫對李煥提出批評，並建議李登輝「可不受外界主張的干擾」。

二日

「中國時報」頭條登出副總統「五條件」，並指明李元簇。「聯合報」載，李元簇在春節期間曾有春節向國代賀年行動。總統府官員對此等消息表示「不予置評」。

滕傑先生上午看報後，隨即召集重要人員商討，決定召開記者會，發表書面聲明。

三日

各民營報大肆批評「五條件」的不當。「自立早報」並登，「五條件」說法，乃係中央考紀會主任吳俊才及文工會主任祝基瀅先後對外透露的。

滕傑先生接受「自立早報」訪問，直指「五條件」之不妥，並另提「四原則」。但仍不肯透露其心目中的理想總統人選的名字。

四日

下午，滕傑先生以「中國全民民主統一會」會長身分，在來來飯店十七樓七星廳舉行記者招待會，發表副總統適當人選「四項原則」的書面說明。並在答覆記者發問時，首次說出了理想的副總統人選是蔣緯國將軍。（詳情見本刊上期12頁以下報導）

部分十三全會黨代表組成「意見徵詢小組」將發起座談會，抗議全會通過之千餘件提案未執行，而正副總統選舉又「黑箱作業」。

五日

「中時晚報」等報載，李元簇被提名已成定局。行政院長人選亦將於五月改組由本省籍人士出任。各報並就台灣省主席日前曾說過「李主席對我關愛的眼神」，而推斷他將繼李煥爲行政院長。

政策會主委林棟宴請數十位國大代表，目的在爲李登輝主席助選，但席間發言激烈，均對副總統「五條件」不滿而反彈。

六日

國防部長郝柏村上午招待軍籍國代約一百人參觀榮民總醫院，並午餐。郝部長答覆記者，對副總統候選人「我處在漩渦之外。」

□國防部長郝柏村與滕傑（右）

各報載，蔣緯國已決定在臨中全會前赴美。又傳出「三李體制」說法。

國大黨部副書記長楊公邁請辭，指責黨部有人向上級「報喜不報憂」，誤導決策。書記長朱士烈也承認擁蔣國代逾百人。

「中時」載，國大內部「擁李煥」與「擁蔣」兩派已有共識，合作推展「擁蔣保李策略」。

七日

「中時晚報」載，爲輔選正副總統，國家安全局已組成專案，由局長宋心濂主持五大情治單位人員進駐陽明山。

國民黨中常會通過「中華民國第八任總統、副總統本黨候選人提名選舉辦法」草案。內容大要為：總統候選人，以起立或無記名單記法選舉；副總統候選人，由總統候選人提名，以舉手方式或圈選法選舉之。

國大黨部書記長朱士烈今天上午對記者又承認，「擁蔣國代已達百人之譜」。此語引起國大秘書長何宜武緊張，對外抱怨國大黨部「發言不當」。

蔣緯國今日在中常會後接受記者訪問指出「總統副總統聯位不是能競選的，而是候選。」記者問到他是否有當副總統意願時，他說「若被提名，就不曉得了」，記者由此推論他仍抱被李登輝提名的希望。

李煥向新聞界否認，他已獲得通知，將留任行政院長之事。

滕傑於是日下午，會晤重要人士，確知蔣不會被提名。「林、蔣搭配」腹案於此形成。

齊濟、翁純正、王應傑等十六位國代發表擁李聲明，並暗示性地謾罵支持蔣的國代是「私欲成見」，引起民間愛國人士的一致憤怒。

廿七個在野黨向國民黨中央陳情推舉蔣緯國為副總統候選人。

八日

凌晨，駐巴拉圭大使王昇返國，在機場發表談話，謂對正副總統選舉之事並不知情。

「自立晚報」載，何宜武建議由俞國華出馬選副總統，以化解擁蔣派與擁李（煥）派的爭執。

「聯合晚報」載，支持李煥的國代馮國卿公開表示李煥當副總統是最佳人選，仍有希望獲得提名。

朱士烈對五十餘位增額國代宣布，在正副總統提名人選通過之後，將連袂逐戶拜訪國代爭取支持。

傳來「林、陳（履安）配」之議，滕傑認為不可行而峻拒。

九日

上午，滕傑先生會晤多位重要人士，確定李煥亦不可能被提名為副總統，「林、蔣搭配」之議更見成熟。

「中國時報」載，李登輝曾向某大老表示：「副總統我當過，但不太重要嘛！」

上午，蔣緯國晤見李登輝，僅屬辭行性質，並未談到副總統問題。

中午，一百五十多位支持林、蔣國代在來來飯店聚餐，對「蔣、林配」或「林、蔣配」仍小有爭執。

宋楚瑜出席工商團體春節聯誼會，記者詢及副總統候選人是否已內定，答以「雖不中亦不遠矣」。

今日國民大會開始報到。

台獨集團的「精神領袖」彭明敏在美國紐約發表聲明，公開支持李登輝。

十日

滕傑今日與多位重要人士會晤，「林、蔣配」方案趨於確定。

各報對副總統人選出現亂猜現象，計有蔣緯國、蔣彥士、李煥、俞國華、錢復、陳履安、李元簇、張京育等名字出現。

上午，蔣緯國搭機飛美參加戰略學術會議。

二十多個在野政黨發動宣傳車在台北市遊行，表示支持蔣緯國。

十一日

中國國民黨召開十三屆臨時中央委員及中央評議委員全體會議（臨中全會），經過「票選派」、「起立派」激烈競爭，在宋楚瑜秘書長的強力主導下，有驚無險地推出李登輝、李元簇為第八屆正副總統候選人。

以林洋港、李煥為首的「票選派」，因為事前倉促成軍，而傳說一切電話又均被國安局監聽而遭對方嚴加防備；事中林洋港之「休會動議」又未妥善堅持，結果七十人對九十九人的些微差數而敗北，維持起立表決的提議。此事的關鍵在林洋港繼李煥之後發言，主張以票選推出總統人選，並提出「休會」動議，本來照議事規範，此種動議是要優先處理的，就在緊要關頭，宋楚瑜起立憤而指摘：「過去幾天當中，本黨有些同志結合起來作許多令人憂心的動作，破壞團結，要以無記名投票方式，造成令大家感到憂慮的狀況。」等等言語，全場一片譁然。隨後張豫生（曾任中央青年工作會主任）起而反駁宋，說他凌晨尚接到一位高層人士電話，要求他支持黨的決策，「到底是誰在幕後運作？要不要把他名字說出來？」張豫生此言雖然贏得極大的喝采，但忘了對林洋港的「休會動議」作強化性附議，以致主持會議的謝東閔糊裏糊塗地裁定大家就「票選」還是「起立」兩種方式作舉手表決。結果「票選派」功敗垂成。

此次會議，計有周曉天、鄭逢時、郁慕明、吳建誠、魏鏞、李煥、林洋港、張豫生等人均先後勇敢地上台發言，主張不能以「和稀泥」違背民主的方式決定黨內正副總統人選。

此為日後「主流派」（起立派）與「非主流派」（票選派）兩個新聞名詞之來由。

事後，郝柏村接受記者訪問也指出：「民主本來就是大家表示意見，動不動就指有意見的人是不團結，那叫什麼民主？」

是日上午，滕傑以中評委地位參加會議，本擬發言。卻被蔣復璁、陳立夫「聯手」，借徵求連署方式，又將連署書留中不上交，結果討論提案時不見下文，由是使滕先生在上午的發言機會被「封殺」。下午總統、副總統人選已推出，才有機會講話，他只好發言要求容許黨員自由競選。

國防部長郝柏村

十二日

清晨，「雙李」展開逐戶拜訪國大代表行動。李登輝向國代推介李元簇：「沒有聲音，實實在在做事的人」。

宋楚瑜因昨日之事請辭，被慰留。郁慕明請辭組工會副主任。

李登輝拜訪基督教徒國代甯國馨時首度提起舊約聖經以賽亞書37.章35.節經文。自此他每週基督教徒都引用這段經文，直到三月十一日在國大典禮證道時引用，引起海內外輿論的一片批評為止。

民進黨立委朱高正建議此時李煥應「內閣總辭」才有機會「扳回一城」。他並預言李登輝「只會一意鞏固自我權力核心，這種性格令人擔憂」。他並預測國民黨下一步將是「激烈的黨內整肅」。

十三日

民衆日報社論以「令人恐怖的李登輝時代」為題，發表強烈抨擊李登輝文章，這是國內報紙首開以社論批評元首之例。

「台灣時報」頭條載，長榮海運公司以

卅五億政治獻金支持李登輝選總統。

「民衆日報」載，民進黨主席黃信介批評李登輝「心胸不大」，但他表示如總統直接民選，則民進黨將支持李登輝。「自立早報」載，黃某又指李元簇是「雷震案審判官」。事後證實並無其事，因為雷震案發生時，李元簇正在西德留學。

「雙李」昨日到新店中央新村「拉票」，只由總統府人員陪同，引起各界質疑，今日改派兩位國大黨部副書記長陪同。

國民大會次級團體「政黨聯合會」放出消息，將展開連署，支持林、蔣競選正副總統。林洋港向外界表示，此事他完全不知情。

蘇聯共黨公布新黨綱，放棄一黨專政，容許私有財產。國會（最高蘇維埃主席團）決議，設立總統制，建立一個三權分立的政體。此為「共產主義運動」八十年來空前的大事，世界新權力組合將有新的規模。

□國大黨部書記長陳川（左）陪李登輝拉票

「全統會」數位重要幹部研商如何支持「林、蔣搭檔」之事。

十四日

國民黨中常會召開，為臨中全會之事，謝東閔要求李登輝主席「有容乃大，無欲則剛；有則改之，無則加勉。」李主席則說：「處理任何政務，雖未敢自言妥善，但自信絕對是秉持對黨國的忠誠，不敢有一念之私。」

電視傳回蔣緯國昨日在華府接受記者訪問的談話，表示「候選而不競選」（遵從黨命、憲命、天命）態度。又指出「蔣家人不再選總統」經國先生沒有講過這句話。（按經國先生當時是講「經國的家人……」而不是「蔣家人……」蔣緯國乃據此而說者）。此間許多媒體曲解其意，蔣緯國辦公室出面辨正。

「中國自強黨」負責人陳信夫向法院控告宋楚瑜誹謗。事緣十日在野黨宣傳車在台北街頭遊行擁護蔣緯國。宋接受新聞記者採訪說了一句「假如共產黨要推派鄧小平為國民黨內總統候選人，國民黨當然不會接受」的話。

王昇對記者說，希望辭去大使職務，有生之年仍願報國，不計個人名位。

國安局官員對報界坦承，以監聽介入輔選是善意，絕對沒有惡意。對外曝光及監聽同志是「最大敗筆」。

十五日

李登輝到中興新村拜訪民進黨國代徐美英，接受一面民進黨旗。

蔣緯國在美國說，無意於總統職位，而李登輝若任下一屆總統，他也不可能擔任副總統。

朱士烈明白指出，中央民代是否設大陸代表制問題，將採「全國性代表方案」，即採政黨比例分配制。

立委趙少康、洪昭男等針對立院選舉正副院長的爭執，認為國民黨中常會是主席的化身，完全沒有資格核定立委的提案，應予裁撤。

「中央日報」專欄「諤諤篇」刊出「將軍，此言差矣！」文章，點名批評蔣緯國。

十六日

林洋港接受記者訪問表示「如果國代連署我為候選人，還必須經我簽名蓋章，我一定會拒絕。但如果只要連署，我又能怎麼樣？」報界咸認這也是「候選而不競選」的明確表示。

□民進黨大鬧總統宴會，推翻七桌飯菜

李登輝拜訪民進黨國代翁金珠。他向李提出「不要反對台灣獨立」的要求，李則回答：是否改稱爲「不要反對主張台灣獨立的人」？同日拜訪民進國代周清玉，其夫姚嘉文要求不可設「大陸代表制」，李表示會愼重研究。又拜訪民進國代吳哲朗，李登輝肯定彭明敏「是十分難得的優秀人才，也很愛國。他返鄉這個問題已在研究解決，辦法快了。」

晚上在台南拜訪民進國代蘇裕夫。蘇對他說選擇李元簇爲國手會帶來艱苦，李總統苦笑說：「沒辦法，這是一定要背的十字架。」

十七日

李登輝上午在高雄拜訪民進黨國代黃昭輝，李明白表示不贊成「台獨」，但與之一起祈禱。又拜訪國代蘇培源時說，對蔣緯國如果參選的事「沒有意見」、「大家都有自由」，不過他強調蔣緯國身爲國民黨員，就應考量黨內現行規範。

滕傑參加上午任卓宣公祭時對記者表示堅決支持蔣緯國的決心。

「聯合晚報」載，黨部正針對「擁蔣派」，擬具「各個擊破」的計畫，務使依法百人連署不能如願。

「香港基本法」草案定稿，鄧小平公開露面。

十八日

各界對三家電視台密集打擁戴「雙李」廣告表示不滿。

執政黨與民進黨協調明日召開國大第八次會議之事，談判破裂。

外電報導，外蒙古成立第一個反對黨。

各報對中央部會首長將如何「搬風」之事，出現種種「猜謎」文章。

立法院「集思會」吳梓發表聲明，停止杯葛正副院長的選舉。此舉乃李總統接見要求他們配合總統選舉的結果。

十九日

國民大會第八次會議於上午在陽明山中山樓開幕。李登輝以總統身分主持典禮，致詞時強調：「極少數人分裂國土的言論與行爲，此一背棄歷史出賣民族的乖危主張，既爲法律所不許，亦爲情理所難容。」

民進黨國代黃昭輝、蘇嘉全、蔡式淵等，先是反對薛岳老將軍當主席，以暴力鬧場。中午總統宴會，竟當場掀翻七張桌子，飯菜狼藉。李總統不悅而離去。此事即由電視轉播全球，成爲海內外的笑柄。

中共總書記江澤民接見台灣「統聯」人員表示不願承諾不以武力解決台灣問題。並吟曹子建七步詩「本是同根生，相煎何太急」以暗示兩岸中國人應和平相處。

蔣緯國於中午提前返國。

李登輝晚拜訪台北市區的國代，並爲今午宴會的事致歉。

二十日

李登輝拜訪國代時表示，昨天的事件「會依法處理」。

立法院原訂今日改選正副院長，因民進黨鼓動暴民在院外攔截追打資深立委及放火燒汽車等，院內則以延緩戰術鬧場，故決定延期舉行。計一百餘人受輕重傷，廿四部汽車被焚燬，資深立委蔣公亮被驚嚇不治逝世，是近三年最嚴重的暴力事件。

廿一日

薩爾瓦多總統來訪，李總統率官員歡迎。蔣緯國則未與會。

在國大鬧場的三名民進黨人，檢方決定起訴。

連日政局不穩，出現外滙買壓沉重的現象。

林洋港接受訪問，認為此時去主動向國代表示自己無意候選總統，有「自作多情、臭美」之嫌。

中共新華社發表評論「中國應團結統一，勿分裂相煎」，認為當前國民黨面臨四十年來最嚴重內鬥，並抨擊島內「台獨聲浪」。

海工會主任、蔣經國庶子章孝嚴表示不支持蔣緯國的立場。

廿二日

由陳履安出馬「候選」副總統之事，再度被有關人士提起。滕傑分析全局，認為此議切不可行。

在美台獨組織紛紛發表聲明，要求總統民選。

僑選立委對民進黨暴力橫行忍無可忍，上書李總統盼面陳眞相。

立委朱高正痛心暴力抗爭過度，揚言離開台灣。

廿三日

立法院無異議通過民進黨的「為二二八罹難者默哀」提案。

國民黨少壯派立委李勝峰及民進黨籍立委朱高正，在立法院發言大肆抨擊李登輝事事干涉內閣，李登輝與宋楚瑜「哥倆好」是造成政局浮動的主因。

行政院長李煥作施政報告，強調用人唯才，決延攬在野黨人士加入政府。

中共官方刊物「瞭望」周刊，發表長文，措辭強烈地批判國民黨有「獨台」傾向，並警告將是一場大災難。

廿四日

民進黨國代因拒絕依法宣誓，退出國大主席團選舉。按民進黨國代自改誓詞「向全國人民負責」為「向台灣人民負責」，民國年號改為西元，故大法官翁岳生裁定為不合法。

滕傑對記者澄清蔣緯國「退選」之事，並說明蔣並非被推荐為總統，而是副總統候選人。他並說：「除非有脅迫、利誘等情形出現，在正常情況下蔣緯國一定會當選」。他並明白地主張，為了實現眞正的民主，應有兩組人選來競選正副總統。

廿五日

由一群自稱為「自由派」知識分子所組成的論政團體「澄社」，上午召開座談會，表示「反對第三位蔣總統」。實則蔣緯國從未有當總統的意願，只是對副總統一職採「候選」的態度，故大衆共認澄社此舉乃「無的放矢」。

上午，國民黨中央舉辦「黨籍國民大會代表座談會」，由馬樹禮、鄭為元、宋楚瑜、蕭萬長共同主持。滕傑發言義正詞嚴地指出，現在強人領袖時代已經過去，只有實現眞民主才能形成大團結。推出兩組人競選正副總統，才是眞民主的表現，才能適應統一中國的客觀需要。由兩組同志競選，沒有黨紀問題，因爲這是行使黨員的基本權利，誰勝都是黨的勝利，於黨無損；況且第一任總統選舉時也出現過五個人競選副總統的局面，從傳統上來看也從無發生黨紀問題。故本黨應以開闊心胸，允許兩組人競選。滕先生此言，贏得與會者熱烈掌聲。主持會議的黨工人員則表情凝重，一言不發。事後宋楚瑜對記者說：「世界上有那個先進國家政黨推出兩組人選的？」旋即被許多報紙駁斥，指出美國建國初期許多政黨，就有多次是推出兩組甚至三組人選的。

「聯合晚報」指當今政治有形成「小宮廷政治」的異象，乃指國家大政盡出在李登輝身邊二、三位親近僚屬而言。

國民大會主席團修改議程，決定刪除蔣緯國代表國安會、李登輝代表憲研會到國大報告的議程，以免「敏感」。

李登輝拜訪資深國代、著名小說家王藍時指出，增額國代是依資深國代所訂定的臨時條款所產生的，增額國代反指資深國代不合法，「這樣子實在是矛盾了」。

經濟部長陳履安突然對記者說：「民主國家的領導中心應該是一群人而不是一個人來全權把持，我國應該走向內閣制而不是總統制。」其個人則是「難捨能捨，來得去得」。

廿六日

「聯合報」發表最近半年來的十二次民意調查，國民黨所獲的民意支持，最低點只有二成七。這比去年九月以前每次調查都高於四成的情況，相差極大。它並預測，如果情況不能改善，三年後選舉支持國民黨的選票恐怕不到二成五了。

由於社會治安惡化、政局混亂、向海外移民的人口量增多，各報逐漸表示憂慮。

陳履安參加上午俞濟時喪禮，接受記者訪問又指出「開誠布公才是大團結的開始」。他並否認將與林洋港搭檔競選正副總統。

黃少谷資政上午參加俞濟時喪禮對記者石破天驚地指出：「內閣制是大勢所趨。」國民大會出現的不同意見是「正音」不是「雜音」。

陳履安的談話在立法院引起極大震撼。李勝峰、趙少康、郁慕明、丁守中等少壯派立委紛紛發表呼應性談話。

蔣緯國在下午向記者否認「將發表退選聲明」的傳言，他說：「沒有競選，那來退選」？

林洋港下午在司法院辦公室接受記者訪問，讚揚陳履安「說眞話的勇氣，令人敬佩」。黃少谷「對憲法一向很有研究」。他並主張總統不宜兼黨魁，但行政院長可以兼任黨魁。對於國代推舉他選總統之事，則「不能強求，也不能推辭」。

廿七日

經過數度周折，資深立委梁肅戎終於今天中午獲選爲立法院長。

「中央日報」不尋常地刊出掛名「記者羅文」的文章，對林洋港、郝柏村、蔣緯國、李煥、陳履安等大員指名批評。

各報載，國民黨中央爲了輔選「雙李」成功，及「制衡」未來的「內閣制」，已非正式同意國民大會每年集會一次並行使兩權。

領導中心　應是'一群人'

陳履安：有人找他競選副總統 但他從沒想過

記者黃少芳／台北報導

與黨政軍界淵源深厚，日前一度盛傳與林洋港搭檔競選正副總統的經濟部長陳履安昨天在一場與新聞界的聚會中透露，是有人想找他出來競選副總統，但他自己則「從來沒想過」。

對於李登輝總統對他表示繼續重用之意，陳履安說：「李總統一直對我很好」；至於國民黨臨中全會上的「起立」與「票選」之爭，李總統是否曾與之「溝通」？陳履安說，「李總統與我只談經濟、不談政治」。

昨天中午，陳履安……地與採訪經濟部的記……誼，在談到最近因治……政治環境不穩定而引……環境惡化問題，陳履……當急切與感慨。

他說，投資環境惡化……經濟部已經就經濟面……想盡辦法改善了，而……得很辛苦，但是，真……鉅的非經濟面因素，……濟部所能著力的，然……果政治環境不能安定……濟環境也不可能獲得……善」。

因此，他的言談中……

……果只有他一個人「放炮」，……會覺得很孤單？陳履安說，……使孤單還是要講」，不過，……信，有越來越多的人看不……，都會陸續發聲講話的。

……履安說，雖然外界曾有傳……但他自己從來沒有想過選……統的事，而且，他也覺得，……不把得失去留放在心上，……話、做起事就越輕鬆自在、……負擔，昨天，他便以「難……捨，來得去得」來自況此……心境。

……關新聞請見第二版

（按此事成爲下月中學生運動興起的伏筆）。

晚八時多，李登輝偕李元簇拜訪滕傑。滕對他們重申兩年來「形成大團結、加速光復大業」的立場及人事布局的「政略設計」的意見。滕並說明自己從入黃埔以來爲黨國奉獻絕無一念之私的忠誠。「二李」對滕先生的人格表示絕對了解信賴，對所提的二組人選則表示「會記住您的話」。此事被當晚電視新聞及翌日報紙登出，民衆無不對滕先生眞正做到「不爲勢劫」的精神所感動。

廿八日

上午，最高票當選立委的趙少康召開個人記者會，強烈譴責當局「今天總統、副總統的黨內提名，不僅實質不民主，程序也不民主，高層搞獨裁，基層喊民主，這完全是作秀。」「從中央委員提名，主席總攬大權，卅一位中常委全由一人提名；再由卅一位中常委簽名無聲的擁戴李主席，臨中全會又反對票選，這到底是什麼樣的民主？」他又直斥李登輝「用人上胸襟狹隘」、「格局窄小」、「領導能力不足」、「愛用馬屁精」、「獨裁性格」、「當初支持他的大員都反叛，如今衆叛親離，李登輝須負完全的責任」等等。他並指出，李煥原擬放棄「三不政策」，後來因「擔心給登輝難堪」而作罷。他要求「雙李」在選總統前，應公開說明政策與人事布局，否則當選後便來不及了。

李煥院長對記者表示，陳履安的話「語重心長、發人深省」。

下午立委黃主文則對趙少康反擊以維護李登輝。晚九時半華視夜間新聞播出，滕傑先生宣布「林、蔣搭配已形成」。

三月一日

「中華民國各界支持林洋港、蔣緯國參選第八任正副總統競選總部」在台北市士林開會成立。

各報載，行政院長李煥對選情首度說明，表示「很難講」是否有第二組搭檔參選之情況出現。並表示人事決策應民主化，不能由一人「閉門造車」。

陳履安藉今天上午在國大報告，鄭重指出，他「沒有競選副總統或做候選人的意願」。由此「林、蔣搭檔」更明朗化。

立法委員李勝峰開個人記者會，對李登輝批評，希望他「不是強人就不要搞強人政治」、「要清君側」，並要求國民黨重新提名正副總統候選人，讓二組人競選才能達成眞正的民主。他並揭露李煥爲李登輝的不民主而背黑鍋的事實。

各報出現各種言論，主要是針對李登輝的「獨裁」與「獨台」而批評。（此爲「雙獨」一詞的來由）

二日

台北市議會副議長陳炯松公開指責李登輝「一意孤行，縱容身邊少數親信」造成黨內重大分裂。

郁慕明在去立法院發言，指斥國安局監聽高級首長電話與行蹤乃「白色恐怖」。並嚴斥林鈺祥的「獨台」思想。

林洋港對記者坦承最近曾和滕傑見面，對參選總統的事仍持「候選而不競選」立場。

「自立晚報」頭版刊出影劇界名人劉家昌的廣告文「宋楚瑜害慘了李登輝」。

立委朱高正、廖福本等聯提案「支持李登輝連任總統、李煥留任行政院長」。

「中央日報」第二版（要聞版）異乎尋

常地刊出署名「記者衛徵」者，指名批判滕傑決定推選林、蔣，乃「一意孤行，有失黨員立場」。甚至用「晚節不保」重話。此文引起海內外廣大同胞極為不滿，紛紛致函給滕先生，要他堅持到底。

李登輝上午約見林洋港，希望他勿參選，林強調「解鈴還須繫鈴人」。

三日

下午四時李登輝央請八老（黃少谷、謝東閔、袁守謙、陳立夫、李國鼎、蔣彥士、倪文亞、辜振甫）出面，在總統官邸開圓桌會議，冀疏解林、蔣之參選。按：因為支持林蔣國代明天將有「誓師大會」，故李登輝出此計策。

因明日支持林、蔣「誓師大會」，故黨部亦同時在不同數個地點設宴，以求「反制」。

晚，有某人士拜訪滕傑，指示當局有「棄車保帥」之意，建議滕先生能促成只推蔣緯國參選副總統，而不推林洋港。滕峻拒，並晚以「從事政治亦不可違背人際道義」等言，對方知難而退。

四日

由滕傑等廿七位國大代表具名邀請的餐會，上午十一時在台北市三軍軍官俱樂部舉行。國代二百八十餘人與會，連同其他各界人士，超過五百人參加，盛況空前。林洋港、蔣緯國均到場致意。此為新聞界稱為「支持林、蔣參選誓師大會」。對日後政局變化極大。（詳情見本刊上期記載）。

有署名「禮英書苑」者，連日在各大報刊大幅廣告支持林、蔣參選，極力批評李登輝。

報紙紛傳李登輝將「棄車保帥」，李元簇對記者否認有此事。

報載擁李人馬傾巢而出，「多頭進行招安護主」。

□「誓師大會」中的林洋港（左）、滕傑（中）、蔣緯國（右）

立法委員周荃等二十五人提書面質詢，強烈指斥三家電視台一味為「雙李」打廣告乃「不法、不公」，請行政院制止，並要追究責任。

五日

各報大幅報導「八老」整合的「暗盤」，多屬推測之詞。

各報刊出，國大黨部朱士烈等人談話，認為「林、蔣連署出線」的機會很多。

報紙透露，李登輝曾約見李煥，正式提出要他留任行政院長。李煥表示「我毫不考慮個人去留。做官重要，做人更重要。」

「台灣時報」三版刊「滕傑與特務故事」，全屬揑造或道聽塗說之詞，意在醜化。

中午，謝東閔等「七老」。（八老中李國鼎未與會）邀李煥、林洋港、郝柏村、蔣緯國四人，在台北賓館進行「整合會議」，費時四個多小時方結束。其結果由蔣彥士向總統報告，及對外發言。蔣表示整合結果樂觀。

立委許武勝、黃河清及邱俊男三人提「第二共和案」，主張制定新憲法。

六日

上午，「雙李」在天母拜訪資深國代秦修好等人。秦拿出聖經舊約第一章「約書亞紀」與李共勉。李登輝說：「我知道，剛強要在裡面。」

今日各報盛傳，整合的樞紐在於黨政分離——李登輝仍當總統，但擇適當時機交出黨主席。立委李勝峰等因此擬妥聲明，「反對權位交換」。

蔣緯國接受報紙訪問，反問記者：「我像是會動搖的人嗎？」林洋港則表示「沒有爭取，那來放棄？」

下午三時，「林、蔣助選總會」在來來飯店十七樓貴賓所招開記者會，發表「大公方能團結，治國需要宏才」宣言（全文見本刊上期代社論）。並向各界公布總部主任委員爲何志浩將軍，秘書長爲張岳軒董事長、發言人爲勞政武（本刊發行人）。谷正文在會後以個人身分邀記者到他家中揭露李登輝當年曾涉共黨組織案之事。

盛傳總統選舉賄選一票一千萬。立法委員黃天生等在立法院質詢，要求法院查明。

七日

上午召開「整合」後第一次中常會，李登輝主席發表書面談話。（全文見後載文獻之部）此次重要談話係由幕僚代讀，與會者人人表情嚴肅。散會時李並未與人握手便離去。

會後，蔣緯國對記者重申「候選而不競選」立場，並以「除非發表我不是中國人」的強烈語言來否認記者問他是否要發表「不候選」聲明。林洋港則表示聽了李主席的書面宣讀，「不知蔣彥士爲什麼說會很感動」，他表示自己態度是前後一致的。郝柏村在立法院被質詢支持那一派，則答以「我不屬於那一派，不知道有什麼派。我站在政府、支持民主憲政的一邊。」李煥則拒答問題，只以笑聲回應記者的詢問。一般輿論因而認爲，這次「整合」是破裂的。

民進黨人士紛紛發言表示支持李登輝。

□民進黨支持李登輝

立委余政憲甚至公開謂「反對李登輝是最反動、保守的人」。

國民黨法律顧問陳長文律師表示，正副總統連署程序關係重大，應立法規範才能公正。按近日頻傳國大作業單位想藉各種手法來「封殺」林蔣二人於連署程序之目的。「林蔣助選總部」並爲此搜集十一種「可能手段」，作內部研討防止之資料。

政大教授江炳倫表示，整合已失敗，目前只能寄望在連署程序時阻止林、蔣二人出線而已。

八日

昨日整合失敗，但「八老」立即展開第二回合整合。上午，台中中小企銀董事長蔡鴻文拜會林洋港，傳與「勸退」有關。

今日爲蔣夫人宋美齡女士生日，李總統夫婦及黨政要員紛紛到士林官邸祝壽。

「聯合晚報」等傳出，「非主流派」已擬訂「政綱草案」，重點爲：內閣制、總統不兼黨主席、大幅開放兩岸交流等。

林洋港表示否認『蔣彥士所說曾有發表「退選聲明」的承諾』，並指出「候選」是否違背黨紀「大有爭辯餘地」。

中共官方「新華社」昨日電文刊在「聯合報」，文中稱我總統爲「僞總統」並強烈反對「獨台」。又譴責外國人干涉內政。

美國國務院正式否認美國干涉台灣的總統大選。

□在「八老」環伺下，林洋港發表辭選談話

在美華人熱烈支持二組人選出現，認為如此有助民主的發展。

「林蔣助選總部」開始發出「第一號通報」及英文通報。

九日

各報載，李總統認為，只要團結和諧無損國家利益，「兩組競選無所謂」。

中午，滕傑與國大民、青兩黨代表在英雄館餐聚。蔣緯國來表示謝意。預定林洋港來，臨時因有要事未到。

下午二時卅分，林洋港突然在「八老」簇擁下，在台北賓館向新聞界宣布「婉辭國代連署提名」。李登輝隨即於四時由前省議長蔡鴻文陪同到司法院向林洋港致謝。據各報載，此次林洋港之所以退選，完全是蔡鴻文的功勞。

同日下午三時，駐日代表蔣孝武突然回來召開記者會，發表公開信，抨擊其叔父蔣緯國「假民主秩序之名、圖奪權之謀，藉法規漏洞而從事政治投機」、「明明想當選卻揚言不競選」「有選票、無民意」，「連花一秒鐘（去溝通）都覺得浪費時間」。他並向記者承認，在三個小時前先晉見李主席，並將文稿給李登輝看過。他又揚言已辭退駐日代表工作（翌日即被慰留）。蔣孝武此舉被許多報紙評為「政爭中的棋子」。海內外愛國同胞更不齒這種鬥爭尊長的行徑。正如聯合報二月廿六日發表香港中文大學教授陳其南一文所預測「我們從來不會稱許以犧牲人道倫理原則所換來的勝利。政治抗爭必然要付出代價，但這個代價絕不是自己與下一代的人性與風範」，此為不幸而言中。人間自有公論：以蔣孝武為工具來鬥爭其叔父，雖一時獲得勝利，但終會長久造成不可磨滅的損害。這種行為素來信仰傳統道德倫理的國民黨，是空前未有的，其惡果必然影響深遠。

林洋港辭選消息傳來，滕傑對記者表示，因為情況未盡明瞭，故一切決定不變。同日晚，滕先生接到專人送來林洋港之「辭選函」。

十日

中午，蔣緯國在八老陪同下，亦公開表示：「基本上是林先生被國大代表推舉為總統候選人之後，拉我當他的拍檔，現在林先生轉變，我當然，要與他同進退。」

下午滕傑召集重要人士研究實況，決定明日照常進行連署及召開記者會發表聲明。

十一日

上午，滕傑在自宅會見數家晚報及電視記者，宣布徵召林蔣二人行動不變。

下午，三時，在環亞大飯店召開記者會，發布「敬告國大同仁」書，宣示徵召林、蔣不變。滕先生並指出，林蔣之所以如此表示，是受到強大壓力故。「林、蔣助選總部」亦同時發「堅決支持林、蔣參選聲明」。記者會由解宏賓教授主持，吳可行、黃登二位省籍人士並對蔣孝武提出批評。

上午十時，李登輝參加了「基督教國大團契」聚會，親自證道，舉以賽亞書三十五章三十五節經文，說明其月來處理政治困境的信念。並說「未來六年一定有機會回大陸」。此次證道，因為引用經文有「主的使者到亞述軍營殺了十八萬五千人……亞述王回去被自己兒子殺死」等記載，引起學術界不分派系一片譁然，咸認「君權神授」是危險的思想。

十二日

「聯合報」發表民意對李登輝權威的評價，已比一年前大幅滑落，顯示對他個人崇拜已經消退。

「雙李」拜訪宜蘭國代時表示，當選後六年任滿，將一起退休。

重要人士傳到「林、蔣助選總部」消息，有關方面將繼續執行「拉林、打蔣、醜化老國代」三條策略。如蔣堅持不明示拒絕徵召，則不惜動員群衆包圍士林官邸。助選總部全力動員連署活動。

十三日

民進黨強行上山，造成與警察的激烈衝突。

台大學生開始以「燒黨證」行動，圖發起天安門式群衆運動。

國大修正臨時條款在審查會迅速通過，包括延長增額代表職權爲九年、每年集會一次、設全國代表制等。此事迅速遭各界抨擊，認爲係黨部爲爭取選票而妥協的結果。

十四日

民行進黨強行上陽明山，造成流血事件。

立法院各界對昨日國大初審所通過之臨時條款認爲係「政治勒索」，展開強烈指責。民進國代林正杰甚至公開指「李登輝賄選」。

高雄縣議會提議罷免增額國代孫榮吉。

台大學生結合民進黨到國民黨中央黨部抗議，要求「停止總統選舉，召開制憲會議，列出民主時間表」。

十五日

立法院、省市議會、縣市議會、各大學等全面對國大「毀憲自利」之事抗議。立法院揚言全數刪除國大預算。趙少康、李勝峰等並到中央黨部陳情，要求李登輝立即出面處理。

晚，蔣緯國出席來來飯店聚餐，向滕傑等四十多位國大代表誠懇說明，目前這種情況，實在不能受徵召。幾經辯論，滕先生作結論停止徵召之連署，並被授權明日向新聞界說明。

夜，「林蔣助選總部」主要人員緊急研商，檢討情勢，僉認爲此時不撤退，群衆運動矛頭將自然對準我方的不利結果；故決定尊重國大代表們的決定。

十六日

上午十一時半，滕傑先生在助選總部召開緊急記者會，宣布停止徵召聲明。總部發言人勞政武亦隨後宣布即時起停止一切助選活動。震動世界的一次助選活動到此全部結束。上午，大法官會議召開發布二五四號解釋：未依法宣誓國代，不得行使職權。民進黨國代率領民衆企圖進入總統府，結果該黨主席黃信介被憲兵抬走。民間衝突於是昇高。

蔣緯國今天下午宣布暫赴美國渡假。

十七日

學生及民進黨人開始到台北市中正紀念堂廣場作「和平示威」。

十八日

中正紀念堂示威群衆擴大。總統授意廣播此爲愛國表現。

群衆鋸斷廣場國旗及焚燒。又一個婦女團體曾到總統官邸擲石塊。

中共人大七屆三次會議開幕。

臺灣省政府主席辦公室

請毛部長轉告同學們
你們關心的事我都知道
我肯定地向大家保証，改革
的事，政府不但會加速做
一定會儘快給大家明確的交代
天氣寒冷，請大家愛惜身体
早点回到学校去！
回家。

□李登輝親筆函

十九日

少數學生開始絕食抗議。李登輝允儘速召開「國是會議」，以親筆函由教育部長毛高文表達，向學生保證加速改革。又透過商人陳重光向黃信介表示，有意展開朝野兩黨主席會談。

宋楚瑜於下午拜訪黃信介，交談甚歡。黃答應選舉總統、副總統時停止抗爭行動。

中共人大新聞發言人姚廣指出：「台灣是中國的一個省，台灣政府是地方政府，國民黨政權在台灣進行的所謂正副總統選舉，違背了上述國際社會承認的事實。如果說要選舉的話，台灣應推舉出眞正堅持一個中國、致力於國家統一和社會進步的人來擔任領導人。國民黨當局應遵重民意。」

二十日

示威學生繼續擴大。

爲保障明日投票安全，有關單位動員國大代表夜宿在中山樓。

廿一日

李煥在清晨曾到廣場探視學生。

李登輝以六六八票當選第八任總統。但發生許多「亮票」之事。

李登輝於晚上接見示威學生代表。

國民黨中常會上午召開，討論國是會議有關事宜。

鄧小平辭去國家軍委會職務。自此鄧小平不再有任何公職在身。

廿二日

凌晨始，在中正紀念堂靜坐示威的學生撤離，結束六天的抗爭活動。

中午，李元簇當選爲副總統，得六〇二票

（全文完）

第三篇：重要文獻

為向歷史交代，本篇收集重要講話、宣言、聲明、通報等十二種。相信對後世具有文獻的價值。

目錄：

我們對副總統人選的看法

據近日各報騰載，對副總統人選，有關當局已列出五項條件，以為選擇之標準：

1、在政界及學界有相當地位和經驗。

2、能全心輔弼總統，與總統有共事經驗，且能得到總統信任。

3、外省籍，以符省籍平衡之考量。

4、無意競逐第九屆總統職位。

5、年齡略高於中生代，但不太高（七十歲以下）。

觀此五項條件的內容，並無一語道及國家統一大業與促進黨內大團結之需要。在全體中常委已簽名推舉李登輝先生為連任總統候選人的情形下，此五項條件可謂完全出自為其個人需要而擇人的標準。尤其第4項條件，違憲悖理，背離民主理念，足以貽笑大方。若果依之而行，可能造成黨國重大不幸。我們本於大義不能不表示強烈之關切。望此五項條件並非執政當局之決策。

中華民國第八屆總統、副總統關係重大，絕非尋常民主國家之副總統僅為總統之助手可比。處此中華民族歷史關鍵時刻，元首必須根據國家民族需要及對其自身有補足作用者以選擇副元首，不能全憑其一己之方便作選擇。準此，我們認為，下列四項標準，才是今日副元首所必須具備的條件：

一、要有文韜武略之高度修養。

李登輝總統以農經專家從政，個人形象固然良好，但文韜武略終非所長。故副元首必須有文韜武略之高度修養，與之搭配，才是能夠掌握未來之可靠的領導中心。

二、要有繼承國民革命大業之決心。

國民革命大業即孫、蔣二公未完成之以三民主義「建民國、進大同」之大業。李登輝先生繼承總統以來，雖一再宣示其繼志承烈之信念不變，但終究革命經驗缺乏，從政爲時亦淺，故大信未孚。唯有選擇一位衆所深信其具有此決心之人士爲輔弼，方足以消除海內外對我政府日趨「獨台」之疑慮。

三、要有促進內部大團結之作用。

爲促進內部大團結，非但要注意「省籍搭配」，尤須能使黨內形成大團結之人出任副元首，方切實際。背離此原則而從個人方便出發以擇人，則不僅不能形成大團結，而且勢將加速內部之分裂，對黨國極爲不利。

四、對大陸、海外同胞要有號召作用。

當此「統、獨」之爭日趨激烈，而大陸情勢又隨時有突變可能之際，選擇一位爲大陸及海外同胞所熟知而信任之人爲副元首，則全體中國人對我政府便會自然產生強烈之向心作用，非但有利於台灣之安定，更將有利於和平民主統一中國大業之完成。

以上四項條件，我們完全是以國家民族之需要爲出發而提出，也是李總統個人之長遠大利爲出發而提出的。是客觀無私的標準，是照顧到全局全程的政略性考慮，也是十一億炎黃子孫的眞正心聲。李總統能據此以擇人，自然就具備了領導群倫做一個全體中國人的元首的條件。

中國全民民主統一會
會長　滕　傑

中華民國七十九年二月四日於台北市來來大飯店七星廳記者會發表

李主席於中常會書面談話全文

各位先進、各位同志：

自從二月十一日本黨召開臨時中全會，通過中華民國第八任總統、副總統本黨候選人後，由於少數同志有不同意見，甚至有另推其他同志參選之議，引起全體同志與國人的高度關切。登輝爲了促進黨內的團結，以消除國人的疑慮與社會的不安，特於本月三日，敬邀八位黨國先進，就此交換意見。登輝在此願以負責的態度，向各位做一個坦誠的報告。

在登輝與八位黨國先進的會談中，大家一致認爲，當前國家的發展與大陸情勢，正面臨關鍵時刻，如何在已有的基礎上，循序前進，開創新局，是本黨必須全力以赴的要務。我們都瞭解，時代在變，環境在變，潮流也在變，面對此一變局，本黨唯有以不斷的檢討、革新、調適，並加強內部的團結，才能因應新的挑戰，領導國家，邁向政黨政治的新局，進而完成以三民主義統一中國的目標。因此，我們衷心期望，在民主化的要求下，本黨的組織、屬性與決策過程，無一不可檢討，也無一不可調整。對於我國憲政體制，例如有人提出有關總統制與內閣制的問題，涉及憲法，事關重大，更應集思廣益，審愼研討，使更能符合我們立國的精神與憲政的常規，至於本黨主席與國家元首宜否由一人兼任，亦應衡酌利弊，廣徵同志意見；獲致共識。但是，我們同時認爲，任何民主的政黨，每一個黨員都有支持黨的政策，貫徹黨的決議的義務。此一基本原則，當能爲所有同志所認知，從而以大局爲重，爲本黨的團結、和諧、進步，放棄一切個人的成見。

對於最近多位同志，發表有關對黨務及憲政的興革意見，對登輝個人也有許多建議與期勉，登輝無不誠心接受，做爲日後改進的參考。然而在最近的一些報導中，也有許多不實的傳言，登輝自當本著向歷史負責、向全民交代的一貫態度，靜候事實的澄明。登輝在此要特別強調的是：遵守憲法，保衛國家，是本人繼任總統時莊嚴的誓言，身爲中華民國的總統，登輝無時無刻不以盡忠職務，增進人民福利爲念，也無時無刻不以光復大陸國土，完成統一大業爲職志，積極策劃，全力推進。對少數人士假民主之名，以遂行其分裂國土的陰謀叛亂行爲，除已多次公開譴責外，切望有關機關依法嚴懲。因爲，登輝深知，此一背棄歷史，自絕於全民的乖危主張，不僅將斷送大陸及海外同胞對我們的殷殷期望，同時也將陷復興基地的全體軍民於萬劫不復的境地。此一基本的立場，當爲國人所共鑒。

此外，面對即將加速開展的各項黨務與政治革新工作，登輝也深切期望，能匯聚各位的集體智慧，群策群力，確實執行，以振奮同志精神，並符合國人之望。對才德卓越，經驗豐富的從政及黨工同志，自當繼續倚重，俾能對黨政大計提供建言，以求人事的安定與決策的妥善至當。同時另一方面，必將以大公無私的態度，經由具體的措施，加強人事的制度化，拔擢傑出人才，以落實國人對革新的要求，穩固本黨執政的基礎。

各位先進、各位同志，登輝自承黨內同志的抬愛，擔任本黨主席以來，所念玆在玆者，厥爲繼志承烈，不負全體同志的付託，以免有傷蔣故主席經國先生知人之明。 兩年來，雖然才德所限，未能盡如人意，但耿耿此心，絕無一念之私。未來的六年，將是我們中華民國能否眞正邁向現代化、民主化，並在國際間重新奮起的關鍵時期。也是我們四十年來生聚教訓、堅忍圖強，贏得反共大業最後勝利，完成中國統一的決定性時期。我們要做的事很多，國人對我們的期望爲殷切。登輝深凜於責任的艱鉅，由衷盼望各位先進、各位同志，基於同志間的愛心與道義，隨時給予協助、指教。登輝誓以至誠，追隨各位之後，爲開創本黨及國家 的光明前途，盡其最大的心力。謝謝各位！

總部第一號通報

一、昨日李登輝先生「整合」回應談話，引起全面不良反應，海內外群衆大多認爲「並無誠意、毫不動人」。本總部認爲：李氏過去兩年的言行不符之表現，是造成今日群衆失望、幹部離心的根本原因。如果眞的是如他所自許的「並無一念之私」，就應該宣布歡迎林、蔣二位同志參選，爲中國民主政治立下歷史性的楷模。但綜觀他全篇談話，完全是一種「輸不起」心態的流露，令人失望。

二、前（六）日由前情報局督察室主任谷正文先生向報紙作證，李登輝當年確實涉及共黨組織一案，已引起各界議論紛紛，無數電話與人員湧來本部，提出嚴正要求：

1. 立即依憲法第一百條規定，由監察院、國民大會、立法院、司法院組成特別「聽證會」調查此事，以澄清視聽。
2. 宜先傳谷正文及調閱安全局檔案，查明無誤後，應請李登輝先生本人作證。

本部認爲：既然「皇后的貞操不容懷疑」，元首的素行尤其應清白。李氏在今天衆叛親離之情況下，既然堅持仍要競選總統，就應有勇氣接受一切調查。如屬谷正文誣衊，應移送法院依有關法律重懲，以還李先生清白。

三、據陽明山「復興文化中心」（李氏輔選總部）消息來源透露：爲了「封殺」林、蔣二人上壘（運署），已擬定了十一種戰術以對付我方：

1. 傾李人員盡量想法將連署送給「聽話」之年長代表，接受連署書之年長者的名單盡量對外保密，如此便於控制而不受我方或外界（新聞記者）之干擾。
2. 如某年長者行動不便，則傾李人員「代勞」，送至其家，並「代召集」其他親己方之代表來簽名。
3. 傾李人員亦可預先「代刻」好全部代表之印章，以便沒有帶圖章之代表一簽名就完成，方便敏捷。（因不需印鑑，無法查對）。
4. 對於個別身體不好之代表，亦可能僞造簽名蓋章。（因爲不容易辨認其簽名之眞僞，亦無時間請調查局鑑定筆跡）。
5. 傾李人員將連署書交給某年長代表後，可用「名」「利」方法，將該代表「收藏」起來，使我方根本找不到人，俟時效（三天）一過，即無法連署。

6. 傾李可安排一些人作兩組候選人重複連署，以使我方成為人數不足而連署失效。

7. 傾李人員可以將我方之連署書中撕毀一頁，以使連署人數減少。

8. 傾李人員可以將我方已連署好之蓋章重蓋印泥，使之模糊，以達「作廢」目的。

9. 由有影響力的高層人士親自出面，監督代表們集體連署。代表們礙於情面，不得不照其意思簽章。

10. 由傾李人員分組、分區備妥交通工具，由高層人員親自率領連夜逐戶拜訪連署；這使我方措手不及，如此可使許多代表礙於情面或為厚利所誘而倒向連署。

11. 對一些貪利者允諾：只要不在我方連署，在時效過去後查對名單，立卽送以厚利。此種人對我方則以「連署不便：但投票時一定投」為詞以搪塞。

本部將堅決反對以這種鄙烈手段對付同志！我們強烈主張：

1. 一切選務工作，必須依憲法第一二九、一三一、一七一、一七二條規定辦理，才能公正、公平。

2. 國大秘書處立卽公布發給連署書之年長代表的名單、地址、電話，發給之方法，以及連署之一切細節，俾便各界自動前往監督，務使不發生任何弊端。

3. 一切選務工作，由兩組「候選人」分別派人參加，由新聞界、學術界共同派員監督，才能做到眞正的透明化（公開）。何宜武秘書長素來有偏頗立場，應退出選務之指揮工作。

4. 「二李」競選，不得運用國庫及黨庫款項。如使用，則應由兩組候選人公平分配，否則群衆及國民黨員將以「圖利」或「侵佔」罪控訴。尤不得接受民間財團巨款（台灣時報已載某航運公司捐卅五億之巨款支持李氏）作不正當之使用。

中華民國支援林洋港先生、蔣緯國先生參選第八任正
副總選總部——宣傳部印發
民國七十九年三月八日

總部第二號通報

關于林洋港先生今午發表談話，據悉是中了蔣彥士先生所設圈套之故，本部特聲明如下：

1. 數位大老藉詞二組競選將會造成「人心惶惶」，完全錯誤。現在民衆正以歡欣鼓舞的心情來看待這次眞正民主的「政治大餐」。望大老要了解民情，不可如此危言聳聽而達成李登輝意圖個人獨裁之目的。

2. 事件過程尚未完全了解。如查證確係蔣彥士設計，本部要表示強烈抗議。相信每一位民間正義之士亦會自動採取強烈的反彈行動。故請蔣彥士先生以社會安寧為重，立刻出面講明事件之經過，以釋群疑。

3. 本部以為，只有林、蔣順利當選，台灣才能安定，中國才能和平統一。因此，我們支持林、蔣，完全是基於民族大義國家前途而自動自發之行為，不因任何情況而改變，並請求國大代表大老們堅定意志，為國家選擇林、蔣為正副總選。此乃關鍵時刻，切莫被任何狡計所愚弄。更望林、蔣二位先生應俯順民意，勇敢地當仁不讓，接受徵召，負起民主與統一中國之歷史使命。

中華民國支持林洋港先生、蔣緯國先生參選第八任正
副總統總部宣傳部啟
七十九年三月九日十九時

滕傑：「敬告國會同仁」

國民大會第八次大會，肩負著存亡續絕的歷史任務。今天開始正副總統連署程序，正是歷史任務能否完成的考驗時刻。我們決定徵召林洋港、蔣緯國二位先生參選，就是我們決心要向歷史交代的

39. 龍旗　民國七十九年四月號

具體行動！

我們對任何人均無個人的好惡，只是爲適應國家民族的客觀需要而擇人。我們堅決主張兩組候選人競爭，這不是個人權位之爭，而是「統一」還是「獨台」的路線之爭，是「民主」還是「獨裁」的制度之爭。只有堅持統一，實踐民主，才能恢復台灣內部的安寧環境，才能挽救國民黨的實質分裂，才能爲中國的未來奠定眞正民主政治基礎。

我們徵召林、蔣二位先生，就是因爲深信他們能夠符合民主與統一的需要。這是我們全體國民大會代表責無旁貸的責任，更是我們絕大多數資深代表同仁爲國奮鬥一生的最後交代。

雖然，日昨林、蔣兩位先生在各種壓力下，不得不公開表示要求我們代表同仁勿予連署，但此種要求是不合理的，在憲法是無效的，我們決不能接受。我們徵召他們，不是爲了他們個人的權位，更不是向任何人「奪權」；而是爲了穩定台灣光復大陸的需要，任何人都沒有權利反對。

此次選擧，是光復大陸長期奮鬥歷程中的一個重要環節。相信我們絕大多數代表同仁，都能本於先總統　蔣公的「孤立於道義之上，不爲利誘，不爲勢刼」的遺訓，都能夠發揮「以國家興亡爲己任，置個人死生於度外」的精神，爲國家民族開創歷史的新頁。

中華民國七十九年三月十一日

堅決支持林、蔣參選聲明

前日林洋港被，「八老」跡近「押解」的電視畫面上，臉色凝重地向新聞界公布了「要求國大代表不要連署我」的談話。昨日，蔣緯國先生在同樣怪異情形下，說了「與林洋港同進退」的言語。消息傳來，擧世震驚，咸認不可思議。本總部費時兩日的深入查證，乃了解事實的眞相，令人無比憤慨！用特緊急擧行記者會，發表聲明如下：

一、我們懇求全體敬愛的國大代表女士先生：現在連署正副總統候選人開始了！國家民族的存亡續絕就操在您們一念之間。您們應該堅決地連署林洋港先生、蔣緯國先生爲正副總統候選人。這不是兩組人選的個人權位之爭，而是「統一」與「獨台」之爭，也是「民主」與「獨裁」之爭。您們一定贊成統一和民主，所以不必理會「雙獨」小集團搞什麼花招，堅決地選擇林、蔣二位先生。這是海內外全體中國人民的共同心聲！懇求您們俯順民意，不爲利誘、不爲勢刼，依據自由意志作選擇，才不負全民的付託。

二、我們懇求林洋港、蔣緯國二位先生：日前您們在重重壓力下表達了「請勿連署我」、「同進退」的談話，全民都諒解您們的苦衷，您們的一切行動，都表現了從無個人權位考慮的高風亮節。您們對於現由一二人控制的黨組織，也盡了超過應盡的黨員義務。如果國民大會徵召您們，這是國家的需要、是人民的渴望、也是歷史的責任！您們不能拒絕。

三、「雙獨」小集團近日採取種種無聊的手段，就是暴露他們施展「拉林、打蔣、醜化老國代」的三條策略的運用，人民眼睛雪亮，有識之士更心知肚明。治國須由正道，實現民主更應本於大公至正。他雖然自稱「無一念之私」，但一切行爲却顯示出爲了自己權位。他到處卑躬堆笑拜託國大代表，但倩誰肯信一旦當選便不「秋後算賬」？尤其可怖者，該小集團竟能在緊要關頭急電蔣孝武秘密專程回國公開鬥爭其叔！不但乖離倫理道德，更反乎耶穌基督博愛仁慈的寶訓；此種卑鄙行徑即販夫走卒也不忍爲。試問此種事都能做，尚有什麼事不可爲的？我們對此事要强烈譴責！

最後，我們要呼籲全體同胞，大家必須認清這次大選的意義，認清那一小撮把持國柄的人的眞面目，一致支持林洋港、蔣緯國先生勇敢地站出來領導我們！一致敦促國大代表不可被「雙獨」集團所收買和愚弄，勇敢地盡自己爲國擇人的責任。

林、蔣助選總部　民國七十九年三月十一日

總部第三號通報

一、前日林洋港突然發表「請國代切勿爲我連署」的談話，昨日上午蔣緯國也發表「與林洋港同進退」，造成了各界的震撼。本部因一時未明情況，故昨（十）日通報暫停發出。經過一天一夜的了解，終於知道了以下兩點：1.林、蔣二人並無聲明「退選」，其態度是前後一貫的。2.其之所以發表如此動搖人心的談話，完全是被蔣彥士等人「設陷」之故。

二、昨夜本總部開會至深夜一時，將各種情況分析之後，決定立即採取堅持到底的行動：1.立即組織「跪票隊」，向資深國代懇求連署林、蔣二位先生。2.立即召開記者招待會，發表强烈聲明，以正全球中國人的視聽。3.立即動員展開各種宣傳活動。

三、昨日媒體宣布，對方也已效法我方組成「競選總部」，由宋楚瑜領軍。據可靠消息透露：根據「拉林、打蔣、醜化老國代」的戰術原則，他們才有近日密集行動。但弄出蔣孝武公開鬥爭叔父事件，已發生强烈的社會反彈。

四、據十日各報採訪蔣孝武，他秘密專程回國，在召開記者會前二小時晉見李主席，文稿且經李主席同意。由此可見此事完全是李登輝指使的。大家對這件不孝不義的行爲，無不痛心疾首。認爲比毛澤東教兒子鬥爭父親還壞，因爲毛的做法尚有「階級鬥爭」的理論根據，而李登輝口口聲聲信仰耶穌基督竟做出這種事，使人不寒而慄。因而在記者會中，個個提起此事都咬牙切齒。一位遠從台南來的醫院院長吳先生，是本省籍人士，特別起立對記者痛斥李登輝這種行爲，完全違背道德倫理。

五、今日下午三時，本總部在台北市環亞飯店金融廳舉行緊急記者會。以本總部副主委解教授主持，秘書長張岳軒、發言人勞政武及吳可行、黃登兩位本省籍委員出面答覆記者各項問題。過程二小時結束，場面激昂，結果圓滿。

六、今天上午，滕傑先生亦召開記者招待會，發表「敬告國代同仁」一文。使「雙獨」小集團大爲慌張，企圖在中午藉記者訪問的手法，迫使林洋港再表態「退選」，被林嚴詞拒絕，說「能做的，我都已經做了，國大代表連署有他們的自由，我沒有權利拒絕或阻止」。

七、這幾天內是決定中華民國命運的時刻，希望全球炎黃子孫團結起來，支持林、蔣，譴責專靠搞小手段來維護既得權位的「雙獨」集團。

林、蔣助選總部　民國七十九年三月十一日

總部第四號通報

一、台灣不容出現「柯梅尼」！

十一日李登輝在國民大會團契「證道」，引用舊約以賽亞書37章35.36.節，以「耶和華的使者，在亞述營中殺了十八萬五千人……亞述王後來回去被他兩個兒子殺死」的恐怖故事，運著對當前政治的觀點，謂「在面對政局混亂的情況時，我非常相信神一定會來解決的」。此一「證道」披露後，立即引起各界大譁，學術界人士尤其憂心李登輝回到「神權統治」之中。

其實，據「新新聞」報導，李登輝引用這段基督教經文來談政治，不只是這一次，而是自二月十一日臨中全會後即已開始。二月十二日晨他開始到國大代表住所展開逐戶的拜託賜票活動，每遇基督徒國代，就是引用這段話來談政治。可見不是他一時的「大意」，而是「心心念念」確實如此。如果李氏以這種宗教狂熱來治國，豈非台灣將出現一位「柯梅尼」？這是極爲危險的事，全球中國人應高度警惕！

二、「雙獨」集團的鬥爭方法越來越明顯，就是「拉林」、「打蔣」、「醜化以滕傑爲首的老國代」三條策略齊頭並進。現在且已取得相當的「戰果」。在「拉林」方面已完成。在「打蔣」方面未竟全功，據可靠的內幕消息透露：今後他們要將蔣緯國將軍打成「蔣家的罪人」形象，以迫使秉性忠厚仁孝的蔣緯國不得不軟化，甚至即使被連署成功，也要他自動放棄競選。他們目前已動用了蔣孝武作公開鬥爭尊長的打手，又迫使孝嚴、孝慈同孝武呼應。如此手段仍不奏效，即將對老夫人宋美齡女士動手。又滕傑及王會全、霍天一、張偉光、蔣紀周等忠貞老國代，近兩天來不斷接到恐嚇信及各種可怖信息，在報紙上更散布諸如「擁蔣國代內鬨」「滕傑態度軟化」之類謠言，企圖徹底、醜化正義陣營。這種種卑鄙手段，難免不使大家同李登輝的「證道」：「殺死十八萬五千人……亟述王被他兒子殺死」的故事產生聯想，使大家逐漸昇高不寒而慄的恐怖感。

三、滕傑先生鄭重闢謠：今日某晚報載「滕傑態度軟化、三分之一擁蔣派倒戈」大標題，完全是惡毒的造謠。又昨日報載：宋楚瑜等首長同滕先生溝通……等等消息，亦完全子虛烏有。本部研判其作用為：

1.借滕先生之名瓦解國民大會的正義國代，以使連署林蔣不成功，達成「封殺」目標，俾「二李」同額選舉。

2.待封殺林蔣連署後，將忠義之士的不滿之氣引禍到滕先生身上，徹底醜化其無私無我堅忍不拔的偉大人格。

四、今日「自由時報」等載有：愛陣吳某致書指責滕先生之奇謬，經向愛陣主席、執行長查證，完全是吳某個人行為。愛陣並已正式發表新聞稿澄清此事。

林、蔣助選總部　民國七十九年三月十三日

總部第五號通報

一、本部接獲美國傳來文件，載有鄧小平最近一項內部談話摘要。其全文如下：

「國民黨當局的推舉過程中，已經充分表現出不是黨內『權力分配不當』，而是反映出獨派與統一派的鬥爭。第三期任務是蔣緯國已從『經國』（經濟治國）進入『緯國』（為國統一）之戰。

防止台灣獨立動亂，我軍指戰員隨時準備解放台灣，支持台灣人民正義鬥爭，在宣傳上要多表態。台獨很囂張，福建前線有必要實行軍管。八六年設計攻台計畫時，一直有人反對『保留對台使用武力』，今天我們知道是絕對正確的。要把搞台獨的人消滅在萌芽中。堅決反對外國政府干涉中國內政、干涉台灣事務。那個李就是要搞台獨嘛！是個漏網的台獨分子。一月份他還派特務頭子曹某潛到美國找彭什麼勾結一起搞台獨：：對他們我們要視其行，不要聽其言。蔣緯國是被推舉出，堅持一個中國、國家要統一，有能力的負責人。」

二、「封殺」林、蔣連署的新伎。

近日密鑼緊鼓展開正副總統連署行動，「雙獨」（獨裁、獨台）小集團的人馬傾巢而出，用盡方法，企圖使我方連署遭到徹底的封殺。

1、對「雙李」的連署人數，則不斷放「好消息」，極盡誇張，以打擊我方士氣。

2、利用各種管道（包括冒充各報記者）千方百計打聽我方連署人數、何人簽名等，以便各個擊破。

3、對確證已連署我方的代表，採取「一手拿錢、一手拿劍」策略，只要他答應同時在「雙李」名單上連署（如此可導致無效，對我方產生巨大影響），即可獲得出乎想像的厚「禮」；如堅持不肯，則以種種威嚇使之就範。這個手段，就是我方成敗的關鍵。

三、這兩天民進黨藉口宣誓問題，擴大群衆運動，正向著對「雙獨」小集團有利的方向推進，咸信是該集團有意縱容，甚至策動的結果。因為：

1、昨（十四）日，為了阻止十一名未宣誓的「民進」國代上中山樓，竟然動員了數千名軍警，在陽明山全面封鎖。此舉無非在提出「李登輝對付民進黨是強硬的」形像，以有利於國代對他個人的認同。

2在此同時，又任由國代審查會通過擴大職權及爭取自我權益（延長增額國代任期三年）的提案，引起立法院、台大學生的抗爭，各報章無不口誅筆伐。如此可增強國他們的「危機感」，有助於輔選雙李任務的達成。而國代通過令社會大衆不滿的提案，可待選舉完成後再徐圖處理，即使徹底解決國大（全面迫退國代），也就沒有什麼困難的事了。

四、自林洋港表態，經過一週的堅忍戰鬥，我方士氣已經回復高昂。因爲大家已有下列堅強的共識：

1海內外忠貞愛國人士所爭的不是爲了林蔣個人權位，而是「爭民主反獨裁」、「爭統一反獨台」。就這意義來說，我們已獲得實質的大勝。其餘概屬次要。

2林、蔣即使拒絕「候選」，海內外忠貞之士仍要堅持奮鬥。因爲兩者不是「坐轎與抬轎」的關係，而是「電燈與發電機」的關係。群衆所爭的「理念」是電能，電雖然要藉電燈才發亮，但發電機永不會因爲電燈關閉而停止。

林、蔣助選總部　民國七十九年三月十五日

滕傑：「停止徵召聲明」

鑑於林洋港、蔣緯國兩位先生相繼表示不能接受徵召爲中華民國第八屆總統、副總統候選人之決定，經推動連署之國代同仁緊急會商，公推傑發表如下之聲明：

一、徵召林、蔣二位先生參選，乃國大代表之法定職權，任何人均無反對之權利，但有不接受之自由。林、蔣二位先生困於巨大壓力而表明不能接受徵召，我等除表示遺憾並尊重其意願外，別無選擇。故已自昨晚起停止連署之進行。

二、此次連署，包括國民黨、民青兩黨及無黨派代表在內，約一百四十餘人，其爲國家民族前途而不屈不撓奮鬥之志節，將永垂史册。目前爲保障連署者之人身安全，除傑一人外，其他同仁名字一律暫不公布。連署書將由專人嚴密保管，待適當時機再行昭告於世。

三、傑等之所以認定林、蔣二位先生係總統、副總統之最適當人選，完全係根據反台獨、爭民主、達成內部大團結、加速完成和平民主統一中國大業之客觀需要而擇人者，動機純誠，可告天日。我等此項行動，已發展成爲海內外炎黃子孫之共識，行將成爲「反台獨、爭民主」之全民運動。故勿論林、蔣二位先生參選與否，均足引以爲慰。

四、林、蔣二位先生所作之決定，無可避免地將令無數中國人失望。但今天僅爲形式之挫折，在實質上已爲未來發展奠定堅實之基礎。務望海內外同胞，本此基礎，再接再勵，共同奮鬥，民主統一大業終必成功！

中華民國七十九年三月十六日

總部：「停止活動聲明」

一、本部遵從連署國大代表會議之決定，接受滕先生之指示，自即時起停止一切助選活動。

二、此次海內外同志努力並沒有白費，只是形式的挫折，卻是實質的成功。

三、「要民主、反獨裁」、「要統一、反獨台」是國家民族的共同長期奮鬥目標。我們呼籲：海內外無數參與這次運動的同志，切勿因一時形式的失敗而灰心失望，要更加踏勵奮發，團結起來，進入下一階段的奮鬥行列，必能獲得最後的成功。

中華民國支持林洋港先生、蔣緯國先生參選第八任正副總統總部

中華民國七十九年三月十六日

43. 龍旗　民國七十九年四月號

反獨護國，人人有責！

——《中國人反獨護國大同盟》成立大會紀要

／編輯部

■ 大同盟召集人方志平女士。

在當前台獨氣焰高囂張，我中華民族的光榮歷史受到漢奸空前挑戰之際，身處復興基地、與台獨分子短兵相接的兩千萬同胞，應該怎麼辦？

港台同步，影響深遠

十一月十七日，在台北市延平南路實踐堂宣告成立的《中國人反獨護國大同盟》，爲我們提供了最明確的答案。那就是：全民團結起來，立即採取有效行動，堅決制止台獨禍國殃民的罪行。此一組織在台灣及香港同步成立，立即引起海外同胞的廣泛響應。就連中華民國政府也高度重視；二天之後，行政院院長郝柏村先生在立法院呼籲全體同胞人人參與消除「台獨之癌」（參十一月二十日聯合報頭條新聞），此事足以證明，這個組織這樣做是完全正確的。

這個以反對台獨、維護中華文化、保護中國固有領土不被分裂爲宗旨的民間政治團體，是由前司法部長現任人權協會理事長查良鑑先生、前駐美大使夏功權先生、退役中將陶滌亞將軍、文藝家何志浩先生、老教育家方志平女士、名政論家丁中江先生、省籍前輩蔣渭川先生的秘書連行健先生、工商界領袖張伯英先生及張子良先生等一百五十多人共同發起的。而港澳的「反獨護國大同盟」則由香港政論家葉知秋先生、專欄作家林中堅先生及胡志偉先生、

■ 大會現場

青年學生李崇威及陳志雄先生，以及實業界人士吳華先生等三百多位各界人士同時發起的。

自十月十三日民進黨通過「台獨黨綱」，十六日國民黨中常會通過強烈譴責的決議文之後，海內外愛國人士激起高度的熱情，在短短的廿多天籌備期間，有關人員不約而同往返港台聯絡，立即開成了港台呼應的兩個盛大會議，這也就證明了「反獨護國」正是人同此心、心同此理的。（香港反獨大同盟方面，見另文報導，以下僅報導台灣情況）

精神指標，意義非凡

大會於下午二時三十分開始。當日風和日麗，正是周日下午出門的最好天氣，眞是老天爺也幫了大忙。會場八百多個座位，二時不到已座無虛席，後來者有站滿走廊的，來簽名表示支持因事離開的，再加上百餘位青年學生及工作人員估計與會者達一千七百人之多。自十一月十二日在自由之家召開第二次發起人會之後，僅僅五天的動員時間，竟然出席得如此熱烈，也可見「反獨護國」之情，在群衆中是何等高漲了。

會場布置得亮麗而莊嚴。最顯眼的是掛在舞台旁的紅底白字大對聯：

熱烈支持中國民主統一
堅決反對台獨禍國殃民

這副對聯，充分表現了整個大會的精神指標。在主席台正面布幕上，掛著國父孫中山先生的巨幅遺像，兩邊空白處還有紅字標語：

要做民主的功臣
莫做民族的罪人

這兩句話是從大會宣言中挑出來的警語，原意在對中國國民黨的忠告。事實上，這兩句話也是對兩岸執政黨的忠告。蓋中共強調民族主義來達成統一，卻避談民主主義，而國民黨則頗有相反的趨勢，只談民主主義，而忽略民族主義，由是寖假使台獨勢力高漲。兩岸當局對這兩句話都是應該深思的。

剛柔並濟，別開生面

「反獨護國」，無論作爲一個政治訴求抑或作爲一個民間運動，其性質都是戰鬥性的，即是剛性的。但這次成立大會的設計，處處突出柔性的一面，這可以說突破了多年來各種愛國會議的窠臼。全部大

圖一

圖二

圖一
■ 蘇蘭小姐
宣讀大會宣言。

圖二
■ 輔大學生洪慧貞小姐。
宣讀盟章

會過程顯示了如此別開生面的特色，是成功的最重要關鍵之一。

突出柔性的一面，主要表現在上台講話亮相者多爲女性，而且人人稱職，整體形成了出色的表現。她們是：

方志平女士：

大會主席。她曾任台灣省國語實驗小學校長、華興小學校長，現任私立大華中學董事長。從事教育工作逾五十年，桃李滿天下。（關於她的一生，龍旗第一二六期有專題報導）

戴家文小姐：

負責大會籌備工作報告。她從事反獨的社會工作逾十年，曾任荷蘭博士美公司秘書，現任龍旗雜誌副社長。

翟曼芳小姐：

大會司儀，她是歌壇一位熠熠新星。

洪慧貞小姐：

負責宣讀盟章，她是輔仁大學學生。

蘇蘭小姐：

負責宣讀大會宣言。她是一位「中國媽媽」，教育電台調頻「彩虹橋」節目主持人，也是著名朗誦家。

在全程一小時又四十分鐘的大會過程中， 這五位女性的出場佔了一小時以上，其餘四位男士出場時間不過佔三十分鐘左右，大會全程於是能充分烘托出剛柔並濟的感人氣氛。

旗隊出場，激勵人心

當司儀以甜美嘹亮的聲調，宣布大會開始，一項激勵人心的旗隊進場典禮，隨即出現。代表中華民國三十五行省及蒙、藏、海外地區的一面面國旗，由身披彩帶的三十九名中學的男生高舉著，依序一一進入會場。

在此同時，擔任此項典禮的主持者盛子棟老師，以慷慨激昂的聲音報出：

「第一面進場的是代表廣東省，因爲我們的國父是廣東人，廣東同胞對中華民國的建立，有最大的貢獻！

第二面進場的是代表湖北省，因爲辛亥武昌起義是發生在湖北省！

第三面進場的是代表江蘇省，因爲中華民國的首都南京，位於江蘇省！

第四面進場的是代表四川省，神聖的八年抗戰誰都忘不了先總統蔣公坐鎮重慶，領導全民抗戰，獲得最後勝利。

第五面進場的是代表台灣省，因爲台灣是我們中華民國的復興基地，是三民主義統一中國的大本營，也是中國人未來的希望所在！

第六面進場的代表華僑，因爲華僑是革命之母！

其他的各省代表國旗，請同時進入。

■ 旗隊出場，全場激昂！

不再一一宣告。因為它們都是中華民國神聖領土不可侵犯的一部份，都是我中華民族賴以生存的偉大空間！」

盛老師的雄渾聲調與如雷的掌聲交互響起。這是從未有的「開場禮」儀式，靈感來自龍旗副社長周湘蘋小姐所服務的公司的活動。在場上千位來賓的熱情登時拉高，許多人不禁熱盈眶，高昂情緒於是籠罩全場。

精銳盡出，一氣呵成

旗隊進場完畢，三十九名手持國旗的學生在主席台上中央排成弧形，構成了極莊嚴的畫面。然後便是唱國歌、向國旗暨國父遺像行三鞠躬禮、主席恭讀國父遺囑，一一依常禮行之如儀。

大會主席方女士，以雍容莊重的態度，鏗鏘而溫文的聲調，第一句就說：「我來台灣四十五年，一直都從事教育的工作。我不懂政治，但我深知國家安危與民衆的禍福，緊繫於政治！」立即贏得如雷的掌聲。她接著說，台灣二千萬同胞以及海外三千萬同胞在各種崗位上以四十多年時間的努力耕耘，才有今天台灣的富足繁榮；台灣模式是全中國的希望。不幸今天竟出現一些台獨分子，使我們的國家受到嚴重的挫折，甚至可能威脅到全體在台同胞的身家性命，每一個有良知有血性的中國人，都是痛心的。我們決不能任由那一小撮台獨分子胡作非為，拿中國人的希望去作賭注、拿我們二千萬同胞的身家性命去當他們的政治籌碼！在幾乎是一句一陣掌聲中，她最後強而有力地說：「反獨護國，人人有責；挺身而出，義無反顧！」在如暴風驟雨的掌聲中，人們不禁驚嘆：這位高齡七十五歲的老教育家，短短不到十分鐘的致詞，平淡無奇的用語，竟是迸發著如此巨大的震撼力。

接著由戴家文小姐上台報告大會籌備經過。這位儀態端莊的年輕女士，以冷靜而婉澈的聲調，層次分明地道出了籌備經過的內容（全文如附載）。會場鴉雀無聲，只聽她一字一字娓娓道來；似乎把人的情感帶到了詩境，令人有「低迴流水畔，惆悵落花蔭」的幻覺。她那最後一句：「如果再不做，就來不及了」在平靜聲調中含著幾許嗔怨和請求，多少人一時好像進入了禪定的空靈境界，直到她鞠躬轉身離開，才頓然醒悟過來；熱烈而長久的掌聲，伴她緩步走下台。

接下來便是三位以貴賓身分的簡短有力的致詞。

第一位上台的是「中國人（港澳）反獨護國大同盟」代表陳志雄先生。陳先生是一位電腦設計師，現年不到四十歲，曾

圖一

圖二

圖三

圖一
■ 美西僑界代表黃振華先生。
圖二
■ 陶滌亞將軍。
圖三
■ 港澳代表陳志雄先生。

在台灣工作兩年，現住香港。他對台獨分子的漢奸言行極爲了解，至感痛恨。他發言首先宣布：「中國人反獨護國大同盟港澳分盟」今天已在香港同步成立。他表示：十月十三日，當港澳地區僑胞獲悉民進黨將台獨列入黨綱時，無不萬分憤慨。大家一致認爲，中華民國是國父孫中山先生與許多革命先烈，拋頭顱、灑熱血，推翻滿清，驅逐帝國主義勢力，歷經千難萬險建立而成。在民國建立過程中，華僑作出了偉大的貢獻。在中華民國政府遷台的最困難時期，華僑支持不遺餘力。今天，他之所以毅然站在中華民國政府所在地台灣發言，是因爲華僑有責任維護中華民國的生存、發展。他說：「華僑在八十年前能做到的事情，今天照樣能做到！」「保護孫中山先生創立的政權，三千萬僑胞責無旁貸！」他以不純正的國語發言，但堅強而有力，鼓起一陣陣的激昂熱潮。 610

第二位發言的是代表美西僑界代表黃振華先生。黃先生在洛杉磯、舊金山一帶甚有名氣。他曾任美西華人反共會主席、洛杉磯中華會館主席，現任行政院僑委會僑務委員。龍旗第三十三期（七十二年十一月號）曾以封面人物介紹過他的事蹟。他以濃重的廣東腔國語發言代表美國華人共同的心聲，對台獨分子的禍國殃民罪行提出了嚴重的警告。他說：「如果台獨分子不懸崖勒馬，停止叛亂禍國的漢奸行爲，包你們會落到『地球之大，無容身之處』的地步！」

第三位發言的是陶滌亞將軍。陶先生是有名的儒將，當年蔣經國先生主持政治作戰工作時，陶先生的貢獻甚大。他雖爲本盟發起人之一，但兼具「中華戰略協會」監察人等數個身分，他以貴賓身分講話，代表老一輩革命家對本盟的期望。他十分鐘的簡短有力的發言，從戰略地位、現實利害、國家前途三方面，精闢地分析了台獨確是「禍國殃民」的行爲。他呼籲在台灣的全體同胞、所有的愛國團體，從今天起都要放棄「門戶之見」，與本同盟攜手合作，分兵合出才能擊敗台獨在未來一年中必將施展的陰謀。陶將軍今年已八十，身體健朗，頭腦清晰，望之如六十多歲的人。他的雄壯聲調，令人信服的說詞，使得在場許多老先生情不自禁地頻頻點頭。

接著是通過盟章，洪慧貞小姐清晰地宣讀後，主席問大家有無意見？立即響起熱烈的掌聲，一致贊同盟章的通過。

以「挺身而出，義無反顧」爲題的大會宣言不但文辭並茂，更由於由國內首屈一指的朗誦家蘇蘭小姐宣讀，頓時變成最感人的高潮。在字字悅耳、聲聲扣人心弦的朗誦過程中，幾乎是一句一陣掌聲；好多位來賓都流著淚拍紅了掌。還有幾位難

圖一

圖二

圖一
■ 音樂家潘亞懷教授指揮大合唱「國家」。
圖二
■ 盛子棟帶領高呼口號。

抑心情激動，悄悄走到走廊擦眼淚的。這篇宣言是由曾祥鐸教授起草，在十五日晚上，經丁中江、丁介民、陳綏民等人費了幾個鐘逐句研究添加意見，才完成的。在場聽了蘇蘭小姐的宣讀，人們才知什麼叫做「感人的宣言」。會後，這篇宣言也成了最重要的宣傳文件，很多人自動印發，在社會流傳散布，是打擊台毒的有力武器。

宣言讀畢，主席問大家：「剛才宣讀過程中，大家已不知鼓了多少次掌，相信沒有任何意見了吧？」立即響起狂風暴雨般的掌聲，無異議地通過了大會宣言。接著，主席宣布了由發起人會推選的執、監委名單，計有執行委員五十五位、監督委員十七位，這是依盟章第十條第二項規定而產生的。大家都無異議，全數通過。

大會於是進入最後程序──「終會禮」，這也是個別開生面的設計。

由音樂家潘亞懷教授指揮，全體肅立大合唱《國家》。三輪唱下來，慷慨激昂的情緒昇到最高點，然後由盛子棟老師帶領高呼口號，大會於是圓滿結束。

口號內容是：

反對台獨禍國殃民！
擁護政府，嚴懲台獨！
保衛國家，挽救台灣！
支持中國民主統一！
中華民國萬歲，萬歲，萬萬歲！

零缺點，帶來了信心

這次大會議程原定二小時，結果一氣呵成，僅用一小時又四十分就圓滿完成。而且自始至終，沒有一刻是冷場的。一個高潮接著一個高潮出現，而每個高潮中人們的情緒又有不同的變化，這是少有的成功大會。

這也就難怪，會後人人捨不得離開，紛紛成群地聚著討論如何展開反獨行動。許多人都表示：「我參加過不知多少次各種大會，未來沒有見過這麼好的。」

主要發起人之一的丁中江教授，會後頻頻對工作人員大喊：「零缺點，零缺點！太成功了，太成功了！」丁先生是知名之士，自己也參加過無數的國際級會議，他這種表示，當然不是客套的虛詞。

「好的開始，是成功的一半」，成立大會成功了，對往後的實際反獨工作，本盟的全體盟員也就有了極大的信心。

龍旗

■ 龍旗雜誌副社長戴家文小姐。

籌備處工作報告

戴家文

主席，各位先進，大家好！

我代表本盟籌備處全體工作同仁，做這個工作報告，至感榮幸！

現在分爲三點報告：

第一、在時間方面，本盟籌備得很倉促。

自從上個月十三日民進黨通過「台獨黨綱」，十六日中國國民黨中常會通過了譴責台獨禍國殃民的決議文，民間的許多人立即在各種場合形成了一致的共識，大家都認爲必須統合民間的力量，才能制止台獨的災禍。所以，從決定組織這個大會起，到今天成立大會爲時僅僅不到一個月。很多的籌備工作，都在倉促之中進行，沒有做得圓滿，請各位多原諒。

第二、在事務方面，本同盟籌備工作還算有效率：

自從決定成立本同盟之後，我們在短短的廿多天之內，開過三次座談會，三次籌備會，二次正式的發起人會，其間，並派人到香港、美國同當地的文化界、社團人士作了密集的連繫。至於一百多位發起人在各種公私場合作溝通的次數就難以計算了。今天這個大會實際只有五天的籌備時間，承蒙各界這麼熱烈的支持，可見「反獨」「護國」是人同此心、心同此理的

第三、在時機方面，本盟的成立迫在眉睫。

大家都可以預見得到，從現在起，到明年年底爲止，我們所熱愛的國家——中華民國將面臨嚴重的危機。下個月的國大代表選舉，如果台獨分子騙得很多選票，國家就危險了。明年三、四月間開國民大會，如果台獨分子搗亂成功，我們的憲政改革就會失敗。明年年底立法委員選舉，如果台獨分子得勢，他們的眼中釘——郝柏村院長就只好下台了。這三件事做不好，足以引發台灣內亂，那時，兩千萬台灣同胞身家性命不保。是多麼不幸的事。在這個民主多元的時代裡，民間的力量非常重要。國家存亡，在此一舉！所以，我們全體工作同仁，基於這樣的認知，才在二十多天，夜以繼日地工作。香港方面的同志也和我們同步成立，都是爲了積極保衛我們的國家，大家一起來，時機一慢，就來不及了。

以上報告，如有不當，敬請指教。謝謝！

《中國人反獨護國大同盟》緣起

十月十三日，民進黨竟敢冒天下之大不韙，悍然將所謂「台獨條款」列入其黨綱之中。這不啻置台灣地區二千萬同胞的身家性命於險境，視「憲法」、「國安法」、「刑法」及「人團法」等國法爲廢物。更是公然向中華民族大一統的文化理念挑戰，也是向十二億中國人的不容國土分裂的決心挑戰。是可忍，孰不可忍？

舉世共知，那撮民族敗類之所以膽敢如此猖狂，除了自恃有帝國主義者在幕後撐腰以外，中國國民黨多年來的姑息縱容，實亦難卸其責任。如今已經很明顯，儘管執政黨已於十月十六日中常會通過了強烈的決議文，也發表了嚴正的聲明，可是在各種主客觀條件的拘限下，其能有多大的作爲，海內外愛國同胞已心知肚明。甚至，殆將如既往一樣，國民黨階段性聲色俱厲的討伐之聲，徒然又給那撮民族敗類一次躍進式的發展機會而已！

可以斷言，欲有效地阻遏台獨勢力的蔓延擴張，除了有待海內外廣大同胞凝成抵制的力量以外，別無良策。因此，我們毅然發起《中國人反獨護國大同盟》政治性組織，期能團結志士仁人，爲民族之先鋒；採取一切可行的方法，作有計畫的持續奮鬥，才能徹底掃除「台獨」的禍國殃民罪惡。

《中國人反獨護國大同盟》是個廣泛團結的組織。歡迎海內外所有反對「台獨」的炎黃子孫來加盟；不論您原有的政治立場如何，也不論您屬于什麼黨派，只要反對台獨就行。捍衛國土，人人有責！

中國人反獨護國大同盟籌備會　敬撰

中華民國八十年（一九九一）十月三十一日

香港青年控告台獨分子叛亂案！

編按：「反獨護國大同盟」香港籌備處特派香港珠海大學博士班學生李崇威等五人專程來台，在律師顧洪昌陪同下，向台灣高等法院檢察署具狀控訴台獨分子林濁水、許信良二人叛亂罪。以下所登是狀子全文。

刑事告訴狀

告訴人：中國人反獨護國大同盟香港籌備處
代表人：李崇威，男，四四、十一、十二，學生，廣東
陳志雄，男，四一、四、四，商，廣東
譚海青，男，四八、五、卅一，社工，廣東
住址：香港九龍登打士街恆隆大廈九字樓A座
電話：七八〇九七三二
被告：林濁水，男
許信良，男
（年籍、地址貴處應知）
爲被告等涉嫌內亂罪，謹依法提起告訴事。

事實與證據

一、查被告林濁水，向來主張「台灣獨立」。今年十月十三日「民進黨」召開大會將「台獨條款」列入黨綱之中，乃林濁水所堅持之提案。而新任民進黨主席許信良，遠在十四年前（中華民國六十六年十一月間）即曾以「台獨」意識煽動群衆，造成「中壢事件」。六十八年潛逃美國主持「美麗島周刊」，發表「都市游擊手册」，侈言以暴力推翻中華民國政府，例如云：「金錢、武器、彈藥、爆炸物、車子都設法搶來。都市游擊隊員必須搶劫銀行與軍火庫，以便得到彈藥與爆炸物」「「搶奪」是我們後勤組織的第一步」造成台灣政府地區治安急劇惡化。」許近年潛返國內，雖受政府特赦，然怙惡不悛，

在當選該黨主席後，不但不摒棄台獨路線，且公開在傳播媒體揚言不懼政府對該黨列入「台獨條款」之謬行作任何處分，其狂妄之態，引起海內外中國人一致共憤。

二、查主張「台灣獨立」乃違反「中華民國憲法」、「國家安全法」、「人民團體法」，該黨將此條款列入黨綱，實已構成實行之程度，並構成刑法之內亂罪。

三、又查「台灣獨立」之本質，乃公然向中華傳統文化挑戰、向全球十二億中國人挑戰的無恥漢奸行為。其目標在推翻孫中山先生所創立之中華民國政府。告訴人等身為中國人，亦是孫中山先生之信徒，自有挺身提出告訴之天職。

謹致

台灣高等法院檢察署公鑒

證物：一、都市游擊手冊。二、游擊隊一百五十問。
三、龍旗雜誌。（第一二九期）

具狀人：李崇威
陳志雄
譚海濤

中華民國八十年十一月十三日

中國人反獨護國大同盟盟歌

●何志浩

反獨護國！護國反獨！
搞台獨的人，妄圖顛覆中華民國！
愛中國的人，決心保護中華民國！
政府要救台灣二千萬同胞的生命財產，
不讓少數暴亂分子，來搞禍國殃民的台獨！
同胞們！亂黨起來了！時勢危急了！
中國人趕快起來反台獨！趕快同盟來護國！
為保護民主憲政大團結，維持中華文化延續。
堅持國體不容變！國土不分裂！
堅持國號不許改！國格不可失！

反台獨大同盟打響頭炮

——「港澳各界聲討台獨大會」逾千人盛況空前

●林遠圖

人民是推動歷史前進的基本動力。在當前「台獨」勢力坐大、氣焰囂張，中國面臨國土可能分裂的嚴重危機，而執政國民黨又未能對「台獨」顯示足夠的反對決心和力量之形勢下，港澳台的愛國同胞，及時地自動自發地團結組織起來，於一九九一年十一月，同時各自成立了「中國人反獨護國大同盟」，以全力促進海內外民間大聯合反「台獨」運動，反制禍國殃民的分裂組織及其叛國活動。

「中國人（港澳）反台獨護國大同盟」，其發起人及核心領導層，由港澳一群青壯年的菁英分子構成。主席葉知秋是著名的中國問題專欄作家，副主席李崇威是香港珠海書院中國歷史研究所博士班研究生，執常委的陳志雄、譚海濤，則是擅長青年工作的社會活動分子；澳門的發起人陳平，更是一個精於思維的優良大腦，另一香港發起人李天驕，是香港現屆區議員。這個組合因此形成一個水準很高的思想庫，站在時代的前沿，具有敏銳的感覺和超前意識，同時具有開拓型的性格和組織活力。故這個團體一經凝聚力量，就以其不同凡響的風格發射能量。例如派出李崇威等五名重要成員，於去年十一月十三日，到台北最高法院按鈴申告台獨分子林濁水與許信良，爲台灣島內的反獨運動投一光輝。

這個以反獨、護國、促進民主統一爲宗旨的民間團體，在成立不到一個月的時間內，就聯合港澳數十個社團，舉行了一次大規模的聲討台獨禍國殃民罪行集會，足以顯示其潛能之深厚、行動之果敢。

港、台新聞界非常熱心和重視

「港澳各界聲討台獨禍國殃民罪行大會」，於十二月十四日下午三時，首先召開半個鐘頭的記者會，由港澳反獨大同盟正副主席葉知秋、李崇威主持。

由於香港當日有多個新聞熱點，如兩

討台獨檄

僞無良台獨者，漢奸遺孽，劣性難馴。祖充日使治台，寧作奸言受祿，其遺後代，自不甘心，淨護通敵之和，陰圖滅華之倂，翻枱撕搾，戚士愚性傳人，諱味爭鳴，胡說希圖惑求，上街頭之動武，擾社會之治安，加以匪盜為心，淙誠惑性，辱萬元首，激謗忠良，負義忘恩，缺民福國，民情之所共憤，國法之所不容，尤復包藏禍心，摧殘公物，憲章法紀，施之於目中，國家旌旗，踏之於地下，嗚呼！商伊尹之不在，周公旦之已亡，敗逆為非，增漢序之憂患，權匪作祟，致去途之道衰，老驥中華國民，居夷孳子，受主義之磨礪，荷黨國之栽培，者國代之傷心，良有以也。本孤匪之欲笑，豈徒然哉，用是氣情填膺，高呼討逆，令僑胞之所望，額志士之托心，爰採檄文，以誅奸賊，內聯俊彥，外集精英，敵愾同仇，志道相應，北熊絕跡，燕狐之命虜長，中土歸心，禹甸之光無逃，呼聲動而北方恐，正義張而東海澄，可憂則道德消沉，可慮則公權未顯，若取峻法，無法不張，若秉大公，無公不舉，君篤或居外地，或在中樞，或遵　國父之遺規，或受　蔣公之授命，言猶在耳，忠豈忘心，先賢之血未乾，烈士之功猶在，倘能執法崇紀，同力懲諸奸，共挽狂瀾之熱，毋負逝翁之托，同心共德，重整山河，若其罔顧前途，徘徊現狀，坐時詳奸之責，必留後患之憂，敉規執政之諸公，毋負同胞之厚望。

局舉辦「記者議員同樂日」、所有政治記者、採主、老總都被邀請參加。上午立法局又舉行會議，下午有抗議日本帝國主義南京大屠殺及其他請願活動，晚上又有紀念人權日，要求中共釋放民運人士的燭光晚會，記者的採訪日程早已排滿。故聲討大會主辦人擔心沒有記者到來採訪。

但出乎意料之外，不但香港各大報均有派出記者，而且港、台五家電視台都派出記者出席記者會及赴大會現場作全程採訪，包括香港的無線電視、亞洲電視，台灣的中視、華視及台視。無線電視和亞洲電視在當晚的新聞節目中，均多次播出記者會及大會的現場實況，其中以亞洲電視播放時間較長，鏡頭亦最多。

翌日，香港的東方日報、明報、星島日報、快報、天天日報、華僑日報、成報、香港時報等，都在頭版或新聞版作出顯要報導，並配上精彩照片和說明。台灣的中央日報、中國時報、聯合報、青年日報亦予顯著報導，大陸的中新社也發了電訊消息，台灣三家電視台亦於翌日作了詳盡播放，引起轟動效應。

由此反映了港、台新聞界對港澳反獨大同盟主辦的該次聲討大會，有不同尋常的熱心和重視。

聲討大會全場爆滿氣氛熱烈

聲討台獨大會於下午三時半在珠海書院禮堂舉行。二時左右已有不少人到會場入座，三時就坐滿會場八百多個座位，到大會正式開始時，會場後面和兩側的空間都站滿了人，來遲的人甚至站到禮堂外的人行道上。按簽名冊點算，已逾一千人，但由於遲來皆站到會場外而未能簽名，故即使最保守的估計，與會者亦有一千二百多人。

在反獨同盟正式成立不到一個月的短暫時間內，就能動員如此多各界人士參與反台獨大會，足以反映港澳僑胞對「台獨」恨之深、反之切的心態。

會場佈置簡樸而莊嚴，講台中央是中山先生像，兩邊掛著紅底白字的長對聯：

台獨逞陰謀，裂土紛爭，危及基地安全，亂黨殃民應法辦。

僑胞同激憤，精誠團結，聯合全球聲討，叛亂禍國罪難饒。

此外，會場三面亦掛滿大標語，如「捍衛國土，人人有責！」，「台獨漢奸數典忘祖，神聖國土豈容分裂！」「挺身而出，義無反顧！」「為了維護中國領土完整，一定要反台獨！」「為了中華民族共同利益，一定要反台獨！」「反台獨，反

■ 大會主席葉知秋先生。

分裂；為民族，為國家」。最引人注目的，還是貼在會場入口大型宣傳板上的「討台獨檄」，這篇仿「討武 檄」句寫成的檄文，引起記者和各界人士極大的興趣和關注，它和大對聯和大標語一樣，集中反映了僑胞反台獨情緒的高漲。

「獨」既動，反「獨」亦要動！

大會主席葉知秋在發言時表示，今天的聲討大會，只是一次「反台獨護國運動」在香港的熱身，今後還有一系列的後續行動。這個運動的興起，可謂因緣際會，時勢所趨。民進黨將「台獨」作為行動綱領是緣起，而蘇聯分裂的危機對中國的影響，則令中國人防止國家民族四分五裂具有更大的緊迫感，因此反「獨」已成為中國的當務之急。

葉知秋指出，「台獨」並非光是台灣的問題，對港澳也有衝擊和影響，因為「台獨」會使國家陷入動亂，甚至發生內戰災難，香港亦不能倖免。因而「九七」只是小問題，反獨護國才是頭號重大問題。他強調大同盟「反台獨—護國—統一」的目標是有生命力的理論體系，故呼籲港澳人士要有長遠眼光，全力推動海內外民間大聯合反台獨運動，以形成全體中國人最廣泛的聯合陣線，挽救中國可能分裂的嚴重危機，以實際行動投入救國救港的行列之中。

總盟人員涖臨鼓勵

台北的「中國人反獨護國大同盟」，派出一個代表團專程來港出席這次大會。率團的是中華戰略學會常務監事召集人、反獨大同盟監常委、年屆八十高齡的陶滌亞將軍，以及總盟秘書長勞政武先生。

他們在致詞時，高度讚揚香港同胞的愛國熱情，說「六四」大遊行、為華東災民籌款，及今次聲討台獨大會，都顯示香港人最愛國，超越了台灣人；大陸同胞看到香港人的義舉也應很感動。他們認為，海峽兩岸及港澳應該加強合作，在民主、自由、平等互惠的情況下統一起來，這才是消除台獨禍患的正確途徑。他們強調，在今後一年多日子，將是台灣局勢最嚴峻的時期，最近的國大代表選舉、第二屆國大開會，接著的立委選舉，都是不肯定因素，若能化解台獨危機，則中國前途將是光明的，下一世紀將是中國世紀。（他們致詞全文見另文）

氣氛極熱烈的一次集會

香港的代表譚超俊和彭華強在發言時，

■ 燒民進黨黨旗。

強調反「台獨」的意義和迫切性，指出港澳僑胞絕大多數都是反「台獨」的，並呼籲全球僑胞發起「一人一信」運動，以促使台北當局盡快處理「台獨」組織和分子的犯罪活動。此外還有來自澳門和美洲的代表發言。

大會主席、代表及嘉賓發言時，都非常精簡有力，慷慨激昂，與台下打成一片，故不斷出現自發的鼓掌和吶喊，反應十分強烈。大會宣言宣讀後，香港華青聯會的青年上台焚燒民進黨的黨旗和黨綱，全場高呼反台獨口號，令大會氣氛推向最高潮。

大會臨結束前，還有一項極其象徵意義的儀式，就是由大會主席葉知秋，向陶滌亞將軍致送「討台獨檄」，希望陶將軍帶回台灣，掀起討伐「台獨」的更大洪流；並顯示海內外中國人團結一致反台獨的決心和勇氣。

聲討大會在一小時半的過程中，組織安排緊湊嚴密，一氣呵成，幾乎每個程序都引發強烈共振，高潮迭起。當日會場由於沒有空氣調節，且擠滿一千多人，空氣本來相當悶熱，但與會者均無怨言，一直堅持到大會結束，許多人還不願離去，包圍著主席、嘉賓熱烈交換反台獨的看法。不少記者也不辭辛勞，找對象進行採訪，令在場者感動得熱淚盈眶。

在同類集會中，無論是參與人數的踴躍、還是組織的周到，抑或氣氛之濃厚，都是香港歷史上從未見過的。因此可以毫不誇張地評價，這是一次團結的大會、成功的大會，所有的參與者都以最眞誠的投入感，共同寫下了一頁反台獨運動的歷史。其影響力必將輻射到大陸、台灣，並擴散到所有海外華人社會。這對海內外全體中國人在「反獨—護國—統一」的共識上形成最廣泛的聯合陣線，肯定產生有益有建設性的效應。

具有歷史意義的起點

中國已進入統一與分裂，光明與黑暗大決戰的時刻。要使中國不步蘇聯的後塵四分五裂，要使香港有繼續安定繁榮的前途，要使台灣的政經成就保持不墜，現在很大程度上並不決定於兩岸的官方，而有賴於民間能否走在官方的前頭，以國家民族爲念，並以強烈的歷史感團結起來，積累足夠的民間政治能量，嚴防中國再開歷史倒車，促使兩岸的當局朝著「反獨—護國—民主統一」的正確路線前進。

國家興亡，匹夫有責，此其時矣！

要寫歷史的新頁

——「中國人（港澳）反獨護國大同盟」千人餐會紀實

／編輯部

■ 動員餐會現場

正式註册成立只有一個多月的《中國人（港澳）反獨護國大同盟》，繼去年十二月十四日在珠海書院禮堂成功召開「港澳各界聲討台獨禍國殃民罪行大會」後，又於元月六日晚上，假九龍尖東的新世界中心海城大酒樓夜總會大廳，主辦「港澳各界反台獨動員餐會」。筵開一百零三席，參加者異常踴躍，餐券供不應求，推出幾天便搶購一空。許多熱心的市民紛紛來電，爲失去參與的機會而抱怨。主辦單位人員只好請他們多多原諒，並要求他們留下姓名地址，下次舉辦活動一定優先邀請他們參加。

在國內的「中國人反獨護國大同盟」總盟，除了由執常委夏功權伉儷、資訊部主任朱怡先生及勞政武秘書長專程前往參加外，並發動了在港澳的好友、商界有力人士二十多位參與。另外澳門的主要幹部吳華、陳平等亦率領了數十位熱心人士專程參加。

香港各宣傳媒體都派了記者與會。他們到達會場，看到前所未有的盛大場面，不禁有吃了一驚的感覺。因爲有經驗的記者都了解，在香港這個工商業高度發達的地方，除了辦慈善餐會以外，無論國民黨也好，共產黨也好，歷來都未能辦過一個如此規模的餐會。每年雙十節，「右派」社團慶祝餐會也不過七、八十席而已。最重要的關鍵還不是席數的多少，而是費用是否自付。由國共兩方所辦的餐會，都有公家補助，中共方面尤其全部公費的。但這次由「港澳盟」辦的餐會，完全由參與

■ 元月五日晚夏功權先生在楊下飯店的咖啡廳與港澳盟人員商談。

者自費購餐券的。這才是空前可貴之舉！

空前的「能量發射」

在短短個多月時間內，「港澳盟」就主辦了兩次極具規模、聲勢浩大的反台獨集會。足以顯示，這個民間團體有多麼強大的生命力。（上月活動請參閱本刊上期專輯）

誠如這次餐會主席台兩邊的掛幅寫著：「反獨護國促統一，我們正在寫歷史」，反映了這個團體崇高的使命感。唯其有這種歷史使命感，才能產生「精誠所至，金石為開」的效果。「港澳盟」的立場是超黨派及高於黨派的，是以國家民族的最高利益為出發點。這不僅為她帶來巨大的動力源泉，也為他提供了廣闊的「市場」空間和活動契機。

「港澳盟」的發起人和核心領導層，由港澳一群青壯年的精英分子組成。其第一個優勢就是精通兩岸朝野的思維及行為方式，對左、中、右立場和觀點的中國人都可溝通，可突破有形或無形的障礙產生影響及凝聚效應，促使兩岸發展良性互動。第二個優勢就是有一個水準較高的思想庫，站在大變動時代的前沿，具有敏銳的感覺和超前意識，可勝任指導海內外民間大聯合反獨護國運動。第三個優勢就是具有開拓型的性格及健全的組織活力。正因為「港澳盟」具備上述三個長處，所以成立不久便能動員和凝聚可觀的民間力量，並以其不同凡響的風格、釋放「能量」。

餐會過程圓滿

元月六日星期一，香港經數天陰雨後，放晴了。這是老天也幫忙，使各界來賓更加踴躍。

原定下午七時半的餐會，六時許已坐了一半人，七時已座無虛席。這時，由正副主席葉知秋、李崇威主持的記者招待會，在大廳邊間的貴賓室中進行。中英文各報記者熱鬧非凡，紛紛提出各種問題。有些報紙並要求在餐會以後找時間來做專訪報導。另外，在大會廳中，播放著台北總盟成立大會的錄影帶，來賓看得感動不已，逐漸昇高了對台獨的同仇敵愾氣氛。

七時半，從台北來的嘉賓，分別被引導坐在三張首席上。包括國民黨港澳最高領導人陳志輝、文協負責人張寒松、中華旅運社高級幹部、名作家蔡省三等在內的嘉賓亦分別坐在這三席。

餐會開始，在香港電視台任節目主持人的一位青年宣布全體肅立，向國父孫中

■ 夏功權先生以首席貴賓身份出席

山先生遺像行三鞠躬禮。接著，由珠海書院十位男女學生上台領導唱愛國歌曲「梅花」、「中國一定強」、「我愛中華」三首。千多位來賓一齊拍手和著，全場洋溢著無比動人的氣氛。

隨後，由主席葉知秋致歡迎詞。他指出，這次餐會是「慶功宴」，也是「動員會」。港澳反獨同盟成立僅僅一個多月，就有了三次行動，第一次是十一月十三日到台北高等法院檢察署控告許信良、林濁水涉嫌叛亂。第二次是十二月十四日在香港珠海大學舉行的「聲討台獨禍國殃民大會」，這次聲勢浩大的行動，透過媒體的報導，配合「台北反獨同盟」的有效行動，對同月二十一日的國大代表選舉投票產生了不容忽視的影響。台獨分子的挫敗，尤其林濁水的落選、許信良親自督戰的桃園中壢選區徹底敗北，都有港澳同胞的反獨行動的重大貢獻在內。第三次就是今天這個餐會，所以也是「慶功宴」。

他並指出，台獨分子是絕對不死心的，從他們在挫敗後歷次發表的談話，一味將責任推給別人，這種態度就是充分的證明。因此，反獨工作不但有繼續的必要，而且必須加以擴張、深化。尤其，今天還要面臨二次戰役，即三、四月間的修憲和年底的立委選舉，台獨分子必會捲土重來，我們要做好工作，準備給他們迎頭痛擊。

他最後指出，「港同盟」反獨今後的工作，除了反台獨之外，舉凡有害中國民主統一的都應反對，例如「藏獨」就是。他表示，今後具體工作分二途進行，一是立即展開青年反獨人才的網羅與研習工作，一是從「反獨」到「護國」到「統一」的理論體系的完成。

之後，由夏功權先生以首席貴賓身分講話。夏先生是中華民國最後一任的駐美大使，目前在一個化工公司任董事長。他的一生貢獻和夫人的風範，葉知秋已另有一文介紹了。因為夏先生是浙江人，恐怕在坐一些嘉賓聽不清楚，故由勞政武秘書長作即席的粵語翻譯。上次聲討大會時，勞先生曾以國、粵語雙聲發表演說，掀起了大會的高潮。這次原本排定他演說，他會前表示，該講的話已講過了，並且登在發給每人一冊的龍旗雜誌上，故不必要浪費嘉賓的時間。但為了夏先生的講詞能在現場發揮更大的作用，所以他自願改為擔任粵與翻譯。（夏先生講詞全文見後）。

接著，司儀宣布餐會開始。在約一小時進餐過程中，除有歌星演唱助興之外，並由副主席李崇威作工作報告，及請求未加盟者如何填表加盟等細節。有一位黃姓新加坡商人在感動之餘，要求上台講話。

■（前排左起）張偉先先生、李崇威先生、池振南先生、勞政武先生、江鏡清先生

他除了率先捐出港幣一千元以外，並呼籲大家捐助。席間，愛國人士紛紛慷慨解囊，當場捐了近五萬港幣，對短絀的經費大有幫助。

最後，港澳盟正副主席及秘書長林中堅三人一齊上台向全體嘉賓敬酒致謝。台北總盟的夏功權伉儷、勞秘書長及朱主任四人接著上台，向全體在座的一千餘位港澳同胞敬酒致意，並賀餐會成功，祝未來的戰鬥勝利。

晚間九時整，餐會圓滿結束。

要寫出歷史的新頁

誠如林中堅秘書長在港報發表的文章所寫的，「反獨護國大同盟」港台聯線戰鬥，在短短的一個多月內，已寫下了輝煌的歷史篇章。這個組織的取向，完全撇開了「左」「中」「右」等原有黨派的政治立場，成功地凝結了各界的力量，組織了自抗日戰爭勝利以來，前所未有的眞正「愛國統一戰線」。這次餐會，「左派」方面不但派了「關察員」來參加，翌日的《大公報》也發了消息。這是首次的表示，其意義自不尋常。不過，現在「左派」做事「仍放不開」作風，也由此可見一斑。

會後，一些記者曾「著重」地一再詢問葉知秋，是否願意接受台灣或中共方面的幫助？葉知秋十分坦然地表示，「反獨是兩岸當局一再申明的政策，現在這種工作由我們純民間的老百姓出錢出力做了，他們應該在內心有所感慨才是。本盟應當接受任何中國人黨派的幫助，除了台獨以外都應接受。希望今後他們大力支持，國、共雙方在具體反獨行動上光講不做都是不應該的！」

港台的「反台獨大同盟」，肩負著重任，登上歷史舞台是合乎邏輯的，是順乎「台獨既動，反台獨亦要動」的潮流應運而生的。其發射的頻率，符合海內外絕大多數中國人的心靈電波，定能觸發共震而產生巨大能量。

一九九二新年伊始，但願這個聯線團體的工作和活動，有進一步的發展和新的突破，在「反獨、護國、促統一」的課題上，寫出兩岸當局不能寫出的歷史。

■ 餐會主席葉知秋先生

反獨護國・再接再勵

——元月六日在香港千人餐會致詞——

●夏功權

葉主席、各位愛國的同胞、各位女士、各位先生：

今天我和內人、以及台北總盟的同仁勞政武秘書長、朱怡主任，受到邀請，專程來參加這個盛大的餐會，以表達在台灣國人的情緒，感到非常榮幸。

看到參加餐會的同胞們是如此的熱烈，使我們想到 國父孫中山先生當年的革命事業，香港正是重要的基地。其原因不僅是香港的地理位置優越，更重要的是香港同胞的使命感和愛國心，歷來就是卓越超群的。今天這個盛會就是最好的證明。

各位都瞭解到，「台獨」是中華民族的公敵。他們主張分裂國土，不認同中華文化，甚至自稱不是中國人，這是中國歷史上任何叛徒所未曾有的。我們今天反獨護國，完全是站在中華民族立場，站在一個中國人的立場支持政府，應該盡的一份責任。

台北和香港澳門的愛國同胞，這兩個月來為反獨護國做了不少的事，已作出巨大的貢獻。上月二十一日國大代表選舉，已使台獨分子受到空前的挫敗，這就是香港和其他地區響應感動了大部份民衆投票的結果。

但是，台獨分子一來是權慾薰心、二則背後有外國政客嗾使，他們這次雖然受到挫折，但絕對不會死心塌地的放棄其錯誤的目標。今年三月間，召開國民大會，他們會想辦法搗亂。年底改選立法委員，他們更會想捲土重來。所以，我們的反獨工作不能鬆懈，應該廣泛團結，深化組織，為未來兩仗做好準備工作。透過香港地區的呼應，並號召美洲和歐洲的國人，更使得中華民國的民衆有所激勵，未來立法委員選舉，絕對不要投票給主張台獨的人。

今天這個餐會，既是慶功宴，也是為未來而作準備的。我相信，這樣努力下去，一定可以徹底消除禍國殃民的「台獨」勢力。

現在順便講一點我的經歷。在對日抗戰之中，我參加了空軍。但是當時的空軍人事條例規定「獨子不可以飛行」，我遭遇了退學。於是我轉到陸軍機械化部隊去；當時，我同一位姓汪的同學一起坐車到重慶。在車上，我問他「你什麼時候可以犧牲？」他說：「我帶一連兵，反攻到北平的城樓，我自己犧牲也滿足了」。我說：「我還不滿足，我要看到東北和台灣都還給我們，我自己犧牲才滿足」。以後到民國二十九年，空軍人事條例改變了，獨子可以飛，不過要家長同意，因此我母親作書面同意我飛。三十四年我的飛機被打下來，我跳傘、我流血，但是活到現在。因此，「台灣獨立」我是誓死反對的。

最後，呼籲我們不可以鬆懈，我們要再接再厲，督促中華民國政府，讓法治的社會從台灣一個角落推展開來。

敬祝各位健康、勝利、成功！

對「台獨」問題的認識與對策

——在十二月六日港澳各界反獨大會上專題演講

／勞政武

我是台北《中國人反獨護國大同盟》總盟的秘書長、龍旗雜誌負責人。昨天下午趕來香港，專程參加這次盛會，晚上就回台北。由此可見，這次大會，在台北的反獨人士是非常關心的。看到如此盛大的集會，內心十分感動。這一年來，不時有朋友發出疑問：「台獨是台灣的事，為什麼來香港反？」從今天會場的盛況看來，相信用不著解釋，事實已回答了一切。港澳同胞對國家民族向來是最熱心的！

我今天要講的專題是「對台獨問題的認識與對策」，打算分為五點來說明。只是時間有限，不容詳細地講，所以在疑問可能較小的地方，我只能提綱式的帶過去，特先行說明。

一、當前「台獨問題」的嚴重性

剛才何家驊先生說，台獨不成氣候，沒有什麼了不起。這話是沒有錯。但是從這十多年的發展趨勢看，恐怕這個問題不容我們掉以輕心。何況，「對敵寧可高估，切勿低估」是戰鬥原理，我們寧可高估「台獨問題」的嚴重性，才會提高警惕、積極行動，消除大禍於未萌。

我昨天才從杭州趕來，這次用了五天的時間，到浙江嘉興和杭州，主要是看一位企業家的具體教育計畫，也參加了香港查良鏞（金庸）先生捐贈的圖書館破土典禮。嘉興市區有個南湖，那是中共創立的地方。一九二一年中共在全國只有五十多位成員，由十三個代表跑到南湖一艘小舫上開會，就創立了「中國共產黨」。從此以後，不過幾年之間，它的成員已增加到數萬；二十八年後，席捲了整個中國大陸。我這次到南湖看了，心理有無數的感概：一個政治團體，居然如此快速發展，而雖然今天已證明這個團體所信仰的主義是錯的，它所揭示的最高目標只是人類社會不可能做到的烏托邦，但已造成的損失又怎能補救呢？所以我從中共的例子，說明對「台獨」的破壞力，我們真的不可以掉以輕心。

如果有所謂「反獨先鋒」，本人算得上是其中一分子。早在十三年前—一九七八年十二月五日發生的「中山堂事件」，我和一羣朋友就率先反台獨了，那時一般民眾根本不知道「台獨」這個名詞。第二年，我們辦了《疾風雜誌》，糾合民間愛國人士，專門同《美麗島》集團對抗。一九七九年九月八日還發生了一個「中泰賓館事件」，相信在座有些長輩記憶猶新。

那時，《美麗島》那班人還不敢公開主張台獨，自稱「黨外人士」，只喊「民主」、「台灣人出頭天」等迂迴性的口號。但我們一眼就看穿他們真正目標是要搞「台獨」，所以堅決反對。當時，許多書生學者對我們十分不以為然，認為我們是「

■勞政武先生

極端」，是「反民主」；這些人到了今天，却都變成了最堅決的反獨人士。他們其中有些人「反獨」反得比我們更激烈，甚至喊出「寧共毋獨」的口號了。

我講這段往事，不是要自我標榜有什麼「先見之明」，而是不得不以十三年來的親身經歷來向各位做見證：「台獨」勢力是一天天大起來，不是一天天小下去的。這個發展趨勢，難道還不嚴重嗎？當然，台獨再壯大，也做不到中共那種席捲大陸的結果。但是大到取代國民黨政權而引起島內全面暴亂，使得中共不得不出兵解決，是有相當可能性的。所以「反獨」就是要阻止這種事的發生，這是義行，也是善舉。

再就現在來看。目前全世界的各派台獨分子雲集台灣參與選舉。今年他們不強調「台獨」訴求，而改喊「一中一台」。各位不要以為這口號在台灣完全沒有市場，依我看是相當能迷惑一些羣眾的。因為台灣經日本人五十年的統治，又經國共對峙四十多年與大陸的分離，絕大多數的台灣省同胞對大陸缺乏深厚的感情，是自然的。最近幾年開放大陸探親、經商、旅遊，很多人回去大陸，看到如此貧窮落後的景象，油然生出「莫如在台灣求自保」的想法，也是自然的。所以，「一中一台」這個口號，含意就是承認「中華人民共和國」，廢除「中華民國」，放棄「統一中國」的使命，另建立一個「台灣國」以求自保，這種想法在台灣民間不是完全「沒有市場」的。這種心態，也許香港同胞不容易想像。

二、國民黨內部的嚴重問題

如果說，過去「台獨」之所以能夠逐漸壯大，是拜國民黨縱容姑息之賜；今天已發展到了國民黨內部也有很多人是傾向「台獨」的。「台獨」作為國民黨的「外敵」，並不足成為大患，可怕的是台獨成了國民黨的「內憂」。這才是當前最嚴重的問題。

目前國民黨內有夥人，根本就是台獨分子。他們除了未同民進黨公開喊「終結中華民國」之類口號以外，什麼「一中一台」、「反郝」、「反對統一」等想法都是一致的。他們不光是想法而已，顯然還有某種謀略行動。大家都知道，他們出面的是立法院「集思會」吳梓、林鈺祥、黃主文、陳哲男那幫人，幕後必有更高階層次者在設計和支持，還有龐大的財團在供養，而這些財團主要是同日本人有關的。要不是這樣，憑那幾名風派型政客不可能膽大如此的。

遠的不多說，就看看他們最近的一些

做法好了。他們拼命喊「擁護李登輝、打倒郝柏村」、「國民黨台灣化」，這是搞什麼東西？更奇怪的是，黨中央對這種喊法居然也不予制止，並且大力鼓勵黨提名的候選人去打「李登輝牌」。試問郝院長主政二年半以來，有何不對？郝柏村向來堅持鮮明的「反台獨」立場，民進黨恨他是理所當然的，但國民黨人有什麼理由跟民進黨一同去「倒郝」？

更荒謬的是，他們把前任行政院長李煥、前總統府秘書長沈昌煥、前立法院長梁肅戎及現任退輔會主委許歷農四人，公開指罵為「賣台四奸」，只因他們四人都是外省籍大老又堅決反台獨，反對「一中一台」。這四位黨國大老一生忠貞耿耿，貢獻極大，眾所周知。之所以遭受此污衊，唯一的原因就是欺負他們是外省人。集思會及其幕後的陰謀集團以「省籍分化」為手段，達成「國民黨台灣化」之目標，就是現在在國民黨內最嚴重的危機。

在台灣的許多外省籍同胞，現在都有深重的危機感，這就是國民黨內的少數本省籍政客如吳梓、陳哲男之流挑起來的。他們這樣做，其實很愚笨。現在在台灣的外省籍人士最少也有三百萬人，三百萬人不穩當然不可能有穩定的台灣。台灣一旦面臨戰火，損失最少的恐怕是外省人，因為他們絕大多數是窮人。富人與窮人打架，吃虧的當然是富人。何況大陸十一億同胞、香港六百萬同胞都是「外省人」，迫得在台灣的外省人沒有出路，同大陸及海外十二億同胞團結起來一致對抗，其結果會怎樣？同大陸同胞、海外僑胞團結起來一齊反台獨，加速中國的民主統一，當然不是「賣台」。恰恰相反，正是阻止「台獨」的賣台行為。他們向外國投靠，出賣國土，堅決反對他們才是民族大義。如果國民黨內的「獨台」分子不瞭解這個道理，反說李煥等人「賣台」這不是愚蠢嗎？

總之，今天真正的問題，是有人在國民黨內部搞「國民黨台灣化」。如果國民黨不出問題，「台獨」根本不成問題，這是去年選舉國大代表時已經證明的。

三、反「台獨」的重要性

剛才有位先生講，「反台獨大會」應該到台灣去開，到香港來反有什麼用？我想回答這話：我們不但要在香港開，還想到大陸去開，最好到全世界華人地區都開。為什麼要這樣做？

第一，因為法律的廢止與修改，現在在台灣要「依法」處理台獨，是不可能的。到現在還有人要求中華民國政府依法嚴辦台獨，這是白說而已；政府必然依法行政，既已無法可依，「台獨」在台灣已經合法化，政府有什麼辦法取締？但是「台獨」是一定要反的，不反的結果嚴重，剛才已經講清楚了。怎樣「反」法？在這個民主時代，「民主政治」就是「民意政治」；所以唯一有效可行的方法，就是由海內到海外，民間形成一致的共識，使人人知道「台獨」的嚴重，人人指責「台獨」的可恥。這樣，台獨分子就會在「千夫所指，無疾而死」的情況下，被孤立而不發生作用了。

第二，對於「國民黨台灣化」，請各位高度注意。我們十一月十五日在台北開了一次很成功的「反獨、護台、保國動員大會」，發表一篇廣為各界注意的宣言，宣言中提到國民黨危機嚴重，特別要以兩段歷史來做警惕。

其中一段是說，國民黨九十多年歷史顯示，它是個「勝敗循環」的黨。辛亥革命勝利後，革命果實立即被袁世凱等軍閥搶去。抗戰勝利後，革命果實又被中共奪去。今天在復興基地奮鬥了四十多年，三民主義建設又勝利了，看現在這個形勢，恐怕這個成果又會毀在「台獨」手裡了。我們身為國民黨員，觀照歷史，看看現在，能夠不擔憂嗎？能夠甘心這個黨毀在「台獨」手裡嗎？

另有一段指出，民國三十四年，即是一九四五年五月至七月，中共召開第七次

龍旗　民國八十二年元月號・二月號合刊本 12

■十一月十五日港澳代表來台開反獨大會後，獲邱創煥資政設宴款待後留影。

全國代表大會，即簡稱「七大」的，形成了以毛澤東為中心的一個堅強的戰鬥體。當時國民黨在重慶也召開了第六次全國代表大會，簡稱「六全」，却是個派系紛爭的分裂大會。團結對分裂，結果就是造成了四年後國民黨兵敗如山倒退到台灣。今天中共又成功第開了「十四大」，也是一個足以同「七大」相比的團結大會。反觀國民黨，最近也準備開「十四全」，而種種亂象這麼嚴重，恐怕這個大會沒有什麼可樂觀的了。

身為國民黨黨員，尤其是居住在海外及港澳地區的國民黨人都清楚，這個黨是孫中山先生主要靠華僑力量創建的，九十多年來全世界的華僑對這個黨貢獻極多，這個黨也就成了全世界華僑的精神寄託，也是制衡中共、使中共走向和平民主轉變的有效力量。現在佔著高位的一些幹部或領導人，竟然要把國民黨「台灣化」，改「中國國民黨」為「台灣國民黨」，這根本是篡黨叛黨嘛！相信是大家不能容忍的。

李登輝接任黨主席之初，強調的是上帝意旨及蔣故主席經國先生遺志，近年來一味強調「民意」，他說的「民意」是什麼？大家都清楚，所指的不過是台灣地區的「民意」。所以，全世界的黨員、華人都應該團結起來，向他表達清楚十二億中國人的「民意」是什麼！這也就是為了救黨，必須來香港開會，將來還要到海外各國，甚至要到大陸開會的原因。

四、具體的做法

去年十一月，港澳與台北同步成立了「反獨護國大同盟」，做了很多事，取得很大的成績；在座各位很多人曾參加了，相信很清楚。

但是，我們覺得如果再像去年一樣，只由「反獨護國大同盟」一個團體來做，已經不能發揮太大的效用，因為現在「台獨」與國民黨內問題糾在一起，比去年更加嚴重了。所以我們主張要團結很多民間團體，一齊來做，才能形成全世界性的「反獨運動」。

就在這種構想下，我們現階段已做或即將做下列工作：

1、十一月十五日，由十五個著名而形象良好的社團，在台北市實踐堂舉行了一次成功的「反獨、護台、保國動員大會」。發表了強而有力的宣言，做成傳單，正在台灣全省散發。

2、上項大會已達成決議，立即籌組一個「反獨行動聯盟」，廣泛邀請海內外人士及團體加盟，採取一致的反獨行動。這個決議已在台北執行，展開了籌備工作。

3、今天十二月六日，八十六個社團聯合在這裡舉行「港澳反獨大會」。會後並計劃派代表赴台，向總統、中央黨部及行政院表達各位的意見。

4、大後天，十二月九日，三十多個團體將在台中舉行一個大型的反獨大會。

5、十二日，台南地區將舉行反獨大會。

6、十三日，高雄屏東地區將舉行反獨大會。

總之，我們的構想是，這次中華民國第二屆立法委員選舉，我們盡可能在台灣各地及港澳舉行同類型的大會，使這「第一階段戰鬥」能發揮一點力量。但以後三到五年內，將是決定國家前途的歷史關頭，也是「兩岸三邊」關係將有重大變化的時刻，民間「反獨」工作應該發生作用才行。所以，今天這個大會，不是開完了就算，更重要的是為未來三到五年內的各種戰役奠定條件的。

五、最高理念的指標

最後，我特別請求各位注意一點，就是思想如何不迷亂的問題。

依我個人淺見，現在無論在台灣，或在香港，有相當多的人是思想迷亂的。「台獨」就是對中國統一前途沒有信心而產生最嚴重的思想迷亂的結果。「國民黨台灣化」的想法，也是一些人思想迷亂的結果。

坦白說，最近李登輝主席喊「反對台獨」、「反對一中一台」，是對的，却加上個「反急統」，可能他以為這就叫做走「中道」，我看大有商榷的餘地。他沒有說明「急統」的定義是什麼。如果「急統」指的是不管一切接受中共統一模式，我想恐怕沒有這種人。現在包括李慶華他們這些主張統一的檯面人物，他們要求的「統一」，不過是要求兩岸當局盡量多做快做有利於統一目標達成的事，例如通航、中共加速民主化、中共不可在國際打壓台灣啦⋯⋯等等，這些不正是「國統綱領」規定的，也是國民黨揭示的最終目標嗎？「急」要達成此目標的人，怎可成了國民黨「反」的對象？我看這個問題，李主席恐怕內心也有點「迷亂」。他本來是農經專家，在政治思想方面本來不怎麼樣，他在這方面接受了別人不成熟的意見，就說什麼「反急統」，成了人云亦云，也是可以理解的。

再看香港這裡，有些人可能是因為十分痛恨中共，在情感上對「統一」一詞變得難以接受，甚至對台灣的「統派」人士也有微詞，以為他們「倒向中共」了。這是不能把「目標」與「方法」分清，而產生的思想迷亂的結果。

有鑒於此，我要在此鄭重提出「和平、民主、統一」六個字，作為理念的標準，以供大家參考。

「和平」，中國人再不可自己打自己，一切問題應以和平方式解決。我想這個指標不會有人持異議。

「民主」，中國政治應走向民主的道路。民主是上位概念，當然包括「自由、平等、均富」在內。我想這個「民主，大家不會反對。就是中共裡少數既得利益的當權派，雖然心中不願意，嘴巴也不能表示反對。

「統一」，就是中國必須儘速統一，再造漢唐的盛世，建設下個世紀為「中國人的世紀」。我想除了「台獨」分子以外，沒有中國人會對這個概念反對的。

因此，「和平、民主、統一」，就是我們當前最高思想指標。中共只提「和平統一」，從不加上「民主」兩個字，所以我們要向中共爭取。台獨只標榜「和平、民主」明白地反對「統一」，所以我們要堅決的反對。

我相信，只要以「和平、民主、統一」這三個概念來衡量政治上一切，是非立辨，思想就不會有迷亂了。人的行為是思想所主宰的，思想不迷亂，行動自然沒有問題了。這點很重要，所以特別強調，以就教於各位先進。謝謝！

◆

第三篇 分歧檔案

目錄

◈ 七十六年（一九八七）

◈ 七十七年（一九八八）

七十八年（一九八九）

◈七十九年（一九九〇）

◈八十年（一九九一）

◈ 八十一年（一九九二）

◈ 八十二年（一九九三）

批判分歧，是本刊宗旨之一。兵法云：「知己知彼，百戰不殆」，故了解分歧為有效打擊之先決條件之一。爰從本期起，特開此專欄，聘請政論名家董筆先生專責蒐集撰寫。

此專欄資料，是根據事實、系統報導，並加以客觀的簡評；今後每月刊出，極有參考價值，敬請讀者注意。

《龍旗》編輯部謹啟

▲ 王玉白（董筆）先生的書法

七十五年

◆三月號

◎尤清挾洋自重

消息：

尤清自稱於七十四年十一月廿十六日，接受美國國會議員索拉茲等人邀請，赴美訪問兩周，於十二月九日深夜十一時返國。其同夥王兆釧、周伯倫、洪奇昌、廖學廣等人曾到機場迎接。

尤清返國後，自立晚報於十二月十日報導：「尤清指出，美國眾議院最近將由索拉茲、李奇提案討論，關切台灣言論結社自由等一案，他赴美的目的是與這些國會議員，針對這些問題有對話的機會，並尋求精神上的支援。」

原來在美的台獨叛國分子要為尤清幕集組黨及政治活動經費，但尤清只承認「在舊金山會上他們表示願意捐獻政治資金，我只答應接受部份旅費」。

評析：

尤清以監察委員的清高身分，私自到美國作不利於國家的活動，藉「組黨」、「人權」等問題，串聯外人干涉我國內政，實不應該。向外人低聲下氣，接受旅費補助，更有失身份。

又與「台獨」頭頭陳唐山等人始終混在一起，且接受其錢財支援，在各種場合堅持用「台語」講話；其居心昭然若揭！據旅美華僑司堯軍先生說，索拉茲只不過以私函告訴尤清，如果有機會赴美，不妨見面聊聊，並未正式邀請他去訪問。尤氏自稱「應邀」，實有挾洋自重之嫌。

◎ 分歧分子大鬧省議會

消息：

七十四年十二月二十日，台灣省新當選七十七位省議員，在霧峰〈省議會〉舉行宣誓就職典禮，並選舉正副議長。省府主席邱創煥在省議員宣誓後，依程序主持選舉正副議長，請全體議員推選選舉監察人五人；公推陳錫章、黃玉嬌、苗素芳、傅文正、翁文德擔任。但無黨籍之黃玉嬌、傅文正予以拒絕。接著，由黃玉嬌、林宗男、蘇貞昌、余玲雅、蘇洪月嬌、何春木、吳大清、周滄淵、蔡介雄、陳啓吉、陳金德、莊姬美、游錫堃、王兆釧、傅文正十五位無黨籍議員簽名之〈退席聲明〉在會中散發，隨後這十五人均未發一言相繼退席。〈退席聲明〉中說的理由是：「正副議員長之選舉，由省府主席主持，違背議會原理，殊屬不當」云云。

評析：

「集體退席」鬧劇演出後，社會各方指責交集，咸以為省府組織行之已久，並無不當。因為省議會正副議長之選舉，多少年以來一直依據〈省議會組織規程〉第六條之規定由省主席主持。何況省主席只是主持省議會成立大會與正副議長的選舉，並不影響議會的功能，當然也不會違背議會原理。

這些人演「退席」鬧劇，旨在攪局以破壞政治上的安定局面，並利用議會開始的關鍵時刻表演「政治秀」，譁眾取寵，撈取政治資本。故有識之士評為「荒唐絕頂」、「不成體統」、「政治惡霸」。

◎ 分歧分子大鬧北市議會

消息：

七十四年十二月廿五日，台北市新當選無黨籍市議員顏錦福、藍美津、周伯倫、王昆和、康水木、謝長廷、徐明德、林正杰、林文郎、張德銘、陳勝宏十一人，串聯「編聯會」數百人無理大鬧市議會。

這天上午十時，台北市新當選的五十一位市議員，由台北市長許水德主持在〈市議會〉舉行宣誓就職並選舉正副議長。無黨籍議員十一人進入宣誓禮堂後，分別在座位前放置「民意至上」、「改進市政」、「還我民權」的標語牌，有意擺出攪局的架勢。

分歧分子的〈編聯會〉，則邀集數百人，手舉「市長民選」、「還我民權」等標語牌，堵在市議會門前，亂哄哄、吵嚷嚷，鬧著要闖進議會旁聽觀禮，為無黨籍議員助陣起哄。因無觀禮證及旁觀證，被守衛人員擋駕，這一群人則在門外大鬧起來，擺出「造反有理」之勢。

十時宣誓典禮開始，這些分歧分子無事生非，提出「程序問題」，衝到主席台前大叫：「不該有主持人」、「不該由市長主持 」。依〈宣誓條例〉規定，宣誓人宣誓時應舉右手，但這些無黨籍議員拒絕舉手宣誓，並靜坐抗議，而後更叫嚷「宣誓無效」。

評析：

台北市新當選的分歧分子大鬧議會，顯然與省議會的分歧分子一致行動，以破壞台灣地區安定的政治局面，期在亂中取利。這些人發動幾百人手持標語牌要闖進禮堂觀禮助陣，更是暴民作風。

◎ 分歧分子大鬧高市議會

消息：

高雄市新當選的無黨籍市議員林黎琤、陳光復、陳武勳、朱星羽四人，也鬧「退席」醜劇。

十二月廿五日上午九時，高雄市新當選的市議員四十二人，由高市長蘇南成主持，在市議會舉行宣誓就職典禮，並選舉正副議長。無黨籍的市議員林黎琤等當場抗議蘇南成是「非法的市長」，不能主持這個典禮及正副議長選舉。同時，與高雄市議會毫無關係的省議員吳大清等人，亦趕來會場外面助威吵鬧，並發表講演，批評謾罵，與大鬧台北市議會的鬧劇一模一樣。

評析：

由以上省市議會三地醜劇來看，分歧分子的行動是有組織有計畫的。

◎ 分歧分子的「新竹事件聯合聲明」

消息：

由於七十四年十一月十六日，新竹市長及省議員選舉時，「施家班」對開票結果有懷疑，乃帶頭大批顧用人員，至市府大鬧，喊「打」，喊「衝」！擲石頭，打門窗，翻汽車，把新竹市府弄得天翻地覆。經調查搜證並由凶手坦承在案後，由司法單位對凶嫌依法起訴，此乃民主法治的常軌。惟新當選的無黨籍省議員十七人，於發表議會〈退席聲明〉後，又聯名發表〈為新竹事件聯合聲明〉，大意說，新竹市莊姬美助選人員在市政府翻汽車、擊破玻璃一事，「是個人因好奇心而發生之偶然事件」，請有關司法等單位，盡量平息紛爭，「不可隨意羅織罪名，打擊政治異已」，云云。

評析：

這些年來，有識之士一致認為：台灣內部一些分歧分子故意觸犯法律，以達譁眾取寵目的，增加「社會聲望」。當司法單位依法處理時，則乘機顛倒黑白，倒打一耙，來個回馬槍，給政府取得作「政治栽贓」，誣指是「政治迫害」，叫屈喊冤，這樣更可賺取雙倍政治利益！

◎ 「台灣人權促進會」倡議組黨

消息：

七十四年十二月二十二日下午二時，由若干分歧分子所組成之所謂「台灣人權促進會」，在台北市重慶北路中原飯店，舉行「政黨與人權」座談，應邀到會講話者有東吳大學教授傅正（曾任雷震《自由中國》雜誌編輯）、黃爾璇、台大教授劉福增，以及尤清、謝長廷、林永豐等人。座談會由該會會長江鵬堅主持，經該會執委會選舉結果，江某蟬聯會長。據該會吹噓，這次到會人數多達五、六百；其結論是：1.組黨與法律無關，不贊成制定〈政黨法〉。2.禁止組新黨，並無法律依據。3.要實現民主政治，必須組新黨。4.人權必須爭取，組黨必須行動。5.組黨是人民的基本人權。

評析：

對分歧分子本質有認識的人士，認為：准許這些人組黨，則是全民的不幸、國家的不幸、民族的不幸。因為這些人多是暴力事件製造者，與「台獨」勾結串聯，甘受洋人利用，只有自私自利的權力欲，沒有正義感及對國家民族的責任心。如准其組織新黨，必得殘害同胞、禍國殃民。

♦ 四月號

◎ 利用質詢建立「文化台獨」

消息：

些分歧分子竟在立法院會中提出「台獨文化」的質詢案，乘機制造分歧意識。

據一九八六年元月十一日出版的《八十年代》周刊報導：律師出身的黨外立委張俊雄，日前在立法院又提出幾篇擲地有聲的書面質詢，指出：「執政當局長久以來，未能發展台灣文化和台灣特色為重點，這是觀光不振的主要原因。當局對外觀光宣傳所強調的是五千多年的中華文化，以台灣作為中華文化保存地，以收藏有中華文化寶藏的故宮為重點，以具有政治意味的中正紀念館、中山紀念堂為難得的特色，現已失去吸引力。自一九七九年以來，我國觀光事業便每況愈下的情況，即是證明。」所以我主張：「今天，要挽救台灣的觀光事業，只有發揚台灣文化，強調台灣特色一途。執政當局應體認、肯定台灣文化，只有以台灣文化和台灣本土特色為對外推廣觀光事業的正途，更是唯一處方」。

評析：

分歧分子們質詢的用意，顯然企圖貶低中華民族文化的價值，甚至否定中華文化，誣責近年來台觀光者減少，是由於當局強調中華文化所致。其實來台觀光者減少的真正原因，是國際經濟不景氣，和台灣幅員小，觀光資源有限所致。

質詢文中更強調「執政當局未能以發展台灣文化和台灣特色為重點，是觀光事業不振的原因，只有以台灣文化和台灣本土特色為對外推展觀光事業的唯一正途」。說這種歪理的企圖，完全是在兜售「台獨」分離意識，貶損中華文化。本來中華文化完全包含了台灣文化，例如台灣地區各種方言，都是中華民國的地方語言；台灣地區通行的文字是中華民國的文字；台灣地區的風俗習慣和祠堂廟宇等，無一不是中華民族文化的構成部分，另外根本沒有單獨的所謂「台灣文化」、「福建文化」等。除非某些分歧分子甘願認賊作父，將日本、荷蘭、西班牙侵占時期的奴化教育奉之為「台灣文化」。

質詢中誣政府「未能發展台灣特色」，這完全是鬼話。這些年以來，政府立有專法保護台灣古跡，列有大量經費重修古跡，修建國家公園，整修風景名勝，利用台灣山川名勝加以人工整修，以擴展觀光資源，無一不是發展台灣特色。而分歧分子們在質文中再強調所謂「台獨特色」、「本土特色」，其目的乃在散布「文化台獨意識」。

◎ 分歧分子的菲律賓迷夢

消息：

因為美國的強烈干涉，菲律賓總統馬可士終於下台。此事對我國的分歧集團有重大的「鼓舞作用」。表現情況有二：第一是，近月分歧集團製作了大量傳單，題為「菲律賓能，我們為什麼不能？」在全省各地暗中散發。第二是，升高非法組織「公政會」在全省各地組織「分會」的活動，使得當局甚感頭痛。

評析：

無論從那方面比較，我政府與馬可士政權完全不同。台灣人民生活富足，甚多菲律賓人來台做非法庸工，兩者更有天壤之別。何況，美國一些人雖喜歡干涉他人內政，但他只能「揀軟的吃」，國民黨受過無數血的教訓，絕不會再上這種洋當。所以分歧分子這種想法，不過是迷夢罷了！

♦ 五月號

◎ 以民主殿堂做戰場

消息：

三月十七日出版的《政治家》雜誌第一四三期，以「黨外立委聯合大進擊」為題，詳細報導了六個無黨籍立委員狂悖的質詢內容。其大要為：1.台灣有強人政治危機、軍人干政危機、老人決策危機、憲政體制危機。2.因軍人有愛國精神、效忠國民黨及領袖，所以台灣有軍人統治之可能性。3.對中共的「三不」政策（不接觸、不談判、不妥協），使外交缺乏彈性，也給國際社會一「頑固」、「不講理」的印象。4.國民黨統治台灣造成了「台灣危機」。5.應改國歌、國徽。6.蔣孝武出使新加坡，是私下去中共進行和談。7.行憲不應有戒嚴法。

評析：

立法院是最高民意機關，為國家建設和全民福祉共商大計的神聖「民主殿堂」。每一個立法委員身受選民的付托，背著神聖的使命，應以國家的前途和全民的願望為依歸。可是，許多年以來，一些心懷叵測的分歧分子們都不此之圖，抱著「議會鬥爭」的邪惡出發點，以立法院議場為散布邪惡論調的講壇，為爭奪政治私利的戰場，為醜化政府辱罵執政黨的鬥爭會所。

上引消息，分歧分子們把立法院質詢議程，當做「黨外立委聯合大進擊」的一場戰爭，就是他們拿神聖的最高「民主殿堂」當做「議會鬥爭戰場」的一個具體證明。

所謂「黨外立委聯合大進擊」，所聯合進攻的目標是什麼呢？總括起來說，就是一片謾罵、誣衊：反對我們現行的憲政體制，反對軍人有愛國精神，反對軍人效忠國家和元首，企圖將國歌、國徽取消，企圖以反對〈戒嚴法〉為名瓦解台灣內部政治防禦為實。另外就是無事生非，造謠惑眾，進行政治分化。

回顧多年來，這些分歧分子，在各次地方選舉，在省市議會和立法院議場，一向以進行政治鬥爭為目的，以造謠生事攻訐謾罵為能事。他們披著「民意代表」外衣，以掩護其不正當的行徑，進行惡毒的分化破壞，絕不作任何有建設性的活動，這就是他們的本質。這一次所謂「黨外立委聯合大進擊」，就是他們這種本質的露骨表現。

◎ 彭明敏的「台獨」叛亂禁書

消息：

三月十四日《中央日報》等各報消息：台北市古亭警察分局昨日凌晨會同台北市文化工作小組人員，持台北市地檢處搜索票，在羅斯福路四段七十八巷一弄四號四樓空屋內，查獲「台獨」分子彭明敏所寫的違禁書刊二萬二千七百九十冊。當古亭警察分局根據民眾檢舉，持地檢處搜索票會同文化工作執行小組前往察看時，發現這些書都是「台獨」叛國分子彭明敏所寫且已被有關單位查禁之《彭明敏回憶錄》、《被出賣的台灣》等書，內容極為荒謬。惟當警方會同文化工作執行小組人員依法進行查扣時，現任立法委員許榮淑曾到場意圖阻攔，不讓查扣。

評析：

彭某一向抱持根深蒂固之叛國意識，當民國五十三年九月在台灣大學政治系主任任內，就與學生魏某、謝某等共謀「台獨」活動，並印發〈台灣獨立宣言〉，提出「台灣地位未定論」等，因案判徒刑。監禁不久即為 蔣公特赦出獄，被政府安排至中央六組任研究員，盼其能改過自新為國家服務。唯其賊心不改，仍秘密進行不正當之活動，於五十九年春在洋人掩護下，在台中乘美國軍機先赴瑞典再逃美。於六十一年在美成立〈莫否山研究所〉，宣傳「台獨」謬論，進行叛國活動。而後相繼擔任「台美協會」、「台獨協會」等「台獨」叛國組織之負責人。

六十九年十二月十七日，彭某以「台獨協會」負責人身分參加各「台獨」叛國組織在紐約召開之聯合會議，會中並與其他九個主要「台獨」叛國組織共組「台灣建國聯合陣線」，以謀共同加強「台獨」叛國活動。彭某前曾任「台灣人公共事務協會」名譽會長，於七十四年九月二十日當選該叛國組織之會長，統籌「台獨」叛國活動，並加強與國內分歧分子勾聯，為此彭某決定在台成立〈台灣人公共事務協會台北辦事處〉。

以上是彭明敏叛國活動大要。關於彭某所寫《彭明敏回憶錄》、《被出賣的台灣》兩書，其叛國言論非常荒謬，早經依法查禁在案。而其內容荒謬，早經海外有識之士劉添財以長文批判（該文收在龍旗出版社印行之《耶穌在哭泣》書中，請詳參）。

許榮淑身為立法委員，有立法之責，也更有率先守法之責。許某不此之圖，反而挾立法委員之權勢，阻撓公務員依法執行公務。其為私人之某種目的而表現之嚴重違法行為，真是中外少見。她為何阻撓警察等單位查扣彭明敏叛國頭頭的違禁出版呢？其原因是有蛛絲馬跡可尋的。彭明敏所主持之〈台灣人公共事務協會〉叛國組織，於七十四年十月在美國開會時，決議通過「在台北設立台灣人公共事務協會辦事處」，以便在台灣島內展開「台獨」運動之後，許榮淑應這些人之邀，於七十四年底曾前往美國，與彭明敏研商執行上項決議案事宜，以便在台設立「台灣人公共事務協會台北辦事處」。至七十五年元月十六日許榮淑返國後，即宣布決定遵照彭明敏的意見，在台灣設立「台灣人公共事務協會台北分會」（詳見前月本專欄）。由這事實就證明，許榮淑與彭某之關係和袒護違禁出版品之原因所在了。

◎大搞省籍分化座談會

消息：

一些分歧分子組織的所謂「台灣人權促進會」，於二月廿二日下午在台北市議會地下室召開新春座談會，以「省籍與人權」為題大發謬論。大搞分歧破壞活動的重要分子，都參加了這個座談會。

為召開這個集會，分歧分子們特別發表文章張揚，文章中說：「省籍問題根本上一直在影響台灣政治社會的發展，而這個問題的持續存在已經導致了許多人民權利遭受侵害的事實。為此，台灣人權促進會，特以「省籍與人權」為題舉辦一場座談會。由於二二八事件，使得省籍的對峙在台灣社會中，一度呈現緊張局面，而後經過幾十年的止痛療傷，才使得對峙情況逐漸淡化，但在政治結構之中，卻仍存在著很深的壁壘。尤其當局在人事任用方面，更將「省籍」列為重要考慮重點，這可以從外交使節、軍事將領等敏感性職務上，看出省籍成份的重要性。長久以往即發生人民權利遭受剝奪或侵害」。

評析：

分歧分子們召開這個所謂「省籍與人權」的座談會並發表文章大肆張揚，基本目的是在借題發揮，無中生有，歪曲事實，以進行其挑撥分化、制造分歧意識，擾亂社會人心的活動。

◎剪掉蒙藏這個尾巴

消息：

七十五年三月二十九日出版的《八十年代》周刊第三十期，以「在台北的蒙古人」為題，發表了一段莫名其妙的文章說：「一位新的蒙藏委員會委員長又誕生了。這是一個處境極尷尬的大官。舉世皆知〈蒙古人民共和國〉早已加入聯合國幾十年，而西藏搞自治獨立運動也有數十年，但國民黨寧願相信時間是停止的，為了一件他們自己也不相信的神話，繼續保留了蒙藏委員會這個無所是事的機關。這是一條歷史的尾巴，一條早已就應該剪掉的錯誤的尾巴。」

評析：

事因〈蒙藏委員會〉委員長董樹藩於三月六日因病去世，總統於三月廿六日，特任內蒙古昭烏達盟籍的吳化鵬接任委員長，分歧分子們方發表這莫名其妙的謬論。

這篇謬論充分暴露了這些所謂「民主鬥士」的無知和淺薄。

中國蒙古地區向有外蒙與內蒙之分，而加入聯合國受蘇聯扶植為〈蒙古人民共和國〉者，則屬於外蒙古部分。另在大漠以南之內蒙古，仍屬於我中華民國領土，且內蒙古同胞散居於吉林、黑龍江、遼北、熱河、察哈爾、綏遠、寧夏、青海諸省境內。以內蒙同胞為主體之行政區，現在尚有哲里木、卓索圖、昭烏達、錫林郭勒、烏蘭察布、伊克昭六個盟，其下轄二十四部，四十六旗。就人口而言，內蒙比外蒙人口還多，所以仍有設立〈蒙藏委員會〉之必要。

◎公政會的演變是姑息的結果

消息：

四月十四日《自立晚報》台北訊：黨外「公政會」本月十二日召開理事會，通過省議員游錫堃申請設立〈公政會宜蘭分會〉案。公政會理事會也通過決議，對於已提出設立分會而尚未設立的，理事會也促其盡速設立。十二日的黨外公政會理事會，由理事長尤清主持，理事黃玉嬌、許榮淑、王兆釧及謝長廷出席。

評析：

按「公政會」（黨外公職人員公共政策研究會）於七十三年二月私自籌組成立，自此一直是一個未經主管機核准的非法組織。因此，這幾年來該非法組織的一切活動都是非法的。但是這些分子組織了非法團體，並以之進行一聯串的非法活動，不但無所忌憚，而且更振振有詞，囂張萬分。

不僅此也！他們還得寸進尺，要開設若干個分會。該非法組織除總會外，已決定成立〈宜蘭分會〉，另外在籌備申請者尚有台北市兩個分會，高雄兩個分會。該總會並催促未設分會地區要盡速設立。看情形這些分歧分子們不管政府准不准，先來個霸王硬上弓，給政府個回馬槍看看，不僅總會照樣存在，而且設立分會，搞「遍地開花」，看你政府敢奈我何！

分歧集團搞「公政會分會」，目的當然是搞「群眾基礎」，這是凶險的做法。但為什麼會導致這個樣子？政府不能不檢討。早在三年前，〈公政會〉在台北市青島東路公然掛起招牌之時，包括內政部長在內的政府首長就一再宣告其非法，並信誓旦旦地說要取締。可是雷聲大雨點小，光說不做，寄望幕後「溝通」讓他們「自動解散」。但分歧集團早看准了當局這種軟弱怕事的心態，採取「退一步進二步」之策略，一面與當局虛以委蛇（說暫不組黨），一面堅持組織「實質政黨」，如是拖了三年，現在進到搞「分會」階段了。看來，這種由「漸變到突變」策略，會繼續得售下去。

◆六月號

◎總體目標就是搞「台獨」

消息：

各報報導：1.台北市議會十一位「黨外」議員於四月廿八日下午，在市議會的市政總質詢一開始，當場宣讀一份資料，並以集體行動示意「黨外公政會」的兩個台北市分會已經設立，並以此作為質詢市長許水德的題目之一。十一位「黨外」市議員進入議事廳，謝長廷議員將事先準備好的綠色彩帶發給他們，彩帶上面寫著「黨外公政會，台北分會」字樣及各人名字。會中各分歧議員均曾發言，並表示「黨外公政會台北分會」成立的決心已定，如果當局採取取締的行動，黨外可能宣布組黨。

2.五月一日，立法委員費希平、江鵬堅、張俊雄、鄭余鎮、方素敏、許榮淑等六人，向行政院提出聯合書面質詢，大意說：〈非常時期人民團體組織法〉是政府準備取締「黨外公政會」的依據，但此法是訓政時期國民政府公布的法律，就法律的形式要件而言，早已失去效力。再就實質要件而言，該法第二條規定「人民團體之主管官署，在中央為社會部」，但而今行政院無社會部，黨外公政會如果向內政部申請許可，很顯然是不合法的。再者，省政府組織規定省府委員七至十一人，可是現有廿三人，另外省府又增設警務、農林等單位，所以省府是一個不折不扣的非法組織，政府應先使省政府合法，然後再取締公政會。

3.五月四日在美的「台獨」集團宣布成立〈台灣民主黨〉後舉行盛大的集會，由彭明敏、許信良等主持。美議員甘迺迪、索拉茲均出席，由國內專程趕去的許榮淑、許國泰亦公然參加。會中決議要支持台灣「黨外」的組黨運動。並要以「五．一九」行動為起點，推動「民主」云云。

評析：

分歧集團的「黨外公職人員公共政策研究委員會」（公政會）總會是未經政府核准之非法組織，這是人所共知的事。而今十一位分歧分子台北市議員，竟公然在台北市議會分發「公政會台北市分會」綠色彩帶佩掛在身上，並分送有關資料，發表有關言論，表示該分會決心成立且已成立。他們這些人明知這行為是非法，卻來個霸王硬上弓，往犯法的路上硬闖。還聲言，如果當局予以取締，彼等將宣布「組黨」。可見這是公然的脅迫。

分歧人士在立法院向行政院提聯合質詢，也是集中向「黨外」組黨問題上糾纏。在法律上狡辯。其實現在應用的部分法令都是訓政時期制定的，至行憲以後政府未予廢除，自然是有效的法令而繼續予以執行。該〈非常時期人民團體組織法〉，在大陸時歸社會部執行，政府遷台後社會部業務合併於內政部，該法自然由內政部執行。而這些分歧分子們歪曲巧辯，作為政府不應取締「黨外公政會」和阻止組黨的藉口，可見這些人是多麼刁鑽耍賴。

由上述消息證明，近來許多分歧分子，正運用各種管道積極進行設立「公政會」分支機搆，先形成政黨架搆，然後霸王硬上弓宣布成立「新黨」。並公然與在美的「台獨」分子彭明敏等人勾連一氣。其目的不只「組黨」而已，實在是要奪取政權。

我們可以百分之百的肯定，這些分歧分子「新黨」成立、黨羽膨脹之日，即是其破壞安定團結、加速禍國殃民之時。原因是：這些人一向不承認中華民族和中華民國，一心搞「台灣獨立」。

◎內外夾擊的陰謀

消息：

據各報報導：海外「台獨」叛國分子彭明敏、艾琳達、謝聰敏、魏瑞明等一百多人，宣布於七十五年五月一日正式成立「台灣民主黨建黨委員會」，並發表聲明，指出：「台灣民主黨」是一個突破台灣島內黨禁的黨，在美成立之後，將黨的組織遷回台灣，以突破黨禁。島內「黨外」組黨運動已經在醞釀，在美成立的「台灣民主黨」只是任命臨時幹部，執行遷黨回台的任務。遷回台灣以後，由島內「黨外」人士再充實組織，任命常設幹部，成立各級黨部。倘若在美之「台灣民主黨」遷台之前，島內的「黨外」另組成反對黨，則在美之「台灣民主黨」將自己改為「黨外」人士所組反對黨之「海外支部」。

又五月四日，他們在美開了一次大會，由彭明敏主持，美國參議員甘迺迪、索拉茲均參加，國內的分歧人士許榮淑、許國泰則專程前往參加了這次會議。

評析：

海外「台獨」叛國分子這一行動，當然是與國內分歧分子有過協議的。因為自去年底至今，國內某些「黨外」頭頭曾數次前往美國，參加他們的會議，和他們多次接觸長談，對於這重大問題一定經過商談和默契。

綜觀這個成立「台灣民主黨建黨委員會」並發表聲明的事件，其真正陰謀，企圖在海外成立個所謂「台灣民主黨」的新黨，在海外造成聲勢，然後配合國內分歧集團的「公政分會」及「五、一九綠色運動」，此之謂「多管齊下、內外夾擊」，真有雷霆萬鈞之力。事情至此，國民黨乃妥協了。今後發展如何？值得台灣每位老百姓提高警覺。

◎誣北市校長為「師盜」

消息：

四月十日《中央日報》等報紙報導：台北市二百多位各級學校校長，在幾位無黨籍議員逼迫之下，於前天被「緊急集合」到市議會備詢，除十一名校長被點名外，其餘校長在市議會坐了一個下午的冷板凳。昨日又舊事重演，校長們不只是被通知到議會備詢，還真被「擺了一道」，連椅子都沒坐熱，又叫他們趕快回去：「議會今天不需要你們！」因此，當二百多位校長昨天再度被耍之餘，每個人都面露無可奈何之色，他們攤開手、聳聳肩說：「這簡直招之即來，揮之即去嘛！真是好悲哀！」

又有分歧分子顏錦福、顏尹謨、蘇明偉等所辦分歧刊物《領先》周刊，在四月廿三日出版第五期內，刊登顏錦福所撰〈師道？師盜？〉一文，大意是：台北市「黨外」市議員在教育部門質詢時，邀請台北市市立各級學校校長共計二百零八人，到市議會備詢一事，竟連日遭到國民黨傳播機構的圍剿。平心而論，黨外市議員邀請校長列席備詢，是因為台北市各級學校校長，大多是把學生當成搖錢樹，把學校當成學店經營的假道學。台北市教育局長毛連溫根本不敢管理，黨外市議員不過是籍議會質詢的機會，告訴這些不知「師道」為何物的「師盜」，具有民意基礎的「黨外」市議員，要代教育局、學生家長，對這些「師盜」作直接的監督。

評析：

關於台北市幾個所謂「黨外」的市議員，利用職權逼著市政府把台北市所有市立學校的校長二〇八人，兩度「緊急集合」到市議會備詢受「戲弄」的事，社會與論指責很多。一般意見以為：

1.台北市幾個無黨籍的市議員，一向言行偏激、作法乖張而不近人情。

2.這次兩度把二百多位為人師表的校長「緊急集合」到市議會備詢，坐冷板凳，遭受「戲弄」。如此無故侮辱校長，更表現出他們猖狂滅裂的反理性本質。這些人為自己作政治秀，為打自己的知名度，不顧二百多位校長的人格尊嚴和市教育的前途，將之召集至市議會予以點名教訓和戲弄，這又一次表明了這些人只為私利不顧大局的心態。

3.台北市立各學校上萬的教育人員中，有少數行為失檢，作風有瑕疵，有虧於師道，這是在所難免的。而這些分歧的市議員，竟公開指責台北市各學校校長，「大多數是把學生當成搖錢樹，把學校當成學店經營的師盜、假道學」，這對絕大多數兢兢業業從事教育事業的台北市校長、教員來說，不僅不公平，也是嚴重侮辱。

4.關於台北市各學校教育問題，已有台北市教育局長列席市議會。如有所質詢，由教育局長作答即已足矣。如因特別事故須到會說明，最多把有關校長邀到會場備詢就足夠了。硬要所有校長兩次放棄校務到議會坐冷板凳，這種作法既荒唐又霸道，更表現出這些分歧分子的無知愚蠢。

◎妨害採訪自由

消息：

四月廿九日各報報導：台北市議會無黨籍議員顏錦福等人，昨強烈指責三家電視台不讓他們上鏡頭，新聞「報導不公」，宜稱今後要禁止電視台人員到議會採訪。在場採訪的其他新聞界人士為三家電視台抱不平，十多位記者全體退席十分鐘，以示聲援。

於市政質詢一開始，顏錦福即提出質詢，指責電視台到議會議事廳採訪，經常拍照，但播報出來的只有聲音沒有畫面，顯然不公。無黨籍的其他議員王昆和、周伯倫、張德銘等，更以電視台採訪人員「妨礙會場秩序」為由，要求張建邦議長，今後議事廳如無固定位置讓電視台攝影，即應禁止他們到議會採訪。

評析：

新聞自由是最基本的民主原則，也是為基本常識。記者是自由職業，有新聞採訪的自由，要採訪誰、到何地採訪、採訪些什麼、報導些什麼，都有他的自由權利。

這些天天口喊「自由民主」的人，卻以電視台報導新聞時，只放出他們的聲音沒播出他們的身影為理由，大肆叫囂禁止記者進入市議會採訪。這是自由世界的怪事奇聞！

◎「邊打邊談」的策略

消息：

五月十日《自立晚報》報導：由陳水扁、顏錦福、黃天福、周伯倫等人所籌設的「公政會台北市分會」，今天上午十時以迅雷不及掩耳方式，正式在市議會建設審查小組辦公室宣布成立。顏錦福等人秘而不宣的決定在今天成立分會，他們基本上認為所謂學者負責進行的溝通，徒具形式意義，對「黨外」未必有所增益。按陶百川等早已通知邀請「黨外人士」與執政黨有關人士餐敘溝通，就時間上言，不可能是偶然，故陳水扁等人是故意杯葛當天十二時的溝通，才有此舉。

又《自立晚報》五月十一日消息：康寧祥等人籌設的公政分會，將於本月十七日在〈幸安市場〉四樓舉行成立大會，分會名稱定為「黨外公政會台北首都分會」，簡稱「首都公政會」。十七日之成立大會，將廣邀全國各地來賓參加，擬訂的章程具有政黨綱的形式。

評析：

為謀求安定團結、促進同胞福祉，國民黨近幾年來，經常設法與政治人士溝通。國民黨蔣主席更於五月七日中央常會中，誠懇的指示中央政策會，再次本著誠心誠意的態度，與社會各方面人士進行意見溝通，以促成政治和諧與民眾福祉。基於蔣主席此一指示，由總統府國策顧問陶百川等四人具名，邀請中央政策會三位副秘書長梁肅戎、黃光平、蕭天讚，以及公政會人士尤清、謝長廷、康寧祥、張俊雄、游錫堃、江鵬堅、費希平等七人，於五月十日中午在來來飯店，以餐敘方式進行意見溝通，結果達成了三點妥協性決議。

這次的餐敘，前幾天已通知了一些所謂「黨外」人士。不意，由黃天福、江鵬堅、顏錦福、周清玉、陳水扁、謝長廷、周伯倫、鄭南榕等分歧分子所籌備的「公政會台北市分會」，卻搶先在餐敘前在台北市議會宣布正式成立。另由康寧祥、林文郎、徐明德、陳勝宏、康水木、張德銘、林正杰、李肇基、康文雄等所籌組之「公政會台北市分會」，亦於意見溝通未完成正式協議前，搶先於五月十一日（餐敘會之次日）宣布於五月十七日在幸安市場四樓舉行成立大會，並改名為「首都分會」，同時在成立大會中發表似黨綱的章程。

國民黨一向抱著誠懇的態度及與人為善的襟懷，與這些分歧分子們溝通；尤其這一次的溝通座談，正是最大的妥協。而這些人仍冥頑不靈，一面對這次溝通虛應付，一面搶先成立公政會的兩個分會，籍以造成既成事實。這種「邊打邊談」的手段，也足以暴露出這些分歧分子處心積慮、陰謀以「組織化」或「組黨」的手段，擴大其分歧勢力，藉以進行分化社會，達到其全面奪權的野心。

◆七月號

◎所謂「綠色行動」

消息：

據五月十九日各晚報及廿日各日報消息：自稱「黨外」之一群分歧分子江鵬堅、洪奇昌、許榮淑、尤清、吳祥輝、陳水扁等十幾人，前幾天有預謀破壞溝通協調之「五一九綠色行動」，由江鵬堅作總領隊，洪奇昌作副總領隊，陳水扁作發言人，顏錦福作糾察隊長等，於十九日上午九時卅分集合台北市龍山寺，預定於上午十時自龍山寺出發，經廣州街、貴陽路至重慶南路總統府前遊行「抗議實施戒嚴法卅八年」。

這一籍「五一九綠色行動」，蓄意破壞「政治溝通」的分歧分子們，身披著寫著「反戒嚴、爭人權」口號的綠色布條，臂纏著寫有「五一九」字樣的綠帶，頭綁綠色絲巾，齊集在龍山寺大肆咆哮喧嚷。還印制了十多萬份傳單，在台北街頭散發。警察單位怕發生意外，在龍山寺四周嚴加戒備。警察單位請這些人士取下綠布條並依法放棄遊行示威，即准許他們自由行動，但這些頑強分子堅決不肯。在雙方僵持期間，這些分歧分子態度猖狂惡劣，齊唱〈黃昏的故鄉〉、〈心事誰人知〉、〈捕破網〉等台語歌謠。在雙方爭持亂局中，一名為警員下腹被人踢傷抬關醫院。僵持至下午九時五十分，這群人才作鳥獸散。

十九日上午，分歧分子們的所謂「公政會」，也配「五一九綠色行動」，發表〈抗議政府實行戒嚴法卅八年〉聲明。事後，分歧分子的各種刊物，用大量文字渲染這次的所謂「五一九綠色行動」。

評析：

自菲律賓在野的艾奎諾夫人柯拉蓉，以示威遊行暴力威協奪得政權以來，國內的這夥分歧分子們受到鼓勵，不斷做起「柯拉蓉第二」的白日夢來。他們喊出口號「為什麼菲律賓能，我們不能？」、「為什麼柯拉蓉能，我們不能？」這些人在幻想沖昏了頭腦，決心效法柯拉蓉的故伎發起「街頭運動」。據各方傳說，這些人原打算在台灣各大城市一起發動「五一九綠色行動」，甚至冒流血事件的危險，以造成全面的「反政府運動」，終因人數太少，響應群眾無多，才決定將高雄、雲林、桃園等地幾十名幫場的人調來台北龍山寺；集合起來結果仍然是雷聲大雨點小，在龍山寺犬吠貓叫似地吵嚷了一天只好就收場了。當時龍山寺附近，除有些好奇的人抱著看馬戲團心態圍觀外，根本沒有市民響應他們的行動。

◎洋人干涉內政

消息：

〈美聯社華盛頓〉五月廿日電：美國四位國會議員組成一個「台灣民主委員會」，促請台灣允許政治自由，俾與其

「經濟奇跡」相匹配。這個組織在台灣實施戒嚴法第卅七週年紀念日（五月廿日）同一天成立，獲任為該組織的四名共同主席是：民主黨參議員愛德華・甘迺迪、克萊本・裴爾、民主黨眾議員史蒂芬・索拉茲，及共和黨眾議員吉姆・李奇。甘迺迪在參議院聽證室該會成立儀式上發言說：台灣實施卅七年的戒嚴，顯示台灣人民仍然沒有基本自由，政府結構上仍然拒絕大多數百姓參與。由菲律賓政權和平轉移，證明民主政治仍然適合於西方和東方，云云。

評析：

美國的帝國主義分子在這月廿日成立所謂「台灣民主委員會」，並歪曲事實誣衊我國「實施戒嚴法，人民沒有基本自由，拒絕大多數百姓參政」，實是台灣內部鼓勵少數野心分子搞叛亂顛覆。這一切作為，純粹是蓄意干涉我國內政的帝國主義行為。

◎ 鄭南榕搶先「入黨」

消息：

南部民營報紙《民眾日報》五月二十一日報導：近在美國成立的「台灣民主黨」，在國內第一個申請加入以響應該「黨」的是鄭南榕。鄭於申請加入該黨後，並在台北市民權東路五五〇巷三弄十一號三樓設立〈台灣民主黨建黨委員會連絡中心〉，以便向外界招募「黨員」。除鄭南榕外，尚有江蓋世、簡弘文三人同時申請加入該黨。

鄭南榕因涉嫌違反選罷法，被「黨外人士」張德銘控告，法院屢傳不到被通緝，已於六月二日逮捕歸案，因有逃亡之虞而下令收押中。

評析：

按五月一日在美國由彭明敏、蔡同榮、王桂榮、艾琳達、謝聰敏、魏瑞明、蕭欣義、鄭紹良、林水泉、江昭儀、楊嘉猶等一百一十一人，在美宣布成立的所謂「台灣民主黨建黨委員會」，實是一個「台獨」叛國分子組織。就這些人中，多半是各類「台獨」叛國組織之負責人，例如彭明敏是「台美學會」、「台灣協會」、「台灣獨立運動促進會」、「台灣建國聯合陣線」、「台灣獨立同盟」、「台灣人公共事務協會」之負責人；蔡同榮是「台灣獨立同盟」、「台灣公共事務協會」負責人；魏瑞明是「台灣基督徒自決運動協會」、「台灣建國聯合陣線」負責人，其他各人均為各類「台獨」叛國組織主要負責人或次級單位負責人。

鄭南榕為居住國內之分歧偏激分子，既敢公然參加海外台獨叛亂組織，更明目張膽設立所謂〈台灣民主黨建黨委員會連絡中心〉，其涉嫌叛亂行為已可確定。未悉有關單位何以不聞不問？現鄭某雖經另案收押，但不能就此了事，應於司法審判告一段落後，移送軍法偵訊，才符法治。

◎ 陳水扁《蓬萊島》案的結局

消息：

《中央日報》五月卅一日報導：東海大學教授馮滬祥自訴《蓬萊島》上訴案，台灣高等法院昨天宣判：被告該雜誌社發行人黃天福、社長陳水扁、總編輯李逸洋一審所判一年徒刑均被撤銷，各減為有期徒刑八個月，並告確定。附帶民事損害賠償部分裁定移送民事庭處理。昨天的判決，被告三人均未到庭，自訴人馮滬祥到庭聆判。陳水扁身為律師，將由主管機關移付懲戒。

《自立晚報》六月一日報導：自封為「黨外三君子」的「坐牢惜別會」海報已貼滿台南縣市大街小巷，因《蓬萊島》雜誌誹謗案被判刑的陳水扁、黃天福、李逸洋宣傳車也到處宣傳。這種奇特的「坐牢惜別會」預計舉行三次，分別是六月一日在台南關廟鄉山西宮、六月二日在台北市松山路林口街公園、六月三日在板橋市中山路一〇〇號旁空地。六月一日的「坐牢惜別會」，尤清、謝長廷、周伯倫等均將參加支援。

《中央日報》等日報於六月二日報導：《蓬萊島》雜志誹謗案自訴人馮滬祥於昨日召開記者會，說明這個誹謗純粹是個人法律案件，與政治因素毫無關係。而被告黃天福、陳水扁一再歪曲為政治事件，與「公政會」成立分會有關，且誣為「政治審判」，這行為非常荒謬。尤其陳水扁等人用輪椅推著他殘障的太太遊街募捐，聲言用這款償還民事賠償等。於是馮滬祥當即在記者會上宣布放棄二百萬元民事賠償，以免這位可憐的太太遭受折磨，以及廣大的民眾遭受勸募之災。但分歧分子仍到處募捐不誤，到發稿為止，據說已募了三百多萬元。

評析：

本案由於黃天福、陳水扁等利用所辦刊物，連續對馮滬祥及其祖先進行惡毒的誹謗。馮在百般隱忍及去函相勸之後，黃等仍蠻橫如故，且變本加厲續予誹謗，馮為情勢所逼不得不訴之於法。本案是一純粹私人間法律案件，並無政治因素。而被告黃天福及同夥，自始即歪曲為「政治事件」，有計畫予以利用，作為反政府、造謠生事、製造社會混亂的藉口。茲略舉事實：

1.七十四年元月，台北地方法院一審宣判之前，陳水扁等三人即大肆宣傳，說這是一樁有濃厚「政治色彩」的「政治整肅」，應積極尋求對策。隨後採一連串的「政治抗議」措施。判決後，於元月十六日舉行「放棄上訴記者會」，強調這是「政治審判」、「政治整肅」事件。並計劃舉辦「入監惜別會」、「托缽化緣的和平行軍」等，以擴大歪曲事實、蠱惑群眾的反政府宣傳。

2.同年元月廿五日，陳水扁等前往美國作十六天的遊說，先後見過美國參議員裴爾及甘迺迪的助理、眾議員索拉茲、國務院亞太司、人權司官員、紐約及華盛頓等地的台灣同鄉會等重要分子，他更以「由蓬萊島案看台灣的言論自由」為題，作了十場講演，利用馮滬祥控告誹謗案借題發揮，誣衊政府，歪曲本案為「壓制言論自由」、「政治迫害」、「政治審斷」、「侵犯人權」等。藉以爭取「台獨」分子及美國人的同情與聲援。

3.同年二月十七日，台北地方法院審訊《蓬萊島》雜志誹謗案時，原告及所聘律師均準時到庭應訊，被告黃天福等所邀請助威吶喊之五百多個分歧分子擠進法庭大肆囂張叫鬧。而黃天福、陳水扁、李逸洋均未出庭，只由其爪牙在法庭散發大量〈告各界聲明〉書，聲明被告只作法庭內無言的抗議，法庭外作和平抵制。並附加歪曲事實的宣傳，總之就要將這個純私人法律案件，扭曲為「政治迫害」事件。

4.七十五年五月底高等法院宣判之後，《蓬萊島》分歧分子同夥之台北市議員，利用此案實行政治勒索，要求市議會承認「蓬萊島為政治迫害事件」，要求響應「一人一元行軍募捐支援蓬萊島雜志社陳水扁、黃天福、李逸洋運動」，如不如此做，誓言杯葛台北市預算案到底。

5.高院宣判後，被判刑人陳水扁等，於六月一日至三日分別在台南、台北市、板橋市舉行「坐監惜別晚會」，並以輪椅推著陳水扁殘疾不能行動的妻子，大搞「行軍募捐，償付本案賠償款」活動，藉以聳人聽聞，進行歪曲宣傳，欺騙社會大眾，撈取政治利益。似此乖謬行為，不僅滑稽荒唐，更是冷酷殘忍。

◆八月號

◎編聯會成立「組黨工作小組」

消息：

七十五年六月二十一日出版之《縱橫》雜誌報導，近日各地「公政會」紛紛成立……另〈黨外編聯會〉日前也舉行第五會期第一次大會，與會人士決議將與〈黨外公政會〉聯合成立選舉後援會，並於近期內成立「組黨工作小組」。……編聯會會長洪奇昌並在會中宣布，為了厚植實力，與國民黨進行實質性的組織對抗，該會將成立「組黨工作小組」，由他擔任召集人。

又《自立晚報》六月十六日報導：費希平、江鵬堅等，在立法院會中促請行政院開放黨禁，准許民間籌組新黨。行政院書面答覆，多黨林立，將導致國民意識分歧，當前不宜另組新黨。而費希平、江鵬堅等，則大不以為然。

評析：

「編聯會」分歧分子，這次宣布成立「組黨工作小組」，其目的除蓄意破壞政治「溝通」以外，當然還有與美國「台獨」分子所設之「台灣民主黨建黨委員會」作海內外互相呼應作用。這種陰謀是值得我們警惕的！由於這些人先天上具有這數典忘祖的漢奸本質，所以我們堅決反對這些人組黨。

◎江鵬堅與美政客

消息：

七月二日《青年日報》報導：立法委員江鵬堅今天向行政院提出書面質詢，要求政府有關單位，對美國眾議院亞太小組有關台灣人權的決議案，避免採取情緒性的對抗，以符「人權國際化」的潮流，並積極改善國內人權狀況。江鵬堅指出，美國眾議院亞太小組委員會及人權與國際組織委員會，在六月廿五日舉行聯席會議，通過兩項決議案指出：「一個更自由而開放，且充分尊重台灣人權的台灣，將得到美國人民給與甚至更強大的道義支持」，決議案中並且說：「雖然台灣人民能充分的參與民主政治，但立委員及國大代表只有少數名額透過定期選舉產生，絕大多數的名額仍由四十年代末期就任者所控制」。決議在最後促請台灣建立真正的反對政黨，並保障基本自由，云云。

評析：

我們要在這裏鄭重指出，美國參眾議員甘迺迪、索拉茲、裴爾、李奇有「邪惡帝國主義四人幫」之稱，近年來支持「台獨」陰謀分子，在美成立「台灣人公共事務協會」、「台灣民主黨建黨委員會」等「台獨」組織，鼓勵其在美國告洋狀、搞反中華民國政府的政治活動；在國會成立「台灣民主委員會」、「台灣人權聽證會」；六月廿五日又通過什麼「有關台灣擴展人權和開放政治的決議案」。這一連串的行為，都是干涉我國內政的帝國主義行為。所以引起復興基地熱愛國家人士的不滿和忿怒，紛紛舉行愛國座談會及救國活動（參本刊上期社論及座談會）。凡是有國家民族觀念的中國同胞，對甘迺迪等人所作所為，莫不氣忿填膺。

江鵬堅委員以美國參院亞太小組之決議為題目，特在立法院向行政院提出書面實質詢，作用是和在美「台獨」及美國「邪惡帝國主義分子」搞內外呼應，進行聯線政治鬪爭。

消息：

◎杜邦公司事件

六月二十九日《自立晚報》登：立法委員許榮淑的「反杜邦說明會」，今日晚七時將在鹿港天后宮舉行。張張反杜邦的文宣資料，昨（廿八）日下午紛紛出現，圖文並茂的文宣尤令鹿港鎮民目不暇給。

六月卅日《自立晚報》報導：立法委員許榮淑發起的反杜邦說明會，昨（廿九）日晚在鹿港國民小學禮堂舉行，來自全國各地無黨籍知名人士在會中應邀講演，使得鹿港人反杜邦來台設廠一事轉變為充滿政治色彩的抗議行動。參與演講的人士以各種資料向與會群眾說明杜邦一旦設廠將對他人造成污染及危害。昨天應邀參加演講的人有監察委員尤清、立委張俊雄、國大代表李讀、省議員何春木、莊姬美、北市議員顏錦福、謝長廷、高市議員陳振福，彰化、中市議員白忠信、劉文慶、王文慶、王世勛等。

評析：

台灣的分歧分子近來認真按「見縫插針，遇洞灌水」的方針去做了許多事。例如對十信案、新玻案、核三廠事故案、洲后村案、江南案、施性忠貪污案、蓬萊島誹謗案、憲德三號漁船案等，莫不利用機會，予以歪曲變造，加鹽加醬，借題發揮，煽動群眾，作街頭示威，作反政府遊行，陰謀制造社會動亂，破壞安定團結。這次「黨外」分子，齊集鹿港鎮搞「反杜邦設廠說明會」，並打算搬上街頭擴大為群眾運動，亦無非「見縫插針，遇洞灌水」的故技重施而已。

按杜邦公司所產製之「二氧化鈦」，據化學專家說明根本是無毒之物。但分歧分子造謠渲染為「劇毒物」。經濟部計劃開闢鹿港濱海工業區，分歧分子竟進而造謠說是專為杜邦公司而拓寬，由此益見其惡劣手法之一斑。

消息：

◎康寧祥的「實施民主憲政時間表」

六月六日《自立晚報》消息：「黨外公政會首都分會」理事會日前決議，將提出一份實施民主憲政時間表，做為「黨外團體運動」的目標，以促進執政黨解決各項政治問題。

這份「實施民主憲政時間表」內容包括：民國七十六年黨外成立新黨；七十七年解除戒嚴；七十八年全面改選中央民意代表；七十九年總統民選；八十年促進台海和平。

又據六月二十日出版的《縱橫》雜志報導：「在黨外一片積極的行動中，最值得一談的，莫過於以康寧祥為首的公政會首都分會，目前開會時所提出的實施民主憲政時間表」云云。

評析：

這個「時間表」說的堂皇「民主」理由，其實有識者皆知，它一步步推展下去，最終目標就是把中華民國變成「台灣國」而已。問題是，就算國民黨對分歧集團沒有了辦法，但全球十億中國人會容許嗎？

消息：

◎張德銘控告鄭南榕

七月十五日《中央日報》報導：鄭南榕、王鎮輝被張德銘控告違反選罷法案，台北地方法院昨天宣判：鄭南榕處一年六個月徒刑，遞奪公權三年；王鎮輝判刑十個月，緩刑三年。判決書指出：王鎮輝是《民主天地》周刊發行人，鄭南榕為創辦人兼總經理，二人明知張德銘為台北第五屆市議員候選人、徐松川為省議員桃園區候選人，選舉日均為七十四年十一月十六日，竟共同意圖使張、徐兩人不當選，由鄭南榕揑造事實撰寫〈一億元滅桃計畫〉一文，刊登於七十四年十一月四日的《民主天地》周刊。該文要旨是說：張德銘花費一億元，搓掉林清松，摧毀桃園幫，保住徐鴻志。判決文又指出：被告等混淆視聽，意圖影響選舉結果，損害選風基鉅，鄭南榕迄無悔意，判決一年六月，再遞奪公權三年。王鎮輝事後還登報道歉，深知悔悟，犯後態度良好，告訴人張德銘已表示顯意寬恕，王鎮輝經此教訓當無再犯之虞，予緩刑三年，以勵自新。

本案原告張德銘表示，鄭南榕等人對他的攻擊毫無事實根據，對他的人格造成相當大的傷害，對他的競選也造成相當大的困擾，他不得不訴之於法，以澄清事實。

評析：

本案原告鄭南榕、王鎮輝等人均為無黨籍的分歧分子，本因嚴重的違反了〈選罷法〉，破壞了選舉風氣，且經被害人控告到法院，法院依法如是判決。按目前法院是有些問題，卻不是如分歧分子所說的對他們「不公正」，而是相反的不公正，即是每遇牽涉分歧分子的案子，就懼怕萬分，一拖許久，不敢判決或故為淡化事實（如馮滬祥控蓬萊島案、李亞頻案、林正杰數案）。但相反的，對愛國知名人士牽涉的案件，卻往往故意重辨，甚至枉判，以示「公正」（如汪希苓案、丁中江案、蕭政之案）。這種犧牲「自己人」做給敵人看的作風，已經引起嚴重問題。這次要不是控告者也是「黨外人士」張德銘，法院恐怕不敢如此重判。所以現在是分歧分子有了司法特權。

◆九月號

◎內外「台獨」分子大串聯

消息：

七月底出版的某分歧雜誌報導：〈台灣人權促進會〉將於七月廿四日至廿七日，在美國加州聖地牙哥與北美洲〈台灣人教授協會〉及〈聖地牙哥大學〉聯合舉辦「台灣人公共政策研討會」，邀請國內及旅美學者專家發表論文。台灣方面預計有〈台灣人權促進會〉會長江鵬堅、理事長林永豐、蔡式淵、顏尹謨、林鐘雄、師大教授林玉体、律師陳繼盛等人赴美參加，並發表論文。

評析：

在美國的〈台獨聯盟〉叛國組織有個外圍組織，名為〈美國台灣人權協會〉。以關心台灣島內「人權問題」為籍口，對我中華民國進行誣衊醜化的工具。而〈台灣人權促進會〉乃是與美國〈台灣人權協會〉內外勾結，沆瀣一氣，在國內進行分化破壞之分歧組織。

因我國已有杭立武領導且已依法登記之〈中國人權協會〉，故分歧分子的〈台灣人權促進會〉又是個非法的組織。這個非法組織，近年來，專以關心「二二八」叛亂犯、《美麗島》叛亂犯等在獄中生活為藉口，進行反政府活動；並將一切叛亂犯美化為「民主鬥士」，對政府實施政治栽誣。本年七月他們到美與「台獨」外圍組織合辦「台灣人公共政策研討會」，必又搞內外串聯的勾搭，旨在鼓吹「台獨」。

◎康寧祥的幻想

消息：

七月廿八日《自立晚報》發表一篇〈政治鼎談記〉，報導該報於廿五日邀請許倬雲、張忠棟、康寧祥等，座談當前國內重要政治問題。當張忠棟詢問康寧祥有關他的〈民主憲政時間表〉內所指的「台海和平」是什麼意思，康寧祥答覆說：「如果按照我的憲政時間表，按步實施到某一階段，中共給他所要求的四大保證之後，他便要和中共面對面的去談判以解決中國問題」。

評析：

如上文所述，康寧祥一相情願的意思是，依他預定的「憲政時間表」先組黨，然後廢除戒嚴法、改選老民代以消滅中華民國法統地位，康寧祥當選「台灣國大總統」，取得政權後要求中共答應「四大保證」進行和談，實現「和平統一」，解決所謂「中國問題」。康某這種想法，等於做白日夢，中共豈會「四大保證」任你搞「台獨」？

◎陳水扁反對溝通

消息：

八月四日出版之分歧雜誌・《開拓時代》周刊報導：陳水扁的態度依然堅持反對黨外遷就國民黨的「招手動作」。他對前往土城監獄探視他的人說，「我認為黨外去參加溝通的人應該趕快切掉這條溝通之路，國民黨只是藉溝通安撫黨外，紓緩外在的壓力，選舉過後就會對黨外算總帳，動手抓人，黨外怎能不認清這一點？」又說：「黨外如果立刻切斷溝通，可以反過來逼國民黨攤牌：公政會和分會都是在憲法保障下成立了，國民黨你要怎麼辦？取締嗎？抓人嗎？黨外這樣變被動為主動，才是高招」。在場的黨外人士聽得紛紛頷首。云云。

八月廿四日出版之《新觀點》周刊報導，鄭余鎮等人前往土城監獄探望陳水扁，陳水扁表示：「我認為黨內外無溝可通的，而國民黨一再透過御用報紙逼黨外就犯，黨外應該反將一軍，開出條件，國民黨不答應，就馬上切斷『溝通結』，讓國民黨承擔溝通破裂的責任」。鄭余鎮諸人聽過他此番分析，甚為信服。

評析：

國民黨蔣主席前曾懇切的指示國民黨中央，要以「相忍為國」的氣度和誠懇的態度，與各界人士溝通，共謀團結和諧。中央政策會隨即指派人員，主動和分歧人士溝通。但是一些分歧人士，卻冥頑不靈，刁鑽蠻橫，或以街頭示威、議會退席、擅設公政分會、搞群眾 事件等，蓄意破壞溝通；或如黃天福、謝長廷等黨外應該參加溝通人士，堅拒出席座談，以破壞溝通；或利用大量分歧刊物，散布惡毒言論，誣衊政府，辱罵執政黨，以破壞溝通；或得寸進尺，故意臨時提出使執政黨無法接受的苛刻條件，以破壞溝通；或以談判作鬥爭策略，以破壞溝通。在分歧分子的本質上，只有台獨意識和奪權鬥爭，沒有溝通妥協。上述陳水扁之談話，概可代表大多數分歧分子的心態，國人不可不察。

消息：

◎「組黨說明會」的活動

八月五日《自立晚報》消息：今日上午〈黨外公政會首都分會〉在台北市信義路四段一三四號四樓，舉行會館成立茶會。該會理事長康寧祥宣布八月九日及十五日，將舉行兩場「組黨促進說明會」，並積極推動組黨工作，希望於明年底前正式組織。今天茶會邀請了老政治犯、各分會代表等人參加。康表示明年將是蔣渭水〈台灣民眾黨〉成立六十週年紀念，希望黨外明年能完成組黨工作，以茲紀念！

八月十日《自立晚報》消息：〈黨外公政會首都分會〉，於九日晚在金華國中活動中心舉行「促進組黨說明會」，擁到上千民眾參加，與會人士表示要在明年底以前完成組黨。許國泰在會中指出，其胞兄許信良決意在今年底，將〈台灣民主黨〉遷回台灣，以突破黨禁。康寧祥指出，要成為民主國家，必須有政黨政治，如果這兩年內不組黨，以後就沒有機會了，他如因組黨而坐牢，國民黨必付出高昂的代價。

評析：

康寧祥前曾公布〈實施民主憲政時間表〉，表中列出明年完成組黨，今次辦這個「促進組黨說明會」，則表示非組黨不可了。且看政府怎樣應付吧。

消息：

◎「有法不依」後果嚴重

八月六日，行政院新聞局長張京育，在答覆記者詢問時說：「政府確認任何團體都應依法辦理登記許可。黨外公政會未完成合法登記許可以前，自屬非法團體。該會如不依法律途徑活動，政府當責成有關機關依法處理。該會又擅自成立之各地分會，是非法組織已至為明顯。」

對張局長談話，八月七日《自立晚報》立即反應：黨外公政會各分會負責人康寧祥、許榮淑、蘇貞昌等，對張京育局長的答覆甚為不滿，他們紛紛發表意見：有的以為是對黨外恐嚇，破壞黨內溝通；有的誣國民黨用訓政時期〈人民團體組織法〉制壓黨外，是開倒車。有的表示甚為失望，說政治團體的活動，在目前並無適當法律可以規範，所以無登記與否的問題。現在執政黨也未辦登記，自不能要求別人登記。公政會的任何活動不受張京育談話的約束。云云。

評析：

早在兩年前，內政部長吳伯雄就在立法院答覆質詢時指出，「黨外公政會」是非法組織，要依法取締。張京育現在答覆，不過重申政府立場罷了，並無不對。錯就錯在政府「有法不依」，使得分歧勢力看準了政府的軟弱心理，一步一步進逼。從這些分歧人士談話可看出他們是多麼蠻橫無理。但為什麼他們敢如此無法無天？這是政府「有法不依」的必然結果。

◎惶急的「組黨熱」

消息：

八月十二日《自立晚報》台北訊：「黨外編聯會〈組黨工作小組〉，已草擬一百多條黨綱，將於九月初編聯大會中提出討論；黨外公政會〈行憲組黨委員會〉，則預計本月底完成草擬黨綱的准備工作。」

〈黨外編聯會〉會長兼組黨工作小組召集人洪奇昌指出，編聯會在九月初召開大會，工作小組除工作報告外，並將黨綱草案提大會定奪。〈公政會〉理事長尤清說，公政會在草擬黨綱時，將向各方面徵求意見。另一方面，〈公政會首都分會〉正進行「為新黨命名」活動。首都分會強調明年底完成組黨，但另有部分黨外人士，則主張在今年選舉前即組黨，以突破黨禁。

評析：

由上述消息可以看出，一小撮主張「台灣自決」、「讓中華民國消失」的分歧陰謀分子，在美國帝國主義分子支持之下，人人都像火燒屁股一樣，急著要組黨，要奪權，要當總統，真是拿國家民族前途當兒戲。

◎「一〇三一運動」的陰謀

消息：

八月十一日出版的分歧刊物《自由台灣》，以「本刊發起一〇三一運動」為題，鼓動「集體燒燬國民黨黨證」。該文居然說：「十月卅一日是個禍國殃民的民族煞星蔣介石的百年冥誕，我們將在這個日子對他進行歷史審判。今天的國民黨已經變成人民的公敵，十月卅一日，我們將在台北市中正紀念堂，焚燬國民黨黨證及黨旗。請將你能拿到的國民黨黨證（如已遺失，可向國民黨申請補發）送到自由台灣雜誌社。我們將在十月卅一日那天，集體燒燬國民黨黨證，就如同林則徐燒燬毒害中國億萬生靈的鴉片一樣。請大家告訴大家，收集並燒燬國民黨黨證。」云云。

評析：

蔣公領導國民黨及全國軍民抗戰八年，有百萬國民黨員、六百萬國軍官兵、兩千萬大陸同胞犧牲了生命，才贏得了抗戰勝利，光復了台灣。須知自宋朝以來，日寇就不斷騷擾中國，除了明朝戚繼光抗日有小勝之外，連強大的元朝都吃了日寇的大虧；清朝受盡日寇的欺凌，割地賠款，更不用說了。因此歷史可以斷定： 蔣公領導的抗日勝利，是九百年來的空前勝利，蔣公正是民族救星，即是民族英雄！

不但如此！蔣公雖不幸敗於中共，但絕不灰心喪志，堅決領導國民黨及復興基地軍民切志光復，如是不僅保衛了台灣，更建設成世人視為奇蹟的地方。蔣公一生為國也更為台灣，其堅貞苦心，可質諸天日而泣鬼神。今天這撮漢奸台獨分子，竟如此誣衊蔣公，只證明了他們的喪盡天良本質而已。

◎洋人助威的「組黨宣示大會」

消息：

八月十三日《自立晚報》台北訊：美國民主黨〈國際事務協會〉會長艾特渥及隨員柯芙（女）、魏斯保、梅力、羅斯等共五人，於今天下午抵華訪問，藉以了解我國黨內外雙方關係。並希望拜會國民黨馬樹禮秘書長、梁肅戎副秘書長，會見黨外團體負責人及最近幾位因案判刑者家屬。

八月十四日該報又訊：美國民主黨〈國際事務會〉會長艾特渥等五人，今日在圓山飯店與多位黨外受刑人家屬共進早餐。參加者有許榮淑、周清玉、陳文輝、陳水扁、黃天福、李逸洋、鄭南榕等人與被判刑的顏錦福。這些人共同指出國民黨無意團結和諧；選罷法對黨外限制多，不公平；吳淑珍車禍受傷，有政治因素；《蓬萊島》誹謗案判刑不公……等等。

八月十六日《自立晚報》及《中國時報》載，各門各派分歧分子傾巢而出，糾合上萬群眾，在台北市〈中山國小〉操場，舉行了「行憲與組黨說明會」，邀請美國民主黨國際事務協會訪問團五人參加。分歧人士一一上台發言，聲嘶力竭地吼叫要組黨。並當場舉行了「綠紅黃黨旗」的升降儀式。美國人也上台講了話。據參加是項集會的人稱，會場擠得水洩不通，會後並進行了遊行。但當局均未予理會。

評析：

由上引幾段消息可證：艾特渥等美國人之來訪問，是台獨叛國組織〈台灣人公共事務協會〉與國內分歧的黨外分子外勾聯，有預謀有計畫的陰謀活動。這項陰謀活動之目的，在挾洋人以助威，實現其組黨計畫。總之，勾洋人干涉我國內政，就是台獨集團的不變手段。

♦ 十月號

◎ 洋人助陣昇起「黨旗」

消息：

八月十六日《自立晚報》台北訊：黨外公政會與編聯會昨日晚在中山國校操場，舉行「行憲與組黨說明會」。〈黨外公政會〉十三個分會、〈黨外編聯會〉、及〈台灣人權促進會〉代表，一致宣示組黨的決心，部分黨外人士並在會中公開宣稱要馬上組黨。台中分會之許榮淑在會中呼籲立即組〈台灣民主自由黨〉，並要民眾積極參加。黨外人士這次說明會一開始就唱〈望你早歸〉歌曲，同時升起一幅去年〈黨外選舉後援會〉所採用的共同旗幟。

八月十八日美國洛杉磯《國際日報》報導：台灣一個反對派組織，十五日在一項「行憲組黨說明會」中，公然向國民黨挑戰，扯起一面綠色繪有台灣圖形作為組織徽號的旗幟，該會在中山國小操場舉行。一個基督教機構〈新見證會〉，在校門外揮舞旗幟及派發傳單，表示對國民黨不滿。美國民主黨〈國際事務協會〉會長艾伍德出席了集會，並發表了廿五分鐘的講話。

評析：

國內的分歧分子為配合海外「台獨」叛國分子組織所謂〈台灣民主黨〉的陰謀活動，叫囂要在國內「組黨」，以進行海內外互相呼應的非法政治活動，已吵鬧很久。此次搞「行憲與政黨說明會」，則是一系列非法活動的一部分，其政治陰謀已昭然若揭，人人皆知。此次公然打出綠色繪有台灣圖形的「台獨」標幟，並結合分歧教會進行反執政黨宣傳，向洋人表態，這進一步證明他們反常的政治陰謀。令人氣憤的是，當局如此軟弱，都是懼怕洋人而起。中國人究竟幾時才能真正避免洋人的干涉？

消息：　◎挑撥「原住民意識」

八月十八日出版的分歧刊物《自由天地》周刊，以〈民族自決救同胞〉為題，發表文章說：台灣「原住民」從四百年前遭到外來統治者及其附庸的侵占、屠殺、壓迫、驅使、虐待的結果，無法避免走上衰亡的悲運。但在本質上原住民和漢人經過四百年歷史的演變，現已在意識上、社會存在上，成為「原住民系台灣人」和「漢人系台灣人」，共同構成今日的台灣社會和台灣人（台灣民族）。台灣的社會發展史，也就是漢人壓迫原住民的一部歷史。所以一九五一年林昭明喊出「民族自覺、自治、自決、自衛」口號，一九八三年黨外喊出「民主、自決、救台灣」口號。可惜今天「原住民」意識已淡薄。現在受統治的台灣住民，應為美麗的鄉土和子孫們美好的明天，而攜手合作。

評析：

第二次世界大戰末期，日本投降之前，日本一些軍閥政客，勾結少數被日本奴化較深、甘願永遠作日本奴隸附庸的台灣人，提出了「台灣民族論」，陰謀使台灣同胞與中華民族切斷關係，避免台灣寶島重歸中國版圖。後來又有林昭明、彭明敏幾個民族敗類，重彈「台灣民族論」歪調，渲染「台獨」叛國意識，胡說台灣同胞不是中華民族的子孫，而是另一種「台灣民族」。這種荒唐論調是不可能被大多數台灣同胞接受的。

消息：　◎推翻國民黨三個戰略

八月卅日出版的分歧刊物《新路線》周刊，發表文章主張，用選舉推翻國民黨的三個戰略：

一、街頭運動戰略：這是黨外寄望最大的戰略，艾奎諾夫人用選舉把人潮帶到街頭，推翻了馬可仕。二、黨外蘇維埃戰略：毛澤東把「黨的建設」列為「三大法寶」的第一位，黨外也要建立「黨外蘇維埃」，成立「黨外各級人民代表會」，作為「黨的建設」的骨架，將來取代國民黨。三、孵蛋戰略：黨外是蛋殼，人民是蛋白和蛋黃，蛋殼以自己的勢力保護和孵化蛋白和蛋黃，變成新生命，然後一起來推翻國民黨。

評析：

近幾年來許多事實顯示，國內一些分歧分子的政治活動，口號是「民主改革」，實際的陰謀和許多具體作法，是結合國外「台獨」叛國分子的活動，以裡應外合、內外夾擊的策略，瓦解執政黨，消滅中華民國，以實現「台獨」叛國陰謀。在前幾年他們許多口號和作法，基於形式所限，採深藏和隱而不露的作法。近年以來，情形改觀，他們大張旗鼓公然叫囂「推翻國民黨」、「打倒蔣XX」、「消滅中華民國」、「建立台灣民主共和國」等口號。這是值得國人高度注意的。

消息：　◎利用洋教搞叛亂

九月五日出版的分歧刊物《新觀點》周刊，以「上帝不會妥協」為題發表文章說：新約教徒不放過蔣經國……蔣家王朝扯下萬氏大旗，欲塗抹新約教會名號。神就叫他的國號、國旗、國歌從國際間消失了！

評析：

原屬香港長城電影公司的核心份子江端儀（又名梅綺）於民國五十一年炮製出一個〈新約教會〉，自稱「上帝的使女」在香港活動。五十二年搬進台灣，不曉得從哪裡來的龐大財力，一年內在台發展廿九個傳教所，藉傳教進行反政府宣傳。幾年來被分歧集團拉進自己幫夥，進行示威遊行等活動。近年更串通起來，由該〈新約教會〉印發專書，宣傳「神定意除滅蔣家王朝」、「新約教會給蔣XX的審判」、「國民黨是殺人黨」等，這是打著外國宗教旗幟的邪門叛亂活動，國人不可不提高戒懼之心！

♦ 十一月號

◎ 向警員獻花的毒招！

消息：

據九月十八日《中央日報》等報導：據目睹者蕭瑞徵等人說，九月十四日深夜路過新生南路和平東路口附近時，一群無黨籍人士正在聚眾遊行示威，穿著制服的警察在場維持秩序，希望他們盡快解散。無黨籍人士要求警察撤走，好讓他們繼續遊行示威，但警察人員因職責所在不為所動。此時無黨籍人士喊道：「警察既不撤走，我們就請美麗小姐向警察人員獻花！」立刻有十多名女子拿著劍蘭之類的鮮花，走到警察人員面前，硬向警察人員的懷裡塞。趁硬塞的時候，故意的用早已削尖的花枝，大力戳刺警察的脖子、胸口，警察人員根本沒提防這狠招，所以被刺得鮮血淋漓。警察把這毒劍蘭從衣襟裡拔出丟掉，那群女子撿起來，一再的刺戳，直到花枝折斷才罷休。但警察人員在「打不還手，罵不還口」的原則下，未做反應行動，仍忍痛忍辱維持秩序。

後據九月十八日、廿日、廿四日《自立晚報》報導：無黨籍人士對蕭端徵等人所說無黨籍人士在遊行時，用劍蘭刺傷警察一事並無事實，獻花是為向警察致敬，並無惡意。周清玉、蕭裕珍等無黨籍人士，要求蕭瑞徵等人公開道歉，否則將採法律行動控告蕭某等。

又據各方傳言，自立法委員蕭瑞徵將目睹無黨籍人士用劍蘭刺傷警員真相透露給社會之後，相繼有流氓結隊到立法院對他橫加騷擾和侮辱，其自用轎車亦在深夜被人搗毀，經常有無名電話予以恐嚇叫罵，指其為「台奸」等。

評析：

訓練女子籍「獻花」之名辱刺維持秩序的警察，這是納粹黨人的技巧，這是眾目共睹的慘劇。事後又騷擾主持正義、揭露真相的蕭瑞徵委員，並砸爛其坐車、恐嚇其家人、罵其為「台奸」，這種作法更暴露出分歧分子窮凶極惡、陰狠狡詐的真面目。

◎ 「四點聲明」歪得出奇！

消息：

九月廿日《自立晚報》台北訊：參與與執政黨溝通的七位無黨籍人士，於十九日邀請無黨籍團體代表，對溝通一事進行會商，共有十九人出席，由費希平主持會議。經過兩個多小時的討論，最後決定對外發表四點聲明如下：一、黨外基於追求民主憲政的熱忱，對真正誠意的溝通一向贊成。二、自五月十日以來，國民黨在立法院議事規則的修改、政論雜誌之查禁，及政治案件之處理上，再三破壞溝通環境，造成衝突升高、溝通中斷，其責任應由國民黨自負。三、如果繼續溝通，國民黨應對在獄政治犯及在案政治案件誠意解決。四、溝通方式應透過電視公開進行。

評析：

這四點聲明，實是分歧集團獅子大開口。要求釋放所謂「政治犯」，即近來幾個嚴重犯法判罪的案子，一律享受犯法無罪的特權，改判無罪釋放。對任何違法刊物，不得查禁。國民黨對溝通中斷要負全責。透過電視再行談判溝通，給他們有挑撥分化、破壞團結的機會。總之是借談判溝通，逐次提高敲詐勒索條件，他們不知哪裡學來的伎倆？

◎費希平的玩法手段

消息：

九月廿日《自立晚報》台北訊：無黨籍立法委員費希平等六人，在院會中聯合向行政院提出質詢說：〈非常時期人民團體組織法〉是政府準備取締黨外公政會的依據，但依法律是在訓政時期的立法院所制定，而且其中規定：「人民團體之主管官署，在中央為社會部……」而今行政院並無社會部，黨外公政會向內政部登記，顯然是不合法的。他們並指出，即使承認〈非常時期人民團體組織法〉是有效的法律，但政府卻不依省政府組織法之規定，而以行政命令擴大省政府之組織，因此，政府如要取締黨外公政會，必須先改組台灣省政府。

評析：

這次質詢，仍是老調重彈，其目的在否定有效的法令，使「公政會」可賴著不辦登記。按〈非常時期人民團體組織法〉雖係老法，但既沒有明令廢止，故仍然是有效的。本法在大陸由社會部執行，政府遷台後，社會部併入內政部，該法當然改由內政部執行。而分歧分子們卻說社會部裁撤了，「公政會」現在找不到社會部登記了，於是乎就賴著不辦登記，不准取締。這純粹是玩法的無賴作風。

◎「造反宣戰書」

消息：

九月廿二日出版的分歧刊物《新觀點》周刊，以「我們有權利造反」為題發表文章說：黨外編聯會政綱草案基本主張之一：「政府是受人民付託，為謀求人民福利而存在，……背叛人民的政府，人民有權不服從它、抵抗它，甚至有義務去改換它」。一九四九年國民黨失去了它中國的人民，以槍桿子繼續在台灣建立獨裁政權，給予我們提心吊膽的生存環境，我們不禁要大聲疾呼：「你，還有繼續存在的意義嗎？」也同時正告國民黨：「你要接受人民的審判，使你步入墳場！」寶島上工廠、農田、校園的同志們團結起來，到處是我們的戰場！

評析：

我們讀了分歧分子這篇「造反宣戰書」，不由得毛骨悚然，滿紙是「人民的審判」、「人民的選擇」、「人民的力量」、「人民的託付」；喊出「用人民的力量把國民黨送入墳場！」這完全像大陸紅衛兵登陸台灣，向國民黨下宣戰書，我們豈可等閒視之！

◎粉碎溝通、悍然組黨！

消息：

九月廿九日《自立晚報》台北訊：黨外人士昨（廿八）日在圓山飯店集會，經三次會議討論後，宣布組黨，黨名為〈民主進步黨〉，並將於年底選舉前，召開第一次黨員大會。與會人士共一百二十三人簽名擔任新黨發起人，會中推出費希平等七人為「建黨籌備委員會」，下午六時零五分由費希平宣布：「民主進步黨正式成立！」。

十月一日《自立晚報》台北訊：美國參議員甘迺迪、裴爾、眾議員索拉茲，於九月卅日來電，祝賀〈民主進步黨〉成立。又十月二日台北訊：美國眾議員李奇在美國聲明，讚揚台灣成立〈民主進步黨〉，並說多黨政治有助於政局穩定。海外各派「台獨」叛國組織亦來電祝賀〈民主進步黨〉的成立。

評析：

據各方資料顯示，自國民黨主動和分歧分子謀求「溝通」之始，分歧分子即著手進行組「黨」，為怕洩密，特經常躲在某人住宅內開會研究。三個多月以來，一面製造各種事件和運動，來拖延溝通和破壞溝通；一面在溝通氣氛掩護下，秘密加速籌備組「黨」。他們於九月廿八日宣布建「黨」，使人均感事出突然，莫名其妙，但在分歧分子言，是早有預謀和行動的。國民黨完全上了大當！

由美國「邪惡帝國主義分子」四人幫等人，立即來電致賀的事實看，這個什麼「黨」與國際陰謀分子等確有密切關係，這對國家不是好兆頭。

◎狡猾的「台獨」表述

消息：

九月廿九日《自立晚報》台北訊：黨外選舉後援會昨（廿八）日在圓山飯店集會，通過了推薦候選人名單，並提出今年中央民意代表選舉的黨外共同政見，並以「民主新希望、新黨救台灣」為共同口號。昨日成立的〈民主進步黨〉，亦以此十二條政見為新黨的〈競選綱領〉。十二條政見的要點是：「台灣前途由台灣全體住民共同決定，立即解除戒嚴，廢止憲法臨時條款，堅持自由組黨，政黨輪流執政，全面改選中央民意代表及總統民選，維護台海兩岸和平，尊重台灣現有語言文化，保障海外同鄉出入境自由。」

評析：

上面引述者，是分歧份子本年參選的共同政見，也近乎它們的「黨綱」。我們看過後，不由得心驚膽寒，雖然它沒有明言「台獨」，但第一條「台灣前途由台灣全體住民共同決定」實是台獨的偽詐說法。

◎要以「黨的名義」溝通

消息：

十月三日《自立晚報》台北訊：〈民主進步黨〉黨務工作組十二名工作委員，於十月二日上午集會，除討論黨章及擴大工作組織問題外，並聲明〈民主進步黨〉自九月廿八日成立以來，得到各方面關心，表示謝意。對陶百川先生呼籲溝通一事，將以〈民主進步黨〉的名義及立場，與執政黨溝通，由協調小組負責進行，並先與中介人士交換意見。

評析：

分歧集團正在與執政黨溝通階段，突然違法宣布組黨，已經是猖狂過分，蔑視執政黨及國法。今竟又要以未經許可的違法組成的什麼黨名義，來與執政黨進行溝通商談，這種表現更為過分。由這事實證明，這些分歧分子蠻橫霸道，得寸進尺，逐步進行敲詐勒索的奸詐本質。

◎蔣主席宣示「組黨三原則」

消息：

對於分歧集團「九・二八組黨」案，國民黨顯然以低調處理。十月八日由蔣主席宣示「三原則」來因應：任何新的政治社團，必須遵守憲法，支持反共的基本國策，並與「台獨」劃清界線。這就是「組黨三原則」的宣示。

十月九日和十二日，鬧著要組黨的分歧分子，為偽裝順應蔣主席的談話以欺騙世人，特發表掩耳盜鈴的聲明說：黨外人士之要組黨，自當主張和平主義，反對暴力主義；對海外暴力主義者，不願與之有所關聯。唯有民主憲政真正落實，台灣始可證明有別於大陸中共。黨外一本傳統，為促使回歸憲法做最大努力，其基本立場是反共的。云云。

評析：

分歧分子上面的聲明，是對蔣主席談話的回應，完全是玩弄文字遊戲的騙詞。這些人心目中根本就是要搞「台獨」。他們只說與「暴力台獨」無關，但不說與「所有的台獨」割斷關係，劃清界線。他們完全是目無紀法的暴力主義者，近來所發表的文章及反政府運動，無不是陰謀以暴力手段砸爛憲法，實行奪權。例如他們搞中壢暴力事件、高雄暴力事件、街頭暴力運動、劍蘭刺警察、打法院、鬧議會、創「台灣國民議會、接管政權」，主張「正拳攻擊國民黨」、「民主要鮮血換來」、「讓中華民國消失」、「我們有權造反」、「街頭是人民的」，狂言「拋棄法統、認同台灣」、「用都市游擊戰建立台灣民主共和國」、「中華民國政府是外來政權」……等煽動暴力和摧毀憲法的文章、無數的言行可以證明，分歧分子根本不會改變其台獨漢奸的本質。

◆十二月號

◎為「民進黨」發展，反對修法

消息：

十月十六日《自立晚報》載：立法委員張俊雄向行政院質詢表示：政府將修改〈非常時期人民團體組織法〉及〈戡亂時期公職人員選舉罷免法〉，準備將政黨及其活動分別納入此兩法的規範，這是有違回歸憲法原則。開放黨禁為回歸憲法健全民主的正確作法，以上兩法均為臨時體制下的作法，如用來規範政黨活動，將阻礙組黨及政黨活動，而動搖多黨制的基礎。因此反對修正上述兩個法律。

費希平、尤清、康寧祥、謝長廷等人表示，國民黨用修訂〈非常時期人民團體組織法〉、〈動員戡亂時期公職人員選舉罷免法〉方式，來規範政黨活動，他們的活動將受到限制，甚至會遭到取締，所以反對修訂這兩個法規。

評析：

已組黨的分歧份子們，從來就沒把國法放在眼裡，他們認為修這二個法律，可能對他們的非法組黨有妨礙，於是用立法委員質詢特權大肆叫囂，不准修改。當然，只有在沒有任何法律約束下，他們才好為所欲為。

◎陰謀利用「學生運動」造反

消息：

十月十八日出版的分歧刊物《新路線》周刊，以「學生運動」為題發表文章說：學生運動在各個國家，都是反體制運動的主力，但在台灣卻成了體制的支持者。近來黨外運動，使幾個大學少數學生掀起政治運動，為學生運動帶來一線希望，今後黨外應向這個方面多努力。因學生理想高，聚集容易，如能用之發展政治運動，可變為打擊政權的大本營，如韓國學生就是榜樣。黨外的新黨運動，可研究校園動員計畫，安排學生到民進黨組織裡來，針對黨的一種有利的發展機會。

分歧集團的〈台灣人權協會〉將舉辦「學生人權」座談會。近來台大學生李文忠被開除學籍，是嚴重侵犯學生人權，將於十月廿四日，在台大校友會館地下室，舉辦「校園人權」座談會，會中將由黃爾璇、胡佛教授引言，並邀請各校同學參加。

評析：

學校學生是最容易衝動和盲動的群體，也是最容易被陰謀分子煽動利用的群眾。台灣分歧集早已野心勃勃展開了學生運動，例如利用台大李文忠案、大新社案，鑽進學校搧風點火，鼓動學潮；連年叫囂「國民黨撤出學校」、「取消學校軍訓」等，無不是陰謀把學校弄成思想真空、管理訓導真空，好讓台獨分子鑽進去，策動學生運動，進行反政府奪權陰謀。上面這篇文章已經揭開了〈民進黨〉的底牌，他們認

為學生運動是反國民黨體制的主力，是打擊政權的大本營，今後要制定校園運動計畫，把學生拉進來，對政府施加壓力，促成「校園自由」，鼓動「學生人權運動」，好發動學生反政府，幫助他們奪權顛覆。

◎鬥爭步步高昇

消息：

十月十八日出版的分歧刊物《新路線》周刊，以「追擊！解嚴後新黨的政治訴求」為題目發表文章說：過去黨外政見發表和政治訴求是：「解除戒嚴、開放黨禁報禁、國會全面改選、省市長民選」等。現在國民黨已宣布將「解除戒嚴」、「允許組黨」，今後黨外還有什麼政治訴求呢？那就是對國民黨繼續追擊，提出新的政治要求來爭取群眾，所以今後最低限度應再提出下列政治要求：（一）修改憲法，總統普選；老國民大會完成修憲之後，立即宣布解散，免得台灣人民再出錢養著這些拿錢不辦事的老國代。（二）廢除憲法臨時條款，確保各種自由。（三）在國防上，要裁減軍隊。（四）在經濟上，過去工商業者是「以大吃小」，為了爭取中小企業者，要主張「以小吃大」的分配政策。

評析：

毛澤東曾提出「階段革命論」，分階段逐次完成打倒國民黨目標。如今台灣分子完全走老毛的路子：先要「解嚴」、「組黨」，現在政府答應了他們的要求，準備「解除戒嚴」並答應他們可以依法成立政治團體。他們就得寸進尺，提出更高的政治勒索：「組黨」成功，解除戒嚴令以後，要提「修憲」，把「中華民國憲法」修改成「台灣憲法」，把大陸選

出的老中央民意機構撤銷，改成「台灣中央民意機構」；由「台灣人」自己選「台灣總統」；廢除憲法臨時條款……這就是「民進黨」下一階段政治鬥爭的路線，也是他們對國民黨「繼續追擊」的目標。

◎台獨漢奸的鬥爭路線

消息：

十月十八日出刊的《新路線》周刊，在〈民族運動〉文章中說：「台灣民族運動」是「民主進步黨」的最大本錢，國民黨說台灣所有的人都同屬一個民族——中華民族。這種說法當然有點自欺欺人，別有用心。因為在台灣有外省人、台灣人、山地人三個「支系」，這三個「支系」在台灣政治社會中之地位不平衡，當一個台灣青年發覺總統、國防部長都是外省人時，自然會興起「台灣人意識」，如果再經兄長、朋友、黨外人士予以說明「點破」，可以勝過幾十次的政治教育。當一個原住民（台灣人、山地人）見西岸同胞大部分還在抓魚、作勞工時，再回想小時唱同一山歌、說同一個老故事時，更會興起「民族意識」，這也是無法以「五千年文化」能消滅的民族情懷。這種「台灣意識」是黨外運動的潛在養分的來源。未來「台灣民族運動」綱領應該是：（一）充實台灣意識的文化內容，建立明確的族群政治意志。（二）挑動原住民族的被壓迫意識，直接從要求政治地位平等做起。（三）清洗國民黨對外省薪水階級、勞工階級的法西斯毒素。

評析：

我們細看這篇文章的「台灣民族運動綱領」，完全是台獨漢奸的論調。鼓吹「台灣族不是中國族」、「台灣人不是中國人」、「台灣人是台灣民族」的歪論，把住在復興基地的中華民族子孫，分化為「外省人」、「台灣人」；又把「台灣人」說成是「台灣民族」，並否定「台灣民族」是中華民族的一部分。進而展開分化運動：用發揚台灣文化、煽動台灣民族意識手段，把「台灣人」從中華民族中分化出去，以仇視、打擊「外省人」；用「政治地位不平等」、「台灣民族受壓迫」等歪詞，鼓動「台灣民族」的反政府。這已不是純粹的政治問題，更不是什麼「民主」問題，而是反民族文化問題，即是漢奸論調！人人得起而誅之。

◎國民黨讓步的結果

消息：

〈民主進步黨〉宣布：黨員登記將於十月底截止，並預定十一月初選出一百廿位左右黨員代表，以召開黨員代表大會，在代表大會中選出卅一位中央執行委員及十一位中央評議委員。

十一月三日《自立晚報》台北訊：民主進步黨黨務工作小組執行長黃爾璇昨日表示，新黨自成立以來，仍遭到合法、登記等問題，但年底選舉前，民進黨一定會完成組織化工作。

十一月四日《自立晚報》台北訊：民主進步黨黨務工作十八人小組昨日決定，將於八日在各縣市推選「黨員代表」。費希平在接受日本《每日新聞》記者訪問時堅稱，我們要在選舉時開始（十一月廿一日）至結束前召開代表大會，國民黨雖然不承認，我們仍以〈民主進步黨〉的招牌參選。

十一月十日〈民主進步黨〉非法召開「第一次全國黨員

代表大會」，選舉主要幹部，並修正通過內容充滿台獨分離意識的所謂「黨章」與「黨綱」。

評析：

國民黨鑑於國際環境艱困，必須共謀內部安定，以求生存；所以對分歧分子一再容忍讓步。分歧分子卻得寸進尺，視容忍讓步是怯懦。國民黨容忍讓步的結果，卻換來分歧集團一陣又一陣的叫罵，一記又一記的耳光。

◎兜售台獨迷魂藥

消息：

十一月二日《自立晚報》北縣訊：立法委員鄭余鎮昨日晚間，在新莊〈恆毅中學〉舉辦民主講座，與會人士一致強調新成立〈民主進步黨〉的精神是以愛心、公平、公義促進台灣的進步和繁榮，反對暴力的基本主張，對國民黨、山頭主義的黨外人士都有所幫助。這次鄭余鎮舉辦的「新黨、解嚴、台灣未來」民主講座，主張提出與執政黨不同的政治主張，才能締造長治久安之福。

評析：

近來一些「黨外」陰謀分子各山頭，都在使出吃奶的力量，兜售「新黨」迷魂藥，來摧殘復興基地本來團結和諧的民心士氣。例如上述消息中，鄭余鎮等人說，提出與執政黨不同的政治主張，才能締造長治久安，這完全是鬼話。他們十一月八日在所謂「民主講座」中，主張「拋棄法統，認同台灣」，這是否定中華民國合法地位，宣傳台灣獨立的老調；強調菲律賓艾奎諾夫人奪權經驗，煽動台灣內部搞政治顛覆。

鄭余鎮原是私心滔滔的投機國民黨員，因未被提名而脫黨、罵黨，這種「有奶便喊娘，無奶變仇人」無情無義的人，有識之士都不屑。

◎民進黨就是「台獨」

消息：

十一月二日《自立晚報》台北訊：〈民主進步黨海外組織〉發起回台參加民進黨第一次全國黨員代表大會的「百人代表團」，將由美國洛杉磯搭乘西北航空公司第〇〇三次航空班機，預定於十一月十三日晚間八時五十分抵達台北。現在登記人數已接近一百五十人，而拿到簽證者近五十人，其他尚在趕辦簽證手續中。該代表團洛杉磯聯絡人是鍾金江、紐約是賴文雄。

十一月四日《自立晚報》台北訊：立法委員許榮淑今天在立法院提出質詢表示，為了社會的團結和諧和法律的尊嚴與權威，政府宜盡速簽證，讓包括有許信良在內的台灣海外同鄉回台。

評析：

當總統宣布要組織的人士，必須尊重三原則，一些分歧分子，隨即作投機性的表態，聲言不和暴力派台獨來往，但在實際行動中絕不和所有台獨劃清界線，因為他們的核心本質就是「台獨」。

◎費希平的悲劇開始了

消息：

十一月十一日某報報導：非法「民進黨」於昨（十）日

召開首次黨員代表大會，到會一百五十名代表，投票選出卅一名中央執行委員、十一名中央評議委員；上述當選人再互選，選出十一名中央常務執行委員、五名中央常務評議委員。江鵬堅當選主席。

該報又報導說：費希平於會議結束後表示：由江鵬堅當選主席，「慶幸得人」云云。

評析：

往日費希平都以分歧集團老大的姿態自居，曾當組黨的召集人，儼然領袖狀，自思將來「黨主席」非我莫屬。選舉結果，竟是毛頭小子江鵬堅當選「主席」，費某在心灰意冷之下，只好說「慶幸得人」。至於費某被利用過後，必將被棄如敝履，這是局外人瞭如指掌的預斷。而費某竟年老智昏、無自知之明，對「組黨」百分熱度，卻換來冷水澆頭，真是千古悲哀！

◎絕不與「台獨」劃清界線

消息：

十一月十二日《自立晚報》報導：非法的「民進黨」今天舉行所謂「中全會」，會中許榮淑等人主張對海外人士返台支持該黨一事，該黨應基於「人權」、追求「民主」的立場，表示歡迎。該「中全會」對此事，決議發表聲明：歡迎海外同鄉返台。

又報導說：最近紛傳海外若干人將化整為零，返回國內聲援「民進黨」的組黨行動，但昨日傳聞前任〈世界台灣同鄉會〉會長陳唐山要返台，民進黨主席江鵬堅多人特地趕往機場歡迎，撲了個空。原來「世界台灣同鄉會民主進步黨後援會」，於十日曾發電報給尤清說，美國眾議員費恩，將如陪金大中返韓國一樣，於十一日陪同一位「世台會」重要人物返台。此一台獨組織之電報，曾於十日晚該民進黨舉辦之「新黨之夜」晚會中予以當眾宣布，引起新黨人士一片歡騰。

評析：

準備來台支援「組黨」行動的所謂〈世界台灣同鄉會民主進步黨後援會〉，或者〈民主進步黨海外組織代表團〉的成員，無一不是在海外搞「台獨」的叛國分子，「民進黨」公然在其所謂「中全會」中，發表聲明歡迎這類「台獨」叛國分子返台；在所謂「新黨之夜」，聽到這些「台獨」要來台，大家欣喜若狂。尤有進者，風聞「老台獨」陳唐山要來台，不問真假，竟齊奔機場接駕。由許多具體事實證明，「新黨」分子曾說「要與台獨劃清界線」，純是騙人的謊言。其實〈民進黨〉的本質就是「台獨」，豈肯與海外的「台獨」劃清界線？

◎「台獨」機場施暴記

消息：

十一月十五日《自立晚報》報導：百多位黨外人士：康寧祥、尤清、黃玉嬌、許國泰、顏錦福、周清玉等，於昨日到中正機場歡迎〈民主進步黨海外組織〉代表團，手持標語、唱歌曲呼口號，並靜坐示威。因久候七名海外代表不耐煩，吳大清首先率眾硬闖進管制區，奪下維持秩序警員的警棍，撕下警員的臂章，使機場秩序大亂，影響全部旅客驗關入境。下午四時大混亂中有多位警方人員及不滿分歧分子非法行動之某青年被毆傷，而分歧分子在猛力衝向管制區時，亦有柯家聲、魏國桂等二人，撞及門牆倒地。「民進黨」洪奇昌等聲言，將至警政署抗議警察施用「暴力」。

又據各報報導：十四日七名自稱〈民主進步黨海外組織〉回台代表團的男子，上午抵達中正機場，其中江昭儀、謝進南、楊嘉猶三人獲有入境簽證，林水泉、歐煌坤、鍾江金、謝志清四人無入境簽證，甚至有人連護照都沒有。機場人員明知這些人來台別有陰謀，但對持有簽證之三人，仍從寬准其入境，其他四人依法未准其入境。為此七人堅持要通通准入境。僵持最後，他們全回美國。

評析：

十一月十四日由美來台之所謂〈民主進步黨海外組織〉代表團之江昭儀等七人，都是滅宗欺祖的「台獨」分子。對此等罪惡昭彰之徒，到機場後依法應立即逮捕。但政府卻網開一面，從寬處理，有簽證者准入境，無簽證者依法拒絕入境。但此等暴徒卻蠻不講理，非要全部入境不可；察其陰謀在製造事端，如全部准其入境，則造成先例，為今後所有「台獨」分子回國叛亂，打開方便之門；如不准其全部入境，則將來作為反政府的藉口，在海內外造謠生事，鼓動風波。至於來往旅費，他們毫不在乎，反正背後有人出美金支援。

七十六年

♦ 元月號

消息：

◎ 自稱「泱泱」的漢奸論

十一月十七日出版的分歧刊物《開拓時代》周刊，以「泱泱大國的自決風範」為題發表文章說：「中國共產黨和國民黨，對於『台灣住民自決』，隔海唱和，咸表反對。我們堅決主張台灣的主權屬於台灣全體住民，理當由台灣人民自行治理，並與世界各國發展和平友好關係！這便是自決的真諦。以台灣今日之物阜民豐，早已是泱泱大國，豈可再向中國搖尾乞憐，求為內寵之理？台灣今日只因國民黨王朝的統治，早已成為世界笑柄，連累台灣人民在國際上受人奚落。台灣人民深知擺脫國民黨，展現在面前的，是一片任人遨遊的自由天地，那個台灣人不想百分之百的自決？台灣人民已有了自己的黨，那就應重新認識自己，那些對台灣的殖民念頭，必將成風中的塵埃！」

評析：

此雜誌是分歧集團內，負重要喉舌角色的刊物。上引這篇文章無異就是表明了〈民進黨〉政治目標為「台獨」。問題是：搞台獨即必被全世界炎黃子孫指為「漢奸」，漢奸立國如可稱為「泱泱大國」，那不笑死天下蒼生才怪！

消息：

◎ 周清玉自稱「台灣柯拉蓉」

分歧國大代表候選人周清玉，在她的宣傳單中說：「我經常出國訪問，到南韓訪問金大中夫婦，並蒙其熱烈款待。到菲律賓訪問柯拉蓉，建立深厚友誼。每年有無數外國人權人士來訪，我常是受訪問的對象，我呼籲他們關心台灣人權狀況；今年五月廿日我訪美期間，應邀出席華府國會山莊的『台灣民主委員會』記者招待會，美國眾議員索拉茲在記者會上稱我為『台灣的柯拉蓉』時，博得熱烈的掌聲，『台灣的柯拉蓉』之名於是不逕而走。」

評析：

分歧分子最近喜歡以柯拉蓉自居，自選舉開始活動以來，分歧分子中頓時出現了「周柯拉蓉」、「許柯拉蓉」、「吳柯拉蓉」、「莊柯拉蓉」等，紛紛在做「菲律賓柯拉蓉寡婦」迷夢，這種挾外人以自重的畸形心態，實在可悲又可笑！

◎ 企圖以白十字慘綠旗代替國旗

消息：

七十五年十一月廿三日《自立晚報》報導：中國國民黨台中市黨部為了配合選舉，替候選人擴大影響，籌畫了一項浩大的全體市民升國旗的升旗典禮，並預備當場向市民介紹候選人，時間預定為二十三日清晨六時。但市黨部獲悉台中市的分歧分子，揚言如果升國旗的升旗典禮真的舉行，則「民進黨」將提前一個小時先把「民進黨」的黨旗在那裡升起來，以代替國旗。於是市黨部開緊急會議，決將這項升旗典禮延期。

評析：

由上述事實，千真萬確的表現出分歧份子根本就是「台獨」。他們要用白十字慘綠「民進黨旗」代替國旗，是可忍孰不可忍？

◎ 台獨選舉傳單大觀

消息：

我們遍閱從北到南二十九位分歧分子參選中央民意代表的宣傳單，將他們千篇一律的謬論摘錄一些如下：1.從那裡來回那裡去，大陸人回大陸，台人留台灣。2.修憲法，廢除國民大會，直接民選總統。3.裁減陸軍，變成海權國。4.以僅存的鄉土語言文化作基礎，創造台灣新文化。5.廢除非常時期「國家總動員法」、「憲法臨時條款」、「人民團體組織法」、「公職人員選罷法」，結束「非常時期」。6.懷疑俞院長提出的「國家安全、社會安定、人民安康」口號。7.主張群眾走上街頭，以爭取台灣人的民主權利。8.台灣前途由台灣住民自決。9.釋放所有政治犯，並恢復其公民權。10.主張在海外的所有台灣同胞（按：實指台獨、漢奸）可以自由來台灣。11.台灣人要出頭天。12.台灣生我們，我們要為台灣人的尊嚴幸福而戰鬥。13.反對政府以「國家安全」為理由的各種措施。14.反對國民黨團在學校存在（按：要搞學生運動）。15.台灣人要以甘地的精神與國民黨鬥爭到底。16.台灣是我們的家園，我們要作台灣的主人！（按：是台獨老口號）。17.高雄萬壽山崩，是國民黨崩潰的前兆。18.台灣人民的血不能白流，對國民黨機場暴力行為提嚴重抗議。19.要延續「二二八事件」不屈不撓的精神。20.新黨新希望，民主救台灣，我們不要豬仔總統，我們要親手選台灣人自己的總統。21.台海兩岸要以理性的態度，共謀和平關係（這是想唬弄中共）。

評析：

以上摘錄者，只是分歧分子荒唐的一小部分。由此也足以看穿這些「新黨」分子的台獨本質，國人不可不存戒懼之心！

◎反咬一口的鬥爭

消息：

十二月八日《自立晚報》消息：省議員黃某在省議會質詢時，要求邱主席就中正國際機場暴亂事件中，由於警方先動手毆打人，使一些民眾受傷，公信力受到傷害一事，查明處哩，尤其是警政署長羅張、省警務處長林某等，應負政治責任，並引咎辭職。

該報又稱：在一次選舉檢討會中，「黨外」的謝某和江某等人，認為中正機場事件，情治人員的執法過當，和大眾傳播媒體重複撥放暴亂現場實況，造成了這一事件的扭曲和醜化現象，執政黨應負責任。

評析：

桃園中正國際機場的暴亂事件，完全是島內分歧分子與海外台獨漢奸內外配合，預先計畫好的群眾暴力事件。暴眾的石頭、狼牙棒、鐵器等，都是早有準備的；其現場醜態惡狀，也是暴眾自己表現出來的。而他們卻利用議會及一切手段反咬情治單位一口，這真是一招狠毒的鬥爭形成。

♦一二月號

◎破壞三軍的造謠

消息：

七十五年十二月十七日《自立晚報》台北訊：立法委員鄭余鎮、江鵬堅、許榮淑、費希平、張俊雄、方素敏等，於十七日在立法院向行政院提出聯合書面質詢表示：有關《開拓時代》與《領先》兩雜誌報導，韋恩颱風來襲，造成兩艘軍艦沉沒，官兵多人沒頂一事，確實因民間傳聞頗盛。據反應，漁民多有目睹海上浮屍者，省議員周滄淵、蔡介雄，且曾據此在省議會提出質詢。政府軍事機關如動輒以「構造謠言，淆惑聽聞」之罪名，任意控告新聞傳播媒體，則將成新聞自由之無比威脅。

這六位立法委員在質詢中要求：由國防部內政部等單位，及社會公正人士與「民進黨」人士組成調查委員會，確實調查後公布真相，並對《開拓時代》、《領先》二雜誌以民主國家常軌，以新聞評議機關為仲裁單位，而不作法律之懲罰。

評析：

這次《開拓時代》等分歧刊物，曾以「軍方大秘密」為題，發表兩三頁的長文，繪形繪色，編造兩艘軍艦在韋恩颱風時在台海沉沒，兩千多海軍官兵沉海喪命的謠言。在結論中更說：「過去軍方演習發生類此重大事故，莫不分散處理，掩蓋詳情，此次沉船事故，照樣掩蓋實情，不是不可能的。看來郝柏村、汪道淵恐怕非下台不可」，這文章顯然是惡意造謠，破壞三軍，在任何國家都會法辦的。而鄭余鎮等人卻藉立法委員特權指責軍方不該對該雜誌任意控訴，以妨礙新聞自由，並為該違法刊物護航。就最講民主的美國而言，對破壞軍事安全的言論，不但限制最嚴，而且判刑更重。

消息：

◎ 暴力分子省議會現形記

七十五年十二月十七日晚報報導：台灣省省議員蘇貞昌、游錫堃、王兆釧、莊姬美四人，今天在省政總質詢中，嚴厲譴責警務處長林永鴻，指責其對中正機場事件處理不當。並說機場事件當天，機場有許多來源不明的石頭，警察還噴水並主動打人，逼使民眾作正當防衛。蘇貞昌等人同時指責執政黨在選舉期間藉這件是醜化「民進黨」，使民眾產生誤解，希望執政黨不要用醜化方式，增加雙方的對立與衝突。

十八日《中央日報》霧峰電：桃園籍的省議員劉邦友、呂進芳、吳文妃在今天省政質詢中，建議政府：嚴辦鼓勵群眾前往中正機場鬧事的不法分子，桃園所需要的是繁榮、進步和安定，不歡迎製造暴亂，使桃園縣「討厭縣」。由於不法分子率眾前往製造暴亂，已影響了國際視聽，使我對外貿易、國際訂單、外人來台投資大為減少，省警務處應公布事件真相，並在省議會放映真正的事件錄影帶，莫讓偏激人士的假錄影帶，歪曲事實，欺騙議會人士，損毀警察形象。後經省警務處將不法分子三次機場滋事的現場錄影轉播放過後，清楚的看出手執綠色旗子的人士，鼓動暴眾攻擊維護治安的警察，用石頭投擲治安人員、出手打傷警察、把警車打得七零八落的搗毀掀翻在公路兩旁溝內。機場暴動事件完全由分歧不法分子們事先有計畫的主動搞起來的，在錄影播放後看得一清二楚。

評析：

作賊的喊捉賊，殺人兇手行兇後喊救命裝死，這是分歧分子慣用的「政治暴力」手法。用這種先製造暴力流血事件，然後作歪曲宣傳，誣說「國民黨打人、殺人和施暴」。用群眾事件發展成政治事件，過去他們搞了許多次。這次機場事件不過是故技重施，舊戲新演。當省警務處將真實錄影帶播放過後，弄得莊某等人啞口無言。

◎ 在法院樹「黨旗」

消息：

七十五年十二月二十二日某晚報訊：發生於十一月十四日桃園中正機場滋擾事件，桃園地檢處今天開第一次偵查庭，本案被告計有省議員吳大清、高雄縣議員陳振福、民進黨員黃福癸、許炳豐等四人，由主任檢察官林天麟負責審理。上午九時卅分左右，屏東〈民主進步黨〉人士百餘人分別搭乘遊覽車前來桃園，聚集在法院廣場。另外桃園地區民主進步黨人士六十多人，亦由許國泰、張貴木等人率領到達法院廣場。治安單位亦派出多人到場維持秩序。

十二月廿八日《中央日報》桃園訊：本月廿二日桃園地檢處就吳大清等人涉嫌在桃園中正機場妨礙公務案開庭時，曾有上百個自稱〈民主進步黨〉的人湧到地檢處，當時曾有他們的人手持民主進步黨的黨旗，欲強行插在地檢處，為檢方人員阻止。不料對方竟態度蠻橫，悍然指出，法院可以插國旗，為何不能插「民主進步黨的黨旗」？其態度猖狂，不可理喻。

評析：

七十五年十一月十四日，吳某等許多分歧分子，藉故聚眾在中正機場施暴，破壞治安、擾亂航空，影響國家形象，已屬罪惡，政府理應依法嚴辦。這些玩法之徒，反而益形囂張狂妄，當法院審理此案時，卻呼嘯暴眾二百人，大鬧偵查庭，並想強將所謂「民進黨旗」樹立法院，以取代國旗，其態度囂張粗蠻，不聽勸止，簡直無法無天已極。

◎荒唐的「黨外教材」

消息：

七十六年元月一日出版的分歧刊物《新台半月刊》公布「黨外」幹部訓練教材一種，名稱為「我們一定要在這一代完成自決」。教材的大意是：苦難的美麗島子民，背負著四百年來被外來政權壓迫、侮辱、剝削，自己的前途和命運一再被強權與外力任意擺佈及決定。台灣的法律地位未定，只是被當作棋子擺來擺去，台灣人民被玩弄於股掌之間。在一九五二年四月二十八日簽訂之〈中日和約〉第二條雖然規定「日本放棄對台灣及澎湖群島之一切權利名義與要求」，但在法律上，台灣到底屬於誰，仍未成定論。

四十年以來的歷史，都明白的昭示我們，台灣的命運一再被外來政權隨意擺佈著，台灣人卻一直不能清楚地認識到這一點，也不曾發出內心的怒吼，受害的是我們這些刀俎上的魚肉。現在我們要告訴自己，台灣人有決定自己命運的權利，為自己的尊嚴及子孫的幸福，我們一定要自決。這一代的台灣人不要再徬徨，不要再幻想另一個大國的撐腰。我們一定要在這一代完成自決，才不使後代子孫蒙羞！

評析：

分歧分子在這個教材內，公然歪說「中華民國政府是外來政權、台灣地位未定、我政府魚肉台灣人民，這一代台灣人一定要實現自決」，云云。這是百分之百的台獨漢奸叛國的謬論。他們用這教材訓練「黨外」或「新黨」幹部，是什麼樣的團體？

◎張春男真是「黨外駐北京代表」嗎？

消息：

元月一日出版的分歧刊物《新台半月刊》，在〈中共兩面討好〉的一篇文章中說：民主進步黨在這次中央民意代表選舉中出人意料的表現，使中共印象深刻，所以中共〈全國人民代表大會常委會〉委員長彭真表示，國民黨仍是中共統戰的主要目標，但中共亦將與支持「祖國統一」的台灣其他政黨、組織、人物交換意見。彭真這段話是有意針對〈民主進步黨〉的「自決」口號而發的。不過在大陸的〈全中國台灣聯誼會〉副會長彭添雲（台灣人，駐北京的黨外分子）指出，「自決」這個呼聲比徹底要求「台灣獨立」有了改善，所以中共當局歡迎台灣這些人到大陸「心連心」的交談。

今年到大陸的黨外人士（按分歧刊物上曾說是黨外駐北京代表）張春男最近發表談話認為，中共將〈民主進步黨〉列入統一對象。張春男對《亞洲週刊》表示意見說：「大多數台灣黨外人士關切的，是在統一問題上為台灣人得到最好的條件，如果大陸經濟改進，甚至台灣分離主義者都會見風轉舵的」，所以張春男希望中共協助台灣人推翻國民黨。

評析：

彭添雲、張春男兩人怎樣在台灣黨外與中共之間做橋梁牽線，我們不知其詳。不過彭添雲自稱是「台灣黨外」，而

「台灣黨外」在刊物中稱張春男是「黨外駐北京代表」，這是自招的事實。這兩位「黨外駐北京人物」的意見，主張台灣〈民主進步黨〉喊喊「自決」可以，千萬不要認真搞「獨立」，這樣會使中共不悅。因為民進黨反對國民黨的「三不政策」，響應中共「三通、四流」，主張「結束台海兩岸對立」，所以成為中共統一的好對象，歡迎「民進黨」到「北京」去「心連心」交談。這兩人還希望民進黨協助中共搞「統一大業」，共同推翻國民黨。由此也看出了「民進黨」與中共的微妙關係。

◎利用「罷選秀」進行鬥爭

消息：

據元月十、十一日各報報導，一些分歧分子又以「抗議用限制連記法投票選舉監察委員」為理由，在各地聚眾鬧事：元月十日，台北市議員李定中拒絕投票，並率眾數十人，發起拒絕投票運動；「民進黨」和「黨外編聯會」分子兩百多人，發起支持「民進黨」罷選決議案，均聚集〈台北市議會〉門口，大肆喧囂，妨礙選舉和交通。部分人闖進旁聽席擾亂秩序，並與五位市議員發生衝突，由警察護衛才進入議會，形勢相當緊張。元月十日高雄市民進黨分子張俊雄、王義雄、黃昭輝等人率「職業群眾」三、四百人，聚集市議會前抗議監委選舉，並羞辱進出議會之市議員，最後使議員們不敢離開議場。元月十日民進黨頭目尤清等率「職業群眾」四、五百人，聚集省議會門前，抗議這次監委選舉，辱罵省議員，對攝影記者大喊「衝！打！」有部分暴眾企圖闖進議會鬧事，被警察勸阻。他們在演講時，指責限制連記投票法，易使票源較少，人數居劣勢的「民進黨」議員落選，說是不公平，必須堅決抗議到底。

評析：

單一記名法、單一無記名圈選法、限制連記法、限制無記名圈選法，都是投票選舉的一般方式。而「限制連記法」，在投票人不多而要選出數位當選人的場合下，是一種較好的選舉方式。這次選舉，〈民進黨〉開會決議「罷選」攪局的原因：1.是由於他們省市議員人數太少，出馬競選監委的人不易當選或當選人數不夠多，所以要攪局。2.既不易當選，倒不如乘機大搞「罷選秀」，藉這次監委選舉對國民黨進行一次群眾鬥爭，繼去年中央民意代表選舉政治運動之後，再製造一次政治運動高潮，多撈政治資本。其真正用意在此！

◆三月號

◎謝長廷反對「統一」

消息：

元月十五日上午，《聯合月刊》社在台大校友會館舉辦之〈台灣與中國之前途〉辯論會，由趙少康和謝長廷兩人公開辯論。謝長廷在辯論中強烈表示：「統一不是海峽兩岸人民最高的價值和目的，任何有關統一的問題，都應該尊重台灣一千九百萬民眾的自由意願。中華民國目前最急迫的不是統一問題，應是重振它做為一個主權國家的國格和地位」。謝長廷批評目前國民黨政權堅持代表大陸，又希望國際上予以支援和承認。他認為，「要抬高台灣的國際地位，必須尊重台灣所有民眾自決的主張，只有自決才是追求台灣發展最有利的方向，統一問題並非由海峽兩岸國、共兩黨可以逕行決定的。」云云。

評析：

這種辯論會，從壞處看，是讓一些心懷鬼胎的牛鬼蛇神大放厥詞，公開宣傳漢奸台獨叛國意識。若往好處來看，可以「引蛇出洞」，使愛國同胞更清楚的認清了某些陰謀叛國、明裡暗裡搞「台獨」之民族敗類的真面目。謝某在這次辯論中明確而堅決主張「台灣自決」，反對「中國統一」，他並強調「台灣意識」，主張把「統一問題」放在一邊。他是非法政團民進黨中的「中常委」，他的主張也就是「民進黨」的政治指標；所以這次辯論會，也等於是讓世人又進一步看清了「民進黨」的真面目。

◎「民進黨」首次內鬥公開化

消息：

元月十五、十六日各報報導：本月增額監委選舉當天，民進黨中常委謝長廷公開在市議會群眾面前宣告：「民進黨的幹部已經分裂了！」謝長廷因堅決支持中央杯葛限制連記法的罷選決議，不惜採取與八位參與投票的〈民進黨〉市議員完全相反的態度。

參與投票的八位民進黨市議員，對於黨中央的罷選決策並未放在眼裡。更主要的是，他們認為「罷選」為少數中常委的自作主張，因而動了意氣之爭，出人意料的「雞兔同籠」，聯合發表共同聲明抵制中央，還不惜說「請將我們開除吧！」當時八人中不少議員大罵謝長廷，放出跟謝長廷已經「沒完沒了」、「君子報仇、三年不晚」的話，顯示他們

內部充滿了矛盾和鬥爭。這是「民進黨」成立以來，首度翻臉內鬨。

民進黨少數幾個頭頭專橫獨裁，決定罷選監委，剝奪了他們「同志」許多人的選舉權和被選舉權，其所持歪理是認為這次監委選舉用「限制連記」投票法不合理、不公平，所以用「罷選」以示抵制。其實「民進黨」內選中常委時，也是採「限制連記法」，所以引起「同志」公憤和不平，而有所謂「違紀」參選監委的現象。這個所謂「黨」是用「民主進步」相標榜的，但其頭頭所表現者卻是「獨裁霸道、封建山頭主義」，所以為同夥所不滿、所詬病。這次代表其「中央」的謝某與另外八名不滿分子，鬧出公開罵街、喊出「沒完沒了」、「三年報仇」大起內鬨，這只是開端而已！今後必有好戲連台，我們拭目以待可也。

◎分歧左翼搞「台灣筆會」

消息：

元月十六日《自立晚報》消息：〈黨外編輯作家聯誼會〉（編聯會）自民進黨成立後即宣告解散，工人作家楊青矗將另組之以編輯作家為主的聯誼性團體，名為〈台灣筆會〉，已定於元月十八日召開籌備會議，預定新春之後正式成立。「編聯會」成立於民國七十二年，會員計有數百人，多數為黨外的黨工，基本上為一政治性團體，但在〈民進黨〉成立之後，該會已達成階段性任務而自動解散。內部若干成員，鑑於人才流失可惜，乃思集中非政治性專業人才，共組〈台灣筆會〉再行賦與新的生命。此筆會標明從本土文化出發，以創造新的本土文化為職志，將來並參加國際筆會。

評析：

過去的〈編聯會〉是分歧思想滋長的老巢，這個組織自立為「黨」之後，其殘餘人員另成這個〈台灣筆會〉。這個「筆會」雖自稱是純作家的組織，不受任何政治團體牽制，超越黨派性質，以維護自由創作為宗旨。但明眼人一看便知，它大多數成員是由十年前的「鄉土文學派」所組織。這些人在當年，以「左派立場」一味暴露「社會黑暗面」，故又名為「小左派」。此事曾引起正義之士的批判，由余光中寫一篇〈狼來了〉揭開了批判的序幕。最後他們與《美麗島》集團合流，搞出個「高雄暴力事件」，楊某等人因此坐了牢。當年有王昇領導反統戰工作，那些「小左派」的氣焰才被壓下去。如今王昇這類有魄力的人都不在位了，所以左派人士通通跳出來了。

◎黃玉嬌要另組「勞工黨」

消息：

元月廿二日及廿六日《自立晚報》報導：省議員黃玉嬌於廿一日中午，由省議會前往台北市向「民進黨中央」對她因參加監委選舉「嚴於議處」作申述前，散發書面文字，表示絕不接受。她並指出：「民進黨」因監委選舉採用「限制連記法」，既然決議監委罷選以示抗議，但何以民進黨之中央委員選舉皆採取「限制連記法」？既不能反求諸已，又何能要求他人。黃玉嬌說：民進黨部分人士刀口向內勇於內鬥，藉「罷免事件」消除異己，現在魔手已伸向「黨外」元老。

省議員黃玉嬌說，她如果收到民進黨的「處分書」，將給予原件退回，俟陳水扁二月十日出獄後，將與其他被處份者共同「退黨」，並研究籌組「勞工黨」。黃玉嬌於元月廿五日整天均在中壢市服務處，對一百五十多位民眾作上述表示，對民進黨給她處分「停止黨權三年」極表不服，決定本月廿八日出國「散心」半個月。

評析：

這一夥要組「黨」的人，沒有崇高的政治理想，沒有福國利民的政治抱負，只是各位自己利益打算，且各有山頭地盤的「利益組合體」。自成什麼「黨」後，「中央」抓到權的幾個頭頭，為了自己的私利，以「獨裁」手段決定「罷選」監委，剝奪了多人的選舉權和被選舉權，且只准自己用「限制連記法」選舉，不准別人用這方式選舉，於是造成內部利益衝突，在「無利則散」的情形之下，必然眾叛親離。黃玉嬌在受害之下，要拆夥另組「勞工黨」，並且氣得火冒三丈，要花大把鈔票，到美國「散心」半個月，好消消氣。

◎姚嘉文的獲釋

消息：

元月廿五日出版的分歧書刊《領先》第八期，有這樣一篇文章：「一月廿日，對周清玉來說是個值得慶賀的日子，因為她盼了七個多年頭的丈夫姚嘉文終於回家了。回想七年前的美麗島事件，實在令人感到心酸無奈。正因為這一場政治大獄，拆散了多少幸福家庭和父子妻女，而黨外運動的步伐也因領導精英被捕一空，以致遲緩了很長一段時間」，云云。

評析：

六十八年十二月十日的《美麗島》暴力事件，是分歧集團經過長時籌畫的預謀暴力事件。而「黨外」政客，自始至終就美化這些罪犯是「政治犯」、「良心犯」。藉此向海內外作反政府宣導。這次政府給予二十幾個人特赦的寬容措施後，他們仍然惡性不改，狡賴如故，一口咬定是被迫害的「政治犯」，是政治鎮壓的冤獄。尤其這個姚嘉文，是典型的台獨偏激分子。對於這些台獨政客回到社會，國人不可掉以輕心！

◎「新黨」如何「出頭天」？

消息：

元月底祕密流傳的一份分歧刊物《時代》，在封面內頁赫然印著兩行大標題：「支持新黨出頭天，爭取自決在眼前」、「人民與統治者的競爭」。這篇文章的大意說：「中國所有的被統治者一向被灌輸以奴化思想，於五千年以來，始終沒出現過民主環境與民主思想，而台灣是唯一的例外，因為台灣有五十年的時間，脫離中國帝制傳統的籠罩，而現在統治台灣的政權，又是在中國大陸失敗之後才移植過來的，這樣一個承繼中國五千年政治道統的政權，在台灣的社會是無法生根的，於是台灣人民和統治者之間，逐展開一場差距愈拉愈大的競爭。」云云。

評析：

這些分歧分子們，自去年九月廿八日宣布成立非法的「民進黨」以來，在得意忘形、百般囂張的言行中，更暴露其數典忘祖、滅裂叛逆的劣根性。由上引消息可略見其一斑：第一，在文章中明言爭取自決，顯然是台獨叛國意識。第二，文中「人民與統治者競爭」，煽動「人民」與政府對立鬥爭的手法。第三、把台灣光復以來之施政建設，誣衊為奴化統治和反民主統治，反把日本五十年殘酷統治美化為「脫離中國帝制傳統的義軍」！這數典忘祖認寇作父的醜惡面目。這全部是荒唐文字！

◎王兆釧將成立「勞工聯盟」

消息：

二月八日《自立晚報》台北縣訊：台灣省議員王兆釧為抵制〈民進黨〉中央公開譴責其參加監委投票，決定在三月中旬成立「勞工聯盟」，並在適當時機另組政黨。王兆釧表示，「勞工聯盟」是他組織另一政黨的前身，該聯盟以勞工服務、社會福為宗旨，以台北縣為發展據點。他將結合蔡憲崇醫師和徐秀廷等多位無黨籍台北縣議員籌組「勞工聯盟」。他同時聲稱，民進黨中央決議罷選監委，以及選舉後對他採取的處分方式，他拒絕接受。

評析：

元月廿一日桃園的黃玉嬌宣布，她將另組「勞工黨」以抵制民進黨。二月八日台北縣王兆釧又宣布將組「勞工聯盟」以對抗民進黨，他倆之所以要另組新「黨」以資對抗，是由於他倆本是「黨外」的元老，且是「黨外」運動的健將，但在〈民進黨〉中央選舉中，均被「大山頭」排斥於「中央執委」、「中央常務執委」、「中央評委」、「中央常務評委」之外，有被排斥打擊之感，心有不甘；這次他倆參加監委選舉，又遭受「大山頭」中之老大們「違紀處分」之無故羞辱，心中怨氣沖天，更難忍受，於是就一氣之下另起爐灶，自樹旗號。

◎姚嘉文的強悍表示

消息：

二月九日自立晚報訊：北區基督教聯合祈禱會，於昨（八）日在濟南路長老教會，為高雄事件剛被假釋出獄的姚嘉文律師舉行感恩禮拜。

剛被假釋出獄的姚嘉文律師在這次感恩禮拜中致詞表示：他對這七年牢獄生活所造成的身心創傷、親人離散，並不怨恨；但如果他所追求的人權主張與民主理想仍未受到完全的尊重，現有的政治受難者仍未釋放，新成立的〈民進黨〉仍未得到平等的地位和保障，他則有怨恨。他希望所有的「政治犯」都能在近期內獲得釋放，政治受難者的權利必須恢復，所受的損失與傷害必須獲得賠償。參與政治是一種義務與責任，而義務是不能被剝削的，因此，他出獄之後，將繼續參與政治活動，以促進民主進步和人權保障。云云。

評析：

元月廿日政府有關司法單位，依據在監服刑情形，假釋出獄廿六名叛亂犯，其中有《美麗島》高雄暴力事件判刑十二年之所謂「黨外」人士姚嘉文律師，他服刑僅七年，即獲假釋出獄。這本是政府從寬處理的德政，他應體念政府德意，痛改前非，重新作人。但他不此之圖，發表此等言論，等於宣告執意要踏上往日錯誤的老路子，不知當局的「寬大」之餘，對此有何感想？如果此事出在新加玻，包準立刻抓回去了。

◎《民進報》試刊

消息：

二月十五日《中央日報》等報報導：有關單位於二月十四日晚上八時許，在台北市依法查扣了今天發行的《民進報》試刊號一批數千份。《民進報》事先沒有向主管機關登記擅自發行，有關機關依出版法規定予以查扣。行政院新聞局表示，凡未依〈出版法〉第九條規定呈准登記，擅自發行定期刊物，得依同法第三十九條第一項第一款規定，禁止其出售及散布，必要時並得查扣。新聞局指出，政府尊重新聞出版自由，但必須在法律的規範下運作，以符合民主法治的精神。

據二月十六日自立晚報訊：「民進黨」中央今天上午表示，《民進報》在登記核准之前，仍繼續在每週三正常出版一期，不因創刊號被查扣而停止發行。

評析：

出版法曾有明文規定，定期刊物必須先向政府經登記許可後，才可發行。此種規定，在全世界國家都一樣。而自命為「民主」、「進步」的這個政團，竟不先依法呈報核准，自行違法出版《民進報》。經新聞局發覺查扣，要求其辦申請登記手續後再發行，該政團卻置之不理，於查扣之第二日，發表聲明要繼續發行不誤，視國法如無物，這算哪門子「民主」、「進步」？

◎「民進黨」的群眾基礎

消息：

二月十五日《自立晚報》說：〈民進黨〉台北市黨員的招收作業，進行一個多月以來，成績不彰。據組黨籌備委員召集人周某辦事處的初步統計，大約被領取近千份的入黨申請書，繳回者只有十分之一，其中一部分由於沒有合格的介紹人，形同無效。

民進黨於元月十五日展開招募「黨」員，台北市共有十一名籌備委員，辦理申請入黨的公定地點在召集人周某辦事處，已具「黨」員資格者可自行吸收新進「黨」員，由籌備委員會委員周、黃、康、傅、蔡、楊、林、郭、謝、顏、魏等人負責審查入黨人資格。

評析：

由上引的消息可見，該黨在擁有四百萬以上人口的大台北招收「黨員」，搞了一個月，竟只有一百人送交入「黨」申請表，其中只有幾十人合格。這說明了，這個黨根本沒有什麼「群眾基礎」。分歧分子選舉時能撈到一些選票，全靠譁眾取寵而來，但選民是一回事，加入組織又是一回事。一個沒有真正「群眾基礎」的黨，有什麼可怕？政府不可一味自己嚇自己，而對叛亂分子姑息養奸了。

◆ 四月號

◎ 民進黨反對〈台灣團結勞工聯盟〉

消息：

二月十五日王兆釧宣布成立〈台灣團結勞工聯盟〉，二月十六日晚報就登載了〈民進黨〉主席江鵬堅的談話：民進黨對於勞工權益一向積極爭取，在一百卅九條行動綱領中，至少有十條以上是針對勞工權益的維護事項。他認為，如果黨員的主張與黨的綱領重疊，應可納入黨內作業體系，不宜「另起爐灶」，在黨內有所衝突的政治性團體越少越好。

二月十七日某晚報又報導了王兆釧的聲明。他認為，民進黨涵蓋面太廣，不可能照顧到勞工和農民，他的〈勞工聯盟〉是全力照顧勞工的，各黨派和無黨派的人均可參加。云云。

評析：

他們兩方面的談話，都是各為私利鬼胎。〈民進黨〉的江某，為要獨霸「黨外」的天下，先不准王兆釧參選監委，今又不准王兆釧搞勞工聯盟。王兆釧為了反擊〈民進黨〉中央的處分和鞏固自己的地盤，故要自立山頭，搞個〈勞工聯盟〉。

◎ 黃玉嬌在美批判民進黨

消息：

二月十八日晚報載：關於黃玉嬌省議員在國外大肆攻訐「民進黨」一事，「民進黨」秘書長表示將依黨紀從嚴處分，他同時責罵黃玉嬌，表示假使黃玉嬌的傳單中明言脫離「民進黨」，可以視同書面聲明退黨。

據報導指出，因監委選舉被〈民進黨〉處罰停止黨權三年的黃玉嬌，二月十五日在美國洛杉磯的台灣同鄉會餐會場外面，散發傳單同時大聲叫罵〈民進黨〉訪問團成員。

評析：

省議員黃玉嬌這次參加投票選舉監察委員，是天經地義的事。而非法的「民進黨」中央幾個頭頭，為了發發「黨中央」的威風，無理由的命令省市議員「罷選監委」，並將參選的黃玉嬌嚴加處分，停止「黨權三年」。這種霸道作風，引起內部不滿而鬧內鬨，有的罵大街，有的要「退黨」，有的要另立山頭。身為「黨外」元老的黃玉嬌，看不慣這惡劣作風，忍不下這股窩囊氣，才跑到美國發傳單。

◎「民進黨」招不到黨員

消息：

二月十八日報載：〈民進黨〉中央黨部今天表示，各縣市地方黨部原則上將於四月十五日成立。不過如果申請入黨的人數過少，則延後成立。該「黨」近日內將頒布地方黨部成立的人數標準。到目前為止，各縣市入「黨」審查委員會已分批審查新進黨員資格，分批宣誓，目前已報到中央組織部的名冊，只有基隆市的十多名。建黨黨員超過一千人的「民進黨」，近日來各縣市受理入黨申請的工作，反應並不熱烈。

評析：

非法的「民主進步黨」近來發表的「黨綱」以及政治主張，一貫主張「台灣自決」、「台灣人」不屬中華民族、台灣不屬中國；這種黨沒有真正的群眾基礎，是必然的。國民黨去年熱衷於跟他們「溝通」，純粹是上了陶百川等人的大當。如果不溝通，根本就成立不了這個「黨」。

◎把「宣誓」當戰場

消息：

廿三日上午增額立委在立法院舉行宣誓典禮，民進黨藉立委存心杯葛攪局。首有張俊雄上台提出程序問題，阻撓典禮進行。他當場提出麥克風太少、新任委員資格審查、選舉典禮主持人等與就職典禮毫無關係的枝節問題，攪亂會場。在他大叫大喊之後，引起其他委員憤怒，要求其下台，好讓監誓員李鐘聲大法官主持監督。張俊雄不但不下台，其他「民進黨」立委反而蜂擁而上，衝到典禮台搶去麥克風，對全場破口大罵，並阻擋監誓人進路，使其不得就監誓位置。拉拉扯扯亂成一團，有的吼叫，有的謾罵，有的揮拳擦掌，演出武打醜劇。尤清等人高聲叫喊：「民進黨推舉朱高正擔任典禮主席！」這時，朱高正、尤清等人，更粗暴地阻止大法官就位，並要求檢查大法官的身分證。幸好周書府保護大法官，才在嘈吵中草草完成了宣誓典禮。惟「民進黨」十一位立委拒絕宣誓。

同時，民進黨立委還邀來了許多「職業旁聽民眾」，前往助威，企圖擴大事端。這群「職業聽眾」沒有合法的出入證，先遭守衛擋駕，但後由民進黨立委出面，用霸王硬上弓方式帶進會場。這些人不遵守「肅靜」等規定，進場後鼓譟鬧事。典禮結束後步出會場，還沿途叫罵不止。

評析：

如此的「議會鬥爭」，實屬世界奇觀！

◎立院的「武打秀」

消息：

二月廿四、廿五日各報載：立法院於二月廿四日舉行第七十九會期第一次會議，〈民進黨〉立委費希平在行政院院長俞國華提施政報告之前，節外生枝提出行政院長任期問題；他認為行政院長應三年一任，於增額立委選出後，由新當選立委重新行使同意權，以企圖阻擾施政報告。倪文亞院長認為，立法院沒有法令處理行政院長任期制度問題，請行政院長依程序作施政報告。尤清立即反對，認為行政院長沒有經過新當選立委行使同意權，就不適合在此作施政報告。當俞國華上台作施政報告時，朱高正委員即衝上台大聲指責俞院長不得作報告。周書府、李宗仁、廖福本、吳德美等委員乃向前勸止朱高正之行為，朱某竟將周書府推打在地，致周多處受傷。這時康寧祥等人接著上台，且不聽主席制止強行發言，使主席欲行制止，亦無能為力。接著〈民進黨〉的王聰松、尤清等亦衝上台發言，大聲叫罵，使會場亂成一團，「職業旁觀者」群起為他們跺腳助威，大聲罵陣，亂局持續好一陣子。

評析：

「民進黨」分歧分子在立法院無理打鬧、無法無天的醜劇，引起國內全民的憤慨，且已引起群眾在第二天到立院去作對抗性的抗議。

◎愛國民眾教訓「民進黨」

消息：

二月廿七、廿八日各報報導：〈民進黨〉中央黨部今天上午對立法院門口的群眾示威抗議事件，表示不滿，並對國民黨方面未能及早消弭爭端及警方維持治安不力，提出抗議。

〈愛國聯盟〉等團體二百多人，於廿七日上午九時聚集在立法院大門口，高喊「保護立法院」、「反台獨」、「反漢奸」等口號，阻止未宣誓就立委職的「民進黨」當選人進入立法院，且發生爭端。在場有近二百員警維持秩序，並保護「民進黨」分子許國泰、朱高正等進入了立法院。

評析：

「民進黨」的立委及其職業旁聽者，這幾天在立法院大會場辱罵行政院長、搶麥克風叫罵、推打周書府、搶上主席台打鬧、提無理由的提案，以橫生枝節的方式，杯葛立法院會議的進行等表現，全國民眾從電視上看了，均深感噁心厭煩。因而刺激了民間愛國人士，前去立法院門口表示抗議。筆者為了解實況，也去現場觀察了一番，那些愛國人士只是手持愛國標語，口呼愛國口號，表示了他們維護國家立法的尊嚴而已，別無其他妨礙他人的粗暴行為。而非法政團「民進黨」中央，倒作賊心虛起來，對這群愛國人士的愛國舉動，除破口大罵，派人前去對抗以外，並發表聲明說：「強烈不滿、嚴重抗議」。由於這次行動，也嚇阻了分歧分子，使他們在往後數日不敢再在立法院胡鬧了。

◆五月號

◎尤清的荒謬質詢

消息：

三月廿日晚報消息：民進黨藉十三位立委今天上午正式開始聯合質詢。立委尤清首先質詢，他說：民進黨主張以和平解決爭端，且台灣前途應由台灣全體住民決定，也應終止台海兩岸的對抗，先分別改善人民的生活。尤又說以色列、巴勒斯坦難民可透過自決回到故鄉，〈民進黨〉主張「自決」可以使大陸人返鄉，自決也可以使台灣問題國際化。云云。

評析：

以上所引聯合質詢，是分歧分子以其非法集團「民進黨」的名義所提出，尤清強調的台灣「自決」，實是「台獨」的代名詞而已。

◎吳伯雄痛斥費希平

消息：

三月廿五日《自立晚報》消息：「民進黨」立法院黨團昨（廿四）日召開會議，決定全面杯葛〈國安法〉草案，同時自本月廿八日起，在全省各地公開舉行杯葛活動，討論該草案時，本「寸土必爭」立場，展開逐條、逐句、逐字之杯葛行動，阻饒該草案之討論。

內政部長吳伯雄指出，費希平等十一位「黨外」立委聯名在七十年立法院第六十七會期提案質詢孫運璿院長說：「北韓與南韓邊界相連，又無海峽之隔，而北韓對南韓的滲透，無所不用其極，較中共尤為陰險，可是現在南韓在全斗煥總統領導之下，居然解除了戒嚴另用其他法律維護國家安全，我們也應解除戒嚴另訂國家安全法以維護國家安全。」這個質詢案他們都曾親自簽名，有案可查。但是現在政府已誠意解除戒嚴，另訂〈國家安全法〉來維護國家的安全，而費希平等十一位無黨籍立委，竟一反前言，反對制訂國家安全法，這種出爾反爾的作法，真令人費解。

於是費希平等又大撒其賴，狡辯當時他們並沒主張制訂國家安全法，只是在辯論時「以子之矛，攻子之盾」。且言那時所主張的「安全法」並非現在的「安全法」，所以現在才反對制訂國家安全法。

評析：

同一批分歧立委過去提議解嚴，另訂國家安法以維國家安全；現在政府誠意解嚴，故提國安法草案送到立法院，而分歧立委又全面反對，並說那是「以子之矛，攻子之盾」的策略，這些狡猾的說詞，不值識者一笑！

◎ 分歧人士赴美受訓

消息：

三月廿九日《生根》週報及廿三日出版的《新觀點》周刊報導：由台赴美參加FAPA政治進修班講習的學員，咸認收穫頗豐，受益不淺。赴美出席一九八七年FAPA會議代表，二月十四日飛往美國華府，主要目的是前往華盛頓接受為期五天的「民主政治進修班」講習，有吳哲朗、朱高正、賴茂州、許天賢、陳忠孝、陳博文、陳光復、吳昱輝、邱茂男、李慶雄等十名參加。這個「進修班」是FAPA創辦，旨在培養及訓練在台推行民主運動的實際領導人才。課程包括台灣歷史、台灣文化、台灣經濟、台灣政治、台灣外交、台灣國際地位、民主理論、民主政治、組織原理、多數決理論。授課者有彭明敏、蕭欣義、田弘茂、張旭成、陳泰明、蔡同榮、陳芳明、黃金來、林福棟等台籍學者。由台灣前往受訓者係全省各地基層幹部，這也是一項光榮和鼓勵。他們與美國參議員派爾共進午餐。派爾演講說：「除非台灣前途由台灣人決定，就無合乎正義的解決方法，如果台灣人自決以後投票的結果是台灣要獨立時，全世界應該要承認這個事實。」在場的台籍人士聽過之後，都很興奮。

評析：

眾所周知，FAPA（台灣公共事務協會）是台獨性質的組織，在「民主政治進修班」講課之彭明敏等人都是老台獨，他們所講的都是煽動台灣獨立、鼓動分裂主義的課程。而〈民進黨〉主要幹部竟進入受訓，這證明「民進」就是「台獨」，「台獨」也就是「民進」，兩個名稱一種貨色。

◎「民進黨」不准新聞採訪

消息：

三月卅日各報台北訊：二十個採訪單位新聞記者二十九日，連署發表共同聲明，譴責此次〈民進黨〉舉行〈臨時全國代表大會〉拒絕新聞記者採訪。不准採訪的原因，據該黨秘書處說，因為座位不夠及維持會場秩序。

拒絕記者採訪臨時大會，實與該黨黨綱自相違背，因該黨自許為民主政黨，其組織運作，自稱採民主方式，自應可受社會公評。今舉行臨時大會不許記者採訪，企圖箝制資訊傳播，剝奪人民「知的權利」，既自行違背該黨黨綱，又不尊重新聞自由，故遭新聞同業一致予以譴責。

評析：

民進黨不僅拒絕各報及廣播電視的記者採訪該黨臨時大會的新聞，連黨外雜誌社的成員，亦被拒於門外。如果讓這幫人當了權，人民還有活路嗎？

◎集會不准講國語

消息：

四月二日報載：一項以「立法院震盪之後」為題的座談會，昨天晚間在金華國中舉行。由楊國樞教授主持，到會聽眾多半是「民進黨」的支持者。當東吳大學教授林嘉誠用國語發言時，聽眾不高興，數次製造噪音打斷他的發言。國民黨的黃主文接著用國語發言，聽眾鬧哄哄亂成一團，大喊大叫，高叫：「我們聽不懂國語，你改用閩南語發言！」。接著〈民進黨〉的康寧祥用台語發言，聽眾掌聲不絕，熱烈異常。隨即有位六十多歲的老先生因聽不懂台語，所以要求說：「請用國語發言！」大群聽眾對這位老先生喊打喊殺，叫罵不停，最後把他趕出會場。幸虧他跑得快，迅速逃出人群，不然會被打得頭破血流。

評析：

墨索里尼的職業鼓掌隊兼保鑣打手叫「棒喝團」，希特勒的鼓掌隊兼保鑣殺手叫「挺進隊」。在中壢暴力事件、高雄暴力事件，以及許多集會和街頭運動中，分歧集團的做法，完全是抄襲法西斯納粹的方法。這次座談會他們暴戾殘酷的嘴臉已暴露無遺。但不知以「自由派」自命、既是外省人又是前警總司令女婿的楊國樞教授，怎樣主持這樣的會？

◎何謂「原住民」？

消息：

四月三日晚報消息：〈台灣原住民權利促進會〉等團體代表五十多人，今天上午九時由立法院集合到行政院請願。這些請願人手拿十字架，抬著一具棺材蓋，頭戴黃絲帶，穿山地服，身披寫著有「我們要維護祖先留下的遺產」、「原住民自決」、「台灣山地政策破產」、「抗議挖我祖墳」等標語，以抗議南投縣政府以妨礙地方發展及設置特定觀光區為由，將南投信義鄉東埔村布農族的墳墓遷移他處。抗議時要求行政院停止遷葬他們的墳地，由文建會每年編列預算宣揚原住民文化，對台灣原住民族善盡憲法保障邊疆民族權益的責任。

評析：

「原住民」是在日本的台獨分子（王育德等）為蓄意挑撥分化所編造的怪名詞，在台灣根本沒有「原住民」這回事。據日本民族學者及考古學家金關丈夫、國分直一、鹿野忠雄諸人從考古資料及民族起源研究，論定台灣的山地人，最早從沿海來台者稱「直達族」，從南洋迂迴來台者稱「南迴族」，所以在台人民中沒有「原住民」，全是中華民族。約四年前，由分歧分子唆使組織「原住民權利促進會」，先以「反對吳鳳」為號召，近年已與「台灣自決」的論調合流。他們所謂爭取山地同胞的權利，不過是個幌子而已。

◆六月號

◎分歧分子擅入法商學院

消息：

四月十八日《自立晚報》台北訊：〈中興大學〉法商學院學生發行的地下刊物《春雷》，在第一期由學生散發時，遭到校方的阻止。該批學生日前在台大校友會館參加謝長廷所辦「校園民主座談會」中，有位名叫翁明志者，自動向該批學生表示願意幫忙它們散發《春雷》。

該刊發行第二期時，即委託翁明志代為散發。並於四月十四日上午前往法商學院，將《春雷》分送至各教室學生閱讀。校方行政人員發現翁某行動可疑，要求檢查其背袋，並帶往辦公室追問其身分來歷等，以了解真相。隨後留置校警衛室，等候警察到校處理。

事後翁某竟向法院提出控告該校用手銬將他拘留三十分鐘，誤認他是小偷，侵害了他的「人權」云云。

評析：

學生不向學校申請核准且不聽學校勸阻，擅自在校發行地下刊物《春雷》，為校規所不容；更將該內容荒唐之地下刊物，擅自在校內散發，更為國法所不容。而分歧分子成員翁明志，根本不是法商學院教職員生身分，私自闖進該院，到處散發非法刊物，其罪過較之不法學生尤有過之。該院校警及行政人員為維護學校安全，對形跡可疑之翁明志予以盤查，並將其不法行為交警察單位處理，是職責當為的合法合理措施；而翁某卻來個惡人先告狀。

◎向「救總」開刀

消息：

四月廿五日晚報訊：立法委員康寧祥今天在預算審查委員會中，主張刪除內政部對〈大陸災胞救濟總會〉的補助費。康某在質詢中指出，救總是三、四十年前，為處理大陸難民而成立的組織，現在工作內容已無以前重要，並且不能因人設事，故救總應一律裁撤。

評析：

按〈中國大陸災胞救濟總會〉是由谷正綱、方治創立起來的。成立三十多年，成績斐然。分歧分子對這團體強烈反對，這是必然的，因為這個單位關懷的對象是大陸同胞，而分歧分子只想做「台獨」漢奸。

◎海外台獨遙控〈民進黨〉

消息：

四月廿九日《深耕》紐約訊：〈台灣人公共事務協會〉、〈全美台灣同鄉會〉、〈民進黨海外組織〉等，於四月十二日在紐約市法拉盛區開會，聲言全力支持台灣〈民進黨〉四月十九日在總統府前舉行的「反國安法示威」行動。彭明敏在會中指出，依憲法規定足可維持治安，不必另訂國安法，呼籲反對到底。

四月廿五日出版的《自由時代》，發表台獨聯盟主席張燦鍙以「把台灣建成東方瑞士」為題的一篇文章，大意是：「四一九反國安法行動」延期並不是問題，而是大家對「五二四行動」是否還要堅持，這才是最重要。我相信台灣討厭國民黨的人很多，反對運動的領導者，應把討厭國民黨的群眾，帶領成反抗的群眾，使台灣獨立後建成一個東方的瑞士。

評析：

彭明敏、張燦鍙等，都是惡名昭彰的海外台獨的負責人。〈台灣人公務事務協會〉、〈台獨聯盟〉等，都是台獨叛國組織。而民進黨的報刊不僅宣揚這些「台獨」首領及「台獨」組織的文章和叛國主張，並且還接受他們的支持，聽從他們的意見，在國內進行反國安法等許多非法活動，這證明民進黨與「台獨」叛國組織密不可分的關係。有人說海外台獨遙控「民進黨」，這話真切。

◎王兆釧削髮為僧

消息：

五月一日某晚報載：省議員王兆釧在板橋海山國中舉辦〈無天寺〉建設基金及做為〈勞工聯盟〉的基金。

王兆釧表示〈無天寺〉不具任何政治色彩，他暫代半年的住持，並吃齋唸佛講佛法，不過問政事，專研佛學。他認為要解決勞工問題及從事政治運動，籌款不容易，而以廟宇籌募香油錢，卻是一條捷徑。加入〈勞工聯盟〉的盟員，將來可以享受〈無天寺〉的福利，該寺並保障為盟員向資方爭取權益。其所以取名為「無天寺」，乃是由施性忠的「無法大師」之名而來。將來施性忠出獄後，仍由施性忠作該寺住持。

評析：

「黨外」議員王兆釧，近來大肆張揚其削髮為僧的事。這種「事」、這種「政治怪現象」，也只有此地才有吧！

◎竟然反對台灣光復

消息：

五月二日《民進報刊》登出謝理法的〈從二二八事變看台灣知識分子的盲點〉一文，文中說：「如果台灣不光復，二二八事件就不會發生。因此，對台灣來說，有祖國不如沒祖國。對於知識分子以漢文化為中心的抗日運動，與其說知識分子善於對中國寄以鄉愁，不如說台灣人無法割除對大中國依賴的劣根性，屈辱與創痛，於是成了必然的後果。光復後，台灣作家放棄日文寫作，而改用漢文後，一心只為了想在中國文學爭一席之地，竟叛離了成千成萬的讀者，文學的良心在哪裡？」該文的結論說：「憑著依賴的心態，昧於『光復』與『祖國』的實質，去迎懷送抱，終導致無端的屈辱與創傷。只有靠自己的力量爭取來的，才是真正屬於自己的，誰也不可以依賴，不依賴於人的台灣，必然是獨立的台灣，獨立的台灣，命運才是自己的。」

評析：

〈民進黨〉本來就是如假包換的台獨漢奸黨。但他們都不想想，如果台灣不光復，還有你們搞政治的份嗎？只能當日本人的奴才而已。這個謝理法不知是什麼人，居然喪心病狂如此！

◎蕭裕珍成立〈婦女進步聯盟〉

消息：

五月十三日出版的分歧刊物《民進周刊》，載有〈蕭裕珍成立婦女進步聯盟〉一文說：由蕭裕珍等婦女組成〈進步婦女聯盟〉，於五月一日正式宣布成立，並於五月十日「母親節」當天上午，在台北市中山堂廣場抗議台北市例行舉辦的「模範母親表揚大會」，然後請各界人士連署「母親的十大願望」，為血肉相連的親人創造更完美的明天。在她們的所謂「十大心願」中說：「請不要在國會設立大陸代表制，以免增加省籍矛盾。天下沒有一個母親願意看著自己辛苦扶養長大的兒女，走上戰場，變成砲灰，請政府追求和平，揚棄戰場，來作我們的最高國策。」

評析：

蕭裕珍在參加去年中央民代選舉時，自稱是「台灣島內外聯合推薦的新黨女將」，也是個「民進」急進份子，她經常大力宣傳「台灣自決」、「反戒嚴法」、「反憲法臨時條款」、「全面改選中央民代」、「實行台海兩岸和平」等。今天組成〈婦女進步聯盟〉之後，觀其論調，完全是個台獨狂。

◎用毛澤東的話作「台獨」根據

消息：

五月十四日非法報刊《民進報》，發表〈台灣歷史不容改造〉一文，大意說：台灣在日據時代，「台獨」是一種普遍的主張，例如一九三六年毛澤東回答史諾說：「如果朝鮮人民希望掙脫日本帝國主義枷鎖，我們將熱烈支持他們爭獨立的鬥爭，這一點同樣適用於台灣。」一九四一年十月朱德、林彪〈關於紀念雙十節的決定〉中主張：「對於朝鮮、台灣、安南各民族，我們要熱烈支持其反日本法西斯運動的獨立運動」。當時台灣老抗日志士楊肇嘉回憶，他在大陸之行時曾寫下這樣的句子：「中國國民黨的左派共產主義分子（按：指中共）是主張於民族獨立過程下，支持台灣獨立運動的……」。

評析：

張玉法教授發表文章，批評《民進報》有關主張「台灣獨立」的謬論，於是該《民進報》於五月十四日最近一期中發表上文，引用毛澤東、朱德的話予以反駁，並證明「民進黨」之提出「台灣自決」、「台灣獨立」主張是有根據和有所本的。當然在這篇文章中還引了些其他人的話，以壯其膽、助其威。

其實中外各國，對在帝國主義淫威統治下的殖民地或佔領區，用「自治」、「獨立」等詞語，鼓勵其反帝國主義運動，是常有的事，但這並不表示鼓勵其脫離祖國而獨立。中共毛澤東、朱德等人的話，原意也是如此。而「民進黨」份子竟曲解他們的話，作為自己搞「台獨」的依據，真是荒謬之極，中共看了不氣煞才怪。

◎「台獨宣傳月」

消息：

在這一個月內，非法政團「民進」系的許多報刊，大肆宣傳「台獨」叛國意識，其文章計有「我主張台灣獨立」、「把台灣建設成東方瑞士」、「台灣住民自決、重返國際舞台」、「台灣自決與北京對台政策」、「台灣獨立的目標」、「拿下中華民國招牌」、「一個台灣人的看法」、「台獨聯盟副主席許世楷訪問記」、「我們寧願回到台灣人的立場」、「我們的回答」等許多篇。

其中最露骨者，有四月廿五日和五月九日出版之兩期《自由時代》。在「我主張台灣獨立」、「台灣獨立的目標」兩文中說：證諸四百年之台灣歷史，一切外來政權，自西班牙、荷蘭、日本以迄國民黨中國，都給台灣帶來不安與苦難，所以我主張台灣獨立，因為台灣獨立是台灣人最有利的選擇。我們必須嚴重的警告國民黨，國民黨若不許台灣人民自由表達這種意念，那麼我們也只能等待真正的暴力衝突在台灣社會中出現！

評析：

上引許多篇宣傳「台獨」主張的文章，有幾篇是「台獨」頭頭的，其他都是由〈民進黨〉骨幹分子執筆寫成的。尤其他們把中華民族說成「異族」、「異類」，把中華民國視為「外來統治者」、「外來政權」，甚至視為「侵略者」，誣指中華民國政府光復台灣後，給「台灣人民」帶來災難和不安，且以「暴力革命」威脅政府。其用心之狠毒，心態之醜惡，手段之卑劣，在中國歷史上實是空前！

◆七月號

消息：

◎海外台獨又辦「夏令營」

五月十六日出版的《九十年代》，內有「民進黨將參加台灣人同鄉夏令營」一文，說：每年六、七月間，是美、加海外地區台灣同鄉紛紛舉辦夏令營時間。現在，海外同鄉已邀請〈民主進步黨〉重要幹部赴美演講。民進黨中常會也已決定與美加各負責人連絡，分別派員前往參加美、加各夏令會活動。

評析：

海外「台獨」漢奸集團，往年經常以「台灣同鄉會」、「夏令營」、「講習會」等名義，勾聯國內分歧分子開會，無非是培養「台獨」意識和鬥爭技術。民進黨此次經中常會正式議決辦理，足證他們與「台獨」越勾越近之密不可分的關係。

◎何懷碩是什麼人？

消息：

五月十七日《自立晚報》登：台中〈私立立人高中〉文史教員石文傑說：因見軍訓教官散發丁邦新的〈一個中國人的想法〉一文給學生參考，而他則散發何懷碩反駁丁邦新文章的〈另一個中國人的想法〉給學生，並以之為題目，讓學生寫作文。他還說：當老師有義務培養學生獨立思考能力，他因經常向學生介紹民主概念，所以學校要解聘他，進行「政治迫害」。

五月廿二日該晚報又載：台中〈私立立人高中〉校長何清松表示：因石文傑加入民進黨後，使他很「頭大」，他喜歡在課堂上談「民主政治」……而且影響教學。學生作文從未批改，考卷改得太慢，常影印報刊文章給學生看，影響學生學業，其他老師及家長都有反應。校長再三勸告，也都無效。學校解聘他，實在情非得已。

評析：

丁邦新〈一個中國人的想法〉之文，是主張團結和諧，消除省籍磨擦，共謀國家富強，而又反「台獨」的一篇好文章，《聯合報》發表後，社會廣泛響應。而那個何懷碩，本屬救總接運來台的「反共義士」，他有今天，完全是國民黨政府的栽培，現在卻冒充起「自由派」來，實在令人奇怪。不知谷正綱先生為何不聞不問？那個〈民進黨〉黨員石某，居然在中學講「政治」，又不盡教師責任，等於領學校薪資去胡搞，被開除是活該！

◎明「溝通」，暗讓步

消息：

五月十八日某晚報載：執政黨與民進黨有關人士，今天中午十二時在〈來來大飯店〉舉行協商餐會，討論「五一九行動」雙方歧見。執政黨方面由中央政策會副祕書長梁肅戎、許勝發邀請民進黨江鵬堅、費希平、康寧祥、尤清、謝長廷等，就「示威遊行」和「遞送抗議書」兩個問題予以討論溝通，執政黨方面堅持不准遊行示威，如只「遞送抗議書」，則有商量的餘地。

評析：

半個月後事實證明：這顯然是國民黨交換條件，即把黃信介、張俊宏二人釋放，台獨集團才未強硬遊行至總統府。

◎「五一九行動」

消息：

依各報登：五月十九日上午十時許，來自中南部的民進黨徒一百多人，在台北市〈國父紀念館〉前階梯集合，掛出身上帶來的白色綠十字布條。十二時架起擴音設備，並對一千左右的群眾點名。下午一時許由謝長廷，江鵬堅、尤清等人輪番演講，大吼大叫。三時正企圖沿仁愛路向前遊行，隨被維持治安的警察阻於光復路口。附近民眾張標語、呼口號等，指責〈民進黨〉之不當行為。晚上九時「民進黨」的幾百人才三三兩兩散去。

又據各報報導：民進黨人士在國父紀念館糟蹋一天的結果，那塊供大眾瞻仰的優美園地，被破壞得遍地垃圾、花木東倒西歪、草皮面目全非、滿目瘡痍，令人痛心疾首。整一天，附近交通完全斷絕，學校停課，台北東區五十萬學生和上下班人士被隔絕，不能上班上課；附近居民被遊行示威的高音喇叭吵得一天不得安寧，商店也停止營業，損失之大難以估計。

評析：

這就是國民黨軟弱的社會代價。

◎釋放黃信介

消息：

六月五日《自立晚報》訊：〈台灣人權促進會〉昨天發表聲明，對政府釋放黃信介、張俊宏等七位政治犯，表示欣慰。並呼籲當局基於人道考慮，立即釋放施明德、白雅燦等所有在監政治犯。

評析：

〈台灣人權促進會〉是民進黨的外圍組織，堅持「台獨」路線。上引消息中所說「政治犯」，其實都是叛國暴力犯，如王幸男是海外「台獨」組織的叛國犯，也是寄炸彈郵包炸掉謝東閔先生一隻手的恐怖暴力犯。政府在端午節前一天（五月卅日）釋放了黃信介、張俊宏，「台獨」集團自然是得寸進尺，繼續叫囂。

◎「台獨」集團怕曹建中

消息：

六月五日《自立晚報》消息：立委吳淑珍今天在立院提出緊急質詢，促請行政院莫讓警總及政戰人員曹建中等出任新聞局重要職務，以顯示政府推動政治革新的誠意和決心。云云。

評析：

分歧集團一貫醜化、誣衊和打擊忠貞愛國的軍人、政戰幹部、情治人員，近年高喊「軍訓教官退出學校」、「反對軍人轉任任何文職」，無非是要趕絕殺盡政府中的忠貞分子，目的在使政府內部成了「不設防」。吳淑珍在立法院提緊急質詢，不過是這狠毒陰謀中的一個環節而已。

可悲的是，據內幕消息指出，經分歧分子這麼一鬧，政府果然怕了，不敢再用公認有擔當、有幹勁的曹建中出任處長了。按曹建中先生曾任警總政六處處長，在「分歧雜誌」最多時期，主管查禁非法刊物，每次不但能圓滿完成任務，而且在查禁過程中，與分歧分子作理直氣壯的周旋。很多來勢洶洶蓄意找碴子的「高層分歧分子」碰到曹處長，無不為其大義凜然所懾服者。所以，分歧分子見了他，都客客氣氣，但骨子裡卻恨得要死。現在藉機會來阻止他轉任文職，政府居然屈服，難怪分歧集團越來越囂張了！

◎「六・一二」事件的前因

消息：

六月十一日《中央日報》訊：昨日下午三時起，民進黨暴眾在立法院門前集結，許國泰、朱高正對群眾演講，然後向景福門方向遊行，由洪奇昌帶領沿途高呼「台灣獨立萬歲！」等口號。

遊行經常德街口，有輛綠色自用轎車在其遊行對邊擦身而過，民進黨群眾圍著這輛車予以踢打；行至立法院時有民眾攝影，民進黨群眾則憤而摔毀其攝影機，並責警察未對遊行群眾善加保護。同一日的上午，有一名男子不滿這些暴民行為，致被圍毆一頓。〈愛國陣線〉的兩人手拿國旗揮舞，也惹起「民進黨」暴民的怒火，把拿國旗的兩人圍毆一頓，並圍攻〈愛國陣線〉的宣傳單，打碎其看板，大罵三字經不已。

評析：

就是這件事，使得「六・一二事件」發生。完全是台獨漢奸挑釁而起的。

◎「六・一二」事件

消息：

六月十二日《自立晚報》報導：〈愛國陣線〉人員今天上午九時發動一百餘民眾到立法院表示支援〈國安法〉的制定，並反制〈民進黨」〉的抗議。中午十二時許，民進黨人員到立法院附近將愛陣的標語撕毀，並扯下懸掛的國旗，致引「愛陣」人士不滿，因而發生群毆。有位婦女不知何故走進〈民進黨〉的群眾中，被人拉扯並毆打成傷，哭著跑出來。

另有一位自稱「愛陣」的人，對著〈民進黨〉的人呼口號，也被〈民進黨〉群眾圍毆，結果「愛陣」兩人受傷，並擬向法院提起告訴。

評析：

由無數事實證明，所有暴亂行為均是台獨漢奸集團蓄意引起的，〈愛國陣線〉的行為不但合法，而且可敬可佩。但三日後政府竟宣布將雙方重要人員五人同送法辦。此又是「鋤良安暴」乎？

♦八月號

◎「六・一二事件」的延燒

消息：

六月十六日《中央日報》訊：台北市警察局長廖兆祥指出，本月十日至十二日謝長廷招集民進黨群眾，在立法院門口叫喊、毆打〈愛國陣線〉人員受傷、踢壞警車、砸壞蒐證人員相機、強佔陸橋妨礙交通、追打婦女、踢壞計程車、拔掉附近國旗，造成這個地區極度混亂。

六月十七日《自立晚報》台北訊：立委吳淑珍在立法院提書面質詢，請政府對「六一二事件」從寬處理，並制定法律保護遊行者的人權。政府處理本案有違「黨政分離」，意圖迫害異己。

又訊：民進黨致函法務部，說明：「十二日謝長廷等率眾到立法院示威反國安法，完全係執行該黨中央常會的決議，並非個人行為，而且這活動完全符合憲法賦予人民的基本權利」，司法單位應審慎處理，更不應以妨害秩序罪名處理活動人員。云云。

評析：

在各報報導中，所見到六月十日至十二日「民進」暴徒在示威遊行，所表現打人、砸車子、撕國旗、羞辱婦人學生、喊打喊殺的瘋狂暴行，是眾所共見，鐵證如山的。事過之後，〈民進黨〉和其立委卻說這是他們執行「黨」中央的決議，政府不應依法辦人。這是何等荒謬的主張？問題是這些暴行是不是「違法」，而不在於什麼機構的「決議」。

◎新加坡士兵事件

消息：

六月十八日晚報載：立法委員吳淑珍在立院提出緊急質詢，指責高雄憲兵隊、高雄地檢處，對六月十三日新加坡士兵與我警方糾紛事件之處理不當，而無故不使其受追訴或處分，已構成瀆職罪，法務部對新加坡士兵及我失職人員應嚴辦。

翌日該報又載：立委吳淑珍、市議員陳水扁向監院請願，檢舉高雄地檢署首席檢察官及高雄市警察局長對六月十三日新加坡士兵之違法行為處理不當，竟然放水無故不予偵辦，有失職守，應對該士兵嚴辦、對失職人員糾彈等。又訊：該五名肇事士兵已被其主管處四周禁閉。

六月廿三日晚報訊：關於六月十三日新加坡士兵與警察糾紛事件，高雄市警及五位當事警員舉行記者會，說明純為拉扯糾紛，並未發生毆打，服裝店負責人及當事之警員均表示不願追究。

評析：

近幾月來，「民進」分子糾集地痞流氓示威遊行、毆打警察、羞辱婦女學生、攪鬧法庭議會，其罪惡罄竹難書。當司法單位依法究辦時，則「民進」立委及各級民代，無不在立院和議會大吵大鬧，誣說政府行「政治迫害」，請政府免辦或從寬處理。這次卻因「民進」敵視新加坡，故一反以往態度，在立法院大肆吵鬧，要求政府對新加坡士兵從嚴治罪。其實新加坡士兵與警察拉扯事件，軍方既予四周禁閉處分，且各方均表示不願追究，這在法律上是「告訴乃論」之事，旁人無權干涉。「民進」卻大吵大鬧，令人既可笑又可氣。

消息：

◎民進在台中迎接黃信介

六月廿一日晚報訊：中部民進黨人士於昨天下午至台中火車站迎接剛被假釋的張俊宏、黃信介，鑼鼓喧天，引來大批看熱鬧的群眾，場面緊張。張俊宏等離去後，「民進黨」人士仍在現場演說，敲鑼打鼓，群眾擁擠，交通全面癱瘓，商店拉下鐵門，不敢再行營業。有些民進黨支持者以麥克風指責警察不應干涉，所喊之話具有煽動性，所以有人大喊「衝衝衝」，要車子衝向警察警戒線。至下午七時這些地區才恢復正常。

評析：

黃信介、張俊宏等在八年前的〈高雄暴力事件〉中，領導南北各派流氓打手，進行有計畫的暴力活動，陰謀叛亂，打傷手無寸鐵維持治安的徒手憲警，被判徒刑。刑期未滿，政府為了安撫他們，希圖換取「和諧」；但結果顯然適得其反。「民進」分子於同一日，同時在台北搞「強見總統」事件，在台中市則搞「歡迎張俊宏黃信介」運動。但不知當局力主「寬容」者，對此事有何感想？

消息：

◎謝長廷的「反中國」論

謝長廷任社長的《台灣新文化》七月號，登了〈台灣文化以脫離母文化而獨立了〉一文，大意是：對台灣「住民」來說，台灣才是真實存在的鄉土，有人說「台灣文化是中國文化的一支」，這是不正確的說法。台灣文化全部內容已經和中國大陸文化有異，它至少吸收西方文化比吸收中國文化更多，還有日本文化已在台灣根深蒂固，經海峽兩岸長久分離的結果，所以台灣文化已不同於中國文化，也不可能永遠屬於中國文化。

台灣住民真的是中國人嗎？或者永遠是中國人嗎？除當中國人以外別無選擇嗎？答案當然是否定的或是未定的。國際間承認「中華人民共和國」是中國，對台灣則稱「台灣」。台灣人不能被稱為中國人，如承認台灣人是中國人，中共可隨時動武或「收復」回去。云云。

評析：

這是百分之百「台獨」謬論！而這個刊物的社長是謝長廷。由此可以證明謝長廷是個什麼樣的人了。

消息：

◎新約教會的「住棚節」

七月三日《自立晚報》報導：新約教會在國際獅子年會期間，頻頻抗議示威。據新約教徒的說法，今年政府單位對該會態度有明顯改善，並讓他們教徒自由出入高雄縣甲仙鄉的錫安山，所以在今年要大肆慶祝一九六四年錫安山的「住棚節」。但在年前新約教會海外教徒在機場與警方發生衝突，警總曾核定一百名教徒列入管制入境的黑名單，新約教會希望有關單位改變意向，所以他們頻頻在獅子會年會活動期間給治安單位施加壓力。

評析：

新約教會是民國五十一年香港新城電影公司女演員江端儀所創。她突然說上帝的靈呼召了她，自封為神的使者，創設了〈新約教會〉。翌年不曉得誰在幕後支援，來台灣一下子設了廿九所教會。這個教會來台灣後，就以反政府為宗旨，曾發行《神定意除滅蔣家王朝》一書，藉宗教迷信煽動社會人士反政府、侮辱國家元首，在海外大肆醜化我國家形象。又邀海外教徒來台搞「朝聖」，一進機場就亮出「打倒國民黨」標語。近來又找藉口，三番五次搞示威抗議，邀不受我國歡迎的海外教徒來台搞「住棚節」。政府雖再三對他們優容，甚至由李登輝出面和他們「溝通」，但似乎一點效果都沒有。總之宗教纏上政治，古今中外都是麻煩的事，無大智慧則難以解決。

◎「串聯學生」的運動

消息：

七月四日出版的《九十年代》周刊，內有〈串聯學生，對準國民黨〉一文，其大意是：這一年各校怒潮澎湃的出現大量地下刊物，如政大的《野火》、輔大的《野聲》、北醫的《抗體》、中興的《春雷》、實踐家專的《下游》、中央的《怒濤》等。一年來的校園風波，也琳瑯滿目，遍地開花。不過這些都是各自為政，而不是有系統的「學生運動」。最近學生出版了標榜「北學南工」的《南北通訊》，出現了五校五社（分別是台大「濁水溪社」、「地下」，輔大、文化的「文化社」，北醫的「抗體」，高醫的「人文社」），這似乎是為「串聯」學生的準備工作。目前學生鬥爭的箭頭，應該指向結構性的層面，那就是敵人只有一個，打擊的對象要指著窩藏在結構裡的國民黨。

評析：

這篇文章，不由使人想起國民黨在大陸吃「學運」大虧的痛苦經驗！

♦ 九月號

◎ 施明德「拒絕特赦」聲明

消息：

七月廿三日《自立晚報》訊：「美麗島」事件受刑人中唯一未獲減刑的施明德，於昨日由台北監獄轉送三總醫院後，發表〈拒絕特赦聲明〉，要求院方立即轉交最高決策單位。施明德在聲明中說，他身為「美麗島政團」的設計人與執行人之一，以及「一九九七年高雄世界人權日紀念大會」的指揮，他謹以面對歷史的莊嚴態度，再度重申「美麗島政團」無罪，他也無罪。基於此一信心與堅持，他堅決婉拒特赦，寧願等待歷史法庭最高及最後卓裁。

評析：

六十八年十二月十日，高雄「美麗島事件」，是個早有預謀的暴力事件，不僅他們的陰謀是顛覆中華民國政府，推行「台灣獨立」的叛國行為；而且打得一百八十多位手無寸鐵的憲警頭破血流、遍體鱗傷，這暴行犯下了多種嚴重的罪行。而被判刑入獄並被獄政單位待遇優渥、照顧週到的施明德，竟決不承認有罪，且聲言拒絕特赦。他為什麼會如此大膽？又是吃定了政府的軟弱，自以為分歧集團「形勢大好」也！

◎《夏潮》是什麼派？

消息：

七月廿三日晚報報導：被認為代表台灣「統派」的〈夏潮聯誼會〉最近活動頻繁，成立甫及兩月，就先後主辦「教會與人權」、「台灣民眾黨六十週年紀念」會等活動，今年盛夏將舉辦一場大規模的「勞工夏令營」活動，種種跡象顯示，有朝向政黨發展的趨勢。

《夏潮》於今年五月十七日成立，成員達百多人，會長為王拓，副會長黃溪甫，委員楊祖珺、王義雄、王津平、王曉波、陳映真、王杏慶、林宗南，會員林青揚、姚建國、蔡仁堅、李其然、施努來、莫那能等。其成立〈宣言〉主張：關於「台灣問題」，必須以台灣人民為對象，反對任何外來文化壟斷及對本土文化主體之破壞，目前工作重點在於爭取勞工及原住民和「外省人」的支持。

評析：

眾所周知，《夏潮》集團原不屬「台獨」，而是「統派」，又稱「小左派」。現在成立個聯誼會，居然在宣言中說什麼「反對外來文化」之類，好像吃錯藥般變了質。讓人看來此集團不是真正的「統派」，而是「台獨左派」。

◎王義雄組「勞工黨」

消息：

八月八日晚報報導：民進黨現在給人的印象是面臨分裂邊緣，終於昨日王義雄立委宣布了成立工黨的消息。王義雄表示：如果〈民進黨〉日後要取代國民黨來執政的話，一定要以廣大的勞工為主，我在各次演講場合多次表達了這個意願，但民進黨卻表明是一個全民政黨，這和我的從政目標不合，直到現在因要修改人民社團組織法，我認為此法修訂完成前後應有所作為，所以我決定組織〈工黨〉。面對多元化的社會，政黨應有一明確定位，例如工黨就很清楚，可以全力擴展勞工資源，在「不是敵人就是同志」的觀念下，發展勞工資源，在對抗國民黨的共同焦點下努力，反而可以增加勢力。

評析：

王義雄要搞「工黨」，在未掛牌以前就已指出「對抗國民黨為共同焦點」，等亮出招牌以後，必然會與〈民進〉聯手來鬥國民黨，況且王義雄昔日一貫言行無不以國民黨為鬥爭目標。所以，國民黨人切勿以為王某此舉是「分裂民進黨」，有什麼大作用。國民黨人常犯的錯誤，就是自己不戰鬥，卻將自己的成功寄託在敵人的自敗上。

◎荒唐的「台獨夢」

消息：

八月五日出版的分歧刊物《新台論政》，內有「台灣何去何從？」一文，大意是：四百年來台灣歷史的悲劇，都是因為不認同台灣的「殖民心態者」所造成。自從二百年前，美國人在華盛頓領導之下，用槍桿子擊敗了具有「殖民心態者」以後，美國變成了屬於美國人的美國，不再是英國人的美國。但自分開以後兩者之間的關係反而由敵人變成朋友，英國女皇還在美國獨立紀念日，讚揚美國開國者的勇敢和給英國帶來的好處。

同樣的，有一天如果台灣變成了台灣人的台灣，不再是中國人的台灣，兩者之間可能反而會由敵人變成朋友；獨立後的台灣可能會更積極的幫助中國大陸進行「四化」的建設，因為這對海峽兩岸都有好處。如果中共在模仿國民黨讓「二二八」在台灣重演，用槍桿子併吞台灣，那麼歷史的悲劇將會再演。只有在「台灣變成台灣人的台灣」，全體台灣人才會獲得解放。

評析：

發表這篇文章，幻想以美國獨立後與宗主國（英國）所發生的親密關係為模式，推動「台灣獨立」，然後與中共建立親密關係。這種想法，荒唐透頂！如照這種愚蠢的幻想蠻幹下去，徒造成我內部的混亂分化，最後不但不能「獨立」、不能和中共建立和平關係，反而必使台灣人民加速被中共赤化。中共首先收拾的，必是這批漢奸。

◎ 黃信介巡迴演講

消息：

八月五日某晚報台北訊：黃信介、張俊宏八日晚在屏東市辦〈美麗島大會〉，作首次巡迴演講。參加的有余登發、余陳月、月瑛、許榮淑、邱連輝、蘇貞昌等人。

會中均對黃信介、張俊宏表示歡迎，並認為沒有「美麗島政團」的努力，黨禁不可能開放，民進黨亦不可能組成，希望黃信介等「老大」多指教。張俊宏演講指出，當前社會病態的根源，在於長期戒嚴扭曲了人性、瓦解了人與人間的互信。云云。

評析：

黃信介、張俊宏二人，在今年端午節釋放出來後，曾說了幾句像樣的話。於是國民黨內某些姑息人士便沾沾自喜，認為政府「寬大為懷」太正確了，並幻想黃、張二人出來可以「制衡」〈民進黨〉。卻不料，黃張二人自八月初起作全省巡迴演講，一直演到月中，幾乎場場都勸民眾「參加民進黨」，這不啻給這個台獨集團莫大的助力，因為該集團最近到處收攬「黨員」，成績十分可憐，今經「黨外二元老」一鼓吹，據說成果增長了不少。這又一次給國民黨內姑息人士的嚴重教訓。

◆ 十月號

◎ 成立〈教師聯盟〉

消息：

八月十七日《自立晚報》載：台北市議員顏錦福與國大代表洪奇昌、立法委員許榮淑等人，將於本月廿一日成立〈教師聯盟〉，以保障老師的工作權益。目前已有林義雄、許木元、陳漢卿等四十位成員。

八月廿一日又載：教師聯盟今天上午成立大會，選出顏錦福擔任聯盟首任主席。今天進行選舉，首先選出十一位委員為該聯盟權力機構，分別是陳漢卿、許榮淑、顏錦福、彭百顯、董芳苑、鄧維賢、許木元、林一雄、洪茂坤、李啟紅、宋坤榮，並互選顏錦福為聯盟主席。

評析：

分歧集團目前重點是搞群眾運動。而「群運」又分為「南工」與「北學」的不同重點。即在南部要以「工人運動」為主，北部要以「學院運動」為主。故成立這〈教師聯盟〉，不過是他們整體計畫的一個環節。分歧集團的整體作業，更值得大家注意！

◎賴義雄譏諷李煥

消息：

八月十九日晚報報導：〈北美洲台灣人教授協會〉會長賴義雄博士，於本月十日返國奔喪期間，曾拜會過國科會主委陳履安、外交部次長章孝嚴、行政院院長俞國華、內政部長吳伯雄、執政黨中央黨部秘書長李煥等。在李煥為其舉行的餐敘會上，李氏向賴義雄表示，〈北美洲台灣人教授協會〉的名稱用「台灣人」是否意味著排斥外省人？希望能以〈北美洲華人教授協會〉命名比較容易被人接受。但賴義雄認為用「台灣人」命名沒有錯，因為在美國有：1.親中共的人，2.有親國民黨政府的人，3.有認同台灣而又對國民黨批評的人。第1、2種人可以用「華人」名稱組黨，所以不接受台灣人用「台灣人」命名組黨。他們這種想法跟不上時代潮流，所以我們不能接受。這次交換意見，使我們在感情上受到傷害。云云。

評析：

〈北美洲台灣人教授協會〉是個具有高度「分離意識」，經常宣傳「台獨」邪惡思想的組織。其會長透過各種關係拜

會我黨政主管人員，其目的依然是宣傳「台獨」意識，張揚「台獨」聲勢。所以當李煥建議用「華人」命名時，他不僅悍然拒絕，且譏之為「跟不上時代潮流」、「落伍」，並說「感情上受到傷害」。可見這批人的「台獨」漢奸意識，實在中毒太深了。

◎分歧活動進金馬了

消息：

八月廿一日《自立晚報》報導：八月十六日成立的〈金馬團結自救會〉，今天發起金馬地區解嚴請願行動。該「自救會」的成員以金門籍青年翁明志及馬祖青年王長明為主要發起人，另有親友等近二十人。翁明志目前是「第三象工作」負責人，專門錄製台灣民主運動錄影帶。王長明是馬祖北竿人，因在馬祖被人誣告為竊盜犯，曾被警察單位逼供，後經軍事檢察官還其清白，但他認為人格已受損，因此來台陳情，於今年五月間在謝長廷服務處，申請加入民進黨，成為前線地區的民進黨黨員。

今天上午約有十一名〈金馬團結自救會〉成員，到達新店福建省政府大門口陳情抗議，在省府門兩邊懸掛標語，呼籲金門地區解嚴、開放民航觀光、實施民主憲政，並有成員輪流上台演講。

評析：

金馬是百分之百的戰地。靠錄製「民進」活動維生的翁明志，和「民進」黨員王長明，竟成立〈金馬團結自救會〉，企圖插入金馬地區搞台獨活動，大家要注意了！

◎當心在教育界搧風點火

消息：

八月廿三日《自立晚報》北訊：九十七位海內外各級學校教師及關懷教師人權之人士，今日連署發表〈教師人權宣言〉，呼籲制定教師法，保障教師工作權，建立教師聘任制度。

連署的包括海內外現任學校教師、卸任教師、推動人權人士，主要人物有：張忠楝、呂亞力、葉啟政、林玉體、劉福增、林嘉誠、陳映真、李根道、張俊宏、李鴻禧、鄭欽仁、石文傑、李勤岸、王拓、王義雄、吳哲朗、張朝權、李聲廷、黃越欽、黃爾璇、賴義雄、許達然等。

評析：

顯然台獨集團也學會了蘇共那一套：「不要忘記青年，學校是革命的策源地！」口號。國民黨該回憶大陸失敗教訓，對現在教育界搧風點火的人，不可掉以輕心！

◎「台獨」明列於會章

消息：

八月卅一日晚報訊：一百四十餘位「政治犯」昨天在國賓飯店舉行「〈台灣政治受難者聯誼會總會〉成立大會，正式通過章程草案。該草案第二條文內有「台灣應該獨立」之規定，這是台灣四十年以來首次有團體在組織章程中明白揭載此種文字。會中並推舉魏廷朝為會長，柯旗化為副會長。

評析：

早在十年前，政府即明令宣布「台獨就是台毒，必須清除！」但十年演變下來，「台獨」集團是越來越囂張，今天居然公開明定於「會章」之中了，且看政府怎麼辦吧。

◎雷渝齊居然主張「台獨」

消息：

八月廿七日出版的《民進報》（周刊第廿六號）第一版載「解嚴後台灣的政治局勢，雷渝齊認應走台灣獨立」消息，說：「前立法委員雷渝齊主張，台灣未來應走向台灣獨立。他指責一般學者反對台獨，甚至反對自決，都是不認同台灣的緣故」、「雷渝齊表示，今天外省人受到台灣人排斥是因為不認同台灣所造成。就以他競選為例，由於他認同台灣、關心台灣，所以百分之九十八的經費都是來自台灣人的手中，反而有錢的外省人卻沒有捐錢。所以他認為，只有外省人真正認同、關心台灣才能解決省籍隔閡問題。」

評析：

想當年，《疾風》雜誌對抗《美麗島》的時候，雷渝齊反對台獨集團，率先指斥黃信介等「黨外人士」是「黑拳幫」，聲嘶力竭痛罵他們，被人視為最激烈的「反獨鬥士」。想不到事隔八年，雷某居然成了贊成台獨的人！難道「台獨」果然是「真理」，雷某經過八年的沉思終於頓悟了這「真理」？非也！他自己的話已透露了玄機，就是看在「競選經費」分上也！

想當年，雷某為了獲得國民黨支持提名當立法委員，所以他聲嘶力竭地痛罵一切國民黨的敵人。看如今，他為了競選經費，不但對國民黨倒戈而已，而且不惜與中華民族為敵而主張「台獨」。這個人究竟是什麼貨色？人民眼睛雪亮！

用不著我們明說了。

◎「台灣獨立」簽名運動

消息：

九月一日報載：一項名為「海內外共同聲援『台灣人有主張台灣獨立的自由』簽名運動」，正在海內外連署簽名中，現已有一百八十多人簽名。據指出，台美兩地有心人士鑒於江蓋世在島內首揭「人民有主張台灣獨立的自由」口號，為求更有效表達「台灣獨立」的意願，決議發起此項簽名運動，打算第一階段先徵求連署後，印發傳單，向全省分發。第二階段爭取民眾支持，造成時勢，再視情況將「的自由」三字去掉，變成「人民主張台灣獨立」的「台獨運動」。在此項簽名運動聲明中，呼籲台灣人民要「勇敢表達自己的心願」，來支援江蓋世。目前參加簽名的海外人士已有：世台會長李宣榮、前會長陳都、FAPA 會長彭明敏、台獨聯盟主席許世楷、前主席張燦鍙、美東主席郭信宏、全美台灣人權協會會長林心智、全美台灣同鄉會長楊黃美幸、台灣學生社長張信堂等一百八十多人。在台灣島內已有吳乃仁、洪奇昌、邱義仁、翁金珠、蔡有全、林樹枝等二十多人簽名。

評析：

妄言「台灣獨立」就是「分裂國土」的漢奸叛國行為。今國內的「民進黨」頭目竟公然結合海外所有「台獨」叛國分子，發起「支援台灣獨立簽名運動」，且要進一步發展成「台獨運動」。這是公然的徹底的叛國行為，政府如不依法究辦，還有什麼威信？

◎外籍女台獨的返台活動

消息：

九月十一日《自立晚報》訊：陳翠玉是〈基督長老教會〉信徒，後隨外籍丈夫定居中南美，擔任聯合國世界衛生組織駐當地顧問，去年乘夏令會期間，在美國創立〈婦女台灣民主運動組織〉，對台灣的民主運動和婦女的參與甚關心。於今年八月十五日獲得入境簽證返台，風塵僕僕到各地，參加各種公開活動，發言內容力主「台灣自決」。據說外事警察局告訴陳翠玉言論應檢討，不要再宣傳「台灣自決」、「台灣獨立」等問題，陳女仍我行我素。她昨天中午搭機赴香港，在桃園機場被取消五年入境簽證。她甚為憤慨，打電話給〈台灣人權促進會〉表示抗議。

評析：

〈基督長老教會〉本來是「台獨訓練所」，陳翠玉是該教會的分歧分子就一點也不奇怪了。她在美國搞〈婦女台灣民主運動〉台獨組織，進行「台獨」運動，這次乘解嚴之便申請來台，大肆宣傳「台灣自決」、「台灣獨立」等漢奸叛國意識，進行非法活動，有關單位可能念她是外國人之妻，只是好言勸其她停止非法活動之後，她卻我行我素，不知悔改。政府停止她的簽證效期，實在太客氣了。換了人若到美國做犯美國法律活動，美國警方不把你立即逮捕，才怪！

◎民進黨是「台獨」加「暴力」？

消息：

九月十三日《中央日報》載：台北地方法院昨日開庭審理「六一二」滋擾事件，〈民進黨〉動員五百人聚集司法大廈前發生推擠情事，台北市警局長王化榛遭一名女子吐口水；便衣警員謝育君遭暴民圍毆臉部受傷，衣被撕破；督察長李鳳洲被包圍。至上午十一時五十分，這些〈民進黨〉暴眾又轉往立法院，在附近道路上發傳單，辱罵資深立委。在濟南路上，由江蓋世、洪奇昌、謝長廷、傅正、陳水扁、顏錦福、江鵬堅等，依序發表政治性演講，群眾中有人高喊：「人民有主張台灣獨立的自由」等口號。在濟南路與忠孝東路口與維持交通的警察發生衝突，並有人欲開宣傳車衝撞警方人員。

評析：

〈民進黨〉頭目指揮暴眾，先在台北法院審理「六一二」案時，大鬧法院圍毆警員；接著又到立法院並謾罵資深立委，高喊「台獨」口號；最後又湧至《台灣日報》，闖進去打得人仰馬翻，慘不忍睹。這一聯串的行動性質就是「台獨」加「暴力」，這個「黨」究竟是個什麼東西？請社會大眾評斷可也。

消息：

◎對《台灣日報》施暴記

九月十三日各報載：昨日下午二時，部分在立法院門口抗議的〈民進黨〉暴眾，轉進到《台灣日報》台北辦事處，十多人衝進去，要求交出九月十一日報導有關萬華老人會拿〈民進黨〉錢的記者。該社表示記者不在，群眾不滿意，便開始攻擊報社內職員及搗毀社內辦公桌、電話、電視、冷氣機等設備。該社總務課長蔡懷德因抵抗攻擊，左眼被毆傷，又被拖出辦公室毆打成傷，職員王鳴鑾受傷流血不止。後又衝上二、三、四樓施暴，門被搗毀，公文撒落滿地，警察趕至立即逮捕現行犯數人。《台灣日報》於本日發表嚴正聲明，譴責〈民進黨〉暴徒說：「自民進黨出現社會以來，一直以『民主進步』為口號，竟以暴力搗毀不同見解的報社，可見他們的『民主』是假的，而其實是個暴力集團。」

評析：

報社是大眾喉舌、社會的公器，有發表言論的自由。而「民進黨」用「言論自由」作藉口，發行大量報刊造謠生事，狠毒謾罵別人，誣衊政府。但對社會公器的《台灣日報》刊出不合己見的消息時，即發動暴眾予以攻擊，把報社打得人仰馬翻、面目全非，台灣日報評其為「民主進步其名，暴力其實」的團體，實為恰當。

◆十一月號

◎最無聊的「台獨」論調

消息：

九月十六日出版的分歧刊物《新台論政》中有〈誰才是台灣人？〉一文說：「台灣人」不是名詞和口號，而是有具體含意的。在歷史上、經濟上，台灣人都是獨立而客觀存在的，不會因國民黨宣傳「大家都是中國人」從而消失。國民黨統治台灣四十年，每年照例提醒「大家都是中國人」，這使我們不能不聯想到，日本人在台灣推行皇民化運動時，每天都要宣傳「大家都是日本皇民」，除了歌詞不同，經過半個世紀以後，國民黨與日本的調子居然一樣，我們不能不相信，歷史也有循環的時候。我們主張台灣自決，台灣人的前途應由台灣人自己決定……「台灣人」有其具體內容的，與島嶼命運、台灣歷史、台灣經濟不可分割的，已使台灣人迫切需要確立自己的方向。

評析：

這撮人實在無聊至極，除了撿拾一些「台獨」老調以下，居然把「大家都是中國人」與「大家都是日本皇民」同等看待！請問你們的祖先是日本人嗎？這種荒謬絕倫的論調，就是國小學生也不難分辨它是多麼的欺宗滅祖。這是最無聊的漢奸論調。

◎司法終於打「台獨」了！

消息：

九月廿日《中央日報》報導：少數人士擅組團體公然提出台獨主張，高檢處主動調查依法偵辦。主辦本案的首席檢察官陳涵表示：〈台灣政治受難者聯誼總會〉於今年八月卅日，在台北市國賓飯店聚會，在其章程中明訂「台灣應該獨立」，而該會是由蔡有全主持，又由許曹德提出「台灣應該獨立」之字句，明訂在章程中，而獲在場與會者大多數通過。因此，蔡、許兩人不無涉及叛亂之嫌。

陳涵說，〈國安法〉第二條規定：「人民集會結社，不得違背憲法或主張共產主義，或主張分裂國土」。〈台灣政治受難者聯誼總會〉主張「台灣應該獨立」，即是主張分裂國土，所以違反國安法，應依法偵檢究辦。

評析：

此地竟有這種團體出現，公然列明「台獨」主張於文字，不得不使我們為國家前途擔心。我們認為，司法機關不但是早就應該辦，更應從嚴辦，才能挽回國法的威信。

◎鄭余鎮率眾抗法律

消息：

九月廿六日《自立晚報》訊：〈民進黨台北縣黨部〉主任委員鄭余鎮今天上午十時，率所有執委、評委前往台北地方法院，抗議九月十二日《台灣日報》台北管理處被砸爛事件，警方逮捕、檢方羈押該黨幹部蕭貫譽及柯家聲。台北市警察局保安大隊及城中分局唯恐發生事端，派出警力前往維持秩序。

該黨部亦將於九月廿八日上午九時起，發動一百輛卡車、轎車、機車的抗議活動，在三重市、新莊市、板橋市、永和市、中和市、新店市等六個縣轄市遊行、示威、抗議等活動。

評析：

按九月十二日「民進黨」在立法院示威的暴眾，因聽信謠言，衝進《台灣日報》台北管理處，不但砸爛所有設施，而且還打傷了幾個人。這次暴行人證、物證、錄影等樣樣俱全，司法機關依法偵辦，這是天經地義的事。鄭余鎮卻動員大批黨徒，對司法單位抗議示威。這種蠻橫不講理不守法的行為，真是古今奇聞。

◎費希平的痛苦

消息：

九月廿六日晚報訊：費希平被逼得走路，〈民進黨〉有分裂徵兆。由於不堪部分〈民進黨〉年輕黨工聯署要求費希平率先辭立委職務，以合於本黨所推動的「國會全面改選」運動。資深立委費希平於廿五日向〈民進黨立委黨團〉發出聲明，表示將退出該黨團。據幾位〈民進黨〉立委指出，該聲明中有若干情緒性的文句，不宜對外公開，只有該黨團的立委持有這份聲明，不過黨團立委們並決定將極力慰留費希平，避免立委黨團出現裂痕。

九月廿九日又報導：〈民進黨〉於廿八日在金華國中舉行週年慶晚會，費希平在發言時說：「民進黨有人對我誤會」，他說話時聲音哽咽，雙眼流淚。

評析：

費希平原為國民黨員，早年因違反黨紀被開除黨籍。他心裡有恨，所以多年來以「黨外人士」自居。近年來，由於擁有「萬年立委」之地位，所以受「黨外」重用，他自己亦儼然以「黨外元老」自居。但去年非法政團「民進黨」成立，黨魁卻不給他當，現在且落得如此苦楚，他應該憬悟到：他不過是非法政團中那些「台獨」心態極重的人運用的一顆「棋子」而已。一旦價值已盡，擔保他受盡冷落，比當年被國民黨開除黨籍還要痛苦！

◎「挾歐洲以自重」的把戲

消息：

十月三日出版之《民進報》報導：民進黨歐洲訪問團尤清、蔡龍居、蔡式淵、邱連輝九月六日啟程，訪問荷蘭、比利時、法國、挪威、奧地利等六國。團長尤清表示民進黨的「自決」主張獲得歐洲廣泛支持。

尤清返國後表示，民進黨所提的「台灣自決」主張，歐洲各國都持肯定的態度，進而對「民進黨」表示同情與支持。所訪問過的比利時、法國法新社、西德社會民主黨、海德堡教授蘇爾等，當向他們提出「台灣自決」訴求時，他們都表示關心和支持。

評析：

「台灣獨立」的叛國意識，在國內外各有其不同的招牌：在國內掛「台灣自決」招牌，在國外則掛「台灣獨立」招牌；儘管招牌不同，而所兜售的都是「台獨」貨色。這次「民進黨」歐洲訪問團，雖以擴展「民進」的外交關係，向海外訴求住民自決、尊重人權、民主化為名，但其真實目的，是說給國人聽「西歐各國都支持自決」。台獨集團昔日挾日本自重，後來挾美國以自重，現在又想搞「挾歐洲以自重」的把戲，說穿了通通都是「挾洋自重」的無恥伎倆。其實他們在作夢，中國已經不是清末的中國，中國人現在不怕任何外國勢力。「挾洋自重」的人，只會被中國人唾棄為漢奸、敗類、渣滓而已！

◎到大陸發動罷免中央民代

消息：

十月三日出版的分歧刊物《政治家》報導訪問吳哲朗的談話。吳哲朗說：「我要到大陸考察，是基於公私兩方面理由：我太太是山東人，我的岳父、岳母也是山東人，應屬三等親，所以在私的方面我可以回大陸探親。我是國大代表又受聘為光復大陸設計委員，所以在公的方面我也決定去大陸考察，順便到那邊探訪民情，甚至可以發動罷免他們四十年前所選出來的中央民意代表，譬如國大代表毛松年只有兩千四百選票，我若發動罷免可以二萬五千票將他罷免掉。我想這也是國會全面改選的一種步驟。」

評析：

自政府宣布解嚴並有意開放大陸探親以後，分歧人士推出許多千奇百怪的招數。吳某等於狂言要聯合中共在大陸罷免我中央民意代表，消滅我中華民國的法統。但中共會上當嗎？

◎「台獨黨綱」出現了

消息：

十月十日《民進報》訊：民進黨全國黨員代表吳乃仁、邱義仁、邱連輝、王聰松、余政憲、余玲雅、吳哲朗、黃昭輝、林黎琤、周平德、梅金海、顏錦福、賁馨儀等六十二人，日前簽署一項共同聲明，主張將「人民有主張台灣獨立的自由」列入民進黨綱。預料這項簽署的人數將繼續增加。這項聲明簽名行動是由〈民進黨〉員江蓋世所發動，聲明表示：「主張台灣獨立的自由，是台灣人民不可剝奪的思想自由」，正式提案將在不久之後，由黨代表向中央黨部提出。

評析：

去年九月廿八日，「民進黨」非法創立時，在其「黨綱」中，已列明「台灣前途應由台灣全體住民自行決定」，這是「台獨」的委婉性講法。但是部分「民進」人士仍認為「台獨」意識不夠明顯，所以發起此次「台獨簽名運動」，企圖於最近行將召開之所謂「二全大會」中，將「台獨」納入其「黨綱」中。上引消息，參加這次簽名的竟有六十多人，且多為重要分子。政府對此事不知怎樣處理？

◎海內外「台獨」大串聯

消息：

十月十日《民進報》報導：海外團體全力聲援「獨立主張」事件。截至目前為止，宣布加入「台灣政治受難者聯誼會事件救援會」的海外團體，包括世界台灣同鄉會聯合會、全美台灣同鄉會、全美台灣人權會、巴西台灣人權協會、台灣學生社、台灣公論報、東方文化協會、民進黨世界後援會，多倫多FAPA、台灣社、台灣獨立建國聯盟等，共計四十個單位。針對司法單位偵辦「台灣政治受難者聯誼會」會員蔡有全、許曹德主張在章程中列入「台灣應該獨立」條文一案，全力予以救援。

又訊：北、中澤西〈台灣同鄉會〉為慶祝「民進黨成立一週年」及「支援台灣政治受難者聯誼會成立」，於十月二日在紐約亞士賓飯店舉行慶祝會，民進黨代表姚嘉文、周清玉、洪奇昌均應邀出席演講。〈台灣獨立建國聯盟〉主席許世楷、前〈台獨聯盟」〉主席陳唐山等皆出席參加，並發表演講等。

評析：

國內〈台灣政治受難者聯誼會〉在章程中明列「台灣應該獨立」的主張，我司法單位依法處理。民進黨不僅在國內公開聲援此一「台獨」主張，且派姚嘉文、周清玉、洪奇昌到美國，會同所有的「台獨」組織，開會共同慶祝〈台灣政治受難者聯誼會〉這個「台獨」組織的成立，並聲援其「台獨」主張。這是海內外「台獨」狼狽為奸大串聯的鐵證，政府應特別注意！

◎司法機關終於施鐵腕

消息：

據十月十三日各報載，因主張「台灣獨立」而涉嫌叛亂的兩名被告蔡有全、許曹德，昨日經台灣高等法院檢察處開庭偵訊後，檢察官葉金寶下令將二人收押。

被告許曹德在應訊時辯稱，他在「台灣受難者聯誼總會」章程中，所主張的「台灣獨立」，是指「獨立」於中共之外，云云。而另一被告蔡某則完全不答覆訊問，並揚言等到公開審判時再大肆宣傳有關「台獨理念」。

當日上午七時半，頭紮綠巾，手持「民進」旗，進行演講等喧擾活動。九時卅分，法院開庭，這些「民進」徒眾們欲衝進去，被法警阻止。他們卻藉機推撞、喊打。警方只好下令霹靂小組隊員將涉嫌毆打警員的劉文福、林阿清二人以現行犯逮捕。暴民更在法院鼓譟，一直到下午三時才逐漸散去。

評析：

關於「台灣受難者聯誼會」公然主張台獨的始末，本欄上期已有報導，於此不贅。

台灣高等法院監察處已傳訊蔡、許等人三次，前二次均拒不到庭，此次遭收押，是理所當然，法所應得。

這次高檢處終於主動偵查公然主張「台獨」者，真是大快人心之事！希望司法正義從此伸張，不要再像以往一樣，只怕蒼蠅，不敢打「台獨」的老虎，才是民族之幸！

◆十二月號

◎「台獨」的具體行動

消息：

十月十六日《自立晚報》第四版巨幅廣告，內容是：「人人有思想的自由，人人有講話的自由。為救援蔡有全、許曹德，於十月十七日至卅一日分別在台中市光復國小、鳳山國父紀念館、中壢、彰化、羅東、台北市等十地，舉行演講會，請您來關心咱台灣的前途。」

這些演講會的發起人是「台灣政治受難者事件聲援會」共同發起人：高俊明、陳永興、康寧祥、謝長廷、姚嘉文、張俊宏、洪奇昌、吳乃仁、邱連輝、張俊雄、尤清、周平德、顏錦福、林弘宣、黃煌雄、黃華、田朝明。這一聯串演講會的目的，在支援蔡有全、許曹德的「台灣應該獨立」的政治主張。

評析：

所謂「台灣政治受難者聯誼會」，由蔡有全、許曹德等領頭鼓吹「台灣獨立」，這是鐵的事實。而「民進黨」主要分子謝長廷等多人，以及基督教長老教會之高俊明等，共組什麼「聲援會」，到各地公開演講，以這種具體行動，宣傳蔡有全等人之「台灣獨立」主張，支持「政治受難者聯誼會」的「台灣獨立」運動。「民進黨」和「基督長老教會」等究竟是何物？國人心中自然有數。

◎「民進黨」的台獨、漢奸人格

消息：

十月十七日《民進報》社論「台灣人民有追求台灣獨立的自由」，大意說：把「台灣應該獨立」列入章程，根本不犯罪，自從中美斷交之後，美國用來規範和台灣關係的〈台灣關係法〉中：1.美國承認中共為中國合法政權，2.決不承認台灣的國民黨政權對中國大陸的統治權，3.台灣仍被視為國家。因此，實際上默認了台灣政權是獨立於中國之外的一個實體政權，所以主張「台獨」是無罪的。

十月廿四日《民進報》宣傳台獨頭目張燦鍙在美國國務院的一篇演講，大意是：國民黨在台灣的政權是不合法的，島內人民已公開主張「台灣獨立」，美國應站在台灣人民這一邊，公開表明支持台灣人自決的權利，而台灣人必定能自力達成獨立建國的目標。美國政府應停止售與台灣武器，對台灣安全無幫助。美國政府應考慮以經濟制裁逼使國民黨就範，進一步減少國民黨北美事務協調會的特權，限制其官員抵美活動。

評析：

〈民進黨〉不僅自己鼓吹「台獨」，且故意曲解美國〈台灣關係法〉，藉老美之名進一步渲染「台獨」意識，所以是個十足的「台獨」罪惡政團。在上引消息中不僅仗老美之名以張揚該黨的「台獨」聲勢，且宣傳「台獨」分子在美之謬論，哀求老美支持〈民進黨〉在台活動，哀求老美不要售予我國武器，並施經濟制裁，這是十足的欺宗滅祖、出賣國家民族的漢奸行為。

◎「民進」黨徒大鬧韓國使館

消息：

十月廿二日晚報訊：許信良等一行滯留馬尼拉，另打算乘國泰航空班機飛漢城，不料又被韓國政府拒絕入境。許信良乃致電台灣〈民進黨〉及立委許榮淑等，策動民眾到韓國駐華大使館、韓航、國泰航空及境管局等單位示威抗議。

〈民進黨〉台北市黨部、台灣縣黨部、桃園縣黨部今天上午糾集群眾，前往韓國駐華大使館抗議，譴責韓國政府不給許信良入境簽證。由兩部尤清服務處宣傳車事前導往現場，車上並張貼「悼全斗煥政權」等標語，警方要求隊伍解散，但被拒絕，張富忠等人一一上台演講。

評析：

依國際法及國際慣例，任何一個國家對於是否准許其他國人民入境，有絕對的自主權。而〈民進黨〉對韓國拒絕許信良入境，竟抗議示威，且舉出侮辱性標語，其瘋狂若此！

◎「民進」終於承認是「台獨」了

消息：

十一月六日《民進報》訊：目前江蓋世發起的將「人民有主張台灣獨立的自由」列入「民進」黨綱簽名運動，已有九十位參加「二全大會」的黨員代表簽名，另四十五位代表正式提出提案，提請大會列入「黨綱」。

十一月十三日訊：民進黨為貫徹「住民自決」主張之基本綱領，以「二全大會」名義呼請各界保障思想信仰自由，並聲明「人民有主張台灣獨立的自由」。關於台灣前途，各界人士早已提出「德國模式」、「一國兩制」、「一國兩治」、「大中華聯邦」等不同主張，我們重申人民有提出各種政治主張的自由和權利，我們更要特別強調「人民有主張台灣獨立的自由」，願全黨同志和台灣人民，團結一致，共同維護本黨綱領及言論自由。

評析：

〈民進黨〉的報紙、雜誌以及各種集會演講等，近來宣傳「台獨」主張，到了明目張膽如瘋如狂的程度。

由此可證，《龍旗》多年來一直就直指從前那撮自稱「黨外人士」的，後來變成〈民進黨〉的，就是台獨分歧集團，這是一點沒有說錯。今天他們終於也自認了。

問題是，「台獨」就是可恥的漢奸！試問自古至今，有那個漢奸集團是好下場的？

七十七年

◆元月號

◎「台獨學運」荒唐錄

消息：

十一月十六日《民進報》報導：自〈民進黨〉尤清、朱高正到台大演講掀起高潮後，繼續舉辦「台灣前途——統一、自決、獨立」大辯論，引起空前熱烈的反應。陳志柔認為，反對派的學生不必排斥社會運動和政治運動，只要認為正當合理就要堅持去作。東海大學學生以忿怒的情緒，勇敢、堅毅地站在肥皂箱上舉辦「東潮」說明會，痛斥學校扭曲學生意見，要求教授治校、學生自治、廢除審稿制、教官和黨團退出學校、校長辭去國民黨職務。

十一月廿日《民進報》報導：為落實學生自治，輔大學生將組織「學生政府」，選舉主席、副主席，並組織內閣，設學生法庭，監督行政等。

十二月五日《民進報》報導：台大學生舉辦「福爾摩沙我親愛的母親——台灣本土文化」演講，藉此喚起台大人的本土意識，創造真正台灣人。

十一月十八日自立晚報台北訊：因五一一台大學生在校和平漫步，被記小過處分的六名學生，向法院控告學校的記過處分違反國家賠償法，請求將「記小過」改為「記小功」。

評析：

由上引消息歸納〈民進黨〉發動這一聯串的學生運動，其主要的訴求是：要學生走上街頭搞政治運動；教授治校、學生自治、教官和黨團退出學校、校長退出國民黨、學校教育「台獨化」；學校成立「學生政府、學生內閣、學生法庭」，由學生管理和監督校政；鼓動學生向法院控告學校，要求將記過改為記功等。這些都是空前絕後的荒唐錄，如果照這樣搞下去，比大陸「文革」的效果還嚴重了！

◎余登發痛斥台獨分子

消息：

十一月十七日《中央日報》報導：前高雄縣長余登發告訴往訪的記者說，今天主張台獨的人，是「沒有知識的瘋子」。他在仁武家中向往訪的記者表示強烈排斥「台獨意識」，他不相信台獨主張會得到人民的支持。他對部分民進黨人士鼓吹「台獨」，並在二屆大會中通過聲明「人民有主張台灣獨立的自由」議案，表示憤怒與不滿。他已在口頭聲明退出〈民進黨〉時說，如不在黨綱中增列「以天下為公、大公無私、犧牲奉獻、統一中國字樣」，他將書面申請退出「民進黨」。

十二月五日《民進報》評論「余登發事件」說：十一月廿四日余登發聲明反對「台灣獨立」，我們提醒余登發不要忘記他涉嫌匪諜案被捕時，台灣黨外人士對他的聲援，以及因高雄事件引發起的「台灣意識」，這一些都與余老的「中國統一」背道而馳。事實上要找出台灣與中國的合理關係，捨「台獨」一途更無良方，雙方只有共存，才能共榮，欲行強制合併，只有製造悲劇。

評析：

余登發年已八十餘，憑一生搞政治的經驗，認定「台獨」是一條死路，所以說：主張「台獨」的人都是「沒知識的瘋子」；他並以「退黨」為警告，要「民進」人士放棄「台獨」邪念。不管他過去的政治立場如何，單憑此點，便值得大家的敬佩！而「民進」人士不但不聽勸告，反而變本加厲，反唇相譏。這證明這撮台獨分子不但是如余先生所痛斥的「沒知識的瘋子」而已，根本是精神有病的漢奸。

◎「社會全面性戰爭」策略

消息：

十一月十八日《民進報》發表「民進黨務評議報告」，指出：民進黨之立委席次有限，在提案和表決上是少數，故本黨以國會帶動街頭運動方式，用激烈的衝突以顯示現行體制的荒謬，支援弱勢團體，引發成政治性衝突，使統治者對人民的戰爭從針對個別零星的點狀戰爭，擴展成對整個社會的全面戰爭。

十一月廿九日自立晚報訊：〈警政署〉副署長陳立中今天表示，今年一至九月底，共發生一千兩百八十五件街頭遊行事件，其中政治性事件九百六十九件、社會性事件二百十四件、經濟性事件一百零二件。警方為維持治安秩序，前後總共投入警力廿萬人次。他說社會治安不能「試驗」的，警方絕非反應過度，而是基於事實的必要。

評析：

民進黨蓄意製造矛盾衝突，用以發展街頭運動，進而擴展成「全面性的戰爭」，形成社會大動亂，從中撈取政治利益。由警政署陳副署長的報告，證明「民進黨」這種陰謀活動，在短短九個月中，製造出一千二百八十五起社會動亂事件。於每一次社會事件，均發現有「民進」人士領導或幕後煽動所形成。這也證明了該黨是當前社會動亂的根源。

◎民族敗類的自供狀

消息：

十一月廿日《民進報》發表「民進黨一九八七年黨務報告」，在報告進行「台獨運動」成果的文字中說：我們進行自決運動三大要項：（一）自決理論的建立，（二）自決觀念在國內的推動，（三）自決觀念在國際的推動。我們黨員發起的「台灣人有主張台灣獨立的自由」運動和黨員支援「政治受難者事件聲援會」（按：主張台灣應該獨立）運動，把包括「自決」、「台灣獨立」的可能性，都列入公開探討，兩者都形成堅定、和平、有策略、有造形的長期運動，而使觀念具備了實踐性格，使抽象觀念人格化。

「自決」運動在國際活動上，我們有美、日之行，使該兩國朝野肯定了台灣的「自決」運動。另外「自決」運動在歐洲政黨外交之行，也得到重大突破，歐洲之行經外交部策劃，提出有效的外交戰略，使挪威、奧、荷、德、比各國多數政黨對台灣「自決」都有正面肯定，不但為「自決」運動奠定國際踏腳板，也對國內產生有價值的衝擊。

評析：

這是「民進」成立一年來，自供推行「台灣自決」、「台灣獨立」的具體事實和成果。對進行「台獨」一事，語詞肯定，毫不隱諱，這篇報導等於自供狀。

◆十二月號

◎民進黨是台獨大本營

消息：

十二月十八日《民進報》在第一版頭號標題「聲聲呼求：台灣要獨立、獨立救台灣的共同心聲」文中，強烈鼓吹台灣獨立。其大意是：由〈民進黨〉主席姚嘉文等人參加的十二月十日「台灣政治受難會事件」後援會，在台北市仁愛路、敦化路示威遊行時，「台灣要獨立、獨立救台灣」的口號響徹雲霄。這次示威遊行舉辦單位是〈民進黨〉的高雄市、台南市、彰化縣、宜蘭縣、基隆市、苗栗縣黨部，以及台灣人權會、民進黨人士謝長廷、洪奇昌、顏錦福、尤清的服務處；主要幹部姚嘉文、江鵬堅、洪奇昌、周清玉、邱垂貞、陳博文、鄭余鎮、周平德等全來參加。他們並會分別講話，強調「台灣人應挺起胸膛，踏著台灣獨立的光明前途前進，台灣獨立主張的自由是台灣前途抉擇的大前提」。洪奇昌特別演講「台灣要獨立、獨立救台灣」，強調「用咱台灣人民的力量去建設一個新而獨立個家」，蕭裕珍強調：「台灣海峽分兩邊，一邊是共產黨，一邊是台灣人」。

評析：

在上引消息中，參加和主持這次「台灣政治受難會事件」後援會遊行示威者，全是民進黨的首腦人物和各黨部；在遊行示威過程中，所喊口號和發表之言論，完全是台獨論調。顯示出民進黨正是「台獨」叛國運動的大本營。

◎分歧分子大鬧光復會

消息：

十二月廿四日《中央日報》台北訊：昨天上午周清玉等人沒戴名牌集體到中山堂〈光復大陸設計委員會〉報到，有兩位警官看了周清玉一眼；周不滿意，詰問他們是何人，什麼身分，兩警員見狀未加理會。黃昭輝等人衝過去欲出手打兩名警官，卻被一名巡佐擋住，因此引起一場混亂。事後周清玉等人要求光復會把兩名警官撤職。當薛岳主持開幕典禮後，〈民進黨〉的蔡式淵提出程序問題，佔著發言台不離開，經主秘解說後才開始會議。黃昭輝又要程序發言，台下則有人抗議要求黃下台，黃一時惱羞成怒，拔起麥克風連摔兩次，用台語罵齊濟等人：「我要氣死你們，怎麼樣！？」現場一片混亂，主席乃宣布休息。

評析：

「國代」周某一夥，沒戴名牌就闖進中山堂開會，只被會場駐警看了一眼，就兇性大作，蜂擁而上出手要打該警員，並要求予以撤職。這不僅妨礙公務，而且侵犯人權。他們另有國代霸佔發言台、摔麥克風、辱罵他人，大鬧議事廳。這一切都是「民進」惡性兇狠的本質。按薛岳是抗日名將，齊濟代表是著名的影歌星齊秦、齊豫之父。濟濟一堂都是名人，今天竟受這般侮辱，真是天理何在！

◎「民進」暴徒害死經國先生

消息：

十二月廿五日《自立晚報》載：今日蔣總統親臨中山堂主持〈行憲四十週年紀念大會〉。當他主持開會伊始及結束離開時，身穿寫有「全面改選」綠背心的十一位「民進」國代，曾先後高呼「全面改選」口號十多次，以示抗議。另在中山堂外〈民進黨〉示威抗議的黨員及群眾，堵住中華路平交道，群集在鐵路上，迫使火車停開，六千旅客受阻，西門圓環一片混亂，鐵路警局勸導無效。

元月一日《民進報》以「一九〇〇萬人民對一一〇〇老賊的戰爭」為題，報導十二月廿五日〈民進黨〉在中山堂的示威：四千黨員和一兩萬群眾，示威時高喊「表決部隊不要臉」、「怪老子上西天、台灣人出頭天」、「打倒法統、全面改選」等口號。遊行由許國泰、蘇治芬、邱垂貞、許榮淑、尤清等分別指揮。警察要阻止遊行，遊行群眾向警察投擲石頭和空罐頭，康水木爬上天橋痛罵警察，群眾拒絕離開鐵路平交道，終於迫使鐵路班車停開。

十月廿六日《中央日報》報導：民進黨昨天舉行「國會全面改選」遊行示威，由於「霸坐」鐵路上，阻礙了南北行的火車，延誤了近四十萬乘客的假日旅程，電影街生意冷淡，喇叭的噪音震天。許多資深民代受辱罵，七十七歲的國代楊慎修被劫持在許榮淑的宣傳車上發表演說支持「全面改選」，而後才予放行。示威群眾並把地下鐵工程木房踩爛。

評析：

這次「民進」暴徒在示威抗議中，在會場內侮辱國家元首，場外辱罵中央民代、劫持中央民代、切斷鐵路交通、用石塊打警察、用擴音器辱罵警察、使商店關門、遊客不能歸，把一個行憲紀念假日攪得昏天黑天。不到十九日後的元月十三日，蔣經國先生病情突然惡化，口吐大量鮮血而逝世；海內外中國人咸信，是與這次「民進」無理事件有密切關係的。

◎民進分子無人性

消息：

十二月廿五日晚報報導：今天上午有兩位年已八十八胸前配戴國民大會出席證的資深國大代表鄧讜等，準備進入中山堂開會，因走錯了方向，誤走至「民進黨」抗議示威的群眾附近，其國大代表的身分被「民進」人士發現，立刻成為示威群眾辱罵攻訐的目標，吼罵「老賊」、「不要臉」的聲音不絕於耳。據載送鄧讜的計程車司機稱，鄧讜老先生被示威群眾辱罵後，被氣得痛哭流淚。另據《中央日報》報導，七十七歲的國代楊慎修在途中被暴徒強拉上民進黨的宣傳車，迫他作支持「全面改選」聲明後，才准予放行。

評析：

這些資深國大代表隨政府來台，忠心耿耿擁護政府，保衛了台灣，真可說功在國家，精忠貫日。示威暴徒，不如禽獸，竟把這些年邁資深國代，橫加辱罵，而且這些惡詞出自「民進」領導分子之口，足證「民進」從領導階層以降，無不殘暴成性，全無人道。

◎姚嘉文的「台灣未定論」

消息：

元月二日晚報和《民進報》同時發表姚嘉文消息，大意是：民進黨主席姚嘉文將於元月十三日在美國洛杉磯發表一篇〈台灣海峽兩岸劃分世界海陸權〉論文，指出：明朝以前，台灣並未進入中國歷史，清朝統一後才將台灣納入版圖，但其本意在消除海患。甲午戰爭台灣又被日本佔領。二次大戰後，日本放棄台灣主權，中華民國又佔領台灣，旋即中國大陸淪陷，國民政府播遷來台。一九五〇年韓戰爆發，美國不得不令第七艦隊協防台灣，並提出「台灣地位未定論」。現在「台灣地位未定論」的法律基礎仍存在。台灣人民在國際上仍應有自己的主張，並有代表自己的機構。云云。

評析：

如依姚某的邏輯，我們大可以宣稱：美國領土是中國人的。這怎麼說呢？在明朝（公元一三六八年）以前，西洋人根本未到美洲大陸（哥倫布發現新大陸是一四九二年），住的是紅人（印地安人），而依歷史學者（衛聚賢教授等）考證，紅人就是古代從白令海峽過去美洲大陸的中國人。況且，美國建國（一七七六年）遲至我國清代乾隆年間；所以，我們有充分歷史根據，美國是中國的領土！

你姚某人如有種，為什麼不去跟美國人爭領土，只會數典忘祖，甘願作分裂中國的漢奸？你知道嗎，台灣是中國經過十四年的浴血、犧牲了三千萬以上的軍民同胞生命代價才光復的，你姚漢奸願付什麼代價來換取「台灣獨立」？

◎「台獨」暴力大鬧法庭

消息：

元月九、十兩日自立晚報台北訊：主張「台灣應該獨立」涉嫌叛亂的蔡有全、許曹德兩人，今天在台北地方法院應訊時，被衝進法庭抗議的家屬等百餘人從法警手中搶回旁聽證，和維持秩序的法警發生衝突，蔡許兩人被群眾用預帶的鐵鍊與群眾圍綁在一起。群眾並唱聖歌、高喊「警察打人」等，法庭一片混亂。「民進黨」的吳淑珍、周清玉和施性忠，以及由南部乘八部遊覽車趕來的新約教徒，也都到法庭聲援蔡許兩人。有的手舉「官逼民反、公理何在」標語。後來法官審問時，蔡許兩人堅持用台語答辯，並暢談在獄中撰寫的「台獨理論」，以辯護其「台灣應該獨立」的主張，滔滔不絕足足發言一兩個小時。

評析：

去年蔡有全等在「政治受難會」開會時主張「台灣應該獨立」且已列入該會章程，顯然主張分裂國土，觸犯國家安全法，叛亂事實確鑿。而蔡許兩人在法庭不但不承認犯罪，且進一步宣傳台獨謬論、強調台獨主張。且會同「民進」首腦和新約教徒大鬧法庭，暴力劫持嫌犯。這一幕足以暴露出這些人的叛國暴力的本質。

◎經國先生逝世，新約教徒慶祝

消息：

元月十五日出版的《民進周刊》，發表了「新約教會」總教主洪三期評論蔣經國總統逝世的談話，他說：我們台北的教友，已經把鞭炮買回來了。或許是巧合吧！明天是逾越節，教徒紀念這個日子是因為埃及阻擋以色列人出埃及，神要取所有埃人長子的命，令他們全家大哀號，這就是今天晚上蔣家的寫照。前幾天，我們才製作了一張新傳單，上面指出「蔣經國天命已盡，必速覆亡。」蔣家王朝殘害錫安山的生靈，現在，蔣經國的死亡，正是證明神的成就。我們還是跟以前一樣，禱告、墾荒，我們回到了錫安山，蔣經國也回到他該回去的地方。

評析：

由「新約教會」這些年違法犯紀的作為，是「聖徒」還是「邪教」？世人早有定論。現在他們的教主對海內外中國人共同愛戴的蔣經國總統逝世，發表如此不仁不義、刻薄荒唐的談話，更證明這個所謂「教會」的邪惡本質，而「民進黨」刊物刊登這樣文字借別人的嘴說自己的話，更是無恥之尤。

◎總統逝世，「台獨」狂舞

消息：

元月十五日《民進》刊物刊登在美「台獨」組織〈全美台灣同鄉會聲明〉如下：隨著蔣經國的去世，台灣政局進入新的階段，在台灣人民積極追求民主社會的開頭，我們期盼島內台灣人民同心協力，加速跨越這個多疑時期。我們海外台灣人支持國會全面改選的決心不變，我們支持人人有主張台灣獨立的自由之主張不變。任何人以司法恫嚇或武力干政的方式，來維護既得利益者的現有政治體制，都將遭到全體台灣人民的反抗。凡是島上的住民、海外台灣同鄉，決心以和平民主方式完成權力轉移。所以台灣人將繼續努力，使權力回到人民。

評析：

這篇聲明，等於一篇更積極更露骨的「台灣行動宣戰書」，在國家為難關頭，鼓動海內外「台灣人民」爭取「台灣獨立」，推翻「現有政治體制」奪取政治權力。民進黨登此文用意何在?有識者皆心知肚明。

◆三月號

◎分歧集團如何對待故總統

消息：

一月十六日《民進報》以「揚棄如喪考妣的政治文化」為題，譏罵蔣經國總統逝世後全國同胞悲慟落淚的表現。該文說：凡是生物都有死亡，假如一個人的死亡，而弄得全國上下心情惶惑，甚至痛哭流涕，並且注定老百姓每隔數年，或十數年就要這麼如喪考妣一次，我們不得不說這是一種病態政治制度，是必須揚棄的政治文化。蔣經國去世後，台灣人民事實上仍活在這種政治病態裡面，和十三年前蔣介石先生去世一模一樣，用封建時代皇帝死亡的字眼「崩殂」來報導這個事件，受訪者臉色慘白痛哭失聲，播音員也哽咽起來，表示不敢相信。在「家長式」統治之下，元首的死亡竟成為人民心理上沉重的負擔，在蔣經國死亡這次事件裡，相信大家都看清楚人民都要扮演「不孝子哭喪」的角色。我們必須有壯士斷腕的決心，讓「大家長」、「偉人」在體制內和每個人的心目中消失。

評析：

人民對元首逝去而悲悼，純然是出自感情，與什麼「政治制度」完全無關，民進黨這般胡說，足以他們這群人既昧於事理，也無人類情感。

客觀事實擺明：沒有故總統經國，近幾年來就沒有「分歧集團」變「黨外人士」，再變成〈民進黨〉了，此等政治小丑應該對他感激涕零才是。而他們卻反道而行，不但不感激，反先弄個「十二．廿五事件」包圍中山堂事件，氣得故總統嘔血而逝。既逝之後，還說這種言語，可見這撮人實無人性。

◎台獨犯蔡有全判刑

消息：

一月七日各報載：主張「台灣應該獨立」、觸犯叛亂罪之蔡有全判刑十一年，許曹德十年。高等法院〈判決書〉指出：蔡有全前犯暴行脅迫罪判刑五年，假釋出獄後又犯本罪，故為累犯，判刑十一年；許曹德曾犯叛亂罪，由軍法判刑十年，六十四年減刑出獄，今又犯本罪，判刑十年。該案係因所謂〈台灣政治受難者聯誼會〉，由蔡有全為籌備工作召集人，以關懷中心之對象為基礎，吸收曾經因犯叛亂及其他受刑人為會員，約一百四十餘人，於七十六年八月卅日召開大會，蔡有全被推為主席主持會議。會中由許曹德提議將章程第三條第二項「台灣前途應由台灣住民決定」，修改為「台灣應該獨立」，並要求群眾再三高呼「台灣應該獨立」。蔡等組織團體，發表宣言，召集群眾大會等，意圖竊據國土分裂國家，依〈懲治叛亂條例〉已構成叛亂罪，故判以應得之刑期。

判決書中特別指出，依憲法規定，人民有言論自由，但憲法同時規定，人民之言論自由，應遵守法律規定之界限，逾越界限即不受憲法保障，應接受法律制裁。蔡、許兩人之言行顯已逾越法律界限，故予依法判刑。

評析：

由蔡、許等人平時言論，在法庭上長達三小時堅決主張「台灣獨立」的答辯詞，以及上引判決書中列舉事實，證明蔡、許兩人是十足的「台獨」犯，依法應接受國法制裁。當他們被拘捕偵訊時，而「民進」及一些分歧分子，卻對此案舉行群眾大會，海內外台獨也在國外搞「支援」、「抗議」。由此證明，所有分歧集團、邪門教派、海內外台獨等，共同的目標是「台灣獨立」的叛國運動。

◎「洋爸」的鼓勵

消息：

一月廿三日《民進報》以「期望國際友人繼續支持台灣民主運動」為題報導說：這次美國索拉茲先生再度來訪，本黨中常委、中常評委、省市議會黨團召集人三十多人，一月十七日在美琪飯店設宴歡迎。由本黨許榮淑代理主席致歡迎詞，表示對索拉茲先生多年來對台灣民主運動的支持和貢獻致最大的謝意。許代主席致詞是向索拉茲指出，我們以在萬難之中成功地建立一個最大的在野黨，然而民主剛剛起步，台灣的司法仍未獨立，人權公道的社會也未建立，此刻仍有許多人受政治迫害在監獄受難，釋放的政治犯尚未復權，海外同鄉仍然不能返國，因此我們仍有漫長的路需要奮鬥。

索拉茲肯定政治犯的犧牲是絕對值得的。索拉茲致答詞時表示，四年前他來台時，反對力量還叫「黨外」，他很高興這次見面時已變成〈民進黨〉，期望四年後再來台時，民進黨變成「政府」身分。索拉茲此語一出，博得全場掌聲。索拉茲同時表示關心如何實現中央民意代表全面改選及柯拉蓉旋風對台灣民主運動的啟導作用等。

評析：

美國帝國主義分子索拉茲的競選經費，多半由海內外台獨分子孝敬的，所以他才對「台獨」分子以及「台獨」運動這樣熱心支持。這次他來台，主要目的在聽取這邊的孝子徒孫的「台獨」運動報告，並給打氣加油。在美國干涉世界各國的政治歷史上，類似索拉茲這種政治惡棍，用鄙劣手段抗害的國家很多，中國人不可不知，也更不可不防。

◎姚嘉文告示「本土化」策略

消息：

一月卅日《民進報》發表了民進黨主席姚嘉文對蔣總統去世後的談話，其要點：台灣當前在國家性格上，斯土斯民已從「中國之國」漸漸變成「台灣之國」；而在政權性格上，台灣的政府已從「外來政權」漸漸變成「本土政權」。因為蔣經國的死亡以及李登輝的繼任，都使這個轉變過程「突顯」在大家眼前。雖然國民黨堅持緊抱「中國之國」的假象，但趨勢是難以違抗的。台灣人要想有出頭天，必須徹底修改「外來政權」所延伸出來的荒謬制度，讓政權本土化。民進黨未來訴求的動向，應主導著「由中國到台灣」、「由外來到本土」兩條路線的發展，壓迫國民黨政權迅速過渡到本土化。民進黨更堅決推動國會全面改選，反對任何形式的「大陸代表制」。此外，並要求裁撤蒙藏委員會，改設台灣少數民族委員會；取消〈光復大陸設計委員會〉；在教育上強化台灣的文、史、地、人物介紹；在僑政上以照顧海外台胞為主……等等。因應這種現象，人民提出「台灣獨立」的主張是極其自然的事。

評析：

台獨漢奸姚某這些論點，完全是白日夢！全球十二億中國人會答應你這一小撮人借「本土化」之名，作分裂國土之夢嗎？

◎海內外台獨的「聯合聲明」

消息：

二月五日《民進報》洛杉磯訊：一月十五日〈民進黨〉先後主席江鵬堅、姚嘉文及台灣人在美各團體代表，假洛杉磯〈大學希爾頓〉旅館，召開「台灣人緊急國是會議」，並即發表〈國是會議聯合聲明〉，其要點為：蔣經國死亡並不會改變國民黨的本質，今後將以更多違背民意的法律來延續其統治利益，並決議發表聲明如下：（一）台灣人不分國內外，共同爭取各國協助，建立完整的國際人格（按：即台灣獨立）。（二）壓迫國民黨即時宣布立監院及國民大會全面改選，並終止動員戡亂體制。（三）堅決支持許曹德、蔡有全主張「台灣應該獨立」的立場，並釋放他倆以及所有政治犯，恢復他們的政治權利。（四）任何外來政權都不應該阻擾台灣人追求獨立權的決心。

台灣人決心用所有必要的手段，朝向上述目標，奮鬥追求到底。

評析：

由此「聲明」證明，國內「民進」與海外「台獨」是一個幫派兩套人馬：「民進」是設在國內的「台獨」，「台獨」是分派到海外的「民進」。

◎陷在牛角尖的「單純台獨論」

消息：

二月十二日《民進報》的社論，以〈恢復台灣獨立運動的單純面貌〉為題，刻意塑造「台灣獨立的單純觀念」，使「台灣人民」以單刀直入的精神追求「台灣獨立」。大意說：從南京搬來台北的國民黨政權，就在統治包括中國、蒙古和台灣的政治形式下，維持著只統治台灣的實質。這種種形式不僅國際上不予承認，使中共犯台失去國際法的保護，也是台灣民主化和體制理性化的絆腳石。台灣人民為了脫離這種曖昧不安的狀態，曾提出德國模式、邦聯模式、國協模式、奧運模式、台灣獨立模式……等等，但均不被國民黨接受，尤其千方百計打擊「台灣獨立」模式。

本來「台灣獨立」模式，從國際法的角度來看是最簡潔清楚而單純的一種方式，而國民黨多年來操縱教育和輿論的結果，使台灣社會許多人對這個最容易明白的「台灣獨立」概念反而不明白，真是荒謬得叫人不勝感嘆！「台灣獨立」既然是法理上讓台灣在國際上脫離法律地位未定，在國內脫離不民主的最簡潔單純的途徑。那麼至少應該恢復「台灣獨立」這種單純的面貌，讓台灣住民充分瞭解，進一步強調台灣人民有主張台灣獨立的自由。

評析：

在法院，台獨集團強辯「人民有主張台獨的自由」只是「言論自由」範圍，沒有法律責任。在此，台獨集團卻自供了其策略步驟。其明目張膽如此，為什麼？都是故總統在逝世前數年對之太寬容之故。現在連蔣先生也逝世了，他們當然更加明目張膽了。

（本刊編按）應更進一步從內容探究。這篇真正代表民進黨主張的社論說：「本來『台灣獨立』模式，從國際法的角度來看是最簡潔清楚而單純的一種方式」，就自以為振振有詞應該「台灣獨立」了，殊不知這是把問題窄化到最小的角度去理解，終將自己陷在牛角尖中出不來了！因為，台灣能否「獨立」，牽涉到民族大義問題、牽涉到抗日戰爭中國軍民同胞死難逾三千萬的代價問題、牽涉到十億同胞的總體感情問題、牽涉到國民黨的主義理想的拋棄問題、牽涉到每個中國人的道德良知問題……等等，〈民進黨〉這撮人只根據什麼西方的「國際法」為論斷，真是以管窺天了！

◎去年「學運總結」

消息：

二月十六日《民進報》編輯部，以〈一年來的學生運動〉為題，總結過去一年的「學運成就」：一九八七年是台灣戰後學運史上最重要的一年，例如：（一）各大專院校出現大量學生地下社團和地下刊物。（二）有些「改革派」學生滲入校方核准的社團或代聯會，展開民主化運動。（三）七月裡南北七所大學地下社團，在高雄大寮辦夏令營，提出「南北通訊」構想。（四）繼而有十三所大專院校要求校園改革的社團，在北投舉行另一次研習會，促成「大學促進會」誕生。（五）秋天，「大改會」提出要求校園民主、教官退出校園、修改「大學法」等。（六）「改革派」學生成群地走出學校，參加社會政治運動。（七）「改革派」學生到社會舉行拯救雛妓運動、反吳鳳神話運動、支援後勁反五輕運動、賤賣果農運動等。（八）熱情的學生進入民進黨、工黨、各反對派雜誌社打工學習。

展望未來一年，學生民主運動會繼續在各校園擴散，生根是可以預料的。學生運動組織和運動方式上予以解決，對未來的學運會有更大的幫助。

評析：

維護學校純潔安定，使學生在安定的校園專心求學，並藉以保障教育正常發展和國家社會的安定和諧，這是世界各國共同的教育方針。大陸「文革」時期，毛澤東出於私心運用學生搞「紅衛兵」政治，使得天下大亂，葬送整代青少年的青春，殷鑒不遠。民進黨竟意圖運用學生搞「台獨」，後果十分嚴重！

◆四月號

◎「民進」歡迎妓女入黨

消息：

二月廿五日出版的《民進》周刊，以「妓女可否加入民進黨？」為題發表文章說：有位大學教授學富五車、誨人不倦，可是他不關心我們的反對運動，鐵定的他被列為民主的敵人。反之，一位妓女，常常暗中捐款支持黨外的反對運動，你說她有正義、有道德嗎？站在反對運動的立場，答案是肯定的。如果這位妓女挺身而出，要加入民進黨，是因她身家不清白，拒絕她呢？還是說「俠女出風塵」，張開雙臂歡迎她呢？

如果這位妓女能號召台北市數萬以上的妓女走上街頭、政見會場；如果她反對意識高昂，能言善道；如果她能當選並從事反對運動。你批評反對運動庸俗化呢？還是讚美這位妓女唾棄國民黨呢？

評析：

這個「妓女造反」的例子，活生生地指出，反抗國民黨是全民一致的願望，在一致對抗國民黨的陣營中，如妓女分子一般的瑕疵，應該被包容，盡量將瑕疵化為無形，一致對外，才合乎「民進黨」的體質。

「民進黨」的「體質」是什麼？該文已代表「民進黨」自供：只要是反國民黨的，什麼貨色都要。

◎台獨辱罵李登輝

消息：

二月廿七日出版的《時代周刊》以「痛斥李登輝的二二八事件觀」為題，文章說：無數的台灣人在四十一年前的「二二八事件」中，遭國民黨血腥屠殺。李登輝在記者會上，談這問題時相當模糊。「無恥奴才」就是這個台灣人總統的真面目。

評析：

李登輝總統在首次記者會上，說到政治人物應以愛心為出發；舊事一味重提並無益處，應該「向前看」。他還說到，民國卅六年「二二八」發生事件時，他已是台大四年級學生，而今天年年高唱「紀念二二八」的人，很多在當時尚未出生，這些人根本對「二二八」無知，卻一味挑動仇恨，實在是「政治野心」。李總統這一番話，真是擲地有聲，也打中了政治陰謀人士的「心病」。所以，他們急了，大肆汙辱他來洩恨。

◎邱義仁痛斥李登輝

消息：

二月廿七日出版的分歧刊物《新聞時代》，發表「民進」副秘書長邱義仁的「支不支持台獨、由人民來決定」一文，其大意：李登輝說以台獨作口號要「依法處理」，但是他依什麼法？國安法禁止「分裂國土」，事實上，四十年來「分裂國土」是國民黨造成的。李登輝說明台獨不能存在的三個理由，都十分可笑。第一、主張台獨是人民表達意見的自由，只要沒有使用武力，都是合法；第二，獨立與否，和歷史、傳統都沒有關係，選擇獨立完全是基於政治現實的考慮；第三，國外目前雖然不支持台獨，但國際政治只考慮利益，自己有實力，別人自然會支持。李登輝還敢說台獨是台灣最大不安的因素，其實國民黨才是最大不安的因素。

評析：

邱義仁是個「策士」型的人物，一向極少公開議論「台獨」思想。此次發表文章批評李登輝，很不尋常。他駁的三個理由都是荒唐的。

◎可笑的「史觀」

消息：

二月廿七日出版的分歧刊物《新聞時代》發表〈站穩台灣人立場重建二二八史觀〉一文，其要點是：戰後台灣政治史的發展，從許多方面來看，幾乎就是「二二八」歷史的延續。台灣人在事件後提出的二十二條政治要求，也幾乎是四十年來台灣民主運動的具體要求。

台灣人被殖民，對日本產生一定的反抗意識，因此台灣人發展出民族主義，那一定與抗日戰爭期間臻於成熟的中華民族主義，有著不同的實質內容。隨著抗日戰爭的開展，「中國人」的民族主義也迅速發達起來，從而受日本人統治的台灣人，也難免遭到中華民族主義的敵視。從上面的解釋，可以建立一個歷史觀，那就是站在台灣人的本位來看二二八歷史。確切一點來說，台灣人民不能再避開以自主意識、台灣意識或台灣民族意識來看待這個歷史事件。台灣人的歷史觀不建立起來，事件中的人物與史實就永遠遭到曲解。台灣人抗日的進化過程，是台灣民族意識的基石，如果把中華民族意識當作「無上命令」，那就更加歪曲了事件的歷史演變。現在應是重新評估二二八事件的時候了，以台灣意識為基礎，建立二二八史觀，已是刻不容緩的事了。

評析：

「民進」集團扭曲史實，作為塑造「台獨意識」的工具，稱台灣人抗日形成了「台灣民族意識」，這個意識不同於「中華民族意識」。並鼓吹要台灣人用「台灣民族意識」，要重新建立「二二八歷史觀」，進而影射用這個歷史觀，建立民族仇恨意識。問題是，如此可笑的「史觀」，台灣廣大人民會認同嗎？十多億中國人民會許可嗎？全世界會有人承認嗎？

◎魔鬼教會的謬行

消息：

三月十四日「新約教會基督靈恩佈道團」挨門挨戶發了一份傳單，傳單內容是：「報應！報應！大報應！先知的預言應驗了！蔣經國暴斃下坑了！報應到蔣家王朝了，神的報應果然臨到蔣家王朝了，俗話說：善有善報，惡有惡報，不是不報，時候未到。如今報應的時候已到，天上的神已經開始報應作惡多端的國民黨了，還要再報應，直到蔣家王朝、國民黨亡命！亡家！亡黨！亡朝！」云云。

評析：

此教會近年對政府及國民黨攻訐、誣衊、謾罵，罄竹難書；讓人覺得這個「教會」根本不是教會，而是個專門詛咒別人的邪門組織。「神愛世人」是基督教最根本的宗旨，就是對仇人也以愛。這個「教會」做的卻是一味的瘋狂詛咒，毫無一點愛心，豈非「魔鬼教會」？

◆五月號

◎只要「和平」，不要「統一」

消息：

三月十六日某晚報訊：立法院最近興起一股推動海峽兩岸和平競賽、終止戰爭狀態的熱潮。立法委員林時機、朱高正、尤清等人，決於本周成立「海峽兩岸和平促進會」，以推動台灣海峽兩岸簽訂〈停戰協定〉為工作重點，成立當天

發表一以追求兩岸和平為要點的宣言。並聘請呂亞力、李鴻禧等學者為顧問。

該日自立晚報更以「台灣的和平改革」為題，發表分歧分子徐明德的談話：「我認為台灣事實上已獨立，不必再喊獨立。國民黨應促成中共宣布放棄對台灣使用武力，自己也有宣布放棄武力，使海峽兩岸能維持安定，和平地競爭下去。」

三月十九日自立早報說：〈海峽兩岸和平促進會〉發表《和平是人民的權利》聲明書，其要點是：在文化上要求兩岸體育、學術、藝術交流；在教育上要求兩岸學生交流；在法律上要求共你兩岸適用的法律；在經濟上要求台灣人民協助大陸經濟發展；在軍事上要求訂立兩岸停戰協定。

評析：

傳統國民黨的最高政略目標是「和平、民主、統一」，中共是「和平、統一」，不談「民主」。台獨集團是只要「和平、民主」，反對「統一」。分歧集團現在要成立這個組織，就是其政略目標的表現。

◎江蓋世又搞「台獨行軍」

消息：

三月十九日自立晚報，以「江蓋世展開台獨行軍」為題發表消息：曾以「人民有主張台灣獨立的自由」受到注意的台大政治研究所碩士江蓋世，三月廿一日起將以人車混合行軍方式，展開為期一個月的「台獨行軍」活動，巡迴拜訪各縣市長，表達其主張和信念。江蓋世表示，「台獨行軍」不提出任何集會遊行的申請，他本人自願被捕入獄而心存感激。江

蓋世在傳單中引述甘地的話說：「我們的勝利在於能無辜入獄」。四月十五日預訂到達高雄市結束活動，而四月十六日「民進黨」要在高雄召開臨時全代會，兩者是有相當的關係。

評析：

前兩年國內分歧分子，對「台灣獨立」叛國漢奸主張，只是若隱若現的偷偷摸摸談論。自從解嚴之後，他們在與海外「台獨」漢奸分子加強內外勾結之下，竟大張旗鼓分開宣傳「台獨」叛國主張，進行「台獨」運動。除在立法院公開提出「台獨」案外，更打算把「台獨」主張列入所謂「黨綱」，舉行「台獨」演講會、「台獨」街頭秀、歡迎「台獨」回國支援會。而首倡「台灣人民有主張台灣獨立的自由」的江蓋世，這次要舉行「台獨行軍」就是他們公開搞「台獨」叛國運動的進一步行動。

◎黃信介入黨

消息：

三月廿一日自立早報載：昨日下午二時，黃信介等十七人在〈民進黨〉台北市黨部宣誓加入黨，然後向群眾發表「國會全面改選」演講。這次宣誓入黨，由余登發、康水木、尤清、許榮淑、藍美津等監誓，張俊宏、黃信介、施性忠、黃天福、傅文政、顏明聖、邱茂男、黃蘇、吳祥輝、包奕洪、許昆龍、吳陳惠珍、施明珠等人向群眾用台語宣誓。

黃信介等入黨宣誓完了後，即參加〈貫徹國會全面改選委員會〉在國父紀念館舉行的群眾大會。會中講話者多人，大家一致強調必須貫徹「國會全面改選」主張，反對資深中央民代退休時支領退休金，鼓勵大家同心協力向老代表抗議，一起參加三二九的「怪老子訪問團」。

評析：

黃信介等原是《美麗島》集團頭目，因高雄暴力事件被判刑十二年，但政府刻意寬容，去年假釋出獄了。當局近年一昧對這些人寬容失序，不但不能消彌禍源，反而使分歧勢力日益坐大。這樣演變下去，國家危矣！

◎大湖山莊暴力事件

消息：

三月卅日《中央日報》載：由立法委員朱高正領導的一千多名「民進黨」份子及群眾，昨日下午結束在中山堂的示威後，未經申請右轉往內湖大湖山莊，藉口向資深國代「請益國是」，被員警阻擋在大湖山莊門口，群情憤怒。警方再三勸告「民進」群眾不可盲動，應速解散。朱高正不接受勸告解散，並罵鍾分局長「狗屁！」並說他不遵守集遊法。隨即要求群眾下車，徒步走進資深國代住處，當時群眾下車後，沒人能控制得住，酒瓶、磚頭、雨傘、旗桿等開始投向維持秩序的員警。台北市警局廖局長以麥克風勸告群眾冷靜不要暴動，一切後果由朱高正負責。但領導示威者講了些情緒化的話語，群眾更為囂張，有些維持秩序的迅雷小組警員，被群眾拉到路旁，集體圍毆血流滿面，有二十幾位警員受傷，有的行人也被毆打成傷。暴眾要求資深國代退職，高喊「把資深國代趕出國會」等。這場暴亂至晚上七時許才結束。

評析：

「民進黨」曾多次公開聲明，他們決不遵守「集會遊行法」，這一次大湖山莊暴力事件，不僅口頭作了聲明，而且更以具體的殘暴手段，證明了它們的聲明。由過去千百次事實，以及上引消息等，說明「民進黨」從組織到個人，從言論到行動，是個瘋狂成性的團體。

◎ 謝長廷的「台獨手段不定」論

消息：

四月九日出版的《民進報》周刊「海外通訊」：四月三日晚間，由美國洛杉磯台灣同鄉會等單位主辦演講餐會，謝長廷以「自決再加反統一」為題發表演講說：現階段以「自決加上反統一」的提法，可望在台灣人民追求當家作主的過程中將阻力減到最小限度。他認為，獨立派人士與主張自決者並不互相對立，要求國會全面改選與追求獨立也不互相衝突，獨立與民主也不該是互相對立的概念。他主張賦予「台灣獨立」時代的意義，就當前的意義來說，台灣獨立是拒絕與中國統一。謝長廷並闡述所謂的「手段不定論」，不管是民主手段，或革命手段，反對者對付壓迫者並不須固守一項手段，而應以時空的條件決定何種手段最有效，在某種條件下，即使是武力革命的手段也是可以被合理化的。現階段若不突出獨立的主張，何時才是最佳時機呢？

評析：

值得注意的是，謝某強調說，為了實現「台灣獨立」，採用任何手段，「包括武裝革命手段都是合理的」。有些國民黨人執意把這些人視為「反對黨」或「民主黨派」，豈不是瞎了眼睛！

◆ 六月號

◎ 要推毀蔣公雕像

消息：

四月廿三日出版的《民進報》中「行動黨案」專欄內揚言：最近中國〈北京大學〉拆除了校園裡毛澤東銅像，在台灣也應該把獨裁者蔣介石全部摧毀拆除。該文說：國民黨在台安置了數以萬計的銅像、紀念館、紀念堂，花了無數民脂民膏，其中十之八九是蔣某。用這些「英雄俑」把蔣某形容成偉大的舵手、民族救星、仁慈長者，其實都是狗屁，蔣某不過是一個不折不扣的軍事獨裁者而已！始作俑者，其無後乎？用這俑把獨裁者神化，摧毀了大部分台灣人的國民主權意識，成了台灣政治民主化道路上的障礙。現在該是剷除蔣某所有雕像的時候了，我們台灣人民應把蔣某所有雕像，從各學校校園、公園、圓環、大廳予以摧毀移走，還給台灣人民一個「俑汙染」最少的生存環境，我們不需要這些烏漆麻黑的「石敢當」來壓境！

評析：

世界任何國家的國民，對其開國元勳、民族英雄、先賢聖哲，都會自發的塑像、建祠，不僅以示崇敬和懷念而已，這也是民族精神的維護具體方式。如福建海上救難的馬祖娘，台閩人士都立了無數的塑像，海內外香火至今不衰。

先總統　蔣公北伐抗日、廢除全部不平等條約、湔雪中國百年受帝國主義欺凌的恥辱、光復台澎金馬、建設復興基地，實是終生獻身國民革命，功在國家民族！塑像紀念，禮所必然。連中共現在對他都改變態度，矜以崇敬了。「台獨」集團竟敢心狠手辣，公然計畫要把蔣公塑像全部摧毀，實在無聊荒謬之至！看天道如何報應這撮漢奸吧。

消息：

◎台獨集團的「護憲大會」真意

四月廿七日《自立早報》訊：民進黨第一次租用中華體育館召開的「護憲大會」，於廿六日晚間舉行，七點鐘開始演講。張富忠、邱連輝批評國民黨的違憲行為及不尊重民意；黃信介批評資深民代不下台是「不道德行為」。張俊雄指稱，台灣人民只認同台灣這塊土地、認同台灣文化，認為台灣需要獨立。姚嘉文說：台灣主權屬於台灣人民的，我們現在實行我們台灣人民的主權。陳水扁說：國民黨不遵守憲法，我們就不必守沒民意基礎的法律。

評析：

由這些人的言論，就充分證明這夥「民進」集團想搞什麼了；根本不是「護憲」，實是要毀憲搞「台獨」！如任他們得逞，包準台灣人民死無噍類。

消息：

◎許信良、陳婉真入黨

五月一日出版的《民進報》以「海外同鄉入黨」為題報導說：四月廿五日〈民進黨〉中常會討論海外同鄉入黨問題時，秘書長黃爾璇報告指出，最近有三位海外黨員入黨。分別是許信良在菲律賓監獄由桃園縣黨部執委吳仁輔監誓入黨，陳婉真在美國由台北市黨部主委康水木監誓入黨，李宗藩則是目前從日本返國後在台北市黨部入黨。黨主席姚嘉文發言指出，陳婉真在美遇見台北市黨部主委康水木，要求加入本黨，經康的同意就宣誓入黨了。張富忠代表桃園縣黨部發言指出，許信良因被關在菲律賓不能回國，情況特殊，如果拒絕他入黨，恐怕會在桃園引起軒然大波，所以就允許許信良入黨了。

評析：

民進黨近來吸收不少減刑出獄的「叛亂犯」、「暴力犯」入黨，今又宣布許信良、陳婉貞等人在海外入黨，這足以證明民進黨不僅是「叛亂犯黨」，也更是貨真價實的「台獨黨」。

消息：

◎要制定「自決國歌」

五月七日出版之《民進報》在「行動檔案」欄內標出「各唱各的國歌」主張，大意是：九年前，《美麗島》政團曾提出修改國歌歌詞，沒想到就遭到國民黨的制壓和打擊。台灣人很不幸，活在這黨國不分的世界裡，被強迫接受那個國歌。其實國民黨心目中的「國」，和我們台灣人心目中的「國」，有著很大的差距！在這種情形下，我們用消極抵制，用拒絕唱和拒絕起立來抗議，效果反不好。倒不如自己更改國歌，唱自己認為正確的國歌，唱大聲一點，讓周圍的人都聽到。比如可唱成「三民主義，總統所宗」、「民主自決、吾黨所宗」、「獨立自主、吾民所宗」等等。如此開放心胸去唱，不久台灣的各種國歌就會出現百家爭鳴狀況，我們又何必非要國民黨修改國歌不可呢？

評析：

台獨集團首次非法擅改國歌，就是六十七年十二月五日發生〈中山堂事件〉的原因，當時的受害人就是本刊負責人勞政武先生，其詳情參看本刊有關報導可也。

♦ 七月號

◎ 鬥爭新方向

消息：

五月十七日《自立早報》台北訊：民進黨中常會昨日通過「台灣前途及地位專案委員會」人選，並決議由各地方黨部就台灣前途及地位問題舉辦座談會。該委員會由民進黨主席姚嘉文任召集人，成員有康寧祥、謝長廷、費希平、蔡式淵、邱義仁、蘇貞昌等人，皆為該黨各派系核心人物。

據透露，〈民進黨〉成立這個專案委員會，並由其主要人物參加，可以預見台灣前途問題，將繼「國會全面改選」問題，成為該黨主要政治訴求的新方向。因為「國會全面改選」運動已達到某種程度的效果，黨內上下也呈疲軟狀態，於是改採「跳躍戰略」以保留戰果，並將台灣前途之「統獨」問題做為黨的訴求運動。一位中常委在後會表示，台灣前途地位問題，是民進黨提出自主性政治主張的最佳訴求，也是該黨確立地位的最好時機。

評析：

台灣是中國的一省，根本就沒有所謂「台灣問題」存在。這個問題純是帝國主義製造，目的在使中國永久分裂。而民進黨拾洋人餘唾，並成立什麼「專案委員會」，研究所為「台灣前途和地位」問題，完全是漢奸心態。

◎ 內外「台獨」招手

消息：

五月十九日熱心對「台獨」作宣傳的某晚報登：在美的「世台會」返台簽證懸而未決，會長籲台灣鄉親聲援俾能成行。該會會長李憲榮今天發表〈告台灣島內鄉親書〉表示，去年十二月起，他主動以書面、電話、或親到華盛頓去找駐美代表錢復，請其簽證准許世台會返回台灣開年會，到現在都沒消息。

李憲榮強調，政府指控世台會被「台獨」分子把持，主張暴力革命，所以不准回台。其實世台會是友誼、敦親的「中性」組織，參與的會員有支持「民進黨」和其他黨派的、有主張國民黨繼續統治的、有主張和中共合併的、有主張台獨的、也有支持國民黨的。世台會基於言論、思想自由，無法控制個人思想，但是政府不能因此就阻撓世台會回台開年會。所以呼籲島內台灣鄉親在台大力聲援，俾能早日回台開會。

評析：

十多年來，「世台會」惡名昭彰，人人明白它是什麼東西，是各派「台獨」的混合體。它與國內台獨集團是聲器相通的。李憲榮狡辯不足採信。這次想回台開會，不過是要擴大「台獨島內革命」的聲勢，政府不准是明智的決定。

◎ 暴力漢奸「戰神」

消息：

五月廿日出版的《民進報》以「天涯猶有未歸人」為題，將暴力台獨犯王幸男美化為「戰神」、「義士」。文中說：台權會到綠島探視慰問「政治犯」，只有王幸男一位過著監禁的生活。因為他「不知悔改」，而無法達到假釋的標準。至今他仍本著他的意志在孤島繼續與「不義的政權」抗爭到底。

評析：

世人皆知王幸男是暴力台獨份子，曾奉「台獨聯盟」主席張燦鍙之命，來台寄郵包炸彈給多位政府首長，且炸掉了謝副總統的手肘。民進黨卻將其塑造成「戰神」、「勇士」、「英雄」、「精神象徵」，這足以表現了該黨也是暴力漢奸本質。

◎五·二〇事件

消息：

五月廿一日和廿二日各報報導：經〈民進黨〉分子多日策劃的雲林農民遊行示威事件，於二十日上午十時在台北市展開，至廿一日上午七時許才結束。二千暴眾在「民進黨」分子組成的「雲林農權會」指揮下，由國父紀念館遊行至立法院時，首先不遵守路綫規定與警方發生衝突，接著就用暗藏的石塊、磚塊、木棍、鐵棍、汽油瓶、汽油彈、鐵塊、鉚釘、拔魯、刀械等，展開襲擊執勤警員，搗毀立法院警政署、縱火燒警車警局、劫持警員作人質、焚燬工程車送報車、以石塊投擲觀眾、砸毀電話設施、破壞交通設施、投擲汽油瓶縱火滋事、辱罵警察等一系列的燒殺破壞活動。不僅使台北市重要道路為之中斷，許多公共設施被燒被毀，且使三百多維持秩序的員警受傷，破壞了我國安定和諧的良好形象，降低了僑外人士來台投資的意願，影響了經濟發展前途。

評析：

台獨集團繼「學生運動」、「工人運動」、「教師人權運動」、「議會鬥爭」、「老兵返鄉運動」、「台灣人回鄉運動」、「反環境污染運動」……之後，今天又搞了「農民上街運動」。這些運動全面展開，構成了一個「平行會戰」，總目標指向一點——打垮國民黨、瓦解台灣內部防禦；最終目標是完成「台灣獨立建國」之夢。可以確定的是，明年底的大選將是搞垮國民黨的最好時機。

◎民進「學生聯誼會」成立

消息：

五月廿一日出版的《民進報》周刊，在「民主進步學生聯誼會——民進黨的生力軍」一文中報導說：「民主進步學生黨員聯誼會」的工作小組，終於五月十四日假中央黨部會議室召集了北、中、南九校的在校同志，正式成立「民主進步學生聯誼會」。至此，民進黨的學生組織誕生了，會中並選舉台大法律系陳文治為首屆總幹事。目前的學生黨員不少是來自各校活躍社團的領導幹部，包括了台大、神學院、中原、逢甲、高醫、東吳等校。聯誼會將辦一份校際刊物，喚起全部學生青年的普遍覺醒，使有助於「民進黨」的政治改革，作為一支生力軍。這個新成立的「民進學聯」與已有的「民主學生聯盟」、「全國學生社團編輯研習會」，成為鼎足而立的「民進黨」三大跨校學運組織。「民進學聯」成立後，不但為「民進黨」注入新生力量，也必會在今後學運中起積極作用。

民進黨主席姚嘉文希望「民進學聯」領導學生黨員介入政治、社會事務，並在校蒐集國民黨學校黨團資料，作為「黨」部擬訂學校政策的參考。姚某並表示，政研究設立「學生黨部」、「知識青年黨部」中。

評析：

民進黨得意的誇獎他們的「學生生力軍」，企圖在利用廣大學生青年作「台獨」運動的政治工具。數十年來對校園有功的〈救國團〉，現在由李鍾桂領導，不知她有何對策？看來沒有對策，因為創立救國團最有功勞的元老李煥在黨中都不敢強烈支持「革命民主」了，據說救國團真的打算退出學校了。在敵人一波波的攻擊下，黨團走進了一步步退縮的困境，實在可悲！

◎暴徒劫持刑警蕭國平

消息：

五月廿一日某晚報以「被打、下跪、遭恐嚇」為題，描述「五二〇」暴農事件中被暴徒劫持毆打的刑警蕭國平被虐待的情形。在這次雲林農民示威暴動中，台北市刑警大隊偵三隊刑警蕭國平被爆眾挾持四個小時，這期間被遊行的三輛指揮車的人輪流毆打，並恐嚇說：警方若不放人，今天將把他吊起來，砍斷雙手，並在對方脅迫逼供下跪下來。據蕭國平說，他是負責立法院外圍的蒐證工作，暴眾中突然有人喊道：「他是刑警！」隨即好幾個人衝過來把他架走。到示威指揮車上即迫他跪下。幾個人一面猛力毆打，一面大罵警察。下午六時許，車子開到復興橋圓環，乘對方不注意時才跳車逃開，而後由憲兵送馬偕醫院急救，頭部傷處縫了八針，雙手和胸部也都負了傷，就這樣才免得一死！

評析：

在這次事件中被捕的一百二十八名暴力犯中，有三十多名是前科累累的不良分子，有四十多名是無業遊民，刑警蕭國平就是在這些人的手中被虐待的。由這一事實證明，「民進黨」搞「農民請願」是假的；假藉農民作幌子，糾集大量不良分子在台北大搞暴力事件，製造政治仇恨，煽動社會矛盾，培養叛國政治資本是真的。蕭國平指示這次事件中數百無辜受害者之一人而已。

◎向救國團「開刀」

消息：

五月廿一日出版的《民進報》，在「行動檔案」專欄內說：〈中國青年反共救國團〉是一個問題很大的組織，它包辦了絕大部分青年學生的課餘集體活動，在活動中吸收具有領導能力的人物，納入國民黨的體系。這個介於學校、國民黨、軍方之間的怪物，我們應改造它，首先在中央、省、縣預算方面嚴加把關，不讓其通過救國團預算。此外，我們應立即鼓舞青年「自助式」活動，青年自強起來，不要依靠救國團，也不要參加救國團的活動。而改為自己結合三五好友，運用自己的組織，辦自己的活動。民進黨各縣市黨部籌備南北青年的活動場所，以供台灣青年學生使用，使青年好動的學生擺脫救國團的控制。

我們的青年需要自己動起來，自己組織起來，不應再當救國團的傀儡。假如青年沒有能力抵制救國團，民進黨就應幫助他們，使他們具有抵制的能力。政黨退出校園，就從拿救國團開刀做起！

評析：

三十多年來，救國團扮演「慈母」角色，以多姿多彩的活動使在校青年身心得到平衡發展，從而長期穩定了校園，使學生在安和的環境中努力的學，最終造就了不計其數的人才，使台灣建設有了今天奇蹟式的成就。這比起毛澤東不啻天壤；他利用青年人大搞「紅衛兵」，不但搞得天下大亂，使大陸經濟建設倒退二十年，而且戕害整整一代的青年，成為低水準而好勇鬥狠的一群。這種教訓，對中華民族實在慘痛。現在台獨集團又想學毛澤東當年的手法，利用青年的不成熟來作其政治工具，這是多麼卑鄙的行為，凡是愛國愛護青年的人，必須加以阻止。

◎「五・二〇」職業學生

消息：

六月四日中央日報報導：「參與「五二〇」暴力事件的學生，多為「民進黨」黨員子女。「五二〇」暴亂事件警方調查小組，已把當天參與城中分局前衝突場面的幾十名大學男女學生，就其動機背景作一深入了解。這些學生絕大多數是民進黨的「民意代表」或「黨員」的子女或親戚，他們其來有自。當時以石塊、木棍、汽油瓶攻擊警察時，這些來自台大、輔大、東吳等大學的學生，跳上宣傳車講話、靜坐示威，事後透過他們的刊物「肯定」這次行動的意義，他們在校介入學生會的選舉，支持的人且已當選，這些人更在記者會、校園刊物、民進黨傳播媒體上現身說法，歪曲事實，栽誣治安警察。他們受其父母影響，平日即涉入政治活動，已逐漸由學校走上街頭，由油印刊物轉到宣傳車上，用其學生身分掩護暴力，並進行跨校的政治活動。有心人士憂心，當軍訓教官、救國團離開校園後，真的搞成「教授治校」了，這些特殊身分學生在其父母親人誘導之下更囂張了，過去「青青的校園」當然會變質。

評析：

子女是純潔無辜的，不幸受台獨父母的薰陶而成了台獨集團的打手。這些父母將來有一天會後悔無窮。

◎「民進黨」的狂想曲

消息：

六月四日出版的《民進報》發布了「行動指示」，其大意是：經過五月二十日到二十一日凌晨的動經驗，我們不是國民黨軍隊和警察的對手。我們也因此知道，沒有力量做後盾的行動，只會被他人訕笑而已。因此，面對「五二〇」這麼一個赤裸裸的經驗，我們不得不放棄過去的抗爭方式，新發展自己的力量。過去，我們渴望用公開的、和平的、整體的方式，來和國民黨鬥爭。今後，要化整為零，全面行動，我們認為地下化、激進化、分散化的政治鬥爭，將是一個很難避免的途徑，讓台灣人民衹好把國民黨當仇人一樣予以報仇雪恥！在立法院、在中山南路、在城中分局前，國民黨是強者，人民是弱者。

可是人民的力量一旦涵蓋到全台各地，當每一個銅像、每一個民眾服務站、每一個派出所、每一個落單的黨棍特務，都要面對著一群憤怒的人民時，我們相信，強者未必是國民黨暴政，最後他們必遭到抗暴者的制裁！

評析：

這個策略是很狠毒，但終不可實現。因為：國民黨是有些缺陷，但他使台灣人民平均收入從五十美元昇高到今天六千美元，人民對國民黨何來「仇恨」？自古以來，只有飢寒交迫，才會群起造反。今天台灣有小撮台獨分子想造反，只是吃太飽了想騎在人民頭上當權。這些人因為自己當不了權，所以認為廣大人民會做他的工具全面造反，這豈不是空想、幻想、狂想？

消息：

◎美國政客干涉我內政

六月十一日某晚報導：在美若干「台灣同胞」，為台灣的「五二〇反抗事件」，於本月十日前往美國國會大廈門前，「抗議台灣保守派人士，製造五二〇事件」。因此，美國民主黨眾議員卡波出面，指責國民黨拒絕給與人民正義的立法程序，也「拒絕人民小便的權利」。眾議員索拉茲，指責國民黨「拖延民主，不照顧農民」，又稱：一九八七年美國促成南韓民主，一九八八年民主要登陸台灣。眾議員馬丁尼茲表示，「台灣政府」已宣布解嚴，但卻很遺憾，仍然是不民主的「中華民國」；眾議員甘迺迪表示，他反對「台灣國會」改革採取自願退休的方式，只有國會全面改選，才能在一九九〇年以民主的方式選出總統。

評析：

目前新加坡政府發現美國政客干涉內政——陰謀收買國內親美人士反對政府，於是斷然下令驅逐美國政客，即使斷絕外交關係在所不惜，其魄力贏得舉世尊敬。反觀我國，多年來分歧力量不斷壯大、政府步步退縮，其總根源就是美國政客撐腰之故。國格漸漸喪失，演成內部混亂，政府應檢討才是。

◆八月號

消息：

◎呂秀蓮病入膏肓

六月十八日出版的《民進報》以「台灣人的女兒回來了」為題，發表了呂秀蓮的政治性談話，其中充分宣泄其「台獨」濫調，例如：「我在歐洲觀察荷蘭和德國這樣的民族才是最有希望的民族，這次我回來，我也從這個角度去思考，如何來開創新的『台灣民族』問題」、「在國際學術界方面，以前研究亞洲問題的學者，都把台灣當成中國研究的一部分，現在他們已經注意到這兩者之間的差異，且認為兩者應該分開獨立來研究」、「民進黨必須構思建國藍圖」云云。

評析：

呂秀蓮參與高雄暴力事件被判徒刑十二年，被關五年四個月時，因病保釋赴美就醫。今年六月四日回國小住，不久即發表上項談話，鼓吹「台獨意識」。可見此人已病入膏肓，台獨思想無可救藥。

消息：

◎台獨集團學會了毛氏的「群眾路線」

六月廿日《民進報》發表民進黨的「社會運動座談會紀錄」，該會由社運部謝長廷主持，會中決議今後社會群眾運動要點如下：（一）使群眾繼續走上街頭，民進黨今後要舉辦各種社會群眾運動，並吸引更多的人參加，以累積民進黨的政治資源。（二）利用激進學生的激進手段。有很多政黨不敢碰不敢衝的問題，應號召學生去衝，並用手段和形式的激進化，來突顯問題的嚴重性。（三）民進黨今後應加強發動農民、勞工、學生、環保、人權等各方面的群眾運動，尤應加強勞工、農民的政黨意識。（四）民進黨應給予環保團體人力、物力方面的大力支援，加強其內部訓練和動員能力，使其變為民進黨的政治資源。（五）群眾運動不要怕衝突的發生，衝突是引起社會注意的手段和凸顯國民黨不義的方法。以衝突喚起群眾和社會的共鳴。同時群眾參加運動，應有被捕和流血的準備。（六）民進黨乘機以受難者代言人和支持者的面貌出現。

評析：

毛澤東鬥垮國民黨，就是依靠群眾（即：以群眾為先鋒，以群眾為後盾，以群眾為基礎），這便是「人民戰爭法則」。看來台獨集團已學會了毛氏法則，國民黨有禍了！

◎ FAPA 設「台灣分會」

消息：

六月廿七日自立早報及七月二日《民進報》消息：〈台灣人公共事務協會〉(FAPA)台灣分會廿六日召開大會，宣告成立。七十九名創會發起人票選許榮淑為分會長、彭百顯為副分會長，選出吳哲朗、陳永興、高李麗珍、鄭欽仁、林鐘雄、沈義方、張貴木七人為監事。在台灣分會章程內揭示分會宗旨：（一）推動台灣人國民外交，貫徹台灣前途由台灣全體住民決定之原則。（二）動員海內外台灣人力量，推動台灣民主化、自由化等。FAPA 美國總會中央常委徐福棟並以「從海外看台灣前途」為題發表演講，到會者尚有台灣民主運動海外組織代表楊英祐、〈民進黨〉之黃信介、張俊宏、姚嘉文、施性忠等多人。長久以來，FAPA 一直是台灣反對運動、及民進黨的有力支持者。台灣分會之創會者及今之當選幹部，皆為民進黨之重要幹部，這與「民進黨」將來有密切的關係。

評析：

FAPA 是徹頭徹尾「台獨」叛國集團，例如期歷任會長、副會長、當家幹部蔡同榮、陳唐山、謝聰敏、彭明敏，陳都、王育德、黃彰輝、許世楷等都是惡名昭彰的「台獨」老大。這個 FAPA 組織在海外宣傳「台獨」、告洋狀、破壞我國外交無惡不作。而今在台成立「分會」，將來一切活動必是搞坑害國家的勾當。

◎ 不准江蓋世訪大陸

消息：

七月六日《聯合晚報》紐約電：台灣「〈民進黨〉黨員江蓋世與兵介化，於上月廿日向紐約中共總領事館提出前往大陸觀光的申請，當日他們舉行一項記者會，宣稱將在天安門懸掛「台灣人民有主張台灣獨立的自由」標語。他的申請案於七月五日遭中共拒絕。中共領事李德行表示，因江蓋世赴大陸從事「分裂國土活動」，「動機不純正」，所以拒絕他的申請。

江蓋世則指稱，中共對「台獨」人士的作法與態度已有變化。他說，以前中共對「台獨」主要人士如台獨聯盟主席張燦鍙、全美台獨同鄉會長楊黃美幸、全美台灣人權協會副會長黃玉桂……等，都曾邀請他們訪問大陸，甚至把台灣同鄉會的所有理事，一律提供免費的食宿機票一個月的優厚待遇，請他們到大陸訪問。但如今公然拒絕他的觀光申請，這顯然是中共對「台獨」人士的政策有了轉變。

評析：

中共過去為了打擊國民黨，而熱烈接待海外台獨分子。現在卻拒絕江蓋世去大陸觀光，這是「統戰技術」進步了！中共現在終於明白「台獨」是民族敗類，是全體中國人不齒的小丑，所以現在根本不把他們放在眼裏。江某竟連這點也不知，還敢搞政治，真是太可笑了。

◎姚某自稱「不見台獨心不死」

消息：

〈民進黨〉主席姚嘉文在《民進報》第十七期（七月九日出版）發表「不見台獨心不死」一文，強調「加速台獨運動」。該文首先引用〈台灣獨立建國聯盟〉日本本部委員長兼本部主席許世楷的話說，「台灣島內獨立運動應該公開化」。文中引申說，目前在台灣島內公開提倡台灣獨立的時機，可以說已經完全成熟，在海外多年推動台灣獨立的人士，一致認為台灣島內的發展結果比預期還要來得快，來得順利。去年「政治受難者聯誼會」成立大會時，已公開倡言「台灣應該獨立」，爾後，在救援許曹德、蔡有全的說明會上，更公開呼籲「台灣獨立」。基於這項事實，「島內獨立運動」應該及早「公開化」，以便大家團結成一條心，早日達成台灣獨立建國的目標。另外應使「海外返鄉運動普遍化」，促成海外台灣獨立運動的菁英人士返回台灣島內，奉獻鄉土家園，在現地推行獨立運動。

評析：

姚某在當律師時就充滿分歧觀念，一個人變成意識形態的瘋狂，是沒藥可治的。「台獨」明明是最卑鄙無恥的東西，尤某居然說「不見台獨心不死」，試問有誰能救他呢？

♦九月號

◎今年街頭暴亂統計

消息：

七月廿日出版的《生產綫》雜誌登〈揭開街頭運動鼓動者的政治面紗〉一文說：據警方統計，自今年一月以來，已有七百多次的示威遊行，百分之七十以上的遊行示威都是政治性的反政府活動，連鐵路工人罷駛，背後亦有政治黑手在操縱。四百多農民的示威暴亂，其中只有五人是真正農民；走上街頭的老兵，其中只有十幾人是真正的老兵。在這千百次街頭暴亂中，幕後策動、領頭叫罵、鼓動暴亂和動手打砸搶者，都是〈民進黨〉的骨幹分子和其基本群眾。

據《天下雜誌》第八十四期對一千家大製造業者與三百家大服務業者問卷調查結果，因他們對近來的街頭暴亂產生恐懼感，有三分之二企業主正計畫將企業遷移國外，百分之六十八點二的企業主擔心台灣島內發生動亂，百分之五十九點三的企業主認為自力救濟事件是某政治團體在搞火中取粟的政治陰謀。

評析：

由於這些暴亂而破壞了我們的安定環境，行將摧毀了我們的工商業，砸爛我們兩千萬同胞的飯碗。我們怎甘坐以待斃而不抗拒？

消息：

◎自立晚報鼓吹「方言化」

七月廿一日《自立晚報》，以「國民黨該說台語了！」為題發表文章說：國民黨籍轉進台灣之後，實施北京語單一語言教育，學校禁止說台語。這無疑的是蠛視台語，重視國語，並以不正當的語言教育觀念影響人民產生錯覺，視說台語為恥辱。國民黨政府四十年來，除對台語壓制外，大學沒有台語系，連一本台語小學字典也沒編過，遑論辭典。四十年的戒嚴，人民像啞巴一樣被壓死了，有話講不出。近一年以來人民勇敢上街表達自己的不滿，民間的「本土意識」已在覺醒，身居台灣不會說台語實在不應該。開放大陸探親後，想居留大陸的外省人很少，他們不回大陸居住，證明「台灣世紀」來臨了，因此國民黨員不會講台灣話的應努力學習說台灣話。

評析：

中國方言有幾百種，在台灣就有閩南語、福州語、客家語、山地語（九種）、廣東語、上海語、寧波語等幾十種，而國語是通用語言，全國人以通用語言交往辦事，推行國家教育，已有幾百年的歷史，非自國民政府開始。況且推行通用語言，全球各國莫不皆然。而當下分歧集團用盡歪詞誣衊國語，並創出個「台語」來，且鼓吹在台的中國人都說「台語」，製造「本土意識」，建立「台灣世紀」，進而成立「台灣國」。請問該晚報是什麼用心？

消息：

◎「台獨」分子遭中共冷落

七月廿七日《中央日報》香港廿六日電：此間《南華日報》今日報導，中共〈新華社香港分社〉拒絕會見 一批準備前往中國大陸訪問的中華民國反對人士。這個十五人的訪問團包括〈民進黨〉立法委員的五名助理、一名在美「台獨」組織的成員、兩名《民進報》周刊工作人員及《自立晚報》記者等。這批人抵達香港後，一直設法要會見〈新華社〉人員，但始終未被接受，到大陸亦將遭到冷落。

〈民進黨〉立法院黨團助理黃宗文是該訪問團團長。他表示到大陸後將與任何人交談，他們計畫訪問一些處理「台獨」事務的主管人員。有些關於統一問題——包括「台灣自決」、「台灣獨立」等，希望在與中共官員會晤時提出。

評析：

中共在港機關新華社，拒絕接見〈民進黨〉十五代表訪問團，表示不歡迎。中共這招做得聰明！因為這撮人懷有「台獨」心態，是民族的罪人。但中共做得仍不夠，如果真的有種，向十億海內外同胞表明反對台獨的「決心」，應該宣頒「台獨是漢奸」的法例，將這些人公審，才是真有效的辦法！

消息：

◎「世台會」公然要在國內開會

七月廿八日《自立早報》訊：民進黨將聲援「世台會」在台召開年會。民進黨中常會昨日決議，為抗議國民黨拒發簽證給海外台灣同鄉，並聲援「世台會」在台召開年會，決定動員民眾舉辦聲援行動。為此，特通函各縣市黨部及團體配合辦理，並由謝長廷督導。「美麗島連綫」人員表示，這是聲援「台灣人返鄉」群眾街頭運動的一部分。

七月卅一日該報又訊：民進黨向政府提出准許「世台會」來台開年會要求，行政院答覆：「世台會在台開年會期間，不得鼓吹台獨言論、不得主張分裂國土」。民進黨人士及「世台會」會長李憲榮堅決表示：「言論自由乃為憲法所保障，任何人不得剝奪，因此，民進黨及世台會絕不接受行政院所提條件」。

評析：

「世台會」所有骨幹分子如陳唐山、洪哲勝、張金策等都是極端的暴力台獨分子，而今竟與島內民進台獨合流來開會，政府不允許是對的。

◎台獨集團利用雷震

消息：

八月九日《自立晚報》及《聯合報》載：民進黨人士發起的「一九六〇雷震案後援會」，今日上午前往監察院前示威抗議，「老兵行動聯盟」十多人於八時廿分率先抵達，他們手持「抗議非法毀滅雷震回憶錄」、「謝崑山下台」標語。接著民進黨的「一九六〇雷震案後援會」配有宣傳車亦到場。警方七次打出警告牌，請其停止非法演講，但這些人卻置之不理，繼續演講，並要求監察院親自接受他們的抗議書等。

評析：

對此事李敖說得對；民進黨這伙人，現在只是利用雷震來作自己的政治資本，其實雷震絕不贊成什麼「台獨」，這撮人實在可恥、無聊！

◎又炒「海洋文化台獨論」

消息：

八月十二日出版的《民進報》以「台灣獨立的理論」為題，鼓吹「台獨」謬論。該文大意是：在中國五千年的歷史中，都是為了統一與擴張領土而戰，人民成為一君之下的奴隸。台灣人要獨立建國，必須認同自由自在的海洋文化。台灣雖也受到中國傳統文化的強烈影響，而且台灣文化也受過荷蘭、西班牙、日本文化的影響。台灣人的祖先大多是拋棄中國而追求海外新天地的人，依據馬其西維力的信條，台灣人負著追求自由的使命。台灣是太平洋中的島國，與大陸國家的中國不同。尤其荷蘭、西班牙、日本都是海洋文化國家，因受其文化影響，台灣也逐漸脫離大陸文化而培育成海洋文化，這種主張有充分根據的。所以台灣與其相信黃帝子孫的中國傳統政治文化，不如認同台灣自由自在的海洋文化，作為獨立建國的基礎。

評析：

所謂「海洋文化論」來自《美麗島》叛亂分子張俊宏的《我的奮鬥》一書，而此書的觀點卻抄自美國帝國主義政客費正清。「台獨」本來就是帝國主義在幕後導演的產物，其目的是要使中國永久分裂，帝國主義者便從中撈取利益，這是自鴉片戰爭以來的慣技。今天台獨分子還撿拾這種濫調當寶貝，實在是可悲復可憎！

◆十月號

◎學運的警號

消息：

八月十六日《聯合晚報》報導：今年暑假有少數學生活動嚴重感染了大學校園。以〈台灣大學〉部份學生為首的激進派學生，今年暑假舉辦了跨校際的「農民聯盟」、「新埔鎮工會調查」及「台灣社會研習營」，研習的主題涉及極為敏感的農運、工運、學運及全面社會運動的狀況和本質。這些下鄉「運動」的激進大學生，在台中港碼頭的罷工風波中，第一次遭到警方逮捕。然而他們「愈挫愈勇」，接著又策動蕉農的「八一六請願活動」。

繼「民主學聯」與「農民聯盟」合辦「農村巡迴工作隊」之後，又有台大少數激進派學生舉辦「新鮮人夏令營關懷」，將「學運」由南部移向北部，台大學生會長羅某說，其目的在激發學生思考新的問題。但卻遭到校方及教官的注意，並被一般學生視為「洗腦營」和洪水猛獸。

評析：

台灣有三十年的安定，由救國團執行的「安定校園政策」起了絕大的作用。安定而造成經濟奇蹟，同大陸「十年文革動亂」的結果形成了鮮明的對比。現在島內「台獨」集團，為了奪權，居然想抄襲毛澤東利用青年學生的老套，要把「學運」與台獨勢力結合起來，這是非常危險的警號！

◎所謂「民進黨的國建會」

消息：

八月十七日《自立早報》及八月十九日出版的《民進廣場》，以「民進黨的國建會」為題報導說：〈北美洲台人教授協會〉與〈台灣人權促進會〉共同主辦的「台灣公共政策研討會」，自八月十五日起假師大綜合大樓舉行三天，有海外學人黃昭淵、范良信、謝必行等及民進黨的張俊宏、盧修一、楊青矗等多人參加，這個會等於「民進黨」的「國建會」。「學者」們在會中主張：(一)台灣實際上已「獨立」，(二)台灣前途由全體住民共同決定，(三)反對在台建核電廠，(四)政府當局應正視台灣與中國分離的現實和史實，(五)要求政府降低台海兩岸的敵意，供人民有權選擇一個「新的中國」，(六)中、台關係應放在廣大空間來探索，不可只囿於「一個中國」的範圍，(七)要求在國際場合中，開始啟用「台灣」的名稱，(八)國會全面改選，(九)廢除軍訓及三民主義課程，增加台灣史、台語課程，(十)反五輕、六輕建廠。

評析：

所謂「教授協會」、「人權促進會」均為「台獨」運用的外圍組織；所謂「學人」如范良信等，多為知名的「台獨聯盟」頭目。在這個「研討會」中所提出的主張，完全是「台獨」濫調和破壞國家民族的歪論。這個由民進黨籌開的「研討會」，與其稱之為「民進黨的國建會」，不如稱之為「民進黨台灣獨立建國會」更為恰當。

◎雷震是什麼人？

消息：

八月十八日《民進》周刊及十九日晚報報導：為抗議雷震手稿遭焚及監委謝坤山彈劾立場偏頗，日前由傅正、楊祖珺等人籌組的「一九六〇雷震案後援會」，前往監察院抗議。當天上午，〈老兵行動聯盟〉廿多人首先到達。稍後，傅正、楊祖珺、〈台灣人權促進會〉、中原大學〈少年中國學會〉、《前進》雜誌、康寧祥服務處、台大教授鄭欽仁、作家楊青轟、李筱峰、孟祥森數百人也到場。現場佈滿「焚書是假、坑儒是真」、「雷震手稿焚毀；歷史學家憤怒」等標語。抗議行動中有「民進黨」人士謝長廷、李勝雄、許榮淑等人講話，並出面代表群眾進入監察院協調，要求：（一）謝崑山迴避，改派林純子調查。（二）雷震手稿交社會評鑑。（三）退回雷震日記。並言今後將會有持續性的行動等。

評析：

根據《司徒雷登日記》（香港文史出版）所載，雷震當年辦《自由中國》，根本就是美國政府的授意與支持。自中央播遷，美國對中國政府策政一貫採用「兩面三刀」政策：(1)阻止中共渡海攻台，(2)阻止我政府光復大陸，(3)在台灣內部培植反對國民黨的勢力；其總目標就是要永久分裂中國。雷震不過是美國這種政策下的一顆棋子而已！可以說，雷震是美國的走狗，完全不冤枉。在這背景下，先總統能夠對雷震採取斷然措施，證明了他的偉大愛國情操，更證明了他的過人魄力，永將受後世的中國人景仰。

雷震在獄中手稿被毀，又有何不對？現在這班台獨分子借題發揮，其根源卻是一個——同為帝國主義的工具，同為台獨集團也是美日等帝國主義搞出來的，目的同當年的培植雷震一樣！

◎海外台獨分子在夏威夷結盟

消息：

八月十八日出版的《民進》周刊，在「海外盟外系統、島內泛美麗島系統夏威召開緊急會談」一篇文內，道出民進黨「台獨」聯綫結盟的內幕。文中說：「台灣人公共事務協會（FAPA）」第一屆全球會員夏令會，於八月十二日至十五日在夏威夷喜來登飯店舉行。包括FAPA、台灣民主運動海外組織、民進黨公職人員、黨工等兩百多人參加。會中〈FAPA夏令會〉會長彭明敏發表主題演說。民進黨老大黃信介發表「新台灣、新政局」演講；許榮淑等均發表演講。然知內幕的人士均知，這次夏令會實際上是海外FAPA與台灣島內〈民進黨〉泛美麗島系的整合性的會議，其會議重點在共同檢討國民黨十三全後的新變局，擬訂新的台灣對付中國的政策，以及如何推動〈民進黨〉的主導作用等。

評析：

上引消息中所說「海外盟外系統」，係指「海外台獨聯盟」以外之「FAPA」而言。這個「協會」在百般僞裝之下難以發現其濃厚的「台獨」本質，但在骨子裡是個險惡的「台獨」叛國賊窩，例如它的歷屆領導人陳唐山、蔡同榮、許世楷、彭明敏等，都是惡名昭彰的「台獨」頭頭。而〈民進黨〉山頭的老大們卻遠渡重洋到夏威夷和該「協會」頭頭開會「結盟整合」，共商「島內外互相策應」的行動策略。這種陰謀勾當焉能掩人耳目？

◎「世台會」年會魔影

消息：

八月十九日晚報訊：由尤清等籌辦的「世台會」第十五屆年會，今天上午九時在新店楓林酒店揭幕。首先由現任會長李憲榮之妻葉瓊姿代表宣佈年會開始，隨後播放李憲榮的錄影開幕詞說：「在國民黨長期統治下，美麗的台灣已成一個醜陋的垃圾島，使台灣人愛錢如命、貪生怕死、娛樂享受、人人顧面子，卻沒有人情。台灣人的心正被污染，將需要進行心靈改造運動。幾百年來台灣人從沒有自己的國家，要求全體台灣人起來推翻國民黨，建立一個合法的『台灣人民政府』，為台灣獨立共同奮鬥」。

民進黨主席姚嘉文致歡迎詞表示，國民黨拒絕海外台灣同鄉返台，證明對海外同胞已無管轄權，希望利用此一形勢爭取返鄉權。另外〈民進黨〉的主要幹部康寧祥、尤清、許榮淑、張俊宏、洪奇昌、黃信介、黃爾璇、盧修一等均曾出席這次的年會，並參加各項討論。

評析：

世台會全名是〈世界台灣同鄉會〉，是「台獨聯盟」為了遮掩世人耳目，乃將世界各地台灣同鄉會組合起來名之為「世台會」，作為其推行「台灣獨立」叛國行動的隱身物。該「世台會」自成立以來，其重要領導人物郭榮桔、陳唐山、陳都、李憲榮等，是激進的「台獨」分子。上引李憲榮的開幕詞即是鐵證。這次年會出席者，無分海內外，全都是「台獨意識」嚴重分子。

◎「世台會」年會的結局

消息：

八月廿二日《自立早報》訊：「世台會」經過三天開會，昨天落幕時發表六項主張：（一）台灣人返鄉權不可侵。（二）台灣人民有主張台灣獨立的自由。（三）立即釋放政治受難者。（四）訂「二二八」為「台灣人和平紀念日」、全國休假以追思「二二八」先烈。（五）建立新政體，以符合台灣主權屬於台灣人民。（六）台灣住民成為新而尊嚴的國家主人、認同台灣。

由〈民進黨〉發起的「海內外大團結聲援海外台灣人返鄉運動」大遊行，於昨天「世台會」結束時展開，以配合「世台會」的行動。遊行由民進黨主席姚嘉文、「世台會」海外代表李憲榮之妻共同主持，尤清、洪奇昌、謝長廷等人均參加。會中焚毀海外同鄉「黑名單」，抗議政府非法戕害台灣人返鄉權、譴責在街頭運動中警察打人，建議中正紀念堂改為「二二八事件中殉難者的供奉所」，共唱「台灣人出頭天」歌曲。觀眾中有兩人喊「中華民國萬歲！」口號，被民進暴眾追打兩百多公尺，後由警察制止，此兩人方得逃出虎口。

評析：

此次開會之前，行政院副院長施啟揚與尤清等「溝通」過，要求他們不可主張「台獨」。李總統也在會前公開發表談話，如主張台獨則依法嚴辦。但「世台會」自始至終鼓吹台獨且不說，會後還發動「台獨遊行」。當局卻不聞不問。請問政府的威信何在？是否故意縱容「台獨」？

◎林正杰大爆〈民進黨〉內幕

消息：

九月三日《台灣日報》等報報導了林正杰致〈民進黨〉主席姚嘉文的公開信，其要點為：「民進黨」最可怕的風氣就是給別人戴紅帽子，這是由姚嘉文帶頭的。林正杰指出，〈民進黨〉從建黨日起，幾乎以街頭為家，「五一九」、「六一二」、「一二五」、「三二九」、「七二四」……十個阿拉伯數字組合成不斷的街頭運動。從一千黨員發展到一萬兩千，不可諱言的，其中為黨內選舉拉進來的「親戚黨員」、「公司黨員」，「人頭黨員」、「消極黨員」至少佔了好幾成的比例。此次黨代表選舉，許多派系領袖必須自掏腰包為他們的鐵票黨員代繳黨費，必須僱遊覽車接送選民。不僅如此，為了黨內選舉，黑函、謠言、戴帽子、打群架，種種「同志」相殘的現象，在「黨內」內洶湧起來。最後林正杰稱姚嘉文為「台獨的獨裁者」。

評析：

上引消息是〈民進黨〉重要核心幹部林正杰對本黨的看法，這應是民進黨所有成員的心聲。就事實評斷，民進黨是一些俱有畸形政治心態和反常社會背景的人物所湊合成的畸形集團，這些人有失意政客、各類型前科犯、政治癲狂分子，地方派系山頭人物，別有居心的陰謀家等，基於這些因素，出現如林正杰所說之怪異現象，自然不足為奇。

◆十一月號

◎國民黨溝通被拒

消息：

九月十七日《自立早報北訊》：立法院八十二會期將於廿日開議，鑑於過去〈民進黨〉經常藉程序問題阻撓議事進行，甚至摔麥克風、打群架以破壞議程。執政黨特別於今天，先就本會期重大政治法案，由〈中央政策委員會〉出面邀請民進黨籍立委舉行協調餐敍以便事先交換意見，謀取和諧。但是大部分民進黨籍立委，以「另有別事」或「無什麼意義」為理由拒絕赴會，使今天的溝通餐會非常冷清。關於〈選罷法〉、〈退職條例〉、〈省議會組織條〉三大法案，已於日前與民、青兩黨進行過協調。民進黨立委表示：關於三大法案，民進黨的立場早已表明，實無任何協商溝通的餘地。

評析：

多年來國民黨中央一味對「台獨」姑息，以求「和諧」，其結果是造成台獨勢力的增長。這次「主動請客吃飯」，招來自討沒趣，國民黨應該自己檢討。

◎要改「出頭天」為國歌

消息：

九月廿二日出版的《民進報》以「陳定南查禁國歌」為題，發表誣衊並抵制唱國歌的謬論。該文說：唱國歌要肅立致敬，源於獨裁的法西斯，後為獨裁者蔣介石學了來。宜蘭縣長陳定南通令取消播放國歌影片，我們非常支持。國民黨來台四十餘年，深怕台灣人民拒絕認同這個外來政權，除用思想教育強迫灌輸「中華民族」意識外，更以大量國旗、國歌來鞏固人民對國家的印象，因此國歌、國旗在日常生活中，到了泛濫成災的地步。有很多台灣人，根本不認同這個被國民黨把持的國家，對國歌更談不上認同和敬意，強迫台灣人唱國歌當然更不爽了。本刊曾以「各唱各的國歌」為題，批判唱國歌的規定，主張大家來消極抵抗唱國歌，甚至以改唱「咱要出頭天」當成國歌。從今天我要以「台灣」為榮，當唱國歌時我們不妨躲到廁所去方便，用行動來支持陳定南。

評析：

民進黨中的「獨派」是當前的主流和龍頭老大，所以《民進報》公然發表上引文章，滿紙「台獨」濫調，主張將代表「台獨」意識的「咱要出頭天」改為國歌，由此進一步暴露

「民進黨」的漢奸國賊本質。

◎「皇民」的奴才心態

消息：

九月廿二日出版的《民進報》以「拯救台灣人的心靈」為題發表文章，大意是：日據時代一位日本工程師傾其一生，為興建烏山頭水庫而努力；日本醫生滕心平，他跟兒玉總督來台，經他的努力使台灣傳染病消失。蔣渭水在一九二七年組織了第一個反對黨—「台灣民眾黨」，來對抗日本政府。

但自「二二八」之後這些優秀傳統和領導者消失了。現在的台灣，環境污染、交通混亂、政治不民主。國民黨用恐怖武力統治台灣，百姓喪失信心；法治不上軌道，使人失去日本給我們的守法觀念。警察和監獄虐待台灣人，人權沒保障。國民黨利用教育控制思想，推行國語不許講台灣話，教育台灣人子弟反鄉土、反本土。台灣文化受壓制—用大漢沙文、大中國主義扼殺台灣文化。外交失敗、國防堪慮，台灣兵力不足禦侮—卻用台灣子弟兵對付台灣人。這一切因素使台灣人的心靈被污染、被扭曲，使台灣人失去當家作主的信心和勇氣，今後苦難的台灣人站起來，維護台灣人的尊嚴。

評析：

誰都知道，往昔日本統治者把台灣人踩腳下，視作亡國奴；今日不但生活富裕、民主自由，且在政治上由台灣人當家作主。而〈民進黨〉卻顛倒是非，發表上文歌頌日本統治，甘作「皇民」，完全暴露其為日本奴才的心態。

◎長老教會辦「台獨行軍」

消息：

十月一日晚報訊：長老教會聲援蔡、許台獨案，將舉辦「台灣前途說明會」。台灣基督長老教會日昨決議發動全省性的「關懷台灣前途說明會」，用具體行動聲援蔡有全、許曹德，呼籲無罪釋放他們兩人，並於說明會結束後，到總統府去請願。長老教會表示，該項說明會由牧師孫武夫、林建二、洪錦治、李勝雄籌辦，先後在台北、桃園、新竹、屏東等十二個地點舉行，除要求釋放蔡，許兩人外，並使台灣人民關切台灣前途。同時，〈台灣政治受難者聯誼會〉姚嘉文等人，為聲援蔡、許兩人，亦將舉辦全省「台獨行軍」等。

評析：

蔡有全、許曹德不但主張「台獨」，而且公開舉行會議宣傳「台獨」，張揚「台灣應該獨立」，這是百分之百叛國行為。當政府依法偵辦此案後，海內外「台獨」一致叫囂，誣為「政治迫害」。

長老教會竟戴著耶穌的面具為「台獨」魔鬼撐腰吶喊，並週遊台灣各地，鼓吹「台獨」分離意識，散佈「台獨」魔鬼邪說。這個「長老教會」是上帝的使者呢？還是魔鬼的化身呢？大家心裡有數，因為「台獨」這個東西，十一年前搞得最猖狂的，就是長老會〈台南神學院〉那批人。蔡有全本人便是該會的神職人員。欲知詳情，請大家一看龍旗出版的《耶穌在哭泣—台灣基督教長老會的政治活動秘史》一書可也。

◎民進黨搞「抗議司法大會」

消息：

十月十一日早報報導：民進黨昨日在台北市大同國中舉行「抗議司法不公群眾大會」，聲援蔡有全、許曹德司法迫害案。康寧祥、謝長廷、陳水扁、洪奇昌、姚嘉文等千人出席。姚、康等演講時強調，「台獨」是一有實踐性的「神聖使命」，解嚴以後對主張「台獨」的蔡、許兩人判刑，顯然是「司法迫害」。

評析：

民進黨將被判刑的「台獨犯」、「暴力犯」，「強盜犯」、「殺人犯」案件，都說成「司法迫害」、「政治迫害」，加以扭曲後用作「司法鬥爭」的題材，這是他們的慣技，不足為奇。這次搞「抗法大會」的陰謀有三：第一、與雙十國慶大會唱對台戲，破壞國慶氣氛及國家形象。第二、另搞「抗法大會」，不參加國慶大會，暗示不承認中華民國。第三、借蔡、許案鼓吹「台獨」運動，打擊司法威信，破壞社會團結。

◆ 十二月號

◎ 荒唐的「宣言」

消息：

十月十六日《民進報》報道：〈台灣政治受難者聯誼會〉在舉辦全島性「台獨行軍」時，發表「新台灣國家運動宣言」，說：四百年來，台灣人民一直接連遭受外來武力的侵略統治。最近四十年來，更遭受國民黨一黨專政的戒嚴迫害，翠綠的美麗島亦遭國民黨殘酷蹂躪。台灣人民為了尊嚴，有權利也有責任團結起來，一起改造這個「國家」。我們所推行的「新台灣國家和平改造運助」，是本著「愛與非暴力」的原則，巡迴全台灣，舉辦演講、座談及遊行，號召所有被壓的台灣人民聯合起來，手牽手，心連心，勇敢的站出來，展現台灣人民的偉大力量，創造我們的「新國家」、新憲法、新體制、新國會、新政府、新社會，新文化！

評析：

〈台灣政治受難者聯誼會〉的主要成員就是極獨分子姚嘉文這類人，它是個什麼組織？世人知之甚詳。上引「宣言」盡是「台獨」腔調，一點也不奇怪了。

◎ 台獨分子寄望李登輝

消息：

十月十八日《自立早報》載：前天返國門的〈台灣人公共事務協會〉(FAPA) 副會長謝聰敏，昨天下午在該會台灣分會長許榮淑以及陳俊雄、黃信介、姚嘉文等人陪同下，前往為他舉行的記者會。他在會上說：蔣經國一生只作了一件好事，那就是讓李登輝繼任總統，因為台灣人寄望於李登輝！他並表示，台灣反對運動的進程，國會全面改選應是短程目標，台灣主權獨立則是長程目標。

評析：

謝聰敏於五十三年九月，與彭明敏等人發表「台灣人民自救宣言」，主張台灣獨立，推翻現政府，被判徒刑十年。六十年牽涉美國商業銀行台北分行爆炸案，又被判刑九年九個月。六十六年假釋出獄，六十八年赴美，到美後又搞「台獨」，充任台獨組織〈台灣人公共事務協會〉副會長。政府今准其返台探親，竟公然表示其「台獨」策略。但為什麼政府現階段的政策，對台獨分子採取極寬的對待，批准如謝聰敏這類人回來？難怪他說：「寄望於李登輝」了。

消息：

◎「台獨有利論」的夢囈

十月廿日及廿一日出版的《民進報》，先後發表了民進黨幹部黃華、李逸洋、林濁水的「台獨」論調，強調「台灣獨立是最有利的路綫」。

林濁水強調「台獨可使國家體制明確」。他說：國民黨宣稱中華民國是中國惟一合法政權，但實際所控制者只有台灣，由於這種矛盾形成國際上尷尬局面。如果台灣獨立建國，政權和所轄土地名實相符，可使國家體制明確，內政外交都有方便。

李逸洋強調「台灣獨立才能建立真正民主」。他說：國民黨籍「代表全中國」的神話，維持虛構的中國架構政治體制，壓迫台灣人，阻撓民主建設，實行獨裁專制，唯有「台灣獨立建國」，建立新憲法、新國會，才能建立眞正台灣民主體制。

黃華強調「台灣獨立比維持現狀更有利」。他說：台灣既不願受中共統治，以中華民國名義又不能揷足國際活動，倒不如建立新而獨立的國家；中共始終不放棄武力犯台，倒不如台灣獨立建國，號召台灣地區人民為保衞自己國土，國家，抵抗外來侵略的意志力將會堅強甚多，使中共無法得逞。

評析：

黃華、李逸洋、林濁水都是民進黨的重要幹部，也是台獨激烈份子，常以「台獨理論家」自居。但上引「台獨有利論」，凡有政治知識的人，都曉得不過是夢囈而已。因為政治是既憑實力又講義理的，試問像美國這麼個大國還是棄我而同中共建交，根本原因就是看到中共有抗蘇的力量而已；台灣不但自古就是中國的領土，而且是犧牲了三千萬以上的中國人才光復回來的領土，若要再割出去而「獨立」，在義理上講得通嗎？十億中華同胞能允許嗎？中共大張「討伐民族叛逆」大旗時，「台獨」能抗拒嗎？所以說，林濁水等人這些「台獨理論」全是夢囈而已。

◎台獨集團妄圖取消青天白日徽

消息：

十月廿一日報載：立法院昨日審查〈陸海空軍服制條例草案〉爆發一場國徽與黨徽之爭。民進黨立委邱連輝首先上台砲轟說，軍隊不是國民黨的，所以軍人帽徽不能用國民黨徽，建議軍人帽徽改用國旗。民進黨立委黃煌雄聲援發表示，軍隊國家化是重要原則，國徽與黨徽應有區別，如果天白日是國徽，國民黨就應把黨徽改變一下。民進黨的朱高正說，今天所以有國徽黨徽之爭，實在是涉及軍隊國家化的問題，國徽是不能改的，那麼就請國民黨改變黨徽，不要違反商標法，冒用國徽，而國民黨也不該帶領違法。否則，這個〈陸海空軍服制條例草案〉就不准通過。

評析：

青天白日徽是革命先烈陸皓東所設計，經中山先生批准而定為革命黨的符號。中山先生建立民國，順理成章，青天白日徽就成了國旗的一部分。國民黨沿用此黨徽已達九十年之久，代表了光榮的歷史。何物台獨分子，竟敢狂言要國民黨改徽號！

相反的，〈民進黨〉向西德〈綠黨〉學樣，以綠色為底；又偷取基督教的十字架符號，把中國的神聖領土台灣圖放在十字架中，弄出一面不中不西、不三不四、莫名其妙的「慘綠的十字台灣旗」，可恥之極！不吉祥之至！應該改的是他們的標誌吧？

消息： **◎變質的「農民示威」**

十月廿六日某兩晚報報導，昨天「一〇二五」農民街頭示威抗議，是由「農權會」等團體發動的，主要是抗議「五二〇」案人員被判刑。但是這項「農民」示威活動所使用的宣傳車，大都是民進黨人士所有；宣傳車上高喊，「農民被迫害」的人，也不少是該黨的黨工人員；所喊的抗議口號，多半是民進黨的政治口號。曾多次參與「抗議蔡有全台獨案」的〈台灣基督長老教會〉牧師，自不例外的也出現在示威群眾中。又「一〇二五學生觀察蒐證小組」成員約三十人，以台大濁水社長為召集人，大學新聞社、大學論壇社、勞工社均派人參加。另還有輔仁、淡江、文化、清華等大學學生參加。遊行中農民吃檳榔，部份學生也跟著嚼檳榔，他們說：「這樣才表現出草根性和台灣土意識」。

評析：

「民進黨」在三全大會宣言中已強調，對弱勢團體指向國民黨的抗議示威行動，必作全面的和有組的支援。這次「一〇二五」的農民示威，實際上在民進黨所謂「全面和有組織」的支援下，變質成民進黨的黨工、職業學生社團，外圍邪門教派所主導的反政府示威。

消息： **◎基督教長老會變成「台獨會」**

十月廿七日出版的《民進週刊》報導：〈台灣基督長老教會〉為聲援蔡有全、許曹德「台灣應該獨立案」，於十月廿一日起分別在彰化、台南、嘉義等十餘地，舉辦「台灣前途說明會」，由高俊明、林建二等人為演講員，並於十一月一日到總統府請願。在討論中初步擬訂「新而獨立國家」說明草案為：

新：(1)新人民：所有台灣住民，認同台灣成為他的新國家，來共同決定台灣前途和命運。(2)新文化：揉合台灣各種文化優點，建立新的台灣文化。(3)新國會：中央民意代表全面改選，組成新的國會，締造真正民主的國家。(4)新憲法：由新國會制訂適合台灣的新憲法。

二、獨立：台灣國際主權獨立，與世界各國建立互助，互惠友好關係。

評析：

「台灣自決」、「台灣獨立」，本來是政治性「台獨」漢奸的荒唐想法。而今，手捧耶穌聖經，打著為上帝傳福音幌子的「基督教會」，竟向政治「台獨」魔鬼學樣，遊走台灣各地。宣傳「台灣新而獨立的國家」謬論，使本應傳基督福音的〈教會〉變政治性的「可恥台獨會」。多年來高俊明等「牧師」搞的就是這件事，在基督教立場實是罪大惡極。

◎荒唐的「大會宣言」

消息：

十月卅一日各報載：〈民進黨〉第三屆全國黨員代表大會，昨日以〈台灣的希望掌握在我們手中〉為題發表大會宣言：嚴重要求國民黨必須放棄「代表全中國」的荒謬神話，確實面對台灣的政治現實；立即宣佈終止助員戡亂時期，廢除憲法臨時條款，透過黨政正常運作，進行現行政治體制調整。面對社會運動的洪流，今後民進黨對弱勢團體爭取權益的抗議行動，必作全面的和有組織的支援。為維護台灣的生存權利及兩千萬人的幸福安全，台灣主權獨立的事實及台灣未來前途應由台灣全體住民自行決定的主張，已為國家社會普遍接受。「民進黨」是全民的政黨，足以抵當任何外力侵犯和內在霸權。云云。

評析：

〈宣言〉中明白主張台灣主權獨立、台灣自決，全力支

七十八年

♦ 元月號

◎ 瓦解國軍的陰謀

消息：

十一月十二日出版的《分歧刊物》、《民進周刊》、《全元時代》、《九十年代》等，集中目標醜化國軍，先後發表「要刺刀還是要民主？」、「十月閱兵的權力變局」、「拿

措各種團體的要政府專權運動。總有柏村殺雞儆猴本末混淆追捕陳維獨漢奸心態絕對去除黨團挑戰郝柏村」、「陳守山擊碎眾軍頭升遷夢」、「國軍、黨軍、私家軍」、「孫總司令萬歲」、「明年大選、國民黨槍桿子以待」、「槍桿子決勝明年選戰」、「軍方漢光六號、槍口對準明年選戰」、「軍人無用武之地，以台灣人民為敵」、「是總統府還是軍營」、「郝柏村當年騙死人，鄭為元今天誑死人」、「立委大辯論、軍方大輸家」、「我們打破軍方神話」、「政變流產改入牢」、「永遠的陳守山，該死的國民黨」、「民進黨卯上陳守山」、「郝柏村安排蔣仲苓接參謀總長」、「李登輝心中的蔣仲苓」等文章數十篇。

評析：

分歧集團一直把國軍視為奪政權搞「台獨」的「最後障礙」，所以近來全力秘密進行「抓槍桿子搞兵變，砸爛三軍奪政權」的陰謀活動，近來已到了瘋狂公開宣戰的地步。他們醜化三軍將領，誘騙軍官入其幫伙，利用鄉土觀念製造官兵分離意識，真是作到無計不施、無孔不入。以上所引的文章，只是其利用文宣手段打擊國軍的片段資料，軍事當局不可不防！

◎ 居然罵外省人為「中國韃虜」

消息：

十二月二日出版的《民進》周刊，內有「台灣人必須驅逐中國韃虜」一文，其大意是：台灣人受制於「外省仔」，於是有了「台灣民意」概念，激進者演變成台獨意識。到了最近，「台灣建國論」與滙集「台灣人意識」的「民進黨」

合流了，因而「台獨意識」和「台灣人意識」合而為一，甚至海外台獨組織和島內台灣人政治團體也結合起來，新潮流系在「民進黨」中的崛起，就是最佳證據。在這種情形下，「台獨意識」即等於「台灣人意識」，是無可置疑了；「獨立建國論」在島內生根，「獨立建國」將變成至高無上，無可取代的反對運動目標。革命是一定要有目標的，我們不能教一個追隨者，要革國民黨的命，又同時要和中國（中共）打仗。我們也不能教一個追隨者，既相信不管外省、客家、原住民都是一國人不必有仇恨，卻又同時認為「台灣人」是島內一個被壓迫民族。台灣人必須「驅逐中國韃虜」。

評析：

此文主張在「獨立建國」至高無上的目標下，台灣人必須「驅逐中國韃虜」，把外省人趕盡殺絕，來建立自己的「台灣國」。這是少見的仇恨中國人論調，此文的作者恐怕是日本人後裔吧？

◎劉闊才、梁肅戎受辱記

消息：

十二月六日《聯合報》報導：民進黨籍立委今天上午在主席劉闊才宣布開會之前，就以火爆手段扯斷議場麥克風的電路線，輪番上陣侮辱主席，大罵「王八蛋」。尤清罵：「你喝台灣人的血，還這樣當主席？」許榮淑則將過去他們所有罵資深立委的髒話都罵出來，包括：「老賊」、「國賊」、「老乞丐」、「政治垃圾」、「不要臉」……等統統給轉述一遍。他們連立法院議事人員都罵了一頓。

十二月六日晚報報導：今天上午立法院開會，劉闊才遭

到民進黨尤清、朱高正、許國泰等人以「老賊」、「走狗」，甚至以閩南語「三字經」連番辱罵。另有國民黨的梁肅戎等，亦無故遭辱罵，字眼包括「走狗」等。在肢體語言方面，民進黨之王聰松扯掉劉闊才身上的的麥克風並打到身體。

評析：

可憐的劉闊才！怪不得倪文亞不願再幹院長了。可憐的梁肅戎！如回想前幾年他的「溝通」，演變到今天自己受辱如此，不知有何感想？

◎尤清揚言「不惜流血革命」

消息：

十二月七日《自立早報》訊：尤清和國民黨梁肅戎進行五大法案協商，是一次沒有焦點的對話。尤清在協商時堅決表示：「民進黨」立委黨團堅決要求，只有國民黨答應國會全面改選，然後才可以談「資深中央民意代表退職條例」。

梁肅戎則提出：中央民意代表選舉應以「中國定位」來協商，不應以「台灣定位」來協商。尤清則狡詐表示，必須確定「國會全面改選」後才能考慮這一問題。先完成國會全面改選，再考慮老委員退職問題；〈民進黨〉堅持國會全面改選，與省市長民選。尤清還威脅，如國民黨到了年底尚不執行國會全面改選，我們將以「新憲法」、「新國會」、「總統民選」為主要政治訴求；如果台灣的政治轉型需要流血革命，我們也願意。

評析：

梁肅戎對尤清這種脅迫搞「台獨」論調，應該請當初的

「溝通人士」如陶百川、胡佛等出面再「溝通化解」才對。

消息：

◎ 勾引洋人來干涉我內政

十二月十二日《自立早報》訊：民進黨主席黃信介率同幹部張俊宏、蔡式淵、盧修一、姚嘉文、周清玉、許榮淑、黃宗文、陳漢卿等，昨日下午到〈福華飯店〉見來台訪問的美國聯邦眾議員托里西里、邦尼法蘭克兩人。就台灣國會全面改選政治犯復權、海外黑名單等問題立互相交換意見。

托里西里表示，台灣民主化速度愈快，則台灣與美國的關係愈密切。當這兩位眾議員問及：「農民反對美國農產品輸入台灣，是否反美的行動？」，民進黨人答說：農民是在抗議政府的措施不當，並不是反美。

評析：

美國一些深懷帝國主義心態的政客，慣以「民主人權」之名，勾結別國內部不滿分子插手干涉別國內政，這次來台之兩美人自不例外。而民進黨幾名高級人士低聲下氣前去朝拜，又以「國會全面改選」、「政治犯」、「黑名單」等問題，顛倒黑白，前去獻媚告洋狀，並歪說「農民反美國農產品進口，不是反美」，反是不滿自己的政府。如此可笑說法，也虧黃信介他們想得出來！

◎ 推展「聲討老賊運動」

消息：

十二月十一日早報報導：民進黨尋覓新武器，推展「聲討老賊」運動，並以議會抗爭、街頭群眾運動配合之。民進黨近日在立法院的抗爭，重新點燃「國會全面改選」運動強烈要求，決定發起一系列的議會抗爭和街頭群眾運動。目前黃信介召集各地黨務人員商討「聲討老賊」運動，此項運動被喻為是一場「誓師大會」。「民進黨」決策人士說，太陽底下已沒有新鮮事物，作為〈民進黨〉發動「國會全面改選」的武器，現在就看如何把過去的武器重新組合來，配合這天的「聲討」運動。民進黨中央目前還謀解決的問題：一是使政治體制內抗爭手段與體制外「台獨」運動結合起來。二是動員各地方黨部使分散的力量集中起來發揮力量。

評析：

我們的資深中央民意代表，忠貞不貳、不畏險阻、隨政府來台、維繫國家法統、確保台灣安定團結，使台灣繁榮進步，至今雖已年事日高，但仍竭智盡忠，盡其職責。而〈民進黨〉等一些分歧分子，為陰謀奪權和搞「台獨」叛國運動，除發動「國會全面改選」以外，今又搞「聲討老賊」運動，這是令人髮指的冷血行為。

♦ 一月號

◎ 費希平退出民進黨

消息：

七十七年十二月廿日《中央日報》訊：費希平宣佈退出「民進黨」，指「民進黨」有「台獨」思想，及法西斯的霸道作風。費希平在退黨聲明中說：「本人為促進中央民意代表全面改選，使國會機構趨於健全，願在下列三個條件下本人宣佈退職：（一）肯定中央民代對國家的貢獻。（二）中央民意機構中設大陸代表。(三)給與退職金。這三個條件均遭民進黨中常會悍然拒絕。同時，民進黨中不但『台獨』思想異常濃厚，且有法西斯的霸道作風，此與本人一貫主張推行民主政治目標背道而馳，因此，本人宣佈自今日起退出民主進步黨。」

評析：

費希平更感慨的指出，民進黨是他領導創設的，當時的理想是為推動民主憲政，但不料「台獨」分子後來加入，而且勢力越來越大，這與中國共產黨當年加入國民黨，實際上進行潛伏破壞有何不同。

評析：

費希平對分歧集團貢獻極大！先領導「黨外」搞反政府運動，繼又以資深立委的資格，獻計籌策創立「公政會」，後又帶頭領銜非法成立〈民主進步黨〉。經這多年的折騰，老費經過千百痛苦經驗，終於大夢初醒，認清了狼子賊心的真面目，識破他們那一伙的「台獨」叛國屬性，和法西斯獨裁、專橫、霸道、狠毒的本質無殊。老費「退黨聲明」中所控訴者，具有百分之百的真實性和確當性，萬望國人不要再受〈民進黨〉的騙、上「台獨」的當。

◎以「台獨」代替「光復」會

消息：

十二月廿四日《自立早報》載：昨天「民進黨團」在光復會全體委員會議中，提議「裁撤光復會」，另組「台灣主權設計委員會」。民進黨國代黃昭輝發言說，應將〈光復大陸設計委員會〉改為檢討台灣民主化、建設台灣研究委員會。翁金珠發言時，曾要老代表回大陸去「光復大陸」，要求「與台灣人共生死，與台灣土地共存亡」。蘇嘉全發言指出，裁撤光復會，另組「台灣主權設計委員會」

評析：

「民進」掛牌開鑼之始，就推出所謂「台灣民主化時間表」，要在最近建立成「台灣新國會」，進而完成「台灣獨立」。上引消息中所提議「裁撤光復會」，另成立「台灣主權設計委員會」，其主要陰謀是將代表全中國的「國民大會」消滅，實現所謂「台灣獨立」。

◎分歧分子羞辱「國民大會」

消息：

十二月廿三日《聯合晚報》報導：今早，民進黨十一名國代帶著一架命名「經國號流亡國代專機」模型進入國民大會。光復會主任委員薛岳將軍致詞剛開始，民進黨國代吳哲朗等上主席台，要求在議程中增加獻機儀式，雖經多人勸說和阻止，但蔡式淵、張貴木、黃昭輝等人仍抱著飛機模型衝上主席台，將模型送給大會主席，要求資深國代到大陸去組流亡政府。主席薛岳令其拿開，民進黨人員仍不肯。在爭吵中，民進黨人大罵資深國代為「老賊！」有些人拉扯成一團，許多老國代氣得說不出話來。

下午三時，「民進黨」國代周清玉、張貴木等又衝上主席台，遞上一架戰鬪機模型，民進黨其他國代頻頻抨擊資深國代，並紛紛拋射紙製飛機模型，使會議無法進行。這次光復大陸設計委員會的大會，就在「老賊！」、「資深垃圾！」一片吼罵聲中開始和結束。

評析：

民進黨在「將台灣建立成新而獨立的國家」罪惡心態下，早已喊出「使中華民國永遠消失」、「台灣人不是中國人」的荒唐口號。現在用羞辱資深國代的卑劣手段，企圖建立「台灣新國會」，這是他們早已設計好的一套陰謀策略。這次的大鬧光復會，只是他們陰謀戰略中一次戰役而已。

◎何宜武遭恐嚇

消息：

十二月廿八日《中央日報》載：今年行憲紀念大會，民進黨籍國代因滋擾會場秩序，經國大秘書長何宜武要求治安人員維持秩序，而被帶出會場。昨天何宜武秘書長座車竟遭不明分子破壞，部份國民黨籍國代也遭到電話恐嚇。何宜武秘書長召喚治安人員維持秩序，引起反對人士不滿，他的座車所以被破壞，其家人這幾天以來也常接到恐嚇電話。國民黨籍國代翁純正因在傳播媒體上提出「正義之聲」，他在新莊的服務處也遭到破壞，另外他的家人也接到恐嚇電話。

評析：

何宜武是個甘草型的性格，近年來以極溫和的面貌來擔任國大秘書長，對分歧台獨分子一向軟弱。這次終於嚐到了軟弱後果的苦頭了。「你不怕敵人，敵人便怕你」，這是對付台獨分子最有效的「鐵律」，可惜很多大官不明此理。何宜武在十二月廿五日行憲會場上被迫動用了警力將破壞分子逐出會場，翌日立即去討好分歧分子，還在報上說他沒有下令將破壞者趕出去，只是要警察入來維持秩序，警方怎麼做與他無關。……凡此諸端，讓分歧分子看準了他的軟弱本質，所以進一步就來砸車子了。

此一教訓，望所有大官都要吸取，再也不可一味示弱了。

◎「民進黨」十大罪狀

消息：

元月六日出版的《民進》周刊，以「一九八八年民進黨十大新聞」為題發表文章說：我們製作了「一九八八年民進黨十大新聞」，站在歷史的分水嶺上，讓我們記取教訓，創造未來。這十大新聞是：1.五二〇事件。2.黃信介當選「民進黨」主席。3.「二全臨會」通過「四一七決議文」。4.三二九大湖山莊事件。5.世台會返台召開第十五屆年會。6.費希平退黨。7.一二二五中山堂綁架事件。8.四〇七扭扯劉闊才事件。9.七二四陳婉真闖關事件。10.蔡許案判刑確定。

評析：

民進自我炫耀的所謂「十大新聞」，其具體內容就是如費希平所坦白的「強烈的台獨意識、極霸道的法西斯本質」；鼓吹「台灣人民有主張台灣獨立的自由」；領導暴民殺警察、砸警局、燒警車、打立法院、攻擊中山堂、破壞郵政交通等公共設施；大鬧立法院和國民大會，打主席、摔茶杯、扯斷麥克風、霸佔發言台、毆辱資深民代、打亂議事程序、藉機宣傳「台獨」，使其開不成會、通不過法案；勾引「台獨」組織和「台獨」分子闖關返台，將「台獨」禍種引進「島內」，以擴大「台獨」聲勢，鼓動「島內」之叛國運動。故其所稱的「十大新聞」，實際上是「十大罪狀」。

◎「台獨」摧毀吳鳳銅像

消息：

元月七日自立早報載：上週陪同部分原住民到嘉義摧毀吳鳳銅像的〈民進黨〉台南市黨部執行長黃昭凱表示，他們的計劃是光明正大的摧毀吳鳳銅像，對於吳鳳廟火警一事毫無所悉。不過，如因原住民摧毀銅像而遭起訴，他們將不顧一切展開最強烈的抗爭行動。黃昭凱說，去年底到嘉義摧毀吳鳳像是在光天化日之下進行，三日深夜吳鳳廟火警一事他們雄不知情，外界不必亂扣帽子。

同日中央日報載：嘉義吳鳳鄉曹族山胞頭目們堅決表示，曹族山胞最理性最講和平，絕不會去做摧毀吳鳳銅像的卑劣行為，希望少數人不要拿幾位山地青年當政治工具，用以進行挑撥分化。

評析：

吳鳳故事的真實性，應由史學家去考證。而民進黨卻拿來當政治題材，予以扭曲編造，去蠱惑少數思想單純的山地青年，並帶領他們去摧毀吳鳳銅像，製造破壞公物的罪行；藉以進行挑撥分化，製造社會動亂，培養社會矛盾，撈取政治資本，這就太不應該了。

◆三月號

◎所謂「國會全面改選運動」

消息：

元月十七日各報載：民進黨發動的「國會全面改選」運動，今天上午八時起，分別在立法院之大門、北門、南門展開活動，使整條中山南路交通癱瘓。上午十一時三十分，民進黨人士開始在立法院大門口燒冥紙。中午十二時許，當立法院院會結束後，群眾百餘人到青島東路立法院汽車出口處圍堵多名國民黨籍立委，車輛出路被群眾擋阻，有人跳上立委汽車叫喊「國會全面改選」。國民黨籍增額立委林聯輝、吳梓、黃河清等人離開立院時，被「民進黨」群眾包圍，遭到叫罵、吐口水、撒辣椒粉等，經警方鎮暴部隊驅散暴眾後才得脫離現場。

元月十八日早報報導：包圍立院的「民進黨」群眾，將國民黨籍立委圍著辱罵、撞擊、吐口水、叫罵「國民黨走狗」，並尾隨著一位女立委一路羞辱，追至下榻的來來大飯店還不肯罷休。粗話連篇，口出三字經，叫罵不休。更在幾條狗上披著增額國民黨立委的姓名，由「民進黨」人叫罵鞭打，儘情羞辱。

評析：

民進黨發動「國會全面改選」運動，其目標在廢除「中華民國國會」，將來改選成「台灣國會」，實現「台獨」迷夢。這次行動不僅心態可卑，而其妨害交通，毆打和羞辱其他立委之手段尤為粗野無恥。世人評該黨為無知而粗野的下流社會集團，實不為過。

◎以「環保」對付企業家

消息：

一月廿日出版的《民進報》以「環保是反對黨的有利戰場」為題，發表文章說：當前所發動的「國會全面改選」運動，是兩千萬台灣人對二千人老國會的戰爭，我們所推行的

「環保運動」是兩千萬台灣人對五千資本家的戰爭。「國會全面改選」將造成國民黨政權瓦解，「環保運動」將造成政權轉移。所以我們肯定的說，「環境保護運動」是反對黨有利的戰場，我們必須掌握這個有利的戰場，繼續戰爭下去。

評析：

民進台獨法西斯分子如此自供，不啻是兩個「陽謀」。他們拿「環保運動」作政治鬥爭的主要戰綫，有兩個原因：一是來自西德「綠黨」的指導，一是來自海外「台獨」的勸說鼓動。凡是愛民主自由的人，都要小心了。

◎周伯倫的天報應

消息：

元月廿一日晚報報導：今天凌晨到案的〈民進黨〉市議員周伯倫在接受偵訊時，坦誠收受僑福建設公司一千二百萬元賄款。已到案的僑福公司公關顧問施焜松說，僑福公司是將賄款交與周伯倫，請其轉送「民進黨」籍議員，以「擺平」他們的證詞。

元月廿三日《聯合晚報》香港報導：現在香港的僑福公司董事長黃周旋，今天上午對記者表示，台北市議員周伯倫曾代表〈民進黨〉市議員索賄，周伯倫說，民進黨方面有陳勝宏等三、四個，不過收錢是由周伯倫作代表。

元月廿七日《自立晚報》報導：調查局昨天提訊在押的周伯倫、康水木等人，追查收受僑福匯款一千六百萬元流向等。

評析：

周伯倫在三年前競選台北市議員時，專門以攻擊蔣氏家族為訴求對象，把蔣公描為「特權」，其惡毒無比。曾幾何時，這個高舉「打倒特權」旗幟的市議員，竟成台北市歷史上最會玩弄「特權」、搞出最大「貪污案」的罪魁禍首。真是天報應。

◎瘋狂打砸立法院

消息：

《中央日報》一月廿七日台北訊：民進黨動粗搗毀立法院議場。立法院會昨日下午完成〈選罷法修正案〉三讀程序後，民進黨立委許國泰從人群中抓了一個麥克風，向倒在地上的僑選立委蔡文曲猛揮。警衛進場維持秩序，又遭民進立委不滿，大喊大罵。繼有尤清等立委六人衝上主席台，搗毀一切設備，陷入一面混亂。五點廿九分，主席劉闊才準備將議案交付表決時，民進黨立委王義雄、許國泰等又衝上發言台，搶走主席的麥克風並攻擊劉闊才。當宣佈〈退職條例〉通過後，民進黨立委全部衝上發言台及主席台，將台上東西全部砸毀。立院第八十二會期就此在民進黨的打鬧聲中結束。〈民進黨立委黨團〉繼之宣稱「退職條例未經正當程序通過」，不承認其合法性。

評析：

在議會中用討論、表決的方式以制訂法案，這是民主政治運作的常軌。而具有法西斯獨裁惡霸本質的民進黨，則反其道而行，在議會中專用瘋狂的打、砸、搶、罵、鬧等暴力手段，以少數脅迫多數，阻擾議會運作，破壞議事程序，使國家重大法案無法通過。上引消息所列事實，只是千百事列中之一而已。

◎ 鄭南榕發表「台獨新憲法」

消息：

元月廿七日晚報報導：鄭南榕涉嫌刊登「台灣共和國新憲法草案」，以叛亂罪被起訴。今天高檢處傳訊他，他不出庭應訊。他因在其創辦的《自由時代系列》周刊第二五四期刊登許世楷草擬的「台灣新憲法草案」一文，被指控涉嫌叛亂，由高檢處主動偵辦，並與七十六年鄭南榕在其所辦雜誌刊登有關「台灣獨立論」一案併案偵查。惟鄭南榕在接受記者訪問時表示，在民主國家雜誌登文章不會構成叛亂罪，也不可能有這種罪名，所以他不出庭應訊。為此案，台灣人權促進會發表聲明，對鄭南榕創辦之雜誌刊登「台灣共和國新憲法草案」，而遭高檢處以涉嫌叛亂罪為由加以傳訊，有侵犯人權之嫌，表示嚴重關切。

評析：

許世楷首先創設「台獨聯盟日本部」並為首任委員長，以後相繼擔任「台獨聯盟」副主席等職，為一老牌且兇狠之「台獨」首領。其所草擬之「台灣共和國憲法草案」旨在宣傳「台獨」叛國思想，鼓吹「台灣獨立」，其叛國本質昭昭明甚。而鄭南榕前曾連續發表「台灣獨立論」，散佈「台獨」叛國意識，今更在其刊物上刊登老「台獨」的「台灣共和國憲法」，其叛國意圖不僅昭然若揭，且其叛國行為長年連續進行。對此等惡性重大之叛國分子，政府自應從嚴懲辦，以維國家安全。

◎ 余登發老淚橫流

消息：

一月卅一日青年日報在「悲哉！余登發的下場」一文中說：堪稱「民進黨」始祖的高雄縣昔日黑派掌門——余登發，廿九日在「民進黨」所謂「萬人大遊行」中演講時，由於說了「台獨沒前途」、「任何政黨都要大公無私、做事情要時在……」等肺腑之言，立即遭到洪奇昌、尤清、黃信介等人的「斷電」、推擠，並搶走麥克風。由這次余登發被「貶」、「整」事件，充分說明「民進黨」已走入「法西斯」獨裁殘忍的死胡同，再也聽不進忠言，逼得余老事後喃喃的說：「民進黨已無啥路用……」。最令余登發難堪的，莫過於靠他餘蔭當上縣長、議員的兒媳余陳月瑛、孫輩余雅玲、余政憲等民進黨分子，竟與他劃清界綫，連他過「八五大壽」時，都不回歸仁武鄉老家問候他老人家一聲，氣得余登發老淚橫流。

評析：

余登發勸民進黨人士不要搞「台獨」，要「大公無私」，這是金玉良言。而民進黨分子卻鬼迷心竅聽不進去，且把這位老者整了一頓，連他的兒孫「同志」也和他劃清界綫，視為路人。這充分曝露了民進黨分子殘無人性的真面目。

◆ 四月號

◎ 海外台獨為民進黨辦「文宣營」

消息：

二月廿日《聯合晚報》報導：以許信良為首的美國東兩岸關心台灣前途的政治活動人士，為台灣今年的選戰，於去年十二月至今年元月中旬，曾在美國舉辦「文宣訓練營」，訓練課目包括文宣、組訓、運動特質，及反對運動的理論與實際。挑選民進黨等團體在台灣從事工運、農運、環保、學運中之領袖型人物，以及少數民進黨黨工人員，赴美至該「文宣營」接受三週之密集訓練。許信良等表示，台灣不論大企業或中小企業不斷發生之勞資糾紛，多有民進黨人士介入，而中小企業又是民進黨經費來源，故此次之「文宣營」訓練，除針對今年選戰外，更要著重使勞工運動、農民運動等，完全達成「本土化」的要求。

評析：

據各方報導顯示，自七十七年以來，在海外的「台獨」漢奸組織，為國內「民進黨」辦了好幾次「幹部訓練營」，國內民進黨選派重要幹部前往受訓取經者絡繹於途。上引消息中所言「文宣訓練營」即是其中之一，其訓練之重點，就是煽動勞工、農民、中小企業，進行反政府運動，其目的一在籌經費，二在騙選票。

◎在美搞「台灣國運動」

消息：

二月廿三日出版之《民進報》以「新國家運動在美國華府宣揚」為題，報導民進黨的黃華在美搞「台灣國運動」實況，說：台灣新國家運動的主要推動者黃華於二月七日在華府進行密集的活動，他透過「台灣國公共關係中心」的安排，於八、九兩日在華府會見人權團體、新聞界、國際特赦組織、美國議員李奇、派爾、肯尼迪、索拉茲等。他在談話中強調，台灣人民的力量越來越大，國民黨的權力無法抵擋，台灣大多數人希望當家作主。希望島內外力量互相配合，達成新國家運動目標。他希望「台灣國公關中心」多予支援，能在外交上增加助力，預期一年內實現台灣總統民選。

評析：

這次「民進黨」除在國內發動「台灣新國家運動」外，更派黃華到美國勾引美國政客及「台獨」組織，搞「台灣國運動」。但不知國民黨大員們還能以「這是轉型期的陣痛」一語來掩飾自己的無能嗎？

◎漢奸魔爪伸入軍中

消息：

二月廿三日出版《民進報》的「嘉義縣訊」：竹崎鄉七十八年度後備軍人點閱召集，教官上課時批評民進黨；部份參加點召的民進黨後備軍人深表不滿，發動「民進黨竹崎聯誼會」到點閱現場抗議、靜坐示威。他們集結在點閱場——竹崎國中大門口，掛起「國民黨退出軍隊」、「軍隊國家化」、「軍隊不是國民黨的工具」、「國民黨退回大陸去」等標語。民進黨後備軍人和抗議人士，在現場散發傳單，並提供民進黨的「免費教材」，供所有參加點召的後備軍人閱讀，使軍方點召工作人員感到頭痛。

評析：

台獨叛國分子已懂得搞「兵運」了，國家危矣！

◎所謂「進步婦盟」

消息：

三月十日出版的《民進報》報導：台灣的婦運，自呂秀蓮開濫觴至今，已走向一個「女性自覺」的時代。〈婦女進步聯盟〉就是一個引人矚目的團體，它經常參與社會運動，提昇婦女政治意識，例如一九八七年六月在立法院反對制定「國安法」、十二月包圍中山堂現場。又於一九八八年發起「反對給付資深民意代表退職金」運動，除舉辦多次演講會外，並發起民眾簽名運動。最近她們更協助「民進黨」的「二二八運動」，在基隆河舉辦晚會——義賣二二八紀念章等。反過來說，有些國民黨的婦女團體，不作正事，真是婦女團體之恥云云。

評析：

過去中共最喜用「進步」兩字。凡願被中共利用之人士或團體均被稱之為「進步分子」、「進步人士」、「進步團體」等。在此又見「婦女進步聯盟」，顯然是拾中共餘唾。其性質，則是台獨的尾巴而已。

◎黃昭輝拒捕施暴

消息：

三月十二日《自立早報》訊：民進黨籍國大代表黃昭輝，因涉嫌高雄市「二二六事件」，被高雄地檢處拘提應訊。黃昭輝的服務處聚集大批民進黨員到地檢處聲援，後因怕有串證之虞，將黃昭輝收押。群眾卻一湧而上，除以宣傳車擋住去路不讓押解的車開動以外，另有些人衝入警察群中，混亂成一團。兩輛民進黨宣傳車挾住警車予以撞毀，一位蒐證的警員被拳打腳踢，一位攝影記者被誤為搜證人員，差點挨揍。前後經過兩次衝突，共有十一位警員受傷，各受傷警員昨天均持驗傷單向高雄地檢處控告黃昭輝涉嫌傷害及妨害公務。

評析：

民進黨徒以「人權運動」作政治鬥爭的工具，誰若敢動他們一根汗毛，就是侵犯他的「人權」，大搞一場鬥爭。但是他們從不顧惜警察和其他人的人權，近幾年在他們「人權棒」下受傷的警員，少說已上千人。在這種情況下，試問法治社會怎能維持好？

◆五月號

◎盧修一向美國請救兵

消息：

三月十七日出版《民進黨報》訊：本黨外交部主任盧修一於三月十二日抵達美國首府華盛頓，向美國政界人士說明國民黨藉機整肅政治異己者的手段。他於十四日拜會美參院外交委會主席派爾，當面遞交黨主席黃信介邀請派爾訪問台灣的信函。盧修一並且向派爾參議員說明國民黨政府當局一連串打擊民進黨的行動：如強制拘提黃昭輝國代、迫朱高正委員出庭應訊、可能通緝洪奇昌國代、以及最近對謝長廷議員的強烈動作。參議員派爾表示訪問台灣的事將審慎考慮，對民進黨民意代表受到政府壓力和不利的情勢，表示深切關心。

評析：

在中國歷史上，有些亂臣賊子在國內作姦犯科，受了處分無臉見人，便跑到外國或異族歪曲事實，哭訴告狀，甚至當漢奸走狗，勾引外人侵犯我國境。上引消息中民進黨盧某到美國向洋人哭訴告狀，顛倒是非，哀求派爾等來台助威的卑劣行為，正是歷史醜劇的重演。

◎台獨集團利用馬赫俊神父

消息：

三月廿日《中央日報》報導：有工潮的地方就有馬赫俊神父，諸如「大園鄉勞資糾紛」、「桃園客運勞資糾紛」、「杜邦公害抗議」、「桃園機場圓山空廚事件」等幾十件大小勞資事件，幕前幕後都有「馬神父」的影子。他不傳福音卻，專門參與勞工運動；治安單位基於社會安全考慮，只好驅逐他出境了。

三月廿四日出版之《民進週刊》為馬赫俊伸屈說：設立在桃園〈愛生勞工中心〉的馬赫俊神父是關心勞工和熱心為勞工服務的，這次被以暴力手段遞解出境，震驚了全國。馬神父回到故鄉愛爾蘭之後，念念不忘早日回來台灣，與他所關愛的台灣人，也都希望他早日回來台灣。

評析：

這個神父前些年曾被韓國驅逐出境。從他來台後又夥同「台獨」搞非法工運、搞反政府活動的具體事實來看，他很可能就是「顛覆專家」一類的人物。看來天主教會也要注意其內部問題了。

◎「民進黨」的「吞併」謬論

消息：

三月廿三日出版《民進黨報》以「台灣不是中國領土」為題發表叛國謬論說：在歷史上秦始皇「統一中國」不包括台灣，蔣介石北伐「統一中國」，也不包括台灣，所以「統一中國」與台灣風馬牛不相及，因為「台灣自古以來就不屬中國領土」。但是，最近海峽兩岸的「中國統一」口號竟應用到台灣來，少掉台灣就是「分裂國土」，就是「不統一」。然而，當我們閱讀中國史、世界史之後，卻發現台灣不是中國的領土，過去不是，現在不是，從來都不是。台灣人中之先覺之士應認清楚，中國和台灣之間的所謂「統一」，不是「統一」，而是「吞併」，而是以「統一」作藉口來「併吞台灣」。

評析：

民進黨這些人大概連《台灣通史》都沒有讀過，才知識淺薄得這般可笑！居然在其「黨報」上公開宣佈不承認台灣是中國領土、堅決反對任何形式的「中國統一」。說穿了，這是典型的漢奸心態、叛國謬論。

◎鄭南榕成了「台獨烈士」

消息：

四月十一日自立早報報導：為肯定鄭南榕對台灣民主運動的貢獻及悼念其自焚身亡，「民進黨」昨日召開中常會決議：(1)「民進黨」各黨部下半旗誌哀。(2)舉辦追思會。(3)參加治喪籌備會。(4)各地方黨部設靈堂悼拜。

民進黨高雄議員林黎淨服務處設鄭南榕靈位祭拜。屏東縣黨部主委蘇嘉全率「黨員」祭悼鄭南榕。高雄市民進黨人士為鄭南榕擴大舉辦公祭活動。「民進黨」黨員張溫鷹搭建鄭南榕靈堂，並書「獨立聖士，從容成仁」大標語。

評析：

眾所周知，鄭南榕不但多年以來一直發表文章，舉辦街頭運動，鼓吹消滅中華民國、實行台灣獨立，且與海外「台獨」叛國團勾結密切，內外唱和，是死硬的「台獨」分子。他這次犯法因抗拒法庭拘提自焚身亡，而「民進」卻如喪考妣，呼地搶天悲痛欲絕，為什麼？在有計劃的把鄭的自焚轉化為政治資源，今後好作「台獨」運動的樣板而已。

◆六月號

◎鄭南榕是什麼「烈士」？

消息：

四月十七日《自立晚報》報導：由民進黨舉辦之「抗議國民黨政治迫害」演講會，昨晚在高雄市勞工公園進行，由立委張俊雄、王聰松、國代黃昭輝、市黨部主委周平德、市議員朱星羽、朱勝號等輪流抨擊國民黨政治迫害，呼籲台灣人民團結起來，並由鄭南榕的自殺喚醒台灣人的「良知」。

四月十八日《自立早報》刊於第一版半版大廣告，內容為：敬悼台灣建國烈士鄭南榕先生。台灣獨立自主不容獨裁者恣意制壓，烈士捐軀重寫我台灣歷史新頁，云云。登此廣告者為海外〈世界台灣同鄉會〉、〈台灣人權協會〉、〈美洲台灣基督教協會〉、〈加拿大台灣人權協會〉、〈陳文成基金會〉、〈國際環保協會〉等五十八個台灣人社團。

評析：

鄭南榕是福建人，是個激烈的台獨分子，連〈民進黨〉也不讓他加入，朱高正曾與他公開打過架，其人品可想而知。他公開宣傳「台灣立建國」、公佈「台灣國憲法」。但為了不肯到法院，竟自焚身死，連民進黨主席黃信介也說「沒有如此激烈之必要」。今分歧集團卻藉他的死大作文章，希圖樹立一個「台灣烈士」形象。

所謂「烈士」，必依最高的道德品操為判準。如文天祥真正到了「成仁取義」，才是最高的烈士典型，所以他是千秋萬世公認的「民族英雄」。「台獨」不但要分裂國土，還欺宗滅祖不承認自己是中國人，這是「反仁義」的非道德目標了。執著一個非道德目標而執迷不悟，乃至自焚，這樣的形象能否稱為「烈士」？人間歷史自有公評。

◎王幸男郵寄炸彈案內幕

消息：

四月廿日《自立早報》報導：〈台獨聯盟〉主席許世楷昨日表示，台獨盟員王幸男曾經透露他決心作台灣人不敢作的，用郵包炸彈炸國民黨高官，係受被驅逐出境的〈台南神學院〉英籍彌迪理牧師離台前一番話所影響。一九七一年長老教會發表「國是聲明」一事，經調查係彌迪理首先提議發表此一聲明的人，當被驅逐出境，長老教會舉行歡送會時，彌迪理的一番話感動了王幸男，於赴美後加入了「台獨聯盟」，決心採取暴力手段，用郵包炸彈謀害謝東閔等一些高級官員。許世楷去年在美國加州夏令營遇見彌迪理牧師談到這回事時，彌牧師表示「我不殺伯仁，伯仁因我而死」。

評析：

長老教會中某些組織是與「普世教協」掛鈎最密切，且是在別國從事政治顛覆最兇狠的「假宗教之名行魔鬼之實」組織。由上引消息更進一步證明了。

◎龍山寺抗議設「鄭南榕靈堂」

消息：

四月廿日《中央日報》等報報導：民進黨雙和聯誼會未經〈龍山寺〉同意，將引火自焚鄭南榕的靈堂設在龍山寺內庭，經交涉拆遷未果，引起該寺信徒不滿，聚眾到市議會向治喪委員會民進黨議員顏錦福抗議交涉。龍山寺抗議陳情的信徒兩百人身穿袈裟，手持「宗教與政治無關，請拆遷鄭南榕靈堂」、「寺廟內絕不可設靈堂」、「請不要藐視佛祖」等白布標語，在市議會門前抗議時表示，九日當天數位民進黨人士強行進入龍山寺內搭建鄭南榕靈堂，經寺內人員阻止無效。

評析：

照佛教規矩，寺廟是供奉神佛的聖地，絕不許設喪事的靈堂。民進黨人員硬要在佛門聖地龍山寺設靈堂，已是不對，同時，此次葬禮又是由一群基督教台灣長老會的牧師來主導，這簡直是豈有此理！難怪龍山寺信徒們大為震怒了。

消息：

◎林豐喜被捕

四月廿七日《聯合晚》報導：涉嫌三次聚眾非法遊行，並連續兩次藉故不到法庭應訊而被通緝的「農民聯盟」主席兼〈民進黨台中縣黨部〉主任委員的林豐喜，今天凌晨被警方拘捕，移送台北地院歸案。據台北地院指出，林豐喜共涉及七十七年「三一六」、「四二六」、「五一六」三次帶領農民非法聚眾遊行，妨害公務，毆傷執勤警員多人刑案。於本年二月廿七日，三月十四日兩次開庭，均未到庭應訊，經通緝後乃拘捕歸案，依法審理。

林豐喜被捕後，「農盟」幹部隨即在立法院召開記者會並發表聲明，決定於五月十六日發動一千二百農民到台北街頭示威遊行，訂名為「農民大革命、農民大翻身」，向國民黨中央、行政院、立法院、經濟部、農委會、警政署，就政治迫害、農民組織、農產品運銷等提出抗議。

評析：

「台獨」的顛覆奪權策略，是煽動工運農運、學運、環保、兵運，發展成五條戰綫，用以孤立和打擊政府。民進黨幹員林豐喜領導的「農民聯盟」就是執行「農運戰綫」的司令部。上引消息中各次暴力刑案，只是預謀行動中小焉者，他在記者會聲明中表示，將來還要發動「農民大革命」，實現「農民大翻身」。至於如何「大革命」法？他們定有打算。

消息：

◎「民進黨」成了合法政黨

五月十日《民進黨報》發表〈民進黨完成備案告台灣同胞書〉，其要點有：本黨完成備案程序，是四百年來台灣人民民主宏願的憑藉，願與台灣人民共同打拚，台灣前途絕不能寄望於國民黨老大的獨裁政權。本黨與台灣人民共同爭取使國民黨放棄電台、電視台的壟斷；情治單位停止對在野黨的調查、監視和出入境檢查；立即釋放政治犯並撤銷目前的起訴和偵訊案件、恢復政治犯公權力與工作權；取消海外黑名單；國民黨放棄對軍隊、警察、情治單位、教育的控制權；國會全面改選、國民黨不得以國旗、國歌作為黨旗黨歌；不得以黨義為憲法根源，以釐清政黨與國家的認同。本黨願與所有台灣同胞攜手「重建」一個為民所有為民所治的國家！

評析：

此「告同胞書」等於是〈民進黨〉公開上市時所發表政綱政策的宣言。可以斷言，該黨登記成為合法政黨之後，台灣將永無安定之日；根本原因是：該黨絕不肯放棄「台獨」

的根本思想與路線。尤其該黨的核心分子連「中國人」都不承認，是民族敗類、可恥的漢奸。

◎「文化台獨」開始了！

消息：

五月十一日《首都早報》發表「揭開國家教育權的黑盒子」、「高中國文教材改革芻議」等文章：現行高中國文教材有下列缺點，應予改進：(一)「我們國家的立場和國民的精神」、「黃花崗烈士事略」等文，政治色彩過濃。(二)「出師表」、「正氣歌」等文，為專制政體哀悼，開時代倒車。(三)全部教材充滿大中國漢族價值標準。(四)全部教材缺乏台灣本土意識及台灣歷史探討，只講「大中國」五千年文化，對台灣歷史不學不問，豈不哀哉！

應揚棄權威體制介入教育，把教材的選擇、課程的編成、教師的教育等還給國民，還給原住民。我們反對公權力介入教育。

評析：

台獨集團不承認自己為「中國人」，必然要從「文化改造」著手做的！

◆七月號

◎自吹自擂的「鄭南榕葬禮」

消息：

五月廿日首都早報以〈自由的火焰在燃燒〉為題說：昨天鄭南榕的出殯，場面非常壯觀莊嚴，全島各地人都來參加，沿途兩旁擠滿了人，有些人悲傷流淚。被統治當局不准回鄉

的陳婉真也來參加，這是被打成「叛亂」的鄭先生的殊榮，有人說比蔣介石出殯的盛況有過之。在台灣，是五十八年前抗日領袖蔣渭水「大眾葬」之後，又一次出現的盛大葬禮。不過，蔣渭水是抗議日本，鄭南榕是對國民黨的統治抗議。當中共虎視眈眈想併吞台灣之今日，鄭南榕代表台灣人民要求「獨立建國」的呼聲，反而遭到國民黨政權的彈壓。

評析：

這完全是自吹自擂的胡扯！鄭南榕之葬禮，實是冷冷清清，到總統府前參加遊行的人還是那幾百名從各地「趕場」來的老面孔。為「台獨」而自焚的事，更被廣大台北市民視為可恥可悲。此事也由「民進黨」秘書長張俊宏公開指評，認為搞台獨沒有市場，不合時代需要，「值得深思」了。

◎十大「台獨烈士」

消息：

消息五月廿五日《民進周刊》以「台灣國十大烈士」為題，頌揚「台獨」狂熱分子，其要點：1.準備槍殺蔣經國的鄭評，希望以暗殺國家元首的手段，實現台灣獨立建國的目標，結果被判死刑。2.王幸男回國寄郵包炸彈給謝東閔等人，以擴大台獨運動的聲勢。3.在美國的台灣獨立建國運動勇士黃文雄、鄭自才等，於一九七〇年在美槍擊蔣經國雖未成功，但我們對其深致敬意。4.蔡有全、許曹德兩人，於一九八七年在台鼓吹台灣獨立運動不遺餘力，被判徒刑八年。5.鄭南榕多年來推動台灣獨立建國運動，倡建新國家，公佈「台灣國新憲法」，最後為「台獨」理想自焚以殉。以上各人均被我們尊為「台灣建國運動十大烈士」之列。

評析：

台獨是出賣國家民族的漢奸，而這十名漢奸分子又多是崇尚暴力暗殺的恐怖分子，故屬「壞蛋中的壞蛋」，稱為「十大漢奸魔鬼」還差不多。今民進黨將他們奉為「烈士」，如此無文化識見，豈不笑掉有識之士的大牙？

◎台獨對北京動亂的看法

消息：

五月廿八日《時代週刊》的編輯室報告中說：中國北京天安門廣場的學生絕食抗議，佔滿台灣大小傳播媒體的版面，使台灣本地重要新聞反淪為地方版，真是不幸！北京學運也帶給本地政客們作秀的靈感，有的辦愛國秀，有的提議揮軍北上，他們真是投機與無知。其實台灣人民和北京學運，風馬牛不相及，根本難以體會所謂「民族情感」，台灣有台灣的問題，而須先解決台灣自身的出路。兩岸人民誰也別想充當對方的救星，自求多福是最踏實的作法。如果這麼想，我們對北京學運才有較客觀的省思，起碼我們要借鏡天安門運動的得失，以供我們推動台灣民主運動的參考。

評析：

大陸學運與天安門事件，是人類社會共同關心的，世界上所有的國家元首都對此事公開表示各種程度的關切。就只有台灣那撮台獨分子，竟說「難以體會民族情感」，真是喪心病狂了。

◎「六・一二事件」判決

消息：

六月十日《首都早報》載：民進黨中央黨部昨日針對謝長廷被判刑案，發表聲明譴責：「此案係國民黨操縱司法所為之政治判決。民進黨誓為謝長廷之後盾，繼續進行民主運動，實現國會全面改選」。

昨日謝長廷召開記者會表示，這次他的被判刑，「係一場不流血的政治迫害」云云。

評析：

謝長廷率領暴民，於七十六年六月十二日聚眾「反對制定國安法」並要求「國會全面改選」，在遊行、示威時毆傷維持秩序的警察多人，還毆辱〈愛國陣線〉之愛國人士，到了瘋狂滅裂的程度，嚴重違犯刑法。且其要求「國會全面改選」旨在消滅我中華民國之合法地位，進而實現台獨；這次判刑一年半，實屬刻意輕判。而民進黨中央和謝長廷本人，卻昧著良心，汙衊國民黨「操縱司法」、進行政治判決，搞政治迫害」，云云。

最堪同情的是，同案被判刑的許承宗、吳東沂等二位愛陣人士。愛陣恰在同日到立法院去請願支持國安法的通過，卻被謝長廷所指揮的暴民包圍在立法院客廳達廿小時之久。檢察官因畏懼台獨集團的勢力，把許、吳二人也一起移送法辦，一審判決分別處九個月及二年徒刑。這正是「護法有功」變成了「愛國有罪」！

◎朱高正這次做對了

消息：

六月十四日及十五日各報報導：民進黨最初由各反對派系、山頭勢力湊合而成，因私利互相衝突爭奪不已，所以實際上是個沒有光明正大的政治理想、而勇於私鬥的利益結合體。在這次台北、桃園、嘉義、雲林等縣選舉提名中，就互不相讓、內鬥慘烈。例如朱高正與黃爾璇為爭取雲林立委提名。使民進黨頻於分裂的邊沿。朱高正在十三日舉行記者會，公開揭發民進黨中的「新潮流派」專在黨內搞「敵我鬥爭」、鼓吹「台獨」是台灣民主政治發展中「毒瘤」，在「新潮流派」中的黃爾璇自己想競選而要求朱高正退出立委競選後，朱痛斥民進黨搞「劣幣驅逐良幣」，聲言如初選落選他將退出「民進黨」等。「新潮流派」則在雲林組成「黃爾璇黨內初選後援會」，支持黃爾璇提名，發表抨擊朱高正聲明，痛斥他患「不適應症」、「反覆無常」等，鬥得水火不相容。

評析：

數年來朱高正所作所為，受到大眾的非議。但這一次他做對了！「台獨」確實是民進黨的「毒瘤」。讓「台獨」留在民進黨，民進黨永不會被人認可為一個「忠誠的反對黨」。朱高正還是有勇氣的。

◆八月號

◎李筱峰是什麼人

消息：

六月十七日自立晚報報導：〈世界新專〉講師李筱峰，在期末考題中以「二二八事件」及在野政黨等敏感性時事為題目，導致教務處拒用，並要求李筱峰重新出題。他則認為學校已「嚴重侵害教學自由權及學術自由權」，乃聯合〈教權會〉提出申訴。教權會於昨日召開記者會，該會書記長石文傑認為：世界新專不應該拒用李筱峰的試題，這是嚴重侵害了教師的「教學自主權利、學術自由權」的案件。況且，學校只是管行政，不應干涉教師的教學，更沒有權評定教師的命題內容。

評析：

李某就是撰寫〈恐龍的傳人〉一文，污辱中國人的那個人。他罵侯德健〈龍的傳人〉那首歌是「作者卻捉住了這條蟠纏在漢民族心中的龍，做為喚起團結認同的指標，不免令人感到寒心。」其心態可想而知。但不知世新為何聘請這類人來做老師？此種人連民族情感都沒有的，當然誤人子弟，當然招致校政的莫大困擾。

◎民進黨人家族意識

消息：

六月廿四日《聯合晚報》報導：民進黨經常批評別人搞家族政治、阻礙新人出頭。例如：今年高雄餘余家班推出餘陳月瑛參選縣長，余政憲、余玲雅分別參選立委及省議員；新竹施家班的施性融及施性忠之妻莊姬美參選市長，施性融之妻魏秀珍參選省議員；台北市黃信介之黃家班的藍美津參選市議員，黃天福參選立委。為各家族抬轎子的許多才俊之士，仍只有抬轎子的分，無法參選出頭。

評析：

上引消息所舉只是民進黨中人士搞「家族政治」的幾個例子而已。近年來他們出的祖孫幫、夫妻幫、兄弟幫、裙帶幫、叔姪幫實在不計其數。他們口喊「民主進步」，誣罵別人特權，自己卻背道而馳，比別人更「封建」、更偏私。本來，民進黨就是一個複雜的各派人物的大雜會，「角頭政治」、「家族特權」是主流，所謂「民主進步」不過是幌子而已。

◎朱高正火拼「新潮流」

消息：

七月一日《中央日報》以「分黨清黨退黨」為題分析民進黨的本質說：朱高正發表長文批判民進黨新潮流派是採「死硬的零和鬥爭路線」、「盲動的群眾運動路線」、「冒進的台獨建國路線」、「激烈的革命傾向路線」，一意追求「新國家、新憲法」目標，要求「你死我活、全有全無」的鬥爭手段。

民進黨〈新潮流派〉針對朱高正及民進黨美麗島系的指責也發表聲明，指責美麗島系推動「國會全面改選」，陰謀另立山頭，許多幹部不守公共道德，假藉職權搞榮星弊案、大湖購地弊案、謀取私利、承包工程、炒地皮、特權關說、為特種行業撐腰等，真是無惡不作！

評析：

這場「民進黨」內的力拼，姑勿論誰是誰非，但朱高正能夠如此直指台獨派的不是，其道德勇氣是令人刮目相看的。

◎炮製第二個「台獨烈士」

消息：

七月四日《首都早報》訊：為追悼五一九在總統府前廣場引火自焚的詹益樺，關心人士已組成北、中、南三個籌備會，並決定於七月下旬舉辦北區追悼會，八月十三日配合「世台會」，更在鳳山舉辦大型追悼會。詹益樺以自焚方式凸顯自己理念，部分支持他的人組成追悼籌備會，由現任農權總會副會長戴振耀任總連絡人，加強籌辦中。馬偕醫院雖拒借禮堂作追悼場地，但七月下旬北部追悼會仍照辦不誤。

評析：

據五月廿日報載，詹益樺之父母和妹妹一致說詹益樺膽小不會自焚，其被汽油燒死一事，完全是被「民進黨」當猴子耍，遭受哄騙被害死的，他們堅拒前往認屍和領屍。而今，某些陰謀家竟將冤死的詹益樺捧為「台灣魂」、「台灣建國烈士」，大辦追悼會，想塑造成另一個鄭南榕。世人自會明辨是非，不會被愚弄的。

◎彭明敏要回台選總統

消息：

七月四日《首都早報》報導：推動總統民選，彭明敏興趣很濃，他為清除返國路障，委託律師團謀求對策。他認為他當年憑一己的決定逃脫台灣，在海外流亡廿多年，他也將根據自己的判斷，在適當時機回來台灣。被列入黑名單之首的彭明敏，透過他委託的律師團昨日向國內傳播媒體表示，他對台灣的總統民選有興趣，必要時可以回來推動這項運動。這個律師團曾共同往訪高檢處和法務部長，就撤銷對彭明敏的通緝、允許其返台事項進行洽談。青商會並決定邀請彭明敏回台參加本年九月本屆十大傑出青年頒獎典禮。

評析：

彭明敏是什麼貨色？海外著名「台獨專家」劉添財研究得最清楚。他有《評彭明敏回憶錄》大文，最是剖析得鞭辟入裡。讀者不妨拿來看看，（該文載於龍旗出版的《耶酥在

哭泣》一書中）

◆九月號

◎陳水扁致「卵巴」詞

消息：

七月廿九日出版《時代》周刊在〈返鄉戰士〉一文中說：七月廿四日，許多朋友在大同區公所禮堂為陳婉真舉辦了一場「爭取返鄉權，就看這一仗！『陳婉真闖關事件一週年』群眾晚會」，會中高唱了「出外人」、「勇敢的台灣人」等歌曲。陳水扁律師致詞說：「無卵巴比有卵巴的勇敢，有卵巴的做不到，無卵巴的陳婉真做到了。而陳婉眞比孫中山更偉大，孫中山十次才成功，她兩次就成功了」。

評析：

陳水扁身為律師，居然大說「卵巴」詞，其粗鄙令人驚訝！陳婉真居然能偷渡回來公開造反，我治安漏洞更令人驚訝！

◎民進黨臨全會在中山樓召開

消息：

七月卅日《中央日報》報導：這次民進黨在中山樓開臨全會，未依國家常規唱國歌，而播放了些外國歌曲和台灣民謠。主席未恭讀　國父遺囑，儀式中也沒向　國父遺像及國旗行禮，只用歡迎民進黨旗來代替一切。介紹候選人時，總忘不了說些「曾受政治迫害」之類的話，其實某些人是因犯了國法有憑有據才被判刑的，這不是一個正派的政黨應有的作風。

八月十日〈民進黨臨全會〉，大會一開始就播放英國「威風凜凜進行曲」、「奧運開幕曲」等。黃信介致詞時，主張廢除〈臨時條款〉，民進黨進居執政黨，年底大選目標在縣市長，實現由地方包圍中央。高玉樹致詞時為雷震、孫立人案鳴冤，並說國民黨腐敗。蘇貞昌以台語發言說，民進黨要從台灣尾拼到台灣頭，大家團結來執政，使國民黨政權結束。余陳月瑛發言說，希望民進黨大打拼，使國民黨永遠是在野黨。云云，黨員大鼓掌。

評析：

人人皆知，民進黨死皮賴臉爭取在中山樓開會，目的是在擴大「台獨秀」，為台獨造聲勢；甚至有人說「在中山樓開會等於攻佔了國民黨的保壘」等，這是必然的。問題是《中央日報》還以「欠缺大黨氣度」來要求他們，其「姑息養奸氣度」未免太過份了吧？

◎長老教會倡「台獨倫理觀」

消息：

七月卅日《台灣教會公報》發表「台灣與中國之關係」一文，喊出「台灣獨立倫理觀」邪說。其大意是：由於長年以來國共兩黨極力醜化主張台灣獨立的人士，影響台灣獨立自主觀念的成長和發展，所以確立「台灣獨立自主的倫理觀」是當務之急。台灣獨立自主倫理觀至少包括下列諸點：1.台灣人民存心把祖先辛勤拓植的鄉土和家園，完整的交給子孫，保障子孫的自由幸福。2.台灣人應使台灣享有獨立自主的國格，使台灣人民有尊嚴與責任，使台灣人民有新文化成為新人民。3.台灣獨立自主的人民應拋棄傳統中國政治的封建包袱，擁有自己的新憲法，新國會。4.獨立自主的台灣和「中國」為分家而治，成兄弟之邦，互相奧援而不互相敵視，鼎立於國際之間。5.獨立自主的台灣，對世界和平和人類福祉更為關切，與世界愛好和平的人民攜手合作。

評析：

上引「台獨倫理觀」，其陰謀是在為台灣獨立叛國運動製造說詞，極盡歪曲編造、挑撥分化、煽動蠱惑之能事。這個〈長老教會〉多年來不傳上帝福音，專搞政治性的「台獨」叛國活動，真是比魔鬼更魔鬼。上帝說：真理必戰勝邪惡；欺宗滅祖的行為就是聖經上說的「不義之行」，任它說得天花亂墜，必然會遭到被上帝毀滅的下場。

◎民進黨籍軍人「敵前抗命」

消息：

七月卅日《中央日報》台北訊：國防部軍事發言人室昨天強調，金防部所屬某部通信營上尉蔣俊華及工兵營上尉方瑞旭，是因無故不參加防衛部七月廿四日舉行的演習，經查屬實，移送法辦。國防部調查指出，該兩員均坦承演習期間不假離營、外出看電影、遊蕩不諱，以涉嫌「敵前抗命」移送法辦。蔣俊華係民進黨員，引起民進黨關切。

八月十日《民進》周刊報導說：金防部收押民進黨員是「政治迫害」，因蔣俊華未參加演習即以抗命罪收押，被栽贓的可能性不小，這可能涉及政治迫害。在中山樓開會的民進黨群情激憤，決議組成「蔣俊華救援小組」，並請民進黨立法院黨團向國防部提出緊急質詢，調查本案實情，伺機提出反駁。

評析：

軍中演習視同作戰，尤其在金門戰地演習，更不能視同兒戲。民進黨籍的蔣俊華同另一軍官，不請假擅自離開軍隊外出遊蕩不參加演習，當然視同「敵前抗命」，一同送軍法單位依法處理。而民進黨誣叫「政治迫害」，大搞政治栽贓，進而組織「救援小組」，大搞政治運動，醜化三軍、破壞團結。希望國軍徹底清除這些敗類，以免影響國家安全。

◎政府對台獨放縱了

消息：

八月四日早報和晚報報導：繼陳婉真透過非正式管道入境台灣後，被政府列為「黑名單」又經非正式管道入境的〈世台會〉第十六屆年會總幹事羅益世，昨日在張俊宏及〈民進黨高雄市黨部〉主委周平德的陪同下，公開向新聞界說明這次返台是經非正式管道入境，來台籌備八月十日在高雄舉行〈世台會第十六屆年會〉事宜。這次世台會海外成員已有十多人經過各種管道進入台灣，並有民進黨高雄市黨部協助籌劃開會事宜。開會活動除舉辦鄭南榕、詹益樺追悼會外，並討論訂定「台灣新憲法」，建立「台灣新文化」、「台灣新環境」、「台灣新社會」等。世台會重要成員如因「黑名單」限制不能返台，將由其家屬代表出席。

評析：

世台會全名為〈世界台灣同鄉聯合會〉，海外台獨漢奸以這個台灣同鄉會為掩護的組織，歷來的骨幹分子蔡同榮、李憲榮、陳唐山、史明、彭明敏等，無不是狂烈的台獨分子。去年八月返台開年會，與「民進黨」狼狽為奸，大唱「台獨」

濫調。今年這些人又來台開年會，而且多人不知怎樣偷渡入境。由此可見兩個問題十分嚴重：1.為何政府允許這樣的「團體」回來開會？2.為何陳婉真等人能非法入境？政府故意「放水」嗎？希望政府給人民一個滿意的交代。

◆ 十月號

◎「世台會」無法無天

消息：

八月十六日《中央日報》等報報導：政府對「世台會」以誠相待，准其在台開年會，但一直未得到該會善意的回應。今年第二次回台開會，不僅其領導人具有台獨主席等身份的李憲榮、羅世益等非法入境，且其在台的活動無法無天，擅自籌組「自衛隊」，保護「世台會」份子李憲榮等之非法活動，結合台灣政治反對人士，到南北各地煽動分離意識，狂言建立「台灣新國家」、訂立「新憲法」，選舉「新國會」，「使台灣成為新而獨立國家」。教唆其「自衛隊」用棍棒鐵條砸破計程車窗玻璃、攔阻警察單位巡邏車輛盤查，阻止執行警察勤務，搶走警察執勤用的對講機。這群「世台會」分子在國外醜化我政府、破壞我外交、高喊「打倒國民黨這個土匪政權！」今又來台如此猖狂，真是無法無天！

評析：

「世台會」之台獨分子結合國內分歧人士之無法無天言行，在任何國家都會抓拿依法嚴懲。我政府卻軟弱無能，任其胡作非為。去年准其回台開會，已是如此，為何今年依然「以誠相待」？由此不禁令人懷疑，領導階層中有些人根本是「台獨」的同路人才會如此！

◎「新潮流」遭批判

消息：

八月廿一日及廿四日自立早報分別以「台灣學生自治聯會」，「台灣和平促進會」名義，發表〈正告暴力台獨新潮流聲明書〉，其要點是：這次由台獨聯盟及新潮流系支持合辦的「世台會」，發生圍毆反對台獨人士之暴行事件，台獨人士及新潮流竟推脫本身始作俑者的責任，他們窮其口舌蠱惑善良百姓支持暴力台獨，進而將台獨變為道德及信仰，對反台獨的人士以一幅「非我族類」、「順我者昌、逆我者亡」的手段予以羞辱和打擊。平日在高雄橫衝直撞、毆辱警察、破壞公共秩序，對不同意台獨的人士，動輒予以羞辱和難堪，流氓就是流氓，多喊幾句暴力台獨口號，也變不成紳士。希望新潮流不要把暴力台獨神聖化成為一種道德信仰，也不要自己違反了潮流不自知而淪為下三流。

評析：

據各方研判分析，上引消息中發表聲明的兩個團體，均是認清楚台獨聯盟和新潮流系的暴力台獨真面目，極端厭惡他們醜陋行的台灣同胞所組成。由此足證，有理性的台灣同胞必是堅決反對「台獨」的。

◎ 波羅的海三小國何能比台灣

消息：

八月廿六日出版的《時代》周刊以「哭喊獨立」為題報導說：波羅的海三小國之愛沙尼亞、立陶宛、拉脫維亞，與蘇俄國土相連，經濟上十足仰賴蘇俄，目前無充分獨立條件，但是，獨立的呼聲日漸高漲，他們在其首都各懸各的國旗。這樣的趨勢，正是戈巴契夫改革政策的必然結果，政治愈自由，獨立的呼聲愈高。三小國獨立運動可作台灣獨立活動的借鑑。為台灣的前途計，我們應儘早把台灣獨立運動放入公平競爭的比賽規則之中，是台灣人民之福。國民黨不謀此途，反以叛亂罪封殺台獨運動，在民主浪潮之下，終將證明國民黨是不可赦的歷史罪人。

評析：

波羅的海三小國，本來就是與俄國不同民族的獨立國家，被蘇聯武力吞併。蘇聯解體自然要求復國獨立。而台灣本來就是同文同民族的中華民國領土，由我中華民國犧牲三千萬軍民生命自日本帝國主義鐵蹄下光復回來，這與波海三小國情況完全相反！民進黨及其台獨幫夥鬼迷心竅，昧於事實，妄想藉波海三小國爭獨立運動，鼓動台獨叛國風浪。愚昧荒唐，莫此為甚！

◎「逼退秀」無奇不有

消息：

九月二日《中央日報》報導：昨天是立法院第八十四會期報到，民進黨立委吳勇雄、余政憲、尤清、王聰松等人共同表演「逼退秀」，他們進場後手持「快退職、免報到」、「回家享受天倫」等標語，向資深立委黃玉明、吳延環等人遞送玫瑰花和退職表，向一些資深立委勸退，遭到資深立委的婉拒。有的立委無法承受這番羞辱，正顏厲色予以拒絕；引起民進黨立委叫罵聲四起，造成場內一片混亂。幸經在場警察維持秩序，才平息了這番暴亂。民進黨組成「趕老賊下台行動委員會」，將於九月十九日，舉行另一波逼退行動。

評析：

近年來，民進黨為了消滅中華民國國會及中華民國法統地位，另改選實質台灣國會，實現「台獨」陰謀；不斷以各種卑劣手段逼著資深中央民代退休，如叫罵「老賊」、「老不死」，送輓聯花圈，吐口水，送測驗卷，所有羞辱手段無奇不有。

民進黨本來是分歧集團，如此「逼退」當不稀奇。奇怪的是，國民黨的林鈺祥等人也有樣學樣，怎能不令人擔心！

◎余登發死亡，妖言紛起

消息：

九月十四日自立晚報報導：十三日發現余登發死亡，民進當決策人士將余登發之死斷定為政治謀殺，使民進黨充斥著恐怖氣氛。由林義雄案和陳文成案皆尚未破，更供民進黨推測余案是由於政治因素。

九月十五日自立早報報導：如果余登發案破不了，社會一定對執政黨不滿，甚至懷疑是執政黨下的手。因余反對台獨，也有人懷疑是台獨派人士下的手，但這種可能性不大。民進黨中央黨部，在余登發死亡後，發表聲明指稱，該案係國民黨之政治謀殺。黃信介表示，有人說他要將余登發之死賴給國民黨，他當然耍賴，因為國民黨負治安責任，必然要為余案負責。台獨分子許信良、陳菊和民進黨傅某分別發表談話，認余登發是反國民黨的偉大人物，他的被暗殺是國民黨用暴力維持政權的開始，台灣人民應勇敢的反對這種作為。但一般社會人士，希望對余案不要妄加推測。

評析：

余登發怎樣死的？如係他殺，兇手何人？正由司法機關全力偵辦中。而分歧政團和海外台獨卻喜不自勝，認為這是打擊「統派」和打擊國民黨求之不得的「一箭雙鵰」好機會！因為近年余登發不斷痛擊「台獨」，更同胡秋原等統派人士赴北京拉攏中共一齊「反獨」，令台獨漢奸集團十氣惱，如今余老忽然死了，在「大快人心」之餘，正好加罪於國民黨！於是在海內外以排山倒海之勢，製造出毒流滾滾的栽贓謠言，大栽國民黨「政治贓」，誣說「余登發之死是國民黨政治暗殺」等，甚至把過去所作過的栽贓話題重新搬出，以醜化和打擊國民黨。其實國民黨沒理由也絕不會加害余登發，最近還十分感激他的「反獨情操」呢。

其實，如果余老真是被暗殺的，合理推測應是台獨暴力分子下的毒手，正如林家血案、陳文成命案一樣。試想，台獨暴力分子連蔣經國、謝東閔都敢下毒手實行暗殺，對付其他人還有誰不敢暗殺的？

◆十一月號

◎「民進」利用余登發之死

消息：

九月十七日某《首都早報》報導：民進黨高雄縣黨部發動兩千多人遊行示威，追悼余登發。九月廿一日《自立晚報》報導：民進黨之謝長廷等在其中常會中發言，認為余登發案政治性濃厚，很像江南案，似為有前科的情治單位幹的。九月十八日某晚報報導：頗有名氣的民進黨員陳滿，因常至余登發宅悼前余縣長，竟在回家途中遭到轎車蓄意追撞，陳滿認為這是政治陰謀。九月廿一日《中央日報》報導：余登發家屬將余登發全身裸體照片印成六種傳單，向外四處散發，傳單上印有「一九八九年悲憤城市」字樣。又訊：余家由民進黨陪同舉行記者會，指余登發不會是意外致死。九月十四日《聯合晚報》報導：余登發昨天早上猝逝，民進黨立刻發表聲明說，這是陳文成案的重演，國民然應有明確交代。九月廿日某早報報導：民進黨立委在立院質詢，指責國民黨偵辦余登發案，故意淡化「政治謀殺」，並要求關中停止介入余案。九月廿四日某晚報報導：民進黨高雄縣黨部立委楊金海，帶一百多民眾前往縣警局抗議對余登發案處理不公。

評析：

余登發九十高年在其家中死亡，經中外名法醫驗屍檢查，沒發現任何他殺證據。這本一件輕鬆平常的事，但在上引消息中顯示，民進黨部編造各種歪詞歪理，動員全黨力量，用余登發案醜化國民黨，向國民黨頭上扣帽子、栽政治贓，甚至不惜冒天下之大不韙，將老人衣服脫光拍照，作傳單，使老人死而受辱，銜恨九泉。民進黨這種做法，教人齒冷。

◎硬拉陳婉眞出馬競選

消息：

九月廿四日《自立早報》報導：昨日民進黨台北市黨部召開會議，投票徵召陳婉真投入台北市第三選區參選市議員；上午十時至下午五時，陳婉眞整日在市黨部向前來投票的黨員致意。下午五時進行開票，結果同意票為三百十七票，反對票為十七票，另三張廢票。稍後，市黨部召開記者會，向外聲稱民進黨中央無任何電話或公文「否決」陳婉眞案；此次投票通過徵召案後，將提報中央核定。

評析：

陳婉眞和她丈夫張維嘉都是激進的台獨分子，曾揚言要使「中華民國政府在地球上消失」，自偷渡返台以來，更經常從事台獨活動。而今，民進黨台北市黨部竟通過徵召她參加台北市議員選舉，證明了民進黨人多半是台獨分子。

◎長老教會血口噴人

消息：

九月廿五日《自立晚報》報導：基督教台灣長老教會在最近一期《台灣教會公報》中，以「他的血比從地裡哭泣」為題，發表對余登發被殺的看法。該文說：余老先生不幸遇害，這是四十多年以來，台灣政治運動中一再出現的病症，從事政治反對角色一職面臨生命威脅，有被滅門謀殺、恐嚇、摘官、抄家、放逐等等，甚至被扣以「叛國」罪名背負終身，從二二八事件到余老命案，我們看到台灣人為爭自由、民主而付出的悲慘代價。聖經創世紀中說：「你弟弟的血從地下發出聲音，向我哭訴！」

評析：

余登發之死，現在已可判定是意外死亡。該教會在無任何證據下，一口咬的就是「國民黨政治謀殺」，真是魔鬼行徑！聖經說：「血口噴人的，包藏禍心的進不了天國」！長老教會那撮人要悔改了！

◎許信良偷渡入境

消息：

九月廿七日，許信良偷渡被海防部隊截獲拘留，成了大新聞。

九月廿九日《聯合晚報》報導：許信良偷渡入境一事，早在許多人意料之中。其弟許國泰為重要成員之一的「台灣政治經濟研究室」，數月前已作好沙盤推演工作，作好各種計劃。據該室成員透露，如許信良偷渡入境成功，就在十月正式露面，露面後有被抓和不被抓兩種可能。若入境失敗，有被遣送出境和關監坐牢兩種可能。對各不同情況，政經室均有因應計劃，這些計劃的最終目的就是為年底選舉造勢，以及許信良個人政治生涯的再出發。以現在情況來分析，政經室已經開始積極動員各地群眾展開造勢運動，其中以桃園地區為主。如果許信良獲釋放，其聲援行動不會停止；如獲釋放或交保候傳他將舉行一系列演講會和說明會，推動「還政於民」、「還財於民」等運動，推動「由地方包圍中央」的政治戰略。

評析：

世人皆知，許信良是美國暴力台獨首腦，他主張在台建立遊擊隊，用武力推翻政府，與左派台獨洪哲勝共組「台灣革命黨」，主張於台灣獨立後實行社會主義。他還編印「城市遊擊戰手冊」，教唆在台如何展開回游擊戰。多年來，盛傳他到大陸得到中共援助，此次偷渡回來，是從福建上船的。

♦ 十二月號

◎「新國家運動」醜劇上演

消息：

十月廿五日早報報導：民進黨新潮流系「新國家聯線共同政見」已出爐，他們提出「建立東方瑞士台灣國」。他們的「新國家」政見共廿四條。大要是：制定台灣新憲法、選舉新國會、建立新國家；與中共建立和平共存關係；國防武力以自衛為原則，大量減裁陸軍；廢除徵兵制，採行募兵制；成立原住民自治區；建立以台灣為主體的台灣新文化，揚棄虛幻的中國意識和文化；學校採雙語教學，尊重各地方言。廣大人民才是和國民黨作戰的主力，今後堅持群眾運動路線。

又訊：由民進黨人和〈政治受難者聯誼總會〉舉辦的「新國家正名運動大遊行」，昨天在台北市重慶南路等鬧區舉行大遊行，險些和鎮暴部隊發生衝突。

評析：

海內外台獨分子早已發出狂言：「今年底台灣的大選是台灣獨立建國的關鍵時刻」、「國民黨政權難抵今年台灣獨立建國的風浪」等。由於這些狂言，刺激海外台獨和國內民進黨偏激政客，燃起一股「台獨熱」，認為不大喊「台獨」就不夠「民主進步」。於是「台灣共和國新憲法」、「台灣共和國基本法」等，紛紛加工趕造、炮製出籠，一起搬上競選的枱面。上引消息中所述情節，只是五花八門的台獨展覽品之小部份而已。

◎瘋狂搞「瓦解國軍」陰謀

消息：

十一月三日民進黨出版的《民進世界》等刊物，集中文宣火力大搞「毀軍奪權」運動，其發表誣衊三軍的文章計有：「解放軍奴」、「體檢郝柏村的保台戰略」、「國軍開著吉甫車獵狗」、「評定國防政策的世界標準」，「虛偽造假的軍中秀」、「毀滅導向的國防計畫」、「新國防守則十條」、「老鳥吃菜鳥」、「台灣人民正式向軍特集團宣戰」、「台灣治安太壞，郝柏村應下台」、「特務教官出賣細胞學生」、「李艷秋的教官哥哥」等許多篇。在文中說：台灣充員兵是「軍奴」、國防部之國防計劃是台灣「玉石俱焚」計劃，軍官壓迫人民，軍中虛偽造假、軍人干政、將領終必造成台灣人的悲劇、軍中暗無天日、台灣人民要向軍特宣戰、裁減國軍、放棄金馬外島等。

評析：

民進黨人士認為，將來無論是奪取政權或搞台灣獨立建國，或者和中共建立什麼關係，在台的國軍是重大的障礙。所以這一、兩年以來大搞「毀軍奪權」陰謀，用盡所有的手段醜化國軍、謾罵國、滲透國軍、打擊國軍、分化國、阻撓國軍，企圖除去這個眼中釘。上引消息只是他們這種陰謀的冰山一角，國人必須當心！

◎台獨分子紛紛返台搞革命

消息：

十一月三日《自立晚報》報導：除了眾多的海外台灣同鄉返台助選團外，另一個民進黨海外助選團—〈北加州台灣同鄉會〉將返台為民進黨助選。這個北加州助選團於九日抵台，廿日開始為民進黨展開全省助選活動。北加州台灣同鄉會人士由會長廖萬夫率領成員七人返台，希望在大選時為民進黨中各派系候選人助選。他們並希望拜訪許信良、施明德、葉菊蘭、許曹德、蔡有全、高雄縣余家等。

評析：

近來已有陳婉真、許信良偷渡回台，又傳張燦鍙、陳重光、郭倍宏等一些激烈的台獨聯盟會長級人物也將偷渡來台，陰謀為台獨集團助選，並藉機在台製造「革命」。上引消息中要返台助選之美國北加州〈台灣同鄉會〉，也是台獨集團。

◎余家的「用屍」伎倆

消息：

十一月五日《中央日報》報導：自九月十三日余登發被發現猝死，至今一個多月以來，余家一再對外發表「政治介入余案」、「余案確實為他殺」等言論，其目的難免被認為藉命案大作「政治宣傳」。他家甚至將裸體拍成照片，廣為散發，違背常理。經許多專家多日偵察和驗屍結果，證明余登發確是跌倒意外死亡，而高雄縣長余陳月瑛和任立法委員的兒子余政憲等，則堅決不接受驗屍結果，依然認定是他殺，且提二百萬元作為檢舉破案的獎金；並於十一月四日招待記者時發表聲明，表示不滿意也不接受司法單位偵察驗屍的結果。並抨擊國民黨「作賊心虛」，故未向「政治謀殺」方向偵辦。

評析：

余登發已是近九十歲的老人，且日常行動已有困難，其後代竟任其一人在家獨居，不聞不問，由其自生自滅，實有悖人倫之常理。

他逝世前不久，曾公開反對「台獨」，贏得朝野的尊敬。但他死後，其後代卻拿老人之屍體當政治籌碼，實令人百思莫解，也令天下父母心寒。余家是南部政治世家，也是民進黨初期的台柱棟樑，由此令人疑惑，難道〈民主進步黨〉的新興人物，都是冷血動物？

◎五花八門的台獨「新憲法」

消息：

十一月七日《自立早報》報導，據謝長廷在「新國家聯線記者會」上說：已公佈的〈台灣新憲法草案〉計有：許世楷、張燦鍙、黃友仁和林義雄的「基本法」等四部。另外尚未公佈的有：新國家聯線的「憲法草案」，以及新潮流單獨草擬的「新憲法草案」，外傳世台會長李憲榮也研擬一部「新憲法草案」。據了解，已公開的四部憲法草案中，屬台獨聯盟人士的佔了三部，最早公開的是日本台獨聯盟許世楷新憲法草案，刊登在鄭南榕的《時代雜誌》上，台獨聯盟主席張燦鍙的「台灣新憲法草案」曾印成小冊子在台流傳。至於昨天公佈的是林義雄「台灣共和國憲法草案」，新國家聯線的「新憲法草案」，目前已進入「二讀」階段。

評析：

經這兩三年的勾結串聯，和互別苗頭，使國內民進黨和國外台獨集團，臭氣相投，像吃了迷幻藥一樣，一起向「台獨」這個死胡同裡亂鑽。上引消息中所述各類「台獨憲法」，共有七部之多！都是在這種瘋狂病態心理下炮製出籠的，真是「群醜亂舞」的境象了。

七十九年

◆元月號

◎「台獨」傳單口號大觀

消息：

自去年底十一月以來，民進黨在競選活動中訴求主題就是「消滅國民黨、建立台灣國」。茲例舉其宣傳單標題證明之：「拼倒國民黨」、「砲打國民黨司令部」、「國民黨六合彩」、「一黨獨大，血腥鎮壓」、「台灣獨立無罪」、「建立東方瑞士台灣國」、「新國家是台灣人的希望」、「把軍方就地正法」、「選舉是台灣人民與國民黨外來政權的大決戰」、「裁軍建立台灣新國家」、「被壓迫者不是台灣人永遠的名字」、「向國民黨爭取政權」、「打一場台灣人民與國民黨的戰爭」、「同心共建新國家」「打倒惡勢力國民黨」、「請支持台灣新國家的推動者」、「國民黨是共產黨的應聲蟲」、「攜手共創新國家」、「李登輝支持新國家」、「全民共建新國家」、「台灣獨立萬歲」、「打倒國民黨」、「國民黨是隱藏的黑手」、「國民黨、共產黨隔海唱和」、「新國家新希望」、「拆除國民黨圍牆」、「台灣宣佈獨立」、「用選票贊成台灣獨立」、「請看台灣共和國憲法」、「台獨無罪，郝柏村有罪」、「國民黨下台了」、「國民黨王朝天理不容」、「無窮禍患追殺國民黨」、「革除大毒梟國民黨」、「國民黨必死於暴力」、「國民黨天命已盡」、「國民黨蔣家王朝必速滅亡」、「台灣新國會方案」、「新國家，新憲法」、「建立新國，老賊下台」………等。

評析：

綜覽各種口號的核心內涵就是：「民進黨齊心合力醜化國民黨，消滅國民黨這個世仇大敵，就可抗拒中共吞台，然後由民進黨當權執政，實現台灣獨立建國」。

◎「新國家聯線」成立

消息：

十一月十六日《民進》周刊發表「新國聯線誓師出征」一文，大意說：主張建立「東方瑞士台灣國」的民進黨候選人，於十月六日正式宣佈成立〈新國家聯線〉。成立當日並正式對外揭櫫四大主張：(一)台灣主權獨立，基於中立原則，拓展國際關係。(二)台灣與中國互相承認，和平來往。(三)台灣確立本土文化取向，加速新國家意識。(四)台灣制定新憲法，成立新國會、新政府。

此外，宣示以林義雄草擬「台灣共和國基本法」草案，為討論「台灣新憲法」的依據。「新國家聯線」成員為民進黨競選立法委員和省市議員之葉菊蘭、謝長廷、張俊雄、李慶雄、洪奇昌、周慧瑛、劉守成、張溫鷹、李逸洋等三十二人。由姚嘉文、謝長廷、洪奇昌、葉菊蘭等四人為工作委員會召集人，林濁水為總幹事。

評析：

〈民進黨〉菁英分子在其黨內組成這個「新國家聯線」派系，其目的有二重作用，一在黨內與其他派系（如新潮流）爭權利。二在把「台獨」叛國運動公開化，藉此次選舉大肆宣傳，為實現「獨立建國」打樁奠基。

◎海外台獨分子紛紛潛返島內

消息：

十一月十六日各報載：（一）海外台獨重要負責人蔡同榮於十四日在美國華府〈台灣人公共事務協會〉舉行記者會表示，既然陳唐山於近期獲准返台，他也希望能返台，看看台灣選擇情形。（二）〈台獨聯盟〉美國地區主席郭倍宏，於本月初自東部海岸化名「澳原名滿」，偷渡入境。陳婉真隨即聲明「聯合郭倍宏審判國民黨」，並宣佈郭倍宏的「回台聲明」，並說，他因受鄭南榕的感召回台，為民進黨的台獨主張助勢。郭本人後又多次在民進黨候選人政見會上出現，大肆鼓吹台獨運動。（三）在美之〈台灣民主運動海外組織〉代主席洪順五，於十一月十九日持「李伯川護照」闖關來台被捕，他表示為關心年底這次選舉和台灣民主而返台。（四）十一月廿八日晚報消息：今天證實「黑名單」人士蔡正隆、羅世益已返台為民進黨選舉造勢，台獨聯盟主席張燦鍙這幾天也將返台。（五）十一月廿九日《聯合晚報》報導：在美的台獨分子王桂榮、方南雄、許世楷等十多人，均將潛來台灣為民進黨造勢。

評析：

上引消息中所列紛紛返國為民進黨助選的人士，均為惡名昭彰的海外「台獨」頭目。由此證明，把民進黨稱為「台獨黨」，是有充分具體事實證明的。

◎美國政客為台獨助陣

消息：

十一月十八日《中央日報》報導：美國的克拉克應邀最近在東京欲搭機飛往台北時，遭到拒絕，因為他對中華民國的態度不友善，心存偏見，同時他更支持「台獨運動」。他在機場表示，他仍將設法去台灣觀察這次的台灣大選。

十二月一日《自立早報》報導：美國眾議員索拉茲一行五人，於昨晚十時許抵華，來台觀察此次選舉。

十一月廿二日《中央日報》報導：美國參議赫姆斯在參議院中指出，克拉克等人曾攻擊菲律賓政府，支持菲律賓的〈新人民解放軍〉游擊隊叛國活動。此次要赴台，不知為何？

評析：

上引消息所列美國來台「觀察選舉」人士，均對我國不友善的人。長期以來，他們與台獨分子勾結密切，明裡暗裡支持台獨運動。這次應台獨和民進黨之邀來華，名義上是觀察選舉，實際上是為民進黨在選舉中之台獨運動幫腔助威。尤其克拉克是有名的顛覆專家，在美國是台獨集團的幕後軍師，又是菲律賓赤黨遊擊隊的黑後台，他這次被民進黨哀求來台，當然有狠毒陰謀。

◎長老會連續發表「台獨」文章

消息：

台灣長老教會在十一月十九日、廿六日、十二月三日發行的各期《台灣教會公報》連續發表「台灣人民有張新國家、新憲法之權」、「支持愛台灣的人競選」、「願祢的國到臨」、「願上帝的國降臨」、「使台灣成為新而獨立的國家」、「政治恐嚇」、「基督徒如何參與選舉」、「關心台灣民主自由與前途」、「台灣前途何去何從」、「明日的台灣——新而獨立的國家」等多篇文章，以煽動台獨叛國運動。內容要點有：（一）國會全面改選。（二）台灣人有權決定台灣前途。（三）台灣獨立是台灣人夢寐以求的事。（四）台灣人應有出頭天。（五）爭取台灣獨立是台灣人的權利。（六）台灣獨立是台灣人惟一的活路。（七）台灣獨立運動立即開始，免得國共和平統一出賣台灣人。（八）台灣國只包括台灣島本身。（九）台灣人的活路——新而獨立的國家。（十）台灣獨立，一定獲得國際認同。

評析：

搞台獨運動，必然引起內部動亂，殺人流血，更使產經崩潰，斷絕兩千萬人生路；台獨更引來中共進犯，使台灣變成大陸十億同胞公敵。長老教會竟變成狂烈的台獨賊窩，如果上帝有眼，必不會寬恕這群假冒為善之徒。

◎選舉是「台獨」工具

消息：

十一月廿日《中央日報》等報報導：民進黨一些參選人士鄭重表示：「選舉是新國家運動的工具，參選的勝敗是次要的」。他們表示，這次選舉是推動台獨運動的大好機會，利用這次選舉全面推進台獨運動，這是民進黨重要的課題，無論參選或助選必須用大部精力宣傳台灣獨立建國運動。民進黨候選人謝長廷、陳水扁等許多人在發表政見時無不用盡氣力宣傳台獨，他們一致高喊：「新人民、新憲法、新政體、新國家，才是台灣人的活路！」他們到處鼓吹：「只有這個『四新』才能創造新局，台灣人民才能掌握自己的命運，台灣內部問題才能獲得永久解決！」

評析：

民進黨分子對「台獨」運動，早已到了瘋狂的程度。在這次選舉活動開始前，已開過會，作過週全的準備，陰謀利用這次選舉大搞台獨運動，為「獨立建國」走出第一步。上引消息證實：他們這群喪心病狂、欺宗滅組的人，搞的根本不是「民主」，而是把選舉當實現「台獨」的工具。

◎台獨的文宣戰

消息：

十一月廿二日《聯合晚報》以「台獨文宣各地流竄」為題報導說：一封沒有署名的「台灣共和國憲法草案」文宣，透過各地郵局已遍寄全省各角落。由於該文宣並不是候選人寄發，且內容全係台獨言論，已引起治安單位的注意。今天一大早，許多選民在信箱中收到貼足二元郵票及電腦打字的文宣，宣傳單只有一張，正面是「台灣未來的描繪」，作者為許世楷，許多選民接到該文宣覺得「莫明其妙」，甚至憤怒。又民進黨參選人之競選辦事處，亦多散發台獨聯盟主席張燦鍙著「台灣民主共和國憲法草案」，且註明地址，歡迎索閱、免費贈送等。

評析：

在這次選舉中，海外各派台獨頭目均返台助選；民進黨各候選人均高喊「堅決實行台灣獨立建國」；民進黨人士和候選人，均明裡暗裡散發或寄送台獨宣傳品。由這些事實證明，民進黨和海外台獨，是有預謀有計畫的利用這次選舉，大搞昏天黑地的台獨運動。但不知政府有何方法追究？

◎「澄社」傾倒黑白

消息：

十一月廿八日《中央日報》報導：由自稱為「自由派」學者的何懷碩、張忠棟、楊國樞等十九人，打著所謂〈澄社〉的招牌，對此次公職人員選舉全部候選人作了一次「評鑑」，並列出「排行榜」，將民進黨的候選人都評為最高分，國民黨候選人都評為最低分。例如將很多民進黨縣市長候選人評給十—九分，國民黨候選人多評給〇分；立委候選人、國民黨的趙少康評給三—六分，脫衣女郎許曉丹評給六—九分。社會有識之士，認為這種「評鑑」是冒著「自由派」學者之名，昧著知識分子的良心，製造假像以欺騙選民。台大、師大、清大、文大等校許多教授深為憤慨，共將「澄社」改稱為「綠社」，以洩胸中之憤。

評析：

楊國樞等十九人之小組織，自稱之為「澄社」，標榜其「志在澄清天下」，其實大多屬偏綠的蛋頭學者，根本沒有「澄清天下」的本領，只有「自以為是」的狂習。由其「評鑑候選人」之結果，不僅顛倒是非黑白，且將不知人間有羞恥事的脫衣女郎評以高分，高過為國政盡瘁多年的許多知名立委，使社會人士憤慨萬狀。所以有些學者罵他們為無良心不知恥的「濁社」、「綠社」、「獨社」、「混社」、「黑社」、等。其中那個何懷碩，還是救總接運來台的反共義士，枉費谷正綱當年對他的栽培。（他對外連名字也改了，從不敢承認其真實身份。）如此之人，何「澄」可言？

◆十二月號

◎台獨要國民黨「砍掉中國」

消息：

十二月廿日出版的《民進》周刊發表「砍掉中國」一文，大意是：七十八年十二月選舉的結果揭曉，國民黨受到四十年來最大的挫敗，國民黨內部掀起一陣檢討革新聲浪。國民黨要革新，必須砍掉國民黨頭上的「中國」兩字這個最大的包袱，如不砍掉「中國」這個頭銜，是不可能在台灣生根的。「中國國民黨」必須「台灣化」，才能「立足台灣」，才能得到台灣人的認同，將「中國國民黨」改名為「國民黨」，這是李登輝推動黨務革新的首要之務，不然的話，只不過是口號而已，一切都會落空，無法在台灣紮根。

評析：

自從七十八年十二月三項公職人員選舉以來，民進黨的台獨叛國言行，到了如痴如狂的境地：開會鼓吹台獨、遊行示威吼叫台獨、議會堅持台獨、書刊傳單宣傳台獨。

在上引消息中主張「砍掉中國」更是他們的台獨囈語。須知〈中國國民黨〉是孫中山先生的定名，承傳著中華五千年文化的道統；在近百年光輝歷史中，更為中華民族建立無數的大功勳！何物民進黨這小撮「台獨」漢奸人渣，竟敢如此囂張狂言？

◎民進黨議員宣誓宣戰

消息：

十二月廿日、廿一日《台灣時報》等報報導：台灣省議員於廿日在霧峰省議會舉行宣誓就職，當無黨籍及國民黨籍新當選議員起立舉手宣誓時，而民進黨籍的省議員吳大清等十六人靜坐不動，堅決拒絕宣誓。他們的理由是反對誓詞中「效忠國家」、「恪遵憲法」、「不干涉司法」等規定，並謂台灣司法不公平，拒絕由司法人員監誓。後經協商，將誓詞中「效忠國家」、「恪遵憲法」、「不干涉司法」等字句略去不唸，民進黨團另外宣誓後，典禮才繼續進行。

評析：

十二月廿五日《聯合晚報》報導：民進黨台北市議員拒絕面向國旗及國父遺像在國民黨官員主持下宣誓，而另集體到市議會大門外，對著支持自已的群眾宣誓。

評析：

民進黨黨員多是瘋狂的台獨分子，他們夢想搞台灣獨立要建「新國家」。當選的省市議員所以絕不宣誓「效忠中華民國」、「恪遵中華民國憲法」，寧願到大街上宣誓效忠支持他們的地痞流氓。真實都是在演戲，宣傳他們的「台獨」意識。

◎「行憲紀念日」的暴力表演

消息：

十二月廿六日《中央日報》等報報導：民進黨於昨日〈行憲紀念日〉，以「總統民選」為口號，發動千餘人在台北市舉行抗議遊行。所到之處高音喇叭嚮聲不絕，民進黨前主席姚嘉文等人沿途演講，遭其威脅之群眾則亂丟雜物，到處留下一片髒亂，頻遭路人指責。在博愛路一位抱孩子的婦人被遊行群眾包圍，一曾姓男子要為該婦人解圍，反被示威群眾圍毆，鼻樑被打斷，血流滿面。資深國代祈繼先在永綏街被民進黨包圍，遭受百般辱罵，被吐滿身檳榔汁。民進黨國代周清玉、張貴木等人放棄縣長等本職，攜帶抗議大白布標語進入紀念會場，不理勸阻，反將維持秩序的憲兵扭住不放，強拉到主席台上亮相。當蔣緯國在會場出現時，民進黨人吼叫：「蔣緯國滾蛋！」，在李總統致詞時，民進黨人高喊：「許信良無罪、總統民選」等口號，表現出十足造反氣勢。

評析：

有人說，民進黨是世界人類政治歷史上最冷酷、最殘暴、最狡詐的幫派。自該黨成立以來，台灣任何角落的打殺鬥罵、拼刀拼槍、遊行示威、無理起哄、打砸破壞、打鬧會場等，幕前幕後都有民進黨人參與指使。上引消息只是這幾年暴亂浪潮中的幾個浪花而已。

◎民進黨的金主

消息：

十二月廿七日出刊的《民進周刊》發表「民進黨的十大金主」一文，說出民進黨經費的來源：民進黨用的錢除選民的捐獻外，最大的來源是得自海外金主的政治捐獻。海外台灣人支助民進黨最知名者有：1.蔡同榮。他是FAPA會長、台獨聯盟主席。他曾指示黃文雄、鄭自才槍擊蔣經國，支助民進黨也最力。2.郭榮桔：他曾是日本台獨聯盟主要負責人，每年捐出三十萬美金，培養台灣島內領袖人物及訓練年輕黨工。3.王桂榮：現任FAPA會長，民進黨人士訪美一切事宜，多由他安排，曾捐百萬美金給美台基金會。4.賴文雄、許丕龍、鍾金仁、許成男等，都是FAPA中央委員，他們是民進黨經費在海外的主力來源。5.黃文曲、曾龍雄、吳西閩，這些人在美都極力以金錢供給民進黨。

評析：

上引海外台獨分子都以大量金錢捐助民進黨，難怪島內外「台獨」都是一伙的了。

◎ 郭士沅被政治謀殺

消息：

十二月卅日《聯合晚報》等報報導：資深國大代表郭士沅被砍死，這是一場政治謀殺。今年七十歲的四川籍的郭士沅昨天在國大憲研會中力排眾議，反對資深國代退職，以維護中華民國法統，並與民進黨籍的增額國代吳哲朗起衝突。今晨遇害的消息傳出後，大家一致認為這是一場政治謀殺案。又據郭士沅的家屬聲明指出，郭士沅生前人際關係單純，也未與任何人有財務糾紛，他遭到「財殺」、「仇殺」、「竊殺」的可能性極低，最大可能乃是「政治動機」，因為他在前日在國大憲研會中發表反對資深國代退職的言論。

評析：

美國的暴力台獨分子早已接受過類似俄式「格別烏」的專業訓練，並印發《暴力手冊》、《城市游擊戰手冊》、《爆炸手冊》等，陰謀在台恐怖暗殺。他們曾派人槍擊蔣經國先生、炸傷謝東閔先生、爆炸中央日報、聯合報等，另外還作過許多暗殺事件。上引被殺身亡的郭士沅，他是堅決反台獨，在發言時與台獨分子發生衝突，當晚即被殺，輿論一致認為台獨嫌疑甚大。

◆ 三月號

◎「九十年代台獨」計畫

消息：

元月廿四日出版之《民進》周刊發表「台獨是九十年代的政治主流」一文，倡導有計劃的展開台獨運動。其要點是：以台獨為目標的「新國家連線」，在這次公職選舉中提出「建立東方瑞士台灣國」新訴求，獲得台灣人民的認同，贏得選舉勝利，而使「新國家聯線」之民進黨人士葉菊蘭、謝長廷、張俊雄、盧修一、洪奇昌、陳水扁、李逸洋、林黎琤等廿多人當立法委員、省市議員。台獨訴求既獲得台灣人民的認同和肯定，今後就應向獨立建國的目標邁進，第一、要籌組一台灣新憲法會議；這個會議原由姚嘉文、盧修一、葉菊蘭、謝長廷等七人發起，過去只開過一次會，今後應正式成立，加強工作。第二、要堅持台灣新國家理念，匯聚力量，擴大參與，配合九〇年總統選舉，促成「台灣新憲法」，向台獨目標邁進。

評析：

民進黨本質上就是「台獨」黨，有一派是採「隱形路線」，埋頭搞台獨，但是口中絕不說台獨。而民進黨中的「新國家連線派」，則是「公開路線」，不僅行動上猛搞台獨，而且放開嗓門猛喊台獨。這是「兩條路線的鬥爭」策略，我們要注意，千萬別被迷惑以為「民進黨」有「統獨之爭」的分裂便可以高枕無憂了。

◎ 何謂「人文本土化」

消息：

元月廿四日出版之《民進》周刊發表「推展鄉里人文教育」一文說：七位民進黨縣市長上任以來，即計劃推行「人文本土化」教育，使台灣本土文化露出曙光。台灣四十年來的國民教育，在國民黨這個「外來政權」戒嚴統治和中央獨裁統治下，台灣鄉里人文教育即遭到抑壓和扭曲，例如禁止中小學生在校講方言，在史地教學時，只講國民黨「假想中」的中國黃河與長江，不講台灣史地等。國民黨「外來」政權四十年來，一直把「消滅台灣本土意識」的政治拖入教育文化中。我們台灣人反對國立編譯館主編的「統一教材標準本」這種「統治教材」。希望民進黨主政的縣市能請愛鄉愛土的專家學者，規劃「台灣鄉土人文教育」，歸還我們台灣本土文化。也希望新竹縣長范振宗的「客家文化教育」、彰化周清玉縣長的「本土文化教育」，繼續提倡下去。

評析：

誣中華民國政府為「外來」政權，反對學校用國語施教、反對學校教授中國史地，主張學校用台灣方言施教，以實現台灣文化「本土化」。這一套歪調完全是由台獨邪念發酵而產生的「台獨人文」謬論，完全是反中華文化的荒唐心態。

◎民進黨在立院施暴

消息：

二月一日《聯合晚報》導：立法院第八五會期今天開始辦理報到，民進黨立院黨團首次出擊，在報到會場入口處張貼標語海報，手拉手形成人牆，阻止資深立委及僑選立委辦理報到。當一些資深立委前往報到時，民進黨立委黨團和前往助威的民進黨群眾，不僅用人阻擋於立法院門外，且群起破口大罵：「老賊！」、「不要臉！」、「你們選票早已爛掉了！」、「你回北京去報到！」，「不要以為我們台灣人是好欺負的！」僑選立委蔡文曲雖然進入立院報到處，又被民進黨人發現後強拉出來。有些老立委進不去在外觀看，也遭到民進黨人士大聲辱罵。

評析：

立法院許多資深立委，都是些年高德劭對國家民族、建設台灣有貢獻的人，追隨政府來台，忠心耿耿盡瘁終生。而民進黨竟視之若仇敵，其卑劣手段和惡言髒話，無所不用其極，甚至僱用暴徒惡棍，動拳動腳，推擠毆打，盡情施暴，連年以來未嘗間斷，是推展「台獨」的手段之一種而已。

◎蘇貞昌斷水害民

消息：

二月七日各報載：屏東縣民進黨縣長蘇貞昌上任後，要求自來水公司在屏東抽水必須付給水權費，否則將切斷電源停止供水。惟〈省自來水公司〉考慮水源乃屬國有，未答應蘇貞昌要求，以致昨日蘇貞昌要求〈台灣電力公司〉人員對〈省自來水公司〉在屏東之里港第四、五號水井採取「停權斷電」處置，因此引起大高雄縣市廣大地區住民飲水恐慌。據〈省自來水公司〉人員表示，因屏東縣府昨日斷電、停水措施，使第四、五號抽水井不能供水，對大高雄地區供水每日減少一萬多噸，影響水壓，對管線末端住戶的飲用水就供應困難，這對住戶是大有影響的。至於工業方面，因供水不足，致使工廠冷卻系統無法運作，生產陷於癱瘓。

評析：

在任何國家，水利資源均為國有，任何下級地方單位不得壟斷獨佔。民進黨人無不惡霸成性，蠻不講理；一意自私自利，不管別人死活。屏東縣長蘇貞昌悍然切斷大高雄地區水源，逼得無數同胞缺乏飲水，米不能下鍋，渴不能飲水；許多工廠缺水停工，破壞經濟發展，即是活生生的明證。

◎台獨在菲設電台

消息：

二月七日《自立早報》報導：昨日一家報紙報導指出，由海內外異議人士籌組，並已募集五億台幣的「亞太公共事務基金會」，早於一年前透過一個日本機構買下菲律賓境內一個島嶼設置廣播電台，並於去年九月下旬在台北縣設置完成轉播站，經試播成功，該廣播電台將於今年三月一日首度開播，將由民進黨主席黃信介、秘書長張俊宏主持。據傳聞這事有吳樂天在幕後支持。

評析：

若干年前曾傳說，海外台獨叛國集團有意在菲律賓設置電視台、廣播電台、游擊幹部訓練基地等，用電波及武裝游擊，對台灣展開煽動性、破壞性、擾亂性之台獨活動。上引消息當然不是空谷來風，當局應密切注意！

◎僑選立委遭侮辱

消息：

二月九日《自立晚報》及二月十日各日報報導：九日立法院新科立委行宣誓禮，民進黨立委，邀集百餘群眾前往助陣，反對僑選立委宣誓。陳水扁、李逸洋用高音喇叭播放音樂助陣，群眾對立院附近停的轎車，交通車用腳踢打、跳上車踐踏、損毀車體、輪胎放氣，對前往宣誓的僑選立委等阻擋其進入會場，高聲辱罵。民進黨「新國家聯線」的人員把住立院大門，阻擋僑選立委進入會場，並派人攜帶布條、麥克風、灌製汽球用具進入會場懸掛和施放，用麥克風高聲演講。民進黨立委多人與僑選立委互相毆打，扭成一團。當宣誓開始時，民進黨人士阻止監誓人大法官翁岳生進入會場，民進黨之盧修一、陳水扁跳上主席台阻止宣誓。他們在會場鬧成一團，十時許在混亂中完成宣誓。

評析：

當前三千萬海外僑胞，是我國堅強支柱。蘇聯諾貝爾文學獎主索忍尼辛就說過，在全世界有數千萬的華僑，這是中國人特有的光榮。這是全球其他民族所沒有的，俄國也沒有。且僑選立委亦依據法而選出，回國參與國政不僅理所當然，亦為勢所必須。而民進黨卻視僑選立委為世仇大敵，橫加羞辱，其所以為此無法無天無良心者，實由其「台獨」心態和「反中華民族」之病態心裡有以致之。

◎黃昭輝教李登輝「反統一」

消息：

二月十八日各報登：李登輝總統昨天拜訪民進黨籍的國大代表黃昭輝，並共同祈禱。兩人談到台灣前途問題，黃昭輝向李總統表示，他曾於一九七七年發表宣言：〈建立台灣為一個新而獨立的國家〉，這個主張永遠不會改變的。他並建議李總統廢海外主張台灣獨立人士張燦鍙、許世楷等人的「黑名單」。又向李總統談「反統一」問題，要李總統認清：「歷史無法證明台灣是中國的一部份」，不要代表中國來統治台灣。

評析：

民進黨人士過去偷偷摸摸搞台獨運動，大膽者也只敢在街頭巷尾搞台獨運動。現在變得氣粗如狂，在立法院大唱台獨，在國民大會大唱台獨。現在進而與李登輝平起平坐，居然擺出個「台獨老大」姿態，儼然教訓李總統應認清「反統一」之道了!更可怪的是，李總統不當場斥責，居然與他「一同祈禱」。他倆的禱詞是什麼?可惜報紙沒報導其詳。

◆四月號

◎黃昭輝掀翻總統宴

消息：

二月廿日《中央日報》報導：第一屆國民大會第八次會議，昨天上午在陽明山中山樓舉行開幕典禮。民進黨國代張貴木等多人在會場大鬧，霸佔發言台、搶奪麥克風，使會議無法進行。蘇嘉全、蔡式淵、黃昭輝、羅美文等被警察拉出會場。此等人到會場外後，大聲叫罵，阻擾其他國代進入會場，並用各種器物連續砸毀玻璃、門窗、交通車等多處。又辱罵警察、吹哨子、大聲吼叫、擾亂典禮進行。中午李登輝總統在中山堂宴請全體國代，民進黨國代黃昭輝等肆意咆哮，大鬧宴會廳，掀翻餐桌七八張，碗碟菜餚破碎飛散滿地，有些國代滑倒跌傷，場面混亂狼籍，慘不忍睹。李總統看到這場面臉色凝重，先行離去了。

評析：

二日前才同李總統一起祈禱的黃昭輝，竟然如此不給面子!此事經電視播出，已成全世界笑話。民間從此流行一句話：「連總統的桌子都可以翻了，還有什麼可怕的?」

◎暴徒圍攻立法院

消息：

二月廿一日各報載：昨天立法院正副院長選舉中，民進黨發動暴民三四百人包圍立法院，並向前往開會的立委攻擊和辱罵，和維持秩序的警察發生衝突。這些失控的暴民在一場瘋狂的攻擊中，使警員、立委、立法院職員、經過的路人共五十多人受傷，十六輛警車被砸毀或放火燒毀，連立法院附近商店和立院門口停放的職員用腳踏車、機車、花草樹木也被砸燒毀。過路的一對坐在車內的老夫婦也遭拳打腳踢，落得鼻青臉腫，甚至老婦人昏了過去，被警察救出送醫院急救。大安分局長萬善培被打得口吐鮮血，資深立委蔣公亮因受驚嚇昏倒在地，送醫院急救無效，終於喪命。有些記者被打，照相機被搶或抽出底片，在這場暴亂中眞是磚棍齊舞、叫罵震天，資深立委受盡汙辱，這是民進黨發動的一場典型的「城市游擊戰」。

評析：

自從民進黨成立以來，近三年內從各級議會，到台灣地區各大街小巷，幾乎天天見到這個等發動的打、砸、殺、叫罵的暴力場面，這次卻是最嚴重的。社會向著暴力升高發展，有些人還硬說李登輝「政績輝煌」，試問何人心服?

◎四「台獨」宣誓

消息：

二月廿四日《聯合晚報》報導：今天民進黨十一位國大代表在無監誓人的情形下自行宣誓，不用中華民國國號和紀年，不面對國旗及國父像，並將誓詞「代表全國人民行使職權」改為「代表台灣人民……」舉行宣誓。先用國語發音，又改用台語發音。

三月六日《中央日報》報導：民進黨國代張貴木等十人昨天在中山樓宣誓，當著監誓人的面將誓詞擅加更改，把「中華民國」改成「台灣」，把「中華民國七十九年」改成「公元一九九〇年」。

三月十二日《聯合晚報》報導：由於民進黨國代前兩次擅改誓詞宣誓無效，請其今天補行宣誓，但遭民進黨國代拒絕。

評析：

在李登輝拜訪「台獨」國大代表，曾主張「不反對主張台獨的人」。李總統自上任以來不斷強調「愛心」，但對「台獨」則態度顯曖昧。這也就難怪「台獨」勢力日益囂張了。

◎「FAPA台灣分會」昇級

消息：

三月四日《自立早報》報導：台灣人公共事務協會(FAPA)「台灣分會」已升級為「台灣總會」，並於昨天下午二時在立法院群賢樓召開第二屆會員大會。據了解，在世界擁有三十一個分會的FAPA，為了擴大在台灣的政治影響力，已決定將台灣分會升級成「FAPA台灣總會」，另在各地方設立分會。該會在台灣成立一年以來，致力於由台灣全民決定台灣前途的主張及在日本舉辦一九八九年台灣民主政治演習營等，深受各界注目。這次在群賢摟召開的會議，由會長許榮淑主持，來自全省各地的百多人參加，會中發表「當前政情」聲明，主張：1.廢除憲法臨時條款。2.廢僑選立委。3.國會全面改選。4.總統直接民選。

評析：

世人皆知，在國外的「台灣人公共事務協會」(FAPA)，是個十足的台獨組織，其各屆會長及其他主腦人物，均是台獨急進分子。尤其近三年以來，配合國內新黨成立，該會更積極在國內外推展台獨活動。由於當前島內台獨氣焰囂張，所以要把「FAPA台灣分會」升級為「FAPA台灣總會」，陰謀在國內加強台獨叛國運動。這當然是當局一再縱容的結果。

◎黃華計畫包圍中山樓

消息：

三月十四日出版的《民進週報》報導：民進黨新國家運動本部「鬥志昂揚」的黃華、吳寶玉的「革命婚禮」，將在三二一當天直闖中山樓，以包圍總統選舉會場的方式舉行。被〈民進黨〉推選為「中華民國第八任總統候選人」黃華的總統競選總部，已擬定了三二一中山樓激烈抗爭行動。

據一位接近黃華的〈新國家運動本部〉人士表示，台灣的政局演變到此關頭，實已面臨著重要體質轉變期。國民黨這場道德荒謬的政治鬧劇，任何一個台灣人實在不能坐視再讓其繼續胡鬧下去，所以黃華決定在總統選舉當日，前往陽明山中山樓前以任何可能的手段，阻擋老國代上山投票。

評析：

黃華過去曾因搞「台獨」叛國運動，被判刑坐過多年牢。出獄之後就被民進黨爭取入黨成為核心人物，進而被提名為「總統候選人」，成立競選總部，展開競選總統活動，藉機升高台獨叛國運動。上引消息所述，就是這個陰謀的重頭戲。

♦五月號

◎利用「野百合花」學運

消息：

三月十七日至廿二日各報報導：自三月六日下午，即有台大教授數人配合學生廿人，在中正紀念堂舉行抗議「國大擴權」靜坐示威，隨即更有民進黨員前來助陣。學生們搭起「民主牆」，張貼抗議文字，並在紀念堂牆壁噴寫「解散國民大會」、「廢除憲法臨時條款」、「召開國是會議」、「提出改革時間表」、「總統民選」、「老賊不下台，民主不會來」等標語。接著有十幾個學生鬧絕食、國旗桿被鋸斷、國旗被焚毀。台大某些教授也罷課前往去助陣，或者放棄正課，改上「民主課」，鼓動學生去中正堂助陣，連民進黨縣長周清玉，也發出「告縣民書」鼓勵彰化縣民北上支援學生靜坐示威。中部大學學生相繼北上，參加靜坐者百多人，台大學生主導之「憤怒之愛」發起罷課靜坐。海外台獨聲明支持學生之行動；政府官員學校老師至現場慰問，遭到拳打腳踢，並噓聲羞辱。至三月二十二日靜坐結束，把中正紀念堂糟蹋得面目全非，油漆滿牆，垃圾滿地，慘不忍睹！

評析：

這次學生運動稱為「野百合花」，背景極複雜。大部分學生的動機是純正的，也有被民進黨利用的；而當局不但不阻止「全國各校串連」，且由國民黨社團促成參加運動，當局顯有運用學生運動完成「二李」選舉之嫌。

這次被定名為「三一六」學運，事中有人揚言是「天安門式」的運動，但有識之士均知，在台灣根本不會有這種運動的社會條件。主要原因是：台灣生活富足，社會大眾對之極冷漠。而參與的學生絕大多數乃抱著「尋刺激」的心情去的，還有很多學生根本把中正紀念堂廣場看作「遊園大會」，在那裡有免費的餐點可吃，吃完便唱歌、跳舞、聊天，實在是「不亦樂乎！」的好機會。

這次學運因李登輝答應召開「國是會議」而收場。據四月十三日《中國時報》登許信良的訪問文指出，李總統是要藉「國是會議」解決憲政法統及穩固其個人權力問題。此說也值得大家深究。

◎黃信介大讚「總統英明」

消息：

三月十七日各報報導：民進黨黃信介率張俊宏、黃昭輝十四人前往總統府去見總統，以聲援中正紀念堂示威之學生。因李總統及李秘書長均因公外出，由總統府第一、三局長接見，黃信介等拒不接受，非要總統親自接見不可，並步出會客室硬向總統府大門闖入，當即被守衛憲兵制止，黃信介等則在大門前靜坐抗議。被憲兵驅離後，乃回中正紀念堂高喊「被毆打！」頓時民進黨群眾譁然，當場毆打警察，致使頭破血流。接著暴眾用石頭、磚塊向鎮暴部隊進攻，用鹽酸潑灑維持秩序的憲警等。

評析：

此事在十日後，經李總統接見黃信介，並親自道歉而平息。黃信介事後並高興地表示「李總統很英明」！

黃信介為何大讚李總統「英明」？二人到底談了什麼，值得大家深究。

◎長老教會的「七殺碑」

消息：

三月廿日《中央日報》及廿五日《教會公報》報導：三月十九日下午四時，〈台灣長老教〉玉山、台北二個神學院的學生三十多人，為抗議國大不合理的體制，到中正紀念堂舉行示威抗議，要求立即「解散國會、總統直接民選、廢除臨時條款」等。這些學生用著簡易的旋律唱著：「解散國會、回歸憲法、總統民選老賊下台、殺殺殺殺……」歌曲。神學院的女生們解釋說：「我們受聖靈感動，才編唱這首歌！」

評析：

明末流寇張獻忠到四川，曾建「七殺碑」，碑邊兩聯是「天生萬物以養人，人無一德以報天」，碑中間刻「殺殺殺殺殺殺殺」七個殺字，成為歷史有名的「七殺碑」。他在川幾年，幾乎把四川人屠殺光了。而長老教會也向殺人魔王張獻忠學樣，搞起「七殺碑」來，還不是魔鬼教會嗎？

◎蒙面匪徒毆警辱國代

消息：

三月廿一日各晚報報導：民進黨今天發動群眾包圍中山樓。黃華和他的新婚妻子吳寶玉帶著羣眾到山腳下，先攔車阻止資深國代上山投票。分乘四輛宣傳車的兩百多蒙面羣眾，頭綁白布條上寫「必勝」兩字，在芝山派出所附近下車，盤查到國代李應兆、趙華山身份後，隨即將其坐車玻璃打碎，車胎放氣，阻止上山。兩位便衣憲兵被羣眾發覺後，被圍毆得面部流血。資深國代羅文堂的高級轎車被暴眾發現，車窗玻璃等亦被砸碎。

評析：

在光天化日之下，萬目所視之前，竟公然劫車打人，兇如虎狼！但奇怪的是，為什麼在這兩年來，這些凶徒能無法無天、越鬧越兇？當局似在放縱。

◎「集思會」與民進黨聯手

消息：

三月廿四日各報報導：在中央民意機構中，民進黨聯合國民黨的「集思會」，發動一波接一波的逼退行動；對資深民代除了辱罵「老賊」、「老不死」等髒話外，並剝奪發言權，高聲吼叫、動手毆打、攔路劫車、無所不用其極。一般資深民代認為民進黨民代聯合國民黨的「集思會」一齊進行鬥爭，及對資深民代施加人身攻擊和惡毒叫罵，這和大陸文革時的「紅衛兵」差不多了！民進黨之作為固為人所不齒，而國民黨籍之「集思會」幫別人打自家人，真是令人不可思議。

評析：

由黃主文、林鈺祥幾個國民黨籍立法委員組成的「集思會」，正如立委趙少康、郁慕明等所曾公開指斥的，根本就是「獨台」分子。他們同民進黨連成一氣，並不奇怪。奇怪的是，他們對李登輝總統採取擁護一切的態度，就連總統候選人起立推舉也公開說是應當的。這不由使人相信，「集思會」是李登輝為鞏固個人權力而運用的一顆棋子。

◆六月號

◎「新潮流」狂言武力台獨

消息：

四月份民進黨的《新潮流》月刊以「槍桿子出民主」為題發表文章，強調效法「桑定陣線」武裝革命手段實現台灣獨立。

文中說：十年前尼加拉瓜「桑定陣線」武裝革命成功，曾經給受壓迫的弱者帶來希望，桑定陣線領導人奧帝嘉在這次大選中，被反「桑定」的查莫洛夫人擊敗了。而在台灣的國民黨政權卻竊笑「桑定」的愚昧，但是國民黨政權是否仍執意地等待歷史規律的重演，讓另批人拎著槍踩踏著青天白日旗上台。由「桑定陣線」先用槍桿子革命成功，然後實行第二階段的反獨裁及民主革命，給予關心台灣前途的人以明白的啓示，那就是台灣人必須掙脫台北國民黨政權及北京中共政權的擺佈，然後才可以使台灣建立獨立民主的國家。因此，只要國民黨繼續認定台灣獨立的主張為「叛亂」行為、政治犯的自由仍被剝奪，海外台灣人仍被阻於海外，台灣政局就繼續亂下去，直到台北及北京兩個政權被人民投入海峽為止。

評析：

民進黨〈新潮流派〉是該黨內的「既獨又毒」的一群人組成的。所謂「獨」就是他們死執台獨漢奸的妄念，所謂「毒」就是他們工於心計、嫻熟鬥爭技巧，狂噬他人有如蛇蝎。從他們在前引文中揚言：「以槍桿子消滅國民黨及中共，奪得政權實現台灣獨立建國」，便可見其「既獨又毒」的一斑了。

◎遍布全省的「台獨黑窩」

消息：

民進黨的民意代表在各地遍設〈服務處〉，這些服務處幾乎都是「策動台獨叛國運動的黑窩」。例如四月底在台北市永吉路市議員李某的服務處，就放置大量台獨宣傳品，隨時分送過路行人或前往接洽事務的人。其中有「建立東方瑞士的台灣國」、「台灣光榮的革命」、「台灣民主共和國憲法」小冊子；有鼓吹「用武裝革命實現台灣獨立建國」的「新潮流」雜誌；有四月份舉行鄭南榕自焚身亡週年紀念的宣傳品，鼓吹「台灣獨立是台灣唯一的活路：要在鄭南榕精神感召下，島內外獨立運動的菁英聯合起來，高舉台灣獨立的旗幟奮鬥前進」；有《民進新聞》半月刊，全部文字醜化中華民國，鼓吹台灣獨立，煽動群聚反政府運動。另有為煽動環保運動而印製的環保聯盟宣傳多種，林林總總不可勝數。

評析：

如果細心的到民進黨立委、議員、代表人所設的〈服務處〉去看看，門前所貼的標語口號，裡邊所放滿桌滿架、林林總總的小冊子，傳單標語，曾被政府查禁的反動書刊等，全是些宣傳台獨、挑撥分化、醜化政府的貨色，絕無對國家民族有正面意義的東西。這些所謂「服務處」實際上是「台獨黑窩」。

◎暴力謀殺犯王幸男出獄

消息：

五月六日晚報報導：繫獄十三年四個月的暴力謀殺犯王幸男，假釋出獄後，今晨於綠島飛抵台東。民進黨的台權會律師李勝雄、立委葉菊蘭、議員顏錦福、台東縣黨部立委張勝次、及黃華夫婦、楊金海、許曹德等人到機場迎接。在機場三十分鐘的記者會中，王幸男仍堅持其台獨理念，他強調自己是台灣人，其台獨主張乃在爭取台灣的國際人格。他認為作為一個台獨政治犯，他不稀罕這次的特赦假釋，國民黨這樣作只不過是剷除異己的一種政治手段而已，他希望無條件的釋放所有政治犯。

評析：

王幸男於民國六十五年十月十日，寄郵包炸彈給我各政府首長，陰謀將全部炸死，結果副總統謝東閔的手被炸掉，這是嚴重的謀殺罪。民進黨和台獨漢奸均將其美化成「英雄」、「政治良心犯」，歪曲事實。而王幸男本人對此次特赦假釋，不但不知心存感激，改過自新，反而更強調其台獨邪念，並對政府大加誣衊，充分暴露其怙惡不悛之極邪本質。

◎李登輝是長老教會的奴僕嗎

消息：

五月十日長老教會《教會公報》以「長老教會的李登輝情結」發表文章說：過去我們長老教會一直把李登輝視為我們教會的弟兄，諒解他、支持他，而產生「李登輝情結」。可是，為什麼李登輝的政治主張和長老教會堅持「新而獨立的國家」理念不合，尤其李登輝雖然走本土路線，但是卻是結合本地大財團力量，取代以往國民黨勢力傾向，導致資本家強勢，使社會分配不平均，向反民主方向發展。如此發展下去，台灣的反對黨力量可能被李登輝吸納殆盡，台灣的民主前途更將黯淡。因此，我們長老教會應即發表「不承認李登輝當選總統」，表示長老教會本於信仰追求民主的決心，開創出台灣反對力量的新典型。

評析：

長老教會是個外國背景複雜的的組織，百多年來最喜干涉台灣政治，以「上帝的代表」自居，把一切俗世的政治人物視為可任意耍弄的「奴僕」。近年來，此教會盡量攀附李登輝，利用其政治地位作自己發展的助力，進行台獨等非法活動。但對李登輝稍有不符合長老教會台獨路線的言行，即進行無情的批判，竟然可以「不承認他是總統」！。由是可見，李登輝在這教會的心目中，不過是「上帝代言人」（教會的長老們）的奴僕而已。

◆七月號

◎〈澄社〉的可笑動機

消息：

五月十九日早報載：由〈澄社〉之楊國樞召集之以大學教授為主體的「知識界反軍人組閣行動」近百人，於昨天下午在台北市新公園博物館前靜坐，抗議「郝柏村組閣干政」。掛出「軍人組閣、民主阻隔」、「軍人主政、民主不來」等大標語，楊國樞、李鴻禧等還發表演說。當一位過路老兵接過他們的傳單後順手撕掉，立即遭到叫罵和多人恫嚇，幸經警察維護這老兵，才沒發生不幸事件。又有一位老兵公開向靜坐的教授質疑，問說軍人有什麼不好？你們又為國家作了些什麼事？立即引起靜坐群眾的震怒，大聲吼叫，圍住老兵叫罵不停。由現場警察隊架住老兵離開現場，並勸說群眾應平和理性，才平息這場暴亂。

評析：

楊某是前警備總司令李立柏的女婿。如果楊某如此痛恨軍人，為何不與其妻離婚，以示「反對軍人干涉家庭」？說穿了，楊某一群自稱為「自由派學者」，無非又是藉機「作秀」一番，好讓名字上上報，維持其「知名度」而已。

◎長老會皈依了佛教嗎？

消息：

五月廿日《台灣教會公報》發表「從自決到台獨」一文說：我們長老教會一九七一發表〈國是聲明〉，提出「全面改選中央民代」，一九七七年發表〈人權宣言〉，提出「使台灣成為新而獨立的國家」，這些宣言的基礎是「人權」與「自決」。我們一再強調這種「自決」的基本人權是上帝所賜給我們的，沒有任何人可以剝奪的。同時作為一個教徒，上帝賜給我們的「自決權」，也成了我們基本信仰，然而獨立的政治主張也是信仰的本然。如果獨立是我們信仰的本然，那不主張台獨者，將被打入十八層地獄永遠不得超生。云云。

評析：

觀此等言詞，顯見它根本不是個什麼教會，而是邪魔團體。居然說「不主張台獨就被打入十八層地獄」這種瘋話！令人好奇的是，「十八層地獄」是佛教的觀念，這個自稱基督教的教會是否皈依佛教了？

◎長老教會參與「城市游擊戰」

消息：

五月卅日各報報導：〈長老教會〉教徒介入群眾暴力抗爭，百多名〈台灣基督長老教會〉的教徒，昨未並未依照政府規定申請集會遊行，卻擅自於上午十一時，聚集北市忠孝東路，前往參加「五二九反郝柏村組閣干政群眾抗議大會」。當逼近鎮江街口鎮暴警察時，與警方發生暴力衝突，互相拉扯起來。警方制止無效後，只好用水柱將教徒驅散。下午這些教徒再聚集起來，靜坐、演講、唱歌，警方舉起警示牌，要他們解散，這些教徒卻蠻橫不聽。附近群眾中卻卻有人向警方丟出兩枚汽油彈，落地後立即燃燒起來，幸而警方撲救得快，沒有傷人。

評析：

世界一致公認，凡是與〈普世教協〉掛勾結夥的教會，都會變成殺人放火的恐怖集團；在拉丁美洲、非洲、菲律賓的教會，幾乎都是如此。而台灣的長老教會自加入普世教協以來，也傾向暴力恐怖路線。上引消息所列事實，即是鐵的証明。

◎郝院長痛斥「台獨」

消息：

六月十三日《中央日報》載：行政院長郝柏村昨天在立法院做施政方針報告時，鄭重指出「台獨是一條走不通的死路」、「台獨是分裂國土，是不合法的主張」。如此一來，民進黨的立委葉菊蘭、陳水扁、謝長廷、魏耀乾、王聰松、鄭余鎮、邱連輝等人，全部對「台獨」問題質詢。他們說：「台灣獨立是台灣唯一的活路」、「台灣獨立建國可以得到國際的承認」、「主張台獨有其正當性和必要性」。民進黨的立委們為了推行台獨，在質詢時還反對國軍莒光日實行「反台獨教育」，要求廢除所謂「黑名單」，讓這些人回台灣等。

評析：

郝院長果眞是有種！甫上任首次施政報告，就毫不畏懼地痛斥台獨立委的讕言。台灣今後的生路，靠他了。凡是愛中華民族的同胞，無分海內外，都應該支持郝院長。

♦八月號

◎海外「台獨」分子紛紛返台

消息：

六月十八日出版之《民進週報》報導：由於近來島內台獨人士的大集合，而有與海外台獨人士相互聲援結合成共同體的趨勢，軍情系統也研究對策。李登輝對於海外〈台獨聯盟〉人士的返台，基本上是不大厭惡的。不過軍方人士多視台獨為寇仇，因此要李登輝進行強力掃蕩。但據親近台獨聯盟的人士表示，當前軍情系統內鬨，正是台獨聯盟返台的最佳時機，因為各系統軍頭忙於內鬥，自然會疏於防範台獨人士返台。云云。

評析：

近年來，台灣內部台獨意識頓然高張，不但民進黨台獨歪調橫行無阻，海外台獨分子應邀返台參加「國是會議」，更有台獨叛亂犯被特赦立即變成「國賓」者！這就難怪海外各派台獨人士認為「時機成熟」，蠢蠢欲動了。

◎台獨繼續醜化郝柏村

消息：

六月廿四日出版之《民進周刊》，幾乎全部是醜化郝柏村的文章，內有「郝柏村軍人干政第二步——由海上軍管到全面軍管」、「制衡郝柏村保住台灣元氣」、「學運領袖枉斷軍官之路——揭開郝柏村扼殺學運領袖出任預官內幕」、「郝柏村立院上莒光日」、「郝柏村以為他還是參謀總長」、「行政院組織法修正案撤回內幕後」等多篇。文中說：郝柏村在立法院答覆質詢，內容活像軍中莒光日，他堅持說台獨是走不通的一條死路，以整頓治安為藉口實行海上軍管，然後才全面軍管，阻止學運領袖任預備軍官。云云。

評析：

民間對郝院長印像好得很，為何台獨集團不斷要造謠攻訐他？沒有別的原因，就是他一再宣布反對台獨，甚至說「國軍不保護台獨」之故。其實，台獨集團像瘋狗一樣攻訐郝院長是沒有用的，只有使得他更受海內外十一億中國人民的敬佩，因為反對台獨是所有炎黃子孫的共同心聲。

◎黃信介攻擊三民主義

消息：

六月三十日《中央日報》報導：康寧祥、黃信介批判憲法，遭人反駁。黃信介批評說：「三民主義是理想而非主義，據我了解三民主義就是共產主義，全世界沒有一個國家把三民主義列入憲法內，只有台灣才這樣。這是亂七八糟的東西」。

評析：

全世界中國人，不論任何黨派，沒有人不尊重孫中山先生的；就是連中共，行的是馬列主義，也從來不會公開攻擊三民主義「是亂七八糟的東西」。現在居然有黃信介這種人出現，豈不可笑？

◎台獨聯盟返台

消息：

六月三十日早報報導：前〈台獨聯盟〉主席蔡同榮昨日安全回到台灣，對台獨聯盟宣示「島內公開化」無疑是項激勵作用。據指出，五年前許世楷即已提出「島內公開化」的主張，並已有大致的行動綱領。當一九七九年美麗島事件後，台灣的反對運動再接再勵的站起來，隨著一九八七年民進黨搶灘成功，蔣經國宣佈解嚴，台獨運動的主戰場已在海外完全移至島內來，便對台獨聯盟發生了衝擊，不能只在海外唱獨立進行曲。這也認清楚台獨聯盟非回來不可，所以在今年年初宣示，兩年內要遷回台灣並使組織公開化，而且歡迎國民黨逮捕他們，替他們作免費宣傳。這對台獨聯盟來說，是從審慎思索後作出的決定。

評析：

在所有台獨派系中，〈台獨聯盟〉在世界各地設有分會，是組織最龐大，台獨叛國意識最激進的台獨叛國集團。它高喊「台灣不是中國領土」、「台灣人不是中國人」、「中華民國政府是外來侵略政權」，主張用「城市游擊戰」、「武裝暴力革命」為手段推翻政府實現獨立。過去槍擊蔣經國，用炸彈炸傷謝東閔，爆炸中央和聯合報社等幾十起暴力事件，都是台獨聯盟策動執行的。現在這個凶險的台獨集團決心返台且要公開化，將給台灣每位同胞帶來噩運，是可想見的。

◎鄭自才的自供

消息：

六月三十日《自立早報》報導：鄭自才談刺殺蔣經國的來龍去脈，鄭自才認為解決台灣問題非採取激烈手段是不行的。鄭自才是台南人，早期留學美國主修建築，隨同鄉加入〈台獨聯盟〉並任執行秘書長，當時認為台灣的國際處境越來越困難，恰巧蔣經國於一九七〇年訪美，這是「為台灣作點事」的好機會。他說：「由陳榮成提供武器，由黃文雄擔任行刺，我擔任在蔣經國前往旅館時在他前面散發傳單。當黃文雄開槍後立即被捕，我隨後也被制服坐牢。我當初認為對台灣不採取激烈手段是不行的，截至目前為止，我仍認為當初對蔣經國採取的行動是正確的。」

評析：

在蔡同榮任〈台獨聯盟〉主席時，他手下的主要幹部鄭自才、黃文雄、陳榮成共謀槍殺前往美國訪問的蔣經國先生。蔡同榮這夥老台獨，不僅是叛國有據的國家叛徒，也是心狠手辣的暴力恐怖分子。他們搞台獨叛國運動且要殺害蔣經國先生，神人共憤。但至今仍不知自省悔過，卻還說「這些行動是正確的」。由這一事實證明，對許多海外台獨漢奸是不可姑息的。

◎如此「國是會議」

消息：

七月四日各報報導：在「國是會議」中應邀參加之海外

異議人士立場偏頗，發言太過偏激、荒腔走板、不堪入耳。異議人士們對不合乎自己意見的發言，即予以叫罵，斥為「污辱台灣人民」；對不贊同民進黨所提「民主大憲章」的人士，即罵為「御用代表」、「為國民黨護航」；對維護中華民國現行憲法、支持中華民國政府者，則立即起而發言，大聲嘲罵。對凡有傾向台獨的意見如「新憲法」、「基本法」、「民主大憲章」、「台灣人民複決」等，則喜形於色，發言支持。其專橫、霸道、強梁、粗暴，實前所未見。

評析：

召開五天的「國是會議」，本是三月十六至廿二日的學生「野百合花運動」，在民進黨操控下向李登輝提出來的。達成召開目的之後，台獨人士當然就利用這會議來宣揚「台獨」了。

◎ 教會「國是會議」

消息：

七月十日《教會公報》報導：由台灣基督長老教會主辦之「台灣國是研究會」於六月十八、十九日在新竹聖經學園召開，並提出「關於國是的呼籲」，其要點：1.將長老教會「民主共和國」的精神推進至國家體制內。2.反對由軍人控制電視台報紙用以醜化台灣本土文化，毒化台灣人民和基督教徒。台灣應多利用民間的報紙、雜誌、錄影帶等以表達台灣人的意見。3.希望由台灣全民制定台灣新憲法，以確保台灣主權獨立。4.台灣民主運動與社會運動相結合，以對抗國民黨獨裁政權，並成立一個「制憲運動委員會」，使台灣憲法早日誕生。

評析：

政府於六月底召開「國是會議」，邀請大批台獨分子參加。台灣基督長老教會也發動其海內外教徒召開「國是研究會」，以相呼應。基於世界性的「政教分離原則」，一個基督教會公然召開什麼「國是」會議，此種做法就是荒謬的了！而其會議內容竟是鼓吹台獨叛亂意識，那更是荒謬中的荒謬了！

◆ 九月號

◎ 臺獨培養職業學生

消息：

七月廿三日《民進》周刊報導：三月臺灣學運剛結束時，不少海外臺灣人社團，對島內學運的情勢相當關心，於是便由FAPA（臺灣人公共事務協會）主動請島內各校學運領袖赴美，對島內學運形勢意見作一交流；又因五月學運，此事暫告中斷。七月初，FAPA代會長陳榮儒與葉菊蘭的助理，也是學運份子的許世傑連絡，希望由其推薦邀請名單，然後在八月訪美。於是許世傑就在三月和五月的學運決策小組、校際代表、指揮中心名單中推薦范雲、楊弘仁、周克任、何宗憲、許世傑、孫瑞穗、林致平、翁章梁、何東洪、曾若愚等三十七人給FAPA。這些人已有十幾人答應按時赴美，參加FAPA召集的臺灣學運會議。

評析：

近幾年來，台灣學生搞「反政府」、「臺灣人民自決」、「新而獨立國家」，「校園民主」等學運，其幕後的黑手是可恥的臺獨。由上引消息，臺獨FAPA邀請學運份子赴美報告臺灣學運這一事實，即是鐵的證據。

◎ 當心「新國家聯盟」

消息：

七月廿三日《民進周刊》報導：「新國家聯盟」來勢洶洶，將「臺灣建國」正式搬上抬面。這個稱為「新國家聯盟」的團體，是由政治犯楊金海及陳之興等兩百多人組成，由趙振貳牧師任主席，自四月成立以來，即以「建立臺灣為新而獨立的國家」為目標，積極展開獨立建國運動。牧師趙振貳表示，聯盟以文宣、座談、組織訓練為主，用和平手段不用暴力進行臺獨建國，所以不怕抓，即使被抓也不會死罪，所以不怕。秘書長陳之興表示，國民黨要抓也只能抓趙振貳、楊金海和我三人，所以其他都不必怕，我們「新國家聯盟」和「臺灣獨立聯盟」都是同志，在國內統合各臺獨人士，扮演凝聚臺獨力量的角色。

評析：

這個「新國家聯盟」臺獨組織，是由〈長老教會〉牧師和一群出獄的臺獨叛亂犯所組成，公開鼓動臺獨叛國運動，政府當局應迅速依法處理才是。

◎ 民進暴力犯落網

消息：

七月二十四日《中央日報》訊：「五二九」街頭暴力事件一嫌犯民進黨員洪啓中落網，他坦承投擲汽油彈，過去還參加多次暴力事件。據警方調查，洪啓中為民進黨員，二十九歲，高中畢業，他先前曾參加過多次街頭暴動。於「五一九」的前幾天，前往士林國小聽民進黨謝長廷的演講，獲知「五二九」要舉行「反軍人干政」示威遊行的消息，當天就製造兩枚汽油彈，於「五二九」那天帶在身上參加遊行，將一枚汽油彈投進鎮暴警察，一枚投進新聞局，都爆炸起火。警方並在和平西路洪某住處臥室，另外搜出兩瓶高燃性的樹脂溶劑和一瓶鐵沙當作炸彈的原料。

評析：

洪啓中是民進黨的汽油彈專家，不僅會製造汽油彈，且隨時向選定的目標投汽油彈。這些事實，千眞萬確的顯露了〈民進黨〉的暴力恐怖原形。

◎ 朱高正瞧不起民進黨

消息：

八月五日《中央日報》報導：民進黨中央決議逼著朱高正退黨，朱高正表示：「這種黨已沒有指望，根本不值得留戀」，所以決心與切斷關係，如果開除他的黨籍，他會很高興。朱高正指出，由於他不主張台獨，故在民進黨內被排斥、鬥臭、鬥垮。民進黨內部一開始就搞內鬥，有群眾運動與議會鬥爭的路線之爭，有主張「台獨」與主張「統一」的統獨之爭，有說「台語」與說「北京語」之爭，有「美麗島系」與「新潮流系」之爭等，各為私利鬥爭不停。大家貌合神離，無法統合；凡事皆以顧及個人的政治資本為主，各派都像連鎖加盟商店，各有門戶、各行其事。這種黨既無共同理念，又不團結，絕無希望的，所以與它切斷關係。

評析：

朱高正曾留學德國，是個見過世面的高手。當初為民進黨立過汗馬功勞，也是民進黨中之佼佼者。只是因為他不贊成台獨，不願和那群漢奸同流合污，所以在民進黨中被排斥和冷落。而朱高正亦看透了民進黨那一夥人根本沒有成功的可能，故對民進黨的「處分」則嗤之以鼻。

◎民進黨逼害朱高正

消息：

八月八日《自立早報》和九日《中央日報》報導：朱高正問政說明會，昨晚在中和市民眾活動中心舉行。民進黨雙和聯誼會號召數位會員、十二部宣傳車前去鬧場，在車頭上拴有一隻小白豬，腹部寫上「殺朱拔毛」等字樣，群眾高聲大罵朱高正是「走狗」、「垃圾」。不斷用雞蛋投打白豬，用竹桿鞭打小白豬。說明會開始後，民進黨用擴音器干擾。當朱高正出現時，則投以雞蛋幾枚作見面禮。朱演講時，民進黨的數百雞蛋齊湧而至，全場民進黨的擴音聲浪此起彼落，雞蛋、鐵罐及彈珠齊飛，場面數度失控。據警方說，如無警察保護，朱高正生命必會完蛋。在場維秩序的分局長陳祖慶等多人亦被群眾打傷。

評析：

原來朱高正在民進黨內不肯同流合污，堅決反對「獨立」的漢奸主張，所以毅然脫離民進黨。朱高正此一行動，當然贏得絕大多數人的稱讚。但台獨集團當然不善罷甘休，必然追擊迫害，堅持「殺朱拔毛」。此次〈民進黨〉幾百黨員到中和民眾活動中心的一場殺殺砍砍的恐怖局面，就是台獨暴力的活生生的見證。

◆十月號

◎民進黨繼續打擊朱高正

消息：

八月廿日《自立早報》報導：立法委員朱高正昨天在高雄鳳山〈國父紀念館〉舉行的「問政說明會」，由於從各處調派來的民進黨人馬再三鬧場，高聲吼罵，使說明會無法持續而告中斷。民進黨暴眾甚至跳上講台搶麥克風，大砸大鬧，場面亂成一團，最後在朱高正未敢出面的情況下即宣告中止。警方為這場說明會動員近千名警員，現場如臨大敵。朱高正的這場問政說明會，由於事先傳出民進黨動員大批人馬去鬧場，警方在現場部署大批穿制服及便衣的警員，連鎮暴部隊都出動，連同情治人員共有千餘人。在昨天的說明會中，民進黨員不斷鼓譟，並表示向朱高正討回民進黨過去頒給他的金牌獎。

評析：

朱高正是民進黨的創始功臣，為民進黨衝鋒陷陣打天下。近兩年因不主張台獨而受排斥。就這樣，一日之間成了民進黨不共戴天的仇敵。對朱高正的任何活動，無不用盡暴力百般阻撓破壞，甚至搞人身攻擊。民進黨這種「逆我者亡」的暴力恐怖本質暴露無遺。

◎「台獨」、「獨台」整合

消息：

八月廿七日《中央日報》引述《瞭望》周刊海外版的文章說：自今春以來，台灣島內台獨活動已發生變化，這些變化頗引人關注，由口號到策略手段都起了變化，主要有三大特點：1.海外各台獨組織及台獨分子，紛紛公開返台活動與島內台獨勢力公然勾聯起來活動。2.島內外台獨勢力均改用較溫和的方式口號，同時明顯的採取體制內抗爭，作為一種普遍的策略。3.台獨活動從前是以宣傳台獨為主，現在則較偏重具體工作。在這篇文章的結論說，未來台灣內外的台獨勢力趨向更密切的配合，並與所謂「獨台」將進一步溝通整合，是值得注意的發展趨勢。

評析：

《瞭望》是中共在香港發行的刊物，其對台獨的評論常有客觀性。就近年的事實而言，台灣島內外的台獨業已勾聯起來，將活動的重心轉移至台灣島內，且其活動方式有了某些改變。惟在上引消息中值得我們警惕者，「台獨」將運用一切手段謀取與「獨台」勢力整合，並進一步轉化「獨台」為「台獨」，以達顛覆中華民國的陰謀。

◎民進黨畏懼〈國統會〉

消息：

九月八日《聯合晚報》以「民進黨對國家統一委員會避之如虎」為題報導說：〈民進黨〉中央召開的主任會報上，參與開會的主任們對李登輝行將召開的〈國家統一委員會〉，均抱危懼的態度，主任們認為黨對這個會參加不得。國民黨當局有意邀民進黨主席黃信介任〈國統會〉第三位副主任委員，而民進黨的新潮流系堅決反對，因為民進黨的立場是主張「台灣自決」而反對統一的，尤其「國家統一」這個名詞，使民進黨無法接受。民進黨人士更擔心如果參加這個〈國統會〉會引起黨內衝突和分裂，因為民進黨人士多半是主張台獨的。也有些民進黨人士認為，除非黃信介辭黨主席職務，否則絕不能參加〈國統會〉，以喪失黨「自決」的立場。

評析：

上引消息證實，民進黨根本是敵視中國統一的。民進黨為何這樣呢？因為它們根本就是某外國指使下的傀儡，任何外國帝國主義均不願見中國統一富強的。

◎長老會求洋人助羅益世

消息：

九月九日長老會《教會公報》報導：由於台灣長老教會弟兄羅益世，被台灣高檢處以涉及叛亂罪起訴，引起海內外教會及世界各地人權組織的高度關切。八月二十七日，加拿大聯合教會特別派布魯斯、馬克勞牧師等三人，代表教會專程來台，表達對此案的態度，並帶來五百名議員的簽名。馬克白等人於八月二十五日對記者表示：關於基督長老教會羅益世弟兄被台灣當局以叛亂罪起訴案，我們加拿大聯合教會曾發出傳真給李登輝總統，表示我們的關切，並在加拿大多倫多星報發表文章，喚起更多加拿大關心人權人士的聲援。我們認為，獨立運動是人權範圍內的活動，不應判罪。

評析：

羅益世雖入加拿大籍，但是仍具中華民國公民身分。因其不僅在海外進行台獨叛國運動，更非法偷渡來台，進行非法叛國活動，我政府自當依法嚴辦。而長老教會竟多方哀求洋人來台攪局，干涉我內政，實屬漢奸賣國行為。

◎黃信介堅拒統一

消息：

九月十二日《聯合晚報》及《自立晚報》以「黃信介將中斷兩黨來往」為題報導說：民進黨主席黃信介表示，如果〈國家統一委員會〉名稱不改，民進黨不但不參與，而且要斷絕與國民黨來往一段時間。由於民進黨黨綱規定「台灣前途由台灣人民自己決定」，而統一不符合台灣人民的利益，且對台灣人民的利益損害甚大，所以堅決反對「統一」。高玉樹今晚邀請黃信介吃飯，好言勸說黃信介參加「國統會」，黃仍堅拒。另據報導：民進黨立委黨團，亦決定運用所有手段，杯葛「國統會」的預算，使「國統會」無疾而終。

評析：

李總統成立「國統會」，姑不論其目的為何，但其意義值得肯定，因為「統一」和「民主」是當前世界潮流，也是十二億炎黃子孫的共同願望。黃信介受台獨分子挾制而不參加「國統會」，這證明他們是反潮流的時代渣滓而已。其實，李總統要請黃信介參加，就是多餘之舉，「時代的渣滓」何必去理他？

◆十一月號

◎反對國父思想的小丑

消息：

自九月十六日以來，各報連日報導民進黨和〈澄社〉主張取消「三民主義」、「國父思想」課程的論調。民進黨舉行座談會和招開記者會表示：「三民主義及國父思想課程，是國民黨實行黨化教育，束縛學生思想之工具，且妨害學術自由，不應硬性教學生學習」。澄社舉行「大學國父思想課程座談會」，出席的「自由派」教授則表示：「教育部規定國父思想為共同必修課程，是違憲行為，是政治干預學術的粗糙作法，今後應改進」。台獨集團又發動台大職業學生聯署並發表聲明：「政治歸政治，學術歸學術，將國父思想列為必修課是謬誤作為，學生極表反對」。

評析：

民進黨反對三民主義國父思想，是因為要反對繼承中華民族的一貫文化道統，也就是要搞台獨。澄社那一小撮（只有二、三十人）「自由派」學者反對國父思想，則純粹藉機表現自己的「自由派特色」。他們有志一同打著「學術自由」的幌子，無非是自欺欺人之談罷了。〈全統會〉於是日舉行座談會，蔣緯國將軍發表談話（見本刊上期所登），痛斥他們為意欲「焚書烹儒」，其實還太抬舉他們了，那幫人不過是跳樑小丑一類而已，還當不上「秦始皇」。

◎民進黨聲援陳昭南

消息：

九月廿三日《自立晚報》報導：由美返國的陳昭南，因在美組「台灣革命黨」，宣傳在台實行「都市游擊戰以推翻政府」，主張「在台武裝工人群眾發展解放革命，實行無階級壓迫和階級剝削的社會主義」，以叛亂罪名被判五年三個月徒刑。而民進黨為此招開記者會，其秘書長張俊宏等人指稱，陳昭南的判刑，是國民黨搞政治迫害的政治判決，用司法力量迫害政治反對人士，用羅織的罪名抹黑民運人士。民進黨還發表聲明說，今後將以兩大策略聲援陳昭南，一是透過民進黨立法委員力量修改法令，以支援陳昭南；二是民進黨整體應作「集體」性之努力支陳昭南，而不只是抗議而已。

評析：

陳昭南的素行，是十足的暴力派台獨典型，政府當然應依法嚴辦。而民進黨卻大力庇護。由此以觀，民進黨是什麼東西，昭然若揭了。

◎張俊宏的胡謅

消息：

九月廿八日某晚報報導：民進黨秘書長張俊宏表示，台灣海峽兩岸應先實行「兩國一制」，然後再談統一。他還說，海峽兩岸間「兩國兩府」、「兩國兩制」的既成事實是無法否定的，至於國民黨所說的「一國兩區」，民進黨根本不予苟同。張俊宏強調，無論是「一國兩制」、「一國兩府」、「一國兩區」，都行不通，都只是鴕鳥，是不負責任的作風。因為要達成統一，就要提出「兩國一制」的過渡方案，大陸中國和在台灣的政府，都各自成為獨立的主權國，同時兩國都實行同一的政治制度，然後再由全體人民共同決定要不要統一，經過這樣的統一才是合理。

評析：

張俊宏的主張，實是先使台灣獨立成「台灣國」，與中共的「中華人民共和國」形成兩個對等國家，等這兩國都實行同一政治制度後再談統一。張某向來喜胡謅，早在十多年前，胡謅台灣是「海洋文化」，與中國傳統大陸文化不同，云云。就被許多有識之士批判得體無完膚了。

◎所謂「中國關係法」

消息：

九月廿九日《聯合晚報》報導：民進黨通過「我國主權不及於大陸和蒙古人民共和國」的提案後，下一步便在立法院內推動「中國關係法」，以新國家聯線成員李慶雄在本會期擔任法制委員會召集人之便，使該法列入立院議程，藉以落實「台灣主權論」的主張。由民進黨「新國家聯線」葉菊蘭、盧修一、李慶雄、魏耀乾、洪奇昌等立委組成的「新國會辦公室」，在近期內完成「中國關係法」草案，在立院提出該法草案重點為：「台灣和中國大陸是兩個平等且主權獨立的政治實體，基於人道立場允許兩岸互相探親、通婚等」，用此法以落實民進黨「領土主權主張」。

評析：

民進黨為瘋狂的搞台獨，最近曾通過「領土主權案」，籌開「新憲法會議」，接著又推動「中國關係法」，陰謀搞台獨。但統一是十二億海內外炎黃子孫的共同願望，這撮人不過是瘋子漢奸而已，違背統一目標的什麼計畫都不可能實現的。

◎康寧祥不參加「國統會」

消息：

十月三日《中央日報》及十月七日《聯合晚報》報導：民進黨立委多反對康寧祥出席〈國家統一委員會〉，認為國統會與民進黨的決策和目標相違背。民進黨的黨團幹事長謝長廷在黨團記者會上表示，反對〈國家統一委員會〉是民進黨一致的決議，康寧祥雖然被邀請為「國統會」委員，但是亦不應參加開會。民進黨中央認為「國統會」是國民黨保守勢力的結合，並不值得重視，所以民進黨不要參加這個組織。

十月七日上午，〈國家統一委員會〉在台北賓館舉行成立後的首次全體委員會議，全體委員除在國外的趙自齊外，其他委員都按時出席，只有民進黨的康寧祥沒出席開會。

評析：

民進黨自成立以來，就死抱住台獨的幻想，堅決反對統一。所以當政府要成立〈國家統一委員會〉時，民進黨就有失魂落魄之感，連天叫囂反對「國家統一」、反對成立〈國家統一委員會〉。他們為什麼如此仇恨統一？無他，因為他們本是某些帝國主義政客的分裂中國的狗腿子也。

◎可笑的「承認中共」手段

消息：

十月七日《聯合晚報》報導：民進黨四全二次大會今天通過「台灣主權提案」後，民進黨新潮流系提出「國家意識」行動計畫案，以爭取黨內認同，培養新國家意識，在這行動計畫中，進一步推行「承認中共為主權獨立國家」及「台灣和中共互相承認」的觀念，更進一步建立全民的「國家意識」。新潮流系期望海峽兩岸相互承認的時間表在民國八十六年前後。民進黨新潮流系召集人吳乃仁指出，海峽兩岸互相承認是解決海峽兩岸關係最好的方式，所以民進黨主張「中國主權不及於中華人民共和國和外蒙古」。

評析：

民進黨通過所謂「主權條款」決議之後，中共方面立刻由「中國通訊社」發表文章，痛斥其台獨本質。由此可見，中共才不會那麼傻，認為民進黨「承認中共主權」是好事。新潮流那幫人想同中共玩手段，等於「班門弄斧」！

◎蔡同榮的「公民投票」夢

消息：

十月十日《自立晚報》報導：由前些時自美返台的〈台灣人公共事務協會〉中常委蔡同榮奔走籌備的〈公民投票促進會〉，將於十一月十七日正式成立。參加籌備者有尤清、李鴻禧、張忠棟、邱連輝、洪奇昌、張俊宏、陳水扁、謝長廷、高俊明、姚嘉文等兩百多人。蔡同榮表示，該會將用大規模的公民投票運動，以群眾的壓迫執政黨舉辦公民投票。因為一九五一年盟國在舊金山所簽屬的〈對日和約〉，日本宣布放棄台灣主權，台灣已不屬於任何國家。而至明年止，該和約滿四十年，屆時國際上，必然再度注意台灣主權歸屬問題，到時我們將用公民投票方式決定台灣前途和台灣主權歸屬問題。再者，中華民國政府一九四九年撤離大陸，一九七一年退出聯合國，已消失其代表中國的地位，因此台灣主權歸屬問題，亦應由公民投票方式決定。

評析：

「台灣地位未定」等歪詞，都是一群老牌台獨漢奸叫囂的老調。老台獨蔡同榮回台定居後，一直鼓吹台獨運動，這次籌組「公民投票促進會」，其陰謀就是依據其台獨老調，走「投票自決」路線，實現其台獨迷夢。

◆十二月號

◎民進黨又倡改國歌

消息：

十月十六日《中央日報》報導：昨日立法院教育委員會開會時，民進黨立法委員們認為「現用國歌不符合民主改革要求」，為求重塑國家形象等理由，主張公開徵求「新國歌」以代替現用國歌。在會中民進黨立委魏耀乾等人，分別以歷史、文化、現實各種角度，陳述現行國歌已難符合民主改革及執政黨黨歌代國歌為不當，要求政府應公開徵求新的國歌，頒布使用。

評析：

〈民進黨〉中許多人因「台獨」意識中毒過深，一直仇恨並叫囂要廢除中華民國國號、國旗、國歌。他們的任何活動場所絕不懸國旗、唱國歌、標寫中華民國年號。早在民國六十七年十二月五日，民進黨尚在「黨外人士」時代，就在台北市中山堂公然非法篡改國歌，當場遭到包括本刊負責人勞政武在內的愛國人士抗議，台獨分子卻對抗議者施暴，由是演成中外矚目的「中山堂事件」。由此可見，這幫人的「台獨意識」是永不悔改的。

◎「國是會議」的惡果

消息：

十月二日《自立早報》報導：民進黨人士對其明年召開「憲政會議」一事表示，國民黨若不落實「國是會議」的成果，我們不排除召開「國獨會議」，並由「憲政會議」推進至「革命」以改變政權。甫由美國參加研討會回國的張俊宏提醒國民黨說：「海外憲政改造的人，看到國是會議結論不能落實，他們要回台成立『國獨會』以推動國政改造」。民進黨顧問許信良亦稱：「國民黨倒行逆施，想由修憲以代表憲政改造，民進黨堅決反對，民進黨另主張召開憲政會議，來進行憲政改造，與各界共組『憲政會議籌備會』。一旦民進黨真的召開憲政會議，那時，就是用革命以改變政權的時候」。新潮流召集人吳乃仁強調：「法國政府不能反應民意，於是被有人民支持的法國大革命推翻。民進黨明年的憲政會議，應像法國一樣設法爭取台灣人的支持。」

評析：

這些資料，證明「國是會議」是得不償失的。當初李總統召開「國是會議」，意在緩和反對聲浪。可是倉促決定，未經深思熟慮，開下來等於為叛亂分子提高身價，又授民進黨新的鬥爭話柄。故今天民進黨動不動就喊「落實國是會議結論」這個藉口進行台獨運動，這是值得當局深刻檢討的。

◎兩岸「基礎條約」幼稚愚蠢！

消息：

十一月四日《自立晚報》報導：民進黨立委陳水扁建議仿兩德模式簽訂海峽兩岸「基礎條約」，《新潮流》雜誌主筆林濁水認為陳水扁提「基礎條約」模式，與民進黨「新國會辦公室」所提出之「中國關係法」的基本精神是一致的，其目標都是謀求台灣獨立。林濁水指出，民進黨和新潮流追求台獨的階段步驟應是：一、應在民進黨內達成共識。二、建立台灣社會對台獨的體認。三、要求中共承認台灣主權獨立，並進行相互承認。在新潮流的理念而言，與中共「基礎條約」的簽訂，必須兩岸彼此承認雙方為獨立國家為前提。民進黨中央通過的「事實主權」決議文，就是推展「基礎條約」，邁向互相承認獨立國的理論基礎。

評析：

民進黨近幾個月以來像著魔似的，一心要制定「中國關係法」，要和中共簽訂「基礎條約」，夢想乞求中共互相承認海峽兩岸主權獨立，互不侵犯，用幻想編織成「台獨新夢」，藉以愚弄國人。這種狂想不僅為國法所不容，中共更絕不會認同。由此亦證明了民進黨幼稚愚蠢。

◎民進黨成立「台獨運委會」

消息：

十一月十四日各報報導：民進黨在其四屆二次黨員代表大會通過了「台灣事實主權獨立」決議文，即已推出「台獨理論」，今又將成立「台灣主權獨立運動委員會」，是自理論層次進一步化為實際行動。民進黨中央常會昨日在前後三任黨主席江鵬堅、姚嘉文、黃信介出席的狀況下，決議成立「台灣主權獨立運動委員會」。這個委員會由黃信介出任主任委員，江鵬堅出任執行長。據了解，該委員會之成立，主要在落實該黨四中全會「一○○七事實主權決議文」，及將「台灣獨立建國」主張具體化，展開「台灣獨立」之具體行動。

行政院對此事表示嚴重的關切。郝柏村院長特別指示法務部及內政部了解事實真相，並指示新聞局長邵玉銘代表政府發表三項嚴正聲明，政府決不容許任何人民團體向現有行法令公然挑戰，任何有組織的「台獨」叛亂活動，政府將依法嚴處。

評析：

民進黨蓄意搞「台獨」，固然是帝國主義者企圖永久分裂中國的陰謀，但也是當局長期縱容的結果；「國是會議」把台獨叛亂犯捧為國賓就是最好的說明。難怪民進黨一步一步進逼，公然將「台獨」升高，根本不把法紀放在眼內。此次事件，民進黨不但不理會邵玉銘的嚴厲聲明，反而立即發表三點「回應聲明」，以「國是會議結論未落實」為主要訴求，對政府反舌相譏。由此看來，未來歲月中，「統獨鬥爭」只有日日升高了。

八十年

◆元月號

◎「集思會」支持特赦黃華

消息：

十一月十七日及十二月一日《聯合晚報》報導：民進黨人黃華被控於七十七年間在台灣境內各地宣傳台獨手冊及演講，四處宣揚台獨主張，主張建立「台灣民主共和國」等。台灣高等法院於十一月十七日及十二月一日開庭審理時，黃華所答非所問，以長篇台獨論調在庭上發表，黃華的辯護律師民進黨人士江鵬堅等為黃華辯稱：「黃華主張台獨純粹是言論自由及政治主張範圍」。民進黨並發動一群民眾前往法院支援黃華，並大呼台獨口號，高舉台獨標語等。另外，民進黨立法院黨團，也聲言法院審判黃華是「政治迫害」、「司法迫害」等。

評析：

黃華是個死硬的台獨分子，前曾因進行台獨叛國活動，已兩度判刑坐牢。前幾年獲得假釋後，不但不知痛改前非，反而益形囂張，更瘋狂的、大張旗鼓推動台獨活動，貼標語、發傳單、呼口號、寫文章、搞組織、公開演講宣傳，無所不用其極。此次受審判刑，民進黨更竭盡手段為其吶喊助威，張揚辯護。真是「毒」透頂不可救藥！民進黨籍此案掀起抗爭是意料中事，但可怪的是，身為國民籍的立法院次級團體——「集思會」，居然也主張應特赦黃華。「集思會」是在「獨台」分子把持下的少數組織，此次又進一步暴露其嘴臉。

◎台獨分子火燒韓國瑜住宅

消息：

十一月廿日《自立晚報》報導：台北縣議員韓國瑜位於板橋市壽德新村住處遭尤清縣長的支持者砸壞後，連帶又有人揚言要放火燒掉這個軍眷村。由於十六日韓國瑜議員在議會與尤清發生衝突，尤清的支持者除向議會示威抗議外，並到韓議員住的這個眷村噴上恐怖標語，並且揚言要放火燒掉這個眷村，使得全體住民風聲鶴唳恐慌萬狀。十二月四日《中央日報》報導：一些支持尤清縣長的民進黨人出言恐嚇與尤清發生衝突的縣議員韓國瑜，於搗毀其服務處後不久，韓國瑜住的壽德新村遭受一場大火，燒毀了十多家住宅。不久之後，壽德新村住宅又遭人噴漆污損，使住民陷入恐怖不安的氣氛中。眷村子弟只好回去組織「自衛隊」以求自保。

評析：

民進黨所亮出來的是個「民主進步」的招牌，所喊出的口號是「反國民黨獨裁專制」、「實行法治和民主」，但其本質卻是個由各類罪犯結合地痞流氓所形成的殘忍、凶狠的暴力恐怖集團。上引消息中所述砸爛縣議員住宅，火燒壽德軍眷村只是其中之一的例子而已。這幾年以來民進黨所策動殺人放火、血流遍地的暴力恐怖事件很多！

本刊特評

從壽德新村被焚事件可以充分證明，這撮台獨分子囂張已到了什麼程度。政府處理這問題，雖嫌長期姑息，但也有其不得已的苦衷；因為台獨分子把「台灣獨立」與「省籍觀念」兩個原本不同性質的問題糾纏在一起，以使政府為了消除「省籍矛盾」而採撫慰手段，從而達到升高其「台獨訴求」之目的。「台獨」源自帝國主義者永久分裂中國的陰謀；「省籍觀念」乃中國傳統鄉土感情的自然產物；對前者必須嚴肅打擊，對後者則應以溫情安撫。但這兩者夾纏在一起，往往就變成了姑息台獨的結果；這就是政府多年來的困難實質。如果主政者再不學會將這兩個問題「一分為二」處理，將來的麻煩一定越來越多，殆可斷言。

◎金大中警告台獨

消息：

十二月二日《自立晚報》以「台獨要有耐心」為題報導說：民進黨立委彭百顯此次跟隨立法院長梁肅戎訪韓團，曾於十一月二十日單獨拜訪韓國〈和平民主黨〉領袖金大中，討論反對運動及台灣獨立問題。金大中表示，最近將聯合台灣和菲律賓的反對運動政黨成立「亞洲反獨裁聯盟」，共同推動亞洲反對運動。彭百顯則關心台獨運動，並呼籲金大中多予支持。金大中告訴彭百顯說，民進黨的台獨運動應有耐心和毅力，爭取國民意志的一致支持，進而爭取國際支援，並盡量爭取國會席次，作獨立運動的基礎。金大中並指出，南北韓的統一是「對等統一」，台灣與大陸的統一則是「台灣被合併的統一」，這是應該認清的。因此，台獨運動應避免引起國民黨政權和中共政權的「夾殺」。

評析：

民進黨在海外拉幫結派爭取支持，這幾年來在歐美和日本都培植有台獨組織，在海外幫腔助威，唯獨韓國多為愛國僑胞，民進黨無法培植台獨爪牙。於是彭百顯此次赴韓居然找上金大中。金大中在韓國雖搞「反對運動」，但從來也沒有不承認大韓民國憲法、國號、國旗的事。從金大中警告他的話，可見「民進黨」這撮台獨分子是多幼稚荒唐了。

◎ 民進黨在美勾結藏獨

消息：

十二月二日《自立晚報》以「黃信介在美與藏獨會談」為題報導說：民進黨主席黃信介與西藏達賴喇嘛之在美代表阿布晉美，應〈台灣人公共事務協會〉FAPA之邀，於十二月一日共同出席FAPA年會，兩人面對面討論西藏獨立與台灣獨立問題。在會中，西藏獨立運動人士阿布晉美請求民進黨迫使國民政府撤銷〈蒙藏委員會〉，同時阿布在講演強烈批評國民黨利用蒙藏委員會分化西藏人，阻撓西藏獨立運動。達賴不願受國民黨利用，所以不願應邀訪台，如民進黨邀請，他可以考慮訪台。阿布並讚揚民進黨的台獨運動做得很好。黃信介演講時指出，西藏雖然窮，其爭獨立的精神，很值得民進黨學習，民進黨也很主張廢除蒙藏委員會。黃信介與阿布都表示，將來共同爭取西藏和台灣的獨立加強合作，最近的將來南韓之金大中、菲律賓艾奎諾等成立〈亞細亞反專制聯盟〉。他們並共同反對國民黨將西藏列為中國領土的一部分。

評析：

由上引消息證明，民進黨不僅自己積極搞台獨，更勾引其他地區中國人作幫兇搞台獨；並鼓勵藏胞搞「藏獨」；尤有進者，最近更揚言去訪蒙古，到那裏去搞「蒙獨」。但統一中國是全體炎黃子孫的一致願望，任何意圖分裂國家的人，都是外國人的走狗，是中華民族的罪人，必沒有好下場的！

◎「台灣教授協會」成立

消息：

十二月九日某晚報報導：「台灣教授協會」今天上午正式成立，師大教授林玉體當選會長，在大會中並邀請目前「在島內流亡」的異議人士李應元入會。該會明確「認同台灣主權獨立」，是目前在台灣政治立場親「台獨」的學術團體。該會在宣言中反對國民黨用「大中國意識形態」對台灣人洗腦，台灣人應自己認同台灣是個主權國，對因宣傳台獨判處黃華十年徒刑一事表示嚴重關切和抗議。拍電報致賀者有在美的FAPA會長王桂榮、全美台灣同鄉會長蔡銘祿、台灣新國家促進會德拉威谷；國內到會致賀者有施明德、張俊宏、葉菊蘭等主張台灣獨立的人士多人。

評析：

在美國有些政治混混，冒充教授之名成立「北美洲台灣人教授協會」，連年搞台獨叛國運動。現在把這種毒菌傳進台灣，成立所謂「台灣教授協會」，竟在宣言中公開鼓吹「台獨」，並得海內外一群台獨漢奸致賀助勢。這種假教授學者之名成立組織，鼓勵台獨的行動，實是知識份子之恥！

◆十二月號

消息：

◎新潮流發表台獨「工作綱要」

十二月號《新潮流》雜誌首頁刊出「民進黨新潮流未來工作綱要」一文，其要點為：（一）研究發展：研訂台灣獨立新國家建國藍圖，俾能共同結合海內外台灣人的力量和智慧，以求落實於國家政策上。（二）社會運動：台灣獨立建國必須經由社會運動來完成，透過台灣全民的參與運動，使社會運動政治化，相輔相成實現獨立。（三）組織訓練：組訓是與國民黨政權總決戰的準備工作，準備工作做得越充分，勝算越大，故須強化組訓以充實戰鬥力，投入總決戰。（四）文化工作：民進黨要透過雜誌、報紙、手冊，並配合座談、辯論、演講等，把台灣獨立藍圖以及台獨運動的理想擴散到社會各階層，啟導成全民的信仰和力量。

評析：

上引消息是民進黨內台獨派系經過反省檢討後，新制訂的未來工作綱領，也就是實現「台灣獨立建國」的政治鬥爭綱領。希望政府當局及海內外所有中國人，認清這撮漢奸的陰謀。

消息：

◎立法院世界奇觀

十二月十九日各報報導：立法院昨天審議公務人員考績、任用、俸給三項法案時，民進黨立法委員又以「抗議黃華台獨主張被判刑」為題，發動杯葛暴力行動。院會一開始，民進黨立委彭百顯、盧修一、陳水扁抗議議事錄有錯誤。魏耀乾跳上主席台，拔掉所有麥克風投向各委員席。洪奇昌、盧修一、黃天生、彭百顯、葉菊蘭等扭打警察，衝上主席台敲打桌椅，用十元硬幣、麥克風座投擲別人，用水猛潑副主委李宗仁，把議場變成戰場。民進黨立委一場暴力打鬧的結果，議事錄被擲得滿場飛，六位維持秩序的警員受輕重傷，其中高漢村的肋骨及下陰遭到重擊，送醫急救。

評析：

此次立法院暴力事件被電視播出，全世界引為奇談，日本新聞界將之列為「世界十大驚奇新聞」。美國《新聞周刊》登為封面事件。而大陸同胞看了紛紛表示對台灣的民主政治失望。中共則以之作為「這就是所謂民主自由」的最佳反面教材！

消息：

◎黃彰輝是什麼人

十二月二十三日《教會公報》以「典型在夙夕」為題大作文章，頌揚頭號台獨黃彰輝說：我們長老教會最偉大的牧師黃彰輝，於兩年前以最雄壯、最威武、最懇切、最真摯的態度在倫敦與他的子弟告別而逝了。黃牧師七十多年的生涯，從日本人成為中國人，再認同台灣人，這其中的辛酸是可以揣摩得到的。黃牧師經常對我們說：「沒有親眼看到台灣人出頭天，實在不甘願」。黃牧師所提出的「台灣人民自決」理念，在台灣獨立運動史上有啟蒙作用，他傳道結合政治運動所累積的經驗，是我教會的政治資本，他是長老教會的「真實英雄」，我們要從他的道德典型吸取力量，在崇敬「夙夕典型」之餘，我們為他塑像作永久紀念！

評析：

長老教會的頭目黃彰輝，到美國之後即進入普世教協(W.C.C)任幹部作幫兇，在海內外搞宗教統戰和台獨運動，成立「台灣人民自決協會」，形成所謂「自決派台獨」，勾結台獨聯盟等合組「台灣獨立建國聯合陣線」，全面推動台獨叛國運動，並買通美國政客干涉我內政，是十足的台獨漢奸。而台灣長老教會竟崇拜其為「聖人」典型，為之塑像立傳等，正是所謂「同惡相濟」。而今黃漢奸死了，對中華民族是「天誅漢奸」，實在是好事。

◎李應元搞「政治游擊戰」

消息：

十二月卅十日《自立早報》報導：在美的〈台灣獨立建國聯盟〉副主席李應元自稱，他這次闖關來台是打算坐牢搞台獨的，但為累積政治力量暫不去坐牢，決心以神出鬼沒的方式，在台進行「政治游擊戰」，同時也可與家人團聚。日前李應元在《台灣文藝》雜誌發表〈台灣獨立建國聯盟的指導戰略〉一文說，在台灣推行獨立建國運動，是有權利採用武裝暴力手段的，但武裝暴力手段在當前是不利於處於裝備資源劣勢的台獨運動人士的，所以台獨聯盟決議以非暴力方式在台灣進行台獨革命。台獨人士認清台灣統治者權力基礎來自人民，如果人民不合作，統治者的權力自然就瓦解。所以在台灣搞台獨，就必須爭取民眾，以瓦解執政黨的權力基礎——包括權威、人民、軍隊、意識形態、財力物力，以及信徒等。

評析：

老台獨李應元自去年偷渡入台以來，一直在民進黨和長老教會的隱藏掩護之下，日夜神出鬼沒的搞「政治游擊戰」式的台獨運動。由上引消息更證明他是奉海外台獨之命來台指導、策劃、領導「台獨島內革命」的分子。奇怪的是，政府龐大的治安力量居然逮不到區區一個李某！這難免全體中國人都認為台獨是國民黨刻意縱容的了。

◎鄭自才闖關

消息：

元月五日《中央日報》報導：二十年前在美國槍擊蔣經國先生之台獨分子鄭自才，在民進黨立法委員洪奇昌陪同之下，於昨日變造的護照闖關入境，但在中正國際機場被航警證照查驗員查獲，予以強制離境。鄭自才的入境護照是在加拿大弄到的瑞典護照，而姓名又是妹婿Dehin Ge，不是鄭的本名，顯然是變造的護照，所以航警決把它強制離境，由原機遣返東京。民進黨的洪奇昌不但支持鄭自才合力阻止警方的遣返措施，並打電話到民進黨黨部、立法院、行政院告狀求援，有七、八名民進黨人士趕至機場聲援，最後終於由洪奇昌乘原機護送鄭自才返東京。臨行，鄭自才表示決不惜以任何方式再返台。

評析：

鄭自才是暴力派台獨殺手，二十年前奉〈台獨聯盟〉主席張燦鍙之命在美國紐約以手槍行刺訪美的蔣經國先生，且自此以後仍變本加厲大搞台獨叛國運動，毫無悔意。民進黨卻把個殺人犯當作英雄，派大員護駕闖關返台。而政府卻奈何不得，只有拒絕他入境，卻不敢逮捕凶犯。這是什麼法治？

◎ 沈富雄闖關

消息：

元月十三日《自立晚報》報導：在美國的台灣知名的腎臟科醫師，也是積極支持「台灣前途由台灣公民投票自決論」的沈富雄，昨日當場查獲攜帶禁藥，被以攜帶禁藥及涉嫌「私藏槍械」為由，在桃園機場被捕。他的妻子洪螺認為，台灣當局以此罪名，逮捕她先生的作法是政治迫害。她除與島內各方聯繫展開救援外，也與美國「台灣人團體」商議救援行動。台灣反對運動人士也對海外反對運動人士沈富雄展開救援行動。據資料顯示，沈富雄積極參與台灣民主運動，是台灣反對運動重要的捐款來源之一。

評析：

自一九八九年以來，海內外台獨漢奸即確定一個策略：「人馬集中台灣，在島內鬧革命」，先有許信良偷渡來台，繼有羅益世、李應元、蔡同榮闖關返台，使台灣台獨野火步步升高。今沈富雄攜帶禁品闖關被捕，更證明台獨集團的策略在加緊「實踐」中。

♦ 三月號

◎ 林濁水的《新國家論》

消息：

台獨〈新潮流〉月刊元月號，頌揚林濁水的《新國家論》一書說：「從國家形成、國際秩序、人民主權、台灣主權而論，台灣必將誕生為新的國家。台灣自古就不屬於中國，例如中國於秦漢時代即統治過越南、韓國，兩三千年後清朝才統治過台灣，越南，韓國，現在不屬於中國，台灣則更不屬於中國。台灣人從來就不願接受中國統治。況自第二次大戰後，台灣地位未定，中共在大陸建國後，中華民國也名存實亡，所以台灣自決建為新而獨立的國家，這是順理成章、理所當然的事。四百年以來，所有台灣住民不論來台先後，都淪為亞細亞的孤兒，現在已有希望在這塊土地上建立自己的主權獨立、文化自我、宗教自我、政治自我的新國家，願台灣人民共同努力。」

評析：

長久以來，台獨分子製造形形色色的「理論」，包括「台灣人不是中國人」、「台灣不是中國的領土」、「中華民國是外來政權」、「台灣住民自決」、乃至現在的「新國家」論，等等，無非是甘受帝國主義的撥弄，作分離中華民族和中國版圖的漢奸。這些「理論」毫無實現可能，實是痴人說夢而已。林某引証越南、韓國可獨立歷史，為何不說明「中華民族以八年浴血抗戰、逾三千萬同胞死難的巨大代價才光復台灣」這個最近的歷史事實？林濁水想用什麼代價來換「台獨」？同林某這種毫無民族感情的人已不能講什麼仁義了，就講代價利益吧。

◎ 「教授協會」的台獨性質

消息：

元月號《新潮流》月刊發表〈台灣教授協會主張台灣主權獨立〉一文稱：「近來台灣教授協會的成立，象徵了台灣獨立運動的深化，也代表了台灣知識界由言論的批評者，變成了共同創造台灣歷史的行動者。台灣教授協會與台灣新生代主權運動聯盟共同結合成反對運動聯盟，將更增加了台灣獨立運動的力量。因為他們的主張都是台灣主權獨立，他們是台灣知識界兩代的菁英，一個是學運的聯合體，一個是青壯教授的聯合體。台灣教授協會的出現，更走出了傳統自由派教授的陰影，把知識、台獨運動推向一個更高的層次，也就是把台獨理念從獨立建國、新憲法、公民投票，推進到與學術、教育殊途同歸的洪流，使台灣獨立建國展現的的希望」。

評析：

〈台灣教授協會〉自成立以來，即誤導學生們走台獨邪路，鼓動他們成立〈新生代主權運動聯盟〉，聯合起來搞台獨運動，所以這個「教授協會」也就是「台獨協會」。其實參加這協會的只有一小撮教授，歷來都有知識分子敗類的，宋代的秦檜、明代的洪承疇都是「超教授級」的。

◎許信良大陸歸來

消息：

元月廿三日《聯合晚報》及二月三日《自立報》報導：一月十九日悄悄赴大陸的民進黨顧問許信良已於昨日返台，他強調這趟大陸之行完全是「私人旅行」，主要在考察兩岸經濟關係。根據他的觀察，中共經濟改革進步的很快，而他也相信中共政治民主化的腳步也很快。他接受記者訪問時答覆說：我認為台灣對大陸經濟落後的印象是十分危險的，事實上中共經濟改革後確實發展得很快，我認為中共說要求和平統一是很真誠的，中共沿海的軍隊以撤退，沿海砲台作觀光據點，確實的實行裁軍，誠意應是十足，我也相信中共民主化腳步很快，兩岸應直接通航。

評析：

許某從一名「此心長為國民黨員」變為台獨分子，現在又突然為中共說好話。其實中共比誰都清楚，像許某這種翻雲覆雨的政客，作階段的利用可以，卻永不能信任。

◎民進黨出售「台獨經典」

消息：

二月上旬，「民進黨民意代表服務處」出售《台灣獨立展望》一書。該書近四百頁，其內容要點是：「台灣人一直是無自己的國家、無自己的政府、被外來政權統治的人民。四十多年以來，台灣受外來蔣政權的流亡統治、神話統治、麻騙統治、分化統治、特務統治、剝削統治。台灣人不是中國人，台灣不是中國的一部分，台灣地位在國際法上沒有定位。台灣人民有自己決定台灣前途的權力，台灣獨立台灣人才有前途。台灣人應內爭主權、外爭國格、實事求是、爭取獨立，建立台灣民主共和國。海外和台灣島內台運動的浪潮已澎湃萬丈，海外和台灣人應團結一致鴻展大洋精神，創造台灣共和國，自己當家作主，發展經濟，拓展外交，與中共和平相處，奠定亞太和平局面」。云云。

評析：

這本書由陳隆志所著，綜合鄭南榕等各台獨運動人士的台獨主張所編成，書中的論點代表典型的台獨邪說。這本書也可成為民進黨張揚台獨主張的經典，所以才在民進黨各民代服務處陳售推銷。

◎台獨的「立陶宛投票」夢

消息：

二月十二日《自立晚報》報導：在美的台灣人社團向立陶宛駐美公使表達支持其公民投票結果。美國國際關係中心表示，立陶宛和台灣追求獨立的精神是應受到尊重。〈台灣公民投票促進會〉會長蔡同榮表示，台灣比立陶宛有更好的公民投票決定台灣前途的條件。台灣與立陶宛不同者，乃外來政權的國民黨，不顧台灣人利益的作法，是台灣公民投票決定台灣前途的最大障礙。

評析：

立陶宛本來就是個獨立國家，且與俄國不是同一民族，於一九四〇年才被斯大林併吞，它自然有權用公民投票方式爭取獨立復國。而台灣本為中華民國的一個省，而同屬中華民族子孫者，完全不可相提並論。台獨集團想學立陶宛，只是癡人說夢而已。

◆四月號

◎「二二八」迷魂藥

消息：

二月二十六日《自立晚報》以「紀念二二八校園學子迴響會」為題報導說：今年的二二八紀念活動特別熱烈，校園學生社團將於二二八當天舉辦各項活動；台灣大學學生會將發表「二二八悼念文章」，另外籌備在校園建立「二二八紀念碑」；東吳大學學生會舉辦「靜坐、和平、夢魘二二八」紀念活動等，城區部學生舉辦民謠歌唱、戴白花默哀追悼。成大研究生協會中午十二時半，在圖書館前廣場燃燒冥紙、焚燒國父思想教材及軍訓課本等，以突破意識形態的禁忌。東海大學學生教會團契在路思大教堂舉行〈和平公義晚會〉，及〈紀念二二八禮拜〉等活動。

評析：

今年的「二二八」，中共一反數年來的常態，竟然在北京、天津舉行紀念大會，鼓吹「二二八是中國共產黨新民主主義革命的偉大勝利」。民進黨、台獨、長老會卻向國民黨栽贓，誣說國民黨在二二八屠殺台灣精英數萬人；並如上引消息所述，更在各學校扭曲二二八真相，藉以煽動學生的反政府反國民黨運動，弄得少數學生如像吞食了迷魂藥，靜坐示威、燒國父思想教材和軍訓課本。這種愚弄學生的手法既可恥又可恨。

◎長老教會窮搞「二二八」

消息：

台灣基督長老教會自二月中旬至三月上旬期間，為二二八事件先後發表文章及舉辦之活動計有：「紀念二二八建立新台灣」、「二二八彌撒」、「二二八追思禮拜」、「紀念二二八走出黑暗進入光明」、「二二八追思午會」、「二二八追思晚會」、「二二八台灣圖片資料展」、「二二八禁食祈禱會」、「二二八歷史成因」、「二二八大屠殺座談會」、「二二八之歷史影響」、「二二八超渡會」、「紀念二二八傷痕」、「走出二二八的陰影」、「二二八紀念歌」、

「為二二八給李登輝的信」、「二二八歷史回顧」、「國軍與二二八」、「四十四年的歷史悲劇」、「二二八四十四年的省思」、「二二八受害的台灣人」、「二二八受難家屬座談會」、「二二八家屬要求停止迫害」等近百次。在這些活動中說，政府無故屠殺台灣精英、壓迫台灣人、殘害台灣人，要求政府認錯平反，台灣人要站起來當家作主等。

評析：

台獨分子視「二二八」為他們的「源頭活水」，如果不搞紀念活動乘機煽風點火，就沒戲唱了。今年搞得很大但效果最差，原因是連蔡鴻文等省籍元老都來講了公道話，說總統府也公佈了當時蔣總統頒給陳儀「不許報復」的親筆手令。歷史真相已大白，那是一個民眾同胞之間誤會而發生的不幸事件。長老會那幫人，打著宗教旗幟專作帝國主義者分裂中華民族的走狗。今後日子恐怕難過了，因為他們的「源頭活水」已枯竭了。

◎所謂「保台會」名單曝光

消息：

三月三日《自立早報》以「保台會海外六十四人名單出爐」為題報導說：由民進黨籌劃組成的「保衛台灣委員會」昨日正式公佈名單，其中海外六十四人已出爐，計有田宏茂、方菊雄、江昭儀、洪哲勝、許世楷、邱垂亮、林宗義、范信良、陳唐山、張燦鍙、楊黃美幸、黃有仁、魏瑞明、蕭欣義、王能祥、廖述宗等人。在開會中，由民進黨主席黃信介任總召集人。說是將在四月二十七、二十八兩天召開「民間憲政會議」，提出〈保衛台灣綱領〉。以對抗李總統核定的〈國家統一綱領〉。〈保台綱領〉以近程目標和長程的目標為中心。近程目標，標榜以公民投票方式，達成建立民主政治的意願。長程目標，就是「反對任何外力侵吞台灣，全力防範任何奸徒出賣台灣。台灣所要開拓的未來藍圖，是為了已開拓不落日領域的台灣人，並為下一代廿一世紀新興台灣民族建立新基」。

評析：

李總統核定了「國家統一委員會」所擬訂的〈國家統一綱領〉，以台獨為靈魂的民進黨一向反對國家統一，於是自組「保台會」，制訂〈保台綱領〉，鼓吹台灣獨立。由上文可明確看出這個綱領就是「台獨綱領」，「保台會」就是「台獨會」。

◎陳水扁污辱郝院長事件

消息：

三月十二日《聯合晚報》報導：行政院郝柏村院長今天在立法院答覆質詢時指出，在宜蘭必須明確表示，要與中央工商業配合，在此前提下，北宜高速公路八十二年度將會編列預算。而民進黨立委多人偏離議題集中發言批評，其中陳水扁在執政黨籍立委大聲指責他偏離議事錄發言時，突然下台走向郝院長座席，把手持之行政院〈國建六年計劃彙總表〉撕碎，然後猛力擲向郝院長。郝院長本能性的舉手擋接，但碎紙已散佈滿身。陳水扁並聲言，這行動是為了對行政院延緩修建北宜高速公路表示不滿。當郝院長說：「你怎麼可以侵犯我的位置」時，陳水扁反斥說：「我侵犯你的位置又怎樣？」民進黨的這些粗魯行動，引起全場譁然！

評析：

民進黨立委殘暴成性，為北宜高速公路緩建案，大肆辱罵郝院長，並撕碎國家建設方案投擲郝院長，盡情予以侮辱。但民進黨白費心機了，他們愈想「倒郝」，郝院長的聲望愈高。因為人民都贊成郝院長的作為，民進黨此種無聊舉動才是真正違反民意的。如陳水扁等再不改邪歸正，終必被民眾唾棄。

消息：

◎「縣獨」之根

《中央日報》三月七、九、十四日報導：少數不認同國家民族的野心分子，政治權慾薰心，存心興風作浪，破壞國家整體建設。前年大選之後，六位民進黨籍的縣市長，組成什麼聯盟，自成獨立王國，置國家法令及全民利益於不顧，居然違反地方自治規程，杯葛中央政令、擅自實行每週上班五天、任意調度經費、霸佔水權路權，取消元旦升旗及國慶慶典、取消光復節等國定假日、禁止電影院播放國歌、通令機關學校不準升降國旗及掛國父像、鼓動縣民反六輕及五輕、示威請願反火力發電、拆除蔣公銅像、發動文宣及所屬公教人員反核四，只要高速公路以供遊山玩水，反對國家建設。鄉鎮長誰膽敢對縣長有不同意見，就刪減其經費斷絕其生路。由於這些縣長形成地方割據的影響，使國家關鍵性工業不能發展。

評析：

一些野心政客，由於台獨意識作祟，當選縣市長之後即變成「縣獨」。歸根結底，還怪國民黨無能。試想台北縣縣長是怎樣輸給尤清的，就教人難過了。要清除「縣獨」也好、

「台獨」也好，關鍵在國民黨高層自身。

◆五月號

消息：

◎ U. R. M 是台獨訓練營

三月二十二日《自立早報》報導：據本報記者長時調查，基督教〈城鄉宣教協會〉(URM) 早被影射為台獨暴力訓練基地，去年「五二九事件」台北街頭出現汽油彈和街頭聖戰士時，URM 被指為是幕後神秘集團，最近又傳與日本暴力恐怖組織赤軍連有勾結。大致來說，URM 是〈台灣基督教長老教會〉所屬的社會事工訓練營，早期的學員如：洪奇昌、蔡有全、黃昭凱、林宗正等許多人，都變成該教會以台灣本土意識為中心的政治反對運動牧師。後經派往加拿大接受第三世界社運抗爭組訓，回台在台南新化口埤教會設立訓練基地。從此，URM 和海外聖地牙哥大學「人才資源開發中心」，就成了台灣反對運動民進黨黨工的訓練營。URM 近年大量培訓的草根工作者，以逐漸串聯成一股不可輕視的台獨潛在力量。

評析：

自立報係本來是偏於台獨立場。由此篇報導無異證實URM不是別人「影射」為台獨組織而已，而是真其實實的「台獨訓練基地」。

消息：

◎「新國家說明會」陰謀

三月二十六日民進黨秘密海報〈新國家制憲說明會〉及地下刊物〈新潮流評論——迎向獨立新國家的總體戰〉兩個

資料，透露民進黨配合杯葛國大修憲所搞的「台獨新國家」運動要點是：「民進黨的工作是設計新獨立國家的藍圖，並聯合海內外台灣人的智慧，共同為改造現行政治體制而打拼。在國際上，蘇聯帝國主義瓦解，弱小民族紛紛掀起獨立運動，而我們台灣近又經歷動人的二二八和平運動、新國家聯線、新憲法運動、反六輕、反核四、一九九〇年三月學運、台灣主權運動等，使舊秩序崩解，統治者和台灣人民的接觸戰愈加頻繁，我們向執政黨總體戰的形勢業已形成，這正是新國家大好機會。願我們共同迎向獨立新國家的總體戰。」

評析：

近兩個月以來，民進黨為配合國大臨時會的抗爭行動，到台灣各地大搞「台灣新國家說明會」，其陰謀就是更明朗化的深入宣傳台獨叛國意識，製造仇恨中國的意識，鼓動起台獨為訴求的總體戰。

◎台獨分子在馬尼拉大會師

消息：

三月三十一日《自立早報》報導：在美方協助和台灣獨派立委接應下，海外台人士衝破「黑名單」禁令，而在菲律賓馬尼拉會師。受黑名單之累在美台獨幹部張燦鍙、陳唐山、陳伸夫、李瑞夫、張信堂、楊宗昌等多人，於前天晚上午夜分別自美國及香港飛馬尼拉闖關，遭到馬尼拉海關阻止下機入境，幸經由台灣民進黨獨派前往接應的葉菊蘭、盧修一、謝長廷、魏耀乾、李勝雄、陳榮儒、姚嘉文等多人交涉，並請美國駐菲大使館的人員向菲律賓移民局溝通，使這些海外台獨入境，前往馬尼拉花園飯店開會。在開會時，張燦鍙及由台灣去的民進黨人士均強調台獨主張，聲明台獨主張乃是「反對國民黨代表全中國的神話」，強調台灣是台灣、中國是中國的台獨理論。

評析：

自一九九〇年以來，民進黨的重要幹部多已加入了海外台獨幫派，海外各類台獨也多已加入了〈民進黨〉為黨員，甚至成為獨當一面的幹部。上引消息中海外台獨首領和民進黨主力人物馬尼拉大會師，是海內外台獨合流的具體步驟。他們討論的主題也是「如何實現台獨」的具體作法，未來一年將多凶險了。

◎民進黨大砸立法院

消息：

四月十日《中央日報》報導：昨天上午立法院討論〈總預算審查程序〉修正案時，經過討論後，梁肅戎院長正要付諸表決，民進黨立委彭百顯挑釁，對資深立委潑水。經國民黨立委勸導仍然無效，國民黨立委與之理論，而遭民進黨立委盧修一等人扭打。國民黨立委長久鬱積忍讓的情緒，隨之暴發；一時間多人偷襲、阻擋、拉扯者扭成一團。民進黨立委有的用座椅砸人，有的砸杯子，有的潑茶水，周書府被推倒在地。此一程序修正案在混亂中表決通過。惟監察院審計長蘇振平的〈決算報告〉，被民進黨搞得無法進行，只好延期報告。

四月十三日《中央日報》報導：民進黨張俊雄偷襲主持會議的梁肅戎院長，出手打了一個耳光，並繼續扭打，成為世界一大奇聞。

評析：

民進黨內曾制定「國會打架哲學文獻」，主張採打、砸、搶、摔、撕、潑等手段，實行「焦土政策」，使議會混亂、癱瘓、悽慘、開不成會，案通不過。上引消息就是「焦土政策」的實踐。但這次在立法院大鬧卻不是孤立事件，而是配合國大臨會脅迫「取消中華民國法統」的行動的另一戰場。

◎國大臨會民進黨施暴

消息：

四月十日《中央日報》報導：昨天上午國民大會召開臨時會。會議一開始，民進黨的吳哲朗、蘇嘉全、蘇培源、張貴木、翁金珠、徐美英等即輪番上陣實施杯葛，拖延一個小時，引起激烈衝突。當主席葉金鳳宣布停止討論實行表決主席團人選時，蘇培源衝上前毆打國民黨代表楊吉雄，吳哲朗等更把楊吉雄推下主席台，頭部著地傷勢嚴重，立即送醫治療。民進黨國代連勸架的國民大會秘書長陳川都照打不誤，吳哲朗便撕碎連署提案，大叫「不算！不算！」並跳上主席台大叫，結果把會場打得一團混亂。

又據四月十二日該報報導：民進黨國代蘇嘉全將國大黨部書記長謝隆盛的眼球打傷，吳哲朗等多人霸佔發言台，砸碎多具麥克風，大罵會場警衛。

評析：

這是以暴力脅迫老代表就範的「主戰場」。

◎台獨大鬧中山樓

消息：

四月十二日晚報報導：「美國台灣人返鄉訪問團」由團長洪茂澤率領，今天上午十時十五分與陳婉真等乘四部自用車，到台北市陽明山中山樓國大臨時會場準備「旁聽」，經士林警察分局攔阻無效。陳婉真等九人一陣鼓噪，棄車直奔上山到中山樓，與警衛造成緊張局面。他們進入中山樓後名為「旁聽」，但卻靜坐抗議起來。他們聽說民進黨的盧修一受傷，乃結束靜坐抗議，直奔台大醫院去看盧修一，結束這場鬧劇。

評析：

這是脅迫老代表取消中華民國法統的「次戰場」。

◎台獨師生的「送終行動」

消息：

四月十三日《自立晚報》報導：「台灣學生教授制憲聯盟」今天上午披麻帶孝至立法院群賢樓前，為中華民國憲法及浮濫的警察權「送終」，並抗議電視媒體播報民進黨在議場的打鬥場面，使民進黨立委國代出醜。他們約五十人，上午九點三十分在台大校友會館集合，手持「軍警樹暴力，扼殺台灣民主」、「為中華民國憲法送終」、「為台灣新憲法催生」等布條，組成「送葬隊」，在「中華民國憲法遺像」和扮法師的學生前導下，手捧骨灰罐，唱著牽亡歌，前往立法院聚賢樓，為中華民國憲法送終。他們邊走邊哭，民進黨立委洪奇昌、許國泰多人均出來與這群送葬學生打招呼。台北市警方因其未經申請遊行，出面予與制止，但學生不聽勸告，照常遊行。

評析：

這又是另一個脅迫老代表取消中華民國法統的「外圍戰場」。

◎「台獨綱領」即「楊文明模式」

消息：

四月十三日某晚報導：民進黨人士組成之〈保衛台灣委員會〉所擬訂之「保衛台灣綱領草案」今天公佈，其要點為：台灣已逐漸形成一種不同於中國文化的另一種國民意識，台灣人必須保衛此新的國民意識，不准打擊和迫害。台灣基本上已是一個主權獨立的國家，有自己的獨立主權政府，不受中國等其他外國的統治，台灣人要保衛「台灣主權獨立」這一客觀存在的事實。半個世紀前在大陸制訂的〈中華民國憲法〉已無法適應台灣的政治現實，為保衛台灣免於政治動盪不安，必須另建民主憲政新體制與秩序。必須由台灣全民直接選舉總統，以形成政治意志中心。

評析：

由於李登輝總統去年也曾公開說過「不反對總統直接選舉」，所以，在此次國大臨會時會進行第一階段廢除〈臨時條款〉之後，明年選出的新國大代表，如果贊成台獨的人當選為多數，他的作實質修憲時，一舉將中華民國取消，是可能的。換言之，這個〈台獨綱領〉在當前情勢下，明年或後年將會得逞是可能的。但即使得逞，其下場必然是「楊文明模式」的悲慘結局。按一九七五年七月間，南越政府崩潰，楊文明接阮文紹當了一個星期的總統即滅亡。如果〈台獨綱領〉得逞，百分之二百必將引起台灣之內亂，中共攻台成功。那時不管誰當了第一任「民選總統」，其命運必比楊文明更不堪。

◆六月號

◎民進黨「四一七大遊行」的玄機

消息：

四月十八日《中央日報》報導：民進黨為抗議資深國代修憲，叫了已久的「四一七大遊行」，於昨天下午三時，在台大校本部前集合了近萬人展開，沿街向中山樓前進。因為這是未經申請的非法活動，警方在重要路口設置了障礙，以保護市民的安全。晚七時左右，遊行暴眾由火車站移動，向中山北路方向前進時，路過城中分局，部分群眾以石頭投擲城中分局的門窗玻璃，向城中分局門口解小便丟雜物。走到中山北中山分局派出所，群眾發現一名便衣刑警，乃群起追打；遊行的群眾沿途掀翻警局兩輛機車。另有保安警察總隊的警備車玻璃被砸毀，輪胎被刺破；遊行隊所丟的垃圾使得幾條街髒亂不堪。

評析：

此次大遊行，其實很糟。民進黨內發生嚴重意見，紛紛怪責黃信介主席在節骨眼上突然撤退，黃因此還在事後到各地去向徒眾說明「鬥智不鬥力」的道理。觀察家認為，民進黨此次遊行，其實係與國民黨內「獨台」派演雙簧戲，用以脅迫老國代照案通過的。結果老國代內的「護憲」聲音全被壓下去，一一照黨部設計的模式通過了。若果真如此，此次運動可謂「完成配合任務」了。

◎學生絕食鬧劇

消息：

四月二十日《自立晚報》說：有十多名學生在台大門口絕食抗議由資深國代修憲，〈台灣教授協會〉今天將動員號召各校教授，前來鼓勵學生絕食。教授協會會長林玉體、秘書長廖宜恩等多人，一大早趕到學生絕食的現場，參加靜坐抗議一陣，以鼓勵學生繼續絕食，堅持下去。據傳南部有幾位教授準備北上參加靜坐，以示鼓勵。為鼓勵台北學生的絕食抗議，中部大專院校教授亦發起簽名連署運動。又據透露，中部地區部分「自由派」教授，亦草擬一分聲明，以聲援台北學生的絕食運動。

評析：

這也是配合「四一七大遊行」，脅迫老國代退出政治舞台的鬧劇而已。

◎台獨「馬尼拉會議」結果

消息：

四月二十日民進黨的《人民週刊》報導：台灣島內外台灣馬尼拉會議達成共識，將來決定並肩作戰。參加馬尼拉會議的盧修一、黃爾璇、謝長廷、顏錦福、江鵬堅、李勝雄、姚嘉文、邱連輝、魏耀乾、施明德、葉菊蘭、陳唐山、陳婉真、黃昭堂、陳榮儒、林玉體、洪貴森、林永生、張燦鍙、張信堂等二十多人。會中決議由島內台獨派人士協助海外台獨人士返台，並於兩年內將「台獨聯盟總部」遷回台灣，與島內台獨聯合作戰。海外「台獨」負責人黃昭堂及張燦鍙等強調，回台後將全力推動「新國家運動」及爭取第二屆國代選舉，海外台獨人士返台將加入〈民進黨〉，加強民進黨的實力，共同為獨立建國大業奮鬥。他們來台後促進以台獨為主體的「制憲運動」，為台灣獨立建國奠定法源。為達此目的，首先成立一個〈台灣新憲法聯線〉，作為推動的核心。

評析：

時至今日，具體事實證明，海外台獨不少人已加入了〈民進黨〉，民進黨員已有不少人參加了海外台獨組織。由上引消息近一步證明，民進黨骨幹分子和海外台獨各頭目在馬尼拉開會，決定協助海外台獨回台，結合成聯合戰線，合力膨脹勢力，要大搞台獨叛國運動。

◎當心「台獨聯盟」暗殺行動

消息：

四月十三日《聯合晚報》報導：據情治單位調查，一個自稱「台灣新國家聯盟」的團體，已經將海外盟員派赴菲律賓，接受暗殺、破壞訓練。至於是否有台灣民眾派去受訓，情治單位正在動員調查中。台北市警局已於本月二十日下達指示，限三十日前調查實情匯報總局。據情報指出，自稱「台灣新國家聯盟」的團體，已在本月初繼續將海外盟員派到菲律賓受訓，受訓完後派台灣，伺機暗殺政府首長，破壞重要機關。情治單位為此已指示憲、警調查單位，全面清查特定對象，是否於近期有前往菲律賓參與一陰謀活動情形。

評析：

在海內的台獨幫派中，早有「暴力台獨派」這種組織，他們編印《暗殺手冊》，《台灣城市游擊戰》手冊、《爆炸縱火》手冊，並設有訓練班，陰謀以恐怖暴力手段在台展開台獨叛亂行動。上引消息可能就是某海外暴力台獨組織的具體行動。大家要當心了。

◎「動員戡亂時期」結束，「台獨列車」啓動

消息：

五月一日《聯合晚報》報導：李總統宣布今日動員戡亂時期結束，民進黨中央立即發動「人民制憲列車」活動。雖因未事前申請被警方指為不合法，但民進黨仍排除警方的勸阻照常活動。上午九時民進黨主席黃信介、秘書長張俊宏、顧問施明德、許信良等多人，共乘一車遊行台北市區宣傳「人民制憲列車」的活動宗旨，在指出此次國民大會臨會修改憲法的不合理，台灣人民應制定屬於台人民的新憲法，同時推銷民進黨的「五千五百萬元訂閱民進黨報」的募款運動。

評析：

民進黨的鬥爭目標就是要實現「台灣獨立」。四月三十日李總統在記者會上公開說要「給他們發展空間」，民進黨當然驚喜若狂，而迫不及待搞什麼「制憲列車」了。

◎「台獨會」案

消息：

五月十日各報報導：法務部調查局於昨日宣布偵破台獨叛亂組織「獨立台灣會」在台的地下秘密組織，緝獲其成員陳正然、廖偉程、王秀惠、林銀福四人，並搜出證物多批，包括獨立台灣會建台革命行動綱領、文章理論講義、雙方來往連絡書信、監聽的越洋電話錄音帶等物。據了解，陳正然散發〈革命行動綱領〉，是鼓吹用台灣民族革命戰略組織大眾，實行武裝鬥爭，實現台灣獨立，意圖以非法方法顛覆政府。這四人受左派台獨史明的指揮在台進行秘密活動，且多次前往日本接受訓練。這幾年還經常出現在群眾街頭運動中。

評析：

〈獨立台灣會〉是在海外台獨幫派中的「左派台獨」。其創辦人史明（原名施朝暉、又名施敏暉）於二十六年到陝西北延安投身中共，三十八年奉命潛來台灣搞游擊隊。以後因搞「台獨」而不見容於中共，但仍執「社會主義台獨理論」不放。

◆七月號

◎長老教會的自供

消息：

五月十九日《教會公報》發表「長老教會 URM 被指為獨立台灣會訓練所聲明」說：此次國民黨政權非法逮捕史明「獨立台灣會」在台四人，其中有我們長老教會 URM 的林銀福傳道師和王秀惠女士二人，他們已陷入國民黨的黑牢。URM 過去曾被指與「台灣聯盟」、「國際共黨組織」、「日本恐怖組織赤軍連」有關。這一次林銀福、王秀惠被捕，又被外界指為與史明的「獨立台灣會」有關，我們教會不感意外。不錯，我們教會主張台灣成為一個有主體性人民意願的獨立國家，這也是我們追求的目標。我們 URM 過去已有人如詹益樺等為台灣獨立理想獻出了生命，另外為台獨被關的人還不少。此次林、王二人被捕入獄，我們教會已向亞洲教

協所屬全亞洲 URM 聯繫協調，請共同關切聲援。

評析：

從上引消息，可見長老教會自己承認堅決主張台獨，且有許多教徒、神學生和神職人員領導暴力台獨運動。歷年事實顯示，另外多數台獨漢奸及街頭暴力與這個教會有關，所以說他是個「暴力台獨窩」一點也不冤枉。

◎被利用的「五二〇學運」

消息：

五月二十二日《中央日報》等各報報導：「五二〇」教授和學生的遊行，原來是以爭取校園的學術自由為訴求，但是自這次學運接受民進黨及台獨集團金錢支助，並參加圖謀不軌的政治人物和社會流氓之後，學運乃被人利用而變了質。例如在遊行過程中出現毆打立法委員郁慕明的暴力事件，有的人衝進立法院摔爛麥克風打鬧立法院，有的在大街上毆打路人。尤其離譜的訴求，就是在陰謀黨派教唆鼓動之下，要求行政院長郝柏村下台。在遊行過程中，民進黨跑進各校動員教授學生停課去遊行、作幫兇。最後，使學運變成民進黨及台獨幫派的政治鬥爭工具。

評析：

古今中外的學運，其出發點都是單純的，但少有不被有心人利用而變質，甚至產生可悲結果者。此次「五二〇事件」，台獨集團處心積慮使之昇高，「倒郝」才是他們的真正目標，其他的訴求不過是次要的「花招」而已。幸好政府有關單位已有相當的經驗，使這次學運和平收場。但台獨分子決不會就此罷手的，所以今後更要萬般小心才是。

◎台獨變為毒品

消息：

五月二十六日《自立早報》以「張俊宏慨嘆台獨變為毒品」為題報導說：民進黨秘書長張俊宏昨天在一場〈兩岸關係座談會〉中，相當語重心長地指出，台獨主張在各方面互相激盪下，不但已成為兩黨互動關係的毒品，在民進黨內也引起林正杰強烈批判。立委林正杰多次批評說，民進黨內主張台獨的人士，在崇尚武德和鬥狠的政治性格及互相標榜誰敢「衝」和「勇」的情況下，台獨成了他們的商品及對民進黨忠貞的一種標誌，其他則什麼都不是，這種商品和標誌使民進黨根本沒有執政的希望。

評析：

早在十三年前，蔣總統經國先生就斷然指出：「台獨就是台毒」。今有以台獨為靈魂的民進黨秘書長張俊宏和其高幹林正杰親口肯定「台獨即是毒品」。這又一新實證：「台獨」千真萬確是毒品。其毒性是以置台灣兩千萬同胞於死地。張俊宏能道此肺腑之言，也是值得讚許的。

◎林正杰退黨事件

消息：

六月二日《聯合晚報》報導：外省籍的林正杰退出民進黨之後，已使民進黨在生態結構上完全本土化。尤其民進黨的中常委及中執委，變成青一色台灣籍人士，這也暴露出外省籍第二代對民進黨台獨本質的疑慮。從「黨外」時期開始，台灣的反對運動便以「草根性」為訴求，在「台灣人必須出頭天」的口號帶動下，反對運動就開始在狹隘巷道前進。當其建黨後，「出頭天」加上「本土化」而結合成立台獨情結，外省籍創黨的元老功臣如費希平、尚潔梅等因受排斥與冷落先後退出民進黨。時至今日，碩果僅存的創黨功臣林正杰受盡委屈後，毅然宣佈退黨。傅正還是有為之年，不知何故告別人世離開了民進黨。現在民進黨內幾乎全部台灣籍人士。

評析：

立法委員林正杰六月二日發表聲明，正式退出台獨黨。林正杰此種有骨氣的行為值得敬佩！

◎林正杰的身證

消息：

六月三日《中央日報》報導：民進黨創黨功臣林正杰昨天宣佈退出民進黨，並招待記者發表講話，他之所以退出民進黨，其主要原因在於民進黨所走的路線是「台灣獨立黨」，而非「民主進步黨」。他幾年的努力很想讓民進黨成為一個純粹的「民主進步」的政黨，但是幾年的努力最後落空。他說，我現在承認已徹底失敗，沒有辦法再改變它。他沉痛地說，今天在民進黨內，「你沒有不主張台灣獨立的自由」，假如你不主張台獨，各種壓力都來了。他們只准高喊台獨，你若不跟著主張台獨，他們就罵「你出賣台灣人，你要做施琅」，種種威脅都來了。

評析：

由近幾年事實的表現，再加上此次林正杰親身體驗後所發表的談話，證實民進黨是百分之百的「台獨黨」，凡在其黨內不願附和台獨聲音者，根本無立足之地。像這種禍國黨，我們應共張撻伐，以除國禍、固國基！

◆八月號

◎教會灌山胞毒素

消息：

六月二十二日《自立晚報》報導：最近發生的「台獨會案」，五名主角中就有林銀福、安正光兩人是原住民。據這兩人說，他們在〈玉山神學院〉受了六年教育後，才了解到原來台灣這塊土地屬於他們原住民的。他們祖先從來就不知中國在哪裡，也從不想從中國得到什麼。他們土生土長住了四五千年的台灣，卻被外來荷蘭、西班牙、清朝、日本、國民黨所統治，並奪去他們的土地，原為這塊土地主人的原住民被逼迫逃到深山裡去，外來人喧賓奪主來壓迫原住民和剝削原住民，所以他們發動「還我土地運動」。林銀福表示，以原住民身為這塊土地的主人角度來看，「台灣獨立」將是未來原住民運動的趨勢。而「獨台會」中有原住民，更將對原住民運動有催化作用。

評析：

世人皆知〈台灣長老教會〉是台獨毒素的發酵缸，海內外台獨分子多半是從這個發酵缸中培育出來的。由上引消息證明，長老教會對山地同胞有計劃的灌注毒素之後，會使山胞中毒著魔，跟著這個教會搞台獨叛國運動。

◎捧行刺凶手為英雄

消息：

六月二十五日某早報及二十六日中央日報報導：日前偷渡成功返台的「刺蔣案」主角鄭自才，被民進黨當作凱旋英雄。不僅派員自日本護送返台，抵台後作英雄式的歡迎。更由民進黨立委安排前往立法院議場作秀亮相，沒有入場證進入議場後，公然大模大樣坐在旁聽席旁聽。當時引起立委王天競等強烈不滿，指斥鄭自才是違法偷渡進來台灣，是曾經行刺國家元首的凶手，「沒有來賓證，怎能進入議場？」而民進黨立委魏耀乾等人則杯葛天競的發言，為鄭自才辯護，在台下向發言的王天競叫罵。魏耀乾更手執茶杯，向前將水潑向王天競，並向王丟紙團，險些演出全武行。

評析：

這幫台獨分子捧鄭某為「英雄」，其荒唐理由已在本刊上期的評論中批判過了。大家找來參閱可也。

◎台獨分子偷渡來台的路線

消息：

六月三十日《人民周刊》以「台獨聯盟闖關返台的四條秘密管道」為題說：由過去台獨人士郭倍宏、李應元、陳婉真、鄭自才等人順利闖關成功，且情治單位一直無法查出闖關路線之事實，我們可以分析出他們闖關的四條秘密管道：1.台日線：海外東北亞台獨人士的大本營在日本，這些台獨人士且均與日本台籍黑道分子及日本山口黑社會組織密切掛勾，買通黑道分子利用赴台地下秘密管道返台。2.台菲線：由在菲律賓之台籍異議人士，買通菲政府人員或菲共新人民軍，秘密從海上或空中偷渡返台。3.台港線：台獨人士在香港搭機返台不易，而多是從海上走私管道，買通香港「大圈仔」的安排偷渡來台。4.台閩線：台獨人士由香港進入大陸再到福建沿海，或從香港乘漁船或走私船至福建沿海，然後乘漁船或走私船來台。

評析：

《人民周刊》是親台獨的刊物，它透露此秘密路線，應非完全空穴來風，值得治安機關參考。社會大眾也應警惕：原來黑道是台獨的「掩體」！

◎長老教會的反統一謬論

消息：

七月七日長老教會《教會公報》發表「國家統一？」一文說：從近代史上由於土地面積之大小或人口之多少差異等，雙方不具合併統一的條件，而勉強合併統一，結果弱小的一方遭到被欺侮、被剝削、被大量屠殺，付出莫大的犧牲。然後脫離統一合併之桎梏再分開，而宣佈獨立建國之實例很多。例如新加坡脫離英國而另建〈新加坡共和國〉，孟加拉脫離西巴基斯坦而另建〈孟加拉人民共和國〉，蒙古脫離中國而另建〈蒙古人民共和國〉。由此看來，台灣不應再和中國大陸統一遭受被壓迫的悲劇，應及早謀求獨立建國。況且第二次大戰結束，台灣歸中國統治不久，中國政府就在二二八事件中，對地小、人少、勢弱的台灣實施大屠殺，由此一悲痛的事實而言，台灣也不應再和大陸合併統一，應及早覺悟，爭取獨立建國。

評析：

新加坡等原是英國的殖民地，求獨立是對的。台灣自古屬於中國，與新加坡、孟加拉諸國完全不同。大一統是數千年來中華文化的傳統，也是全體中國人的願望。這一小撮打著洋教旗幟的台獨分子無論怎樣花言巧語，都是沒有用的；徒然增加其「漢奸」罪孽，被全體中國人鄙視得更深而已。

其實，這個長老會就是一八九五年迎日軍入台屠殺台灣人那個假冒為善的團體，是日本殖民者的幫凶，根本無資格談什麼「台灣獨立」！

◎台獨集團要求加入聯合國

消息：

七月八日某晚報報導：美東台灣人夏令會於七月七日發表強烈聲明，支持「以台灣的名稱加入聯合國」，以突破外交困境。參加這次夏令會的有〈台獨聯盟〉、〈台灣人公共事務協會〉等八個團體。台獨聯盟的張燦鍙、黃有仁等重要幹部，獨立台灣會的史明，台灣人公共事務協會會長王桂榮、前會長陳唐山、林義雄及爆炸聯合報的王幸男等出席此次會議。會中決議：堅決支持以「台灣」名稱申請加入聯合國以及其他國際性組織，突破外交困境，建立台灣獨立的國際地位與尊嚴。

評析：

這幫台獨分子叫嚷什麼尚不重要。重要的是，國民黨內也有「集思會」之流作曲線的呼應，才是中華民國的最大隱憂。

◆九月號

◎陳水扁訪大陸

消息：

七月二十四日《聯合晚報》報導：張春男曾在台當選增額國代，於民國七十五年在中共邀請下前往大陸，隨後在大陸擔任中共政治協商會常委，負責對台統戰工作。張春男昨晚表示，他將在明年此時返台定居。他並透過民進黨立委陳水扁的協助，排除返台的障礙，於返台後在民進黨中央擔任適當職務，從事台海兩岸的溝通工作。張春男是在昨晚歡迎陳水扁到北京訪問的歡迎茶會上，透露此項消息。

又據七月二十五日該報報導：民進黨立委陳水扁這次訪問大陸，中共派由台灣前往大陸定居並任中共政協常委，及任中共〈台灣同胞聯誼會〉聯絡部處長的蔡寧接待，並陪同陳水扁到各地訪問，以及從中協調與中共高級官員見面等。

評析：

張春男與黃順興、陳鼓應等同為當年的「黨外人士」集團中的「統派」。他們既反對國民黨，又不贊成台獨，於是造成了「兩面受敵」的局面。個人在台灣政治場走投無路，一氣之下，就悄悄投到大陸去了。這是約在六年前的事。但是他們在大陸不久，就覺得極為失望，雖然有個「政協委員」的虛銜，但這不過是個毫無作用的擺設。

現在他們可能認為「新機運」來臨了！因為國民黨拒絕同中共和談，而民進黨勢力又日益壯大，所以近兩年來中共不得不一再表示「統一也寄望於台灣人民」、「也寄望台灣其他黨派團體」；民進黨當然也是中共爭取的對象。因而，這幾名台籍中共政客以為：他們現在可當民進黨與中共之間的「橋樑」。其急欲回台參加民進黨，根本原因盡在此！

◎施明德的動向

消息：

七月二十六《自立早報》報導：有任〈民進黨〉黨主席可能的施明德，發起「新憲助選團」。經記者專訪民進黨顧問施明德時說，這次要籌組「新憲助選團」，其目的在動員所有社會力量為與「新憲助選團」有相同政治理念的候選人助選。而「新憲助選團」之政治理念：1.台灣主權獨立，2.制定新憲法，3.台灣人民直選總統，4.台灣重返國際社會。施明德並表示，這個「新憲助選團」的活動也是在野人士政治運動的整合與社會力的結合，使全民清楚的了解在野人士的訴求。

評析：

施明德早在三十年前就讀軍校時就中了台獨之毒。一九六一年因參與「高雄軍官學生台獨運動」，被判無期徒刑。以後仍不悔改，致屢被判刑。這次搞出個「新憲助選團」並發表政治主張，當然是百分之百的台獨運動。他除了年底國大代表助選目標之外，仍有同許信良爭民進黨主席之意。其實施許二人雖為「同志」，但許看不起施的「領導能力」，而施標榜「人格」即看不起許的「人品道德」。

◎許信良的動向

消息：

七月二十六《自立早報》又報導：許信良打算成立參謀本部，把這次選舉當作「台灣人公民投票」來推動。儼然已成為民進黨美麗島系選舉重鎮的「許信良辦公室」，一年以來已開始進行幹部訓練，到目前為止，已辦過四次幹部訓練，第五次即將在八月下旬開訓。許信良表示，於今年底第二屆國代選舉前，總辦公室打算成立「選舉專家參謀本部」，替民進黨進行參選計劃工作。目前由王拓、蔡仁堅等人組成的「新台灣連線」，已計劃請許信良代為訓練候選人及助選員等。許信良表示，民進黨應把這次選舉當成「台灣公民投票」來努力爭取，一旦民進黨與國民黨的得票率和國大席不相上下時，到那時台灣局面就不同了。

評析：

許信良在十三年前因競選桃園縣長，發動「中壢事件」，是為以群眾暴動搞選舉的開創人。後來演變成「美麗島事件」，去美一待十年，才偷渡回台。在美期間組織「台灣革命黨」，主張用暴力手段實現台獨。又曾編印《都市游擊戰手冊》，主張在台建立都市游擊戰示範行動隊，在台展開都市游擊戰，以發展台獨運動。不過最近卻認為暴力方式已不被群眾接受。總之，許某性格是一個純粹的個人主義政客，為了達成個人爭權目標，什麼手段都可以運用的。因此他給人的印象是「反覆無常」、「為達目的不擇手段」的可怕人物。這次同施明德爭黨主席，施標榜「人品」正是和他針鋒相對的鬥爭招數。

◎黃信介被排擠

消息：

八月三日《中央日報》報導：民進黨主席黃信介慨嘆的說：「民進黨內沒有同志愛！」他昨天下午在接受記者訪問時指出，民進黨中央評議委員會作成他無法競選連任下屆民進黨主席的決定，就證明了這一點。他說，他擔任民進黨主席三年多以來，民進黨沒有收入，他每月要為民進黨貼進兩百多萬元，而今竟不准再競選黨主席了。

評析：

民進黨主席黃信介，有「龍頭大哥」的風格，用錢大方，用人有容，說話率真；其真正弱點就是愛當老大，並無政治思想。十多年前，一幫牛鬼蛇神利用他，才搞成「美麗島事件」。三年前民進黨財務危機嚴重，內部派系又擺不平，乃請黃老大當主席。現在看他沒有利用價值了，所以用「體制」為藉口，要將他的主席位置拿掉。黃老大的「最愛」被取消，難怪他大嘆「民進黨沒有同志愛」了！其實，從費希平、朱高正、林正杰以往的退黨事件證明，〈民進黨〉何止沒有同志愛？根本就是一個無所不用其極的「台獨瘋子」集團。

◎「自由派」教授下海

消息：

八月十二日各報報導：原本以「中間立場」自居的「自由派」知識分子張忠棟、陳師孟、林玉體等人，於退出國民黨數個月之後，宣布加入民進黨，期許民進黨成為真正民主政權，進而促進政黨政治的發展。由於今年五月發生的「獨台會案」，知識分子聲援行動受到國民黨的抑壓，所以他們毅然宣佈加入民進黨，推進台灣政黨政治能落實。張忠棟是隨國民黨軍隊來台的山東流亡學生，他在台大教授中是國民黨中「革新保台」的要角，他的批評國民黨習氣一直未改，這次決心脫離國民黨加入民進黨。陳師孟是陳布雷之孫，在與張忠棟同樣心態下與國民黨決裂，投靠了民進黨。林玉體是近年來活躍於教育界的專搞運動要角，他希望加入民進黨，形成對國民黨強有力的反對黨。云云。

評析：

張忠棟這幾個「自由派」教授，十多年來，扮演著作「台獨集團的褓母」角色，成為新聞媒體的新寵兒，在台灣數以千計的大專教授中，以他們這幾個人的名氣最大。可見他們是頗有小聰明的。但身為教授，卻不在學術地位上爭成就，而在「外行事務」中爭出頭，這是作為知識分子的悲哀處。而今，他們乾脆放下「中立」身段，脫衣下海，參加「台獨瘋子集團」的民進黨去了。正當林正杰、朱高正等痛斥「民進黨內沒有不贊成台獨的自由」之後，這幾名知識分子究竟是什麼人，持著什麼心態？凡有識者無不心知肚明。

◆十月號

◎台獨分子在日本大會師

消息：

八月廿日《聖經報》報導：「獨派島內外懇談會日本會議，於八月十一日起在日千葉縣新白子旅館召開，與會的島內外台獨派人士計有海外陳唐山、張燦鍙、陳南天、李憲榮、王桂榮、賴義雄等人；島內的則有李勝雄、江鵬堅、姚嘉文、黃爾璇、沈富雄、吳乃仁、邱義仁、邱連輝、林宗正、洪奇昌、高俊明、趙振二等五十多人，為歷年以來獨派在海外開會最具規模的一次。此次日本會議的揭幕式由〈台獨聯盟〉主席張燦鍙、〈玉山基金會〉董事長郭榮桔、〈台灣國際關係基金會〉董事長江鵬堅、〈台灣建國研討會議〉工作小組召集人顏錦福等四人共同主持。此次會議主題，仍是台灣獨立運動問題。

評析：

上引消息所列海內外台獨分子，曾於今年三月份在菲律賓馬尼拉舉行過一次為五天的「台獨研討會」，決議海內外獨派人士大結合，加速推展台灣獨立建國運動。現在又在日本召開這次「台獨懇談會」，仍然舊話重提，加緊台獨腳步。由此可以證明他們這群台獨分子，作惡到底的漢奸心態，已到了無可救藥的地步。

◎民進黨推出「台獨憲法」

消息：

八月廿六日《自立晚報》報導：民進黨的「人民制憲會議」完成制憲任務，並公佈〈台灣新憲法草案〉，同時發表宣言說：「由台灣人民作代表，以台灣這土地和人民為主體，而草擬成台灣新憲法。民進黨新制定的台灣新憲法草案，確認台灣之主權屬於全體台灣人民，這是台灣人民堅定的政治宣告，為打破四十多年來之少數人統治體制，這是站在全台灣人立場，為全台灣人制定的台灣新憲法」。在這部憲法總綱中規定「台灣為民有、民治、民享的民主共和國之領土包括台灣本島、澎湖群島、金門、馬祖附屬島嶼」。

評析：

民進黨自成立以來，一直不敢明白表示台獨立場，係其內部有相當力量的「統派」存在之故。如今費希平、林正杰、朱高正等統派清流都退出了民進黨，它便放膽推出「台獨憲法」了。

◎陳婉真搞暴力事件

消息：

八月廿六日某晚報及廿七日《中央日報》報導：台中市「台灣建國運動組織」的大量人員，昨晚爆發與警方衝突。他們眼見大批警方包圍陳婉真的總部，在陳婉真的指揮下，

全體人員淋濕身子，汽油彈、瓦斯筒全部搬出，各人員互相道別，準備作最後搏鬥。約五六十人分持鐵勾、木棍守住外圍，將地毯淋滿汽油充路陣，準備與警察打拼。「台建」組織的群眾再度到國民黨台灣省黨部去鬧事，群眾分持油漆噴霧罐，向省黨部門噴噴漆，並投擲四枚汽油彈，致「231」號警車底部著火。到了翌日清晨，「台建」組織的五六十名人員持棍勾在門前排成兩列，以對抗警察。

評析：

陳婉真出身於《中國時報》記者，十三年前同陳鼓應搭擋競選中央民代，發表激烈宣言，被國人唾罵。不久，二陳去了美國，相處不來。陳鼓應投到大陸，一直在北京教書。陳女則愈演愈偏激，變成了最狂悖的台獨分子。去年偷渡回來，一直不甘寂寞，有機會便做「街頭秀」，稍有水準的民進黨人都羞與為伍，連黃信介都公開罵她「三八」。這種婆娘，搞起政治來什麼都敢做。當局對她十分頭痛，倒是真的。

◎老台獨冒名入境

消息：

八月卅一日《中央日報》報導：被台灣高等法院以涉嫌「台獨內亂罪」被通緝的〈台獨聯盟〉美國本部主席的郭培宏，搭乘西北航空公司班機於昨晚十時抵達桃園中正機場，冒名「丁崇真」入境，被機場航警察獲被捕，送台灣高檢署偵辦。郭培宏在美從事台獨運動多年，曾於民國七十八年底潛入台灣，並參加「新國家連線」的各項活動，在台公開鼓吹台獨。郭培宏原為台南市人，赴美後參加台獨組織，這次闖關來台，其目的在配合台獨聯盟之返台運動，來台灣共同

推動島內「台獨」運動。

評析：

海外各台獨頭目近兩年多次開會決定，要在今年全部偷渡闖關來台，共同加入民進黨，合力陰謀推翻中華民國政府，然後實行台獨建國，九月七、八日的「公投」大遊行就是其陰謀的一部分。希望政府對郭培宏這類叛國分子依法嚴辦，以絕後患。

◆十一月號

◎台獨黨迫停總質詢

消息：

九月二十七日各報報導，昨日開始的立法院會議，由郝院長作施政報告；〈民進黨〉故意打鬧，一片混亂，在警察重重保衛下勉強完成報告。翌日上午，民進黨團刻意藉著冗長的議事錄及程序發言，發動無理的「文鬥」以杯葛議事，使議場陷入混亂。院會主席梁肅戎為委曲求全使議事順暢，曾數度打破程序規定，先讓民進黨立委發言，卻仍未獲民進黨團之配合，民進黨立委仍佔著發言台發言不已，使原本在今天進行的總質詢更不能進行。迫不得已最後表決，通過國民黨立委黨團書記長饒穎奇等人提案，暫停總質詢。

評析：

立法院從未有停止質詢的先例。此乃首開惡例，完全咎在台獨民進黨。

◎台獨的宣傳戰

消息：

自十月以來，台獨〈民進黨〉結合邪惡教會為破壞社會秩序、宣揚台獨，大搞文宣戰。其印發的刊物傳單不下數十種。例如在傳單方面有「反閱兵行動聯盟戰報」第一至第五號、「台灣的光榮革命」、「抗議軍警暴力踐踏大學尊嚴」、「痛斥軍事暴力」、「軍方武力施暴快訊」、「一〇〇行動聯盟新聞快報」、「埋葬刑法一〇〇條」、「反制國民黨雙十閱兵」、「反閱兵行動手冊」、「許瑞峰的獻身與戰鬥」、「新潮流評論」、「民進黨報」、「揭開核電的神話」、「新憲法新國家」、「我們反對閱兵宣言」、「大家一起來拒看十月十日閱兵電視節目」、「一〇〇行動聯盟成立宣言」、「行動聯盟強烈呼籲反閱兵，廢除刑法一百條」……等等。在這些多如牛毛的傳單中，極盡歪曲、渲染、煽動、辱罵等之能事。

評析：

民進黨及邪門教會的服務處、各級黨部、各處傳教所、各附屬團體等，都在大量散發宣傳品，並向社會人士解說這些宣傳品的內容目的。他們確已組合成台獨造反聯合戰線，公然大搞台獨。

◎台獨外圍組織殺害警察

消息：

十月四日《中央日報》報導：台北縣貢寮鄉鹽寮村反核自救會成員，昨天前往核四廠預定地抗議反核棚架被拆，以暴力攻擊現場駐守之保警人員，投擲石塊、汽油彈，並駕車衝撞保警人員所排成之人牆，造成保警楊朝景死亡，及中隊長林敏生等二十二人輕重傷的慘劇，民眾也有多人受傷。

緣於十一時左右，反核人群中有多人用石塊及汽油彈投擲保警，保警人員對這些暴力攻擊行為，只以盾牌作防護，並未作任何反擊動作，突有一輛廂形小貨車開足馬力向保警人牆攻擊，保警閃避不及，乃造成二十多人傷亡。事發之後開車衝撞保警的兇手在混亂中逃逸。

評析：

北縣貢寮鄉鹽寮村這次的暴力事件，其背後的黑手是「環保聯盟」，而「環保聯盟」背後的黑手卻是「台獨」民進黨。

◎廢刑法第一百條

消息：

十月八日《中央日報》報導：昨天立法院司法委員會開會，討論〈刑法第一百條的修廢問題，於下午五時十分舉行表決。結果以四票對兩票通過民進黨立委謝長廷等人的提案，廢止刑法第一百條。隨後又表決通過謝長廷所提一〇一及一〇二條修正案。

評析：

刑法一百條是民進黨台獨叛國行動的絆腳石，所以一面成立「一〇〇行動聯盟」在四處叫囂要廢除，一面利用立法院司法委員會開會機會，施用巧計實行「少數暴力」決議廢除。由此可以看出民進黨叛國喪心病狂的程度。

◎〈台獨條款〉正式列入黨綱

消息：

十月十四日各報報導：民進黨五全大會於十三日討論林濁水所提，將「建立主權獨立自主的台灣共和國」主張納入〈民進黨綱〉提案。經過長時間的發言，至中午經陳水扁將林濁水的提案予以修正，在「建立主權獨立自主的台灣共和國」的原提案前提下，增列「基於民主原理，建立主權獨立自主的台灣共和國及新憲法的主張，應交由台灣全體住民以公民投票方式選擇決定」之分項條文。由大會主席黃介信提大會表決後，經在場者幾乎全部舉手贊成通過。將「建立主權獨立自主的台灣共和國」的台獨條款納入〈民進黨〉黨綱，即成定案。

評析：

自此，是民進黨成了不折不扣的台獨黨！政府如再縱容姑息，恐怕台灣真要完蛋了！

◎新潮流發表《到獨立之路》

消息：

十月十四日《自立晚報》報導：民進黨五全大會於昨天通過「台獨條款」納入黨綱之後，即由新潮流系散發《到獨立之路》小冊子。這本小冊子明確的將台灣獨立的內涵，定義為「台灣獨立是為了破除國民黨的內部殖民體制及中國陰影，把中華民國體制改造成台灣體制，同時台灣社會也必須徹底改造，在政治、經濟、社會及文化各方面也都要台灣化、民主化」。民進黨新潮流系在這本小冊中首次公開將自己界定為「中間偏左之社會主義民主黨路線」。並稱這小冊子是他們現階段「台灣獨立運動綱領」，用台獨運動取代國民黨政權，用人民革命的方式壓迫國民黨，以達成台灣獨立。最重要的手段是：讓社會生產停頓，實行罷工、罷課、罷市，攻擊國民黨權力中心、包圍總統府，使全體人民蜂起、促成政權癱瘓，最後宣佈台灣獨立。

評析：

從這本小冊子，更可讓世人看清〈民進黨〉這撮人是要幹什麼了！

◎許信良當選台獨黨主席

消息：

十月十四日《中央日報》報導：民進黨下任黨主席之爭，昨天下午經該黨五全大會代表進行投票選舉結果，美麗島系許信良以一百八十票對一百六十三票當選。許信良當選後表示，五全大會上午通過「台獨條款」，這不僅代表民進黨的信仰，台灣也到了必須解決統獨問題的時候了。而他當選主席後所努力的，就是要實現民進黨的「台獨條款」主張，並努力使民進黨在兩年內成為執政黨。由許信良在「中壢事件」及在美的言論來看，他是具有相當的「革命野心」，其暴力本質在平時或者加以遮掩，但在歷次朝野氣氛緊繃時，他曾一再「洩底」，所幸過去他並不曾在位，尚未付諸實行。今後，民進黨與群眾運動、暴力路線，也不無愈演愈烈之可能。

評析：

許信良昔在美力主「暴力台獨」，為實現此一邪念，曾編印《台灣城市游擊戰手冊》，準備在台發展游擊戰，並曾倡導社會主義台獨。這次當選民進黨主席，將來會帶領民進黨走向暴力台獨的死路。

♦十二月號

◎民進黨要求改國號

消息：

十月廿日《自立晚報》報導：民進黨立委今天在立法院提議放棄「中華民國」國號，改名為「台灣共和國」。郝柏村院長說明「中華民國」國號絕不能變更。隨後民進黨立委陳定南、謝長廷等群起發言，強調更改國號係依「主權在民」之原則而應有的主張。陳定南認為為馬達加斯加可改為摩里西斯，政府早已多次變更國號參加國際組織，〈中華民國〉這個國號早已不被國際社會接受，〈中華民國〉已是最大的仿冒商標，若再繼續使用〈中華民國〉只有死路一條。況且國民黨再堅持〈中華民國〉這個國號，更是閉門造車，違背主權在民原則。郝院長不應「恐嚇」台灣同胞。今後應以公民投票方式改名「台灣共和國」。

評析：

〈中華民國〉是國父孫中山先生所創立的亞洲第一個民主共和國，我政府仍是足以代表中國之合法政府。為何用此國號？中山先生曾作詳細的研究（請參考本刊上期丁迪「中華民國國號考」一文）。台獨民進黨卻用歪論邪調要否定我國號，另外改名「台灣共和國」，不但顯示其淺薄，更暴露其台獨叛國病根到了無可救藥的地步。自本月十三日民進黨通過「台獨黨綱」，這種在立法院的「配合行動」也是必然的。

◎「北基會」是什麼東西

消息：

十月廿九日《自立晚報》報導：「台灣民主運動北基會」是街頭運動的主力。該會成立於一九八七年十一月，成員有兩百多人，追求台灣民主，主張台灣獨立，歷任會長陳婉真、廖耀松等。原名為「台灣民主運動北區政治受難者基金會」，平時除關懷慰問民進黨受難之黨工外，其主要任務就是參與反對行動中的街頭運動。其成員都經過多次戰役的歷練，個個身手不凡，在街頭行動中都是獨當一面的幹部，在每次街頭抗爭中充任中堅幹部。「北基會」經常支援反國民黨的弱勢團體，使其有強大聲勢和力量推動街頭運動，同時也為反對團體培訓反對運動生力軍。

評析：

暴力派台獨主張在台灣用「都市游擊戰」以打爛社會秩序和行政體系，占領若干點，然後擴大為面，推翻政府，實現台獨。這是七十年前列寧革命的老套。問題是今天台灣絕大多數的老百姓都是富有的中產階級，豈會聽這一套起來「革命」？像陳婉真這類物妄人，連當「歷史垃圾」都沒有資格。

◎台獨要求〈中國國民黨〉改名

消息：

十月卅日《自立早報》報導：台灣建國運動組織受難家屬，將於今日前往拜會民進黨中央，表明全力支持民進黨的「台獨黨綱」。呼籲民進黨積極推展建立台灣共和國運動、強力支持一○○行動聯盟、支持公投會，還請求民進黨開發台灣人民力量、成為負責任有擔當的政黨。「台建」受難家屬們並準備到中國國民黨中央黨部致抗議書，抗議書文中要求將中國國民黨改名為「台灣國民黨」，以示與台灣兩千萬人民同甘共苦的誠心與決心，建立台灣真正的政黨政治。並且呼籲確認郝柏村為台灣社會之亂源，要求郝柏村下台，並由郝柏村對抹黑「台建組織」一事向社會公開道歉等。

評析：

這撮台獨分子狂妄的想法，徒然令人笑掉大牙而已！但真正可怕的，不是這撮台獨分子，而是混在國民黨內的黨奸，如立法院集思會的黃主文、林鈺祥、吳梓之流，他們所做的目標，就是企圖將〈中國國民黨〉變質為〈台灣國民黨〉，以與台獨相呼應。

◎台獨「新潮流」的策略

消息：

十一月一日《自立晚報》以「新潮流陣地戰略——以社會包圍國家」為題報導說：獨派團體之一的「新潮流」，成立於一九八七年，成員約七八十人，主張台灣獨立，傾向於中間偏左的社會民主主義，現由吳乃仁任總召集人。一九八七年成立「新潮流辦公室」，這幾年以來在獨派團體中，較具多重功能，除從工運、農運、漁運、學運苦下工夫，力求扎根外，更著重策略研究。新潮流前曾出版公佈「台灣共和國憲法」，以揭示台灣獨立的主要內涵。在台獨運動的策略上，主要在爭取權力競技場外的勞工、弱勢者、中產階級，在長期戰略上採陣地戰原則，爭取社會以包圍國家機器，同時建立草根群眾組織，以人民的力量壓迫國民黨，學習波蘭團結工聯的模式以奪取政權。因此，新潮流著重深入社會，加強基層組織和訓練。

評析：

十一月十九日報載，黃信介對〈新潮流〉這撮台獨分子已經十分不滿，主張民進黨應該分裂。黃信介說得有道理！

◎「北美教授會」的台獨聲明

消息：

十一月九日《自立早報》發表〈北美洲台灣人教授協會對中共與國民黨的公開聲明〉一文，要點是：北美洲台灣人教授協會一向關心台灣前途，絕不苟同國民黨蔑視台灣人的立場。從歷史事實、社會形成、法理基礎與人民意願來看，台灣從來就不屬於中國。所謂「開羅宣言」，所謂「上海公報」，全然沒有台灣人民代表參與簽署，台灣人絕不承認。國民黨在台統治四十年，以虛構的中華民國體制維護其既得利益，致輕啟中共犯台之心，使台灣永無寧日，阻礙了台灣人追求獨立的心願。台灣是台灣人的台灣，誰也不能干擾台灣追求獨立的行動。我們堅決支持台灣人民的獨立自決權，本會全體會員誓作台獨人民主運動的後盾，站在台灣人這一邊。簽署人歷任會長廖述宗等十二人。

評析：

這撮無恥的漢奸，徒有「教授」之名，實具豺狼之心！

◎競選政見千篇台獨邪調

消息：

進入十一月中旬，民進黨第二屆國代候選人已開始印發海報、廣播競選政見。參選人張晉城、林濁水、張顯弘、林文忠、許瑞峰等人之海報及播放之競選政見，均大力鼓吹台獨，其要點是：1.實現台灣人共同的願望，建立「台灣共和國」。2.國民黨要修憲，我們堅決要制訂台灣新憲法。3.國民黨要維持不合時宜的五權憲法，我們堅決要反映現實制定台灣人需要的新憲法。4.國民黨要委任代表選總統，我們要總統直接民選。5.要和國民黨反動派鬥爭到底。6.反郝柏村軍閥。7.海內外台獨運動力量結合起來，共同締造台灣共和國。8.發揚「台灣意識」對抗「中國意識」。9.「中華民國」早被國際淘汰，台灣人應向獨立建國的道路邁進。10.堅決支持民進黨的「台獨條款」。

評析：

民進黨的候選人，最近曾作過集中講習，統一參選步調。他們規定競選文宣的主題，就是依據「台獨條款」鼓吹「建立主權獨立自主的台灣共和國」，上引消息就是具體表現。

八十一年

◆元月號

◎寧為日本鬼子，不做炎黃子孫

消息：

十一月二十三日《自立晚報》報導：美籍台灣人向美國當局表示，反對在其護照上出生地欄註明為「中國人」，論理出生地應填「日本」才對。華府台灣人社團代表與美國白宮官員餐敘時，建議美國行政部門改變美籍台灣人護照出生地欄註寫為「中國」的舊規。二十一日白宮公共聯繫處官員應邀赴〈華府台灣同鄉會政治發動委員會〉負責人張佑本宅餐敘，台灣基金會陳唐山、北美洲台灣人教授協會陳彥文、李賢淇、台灣國關中心蔡武雄、客家同鄉會林正剛作陪。蔡武雄及陳唐山等人向白宮官員說明台灣人與中國人不同之處，他們要求白宮設法轉知國務院，取消美國護照出生地「中國」字樣，一律改寫為「日本」，最好是改寫成「台灣」才符合事實。

評析：

這些民族敗類，身上流動著中華民族祖先的血，用的是中華民族的語言文字，姓名也是中華化的傳統，卻喪心病狂如此！要當毒害中國近百年的日本鬼子，不願作堂堂的中國人。其心靈醜惡至此，真使神憎鬼厭。

◎決打「台獨牌」競選

消息：

十一月二十七日《聯合晚報》報導：民進黨秘書長張俊宏堅決表示，在第二屆國代選舉中，民進黨決付出任何代價以彰顯「台獨政見」。他表示民進黨中央已經決定，年底大選的文宣活動中，決盡全力彰顯「台灣共和國」這個議題，這是民進黨絕不可放棄的選擇，如果執政黨採取任何壓制行動，民進黨願付任何代價以面對事實。張俊宏上午也強調，對彰顯「台灣共和國」議題，民進黨在五全大會中已充分討論，近日來在與各地候選人會晤討論的過程中，民進黨也得知彰顯「台灣共和國」這個原則無法放棄，如果在此時放棄「台灣共和國」原則，後果可能慘烈，可能引起全社會風暴。

評析：

十二月十七日，台獨民進黨的候選人眼看「台獨訴求」引起民眾的反感越來越大，於是發了文宣路線改變為「強調

安定、繁榮、反對與中共統一」的論調。此舉引起社會大譁，國民黨黨工會主任祝基瑩正式發表談話，恥笑民進黨居然抄襲國民黨的宣傳內容！由此可證，「台獨」是多麼不得人心呀！

◎暴力台獨分子張燦鍙闖關被捕

消息：

十二月八日《中國時報》報導：內亂通緝犯〈台獨聯盟〉總本部主席張燦鍙，七日下午一時持用名為「會田豐」的日本人護照，搭乘日本亞航班機由東京返台，為航警局識破被捕。據了解，張燦鍙係暴力台獨主將，曾主使王幸男爆炸謝東閔案及黃世梗爆炸中央及聯合兩報案，又曾於一九七九年十二月簽署「台灣建國聯合陣線宣言」，並主張以暴力手段實行台灣獨立。張燦鍙在答覆記者詢問返台的目的時，他坦白答覆：「我是要返台和地方父老一起建立新的台灣共和國」，他強調這是他多年努力的目標，他有返鄉權利，他為達到理想目標返台，決不計較任何後果。張被捕後，民進黨發表聲明，要脅有關單位立即放人；台獨聯盟總本部亦發表聲明，將不計一切後果，再接再厲，前仆後繼，實現台灣獨立建國目標。

評析：

張燦鍙是惡名昭彰的極端暴力台獨頭目，主張用武裝暴力實現台獨，且已策動多次暴力案件。惟民進黨把這個滿手鮮血的暴徒崇奉為教父，且已加入民進黨為黨員。此次闖關，冒用日本人名字，依然被官員識破。可謂天理昭昭，疏而不漏也。

◎ 美國小政客又替台奸撐腰

消息：

十二月十一日《自立晚報》報導：美國前司法部長克拉克致函美參眾兩院，請其要求台灣當局立即釋放張燦鍙等政治犯。目前在美國紐約擔任律師的克拉克是海外台灣人士的長期朋友，美麗島高雄事件關係人受審時，他曾赴台至法庭旁聽審判。克拉克與蔡同榮、許信良、張燦鍙、李應元等人均甚熟識。近日得知張燦鍙等人返台被捕，於是致函參院外交委員會亞太小組主席克蘭斯頓及參院亞太小組主席索拉茲，請其設法營救張燦鍙等人。克拉克於函中指出，台灣當局這項逮捕行動，表示國民黨政府違反人權及抗拒民主潮流。他還指出張燦鍙準備回去參加十日「國際人權日」，因受黑名單的影響不得其門而入，才採闖關行動。克拉克日前也曾為王康陸事件，致函國會議員請其援救。

評析：

美國的克拉克、索拉茲等人，是專門利用別國異議人士干涉別國內政的帝國主義小政客，利用此種手段收取別人捐款的好處，勒索別國當政者的利益，更藉以擴大自己的政治資源，一石數鳥、無本萬利。台獨分子對克拉克已孝敬多多。可悲可歎！

◎「台獨」分子以汽油彈競選

消息：

十二月十四日某晚報報導：台中市第一選區第二屆國代候選人陳大代，因競選中有「反台獨」的主張，所以他的競選總部於十三日晚間十一時三十分，遭到二名不明男子投擲汽油彈攻擊，經總部人員即時搶救，始未釀成災害。陳大代於競選活動中，強硬抨擊民進黨候選人的台獨主張，而被視為國民黨戰將。他於十三日深夜與競選幕僚在樓上辦公室開會之際，突有二名男子共乘一部機車，快速衝進競選總部正門，投擲一枚汽油彈而後逃逸。據競選總部及警方研判，這次投汽油彈事件，絕對起因於陳大代在競選活動中強烈反對民進黨候選人的台獨主張。

評析：

這一汽油彈暴力事件，更具體的證明民進黨分子不僅具有台獨漢奸的叛國劣根性，而且更突出其暴力本質。

◆ 一月號

◎ 成大出現「台獨牆」

消息：

十二月十七日《中國時報》以「成大出現聲援張燦鍙海報」為題報導說：隨著第二屆國代選舉熱度逐漸升高之際，台南成功大學校園「民主牆」出現聲援台獨聯盟本部主席張燦鍙得的海報，及公佈歷屆成大校友滯留海外不得歸國的「黑名單」巨幅海報，海報上畫了個大問號，指黑名單一日不除掉，那下一個可能就是你自己。此一「黑名單」大海報，是由成大社團〈經緯社〉與長老教會「大專中心團契」共同製作而成。海報上呼籲有關單位儘快釋放張燦鍙，要求政府破除「黑名單」。

評析：

以往政府限制入境的人，均是惡名昭彰的台獨漢奸。而成大少數被毒化利用的學生社團，竟搞「台獨牆」，以廢除「黑名單」為名，為台獨漢奸搖旗吶喊。這個學生社團幕後黑手又是〈長老會〉，這才是值得注意的。

消息：

◎台獨黨騙選票的伎倆

十二月二十日《中央日報》以「民進黨造勢不擇手段」為題報導說：民進黨在第二屆國代選舉用盡詐騙手段，企圖騙取選票，例如：1.陳水扁帶隊到總統府前鬧事，用石塊砸傷憲警，以製造聲勢。2.歪說「軍方介入選舉」，到總統府前抗議。3.向選民宣傳說：「出海打魚，船上掛條內褲都比掛國旗有用，不會被搶。」4.開出福利國家支票，騙說台灣人民不用工作，就可以拿錢過好日子。5.誣指其他黨籍候選人賄選買票，以抹黑別人。6.用「賊喊捉賊」的手段，自行製造被攻擊事件，以栽贓嫁禍給國民黨。7.假裝政治受難者，喊冤叫屈，危言聳聽，以騙取同情票。8.挾洋自重，利用具有美國籍的台獨漢奸，於闖關回台後到處現身演講，胡說有關單位「做票」，以蠱惑群眾，爭取同情，製造社會混亂。

評析：

台獨民進黨是靠騙取選票起家的。這次所用伎倆，無非是故伎重施，沒啥稀奇。台灣同胞見已經漸漸看清它的真面目了，所以遭到選舉慘敗的結果。

消息：

◎民進黨慘敗

十二月二十六日《中央日報》報導：此次國代選舉民進黨徹底失敗，卻仍執迷不悟，事後一味辯稱主張台獨非失敗原因。此次選舉過程中，民進黨直截了當的提出「建立台灣共和國」主張，並將其列入「黨綱」，繼之許信良到處演講主張「維持台灣實質獨立之現狀」，這些主張都使選民擔心害怕，所以失去很多支持者，遭到悲慘的失敗。事後民進黨召開中常會，對此次失敗作檢討，都堅決認為主張台獨，將台獨列入黨綱並沒有錯，絕不是選舉失敗之原因。國民黨把選區縮小，國民黨賄選，國民黨利用傳播媒體誤導打擊民進黨才是失敗的主因。由此可以證明民進黨這些扭曲事實的說法，仍執迷於台獨叛國的主張，也污辱了民意。

評析：

在這次選舉中，選民厭惡台獨主張及民進黨歷年的暴力作為，所以導致民進黨慘敗，這是鐵的事實。而民進黨卻堅不承認，要作惡到底，由此證明民進黨具有牢不可破的劣根性。

消息：

◎民進黨的「國大鬥爭」戰略

元月十二日《自立早報》報導：對於第二屆國民大會的戰略，民進黨秘書長張俊宏表示，民進黨仍將依國是會議作戰的經驗，與在野勢力聯合。張俊宏與黃信介明天下午將與無黨籍國代吳豐山等人餐敘，討論未來在野國代結盟和運作。張俊宏又表示，面對明年召開的第二屆國民大會，原則上依循往年在「國是會議」中運用的戰略模式進行，在第二屆國代席次上雖然是少數，但在「總統直選」等議題上，在議場外則是多數。另外關於民進黨參與第二屆國民大會的共同主張，將是以前由「人民制憲會議」所通過的「台灣憲法草案」為藍本，這也是民進黨參與憲政的基本主張，因為這是整合所有在野領袖意見的共識，也是民進黨在選舉中與台灣人民訂定的契約。在這次國大會議中的作為，再配合會外民運，民進黨的政治訴求是絕對多數，不管用什麼方式都要爭取勝利。

評析：

由過去多年的事實證明，民進黨的民意代表，在各級議會均以蠻橫狡詐的手段搞「議會鬥爭」，巧取政治私利，絕不為國家民族和選民著想。由上引消息證明，他們在國民大會開會時，仍將運用破壞性戰略，巧取豪奪，大搞「議會鬥爭」。

◆三月號

◎「新潮流」慘敗而洩憤

消息：

元月廿日《自立早報》報導：民進黨新潮流系大會於元月十九日結束，在開會期間通過：〈強烈譴責國民黨打壓台獨〉之聲明文。在聲明中說，國民黨為了顧及一黨少數人的私利，仍然不停的無故打壓台灣獨立建國運動，使不少海外回台之台獨菁英人士受到無故的迫害。在聲明中，更強烈抗議國民黨將以刑法一百條〈內亂首謀罪〉起訴台獨聯盟世界總部主席張燦鍙。新潮流一貫主張台灣人民有「台獨結社權」的自由和返鄉權的基本權利；因此，新潮流系大會除了發表強烈抗議和譴責聲明外，明日上午將由新任召集人洪奇昌及派系政協委員多人連袂赴土城探望張燦鍙，並將在派系首次政協會議中，討論救援張燦鍙、李應元、郭倍宏、王康陸回台堅持台獨信念的人士。

評析：

主張「台獨」最激烈的〈新潮流〉，去年十二月二十一日國大代表選舉中遭到慘敗。但他們依然死不悔改，竟通過如此的荒謬聲明，令人可憎。他們顯然是一小撮台奸、漢奸組合的「小逆流」。

◎另一「台獨山頭」

消息：

元月二十五日《自立晚報》報導：由國內台獨派「溝通會議」延伸而成立的「台灣建國研討會」，今天下午起在台南〈松柏育樂中心〉召開為期兩天的第二次大會。今天下午三時開始討論議程，除商討如何援助被捕的〈台獨聯盟〉總部主席張燦鍙、特別助理陳榮芳、盟員郭倍宏、李應元、王康陸等人外，並討論「台灣共和國聯線」國代候選人選舉得失、台灣獨立建國研討會工作的展望、對國民黨迫害台灣獨立建國運動同志因應之道、「台灣共和國聯線」第二屆制憲國代當選如何實踐台灣共和國制憲任務等中心議題。會中，謝長廷建議獨派人士共組「台獨大聯盟」；獨派老大江鵬堅建議獨派人士在新潮流系之外另外成立第三派系；台建會召集人顏錦福建議獨派在現有架構下加強團結整合；獨派另一老大則建議獨派人士打入其他政治團體活動已壯大台獨力量。

評析：

〈台灣建國研討會〉是「新潮流系」之另一「台獨」山頭，其陰謀正如消息中所說，要組「台獨大聯盟」，結合全部台獨漢奸，擴大台獨叛國運動。看來今年還要「統獨大戰」

一番。

◎民進黨搞「黨衛軍」

消息：

元月二十八日《自立早報》及二十九日《中央日報》報導：民進黨中央昨天決定搞「自力救濟」，在其黨中央成立常設武裝「自衛隊」，並循法律途徑向有關機關申請撥發防衛槍枝。成立「自衛隊」的計劃由民進黨中央社運部提出。黨主席許信良和秘書長張俊宏對此項計劃均表支持，主席許信良已特別指示編列成「自衛武裝」有關預算。社運部主任邱垂貞表示，關於執行此項計劃事，春節後將進行遴選「自衛隊」人員，隊員共計一百零六名，設大隊長一人，編為兩個中隊，每中隊設中隊長一人。第一步先選一百五十人，施以三天「魔鬼訓練」，在訓練中挑選一百零六人當隊員。這些「自衛隊」成員主要用於群眾運動時期，在群眾運動場合用武裝力量維護民進黨人員之安全。

評析：

民進黨借日前彰化集會被地方人士襲擊的事，揚言搞什麼「自衛隊」。明白其內情的人指出，這個「自衛」動機完全是「防內」重於「防外」。原來民進黨品類流雜，內有動輒訴諸暴力的台獨流氓，每在內部會議時，一言不合即發生互相鬥毆事件。過去連朱高正、許信良都被這些自己「同志」當眾摑耳光。尤有甚者，連秘書長張俊宏都受過內部「生命威脅」的恐嚇。故這些對外揚言搞什麼「自衛隊」，其實際用意是搞「黨衛軍」，旨在保護民進黨的頭頭免受其黨徒的暴力威迫而已！

◎一小撮中小學教師也搞「台獨山頭」

消息：

二月十四日《自立早報》以「認同台灣主權獨立的中小學教師決成立中小學教協」為題報導說：繼〈台灣教授協會〉之後，認同台灣主權獨立的中小學教師，也決定在三月八日正式在台中教師會館成立〈中小學教師協會〉，以促進文化、教育、政治的自主性，培養新台灣人，作為台灣獨立建國的基礎。據負責籌組中小學教協的員林高中教師林雙不指出，目前在台中柳原教會的最後一次籌備會中，決定該協會將在三月八日在台中成立，該會將設總務、活動、出版、教材研究等四組，辦公室設在台中市。彰化的作家宋澤萊、高雄縣的黃樹根、高雄市的彭瑞金、台北市的姚榮華、建中的陳燁、宜蘭的李東慶等為發起人。

評析：

小撮邪門教授搞出個〈台灣教授協會〉，專門煽動台獨運動，培植台獨漢奸學生，世人稱其為「台獨教授協會」。現在小撮不務正業的冒牌教師又搞「教師協會」。由上引消息內容可知，這又是一個以教師當招牌的「台獨山頭」，教育當局應該密切注意。

♦四、五月號

（上期因刊登三中全會專輯擠，上月號部分內容移至本月刊登。——編輯部）

◎林山田的狠招

消息：

二月十九日《聯合晚報》報導：〈台灣教授協會〉昨天在台中縣興農山莊與〈民進黨〉立院黨團陳水扁等人就反抗運動展開討論。教授協會林山田等人強烈要求民進黨立委黨團除進行議會鬥爭外，更要扮演社運角色，大力發展社會抗爭運動，首先在立法院爭取國民黨「集思會」的合作，廢除刑法一〇〇條，進一步教授協會和民進黨組成「民主進步聯盟」，在年底選舉中與國民黨決戰。林山田等更建議，成立「台獨黨」不如成立「台灣共產黨」，以挑撥執政黨與中共關係。教授協會人士又建議挑撥國民黨分裂，促成民進黨團結，才有利於台灣的前途。許國泰建議，議場打架成效不好，今後應將社運推廣至鄉村，與各級議會黨團裡應外合，走〈菲律賓人民軍〉的路線較更有效。

評析：

多虧這位林山田還是學法律的人，竟然一點民主法律觀念都沒有，好像是斯大林、希特勒的信徒模樣。可惜民進黨許國泰等人不聽他的，國共兩黨更沒有那麼傻。真是「書呆瘋狂，笑死人也！」

◎政府對「台獨黨綱」無奈何

消息：

二月二十一日《中央日報》報導：基於期盼民進黨終能自我反省檢討，行政院〈政黨審議委員會〉前天決定將民進黨「台獨黨綱」審議案之決議日期延後，再次給民進黨轉圜機會。而民進黨不但不知檢討，反指黨審會審議他們的「台獨黨綱」為違憲行為，在立法院提案要求釋憲。尤有甚者，民進黨立法委員陳水扁昨天赴內政部索取組織政黨申請表，宣稱要組織成立「台灣獨立黨」，一方面抗拒內政部黨審會對「台獨黨綱」的處理，一方面突顯民進黨主張台灣獨立的立場。陳水扁表示，將來三十幾位發起人為「台灣獨立黨」的共同主席。

評析：

自去年十月十三日民進黨將「追求台灣獨立」列入其黨綱內，其實已成「台獨黨」，儘管政府開始聲色俱厲，最後不了了之，平白又給「台獨」一次「躍進機會」。問題關鍵在，國民黨高層有「獨台政策」在幫助他們呵！

◎民進黨圍攻彭孟緝

消息：

二月二十八日《自立早報》報導：據消息指出，彭孟緝近日來一直成為台灣民眾抗議「二二八事件」的頭號目標。因此，日前在有關單位安排之下，將彭孟緝秘密帶離寓所，以保護他的安全。但民進黨中央從不放棄彭孟緝這個目標，於今日下午發動千多人赴彭孟緝住所進行抗爭活動，除送遞抗議書外，並舉行演講等活動。在抗議書及抗議活動中，突顯彭孟緝當年那種毫不在意流血屠殺的暴孽心結，並要求彭孟緝當場向抗議群眾所舉著的「二二八英魂靈牌」祭拜，更要求彭孟緝對二二八屠殺負法律責任。警政署已派大批警力及鎮暴警察在彭孟緝金華街住宅附近，以保護彭本人及其住宅安全。

評析：

二二八當時，武裝暴徒以槍砲攻擊彭孟緝守備的高雄要塞，且用手槍逼著彭率官員繳械投降。彭為軍人，守土有責，當然會奮起反抗。而今民進黨竟圍攻彭孟緝住宅揚言復仇。這個中華民國政府尚在，便有如此事情發生，實豈有此理！

◎又一個「台獨山頭」

消息：

三月二日《自立早報》報導：「台灣醫界聯盟」於昨日正式成立，該聯盟首任會長，也是一〇〇行動聯盟發起人中央研究院院士李鎮源。在成立大會中，台權會長施明德、民進黨立委鄭余鎮等人均出席，並安排以台灣歌謠為主的音樂會，會中台上台下均用台灣語講話。李鎮源致詞時指出，台灣在日治時代開始，醫界就是台灣知識分子良心的代表，如醫界蔣渭水等人，為爭取台灣自治不遺餘力。然而自二二八事件後，為免遭政治迫害，在白色恐怖陰影下，就各自明哲保身不敢講話了。醫界聯盟發言人台大教授詹長權表示，聯盟成立的目的，在組織熱愛台灣的人為台灣前途打拚，目前的任務在：廢除刑法一〇〇條、取消黑名單、反暴力、修憲法、推動台灣本土化。

評析：

由過去李鎮源等人多次台獨活動、激烈的台獨論調，以及上引消息的台獨色彩，可以看出這個「醫界聯盟」，又是

個十足的「台獨山頭」，值得各界注意。

◎「台教盟」的活動

消息：

三月七日《自立晚報》報導：由一百多名中小學老師發起組成的〈台灣教師聯盟〉，將於三月八日宣佈成立，該聯盟的宗旨強調「認同台灣主權獨立，促進台灣教育、政治、文化要自主化和台灣本土化」。該聯盟主要發起人林雙不表示，未來該聯盟在教育改革方面，主要在教育上要以台灣人的立場解釋教材，進而培養台灣人意識，作為獨立建國的基礎。林雙不還表示，台灣教師聯盟堅持「台灣主權獨立」的立場從事台灣教育的改革。當前教育內涵充滿許多不誠實及「大中國意識」的內容，將來要從教材改選著手，以台灣人的立場重整教材，也以台灣本土意識解識教材內容。

評析：

由〈台灣教師聯盟〉的活動表現，充分表現其台毒色彩。由上引台獨論調，更進一步證明這個組織是台獨漢奸的尾巴組織，甘心作台獨漢奸們的幫兇打手，以殘害中華民國的教育，勢將誤人子弟。

◎「集思會」挑撥地域矛盾

消息：

三月十一日《中央日報》以「少數立委製造省籍對立」為題目報導說：立法院次級問政團體〈集思會〉立委陳哲男等人，昨天在立法院質詢，對多數主張「委任直選」總統的中國國民黨人士，一一點名批斥，認為他們有省籍歧見。行

政院郝院長等人則指陳哲男的質詢內容正充滿省籍歧見，有意製造省籍情結。立法委員吳梓昨天向行政院郝院長質詢，要求「國民黨台灣化」，他認為只有國民黨「台灣化」，才能使台灣現代化。吳梓的這項質詢，深據省籍偏見和省籍情結。林鈺祥立委在質詢時，其省籍情結也非常令人側目；他說政府用人要有省籍比例，他甚至在質詢中對所有職位用本省人沒意見，如用其他省籍的人士則指責當局有省籍傾向、有省籍偏見。他有意將省籍問題政治化，有意製造省籍對立。

評析：

利用省籍觀念、挑撥地域矛盾、鼓動省籍紛爭，這是當前搞台獨運動的重要籌碼。台獨分子搞了多年未得逞，今天由國民黨內部的〈集思會〉出面幹這事，那就令人覺得太荒唐了。

眾所周知，立法院那個〈集思會〉，由吳梓、黃主文、林鈺祥、陳哲男運用，表面極力擁護「李登輝領導中心」，實質是作省籍分化的勾當，企圖將「中國國民黨」變為「台灣國民黨」，故不但同台獨民進黨勾結，而且其言論荒謬激烈尤有過之。這才是國民黨的最大隱憂。

◎國大開幕演醜劇

消息：

三月二十一日各報報導：〈第二屆國民大會第一次臨時會議〉昨天舉行開幕典禮，國家元首蒞臨致開幕詞。當開會典禮宣佈開始，司儀宣佈全體起立「唱國歌」之際，民進黨國代便不起立、拒唱國歌展開其杯葛行動；其中十三位女性國代身穿事先備好的「制憲建國」背心，一字排開，突顯其台獨訴求。而當全體代表向國旗及國父遺像行三鞠躬禮時，民進黨國代為表示不認同國家，仍坐在位置上不動。當李總統蒞臨會場時，則將其預先備好寫著「廢除黑名單」、「公民直選總統」、「釋放政治犯」、「廢除刑法一百條」、「廢除國民大會」等布條舉起，更手揮〈台獨聯盟〉旗幟，口喊「台灣共和國萬歲」等口號。民進黨國代在宣誓時，將「中華民國」改成「台灣」，將中華民國年號改成公元，並背向國父遺像背誓詞，最後高喊一句「台灣共和國萬歲！」口號。

評析：

這開幕鬧劇，已可斷定未來六十六天國大將不會有平靜日子好過了！

◎民進黨揚言殺害張一熙、邵宗海

消息：

三月二十三日至二十七日各報報導：因國民黨籍的第二屆國大代表張一熙、邵宗海兩人，自國大臨時會開會以來極力主張總統委任直選，反對民進黨的「公民直選」主張，引起民進黨籍國代的不滿和仇恨，揚言「槍斃張一熙、打死邵宗海」。國民大會〈國民黨團〉書記長謝隆盛曾告訴張一熙說：「民進黨將藉機槍斃張一熙、打死邵宗海，希望張一熙特別提防黑槍」。由於民進黨的這種惡劣表現，在國大臨時會引起「黑槍風波」，使民進黨和執政黨的國代吵鬧一番。首當其衝的張一熙則表示，民進黨主張「公民直選」，其目的在亡我國家，實現「台獨」，我為了維護中華民國，就是被民進黨打死也不怕。

評析：

這次事件，幸虧新聞界仗義執言，民進黨才不敢真幹。否則張、邵等人生命堪虞了。

♦ 六月號

◎ 台獨社團大遊行

消息：

四月十八日《自立晚報》報導：為配合民進黨的「四一九大遊行」，社會團體包括環保聯盟、醫界聯盟、原住民團體、學生團體、公民投票促進會、萬佛會、長老教會、台獨聯盟等，共同組織龐大人馬，舉辦「四一九大遊行」。這些團體並已開始積極動員大批人馬參加。這次遊行的訴求除「公民直選總統」以達到台灣獨立要求外，再加上「反對僑民投票」，使之更具體化。其次刑法一〇〇條受難家屬為表達「廢除刑法一〇〇條」的訴求，也積極參加這次遊行。他們認為這是台灣人出頭天的契機，所以必須參加。〈台獨聯盟〉的遊行隊伍參與這次行動，更以突顯台灣獨立建國的訴求為重點。

評析：

這些團體，都是台獨黨的外圍幫兇。其成員雖極少，搗亂社會秩序則有餘。

◎「四一九」慘敗

消息：

四月二十日各報報導：對修憲的意見應在國大臨時會會場表達，而民進黨的國代們都捨棄議場的正途，而迷戀街頭運動，搞「四一九大遊行」表達對修憲的意願。昨天是所謂「四一九大遊行」的第一天，民進黨事前自誇要動員三萬人。

在台北市街頭表達「總統由公民直選」的修憲意見，但是由於他們這項訴求得不到人們的支持，實際遊行的還不到三千人，其中還摻雜許多小孩，甚至連口銜奶瓶的嬰兒也抱來充場面。這場遊行雖然得不到社會大眾的回應，卻給市民造成交通受阻、車站街頭被霸佔、商店關門歇業的困擾，還有不少市民因不滿他們的此等作為，遭到遊行群眾的怒罵、圍毆等虐待，凡遊行人群所到之處，弄得一片髒亂。結果遭到天怒人怨，高雄等地冰雹暴雨齊落，給遊行暴眾示以懲罰。

評析：

這次「四一九」灰頭土臉，完全是民進黨高估自己、低估民眾所致。其經過詳見本刊上期專論報導。

◎「四二六反核遊行」和平收場

消息：

四月二十七日早報報導：四二六反核大遊行有四、五千人參加，繞行台北市西區遊行，其中有些隊伍由民進黨的尤清、周滄淵、盧修一等人領軍，沿途呼反核口號，小蜜蜂隊沿途在牆壁上噴寫反核抗議標語。遊行隊伍尚有長老會的URM、醫界聯盟、環保聯盟、原住民等。

評析：

因為「四一九」慘敗，這次由反核人士搞的遊行就和平多了。民進黨參加這次活動，不過是「插花」性質而已。

◎ 台獨分子獄中入黨

消息：

五月一日《自立晚報》報導：民進黨主席許信良等一行

十二人，今天上午抵達土城看守所，為台獨聯盟主席張燦鍙、郭倍宏、張丁蘭、王康陸等四人加入民進黨監誓；看守所所長胡擊雷依規定不准有宣誓儀式，但透過誓詞轉交，許信良仍宣佈完成「入黨宣示」。許信良並表示，〈台獨聯盟〉組織正式在民進黨旗幟下運動，對反對運動有積極號召意義。介紹張燦鍙等四人加入民進黨的謝聰敏表示，他日前在日本會見台獨聯盟重要成員許世楷、羅福全等人，許世楷認為台灣民主運動和海外台獨運動應結合起來才有效，所以介紹他們加入民進黨，在台灣採取聯合行動。許信良指出，台獨聯盟主席張燦鍙在返台前即表示，要在民進黨的旗幟下，為台灣前途共同打拼。

評析：

張燦鍙等四人是海外台獨山頭的領導人，無不視中華民國和中華民族為世仇大敵，而今民進黨竟爭取他們入黨，並誓言為台獨打拼，這證明民進黨與海外台獨漢奸是一丘之貉。

◎老台獨陳唐山返台參選

消息：

五月十四日晚報報導：留美海外台獨人士陳唐山，今天中午搭乘日亞航班機抵台。下午〈台灣建國獨立聯盟〉人士在台大校友會館，為其舉辦返台記者會，陳唐山因是民進黨內角逐不分區立委的熱門人選而受到矚目。歷任各類海外台獨社團的陳唐山，目前在美國聯邦政府商業部任職，並擔任台灣基金會董事長，FAPA(台灣人公共事務協會)常委兼召集人及台灣國關中心公共關係主任。他在台留住期間，將至土城看守所探望政治犯，並關心廢除刑法一百條。陳唐山與美國國會關係良好，上月美參議員裴爾等訪台之前，曾特別會見他，以了解台灣現況。民進黨人表示，該黨支持陳唐山年底參選立委選舉政黨比例代表，民進黨人並願擔任其總幹事。

評析：

陳唐山是著名的老台獨，也是激進派台獨老大，把中華民國視為世仇大敵，民進黨把陳唐山奉為祖師爺，並要支持他選立委。政府允許台獨人士紛紛回台參選，這是什麼緣故？

◆七月號

◎李總統送「大禮」給台獨

消息：

五月十九日早報報導：刑法一百條修改生效後，許多「政治犯」被釋放出獄。剛出獄的黃華對記者表示，出獄後的行動是想把國號在國際間行不通的「中華民國」，更改為「台灣共和國」。剛出獄的陳婉真、許龍俊、林永生、江蓋世、鄒武鑑等人，共同前往〈台灣建國運動組織總部〉，隨即召開記者會，聲言台灣人民的力量使他們出獄，並發表出獄聲明，強調他們已突破台獨結社禁忌，今後將朝台灣獨立建國目標奮鬥前進；他們出獄前，民進黨三十多人及宣傳車已抵台北監獄門口，張開「台獨無罪」、「建國有理」、「台灣共和國萬歲」等大幅標語，並播放鄭南榕紀念歌「台灣魂」，以迎接英雄方式迎接黃華等人出獄。

評析：

五月廿日是李登輝就職二週年。據內幕消息，在一周前通過修正刑法一百條，然後以最速件辦理讓那幾名台獨分子出獄。極明顯的是，李總統火急趁他就職二週年前完成此事，等於送給台獨集團一個「大禮」。這就難怪，台獨分子都有「李登輝情結」了；這也更難怪，香港報刊無論中、左、右均為此大譁了！

◎ 台南出現「台獨本部」

消息：

六月二日早報報導：〈台獨聯盟〉美國主席郭倍宏將在台南市設立〈台獨聯盟本部〉，以便在台灣展開台獨運動。剛獲得釋放的台獨聯盟美國本部主席郭倍宏，昨天上午拜會民進黨台南市黨部，宣佈將鄭重考慮設〈台獨聯盟台灣本部〉於台南市，並決定在六月六日全力動員群眾前往聲援張燦鍙，希望能儘快獲釋。郭倍宏並表示，他與張燦鍙同是台南市人，幾十年以來共同為台灣前途打拼，他希望在六月八日張燦鍙被宣判以前，能在台南市籌劃舉辦一場盛大的聲援會，他並考慮宣佈將台獨聯盟台灣本部設在台南市。

評析：

郭倍宏是在美的老台獨，任「台獨聯盟美國本部」主席期間，極力鼓動消滅中華民國另建「台灣共和國」，偷渡來台被捕入獄。李總統日前將他釋放，反更為囂張，竟在台南設「台獨本部」，真令所有愛國人士氣短！

◎ 翟宗泉反擊台獨

消息：

六月五日《中央日報》報導：民進黨立委魏耀乾又在立院施暴。當民進黨立委謝長廷質詢「分裂國土」問題時，民進黨另一立委魏耀乾不滿法務部次長翟宗泉的答詢，不顧答詢程序搶下翟宗泉的麥克風，大聲辱罵翟宗泉「昧著良心說話」、「用屁股說話」，翟宗泉則回以「我說話全憑良心」，令魏耀乾更為光火，進而拍桌大罵。當翟宗泉大聲說：「看誰在破壞法治」、「看誰在使用暴力」後，民進黨的魏耀乾立即奔向質詢檯，用腳踢桌子。當李勝峰質詢時，表示對魏耀乾的行動很遺憾，魏耀乾立即走到李勝峰面前，聲言要「直接制裁李勝峰這個台灣狗」，並作勢要毆打李，因李退得快，所以沒被打到。

評析：

事後，翟宗泉向司法機關控告魏，贏得社會一致的敬佩！如果官員多幾個翟宗泉，台獨分子就不會如此囂張了。

◎ 王志雄控訴台獨暴行

消息：

六月十三日《中央日報》報導：立法委員王志雄昨天以沉痛的心情，道出十一年前其三舅李江林被台獨分子用郵包炸彈炸死的慘劇，他認為〈台獨聯盟〉主席張燦鍙應為此慘案負責。現在張燦鍙被我法院判刑，民進黨卻說政府搞「政治迫害」，並要求總統特赦張燦鍙。王志雄又說，民國七十年八月三十日美國加州司法部將在美的「台獨人士」列為「國際恐怖分子」，在一九八〇年他們至少有五次在南加州製造爆炸案，並有一人被炸身亡。王志雄還指出，台獨分子口口聲聲說「為台灣同胞」，但他們所要殺的都是台灣人；民進黨口口聲聲罵國民黨為「暴力政權」，卻對殘暴殺人的台獨分子百般歌頌，稱其為「台灣英雄」，所以他在沉痛之餘不再緘默！

評析：

王志雄的父親王玉雲，於一九八〇年擔任高雄市長，當時在美的王志雄就成了台獨暗殺的目標，陰錯陽差卻誤殺了李江林。現任立法委員王志雄親眼見民進黨對當年作惡多端的兇手百般維護，故有此不平之鳴。凡愛國者應向王立委致意！

◆八月號

◎姚嘉文倡「消滅大中國立場」

消息：

六月廿一日《自立晚報》報導：民進黨中常委姚嘉文在「台灣建國研討會」舉辦〈台灣獨立建國相關問題報告書〉中陳述，民進黨中分「參政派」與「建國派」，國民黨中則分成「中國國民黨」與「台灣國民黨」，這現象出現了台灣獨立建國的曙光。再者，面臨台灣今日「修憲」與「修法」兩大事，台灣建國運動也獲得大好的機運。台灣建國運動不只是口號，這是要將台灣內外政治體制，改易為符合現實的確立台灣新國家的體制。長期以來國民黨的統治策略，是禁止台灣人民討論憲法的變動，不接受所謂修憲的觀念與修法的觀念，如今終於演變成上下皆接受「修憲」與「修法」的觀念，這使台灣獨立建國邁進了一大步。今後要努力就是澈底消滅「大中國」立場，確保台灣獨立建國的新觀念落實在憲法條文及法律條文中。這是將來反對運動的基本任務和方向。

評析：

近年來國民黨及執政當局大搞「修憲」、「修法」和「廢法」，國民黨內部搞「統派」、「獨派」。這完全中了台獨漢奸的計，給台獨漢奸製造台獨建國條件，從姚某這番話便可證實。

◎「台獨大會」在高雄舉行

消息：

六月廿九日《自立早報》報導：〈台灣獨立建國聯盟台灣本部〉第二次盟員大會，廿七日在高雄舉行，計有來自全島各地盟員兩百人出席。在獄中的總本部主席張燦鍙特以書面致詞，勉勵全體盟員抱持奉獻務實的精神，為實現台灣獨立建國和社會公義打拼。在大會中，張燦鍙的夫人張丁蘭女士向與會人發表談話。經過選舉，當選第二屆中央委員的除張燦鍙外，尚有知名人士李勝雄、黃爾璇、廖宜恩、林宗正等四人。新當選十五位台灣本部中央委員依得票次序則為張燦鍙、李應元、郭倍宏、王康陸、黃華、黃爾璇、鄒武鑑、李勝雄、廖宜恩、陳榮芳、江蓋世、林秋滿、林宗正、黃憲東及巴燕、達魯(陳金水)，並將於近日召開中央委員會，選舉主席、副主席。

評析：

海外台獨張燦鍙、李應元等二十多人偷渡來台後，竟將其「台獨本部」也搬進台灣，大張旗鼓開台獨會員大會，公開搞台獨叛國活動，政府卻不聞不問。這就是李登輝當政以來之政績，令人心寒！

◎林某招認參加「台灣革命軍」

消息：

七月四日《聯合晚報》以「林銀福坦承已加入台灣革命軍」為題報導說：台灣高等法院今天開庭審理「獨立台灣會」被控內亂罪案，被告林銀福坦然承認曾在日本接受「獨立台灣會」負責人史明的訓練而加入史明的「台灣革命軍」。另外的被告陳正然、廖偉程、王秀惠、安正光等則否認曾加入史明的「獨立台灣會」，不過這些人都承認在日本曾見過史明，並向史明索取參考資料等，但不承認企圖以暴力手段顛覆政府，只有林銀福坦承已加入史明的「台灣革命軍」。

評析：

史明是民國廿六年投靠延安的老共幹，後來變成台獨分子，妄想組織「台灣革命軍」作為在台搞武裝顛覆的工具。上引消息即為鐵的證據。

◎李登輝裁撤警總

消息：

七月十二日《新新聞》以「李登輝御筆親批警備總部裁撤」為題報導說：警備總部曾經是白色恐怖時期的執行者，是打擊異己者的代名詞，但因動員戡亂終止，警總不能再插手治安工作。警總內部及國防部方面的作業規劃，大致上是朝向將「警備總司令部」改成「安全保衛司令部」研擬，以維持過去警總的最高治安單位地位。而警備總司令周仲南也公開表示，改制後的警總應該是治安的最高單位，在此非常時期以保國家安全。但至五月十八日黨政最高層會談，起了一百八十度的轉變。更在六月底，總統李登輝親自核定為「海岸巡防司令部」以取代原有警備總司令部，專任台灣海岸巡防工作，不再負責情報治安及戒嚴任務。

評析：

在中共、台獨漢奸、美日帝國主義虎視眈眈之下，四十多年來，能確保台灣的安全與穩定，警備總部功不可沒。當前我們險惡的困境有甚於往昔，而李登輝卻獨排眾議，裁撤了警總，摧毀了我們的安全城堡，令有識者無感嘆！

◎李登輝開門迎「獨」

消息：

七月十二日《新新聞》以「五人黑名單產生的過程」為題報導說：三月初，黑名單廢除問題端上檯面，朝野立委兩度協商，經李登輝指示從寬處理。遵照此一指示，原本長達二百八十二人的黑名單，經七月七日全面檢討，最後減縮成五人。這個套在海外異議人士頭上長達數十年的緊箍咒，經李登輝的指示和在野黨立委的力爭，至此終於解除，逼使國民黨打開國門，使他們如願的回歸故鄉。據情治單位指出，四月廿七日總統府黨政高層首長會議，李登輝總統在會議中發表關鍵且是決定性的談話，他表示檢討黑名單，除非涉及重大安全顧慮者，其他的應儘量解除限制。李登輝明確從寬指示黑名單的處理方向，是使黑名單解除邁開了大步，加速達到目的，最後只剩史明、林振昌、陳南天、洪哲勝、李瑞木五人限制入境。

評析：

為防間諜、漢奸進入台灣搗亂，所以政府有限制入境的名單，這是任何民主國家都有的措施。李登輝配合台獨要求，取消所謂「黑名單」之措施，今後對中共卻限制甚嚴，對台獨則等於不設防了。李氏用意為何？路人皆知！

消息：

◎暴力台獨分子陳南天來去自如

七月十二日《新新聞》以「陳南天自由出入台灣」為題報導說：最近黑名單解禁以後，仍列入五人黑名單的陳南天，就像個穿梭於太平洋兩岸的蝙蝠俠，仍多次進出台灣。陳南天被禁止入境的理由，據情治單位表示，「是因為陳南天和李瑞生一起訓練台獨分子使用和製造爆炸物」。陳南天在台獨人士中是相當特殊的人物。他出生於湖北省，到十五歲才由台灣去日本求學，然後到美國哥倫比亞大學攻讀碩士、博士，同時加入台獨聯盟，先後任台獨聯盟美國本部正、副主席。他也是一位專業的台獨運動黨工。據陳南天自己說，最近曾幾次暗中返台，到台灣安排台獨聯盟返台的事，最近一次來台灣住了兩個多月，並走遍台灣各地。他笑著說：「國民黨禁我回來，只會使自己難堪，黑名單難不倒我，我照樣來去自如。」

評析：

陳南天是過去犯案累累、惡名昭彰的恐怖暴力台獨分子，現仍列為禁止入境的台獨分子，竟然來去自如，如入無人之境，這是什麼道理？

◆九月號

◎民進黨內鬥激烈

消息：

七月二十日《中央日報》報導：民進黨內鬥不已，且已惡質化。美麗島系主要領導人物之一的張俊宏，昨天公開指控新潮流所支持的中常委施明德，是一手主導民進黨內部分裂的首腦，而其動機則係源自施明德於去年黨主席選舉中的落敗。張俊宏昨天指出，民進黨內此波有計劃的分裂行動，是去年黨主席選舉後的不良效應。施明德於落選後，則以其所領導的「新台灣重建委員會」帶頭，聯合台灣教授協會及正義連線等團體，共同策動黨的分裂運動。另一方面，美麗島系的人馬也不甘示弱，頻頻作出強烈反應，為了主控民進黨的領導權，將展開一系列空前未有的派系鬥爭，賄選案的鬥爭只是開段而已。

評析：

毛澤東曾說：「中國八億人口，不鬥行嗎？」證之民進黨區區百名幹部，已分什麼「新潮流」與「美麗島」派、「律師」與「商人」派，內鬥不已，看來老毛的話還有待補充：「中國人固然好鬥，但未有如民進黨之甚者！」

◎可笑的「外省人台獨會」

消息：

七月二十六日《自由時報》報導：由陳師孟、張忠棟、林向愷等人新近組成的〈外省人台灣獨立協進會〉昨天發表公開信，以表達其政治主張：1.我們不反對一個中國的主張，但我們絕不同意台灣屬於中國，亦不認為台灣能代表中國，台灣人不等於中國人，我們不該視台灣為中國的領土。2.現階段在台的外省人，應拒絕擔任中國法統的人頭，不再作統治機構的投票部隊。認同台灣的人不該有外省人的危機感，卻應有台灣整體的危機意識，因為台灣的真正危機來自台灣內部把台灣視為中國領土的人，把台灣當成某黨的政治資源。3.台灣人永無敵國，台灣人應努力使台灣海峽國際化，使台灣早日成為一個主權獨立的國家，才是台灣真正安全的保障。放棄反攻（反共）或統一中國的幻覺，只求保衛台灣。4.台灣獨立建國是台灣唯一的活路。

評析：

陳師孟的祖父是陳布雷，陳布雷在抗戰期間是先總統蔣公的文膽、親信。大陸將陷共時，陳覺得自己罪孽深重，自殺死了，國人對他敬悼逾恆。想不到布雷先生出此不肖後代，公然搞什麼台獨，布雷先生在天之靈一定再自殺一次了！其他幾名「學者」張忠棟等，其人品如何，更不用說了。現在他們搞個什麼「外省人台獨會」，是鬼迷心竅的必然之舉。芸芸眾生，有幾個神經病人是自然的。

◎台獨「人力資源中心」

消息：

七月二十六日《台灣教會公報》報導說：一九六八年，黑牌教授李端木被推選為〈台灣獨立建國聯盟〉美國本部主席，他自己確認是作為一個台灣人的無上光榮，於是立志要為台灣作出偉大的貢獻，於是就創辦了一個台獨幹部訓練機構，名叫「聖地牙哥州立大學人力資源開發中心」，專門替咱們台灣訓練人才。所辦多期訓練會，乃培養出許多台灣反動運動人才，像已在台活動的施明德、魏耀乾、戴振耀、蔡明憲等許多人。這個「人力資源開發中心」對台灣當局已造成極大的威脅。李端木教授為了台灣獨立建國這個目標，訓練了一批又一批的人才，最近一期的訓練已於六月二十日開學，受訓者三十一人，包括陳婉真的母親李錦霞、施明德的前妻陳麗珠、美麗島受難者吳文牧等，這期的講師有程孟郎教授、政論家侯聰智等，這個中心對台灣建國實有偉大貢獻。

評析：

由上引消息證明，民進黨的許多成員經常以開會為名到美國住一陣子，其真正目的是到「人力開發中心」這類「台獨漢奸養成所」去受訓洗腦的。但應深究的是，這個設在美國的「中心」經費從何而來？恐怕 CIA 怕脫不了干係也。

◎長老會的分化中華民族伎倆

消息：

八月二日長老教會《教會公報》發表「原住民姓氏之使用」一文說：台灣原住民被國民黨胡亂冠以「漢姓」，是使台灣原住民血脈淵源大亂的原因。而國民黨執政當局依然不知思過，立即還給原住民的原有姓名，反而使用漢人之「方法」來「處理」原住民血脈淵源之混亂問題，派三百多名行政人員，替全省九個族的原住民整理族譜。台灣原住民使用自己原有的姓氏或自己的語言時，乃是原住民自尊自信的來源，原住民被冠以漢人「異姓」，實是對原住民極大的侮辱。國民黨執政當局反而忽視迫原住民使用漢族「異姓」所犯侮辱原住民之大罪。國民黨執政當局不准原住民恢復原來姓名之心結，是怕原住民恢復原姓名之後，自己政權會被視為外來統治者之「罪惡感」。因此，我們希望原住民自己主動恢復原住民之「姓名」，以免在漢化之洪流中「自滅」、「自亡」。

評析：

長老教會數十年以來，一直對山地同胞進行挑撥分化，陰謀把山胞變為其政治工具。上引消息即是挑撥分化伎倆的一部分，它實是手捧十字架的魔鬼集團。按「原住民」一詞本屬帝國主義在殖民地所使用，目的在分化殖民地的人民，以便其統治。政府從來就稱「山地同胞」，視各族人民為手足；孔子說「四海之內皆兄弟也」，兄弟就是同胞，這是中華文化的偉大精神！現在陰謀分子卻強調「原住民」一詞，其用心就是要分化中華民族，不要把少數民族看作同胞，惡毒之至！

◆ 十月號

◎ 長老會紀念〈人權宣言〉十五週年

消息：

八月十七日《自立早報》報導：由台灣基督長老教會所舉辦的「人權宣言十五週年紀念大會」昨日晚上七點半在艋舺基督長老教會禮拜堂舉行，共有教會人士及社會民眾五六百人參加。該教會人士指出：長老教會此一「人權宣言」堅決主張台灣的將來應由當時一千七百萬台灣住民來決定，希望當時執政當局應面對現實，採取有效措施，使台灣成為一個新而獨立的國家。翻開台灣的歷史，從台灣人祖先為免受明清政府的壓迫強渡黑水溝來到台灣開拓新天地，及至台灣島上幾百年來統治者（包括西、荷、鄭、清、日本與國民黨），都將台灣人視為獲利「工具」的事實來看，台灣的歷史一直在受壓迫的情況下演進。〈人權宣言〉突破困境，為使台灣成為新而獨立國家開出了道路。云云。

評析：

一小撮懷恨中華民族的漢奸洋奴把持著台灣基督長老教會，數十年來搞分裂國土邪行不休，早已令世人不齒。問題是，今天舉世皆知「台獨」是死路一條，該撮假冒偽善的魔鬼，還在這裡喃喃自語說什麼「突破困境，為使台灣成為一個新而獨立的國家」，實是喪心病狂的囈語。

◎ 白樂琦支持台獨的言論

消息：

八月十七某報報導：「台灣公投會」在美國喬治華盛頓大學所主辦、喬大代訓的台灣政治人才講習班，於十四日在喬大舉行結業典禮，班主任（台灣公投會幹部）陳文彥、李賢淇等特邀請美國在台協會理事主席白樂琦，在結業典禮上發表演講。白樂琦在結業典禮上多次表示，台灣的電視未開放是很不公平的，美國的人權報告也提到此事，台灣電視台一家由國民黨擁有，一家屬於省政府，一家受軍方控制。因為電視不開放，所以台灣的選舉很不公平，美國經常對這現象表示意見，但台灣當局不改進。白樂琦還表示，張燦鍙是美國公民，到台灣後被判坐牢，美國AIT單位在台北的人員定期去探望他，很關心他的健康情形，這都是台灣加入關貿總協遭到美國施壓的關鍵問題。

評析：

自去年七月起，美國政客包括李明潔、白樂琦等就以「主權過時論」、「台灣保有發展其他選擇」等怪論，幫助台獨集團。其實，遠溯民國三十八年六月美國國務院起草的「美國對台彭政策」，其不願中國走向統一，是數十年來脈胳一貫的。所以這次白樂琦的言論，並不奇怪，只值得每位炎黃子孫警惕罷了。

消息：

◎韓國斷交，台獨興風作浪

八月二十三日《自立早報》說：昨天下午四時，當外交部長錢復召開中韓斷交記者會時，四個團體共約三十多位抗議人士到外交部抗議，其中包括〈台獨聯盟〉組織委員會召集人黃華，前任〈世台會〉會長陳唐山、國大代表許陽明、吳清桂、陳秀惠、〈全美台灣人權協會〉公關主任楊惠喬、〈外省人台灣獨立協進會〉召集人廖中山等。他們手持「台灣要獨立，不要孤立」、「哀中華民國外交部」、「悼一個中國政策」等抗議布條。在李應元的帶領下前往外交部抗議演說，強烈指責政府不肯承認「台灣獨立」的事實，要求廢除國統會，主張實施「一中一台」，最後在〈義光教會〉牧師許天賢帶領下，以禱告的方式為中華民國哀悼，舉行告別式，並祈求台灣獨立。

評析：

八月二十三日韓國背信棄義，與我斷交，國人至為痛心，都堅決支持政府政策。詎料那撮台獨分子立即藉機興風作浪，要求政府放棄「一個中國」政策。幸而政府不受妖言迷惑，使得那撮台獨分子無功而散了。

消息：

◎「外省人台獨會」成立

八月二十四日某報報導：台灣境內第一個以外省籍人士為主體組成的台獨團〈外省人台灣獨立協進會〉，昨天下午在台大校友會館四樓舉行成立大會，兩百多位反對運動領袖到場致賀。主要發起人包括廖中山、張忠棟、江波、夏子勛、陳師孟、林向愷、楊文衡、鍾佳濱、范雲、賴正庸等人。廖中山強調，本協會主旨在合力推動台灣獨立，並盼未覺悟的外省人認同台灣，不要再沉迷於中國法統與歷史使命等虛幻心結。會中通過大會宣言，強調「台灣是台灣，中國是中國」，台灣最大的危機不是中共的武力威脅，而是身居台灣卻以中國為祖國意識的人，特別是那些意圖藉中國支持，而能在台灣繼續掌權的人，如果台灣人拋不掉「中國情節」，台灣永遠會有被蠶食鯨吞的危機。

評析：

這幾名搞台獨的「外省人」，其實是被人利用尚不自知的可憐蟲。問題是，搞台獨應不應該？可不可行？不是省籍問題，而是民族大義與政治現實的問題。如果是應該的及可行的，用不著特別標榜「外省人」去搞台獨了，本省同胞凡不是傻瓜都會贊成的。如此標榜，只證明那撮老台獨分子心虛，因為他們的謬論說服不了絕大多數的本省同胞，才會搞個如此的怪胎。但憑張忠棟、陳師孟這幾個不過在正途不能出頭乃想利用台獨集團撈個什麼公職的學界敗類，能成什麼氣候嗎？

消息：

◎張旭成是什麼人？

八月二十九日《自立早報》報導：民進黨〈正義連線〉

推出由美返台的張旭成、陳唐山等四人出來競選不分區立委。民進黨人士表示，陳唐山、張旭成等四人是民進黨的「外交王牌」，在面臨類似中韓斷交的事件再發生時，他們最可制衡和反制國民黨政權，所以民進黨推舉他們競選立委。八月三十一日《中央日報》說：昨天民進黨二屆不分區及僑選立委候選人投票率達六成以上，由美返台的陳唐山、張旭成當選僑選立委候選人。另有被提名的陳昭南，當選僑選立委候選人的希望不大。八月二十八日該早報報導：民進黨前主席、美麗島龍頭黃信介，昨天發表談話，公開支持由美返台的張旭成等人參選僑選立委，呼籲所有台灣人支持他們。

評析：

謝聰敏、陳唐山等人，多年來在海外搞台獨，揚言「不承認中華民國」，現在卻紛紛回來爭取做民國的立法委員，真是開古今中外未有的政治奇觀。而那位張旭成，十多年來在海外以「自由派」自居，受到政府的禮遇，現在卻與台獨集團密切來往，言論也大幅改變，成為一個不折不扣的「台獨學者」。由此可見政治人物的反覆無常是多麼可怕呀！

◎死硬派台獨分子紛紛返台

消息：

九月十二日《自立早報》以「黑名單人士紛紛決定返鄉」為題報導說：旅日台獨人士為聲援〈台獨聯盟〉主席張燦鍙，決於近期內返台。據了解，目前已在日本申請返台簽證許可的台獨人士計有民進黨後援會長林耀南、台獨聯盟中央委員林啟旭、候榮邦、羅福全、羅清芬夫婦、張國興、張良澤、許千惠等人。另外，台獨聯盟日本本部委員長黃昭堂、前總本部主席許世楷及中央委員金美齡等人也提出申請。這些人過去堅決不承認中華民國，以無國籍身分在日本長期從事台獨運動，他們曾誓言：在台灣未獨立建國之前，絕不拿中華民國護照返鄉。他們近來經過開會評估和討論，已決議所有中央委員和幹部全體回台，以聲援台獨聯盟主席張燦鍙被判重刑。

評析：

上述人士均係死硬派台獨，這次全部申請返台，其陰謀是在以聲援張燦鍙為藉口，在台灣借立委選戰機會，企圖大搞「台獨運動」。凡我愛國民眾不可不注意。

◆十一月號

◎「福利國戰線」雙重夢囈

消息：

九月二十八日《自立晚報》以「民進黨福利國戰線宣佈成立」為題說：民進黨人士共同組合的「台灣福利國戰線」，今天在民進黨創黨六週年黨慶日宣佈成立。該戰線標榜「創造福利國，重建新台灣」理念，進攻年底選戰。該戰線在成立大會上並宣佈幹部名單，榮譽召集人為施明德、姚嘉文，召集人為張俊雄，執行長為謝長廷，其他幹部有蘇嘉全、魏耀乾、蔡同榮、李鴻禧等十多人。至於選在創黨六週年紀念日宣佈成立該戰線，張俊雄表示係感念過去先賢先烈為台灣民主、為台灣建立新國家所付出的代價，並配合民進黨中央向國民黨分進合擊的政策，今後擬為建立以福利政策為內容的新國家而努力。

評析：

這批台獨漢奸夢想於台灣獨立後建設成「福利國家」，其實這是雙重夢囈，無非是騙人的把戲。因為「台獨」根本不可能成功，一旦宣佈台獨，全球十二億炎黃子孫必然同聲反對，甚至贊成中共「討伐民族叛徒」，美日等國豈會武力干涉來保護小小的台獨？至所謂「福利國家」，在北歐及過去的英國都已失敗，弄得人人懶惰，國家貧窮，現在已紛紛改弦易轍了。

◎呂秀蓮到北京碰了一鼻子灰

消息：

十月二日各報報導：「台灣人民外交宣達團」一行十六人，由呂秀蓮率領，於昨日由東京成田機場乘飛機抵達北京，準備以「台灣是台灣，中國是中國」的宣達溝通。而他們行前也曾行文中共國務院，告以此行目的。但是抵達北京機場後，就被中共人員以他們「宣揚台灣獨立、分裂國土、不受歡迎」為由，拒絕他們入境，並要求他們立即離去。呂秀蓮等被遣回東京後，日本方面也拒絕他們入境，只好暫留機場過夜，於昨日搭乘日亞航班機回台北。呂秀蓮返台後表示，她將拜訪國家統一委員會，籲請放棄「一個中國」政策。

評析：

中共過去雖曾有運用一些台獨漢奸，在台灣內部搞分化的妄想。但對真正搞台獨的人，是要絕對打壓的。尤其最近中共已把「反獨」列為對台最高政策，對台獨分子更討厭極了。呂秀蓮等人此行等於欲在虎口拔毛，被押解出境，還算客氣了。再亂搞下去，把她抓起來關入秦城監獄也是可能的。

試想，連毛澤東的遺孀江青都敢關入秦城，你呂秀蓮算什麼東西？

◎台獨分子搞「一台一中運動」

消息：

十月四日《台灣時報》報導：「一台一中」行動聯盟昨日發表「一個中國，此路不通；一台一中，海闊天空」聲明，強烈主張裁撤「國統會」，廢除〈國統綱領〉，拋棄「一個中國」的自殺政策。由林山田、高俊明、林義雄、許信良、江鵬堅、李應元、葉菊蘭及民進黨台北市議會黨團所領導的這個聯盟，在這篇聲明中強調，由中韓斷交可以看出台灣人的危機，如果台灣人民再任由國民黨堅持「一個中國」政策，終將導致國家滅亡，況且國際社會已不承認中華民國或國民黨政權代表中國，但絕非不承認台灣是一個國家，所以不再堅持虛幻的「一個中國」政策，依國際法原則確立台灣是「主權獨立國家」，就絕對會被國際接納的。

評析：

行政院長郝柏村駁斥得好：「一個中國，唯一道路；一台一中，四大皆空」；所謂「一台一中」不過是「台獨」的另一種講法而已；這撮台獨分子如此叫囂，並不為怪。怪的是國民黨內的「集思會」分子吳梓、黃主文、林鈺祥；陳哲男，也公然在立法院同台獨唱和，這才是國家真正的危險。

◎「一台一中」大遊行

消息：

十月五日《自立早報》報導：昨日「一台一中」大遊行

參與的人數高達數千人。由民進黨重要幹部張俊宏、黃天福、林濁水、顏錦福、沈富雄、陳水扁、鄭余鎮、陳婉真、蘇嘉全、盧修一、洪奇昌、呂秀蓮、中央院士李鎮源、台獨協進會長等人發起的這項大遊行，高舉著「一台一中」大遊行、「拒絕被出賣、拒絕被孤立、拒絕被統一」、「爭取台灣安全」、「爭取台灣獨立」、「反對統一中國」、「台灣、中國、一邊一國」、「一中一台，郝柏村下台」、「一個中國、無路可走」、「一台一中、海闊天空」等大幅標語，並高喊「一台一中」口號，遊行於台北市區，有時在十字路口本著台獨理念發表演講，反對國民黨與中共合唱「一個中國」論調。

評析：

由上引消息以及近來海外台獨漢奸大勾聯所搞一連串「台獨活動」來看，台獨敗類的猖狂氣勢，已到了危及國本和在台同胞生存的地步，希望當局當機立斷，消滅這股邪風。

◎ 集思會與台獨唱和

消息：

十月七日《中央日報》報導：國民黨之忠貞黨員應和台獨劃清界線。但是，部分中國國民黨的立委也提出「兩個中國」主張，例如立法院於昨天進行施政總質詢議程時，中國國民黨籍的立法委員吳梓、陳哲男一再指稱「一個中國」政策會把台灣兩千萬人帶進死胡同，因此，他們主張對國家定位問題應採行「一中一台」或「兩個中國」及「國民黨台灣化」之政策。立法委員吳梓反對「一個中國」政策，並指稱「沒有昨天的台灣，就沒有今天的中華民國」。稍後陳哲男發言，再提出「一中一台」相同的議題來質詢。郝柏村院長當即指出：「一中一台」實際就是台獨的新包裝，你還強調這個問題，「你最好不要做中國國民黨的黨員」。

評析：

吳梓等是立法院〈集思會〉主導台獨邪論、為台獨漢奸們幫腔助勢的主將。身為國民黨員的吳梓、陳哲男等今又提出「一中一台」台獨主張，這真是天大的悲哀。

◎ 何謂「台獨神學」？

消息：

十月十一日台灣長老教會在其《台灣教會公報》發表「使台灣獨立具有神學信仰特質」一文，決心將台獨運動「神學化」。在這篇文章中說：為使促進台灣獨立安全運動具有思考神學信仰之特質，台灣獨立安全基督促進會決定自十月份起，在台灣地區舉辦「基督徒信仰與鄉土關係系列講座」，邀請有關神學家或牧長針對此主題作神學闡釋，以使各教會信徒更加了解基督徒為何以及如何參與關懷台灣獨立運動。以後並固定在每月第二個禮拜一晚間，皆假東門教會進行，以培養台灣獨立運動之神學特質。歡迎台灣地區教會兄姐踴躍參加，一起站在信仰立場來關心台灣前途。

評析：

「台獨」勢力之有今日猖博，台灣長老教會首推禍首。這撮披著宗教外衣的民族敗類，其實做著魔鬼的勾當。他們的願望如得逞，台灣二千萬居民就入地獄了。

消息：

◎ 曾心儀揭「詹益樺自焚案」黑幕

十月十四日《中央日報》報導：詹益樺「自焚」案背後有黑手。詹益樺自焚事件是發生在七十八年五月十九日鄭南榕出殯當天，他在出殯行列停止於總統府前廣場時，以預藏的汽油自焚。曾與詹在鄭南榕所創辦的《自由時代》周刊社共事之民進黨員曾心儀，昨天則發表一份聲明指出：「詹益樺自焚事件並非由詹本人一個人所為，而是經鄭南榕遺孀、民進黨立委葉菊蘭周圍的一些人全盤設計配合部署製造成的」。曾心儀在聲明中表示，因她與其他幾人事先未參與詹益樺自焚案設計與部署，故三年多以來一直受到「行不義於先」的人百般打擊。昨天葛雨琴等立委在立法院就此事向葉菊蘭等人質詢，追查詹益樺自焚真相，民進黨葉菊蘭、洪奇昌等人以程序問題為由阻撓此項質詢，並極力為之辯護。

評析：

曾心儀小姐是「黨外」老將，早在十四年前即積極參加黃信介集團的「黨外運動」。今天由她出面來揭露這件可怖的冤案，難怪民進黨台獨分子怕得要死。

♦ 十二月號

消息：

◎ 海外老台獨紛紛返台

十二月二十一日《自立早報》報導：〈台灣獨立建國聯盟〉的若干老將紛紛返台。例如台獨聯盟美國本部主席楊宗昌昨天傍晚，結束在海外三十年的黑名單生涯回來台灣，下機後受到台獨聯盟老同志李應元、陳重信、黃華等多人的歡迎，他表示來台後馬上要到土城監獄問候老同志張燦鍙。他還表示，未來獨盟的重要工作是配合台灣本部發展工作，聲援張燦鍙、協助李端木教授回台辦理「台灣建國研究所」等。又如在海外從事台獨活動列入黑名單的許富淵，亦於昨日上午順利返台。許富淵下機後強調，「台灣獨立」及「一中一台」在海外已進行三十年，實際上台灣是台灣，中國是中國，這是不可否認的事實，相信有朝一日台灣獨立建國必可成功，而國民黨政府統一的想法就可粉碎。他還表示，在海外的台獨幹部亦將於近期內連續返鄉，在島內大會合。

評析：

李登輝總統為什麼自接任以來，全然放縱海外台獨分子？以示民主乎？對「台獨不成氣候」有信心乎？還是藉此而作其權位鞏固的「助力」？此乃頗耐人尋味的。

消息：

◎ 台獨怪論「金馬國」

十二月二十二日《自立早報》報導以「台灣是台灣，中華民國是金馬國」為題發表台獨新調說：近來「台灣是台灣，中國是中國」成為「一台一中」的同義語，這也是反對「一個中國」政策的共同口號。現在台灣有兩害，一是中共的外患，另一個是國民黨保守派堅持統一的內患。「台灣是台灣，中國是中國」是對付外患的策略。要對付內患，我們應該闡明「台灣是台灣」、「中華民國是金馬國」，不要讓國民黨將「中華民國」與台灣混為一談，用「中華民國」將台灣套進去。要知道台灣不是中華民國的領土，因為自來台灣就沒出現在中國的歷史舞台上，台灣自古就不屬於中國。自一九四九年十月中共建國以後，中華民國的領土已為中華人民共和國所佔有，只剩下金門馬祖尚屬於中華民國的土地，所以現在中華民國只算是「金馬國」，而國民黨利用「金馬國」統治台灣是不當的。

評析：

上引台獨漢奸們的「金馬國」新口號，仍是搞台獨勾當的新噱頭。也由此一事實證明，這群敗類已到喪心病狂的程度。

◎史明要革李登輝的命

消息：

十一月八日《自立早報》登了一篇該報記者訪問台獨分子史明的稿子，其觀念之荒謬與激烈，令人嘆為觀止。他說，「我回來是要打倒國民黨殖民地統治，國民黨是外來政權，我不承認國民黨是台灣的政府……」又說，「國民黨用中華民族、三民主義反擊。……」他更揚言：「連李登輝都是我們的革命對象。」云云。

評析：

史明早期是台共分子，曾到延安投靠中共。後來因搞「台獨」，理念與中共不合。但他在海外數十年來，仍以共黨的「階級分析」觀點來搞台獨，是最「左」的台獨頭頭。其實，今天連中共都要「防左」了，史明這類執迷不悟的人，只成了笑柄而已。這種人搞「台獨」絕對不成氣候。

◎集思會的「台獨訴求」

消息：

十一月九日《自立早報》報導：集思會成員文宣戰不約而同的強調「台灣優先、反郝擁李」。集思會部分核心成員已台灣歷史形象作塑型，推出一份份帶有台灣歷史情懷的感性文宣，以凸顯其鮮明的政治立場。而向來主流色彩鮮明的集思會，集體製作文宣的情況下，有默契的推出「台灣的」、「悲情的」、「反郝柏村的」、「擁李登輝的」系列感性文章，看似「獨立」的理念訴求，尤其部分成員文宣強烈訴求放在「反郝」上面，例如台北縣吳梓就高舉「黑卒過河吃將軍，吳梓大戰郝柏村」口號，陳哲男則為「車拼郝柏村」。

又十一月《中央日報》報導，集思會吳梓昨天公開發表質疑「一個中國」政策的言論，附和「一中一台」主張，希望公元二千年後台灣成為一個主權獨立國家，他強烈抨擊不認同台灣的人，要求選民支持只認同台灣的候選人。

評析：

集思會成員為質疑「一個中國」，附和「一中一台」，已鬧得滿城風雨，並正由中國國民黨中央議處中。但這種人鬼迷心竅，仍不知悔改，又大作台獨文宣。可怪的是國民黨中央有人一味縱容淡化，不知是何居心。

◎彭明敏為何回台？

消息：

十一月十日《自由時報》報導：自美回台的前台大政治系教授彭明敏昨日指出，中華民國國號、法統及「一個中國」政策若與台灣人民最高利益相衝突時，都應丟進垃圾桶。所謂「統一中國」、「台灣是中國的一部分」則是國民黨搞出的新神話、假話。彭明敏昨天晚上參加〈民進黨台北市黨部〉舉辦的立委候選人推薦會時指出，國民黨藉戒嚴的威勢散布沒有人相信的神話、假話，四十年來台灣人的人權、民主遭到最嚴重的踐踏。彭明敏懇切的指出，台灣人不能認同中國，台灣應以祖先跨海來台的冒險、刻苦、創造、自由、樸實的「台灣精神」，以突破障礙、創造未來，建立屬於自己的新國家。

評析：

彭某於十一月一日回台後，就不斷到處放毒。據內幕消息透露，彭回台，是李登輝有意讓他在四年後出選總統來「制衡」林洋港、邱創煥的。

八十二年

◆元、二月號

◎荒唐的台獨狂

消息：

十一月二十日《台灣教會公報》發表〈跳出中國人、台灣人的迷思〉一文說：台灣是台灣，中國是中國，中國不是台灣，台灣不是中國，所以台灣人就是台灣人，台灣人不是中國人。假如你認同台灣不是中國，台灣人不是中國人的理念，那麼每一次當你表達任何有關台灣或中國的意見時，請務必小心使用適當的文字或語言。假如你自認為你是台灣土生土長的台灣人，且致力於新人民、新文化的新國家，從今以後就要拒絕使用「台灣省」這個字辭。台灣就是台灣，台灣不是中國的台灣省。我們不承認自己是中國人，因為我們不住在中國的領土上，乃是住在我們自己的領土上——台灣，所以稱自己的土地為台灣，不稱「台灣省」。

評析：

這個荒唐透頂的洋教會，最好不要說閩南語，也不要用中文，才算「與中國劃清界限」，才算有種！

◎台獨聯盟向眷村進攻

消息：

十二月十一日《自立早報》報導：李鎮源率領的〈一中一台行動聯盟〉會同〈台獨聯盟〉副主席李應元、美國FAPA委員、美國〈台灣人權協會〉理事林麗華、台獨聯盟委員黃憲東、台獨聯盟委員張志銘、台灣獨立安全基督徒促進會秘書長李興隆等人，於昨日下午組織「一中一台」宣達團，搭乘一部大型遊覽車，在民進黨尤宏競選宣傳車陪同下，抵達鳳山黃埔新村一、二、三村展開宣達行動。一行人士高舉「眷村朋友大家好、一中一台親切訪問團」黃色布條，由〈外省人台獨協進會〉秘書長鍾佳濱向眷村住民喊話說：「本省人絕不願和外省人共存共容，希望眷村住民改變觀念，共同熱愛台灣這塊土地」。同時分送「一中一台」傳單及「獨立建國」、「建立台灣為東方瑞士國」、「台灣前途答客問」小冊子等，傳達台獨理念。

評析：

這是一件由海外台獨漢奸主導的台獨行動，且明目張膽的向軍眷村進軍。這證明廢除所謂「台獨黑名單」所造成的嚴重後果。對這險象如不及早消除，國運民命將不堪設想！

◎「倒郝聯盟」大鬧行政院

消息：

十二月十二日《自立早報》報導：民進黨立委候選人陳陽德，周慧瑛等所組織的「倒郝柏村行動聯盟」，於昨天由陳、周二人率領宣傳車及助選人員進五十人，前往行政院進行「倒郝抗議」，要求郝柏村內閣於本月十八日以前總辭。由於他們事先沒有經過申請核准，並且將車隊停在行政院前黃線道上嚴重妨礙交通，警方三次以違犯集遊法及妨礙交通為由舉牌警告，群眾仍不肯離去，遂招來拖吊車進行拖吊，引起群眾阻撓和叫罵。這群人在行政院前繼續靜坐抗議到中午十二時四十分，才乘宣傳車離去。

評析：

這個陳陽德原是國民黨籍的國大代表，曾受國民黨刻意栽培。後來政治失意，竟加入民進黨，成了急先鋒。其實這種小政客，無論在哪個陣營，都是不成氣候的。他在台中市競選，結果慘敗了。

◎雷渝齊的行爲笑死人

消息：

在這次立委選舉，雷渝齊的競選專刊《雷聲》小冊子中，大作反郝柏村文章：1.在「聲討亂象救台灣」一文中說：「郝柏村心口不一，郝柏村、關中等，為謀求個人私利，不惜混淆視聽，高舉蔣氏父子陰魂不散的『一個中國』政策，為害最烈。『一個中國』比台獨更可怕，郝柏村口頭上雖說『一個中國是指中華民國』，但他心裡卻是指『中華人民共和國』。郝柏村應引咎下台，因他當參謀總長最久，但是國軍卻不堪一擊，除其『叛國』問題不談外，就此一事亦應引咎下台」。2.在「融合一中一台成果輝煌」一文中說：「李登輝總統說：『台灣主權早已獨立，它的名字叫作中華民國』口號反李登輝的主張。請選民支持雷渝齊剷除郝、關集團」。

評析：

雷某在十年前是政壇上相當紅的人物，而且是「反獨健將」。但由於個人品格之故，使得他每下愈況。這次居然以打郝柏村為競選訴求，令識者無不搖頭嘆息。但他做出這種事，得到什麼呢？在台北市北區競選結果，只得了2201票，甘做叛徒而有這立即報應，簡直笑死人了！

◎民進黨搶劫國民黨郵政黨部

消息：

十二月十七日《中央日報》以「民進黨公然搶劫打人」為題報導說：中國國民黨發言人祝基瀅在昨天臨時記者會上表示，昨天上午民進黨候選人陳水扁率「正義連線」群眾四、五十人，先至中國國民黨中央黨部滋擾、鬧事、大肆叫罵之後，於十時二十分左右又轉往位於愛國東路的郵政黨部，在毫無預警情況下，暴民衝入郵政黨部，翻箱倒櫃，敲開抽屜和保險箱，拿去郵政黨部的印信、文件，以及若干財物，這是公然「搶劫」、公然的暴力打人；一位郵政黨部人員被毆打成傷。完全是流氓行為，令人憤慨。

評析：

民進黨就算如祝主任所講的「公然搶劫」，國民黨還能奈他何?看看吧，保證選後大事變無事。

◎ 民進黨大鬧花蓮

消息：

十二月二十一日《自立早報》報導：昨天抗議花蓮縣選委會涉嫌「作票」的黃信介競選總部人員及支持者、連同看熱鬧的人共約上千人，包圍花蓮縣政府。至下午一點多鐘，許信良、張俊宏、許榮淑、許丕龍、黎德郁及黃信介等人，亦相繼抵達抗議現場，並一一登上「超級戰車」演講。許信良向群眾表達將抗爭到底的決心，其秘書長廖芳卿則揚言，花蓮地檢處不受理黃信介全面查封票匭的要求，為抗議司法不公，他將不惜「火燒花蓮地檢處」，讓「中壢事件」在花蓮重演。

評析：

民進黨這一招果然有效，花蓮就開始查選票了。又果然查出有問題的七百多張選票。怎麼這樣奇準?莫非黃信介已預知「作票」不成?

◆ 三月號

◎ 本欄更名敬告讀者

本刊自六十一期（民國七十五年三月號）起，開闢〈分歧檔案〉專欄，迄今剛好滿七週年之久，完整地記錄了台獨分歧集團的活動，這七年來，是世局急遽改變的階段，蘇聯與東歐共黨政權全部瓦解、中國大陸開放改革、台獨集團也從「黨外」變成了民進黨……。

這個專欄既然客觀而不間斷地記錄了這階段台獨集團的活動，也就成了珍貴的史料。

今天台灣內部存在嚴重的問題，已不止是「台獨」問題，而是「三獨」——台獨、獨台、獨裁問題，「台獨」民進黨集團以合法政黨的形式，在立法院已擁有近三分之一的席次，這完全是李登輝刻意培植助長的結果。「獨台」同「台獨」不同者，只是：一個仍然用中華民國這塊招牌，一個則主張改立「台灣共和國」，兩者的最後目標則是一樣的。同時，「獨台」不但要使政權「台灣化」，還要把國民黨「本土化」，這些變化的根本原因，都是李登輝極力推行其個人獨裁政治之故。

「台獨」是對中華民族的背叛。

「獨台」是對中華民國及中國國民黨的出賣。

「獨裁」是對民主潮流的倒行逆施。

「三獨」雖禍國殃民，但終必失敗，因此，本刊自本期起將「分歧檔案」更名為「三獨檔案」，俾為後世留下歷史的見證。敬請讀者明察。——本刊編者謹識

◎ 李登輝大搞造神運動

消息：

據最近發行之《國是評論》等刊物報導，李登輝為要自塑其「偉大」形象，現正大搞「造神」運動。例如：1.為替李登輝打知名度和培養政治資本，李夫人曾為其出版《李總統言論集》。有些民眾指出，李夫人雖稱自己私人出錢發行，但卻動用總統府參事作編輯，假公濟私。2.近來總統府內部更透過周玉蔻撰寫《李登輝的一千天》，全部用奉承阿諛文詞美化李登輝。3.根據彭懷恩教授稱，日本讀賣新聞記者戶

張東夫親口告訴他，李登輝一直爭取日本學者，盼能為其個人寫一些「捧場」的文章，另外也曾令台灣日報駐日記者為李寫書，以宣揚李本人的所謂「豐功偉業」。4.這幾年以來，尤其最近幾個月，李登輝所能運用的媒體，用盡一切方式為李登輝宣傳造勢，用盡一切文詞技巧把李美化，以強化造神功能。

評析：

這個民主潮流激盪時代，連中共都逐漸開放，李氏想搞什麼「造神運動」，是愚行！此事在龍旗上期社論已有專文，讀者找來一閱可也。

◎愛國群眾首次公開批評李登輝

消息：

元月十四日各報大幅報導：昨日上午國民黨中央召開中常會，千餘名忠黨愛國的群眾，在東海大學教授馮滬祥、律師林憲同、名演員金帝等人帶領下到中央黨部紀念故主席經國先生逝世五週年，並抗議李主席的出賣黨國行為。結果造成大衝突。包括馮、林、金等領導人都被警察施暴。有幾名榮民群眾，竟被李登輝的便衣侍從人員橫加毆打，事後送往醫院，傷勢嚴重。

愛國群眾一千多人，人人手持國旗，上午七時半即在中央黨部旁邊的中正紀念堂廣場集結。警方立即動員了三千以上警員部置在四周，嚴防群眾接近中央黨部。愛國群眾十分不滿。尤其很多國民黨員，認為這是黨的家務事，每個黨員都有權利到黨部來，警察沒有理由干涉，由是在大街上與警察形成吵鬧僵持的局面。

九時正，在李登輝主持下，召開中常會。但外面群眾高呼「打倒台獨」、「支持郝柏村」、「李登輝下台」等口號一陣陣傳來，全體中常委都清晰聽見，人人臉色凝重，李登輝更是臉色如土。

九時半，警察企圖展開驅離行動，擅自移開群眾所立悼念經國先生的花圈，引起民眾大怒，紛紛衝前，於是場面大亂。愛國老兵金仲良、張家住等被一些黨部內衝出來的便衣拳腳交加，打得在地上打滾，警方並當場逮捕了金帝等人。群眾更加激憤，紛紛痛罵李登輝。如是在極為紛亂中，李登輝及中常委們都從側門驅車離開。最後到了十一時半，立法委員郁慕明趕來演講，安撫群眾，並同中央社工會主任孫榮吉對話，孫答應群眾派出代表到黨部陳情，群眾情緒才逐漸平息下來，繼續高呼「打倒李登輝」等口號。最後由馮滬祥宣佈解散，並約定本周日下午再到國父紀念館集結遊行，愛國群眾才逐漸散去。

評析：

這是重大事件。也是國民黨創立百年來最空前的恥辱——忠貞黨員上街抗議黨主席，是從來沒有過的事。這一切都是李登輝領導無方所導致的，他應該負全部責任。李登輝受到黨員同志公開指名道姓的批判，可以說是自此次開始的。李登輝今後想重建自己的聲望，恐怕不容易了。

◎朱高正要李登輝辭去黨主席

消息：

元月十八日《自立早報》以「李登輝是政治動亂源頭」為題報導說：立法院委員朱高正昨日在部分國代組成的「國

政會」上，強烈抨擊李登輝是目前政治動盪的源頭，要求李登輝辭去國民黨主席職，以免造成獨裁。朱高正指出，當前政局亂源是李登輝對憲法認知與外界有差異，他說，李登輝「以為自己是台灣人，做什麼都是正當的，簡直是為所欲為，以致造成政局混亂，這種情況是非常危險的」。因而建議李辭去國民黨主席職務，避免權力集中而濫權，畢竟幾個人要想獨裁難得多。另外建議李總統應大公無私，才能獲得民眾支持，也可避免國民黨分裂或台灣出現獨裁專制體制。

評析：

朱高正所說是正確的。試看四年來發生多次政潮，哪一次不是李登輝搞起來的？他不應繼續擔任國民黨主席，否則國民黨必垮，已是公論。

◎梁肅戎痛斥李登輝

消息：

元月三十一日《聯合晚報》報導：行政院長郝柏村昨天發表聲明表示願意辭職後，總統府資政府梁肅戎表示，對於郝揆個人所遭受的羞辱和痛苦，他感到很難過。今後國內政局等於是，反台獨的堡壘被部分「台灣國民黨」和〈民進黨〉勾結起來攻陷了。他表示，昨天郝柏村院長在國民大會遭到部分朝野國代聯手羞辱和叫罵，李登輝總統不但沒有片言予以維護和安慰，反而與民進黨的黃信介等坐在一起合照留念，這讓他「難過得真是想吐血」！梁肅戎強調，在這一關鍵時刻，國民黨中央如果不能堅持一貫的國家信念，中華民國將一步步走向死亡。

評析：

前立法院長梁公真是個錚錚漢子，愛國同胞應向他致敬！

◎李登輝詐稱「局外人」

消息：

二月八日《民生報》報導：台北市選區立委王建煊昨天向李總統請問，根據民意調查及行政院施政顯示，行政院長郝柏村有很高的聲望，郝內閣的施政成績也非常好，為何李總統要求內閣總辭，更換內閣？李總統不高興的回答說：這個問題不要問他，他是局外人不知道，去問郝院長及看郝院長辭職書。事後王建煊說，根據各方民意反應他才向李總統請教，希望李總統能說明理由，這樣對民間也有個交代，不料理總統不願回答，卻叫他去向郝院長詢問及看郝院長的辭職書。

評析：

李登輝以「本土化」及「世代交替」為藉口，迫郝下台，人所共知。他居然自稱是「局外人」！身為總統，豈可如此搞小詐術？顯然是個敢做不敢當的小人而已。

◆四月號

◎基督徒登報批李

消息：

基督教徒信徒楊玉真等，於二月十四日《基督教福音報》上發表〈給李登輝的一封信〉，大意說：要終結中華民國的陳婉真等人當選立委了，看樣子民進黨建「台灣共和國」的日子不遠了，照你這樣子搞下去，中共攻打台灣是不可倖免的。聖經上把國王（或總統）分四等，最下等是帶著百姓去崇拜偶像，你出巡時，卻常進寺廟拜偶像。你又為討好國內的金牛，昧著良心對王建煊部長說：「公平正義是專為傳教用的」。當王建煊弟兄被逼下台後，才發覺到你和當年的猶太人一樣，忘記上帝的誡命，拜起「金牛」來了，如此下去，你可能是幫助民進黨完全獨立建國大業的大功臣。張茂松牧師在基督教的論壇上發表文章說：「李總統先生不忠！不仁！不義！你今天做上這個位子難道不是神提拔你的嗎？」你如不聽上帝的指引，中華民國將在你手上終結掉！

評析：

李登輝以虔誠的基督徒自稱，並曾宣稱於這任總統屆滿卸任後，當個牧師去傳教。今天連主內兄弟都登報批評他。他豈可再不檢討反省，一味將批評他的人認是「惡意扭曲」，他卻宣稱「一笑置之」佯示大度。

◎郝柏村痛斥「政治權術」

消息：

二月十五日《聯合報》等報載，即將退職的郝柏村院長，接受《遠見》雜誌訪問，坦率地道出他對當前時局的一些看法和實情。

他說：他提行政院長總辭，是準備在去年十二月十九日立委選舉投票前的事，但被李總統阻止。選後挫敗，黨內不但未虛心檢討，反而把目標轉到行政院總辭的題目上，使他陷入兩難。現在總辭，與個人「做不做」是兩回事；總辭並不表示他一定不做，也不表示他不能再做。他堅持的是，沒有理由以「個人原因」而辭職，但「制度上」該不該則非個人所能決定。

他並指出，「目前台灣的政局，完全在政治權術的旋渦中打轉，這是一件很可悲的事」。他說，「如果給錢、給官來籠絡自己的政治勢力，等於是買賣的政治。政治人格和政治道德還是很重要的，現在社會上專門講究政治投機分子，可恥又可笑。」

評析：

郝柏村這些話，是一針見血之論，也是令人痛心的現象。李登輝看了，不知有何感想？應該不會仍然視為「惡意批評、扭曲事實」，從而「一笑置之」吧。

◎李主席規劃抓黨權

消息：

二月十七日《聯合報》頭條載：執政黨十四全大會可能在七、八月間召開。黨中央目前已開始規劃。依初步構想，中常委一半由黨主席提名，另一半開放由中央委員互選產生。即在三十一名中常委中，約十六名列為「當然中常委」，明定由黨主席直接在重要黨政首長中任命，另一半約十五名則開放選舉產生。

評析：

李登輝為完成他個人的「理念」，要實行「三波革命」。第一波是把「老法統」除掉，「中華民國」的民意基礎自此只代表台灣地區。第二波是把反台獨的路線的代表性人物郝柏村除去，自此政府部門的反獨愛國力量不成氣候。第三波就是利用十四大徹底把黨權抓在手中。

因此，早在去年下半年，中央已策動地方人士，以「人頭黨員」方式，大搞「萬人入黨」，為的是在黨代表人數方面佔絕對優勢。而今又作中常會一半任命的規劃，不同意他獨裁作風的人能佔中常四之一也不樂觀。至于揚言設副主席，無非意在籠絡郝柏村、林洋港，是消除他大權一把抓的「阻力」而已。

對于李氏這般用心，〈新國民黨連線〉已在群眾運動中一再揭發，並不惜分裂以救黨。難怪李登輝對趙少康等人恨之入骨了。

◎王永慶發表萬言書

消息：

二月二十一日各報載：台塑集團董事長王永慶，昨天自美國傳回題為〈珍惜致富經驗，紓解無謂猜疑，家和萬世興〉的萬言書，造成各界的高度重視。聯合報于二十一、二十二日連載其全文。

王永慶語重心長指出，當前在台居民為「省籍」而起爭論，實在是莫大的諷刺。他建議決策當局，對于別人「對事不對人」的批評，應有雅量接受。他並說，曾多次向大陸當局建議，對台灣應盡量寬容。如此兩岸合作，同舟共濟，才能造就二十一世紀中國人的政治文化及良好發展的前境。

評析：

像王永慶這樣的胸襟，才是真正的大企業家，值得全體中國人尊敬的人！

◎趙少康抖出李逼郝辭職內幕

消息：

三月七日《自立早報》報導：立法委員趙少康大抖「郝柏村請辭」內幕。趙少康說，一月十八日上午李總統找來郝柏村，要郝柏村辭職。當天晚上他聽到消息後就去看郝柏村詢問此事。郝院長表示，他曾當面告訴李總統說：「我辭可以，我一直沒有要做下去。但當初是經過中常會才任命的，如要辭需要中常會通過。但總統說不要，並且要總統府直接發新聞稿。不過，郝院長還是堅持，最後表示，如果要發新聞稿，新聞稿要給我看一下」。

「第二天新聞稿由蔣彥士帶到郝柏村家，但沒有中常會通過字眼，郝柏村說要加中常會通過，否則不同意。蔣彥士又回去。下午宋楚瑜又將稿子帶去，仍沒有中常會通過字眼，郝柏村說那麼給我放口袋裡，你先回去。宋楚瑜說不行，又將稿子帶走。直到七、八點鐘郝柏村參加張學良請宴時才敲定」。趙少康據此質疑李登輝對郝柏村請辭一事自稱是「局外人不知情」的說法。

評析：

李登輝用種種手法逼迫郝柏村辭職，是鐵的事實，他卻當眾矢口否認。今天李的願望雖然達到了，可是喪失了身為元首應有的「誠信」和「風格」，這個代價有多大？今後的歷史將會如是說：李某不過是個搞權術而又扯謊的小人而已，蔣經國顯然在年邁昏沈中看錯了人！

◎許歷農籌組〈新同盟會〉

消息：

三月十三日各報報導：昨天是國父逝世紀念日，許歷農上將領導一群以效法國父孫中山先生當年救國救民為目標，並以反台獨、獨台、獨裁專制、金權、特權為宗旨的「新同盟會〉，在國父紀念館召開籌備說明會。許歷農上將領導三百多位學者、民代、僑胞、社會愛國人士等，人人情緒激昂，一致強烈主張，為了不使黨國走上危亡之路，將發動國代連署罷免李登輝總統。與會人士指出，五年前經國先生將一「團結乾淨的黨」交給李登輝主席，如今卻成了用人唯私、打擊忠貞同志之「一片混亂的黨」，已嚴重背離了經國先生遺志，將來李登輝是否會秉承國父革命思想？是否仍堅持蔣公立場原則？在在令人憂心，所以應發動國代連署罷免李登輝總統，以免使黨國走上危亡之路。

評析：

此次活動，邀請了「海外興中會」及港澳反獨同盟的成員來參加，聲勢著實不小。現在海內外紛紛發揚國父的革命精神，看來李登輝主席頭痛了。

第四篇 結論

四十年來島內「台獨」與反「台獨」活動總檢

目錄

二〇一八年十一月廿四日舉行的「台灣地方九合一選舉」，以蔡英文為首的台獨集團慘敗。這樣的結果，不但有空前的意義，而且對台灣今後的內外局勢必有深遠的影響。

所謂「空前的意義」，要回顧四十年來「台獨」與「反台獨」運動的緣起、演變過程，以至對照今天的結果，才能理解清楚。

所謂「深遠的影響」，要從今後島內政局的趨向、兩岸關係的演變、兩岸與美國大三角關係，乃至「中華民族偉大復興」的進程，這四大課題的探討，方可望觀照明澈。

本文僅就筆者力所能及，略述有關問題，以作本書的總結。

甲、早期的「台獨」活動

「台獨」的產生，大抵起於一九四七年初的「二二八事件」之後不久；初期的代表人物是廖文毅及王育德。廖重在台獨活動，王重在台獨思想。

廖文毅（一九一〇—一九八六）早在一九四七年九月即在香港成立「台灣再解放聯盟」，主張台灣應交給聯合國託管。他後來在香港無法立足，乃流亡到日本，一九五一年在日本成立「台灣民主獨立黨」，正式標榜「台獨」了。一九五六年在日本進而成立「台灣共和國臨時政府」，他自任「大統領」。這樣活動了幾年，也搞不出什麼明堂；於一九六二年接受政府招安，回到台灣受蔣公禮遇，安排他擔任「曾文水庫建委會副主委」的職務，嗣後又參與台中港的建設，直到去世。

王育德（一九二四—一九八五）與廖文毅致力於政治活動的興趣不同；他具有日本東京大學文學博士學位，一生致力於「台獨」思想的寫作與散布。首次在日本辦《台灣青年》日文版雙月刊，大力鼓吹台獨思想。他有多本著作，代表作《台灣——苦悶的歷史》，原作為日文，後譯為中文。很多後來的台獨分子自認受這本書影響很大。此書內容盡是數典忘祖的漢奸論調，《龍旗》創刊號即曾登出劉添財文章，對其謬論加以痛斥（全文見本書第一〇八頁）。

直到一九七八年為止，廿多年來，「台獨」的公開活動只能限於日本、美國。活動方式，大抵以刊物鼓吹台獨意識、成立各種台獨組織為主。也曾採取多次暗殺行動，最著名的就是一九七〇年四月廿四日黃文雄、鄭自才在美國紐約刺殺蔣經國未遂。他們之所以長期在美日活動，當然是得到帝國主義分子的支持，方能如此。

海外台獨分子也曾千方百計潛回台灣。由於台灣地區仍在戒嚴，政府對台獨分子防制得很嚴，所以在這廿多年間，海外台獨集團根本無法在台灣島內公開活動；只好秘密搞恐怖行動，其中最著名有二次：一是一九七六年元月六日破壞高雄變電所，造成南部六區域停電三小時，工業損失嚴重。更嚴重的是，同年雙十節台獨分子王幸男寄郵包炸彈多個，企圖謀殺黨政大員。其中一個炸殘了台灣省主席謝東閔先生的左手，以致永遠失去左肘，裝上義肢。

炸殘謝東閔左肘的事，不只是單純的一次恐怖行動，而是造成了日後的深遠影響。一年半（一九七八年三月）以後蔣經國出任第七屆總統請東閔當副座，只因左手殘廢影響了健康，一九八四年謝東閔因此堅持不再連任，蔣不得已而找了李登輝取代副總統之職。蔣經國逝世之後，潛伏性「台獨本質」的李登輝於是有機會攫取了國民黨的大權（詳見後文），導致三十多年台灣內部混亂之惡果。重大的歷史常起因於一件偶然的小事，所謂「大風起於微末」；謝東閔一次偶然的不經意打開郵包，誰能預料到後續的重大影響？能領悟佛家的因緣原理，才會警惕人間「因果鏈」的可怖吧！

總而言之，自一九四七年（二二八事件）起到一九七八年底止，約有卅年期間，可以說是「台獨」活動的早期。活動的主要場所是在海外的日本、美國，但不斷透過種種管道向島內滲透傳播，漸漸積蓄了民間力量，終於釀成了島內的所謂「黨外人士」集團公開抗爭形式，亦即進入了「台獨」運動的第二階段。

乙、「黨外人士」時期的台獨活動

此階段起自一九七八年十二月五日「中山堂事件」，終於一九八六年九月廿八日「民主進步黨」成立，為期八年。

「中山堂事件」發生後四十年來，歷來正派的報章僅著重說它是「勞政武抗議黨外人士非法擅改國歌事件」。其實，我去抗議是小事，只是當時鬧成大新聞所形成的說法；這次事件有兩層重要的意義，卻是迄今少有人注意的：1.這是台獨分子首次在台灣內部公開大規模活動，對國民黨當局造成很大壓力。2.也是台灣民間人士自動自發「反台獨」的起點。關於第二點意義，在《疾風》雜志創刊號曾有詳細報導（詳見本書第五十頁），於此不必重贅。下文只就第一點作概略的交代。

◎一、中壢事件的鼓舞

一九七八年十二月五日發生的「中山堂事件」，是一群自稱為「黨外人士」的政治人物首次大集合，其性質是「台獨」力量在島內首次公開化。如前所述，自「二二八事件」以來，垂三十年之久，台獨分子只能在日本、美國活動，千方百計都無法回到台灣內部作公開的鬪爭；那麼為何這次以台獨為主流的「黨外人士」集團敢這般猖狂？原來他們是受到了前一年發生的「中壢事件」所鼓舞之故。

一九七七年底，台灣舉行五項地方（縣市長、縣市議員、台灣省議員、台北市議員、縣轄市鎮鄉長）選舉，國民黨提名歐憲瑜參選桃園縣長，而深受國民黨栽培的省議員許信良也執意要參選。國民黨中央秘書長李煥親自出面勸退，許信良拒絕，且悍然不經黨提名而自行依法登記參選，國民黨只好宣布開除他的黨籍。深知國民黨又有選戰經驗的許信良，以「青年才俊」之姿，在選戰中以「革新」、「防止作票」二項訴求為主，果然糾合了群眾，造成風潮。十一月九日投票日的下午，許信良競選團隊以中壢市第二一三投票所「開票作弊」為籍口，鼓動民眾前往鬧事，與駐警發生衝突。警察乃將該投票所主持人范姜新林（中壢國小校長）帶返中壢分局加以保護。在許信良的持續鼓煽下，大量群眾湧向包圍分局，從中午到翌日凌晨三時多，暴亂逐漸升級；砸石頭、燒警車、縱火燒分局房舍，結果造成二人死亡，多人受傷，許信良終於當選了桃園縣長。

「中壢事件」是國民黨遷台以來空前的民眾暴力事件，全台為之震驚，時任中央秘書長的李煥迅即被蔣經國解除職務。此事件對「台獨」分子及其他不滿國民黨的人都是莫大的鼓舞，讓他們領悟了：以各種藉口煽起群眾的情緒，積極參與各項選舉奪得政治權位，是可行之路。他們也深信，人有了政治權位，自然就能獲得社會更廣泛的影響力，帶來了國際（主要為美、日）的支持，最終打倒國民黨是可能的。

正是這種鼓勵思維下，一年後就產生了「黨外人士」集團在台北市中山堂的大規模公開行動。

◎二、中山堂事件——「台獨」島內公開活動之始

按一九七八年十二月底將舉辦「增額中央民意代表」選舉，早在八月間，一群自稱「黨外人士」的政治人物已開始在民間展開積極的活動。他們組織了「黨外人士助選團」，到全省各地為「黨外候選人」助選；同時提出《十二大政治建設》文件，作為「黨外候選人共同的政見」。其內容包括「國會全面改選」、「省長及院轄市長直接民選」、「解除戒嚴」、「開放黨禁及報禁」、「司法獨立」及「軍隊國家化」等訴求。接著又成立「台灣黨外人士助選團總部」，由黃信介擔任總聯絡人。

進入十一月初，他們更積極展開各種行動。在全省各地街頭，人們到處可看到張貼著印了一個黑拳頭稱為「人權」的傳單。一些標榜「中立」的報刊，如《自立晚報》等，大量的分歧刊物《八十年代》、《春風》、《潮流》等，登著「黨外人士」的反政府言論。此時台北市的政治氣氛已變得很緊張，讓人有「山雨欲來風滿樓」之感。

十二月五日下午二時，「台灣黨外人士助選團」在臺北市中山堂光復廳召開「全國黨外候選人座談會及中外記者招待會」。分別由立法委員黃信介、彰化縣國大代表候選人姚嘉文，以及臺灣省議員黃玉嬌共同主持。邀請康寧祥、張俊宏發表《黨外人士對國家及人民的責任》和《新生代與民主政治》之專題演講。參加座談會者包括：臺灣省議員、臺灣各地民意代表候選人、中外記者及各界人士，共計約五百人。這次大集會，是中國國民黨撤到臺灣以後首次「黨外人士」

一同聚集的最大規模之公開活動。

座談會開始，準備唱《中華民國國歌》時，擔任司儀的蕭裕珍要求在場人士把歌詞中的「吾黨所宗」改為「吾民所宗」。我及蕭玉井、沈光秀等人不肯改唱，而且刻意大聲唱出原句；由是引發張俊宏演講時指責我們「沒有改革的勇氣」。到了自由發言程序，我走上發言臺的麥克風前欲發言，乃造成沖衝突。因為在場許多攝影記者拍了照片，翌日各報都以大篇幅登出此新聞及照片，稱為「中山堂篡改國歌事件」；我也成了當時的頭條新聞人物。

在此應指出的是，他們在這次會議提出的「十二大政治建設共同政見」的內容，如果以「美式民主」觀點，孤立來看並沒有什麼大錯；尤其，如果以日後發展過程來回顧，絕大多數的內容也被國民黨逐步接受了，才造成當前台灣「兩黨政治」模式。問題是，這些「政見」在當時是不可遽行實施的，否則必導致不可測的危險。大凡政治改革必有風險：因為牽涉到很多人的理念、感情和權利；如果只知孤立地就改革言改革，縱座標不管歷史發展的來龍去脈，橫座標不管可能造成的影響，必發生嚴重的後果，歷史殷鑑不遠。毛澤東的「文化大革命」正是一場大改革，造成嚴重破壞性影響，迄今猶未完全平復。清朝末年光緒皇帝支持的康梁新政，結果短促百日便徹底失敗。洪秀全妄圖以西洋宗教精神來建立一個「太平天國」，結果引起以曾國藩為首的傳統知識分子全面反抗，洪秀全十五年江山灰飛煙滅。光緒皇帝的「百日維新」是合理的，只是手段太急切了，依然造成不幸的結果。毛氏的「文革」與洪秀全的「天國」既不合理、方法更錯誤，結果造成全民性的大災難。因此，蔣經國先生面對當時一切改革要求，採取穩健方針、逐步改善，是英明的。

我當時在會場所關心的倒不是他們提出這些冠冕堂皇的政見，而是實際的台獨氛圍。三位主持人中，黃信介沒有什麼政治理念，只是為人很豪爽，能呼朋引類的「老大」型人物；他的話沒有什麼內容，但會說出「民社兩黨是廁所的花瓶」的令人發笑的譬喻。另一位黃玉嬌只是個地方型政客，講話更乏善可陳了。真正有內容的講話出自姚嘉文，他是頗有名的律師，但有嚴重的「台獨」思想，我早在二年前參與《法律世界》、《法論雜誌》的編務時就知道了，因審查過他的投稿。這次他的講話，也是充滿了「台獨」意識。尤其，會中高唱海外「台獨」集團唱了多年的《咱要出頭天》台語歌，並宣布為他們「競選統一歌」，此濃烈的省籍氣氛，讓人深感：這根本是一場大規模的「台獨公開活動」！「抗議改國歌」不過是一個引爆點而已。我當時走上講台麥克風前想發言的，就是要質問他們：「你們怎麼可以非法改國歌，想搞台獨嗎」？可惜未及發言，就被他們粗暴的拳打腳踢拉扯下場了。這便是「中山堂事件」的真相。不過這事件也有點收穫，就是從此沒有人敢公開改國歌了；直到今天四十年來，台獨集團的集會都不再唱國歌而已。

順應附記的是，原定在十二月下旬投票的選舉，卻因月中美國突然宣布同中華民國斷絕外交關係，政府立即宣布「緊急處分令」，停止此次選舉。台灣於是進入內部長期動蕩階段。

◎三、中泰賓館事件——反「台獨」活動之始

一九七九年九月八日發生的「中泰賓館事件」，實質意義是反「台獨」的民眾挺身而出，首次大規模去抗議那幫「黨外人士」以辦雜誌為名、組黨為實的一次行動。

按去年十二月五日發生的「中山堂事件」，在冥冥中似乎是兩岸大變局的一個轉捩性標誌。因為，在此事件後十天，美國宣布與北京建交；後半個月，中共即召開十一屆三中全會，推出了劃時代的「改革開放」大政方針；又半個月的元旦，中共發表《告台灣同胞書》，確立了「三通四流」的對台新政策。在這連串的變局中，國民黨實已焦頭爛額。然而，那班「黨外人士」卻有了絕佳的發展機會；自一九七九年元旦起，他們採取連串的行動，其中最受人注意的是元月二日到高雄縣遊行支援余登發。

不久，報刊上登出黃信介、呂秀蓮、姚嘉文等「黨外人士」決定要創辦一本鼓吹「台灣民主」的刊物，名稱採用荷蘭人取的FORMOSAL（福摩薩），中譯名為「美麗島」。單用此名就引起當局的疑慮，因為在海外活動多年的「台獨」人士討厭中國的名，就是愛用此名來稱呼台灣的。由此即可推想，他們即將創辦的是一本什麼性質的雜誌了。

那時我雖在台北市議會任法制編審之職，卻在外兼過兩本刊物（法律世界、法論月刊）的主筆，所以辦雜誌不外行，也有興趣寫作。我得知「黨外人士」要辦《美麗島》，就很想辦一本對抗性的刊物。那時我才卅五歲，年輕氣盛，一心要報中山堂被扭打的「一箭之仇」。可是我自己沒有經濟能力，向國民黨中央文工會求助，周應龍主任只肯補助十五萬元，只及繳官方登記費的一半；經過諸般曲折，只好同沈光秀合作。他與我有三同之誼（廣東同鄉、政大同學，同是救總接濟的流亡學生）；當時他經營了一家傳播公司，創辦經費就由他先墊出了，社址也設在他的公司內。雜誌命名《疾風》，是經內部討論多次才決定的，採自「疾如風」古義，意在要以快速嚴正凌厲的文章去批判那群「台獨」黑拳幫，以期起「抑邪扶正」的作用。此刊每期都載了藏頭聯：「疾惡如仇、除黑務盡；風雲際會，再滌神州」就是言論宗旨。

一九八八年八月，《疾風》及《美麗島》同時在這個月創刊。這兩本針鋒相對的刊物一推出市面書報攤，社會立即為之轟動。按台灣雜誌市場很小，一般每期能銷一千本便不錯了。《疾風》初印一萬冊，不到十天便售完，緊急加印了二萬冊，到月底也差不多買光了，如是創辦費全部賺回還有盈餘。當發行人的沈光秀就在內部慶祝餐會上開懷大笑：「想不到我成了雜誌大王！」得意神態令人記憶猶新。

《疾風》發行了二個月，就發動了一次大規模的「抗議黑拳幫」群眾運動。這次定名為「九‧八愛國運動」的詳情，登在《疾風》三期（全文見本書第五三四頁）。必須指出的是，這一天是《美麗島》雜誌在台北市敦化北路中泰賓館開「創刊酒會」，酒會是合法的，我們憑什麼要去抗議？原來引發「中山堂事件」的關鍵人陳婉真在年中趁到美國觀光之便，竟在美國演起「絕食抗議」的告洋狀醜劇，散傳單大加詆毀污衊二代蔣先生。她的荒謬言行，《美麗島》不但大加宣染，而且藉這個酒會聲援陳女，以「中外新聞連線」來壓

迫國民黨。針對此，我們先寫的一篇措詞嚴厲的《聲討叛國賊陳婉真宣言》，午後即由許承宗、李勝峰率領幾位高中生到中泰賓館大門前向街上行人散發，不久便聚集了群眾，最後人群堵塞了街道，演成這次轟動全島的「痛擊台獨」群眾運動。

總之，無論這次群眾運動的效果如何，它的意義卻非比尋常。因為，自從二年前「中壢事件」以來，台灣全省各地發生過大大小小的群眾運動已難計其數，全部都是分歧分子發動反國民黨政府的，只有這次中泰賓館事件（九・八愛國運動）是支持國民黨政府而反「台獨」的。這是台灣群運性質首創之作！

◎四、高雄事件

中壢事件、中山堂事件、中泰賓館事件，當時並稱為「三中事件」，短短二年之間接續發生，「黨外人士」黑拳幫集團的非法行動步步升高，終於爆發了關鍵性的高雄事件。

《美麗島》雜志創刊後，「台獨」黑拳幫便展開積極的大行動。他們計劃在聯合國的「人權紀念日」，即一九七九年十二月五日，到高雄遊行抗議以「表彰人權」。因為當時仍在戒嚴時期，擅自聚眾示威遊行是非法的；又因為高雄地區向來「反國民黨」的民間勢力很大，更因為以「人權」為名的示威必有幕後美國人的鼓勵，所以治安機關對此行動高度警戒。

在事件發生的前幾天，《疾風》雜誌社同仁也接到了消息，並討論了如何應對此事。卻在事件前一天，我忽然接到總政戰部執行官廖祖述中將親自打來的電話，要求我們明天不要去高雄採取什麼行動以對抗，避免發生危險。這是我唯一的一次接到他的電話，心知事態必然嚴重了！於是社內決定，只派主編李勝峰獨自去高雄觀察實情（詳見一九八〇年元月號《疾風》第六期，本書第九六頁載）。

「高雄事件」對台灣日後政治影響無疑是深遠的。雖然主謀分子黃信介、姚嘉文、張俊宏、呂秀蓮、林義雄、陳菊等人，在事件後都被軍事法庭判了相當重的刑（約十年徒刑，各人不等），但大抵服到刑期一半後統統釋放出來，又立即參與政治了。更重要的是，事件仍在審判中，台獨集團立即以聲援黃信介等「政治受難者」為號召，由他們的家屬（姚嘉文之妻周清玉、張俊宏之妻許榮淑、林義雄之妻方素敏等），以及他們的辯護律師（江鵬堅、陳水扁、謝長延等）出面參與各項選舉，屢屢能高票當選，在民間的聲勢越來越盛大；終於在事件發生六年後創立了「民主進步黨」，完成「黨外人士」集團多年主張的首要目標。

◎五、成功組黨的因素

任何政治目標的成就，都不是單一因素所能達致的；除了主事者努力的主因素之外，必須有其他「助緣」條件的配合，方克有濟。「黨外人士」分歧集團之所以成功組黨，最主要的「助緣」依然是它的敵對力量——中國國民黨本身，即是蔣經國領導的國民黨採取「懷柔容忍」政策所致。為什麼國民黨會對此集團懷柔容忍？分析而論，應有下面四項原因：

1.國民黨的西方民主本質

因為中國國民黨是孫中山先生創建的，而孫先生的政治思想是綜合了「規撫歐美之所長」及繼承中國傳統優良政制（監察、考試）而產生，故這個黨有濃厚的西方民主性質。一九四九年蔣中正先生退守台灣，國民黨痛定思痛，進行全面的「黨務改造」，確定了一條「革命民主」最高政治路線。在那麼困難時期，一九五〇年就著手在台灣推行「地方自治」的選舉，這就是「民主路線」的具體化。但為了生存，採取戒嚴等措施，這就是「革命路線」的不得已做法。然而這兩種相反成份的路線，到底是有矛盾的，取得平衡甚不易，以致常被一些自由派學者譏諷「民主無量，獨裁無膽」！

國民黨這種本質，同中共無論如何都「有志不改、道不變」地執著「堅持共產黨領導」的政治特質完全不同。由是，「黨外人士」黑拳幫雖然骨子裡是要搞「台獨」，但公開訴求的是美式「民主自由人權」，國民黨自然不能不懷柔以對了。

2.省籍意識的投鼠忌器

「台獨」分子多為閩南語系的省籍人士，以狹隘的地域意識來爭取群眾的認同，在歷來選舉中鼓煽仇視國民黨是他們的慣技。李登輝公開對日本作家司馬遼太郎說：「國民黨是外來政權」，這種話出自他的真心，就是仇視外省人的心理表白（詳見下節二項）。

自「中壢事件」後，省籍意識擴大發酵，「中山堂事件」更是一次充滿省籍意識的公開鼓煽大會。國民黨甚為忌憚，乃籍「高雄事件」將首謀分子判以重刑，希望把這種危險的氣焰壓下去。結果卻適得其反，冒出更多的人運用這種意識作「受迫害」的訴求，在歷次選舉中大有斬獲。這時又逢蔣經國年老氣衰，國民黨當局考慮到全省人口中，閩南語系的民眾到底占大多數，在「投鼠忌器」的考慮下，就只能採取越來越軟弱的懷柔了。具體做法便是特設了一單位專門同他們「溝通」，當時負這重任的人就是梁肅戎。

3.「自由派」學者的勸說

國民黨向來尊重知識分子，忌憚學者專家的批評。這種特性應是源自孫中山，因為孫先生本身就是一位兼通中西學問的讀書人。其繼承者蔣中正雖是軍人出身，但一生敬佩王陽明，自己的宋明儒學修養頗深厚，畢生更是敬重知識分子。他在一九四九年最愴惶的歲月，仍派專機到北京等地接胡適、傅斯年等大批高級知識分子到台灣。在台灣每年教師節（九月廿八日），蔣例必公開大宴學者專家，聽取他們的建言。凡此，可證其敬重之一斑。

自「中壢事件」以後，報章上便湧現了一批知識分子的大量建言，認為政府應盡量寬容政治上的分歧言行。當時最著名的是陶百川、胡秋原、胡佛、楊國樞、張忠棟、李鴻禧。其中後四人的言論最激切，他們都在台灣大學任教，有「台大四大寇」之稱。他們的理論無非是站在「美式民主」觀點，認為國民黨對「黨外」集團的取締限制政策統統不對。《疾風》自始就認為，以「美式民主」來看待「黨外」集團才是不對的，因為他們打的旗號雖是「爭民主」，其實要搞的是「台獨」，這是兩個不同的層次。直到廿年之後，「四大寇」自己的言行終於證明了一切：那位李鴻禧迄今仍是個死硬派台獨分子。張忠棟心智有問題，領頭組織一個所謂「外省人獨台會」，為台獨搖旗吶喊。楊國樞則遠離了政治是非，後來當到中研院副院長。胡佛後來卻看清了「黨外人士」的真面目，並且批評「台獨」是反中華文化、反自己的祖先，是不道德的行為。但無論如何，他們當時的言論對當局影響不小，蔣經國之所以對「黨外」集團一味退讓，顯然有他們的影響因素。

4.美國的干預

一九四九年國民黨退守台灣以後，為了救亡圖存，不得不依靠美國。而美國原想拋棄國民黨，但發生了韓戰，為了圍堵中蘇共產洪流，視台灣為「不沉的航空母艦」，在全球戰略上大有利用價值；所以自始就極力想全方位控制台灣。

所謂「全方位控制」，不外四方面：1.軍事協防，2.經濟援助，3.推行「美式民主」，4.培養親美的人事。今日客觀回顧歷史，同南韓李承晚、南越吳廷琰的悲慘下場比較起來，老蔣先生應付美國是做得卓越的：

對於一、二兩點，原則接受，但若可能有大害的則峻拒。如初期美國人曾提議，國軍的薪餉全由美方負責，條件是在每個連隊派一「美軍顧問」。此議被老蔣拒絕，據高層傳出他的憤怒之言：「這樣做，我們的軍隊豈不是變成美國的雇傭兵了？我們窮死也不能接受！」美國人也無可奈何，最後只好凌空在台北設立一個「美軍顧問團」，只作國防部的「顧問」。

對於第三點，老蔣確立了國民黨的屬性為「革命民主政黨」，這是「辯證性」的聰明處理，這屬性使得美國人大力支持的「民主人士」不能到台灣內部活動。這也就是打著「自由民主人權」旗號的台獨分子，當時也只能在美國、日本活動的根本原因。

至於第四點，大凡涉及人事問題就復雜了。國民黨遷台之初，曾任命原上海市長的吳國楨為省主席；因他是美國哥倫比亞大學博士出身，思想作風親美，用他便於爭取美援。吳在職時與陳誠、蔣經國不和諧，乃憤而辭職，遠渡美國。在美常寫文章攻擊台灣當局為「警察國家」等，嚴重到被胡適斥為「沒有常識」、「缺乏道德感」；最後終老於美國。最嚴重的是孫立人。他是北京清華大學土木工程系、美國維吉尼亞軍校出身，曾率中國遠征軍到緬甸抗日，立有功勳，來台後任陸軍總司令。他接受美國的建軍思想，反對蔣經國建立軍隊的「政戰」體系。美國認為他是親美的人，甚至有意培養他取代蔣介石。更因他恃才傲物，不善與人相處，終於演變成「兵變」大案，被解職後終生軟禁，老死於台中。

由上述美國干預台灣政治的種種歷史事實，就可推知：美國大力幫助七〇年代以後台灣內部的「黨外人士」集團，是必然的。在此階段，經常公開出面聲援這集團的美國人，就是參議員索拉茲、斐爾，以及眾議員肯尼迪、李奇等。民進黨成立的第二日，這幾個人立即致電祝賀了。至於美國官方透過駐台機構對國民黨直接施壓干預，更不在話下了。

丙、民進黨成立後的「台獨」活動

一九八六年九月廿八日，「黨外人士」集團在台北市圓山大飯店宣布成立「民主進步黨」。從此，經過三十年的演變，該黨在不斷發展中壯大，到今天為止，竟二度執政；二

○一六年起，蔡英文且全面掌握了台灣政局。現在我們回顧這段歷史的演變道理，有其偶然性，也有其必然性；偶然性繫於人間的變幻無常，必然性繫於人的目標與努力。

本節只就三項關鍵問題來闡明這段歷史。至於較細節的具體事件，讀者可透過本書所登的各時期文章及《分歧檔案》了解其詳。

◎一、蔣經國的無奈與寬容

分歧集團成立「民進黨」不到十天，即一九八六年十月八日，蔣經國先生以國民黨主席身分宣示：「任何新的政治社團，必須遵守憲法，支持反共的基本國策，並與台獨划清界線」。這就是所謂「組黨三原則」，蔣經國如此表示，等於對他們非法組黨的事寬容了。

不到二年以後的一九八八年元月十三日，蔣經國便逝世了。其實分歧集團組黨時他的身體已經很壞，心情更是惡劣。原來，在一九八四年二月十五日蔣經國提名李登輝為第七任副總統候選人，已是出於無奈之舉；因為被台獨分子王幸男寄郵包炸彈炸殘左手的副總統謝東閔堅決不願連任，只好提李了。不料不到十日後，時任行政院長的孫運璿突然腦溢血中風。蔣經國焦急不已，曾親自到醫院探視、召美國的醫生回來急救，但孫終不能完全康復，不久即辭去院長之職。蔣確是要培養孫為接班人的，此事經郝柏村日記證實；蔣希望孫當六年行政院長後擔任第八屆總統。想不到孫突中風，蔣整個布局就大亂了。由此可知，近兩年來種種精神上重大打擊，再加上他日益沉重的糖尿病，今日面對分歧集團突然宣稱組黨，一個身心俱疲的老人也只能無奈地寬容了。

但蔣先生並不放棄為國布局。他以「組黨三原則」寬容他們之後，立即著手二項重大措施：一是在翌年（一九八七）七月十五日宣布解除台灣澎湖地區的戒嚴。這是終結了自從一九四九年五月十九日以來，長達卅八年多的「戒嚴」形態，使台灣內部政治進入一個新的局面。一直發展到今天，台灣有三三七個合法的政黨，變成一個真正「小黨林立」的社會。二是在同年十一月二日開放外省老兵回大陸探親，這是奠定今後兩岸開放性發展的重要基礎，打破自一九四九年以來兩岸同胞皆「老死不相往來」的僵局，兩岸關係自此可良性互動，使和平發展成為可能。

按一九七八年十二月發生「中山堂事件」前不久，蔣經國看到台北街頭貼滿稱為「人權」的黑拳頭貼紙，甚為耽心，在一項內部會議上討論那群自稱「黨外人士」的動向，他就說了：「這群人是黑拳幫嘛！」這個名詞傳出，當時在台北市競選增額國大代表的雷渝齊，就在一次公開競選活動上說出了「黑拳幫」的名詞，用以指責「黨外人士」集團，此事是名作家尼洛（李明）後來告訴我們的。我當時在報上看到這名詞，就在《台灣新生報》上發表一篇《要做謇諤之士，勿做黑拳幫》文章。因此我們後來創辦《疾風》雜誌，一直就用這個名詞來批評他們了。批評了不久，「黨外人士」大概有了精神壓力，就不敢再用那個「黑拳」標誌了。由此事可證，蔣先生顯然討厭那幫人這般搞法，才創造出這個「黑拳幫」名詞來說他們。過了將近一年，蔣先生又在國民黨一項會議上公開說：「台獨就台毒」！可見在政治上他更反對「台獨」。由此二事可證：一九八六年「黨外人士」集團組黨時，蔣經國當然了解他們的「台獨本質」，之所以寬容他們，絕不是容許搞「台獨」，只是針對當時的環境及考慮到自己的身心俱疲的狀態，毅然開闢出另一條政治路線而已。《易經・繫辭下傳》有道：「窮則變，變則通，通則久」，既然原來的防堵政策已經走不通，那就干脆來個相反的全面開放做法吧！

蔣經國對「台獨」集團採取了從「禁制」到「開放」的相反措施，當時誠令許多反獨愛國人士感到喪氣。但正如《老子》說的：「反者道之動」，回顧三十年來歷史的演變，今天「反台獨」不但已成了國民黨全黨的共識與行動，更成了中共的不斷嚴肅宣示的打擊目標，即是全中華民族求復興的必須之務。《易經・同人象辭》有道：「唯君子為能通天下之志」，今天檢討蔣先生當年處理「台獨」分歧集團的手法，確是眼光遠大的。

◎二、李登輝栽培運用「台獨」

李登輝到底是個什麼人？美國《時代雜誌》稱他為「民主先生」，台灣的綠派人士稱他為「台灣之父」，藍營人士及大多數中間派民眾稱他為「台獨教父」，中共在一九九五年間直斥他是「民族罪人」。最有趣的是，一九九〇年九月九日南懷瑾先生曾當面勸李登輝：「我希望你不要做歷史罪人！」李登輝的腳色定位竟如此紛歧！

一九九〇年五月間，我任秘書長、隨鄧文儀當團長的一個九人團首次到北京參訪（詳見《從抗日到反獨——滕傑口述歷史》第十五章），當時任大陸「黃埔同學會」秘書長的楊蔭東就鄭重其事地傳達了鄧小平對李登輝的觀點：「他這個人花樣很多的，凡有日本背景的人，你們要多注意呵！」如今回顧李登輝擔任台灣領導人的十二年歷史，盡屬目標錯誤、手段奸巧的表現，令人不得不驚嘆中共的先見之明！

李登輝接任總統的頭五年，即從一九九八年一月起，到一九九三年二月行政院長郝柏村被迫下台為止，主要著力點就是奪取和鞏固他的權位。他在國民黨中既無歷史淵源威望，也無現實權力基礎，在短短的五年之內，憑什麼能奪取了全部的權力？今天我們冷靜檢討這段歷史，可以清楚地概括出二點主要的因素：一是他不斷玩弄「省籍意識」，使以外省人為主的傳統政治勢力不敢抗拒。二是他以權位作「誘餌」，運用人性弱點，使當時的國民黨政治人物痴迷不知抗拒，乃達到了各個擊破之目的。

在運用「省籍意識」方面，李登輝可以說到了十分凶狠的程度。最顯著的例子是：一九九〇年二月廿一日國民黨召開「臨時中全會」，會程只有一天，目的是正式提名第八屆正副總統的候選人。大會一開始，先決定「如何選擇出候選人」的程序問題，由是產生了「票選派」與「起立派」二派的意見。大多數人主張應以真民主方式，透過不記名投票來推出候選人；少數擁李人士則主張應循推舉二位蔣先生的傳統方式，大家起立來表示擁戴。因為大多數人認為，二位蔣先生有大動勞高威望，今天李登輝個人沒有這歷史條件，就不宜循用過去的「起立擁戴」方式了。於情於理，「票選派」是對的，但李登輝估算這個方式對自己極不利，於是就透過時任黨中央秘書長的宋楚瑜對外放話：「過去蔣主席可以這樣推選，為什麼我不可以？是欺負我是台灣人嗎？」這話一出，本省籍的中委自是贊成，很多外省籍的人心生畏懼也就改變立場了。舉手表決結果，以七十人比九九人，「起立派」獲勝。於是正式推選正副總統要用起立來表示，這等以脅迫方式要大家表態了，受脅迫而不屈的人到底是少數。像這樣運用「省籍情結」的例子還有多次，詳情可參前揭書。

一九九四年四月，李登輝接受日本作家司馬遼太郎訪問，言論多荒謬；引起台灣政界一片譁然。然而大家只注意到他講「國民黨也是外來政權，只是來統治台灣人的一個黨」的話，卻少注意有一段話才是透露了他真正心態的：

> **我沒有槍，拳頭母也小粒，在國民黨中的我，能夠維持到今天的原因，是我心中的台灣人之聲。台灣人期待我，而我一定要做這種想法。**

這段話很明白了！李登輝在這奪權的五年間，常擺出「被外省人欺負」的姿態，才是得逞的竅門。其實在台灣沒有那一個外省籍大員敢「欺負」他是台灣籍的；相反的，恰是因為他是台灣人，所以他能毫無勛勞而當上了副總統。其實，他心中的「台灣人之聲」的強悍固陋意識，才是迫使所有外省籍大員一一就範的最凶狠武器呢！

在以權位為「誘餌」方面，對象很多，其中最主要的關鍵性人物有三位：宋楚瑜、李煥、郝柏村。此事關係重大，以下分述之。

1.宋楚瑜

蔣經國逝世時任黨中央副秘書長，為李登輝立了二大功：一是在蔣主席逝世後僅二週的一九八八年二月廿七日中常會上，他演出「臨門一腳」，硬把李扶上了「代理黨主席」的位置。第二件更大的功勞，就是一九九〇年春全力策劃使李登輝當上第八屆總統。當時，宋串連擁李的「主流派」，以各種不堪入流的手段擊敗了以滕傑為首的「非主流派」，使自稱「候選而不競選」的林洋港、蔣緯國功敗垂成。

宋對李立下如此大的勛勞，所得的回報就是派他當省主席。僅當了一年就改為民選的省長，宋參選以高票當選後，一心做好省府工作，希望開闢自己的光明前程。他哪想到李登輝根本不會容許一個「外省仔」再當權，李氏待自己的權力鞏固之後，於一九九八年以「凍省」的手段，把宋的職位廢掉了。到二〇〇〇年，宋參選總統同陳水扁對抗，李氏又搞個「興票案」把他拉下來了。從此，宋楚瑜在政壇越來越暗淡，此乃有大功於李登輝者的下場。

2.李煥

他是一位被李登輝耍弄的悲劇大員。如前所述，一九八八年二月宋楚瑜用謀略推李登輝當上了「代理主席」，但當時國民黨中央的實質控制權，仍在秘書長李煥手中，而行政大權則由行政院長俞國華控制。於是，李登輝就制造李、俞二人的矛盾，要李煥來接替俞國華的院長職位。國民黨的組織學權威滕傑深知「黨權」的重要性，所以曾派我到中央黨部去見李煥，轉達「黨是一切政治的動力組織，希望李先生要把握住」的意思。但李煥似乎不能領悟這道理，痴心想當行政院長。在一九八九年六月一日果然接受了行政院長之職，國民黨中央秘書長就由宋楚瑜升任了；李登輝從此掌握了「黨權」。

李煥當了行政院長以後，積極努力。而且因為他在立法院的班底雄厚，任內做得有聲有色。如此好表現等於觸動了李登輝的逆鱗，李煥當上院長不到一年，李登輝就運用郝柏村迫他辭去了職務，自此李登輝又便於掌握了「行政權」。李煥退職之後淡出政壇，暇時常到台北市四維路鄰居的蔣廉儒寓所打打衛生麻將，聊以度日，直到二〇一〇年去世。

3.郝柏村

他是當時握有軍權的一級上將國防部長，在軍中既有實權更有威望。李登輝在一九九〇年六月任郝為行政院長，以取代李煥，這是「一石二鳥」之毒計。他首先放出風聲說郝將出任行政院長，然後運用民進黨徒發動群眾大遊行，反對郝的出任，沿街高呼口號：「堅決反對軍人干政」！李登輝看準了郝也想當行政院長，結果他真的自願退役，除下了一級上將軍銜，等於讓李登輝從此握到了「軍權」。又因為用郝出任行政院長，李煥變成不能抗拒，只好乖乖退下了。對郝柏村放棄軍權的事，我當時到北京接觸到中共一些高層人士，他們都感到大惑不解：「解除武裝，以後怎樣控制台獨？」這可能是崇信「槍桿子出政權」人士的必有疑惑；趁此特記此事，以作歷史存證。

郝柏村當行政院長期間，十分努力，政績斐然，自是不為李登輝所喜。尤其郝一再公開反「台獨」，李必欲除之而後快。不到三年，又用種種方法迫郝辭職了。一九九三年元月卅日，郝柏村在國民大會閉幕會上獨自一人振臂高呼「消滅台獨！」口號，宣布辭職。其悲壯之情，迄今猶令人唏噓不已。李登輝後來在《回憶錄》明白說出了自己的奸巧：

> 讓郝柏村出任行政院長，既可以瓦解李煥與郝柏村的結盟，使李煥的去職不再被杯葛，且可以讓郝柏村辦退役，交出軍權。

李登輝就是這樣以省長、行政院長兩個權位來作「誘餌」，玩弄了宋、李、郝三人，終於把「黨、政、軍」三大權統統抓到自己的手中了。這真是「二桃殺三士」的現代版！

然而，只抓到政府三權仍有不足，還要掌握到「民權」（群眾）方能為所欲為。所以，在他抓政權的同時，不但大力幫助島內民進黨的發展，曾公開說「要給他們奶水喝」；而且鼓勵、放任海外的「台獨」組織及人員紛紛返到台灣，由是頓然匯成了民間的擁李龐大力量。如果有哪個國民黨有力人士敢反抗李的意旨，他就發動以「台獨」分子為主幹的「群眾運動」；很多在政府體制內難以解決的問題，一下子就迎刃而解了。諸如脅迫蔣夫人宋美齡退出台灣、脅迫老國代選他為第八任總統、解除郝柏村軍權、脅迫老國會全部改選、脅迫不設大陸代表、脅迫國民黨中央通過總統直接民選……等等重大問題，都是如此解決了。

如何應付對岸的中共，也是很重要的。李登輝用盡各種欺矇手段，可謂到了十分無恥的地步。因為此問題更復雜，茲分「台灣對大陸」與「大陸對台灣」兩個面向來略加說明。

1.在「台灣對大陸」方面。按一九八六年年底蔣經國開放大陸探親之後，到了李登輝當權的九〇年代初期，台灣民間到大陸探親，旅遊、投資已形成熱潮。李氏於是提出「戒急用忍」政策，盡量冷卻縮小台灣民眾心向大陸的潮流。更嚴重的是，他著手推行「文化台獨」，以「愛台灣」為口號，務求台灣民眾強化「台灣主體意識」，希望清除「台灣人就是中國人」的觀念；這種意圖改變國民心靈觀念的做法，完全是契合一九九一年民進黨的《台獨黨綱》中第三點的主張（詳見下項）。李氏這一切的手段，造成台灣巨大有形損害是經濟上的，使台灣平白喪失了到大陸賺錢的大好機會；正如朱高正所說：「台灣從四小龍之首搞成民不聊生，禍首就是李登輝」！更嚴重的惡果是，使台灣很多人漸漸不承認自己是「中國人」，這無形的心靈損害是長遠的，比經濟損害尤嚴重。

2.在「大陸對台灣」方面。李登輝當上國民黨主席初期，只因權位未穩固，就用盡一切方法去迎合中共：一九八九年他在首次雙十節慶典上致詞，強調的是「只有一個中國，我們一定要以三民主義統一中國」，一九九一年他甚至設立了一個高層次的「國家統一委員會」，通過《國家統一綱領》。這一切舉動，只不過為了唬弄中共。也正因他有這些言行，一心想達成「和平統一」目標的中共，自不會放棄與李氏接觸和談的機會，於是才有國共雙方在南懷瑾先生安排下的五次香港密談的事，才有後來在新加坡的「辜汪會談」、「九二共識」的產生等一連串重大進展。（詳見拙著台灣蘭台出版《南懷瑾研究》、大陸浙江版《通家人師南懷瑾》第四章）。到了一九九五年六月，李氏自忖一切大權已在握，對中共的態度便作一百八十度的轉變。他不但以官方身分到美國康乃爾大學演講，而且在一九九九年接受德國電台訪問，推出「兩國論」，即把兩岸關係說成是「兩個不相統屬的國家」。後來又變本加厲，妄指全中國應分成七大區塊（台灣、西藏、新疆、蒙古、華南、華北、東北），應各自獨立，才可維持安定發展，云云。這是傳統帝國主義者妄圖瓜分中國的手段！發表如此謬論當然引發中共大怒，不但徹底同他斷絕來往，還發表文章直指李登輝是「民族罪人」！

綜上所述，李登輝是什麼政治性質的人？答案很明白了。在他十二年的總統任內，他縱容「台獨」、大力幫助「台獨」；而且運用「台獨」，達成自己攬權之目的。那麼他自己到底是不是「台獨」？對此疑問，他曾多次否認自己主張「台獨」，而且說過多次「反台獨」，否認自己是「台獨教父」。依我研究的結論是，蔣經國說過「台獨就是台毒」，李登輝不但是「台獨」，而且比一般「台獨」分子更毒的「獨」。據何言之？且看他自從推出「兩國論」以來，常常對外強調一個說法：「台灣已是一個主權獨立的國家，現在的名字叫做中華民國」、「中華民國是一個主權國家，它的領土範圍在台澎金馬」，所以他已不必追求「台獨」了。其玄機端在「主權獨立」一詞，只是此詞涉及復雜的政治理論，留待下文再詳說。總之，依我之見，李登輝的用意當然是要把台灣地區變成一個「主權獨立國家」，只是他有高傲心態，認為自己的理論已超越了普通「台獨」，所以自己不屑稱為「台獨」而已。

◎三、民進黨的「台獨」論述之演進

有關民進黨自一九八六年創立後的實際活動，以及反「台獨」活動方面，初期約七年內本書各篇文章已有詳述，嗣後的活動資料也多可在電腦網絡或其他報章尋得，在此不贅述。本節只概略談談該黨所主張的「台獨」理論。按在實際政治中，理論根據又名「意識形態」，有根本性之重要，因為有了它便可以團結幹部、號召群眾，展開行動；故在此只檢討他們的理論。

1. 早期的論調

早期在海外活動的「台獨」分子，曾經捏造出種種怪異理論，以作「台灣應該獨立建國」的依據。概括起來，可分為「歸屬問題」及「民族問題」二大類。在前一類，他們捏造了「台灣地位未定」、「台灣不屬於中國領土」、「台灣是亞洲的孤兒」、「台灣是事實上主權獨立的國家」、「美國並未承認台灣主權屬於中國」等等。在後一類，他們更捏造出荒唐的人種論，如說「台灣人不是中國人，是高山族、荷蘭人、日本人、南島人、早期福建移民的混合種」、「台灣人不是中華民族，已成為一個新的民族」等等。

2. 「住民自決論」

只是上述的「歸屬問題」及「民族問題」論調，連「台獨」集團中很多自己人也覺得荒謬；於是到了一九七八年的「黨外人士」集結時期，他們主要的理論變成「住民自決論」（依據聯合國憲章的「基本人權」規定，台灣住民有權決定自己的前途）了。

這種「住民自決」訴求用了很多年，一直到一九八六年「民進黨」成立，在其《黨綱》的「基本綱領」中仍用此訴求，稱為「台灣前途應由台灣全體住民決定」。其實「住民自決」就是「台獨」的另種說法，只因當時台灣仍在戒嚴時期，刻意避開了明白「台獨」主張。

3. 「主權獨立論」

隨著時間的推移，蔣經國逝世後，海內外「台獨」分子在李登輝刻意栽培下，島內「台獨」集團力量越來越大，他們就肆無忌憚明白地標榜「台獨」了。

首先在一九八八年四月中，即在蔣經國逝世四個月後，「民進黨」在二屆一次臨全會上通過「四・一七決議案」，正式提出了「台灣國際主權獨立」論，原文如下：

> **台灣依一九五一年舊金山《對日和約》及一九五二年台北《中日和約》之規定，都未以和約決定戰後主權之歸屬，故其主權並未屬於任何一個國家，當然亦獨立於北京「中華人民共和國」之外。**

他們說，這個「國際主權獨立」論，目的就是否定中共有「統一台灣的法理根據」。

到了一九九〇年十月，他們得到李登輝的暗助，決定加快「台獨」腳步，於同月七日通過了「一〇・〇七決議案」，再提出一個「台灣事實主權獨立」論，原文如下：

> **本黨重申黨綱自決原則及台灣主權獨立，不屬於中華人民共和國之「41・7決議文」。現進一步確認：我國（台灣）主權事實上不及於中國大陸與外蒙古。我國未來憲政體制及內政、外交政策，應建立在事實領土範圍之上。**

他們說，這個「事實主權獨立」論，目的在否定國民黨政府的「統一中國神話」。

總之，在李登輝上台後，民進黨就迫不及待地欲實現「台獨」，他們企圖運用文字技巧，從「內、外、正、反」四方面來打破「一個中國的虛構性」，妄圖為「台獨建國」而奠定法理基礎。

4. 「台獨黨綱」

台獨集團並不以此為滿足。一九九一年十月，民進黨召開第五屆第一次全代會，把「建立主權獨立自主的台灣共和國」正式列入黨綱之中，並提出具體「主張」，原文如下：

1.依照台灣主權現實獨立建國，制定新憲，使法政體系符合台灣社會現實，並依據國際法之原則重返國際社會。

2.依照台灣主權現實重新界定台灣國家領域主權及對人主權之範圍，使台海兩岸得以依國際法建立往來之法秩序，並保障雙方人民往來時之權益。

3.以台灣社會共同體為基礎，依保障文化多元發展的原則重新調整國民教育內容，使人民之國家、社會、文化認同自然發展成熟，而建立符合現實之國民意識。

基於國民主權原理，建立主權獨立自主的台灣共和國及制定新憲法的主張，應交由台灣全體住民以公民投票方式選擇決定。

細究此等主張，盡屬荒唐（理由詳見後文），當時引起社會極大反彈；不但該黨內部有林正杰等創黨重要人士聲明退黨，同年年底的中央民意代表選戰也大敗，黃信介當時且說：「台灣共和國的主張人民還不認同，是真正的問題」，甚至有黨員說：「台獨黨綱是票房毒藥」。到了一九九五年，陳水扁要參選總統，為了避免《台獨黨綱》影響選票嚴重，於是在五月間召開的民進黨八屆二次全代會另行制定《台灣前途決議文》。

5.「台灣前途決議文」

此《決議文》不再提「建立台灣共和國」的字眼，只強調「台灣是一主權國家」，並提出七項「主張」，原文是：

第一、台灣是一主權獨立國家，任何有關獨立現狀的更動，必須經由台灣全體住民以公民投票的方式決定。

第二、台灣並不屬於中華人民共和國，中國片面主張的「一個中國原則」與「一國兩制」根本不適用於台灣。

第三、台灣應廣泛參與國際社會，並以尋求國際承認、加入聯合國及其他國際組織為奮鬥努力的目標。

第四、台灣應揚棄「一個中國」的主張，以避免國際社會的認知混淆，授予中國併吞的藉口。

第五、台灣應儘速完成公民投票的法制化工程，以落實直接民權，並於必要時藉以凝聚國民共識、表達全民意志。

第六、台灣朝野各界應不分黨派，在對外政策上建立共識，整合有限資源，以面對中國的打壓及野心。

第七、台灣與中國應透過全方位對話，尋求深切互相了解與經貿互惠合作，建立和平架構，以期達成雙方長期的穩定與和平。

此外，還在《決議文》的「說明」中，寫上三段這樣的文字：

台灣是一主權獨立國家，……固然依目前憲法稱為中華民國，但與中華人民共和國互不隸屬……對外，我國不再堅持使用「中華民國」……在發展新國民意識上，我們亦推動了國民教育教材的本土化，重塑了國民對台灣歷史文化的認識。

這是極狡猾的文字技巧。其內涵有下列三個要點，必須要破析：

(1)台灣只是中國固有的領土中的一省，無論依憲法或傳統觀念，根本不是一個主權國家，如今硬說這個省是一個「主權國家」，純屬胡說！只是毫無根據的「台獨心態」之表白。至於「主權獨立」只是混淆視聽的技倆（牽涉復雜的西方政治學理論，詳見下節）。

(2)所謂「不再堅持使用中華民國」，實是大謊言！因為台獨人士從來就是仇視這個孫中山先生創建的國號，絕不想使用這個國號的。如今卻說什麼「不再堅持使用」，好像他們從來就是「堅持使用」的了，完全顛倒黑白之辭！但問題重點是，在此為何要提「中華民國」？目的是要方便陳水扁選「中華民國總統」，不但依憲法有需要，騙中間派選民的選票也有必要，如是而已！

(3)所謂「國民教育教材的本土化，重塑對台灣歷史文化的認知」就是推行「文化台獨」。在具體行動上，李登輝和陳水扁發動一批台獨學者，捏造了一個「台灣主體性」名詞，逐步推展了許多「去中國化」的工作。其實，要推翻中華文化真是痴人說夢！試想五千年歷史凝聚的中華文化有多大的力量？「五胡亂華」二百多年、「元朝入主」一百年，「滿清統治」近三百年，無不被中華文化同化！就算世上具有最頑強獨特文化的猶太人，在元朝時到了中國，不久也被中華同化了！所謂「台灣本土文化」就是中華文化，請問如何「重塑」？民進黨那班台獨分子太瘋狂了，那幾名「台獨文化推手」的學者太無恥了！

6.「正常國家決議文」

此後，民進黨為了現實需要（主要為選舉騙票），又在歷年的黨大會上通過多個所謂《決議文》，其中較重要的是二〇〇七年九月卅日的《正常國家決議文》。提出此決議文之目的，据說是要把台灣變為一個「正常的民主國家」；因為民進黨認為台灣目前現狀有「五大不正常」：1.國際關係不正常、2.憲政體制不正常、3.國家認同不正常、4.社會公義不正常、5.政黨競爭不正常。細察該《決議文》的內容乃至該黨爾後實際的做法，針對第1項的「台灣正名」、「參與國際組織」，因有中共在國際上嚴格的限制，所以根本是做不到的。針對第2.—5.項，他們在島內大搞「轉型正義」、「制定新憲」、「建立台灣共同意識」、「破除一中原則」等四種實際行動，其實就是「去中國化」、「去孫蔣化」的「文化台獨」，這種在島內推展的台獨，又稱為「內殺型台獨」，即是蔡英文執政後搞的「柔性台獨」。

總之，無論「黨綱」或各階段的「決議文」，其「台獨」宗旨是不變的。對照李登輝後期常說的「台灣是一個主權獨立的國家，他的國號叫做中華民國」，乃至今天蔡英文常強調的「台灣主權」、「台灣主體性」等說法，可證他們的「台獨」心態是自始一貫的。

丁、「台灣主權」破析

綜括上節後二項所述，從「民進黨」創立初期所說的「台灣國際主權獨立」（一九八八）、「台灣事實主權獨立」（一九九〇）、「台灣主權現實獨立」（一九九一台獨黨綱），到「台灣是一主權獨立國家」（一九九五決議文），再到李登輝所謂「台灣已實現主權在民」（一九九五在美國演講）、「台灣是個主權獨立的國家，現在的名字叫做中華民國」（一九九九），又到民進黨要把台灣變為「一個正常的民主國家」（二〇〇七決議文），直到目前蔡英文不時喊的「台灣主權」、「台灣主體性」等等，可見現階段「台獨」集團主張「獨立」的核心終極根據只剩「台灣主權」一詞了。

問題是，何謂「台灣主權」？反獨的國民黨人，包括馬英九，當然反對這個提法，因為他們所認知的是，只有「中華民國主權」，沒有所謂「台灣主權」。「台獨」集團向來就詆毀這認知是一種「虛構」、「大而不真實的迷思」。然而，國民黨人的認知是依據中國歷史、中華文化以及現行《憲法》第二條而來，「台獨」集團根據什麼能如此詆毀？他們刻意（亦可能基於無知）把「主權」與「治權」混淆在一起，讓人搞不清所以，這也是一種文字遊戲；原來民進黨分子多屬學法律出身，他們最擅用遊戲文字來唬人，其實是束縛自已心靈的「文字障」。因此，只有徹底分清「主權」與「治權」的不同概念，才能真正不受他們的名詞愚弄。

可是，要弄清「主權」與「治權」兩個名詞的概念，並不容易，因為牽涉到西洋政治哲學的頂峰理論。以下略說這理論。

◎一、西方的主權（Sovereignty）理論來源

依今天世界通行的政治學理論，所謂「國家」，必要包涵四個要素：人民、領土、政府、主權。這便是所謂「國家構成四要素」，前三要素較具體易知，只有「主權」的概念十分抽象難明，歷來爭論很多。

西方現代政治學上的「主權」（Sovereignty）概念，來自十六世紀法國哲學家布丹（Bodin）。他的「主權」精義就是：國家有個至高無上的「力量」；憑著這個力量，對外是排除其他國家侵犯制約的獨立性權力，對內是凌駕支配這個領域內一切個人或團體的權力。

布丹的學說引起諸多討論。經過後來的霍布斯（Hobbes）、盧梭（Rousseau）、奧斯汀（Austin）等學者的修正和補充，所謂「國家主權」有四種特性（永久性、最高性、不可分性、不可移讓性），是迄今仍為大多數學者公認的（詳見：鄒文海《政治學》、陳世鴻《綜合政治學》）。

◎二、依論析事

茲依西方的主權理論，以及中華傳統文化的有關觀念，破析當前所謂「台灣主權」問題如下：

1.永久性：

西方的主權理論認為，主權和它所附著的國家有同樣長久的生命，國家雖然發生革命，政府雖然發生變動，但主權不會在革命或變動中死亡或再生。這說明「主權」與「政府」是不同的概念，前者是不變的，後者可常變。

在中國傳統觀念，這種「主權不變」特性尤其明顯卓越。正如當代歷史泰斗錢穆先生所言：「羅馬帝國亡了，以後就再沒有了羅馬。唐室覆亡以後，依然有中國，有宋有明有現代，還是如唐代般，一樣是中國。這是中國歷史最有價值最堪研究的一個大題目。」（見《中國歷代政治得失》第二講）

為什麼「朝代」可變，而「中國」永久不變？正是西方學者所謂的「主權永久性」之故。國民黨把「中華民國政府」遷到台灣，而中共在大陸建立了「中華人民共和國政府」，至

今已七十年之久；到底何方是代表中國的「正統」姑且不論，但兩個「政府」的對立並不是「中國主權」的分裂或永久性的喪失，只是領土的一時分治罷了。這種情形在中國歷史出現很多，如漢末的三國、兩晉南北朝時的五胡十六國、唐末的五代十國等是；領土的分治，傳統文化的說法是「河山破碎」或「地方割據」，但不管怎樣分治，依然是「一個中國」！

由此可知，今天的「台獨」分子卻妄稱「台灣主權獨立」，還否認自己是中國人，既不符西方的主權永久性理論，尤違逆中國傳統政治哲學，實是荒唐的痴人說夢罷了。

2.最高性：

或稱為普遍性。這特性就是，一個國家基於主權；對外，獨立而不受任何其他國家的干涉；對內，凌駕所有個人及團體之上，施行全面的統治。應特別注意者，在民主時代，「主權在人民」，故人民在國家內有雙重性，一方面他們是國家的主人（主權所屬者），另方面他們又是政府統治的對象（治權的客體）。這就是孫中山先生深察古今中外的政治理論，創出「政權」與「治能」的「權能區分理論」的根據。所謂「人民有權」，指的就是主權屬於全體人民，而實施其主權則透過選舉、罷免、創制、復決四權行使。所謂「政府有能」，就是政府的統治能力，在中央分為立法、行政、司法、監察、考試五種能的行使。

由此可知，「主權」的概念比「政府」抽象複雜，學者分歧看法也多；能分清「主權」與「政府」的統治權（或治能）的不同意義，對於破解「台獨」的名詞唬弄，是重要的。具體言之，「中華民國政府在台灣」只是治能（統治權）限於台灣地區，絕不是從而使得台灣有了「獨立的主權」。

3.不可分性：

西方的主權理論認為，主權是不可分割的。政府的統治權卻可以分成三權（立法、行政、司法）或五權（立法、行政、司法、監察、考試），或分為中央、地方之均權，這是政府的「治能」區分，而不是「主權的分割。如七十年前中華民國政府從南京遷來台灣地區，而現在的中華人民共和國政府卻控制了全大陸，這只是「治能分據」，並非「主權分割」。

由此可知，「台獨」集團主張台灣地區有「事實主權」，是違背西方主權理論的謬說，更是違逆中華傳統文化的胡說。

4.不可移讓性：

這是盧梭特別強調的特性，後世學者多數同意其觀點。按在古代西歐的王權時代，主權為國王所有，國王常把采邑（土地）封贈給諸侯，這不是「主權移讓」，只是「治能」移讓。西方到了民主時代，主權在全民，民意代表組成議會行使立法等權力，不是人民把「主權」移讓給了議會，也只是「治能」的實施，因為人民依主權的力量隨時可以把議員的權力收回來（以罷免、複決、重選等方式）。

由此可知，如一八九五年中國因甲午戰敗，把台灣割讓給日本，只是縮小了原有中國主權所行使的「領土」範圍，而不是把「部分中國主權」移讓給了日本；更不是把「台灣主權」割讓給日本，因為台灣自身沒有主權。同理，一九九七年中國收回香港，嚴格言之，只是「收回領土」或「光復香港」，不應稱為「主權回歸」，因為香港這塊領土本身沒有「主權」，收回這領土也不影響到英國主權。

綜上所述西方的「主權」理論，可證民進黨集團所說的「台灣主權獨立」等有關論據，是完全不成立的。只是因為西方的主權理論很抽象繁難，一般人想了解它並不容易，所以「台獨」集團就拿來唬弄人，而且唬弄了三十多年！我之所以費力作此澄清，是希望有助於社會大眾今後脫出此名詞唬弄的圈套。

◎三、兩岸現行憲法規定

其實，歪理只能騙部分人於一時，真理才能可大可久。現行《中華民國憲法》第二條規定：「中華民國之主權屬於國民全體」，這便是孫中山先生的「人民有權」思想的法制性宣示。所謂「國民全體」，指的是全體中國人；依《國籍法》規定，甚至包括全球的中國人（中華民族）在內。因此，「台獨」集團妄圖割出台灣這塊領土而立另一個「主權」，那就等於同全體中華民族對抗了。

更嚴重的是，現行《中華人民共和國憲法》第二條一項只規定：「中華人民共和國的一切權力屬於人民。」根本不採用西方的什麼「主權」概念，在《序言》中卻明白宣示：「台灣是中華人民共和國的神聖領土的一部分。完成統一祖國的大業是包括台灣同胞在內的全中國人民的神聖職責」。民進黨「台獨」集團如果再執迷不悟，仍以為在台灣的國民黨勢孤力弱，對他們沒有了辦法，故可以搞出個「台灣主權」來，把台灣這塊國土割出去，那就等於與大陸十三億同胞為敵到底，最後只有招來中共以武力討伐「民族叛逆」了。

戊、理性的回歸

我基於同「台獨」人士周旋及研究有關思想四十年的經驗，深知最終需以武力解決「台灣問題」的可能性不大。作如此推斷的理由是：很多的民進黨人士都有回歸理性正道之可能，絕大多數的台灣同胞在選舉時更會回歸理性的選擇，執迷「台獨」意識形態至死不改的人到底是極少數。中共既然堅持「和平統一」原則，自不會只針對那撮至死不改的「台獨」分子而輕率動武了。

爰以從個人到群體的回歸理性實況，作分別的實證。

◎一、個人回歸理性的例證

從一九七八年十二月五日的「中山堂事件」算起，當年的「黨外人士」集團，組成分子本來很複雜，有左派的，有民主理想派的，也有只想選舉的政客，當然「台獨」派可能占了多數。當時他們之所以結合在一起，共同目標就是「反國民黨」。隨著國民黨當局採取「逐漸退讓」的戰略，即是使他們的「共同目標」發生了變化，這個集團的內部也逐漸分化了；很多人回歸理性的思考，作出了不同的選擇。為了闡明此理，以下特選九位標竿性人物為例證。

1.康寧祥：他是七十年代最重要的「黨外人士」，聲望比黃信介高。一九七五年曾與黃信介合辦《台灣政論》月刊，對「黨外」運動貢獻很大。但康向來主張溫和的「議會路線」爭取民主，並不贊成激烈的群眾路線，所以和黃介信所代表的集團有大分歧。康雖然參加了一九七八年十二月五日的中山黨集會，但事後卻不加入《美麗島》黑拳幫集團，而自辦了一個《八十年代》刊物，鼓吹溫和的「革新保台」理念。「高雄事件」他也不參加，乃保全了他自己不致捲入刑事追訴之中。這種明哲保身態度引起黑拳幫新生代十分不滿，一九八三年「黨外編聯會」發起了強烈的「批康運動」，自此康與他們漸行漸遠。這個編聯會就是後來的「新潮流」派系，直到目前仍是台獨集團在政壇上最強悍的團體。

2.余登發：他是最著名的「台灣民主先驅」人物，高雄縣最有勢力的民間派系（黑派）開創者。余登發本人及其家族曾做六任高雄縣長，多任國大代表、立法委員，在台灣是最顯赫的「政治家族」。在「黨外人士」集團中，他也極受尊崇。一九七九年元月廿一日著名的「橋頭遊行」，康寧祥、許信良、黃信介、林義雄、陳菊等重要的「黨外人士」都參加了，為的就是聲援余登發，因為他當時捲入了「吳泰安間諜案」，由此可證他高地位之一斑。余登發雖因反對國民黨而名列「黨外」集團，但他卻有深厚的中華民族感情，堅決反對「台獨」。一九八八年他與胡秋原同任《中國統一聯盟》首屆主席，並曾率團到北京參訪，大受北京禮遇。

3.費希平：他是老立委。「高雄事件」後，同情被捕的「黨外人士」，常以立委身分聲援他們。後來直接參加「黨外公政會」，且出任首屆理事長。此會就是「民進黨」的前身。一九八六年九月廿八日「黨外人士」集團在台北圓山大飯店集會，本來召開的名目是針對年底國代立委選舉的「後援會」，經朱高正率先提案「立即組黨」，在場人士熱烈響應，於是費希平宣告：「民主進步黨正式成立」！他因此而名列「創黨委員」的第二號。費老雖然主張「民主」而反對國民黨，但他絕不贊成「台獨」，並主張國會全面改選後應保留「大陸代表」，以免同大陸斷絕且淪為「台灣地方議會」。此種情懷與「台獨」思想完全不同，故常被把持民進黨的「台獨」分子辱罵壓迫，於是費希平在一九八八年十二月一九日發表《退黨聲明》，痛斥民進黨內一些人「不但台獨思想異常濃厚，而且有法西斯的霸道作風」。

4.陳鼓應：原是國民黨員，在台大時鬧出個「哲學系事件」轉向反對國民黨。一九七八年底為了選舉，與台獨分子陳婉真聯名發表《告中國國民黨宣言》，我去中山堂就是因看到這篇宣言而起的。在中山堂集會上，我親耳聽到陳鼓應發表激烈言論，指「國民黨的黨官已變成叛逆」，因為他們「只照顧大財團，不照顧工農群眾」云云。他的思想非但不是「台獨」，反而傾向中共的左派理念，故被人稱為「小左派」。中山堂集會後，由於美國與北京建交，當局作了停止選舉的緊急處分，陳鼓應不久便去美國轉到北京教書，從此脫離政治，專攻《老子》學術研究。當時同陳參加「黨外人士」集團的黃順興、何春木、孟絕子等人都是「小左派」，不久也脫離了該集團，黃、何二人且到北京發展自己的事業領域去了。

5.林正杰：本為國民黨員、眷村子弟。七〇年代中期因幫助康寧祥、郭雨新、許信良等人的競選活動，轉而反對國民黨。林正杰長於街頭政治活動，敢說敢做，有「街頭小霸王」之稱。一九八一年他與陳水扁、謝長廷當選為台北市議員，常聯合質詢，言辭犀利，弄得國民黨頭痛不已，有「黨外三劍客」之稱。一九八八年加入民進黨，在黨主席選舉中，支持黃信介，批評姚嘉文，黃信介因此將林正杰列入該黨的中常委。一九九一年因「台獨條款」列入《黨綱》之中，林正杰大表不滿，於六月宣布退出民進黨。二〇一五年支持洪秀柱，洪出任國民黨主席時，林正杰恢復了國民黨籍。總之，林正杰敢說敢幹，在八〇年代對「黨外」集團貢獻不少，只因思想反對「台獨」，終無法在此集團立足。

6.沈富雄：為民進黨內少數學有所成、思維敏捷之士。一九九六年他已在美國取得醫學博士學位。七〇年代在美國常參加「台獨」活動，直到「民進黨」成立後才回到台灣做醫生。一九九二年起，代表民進黨連任了四屆立法委員，曾被一些傳媒評價為「最佳立委」。陳水扁當政時，沈富雄常加批評，有黨內「孤鳥」之稱。二〇〇七年宣布退出民進黨。嗣後常在電視節目中批評時政、褒貶人物；表現得頭腦機敏、口才便給，有「智多星」之譽。總之，沈富雄給人總體印象是一位才智之士，他早年之所以參與海外的「台獨」活動，只是基於「民主」理想，但本質不是「台獨」，所以最後終必回歸理性，離開了一個他認為「已經沒有了價值」的民進黨。

7.朱高正：德國哲學博士，專研康德，有多種著作。一九八〇年代中期，回台灣即熱心政治，參與「黨外」集團。一九八六年九月廿八日「黨外中央選舉後援會」在台北圓山飯店開會，就是朱高正率先提案「立即組黨」的，所以他對「民進黨」的功勞很大。嗣後他當選了增額立法委員，以一個博士身份卻喜「暴力問政」，其言行常轟動社會，乃有「國會戰神」之稱。一九九一年他因不贊同「台獨」，退出民進黨，後來自創「中華社會民主黨」，又曾加入「新黨」。一九九八年後退出政治，專心到大陸研究哲學。在九〇年代初，朱高正對李登輝的種種做法很不滿，曾在報上發表《天下至廣，非一人所能獨治》公開信，痛斥李登輝，內容精彩。最近發表文章說：「台灣從四小龍之首搞成民不聊生，禍首就是李登輝」，又說：「民進黨從來沒有主張台獨，只是反國民黨一黨專政。如今民進黨已經不是民主政黨，變成舉著台獨旗幟的幫派及犯罪組織！」

8.陳文茜：屬於追求民主理想的才女型人物。原在美國求學，一九九五年回台加入民進黨，且出任「文宣部主任」之黨職。她反對民進黨的「台獨」主張，四年之後即退黨，自此以無黨籍身分，在李登輝、陳水扁執政時，常批評當局，很快贏得社會聲望。二〇〇一年選上立法委員，在立法院的發言多受媒體注意。她在立委任內做了二件重要的事：二〇〇四年三月十九日發生槍擊陳水扁案，當天晚間她在記者會上說：「槍擊案是陳水扁自導自演的」，且有奇美醫院的小護士為證。雖然那位「小護士」迄今都未出面證實，但「自導自演」的說法仍使許多人迄今深信不疑。其次是在立法院以法律技巧寫了一個《公投法》草案，實際是個不可能成案的「鳥龍公投」，由是她一直被民進黨人痛罵。直到二〇一七年十二月民進黨修改《公投法》，變成很易成案，二〇一八年十一月地方九項選舉，夾上了十項公投，結果全過關而對民進黨不利（詳見後文），使蔡氏台獨集團十分困擾，很多「民進黨」人反而覺得「鳥龍公投」的設計是高明的了。陳文茜當了一任立委就不再選，從此投身大眾傳播領域，對社會大眾的影響更大了。

9.鄭麗文：在台灣大學法律系就讀時，就熱心學運，常參加民進黨的街頭運動。後到美國留學，修得法律碩士學位。回台灣即加入民進黨，出任「台灣人權促進會」秘書長。一九九六年代表民進黨選上國大代表，並任黨團副總召集人。又當民進黨「青年部主任」。二〇〇〇年陳水扁執政，許多舉措與她的理念不合，於是漸漸公開批評當政者。二〇〇二年終於退出民進黨，並到英國取得劍橋國際關係博士學位。二〇〇四年三月廿七日，因陳水扁靠二顆子彈當選，泛藍團體在總統府廣場大集會抗議大選不公，鄭麗文公開主持大會，表現出色。次年國民黨主席連戰主動爭取她加入國民黨，後並擔任黨中央「文傳會」副主委兼發言人。嗣後常在新聞媒體出現，公認她是一位有內涵且年輕貌美的女性政治人物。

除了上列九位之外，還有更多的民進黨人或當年的「黨外人士」早已回歸到理性的道路，只是篇幅所限，在此不能一一列出了。

◎二、群體回歸理性的例證

除了個人回歸理性之外，整個社會的「群體」普遍回歸理性更是值得注意的。二〇一八年底的「地方九合一選舉」結果，憑韓國瑜一個人便把民進黨長期盤據的高雄翻轉，不但獲得了市長勝選，而且還形成席卷全台灣的「韓流」，令民進黨慘敗。何以會有此奇蹟？回歸理性的民心好比一推乾草，韓國瑜的競選風格好比一枝火把，一下子就點起熊熊烈火了！

尤令人驚奇的是，自一九九一年民進黨通過《台獨黨綱》以來，不斷高唱公投，此次果然以十項公投綁著「九合一選舉」，結果民進黨全輸：其中的七項（反空氣污染、反深澳蓋電廠、反日本核污食物入口、以核養綠發電，以及反同性婚三案）是對民進黨不利的，全部通過。其餘三項（東京奧運用台灣名義參加、同意同姓婚姻二案）是對民進黨有利的，全被否決。這種結果充分證明了民眾的的理性選擇，嚴重挫傷了「台獨」的威信。誠如中共說：「依靠台灣同胞」，此言證實了。

四十年來反「台獨」的體驗，使我堅信，無論從什麼角度作探討，「台獨」都是錯的：在道德上是不符人性的（下節詳）。在文化上是荒謬的。在國際上是不可行的。用「台獨」意識在國內政治競爭，根本就不是民主政治，終究不得善果的。對民生經濟發展絕對不利的。

尤其不利於民生經濟發展這一點，已完全被這次「九合一地方大選」的結果證實了。民進黨「台獨」分子統治了高雄市廿年以上，搞到欠債三千億，民窮財盡，韓國瑜高呼「人進得來，貨出得去，高雄發大財」的簡單口號，聲稱要救「又老又窮的高雄」，登時喚醒了高雄人的普遍理性，他就大獲全勝了！

◎三、「台獨」的根本錯誤

本項的論斷來自儒家孟子的「良知」論及西方哲學之啟

示，「台獨」最根本的錯誤，還在於它的思想及主張不符人類的「道德理性」。按人與禽獸的最大分別，就是人有天生的「道德理性」，禽獸沒有或者極少這種理性。這不是一種「學說」，而是經過確證的。孟子以「四端」證實了人有良知良能，所謂「良知良能」就是道德理性。人類天生對父母祖先有感情，也知道應報答養育之恩，這就是「道德理性」的起碼表現。

中華文化有五千年的優秀傳統，在這傳統養育下的人群稱為「中國人」或「中華民族」，正如牟宗三先生說的「中國不是個政治單位，實是一個文化單位」，故中國不只是現代西方觀念的「國家」（State．Nation）。也正如錢穆先生說的：政治性的朝代不管怎樣更換，唐、宋、元、明、清都是同一個中國；在悠久優秀的中華文化籠罩下，整體就是「中華民族」，每個分子（個人）都是「中國人」，故每個中國人都尊重中華文化，都不能數典忘祖，這便是「道德理性」的自我要求。

近三十年來的「台獨」分子，僅僅為了政治的一時性原因，甚至為了滿足個人短暫的欲望，居然不承認自己是「中國人」，還妄想以「台灣主體性」之類的荒謬理論來否定中華文化，這已經不是政治問題，更不是甚麼「民主」問題，正如胡佛教授晚年所說的，實是上升到頂峰的「道德敗壞」問題了，可能就是喪心病狂了。

何以言之？依德國大哲康德哲學，道德理性是一種「無上命令」，人是必須遵從的；不是別人強迫我去遵從，連上帝也不能強制我遵從，只是我自已的良知命我必應如此；我既是一個「人」，不是一頭野獸，就自當如此。反之，若一個人心智出了大問題，就不服從自己的「無上命令」了，這種人就俗稱「喪心病狂」了。民進黨中有少數「台獨」分子，不但否認自己是中國人，而且要否定中華文化，必然是心智出了問題。我之所以一生堅持「反台獨」，根本原因在此。我之所以堅信「台獨」必被中華民族掃入歷史灰燼，根本原因也在此。

巳、台灣價值

「台灣主體性」及「台灣價值」兩個詞語，是蔡英文及「台獨」人士近年常說的。這兩詞語抽象而具「學術」味道，縱是高水準的人也不易理解，一般群眾更難明白了，所以又較有欺騙性；玩弄文字遊戲本來是他們的慣技。其實這兩詞語很簡單，前者所指就是達成「文化台獨」目標的各種「去中國化」手段，後者所指就是把台灣建成一個「獨立主權的國家」的「台獨」目標。

如前所述，一九九一年《台獨黨綱》中第三項主張及一九九五年《台灣前途決議文》中有關「文化台獨」的論述，早已明白點出了：

> 在發展國民意識上，我們亦推動了國民教育教材的本土化，重塑了國民對台灣歷史文化的認識。

後來透過一些台獨學者著作（例如二〇〇七年政大教授薛化元有《建構台灣主體性與國家認同正常化》一文），把這些「去中國化」的具體行動稱之為「台灣主體性」，故這個詞語就是文化台灣的「總路線」了。最可笑的例子是，在陳水扁時代當上教育部長的杜正勝，為了「實現台灣主體性」，竟然把台灣地圖轉變成為「世界中心」，當時還引起文化界一致的批判和恥笑。

◎一、「台灣價值」一詞的來源

至於「台灣價值」詞語，是二〇一八年一月廿二日蔡英文針對台北市長柯文哲首次提出的。當時她接受一家電視台專訪，回答「柯文哲是否為民進黨的盟友？」問題時，這樣說出這個詞語：「柯文哲必須再次確認台灣價值，讓民進黨支持者認可」。因為前此不久，柯文哲主張「兩岸一家親」，被綠派大罵，故有此專訪問答。此問答一出現，引起各路人士整年議論紛紛。

蔡英文在拋出此詞語之後第四天，即同月廿六日，偕柯文哲視察台北市的公共住宅時又說：「台灣價值除了主體意識外，照顧年輕人的居住權利也是台灣價值」，可證在她心目中，「台灣主體性」與「台灣價值」是連結的，兩者是二而一的東西，實質就是「台灣主權獨立建國」，不過她用玩弄名詞方式而不明白說出來而已。但一些「台獨」分子便明白的說了，例如姚嘉文、陳菊就曾公開地解釋：台灣價值就是「主權獨立」、「前途自決」。

有趣的是，曾任民進黨文宣部主任的陳芳明教授卻說：「二〇一八年九合一選舉，蔡英文從一開始說以台灣價值自居，一個空洞的名詞導致民進黨完全失去原有地盤。」另一位民進黨資深黨員邱筱芬更激烈地說：「台灣價值陪著蔡英文壯烈成仁，一起燃燒至灰飛煙滅，民進黨卅二年的根基被蔡英文一次敗光」。由此可證，蔡英文說的「台灣價值」，連許多民進黨人也不讚成。

◎二、「價值」的複雜性

蔡英文一提出「台灣價值」，立即引起各界人士的質疑，很多人且提出自己認定的價值，這現象是必然的，因為所謂「價值」，既有個人認知不同的歧異性，又有高低的層級性。

關於同一個事物的「價值」之歧異性，南傳佛教經典上有個有趣的譬喻：一位天真小孩子、一位鄉下人、一位銀行家，這三個人看到同一堆放在桌子上的鈔票，各人「認知」的內容是完全不同的，也就是這堆錢對他們的「價值」是各有歧異的。小孩子看到的，是一堆有彩色的長方形的漂亮紙片，覺得很好玩。鄉下人看到這堆錢，知道可以買許多自己想要的東西。銀行家看到它，不但了解在交易上的用處，而且還知道這堆紙幣是何處印造的，是真鈔還是假秒，甚至還了解經濟學上的通貨理論。由是，在五蘊（色、受、想、行、識）中，那個小孩子的「知」是「想知」（即見事物的殊相而起「玩」這個名言概念）。那位鄉下人的「知」是「識知」（即一般人了解錢可購物的價值），只有銀行家才有通曉全局的「知」，這種知才是「智慧」。換言之，同一堆鈔票，對這三個人的「價值」是不同的；這是主觀的價值。（詳見拙著《現代佛學別裁》第六章慧學節）。

但「價值」不純是主觀的，同一事物也可有其客觀的價值，而且此種價值有層次高低的不同。當代大哲唐君毅先生指出，客觀價值有三個等級（詳見氏著《文化意識與道德理性》第四章）：

第一類富貴的價值：「富貴」是人的欲望對象，包括錢財、美色、權力、名聲等。此類價值通常只會引起他人一時的嫉妒，不能恆久被他人所贊賞。

第二類才藝的價值：如知識、才藝，以及其他對人對事的才幹技能等。一個人若有此類價值，就足以刺激他人的向上心，喚起其潛伏的求真求美求才的性向，以期自己也能得到這種價值。故有這類客觀價值，恆獲得他人普遍性承認、贊賞。例如李白、杜甫的詩，王羲之的書法，張大千、齊白石的畫、獲得奧運獎牌的運動員、獲得大獎的演員、獲得諾貝爾獎的學者等等，都是此類客觀價值。

第三類道德的價值：這是人類最高的價值。一個人只憑自己的意志行為表現，就獲得他人真心的崇敬，而且奉為仿效的榜樣，就只有道德價值，才能達到這個境界。如在齊太史簡、在晉董狐筆、在漢蘇武節，乃至關公的忠義、岳飛的精忠報國、文天祥的捨生成仁，都是凜烈萬古存的客觀性道德價值。

所謂「價值」既有如上述的複雜性，這就難怪蔡英文拋出「台灣價值」一詞語，會引起各方的質疑及意見紛紛了。我綜觀各種見解，蔡英文所謂的「台灣價值」仍是指向「台獨」，不過以較含糊的「文青」式語言說出來而已。至於「台獨」分子所說的內涵是同蔡英文一樣的；非「台獨」人士所說的「台灣價值」大抵只屬低層次的「想」、「識」之知，未達最高層次的道德理性之「慧見」。

◎ 三、「台灣價值」的標準

管見以為，台灣的最高層次的價值，必是與全體中華民族前途有密切關連性的價值，才是道德理性的智慧選擇。至於如何達至這境界，我在去年初才出版的《南懷瑾研究》有段這樣的話，可供參考（詳見台北蘭臺出版社出版此書及大陸浙江出版社版《通家人師南懷瑾》第八章）：

南懷瑾先生早在四川時，年紀也不過廿多歲，就體會到中國文化衰落的憂慮。到臺灣以後，更親身見到日本統治五十年後此地變成「文化沙漠」的實況，因而發出「國家不怕亡，亡了還有辦法復國。如果文化亡了，則從此永不翻身」的深沉喟嘆，所謂「天下興亡，匹夫有責」自此他決心要盡一己之力來繼承發揚中華文化的慧命；可以說，他一生做的就是這件事。

南先生這種思路，顯然不是出自他個人的偏好，更不是出自一位讀書人即興式的浪漫，實在是出自深沉的睿智，且有其歷史客觀性根源者。早在一九八〇年間，他在臺北講《老子》時已指出：

照歷史法則的推演，應該是丁卯年（一九八七）以後，我們的民族氣運與國運，正好回轉走向康熙、乾隆那樣的盛世，而且可以持續兩三百年之久。

這段話是南先生深沉睿智的最有力證明。試想，他下這斷論時，距鄧小平宣告「改革開放」政策不過一年多，根本談不上成效，當時國際諸多領袖人物對之且不看好，此時南先生便作此斷論，若說他沒有推演歷史的睿智，曷克臻此！大局發展了四十年後的今天，中國大陸昂然成了富強之邦，當年瞧不起中國的列强現在都刮目相看了！這就更證實了南先生確有先見之明。

依我看，中華民族如今正力求復興傳統文化，必將「以人文化成天下」，中國夢之實現就不止是「漢唐盛世」或「康乾盛世」，而是以全球為範域的「周朝擴大模式」，也是大有可能實現的了。所謂「周朝擴大模式」，就是以中國現有領土版圖為京畿，在保持世界各國各民族原有的特色、尊重其本有的權利之原則下，以文化的同化力去融和世界各國，以經濟力去幫助全人類，由是自然形成類似周天子與各國諸侯的關係。這是「王道」精神使世界走上「大同」之路了。當然此事牽涉極多問題，希望各界有道之士多加詳研。但我確信，這是中國有識之士的思想主流；盱衡當前大勢，這理想的實現是大有可能的。

南先生這條思路，就是百多年來近代中國的主流思想。同時代的學術文化界的代表性人物，如梁漱溟、熊十力、馬一浮、張君勱、方東美、牟宗三、唐君毅、徐復觀等大哲的思想，都是與這條南先生思路同性質的。這主流思想的精義是：

1.中華民族自一八四〇年代以來，受盡外人的欺凌，中國人必須要奮發自強，力求民族的復興。「天下興亡，匹夫有責」這是中國精英分子的使命，故中國人百多年來所有代表性思想，無不指向復興中華之總目標。

2.求民族復興的具體方法，就是以中華文化為本位，吸收融合全世界各民族的優良文化。這樣的融合，可說是「中華文化第三次大融合」；按首次融合是春秋戰國時代的諸子百家學說和鳴共震，第二次融合是隋唐時代融入印度佛教文化。「有容乃大」本是中華文化的最優特點，中華民族也因此而可大可久；所以此第三次大融合是必然成功的。

3.在融入西方文化方面，迄今仍是「五・四運動」時所立的兩大目標：「科學」與「民主」（賽先生 Science 與德先生 Democracy）。前者指科學的研究精神與科技器物的學習與精進，內容較直捷單純，故近百年來中國人齊心努力，今天已有很大的成就，中國大陸亦因此而崛起為富強之邦。「民主」目標則複雜多了，它涉及思想與制度極繁雜的諸多問題，稍有不慎，便會釀成災難。早在張之洞時就主張「中學為體西學為用」，而光緒的「百日維新」卻釀成大禍，孫中山先生的「五權憲法」設計更是具體採用了西方政制，而中共在改革開放前的政制則多為蘇聯模式的。總之，無論引入什麼政制模式，都是希望能為我中華民族復興之所用；但努力了一百多年，其間已經歷許多曲折災難，迄今仍在摸索中前進。今天中國人已深刻認識到：西方民主政制，尤其美式民主，固然有其長處，值得我們學習，但未可奉為「普世價值」，必須善於取捨，方不至發生危險。近三十年來，中共提出要走「中國特色的社會主義道路」，十九大更進一步宣示「四個自信」（中國特色的社會主義道路自信、理論自信、制度自信、文化自信）。但到底前三個「自信」的具體內容是什麼?在美國的著名華人學者李成於二〇一七年底接受英國《金融時報》專訪所說的，不失為好解答：

> 中國不會成為與西方完全一樣的民主國家，但在政治制度方面正進行有價值的探索。因循守舊和顛覆性巨變都不是中國政治制度的出路，漸進的、制度化的不斷變革才是中國應該尋求的第三種政治發展途徑。

中國政治制度不是一成不變的，過去二三十年發生很多微妙的變化，它在進行很多非常有價值的中國式探索和試驗，尋找中國自己的制度化乃至民主化路徑。這種探索不是中國獨有的，世界上任何一個國家的民主都有自己的特色，任何兩個國家的民主模式也沒有完全一模一樣的。

4.不僅要融入西方政制，還要把中華文化的優良因素推廣到全世界。這是終極性大融合，吾人要特別注意！早在一九五八年元旦，牟宗三、唐君毅、張君勱、徐復觀四位大哲聯名在香港發表了《為中國文化敬告世界人士宣言——我們對中國學術研究及中國文化與世界文化之共同認識》。這篇長達四萬字的大作就是主張：我們不但要把西方的民主政制及科學精神融入中國，而且要進一步把中華文化的優良特質擴及全世界，亦即揭示了全人類走上「大同」的可行途徑。

具體來說。中華民族固應吸收西方文化的「方以智」精神（主要是指：科學思想及科技特長、客觀化的民主政制，乃至宗教精神之虔誠）來充實自己；相對的，西方也應學習中華文化的「圓而神」精神（主要是指：天人合一之理想、成聖成賢之學、悠久無疆的歷史意識，乃至天下一家的情懷）。這樣，便是真正做到了東西方文化的會通，世界上每個人都成為孟子所說的「天民」（不再是哪一國之民，而是天下之民）了。這樣，不但「中國夢」成真，而且中華民族自古以來的「世界大同」理想也實現了！我想，習近平先生所說的第四個自信（文化自信），應是指此而言者。

◎四、台灣的最高價值——中華民族的「民主試驗區」

顯然，符合上列四條現代主流思想精義的，才是最高的「台灣價值」。那麼，如何落實這最高價值呢？記得我在一九九〇年五月間首次訪北京，同中共多位高層人士談過兩岸大局，他們對老蔣先生當年所說「建設台灣為全中國的模範省」的提法，很是贊賞的。今天如果依這條思路去探索及實踐，應是「台灣最高價值」的好思路。具體言之，就是：

1.海峽兩岸雙方官民皆應努力，維持和平穩定、雙方致力於經濟的發展。尤其面對今天台灣社會的經濟困境，宜支持韓國瑜的理念，幫助台灣民眾解脫貧窮困境，才是當務之急。套句鄧小平先生當年決心改革開放的名言：台灣當前求經濟發展才是「硬道理」！

2.台灣內部的政治問題，在求兩岸和平的原則下，就依民意之所向，照現狀的「民主模式」，導向理性的方向去逐步轉化與發展即可。我相信，在「台灣求經濟發展」、而「中共亦不放棄武力」的方向與護持下，台灣內部的理性回歸自然會加速而擴大的。

3.中共在追求「中華民族偉大復興」目標的過程中，宜把台灣看成是一個「民主政治實驗區」，不必急著統一，尤其盡量避免武力解決。在台灣試驗過的政制，如認為有適用於大陸的，就引回去推行。不適用的，就不予理會。這也就是「台灣價值」的頂峰了。

《中庸》有云：「曲能有誠」，能如上述三點思路去實踐，自必有統一的時機出現。這也就是落實了習近平先生在《告台灣同胞書》發表四十週年大會上的昭示：「深化兩岸融合發展，夯實和平統一基礎」。當然也是「五・四運動」

所立的「民主」目標逐步完善了。

蔣經國先生在四十年前說過：「台獨就是台毒」。習近平最近也說了：「台獨是歷史逆流，是絕路」。不佞以「反台獨四十年」的體驗，深知海峽兩岸這兩位領導人所說完全正確！既是「台毒」，台灣同胞終必唾棄之。既是「逆流、絕路」，必被中華民族的歷史主流所淹沒。

民國一〇八（二〇一九）元旦成稿

國家圖書館出版品預行編目資料

反獨護國四十年/ 勞政武
--初版-- 臺北市：蘭臺出版社：2019.10
ISBN：978-986-5633-86-8（平裝）
1.臺灣獨立運動 2.文集

576.333　　108014831

台灣社會文化研究叢書3

反獨護國四十年

作　　者：勞政武
編　　輯：楊容容
美　　編：楊容容
封面設計：陳勁宏
出 版 者：蘭臺出版社
發　　行：蘭臺出版社
地　　址：台北市中正區重慶南路1段121號8樓之14
電　　話：(02)2331-1675或(02)2331-1691
傳　　真：(02)2382-6225
E—MAIL：books5w@gmail.com或books5w@yahoo.com.tw
網路書店：http://5w.com.tw/
https://www.pcstore.com.tw/yesbooks/
博客來網路書店、博客思網路書店
三民書局、金石堂書店
總 經 銷：聯合發行股份有限公司
電　　話：(02) 2917-8022　傳 真：(02) 2915-7212
劃撥戶名：蘭臺出版社　帳號：18995335
香港代理：香港聯合零售有限公司
地　　址：香港新界大蒲汀麗路 36 號中華商務印刷大樓
C&C Building, 36,Ting, Lai, Road, Tai,Po, New,Territories
電　　話：(852)2150-2100　傳真：(852)2356-0735
出版日期：2019年10月 初版
定　　價：新臺幣 1200元整（平裝）
ISBN：978-986-5633-86-8